中国测绘地理信息年鉴

China Surveying, Mapping and Geoinformation Yearbook

2016

国家测绘地理信息局

中国地理位置图

中国地图出版社多圆锥投影（1983年）

比例尺 1:116 000 000

0 1160 2320 3480 4640千米

中国政区图

哈萨克斯坦
吉尔吉斯斯坦
塔吉克斯坦
阿富汗
巴基斯坦
印度
尼泊尔
不丹
孟加拉国
缅甸
老挝
泰国
越南
俄罗斯
蒙古
新疆维吾尔自治区
西藏自治区
青海
甘肃
四川
云南
乌鲁木齐
拉萨
西宁
兰州
成都
昆明
伊斯兰堡
新德里
加德满都
廷布
达卡
内比都
河内
万象
比什凯克
塔什干
阿拉木图
克拉玛依
吐鲁番
哈密
喀什
和田
塔里木盆地
塔克拉玛干沙漠
准噶尔盆地
古尔班通古特沙漠
巴丹吉林沙漠
腾格里沙漠
青藏高原
罗布泊
孟加拉湾
图例
首都
外国首都、首府
省级行政中心
地级市行政中心(外国重要城市同)
县级行政中心(外国一般城市同)
国界
未定国界
省、自治区、直辖市界
特别行政区界
地区界
军事分界线
山峰 关隘
珊瑚礁
长城
沙漠
常年河 时令河
运河 渠道
时令湖
淡水湖 咸水湖
井 泉
铁路
公路
双标准纬线等积圆锥投影 标准纬线25°、47°

比例尺 1:18 000 000

0 180 360 540 720千米

▲ 2015 年 5 月 14 日，中央政治局委员、新疆维吾尔自治区党委书记张春贤（右）在乌鲁木齐会见国家测绘地理信息局局长库热西·买合苏提。

▲ 2015 年 11 月 10 日，第十二届全国人大常委会副委员长艾力更·依明巴海（右二）参观中国测绘科技馆。

▲ 2015 年 8 月 14 日，国土资源部部长、党组书记，国家土地总督察姜大明（右三）和陕西省委书记赵正永（左三）看望慰问国家测绘地理信息局第一大地测量队老队员。

▲ 2015 年 2 月 3 日～4 日，国家测绘地理信息局局长库热西·买合苏提（右一）带队到南极科考长城站，出席北斗卫星导航系统南极基准站启用仪式。

▲ 2015 年 4 月 28 日，国家测绘地理信息局局长库热西·买合苏提（右二）调研福建省测绘地理信息工作。

▲ 2015 年 5 月 12 日，国家测绘地理信息局局长库热西·买合苏提（右）与巴基斯坦测绘局局长穆罕默德·伊姆兰·扎法尔分别代表两国政府在中国测绘创新基地签署《中华人民共和国政府和巴基斯坦伊斯兰共和国政府关于测绘地理信息科技合作的议定书》。

▲ 2015 年 7 月 1 日，国家测绘地理信息局局长库热西·买合苏提（左）将习近平总书记给国测一大队老队员老党员的回信转交国测一大队老队员代表郁期青。

▲ 2015 年 7 月 10 日，国家测绘地理信息局局长库热西·买合苏提（右二）到青海野外作业一线看望慰问干部职工，实地了解基础测绘和地理国情普查工作情况。

▲ 2015 年 9 月 10 日，国家测绘地理信息局局长库热西·买合苏提（前右四）陪同联合国副秘书长吴红波（前右三）参观中国地图出版集团地图文化馆。

▲ 2015 年 5 月 7 日，国家测绘地理信息局副局长王春峰（左二）调研指导湖北省测绘地理信息工作。

▲ 2015 年 11 月 18 日～20 日，国家测绘地理信息局副局长王春峰（左三）指导检查云南鲁甸震区灾后测绘基础设施恢复重建工作。

▲ 2015 年 7 月 29 日，国家测绘地理信息局副局长李维森在青岛西海岸新区出席国家级新区建设变化监测研讨会并讲话。

▲ 2015 年 8 月 24 日，国家测绘地理信息局副局长李维森（右）出席 2015 国际地图年活动并与国际地图制图协会主席乔格·加特纳亲切交谈。

▲ 2015 年 6 月 9 日，国家测绘地理信息局副局长宋超智（左二）到河北调研测绘地理信息工作。

▲2015年7月20日，国家测绘地理信息局副局长宋超智出席中非测绘地理信息合作圆桌会议，并向埃塞俄比亚国家测绘局局长苏尔坦·穆罕默德颁发捐赠证书。

▲ 2015年7月9日，国家测绘地理信息局副局长闵宜仁（前左三）到吉林调研测绘地理信息工作。

▲ 2015 年 11 月 11 日～13 日，国家测绘地理信息局副局长闵宜仁（右）出席地球观测组织会议并访问墨西哥国家统计与测绘局。

▲ 2015 年 5 月 12 日～14 日，国家测绘地理信息局党组成员、纪检组组长于贤成（左二）到山西省测绘地理信息局调研党风廉政建设工作。

▲ 2015 年 9 月 1 日，国家测绘地理信息局召开“三严三实”专题教育工作会，局党组成员、纪检组组长于贤成主持会议。

▲ 2015 年 6 月 26 日，国家测绘地理信息局副局长李朋德（前左三）参观中国科学院长春光学精密机械与物理研究所。

▲ 2015 年 8 月 5 日～7 日，联合国全球地理信息管理专家委员会（UN-GGIM）第 5 次会议在纽约联合国总部举行。国家测绘地理信息局副局长李朋德（左四）率中国代表团出席会议，并再次当选为联合国全球地理信息管理专家委员会共同主席。

▲ 2015 年 1 月 21 日，广东省副省长许瑞生（左二）出席广东省地理信息公共服务平台发布仪式。

▲ 2015 年 3 月 3 日，黑龙江省副省长胡亚枫（前左二）到黑龙江省地理信息产业园调研。

▲ 2015 年 5 月 28 日，浙江省副省长黄旭明（前左二）到浙江省地理国情普查工作现场视察调研。

▲ 2015 年 12 月 11 日，四川省副省长甘霖（右二）到四川测绘地理信息局龙泉基地调研。

▲ 2015 年 1 月 2 日，国家测绘地理信息局与武汉大学在中国测绘创新基地签署深化科技发展与人才培养合作协议。

▲ 2015 年 4 月 20 日，国家测绘地理信息局与中国航天科技集团公司在中国测绘创新基地签署战略合作协议。

▲ 2015 年 4 月 22 日，国家测绘地理信息局与江西省政府在南昌签订深化战略合作框架协议。

▲ 2015年5月6日，联合国全球地理信息管理德清论坛会址奠基仪式在浙江省德清县举行。

▲ 2015年5月15日，全国测绘地理信息援疆工作会议在乌鲁木齐召开。

▲ 2015 年 5 月 25 日，中国研制的 30 米分辨率全球地表覆盖遥感制图项目获 2015 年世界地理信息技术创新奖。

▲ 2015 年 6 月 9 日，全国测绘地理信息法治工作会议在石家庄召开。

▲ 2015 年 7 月 1 日，国家测绘地理信息局在中国测绘创新基地举行学习贯彻习近平总书记重要指示精神暨庆祝建党 94 周年、2013—2014 年度“两优一先”表彰大会。

▲ 2015 年 8 月 29 日，国家测绘地理信息局在长沙举办《中华人民共和国测绘法》宣传日主场活动。

▲ 2015 年 8 月 29 日，国防科学技术大学、国家测绘地理信息局、湖南省政府在长沙共同签订测绘地理信息军民融合创新发展战略合作协议。

▲ 2015 年 9 月 19 日，“吉威时代杯”第四届全国测绘地理信息行业职业技能竞赛全国总决赛在大庆开幕。

▲ 2015 年 10 月 19 日，国家测绘地理信息局科技创新工作会议在中国测绘创新基地召开，局领导为科技委委员代表颁发聘书。

▲ 2015 年 10 月 30 日，国家测绘地理信息局与 12 个中央部委、相关单位在全国测绘地理信息应用成果和地图网上展览开通仪式上签署地理信息共享合作协议。

▲ 2015 年 11 月 26 日，国家海洋局、国家测绘地理信息局、中国地质调查局在北京签署协同发展合作协议。

▲ 2015 年 12 月 9 日～10 日，全国基础测绘地理信息生产工作会议在海南省海口市召开。

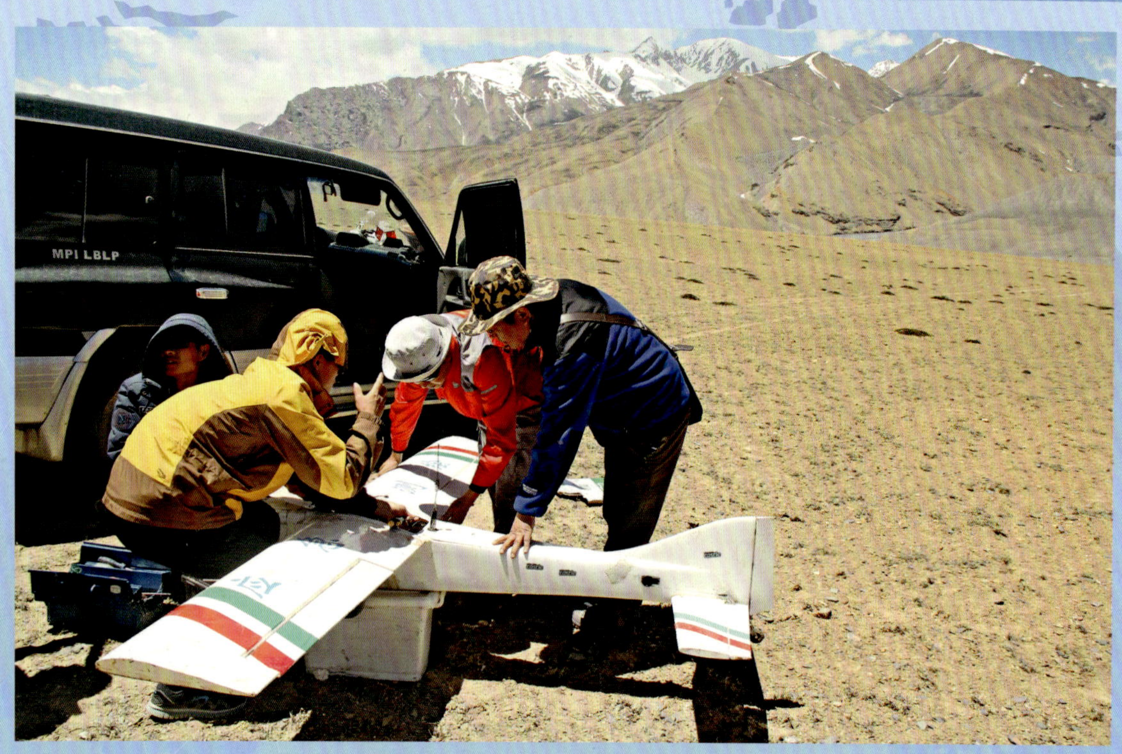

▲ 2015 年 5 月 20 日，四川测绘地理信息局援藏应急分队队员在日喀则执行无人机应急航空摄影任务。

▲ 2015 年 7 月，浙江省测绘应急队员为抗击强台风“灿鸿”提供测绘地理信息应急保障服务。

▲ 2015 年 10 月，国家测绘产品质量检验测试中心相关人员在西藏墨脱进行地形图验收工作。

▲ 2015 年，浙江省第一测绘院的工作人员在浙江省温州市洞头区实施浙江省海岸线测绘项目。

▲ 2015 年，新疆维吾尔自治区测绘地理信息局的技术人员在外业测区开展地理国情普查工作。

▲ 2015 年 4 月 23 日 ~ 25 日，全国测绘地理信息系统第四届"世恒杯"乒乓球比赛在江西南昌举办。

《中国测绘地理信息年鉴》编纂委员会

《中国测绘地理信息年鉴》协调员

王文忠　王玉明　肖　蓓　邢　军　宣龙华
袁振林　张　红　张玉平　张治清　朱　敏
朱文兴　左　志

《中国测绘地理信息年鉴》编辑部

主　　　编　宋超智
副　主　编　王永梅　程　军
编辑部主任　兰小强
责 任 编 辑　余易举　马驰原　程立海　李鹏飞
通 讯 编 辑　（按姓氏音序排列）
白文斌　白振栋　柏华洁　毕瑾耀　常潇璐
戴楚德　丁　剑　董　伟　窦晓刚　伏黎明
傅　兆　高　宇　顾　进　郭　宏　郭　丽
郭鹏辉　郭显超　韩　辉　韩丽华　侯　怡
黄继富　黄远珍　姜朝芳　蒋　睿　金夏玲
李朝阳　李　玲　李晓龙　李玉杰　刘　聪
刘鑫媛　刘志渊　龙晓翔　栾霄雁　罗红卫
罗文妍　牛苗苗　彭丽红　任玉荣　茹良勤
沈梦婷　施焕军　舒　鹏　宋　东　孙　地
谭　阳　汤　莹　唐颖斌　童传锋　王尔林
王军国　王　奇　王清霞　王跃先　温善强
肖　力　肖迎虎　谢大尉　辛　宏　许天泽
毅　彬　袁青焕　张　城　张贵钢　张永波
赵　洁　赵雨洁　庄亚雄
英 文 译 校　姜晓虹

编 辑 说 明

《中国测绘地理信息年鉴》（以下简称年鉴）由国家测绘地理信息局组织编纂。本卷年鉴主要记述测绘地理信息行业 2015 年内对国家经济建设和社会发展有重大影响的事件、活动、成果和重要统计资料等内容，除部首彩页外，设有综述、特载、综合工作、地方工作、行业单位工作、法律法规、公告、大事记、统计资料、插页、附录等 11 个栏目。

年鉴内容由国家测绘地理信息局机关各司室，局属各单位，各省、自治区、直辖市、计划单列市测绘地理信息行政主管部门，新疆生产建设兵团测绘地理信息主管部门，部分甲级测绘资质单位，有关测绘地理信息社团，武汉大学，郑州测绘学校等提供。部首彩页由国家测绘地理信息局办公室、中国测绘宣传中心和有关测绘地理信息单位等提供。年鉴中的地图由中国地图出版集团提供。根据国家有关规定，年鉴未收录我国香港、澳门特别行政区和台湾省的资料。

二〇一六年八月

Acknowledgements

China Surveying, Mapping and Geoinformation Yearbook, hereinafter referred to as the Yearbook, is produced by the National Administration of Surveying, Mapping and Geoinformation (NASG) of China. This Yearbook records the major events, activities, outcomes and important statistics in the sector of surveying, mapping and geoinformation, which are of significance to the national economic development and social progress in 2015. Besides the front color pages, it includes eleven parts such as summary, highlights, comprehensive work, local work, industry, laws and regulations, public announcements, chronicle of events, statistics, insets and appendix.

The contents of the Yearbook are provided by the NASG departments and sub-institutions, the competent departments of surveying, mapping and geoinformation of provinces, autonomous regions, municipalities directly under the State Council, cities with independent planning status, and Xinjiang Production and Construction Corps, some Class A licensed surveying and mapping enterprises, some professional NGOs, Wuhan University, and Zhengzhou School of Surveying and Mapping. The front color pages are provided by the General Office of NASG, China Surveying and Mapping Publicity Center, and some other related organizations. Maps in the Yearbook are provided by SinoMaps Press. Statistics of the Hong Kong and Macao Special Administrative Regions and Taiwan Province of China are not included in the Yearbook in accordance with relevant national regulations.

August, 2016

目　录

特　载

综合工作

地方工作

行业单位工作

法律法规

公　告

大　事　记

统计资料

附　　录

Table of Contents

Highlights

Comprehensive Work

Local Work

Industry

Laws and Regulations

Public Announcements

Chronicle of Events

Statistics

Appendixes

综　述

2015年，党中央国务院对测绘地理信息工作给予高度重视，国家各部门、地方党委政府的支持力度大幅提高，测绘地理信息部门职能职责显著强化，服务大局、服务社会、服务民生的重要作用更加彰显，我国测绘地理信息事业迈入了新的发展时期。

习近平总书记亲自给国家测绘地理信息局第一大地测量队（以下简称国测一大队）老队员老党员回信，充分肯定国测一大队爱国报国、勇攀高峰的感人事迹和崇高精神，对全国测绘地理信息工作者和广大共产党员提出希望。《中华人民共和国测绘法》纳入全国人大常委会、国务院年度立法计划。《地图管理条例》经国务院常务会议审议通过并以国务院令公布，自2016年1月1日起施行。中共中央办公厅、国务院办公厅、中央军委办公厅联合下发通知，要求加强卫星导航定位基准站建设和应用管理，明确了国家和省级测绘地理信息行政主管部门的责任。国务院批复同意《全国基础测绘中长期规划纲要（2015—2030年）》。中共中央办公厅、国务院办公厅在领导干部自然资源资产离任审计试点、国家民用空间基础设施中长期发展规划等重大政策中对测绘地理信息工作提出了明确要求。

以学习宣传贯彻习近平总书记回信重要指示精神为指引 全行业干事创业的精神力量更加凝聚

国家测绘地理信息局党组把学习贯彻习近平总书记给国测一大队老队员老党员回信重要指示精神与开展“三严三实”专题教育紧密结合，不断把学习宣传贯彻引向深入。7月1日，国家测绘地理信息局党组主要负责人赶赴国测一大队，把习近平总书记的回信送到邵世坤等6位老队员老党员手中；召开国测一大队座谈会，学习贯彻习近平总书记重要指示精神暨庆祝建党94周年、2013—2014年度“两优一先”表彰大会，全国测绘地理信息局长座谈会，纪念珠峰测量座谈会进行深入学习传达，印发了学习宣传贯彻意见。各方积极支持，中共中央组织部结合“三严三实”专题教育大力支持宣传贯彻工作；中共中央宣传部把国测一大队宣传列入重点宣传计划；国土资源部部长姜大明指导学习宣传贯彻工作的开展，并看望慰问国测一大队干部职工；陕西省委书记赵正永主持部署系列学习贯彻活动。开展大规模宣传，组织中央新闻单位开展了集中深入采访和大规模持续宣传；组建国测一大队先进事迹报告团，在国土资源系统、测绘地理信息系统和陕西、四川、重庆、江西等省市举行16场报告会。通过学习宣传贯彻，鼓舞了全行业干部职工干事创业的决心和信心，树立了测绘地理信息队伍的优良形象，提升了测绘地理信息的社会影响。

以推进立法工作为重点 测绘地理信息法治建设成效显著

国家测绘地理信息局深入贯彻十八届四中全会精神，出台贯彻落实实施意见和主要任务分工方案，召开法治工作会议，制定了立法五年规划，加快推进依法行政。立法工作取得重要成果，《中华人民共和国测绘法修正案（草案）》已上报国务院，配合全国人大环境与资源保护委员会、国务院法制办公室开展了立法调研；《地图管理条例》颁布出台；江苏、陕西、辽宁、青海、四川等地立法工作取得新进展。进一步简政放权，取消涉及行政审批的中介服务事项，提出了准入负面清单，实现全部审批事项“一个窗口”受理；各地取消、下放了一批审批项目。加强事中事后监管，实施测绘资质年报公示和巡查制度，建立信用约束机制，推进联合执法；开展卫星导航定位基准站核查，摸清了我国基准站现状和存在问题；基本建成覆盖全国的互联网地图监控网络，实现国家、省两级监控节点对网上地理信息的快速发现、分工研判和协同处理；对教辅地图、历史地图进行了清查；组织了全国地理信息保密检查，依法责令近1000家单位整改；开展测绘法宣传日和国家版图意识宣传教育“进媒体”活动，切实维护国家地理信息安全和国家版图尊严。

以摸清地理国情家底为使命 第一次全国地理国情普查取得丰硕成果

第一次全国地理国情普查任务基本完成，全面摸清了地理国情家底，完成了全覆盖、无缝隙、高精度的普查数据生产，普查标准时点核准全部统一数据时相，普查数据库完成建库，基本统计准备就绪，普查成果样本制作完成，普查工作进入收尾阶段。地理国情监测稳步推进，坚持“边普查、边监测、边应用”，初步建立了地理国情监测生产组织和技术体系，完成了“地理国情监测应用系统”国家科技支撑项目，取得了京津冀一体化发展、三江源生态保护区管理、沿海滩涂变化、三峡地区地质环境变化、国家级新区建设变化等一批有分量的监测成果和海南省“多规合一”信息化平台建设等应用成果；浙江率先开展了地理国情监测服务领导干部自然资源资产离任审计试点，在服务政府科学决策、生态文明建设、“多规合一”和反恐维稳等工作中发挥了重要作用。

以服务大局为主旨 测绘地理信息保障服务能力提质增效升级

基准建设取得重要突破，国家现代测绘基准体系基础设施建设一期工程即将竣工，统筹建设了1879站规模的全国卫星导航定位基准站网，基本建成了全国卫星导航定位基准服务系统，构成了我国支持北斗系统的最大规模基准站网，实现了全国基准服务系统的自主可控。基础地理信息数据资源更加丰富，覆盖全国的国家1:5万、1:25万、1:100万基础地理信息数据库完成年度更新。全国1:1万基础地理信息覆盖累计达到560万平方千米，23个省（直辖市）实现了全域覆盖，大比例尺基础地理信息数据覆盖了大部分城镇地区；航空航天影像数据日益丰富，资源三号卫星影像全球有效覆盖达到7112万平方千米，拥有各时期、各分辨率其他卫星影像2810万平方千米，国家、省级基础航空摄影达到626万平方千米；全球地表覆盖数据持续更新，极地测绘、新农村建设测绘项目稳步实施。着力打造行业品牌，国家地理信息公共服务平台“天地图”汇集了国家、省、市（县）三级408个节点在线服务，整合了统计、旅游、气象等近百层专题数据，应用服务在国家电子政务、防灾减灾和水利、公安、安监、海关、气象等领域发挥了重要作用；数字城市在全国所有地级城市和475个县级城市全面铺开，应用系统5630个，智慧城市试点取得阶段性成果；举办首次全国测绘地理信息应用成果和地图网上展览；为新疆皮山地震、尼泊尔地震西藏震灾、天津滨海新区爆炸和陕西山阳、浙江丽水、广东深圳山体滑坡等突发事件提供了应急保障；为“一带一路”建设、京津冀协同发展、长江经济带建设等国家重大战略，南水北调等重大工程和纪念抗日战争胜利70周年阅兵、2022年北京冬奥会申办等重大工作提供了重要保障。共享融合发展成效突出，国家测绘地理信息局继续深化与国土资源部的部局业务协作，与国家发展和改革委员会联合印发《市县经济社会发展总体规划技术规范与编制导则（试行）》，与江西、海南等省级政府和水利部、国家海洋局等有关部门及国防科学技术大学、解放军信息工程大学等军队单位签署合作协议25个，推动了地理信息大数据应用、政府数据开放共享与资源整合，军地融合不断深化。

以推进基于地理信息的大众创业、万众创新为着力点 地理信息产业保持强劲发展势头

着力推动产业跨界组合、资本融合、技术结合，推进地理信息领域的“双创”，地理信息产业继续保持高速增长。深入贯彻《国务院办公厅关于促进地理信息产业发展的意见》，持续推进落实，推动发改、科技、教育、工信、税务等部门明确提出支持举措，22个省（自治区）政府出台了配套政策文件。湖北省出台北斗产业发展行动方案；吉林省将

“吉林一号”商业卫星应用作为产业发展平台，通过放宽准入、数据开放、项目驱动、规范市场等举措促进产业发展；浙江、四川、山东、江苏、湖南等地产业园集聚效应显现；中地信地理信息股权投资基金启动运营，智慧四川产业投资基金设立；浙江引入风投基金和信贷投放助推产业发展。在国家整体经济下行压力较大的背景下，地理信息产业逆势上扬，规模持续快速增长，质量效益不断提升；北斗“百城百联百用”行动计划成效明显，浙江建设了国家地理信息创客空间“地信梦工场”，部分企业自发设立“双创”中心，基于地理信息的新型应用蓬勃兴起，带动了相关产业行业转型升级。

以加快理顺和完善科技创新体制机制为动力　创新驱动发展成效显著

国家测绘地理信息局强化科技创新顶层设计，明确提出以科技创新作为核心驱动力提升整体实力。召开了局科技创新工作会议，出台了加强科技创新的意见；国家测绘地理信息局被列入国家科技计划（专项、基金）管理部际联席会议，并承担重要职责。抓好科技协同攻关，参与12个国家重点研发专项和3个专项科技规划编制，3个国家科技计划项目获批；资源三号卫星应用系统全面建成，1∶1万测图卫星高分七号和高分遥感测绘应用示范系统（一期）工程获批立项；长江沿线11省市联合成立了长江经济带地理信息协同创新联盟；首个由我国主导编制的地理信息国际标准提交发布，国家测绘地理信息局主导编制的卫星导航定位基准站、智慧城市时空信息基础设施国家标准立项，发布了管线测绘行业标准；全球地表覆盖制图项目获2015年世界地理信息技术创新奖。加强对外合作交流，与联合国合作推进发展中国家地理信息管理能力开发，“联合国全球地理信息管理德清论坛”永久会址开工建设，武汉大学成为联合国全球地理信息教育培训基地；援建巴基斯坦新一代国家测绘基准在商务部立项，“数字湄公河地理空间框架建设”示范项目向湄公河五国推广；举办了“国际地图年”中国系列活动。

以“三严三实”专题教育为抓手从严加强党的建设和干部队伍建设

国家测绘地理信息局开展“三严三实”专题教育，突出教育主题，制定实施方案，扎实开展了领导干部讲党课和专题学习研讨、成果交流活动；坚持以上率下，各级领导干部带头查摆解决“不严不实”问题，对公务员参加评审、论证等活动作出严格约束和规定，进一步清退超标准办公用房，清理规范公务用车，严格执行领导干部个人有关事项报告制度；严肃党内生活，认真开好专题民主生活会，抓好整改落实、专项整治和立规执纪。党建工作实现新的发展，制修订了党组工作规则、意识形态责任制实施细则，建立了国家测绘地理信息局直属局领导班子定期汇报和谈话制度；严格落实党风廉政建设党委主体责任、纪委监督责任，加大巡视和审计监督力度，严肃财经纪律和资金管理；坚持抓早抓小、防微杜渐，对违纪案件依纪查处。干部队伍建设成效突出，实施各类人才培养工程，高层次创新型人才梯队建设不断加强；扎实推进事业单位分类改革，社团组织活力不断释放；19个地理信息职业列入新版《国家职业分类大典》，注册测绘师制度不断完善，举办了第四届行业职业技能竞赛；宣传工作富有成效，测绘精神得到大力弘扬和传承发展。

特　载

重要批示

习近平总书记给国测一大队老队员老党员的回信

国测一大队邵世坤等同志：

来信收悉。40年前，国测一大队的同志同军测、登山队员一起，勇闯生命禁区，克服艰难险阻，成功实现了中国人对珠峰高度的首次精确测量。你们是这项光荣任务的亲历者、参与者，党和人民没有忘记同志们建立的功勋。你们年事已高，但仍然心系党和人民事业，充分体现了老共产党员的情怀。

几十年来，国测一大队以及全国测绘战线一代代测绘队员不畏困苦、不怕牺牲，用汗水乃至生命默默丈量着祖国的壮美河山，为祖国发展、人民幸福作出了突出贡献，事迹感人至深。

忠于党、忠于人民、无私奉献，是共产党人的优秀品质。党的事业，人民的事业，是靠千千万万党员的忠诚奉献而不断铸就的。不忘初心，方得始终。全国广大共产党员要始终在党爱党、在党为党，心系人民、情系人民，忠诚一辈子，奉献一辈子，以自己的实际行动，团结带领亿万人民为实现“两个一百年”奋斗目标、实现中华民族伟大复兴的中国梦而共同奋斗。

习近平

2015年7月1日

重要文献

国务院关于全国基础测绘中长期规划纲要（2015—2030年）的批复

国函〔2015〕92号　2015年6月1日

国土资源部、测绘地信局：

国土资源部关于报请审批《全国基础测绘中长期规划纲要（2015—2030年）》的请示收悉。现批复如下：

一、原则同意《全国基础测绘中长期规划纲要（2015—2030年）》（以下简称《规划纲要》），请认真组织实施。

二、《规划纲要》实施要全面贯彻党的十八大和十八届二中、三中、四中全会精神，按照党中央、国务院决策部署，坚持服务大局、服务社会、服务民生宗旨，完善政策法规体系，加强体制机制建设，强化科技创新和人才培养，构建新型基础测绘体系，全面提升测绘地理信息服务能力，为经济社会平稳健康发展提供有力支撑。

三、通过《规划纲要》实施，到2020年，建立起高效协调的管理体制和运行机制，营造较为完善的政策和法制环境，形成以基础地理信息获取立体化实时化、处理自动化智能化、服务网络化社会化为特征的信息化测绘体系，全面建成结构完整、功能完备的数字地理空间框架。到2030年，全面建成新型基础测绘体系，为经济社会发展提供多层次、全方位基础测绘服务。

四、各省（区、市）人民政府要加强组织领导，加大支持力度，落实责任，细化政策，根据《规划纲要》确定的目标和任务，切实推进本地区基础测绘各项工作。国务院有关部门和单位要根据职责分工，密切配合，在规划计划编制、政策实施、项目安排、体制机制创新等方面给予积极支持。国务院测绘地理信息行政主管部门要牵头做好《规划纲要》的组织实施工作，加强跟踪分析和督促检查，认真研究解决《规划纲要》实施中出现的问题，重大进展及时按程序向国务院报告。

（此件公开发布）

关于印发《国家测绘地理信息局立法规划（2015—2020年）》的通知

国测法发〔2015〕2号　2015年1月26日

各省、自治区、直辖市、计划单列市测绘地理信息行政主管部门，新疆生产建设兵团测绘地理信息主管部门，局所属各单位，机关各司室：

为贯彻落实《中共中央关于全面推进依法治国若干重大问题的决定》，我局组织编制了《国家测绘地理信息局立法规划（2015—2020年）》，并已经局务会审议通过，现予印发。请各部门、各单位结合工作实际，加强立法调研，切实提高立法质量，进一步完善测绘地理信息法律体系，为测绘地理信息事业健康发展提供坚实的法治保障。

国家测绘地理信息局立法规划（2015—2020年）

为进一步增强测绘地理信息立法工作的系统性、针对性、有效性，加快完善测绘地理信息法律体系，推进测绘地理信息依法行政，为测绘地理信息事业长远健康发展提供有力的法治保障，结合工作实际，制定本规划。

一、立法工作面临的形势

2002年《中华人民共和国测绘法》修订实施以来，测绘地理信息立法工作取得了长足进步。《中华人民共和国测绘成果管理条例》、《基础测绘条例》、《外国的组织或者个人来华测绘管理暂行办法》等法规规章和一批规范性文件相继出台，以《中华人民共和国测绘法》为核心，包括4部行政法规、35部地方性法规、6部部门规章、近百部地方政府规章以及一系列规范性文件在内的测绘地理信息法律体系基本形成，为我国测绘地理信息事业健康快速发展提供了有力的制度保障。

党的十八大及十八届三中、四中全会提出，法治是治国理政的基本方式，法律是治国之重器，良法是善治之前提，建设中国特色社会主义法治体系，必须坚持立法先行，发挥立法的引领和推动作用，抓住提高立法质量这个关键。习近平总书记明确指出，要完善立法规划，突出立法重点，坚持立改废并举，提高立法科学化、民主化水平，提高法律的针对性、及时性、系统性。当前，测绘地理信息事业正处于全面深化改革的关键时期，转型升级发展的关键节点，机遇与挑战并存，测绘地理信息行政主管部门必须牢固树立法治理念，加快完善测绘地理信息法律体系，更好发挥立法的引领和推动作用，充分运用法治思维和法治方式履行职能、深化改革、推动发展。

依法治国战略要求完善法律体系。党的十八届四中全会指出，依法治国是党领导人民治理国家的基本方略，明确提出必须坚持立法先行，发挥立法的引领和推动作用，形成完备的法律规范体系，促进国家治理体系和治理能力现代化。测绘地理信息行政主管部门要深入贯彻党的十八届四中全会精神，注重加强事关长远的制度机制整体设计，不断总结实践经验，加快健全规章制度，为推进测绘地理信息法治建设奠定坚实的制度基础。

法治政府建设要求做好立法工作。党的十八届四中全会指出，行政机关要坚持法定职责必须为、法无授权不可为。法律既是政府部门履行职责的依据，也是依法行政的前提。测绘地理信息行政主管部门要按照法治政府建设要求，进一步做好立法工作，强化发展规划制订、制度机制设计、全局性事项统筹管理等职能，不断提升行政管理、公共服务、市场监管水平，及时把监督管理中的好经验、好做法，及时总结提升，体现到立法成果中去，逐步实现测绘地理信息行政管理的制度化、规范化、程序化，为依法履行职责、推动依法行政奠定坚实的法治基础。

事业改革发展要求加强制度保障。党的十八届四中全会指出，要实现立法和改革决策相衔接，做到重大改革于法有据、立法主动适应改革和经济社会发展需要。近年来，地理国情普查和监测、数字城市建设、“天地图”建设、地理信息产业发展等方面取得的成绩十分显著，测绘地理信息事业正处在深化改革、转型升级的关键阶段，要把立法决策和事业改革发展决策相结合，努力以法治凝聚改革共识，把各项探索与实践纳入法治轨道，将确定的发展蓝图一抓到底，引领和推动测绘地理信息事业全面深化改革、加快转型升级。

在看到取得的成绩和面临的形势的同时，我们要深刻认识到，测绘地理信息立法工作还存在一些突出问题亟待解决：一是统筹协调力度不够。立法工作机制需要进一步完善，对“建制度、抓落实、强监管”重视程度不高，缺乏对事业长远发展的顶层制度设计，立法的引领和推动作用没有得到很好发挥。二是政策研究基础薄弱。在制度建设中调查研究不够深入，对事关事业发展全局的一些重大问题认识还不统一，一些制度规定的针对性、操作性不强，不能有效解决实际问题，立法质量亟待提高。三是不适应事业发展需要。在安全监管、共享应用、公共服务、市场监管等方面，还存在制度真空，亟待出台相关法律规范，保障事业改革发展，立法任务依然艰巨而繁重。

二、指导思想和工作目标

指导思想：认真贯彻落实党的十八大和十八届三中、四中全会精神，高举中国特色社会主义伟大旗帜，以邓小平理论、“三个代表”重要思想、科学发展观为指导，深入贯彻《中共中央关于全面推进依法治国若干重大问题的决定》和习近平总书记系列重要讲话精神，进一步牢固树立法治理念，以法治凝聚改革共识，以法治规范事业发展，加快完善测绘地理信息法律体系，不断提升运用法治思维和法治方式的能力，为全力做好测绘地理信息服务保障，大力促进地理信息产业发展，尽责维护国家地理信息安全提供坚实的法治保障。

工作目标：按照《中共中央关于全面推进依法治国若干重大问题的决定》和法治政府建设要求，结合测绘地理信息工作实际，遵循“统筹规划、分步实施、突出重点、急用先行”的原则，坚持“立、改、废、释”多措并举，深入推进科学立法、民主立法，全力做好《中华人民共和国测绘法》修订工作，集中力量制、修订一批重点行政法规、部门规章和规范性文件，将地理信息安全监管、地理国情普查和监测、地理信息公共服务、地理信息开放共享等重点工作规范化、制度化，破解事业发展中的一些根本性、全局性和长期性问题，促进测绘地理信息事业健康有序发展。

三、主要任务

（一）夯实法治建设基础方面

针对测绘地理信息安全监管等突出问题，按照“围绕国家安全，解决突出问题，加强市场监管，保障产业发展”的修订方向，集中全力修订好《中华人民共和国测绘法》，健全测绘地理信息获取、传播、应用等各环节的安全监管制度，建立地理国情普查与监测保障生态安全、资源安全和服务生态文明建设的体制机制，完善地理信息安全保密制度，健全管理体制机制，强化事中事后监管，维护国家安全和利益，为我国测绘地理信息事业健康快速发展奠定坚实的法治基础。（法规与行业管理司）

修订完善《测绘行政审批程序规定》，按照行政审批制度改革要求，进一步规范行政许可行为，优化行政许可流程。制定《测绘地理信息行政许可监督管理办法》，建立对测绘行政许可活动的监管

制度，维护行政相对人的合法权益。（法规与行业管理司）

制定《国家测绘地理信息局行政执法工作规定》、《测绘地理信息行政执法过错与错案责任追究办法》、《关于规范使用测绘地理信息行政处罚自由裁量权的若干意见》、《测绘地理信息行政执法监督检查管理办法》，完善执法程序，规范执法行为，不断提高执法和服务水平，确保严格规范公正文明执法。（法规与行业管理司）

修订《国家测绘局政务公开办法》，进一步完善政府信息公开的内容、方式和程序，加强对政府信息公开的监督保障，保障公民知情权，全面推进政府信息公开。（办公室）

（二）加强基础测绘方面

修订《基础测绘条例》，构建新型基础测绘体系，调整完善组织管理机制，提高基础测绘保障服务能力，夯实事业发展基础。（国土测绘司）

修订《中华人民共和国测量标志保护条例》，将信息化测绘基准、空间基础设施等纳入监管，建立分级分类管理体制，明确建设、保管、使用、维护和迁移以及监督管理等有关制度。（地理信息与地图司）

制定《全国卫星导航定位连续运行基准站网管理办法》，加强对全国卫星导航定位连续运行基准站网的统筹管理和安全监管。制定《测绘地理信息质量管理规定》，修订《测绘计量管理暂行办法》，完善测绘地理信息质量、计量管理体系。（国土测绘司）

制定《使用财政资金购置测绘航空航天影像资料管理办法》，建立测绘航空航天摄影与遥感的统筹服务和监督管理制度。（规划财务司）

（三）建立地理国情监测制度方面

制定《地理国情监测管理规定》，全面总结第一次全国地理国情普查工作经验，尽快转入常态化地理国情监测，建立监测内容、组织实施、数据处理、质量控制、成果审核发布及应用等制度，明确中央和地方的工作职责，确定部门间的分工协作机制，确保地理国情普查和监测工作的有效开展。《地理国情监测管理规定》出台后，根据贯彻实施情况，进一步总结实践经验，起草《地理国情监测条例》上报国务院，为地理国情监测工作常态化提供制度保障。（国土测绘司）

（四）加强测绘成果管理方面

修订《中华人民共和国测绘成果管理条例》，完善测绘成果汇交、保管和利用等制度，进一步加强测绘成果管理，强化地理信息安全监管，推进地理信息共享和应用。（地理信息与地图司）

《地图管理条例》出台后，广泛开展宣传活动，贯彻落实条例的各项规定，修订《地图审核管理规定》，完善地图审核工作机制，加强市场监管，维护国家主权、安全和利益，繁荣地图市场。（地理信息与地图司）

修订《测绘管理工作国家秘密范围的规定》，针对测绘地理信息事业发展的客观实际，科学确定保密原则、保密范围和密级划分标准，妥善解决保密与应用的矛盾。研究出台三维实景地图等新型地图产品的公开使用管理政策，规范地理信息新技术和新型地理信息产品应用。（地理信息与地图司）

（五）促进地理信息应用方面

贯彻落实《国务院办公厅关于促进地理信息产业发展的意见》（国办发〔2014〕2号）要求，顺应新型服务业态的发展规律和发展趋势，围绕地理信息开发利用为核心，在地理信息获取、处理、应用等方面出台规章政策，促进地理信息产业的健康快速发展。

制定《地理信息数据开放共享管理规定》，建立政府部门间地理信息资源共建共享机制，明确共建共享的内容、方式和责任，以及各方的权利义务，统筹协调地理信息获取分工、更新和共享工作，确立基础地理信息免费或低收费等相关政策，推动地理信息数据向社会开放。在总结实施经验的基础上，根据需要适时上升为行政法规。（地理信息与地图司）

制定《地理信息公共服务平台管理办法》，明确地理信息公共服务平台的投资、建设、运行、维护、更新等各环节工作机制，转变地理信息服务方式，促进地理信息广泛应用。（地理信息与地图司）

（六）权属测绘及其他测绘方面

修订《房产测绘管理办法》为《不动产测绘管理规定》，进一步完善地籍测绘、房产测绘等不动产测绘管理制度，与《不动产登记暂行条例》相衔接，为国家不动产统一登记制度改革提供保障服务。（法规与行业管理司、国土测绘司）

制定《测绘地理信息应急保障实施办法》，总结近年来测绘地理信息应急保障实践，完善国家测绘地理信息应急保障工作机构、队伍和机制，提高

测绘应急保障能力。(地理信息与地图司)

制定《海洋测绘管理规定》,完善海洋测绘管理制度,推进海洋测绘工作,建立覆盖全部海洋国土的数字地理空间框架,为加强海洋国土开发利用和权益保护,建设“海洋强国”提供地理信息资源保障。(国土测绘司)

制定《国家测绘地理信息局科技项目管理办法》,修订出台《国家测绘地理信息局工程技术研究中心管理办法》,加强科技项目管理,规范工程技术研究中心的建设与管理。(科技与国际合作司)

(七)强化事中事后监管方面

修订《测绘资质管理规定》和《测绘资质分级标准》,进一步规范测绘资质行政许可行为,把管理重心从事前审批转向事中、事后监管,提高测绘资质监督管理和服务水平。修订《测绘市场管理暂行办法》、《测绘地理信息市场信用管理办法》、《测绘地理信息市场信用评价标准》,制定《测绘地理信息项目监理办法》,完善测绘地理信息市场监管制度,健全测绘地理信息市场信用体系,进一步促进公平竞争,激发市场活力,强化市场监管,规范市场秩序,培育良好的市场环境,保障地理信息产业健康有序发展。(法规与行业管理司)

修订《注册测绘师制度暂行规定》、《注册测绘师执业管理办法(试行)》,加强注册测绘师管理,规范注册测绘师注册、执业和继续教育行为,完善注册测绘师执业资格制度体系,推动注册测绘师制度的有效实施。(人事司)

四、工作要求

(一)提高认识,加强领导

党的十八届四中全会指出,实践发展永无止境,立法工作也永无止境。要坚持恪守以民为本、立法为民理念,贯彻社会主义核心价值观,使每一项立法都符合宪法精神、反映人民意志、得到人民拥护。测绘地理信息行政主管部门要充分认识法治对于推进测绘地理信息事业全面深化改革的重要意义,进一步提高运用法治思维和法律手段解决测绘地理信息事业发展中的突出矛盾和问题的能力,把建章立制作为引领和推动事业改革发展的重要抓手。完善局党组对测绘地理信息立法工作中重大问题决策的程序,把法治建设成效作为衡量工作实绩的重要内容,纳入绩效考核指标体系,确保立法工作经费,积极推动制度建设,不断完善测绘地理信息法律体系。

(二)统筹推进,突出重点

把测绘地理信息事业发展中重要程度、紧迫程度、成熟程度高的问题作为立法重点,对于实践急需、条件相对成熟的立法项目,要集中立法资源,加快立法步伐,全力攻关,尽早出台。对规划中明确的立法项目,负责司室要及时组织起草班子,深入开展调查研究,形成职责明确、分工负责、相互协作的工作局面,确保按时完成立法任务,推动立法规划落实。法规与行业管理司要加强指导协调,做好合法性审查工作。立法规划落实情况要及时进行评估,因客观情况不能按期完成的,负责司室要作出书面说明。

(三)健全机制,科学立法

要坚持科学立法、民主立法,严格遵守立法程序,健全立法起草、论证、协调等工作机制,完善立法草案公开征求意见和公众意见反馈机制,不断增强立法透明度,扩大公众有序参与测绘地理信息立法工作。建立立法专家顾问咨询制度,充分吸收相关测绘、法律、行政管理等领域的专家学者参与立法工作,广泛凝聚立法共识,提高立法的科学性。要坚持“立、改、废、释”并举,适时推行立法后评估制度,加强与各部门、各地区的立法工作交流,统筹推进测绘地理信息法律体系的健全和完善。

(四)深入调研,确保质量

要坚持问题导向,主动深入基层,充分了解和掌握国内外测绘地理信息领域的发展历史、现状和趋势,使法律制度准确反映我国测绘地理信息转型升级的制度需求,切实解决事业发展的实际问题,并且操作性强,备而不繁,简明易行。要深入开展立法研究,对事关事业发展全局的一些重大问题,要及时组织研究,广泛开展讨论,尽快形成统一认识,为立法工作提供理论指导。有效整合高等院校、科研院所的研究力量,利用政府采购服务的形式,广泛搜集国内外有关材料,深入开展比较研究、实证研究,充分借鉴国际通行做法,为立法工作提供有力支撑,确保立法成果有用、管用、好用。

附件:1. 国家测绘地理信息局2015—2020年立法项目表

2. 测绘地理信息法律体系框架(2020年)

附件 1：

国家测绘地理信息局 2015—2020 年立法项目表

序号	法律层级	名称	制定/修订	拟发布机关	负责司室	完成时间
1	法律	《中华人民共和国测绘法》	修订	全国人大常委会	法规与行业管理司	2015 年
2	行政法规	《中华人民共和国测量标志保护条例》	修订	国务院	地理信息与地图司	2016 年
3		《基础测绘条例》	修订	国务院	国土测绘司	2017 年
4		《中华人民共和国测绘成果管理条例》	修订	国务院	地理信息与地图司	2018 年
5		《地理国情监测条例》	制定	国务院	国土测绘司	2020 年
6	部门规章	《全国卫星导航定位连续运行基准站网管理办法》	制定	国土资源部	国土测绘司	2015 年
7		《地图审核管理规定》	修订	国土资源部	地理信息与地图司	2015 年
8		《地理国情监测管理规定》	制定	国土资源部	国土测绘司	2016 年
9		《房产测绘管理办法》（修订为《不动产测绘管理规定》）	修订	国土资源部	法规与行业管理司 国土测绘司	2016 年
10		《使用财政资金购置测绘航空航天影像资料管理办法》	制定	国土资源部	规划与财务司	2017 年
11		《地理信息数据开放共享管理规定》	制定	国土资源部	地理信息与地图司	2018 年
12		《测绘地理信息质量管理规定》	制定	国土资源部	国土测绘司	2019 年
13		《海洋测绘管理规定》	制定	国土资源部	国土测绘司	2020 年
14	规范性文件	《国家测绘局政务公开办法》	修订	国家测绘地理信息局	办公室	2015 年
15		《测绘地理信息市场信用管理办法》和《测绘地理信息市场信用评价标准》	修订	国家测绘地理信息局	法规与行业管理司	2015 年
16		《国家测绘地理信息局行政执法工作规定》	制定	国家测绘地理信息局	法规与行业管理司	2015 年
17		《测绘地理信息行政执法过错与错案责任追究办法》	制定	国家测绘地理信息局	法规与行业管理司	2015 年
18		《关于规范使用测绘地理信息行政处罚自由裁量权的若干意见》	制定	国家测绘地理信息局	法规与行业管理司	2015 年

序号	法律层级	名 称	制定/修订	拟发布机关	负责司室	完成时间
19	规范性文件	《国家测绘地理信息局科技项目管理办法》	制定	国家测绘地理信息局	科技与国际合作司	2015 年
20		《测绘计量管理暂行办法》	修订	国家测绘地理信息局	国土测绘司	2016 年
21		《测绘行政审批程序规定》	修订	国家测绘地理信息局	法规与行业管理司	2016 年
22		《测绘地理信息项目监理办法》	制定	国家测绘地理信息局	法规与行业管理司	2016 年
23		《测绘管理工作国家秘密范围的规定》	修订	国家测绘地理信息局 国家保密局	地理信息与地图司	2016 年
24		《地理信息公共服务平台管理办法》	制定	国家测绘地理信息局	地理信息与地图司	2016 年
25		《国家测绘地理信息局工程技术研究中心管理办法》	修订	国家测绘地理信息局	科技与国际合作司	2016 年
26		《测绘地理信息应急保障实施办法》	制定	国家测绘地理信息局	地理信息与地图司	2017 年
27		《测绘市场管理暂行办法》	修订	国家测绘地理信息局 国家工商行政管理总局	法规与行业管理司	2017 年
28		《测绘地理信息行政执法监督检查管理办法》	制定	国家测绘地理信息局	法规与行业管理司	2017 年
29		《注册测绘师制度暂行规定》	修订	人力资源和社会保障部 国家测绘地理信息局	人事司	2017 年
30		《测绘地理信息行政许可监督管理办法》	制定	国家测绘地理信息局	法规与行业管理司	2018 年
31		《注册测绘师执业管理办法（试行）》	修订	国家测绘地理信息局	人事司	2018 年
32		《测绘资质管理规定》和《测绘资质分级标准》	修订	国家测绘地理信息局	法规与行业管理司	2019 年

附件 2：

测绘地理信息法律体系框架（2020 年）

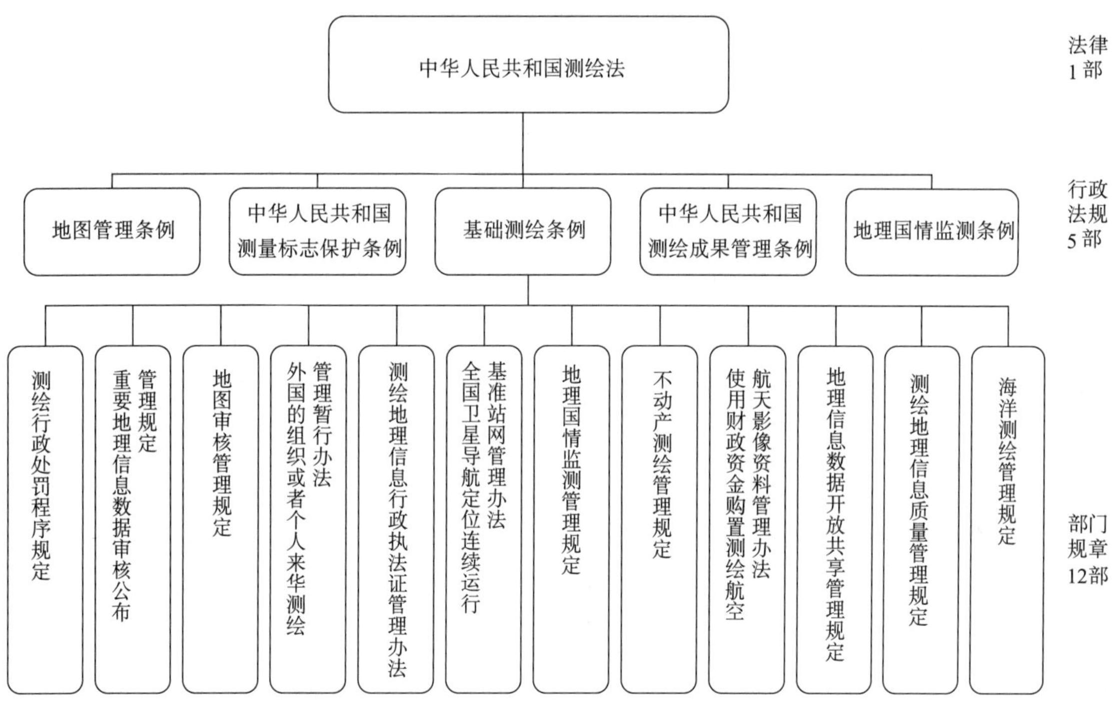

关于加强测绘地理信息科技创新的意见

国测科发〔2015〕4 号　2015 年 12 月 22 日

各省、自治区、直辖市、计划单列市测绘地理信息行政主管部门，新疆生产建设兵团测绘地理信息主管部门，局所属各单位，局机关各司室，局属重点实验室、工程技术研究中心：

科技创新是推动测绘地理信息事业发展的核心驱动力。为深入贯彻落实创新驱动发展战略，切实提高测绘地理信息科技创新能力和水平，增强科技创新对测绘地理信息事业发展的支撑引领作用，推动测绘地理信息事业改革创新发展，更好地服务大局、服务社会、服务民生。按照《中共中央 国务院关于深化体制机制改革加快实施创新驱动发展战略的若干意见》（中发〔2015〕8 号）和《中共中央关于制定国民经济和社会发展第十三个五年规划的建议》的精神，围绕“加强基础测绘、监测地理国情、强化公共服务、壮大地信产业、维护国家安全，建设测绘强国”的测绘地理信息发展战略，现就加强测绘地理信息科技创新工作提出如下意见。

一、总体思路和主要目标

“十二五”以来，测绘地理信息科技创新工作取得重要成就，创新政策环境不断优化，自主创新能力显著提升，创新平台布局不断优化，创新人才培养成效显著，企业技术创新主体作用日益凸显，科技国际合作走向深远，科技整体水平步入国际先进行列，对事业发展的支撑能力大幅提升。面对新形势、新任务和新要求，测绘地理信息科技创新工作还存在一些问题，主要表现为：思想观念不够解放、体制机制不够健全、自主创新能力不强、高端复合人才缺乏、成果转化衔接不紧等，必须进一步增强紧迫感、责任感和使命感，抓住机遇，大力加强测绘地理信息科技创新工作。

（一）指导思想。

全面贯彻党的十八大和十八届三中、四中、五中全会精神，认真贯彻落实习近平总书记系列重要讲话精神，按照“四个全面”战略布局总要求和“创新、协调、绿色、开放、共享”的发展理念，深入贯彻实施创新驱动发展战略，紧密围绕测绘地理信息发展战略方向，努力破除制约测绘地理信息科技创新的思想障碍和机制藩篱，营造良好创新环境，完善科技体制机制，创新科技管理模式，加强科技创新活动组织，激发科技人才创新活力，优化人才结构，促进成果转化，完善创新平台，推动测绘地理信息事业转型升级、科学发展。

（二）基本原则。

坚持问题导向原则。紧扣经济社会发展重大需求，紧盯测绘地理信息事业发展目标，着力解决科技创新体制机制、自主创新、成果转化与产业化等方面的突出问题，把科技创新能力变成实实在在的生产力。

坚持人才为先原则。始终将人才作为科技创新的第一资源，营造尊重知识、尊重人才的浓厚氛围。坚持项目、人才、基地相结合，将创新活动同人才培养紧密结合。创新人才培养模式，使优秀科技人员脱颖而出。

坚持有效激励原则。更加注重强化人才激励，实行以增加知识价值为导向的分配政策，提高科研人员成果转化收益分享比例，使其获得与贡献相匹配的待遇和尊严，鼓励人才弘扬奉献精神，让科技人员以自己的发明创造合理合法富起来，激发其持久的创新动力。

坚持自主创新原则。高度重视原始创新，加大对测绘地理信息基础研究和高技术研发的支持力度，在基础理论、战略性关键技术上取得突破。强化集成创新、引进消化吸收再创新，打破国外对测绘地理信息核心技术与装备的垄断。

（三）主要目标。

到2020年，在测绘地理信息科技体制改革的关键环节取得突破性成果，基本形成适应创新驱动发展要求的制度环境和体制机制，自主创新能力显著增强，技术创新的市场导向机制更加健全，人才、资本、技术、知识自由流动，企业、科研院所、高校协同创新，军民融合深度发展，科技创新资源配置更加优化，创新效率显著提升，率先建成符合创新型国家要求的测绘地理信息科技创新体系。到2030年，测绘地理信息科技创新整体实力进入世界前列。

二、创新科技体制机制

（四）加强科技创新资源的统筹协调。围绕国家经济社会发展和重大战略要求，结合测绘地理信息事业发展实际需求，统筹利用国内外和行业内外的测绘地理信息科技创新资源，积极参与国家科技计划项目。落实国家科技体制改革要求，充分发挥科研院所、高校的科技引领和支撑作用，加强基础研究和前沿技术研究，突出国家目标和社会责任；生产单位重点要在技术革新、示范与应用方面发挥好中试基地和应用前沿阵地作用；企业要发挥好技术创新的主体作用，不断创新，巩固和提升自身核心竞争力；中介机构要发挥好服务和纽带作用。省级测绘地理信息行政主管部门要强化对科技创新资源配置的引导，加强科技创新活动的组织与开展。建立健全测绘地理信息科技创新资源合理流动和协同共享机制，进一步促进创新资源高效配置、综合集成和开放共享。

（五）改革科技创新管理机制。推动测绘地理信息行政主管部门科技主管机构的职能从研发管理向创新服务转变。国家测绘地理信息局要加强战略规划与政策研究，编制测绘地理信息科技发展五年规划，做好与国家科技规划计划的衔接。省级测绘地理信息行政主管部门要加强区域科技创新规划研究，将科技发展重点任务、科技计划纳入地方规划，并与国家科技规划相衔接，避免碎片化。建立科技项目管理和成果信息服务平台，完善科研项目管理、科技成果登记与信息公开公示等制度，建立科技成果及其转移转化统计和报告制度。

（六）完善科技创新多元投入机制。研究建立测绘地理信息科技创新的多元投入机制，国家和省级测绘地理信息科研、事业单位要积极争取国家科技计划和区域创新项目。鼓励科研院所、高校、生产单位与企业联合创新科研组织模式和资金投入模式，鼓励国内外资本设立创新基金参与测绘地理信息科技创新。在测绘地理信息行政主管部门和相关单位预算中要落实科技创新投入，按照创新型国家建设要求，原则上科技创新经费比例应不低于本单位生产服务总值的2.5%。在国家和地方重大测绘地理信息工程项目中，要安排适当比例的经费用于解决工程技术难题、开展生产性技术试验、制定技术规程和改进工艺流程等。

（七）健全科技创新评价机制。研究制定符合科技创新活动规律和特点的科学研究、科技人才评价办法。基础理论和前沿技术研究要突出同行关于研究质量、原创价值和实际贡献等方面的评价；生产性技术试验研究要突出研究成果转化为现实生产力的实效评价；产品技术研发要突出形成产业化能力的评价。严格项目验收，强化绩效考评，将验收与考评结果作为后续经费拨付、承担单位其它项目立项及支持力度的重要依据。鼓励各地测绘地理信息行政主管部门和相关单位研究建立适合自身发展特点的科技创新评价机制。构建测绘地理信息科技创新信用评价体系，加强科研诚信管理，建立科研“黑名单”制度，着力营造诚实守信、公平竞争的良好环境。统筹测绘地理信息相关科技奖励工作。

三、明确科技创新重点

（八）大力支持科技原始创新。加大基础研究和应用基础研究在科技创新活动中所占的比例和经费投入。按国家相关要求，在基础测绘科技经费及各省各单位科技经费中，基础研究和应用基础研究项目经费所占比例应不低于10%。鼓励公益性科研院所和高校开展基础理论研究，优先支持其申报基础研究和应用基础研究国家科技计划项目，并支持科研人员根据研究方向自主选题。对大地测量基准、位置智能感知、遥感机理、数据挖掘与地理信息网络安全等相关基础理论研究重点及公益性研究方向要保证稳定投入。鼓励相关单位按规定使用科研项目结余资金、成果转化收益与其他自有资金，优先组织开展原始创新活动与科研条件平台建设，尤其对于能破解行业发展瓶颈的原创性科技成果要给予重点支持或奖励。遵循科研规律，鼓励创新，宽容失败。

（九）加强核心关键技术攻关。瞄准测绘地理信息事业发展目标，梳理核心关键技术创新链，统筹优势科技力量，开展新型基础测绘、地理国情监测、海洋测绘、智慧城市、应急测绘等方面的重大关键技术攻关，加强水下地下测绘、全球测图与地理信息社会化应用等方面的共性技术研究，加强北斗卫星导航系统应用、资源三号卫星后续星和系列测绘卫星等方面的研究，强化地理信息安全保密技术研究，加强测绘地理信息技术与物联网、云计算、大数据等技术的交叉融合研究。

（十）加强国产自主高端装备研发。大力扶持企业开展具有自主知识产权的国产高端仪器装备研发及标准制定。研究制定使用首台（套）重大自主技术装备的鼓励政策，加大对相关装备研发与定型试用的支持力度。委托国家或地方的科技中介机构对自主研发的新型软硬件装备进行测评或鉴定，制定新产品目录，在装备采购与工程项目中采用首购、订购等非招标采购以及政府购买等方式予以支持，不断提高自主知识产权测绘地理信息装备的国内外市场份额。

四、强化科技创新平台建设

（十一）优化创新平台总体布局。推进国家实验室、国家重点实验室等国家级创新平台建设和部门重点实验室、工程中心的分类整合、布局优化，优化中东部、加强西部地区创新平台建设，发挥科技产业园区的聚集、孵化与辐射作用，鼓励各省、自治区、直辖市建立技术创新中心，培育科技中介服务机构，推进以国家级创新平台为核心、部门和地方创新平台为节点的全国科技创新平台网络体系建设。引导构建产业技术创新联盟。积极引导构建众创、创客空间等促进大众创业万众创新的新型创新平台。支持科学观测台站、技术转移中心、科普教育基地等创新条件平台建设。完善各类科技创新平台的评价管理办法，鼓励各类创新平台实体化运行。加强科技创新平台的检查评估与动态管理。

（十二）强化产学研用协同创新。积极推进部局共建、省局共建、军民共建等方式的创新平台建设。建立科研院所、高校、生产单位和企业之间的科研深度合作与人才双向交流机制，倡导联合共建研究院、研发中心、博士后科研工作站等研发基地。打造科技要素相对集中的区域创新联盟、协同中心。鼓励各地开展跨区域、跨行业融合创新，强化产学研用紧密结合，通过人才交流、项目合作、成果转化等，促进知识创新、技术创新、应用服务之间的协同发展。

（十三）促进国际科技交流合作。支持搭建国内外高校、科研院所联合研究平台，加大统筹国际国内人才、技术、资金、智力等科技创新资源配置力度。参与或发起地球观测、地理设计、全球测绘基准等国际大科学研究计划。支持国内科研机构和企业通过建立全球或海外研究院、国际技术转移中心或科技合作创新联盟等方式，推动我国先进技术和装备走出去。支持我国科研人员在国际学术组织中任职，提升我国的国际话语权。

（十四）加强测绘地理信息智库建设。加强智库建设的顶层设计，加快形成测绘地理信息智库体系。在政策、项目和创新平台建设等方面加大对智库建设的支持力度，积极发挥各级科学技术委员会和学（协）会专家群体的咨询作用。加强测绘地理信息科技发展战略研究与技术发展预测。

五、发挥企业技术创新主体作用

（十五）扩大企业在科技创新决策咨询中的话语权。吸纳企业参与测绘地理信息科技规划、标准和政策研究制定，扩大企业专家在各级科技咨询决策机构中的比例，推荐符合条件的企业技术带头人申报国家和地方人才计划。支持有条件的企业设立创新创业投资基金，推动企业创新地理信息社会化服务商业模式。强化科研院所和高校对企业技术创新的源头支持，鼓励科研院所和高校为企业提供技术人员进修、培训和交流的渠道，加强科技资源开放共享。

（十六）鼓励企业研发关键共性技术和装备。鼓励企业牵头联合科研院所和高校协作实施市场导向明确的科技项目，开展关键共性技术、先进装备和标准的研发攻关。支持将企业先行投入、自行设立的科技项目经遴选纳入政府科技计划，探索运用财政后补助、间接投入、政府购买服务等方式予以资助。支持企业开展新装备的规模化定型生产、调试和培训服务。基于“互联网＋”理念，推进地理信息公共产品增值服务，创新公共服务模式。

（十七）支持企业建立成果中试转化平台。开展符合条件企业的信息化测绘技术创新转型试点，支持建设以市场化机制运行的成果转化平台。鼓励事业单位向企业开放网络平台接口、基础地理信息资源、开源软件和大型仪器设施。鼓励科研院所和高校的技术创新团队进入企业创新平台，加快自主创新科技成果向生产力转化步伐。国家重点实验室、工程中心要向企业有效开放。

六、促进科技成果转化

（十八）健全促进科技成果转化的有关机制。出台促进科技成果转化的相关政策。强化科技项目法人单位和项目承担者的科技成果转化义务和责任。建立科技成果转化、交换交易的信息平台，有效服务大众创业、万众创新。提高政府采购国产化技术产品和服务的力度。将科技成果转化与产业化水平作为科研项目立项和验收的重要内容和依据。健全科技成果转化为生产力的推广应用保障机制，鼓励科研院所和高校加强科技成果转化管理队伍建设，科技成果转化较多的单位可设立负责科技成果转化工作的内设机构或岗位，支持科技成果与市场对接。

（十九）推进科技成果使用、处置和收益管理改革。将财政资金支持形成的，不涉及国防、国家安全、国家利益、重大社会公共利益的科技成果的使用权、处置权和收益权，全部下放给符合条件的项目承担单位，鼓励以转让、作价入股等方式加强技术转移。科技成果转移转化所得收入全部留归单位，纳入单位预算，实行统一管理，处置收入不上缴国库，在对完成和转化职务科技成果重要贡献人员给予奖励和报酬后，用于单位后续科研工作。

（二十）提高科研人员成果转化收益比例。利用财政资金资助形成的职务科技成果转让收益应按照国家规定，在重要贡献人员、所属单位之间合理分配，强化成果转化激励。对完成和转化职务科技成果做出重要贡献的人员给予的奖励和报酬比例，除已有明确约定外，可从现行的不得低于科技成果转让净收入的20%提高到50%。对完成和转化职务科技成果做出重要贡献的人员给予奖励和报酬的支出计入当年本单位工资总额，但不纳入本单位工资总额基数。

（二十一）加强知识产权保护和技术标准制定。出台加强测绘地理信息知识产权管理的有关办法，把自主知识产权的质量、拥有量和实施效益作为科研人员绩效考核和职称评定的重要依据，并作为科研项目和平台建设申请、验收的重要内容。强化技术标准在科技成果转化中的导向和促进作用，将技术标准研制和执行作为科研项目考核的重要指标，制定以技术标准促进成果转化应用的措施，推动新技术、新方法等研究成果快速转化为标准，引导和促进科技成果通过标准化加速实现产业化、市场化。

七、加强科技人才队伍建设

（二十二）促进科技人才知识更新。面向未来科技发展需求，指导高校、职业教育及培训机构优化学科建设，科学设置专业，及时更新课程内容，尤其加强数据挖掘、统计分析、科技金融等其他相关学科领域的融合教育，培养新一代高层次复合型科技人才，为测绘地理信息发展提供人才储备与智力支持。进一步加强测绘地理信息科技人才的在职培训、脱产学习、出国进修等继续教育，鼓励单位引导支持职工开展多种形式的理论与技术学习活动，有效促进测绘地理信息科技人员的知识和技术更新。

（二十三）打造高水平的科技创新团队。强化"项目+人才"的科技创新人才分类支持，重大科研项目优先交由科技领军人才牵头的创新团队承担，优先保障青年学术和技术带头人出国研修和培训，鼓励年轻科技人员承担重要科研项目。坚持全球视野，加强高精尖科技人才的培养和引进力度，积聚一批具有国际视野、掌握国际前沿的科技领军人才。积极探索建立国际联合研究团队，支持申报国家创新团队。鼓励社会力量设立的科技奖项中加强对创新团队的奖励。

（二十四）完善科技创新人才流动机制。健全测绘地理信息行业党政机关、科研院所、生产单位和企业之间科技人才流动机制。经主管部门批准，科研型事业单位可公开招聘负责人和科研带头人，赋予创新人才更大财务支配权、技术路线决策权。鼓励各科技创新平台发挥人才流动的优势，通过科技合作、互派挂职和客座研究等方式，促进科技人员的流动，鼓励符合条件的科研人员经所在单位批准，带着科研项目和成果，按照国家规定保留基本待遇到企业开展创新工作或创办企业。

各级测绘地理信息行政主管部门、局所属各单位要进一步统一思想，高度重视，加强领导，把科技创新摆在测绘地理信息事业发展全局的核心位置，认真抓好各项政策的落实。要加强对创新文化的宣传和舆论引导，营造良好创新氛围，激发广大测绘地理信息科技工作者的创新热情，为测绘地理信息事业转型发展汇聚新能量，为早日实现测绘地理信息强国目标夯实科技支撑和创新引领的重要基石。

领导讲话

在国家测绘地理信息局　中国地质调查局协同发展合作协议签署仪式上的讲话

国土资源部部长　姜大明

2015年3月26日

同志们，下午好！

很高兴在这春暖花开的时节，来到中国测绘创新基地，见证国家测绘地理信息局、中国地质调查局合作协议的签署。去年6月，我曾到测绘地信局就促进部局业务协作进行调研，之后部局联合印发了深化部局业务协作的实施方案，并在第二次全国土地调查、第一次全国地理国情普查数据共享等方面取得了实质性进展。今天，测绘地信局、地调局要签署合作协议，是部局业务协作取得的又一重要创新成果，是测绘地信局、地调局主动适应新常态、加强资源统筹整合、提升资源配置效益的实际行动。我代表国土资源部党组，向测绘地信局、地调局合作协议的签署表示祝贺！

去年以来，国际环境复杂多变，世界经济仍处于金融危机后的深度调整期，我国经济下行压力持续加大，改革发展稳定任务艰巨繁重。以习近平同志为总书记的党中央总揽全局、审时度势，作出了我国经济发展进入新常态的重大科学判断，确立了全面建成小康社会、全面深化改革、全面依法治国、全面从严治党的战略布局。面对新的世情、国情、党情，如何按照"四个全面"战略布局，主动适应和引领经济发展新常态，科学高效配置资源，走出一条新常态下的国土资源事业改革发展新路，是我们面临的重大任务。

适应新常态，贵在主动，重在行动；引领新常态，要勇于改革，大胆创新。推进部局业务协作，是我们主动适应和引领新常态、提高资源配置质量和效益的重要举措。测绘地信局、地调局同属国土资源大家庭，在相对独立开展工作的同时，两个部门工作紧密相连、相互支撑，要在协作共享、互利共赢的良好基础上，强化资源统筹整合和节约利用，特别是测绘地信、地质调查的一些重要数据成果，完全可以一次投入、多次共享。现在，各部门都在搞“一张图”，其实各部门的相关数据可以、也应该集成在一张图上，共建共享、互通有无。我们要科学统筹国土资源系统的各类数据、技术、智力、基础设施、执法力量等资源，打破各种形式的条块分割，促进国土资源系统整体资源的高效配置和充分共享利用。今年的政府工作报告提出了大力实施“互联网＋”行动计划，我看“互联网＋”的理念可以引申一下，整个国土资源系统的力量如果“＋”起来，“国土资源＋测绘地理信息＋海洋资源＋地质调查”所产生的效果就不是简单的加法了，而是在做乘法，甚至是带来指数级的共同增长，将产生巨大的综合集成效益，国土资源事业发展的天地将更加广阔、前景将更加美好。

测绘地信局、地调局能够从国家大局、事业全局出发，用实际行动深化改革、创新管理，积极主动合作共享，推动国土资源的统筹整合和高效利用，非常有意义。今天两局签署的合作协议，内容务实、具体，可操作性强。刚才，库热西、钟自然同志作了发言，李维森同志介绍了协议主要内容，讲的都很好。希望两局认真落实好协议确定的内容，深入推进在规划和政策研究、遥感卫星应用、资料共享与服务及技术等方面的合作，扎实开展多形式、多层次、多方位的业务协作，不断提升两局业务协作的广度和深度，更好地支撑部局中心工作，服务国土资源工作和国家经济社会发展大局。

下一步，要进一步推动部局业务协作的全面深化，共同探索建立部局业务协作的长效机制，细化对接和有效整合部局的工作和资源，不断拓展协作领域，深化协作内容，更加高效地把国土资源领域的资源和力量集合凝聚起来。希望测绘地信局、地调局发挥自身优势，积极主动契合、融入部各项重点工作，共同推进国土资源领域深化改革和法治建设，为经济持续健康发展和社会和谐稳定提供有力支撑和保障，为中华民族的伟大复兴作出应有贡献！

在第一次全国地理国情普查标准时点核准工作会议上的讲话

国家测绘地理信息局局长，国务院第一次全国地理国情普查领导小组副组长、办公室主任 库热西·买合苏提

2015 年 3 月 31 日

尊敬的徐鸣副省长，同志们：

上午好！

刚才，徐鸣副省长作了热情洋溢的致辞。在此，我谨代表第一次全国地理国情普查领导小组办公室、国家测绘地理信息局，向江苏省委、省政府长期以来对测绘地理信息工作的关心重视和大力支持表示衷心的感谢！

首先，我向大家传达中共中央政治局常委、国务院副总理、第一次全国地理国情普查领导小组组长张高丽同志对于地理国情普查工作的重要批示精神。3 月 17 日，我们向第一次全国地理国情普查领导小组呈报了地理国情普查工作进展和 2015 年工作计划的报告。3 月 19 日，高丽副总理审阅了报告，并作出重要批示：“经过两年来各方面的共同努力，第一次全国地理国情普查工作取得积极成效。今年是普查收官之年，要加强组织协调和督促指导，优质高效完成普查任务，更好服务科学决策和经济社会发展。”这是继去年 8 月 1 日之后，高丽副总理再次专门就地理国情普查工作作出重要批示。高丽副总理的重要批示，体现了党中央、国务院对地理国情普查工作的高度重视，是高丽副总理对两年多来普查工作的充分肯定和对广大普查人员的高度认可，为我们做好下一步工作指明了努力方向、提出了目标任务。高丽副总理的重要批示，既是对我们的亲切关怀和强大鼓舞，更是我们做好当前及今后普查工作的基本遵循和部署要求。我们一定要以高度的政治责任感和使命感，坚决贯彻落实高丽副总理的重要批示精神，再接再厉，全力以赴，优质高效圆满完成普查任务，回报高丽副总理的关怀重视，绝不辜负党中央、国务院的殷切期望。国土资源部部

长姜大明同志也就学习贯彻落实高丽副总理重要批示，做好普查工作提出了明确要求，指示我们要“把高丽副总理重要批示精神传达贯彻好，善始善终完成好第一次全国地理国情普查各项任务”。

两年多来，我们在党中央、国务院的正确领导下，特别是高丽副总理的直接关怀领导下，在国务院各有关部门和各省（区、市）党委政府的大力支持下，在各级普查办的全力推动下，全国四万多名普查工作者牢记使命、攻坚克难、恪尽职守、艰苦奉献，顺利完成了全国地理国情普查的信息采集任务，为2015年普查工作全面收官打下了坚实基础。成绩的取得，来之十分不易。在此，我代表第一次全国地理国情普查领导小组、国家测绘地理信息局，向大家并通过你们向全国地理国情普查工作者表示崇高的敬意和衷心的感谢！

2015年，是第一次全国地理国情普查的决战之年，我们的时间十分紧迫，任务非常繁重，责任极其重大。能否夺取普查工作的全面胜利，考验着我们的智慧，考验着我们的能力，也考验着我们的定力。下面，我就贯彻落实高丽副总理重要批示精神，全力做好地理国情普查工作，讲三点意见。

一、勇于担当，进一步增强做好地理国情普查与监测工作的使命感和责任感

第一次全国地理国情普查，是新中国成立以来，由国务院组织开展的历史上规模最大、投资最多、任务最重的测绘地理信息工程，是测绘地理信息事业发展到当前历史节点，面对新形势、新需求、新要求，主动适应新常态，转变发展方式的重大举措，是关乎测绘地理信息改革发展、转型升级的头等大事。开展地理国情普查和监测如同对地理国情进行“全面体检”，“体检后”要出具“体检报告”，做出“正确诊断”，提出有效建议，为国家和地方改革发展提供数据支撑和决策参考，使命光荣、责任重大。

我们要勇于做地理国情普查和监测使命的“担当者”。地理国情普查是国务院赋予我们的新使命、新职责，是对测绘地理信息保障能力的一次全面检验。我们必须以高度的政治责任感和使命感扎实做好地理国情普查和监测，以全面真实的数据摸清我国地理国情家底，做到“心中有数”；以常态化的地理国情监测，服务经济社会可持续发展，做到“决策有据”。也就是说，测绘地理信息部门要做决策者的“眼睛”，把地理国情查实看清；更要做决策者的“智囊”，把情况分析透彻，提出科学建议。

我们要善于做改革发展大局的“服务者”。高丽副总理在重要批示中要求我们“更好服务科学决策和经济社会发展”，对地理国情普查和监测工作寄予厚望。我们要紧紧围绕国家发展战略、政府宏观决策、生态文明建设、重大工程实施和社会民生需求等，科学挖掘出普查成果这个“大数据”中蕴含的信息和知识，寻找规律性变化，发现趋势性演进，提出前瞻性建议，形成有分量、有代表性、有说服力的普查和监测成果，揭示资源、生态、环境、人口、经济、社会等要素在地理空间上的内在关系，科学分析资源环境的承载能力和发展潜力，促进科学管理决策，服务生态文明建设，更好地发挥出地理国情普查与监测的经济效益和社会效益。

我们要敢于做深化改革、转型升级的“开拓者”。开展地理国情普查，为深化测绘地理信息领域改革和推动事业转型升级提供了重要机遇。我们要以普查带监测促转型，勇于承担时代所赋予的重任，加快推进地理国情监测进法律、进职责、进规划、进预算，构建科学完备的地理国情监测体系。要以普查为契机，促进测绘地理信息工作在思想观念、管理方式、技术手段、生产模式、产品构成、组织结构等方面的变革和创新，打造测绘地理信息事业的“升级版”，更好地服务大局、服务社会、服务民生。

二、精心组织，优质高效完成标准时点核准任务

按照国务院要求，全国普查标准时点为2015年6月30日，今天，普查标准时点核准将正式启动，标志着普查工作转入新阶段的同时，也意味着距标准时点仅有3个月时间，大家必须高度重视，精心组织，确保普查时点核准工作圆满完成。

一要深刻理解时点核准的重要性。众所周知，任何一项全国性普查都存在一个统一时点问题，其目的是反映普查对象在同一时点的客观状况，避免因时点不同造成普查信息不真实、不准确。我们目前的普查数据，是利用近4年的影像、在调查核查的基础上获取的，而我国经济社会发展很快，很多普查要素和内容在两年内发生了很大变化，原有的普查成果还不能准确表达当前时点的真实状况，只能作为先期成果。所以必须采用最接近时点的影像，对前期普查数据进行一次再核准，进一步提高普查数据的现势性和准确性，形成符合统一时点要求的普查成果，为下一步数据库建设、统计分析提供可靠数据，为今后常态化监测提供同一时间信息的监测基准。时点核准关系整个普查工作的质量和成败，我们一定要明确责任、加强督导，各级普查机构要做好计划、细化方案，各作业单位要分解落实、全力实施，尽最大力量对两年来形成的普查成果进行一次全面更新，使普查数据尽可能反映今年6月30日左右的现势状态。

二要做好技术保障。经过两年的实践，各地已积累了较成熟的经验，但时点核准有其特定的要求，一定要把新的技术要求吃准吃透，避免走弯路。全国普查办要做好技术保障工作，深入实地，加强研究，切实做好对作业单位的技术指导。各省级普查办要采取有效措施，加强对技术人员、质检人员和作业人员的技术培训，确保在技术路线、技术要求和技术方法上认识统一、步调一致。各作业单位要确保领会到位、落实到位、执行到位。

三要全力保障影像。能否有效获取符合时点要求的影像资料是保证时点核准工作的关键，也是能否按时完成核准任务的关键。卫星测绘应用中心要把时点核准影像获取作为当前头等大事来抓，科学制定影像获取实施方案，充分发挥资源三号、天绘系列等国产卫星的优势，利用各种影像获取手段，尽最大可能获取今年4至6月的最新影像并及时分发利用，力争实现全覆盖；对办法穷尽仍没有实现覆盖的区域，要有应急预案，采取各种补救措施，解决影像不足的问题，尽全力做好保障工作。各地也要发挥主观能动性，抓紧收集相关资料，做到未雨绸缪，做好重点地区资料保障的应急准备。

四要开展劳动竞赛。为进一步激发广大职工的工作热情，国家局劳动竞赛委员会将组织开展“普查时点核准百日大会战”主题竞赛活动，各地要积极创新活动方式，充分激发职工活力，对活动中涌现的先进典型事迹及时宣传报道，努力形成“比学赶帮超”的竞赛氛围，发挥劳动竞赛的“助推器”作用，加快推进时点核准工作。

三、再接再厉，全面完成2015年普查任务

2015年，普查工作的重心转入统一时点核准、成果汇交、数据库建设和基本统计阶段，这些关键环节环环相扣、交错叠加。高丽副总理要求我们“加强组织协调和督促指导，优质高效完成普查任务”，大家一定要凝心聚力、加劲冲刺，奋力夺取第一次全国地理国情普查全面胜利。

（一）加强组织实施。普查工作与其他各项工作紧密相关，没有与普查工作无关的地方、单位和同志，大家一定要树立“全国一盘棋”的思想，切实增强政治意识、大局意识、责任意识，科学制定今年普查工作计划，分类做好工作安排，按照不同阶段的任务分门别类的定措施、提要求、抓落实，确保标准时点核准、成果汇总汇交、数据库建设和基本统计这4大任务顺利完成。个别地区确因各种客观因素不能按时完成任务的，要尽早上报全国普查办，由全国普查办调动力量帮助完成，绝对不能迟报、虚报、瞒报，影响全国整体进度。

（二）确保普查质量。质量关乎普查工作的成败。我们要成为客观公正的“第三方”，必须靠过硬的成果质量作为立身之本。从去年监督抽查的结果看，质量风险依然存在，必须引起高度警觉。近期，全国普查办安排了10个督查组赴各地开展督查，国检中心正在组织今年的第二轮抽查。各地要坚持质量目标不变、要求不松、标准不降的总体要求，进一步严格质量管理，强化监督检查，严肃责任追究。当前，要防止“抢抓进度、忽视质量”现象发生，还要避免因为部门或地方利益等原因，导致出现非技术因素的质量问题。质量监督机构要切实履行职责，对质量隐患较大的地区，要采取必要措施，加强重点监督，严控质量风险。成果汇交前，要做好复核抽检，科学设定数据入库检验门槛，严格做好成果验收，确保全国普查数据标准统一、真实可靠。

（三）扎实推进数据库建设。普查数据库是统计分析地理国情信息的原始数据，是形成系列普查成果的基础，是开展常态化地理国情监测的基准，是极其宝贵的地理信息资源。一定要高度重视，选派精兵强将，加大资源投入，确保数据库设计科学、运行稳定、运转高效。全国普查办要组织技术力量，必须在年底前建成一流的全国地理国情普查数据库。各地要按照国家数据汇交的统一部署，及时完成普查数据集的入库检查和预处理，建好本级数据库，按时汇交成果，确保全国普查数据库建设如期推进。

（四）科学开展基本统计。统计分析地理国情信息技术含量高、人员素质要求高、学科跨度大，对我们来说是一项全新的、具有挑战性的任务。要进一步优化基本统计的模型和算法，加大试点试验力度，确保统计工作的高效和统计结果的准确，力争明年2月完成基本统计，形成系列成果，报领导小组审定。

（五）深化普查成果应用。国家和地方在过紧日子的情况下，投入大量人力物力财力开展地理国情普查，必须“查以致用”，发挥好普查的作用价值。要结合新常态给我国经济社会发展带来的新机遇新挑战，进一步深刻分析党和国家中心工作对地理国情的潜在需求，创新挖掘政府管理决策对地理国情的现实需要，紧密结合国家专项普查对地理国情的具体需求，进一步完善普查成果表达内容，深入研究普查成果表达形式，做到数据权威可靠，图件易读易懂，报告简捷精辟，建议有理有据。各地要加强与政府各有关部门沟通，开展业务对接，找准服务切入点，选取“一带一路”战略、主体功能区规划、新型城镇化建设、生态审计试点、地质灾害防治等开展监测，努力把地理国情监测做出权威、做出影响。要建立普查成果共享应用机制，按程序和要求积极稳慎地向有关方面提供普查成果、向社会公开普查信息，促进普查成果的及时转化和广泛利用。

（六）确保安全生产。安全生产只有起点，没有终点。本次普查人多、线长、面广，资金额度大、涉密成果交接频繁，安全生产形势很严峻。一定要认真贯彻落实新的《安全生产法》，强化安全管理责任，从建章立制、创新方法、强化教育、防护措施等各环节抓好抓实，确保普查人员安全、涉密资料安全、资金使用安全。

（七）做好思想工作。经过两年的连续奋战，同志们付出了巨大努力，特别是普查一线人员夜以继日、周而复始、高效工作，用一年多时间就创造了完成普查数据生产任务的优秀业绩，谱写了许多可歌可泣的感人事迹。但由于长期连续工作，大家多少有点身心疲惫，个别同志甚至产生了懈怠和畏难情绪。普查工作正处于最后的冲刺阶段，后续的任务异常繁重，容不得我们有丝毫懈怠和停滞。我们已向国务院立了军令状，能否在规定时间向国务院交出一份合格答卷，关键看在座的各位、在广大的普查人员。要加强职工思想工作，提振职工精气神，并在生活上给予关心照顾，确保职工身心舒畅地完成普查任务。

同志们，让我们按照高丽副总理重要批示精神，万众一心、全力以赴，不辱使命、不负重托，圆满完成第一次地理国情普查任务，向党和人民交出一份经得起实践和历史检验的合格答卷，为测绘地理信息事业转型升级、提质增效谱写新篇章，为推进“四个全面”战略布局作出新贡献！

最后，我宣布，第一次全国地理国情普查标准时点核准工作正式启动！

在地理信息产业企业家座谈会上的讲话

国家测绘地理信息局局长　库热西·买合苏提

2015 年 5 月 8 日

各位企业家，同志们：

上午好！地理信息产业是国家战略性新兴产业，也是朝阳产业，尽管规模较小，但国家高度重视，并在去年专门出台了《国务院办公厅关于促进地理信息产业发展的意见》。今天，邀请各位企业家来，主要目的就是听取企业生产经营情况和意见建议，分析研究地理信息产业发展面临的形势，紧紧围绕国家经济发展大局，增强信心，进一步推动《国务院办公厅关于促进地理信息产业发展的意见》的贯彻落实，共同推动地理信息产业快速发展，为国家稳增长、促改革、调结构、惠民生、防风险发挥更大作用。

刚才，大家都作了很好的发言，就贯彻落实国务院《意见》、改进国家局的工作等提出了很多很好的意见和建议。听了大家的发言，让我很受鼓舞，也深受启发。在此，我代表国家测绘地理信息局，对各位企业家对我局工作的支持表示感谢，对大家为中国经济发展作出的贡献表达敬意！

针对大家座谈中提出的一些问题和困难，属于国家局自身能够及时解决的，我们会纳入工作计划，尽快解决；对于现行政策需要细化和突破的，我们将积极研究，加快推进；对于趋势性和方向性的意见建议，我们争取在今后工作中予以安排采纳；对于需要协调相关部门的，我们会积极沟通，尽力推动解决。下面，结合大家在讨论中提出的意见建议和我个人的一些思考，我也就当前国家经济形势和地理信息产业发展，和大家做个沟通交流。

一、国务院《意见》贯彻落实情况

《国务院办公厅关于促进地理信息产业发展的意见》印发一年多来，各地、各部门以及广大地理信息相关企业采取多种措施，认真贯彻落实，取得良好成效。

（一）《意见》配套政策相继出台

国家测绘地理信息局联合国家发展改革委出台了《国家地理信息产业发展规划》（2014—2020年），明确了产业发展的总体要求、重点领域、主要任务和政策措施。国家局修订并印发了《测绘资质管理规定》和《测绘资质分级标准》，将倾斜航摄、地面移动测量、地理信息软件开发、地理信息监理等新型服务业态纳入测绘资质管理范畴，总体上降低了行业准入门槛。我们还制定了《国家测绘地理信息局立法规划（2015—2020年）》，将“促进地理信息应用”作为七个立法重点之一。各地依托现有产业资源和人才资源，有针对性地对贯彻落实《意见》精神进行了部署，目前已有浙江、湖北、吉林、江苏、新疆等20个省（区）人民政府出台了促进地理信息产业发展的鼓励性政策文件。

（二）相关部门积极落实《意见》精神

国务院办公厅建立了《意见》落实督查机制，要求国家测绘地理信息局每月汇总上报各地、各部门贯彻落实情况。国家发展改革委与财政部联合组织实施了北斗卫星导航产业重大应用示范专项，基于地理信息资源，开展了北京等12个城市的区域综合应用示范，以及电力、林业、海洋开发、海关、消费电子、建筑安全监测等6个行业应用示范和室内外定位服务基础平台建设。科技部通过国家“863”、科技支撑等计划，支持地理信息获取、处理、应用环节关键技术的研发，提升产业创新能力，推动地理信息装备和软件的国产化、产业化。工业和信息化部结合大数据、移动互联网、云计算等新技术发展趋势，不断提高地理信息软件研发和产业化水平。人力资源和社会保障部按照《意见》精神，落实了高层次地理信息人才落户政策。税务总局积极落实税收优惠政策，符合条件的地理信息产品，可享受增值税税负超过3%即征即退优惠政策；地理信息企业符合软件企业认定条件的，可享受软件企业所得税优惠政策。银监会、证监会加强金融支持，引导银行业金融机构加大对地理信息产业信贷投放力度，积极支持符合条件的地理信息企业上市融资。据不完全统计，当前，全国已有23家地理信息相关企业在境内外资本市场上市，其中7家在全国中小企业转让系统（新三板）上市。

（三）产业发展质量得到提升

一是产业空间布局集聚效应明显。北京、江苏、浙江、上海、湖北、广东等6省市是产业发展集中度较高的区域，甲级资质单位占据了全国总数的近四成；北京、浙江等10多个省市建设了地理信息产业园区。二是重大工程带动效应显著。据不完全统计，各级政府部门在地理国情普查方面已累计投入80亿元，农村土地确权投入约100亿元，数字城市建设投入约120亿元。三是地理信息企业和公众市场不断扩大。地理信息相关上市公司2014年度财报显示，23家上市公司2014年营业总收入合计150.11亿元，同比增长35.31%；净利润合计16.87亿元，同比增长31.61%。在2014年经济下行压力加大、国内生产总值增长7.4%的大背景下，上市公司取得这样的成绩，表明《意见》出台以来，我国地理信息产业“一枝独秀”，规模持续快速增长，质量效益不断提升。今年一季度，根据已公布的15家地理信息企业的财报，一季度营业总收入同比增长31.82%，远高于同期GDP增长率；净利润同比增长62.24%，发展态势继续向好。

二、地理信息产业发展面临的形势

近年来，我国地理信息产业保持了持续高速增长，非常可喜可贺。如何准确把握新常态背景下产业发展面临的形势，抢抓移动互联时代产业加速发展的巨大机遇，克服经济下行压力给产业带来的不利影响，进一步提升地理信息产业的渗透率和影响力，是我们当前亟需共同研究和面对的课题。

（一）当前我国整体经济形势

党中央、国务院始终高度重视经济工作。4月30日，习近平总书记还专门主持召开中央政治局会议，分析研究当前经济形势和经济工作。今年以来，李克强总理主持召开的国务院常务会议，研究的议题几乎都与保增长有关；他在出访时也积极推介“中国制造2025”，被网民赞誉为“超级推销员”。与此同时，“一带一路”“亚投行”等国家重大战略和重大举措的实施，就是要通过多种方式应对经济下行压力，增强发展的内生动力，推动我国经济运行保持在合理区间。

据国家统计局公布的经济运行数据，2015年一季度GDP增长放缓至7%，创六年来的新低；进出口下降6%，其中进口下降17.3%；3月份生产者物价指数（PPI）下降4.6%，连续37个月负增长。可以说，目前我国经济下行压力非常大，全年保持7%的增长任务十分艰巨。综合来看，“三期叠加”效应是我国经济增长放缓的主要内因，但世界经济复苏乏力也给长期以来出口贡献率居高的我国经济发展模式带来了重大挑战。经济增速虽然放缓，但实际增量依然可观。即使是7%左右的增长，无论是速度还是体量，在全球也是名列前茅的。经济发展阶段的变化，表面上是经济增速的换挡，实质上则是增长动力的转换和接续。尽管中国经济增速有所放缓，但增速下台阶、质量上台阶的特征逐步显现。从产业结构看，服务业占GDP比重首次过半，经济结构正由工业主导向服务业主导转型；从需求结构看，投资与消费“再平衡”，投资增速有所放缓，消费仍然稳健，特别是网上商品和服务零售额同比大幅增长。另外，高新技术产业和装备制造业增速高于工业平均增速、单位GDP能耗下降等，这表明中国经济结构“质量更好，结构更优”。同时，我国正在协同推进新型工业化、城镇化、信息化、农业现代化和绿色化，这些都有利于化解各种“成长的烦恼”。据最新报道，4月份我国经济出现复苏信号，工业用电量恢复到正常水平，新增就业人口也从3月份开始增加，大宗商品价格指数也开始回升。这意味着二季度经济或许回暖。

（二）经济下行对地理信息产业发展的影响

由于国家局正抓紧建立地理信息产业统计体系，目前我们还不能全面准确掌握产业发展的总体数据。但可以肯定的是，经济下行对地理信息产业发展产生了一定影响，这点在大家刚才的发言中也得到了印证。最近，国家局发布了2014年度测绘资质单位的统计数据。据统计，2014年全国测绘资质单位的服务总值约680亿元，同比增长11.93%，增速同比下降2.5个百分点。由于地理信息产业很大一部分属于软件和信息技术服务业，我们也可以从工业和信息化部发布的数据来研究经济下行对地理信息产业发展的影响。据工业和信息化部统计，1—3月，软件和信息技术服务业收入同比增长17.5%，增速比去年同期下降3.5个百分点；实现利润同比增长9.1%，增速低于去年同期10.7个百分点。与此同时，根据中国测绘地理信息学会、中国地理信息产业协会、中国卫星导航定位协会、泰伯传媒提供的研究报告以及我们掌握的其他数据和情况，我们基本可以得出结论：一季度地理信息产业继续保持较高增长率，但增长速度和效益有所下滑。

综合分析当前经济形势，我们不难发现：人口红利消退，低端劳动力供给收缩，国民收入分配向劳动力倾斜，促使服务、消费等第三产业继续高增长，第三产业吸纳就业能力增强；劳动力成本上升倒逼经济转向技术进步，工业增加值虽然表现不佳，但高端装备制造和计算机通信等行业表现相对良好。刚才，我提到了2014年23家地理信息上市企业和一季度15家地理信息上市企业的财报统计数据。总体来看，上市企业增长速度较快，但仔细分析我们会发现，从事“北斗”软硬件生产和应用服务、移动互联网地理信息服务的企业发展势头相对较好，而从事传统的地理信息数据获取、测绘技术服务的企业则增长效益一般，有的甚至亏损。这说明在当前经济形势下，地理信息产业的经济运行走势已经开始分化，有喜有忧。

今年以来，党中央、国务院加快了改革步伐，特别是继续简政放权、大力支持中小企业发展、鼓励“大众创业、万众创新”等，极大地激发了市场活力，新产业、新业态、新产品、新动力加快孕育，这为作为战略性新兴产业的地理信息产业带来了重大利好。同时，“一带一路”战略、“互联网+”行动计划、“北斗”系统的加快建设和推广、农村土地确权、不动产统一登记、城市地下空间普查等重大战略和重点工作的推进，都为地理信息产业发展带来了巨大机遇。我们可以基本判定：经济下行对地理信息企业尤其是传统企业带来了较大压力，但整体产业发展面临的机遇远大于挑战。

（三）信息化进程加快对地理信息产业发展的影响

当前，信息化正引发各领域、各行业生产模式、商业模式、管理模式的变革和创新，对经济社会发展及人们的生产生活方式产生深刻影响。测绘地理信息当然也不例外，信息技术的发展进步，极大地提升了地理信息获取、处理、传输和分发的能力，极大地拓展了测绘技术和成果应用的广度和深度，极大地提高了测绘地理信息的服务效能。

人类社会进入信息时代，数据成为继土地、劳动力、资本之后的新要素，人们可以通过对海量信息进行分析，从而发现规律、收集有价值的信息、预测和解决复杂问题，大数据被认为是未来提高竞争力、生产力、创新能力以及创造消费者盈余的关键要素，成为国家竞争力的新体现。移动互联时代，要实现对移动目标的管理和服务，就必须动态掌握移动目标的位置信息，这离不开测绘地理信息技术和数据；单个数据的价值越来越小，多元数据融合才是未来发展的方向，这需要基于地理信息进行数据整合，基于地理信息技术进行空间分析。我们有理由相信，针对地理信息的数据挖掘和知识发现会很快成为热点，地理空间的思维方式必将成为科学的世界观和方法论，地理信息服务的巨大商业价值一定会加速显现。

近年来，随着地理信息新应用与新服务的不断产生，测绘地理信息与互联网、车联网、物联网加快融合，资本市场对地理信息产业板块更加关注和青睐，互联网搜索服务商、电子商务提供商、通信服务提供商等，如我们今天邀请参会的百度、阿里巴巴、腾讯（三家企业简称 BAT）等大型信息企业也都积极进军地理信息产业。客观地讲，BAT 等现代信息企业的融入，在快速做大做强地理信息产业的同时，也给传统的中小地理信息企业带来了不小的竞争压力，导致了地理信息企业竞争的加剧。但我认为，有竞争才能有压力，有压力才能有动力。BAT 等现代信息企业的融入，凸显了地理信息产业美好的发展前景和信息时代不可或缺的重要作用，同时也为加快地理信息产业提质增效、加快传统地理信息企业转型升级提供了强大外力，为我国地理信息产业带来新的活力和动力。所以，我认为，信息化进程的加快，对于地理信息产业来说，迎来了发展的黄金机遇期，但这个发展不能再是传统意义上的发展，而应是“互联网 +”驱动下的有质量、有效益的创新发展。

（四）地理信息产业发展呈现出的几个趋势

综合我们最近的研究，结合刚才大家的发言，我认为，经济新常态背景下，地理信息产业正呈现出三方面的发展趋势。

一是带动作用更加明显。地理信息技术在改造传统产业生产流程、提升生产效率、加快信息化建设等方面无疑具有重要作用。由于地理信息产业关联度大、产业链长，能够强力渗透到相关产业，其带动作用进一步体现，并逐步呈现出乘数效应。据国际相关报道，美国 2011 年地理信息服务产业的年产值接近 750 亿美元，但地理信息服务带动相关产业达 16000 亿美元，节约成本约 14000 亿美元；加拿大 2013 年地理信息产业产值为 23 亿美元，为加拿大 GDP 做出的贡献预估在 207 亿美元，占当年加拿大 GDP 的 1.4%。

二是融合发展势不可挡。地理信息产业属于生产性服务业，其发展需要与其他行业融合并共同发挥作用。随着移动互联网技术的发展，地理信息产业与物联网、大数据等新兴产业加快融合，不断催生出新的商业模式和新的服务模式。同时，随着经济社会对地理信息资源需求的快速增长，特别是跨界融合开辟了新的市场空间，地理信息产业的开放程度也将变得更大。

三是安全属性愈发重要。地理信息关系到国家主权、安全和利益，在维护政治、经济、军事、科技和其他非传统领域国家安全中发挥着重要作用。信息化时代，地理信息与国家安全的关联度越来越大。习近平等中央领导多次就地理信息安全作出重要指示批示，《测绘法》也纳入了国家安全法律制度体系。我们既要大力发展地理信息产业，又绝不能放松地理信息安全。这里我要特别强调的是，我国的地理信息安全保密政策，既是维护国家安全的需要，更有利于发展我国地理信息产业并有力抗衡国外巨头的竞争。

三、政府主导，积极营造地理信息产业发展良好环境

发展是党执政兴国的第一要务。作为行业主管部门，发挥好政府在地理信息产业发展中的宏观调控、公共服务、市场监管、社会管理等职能作用，推动地理信息产业提质增效升级，提升地理信息产业对国家经济增长的贡献率，是国家局当前的重点任务。我们正着力推动国务院《意见》和产业《规划》的落实，重点做好以下四个方面的工作：

（一）加强新型基础测绘，夯实产业发展基础设施

大数据时代，数据为王，拥有数据就占据了主动。基础测绘是《测绘法》赋予我们的法定职责，基础地理信息资源是国家战略性信息资源，是各行各业信息化建设的重要基础，地图是移动互联网的重要入口。当前及今后一段时间，国家局将按照“加强基础测绘，监测地理国情，强化公共服务，壮大地信产业，维护国家安全，建设测绘强国”的发展战略，积极适应新的时代和技术条件的需求，与时俱进赋予基础测绘新的内涵，改革创新基础测绘

的信息内容、覆盖范围、生产工艺、产品形式和服务模式，加强行业内相关信息的纵向整合和部门间相关信息的横向共享，依托国家地理信息公共服务平台"天地图"，加快建设全国测绘基准服务"一个网"和全国地理信息服务"一个平台"，着力打造"中国地理信息云"，牢固夯实发展之基。

（二）强化测绘公共服务，积极培育地理信息市场

李克强总理在今年的《政府工作报告》中强调，要打造大众创业、万众创新和增加公共产品、公共服务"双引擎"。地理信息产业的发展，需要政府提供丰富的公共产品和公共服务支撑。在地理信息公共产品开发方面，国家局将结合政府管理决策、企业生产运营和百姓日常生活，利用已有的基础测绘成果、地理国情普查（监测）成果等开发多样化、多层次的地理信息和地图公共产品。在公共产品提供方面，我们将进一步简化手续、缩短时间、降低费用，加快推进地理信息目录服务系统和云服务平台建设，进一步推动测绘地理信息科技成果转化，便于更多的企业充分利用最新的地理信息公共产品，避免重复投入，降低企业的基础数据采集成本和研发成本。在提升信息开放度方面，我们将探索完全放开小于1:100万地图数据的在线下载，完成1:25万公众版地图更新并及时向社会提供，科学确定测绘成果秘密范围，加快研究海量地理信息数据开放和共享政策，方便企业获取基础地理信息资源和进行增值开发。在购买公共服务方面，我们将加大政府面向企业和社会力量购买公共服务的力度，吸纳地理信息企业参与重大测绘地理信息工程项目，在坚持公益性服务的前提下，计划将地理信息公共服务平台采用政府和社会资本合作模式（PPP），开展社会化服务及商业化运营。与此同时，我们将积极为企业做好服务，如通过推进地理国情监测常态化等方式不断拓展地理信息服务领域，利用联合国项目、"全国测绘地理信息技术装备展览会"、北斗"百城百联百用行动计划"等平台为地理信息企业发展搭建平台，等等，直接或间接培育地理信息市场。

（三）推动跨界融合发展，创新地理信息服务

坦率地讲，当前，测绘地理信息成果和技术推广的力度、广度和深度还远远不够，还存在成果束之高阁的现象，科技成果转化率也较低。有人戏称，我们是"抱着金饭碗讨饭吃"。大数据时代，如何把海量地理信息的潜能充分激发出来，如何让方方面面充分享受地理信息给工作生活带来的便捷、快乐、质量和效益，是地理信息产业发展应当着力研究的重点。最近，腾讯总裁马化腾说，互联网本身是一个技术工具、是一种传输管道，"互联网+"则是一种能力，而这种能力就是因为"+"而激活的信息能源。我很认同这一观点。地理信息也是一种信息能源，我们不仅要利用"互联网+"激发出其巨大的能量，而且要通过积极推进"地理信息+"行动战略，产生出新的信息能源，催生新的产品、新的服务、新的增长极。从政府的层面，国家局就是要观大势、谋大事，通过各种渠道和方式，在国家有关法律起草、战略研究、规划编制、政策拟定、工程设计等过程中，积极宣传地理信息的重要作用，积极为地理信息产业发展摇旗呐喊、奔走呼吁，营造良好的宏观政策环境。同时，我们将积极推进地理信息与水利、境界、土地等信息的深度融合，促进与国家发展改革委、国土资源部、国务院应急办、地方人民政府、军队相关部门等的共享合作，通过政府高层的推动，带动产业全局的发展。我们也将通过法律规范、政策引导、园区集聚、基金设立、项目申报、科研倾斜等多种方式，鼓励支持企业开展高技术含量、高集成性、高附加值的深层次应用，鼓励支持地理信息与大数据、物联网、智能交通、现代物流、文化创意等新型服务业态的融合发展。

（四）强化统一监管，维护地理信息市场秩序

李克强总理指出，我们最大限度地放权，一个重要目的就是要为各类市场主体营造公平竞争的发展环境，在放权的同时必须加强市场监管，把该管的事管住管好。作为行业主管部门，我们总的任务就是把握形势、掌握方向、营造环境、维护秩序。下一阶段，国家局将着力加强地理信息产业调查研究，加强对国家宏观政策、科学技术进步、市场需求变化等对产业发展的调查研究分析，加快建立产业统计体系和监测体系，及时掌握产业运行宏观态势，及时调整完善产业政策。我们将科学定位政府角色，深入推进行政审批制度改革，进一步简政放权，实行"宽进严管"，强化事中事后监管，加快各类监管信息化平台建设，对于国务院《意见》确定的重点发展领域，将进一步实行适度宽松的准入政策。与此同时，我们将严格执法，加大对地理信息失泄密、"问题地图"等违法违规案件的查处力度，依法查处非法转包、违法分包、无资质或超资

质从业等违法违规行为，打击串通招标、低于成本竞标等恶意竞争行为，规范市场秩序，维护地理信息安全。

四、增强信心，共同促进地理信息产业繁荣

地理信息产业发展的主体，终究是地理信息企业，产业的繁荣，需要广大地理信息企业的共同努力。借此机会，想通过在座的企业家们，向全国地理信息企业提几点希望和要求。

（一）创新经营发展理念

移动互联时代，一切皆有可能。李克强总理说过：我想站在“互联网+”的风口上顺势而为，会使中国经济飞起来。地理信息产业去年被国务院确立为战略性新兴产业，面对发展的黄金机遇期，希望广大地理信息企业大胆改革创新，甚至是颠覆式的创新，进一步强化互联网思维，切实增强机遇意识、责任意识，切实加强市场调研和消费心理分析，深入研究行业政策、市场需求和发展趋势，摸清自身发展的优势、短板和潜力，找准地理信息服务迎风飞扬的“风口”，抢抓先机，脱颖而出，打造品牌，加快发展。特别希望在座的企业，能够尽快成长为具有国际影响力的龙头企业。

（二）利用好各项优惠政策

近年来，国家关于促进地理信息产业发展的相关政策非常多。希望大家在用好国务院《意见》的同时，也要利用好国家出台的关于促进信息消费扩大内需、培育和发展战略性新兴产业、卫星导航产业中长期发展规划、鼓励软件产业和集成电路产业发展、促进中小企业发展、加强城市地下管线建设、发展生产性服务业、促进智慧城市发展、创新重点领域投融资机制等方面的有关政策，把国家各项有利于地理信息产业发展的政策统筹研究好、综合利用好，乘势而上，加快发展。同时，利用好测绘地信学会、地信产业协会、导航定位协会等中介组织搭建的服务平台，加强沟通交流，共享政策信息。

（三）专注核心技术研发

4月30日召开的中央政治局会议强调，要把创新驱动发展作为我国经济实现动力转换的关键，推进企业技术改造。创新的活力在民间、在企业。核心技术创新是提高企业竞争力的重要举措。希望大家利用好“大众创业、万众创新”的政策，加大科研投入，在关键环节掌握自主知识产权，实现重大突破，将自身打造成为拥有顶尖技术、一流人才的知名企业，推动我国地理信息装备制造由中低端走向中高端、应用服务由浅层次走向深层次发展，加快推动地理信息产业上规模、提层次、增效益，在国际竞争大潮中展示出中国力量。

（四）切实履行社会责任

希望广大地理信息企业加强行业自律，严格遵守国家有关法律法规，依法从事测绘地理信息活动和商业经营活动，不破坏地理信息市场秩序，不发生有损同行业单位和从业人员信誉的行为，坚决抵制和杜绝无证挂靠、超资质测绘以及恶意压价、低价竞标等违法行为和不正之风，维护地理信息产业良好形象。高度重视地理信息安全保密问题，规范涉密地理信息管理和使用，决不因一己之利损害国家安全和利益。自觉维护国家版图尊严，杜绝“问题地图”产生。进一步增强社会责任感，积极为社会提供就业，支持社会公益事业，等等。

最后，衷心感谢在座各位企业家在时间十分宝贵、工作十分繁忙的情况下能够抽出时间参加这个座谈会，衷心祝愿我国的地理信息产业能够朝着我们预期的那样快速发展，衷心预祝地理信息企业能够按照既定战略目标全面推进，衷心祝愿各位企业家身体健康、家庭幸福！

在智慧城市建设专题研究班开班式上的讲话

国家测绘地理信息局局长 库热西·买合苏提

2015年5月11日

各位领导、各位专家，同志们：

大家上午好！

经中共中央组织部批准，智慧城市建设专题研究班今天正式开班了。本期研究班得到了中组部的高度重视，开班前，中组部对办班主题、课程设置、技术参观等环节做了认真研究和细致安排，给予了悉心指导。江西省为办好培训班提供了诸多便利和支持。在此，我代表国家测绘地理信息局，向中组部、江西省委省政府对测绘地理信息工作的重视支持表示衷心的感谢！向各位市长、各位专家和同志们的到来表示热烈的欢迎！向江西省测绘地理信息局为研究班举办付出的辛劳表示诚挚的感谢！

下面，我谈三点意见，与各位领导、专家和同志们交流。

一、测绘地理信息工作基本情况

测绘地理信息是经济社会发展和国防建设的基础性工作。新中国成立以来尤其是改革开放以来，我国测绘地理信息事业取得长足进展。

（一）测绘地理信息服务科学管理决策的作用日益彰显。近年来，随着国家西部测图工程、海岛（礁）测绘一期工程的竣工和国家现代测绘基准体系基础设施建设工程、全国1∶5万基础地理信息数据库更新工程、天地图等重点项目的实施，以及资源三号测绘卫星的成功发射、第一次全国地理国情普查的顺利推进，我国基础地理信息资源日益丰富，测绘地理信息为国家重大战略和重大工程实施、促进政府科学管理决策、提升城市综合管理水平、提高百姓生活质量、科学快速应急救灾等提供了及时可靠的服务保障。

（二）测绘地理信息对经济发展的贡献率快速提升。去年初，国务院办公厅印发了《关于促进地理信息产业发展的意见》，明确地理信息产业为战略性新兴产业。之后，国家发展改革委、国家测绘地理信息局联合出台了《国家地理信息产业发展规划》。近年来，我国地理信息产业快速发展壮大，为稳增长、促改革、调结构、惠民生、防风险发挥了积极作用。据财报显示，2014年，23家上市公司营业总收入150.11亿元，同比增长35.31%；净利润16.87亿元，同比增长31.61%，今年一季度已公布财报的15家公司的营业总收入也远高于同期GDP增长率。

（三）测绘地理信息的安全保密属性更加突出。地理信息关系到国家主权、安全和利益，在维护政治、经济、军事、科技和其他非传统领域国家安全中发挥着重要作用。信息化时代，地理信息与国家安全的关联度越来越大。习近平等中央领导多次就地理信息安全作出重要指示批示，《测绘法》也纳入了国家安全法律制度体系。地图作为国家版图的主要表现形式，直观反应国家的主权范围，体现国家政治主张，可以说“地图无小事”。加强测绘地理信息统一监管、维护地理信息市场秩序、保障国家地理信息安全，是我们的重要职责。

（四）测绘地理信息科技人才工作取得突破性进展。测绘地理信息行业始终重视科技兴测、人才强测。经过不断的改革创新，测绘地理信息技术实现了从传统模拟到数字化、信息化的历史性跨越，整体科技水平达到国际先进，全行业有两院院士26人，多人在国际相关组织担任要职，我国在国际测绘地理信息事务中拥有较大的影响力和话语权。去年，张高丽副总理代表中国政府向联合国捐赠了我国自主研制的世界首套高分辨率全球地表覆盖数据，赢得了联合国和国际社会的高度赞誉。

值得一提的是，自2006年国家测绘地理信息局启动数字城市地理空间框架建设工作至今，已组织开展了全国全部333个地级市、380多个县级市的数字城市地理空间框架建设，已有220多个地级市、100多个县级市的数字城市完成建设并投入使用，全国已累计开发应用系统3600多个。据不完全统计，数字城市地理空间框架建设直接带动投资60亿，节约财政资金100亿，拉动产值高达300多亿。数字城市建设有力促进了城市信息资源的充分共享，避免了重复投资，为各类自然资源和经济社会信息的共享交换提供了统一平台，有力推进了城市信息化进程，基于数字城市的各类应用系统也显著提高了政府科学决策管理的能力和水平。李克强总理对此给予高度评价，强调：“目前我国的数字城市建设有些方面已迈入了世界先进行列，有力地提高了城市管理工作的科学化、精细化水平，提升了政府形象。”

二、稳步推进智慧城市建设

经过多年的积淀，我们已经建立了国家、省、市三方共建共享数字城市、智慧城市的良好机制，国家测绘地理信息局去年成为全国智慧城市健康发展部际协调工作组成员单位，并组织开展了20个智慧城市建设试点。当前，智慧城市建设已具备坚实基础，加快推进数字城市向智慧城市转型升级时机已经成熟、前景十分广阔。国家测绘地理信息局将着力推动智慧城市时空信息云平台建设，积极助力智慧城市发展。

（一）充分认识测绘地理信息在智慧城市建设中的作用。随着我国城镇化进程的加快，城市发展面临的资源、环境、人口、灾害等问题十分严峻，创新城市发展模式迫在眉睫。智慧城市作为城市化和信息化的高度融合，可以有效整合和充分利用城市各类信息资源，促进城市治理体系和治理能力现代化。八部委《关于促进智慧城市健康发展的指导意见》指出："智慧城市是运用物联网、云计算、大数据、空间地理信息集成等新一代信息技术，促进城市规划、建设、管理和服务智慧化的新理念和新方式"，要"以城市统一的地理空间框架和人口、法人等信息资源为基础，叠加各部门、各行业相关业务信息，加快促进跨部门协同应用"。测绘地理信息作为重要的时空信息基础设施，与其他社会经济信息、人文信息共同作为智慧城市的信息组成，能够为智慧城市建设提供统一的时空定位基础，同时还是其他信息共享交换与协同服务的桥梁。加快智慧城市时空信息云平台建设，有利于促进各类信息的共享交换与协同服务，有效提升城市规划建设、管理服务、应急指挥、生态保护、节能减排、公共服务等的智能化水平。

（二）统筹推进智慧城市时空信息云平台建设。智慧城市建设是一项长期、复杂、艰巨的系统工程，一定要视各地的信息化条件和社会需求情况，适时启动，突出特色，不能炒作概念、一哄而上。一要加强顶层设计，各地要立足时空信息服务这一基本定位，紧密结合本地智慧城市建设需求，将智慧城市时空信息云平台融入智慧城市建设总体设计，作为智慧城市建设重要的时空信息基础设施和主要内容。智慧城市时空信息云平台建设方案设计应从城市发展的战略全局出发，充分考虑基础设施条件状况和经济社会发展需求，充分利用数字城市地理空间框架建设成果，按照智慧城市建设"公共服务便捷化、城市管理精细化、生活环境宜居化、基础设施智能化、网络安全长效化"的总体目标，抓住地理信息权威、精准、快速的优势，突出智能化服务的特点。二要强化示范带动，数字城市是智慧城市的基础，智慧城市是数字城市的高级阶段。国家测绘地理信息局将在充分吸收数字城市地理空间框架建设经验的基础上，遵循试点先行、示范带动的原则，有序推进智慧城市时空信息云平台建设。各地也要强化统筹协调，逐步开展试点工作。做好城市时空数据内容的丰富、范围的扩展，着力开展历史、实时、动态、地下、室内、三维、多维地理信息获取与分析处理，并不断提升获取能力和分析处理水平；将地理信息公共平台优化升级为具有个性化、智能化、移动化服务特点的智慧城市时空信息云平台；选择需求迫切并具备智能化应用条件的领域，开展典型应用示范；探索建立并完善符合智慧城市时空信息云平台长期运行并不断发展的政策机制。三要注重机制创新，要继续巩固国家、省、市三级共建、城市人民政府主导建设的工作模式，加强对智慧城市时空信息云平台建设的统筹协调，既要发挥好测绘地理信息部门的基础性作用，也要强化多部门的资源共享和协同合作，力求做到地理信息资源建设的互联、互通、互动。要加强与城市相关部门的沟通协调，做好与其他智慧项目的衔接，促进智慧城市建设的协调发展。同时还要统筹、依靠市场机制和市场力量，鼓励企业及民间资本参与建设，形成政府主导、部门联动、企业参与的建设新格局。我们希望，通过国家、省级测绘地理信息部门和市县级人民政府的通力合作，到2020年，能够形成较为完备的智慧城市时空信息云平台建设和应用体系。

（三）大力促进智慧城市建设应用。地理信息大数据蕴含着巨大的价值，"应用比建设更重要"，应用得越广泛，越灵活，平台才越有生命力。数字城市地理空间框架、智慧城市时空信息云平台不是一次性的工程，必须持续更新、不断扩大应用、强化服务。各地要根据城市建设发展和运行管理的现状与未来需求，持续加大数字城市、智慧城市建设力度，更重要的是要大力推进建设成果的广泛应用，让财政投资、社会投资等的资本效能和地理信息资源的价值得到充分展现。这其中，各级政府部门要带好头，尤其针对城市地下管线监测管理、公共安全、应急抢险、交通管理等城市管理运行的热点问题，以及地理国情监测、国土空间开发、不动产登记、"多规合一"等工作的需求和便民服务、企事业发展、百姓工作生活方面，切实做好地理信息甚至是时空信息在政府管理、社会治理各个方面的应用，让地理信息大数据充分"涌流"。在经济下行压力依然存在的形势下，要将建设智慧城市与"互联网+"行动计划等战略相促进，通过智慧城市的建设应用带动大众创业、万众创新，激发创新动力，为城市发展增添活力。浙江省在这方面就做得很好，全省目前已有近700个基于城市地理空间框架的应用系统，涵盖警用、应急抢险、国土资源、城市规划、社会化综合管理等领域，浙江省还专门编制了工作手册，按领域提炼典型案例并在全省推广，今年底将完成全部县级以上城市的数字城市建设。

三、进一步加强测绘地理信息工作

党中央、国务院高度重视测绘地理信息工作。当前，国家测绘地理信息局正深入学习贯彻习近平总书记系列重要讲话精神，深刻认识、准确把握“四个全面”战略布局对测绘地理信息工作的新要求，按照“加强基础测绘，监测地理国情，强化公共服务，壮大地信产业，维护国家安全，建设测绘强国”的总体战略，全力做好测绘地理信息服务保障，大力促进地理信息产业发展，尽责维护国家地理信息安全。做好测绘地理信息工作，是测绘地理信息部门的职责，也是各级政府的责任。借此机会，我向各位市长提三点希望。

一是更加重视支持测绘地理信息发展。李克强总理强调，人类对地理信息掌握的程度，决定了自身的视野和活动范围。从某种程度上来讲，是否重视测绘地理信息工作，是否重视地理信息应用，体现着城市领导者的现代化意识和战略眼光。希望各位市长进一步重视测绘地理信息工作，在制定重大战略、研究重要政策、规划城市发展、论证重点工程时，能够更多运用地理空间的方法和手段，推动测绘成果的实质性应用。能够经常听取测绘地理信息工作汇报，经常到测绘地理信息单位调研指导，帮助协调解决问题，加快本地区测绘地理信息事业、产业发展。

二是完善测绘地理信息体制机制。希望各地与时俱进赋予城市基础测绘新的内涵，依法将基础测绘列入本级国民经济和社会发展规划，列入地方财政预算，加大投入力度。加强测绘地理信息行政管理机构建设，落实好职能、机构、人员和经费。进一步强化测绘地理信息部门维护和更新数字城市地理空间框架、智慧城市时空信息基础设施的职能职责，积极推进本地地理信息交换中心建设，推进地理信息大数据与经济社会、自然资源和人文信息的互联互通、共享交换和整合集成。

三是进一步强化测绘地理信息统一监管。市场监管的重心在基层。希望各地进一步创新方法和手段，加强对地理信息市场中无序竞争、问题地图、非法测绘、成果质量不合格、侵权盗版以及成果泄密等的监管，强化对卫星导航定位跟踪站软硬件系统安全工作的指导和监督，规范测绘地理信息市场秩序，确保国家地理信息安全。

最后，希望大家通过几天的学习和研讨，能够有所收获、学有所成，同时多给测绘地理信息改革发展提出宝贵意见和建议。

预祝本次研究班圆满成功！祝各位领导、专家、同志们身体健康，工作顺利，万事如意！

谢谢！

强化政治意识　落实援疆任务　为新疆社会稳定和长治久安提供坚实测绘地理信息保障

——在全国测绘地理信息援疆工作会议上的讲话

国家测绘地理信息局局长　库热西·买合苏提

2015 年 5 月 15 日

尊敬的黄卫常务副主席，各位领导，同志们：

大家上午好！

在中央新疆工作座谈会召开五周年、第二次中央新疆工作座谈会召开一周年、习近平总书记十八大以后视察新疆并发表重要讲话一周年之际，我们来到美丽的边城乌鲁木齐，召开全国测绘地理信息援疆工作会议，意义十分重大。

新疆工作在党和国家工作全局中具有特殊重要的战略地位，中央对于进一步做好新疆工作，有明确的大政方针、指导思想和主攻方向，作出了一系列重大决策部署，支援新疆是我们义不容辞的政治责任。新疆维吾尔自治区党委政府高度重视测绘地理信息援疆工作，张春贤书记多次对加强新疆测绘地理信息工作提出明确要求和殷切希望，雪克来提·扎克尔主席、黄卫常务副主席还专程到国家测绘地理信息局调研指导。国家测绘地理信息局召开这次会议，就是要坚决贯彻中央关于新疆工作的决策部署，动员全国测绘地理信息行业力量，与新疆维吾尔自治区党委、政府、新疆生产建设兵团密切合作，共同支持和加强新形势下新疆测绘地理信息工作，为推进新疆社会稳定和长治久安提供坚实测绘地理信息服务保障。

下面，我就做好全国测绘地理信息援疆工作讲四点意见。

一、坚持守望相助，测绘地理信息援疆工作取得显著成绩

国家测绘地理信息局党组始终高度重视援疆工作，采取有力措施，加大统筹协调，集全行业之力，支持新疆测绘地理信息事业发展。

2010 年中央新疆工作座谈会后，国家测绘地理信息局便召开了全国测绘援疆工作座谈会，全面部署测绘援疆工作，组织全行业开展了一系列援助支持活动，测绘援疆机制基本建立。第二次中央新疆工作座谈会召开后，国家测绘地理信息局立即成立了援疆工作领导小组，进一步加强对测绘地理信息援疆工作的领导指导和统筹协调。出台了《贯彻落实第二次中央新疆工作座谈会精神实施细则》，明确了 7 个方面的援疆政策措施和 25 项具体任务，并逐项确定了责任主体，按年度和计划抓好督导和落实，推动新疆测绘地理信息服务保障和自我发展能力的全面提升。与此同时，19 个对口支援省局和国家测绘地理信息局直属单位主动肩负起政治责任，全部制定了援疆工作实施方案，并有序推进落实。广大地理信息企业也积极履行社会责任，纷纷援助捐助和到疆投资发展。

据不完全统计，扣除测绘成果数据等难以用资金额度量化的援助，2010 年以来，国家测绘地理信息局累计协调落实中央新疆测绘专项投资 2.95 亿元，通过局重大项目支持 6.43 亿元，动员有关省局和企事业单位援助 0.65 亿元，三方面援疆总额超过 10 亿元，以项目援疆、技术援疆、装备援疆、人才援疆、资金援疆和服务援疆为主要内容的全国测绘地理信息援疆工作体系基本形成。

我们欣喜地看到，在党中央、国务院的坚强领导下，在自治区党委、政府和新疆生产建设兵团的高度重视下，在全国测绘地理信息行业的无私援助下，在新疆测绘地理信息各族干部职工的艰苦奋斗下，近年来，新疆测绘地理信息事业取得显著成绩。基础测绘建设实现快速发展，现代测绘基准体系建设全面展开，省级基础地理信息数据库基本建成，人才和科技工作成果丰硕，测绘地理信息服务保障能力显著提升，为新疆经济发展和社会稳定作出了积极贡献。

作为在新疆土生土长、工作生活了几十年的“老新疆人”，新疆的发展稳定一直是我的牵挂。这次回到新疆，我更加深切感受到自治区党委、政府、新疆生产建设兵团深入贯彻第二次中央新疆工作座谈会精神，抢抓机遇、加快发展的大好势头；深切感受到新疆各族干部群众努力在天山南北创造新的人间奇迹，只争朝夕、奋发有为的精神面貌；深切感受到新疆经济发展、民族团结的喜人景象。作为刚参加工作即从事测绘工作近 10 年、如今又重返测绘岗位的“老测绘人”，我为新疆测绘地理信息事业的发展进步感到振奋，为全国测绘地理信息行业的守望相助深受感动。在这里，我代表国家测绘地理信息局，向自治区党委政府、生产建设兵团和各州（市、地）党委政府、各部门对测绘地理信息工作的高度重视、大力支持表示衷心的感谢，向全国测绘地理信息行业对新疆的鼎力相助、无私支援表示诚挚的谢意，向新疆测绘地理信息干部职工的坚守奉献、奋发自强致以亲切的慰问！

二、强化政治责任，牢牢把握做好测绘地理信息援疆工作的重大意义

习近平总书记明确要求，全党要共同担负维护新疆社会稳定和长治久安的重大政治责任。全国测绘地理信息行业一定要讲政治、顾大局、识大体，把思想、认识和行动统一到中央的重大决策部署上来，不折不扣地完成好中央交给的援疆任务。

一要充分认识测绘地理信息援疆工作的重要性和紧迫性。新疆的发展稳定，事关全国改革发展稳定大局，事关祖国统一、民族团结、国家安全，事关实现“两个一百年”奋斗目标和中华民族伟大复兴。对口援疆是中央新疆工作总体部署的重要组成部分，是一项必须长期坚持的国家战略。由于历史、自然、社会、技术等多方面因素影响，新疆测绘地理信息事业发展仍然面临着突出困难和诸多问题，发展水平同国内先进地区的差距仍然很大，服务保障能力与新疆社会稳定和长治久安的现实需求之间的差距仍然很大。要解决这些困难和问题，不仅需要新疆测绘地理信息部门的自身努力，更需要全国测绘地理信息行业的合力推动。进一步做好测绘地理信息援疆工作，是坚持和贯彻党的治疆方略、巩固和发展各民族大团结的重要体现，提升新疆测绘地理信息服务保障能力的有效途径，维护新疆社会稳定和实现长治久安的迫切需要。全系统全行业要切实增强政治意识和大局意识，深刻认识做好援疆工作的特殊重要性和紧迫性，更加自觉地支援帮助提升新疆测绘地理信息能力和水平，为推进新疆经济社会发展和政治大局稳定提供有力保障。

二要准确把握测绘地理信息援疆工作的着眼点和着力点。习近平总书记指出，“新疆工作的着眼点和着力点要放在社会稳定和长治久安上”，这也是我们做好援疆工作的着眼点和着力点。从发展角度看，发展仍是解决新疆一切问题的关键。站在全国角度看新疆，新疆地处西北边陲，偏居一隅；放眼欧亚大陆看新疆，新疆则接壤8国、处于欧亚中央，是东西“四大文明”交汇之地，新疆在承接国家“一带一路”战略上有着天然优势。中央特别提出，要加快新疆对外开放步伐，着力打造丝绸之路经济带核心区。昨天张春贤书记会见讲话中，谈到新疆正加快建设丝绸之路经济带上的“五中心”（交通枢纽中心、商贸物流中心、金融中心、文化科教中心和医疗服务中心）、“三基地”（国家大型油气生产加工和储备基地、大型煤炭煤电煤化工基地、大型风电基地）和“三通道”（国家能源、交通通信等综合大通道）。可以肯定地说，丝绸之路经济带是沿线18个国家、所覆盖30亿人口的历史机遇，是新疆的历史机遇，也是测绘地理信息事业的历史机遇。作为经济活动的重要基础、全面提升信息化水平的重要条件、加快转变经济发展方式的重要支撑、战略性新兴产业的重要内容，测绘地理信息工作不仅要做好对口援疆，也要抓住这个历史机遇，把自身的保障服务、社会应用、产业发展和“走出去”战略融入到丝绸之路经济带建设、向西开放的总体布局和重要实践中，在援疆与合作中实现共赢。从稳定角度看，没有新疆的稳定，就没有全国的稳定。测绘地理信息不仅是国家重要的战略性信息资源，也是维护国家安全利益的重要保障。我们一方面要指导和支持新疆依法加强卫星导航定位基准站监管、网上地理信息安全日常监控、“问题地图”专项治理和测绘涉密管理，切实维护国家地理信息安全；同时也要为新疆反恐维稳、应急管理、防灾救灾、边境管理、国防建设等提供援助和保障，发挥好测绘地理信息不可替代的重要作用。

三、发挥行业优势，扎实完成新时期测绘地理信息援疆工作任务

按照“四个全面”战略布局和中央领导同志对测绘地理信息工作的重要指示批示精神，国家测绘地理信息局确立了“加强基础测绘，监测地理国情，强化公共服务，壮大地信产业，维护国家安全，建设测绘强国”的发展战略。新时期测绘地理信息援疆工作，将坚持中央精神、新疆需求、测绘优势有机结合，认真贯彻落实习近平总书记系列重要讲话精神，紧紧围绕新疆社会稳定和长治久安这个总目标，紧密结合测绘地理信息发展战略，切实提升新疆测绘地理信息服务大局、服务社会、服务民生、服务稳定的能力。

在工作思路上，坚持“统筹规划、项目牵引、按需援助、务实求效”的原则，坚持走长远与近期统一、受援需求与援助能力对接、“输血”与“造血”并举、援助与合作共进及项目、科技、智力与经济援助结合的路子，全面提升新疆测绘地理信息保障服务能力，促进新疆测绘地理信息事业可持续发展。

在目标任务上，力争到2020年，实现新疆自治区和兵团测绘地理信息工作的“五个显著提升”，即服务保障能力显著提升、自我发展能力显著提升、装备水平和创新能力显著提升、地理信息安全监管能力显著提升、地理信息产业实力显著提升，使新疆应急测绘保障能力达到全国先进水平，测绘地理信息整体发展达到全国中上水平。

在主攻方向上，国家测绘地理信息局将重点从以下七个方面做好援疆工作：

一是争取中央重大专项。积极向中央争取测绘地理信息援疆项目，认真谋划今后一个时期特别是“十三五”援疆重大专项，协调争取有关部门将新疆自治区和兵团测绘地理信息发展重大工程作为中央事权，列入国家专项规划和经费预算，通过大项目带动新疆测绘地理信息大发展。在落实好中央财政“十二五”新疆自治区和兵团测绘专项的基础上，积极协调国家发改委等部门，帮助推进自治区申请的“十三五”国家支持项目的立项工作，包括南疆4地州基础测绘、维稳处突地理信息保障服务平台等8个项目。同时，我们将通过中央一般性转移支付项目——边远地区少数民族地区基础测绘专项补助经费项目，加大对新疆自治区和兵团基础测绘投入的倾斜力度。

二是加大重点项目扶持。加快国家现代测绘基准体系基础设施建设一期、二期工程在新疆的实施，全面建成新疆现代测绘基准体系与综合服务系统。全面加强基础地理信息资源建设，通过边境测绘等项目实施带动新疆1:1万地形图空白区测绘与更新，组织对口援疆省市测绘地理信息行政主管部门援助各地州和兵团师市受援地大比例尺地形图测绘，建设多尺度、多类型基础地理信息数据库，在“十三五”期间，基本补齐新疆基础地理信息资源的长期欠账，满足丝绸之路经济带核心区建设和维护稳定等的急需。加快“数字新疆”“数字兵团”和“数字城市”地理空间框架建设，建成地理空间数据交换平台，促进地理空间和相关信息资源的开发利用。帮助加快“天地图·新疆”公众版、政务版、涉密版建设，加大“天地图”克拉玛依灾备数据中心、中亚空间信息枢纽建设力度。构建新疆地理国情监测体系，支持开展塔里木河、城市空间格局扩展和沙漠、绿洲等生态状况监测以及基本农田监测，为宏观决策、生态文明建设提供地理国情支撑。

三是提升应急测绘保障能力。在新疆建设一个国家航空应急测绘基地，并协调国务院有关部门将其纳入国家测绘应急体系规划建设项目。在新疆投资建设一套无人直升机航空应急测绘系统、一套固定翼无人机航空应急测绘系统，并积极争取国家应急测绘体系配套项目，加强其他应急装备建设，大幅提升新疆应急测绘快速反应能力。推进应急平台建设，建设国家应急测绘资源共享平台新疆资源共享节点，加快新疆应急平台体系基础地理信息平台二期建设，实现应急资源的快速传输、互联互通和快速更新，支撑支持新疆维稳处突、宗教场所、边境地区管理地理信息服务平台等的建设。

四是加大成果数据援助。优先安排新疆区域遥感影像数据获取，实现全疆多分辨率、多时相影像数据的全面覆盖和及时更新。为新疆测绘成果数据申领开辟绿色通道，建立常态化的基础地理信息数据和馆藏成果资料共享机制，每年无偿向新疆自治区和兵团提供最新的基础地理信息数据。依托国家测绘成果存储与服务设施项目，合作建设现代化的新疆测绘成果档案馆和分发服务系统。编制汉维对照版挂图、地图册、地球仪等地图产品并免费赠送有关部门和大中小学校。鼓励发动地理信息企业向新疆援助高分辨率卫星影像、街景实体三维模型、电子地图导航等数据资源。

五是加快科技进步与创新。加大科技项目倾斜力度，支持新疆参与国家和国家测绘地理信息局科技项目以及国际测绘合作交流。搭建科技创新平台，支持和指导新疆联合共建国家测绘地理信息局重点实验室，建好“中亚地理信息工程国家局技术研究中心”。提升卫星测绘应用能力，加快组建包含“北斗”系统应用的卫星测绘应用新疆分中心，并以此为依托建设新疆卫星测绘生产基地和服务应用平台；在准噶尔盆地西北缘合作建设资源三号卫星测绘精度监测场，实现辐射中亚、西亚地区的服务能力。提升标准化能力和水平，支持成立标准化技术组织、构建地方标准体系、参与国家和行业标准制修订。鼓励行业单位向新疆自治区和兵团援助测绘仪器设备和技术资源，加快新疆测绘技术装备升级。

六是提升统一监管能力。加强对新疆测绘地理信息立法和政策制定的指导，支持新疆行政执法规范化和信息化建设。对新疆实行适度宽松的测绘地理信息市场准入政策，鼓励内地优秀大型地理信息企业到新疆投资发展。强化对新疆测绘地理信息市场和地图市场监管工作的指导，支持新疆做好国家版图意识宣传教育“进学校、进社区、进媒体”等活动，以国家版图意识宣传教育为载体强化“四个认同”意识。

七是加大人才援疆力度。进一步完善干部人才援疆工作机制，争取增加中组部选派对口支援人数，有针对性地开展自主选派工作，扩大自主选调新疆干部、尤其是少数民族干部到国家局和测绘地理信息机构挂职锻炼范围。优化人才培养模式，实施“项目＋人才”计划，吸收新疆专业技术人才参加国家局在疆测绘工程项目的实施，设立新疆地区人才培养专门资金；鼓励支持各省局和地理信息企业技能人才赴疆支援，积极接收新疆技术人员学习交流。加大教育培训培养力度，面向新疆测绘地理信息管理人员和专业技术人员开展专门培训。

四、尽责尽智尽心，推动测绘地理信息援疆工作再上新台阶

我国是统一的多民族国家，56 个民族共同团结奋斗、共同繁荣发展，形成了你中有我、我中有你，谁也离不开谁的命运共同体。全国测绘地理信息行业要带着对新疆各族人民的真挚感情，与新疆各级党委政府、建设兵团一道，共同加快推动新疆测绘地理信息事业发展，不辜负中央的信任和新疆测绘地理信息干部职工的期盼。

（一）切实加强领导统筹。各地各单位要真正把援疆工作作为自身工作的重要组成部分，多算大账，少算小账，特别要多算政治账、战略账，少算经济账、眼前账，加强领导指导，认真统筹谋划，全力协调支持，加大援助力度，努力提升援疆工作综合效益。国家测绘地理信息局将把援疆工作纳入全国测绘地理信息事业发展“十三五”规划，不断完善援疆机制，切实加强统筹协调，推动形成行业援疆合力。各对口援疆省市测绘地理信息行政主管部门要把援疆作为重要任务列入本单位“十三五”发展规划，并争取纳入本地区对口援疆整体框架。广大地理信息企业要增强责任感，积极开展援疆工作。希望新疆受援各地州、兵团师市把测绘地理信息援疆作为民生建设工作的基础，推动纳入各地州、兵团师市受援整体需求，主动协调跟进，做好对接配合。

（二）确保援疆工作实效。刚才，国家测绘地理信息局与新疆自治区人民政府签订了共同推进新疆社会稳定和长治久安测绘地理信息服务保障能力建设合作协议。国家测绘地理信息局愿与新疆自治区人民政府共同努力，抓住第二次中央新疆工作座谈会和测绘地理信息事业转型升级的历史机遇，开展多形式、多层次、全方位的合作，全面务实高效落实好协议内容。各省局、地州、兵团及国家局直属单位也要把对口支援协议抓紧落实到位。援疆是一项长期工作，不是单纯的捐钱捐物，而是项目、人才、技术、管理、资金的综合援疆。各地各单位在落实国家测绘地理信息局援疆实施细则的基础上，要根据本次会议精神和会后实地调研对接情况，结合本地本单位的实际，进一步调整完善援疆具体方案，形成长效投入机制和常态化工作机制。受援各方也要不等不靠、自强奋斗，把国家支持、兄弟部门支援与增强自我发展能力相结合，全方位协助配合援助方的工作，确保援疆工作有序开展。

（三）促进交往交流交融。援疆不是简单的援助与被援助、施予与被施予，而是一种互嵌，感情的互嵌、思想的互嵌、发展的互嵌。亲戚越走越近，朋友越交越深。希望援助方多走进新疆，了解真实的新疆、了解真实的新疆人民，从而发自内心地认识新疆、理解新疆、支持新疆；新疆测绘地理信息干部职工也要多走出去，感受发展的潮流、学习发展的经验、坚定发展的信心。援受双方要在交流交往交融中交友交情交心，在思想上加深共鸣、文化上深化认同、感情上水乳交融。让“测绘精神”和“新疆精神”在新疆这片神奇的热土上共同绽放光芒，树立测绘地理信息行业的优良形象，把测绘地理信息援疆工作打造成为民族团结工程的典范，共同创造新疆的美好未来。

各位领导，各位代表，同志们，做好援疆工作是全国测绘地理信息行业的政治责任和重大使命。让我们团结一心、扎实工作，努力开创测绘地理信息援疆工作的新局面，为新疆社会稳定和长治久安作出新的更大贡献！

扎实开展“三严三实”专题教育　在新常态下实现测绘地理信息事业新发展

——在国家测绘地理信息局“三严三实”专题教育党课暨启动部署会上的讲话

国家测绘地理信息局党组书记、局长　库热西·买合苏提

2015 年 5 月 20 日

同志们：

为贯彻落实全面从严治党要求，巩固和拓展群众路线教育实践活动成果，党中央决定，2015 年在县处级以上领导干部中开展“三严三实”专题教育。4 月 10 日，中办印发《关于在县处级以上领导干部中开展“三严三实”专题教育方案》（中办发〔2015〕29 号），对专题教育作出全面部署。4 月 21 日，刘云山、赵乐际同志在“三严三实”专题教育工作座谈会上，对开展好专题教育提出明确要求。局党组及时专题传达学习了中央精神，结合测绘地理信息工作实际制定印发了我局实施方案。根据中央要求，为开展好我局的专题教育，今天，由我率先为大家讲一堂专题党课，同时也是对我局专题教育的启动部署。下面，我从“三严三实”的重大意义和丰富内涵、“不严不实”的具体表现和严重危害、“三严三实”的实践要求等方面谈一谈个人的

学习体会，并代表局党组对开展好我局专题教育提几点要求。

一、充分认识开展“三严三实”专题教育的重大意义

2014年3月9日，习近平总书记在参加十二届全国人大二次会议安徽代表团审议时强调指出：作风建设永远在路上，“各级领导干部都要树立和发扬好的作风，既严以修身、严以用权、严以律己，又谋事要实、创业要实、做人要实”。一年多来，习近平总书记又分别在赴河南兰考调研指导教育实践活动、教育实践活动总结大会、视察驻昆明部队、视察驻西安部队时四次提及“三严三实”。“三严三实”言简意赅、内涵深刻，贯穿着马克思主义政党建设的基本原则和内在要求，阐明了党员干部的修身之本、为政之道、成事之要。“三严三实”既有思想层面的要求，又有行为方面的规范，与党章要求、总书记系列重要讲话精神一脉相承，对于加强新时期党的作风建设、全面推进新形势下党的建设新的伟大工程、协调推进“四个全面”战略布局具有重要意义。

（一）开展“三严三实”专题教育，是持续深入推进作风建设的重要举措。抓作风、改作风，是党的十八大以来，以习近平同志为总书记的新一届党中央从严管党治党的重要突破口。“三严三实”，着眼于解决作风方面的突出问题，具有很强的现实针对性。应当看到，党员干部队伍的作风与党和人民事业发展要求总体上是适应的，特别是经过党的群众路线教育实践活动，“四风”蔓延势头得到有效遏制，党风政风呈现出许多新变化新气象。但是也要清醒看到，作风建设正处在一个节骨眼上，树倒根还在，藕断丝还连，“四风”问题的病原体还没有根除，许多深层次问题还需进一步解决，党员干部队伍管理和党员干部身上仍然存在“不严不实”的问题。对于不少党员干部来说，解决“四风”问题仍停留在“不敢”上，发自内心反“四风”的思想行动自觉尚未完全形成。广大干部群众担心的是纠正了的不良作风出现反弹、雨过地皮湿、活动一阵风，十分期盼有常抓不懈的具体举措和行动。开展“三严三实”专题教育，就是牢固树立作风建设永远在路上的思想，就是要在已有基础上，再添把火、再加把力，在巩固、拓展、深化教育实践活动成果上下功夫，在抓常、抓细、抓长上下功夫，始终保持清醒认识，保持坚定自觉，以锲而不舍、驰而不息的决心和毅力，把作风建设良好态势保持和发展下去，使好的作风成为党员干部的思想自觉和行为习惯。

（二）开展“三严三实”专题教育，是严肃党内政治生活、严明党的政治纪律和政治规矩的有力抓手。严肃党内政治生活、严明党的政治纪律和政治规矩是提高党的凝聚力战斗力的保证，是解决党自身问题的重要途径，是营造良好政治生态的关键环节，关系党的团结统一和肌体健康。当前，一些党员干部不守纪律、不讲规矩的现象，一些地方政治生态不好的问题比较突出。党章作为全党必须遵循的总规矩，一些党员干部没有认真学习、没有自觉遵守。有的基层党组织对党员干部要求不严，常常是不敢管、不愿管、不会管；有的执行上级政策打折扣、搞变通，有令不行、有禁不止的现象时有发生；有的自由主义、好人主义盛行，组织涣散、纪律松弛，一些规章制度形同虚设；有的基层党组织书记没有很好的履行“一岗双责”，重业务轻党建的情况比较突出；有的党员干部组织纪律淡薄，游离于组织之外，等等。分析这些问题和现象，一个重要原因就是言行上失规失矩、管理上过宽过软。开展“三严三实”专题教育，就是要加强思想政治建设，严肃党内政治生活，进一步明规矩、严纪律、强约束，使各级组织和全体党员干部都按照党内政治生活准则和党的各项规定办事，形成从严从实的氛围，营造风清气正的政治生态。

（三）开展“三严三实”专题教育，是全面推进党的事业健康发展的客观要求。当前，世情国情党情正在发生深刻变化。国际环境复杂多变，我国发展面临一系列突出矛盾和问题，改革进入攻坚期和深水区，艰巨性、复杂性前所未有，面临一系列极具挑战性的矛盾和困难。党的建设面临许多新情况新问题，执政考验、改革开放考验、市场经济考验、外部环境考验长期而复杂，精神懈怠危险、能力不足危险、脱离群众危险、消极腐败危险更加尖锐地摆在全党面前。我们已经站在一个新的历史起点上，正在进行具有许多新的历史特点的伟大斗争，正在协调推进“四个全面”战略布局，改革发展稳定任务之重前所未有，矛盾风险挑战之多前所未有，对我们党治国理政的考验之大前所未有。实现“两个一百年”奋斗目标、实现中华民族伟大复兴的中国梦，关键在党，需要以从严的精神管党治党，需要以务实的作风干事创业。只有认真贯彻“三严三实”要求，切实解决党员干部作风与新形势新任务不适应、不符合的问题，我们党才能战胜“四大风险”、经受住“四种考验”，才能更好地巩固执政基础、提高执政能力，从而担负起实现国家富强、民族振兴、人民幸福的历史使命。

（四）开展“三严三实”专题教育，是加快推进测绘地理信息事业转型升级、科学发展的重要保障。近年来，测绘地理信息工作紧紧围绕国家改革发展大局，牢牢把握稳中求进工作总基调，以全面深化改革为动力，各项工作不断推进，为国家经济建设和社会发展提供了坚实保障。但是，我们也清醒认识到，测绘地理信息事业发展过程中依然存在不少问题。比如，思想解放不够，创新精神不足，缺乏站在国家层面、着眼宏观战略、谋划长远发展的深入研究和顶层设计；对基础测绘的重要性认识不足，系统内部生产计划衔接不够，资源共享统筹不足；成果应用主要停留在一般性供图、供数据层面，应用的广度和深度不够，缺乏有重大影响力的应用成果；科研与生产存在“两张皮”现象，科技成果转化率仍然较低；对产业的深入研究不够、有效引导不足，实质性推动产业发展的举措不多；针对信息化时代背景下的非法测绘、测绘成果失泄密、侵权盗版等违法行为的监管手段不强、创新不足、力度不大，等等。这些问题，既有思想层面的问题，又有工作层面的问题，归根结底都是“不严不实”的问题。我们只有大力弘扬和践行从严从实的作风，造就“三严三实”的干部队伍，才能凝聚起团结奋进、攻坚克难的强大力量，才能推动测绘地理信息事业转型升级、科学发展。

总的来说，“三严三实”专题教育有的放矢、指向性强，是具有全局意义的重要部署，体现了党中央驰而不息推进从严治党的决心和态度。我们一定要充分认识开展“三严三实”专题教育的重要意义，把思想和行动统一到中央的精神和部署上来，以饱满的热情和有力的举措不折不扣地抓好局党组实施方案各项要求的落实工作。

二、深刻理解“三严三实”的精神实质和科学内涵

“三严三实”是习近平总书记关于党的建设的又一重要思想，彰显了我们党在新的形势下一鼓作气抓作风、驰而不息改作风的坚定决心和恒心。开展“三严三实”专题教育，要准确把握“三严三实”丰富的科学内涵，切实增强践行“三严三实”的思想自觉和行动自觉。

（一）“三严三实”与中华民族的传统美德一脉相承。在中华民族长期的发展历程中，历来都强调“修身齐家治国平天下”，“修身正己立德”一直是中国人做人处事的基本准则。古人云，“惟公则生明，惟廉则生威”，“公正无私，一言而万民齐”，“其身正，不令而行；其身不正，虽令不从”。习近平总书记多次强调，“为官之本，在于为官一场、造福一方；为官之理，在于讲奉献；为官之德，在于清廉；为官之义，在于明法”。“三严三实”既贯穿着中华民族传统美德的精神，融合了中华民族传统文化的政治智慧，体现了中华文明的巨大魅力，又站在当代中国发展的新高度，把握了思想道德修养的时代脉搏，强化了领导干部的从政准则，提升了领导干部的作风标准。

（二）“三严三实”是对党的优良传统和作风的继承发展。党的作风是党的性质、宗旨、纲领、路线的重要体现，直接关系着党的形象，关系着人心向背，关系着中国特色社会主义事业的兴衰成败。我们党在90多年发展历程中始终高度重视作风建设，党的事业每前进一步，党的作风建设就推进一步。早在1927年9月“三湾改编”时，毛泽东同志针对部队暴露出来的涣散作风进行整顿，部队面貌和作风焕然一新。在不同的历史时期，毛泽东、邓小平、江泽民、胡锦涛同志根据党面临的形势任务和党自身建设的实际情况，对加强党的作风建设先后作出一系列重要论述，把作风建设不断推进到新阶段。“三严三实”继承和发扬了我们党作风建设的优良传统，是对“三大纪律八项注意”、“三大作风”和“八个坚持八个反对”，以及“八项规定”、反“四风”的延续、发扬和深入。同时，“三严三实”第一次由人及事及权，把做人做官做事作为一个整体提出；第一次从修身、用权、律己、谋事、创业、做人六个角度提出要求，既给为官之道指路，又为行为准则定向；第一次把作风建设凝练为“严”、“实”两个维度，既针对道德问题，又针砭为政时弊，是对党的作风建设要求新的科学概括。

（三）“三严三实”是新形势下党的作风建设的新标准。“三严三实”，是一个有机统一的整体，明确了作风建设的新标准。严以修身：就是要加强党性修养，坚定理想信念，提升道德境界，追求高尚情操，自觉远离低级趣味，自觉抵制歪风邪气；严以用权：就是要坚持用权为民，按规则、按制度行使权力，把权力关进制度的笼子里，任何时候都不搞特权、不以权谋私；严以律己：就是要心存敬畏、手握戒尺，慎独慎微、勤于自省，遵守党纪国法，做到为政清廉；谋事要实：就是要从实际出发谋划事业和工作，使点子、政策、方案符合实际情况、符合客观规律、符合科学精神，不好高骛远，不脱离实际；创业要实：就是要脚踏实地、真抓实干，敢于担当责任，勇于直面矛盾，善于解决问题，努力创造经得起实践、人民、历史检验的实绩；做人要实：就是要对党、对组织、对人民、对同志忠诚老实，做老实人、说老实话、干老实事，襟怀坦白，公道正派。“三严”和“三实”是密切相联的，是相互促进的。“三严”是内在要求，指向是主观世界的改造，有了“三严”，“三实”就有了基础。“三实”是行为取向，指向是客观世界的改造，有了“三实”，“三严”的实际价值才得以体现。我们要从严上要求，向实处着力，真正把“三严三实”内化于心、外化于行，以“三严”祛歪风、以“三实”聚正气，使清风正气一点点积聚起来，使党员干部的精气神昂扬起来，不断开辟作风建设的新境界。

三、清醒认识“不严不实”的具体表现和严重危害

刘云山同志在“三严三实”专题教育工作座谈会上指出，要强化问题意识，突出问题导向，持续向问题“叫板”，使专题教育的过程成为校正“不严不实”问题的过程。对于我们测绘地理信息部门来讲，“不严不实”有哪些具体表现和严重危害呢?

客观来看，我局党员干部队伍总体是好的，广大党员干部坚持弘扬“热爱祖国、忠诚事业、艰苦奋斗、无私奉献”的测绘精神，开拓创新，务实进取，推动测绘地理信息事业不断迈上新台阶。特别是经过党的群众路线教育实践活动，“四风”问题得到有效遏制，工作作风得到明显改善。但用“三严三实”这个高标准、严尺度来衡量，我们的作风建设还存在一些不足，中办《通知》中指出的“不严不实”问题，在我们一些党员干部中还不同程度地存在。一是有的党员干部认为搞好测绘地理信息业务就行了，政治纪律、政治规矩与己甚远、无关紧要；二是有的党员干部重测绘地理信息业务知识更新，轻政治理论学习，对持续加强党性修养的重要性认识不足；三是有的党员干部认为处在“清水衙门”，不会出什么大问题，廉洁自律意识不强；四是有的党员干部服务意识不强，工作效率不高，深入群众不够经常，服务群众不够主动，排解民忧不够及时；五是有的党员干部存在求稳思想，创新意识不强，进取动力不足，对新常态下推动测绘地理事业转型升级、科学发展视野不宽、思考不深、办法不多；六是有的党员干部抵制不良风气的警惕性不高，“生活圈”、“朋友圈”需要进一步净化；七是有的单位教育实践活动整改措施还未全部落实，作风建设长效机制尚不巩固。如此种种，都是我们身边“不严不实”的具体表现。

“不严不实”问题危害巨大，轻者害己害人，重者祸国殃民。如果任由“不严不实”问题滋生蔓延，“四风”问题势必反弹回潮，作风建设成果必然功亏一篑，极大败坏党风政风，损害党的形象，扰乱政治生态，削弱人民群众对我们党的信心和威望，危害党的执政地位和执政基础。“不严不实”的反面案例可谓不少。一如修身不严。南京原市委副书记、市长季建业在“悔过书”中写道，“随着职务的提升，权力的变化，地位的提高，自己的党性修养、人生境界没有同步提升，相反私心杂念在灵魂深处滋生膨胀……忘记了自己入党为什么？当干部做什么？做人干什么?”理想信念的动摇，往往是腐化堕落的开端，往往有身败名裂的后果。二如律己不严。起贪恋之心，取不义之财，行不轨之事，不顾原则，忘记规矩，逾越底线，必将成为党纪国法的“俘虏”。周永康、薄熙来、徐才厚、令计划、苏荣违纪违法的案例殷鉴不远，在我们身边也不乏这方面的反面典型，地理信息与地图司（测绘成果管理司）原司长李永雄因贪污被开除党籍、公职，并被判处有期徒刑15年；云南局原党组书记、局长耿弘涉嫌严重违纪，被纪检监察机关立案查处；原直属机关工会主席刘新英挪用公款，直属机关党委（纪检监察审计室）已经完成立案调查和审理，目前正在按照规定履行报批程序。三如用权不严。测绘地理信息部门相对来讲审批权力不大，但我们各单位各部门都掌握着一些资金、项目，各级领导干部手中或大或小都有一定的权力，绝不是一尘不染的“象牙塔”。国家信访局的腐败窝案警示我们，腐败问题不仅发生在权力部门，而且在向“清水衙门”延伸，对此我们要有足够的警惕。广西局原党组书记、局长陈仲怀利用职务便利，为他人谋取利益，最终受到党纪国法处理，他在今年5月12日接受法庭审理时，用“晚节不保，竹篮打水一场空”

来形容自己的一生，可谓悔之晚矣，也给我们深刻的教训。四如谋事、创业、做人不实。中央纪委近期通报的违反中央八项规定的典型案例中，公款吃喝、公款旅游、公车私用、提供或接受超标准接待、违规发放津补贴或福利、违规收送礼金礼品、大办婚丧喜庆等问题依然不少，可见“四风”问题仍未根除。近年来我们在巡视、审计、案件查办等工作中，也发现我们的一些党员干部党的观念不强，纪律意识淡薄，违规经商办企业、违规在企业兼职任职等问题仍有发生，在群众中产生不良影响。在抽查核实领导干部个人有关事项时，发现存在瞒报、漏报现象。如实报告个人有关事项，中央有明确规定，这是领导干部必须遵守的政治纪律和组织纪律，是检验对党组织是否忠诚老实、是否清正廉洁的重要依据。中央组织部规定，凡是拟提拔的考察对象都要进行核实，不如实填报或有意瞒报的将影响提拔任用，违纪的还将给予纪律处分。各级领导干部一定要坚决贯彻中央要求，严格遵守各项规定，作为自觉行动，严肃认真对待。

每位党员干部尤其是领导干部都要对照中央提出的“三个着力解决”，把“三严三实”作为镜子照一照，作为基准校一校，联系个人思想、工作、生活和作风实际，认真检查和审视自身存在的问题，真正从思想上严起来、在行动上实起来，认认真真解决好“不严不实”的问题。

四、准确把握“三严三实”的实践要求

知是行之始，行是知之成。“三严三实”重在践行、重在落实。广大党员干部务必将“严”的精神和“实”的要求转变为实际行动、具体举措，自觉做践行“三严三实”的好干部。

（一）要坚定理想信念，始终对党忠诚。忠诚的前提是对信念的坚守。党员领导干部一定要牢牢记住入党时在党旗面前的庄严宣誓，把坚定理想信念作为安身立命的“主心骨”，作为修身立业的“压舱石”，强化理论修养，始终坚定共产主义远大理想信念，加强对马列主义、毛泽东思想和中国特色社会主义理论体系的学习，特别是要抓好习近平总书记系列重要讲话精神的学习教育，加强理想信念、党性党风党纪、道德品行、中国特色社会主义法治教育，坚定中国特色社会主义的道路自信、理论自信、制度自信，牢固树立正确的世界观、人生观、价值观，大力弘扬社会主义核心价值观和测绘精神，切实解决好“总开关”这一根本问题。

（二）要强化党性修养，严守党的纪律。要严格遵守政治纪律和政治规矩，在思想上政治上行动上始终自觉与以习近平同志为总书记的党中央保持高度一致，自觉维护中央权威，确保中央各项决策部署不折不扣落实。要正确处理好个人和组织的关系，严格遵守“四个服从”，严格遵循组织程序、执行组织制度，不做特殊党员。要强化党性修养，带头学习党章、遵守党章、贯彻党章、维护党章，真正使党章内化于心、外化于行，时刻铭记自己的第一身份是共产党员，时时处处以党性要求规范自己、衡量自己。要自觉接受党内生活锻炼，经常拿起批评和自我批评这个武器，以整风精神开展积极健康的思想斗争。要以先进典型为镜，向焦裕禄、杨善洲等优秀领导干部学习，向国测一大队和杨艳萍同志等新时期感动测绘人物学习，学习他们的崇高精神和模范行为。要深入开展警示教育和法纪教育，主动在思想上划出红线，在行为上明确界限，真正遵规守矩。

（三）要坚持秉公用权，保持清正廉洁。要正确对待权力，敬畏权力、敬畏党纪、敬畏法律，确保权力行使不偏向、不变质、不越轨、不出格，严格按法律规范和制度程序办事。要慎独慎微，防微杜渐，洁身自好，自觉净化社交圈、生活圈、朋友圈，守住底线，做人、处事、用权、交友都要始终保持清醒头脑，做政治上的“明白人”、经济上的“干净人”、作风上的“正派人”。各级党组织要把抓好党建作为最大政绩，真正把从严治党责任承担好、落实好。要突出从严管理干部，把“三严三实”作为选拔任用、考核评价、监督管理干部的重要依据。要突出作风专项整治，防止“四风”问题反弹回潮。要坚持有腐必反、有贪必肃，以零容忍态度坚决惩治腐败。

（四）要发扬担当精神，着力干事创业。当前，我国经济发展进入新常态，测绘地理信息事业发展正处于转型升级、科学发展的关键时期。每一名党员干部都要认清自己承担的历史责任，主动适应经济发展新常态，按照“加强基础测绘，监测地理国情，强化公共服务，壮大地信产业，维护国家安全，建设测绘强国”的发展战略，以更宽视野、更大智慧、更多担当，加快推进测绘地理信息事业转型升级、科学发展。要以严的标准、实的行动，全力以赴做好第一次全国地理国情普查，高效优质按时完成各项任务，确保普查成果的高质量、高标准、高水平，同时要创新开展普查成果应用研究，向党和人民交出一份合格答卷。要把抓测绘地理信息领域全面深化改革举措落地作为重大政治任务，有序有力有效推进各项改革发展工作，全面谋划“十三五”事业发展。要深入贯彻落实党的十八届四中全会精神，强化法治思维，坚持法定职责必须为、法无授权不可为，加强科学立法，做到严格执法，完善管理体制，全面提升测绘地理信息依法行政能力和水平。要毫不动摇地坚持和巩固基础测绘的基础性、公益性地位，扎实推进基础测绘重大工程实施，大力发展适应新形势的新型基础测绘。要紧紧围绕党中央、国务院重大决策和重大战略、经济社会发展重大工程、重点工作以及百姓需求和社会民生，着力打造“天地图”战略性信息平台，推进数字城市向智慧城市升级，切实加强应急测绘保障，推动测绘成果社会化应用，加快测绘科技创新，彰显测绘地理信息的价值。要贯彻落实《国务院办公厅关于促进地理信息产业发展的意见》，按照市场要活、创新要实、政策要宽的原则，着力推动地理信息产业提质增效升级发展。

五、确保“三严三实”专题教育取得实效

开展“三严三实”专题教育，充分体现了中央全面从严治党的鲜明态度和持之以恒加强作风建设的坚定意志，是党的群众路线教育实践活动的延展深化，对于抓好测绘地理信息队伍建设、推动测绘地理信息事业发展具有重要意义。各级党组织和广大党员干部要切实增强责任感和使命感，把开展好专题教育作为重大政治任务，抓好专题党课、专题学习研讨、专题民主生活会和组织生活会、整改落实和立规执纪4个关键动作，确保取得实效。在此，我提几点要求：

（一）落实工作责任。能否把这个重大政治任务完成好，是对各单位各部门党组织履行党建主体责任的直接检验。各单位各部门党组织书记是本单位本部门专题教育的第一责任人，对专题教育的安排部署、组织协调负责，对专题教育的深入开展、扎实推进负责，对专题教育的实践成果、实际成效负责。要制定切实可行的专题教育方案，精心组织实施。各级领导干部应发挥带头作用，层层作出示范。

（二）强化学习教育。开展“三严三实”专题教育，首要的是抓好学习教育、打牢思想根基。应在学习教育上下足功夫、花足力气，切实把“严”和“实”的要求立起来，以思想自觉引领行动自觉。把深入学习习近平同志系列重要讲话精神作为学习教育的重中之重，领会核心要义，掌握精神实质，把握贯穿其中的立场观点方法，做到学而信、学而用、学而行。

（三）突出问题导向。要强化问题意识，紧紧围绕中央提出的“三个着力解决”，聚焦问题查、对照问题改，把发现问题、解决问题作为专题教育的出发点和落脚点。要对自身存在的“不严不实”问题，作全方位、立体式的透析检查，把问题找准、找实，切忌笼而统之、千人一面，切忌表面化、脸谱化。坚持边学边查边改，列出问题清单，一条一条梳理，一项一项整改，使专题教育的过程成为校正“不严不实”问题的过程。局党组强化问题导向，坚持立行立改，在专题教育之初就主动对照检查，针对局机关公务员尤其是领导干部过多参加评审、论证等活动并领取费用问题，按照中央纪委要求，认真调查摸底，起草了关于规范公务员参加评审、论证等活动的通知，已经局党组会议审议一致通过，也受到了中央纪委、国土资源部的认可。通知近日即将印发，今天我在此也是提醒大家，要严格遵守、坚决照办。

（四）贯彻从严要求。这项专题教育不分批次、不划阶段、不设环节，但并不意味着可以放松要求、降格以求，要切实发扬讲认真的精神，贯穿严的标准、严的措施、严的纪律，以严促深入、以严求实效。各单位各部门要按照中央和局党组的要求，结合各自实际，以从严从实作风开展专题教育，把各项工作做扎实、做细致、做到位，坚决防止和杜绝形式主义。

（五）注重讲求实效。开展专题教育不能空对空，要真正在解决问题上取得新的进展和突破，努力在深化“四风”整治、巩固和拓展党的群众路线教育实践活动成果上见实效，在守纪律讲规矩、营造良好政治生态上见实效，在真抓实干、推动测绘地理信息事业转型升级科学发展上见实效。局党组将结合党的群众路线教育实践活动整改落实工作和巩固拓展活动成果情况专项检查，采取适当形式，加强督促和指导，确保专题教育不虚不空、不走过场。

（六）做到“两手抓，两促进”。要把开展“三严三实”专题教育与做好当前测绘地理信息全面深化改革各项工作结合起来，更好地推进中央各项决策部署在测绘地理信息系统的贯彻落实。要把深化学习教育放在首位，融入领导干部经常性学习教育，与中心组学习、“三会一课”、年度民主生活会和组织生活会有机结合，与党支部建设结合起来，与党员修身履职的实际结合起来，做到专题教育与日常工作有机融合、相互促进。

同志们，今天，我以“测绘学习大讲堂”形式讲专题党课，全面启动局“三严三实”专题教育。局党组其他成员每人也要在分管部门或单位讲一次专题党课。5 月下旬至 6 月上旬，局机关各司室和局直属各单位党组织主要负责同志要在本单位本部门讲专题党课。讲党课要紧扣中央“三严三实”要求，紧密联系实际，注重创新，防止照本宣科、泛泛而谈，要采取交流研讨、案例分析等形式，提升党课的针对性、有效性，真正使讲党课的过程，成为统一思想的过程，推动我局“三严三实”专题教育扎实有效开展。

在全国测绘地理信息法治工作会议上的讲话

国家测绘地理信息局局长　库热西·买合苏提

2015 年 6 月 9 日

尊敬的杰辉副省长，同志们：

大家上午好！

首先，我谨代表国家测绘地理信息局，向河北省委、省政府、杰辉副省长长期以来对测绘地理信息工作的关心重视和大力支持表示衷心的感谢！向工作在测绘地理信息法治战线上的广大干部表示诚挚的敬意！

全面依法治国，是完善和发展中国特色社会主义制度、推进国家治理体系和治理能力现代化的重要方面，关乎我们党执政兴国、关乎人民幸福安康、关乎党和国家长治久安。党的十八届四中全会通过的《中共中央关于全面推进依法治国若干重大问题的决定》，是我国历史上第一个关于加强法治建设的专门决定，开启了建设社会主义法治国家新的伟大征程。党中央“四个全面”战略布局的提出，确立了全面依法治国的战略保障地位，把全面依法治国上升到前所未有的高度，是指导新形势下全面依法治国的根本遵循。作为全面依法治国的重要组成部分，加强测绘地理信息法治工作，对于提升测绘地理信息治理能力，维护国家地理信息安全，保障测绘地理信息事业发展，推进全面依法治国进程，具有重要意义。稍后，超智同志将作全国测绘地理信息法治工作报告，对当前和今后一个时期法治工作作出安排部署。在此，我就全面推进测绘地理信息法治工作讲三点意见。

一、测绘地理信息法治工作面临新形势

党的十八大指出“法治是治国理政的基本方式。”十八届四中全会提出了“建设中国特色社会主义法治体系，建设社会主义法治国家”的总目标，对“法治中国”进行了更全面的顶层设计，提出了形成五大法治体系的重点任务和“科学立法、严格执法、公正司法、全民守法”的基本要求，明确了 190 项重要任务举措，制定了全面依法治国的总蓝图、路线图、施工图，是我们做好测绘地理信息法治工作的纲领性文件。

我国测绘地理信息法治工作经历了从无到有、从粗到细、从分散到体系的发展过程，取得了显著成绩，积累了宝贵经验。当前，以《测绘法》为核心的测绘地理信息法律规范体系基本建立，测绘地理信息行政职能职责得到强化，依法行政能力水平显著提升，行政执法不断加强，普法工作逐步深入，为我国测绘地理信息事业健康快速发展提供了有力的法治保障。但同时，也存在法规政策滞后、市场监管手段不强、基层执法普法力量薄弱等问题，领导干部运用法治思维和法治方式推动改革发展的能力还不足。党中央的部署要求和测绘地理信息法治工作自身发展，要求我们从更高的层次、更宽的视野，来认识和把握做好法治工作的重要作用。

（一）把法治工作放在测绘地理信息领域深化改革的大视野中去认识和把握。全面依法治国与全面深化改革，犹如鸟之两翼、车之双轮，全面深化改革内含法治建设的加强、法治体系的完善，全面依法治国又固化改革成果、为改革保驾护航。测绘地理信息全面深化改革，离不开强有力的法治保障。

去年9月，国家局印发了全面深化改革的实施意见，部署了各项重大改革举措；今年3月，国家局印发了贯彻落实四中全会精神的实施意见，全面推进法治建设工作。两个意见形成了“姊妹篇”，体现了国家局党组在政治上、思想上、行动上坚决与党中央保持高度一致。在实践过程中，我们要把立法决策和改革发展决策相统一、相衔接，在研究改革方案和改革措施时，同步考虑改革涉及的立法问题，及时提出立法需求和立法建议，努力以法治凝聚改革共识，在改革中不断完善法治，把各项探索与实践纳入法治轨道，提升测绘地理信息部门的整体效能，全力做好测绘地理信息服务保障，大力促进地理信息产业发展，尽责维护国家地理信息安全。

（二）把法治工作放在测绘地理信息事业转型升级的大背景中去认识和把握。当前，我们正处于事业转型升级的关键节点。如何进一步协调好政府和市场的关系，发挥市场在地理信息资源配置中的决定性作用；如何推进新型基础测绘，提升基础测绘整体效能；如何推进地理国情监测形成常态化工作机制，服务生态文明建设；如何完善市场体系，应对互联网经济对地理信息产业带来的机遇和挑战；面对统一监管压力不断加大的现实状况，如何解决监管不到位的问题，等等。这些影响和制约事业转型升级的重要问题，都亟待通过实践寻求有效的破解办法，并将实践证明行之有效的好做法、好措施，进一步规范化、制度化、法治化，以法治方式保障事业转型升级，推动事业的快速发展进步。

（三）把法治工作放在测绘地理信息部门职能转变的大环境中去认识和把握。本届中央政府将加快转变政府职能、简政放权作为第一件大事，紧紧抓住不放。今年5月，李克强总理再次强调，“简政放权要在法治轨道上推进，同时法律法规也要适应改革需要，及时加以调整和完善”。两年多来，国家局按照国务院要求，以行政审批改革为切入点，取消下放4项行政审批，占国家局行政审批总数的36%。与此同时，建立了测绘地理信息市场信用监管体系，研究加强资质巡查等事中事后监管手段，职能转变取得了积极成效。各省级测绘地理信息部门也清理、取消、下放了一批审批项目。下一步，还要严格按照国务院要求，进一步加大简政放权力度，及时作出法律授权和调整，最大程度减少事前审批，重点增加事中事后监管措施，创新监管模式，真正将工作重点转到创造良好发展环境、提供优质公共服务、维护市场公平上来。

二、测绘地理信息法治工作需要新思路

加快建设测绘地理信息法治体系、引领和推动测绘地理信息事业转型升级的任务，历史性地摆在了我们面前。各级测绘地理信息行政主管部门要以新的思路，全面加强测绘地理信息法治工作。

一是在“四个全面”战略布局中统筹推进法治工作。中央提出了“全面建成小康社会、全面深化改革、全面依法治国、全面从严治党”的战略布局，集中体现了治国理政的新思路、新举措和新要求。其中，法治建设不仅是“四个全面”的重要组成部分，更是贯穿“四个全面”始终的重要保障。全面建成小康社会期待法治昌明，全面深化改革需要法治护航，全面从严治党首先要依法依规治党。我们只有坚持谋发展之业、扬改革之帆、行法治之道、筑执政之基，坚持以法治为框架、用法治作支撑、由法治来贯穿，才能实现测绘地理信息事业的全面协调健康发展。

二是在正确处理政府和市场的关系中推进法治工作。在经济新常态下，要正确处理好政府和市场的关系，使市场在地理信息资源配置中起决定性作用，更好发挥政府作用，让市场和政府各归其位。各级测绘地理信息行政主管部门要大幅度减少以行政权力配置资源的方式，通过加大政府购买服务等形式，为市场提供更多机会。鼓励测绘地理信息学会、协会等社团组织承接政府职能转移，充分发挥自律管理、自我服务的积极作用。妥善处理好政府“看得见的手”与市场“看不见的手”之间的关系，充分激发市场创造活力，是我们在推进测绘地理信息法治建设中应当深入思考的问题。

三是在简政放权放管结合中推进法治工作。克强总理指出，“大道至简，有权不可任性”，政府应当“行简”，但又不能不负责任、没有法度。改革既需要政府简政放权，不要过多干预市场，给市场主体充分松绑；也需要政府强化市场引导和服务，不能对市场秩序放任不理，更要加强市场监管。各级测绘地理信息行政主管部门在进一步简政放权的同时，要以刚性的制度来管权限权，厉行法治，依法行政，强化监管，优化服务，把该管的管住管好、该服务的服务到位，做到“简政放权、放管结合、优化服务”协同推进，促进测绘地理信息部门职能转变。

四是在贯彻总体国家安全观大局下推进法治工作。测绘地理信息关系国家主权、安全和利益。习近平等中央领导同志高度重视和关注国家地理信息安全，多次对加强地理信息安全监管作出重要指示批示。我们要增强紧迫感和使命感，通过“强法治”来“保安全”，切实履行好维护国家地理信息安全这一重要职责。一方面，要抓住《测绘法》修订纳入国家安全立法体系的重要契机，通过立法解决现行法律法规对地理信息安全的规定针对性不强、制度不健全、措施不够有力的问题。另一方面，要针对地理信息技术手段不断进步、非法测绘活动更加隐蔽、地理信息安全隐患突出的严峻形势，改革监管模式，丰富监管手段，加大监管力度，全面提升地理信息安全监管能力，切实维护国家地理信息安全。

三、测绘地理信息法治工作要有新作为

立治有体，施治有序。在全面依法治国的战略部署下，我们要拿出新作为，推动我国测绘地理信息事业逐步走上依法治测、依法兴测的轨道，开创测绘地理信息法治工作新局面。

一要加快法治政府建设步伐。加快完善测绘地理信息法律规范体系，发挥立法的引领和推动作用，今年要集中力量完成《测绘法》修订，各地各部门要深入思考、集思广益，配合做好立法调研等工作。要认真总结地理国情普查和监测、地理信息资源共享和公共服务、事中事后监管等实践经验，及时提炼上升为规章制度，不断形成科学、完备、有效的制度体系。要贯彻落实中办国办关于规范卫星导航定位基准站建设与管理的有关要求，依法严格加强全球卫星导航定位基准站的清理和监管。要加大“问题地图”检查治理力度，加强地理信息市场监管和涉密测绘成果管理，严肃查处违法案件，完善互联网地理信息安全监管体制，切实维护国家地理信息安全。要采取有效措施，加大国家版图意识宣传教育力度，提升全社会国家版图意识。

二要大力推进简政放权转变职能。各级测绘地理信息行政主管部门要按照国务院要求，进一步取消下放一批行政许可项目，加快建立“权力清单、责任清单、负面清单”，划定政府与市场、企业、社会的权责边界。积极探索实行“互联网+监管”新模式，以测绘地理信息市场信用监管体系为抓手，建立统一的市场监管平台，创新监管方式，加强事中事后监管，推动测绘地理信息行政审批制度改革向“放权、监管、服务”并重转变，切实做到“放权到位、监管到位、服务到位”。

三要抓好法治建设新成果的贯彻落实。法律的生命力在于实施，法律的权威也在于实施。修订后的《测绘法》、《地图管理条例》等出台后，要大力抓好贯彻实施，通过法律法规的有效执行，推进涉及事业发展长远、战略、重大工作的落实，促进测绘地理信息职能职责的强化，同时要加大政策解读与宣传，广泛宣讲重大意义和重要内容，营造事业发展良好氛围。局党组出台了《贯彻落实〈中共中央关于全面推进依法治国若干重大问题的决定〉实施意见》及任务分工方案，各地各部门要切实把各项决策部署落到实处，真正使法治工作成为“硬指标”“硬实绩”“硬约束”。

四要始终坚持党的领导这个根本保证。全面推进测绘地理信息法治工作，党的领导是根本保证。测绘地理信息法治工作党的领导要体现在领导立法、保证执法、支持司法、带头守法上。要坚持党组（党委）的领导核心作用，统筹协调法治工作各项任务，给予法治工作保障和支持，确保党组（党委）的正确决策部署贯彻到法治工作全过程和各方面。要做好模范带头，党的政治生活和党组织日常工作要依规依法，党政主要负责人履行好法治建设第一责任人职责。要加强督促考核，把法治建设纳入党政领导班子考核范围。

五要抓住领导干部这个关键少数。测绘地理信息系统各级党政负责同志要以身作则、以上率下，做尊法、学法、守法、用法的模范，尊崇法治、敬畏法律，带头厉行法治、依法办事。各级领导干部要不断提升运用法治思维和法治方式履行职能、深化改革、推动发展的能力，谋划工作要运用法治思维，处理问题要运用法治方式，说话做事要先行考虑是否合法。把对法治的尊崇、对法律的敬畏转化成思维方式和行为方式，做到在法治之下，而不是法治之外、更不是法治之上想问题、作决策、办事情。

同志们，“国无常强，无常弱。奉法者强则国强，奉法者弱则国弱。”全国测绘地理信息系统要把思想和行动统一到中央全面依法治国重大决策部署上来，全面加强测绘地理信息法治工作，充分运用法治思维和法治方式，引领和推动测绘地理信息事业全面深化改革、转型升级发展，为推进全面依法治国进程作出新的更大贡献。

谢谢大家！

在与国测一大队纪念建党94周年暨学习贯彻习近平总书记重要指示精神座谈会上的讲话

国家测绘地理信息局党组书记、局长 库热西·买合苏提

2015年7月1日

尊敬的庄长兴副省长，同志们：

上午好！

今天，是我们党成立94周年纪念日，也是测绘地理信息事业发展历程中的光辉日子。就在今天，中共中央总书记、国家主席、中央军委主席习近平亲自给国测一大队邵世坤等老同志回信，对参与首次珠峰测量的老党员老同志们给予高度赞扬，对以国测一大队为代表的全国测绘地理信息战线作出的突出贡献给予充分肯定，对做好测绘地理信息工作提出殷切期望，对全国共产党员提出明确要求。

从登顶世界之巅，到1991年被国务院表彰为“功绩卓著、无私奉献的英雄测绘大队”，再到习近平总书记亲自回信，英雄的国测一大队已经成为全国测绘地理信息行业的一面旗帜。在此，我代表国家局党组，向国测一大队和在座老同志表示热烈的祝贺和崇高的敬意，向全体干部职工和你们的亲属表示衷心的感谢，向为测绘地理信息事业献出宝贵生命的英雄模范表示深切的怀念，向各位党员致以节日的问候。同时，也向陕西省委省政府长期以来对测绘地理信息工作的关心重视和支持表示衷心的感谢。

刚才，我们怀着无比激动的心情，共同学习了总书记的回信，几位老同志也结合亲历谈了感受，表达了对总书记的无比感激和崇敬心情。总书记的回信，字里行间饱含着深情，饱含着党对广大测绘地理信息工作者的热切关怀，饱含着对测绘地理信息工作历史功绩的充分肯定，饱含着对测绘地理信息事业未来发展的殷切期望。跟大家一样，我也特别受教育、受鼓舞，特别振奋和激动。对测绘地理信息工作来说，总书记回信具有重大的里程碑意义，必将永载测绘地理信息史册，也必将催发更多团结奋进的精神力量。

总书记回信体现了对参加珠峰测量老党员老同志的高度赞扬和亲切关怀。总书记说，“你们是这项光荣任务的亲历者、参与者，党和人民没有忘记同志们建立的功勋。”40年前的珠峰测绘，是我国对珠峰高度的首次精确测量。当年，大家响应党的号召、服务祖国需要、以人民利益为重，勇闯生命禁区，勇克艰难险阻，勇攀世界之巅，用忠诚与勇敢创造了奇迹，不愧是全行业学习的典范，是时代的先锋、祖国的骄傲。如今，老同志们年过古稀，仍心系测绘地理信息事业，我们深受感动、深感敬佩。总书记说，“你们年事已高，但仍然心系党和人民事业，充分体现了老共产党员的情怀。”这种情怀，正是永葆党的先进性、发挥党员的先锋模范作用的重要体现，在测绘地理信息事业改革发展的关键时期，更需要我们每一名党员向老一辈测绘工作者学习，继承老党员的优良传统，坚定理想信念，时刻牢记党的宗旨。

总书记回信表达了对测绘地理信息工作和测绘地理信息工作者的高度肯定和巨大褒扬。总书记说，“几十年来，国测一大队以及全国测绘战线一代代测绘队员不畏困苦、不怕牺牲，用汗水乃至生命默默丈量着祖国的壮美河山，为祖国发展、人民幸福作出了突出贡献，事迹感人至深。”这是党中央对全国测绘地理信息战线的干部职工，对测绘地理信息工作的巨大褒扬。多年来，一代代测绘地理信息工作者走南闯北、别妻离子，忍受着常人难以想象的孤独寂寞、困苦艰难，用脚步丈量祖国山河、绘就经纬蓝图，把青春、热血甚至生命献给了测绘事业，默默为国家经济社会发展作出了不可磨灭的贡献，事迹感人至深、催人泪下。从大家身上，从这条战线这个行业，全国人民看到了“热爱祖国、忠诚事业、艰苦奋斗、无私奉献”的测绘精神，看到了“爱国、敬业、诚信、友善”的社会主义核心价值观，更看到了这些宝贵的精神财富正薪火相传、发扬光大。这是我们行业独特的精神底蕴，是我们的事业得以繁荣发展的精神力量，我相信，必将引

领和激励我们在新的历史时期取得新的成绩。

总书记回信蕴含着对全国广大共产党员和测绘地理信息工作者的殷切期望和明确要求。总书记说，“全国广大共产党员要始终在党爱党、在党为党，心系人民、情系人民，忠诚一辈子、奉献一辈子。”这是对全国广大共产党员的明确要求，也是对所有测绘地理信息工作者的要求。新形势新常态下，习近平、李克强、张高丽等中央领导同志对测绘地理信息工作作出了一系列重要指示，提出了新的更高期望和要求，经济社会发展对测绘地理信息的需求越来越旺盛，测绘地理信息事业发展处于重要历史机遇期。一方面，与以往相比，我们的工作条件明显改善、测绘科技水平越来越高，工作的内涵与外延也更加丰富、更加广泛；另一方面，开展测绘的外业自然环境仍然非常艰苦，我们自身改革发展的任务日益繁重而艰巨，同时也要经受各种各样的思想冲击和利益考验。在这种情况下，更需要忠诚、更需要奉献、更需要奋斗，就更需要我们秉承和发扬老一辈测绘人干事创业的精神，按照总书记的要求，在党爱党、在党为党，在推进测绘地理信息事业改革发展的进程中，以自身的实际行动，发挥好党组织的政治核心和战斗堡垒作用、领导干部的模范带头作用和广大党员的先锋模范作用，保持党的宗旨永不褪色。

同志们，总书记的回信高屋建瓴、立意深远、内涵深刻。学习宣传贯彻总书记重要指示精神，是当前和今后一个时期全国测绘地理信息行业的首要政治任务。全国测绘地理信息行业必须高度重视，认真抓好贯彻落实。

一要深入学习领会总书记重要指示精神实质，大力开展学习宣传。要把学习总书记重要指示精神与学习总书记系列重要讲话精神结合起来，充分认识总书记回信的重大意义，深刻领会精神实质，准确把握精神内涵。要通过各种形式、各种载体，加大宣传力度，掀起宣传高潮，提升测绘地理信息工作的社会影响，展示新时期测绘地理信息工作者的良好风貌，为事业发展营造良好环境。

二要结合“三严三实”专题教育，大力弘扬测绘精神。要把学习贯彻总书记重要指示精神，同正在开展的“三严三实”专题教育结合起来，始终保持共产党员的先进性、纯洁性，为事业发展提供坚强的政治保障。要把学习贯彻总书记重要指示精神同大力践行社会主义核心价值观结合起来，在新时期赋予测绘精神新的内涵，发挥先进典型的模范带头作用，凝聚和激励全国广大测绘地理信息工作者在新的历史起点上再立新功、再创辉煌。

三要以总书记重要指示精神为强大动力，推动测绘地理信息事业改革创新发展。要以对党和国家高度负责的态度，认真做好测绘地理信息各项工作。当前，尤其是要认真实施和完成好第一次全国地理国情普查，扎实推动《测绘法》修订，抓好国务院批复同意的《全国基础测绘中长期规划纲要(2015—2030年)》落实，深化测绘地理信息领域改革，加强测绘地理信息法治建设，全力做好测绘地理信息服务保障，大力促进地理信息产业发展，尽责维护国家地理信息安全，以更大的工作成绩回报总书记的关怀与信任。

希望国测一大队珍惜荣誉、再接再厉，不断加强自身建设，实现新的跨越，把国测一大队打造成为作风优良、业务精干、人才辈出、能承担国家和地方各类测绘任务的一流队伍，让国测一大队的旗帜永远飘扬、品牌永远闪光。

同志们，让我们以习近平总书记系列重要讲话精神为指引，认真学习贯彻落实总书记重要指示精神，主动作为、艰苦奋斗，为全面建成小康社会、实现中华民族伟大复兴的中国梦作出新的更大贡献。

最后，祝老同志们身体健康，祝大家工作顺利。

谢谢大家！

在第一次全国地理国情普查劳动竞赛工作推进暨经验交流会上的讲话

国家测绘地理信息局局长，国务院第一次全国地理国情普查领导小组副组长、办公室主任，第一次全国地理国情普查劳动竞赛委员会主任　库热西·买合苏提

2015 年 7 月 9 日

尊敬的全总党组成员阎京华、骆玉林常务副省长，同志们：

在全国测绘地理信息系统的广大干部职工沉浸在习总书记重要回信的无比喜悦之时，召开这个会议，具有十分重要的意义。首先，我代表第一次全国地理国情普查领导小组办公室、普查劳动竞赛委员会，代表国家测绘地理信息局，向中华全国总工会长期以来对测绘地理信息工作，特别是地理国情普查的关心支持表示衷心感谢！向青海省委、省政府长期以来对测绘地理信息工作的关心重视和对本次会议的大力支持表示衷心的感谢！

今年 4 月 28 日，党中央国务院隆重召开庆祝“五一”表彰大会，时隔 36 年再次最高规格表彰全国劳模和先进工作者，习近平总书记出席会议并发表重要讲话，号召大力弘扬劳模精神、劳动精神，强调牢固树立劳动最光荣、劳动最崇高、劳动最伟大、劳动最美丽理念。7 月 1 日，习近平总书记给国家测绘地理信息局第一大地测量队 6 位老队员、老党员回信，充分肯定国测一大队爱国报国、勇攀高峰的感人事迹和崇高精神，对全国测绘工作者和广大共产党员提出殷切希望。总书记在重要回信中指出，几十年来，国测一大队以及全国测绘战线一代代测绘队员不畏困苦、不怕牺牲，用汗水乃至生命默默丈量着祖国的壮美河山，为祖国发展、人民幸福作出了突出贡献，事迹感人至深。张高丽副总理也亲笔作出重要指示，对国测一大队和全国测绘地理信息战线给予充分肯定，提出殷切期望。这是对全国测绘地理信息工作者的亲切关怀和巨大鼓舞，我们一定要认真贯彻落实好习近平总书记系列重要讲话精神，特别是总书记的 7 月 1 日重要指示精神，以总书记的重要指示精神为指引，组织开展好劳动竞赛，高质量完成普查任务，推动测绘地理信息事业改革创新发展，并在全行业形成劳动光荣、知识崇高、人才宝贵、创造伟大的价值导向。

刚才，骆玉林常务副省长作了热情洋溢的致辞，全国总工会党组成员阎京华作了重要讲话，必将对推进普查劳动竞赛起到重要作用。下面，我再谈三点意见，与大家交流。

一、凝心聚力，普查劳动竞赛取得良好成效

本次地理国情普查劳动竞赛创造了四个“首次”：一是首次由国家测绘地理信息局与全国总工会联合举办劳动竞赛，规格高；二是首次在测绘地理信息全行业举办劳动竞赛，规模大；三是首次在测绘地理信息重大战略工程中举办劳动竞赛，责任重；四是将首次在测绘地理信息行业集中表彰一批“五一劳动奖章、五一劳动奖状、工人先锋号”，荣誉多。

竞赛自去年 5 月启动以来，全国各级竞赛委、竞赛办紧紧围绕“弘扬测绘精神、监测地理国情、助力生态文明、服务美丽中国”的竞赛主题，精心组织部署，高质量、高水平开展普查劳动竞赛，取得了阶段性成效，主要体现在五个方面。

一是组织有力有序，竞赛声势大。全国总工会、国家测绘地理信息局高度重视普查劳动竞赛工作，专门成立了竞赛委员会。全国总工会特批此次劳动竞赛作为即时表彰的竞赛活动组织开展。国务院第一次全国地理国情普查领导小组办公室联合中国能源化学工会全国委员会印发了竞赛通知，国赛委制定印发了竞赛方案。各地积极响应号召，召开动员会、发出竞赛倡议，广泛动员部署，并通过部署推进会、专题工作会、经验交流会等方式，推动劳动竞赛持续深入开展。所有普查单位全体普查工作者积极响应号召，全员参与、积极投身到劳动竞赛热潮，你追我赶，奋力争先，在全行业形成了“打造竞赛载体、开展特色活动、助推国情普查”的竞赛格局，竞赛声势浩大。

二是活动丰富多彩，竞赛吸引力强。国赛委、省赛委、各参赛单位均组织开展了形式多样、主题鲜明、内容丰富、各具特色的竞赛活动。从类型上讲，有知识竞赛类、模范评比类、业务推进类等；从主题上讲，有赛质量、进度控制的大会战，有赛文化建设的摄影比赛、知识竞赛、演讲比赛，有赛技术创新的五小发明评比、明星班组评比；从时间上讲，有百日大会战、也有即时评比的；从内容上讲，有综合性的评比，也有单项性的评比。丰富多彩的竞赛活动激发了普查工作者踊跃参与的积极性，“热爱祖国、忠诚事业、艰苦奋斗、无私奉献”的测绘精神在职工中得以大力弘扬。

三是注重创新创效，竞赛创造力高。各地各单位以项目为牵引、以需求为导向，把创新成效融入普查劳动竞赛，着力从理念上、形式上、内容上大胆创新实践，激发创造活力，提高技术水平。尤其是各参赛单位把劳动竞赛作为科技创新平台，开展技术创新、岗位练兵等活动，研发出一批贴近普查生产及管理的软件和系统，形成了完整的地理国情普查生产技术解决方案，一些创新成果还获得了自主知识产权。创新创效活动有效促进了测绘技术升级和生产成本的降低，为地理国情监测工作的开展提供了科技支撑，也为测绘地理信息科技创新作出了贡献。

四是广泛宣传造势，竞赛氛围浓厚。竞赛开展以来，十分注重竞赛宣传工作，组织媒体记者深入普查一线，围绕普查安排和公众关注的热点话题，广泛宣传报道。在抓好专栏、简报、征文比赛、摄影大赛等传统宣传工作的基础上，注重充分运用微博、微信等新媒体。在重视测绘系统报纸、杂志、网站的同时，注重借助人民日报、新华网等中央和地方主流媒体以及商业媒体。与此同时，通过在普查现场张贴竞赛海报、横幅、标语、口号等方式，营造良好竞赛氛围，使“比、学、赶、帮、超”蔚然成风。

五是助力作用凸显，普查效率提升。发挥好劳动竞赛对普查工作的重要引擎作用，是普查劳动竞赛的出发点和落脚点。两年多来，全国广大普查工作者，满怀高度的责任感和使命感，克服时间紧、任务重等困难，爬山涉水，风餐露宿，加班加点，精益求精，仅用一年时间就完成覆盖全国的多要素、无缝隙数据采集任务，顺利启动和推进普查标准时点核准工作，形成了许多具有代表性的普查与监测成果。实践证明，劳动竞赛发挥了助推国家重大战略工程实施的作用，激发了普查战线广大干部职工的工作热情和创新活力。

二、把握重点，确保普查劳动竞赛工作实效突出

当前，全党全国正按照中央要求，组织开展“三严三实”专题教育。国家测绘地理信息局今年各项重点任务都要与专题教育紧密结合、有机融合。普查劳动竞赛一定要突出“严”的品质、“实”的要求，力争取得更大实效。

一要突出大局和责任意识，为重点工程建设建功立业。第一次全国地理国情普查，是由国务院组织开展的规模最大、投资最多、任务最重的测绘地理信息工程，是关乎测绘地理信息事业改革发展、转型升级的大事。张高丽副总理亲自担任第一次全国地理国情普查领导小组组长、出席地理国情普查电视电话会议，多次对地理国情普查工作作出重要指示和批示，为我们做好工作提供了动力，指明了方向。各地各单位和全体普查工作者，一定要增强大局意识，以高度的政治责任感和职业使命感、荣誉感，满怀激情，奋力拼搏，认真抓好劳动竞赛、积极参与劳动竞赛，优质高效的完成普查任务，谱写测绘地理信息事业的新篇章。

二要突出围绕普查全过程，做到劳动竞赛与国情普查无缝对接。地理国情普查是一项庞大的系统工程，需要完成全国陆地范围的多元素、全覆盖、无缝隙地理国情普查，涉及面广、技术性强、实施难度大，任务十分艰巨。从普查底图制作、数据采集与处理、外业调查与核查、数据集建设、信息统计分析，到形成普查报告、发布普查成果，每个环节都很重要，来不得半点马虎。劳动竞赛与国情普查相伴而生，劳动竞赛也只有紧密围绕普查工作这个中心，对接落实到普查工作每个环节、每项任务，才能真正发挥竞赛的作用，真正体现竞赛的意义和价值。

三要突出普查进度和质量，开展竞赛评比。张高丽副总理在去年8月的批示中指出，“要加强督促指导，确保进度和质量，完成好普查任务”。劳动竞赛实施的过程中，要把进度和质量作为首要评比要素。进度方面，重点考察计划落实、现场保障和目标任务完成情况，促进按时间节点完成既定普查任务、提交普查成果、推动成果应用。质量方面，重点考察质量控制岗位责任制、质量控制制度措施建设情况，注重用成果质量说话。同时，也要就技术创新、安全生产、部门协作等方面的情况进行评比。

四要突出全面提升职工技能素质，开展岗位技能竞赛。近年来，国家明确提出“以高层次人才、高技能人才为重点统筹抓好各类人才队伍建设”，国务院去年出台了加快发展现代职业教育的决定，高技能人才地位越来越凸显。普查劳动竞赛为职工展示技能、提升素质提供了很好的平台，要通过大力开展岗位练兵、技术比武、创新标兵评比等活动，积极组织职工钻研普查业务、学习普查技术、练就普查本领、力争普查工作先进。对于通过劳动竞赛脱颖而出的技术能手，要给予大力表彰，激励和带动全行业职工不断增强业务工作技能水平。

三、争创一流，努力打造成全国示范性劳动竞赛

本次劳动竞赛得到了中华全国总工会等部门的高度重视。我们一定要树立精品意识，抓好竞赛的执行，努力把竞赛打造成全国示范性劳动竞赛，展示测绘地理信息人的风采，扩大测绘地理信息工作的影响。下面，就进一步推进竞赛工作，提 5 点要求：

一要更加注重协调配合。各级竞赛委、竞赛办要加强沟通，做到全国上下“一盘棋”，步调一致，要努力形成党、政、工、团齐抓共管的竞赛格局，合力推进劳动竞赛向纵深开展。推进实施中，要充分依托工会组织，多向全国总工会、中国能源化学工会全国委员会以及各省级总工会、产业工会学习请教，争取在政策、业务、奖励指标方面得到更多关心和支持。

二要更加规范竞赛管理。做到有计划、有组织、有领导，有序有力、公平公正推进劳动竞赛。要积累劳动竞赛经验，探索劳动竞赛机制，打造劳动竞赛品牌。要结合测绘地理信息行业的独有特点，加强竞赛成果的凝练，把好的做法制度化、好的典型标杆化、好的经验成果化，使劳动竞赛在测绘地理信息行业得以长效开展。

三要更加丰富竞赛形式。强化“人人参与、个个受益”的竞赛理念，精心设计竞赛形式，开创出“能执行、能复制、能推广”的竞赛模式。既要有竞赛目标确定的大会战、大比武，又要有技术比武、岗位练兵、明星班组评选，还要有展示竞赛风采的摄影大赛、征文比赛、知识竞赛、演讲比赛等文化活动，形成百舸争流、竞相迸发的竞赛生动场面。

四要更加扩大宣传报道。要做好系列、集中、典型宣传报道，扩大声势、提升影响，鼓舞整个普查战线乃至全国测绘地理信息行业干部职工更好地干事创业。要深入普查一线、竞赛现场，挖掘整理生动的普查故事，生气蓬勃的竞赛场面。要善于发现典型、宣传典型，增强典型宣传的亲和力、吸引力、感染力和公信力。

五要更加深化创新创效。当前，万众创新、大众创业已成为促进中国经济社会发展的新引擎。要通过劳动竞赛，把地理国情普查监测工作打造成创新创效的重要载体和有力抓手，激励广大职工特别是青年人才勇于创新，让测绘地理信息发明、创造、革新、设计等大量涌现，为事业发展提供更强大的动力。

同志们，开展第一次全国地理国情普查劳动竞赛意义重大、使命光荣。希望大家竞相贡献，力争上游，以劳动竞赛推进地理国情普查任务全面完成，以劳动竞赛推动测绘地理信息发展再上新台阶。

在 2015 年全国测绘地理信息局长座谈会上的讲话

国家测绘地理信息局局长　库热西·买合苏提

2015 年 7 月 17 日

同志们：

下午好！

一天来，大家共同学习了习近平总书记重要指示精神和张高丽副总理重要批示精神，学习了《国务院关于全国基础测绘中长期规划纲要（2015—2030 年）的批复》和《规划纲要》，回顾了第一次全国地理国情普查工作情况，紧紧围绕学习宣传贯彻习近平总书记重要指示精神、推动测绘地理信息事业改革创新发展，进行了深入的思考和热烈的讨论，提出了很多很好的意见建议，我听后很受启发。这次会议虽然时间较短，但内容重要、主题集中、意义重大。通过学习座谈讨论，大家进一步统一了思想、认清了形势、明确了任务、坚定了信心，会议开得很有成效。

下面，我再谈三点意见。

一、把深入学习宣传贯彻习近平总书记重要指示精神作为全行业当前和今后一个时期的首要政治任务，切实把思想和行动统一到习近平总书记重要指示精神上来

在全国上下深入贯彻落实“四个全面”战略布局的重要历史时期，在全党深入开展“三严三实”专题教育的关键时期，在“七一”党的生日这样一个特殊的日子里，习近平总书记在百忙之中亲自给国测一大队老队员、老党员回信，这不仅是全国测绘地理信息行业具有历史里程碑意义的大事喜事，是全国测绘地理信息战线广大干部职工的无上光荣和崇高荣誉，也是向全体党员发出的伟大号召和时代要求。国家局党组已在各个层面组织进行了学习，各省局各单位也都认真组织了学习活动，本次会议我们再次集体学习，相信大家和我一样，每学习一次，都会更加深受教育、更加深感鼓舞、更加精神振奋。认真学习、大力宣传、全面贯彻总书记重要指示精神，是全国测绘地理信息行业当前和今后一个时期的首要政治任务，我们一定要把思想和行动统一到总书记重要指示精神上来，进一步坚定理想信念，大力弘扬测绘精神，鼓足干劲干事创业，以实际行动和良好工作业绩回报总书记的关怀重视和殷切期望。

（一）充分认识习近平总书记重要指示精神的重大意义和深刻内涵。总书记的回信，高度赞扬了参与珠峰测量的国测一大队的老队员、老党员的历史功勋和爱国情怀，充分肯定了全国测绘地理信息战线为祖国发展、人民幸福作出的突出贡献，对全国广大共产党员提出在党爱党、在党为党的明确要求。总书记亲自回信，是党中央高度重视测绘地理信息工作的充分体现，是对全国测绘地理信息战线的亲切关怀和巨大鼓舞，是推动测绘地理信息事业发展的强大动力，是加强测绘地理信息行业党的建设的重要思想法宝，是对全体党员提出的明确要求，对于指导和加快测绘地理信息事业改革创新发展，鼓舞和激励全国广大党员、各行各业为实现中华民族伟大复兴的中国梦而共同奋斗，具有重大的现实意义和深远的历史意义。全行业广大党员和干部职工一定要从战略和全局的高度，以总书记重要指示精神为指引，切实担负起为全面建成小康社会而奋斗的历史责任，倍加珍惜荣誉，倍加珍视机遇，倍加努力工作，倍加奋发有为，加快推动测绘地理信息事业改革创新发展，全面提升测绘地理信息保障服务能力和水平，绝不辜负党中央、国务院的重托和人民群众的期待。

（二）深入学习宣传习近平总书记重要指示精神。总书记的回信，高屋建瓴，立意深远，内涵深刻，情真意切，具有很强的思想性、前瞻性和指导性，是我们武装头脑、指导实践、推动发展的强大思想武器。张高丽副总理在亲笔批示中特别强调要组织广大党员干部职工认真学习贯彻习近平总书记重要指示精神。各地各单位要以高度的政治自觉，周密安排，精心组织，把深入学习宣传总书记重要指示精神列入首要议事日程，进一步掀起学习宣传总书记重要指示精神的高潮。要把学习总书记重要指示精神与学习总书记系列重要讲话紧密结合，与开展“三严三实”专题教育紧密结合，与践行社会主义核心价值观紧密结合，与推动全行业各项重点工作紧密结合，确保学习范围覆盖一线测绘职工和离退休党员同志，通过深入学习，领会精神实质、把握深刻内涵、解放思想观念、推动事业发展。中组部、中宣部、国土资源部高度重视学习宣传贯彻总书记重要指示精神，将通过中央媒体集中宣传报道、国测一大队先进事迹全国巡讲等方式，组织开展多方位、大规模、深层次的学习宣传活动，大力弘扬测绘精神，集中展示测绘地理信息工作者的良好风貌，扩大测绘地理信息工作的社会影响力，增进全社会对测绘地理信息工作的了解、关心、重视和支持。各地要主动向党委政府汇报，积极同相关部门沟通协商，进一步争取重视和支持，配合开展好全国性的学习宣传活动，扩大学习宣传的广度和深度，确保学习宣传取得扎扎实实的成效。

（三）以习近平总书记重要指示精神为指引，切实加强党的建设和干部队伍建设。我们要坚决贯彻落实全面从严治党要求，切实加强党的建设，在党爱党、在党为党，永葆本色、勇作典范，团结带领全行业广大干部职工为实现测绘地理信息强国目标而共同奋斗。一要深入开展“三严三实”专题教育。把“三严三实”贯穿测绘地理信息改革全过程，聚焦对党忠诚、个人干净、敢于担当，教育引导全系统各级领导干部和广大党员把“三严三实”作为立身之本、为政之道、成事之要，驰而不息改进思想作风、工作作风、领导作风、生活作风。二要切实加强党的建设。把抓好党建作为最大的政绩，突出全面从严治党这个主线，坚持思想教育从严、组织建设从严、作风建设从严、纪律规矩从严、制度建设从严。严格执行党风廉政建设责任制，落实党委的主体责任、纪委的监督责任，强化巡视和审计监督，推进惩治和预防腐败体系建设。三要大力弘扬和传承发展测绘精神。把弘扬测绘精神与践行社会主义核心价值观紧密结合，不断赋予测绘精神新的内涵，自觉做社会主义核心价值观的践行者和宣传者，让国测一大队的旗帜永不褪色、品牌永远闪光，让宝贵的测绘精神薪火相传、焕发时代的光芒，凝聚和激励全行业干部职工在建设测绘地理信息强国的征程中奋勇前进。四要建设高素质干部队伍。着力加强各级领导班子建设，完善干部选拔任用和考核评价机制，选好干部、用好干部、管好干部。坚持党管人才，大力实施人才强测战略，着力提升干部队伍的政治素养、业务能力、科学素质和文化修养。全面加强和改进群团工作，团结动员干部职工围绕事业发展干事创业、建功立业。

二、深入贯彻落实《全国基础测绘中长期规划纲要（2015—2030年）》，全面提升测绘地理信息服务保障能力

6月1日，经李克强总理签批，张高丽、汪洋、马凯副总理审阅，国务院批复同意《全国基础测绘中长期规划纲要（2015—2030年）》。这是国务院在新形势新常态下加强基础测绘工作作出的重要决策部署，充分体现了党和国家对基础测绘工作的高度重视和明确要求。《规划纲要》作为国家级专项规划，是我们做好今后一个时期全国基础测绘工作的纲领性文件。贯彻落实国务院批复文件精神、组织实施好《规划纲要》，对于推动基础测绘工作加快发展、推进测绘地理信息事业改革创新具有十分重要的意义。

（一）深刻领会国务院批复文件精神，全面把握《规划纲要》的总体要求和整体思路。国务院批复文件强调，要“坚持服务大局、服务社会、服务民生宗旨，完善政策法规体系，加强体制机制建设，强化科技创新和人才培养，构建新型基础测绘体系，全面提升测绘地理信息服务能力，为经济社会平稳健康发展提供有力支撑。”既从国家层面充分肯定了基础测绘工作的重要地位，也为加快新形势下基础测绘发展指明了方向、明确了任务。《规划纲要》客观分析了当前基础测绘发展面临的国际国内形势，并特别强调：“加快发展基础测绘，形成新型基础测绘体系，对于全面建成小康社会具有重要意义。”《规划纲要》对新常态下基础测绘中长期发展进行了全面谋划，确立了基础测绘发展的指导思想、基本原则和未来5年、15年的发展目标、主要任务以及保障措施。各地各单位一定深刻领会、准确把握《规划纲要》的总体要求和整体思路，结合各自工作实际，认真抓好贯彻落实。

（二）认真谋划好“十三五”事业发展。今年是全面完成“十二五”规划的收官之年，也是“十三五”和今后更长时期经济社会发展的规划之年。贯彻落实《规划纲要》，首先要将《规划纲要》关于“加强规划计划管理”的要求和所确定的重要指标、阶段目标、主要任务体现在谋划“十三五”事业发展上。一要凝炼出一批重大项目，争取将《规划纲要》部分重点任务纳入国家、地方国民经济和社会发展“十三五”规划，以大项目带动事业大发展。二要以《规划纲要》为指导，抓紧编制测绘地理信息事业发展“十三五”规划和科技、人才、标准等配套规划，将《规划纲要》确定的目标任务细化纳入各级各类测绘地理信息规划、计划和预算，切实发挥规划在事业发展中的龙头作用。三要依托“十三五”规划编制，进一步明确基础测绘与其他测绘地理信息工作、公共服务与市场服务、国家基础测绘与地方基础测绘之间的联系和边界。

（三）加快建设新型基础测绘。新型基础测绘是传统基础测绘发展到一定阶段的必然发展方向。从去年提出概念，到年底初步明确，再到写进《规划纲要》，新型基础测绘的思路不断清晰、架构逐渐显现。《规划纲要》明确了新型基础测绘“全球覆盖、海陆兼顾、联动更新、按需服务、开放共享”的特征，与传统基础测绘相比较，其“新”主要体现在技术手段、工作内容、成果形式和生产服务方式等方面。各地各单位要在坚持基础测绘基础地位不动摇的同时，与时俱进调整基础测绘工作布局，加快基础测绘工作内容、工作对象、工作手段、工作重点的转型和变革，加快建设现代化测绘基准和卫星测绘应用体系，加快基础地理信息资源建设与更新，加强测绘基础设施建设、地理信息公共服务、测绘地理信息科技创新和标准化，确保《规划纲要》确定的“全面建成新型基础测绘体系”目标顺利实现。

（四）强化地理信息公共服务。《规划纲要》强调，“基础测绘是为经济建设、国防建设和社会发展提供地理信息的基础性、公益性事业，是经济社会可持续发展的重要支撑”，对强化地理信息公共服务提出了明确要求。我们要坚持应用导向、按需测绘，边测绘、边应用、边更新、边完善，盘活用好基础地理信息资源。要在保证国家地理信息安全的前提下，充分挖掘基础地理信息蕴藏的知识和价值，全方位拓展应用服务领域，不断加强基础地理信息资源与重大战略任务、重大改革措施、政府公共管理、社会生产生活的融合，强化测绘基准服务、卫星测绘服务和地理信息公共产品供给，推进地理国情监测，加快“天地图”建设，扩大数字（智慧）城市应用，做好应急测绘保障，提高地理信息应用服务效果，彰显测绘地理信息成果和技术的价值。同时也要积极推动由政府主导的基础测绘公共服务和由市场主导的产业化服务共同发展，加大政府购买公共服务力度，提升测绘地理信息公共服务整体能力。

（五）统筹推进《规划纲要》组织实施。《规划纲要》实施是一项需长期推进的系统工程。国务院批复文件要求，各省（区、市）人民政府要加强组织领导，加大支持力度，切实推进本地区基础测绘各项工作；国务院各部门和单位要根据职责分工、密切配合；测绘地理信息行政主管部门负责牵头做好《规划纲要》的组织实施工作。各地要积极向本地区党委政府汇报，主动与相关部门联系沟通，争取在规划计划编制、政策实施、项目安排、体制机制创新等方面的支持。各地各单位要充分发挥《规划纲要》在争取重大项目、落实资金投入等方面的重要作用，建立规划、计划、项目预算有效衔接机制，发挥整体合力。要强化统筹协调，妥善处理好当前与长远、系统内与系统外、顶层设计与执行落实等各方面的关系，做好地方测绘地理信息规划计划与全国测绘地理信息规划计划、本地区经济社会发展规划计划的衔接，围绕国家重大战略加强区域间规划的统筹和衔接。要加强跟踪分析，注重督促检查，切实将《规划纲要》落到实处。

三、以习近平总书记重要指示精神为强大动力，推动测绘地理信息事业改革创新发展

今年以来，在党中央、国务院的重视关怀下，在全国测绘地理信息干部职工的共同努力下，我们着力观大势、谋大事、打基础、优环境、利长远，办成了一系列事关全局的大事要事，推动测绘地理信息事业取得新的重大进展，必将在测绘地理信息事业发展历史上留下浓墨重彩的一页。突出表现在以下七个方面：

一是党中央、国务院对测绘地理信息工作的关心重视前所未有。习近平总书记在七一党的生日这样重要的日子亲自给国测一大队老队员、老党员回信。李克强总理亲自签批同意印发《全国基础测绘中长期规划纲要》，多次对加强地图编制管理等工作作出重要批示。张高丽副总理分别就认真学习贯彻习近平总书记重要指示精神、做好第一次全国地理国情普查、加强地图市场监管、批复《全国基础测绘中长期规划纲要》等作出重要批示。《测绘法》修订得到全国人大和国务院的大力支持，列入全国人大常委会、国务院 2015 年立法计划。中央在加强卫星导航定位基准站建设和应用管理的要求中，明确了国家和省级测绘地理信息行政主管部门的责任。国务院办公厅印发的《国家民用空间基础设施中长期发展规划（2015—2025 年）》，也明确了测绘地理信息部门的多项重点任务和职责分工。总体来看，今年上半年，党中央、国务院高度重视绘地理信息工作，是中央领导同志指示批示最多的半年，是重要法规制度取得重大突破的半年，是测绘地理信息职能职责显著强化的半年，是测绘地理信息作用更加彰显的半年，为我国测绘地理信息事业的改革创新发展增添了新的历史篇章。

二是高效优质地推进第一次全国地理国情普查功绩卓著。今年上半年，是普查工作十分关键的半年，时间紧、任务重、难度大、要求高。可以说，上半年的普查工作，决定着整体普查任务能否顺利竣工。在国务院和高丽副总理的正确领导下，全国各级普查办恪尽职守、精心组织、攻坚克难，4 万余名普查人员夜以继日、加班加点、无私奉献，圆满完成了全国陆地范围全覆盖、无缝隙、高精度的地理国情普查数据生产并通过预验收，顺利启动了普查标准时点核准工作和数据库建设、统计分析前期工作。在地区发展不均衡、全国测绘力量不均衡的大背景下，我们能够统筹全国技术力量，保证进度和质量，真正实现全国“一张图”、全国“一盘棋”，没有让一个地区掉队，这是个了不起的成就。在此，向大家并通过你们向奋战在地理国情普查战线的全体同志，致以最为亲切的问候和最为诚挚的感谢！

三是测绘地理信息保障服务能力显著提升。我们统筹建设了1879站规模的全国卫星导航定位基准站网，基本建成了全国卫星导航定位基准服务系统，中国北斗南极基准站启用。国家1:5万基础地理信息数据库推出新版，全国20多个省（区、市）1:1万数据库实现常态化更新。“资源三号”卫星影像全球覆盖面积超过1亿平方千米，后续星建设进展顺利。“天地图”国家主节点与17个省级分节点开展了数据融合，系统内部信息分建共享取得重大突破。数字城市在全国所有地级城市和420余个县级城市全面铺开，智慧城市试点取得阶段性成果。我们大力促进地理信息广泛应用，积极主动提供公共产品和公益性服务，做好应急测绘保障，为科学管理决策、重大战略实施、重大工程建设等提供了有力支撑。

四是测绘地理信息法治建设迈出重要步伐。我们制定印发了贯彻落实十八届四中全会精神、加强测绘地理信息法治建设的实施意见，出台了五年立法规划，召开了全国测绘地理信息法治工作会议。《测绘法》修订经过多次修改和反复论证，修正案（草案）已上报国务院，全国人大环资委专门听取了工作汇报并开展了立法调研。陕西、辽宁等地立法工作取得新进展。我们进一步简政放权，提出了准入负面清单，实施了资质巡查制度，加强了测绘地理信息市场事中事后监管。我们着力维护国家地理信息安全和国家版图尊严，开展了历史地图清查，组织了全国地理信息保密检查，强化了互联网地图日常监管，启动了国家版图意识宣传教育“进媒体”活动。

五是地理信息产业逆势上扬持续快速健康发展。我们着力推进《国务院办公厅关于促进地理信息产业发展的意见》的贯彻落实，推动国办、发改委、财政部、科技部、税务总局等部门明确了相应的扶持支持举措，21个省（区、市）出台了促进地理信息产业发展的政策文件。我们认真落实国家关于稳增长、促发展的决策部署，积极发挥政府对产业发展的指导引导作用，在通过政策支持、放宽准入、项目驱动、经费支持、园区集聚、公平市场等举措促进地理信息产业发展的同时，着力加强地理信息产业评价体系研究和产业发展现状监测，注重发挥行业学会、协会和产业联盟等的作用，浙江、四川、山东等地产业园区效应初显，北斗“百城百联百用”行动取得显著进展。可以说，在国家整体经济下行压力较大的背景下，地理信息产业“一枝独秀”，规模持续快速增长，质量效益不断提升，十分难能可贵，国务院办公厅也在“昨日要情”中用较长篇幅刊发了地理信息产业加快发展的相关信息。

六是测绘地理信息业务协同和科技创新取得新突破。今年以来，我们继续深化与国土资源部的部局业务协作，与江西、新疆、海南等省（区）人民政府和解放军信息工程大学、地质调查局、航天科技集团、武汉大学等部门单位签订了合作协议，部门间共享合作与业务协同取得新的进展，军民测绘深度融合发展迈出新的步伐，系统内部纵向的共建共享和统筹发展也取得新的实效。国家局成功列入国务院批复的国家科技计划管理部际联席会议成员单位，多个项目纳入科技部重点研发专项和国家科技支撑计划。我们自主研制的世界首套30米分辨率全球地表覆盖数据荣获2015年世界地理信息技术创新奖，2项成果荣获国家科技进步二等奖，新建了地理国情监测等4个国家局工程中心。开展了智慧城市、卫星导航定位基准站等标准研究，发布了管线测绘等测绘行业标准，我国首次主导编制的地理信息国际标准通过审查。

七是深入开展“三严三实”专题教育加强自身建设。我们按照中央统一部署和要求，第一时间制定了国家局党组“三严三实”专题教育实施方案，迅速部署启动了专题教育各项工作，取得初步成效。我们突出教育主题，按要求讲党课，认真组织开展了学习研讨活动。我们坚持以上率下，要求局党组成员和各级领导干部，紧密联系实际深学细照笃行，带头学习提高，带头查摆解决“不严不实”问题，作出示范，发挥带动作用。我们坚持问题导向，边学边查边改，对局机关公务员参加评审论证等活动作出了严格约束和规定，进一步清退了办公用房，严格执行了干部个人有关事项报告制度规定。我们注重抓好干部队伍和人才队伍建设，加大干部监督管理力度，进一步加强了教育培训工作。

与此同时，我们部署开展了新一轮测绘地理信息援疆工作，在建章立制、预算和经费管理、安全保密、新闻宣传、国际合作等方面也取得了新的成绩。

同志们，党中央、国务院对测绘地理信息工作越重视，经济社会发展各方面对测绘地理信息服务的需求越旺盛，我们肩负的责任就越重大。希望各地各单位牢牢抓住机遇，进一步坚定信心，按照国家局党组关于学习宣传贯彻习近平总书记重要指示精神的意见要求，团结带领全国广大测绘地理信息干部职工，以习近平总书记重要指示精神为强大动力，坚决贯彻落实党中央、国务院决策部署，全面实施“加强基础测绘，监测地理国情，强化公共服务，壮大地信产业，维护国家安全，建设测绘强国”的发展战略，扎实认真做好2015年下半年和今后一个时期的各项工作，加快推动测绘地理信息事业改革创新发展，为实现“两个一百年”奋斗目标、实现中华民族伟大复兴的中国梦作出应有贡献。

下半年，我们的工作任务依然繁重，各地各单位要按照全国测绘地理信息工作会议部署和2015年测绘地理信息工作要点，有序有力有效推进各项工作，确保年度任务圆满完成，尤其要抓好以下六项重点任务。

一要做好第一次全国地理国情普查。在大家的共同努力下，地理国情普查总体进展较好，但也存在着全国进度不均衡、个别省份质量整改不彻底等问题。普查工作已进入倒计时和冲刺阶段，时间非常紧迫，任务非常艰巨。要以高度的政治责任感和使命感，进一步加强组织领导，强化督促检查，严肃责任追究，想尽一切办法，克服各种困难，确保普查进度、质量和安全，确保标准时点核准、普查成果汇交、普查数据库建设、数据统计分析等重点任务全面完成，向国家和人民交上一份满意答卷。

二要全力推进《测绘法》修订。《测绘法》是指导和规范我国测绘地理信息工作的基本法，做好《测绘法》修订对于测绘地理信息事业长远发展、维护国家地理信息安全意义重大。要把做好《测绘法》修订作为落实十八届四中全会精神的重要举措，以法制引领和推动全国测绘地理信息事业发展。要以百折不挠的精神，配合立法机关做好相关工作，对于加强卫星导航定位基准站管理、建立地理国情监测制度、加强测绘地理信息监督管理、促进地理信息共享与服务等核心问题要加强与有关部门的沟通协调，争取实现重大突破。

三要依法加强卫星导航定位基准站建设和应用管理。各地各单位一定要充分认识加强卫星导航定位基准站管理对于支撑经济社会发展和保障国家安全的重要意义，严格依法履行好基准站建设和应用管理各项职责，抓紧研究制定基准站建设、运行、服务的相关制度，加快完善相关技术标准。当前，一是迅速制定专项整治方案，在全国范围内组织开展基准站安全专项整治行动，态度坚决、树立权威；二是按照事权划分，明确备案程序，切实履行好基准站建设的备案管理职责，并协调立法机关尽快做好有关法律法规制修订等工作；三是配合做好全国基准站的摸排调查和安全风险评估工作，加大基准站动态监管力度，采取切实措施保障基准站网信息传输和使用安全；四是尽快启动全国卫星导航定位基准服务系统，积极推动北斗系统应用。

四要加大地理信息安全监管力度。坚持总体国家安全观，重点针对历史地图资料、涉及地图的教辅、新闻媒体使用的地图、移动互联网地图等进行全面检查，持续开展“问题地图”治理，进一步加强地图审核工作，切实维护国家领土主权、海洋权益；健全国家、省级上下联动的互联网地理信息安全监管工作机制，开展国家地理信息安全监管体系和平台建设，加强互联网地理信息保密技术研发，联合有关部门开展全国地理信息保密检查，严格依法查处违法行为，切实维护国家地理信息安全。

五要切实抓好测绘地理信息领域改革落地。自觉站在国家改革发展全局的高度，抓好国家局全面深化改革的实施意见的落实，对照国家局细化分工方案提出的20个方面88项改革任务和改革时间表、责任部门，逐一进行任务分解，落实具体措施，完善体制机制，优化事业布局，扎实有效地推进各项改革任务，确保改有所进、改有所成。同时，要切实加强对事业发展全局具有重要影响的基础性、前瞻性、储备性战略研究和政策研究，着力提高战略谋划和综合研判能力。

六要全力以赴服务大局、服务社会、服务民生。紧紧围绕“一带一路”“京津冀协同发展”“长江经济带”等国家和地方重大战略，紧密结合生态文明建设、生态环境审计等重大战略和重点任务，强化测绘地理信息公益性服务，为国家经济建设、国防建设和社会发展提供坚实有力的保障服务。贯彻落实好国家关于地理信息产业发展的相关政策和规划，着力促进基于地理信息的创新创业，大力促进地理信息产业繁荣。办好国际地图年中国系列活动，抓紧筹备全国测绘地理信息应用成果和地图网上展览，开展好国内外系列宣传展示，切实把活动办成精品、办出特色、办出影响。

另外，要及早准备、认真筹备，开好国家测绘地理信息局科技创新大会，深入贯彻落实国家关于科技体制改革的系列部署安排，全面深化测绘地理信息科技体制改革；要持之以恒，狠抓落实，继续推动业务共享协作、军民测绘融合、援疆援藏等各项工作。

同志们，推动测绘地理信息事业改革创新发展，是伟大的事业，是艰巨的任务，需要全国广大测绘地理信息干部职工的共同奋斗。让我们以习近平总书记系列重要讲话精神为指引，大力学习宣传贯彻落实总书记重要指示精神，坚定理想信念，践行党的宗旨，弘扬测绘精神，以新的使命、新的视野、新的作为，为全面建成小康社会、实现中华民族伟大复兴的中国梦作出新的更大贡献。

谢谢大家！

加快实施创新驱动发展战略　全面提升测绘地理信息科技创新能力

——在国家测绘地理信息局科技创新工作会议上的讲话

国家测绘地理信息局局长　库热西・买合苏提

2015 年 10 月 19 日

同志们：

大家上午好！

全面加强测绘地理信息科技创新，是贯彻实施创新驱动发展战略、建设创新型国家的根本要求，是推动测绘地理信息事业改革创新发展的不竭动力，是建设测绘地理信息强国的必由之路，意义十分重大。国家测绘地理信息局召开这次会议，就是要进一步贯彻落实党中央、国务院关于加快实施创新驱动发展战略的重大部署和要求，全面总结“十二五”以来测绘地理信息科技创新工作，研究部署当前和今后一个时期科技创新的主攻方向和重点任务，研判形势、统一思想、明确任务、凝聚力量，为全面深化测绘地理信息科技体制改革、全面提升测绘地理信息科技创新能力奠定基础。

下面，我谈四点意见。

一、“十二五”测绘地理信息科技创新工作成绩显著

“十二五”以来，在党中央、国务院的坚强领导下，在国家有关部委和地方各级党委政府的关心支持下，国家测绘地理信息局聚焦国家战略需求，瞄准国际科技前沿，围绕事业发展大局，团结带领全国广大测绘地理信息科技工作者攻坚克难、锐意进取、勇攀高峰，科技创新工作取得重要成就，科技整体水平步入国际先进行列，对事业发展的支撑能力大幅提升，参与国际事务的贡献力和话语权显著增强。

（一）科技创新政策环境不断优化

国家局党组把科技创新工作摆到事业发展战略和全局的高度去考量和谋划，明确了以科技创新作为核心驱动力提升整体实力的工作思路，坚持“科技兴测”“人才强测”，将科技创新体系建设作为深化测绘地理信息领域改革的重要方面加快推进。不断完善科技创新顶层设计。全国基础测绘中长期规划纲要、促进地理信息产业发展的意见、测绘地理信息发展“十二五”总体规划纲要和测绘地理信息科技发展“十二五”规划出台，对科技创新的总体思路、工作重点、保障措施等作出统筹安排，科技创新体制机制逐步完善，创新资源配置更加优化，创新成果效益不断显现。今天提交会议讨论的《关于加强测绘地理信息科技创新的意见》和《信息化测绘体系建设技术大纲》，将作为新常态下全面加强测绘地理信息科技创新的重要文件，为全行业加快科技创新提供政策指导和引导。积极创新科技管理模式。制定并实施了国家局重点实验室和工程中心考核、公益性行业科研专项管理、科技领军人才管理、加快实施“走出去”战略等一系列规定，有效规范了项目统筹管理，激发了创新活力，促进了成果转化，强化了协同创新。持续加大科技创新投入。“十二五”期间中央和地方财政投入测绘地理信息科技经费超过 13 亿元，较“十一五”增加 30%。各地也加大了科技创新投入力度，很多企业研发投入高达年收益的 20% 以上。

（二）科技自主创新能力显著提升

大力推动核心与关键技术攻关，形成了一批重要创新成果，信息化测绘技术体系基本建成。数据获取方面。“资源三号”卫星成功发射，后续星建设进展顺利，开启了我国自主航天测绘的新时代。北斗卫星导航系统全面组网，成功研制高精度定位芯片，结束了我国高精度卫星导航定位产品“有机无芯”的历史。研制了国内首套机载雷达测图系统，达到国际先进水平。数据处理方面。自主研发了大规模集群化遥感数据处理系统，生产效率提高5～10倍。破解了基础地理信息大范围快速更新的技术难题，首次实现了全国范围1:5万基础地理信息数据库年度更新。应用服务方面。在国际上率先开展了地理国情普查、监测和地理世情监测，成功打造了完全自主知识产权的国家地理信息公共服务平台“天地图”，数字城市地理空间框架建设向智慧城市时空信息云平台升级，测绘地理信息技术加快与互联网、云计算、大数据等新技术融合，日益成为大众创业、万众创新的重要领域，极大地推动了测绘地理信息管理和服务模式的转变。技术装备方面。自主研发了航空数码相机、倾斜相机、无人飞行器航摄系统、应急监测系统、移动测量系统等大批技术装备，实现了基于中央处理器、操作系统、数据库的新一代地理信息平台软件的全面国产化，部分功能和性能指标优于国外同类产品，大幅提高了生产能力，有效摆脱了国外依赖。据不完全统计，“十二五”期间，全行业累计开展国家级科技项目300余项、省部级科技项目800余项；形成科技成果近1000项、授权专利150余项，在生产中转化应用600余项；获国家科技进步一等奖2项、二等奖11项，技术发明奖2项，国家创新团队奖1项；相关成果已在地理国情普查、数字城市建设、海岛礁测绘等重大工程中得到广泛应用。

（三）企业技术创新主体作用日益凸显

广大地理信息企业坚持自主创新，以科技创新促进产业进步，特别是《国务院办公厅关于促进地理信息产业发展的意见》实施以来，技术创新主体作用逐步显现。企业自主创新动力增强。在北斗导航与位置服务、位置云技术、地理信息平台、地图应用服务、多源遥感影像集成处理、测绘地理信息装备等方面的技术研究和产品研发不断取得新突破。一批龙头企业的自主技术和产品居世界领先水平并批量出口，已形成自身核心竞争力和比较优势，在海外设立了分支机构，开拓了国际市场。企业助力推动大众创业、万众创新。设立了研发中心和创新创业服务中心等“双创”中心，开放了开源平台，举办了开发大赛，推动了地理信息领域的大众创业和万众创新。科技与资本市场联系愈加紧密。地理信息产业作为战略性新兴产业，保持了年均20%以上的持续高速增长，受到了资本市场追捧，已有35家企业上市，企业融资力度不断加大，产业规模不断壮大。

（四）科技创新平台布局不断优化

积极打造创新平台体系，为科技创新提供广阔舞台。国家级和区域性创新平台建设取得重要突破。成立了行业首个国家级工程中心，“航空遥感数据获取与服务”等5个技术联盟被认定为国家级产业技术联盟，“长江经济带地理信息协同创新联盟”“智慧中原”等一批区域协同创新中心相继成立，服务示范、支撑引领、集聚融合、辐射带动作用日益突出。军民测绘地理信息科技融合不断深化。国家局与国防科学技术大学、解放军信息工程大学、总参测绘导航局、航天科技集团、航天科工集团、兵器集团等签署战略合作协议，组建时空信息感知与融合技术国家局重点实验室，各地也与军队开展了深入合作，共同推动军民融合战略实施。行业创新平台稳步推进。首次依托企业建立国家局重点实验室，深港两地首次联合组建国家局重点实验室，依托新疆局组建国家局工程中心，局重点实验室和工程中心由“十一五”末的17个发展到目前的29个，初步形成了覆盖全国、协同创新的科技创新平台体系。与此同时，行业学会、协会等社团组织在促进测绘地理信息科技进步和学科发展等方面也取得可喜成绩。

（五）科技创新人才培养成效显著

大力加强科技创新人才建设，造就了一支业绩突出、作风过硬、充满活力的高素质人才队伍。国家级高层次人才培养成绩斐然。全行业院士数量达到20人，10人入选“万人计划”，20余人入选“国家百千万人才工程”“中青年科技创新领军人才”以及有突出贡献的中青年专家人才工程。两个科研团队首次入选国家重点领域创新团队。创新人才培养取得新成效。实施了局科技领军人才工程、新世纪人才培养工程、卓越工程师以及各省局人才培养计划。目前，已有国家局科技领军人才20人、青年学术和技术带头人131人，为科技发展提供了有力的人才支撑。科技人才队伍规模宏大。全国各类测绘地理信息科技人才达16.8万人，全国开设测绘地理信息类专业的高等学校、科研机构达340多所，每年在校生超过10万人，各类人才队伍专业结构、年龄结构、学历层次显著优化，规模不断壮大，为事业发展注入了生机和活力。

（六）科技国际合作走向深远

积极开展国际交流与合作，我国测绘地理信息科技国际竞争力显著提升。“走出去”战略成果丰硕。启动实施“走出去”战略，从一般性交流和技术引进向“引进来”与“走出去”相结合转变。自主研制了世界首套30米分辨率全球地表覆盖数据，由张高丽副总理代表中国政府赠送给联合国，服务全球可持续发展。国家局荣获“世界杰出国家测绘地理信息部门奖”，部分项目荣获“世界地理空间信息杰出工程奖”“世界地理信息技术创新奖”。首次主导编制的测绘地理信息国际标准通过论证，积极开展了科技援外工作。国际合作平台建设不断加强。与国外多家科研机构联合成立了首个国家级国际联合研究中心，为测绘地理信息科技走向世界搭建重要平台。建成目前亚洲唯一的国际卫星导航定位服务数据分析中心，精度和稳定性水平进入国际前三名。积极参与国际测绘地理信息事务。联合国地理信息国际论坛永久会址落户我国浙江，国家局与70多个国家和地区的测绘地理信息部门建立双边或多边交流关系，多名专家在重要测绘地理信息国际组织中担任高层职务，我国测绘地理信息国际影响力和话语权显著提升。

“十二五”测绘地理信息科技创新工作取得的良好成绩，归功于党中央、国务院的坚强领导，得益于相关部委、地方各级党委政府的鼎力支持，也是全行业广大科技工作者自强不息、开拓创新的结晶。在此，我代表国家测绘地理信息局，向测绘地理信息科技创新工作取得的成绩表示热烈的祝贺！向社会各界的大力支持表示衷心的感谢！向全国测绘地理信息科技工作者致以崇高的敬意！

回顾五年来测绘地理信息科技创新工作，我们有以下五点经验和体会。一是坚持以改革创新为动力，释放和激发创新潜能。要把破解制约创新驱动发展的体制机制障碍作为着力点，充分发挥市场作用，以改革驱动创新，在关键环节取得决定性进展，最大限度地激发科技第一生产力、创新第一动力的巨大潜能，把科技创新工作的基础做实、能力做强，争取率先迈入创新型行业，为构建中国特色国家创新体系作出贡献。二是坚持以战略需求为牵引，打通科技创新与事业发展通道。要紧密围绕国家经济社会发展需要和事业发展需求，保证正确的科技发展方向，强化创新项目同现实生产力对接、创新成果同地理信息产业对接、研发人员创新劳动同其利益收入对接，打通科技创新与事业发展通道，把科技创新能力变成实实在在的生产力和产业活动。三是坚持以协同创新为途径，发挥科技创新合力。要统筹中央与地方、政府与企业、军队与地方、行业内与行业外的各方面力量，充分利用国内国际两种资源，加强工作衔接和协调配合，更大范围、更高层次、更有效率配置创新资源，形成测绘地理信息科技创新合力。四是坚持以自主创新为关键，掌握未来竞争和发展主动权。要把提高自主创新能力作为科技发展的重中之重、作为事业转型升级的中心环节，树立创新自信，敢于走前人没有走过的路，大力强化基础研究、应用基础研究和原始创新，把关键和核心技术掌握在自己手里，在奋力追赶中实现由“跟跑者”向“并行者”乃至“领跑者”的转变。五是坚持以人才队伍为核心，夯实事业发展人才基础。要把人才资源开发放在科技创新最优先的位置，树立全行业“大人才观”，改革和完善人才发展机制，加大创新型人才培养力度，建立以能力、贡献为导向的评价和激励机制，增强科技创新人才后备力量储备，充分调动、激发科研人员的积极性和创造性，为事业发展提供坚实的人才支撑。

在肯定成绩和总结经验的同时，我们也清醒地认识到，测绘地理信息科技创新工作还存在一些问题，主要表现在：一是思想观念不够解放。仍然受传统测绘的思维模式局限，缺乏站在国家层面、着眼宏观战略、谋划长远发展的深入研究，激发创新潜力的举措不多不实。二是体制机制不够健全。科技评价、考核、奖励等机制不健全，科研人员从事科学研究的积极性不高、主动性不强，创新潜能没有得到完全释放。部分地方行政主管部门对科技发展规划计划执行不到位。三是自主创新能力不强。科技创新投入不足，基础不牢，自主创新特别是原创力不强、重大成果不多，基础研究和应用基础研究不够，部分核心技术和装备仍受制于人。四是创新成果转化衔接不紧。科技资源配置过度行政化，企业作为技术创新主体地位和作用没有充分发挥，创新成果与转化应用各个环节之间衔接存在“两张皮”现象，科技与产业、生产之间的创新链条不畅，成果转化率不高。五是高端复合人才缺乏。国际级高端领军人才不足，复合型人才缺乏，缺少高层次创新团队。

二、加强测绘地理信息科技创新的形势和意义

当前，我国测绘地理信息事业正处于改革创新发展的关键时期，科技创新面临重大机遇和挑战。全面加强测绘地理信息科技创新，对于提升保障服务能力、加快测绘地理信息强国建设具有重要的现实意义和长远的战略意义。

（一）从历史的维度看，科技创新是测绘地理信息事业发展的不竭动力

测绘的水平反映了人类文明进步的水平，纵观历史长河，测绘发展史就是一部人类社会科技的进步史。我国古代测绘成就卓越，曾长期居于世界前列，相传大禹在治水中使用了“左准绳，右规矩”的测量手段，西汉初期就产生了极为翔实的《地形图》《驻军图》和《城邑图》，西晋裴秀创立的“制图六体”是当时世界上最科学、最完整的制图理论，清朝康熙、雍正、乾隆年间先后三次实测的全国性地图科学水平世界领先。新中国成立以来，逐步形成了门类比较齐全的测绘科学研究体系。20世纪90年代以来，全球卫星导航定位、地理信息系统、航空航天遥感技术得到广泛应用，数字化测绘体系全面取代传统模拟测绘技术。当前，测绘地理信息技术正朝着数据获取立体化实时化、处理自动化智能化、服务网络化社会化的方向加快发展，必将引领测绘地理信息事业实现新的历史性跨越。

（二）从现实的维度看，科技创新是推动测绘地理信息事业转型升级的重要引擎

新常态下，迫切要求测绘地理信息事业转型升级，而科技创新则是推动事业转型升级的重要支撑和保障。构建新型基础测绘体系，需要依托科技创新，打造基础测绘的新业务、新流程、新产品、新服务。开展地理国情监测，需要利用最新遥感和地面调查手段获取地理国情信息，运用大数据、地理分析等技术开展地理国情信息深层次评价分析。提升测绘地理信息公共服务能力，需要利用“互联网+”创新服务模式，利用最新技术手段和载体丰富公共产品。加强国家地理信息安全监管，需要创新地理信息定密与安全评估手段，利用最新网络安全管理技术提升地理信息网络安全监管能力。增强应急测绘能力，需要利用无人机等技术装备提高应急数据快速获取能力，利用最新网络通信技术提升应急数据网络传输能力。

（三）从技术的维度看，测绘地理信息科技创新处于重大战略机遇期

当今时代，全球科技创新呈现出新的发展态势和特征，学科交叉融合加速，新兴学科不断涌现，前沿领域不断延伸，科技创新链条更加灵巧，技术更新和成果转化更加快捷，产业更新换代不断加快。测绘地理信息科技创新面临重大发展机遇，大数据、云计算、物联网技术与测绘地理信息的交叉融合，将极大拓展测绘地理信息的应用潜力；将“互联网+”的理念引入测绘地理信息工作，不仅带来技术上的变革，更重要的是引发思维方式的变革，有助于促进跨界融合，催生新型业态；国际先进制造技术的引入，也将推动我国测绘地理信息装备制造水平的提升。技术的快速发展倒逼着我们必须勇于变革、开放合作，促进全行业科技水平的升级换代。

（四）从国家的维度看，创新驱动发展战略实施迫切要求加强测绘地理信息科技创新

近期，中央出台了《关于深化体制机制改革加快实施创新驱动发展战略的若干意见》《促进大数据发展行动纲要》《生态文明体制改革总体方案》等一系列重大政策，国家创新驱动发展战略的步伐不断加快，给测绘地理信息科技创新提供了广阔空间。在生态文明建设中，加强自然资源资产管理和用途管制、划定和保护生态红线等，迫切需要地理国情普查和监测提供权威、可靠的地理国情数据；实施大众创业、万众创新战略，加快产业优化升级，地理信息产业大有可为；加快信息化建设，深化大数据应用，“天地图”可以也应当发挥战略性基础信息平台作用。我们必须主动作为，乘势而上，更好推动测绘地理信息科技成果同中央要求、国家需求、事业需要紧密结合，加快创新驱动发展。

（五）从全球的维度看，测绘地理信息强国建设迫切要求进一步提升科技支撑能力

当今世界，国际社会高度重视测绘地理信息的战略地位，各国纷纷加强地理信息资源建设，加快卫星导航定位、高分辨率遥感卫星、地理信息知识挖掘等技术的进步升级，抢占未来科技发展的先机。而目前我国测绘地理信息科技距离世界领先水平尚有一定差距。实践表明，真正的核心技术、关键技术是用钱买不来的，必须依靠自主创新。我们不能总是指望依赖他人的科技成果来提高自己的科技水平，唯有把核心技术牢牢掌握在自己手中，成为测绘地理信息领域“新的竞赛规则的重要制定者、新的竞赛场地的重要主导者”，方能赢得主动、保障安全，测绘地理信息强国目标才能早日实现。

三、全面加强测绘地理信息科技创新的重点任务

加强测绘地理信息科技创新，必须深入学习贯彻习近平总书记系列重要讲话精神，按照“四个全面”战略布局总要求和国家加快实施创新驱动发展战略的总部署，紧密围绕“加强基础测绘，监测地理国情，强化公共服务，壮大地信产业，维护国家安全，建设测绘强国”的事业发展战略，解放思想、改革创新，完善体制、营造环境，激发活力、凝聚力量，强化基础研究，加快掌握核心关键技术，全面提升科技创新能力，最大限度地激发科技创新的巨大潜能，为测绘地理信息强国建设、经济社会科学发展提供强有力的科技支撑。争取到2020年，在测绘地理信息科技体制改革的关键环节取得突破性成果，基本形成适应创新驱动发展要求的制度环境和体制机制，自主创新能力显著增强，技术创新的市场导向机制更加健全，人才、资本、技术、知识自由流动，企业、科研院所、高等学校协同创新，军民融合深度发展，创新资源配置更加优化，创新效率显著提升，率先建成符合创新型国家要求的测绘地理信息创新体系。到2030年，测绘地理信息科技创新整体实力进入世界前列。

为此，要着力完成好以下五个方面主要任务。

（一）全面深化测绘地理信息科技体制机制改革

要按照国家整体部署和要求，大胆创新，稳步推进，全面深化测绘地理信息科技体制改革。一要着力营造创新政策环境。贯彻落实中央关于深化科技体制机制改革、大众创业万众创新、“互联网+”行动、深化大数据应用的重大部署，按照国家科技计划管理改革、中央财政科研经费管理改革、科技金融服务、科技服务业发展等一系列政策和国家局即将出台的《关于加快测绘地理信息科技创新的意见》要求，全面梳理阻碍科技创新的体制机制障碍，加快完善科技创新政策制度。遵循基础理论研究和前沿探索性研究工作科研规律，鼓励原始创新，宽容失败。二要加快推进关键环节改革突破。推进科研院所与生产事业单位改革，强化科研、生产、中介、企业等不同创新主体在整个创新链条中的职责定位。高等院校和公益性科研院所要加强基础研究和前沿技术研究，突出国家目标和社会责任，做好科技创新的“领头羊”，不要过多参与市场；生产单位重点要在技术革新、示范与应用等方面发挥好中试基地和应用前沿阵地作用，革新工艺流程与技术规程，不断提高生产效率；地理信息企业作为技术创新的主体，要根据市场需求不断创新，通过提供优质的地理信息产品和服务，巩固和提升自身核心竞争力；中介机构要发挥好服务和纽带作用。改革科技计划管理模式，解决科技与生产“两张皮”的突出问题，使项目在立项时就找到“婆家”。加快科研评审、人才评价和机构评估“三评”改革，建立科学的分类评价和激励办法，保障测绘地理信息工作者享受科技创新收益。三要拓宽科技创新投入渠道。研究建立科技创新多元投入机制。各地各单位除了积极申请财政支持的科技计划项目外，要积极筹措资金设立自身科技项目。在国家和省级重大测绘地理信息项目中，要安排适当比例经费用于解决工程技术难题、开展生产性技术试验和制定技术规程、规范工艺流程等。要发挥各自优势，借鉴四川、浙江等地的做法，吸引投资集团、企业资本和社会资本通过设立地理信息产业发展基金、开展天使投资等方式，支持测绘地理信息的创业创新，促进创新资源高效配置、综合集成和全面共享。四要充分发挥企业的技术创新主体作用。健全技术创新的市场导向和政府引导机制，引导各类创新要素向企业集聚，激发企业科技创新的巨大潜力。支持地理信息龙头企业与行业企事业单位通过资本重组、参股控股等方式开展技术产品研发、科技成果推广应用。发挥企业家在科技创新重大决策中的重要作用，在科技规划、计划、政策、标准的咨询、制定和决策过程中要有更多的企业家参与，在各级测绘地理信息科学技术委员会等决策咨询机构中企业家和产业专家应占一定比例。要更多地通过申请财政后补助、运用间接投入、首购订购等方式，支持企业先行投入开展关键技术研究、装备和标准的研发攻关。

（二）大力加强科技自主创新

要突出自主创新引领，不断增强自主创新能力，提升发展质量和效益。一要加强基础理论研究和原始创新。基础研究具有投入大、不确定性高、研究周期长、短期回报少等特点。一定要目光长远、保持敏锐，加大对大地测量、摄影测量与遥感、地图与地理信息系统等传统学科方向，以及全球气候变化、地球系统模拟与云计算等新型学科发展方向的研判，高度重视原始创新，尤其是颠覆性创新。大力支持基础理论研究和原始创新，提升基础理论研究和应用基础研究在科技创新活动中所占的比例，对大地基准、位置智能感知、遥感机理、数据挖掘与安全服务等基础理论研究重点和公益性研究方向

要保证稳定投入。密切跟踪国家科技计划改革，积极争取地球观测与导航、公共安全与应急保障、智慧城市与宜居村镇、海洋安全保障以及智能机器人、高性能计算等与测绘地理信息相关的国家重点研发专项。二要在关键领域开展集中攻关。选准关系全局和长远发展的优先发展方向，统筹优势科技力量，开展新型基础测绘、地理国情监测、应急测绘、卫星测绘等方面的重大关键技术攻关，加强水体测绘、地下空间测绘、全球测图与地理信息社会化应用等方面的共性技术研究，加快测绘地理信息与物联网、云计算、大数据等新技术的交叉融合研究，强化地理信息安全保密和安全监管技术研究。三要加强国产自主高端装备研发。瞄准国际领先水平，更加注重高精尖测绘地理信息装备研发，鼓励企业开展具有自主知识产权的高端仪器设备研发，打破国外垄断。鼓励采用首购、订购等非招标采购以及政府购买服务等方式，支持自主创新产品和服务。研究制定使用首台（套）重大自主技术装备的鼓励政策，抢占测绘地理信息装备国际前沿和制高点。通过5年努力，争取使国产高端装备国内市场占有率超过50%，国家和省级重大测绘地理信息工程中的使用率达到70%。

（三）切实强化科技成果转化

打通成果转化通道，通过成果应用体现创新价值，通过成果转化创造财富。一要建立健全促进科技成果转化的政策制度。贯彻落实《促进科技成果转化法》，因地制宜出台和完善有利于科技成果转化的具体举措，下放科技成果使用、处置和收益权，完善科技报告和科技成果登记制度，加强对核心知识产权的支持力度，提升成果转化的积极性，打通科技成果转化的“最后一公里”。强化各类创新主体在科技成果转化中的责任和义务，加强科技成果转化管理服务队伍建设，把科技成果转化效率纳入单位绩效考核。二要尽快建立科技成果交易平台。针对目前市场不知道科研人员有什么、科研人员不知道市场要什么的问题，尽快建立开放的科技成果网络管理信息平台，规范科技报告的使用和服务，推进科技资源开放共享，加快发展技术市场，推动跨行业、跨区域、跨国技术转移。三要通过制定标准和保护知识产权促进科技成果转化。提高科技成果转化为技术标准和产品标准的效率，通过制定标准，提升自主知识产权科技成果和产品的核心竞争力。进一步加强对知识产权以及职务成果、单位权益的保护，加大对侵占知识产权等行为的处罚力度，保障科研工作者的成果不受侵犯。

（四）进一步完善科技创新平台建设

要进一步统筹科技资源配置，优化科技力量布局，在学科布局、地域分布和综合管理等方面不断完善科技创新平台建设。一要不断优化创新平台布局。进一步优化重点实验室、工程技术研究中心、科学观测台站、协同创新联盟、联合研究中心、技术转移中心、博士后科研工作站和科普教育基地等各类创新平台建设，按照功能定位合理归并和分类整合，按照地域分布优先填补西部空白地区，继续推进国家重点实验室建设，建成以国家级平台为核心、国家局和省级创新平台为节点的全国科技创新平台网络体系。二要大力促进协同创新。加强部局、省局、军地科技合作，落实相关战略协议。通过分别建立“一带一路”、京津冀协同发展、长江经济带地理信息协同创新联盟等形式加强协同创新，鼓励各地开展跨区域创新合作。加强与其它领域的跨界融合，鼓励与其他领域的研究机构、高校或企业开展合作，发挥“他山之石”作用。加快测绘地理信息领域智库建设。三要加强国际科技交流合作。搭建国内外高校、科研院所联合研究平台，加大国际科技人才、技术、资金、智力等资源的引进力度。发挥好联合国项目作用，参与或发起地球观测、地理设计、全球基准等国际大科学研究计划。支持国内科研机构和高新技术企业通过建立全球或海外研究院、国际技术转移中心或科技合作创新联盟等方式，推动我国测绘地理信息先进技术和装备走出去。

（五）加强测绘地理信息科技创新型人才培养

要在创新实践中发现人才、在创新活动中培育人才、在创新事业中凝聚人才，大力培养造就规模宏大、结构合理、素质优良的创新型科技人才队伍。一要做好科技人才培养工作。强化“项目＋人才”培养模式，优化人才结构，加强各类高层次人才、复合型人才的培养，形成融合“产学研用”的人才梯队。大胆起用新人、敢于给青年科技骨干压重担、积极培养年青一代科学家和接班人，增强科技创新人才的后备力量。注重引进和培养高端人才，积极引进“千人计划”专家，培养院士、“万人计划”“百千万人才”和“测绘地理信息科技领军人才”等高层次专家。二要完善科技人才流动机制。健全测绘地理信息行业党政机关、事业单位和企业之间畅通的科技人才流动机制，通过科技合作、客座研究等方式，促进科技人员的流动。建立科研机构、高校与生产单位、企业之间的人才交流、互派挂职锻炼的制度，促进人才交流。鼓励科学家带着项目和成果到企业开展创新和成果转化工作，按照国家规定保留原单位基本待遇。三要完善科技人才激励机制。完善科技人才的分类评价机制，提升人才评价的科学性。对从事基础和前沿技术研究、应用研究、成果转化等不同活动的科研人员要探索制定相应的分类评价标准，尤其要调动基础研究和理论研究科研人员的积极性。健全鼓励创新创造的分配激励机制，实现研发人员创新劳动同其收益收入对接。提高科研人员在科技成果转化活动中的收益比例，按照国家要求，职务发明成果转让收益对科研负责人、骨干技术人员等重要贡献人员和团队的奖励比例，除已有明确约定外可以提高到不低于50%，要像克强总理说的那样“让科技人员富起来”。

四、努力做好测绘地理信息科技创新保障工作

科技创新关系测绘地理信息事业发展全局，是久久为功的系统工程。各地各单位要把思想和行动统一到中央的战略部署上来，调动一切创新资源，激发一切创造活力，全力推动测绘地理信息科技创新。下面，我再提四点要求。

（一）解放思想、提高认识。要充分认识测绘地理信息科技创新对推动事业发展、促进产业进步的重大意义和深远影响，切实增强紧迫感和使命感，真正把科技创新摆在事业发展全局的核心位置来谋划和推动。当前，全党正在按照中央要求扎实开展“三严三实”专题教育，各地各单位要以严的精神和实的要求，认真查找科技创新中的“不严不实”问题，逐条梳理、逐项整改，把实施创新驱动发展战略、加强测绘地理信息科技创新作为检验“三严三实”专题教育成效的重要指标。

（二）深入学习、改革创新。各级领导干部尤其是主要领导同志要深刻领会、全面贯彻中央关于加强科技创新的一系列新思想新论断新要求，加强对新技术、新知识特别是前沿业务的学习，坚持用科技知识和创新思维指导实践、推动发展。要按照中央要求，切实加强科技体制改革顶层设计、系统谋划和整体推进，围绕重点方面和关键环节聚焦突破、合力攻坚，使科技创新的巨大潜力得到充分释放。

（三）加强领导、狠抓落实。国家局将在科学发展观年度绩效考评中加大科技创新工作落实的考评力度。各地各单位要以正确的政绩观统领创新发展，切实落实党政“一把手”抓“第一生产力”的责任，发挥总揽全局、协调各方的核心作用，把科技创新工作作为打基础、增后劲、管全局的大事要事抓紧抓好。要强化科技创新进度统筹、质量统筹、落地统筹，明确分工，落实责任，把握时间，确保科技创新各项举措有序有力有效推进。

（四）弘扬精神、营造氛围。科技创新从来就没有坦途。全国广大测绘地理信息科技工作者要弘扬测绘精神和科学精神，敢于担当、勇于超越、找准方向、扭住不放，在攻坚克难中追求卓越，勇于创造引领世界潮流的科技成果。各地各单位要进一步强化尊重劳动、尊重知识、尊重人才、尊重创造的价值导向，加强科研诚信和学术道德建设，切实防范学术不端行为，扎实做好科技创新宣传工作，努力营造鼓励创新、宽容失败的创新文化和大众创业、万众创新的环境氛围。

同志们，做好测绘地理信息科技创新工作任重而道远。让我们认真学习贯彻习近平总书记系列重要讲话精神，坚定理想信念，弘扬测绘精神，加快实施创新驱动发展战略，全面加强测绘地理信息科技创新，为测绘地理信息强国建设、创新型国家建设作出应有贡献。

谢谢大家！

在全国测绘地理信息应用成果和地图网上展览开通仪式上的致辞

国家测绘地理信息局局长　库热西・买合苏提

2015 年 10 月 30 日

尊敬的姜大明部长、杜占元副部长、周学文副部长、戴东昌总规划师、刘华总工程师，各位领导，同志们：

在党的十八届五中全会胜利闭幕之际，我们在这里举行全国测绘地理信息应用成果和地图网上展览开通仪式、地理信息共享合作协议签署仪式。首先，我代表国家测绘地理信息局，对各位领导、来宾和参会代表表示热烈的欢迎!

党中央、国务院高度重视测绘地理信息工作，习近平总书记和李克强总理、张高丽副总理多次作出重要指示批示，为我们做好新常态下测绘地理信息工作指明了方向。会前，张高丽副总理亲自审阅了全国测绘地理信息应用成果和地图网上展览有关情况的报告。姜大明部长专门听取了展览建设工作汇报，对进一步提升测绘地理信息服务保障能力提出了明确要求。我们将认真学习贯彻中央领导同志的重要指示精神，按照姜大明部长的要求，更加自觉地履行好党中央、国务院赋予的职责使命，加快构建测绘地理信息公共服务体系，为经济社会发展提供更加丰富的地理信息公共产品和更加坚实的服务保障。

在全国国家版图意识宣传教育和地图市场监管协调指导小组成员单位的大力支持下，我局利用信息化、网络化时代的特点，改变以往举办实物展览的传统方式，今天首次举办全国测绘地理信息应用成果和地图网上展览，全面展示“十二五”期间测绘地理信息成果和典型应用，为社会各界了解测绘地理信息工作搭建新的平台，展览将作为测绘地理信息成果展示和加强国家版图意识教育的永久性平台长期运行。测绘地理信息的价值在于应用，近年来我局积极推进资源应用和共享，强化部局、局省、军地和有关单位的业务协同与合作共享，取得明显成效。稍后，我局将与12个中央部委、相关单位集中签署一批地理信息共享合作协议，这是贯彻落实国务院《促进大数据发展行动纲要》的重要举措，对于深化地理信息大数据应用、推进政府数据开放共享与资源整合、提升政府治理水平具有重要意义。在此，我代表国家测绘地理信息局，向各部委和相关单位长期以来对测绘地理信息工作的大力支持表示衷心的感谢!

今天，我们还将以公告的形式，向社会宣布正式提供2015版国家1:5万、1:100万基础地理信息成果和1:25万公众版地图成果，启用国家地理信息公共服务平台“天地图”2015版。这些成果是国家公益性地理信息成果和服务平台，欢迎各行各业和社会各界广泛使用，并以此为基底开发出更多、更丰富、更鲜活、更适用的地理信息应用新产品、新服务。

测绘地理信息事业是国家经济建设、国防建设和社会发展的基础性事业。“十二五”以来，在党中央、国务院的坚强领导下，在国土资源部的正确指导下，在国家各部委和地方各级党委政府的关心支持下，我局坚持服务大局、服务社会、服务民生，推动测绘地理信息工作深度融入经济社会发展主战场，在服务政府科学管理、保障经济社会发展、维护国家安全和方便百姓生活等方面积极发挥作用。下面向大家简要通报我局近年来测绘地理信息应用的主要工作，便于大家增进了解。我局不断丰富基础地理信息资源，建成了覆盖全国、兼容北斗系统的卫星导航定位基准站网和服务系统，获取了全国范围各个时期的航空航天遥感影像，推进基础地理信息资源由地上向地下、陆地向海洋、近海向远海、国内向全球的战略拓展和更新；开展了第一次全国地理国情普查和监测，在全国推进数字城市地理空间框架和智慧城市时空信息云平台建设，打造了国家地理信息公共服务平台“天地图”，快速有力提供了测绘应急保障，主动服务国家重大战略实施、重大工程建设、重大事件和应急工作；国务院明确地理信息产业为战略性新兴产业，地理信息产业以年均20%以上的速度持续快速增长，地理信息与移动互联网、物联网、大数据、云计算等深度融合，基于地理信息的新型应用和服务已成为大众创业、万众创新的重要领域，带动了相关行业和产业转型升级；我国测绘地理信息科技实力整体达到国际先进水平，成功研制了世界首套30米分辨率全球地表覆盖数据，张高丽副总理代表我国政府向联合国赠送，为《联合国2030年可持续发展议程》提供了重要的地理信息支撑。

当前，我国经济发展进入新常态，党的十八届五中全会明确了今后五年我国国民经济和社会发展的宏伟目标，与此同时，全球科技发展日新月异，网络空间博弈加剧。测绘地理信息作为国家战略性基础信息资源，与经济社会发展联系更加紧密，与各行业各领域数据和高技术加速融合，不断催生出新的业态，在经济建设、国防建设和社会发展中发挥着越来越重要的作用。这不仅对测绘地理信息提出了旺盛需求，也要求我们从改革发展大局出发，以开放包容的心态，顺势而为，深化共享，携手发展。

下一步，我局将认真贯彻国务院关于促进大数据发展、地理信息产业发展和《全国基础测绘中长期规划纲要（2515—2030）》等重要文件精神，坚持“加强基础测绘，监测地理国情，强化公共服务，壮大地信产业，维护国家安全，建设测绘强国”的事业发展战略，以地理信息资源开发利用为核心，以推进地理信息领域大众创业、万众创新和增加公共产品、公共服务“双引擎”为着力点，抓紧完善测绘地理信息数据共享、开放、应用和保护政策，加快构建测绘地理信息公共服务体系，大力推动测绘地理信息社会化深层次应用，服务经济社会发展。

在数据开放共享方面，我局将按照《促进大数据发展行动纲要》要求，制定地理信息数据开放共享成果目录，主要依托国家地理信息公共服务平台“天地图”，分级分类、最大程度、逐步开放基础地理信息资源，鼓励增值性、公益性开发和创新应用，激发大众创业、万众创新活力。

在优化公共服务方面，我局将加快构建新型基础测绘体系，加强陆、海、天、空、地一体化的地理信息资源获取能力建设，推进各级各类地理信息数据资源整合，形成基于地理信息的大数据“富矿”。打造全国卫星导航定位基准服务系统、“天地图”、地理国情监测、数字（智慧）城市和应急测绘等行业品牌，为社会提供数据丰富、更新快速、实用好用的公益性产品和服务。

在应用安全监管方面，我局将牢固树立总体国家安全观，妥善处理好维护安全与深化应用的关系，完善涉密基础地理信息使用审批、跟踪检查等安全监管制度，强化多级联动、部门协作的安全监管机制，开展安全评估，建设监管一体化平台，增强网络空间数据主权保护能力，为测绘地理信息应用健康发展保驾护航。

与此同时，我局将大力推进合作共享。将加快建立中央与地方、政府与企业、军队与地方、行业内与行业外等各方面测绘地理信息资源共享机制，落实相关战略协议，建设地理信息资源共享交换平台，更大范围、更广领域、更高层次地推进测绘地理信息公共服务。我局将全面落实今天签署的合作协议，以最大诚意、最快速度向合作单位无偿或优惠提供我局最新的基础地理信息数据和在线地理信息服务，并做好相关服务和技术支持。诚挚希望各部委和相关合作单位积极落实合作协议，向我局共享与空间位置相关的专业地理信息数据，并在信息资源建设、重大项目实施、地理信息技术开发等方面给予更多支持，在务实合作中共同推进应用、在深化应用中加强互利合作，并自上而下地共同推进省级相应部门开展共享合作，努力形成地理信息资源建设和应用优势互补、融合发展、互利共赢的全国“一盘棋”格局。

最后，预祝全国测绘地理信息应用成果和地图展览取得圆满成功，地理信息共享合作取得丰硕成果！

在全国测绘地理信息“十三五”规划座谈会上的讲话

国家测绘地理信息局副局长 王春峰

2015 年 4 月 16 日

自 2014 年 4 月以来，各地测绘地理信息部门根据国家关于开展“十三五”规划编制工作的总体部署，认真组织规划评估，深入分析发展形势，创新性提出发展思路，“十三五”规划编制前期工作取得明显进展。今年是“十三五”规划编制的关键之年，要在进一步梳理去年相关工作成果的基础上，完成规划文稿的起草、论证和衔接等工作，为明年正式印发实施打好基础。今天我们召开这次会议就是要沟通情况，总结工作，统一思路，并研究部署后续工作。借这个机会，我想讲 4 个方面的意见，供大家讨论。

一、认真总结规划前期工作

去年 4 月，国家发展改革委组织召开电视电话会议并印发相关文件，9 月，国务院召开“研究部署‘十三五’规划编制工作会议”，李克强总理发表重要讲话，对“十三五”规划编制前期工作进行部署、提出要求。我局及时组织开展了相关调研并编制完成规划编制工作方案，并于 5 月印发《关于做好测绘地理信息“十三五”规划编制工作的通知》，明确了规划编制的主要任务和相关要求。同时，加快推进前期研究工作，形成了“十三五”规划基本思路等成果。

（一）重大问题研究。以2013年12月31日为时点，对各地“十二五”规划完成情况进行调查，形成了“十二五”规划评估报告。去年分别在新疆、浙江、河北、海南等省区召开规划座谈会，对各地区的情况进行了系统摸底，就“十三五”规划重大问题开展了深入讨论。同时进一步加强政策研究，相继完成并印发了《国家测绘地理信息局关于推进测绘信息化发展的指导意见》、《国家测绘地理信息局关于推进全面深化改革的实施意见》等。在此基础上，组织起草完成了《测绘地理信息“十三五”规划基本思路》并报送国家发展改革委。

（二）重大项目谋划。落实国务院领导批示精神，着手开展边境地区地理信息资源建设、全球地理信息资源工程等重大项目的前期研究工作，启动海洋地理信息资源开发建设战略研究。同时，提出并论证中国陆地水下地形测绘、高精度北斗卫星位置服务系统建设及社会化应用等项目建议，争取将其作为国家重大战略性项目纳入国家相关规划之中。在做好上述工作的基础之上，按照“十二五”规划实施要求，完成海岛（礁）测绘二期工程前期工作，推进国家应急测绘保障能力建设工程、资源三号卫星02星等项目进入评审程序。

（三）重大政策争取。完成《全国基础测绘中长期规划纲要》修编，并报送国务院审批。联合国家发展改革委编制印发《国家地理信息产业发展规划（2014—2020年）》。参与编制“国家民用空间基础设施中长期发展规划”，明确发射超过7颗测绘卫星。另外，积极参加统筹经济建设和国防建设规划、国家电子政务建设项目规划、国家航天规划等规划的研究编制，反映测绘发展诉求，落实测绘发展项目。

各地按照国家局和本地政府要求，加快推进相关工作，并取得重要进展。据初步统计，截至目前，全国有26个省（区、市）开展了“十二五”规划评估工作，有18个省（区、市）形成了本地区规划基本思路，大部分省（区、市）积极与当地政府沟通协调，争取将测绘地理信息“十三五”规划列入本地政府（重点）专项规划序列，其中浙江、江西、海南、湖南、湖北、新疆、西藏、甘肃、宁夏、辽宁、吉林等11个省（区、市）的相关规划已列入省政府（重点）专项规划序列，为后续工作奠定了坚实基础。

二、准确把握规划编制要求

党的十八大以后，我国经济发展进入新常态，社会治理、国家安全等方面也进入新的发展阶段。习近平总书记坚持问题导向和科学思维，提出“四个全面”战略布局，确立了新形势下党和国家各项工作的战略方向、重点领域、主攻目标。测绘地理信息“十三五”规划编制工作必须坚持“四个全面”这一总纲，主动适应形势，创新发展观念，更加强调改革攻坚、创新驱动、发展质量和转型升级，加快实现测绘强国建设目标。“十三五”规划编制要求是：

（一）把握新形势

准确把握新形势是做好规划工作的基础，也是将测绘地理信息服务更加紧密、更加深入地根植于国家经济社会发展大局中的前提。从当前来看，要重点研究维护国家安全、拓展国家利益方面对测绘地理信息提出的新使命，以及迎头赶上国际先进水平，抢占新一轮科技革命制高点对测绘地理信息提出的新期待，国家全面深化改革战略部署对测绘地理信息提出的新命题，服务国家政治外交大局，特别是“一带一路”战略对测绘地理信息提出的新要求，经济新常态下国家重大战略实施对测绘地理信息带来的新变化，总体国家安全观下应对地缘政治形势和国内社会管理等方面对测绘地理信息形成的新压力等等。在此基础上，深入研究测绘地理信息事业发展的现实基础、阶段性特征等，扬长避短、顺势而为，提出合理科学的发展对策。

（二）分析新需求

深入开展需求分析，是规划编制的核心环节，是保证规划科学性、有针对性的关键。工作重点是：落实党中央国务院关于测绘地理信息发展总要求，聚焦经济社会发展对测绘地理信息服务新需求，深入研究新业务、新流程、新产品、新服务。从当前来看，主要有三个方面：一个是经济建设，要深入分析我国经济进入新常态后的运行规律，研究其对测绘地理信息服务提出的新要求；二是国防建设，要针对总体国家安全观下国防建设和军队现代化对测绘地理信息服务的需求特点，有针对性地推进军地测绘深度融合发展，发挥测绘地理信息对军事斗争准备的支撑保障作用；三是开放创新，十八大以后，创新驱动发展被提到了空前高度，作为技术密集型行业的测绘地理信息，更应对此及时响应、超前部署。因此，既要将“十三五”规划做成一部布局发展、满足需求，布局改革、促进转型的规划，更要将其做成布局创新，不断提升自主创新能力，迅速缩小甚至超过西方发达国家技术发展水平，占领测绘地理信息国际战略制高点的规划。在开展上述工作的基础上，有针对性地规划出新时期测绘地理信息业务流程、技术应用、管理措施以及服务模式等方面的任务和措施。

（三）找准新定位

找准新定位是规划工作的基本任务，也是确立发展方向的基本依据。十八大以来，国家局党组适应新的发展形势，明确了“全力做好测绘地理信息服务保障，大力促进地理信息产业发展，尽责维护国家地理信息安全”三大定位，提出了构建“科学完备的政策法规体系、新型基础测绘体系、公共服务体系、地理信息产业体系、科技创新体系和人才队伍体系”等6大体系，实现“形成测绘地理信息依法行政能力、地理信息资源供给能力、公益性服务保障能力、地理信息产业国际竞争能力、创新驱动发展能力和维护国家地理信息安全能力”等6种能力的目标。2014年12月，全国测绘地理信息工作会议上明确新时期测绘地理信息总体战略为“加强基础测绘，监测地理国情，强化公共服务，壮大地信产业，维护国家安全，建设测绘强国”。各地测绘地理信息部门要将这些新定位、新战略融入到“十三五”规划中，贯彻于实际工作上。“测绘地理信息‘十三五’规划基本思路”体现了新的战略构想，希望大家领会精神，深入讨论。

（四）明确新要求

国务院对于提高“十三五”规划的针对性、可操作性等提出了新的要求。李克强总理指出：“规划不是要挂在墙上，而是要落在地上”，要求要“认真研究一批对推进社会建设、生态保护、改善民生作用显著的重大项目，对经济发展和结构调整全局带动性强的重大工程，对解决突出矛盾，增进公平效率针对性强的重大政策”。各地测绘地理信息部门要准确把握这些新要求，从服务经济社会全局角度，提出一批高水平、有质量的重大项目、重大工程和重大政策。去年，我局根据国务院有关要求，已经提出了一批“十三五”规划备选项目，经论证后已报送有关部门。今年，我局印发了相关文件，要求各地认真研究并报送重大项目建议。下一步，我局将对各地报送的重大项目进行综合评估后，择优纳入国家规划，为各地规划项目争取创造有利条件。

三、进一步突出规划编制重点

习近平总书记曾经说过，做工作“既要注重总体谋划，又要注重牵住‘牛鼻子’”。测绘地理信息“十三五”规划编制工作，既要顾及“面”——对发展改革作出全面安排，又要顾及“点”——对发展重点和难点进行专门研究和部署。主要包括如下几个方面。

（一）研究新型基础测绘

经过各级测绘地理信息部门的共同努力，截至目前，在国家层面上，我国已基本解决了陆地国土地理信息资源获取问题。在新的发展形势下，进一步明确基础测绘工作定位，与时俱进的调整基础测绘工作布局，加快基础测绘工作内容、工作对象、工作手段、工作重点的转型和变革，是亟待解决的战略性问题。去年，我局“十三五”规划编制前期工作，重点对这一问题进行了研究，明确提出发展新型基础测绘，并在四次规划片区座谈会上对此进行了深入讨论。

新型基础测绘是对传统基础测绘的继承和发扬，其“新”主要体现在：技术手段“新”——将卫星遥感和卫星导航定位纳入基本技术手段，工作内容“新”——以对现有数据库的维护更新和全球、海洋以及重点地区动态测绘为常规工作内容，成果形式“新”——以现代测绘基准体系和数字地理空间框架数据库为主要成果形式，生产服务方式“新”——以满足多样化需求的网络化定制服务为主要生产服务方式。与传统基础测绘相比，具备以下特点：全球覆盖、海陆兼顾、联动更新、按需服务、开放共享等。根据当前基础测绘工作现状，“十三五”规划编制工作重点要促进几个转型：工作重点范围由陆地国土向海洋乃至全球拓展，工作重点内容由数据获取处理向数据集成应用、维护更新、共享服务转变，工作布局和组织形式由传统上以大地测量、摄影测量、制图等工序组织生产服务向以测绘基准维护运营、地理信息数据获取处理、地理信息资源管理服务、质量监督等业务组织生产服务转变。关于对新型基础测绘的解读，仍然有继续深化的必要。希望各地将新型基础测绘作为“十三五”规划编制工作的重要内容，结合本地区实际情况，作进一步深入研究。

（二）培育新型业务

“十二五”以来，为进一步强化基础测绘应用，延伸基础测绘服务链条，我局大力推进地理国情监测、应急测绘等工作。至今年年底，伴随着地理国情普查工作的阶段性收官，地理国情监测的工作流程、规范标准、成果体系和相关管理制度将初步建立。同时，应急测绘保障业务体系已完成顶层设计，即将付诸实施，四川、黑龙江等地区的应急测绘保障已率先实现业务化运行，应急测绘取得重要进展。加快推进地理国情监测、应急测绘等新工作的常态化，不断完善测绘地理信息服务格局的时机已经成熟。

各地区要将地理国情监测、应急测绘等的业务化建设作为本地区“十三五”重点发展任务，在规划编制工作中予以高度重视。针对地理国情监测，要大力推进基础设施建设，不断完善标准体系，优化部门协作机制，健全规划计划管理和投入政策，合理划分国家和地方职责，推动形成成熟的监测工作体系。针对应急测绘，要建立健全应急测绘工作机制和部门间应急协作共享机制，强化信息互联互通，实现业务联网协同。各地区在后续工作过程中，要密切结合本地区实际，突出地方需求，切实提高时效性和针对性。

（三）拓展公益服务

不断满足应用需求，拓展应用领域，打开应用新局面，是长期推动测绘地理信息事业发展的关键和抓手。近年来，各级测绘地理信息部门正确履行政府职能，不断创新服务模式，改进服务质量。持续推进智慧（数字）城市和天地图建设，注重其在经济社会发展各领域的应用推广，目前已经成为公安、水利、税务、城市管理等部门不可或缺的技术支撑手段。与此同时，我局从去年开始，着手探索测绘地理信息应用新领域，与国家发展改革委联合开展区域发展总体战略实施监测评估以及市县“十三五”规划改革创新试点相关工作。目前，这些工作进展顺利。

各地区“十三五”规划编制工作要紧密围绕本地重大发展改革事项需求，继续加快推进智慧（数字）城市建设及应用，着力打造好天地图国家地理信息公共服务平台，并充分利用地理国情监测成果，为资源环境承载能力评估、区域发展总体战略和主体功能区战略实施、“十三五”总体规划编制等相关工作提供服务。工作过程中，要特别重视京津冀区域一体化、“一带一路”战略实施、国家安全和国防建设以及提高我国国际竞争力等方面的需求；要进一步深化与有关部门的合作，确保测绘地理信息服务效果得到彰显。

（四）发挥市场作用

从“十一五”开始，市场经济在测绘地理信息领域的发展进入快车道，各类地理信息企业大量出现并迅速壮大，传统计划经济时期政府包揽全部测绘保障服务的局面被打破，不同所有制经济共同提供地理信息服务的新格局逐步形成。地理信息消费逐步实现泛在化，政府应用、行业应用和大众应用齐头并进，技术服务、信息开发、系统建设百花齐放。测绘地理信息服务能力、服务效果等发生显著变化。

目前，测绘地理信息领域市场经济仍处于快速发展时期，特别是伴随着我国强有力推进“互联网+”行动计划，给予测绘地理信息应用更多地发展机会，市场应用和产业活动将更加繁荣。“十三五”规划编制工作要清醒地认识当前发展形势，深入研究市场经济与高新技术融合发展规律，进一步转变部门职责职能，优化调整组织结构，完善管理运行体制机制，加强制度建设，营造有利于发挥市场决定性作用的政策环境。去年，国家局制定印发《国家测绘地理信息局全面深化改革的实施意见》（国测规发〔2014〕6 号），对如何适应市场经济发展，改进部门工作进行了总体部署。各地也要参照我局的做法，深化对改革问题的研究，拓展市场作用领域，提高测绘地理信息服务能力。

（五）注重科技创新

习近平总书记在去年两院院士大会上就科技创新问题发表重要讲话，利用《皇舆全览图》的编制和应用作为案例，强调了科学技术必须同社会发展相结合的极端重要性。他同时还指出：“不能总是用别人的昨天来妆扮自己的明天，不能总是指望依赖别人的科技成果来提高自己的科技水平，更不能做其它国家的技术附庸，永远跟在别人后面亦步亦趋。”字字句句，振聋发聩。经过多年努力，测绘地理信息领域科技创新工作取得显著成效，但离党中央国务院的殷切期望还有较大差距。据调查，我国市场上，95%以上的导航市场份额依赖于美国 GPS 提供的服务，六成以上的测绘仪器装备被国外厂商占据，高端装备基本被国外厂商垄断。加速提升我国测绘地理信息自主创新能力还任重道远。

今年3月，中共中央国务院印发“关于深化体制机制改革加快实施创新驱动发展战略的若干意见”。“十三五”规划工作要深入贯彻落实这一意见要求，解放思想，跟上时代步伐，坚持需求导向和产业化方向，注重服务于生产一线、注重科技成果经济社会效益、注重提升我国综合国际竞争力。特别要重视北斗卫星导航系统应用、国产化自主遥感系统应用等问题。要注重通过科技创新工作，改造测绘生产服务工艺，培育测绘地理信息新业务，改进测绘地理信息服务，促进测绘地理信息转型。

（六）突出地方特色

基于我国幅员辽阔、区域发展不平衡的现实国情，我局“十二五”规划曾就区域测绘协调发展进行专门部署，并明确相关指导原则、政策和措施。五年来的实践证明，针对不同地区的实际情况，因地制宜地提出差异化发展思路，有针对性地采取不同的发展政策，符合我国国情和国家推进区域协调发展的总体要求，是行之有效的。在“十二五”规划的指导下，国家局联合新疆、西藏等地的测绘地理信息部门，准确把握这些地区经济建设和国防建设的需求特点，研究提出数十个项目，按照国家关于援藏援疆的有关要求，报送有关部门，获批投资达到近5亿元，极大地缓解了这些地区投入严重不足的问题。目前，这些项目实施进展良好。

下一步，我局“十三五”规划编制工作还将就促进区域协调发展有关问题提出相关指导原则。各地测绘地理信息部门也要立足区域发展实际和地方特色，明确本地区发展思路、发展重点、发展任务和政策措施，切实提高规划对本地区发展的宏观指导作用，避免各地“十三五”规划一个面孔、一个模式的现象出现。

四、扎实做好今年工作

今年是“十三五”规划工作的关键一年。按照国家关于“十三五”规划编制工作的总体安排，各级测绘地理信息部门要在今年年底前完成规划的起草、论证和衔接工作。为扎实做好今年工作，在此，提三点要求。

（一）加强组织领导。这次会议既是规划研讨会，也是今年工作的动员会、部署会。各部门、各单位领导要高度重视，采取有效措施，强化组织协调，配备专门力量，安排专门经费，保证规划编制工作有条不紊、扎扎实实的向前推进。

（二）深化规划研究。规划的灵魂来自于研究。会后，各地要结合国家局“十三五”规划基本思路，在原有基础上，继续深入开展研究工作，形成高质量的研究成果，并及时融入到本地区规划之中，切实做深做细“十三五”规划。

（三）保证质量按时完成任务。到今天为止，可用于规划文本起草、衔接论证的时间，已经不足8个月。各地要加快工作进度，确保年底前完成各项工作任务，为明年的规划颁布实施打下良好的基础。

在2015年全国测绘地理信息局长座谈会上关于《全国基础测绘中长期规划纲要（2015—2030年）》的解读

国家测绘地理信息局副局长　王春峰

2015年7月17日

刚才，我宣读了国务院对《全国基础测绘中长期规划纲要（2015—2030年）》（以下简称《规划纲要》）的批复。下面，我从编制背景、重点布局以及组织实施等方面对《规划纲要》做进一步的解读。

一、《规划纲要》的编制背景

2006年国务院办公厅印发《全国基础测绘中长期规划纲要》（国办发〔2006〕59号，以下简称原《规划纲要》），规划期是到2020年。经过各级测绘地理信息部门近十年的努力，其组织实施取得显著成效。“十八大”以来，我国基础测绘的需求、政策和技术等发展环境发生显著变化，需要对原《规划纲要》内容进行适当调整，进一步明确新时期发展思路和重点。为此，我局经国务院同意，于2012年正式启动对原《规划纲要》修编，2013年完成全部工作并上报国务院；近期，经李克强总理签批，国务院正式批复《规划纲要》。其编制的主要背景是：

（一）扎实的国内发展基础。测绘基准现代化已基本实现，卫星导航定位技术成为主要支撑技术。已建成卫星导航定位基准站1879座、国家卫星大地控制网点2500个。完成一等水准测量10万公里。27个省（区、市）开展了大地水准面精化，24个省（区、市）达到厘米级精度。基础地理信息资源建设取得突破性进展。基础地理信息数据库成为基础测绘生产服务的主要内容。国家1∶5万基础地理信息数据库全面建成并实现动态更新；省级1∶1万基础地理信息数据库建设基本完成，并实现对陆地国土53%以上的覆盖。海岛（礁）测绘取得明显进展，全球测绘顺利起步。基础测绘应用服务日益深化，服务模式实现由单一窗口服务向窗口+网络化服务模式转变，服务内容实现由以提供基本比例尺地图纸质图件为主，向提供高精度定位服务、多样化数字产品服务、定制化制图服务以及地理国情监测、数字城市、应急测绘等个性化服务转变。数字城市和智慧城市建设全面铺开，地理国情普查基本完成，应急测绘服务能力显著增强，覆盖全国的地理信息共享服务网络初步建成，基础测绘政策法规不断完善，为基础测绘的后续转型升级奠定了基础。

（二）良好的国内发展环境。测绘科技创新体系较为完善，创新平台覆盖范围向企业拓展，成长性好、创新能力强的市场主体不断涌现。卫星遥感、卫星导航定位等基础测绘相关基础设施日益完善，已经成为转型升级的基础性支撑条件。制度环境进一步改善。国务院及相关部门印发专门文件，陆续提出并实施创新驱动发展战略和军民融合深度发展战略等，特别是十八大后，国家又提出了《中国制造2025》和“互联网+”等行动计划。这为基础测绘发展创造了新的需求。近年来，针对测绘地理信息的发展，国务院还专门出台了《关于加强测绘工作的意见》以及《关于促进地理信息产业发展的意见》等文件。所有这些重要的政策性文件为基础测绘发展营造了良好的发展环境。

（三）较强的经济社会发展需求。党中央、国务院对基础测绘发展提出新的希望和要求。习近平总书记在2014年两院院士大会上发出的“地图之问”，李克强总理对测绘地理信息工作的一系列批示要求，张高丽副总理对测绘地理信息转型升级、科学发展的殷殷期望，都为基础测绘发展指明了方向、注入了动力、提振了信心。在国务院的直接领导下，地理国情普查、《测绘法》修订正在加紧进行。927工程、海洋测绘发展战略研究、地理国情监测、全球测绘、边境测绘等工作也正在按照国务院的要求加紧落实。党的十八大以来，党中央提出要坚持总体国家安全观，组织实施“一带一路”战略、京津冀一体化战略、长江经济带发展战略和主体功能区战略等，深刻改变着基础测绘的发展需求环境。所有这些，均要求基础测绘发展突破传统思维，走更加贴近应用的发展道路，进一步明确工作定位，合理调整工作布局、工作内容、工作对象、工作手段、工作重点等。

（四）具有挑战性的国际发展环境。目前，国际上发达国家在测绘地理信息领域仍拥有在技术、资金、人才等方面的优势。因此，《规划纲要》一方面从全球卫星导航系统、测绘基准建设维护、遥感卫星、地理信息数据处理、高新技术应用、基础测绘服务产品等方面分析了最新国际技术发展趋势，要求要准确把握这一趋势，并在研究我国基础测绘发展方向过程中予以参考。另一方面，要求要高度关注国际上发达国家利用其在技术、资金等方面优势带来的挑战；提出要加快测绘地理信息领域自主创新步伐，尽快摆脱过度依赖西方发达国家技术的现状。

二、《规划纲要》的重点布局

《规划纲要》用5500余字篇幅分析了“十八大”以来基础测绘发展所面临的国际国内形势，明确了发展思路，细化了到2020年的任务布局，展望了到2030年发展远景。全文由规划背景、总体要求、主要任务、政策措施共4部分组成，其中第一部分“规划背景”，总结了前十年原《规划纲要》实施所取得的成效，分析了国际国内发展形势，找出了存在的主要问题。第二部分“总体要求”明确了到2030年基础测绘发展的指导思想、基本原则，勾绘了到2020年基础测绘发展目标和到2030年远景目标。第三部分“主要任务”分别从基础测绘、基础测绘延伸服务和基础测绘技术支撑条件等三个方面，确立了5项发展任务，分别是：现代化测绘基准和卫星测绘应用体系建设、基础地理信息资源建设与更新、基础设施建设、地理信息公共服务、测绘地理信息科技创新和标准化建设等。第四部分“保障措施”确立了保障基础测绘发展的6条政策，分别是加强管理和法制建设、加强规划计划管理、完善投融资体制机制、强化基础测绘组织体系和人才队伍建设、促进信息资源共建共享、加强对《规划纲要》实施的协调和管理。

《规划纲要》按照“加强基础测绘，监测地理国情，强化公共服务，壮大地信产业，维护国家安全，建设测绘强国”总体战略要求，围绕“转型升级、科学发展”这根主线，以拓展基础测绘公益性服务，着力打造新型基础测绘、地理国情监测、应急测绘等完整服务链条为核心，对新型基础测绘及其相关业务发展布局、基础设施建设应用、科技创新和标准化等进行了全面部署和安排，重点布局为：

（一）打造新型基础测绘体系。基础测绘在测绘地理信息公共服务布局中处于基础地位。《规划纲要》明确，基础测绘转型发展的方向为新型基础测绘。新型基础测绘以全球陆地和海洋为常态化工作对象，以卫星遥感和卫星导航定位等为主要技术手段，以现代测绘基准体系和数字地理空间框架等为主要成果内容，以形成提供满足多样化需求的定制服务能力为主要目标。其主要特征为“全球覆盖、海陆兼顾、联动更新、按需服务、开放共享”。根据《规划纲要》所确定的，到2030年全面建成新型基础测绘体系这一目标要求，《规划纲要》从4个方面明确了2015—2020年的具体任务。一是完善现代化测绘基准体系，统筹开展北斗卫星导航定位基准站、卫星大地控制点、国家一等水准网建设和似大地水准面精化工作等。二是丰富和完善国家和地方基础地理信息数据库，推动其融合整合，形成综合性强、应用面广、标准化程度高的数字地理空间框架。三是开展新型基础测绘产品体系建设，形成多样化的基础地理信息产品，包括基础地理信息数据库产品以及地图相关产品等。四是采用最新技术成果，加速对现有基础测绘生产服务设施的改造，大幅提高其智能化自动化水平。为完成上述转型升级任务，《规划纲要》明确了“健全分级管理的体制机制，强化工作统筹”“加强规划计划管理”“促进信息资源共建共享”等政策措施。

（二）优化测绘地理信息公共服务格局。《规划纲要》将基础测绘应用服务按照“地图服务”和“资源应用”两个既相互联系、又相互区别的部分进行布局，其中，“地图服务”是传统基础测绘服务的主要方式，新型基础测绘条件下的“地图服务”，在强调传承历史的同时，更加强调在实践层次上服务方式和服务模式的与时俱进，主要包括：基本比例尺地图产品服务、公众版地图服务、三维地图服务、个性化地理信息定制服务、测绘成果及产品目录服务等。

《规划纲要》对“资源应用”的布局主要包括对其延伸服务——地理国情监测、应急测绘、数字城市建设等的研究和部署。《规划纲要》提出：推进地理国情监测、应急测绘等基础测绘延伸服务的发展，必须强化基础测绘技术、成果与相关资源的融合，并重点面向国家重大战略实施、重大工程建设以及防灾减灾、突发事件应对等重点应用领域。针对地理国情监测，《规划纲要》要求要“完善地理国情监测标准体系，优化部门协作机制，形成成熟的监测业务工作体系”；针对应急测绘，要求要“健全应急工作机制，协同推进相关基础设施建设”。同时要求要加快数字城市、数字省区建设。《规划纲要》还明确了相应的配套发展政策，提出了“研究探索将地理国情监测等工作纳入年度投资计划管理”等相关措施。

当前，我局在继续做好应急测绘、数字城市建设的同时，正在探索地理国情监测等新业务常态化途径。与国家发展改革委、海南省人民政府等签署协议，利用地理国情监测技术和成果，开展区域发展总体战略实施、京津冀一体化、“十三五”市县规划编制创新试点、“三规合一”试点等相关工作。专门设立自然生态空间监测课题，对地理国情监测技术成果应用进行研究和总结。下一步，根据《规划纲要》的要求，在继续优化“地图服务”方式和内容的同时，积极推动应急测绘和数字城市建设应用相关工作，加快研究地理国情监测规划计划管理和投入政策，完善地理国情监测业务体系和稳定服务机制，加快推动测绘成果社会化应用，尽快形成新的测绘地理信息公共服务格局。

（三）着力打造新时期基础测绘发展的技术支撑体系。新型基础测绘、地理国情监测等业务的发展对完善相关技术支撑条件提出明确要求。《规划纲要》从基础设施建设、科技创新和标准化等方面对其进行了部署。其中基础设施建设主要围绕进一步深化航空航天遥感、卫星导航定位以及云计算等现代信息技术的应用，要求要“加强航空航天和地面配套发展的地理信息获取技术装备建设”，加强“数据采集处理、存储管理和后勤服务保障能力”建设，“推进地理信息生产管理和质量控制的信息化”，“强化地理信息综合分析能力，推进国家地理信息公共服务平台‘天地图’建设与应用”等。特别强调了要“加强卫星测绘应用能力建设”。《规划纲要》对科技创新和标准化的研究和部署内容贯串文本各章节，体现了两个层面的规划期望。一是提高自主创新能力。《规划纲要》认为我国测绘地理信息“技术装备和基础设施建设仍显滞后，自主创新能力不足”，要求要“坚持‘科技兴测’和‘人才强测’，以科技为动力、以创新求发展”，要“完善测绘地理信息自主创新体系和标准体系，提升自主创新能力”，并在主要任务中重点部署了云计算等新技术应用、智慧城市建设、测绘地理信息软科学研究、质量监督等方面的自主创新建设内容。二是加快科技成果转化。针对测绘地理信息领域长期存在的科技与生产联系不紧密、沟通不顺畅等问题，《规划纲要》将科技创新工作与发展任务统一规划和布局，力图在测绘地理信息科技工作中增加“应用导向”色彩，引导科研选题、科研组织等工作更加贴近生产实践一线。技术标准来源于科技创新，既体现了测绘地理信息自主创新能力，又是提高核心竞争力的关键因素。《规划纲要》对技术标准进行专门规划，进一步突出了其在整体事业布局中的重要作用和地位。《规划纲要》还对科技创新密切相关的人才队伍建设提出了要求。

当前，我局已建成卫星测绘应用专门机构，拥有了对国内外卫星资源综合利用的能力，形成了卫星遥感、卫星定位技术与现代测绘地理信息生产服务的技术通道。测绘地理信息生产服务体系已基本实现信息化、自动化，已全面完成由以制图为中心的生产模式向以数据为中心的生产模式的转变。在此基础上，我局正在加速推进资源三号卫星02星、应急测绘保障能力、测绘成果档案存储与服务设施等的建设，并着力打造“天地图”公共服务平台的战略性地位。下一步，按照《规划纲要》中关于全天候、全天时、全球覆盖的数据获取能力建设要求，继续加快系列测绘卫星发射并同步强化卫星测绘应用业务能力建设、大力发展航空遥感测绘平台建设、加快基于网络的地面地理信息数据采集系统以及水面、水下地理信息数据获取装备设施建设，全方位发展数据获取设施。同时，继续推进现有测绘地理信息生产服务技术体系的改造，加强“天地图”服务能力建设，深入开展“北斗”系统的应用。

三、《规划纲要》组织实施工作要求

国务院关于《规划纲要》的批复意见（国函〔2015〕92号）对各省（区、市）政府、国务院各有关部门和单位、以及测绘地理信息部门的分工进行了明确，要求各地政府“加大支持力度，落实责任、细化政策”，国务院各有关部门和单位“在规划计划编制、政策实施、项目安排、体制机制创新等方面给予积极支持”，测绘地理信息部门牵头做好“组织实施工作”。为落实国务院的上述要求，牵头做好实施工作，国家局已经印发了相关文件。我想在此再强调几点。

（一）要做好《规划纲要》的组织实施与其他重点工作的协同配合。《规划纲要》的组织实施涉及当前事业发展的方方面面，做好与其他相关工作的协同配合，不仅有利于《规划纲要》组织实施取得圆满效果，更有利于推动事业整体快速发展。当前我局会同各地测绘地理信息部门正在按照党中央、国务院有关部署精神，加快推进《测绘法》的修订、加快落实测绘地理信息部门全面深化改革的实施意见、大力推进地理信息产业发展、促进测绘领域军民融合深度发展等重点工作。要认真理清并正确处理《规划纲要》组织实施与这些重点工作之间的关系，做好各项工作之间的协同配合，推动事业整体工作有序开展。

（二）以《规划纲要》为指导加紧开展“十三五”规划编制工作。当前，各地测绘地理信息部门正在加紧开展“十三五”规划编制工作。《规划纲要》历经3年的深入研究和科学论证，充分体现了国务院关于国民经济和社会发展规划的科学性、前瞻性和宏观指导性要求，所确定的“十三五”期间基础测绘发展方向、重点和主要任务，符合当前国际国内发展大势，回应了经济社会发展各领域对基础测绘服务的需求，是各地开展“十三五”规划编制工作的重要依据。各地测绘地理信息部门在“十三五”规划编制过程中，要认真学习研读《规划纲要》文本，充分领会其精神，将发展思路与本地区实际紧密结合，更新观念，突出特色，因地制宜做好本地区“十三五”规划编制工作。

（三）努力营造有利于《规划纲要》实施的外部环境。根据国务院批复要求，《规划纲要》组织实施需要各地政府强有力的组织领导和各有关部门的密切配合。各地测绘地理信息部门作为本地区《规划纲要》实施的牵头部门，要根据本地区工作实际，进一步加大与本地相关部门的协调沟通力度，健全工作机制，完善工作制度。要积极向本地区政府汇报沟通，争取在规划计划编制、政策实施、项目安排、体制机制创新等方面的更大支持，确保《规划纲要》各项任务落到实处。要高度重视宣传工作，及时通报《规划纲要》实施进展。

（四）加紧研究制定《规划纲要》组织实施具体举措。《规划纲要》组织实施事关测绘地理信息事业发展全局。各地测绘地理信息部门要高度重视，尽快制定《规划纲要》实施方案。要切实加强对《规划纲要》实施的组织领导，明确责任，落实职责，确保各项规划任务落地。要严格按照国务院批复意见要求，结合本地区实际，开展《规划纲要》细化工作，落实到基础测绘年度计划和部门年度工作；要将《规划纲要》组织实施与推进中期财政规划管理等相关工作紧密结合起来，切实发挥《规划纲要》对项目预算和投资安排的约束引导作用，建立起规划、计划、项目预算有效衔接的实施机制。适时开展规划评估工作，认真研究《规划纲要》实施中出现的问题，重大进展及时按程序向本地区政府汇报。

继往开来 锐意进取 夺取地理国情普查全面胜利

——在全国地理国情普查工作会议上的讲话

国家测绘地理信息局副局长 李维森

2015 年 1 月 28 日

同志们：

今天，我们组织召开 2015 年全国地理国情普查工作会议，贯彻落实全国测绘地理信息工作会议精神，总结交流 2014 年地理国情普查工作情况和经验，认真分析当前普查面临的形势和任务，对 2015 年工作进行动员部署，会议召开非常重要，时期非常关键。国家测绘地理信息局党组高度重视这次会议。会前，库热西局长两次专门听取了会议召开情况的汇报，要求全国各级普查办，下大力气，全力以赴抓好今年的普查工作。国务院普查办召开的全体会议和主任办公会上，对开好本次会议做了专门研究。下面，我讲三方面意见：

一、初战告捷，2014 年普查工作成效显著

2014 年是地理国情普查全面推进的关键年。在国务院坚强领导下，全国各级普查机构顶住了时间紧、任务重、要求高的考验，顶住了工作环节点多、线长、面广的挑战，组织全国近 400 家队伍 4 万多名普查员，以“为国普查”的高度责任感、使命感和奉献精神，恪尽职守，蹄急而步稳，高质量完成了各项工作。

（一）任务目标圆满完成。年初，我们定下了 2014 年全国普查数据生产总体完成不低于 90%，到 2015 年 3 月底应达 100% 的总体目标要求。截至 2014 年底，全国普查数据生产总体完成进度达 97%，数据库建设和统计分析工作全部准备就绪，预定年度任务目标圆满完成。其中，高分辨率正射影像图生产、内业解译及外业工作底图制作任务全部完成，外业调查核查、内业编辑整理、遥感解译样本制作均进入收尾阶段。各项工作的顺利推进，为全面完成普查任务争取了主动。

（二）成果质量达标可靠。加强普查成果质量检查队伍建设，组织质检人员培训、质检软件操作培训等各方面培训 9 次，累计培训 1500 余人次。开展了四批次过程质量监督抽查工作，覆盖全国 322 家普查作业单位，全面监控普查成果质量情况。开展并基本完成了中央财政支持的中西部贫困地区（约 370 万平方千米）普查成果的预验收工作。在以抽查－整改－复查－验收为主要环节的基础上，通过各省（区、市）不间断轮动检查，全国普查成果质量整体良好，初步实现了“普查成果质量合格率达到 100%，优良品率达到 80% 以上”的质量管理目标。

（三）基础保障及时到位。加强航空航天遥感影像统筹获取工作，全年分发全国高分影像数据 174 次，数据量约 5.2TB，确保各省（区、市）普查生产如期开展。提前开展技术文件制定和技术攻关，确保全国普查工作在技术路线和要求上统一认识、统一标准、统一要求，新制定了《地理国情普查成果资料汇交与归档基本要求》、《地理国情普查图技术规定》等 5 个技术文件；完成了全国地理国情普查数据库技术设计和建库工作方案；优化和完善了基本统计软件的统计内容和功能，使基本统计效率更高，统计结果更加直观、丰富。

（四）成果应用初见成效。围绕生态环境保护、城镇化发展和区域总体发展规划等开展了8项地理国情监测试验示范，形成了京津冀地区7年重点大气颗粒物污染源空间分布、首都经济圈地区20年城市空间格局等16项监测成果，公开发布了陕北地区植被覆盖变化、松潘县自然生态遥感、抚顺市矿山环境沉降、呼伦贝尔地表环境监测等成果。京津冀大气颗粒污染物污染源监测、地表沉降监测、城市空间扩展监测等成果得到了国家发改委的高度评价，为区域协调发展总体战略实施，提供了数据支撑。各省（区、市）也积极开展了81个地理国情监测示范应用项目，其中10个项目成果已提供省级政府或相关部门使用，扩大了地理国情监测影响，彰显了地理国情监测价值。

（五）安全生产形势稳定。面对人员众多、野外环境复杂多变的形势，各级普查办完善普查安全管理制度，制定安全生产事故应急预案，加强普查人员安全教育，加强普查安全监督检查及日常安全检查，全年无重大安全事故发生；严肃财经纪律，组织开展了地理国情普查项目资金专项财务检查工作，对发现的问题及时整改，保证了普查资金安全运行和规范使用；建立了完善的普查资料管理和使用制度，加强普查资料及成果的保密管理，全年未发生失密、泄密事件。

（六）宣传报道遍地开花。各级普查办组织开展了多层次、富有成效的普查宣传活动，尤其是在中央及地方主流的电视台、报刊、网络上广泛深入的滚动报道，提高了地理国情普查工作的社会认知度。辽宁、江苏、重庆、四川等地制作了普查宣传公益广告，在电视、电子户外屏播放。山东省开展了地理国情普查齐鲁行专题宣传活动，邀请《中国测绘报》、《国土资源导报》等新闻媒体记者，走进普查单位、普查生产一线，全面详实报道普查工作开展情况。四川省借助纸质地图为载体，在《成都市地图》、《四川省地图》等多个公开地图产品上投放普查公益宣传广告。通过多层次、多媒体、全方位的报道，有效增强了各部门和社会公众对地理国情普查工作的了解，营造了社会各界支持普查、配合普查的良好氛围。

对于2014年普查工作取得的成绩，张高丽副总理、姜大明部长、库热西局长都给予了充分肯定。这些成绩的取得来之不易，主要得益于五个方面：

（一）得益于国务院高度重视和坚强领导。张高丽副总理亲自担任全国地理国情普查领导小组组长，多次听取汇报，多次作出重要批示。特别是在2014年普查工作进入最紧张的时期，张高丽副总理专门作出批示“在各方面共同努力下，第一次全国地理国情普查工作取得阶段性成果，下一阶段任务还很繁重，要加强督促指导，确保进度和质量，完成好普查任务。”张高丽副总理的重要批示，引起了各省（区、市）领导的高度重视，加大了省级工作力度，同时，极大地鼓舞了广大普查工作者的士气，为普查工作指明了方向，各地积极贯彻批示精神，多措并举，加压推进，掀起了全国地理国情普查工作高潮。

（二）得益于各部委和各级地方政府大力支持。财政部和各地及时落实普查经费，经费总额达到67.1亿元。外交部、民政部、国土资源部等17个部委提供普查所需行业资料。中华全国总工会与我局联合启动第一次地理国情普查劳动竞赛。总参测绘导航局协助做好军事区域普查工作。各省（区、市）人民政府全部召开工作会议全面部署和推动普查工作，很多省（区、市）党政一把手亲自过问指导普查工作，落实普查经费，协调解决重大问题，主管副省长经常检查督导。正是各部委鼎力支持和地方各级政府有力领导，保证了普查工作的顺利开展。

（三）得益于国务院普查办的科学指挥。以库热西同志为班长的国家局党组高度重视普查工作。库热西局长上任伊始，即召开局党组扩大会议，专门听取地理国情普查工作汇报，研究部署工作，指导出台了《国家测绘地理信息局关于进一步加强地理国情普查工作的通知》，建立了国家局班子成员分片区联系机制。国家局班子成员积极指导帮助分管部门和联系地区，推动普查工作，采用现场办公会等形式，会见有关省主管副省长，促进工作开展，约谈省普办领导，及时解决当地普查工作中出现的重大问题；采用专项督查、工作推进会等形式，落实责任、明确要求、研究措施，督导进度滞后的省份加快推进。国务院普查办认真履行职责，研判形势，及时部署和推动工作落实。2014年初，组织召开全国地理国情普查工作会议，部署全年工作，与各地对接工作计划。6月份，召开了全国地理国情普查现场交流会，及时交流总结经验。9月份，在完成两轮全国普查过程质量监督抽查基础上，召开了全国地理国情普查技术质量工作会，统一全国普查技术和质量要求，保证普查进度和质量。此外，通过普查办全体会议、主任办公会、工作推进会等，研究重大问题，部署阶段工作任务，加快推动普查工作。普查办各工作组认真履职、努力工作、勇于担当、扎实肯干，使得各项决策部署落到实处。正是国家局党组和国务院普查办的高度重视、科学指挥，各工作组的合力推动、狠抓落实，保证了普查全国一盘棋。

（四）得益于省级普查办精心组织。过去的一年，各省（区、市）测绘地理信息行政主管部门牢记使命，认真履行普查办公室职责，把地理国情普查作为头等工作来抓，集全系统之力，把普查中的一件件大事、难事，办成好事。工作中，省级普查办在省政府的正确领导下，积极向省政府汇报工作，与相关部门及时沟通，在经费、资料、宣传、表彰等方面赢得了政府支持、赢得了社会广泛关注。工作中，省级普查办充分借鉴以往组织实施重大测绘地理信息工程的经验，创新组织管理，对于重点工作、关键环节做到早谋划、早部署，对各项任务精心组织、牵头协调、扎实推进，攻下了一个又一个难关，打下了一个又一个攻坚战。正是省级普查办的守土有责、守土负责、守土尽责的态度，用一年的时间把看似完不成的任务完成了，充分表明我们省级测绘地理信息部门，是经得起检验的队伍，是一支能打硬仗、攻坚克难的队伍，是国家测绘地理信息行政主管部门和省（区、市）政府满意的队伍。

（五）得益于广大普查员倾力奉献。2014 年全国共投入普查员 4 万多名，他们满怀高度的责任感和使命感，认真学习普查知识和技能，严格遵守普查政策和制度，克服时间紧、任务重、难度大等困难，加班加点，精益求精，默默奉献于普查一线，高质量完成野外调查核查、内业解译、外业工作底图制作及内业编辑与整理各工序的工作，仅用短短一年时间就基本完成覆盖全国的多要素、无缝隙数据采集这一艰巨的任务。

今天在座的各省（区、市）主管局长、业务处室负责人、技术负责人和质量负责人，是贯彻落实国务院、国家局和省级政府各项重大决策部署、统筹谋划本地区普查工作、做好技术保障、保证普查成果质量的关键人物，付出了巨大艰辛，做了大量卓有成效的工作。在此，我代表国务院普查办、国家局党组，向你们并通过你们向广大普查员，表示衷心的感谢和诚挚的敬意。

在充分肯定成绩的同时，我们也清醒地看到全国普查工作推动不平衡，工作中仍然存在一些不容忽视的问题。从进度层面看，部分省份与大队伍不同步，对工作困难预判不足，任务部署滞后，造成有效作业时间短、任务叠加推进，虽然通过督查督办取得了显著成效，但仍存在个别地区 2014 年的普查任务要到 2015 年 3 月才能完成。从过程质量监督抽查结果看，全国普查成果质量参差不齐。部分省份重视进度，忽视质量，质量监管不到位；质检队伍建设薄弱，专职质检人员偏少，两级检查比例达不到要求；发现的质量问题不能及时整改，类似的问题屡屡再犯。从队伍建设层面看，部分省份的人才配置和培养，与今后开展地理国情监测的需要还存在差距，特别是统计分析团队的建设，大部分省份还没有计划。对于这些问题，希望各地认真分析、认真对待。

二、认清形势，扎实推进 2015 年普查各项工作

2015 年是贯彻张高丽副总理重要批示精神，完成好普查任务的收官年。各级领导对做好今年的工作高度重视，在全国测绘地理信息工作会议上，姜大明部长、库热西局长在讲话中对普查工作作了全面部署。新年上班第一天，库热西局长又主持召开国务院普查办第五次全体会议，提早谋划、提早布局 2015 年普查工作。1 月 8 日，国务院普查办召开主任办公会，学习贯彻姜大明部长、库热西局长讲话精神，对 2015 年工作思路进行了研究和讨论，明确了 2015 年的 5 大重点任务。

一是影像获取和分发工作。科学制定《标准时点核准遥感影像获取保障实施方案》，按照实施方案，以资源三号卫星为主的国产高分辨率卫星影像为主要数据源，商业卫星影像为补充，尽可能获取 2015 年 4 月至 6 月全国遥感影像并及时提供。制定应急方案，采取多套补充措施，解决统一时点影像不足的问题，确保影像全国覆盖。

二是标准时点核准工作。在 8 月 15 日前，以“内业为主、外业为辅”的方式，对普查数据进行一次全面的更新，使普查成果的现势性尽可能反映 6 月 30 日的状态。标准时点核准工作采取分级负责制，国家帮助新疆、西藏、青海、内蒙古、甘肃、云南等六省区，完成部分区域的标准时点核准，面积约 390 万平方千米；各省（区、市）负责完成除国家帮助之外的本地区标准时点核准。

三是全国普查成果数据库建设。按照“一套库体、多方共享”的原则，运用云计算、大数据管理的技术方法，建成数据库软硬件环境；各地按照国家数据汇交的统一部署，及时完成普查数据集的入库检查和预处理，于10月底前完成全国数据汇交。国务院普查办统一组织技术力量，集中开展国家级数据库建设工作，于12月底前建成一流的全国普查成果数据库。各省（区、市）根据本地实际，建设本地区普查数据库。

四是普查统计分析工作。从11月起，至2016年1月底，完成全国地理国情普查基本统计，形成基本统计报告、报表、数据集及图件。国务院普查办与部分省份联合，分专题、分区域开展至少5项全国地理国情信息综合统计分析试点及示范应用，在试点示范基础上，完善综合统计分析模型方法库，研究形成地理国情信息指标、指数及评价体系。

五是重要地理国情监测。从基础性、典型性和专题性三个方向开展重大地理国情监测，形成图件成果和监测报告，为国家重大发展战略实施、政府决策、资源合理开发提供地理国情信息支持；探索构建地理国情监测组织管理体系、技术体系、服务体系和人才体系，为地理国情监测常态化开展做好准备。

稍后，国务院普查办副主任白贵霞同志会详细介绍2015年地理国情普查工作计划，将各省级计划严格对接，确保今年任务的统一，在此我就不展开了。总的来说，2015年普查工作任务还很繁重、形势很严峻，有些问题和工作难点需要引起我们重视：

一是生产接续环节多。从任务角度看，五大任务环环相扣，前面的任务完不成，后面的任务就没法开展。从数据汇交环节看，去年是数据采集，主要是内外业生产单位或部门之间数据交换，而今年数据汇交主要是省向国家汇交，部分有市、县参与的省份，还存在县向市、市向省汇交的过程，每一级汇交都是多对一，这个过程中，只要有一级成果没有按时汇交，都会影响上一级的整体工作推动。

二是影像获取时间短。获取标准时点核准所需卫星遥感影像的时间只有三个月，期间还可能受气候、地域、卫星覆盖的局限性等因素影响，有效获取影像时间更短，在不足三个月时间内获取覆盖全国的遥感影像，工作难度非常大。

三是数据建库工作量大。地理国情普查数据库是我们测绘系统迄今为止建设的一个最大数据库，包括影像、影像控制点、地表覆盖、重要地理国情要素、地貌类型、多尺度精细化高程模型、遥感影像解译样本、基本统计成果及相关数据生产元数据等9个数据子库建设工作，每一个子库的数据都是覆盖全国，数据量都是TB级的。而要建立可靠、实用、先进、高效的地理国情数据库，又必须做好数据的整合整理、数据的标准化规范化、数据库的合理建立与分布、数据库的安全运维等工作，每一项都需要投入大量人力物力，工作量巨大。

四是统计分析任务新。统计分析是地理国情普查与其他测绘业务的显著区别之处，也是测绘地理信息部门需要补齐的短板，对我们来说是全新的任务，具有技术含量高、人员素质要求高、学科跨度大的特点，是一项非常有挑战性的工作。

五是成果质量风险高。近400家单位用不到一年的时间就完成全国普查数据采集工作，在此过程中虽然我们通过各种有效的质量监控手段，规避了很多质量问题，但是毕竟成果检查检验比例有限，检查的数据没有质量问题，并不代表其他数据没有问题。而2014年取得的普查成果是2015年工作开展的基础，其成果质量直接影响标准时点核准和数据库建设，直接关系到最终基本统计结果的准确性。因此，各工序都还存在较高的质量风险。

三、团结奋斗，夺取地理国情普查全面胜利

当前我们已经牢牢抓住了地理国情普查工作主动权，同时也面临着严峻挑战，在时间紧、任务重的情况下，夺取地理国情普查全面胜利，需要更强的组织推动、更大的工作力度，不能有丝毫松懈，大家一定要有清醒的认识。在此，对于做好2015年工作，我再提几点要求：

（一）高度重视，进一步增强责任感紧迫感。张高丽副总理在电视电话会上指出这次普查是推动测绘地理信息事业转型升级的一次重大机遇。库热西局长在全国测绘地理信息工作会议上指出：“我们已向国务院立了军令状，必须以高度的政治责任感和使命感，高效优质按时完成各项普查任务，打好普查收官战。”为了实现地理国情监测常态化，我们正在修订测绘法，正在着手编制“十三五”地理国情监测规划，正在开展地理国情监测体系研究。转型升级的机遇能不能抓住，向国务院立下的军令状能不能得到落实，监测常态化开展能不能实现，都与今年的工作休戚相关，与在座的各位休戚相关，容不得在精神上有丝毫懈怠和放松，工作上有丝毫停顿，否则就会前功尽弃。大家务必继续高度重视，切实增强责任感紧迫感，铭记军令状，挂起作战图，亮剑新征程，坚定信心，振奋精神，集中系统上下所有力量，一鼓作气地把普查工作做好。

（二）加强组织管理，全力以赴保证普查进度。今年的任务工序多、关联大、时间紧，任何一个环节出问题，就会产生多米诺骨牌的“连带”效应，影响全国一盘棋的大局。各地要切实加强组织管理，保证各个环节进度如期完成。地理国情普查是一项政府工作，必须首要加强省级普查组织领导，各省级普查领导小组和普查办要及时部署本地区普查工作，对各成员单位和各市县配合做好普查工作提出明确要求；要保证普查所需资金及时足额到位；要做好协调工作，及时解决重大问题，为普查工作顺利推动创造良好环境。各省级测绘地理信息行政主管部门要认真履行省级普查办职责，加强组织管理。一要做好工作安排部署。要全面把握本地区普查工作状况，分析存在的问题，做好工作计划，细化工作安排，制定应急预案，尽量将各项工作做得更超前、更完备、更充分。二要保障人员投入。在此决战阶段，各级普查办主任必须把普查工作作为自己当前的首要任务，专职副主任必须全力以赴地投入普查工作，普查办的工作人员必须保证稳定，技术支撑单位必须保障技术力量投入。三要抓好责任落实和监督检查。将各项工作按时间、分层次，逐一落实责任部门和单位。要立足底线思维，明确各任务时间底线，加强监督检查，任何个人和单位都不能越过底线，影响整个大局。四要加强统筹协调。要统筹做好上下级普查纵向工作协调，贯彻好上级各项工作安排，及时部署好下级普查任务；要统筹做好普查任务横向协调，保证各项普查任务平行推进；要统筹做好普查与其他业务协调，其他业务要尽可能为普查让路、开绿灯。

（三）加强质量监管，坚持不懈创建优质工程。保证普查数据的真实可靠、准确完整，是普查的核心要求，也是衡量普查成功与否的主要标准。各地一定要总结和吸取数据采集阶段工作的经验教训，切实加强质量控制工作，确保在今年底前高质量完成普查数据库建设，为基本统计奠定坚实基础。一要抓好省际之间数据接边工作，邻省之间要做好协调，明确接边分工，确保全国数据整齐划一。二要抓好过程质量监督抽查，制定抽查计划和工作方案，抽调得力人员，及时开展监督抽查工作，及时报告质量问题，并做好整改落实。对于质量问题比较严重的地区，要派质检人员“蹲点驻村”，杜绝大面积返工，杜绝“塌方式”质量问题出现。三要抓好入库前数据预处理，将普查数据质量控制关口前移，力争将普查数据质量问题解决在建库前阶段。四要抓好成果验收工作。成果验收是今年质量管理的重点，也是控制各阶段成果的最后一道关口，务必把好把牢。各地要严格按照《地理国情普查检查验收与质量评定规定》严格进行验收，对每批次报验成果要选取足够的样本量，验收过程既要听汇报、看报告，更要多到现场、多查验真实数据，以数据质量说话，避免走过场。国务院普查办要对省级验收合格的成果，抽取不低于10%的成果进行复核，并逐省作出质量评价，作出全国性的质量分析，对于一些质量风险较大的省份，要加大复核比例。

（四）加强创新应用，不断增强普查监测活力。普查的目的在于应用，普查和监测的活力也在于应用。国家投入大量人力物力财力获得海量普查数据，是一笔极其宝贵的财富，是十分重要的公共资源，姜大明部长要求2015年地理国情普查要出新成果，充分体现了领导对用好普查成果的殷切期望。各地要坚持创新驱动，最大限度发挥普查成果价值，要与普查监测工作做的比较好的省份加强交流，借鉴经验，开阔思路；要充分动员各方面力量，深入挖掘、系统分析普查数据，积极开展重大专题研究和应用示范，通过持续监测寻找规律，揭示趋势，提出有预见性、前瞻性的对策建议；要积极推动普查资料共享，拓展共享渠道，推进普查监测成果在部门宏观决策、业务管理中的应用；要积极与政府有关部门沟通，利用普查成果为地方“十三五”规划、产业政策制定等提供支持，把普查工作做出权威、做出影响。

（五）加强队伍建设，千方百计提升素质能力。抓工作、促发展，决定的因素是人。自上而下有一支作风优良、善打硬仗的队伍，是我们测绘地理信息部门能够做好普查工作的关键和优势。去年我们的队伍很好地完成了任务，但今年与去年相比，任务新、技术要求高，高级人才需求量大，现有队伍的结构和数量与工作需要存在一定差距。因此我们的队伍建设不能安于现状，而要常建常新，才能完成新的使命。各地区要切实结合工作实际，细化培训实施方案，严格选拔培训人员，严格选聘授课教师，按时、按需、高效组织培训工作，特别要采取有效措施，尽可能保持培训后的人员基本稳定，避免人员流动更替，保证培训工作取得实效。

（六）坚持防控结合，善始善终做到安全普查。安全生产是贯穿于普查全过程的工作，事关广大普查员生命财产安全，事关国家国防安全，事关测绘地理信息系统的形象和声誉，必须常抓不懈。2015年普查的安全隐患依然不容忽视，标准时点统一核准阶段，大量普查员还要赴野外核查，有的地区条件艰苦，危险性高；数据汇总阶段，大量涉密成果交换频繁，给国家安全带来很大隐患；今年普查资金投入依然很大，资金安全依然需要加强监督。因此，我们要像紧螺丝帽一样，把安全生产一圈一圈地拧紧，确保普查工作人身安全、资料安全、资金安全。

（七）加强舆论宣传，多措并举营造良好氛围。要切实加大力度，认真做好宣传工作。一要明确宣传重点。把镜头、笔头多对准基层一线普查员，积极挖掘普查先进人物，深入报道普查先进事迹，大力弘扬普查员无私奉献的精神，求真务实的作风，爱岗敬业的品德，不畏艰难的意志，激励鼓舞全体普查员士气。二要创新宣传方式。要积极总结宣传经验，评估宣传效果，采取多种形式，增加宣传频率，广泛开展群众喜闻乐见，易于理解接受的宣传活动。三要把握宣传节奏。在普查不同阶段不同特点，适时掀起宣传高潮，营造全社会广泛关注、群众积极参与的良好舆论氛围。

（八）开展劳动竞赛，弘扬好作风、凝聚正能量。普查工作开展以来，广大职工群众以强烈的主人翁责任感，用自己的实际行动，谱写了一曲曲感天动地的劳动者之歌，成为战胜各种困难和挑战的强大力量。开展劳动竞赛表彰先进典型活动，既是对我们广大普查员奉献精神的高度认可，更是为了坚持和弘扬好作风，凝聚正能量。在开展普查工作的同时，各地要认真做好本地区普查劳动竞赛的组织工作，把劳动竞赛活动搞得有声有色，充分激发广大职工立足岗位、练就本领、提高素质、增强活力的正能量，踊跃向“全国五一劳动奖章”、“全国工人先锋号”的高标准看齐，形成“比、学、赶、帮、超”的浓厚氛围，促进普查工作的高效、高质量的开展。

同志们，地理国情普查工作已经进入决战阶段。让我们以对国家和人民高度负责的态度，以良好的精神风貌，以切实有效的实际行动，克服困难，恪尽职守，高标准、高质量、高效率地完成各项任务，向党和人民交一份满意的答卷。

在全国基础测绘地理信息建设工作会议上的讲话

国家测绘地理信息局副局长　李维森

2015 年 12 月 9 日

同志们：

大家好！今天我们在美丽的海滨城市海口，召开全国基础测绘地理信息建设工作会议，与大家共商“十三五”基础测绘地理信息事业发展大计。这次会议的主要任务是学习领会党的十八届五中全会确定的目标要求和发展理念，贯彻落实《全国基础测绘中长期规划纲要（2015—2030 年）》，总结“十二五”全国基础测绘地理信息建设取得的成绩，研究部署“十三五”主要工作，统一思想、明确方向，推动基础测绘地理信息建设创新发展。

下面，我讲四个方面的意见，供大家讨论。

一、“十二五”基础测绘地理信息建设工作成绩显著

“十二五”是基础测绘地理信息工作全国统一思想、上下联动、硕果累累的五年。这五年，在国家局党组正确领导下，在全国测绘地理信息系统干部职工共同努力下，各级测绘地理信息部门观大势、谋大事、强基础、利长远，凝神聚力、砥砺前行，推动事业发展取得重要突破，在事业发展历史上留下浓墨重彩的一笔。突出表现在以下几个方面：

（一）顺利推进第一次全国地理国情普查，事业转型升级实现新突破。第一次全国地理国情普查，是新中国成立以来，由国务院组织开展的历史上规模最大、投资最多、任务最重的工作，是面对新形势、新要求，转变发展方式的重大举措，关乎测绘地理信息改革创新的新的发展方向。2013 年 2 月 28

日，《国务院关于开展第一次全国地理国情普查的通知》印发，地理国情普查工作正式启动。近三年来，在张高丽副总理为组长的国务院普查领导小组正确领导下，在国普办和省领导小组、省普办的精心组织下，全国各级普查办恪尽职守、精心组织、攻坚克难，近5万名普查人员夜以继日、加班加点，数据采集任务全面完成，数据库建设稳步推进，国家基本统计工作已经启动。按照“边普查、边监测、边应用”的工作思路，开展了近100个地理国情监测示范应用项目，对普查成果应用和常态化监测进行了探索。在时间紧、任务重、要求高、地区发展不平衡、全国测绘力量不均衡的大背景下，我们能够统筹全国力量，保证进度和质量，没有让一个地区掉队，这是个了不起的成就。

（二）实现国家基础地理信息数据库动态更新常态化，资源建设取得历史性跨越。2011 年，1:5 万数据库更新工程和西部测图工程相继竣工，1:5 万基础地理信息首次实现对陆地国土的全面覆盖。为进一步满足经济社会发展对高现势性地理信息的要求，国家测绘地理信息局充分利用各级测绘地理信息部门、专业部门的数据和技术资源，每年完成 1 次覆盖全国陆地国土的 1:5 万地形数据库更新。构建了国家基础地理信息数据库联动更新技术体系，利用 1:5 万数据库增量成果，实现了 1:25 万、1:100 万数据库快速联动更新。“十二五”期间，共完成 3 次 1:5 万数据库重点要素更新和 1 次全要素更新，完成 2 次 1:25 万数据库更新和 1 次 1:100 万数据库更新。“资源三号”卫星成功发射，国产卫星影像保障能力显著提升，“资源三号”影像全球有效覆盖达到7000 余万平方千米，获取各种分辨率其他卫星影像 2810 万平方千米，“十二五”国家航空摄影达到 393 万平方千米，影像数据日益丰富，现势性不断增强。

（三）初步建成国家现代测绘基准体系，事业发展之基更加牢固。“十二五”期间，测绘基准基础设施建设有了长足进展，测绘基准服务能力显著提升。通过组织实施现代测绘基准工程，建成了 360 站规模的国家卫星导航定位基准站网和最高等级的大地基准框架；布设了 4500 点组成的卫星大地控制网，大地控制点密度和适用性进一步提升；观测了 12.2 万千米一等水准路线，尤其是西部 5400 千米的最大水准环线首次闭合，国家高程控制网精度和现势性显著加强。为提升高精度位置服务能力，国家局统筹国家、地方测绘地理信息部门以及部分行业部门基准站资源，建成了由 1879 个基准站、数据传输线路、数据处理平台、产品播发平台等组成的全国卫星导航定位基准服务系统，可向全国提供分米级、厘米级实时导航定位服务和毫米级事后定位服务。同时为加强基准站管理，国家局配合有关部门，推动出台了加强基准站建设和应用管理的文件，明确了测绘地理信息部门在基准站建设和应用管理中的地位和主要工作。三项工作的开展，有力推动了我国测绘基准现代化进程，三维、动态、地心、几何基准与物理基准相统一的现代测绘基准体系初步建成。

（四）深化数字（智慧）城市建设与应用，测绘地理信息服务能力显著增强。“十二五”期间，国家测绘地理信息局不断加大数字城市建设的推进力度。目前，全国地级以上城市全部开展了数字城市建设，246 个城市已完成建设；县级市立项 430 个，142 个完成建设；建设成果在 30 多个领域、众多专业部门以及大众生活中得到广泛应用，在推进城市信息化、提高管理决策效率、提升城市管理和服务水平等方面发挥了重要作用。同时，积极推动数字城市向智慧城市转型升级，完成了智慧城市时空信息云平台建设的顶层设计，印发了《技术大纲》和《评价指标体系》，已有 27 个智慧城市立项启动建设。通过与相关部门沟通协调，认真履行国家智慧城市部际协调工作组成员单位职责，巩固提升了智慧城市时空信息云平台在全国智慧城市建设中的基础地理框架的地位和作用。

（五）加快发展省级基础测绘，地理信息资源不断丰富。各省（区、市）测绘基准建设取得长足进展，已有 29 个省（区、市）开展了实时定位精度达厘米级的卫星导航定位基准站网建设。30 个省（区、市）开展了似大地水准面精化工作；结合基准站网建设和似大地水准面精化，大部分省份开展了 GPSC 级网建设和三等水准联测工作。27 个省（区、市）已完成省级基础测绘成果向 2000 国家大地坐标系转换，各地高精度位置服务能力显著增强。

省级基础地理信息资源不断丰富，“十二五”期间 1:1 万 DLG 数据新增覆盖 133 万平方千米，已有 558 万平方千米的陆地国土实现了 1:1 万 DLG 数据覆盖，占我国陆地国土面积的58%，其中 23 个省（区、市）实现了全域覆盖。有 30 个省（区、市）完成了省级数据库建设，27 个省（区、市）开展了数据库更新工作，其中北京、上海、江苏、浙江、山东、辽宁、广东、福建等省（市）实现了年度更新。省级1:1万数据整合转换工作基本完成，实现了数据要素内容分类、数据模型表达、坐标系与数据组织等方面的规范统一，为多尺度数据库联动更新和国、省地理信息协同服务打下了坚实基础。

（六）加快推进海岛（礁）测绘，基础测绘初步实现由陆向海的战略拓展。国家测绘地理信息局牵头，总参测绘导航局、国家海洋局、海军司令部航海保证部共同组织开展了国家海岛（礁）测绘一期工程建设，于2014年1月竣工。工程初步建立了陆海一致的高精度海岛（礁）测绘基准体系，查明了海岛（礁）的数量、位置及分布，完成了6000余个重点海岛测图，建立了海岛（礁）基础地理信息数据库和应用系统。沿海各省（区、市）也贯彻落实国家海洋发展战略，积极开展沿海滩涂、近海水下地形测量、海岛（礁）测绘等，海洋测绘有力地支撑了海洋资源开发、海洋综合管理、海洋科学研究等工作。

（七）推动成果深入应用，测绘地理信息服务领域不断拓展。在加强数据资源建设的同时，各级测绘地理信息部门大力推动地理信息资源应用。国家1:5万、省级1:1万基础地理信息数据广泛应用于全国主体功能区规划、国家“多规合一”试点、全国第二次土地调查、第一次水利普查、地质灾害防治和地质环境保护等工作，为国家重大工程建设提供了测绘地理信息保障。最新观测的一等水准数据已用于2016—2025年地震重点监视防御区确定工作，为中长期地震危险地点的判断提供了科学支撑。积极开展农村地区测绘工作，测制了各类地形图、农村专题地图，开发涉农地理信息服务系统，为新农村建设规划、基础设施建设、自然生态保护和农村信息化建设等提供了测绘保障服务。各地利用自身资源优势和技术优势，积极提供地理信息数据，开发基于地理信息的管理与决策系统，主动服务本地经济社会发展，推动了地理信息的深入应用，为政府决策提供了有效的技术支撑。

回顾“十二五”基础测绘地理信息发展，我们有以下几点体会：

一是深化资源储备是提升基础测绘能力的关键。长期以来，我们始终坚持基础测绘的基础地位不动摇，将数据资源建设摆在基础测绘建设的关键位置，不断填补空白，及时更新数据，在实现了我国陆地国土地理信息资源的初步积累和动态更新的基础上，进一步向海洋、全球拓展，为开拓全方位服务奠定了坚实基础，为彰显测绘地理信息作用做出了重要贡献。

二是实施重大项目是推动基础测绘发展的重要支撑。长期以来，我们把重大项目实施作为推动事业发展的重要着力点，加大了重大项目的谋划、争取、实施力度。通过实施国家测绘基准工程、数据库更新工程、海岛（礁）测绘工程、地理国情普查与监测等重大工程，快速补齐了事业发展中的短板，提升了技术体系，优化了资源布局，转变了服务方式，完善了服务链条，对基础测绘甚至整个事业发展都起到了关键性的带动和引领作用。

三是拓展应用服务是彰显基础测绘价值的重要标志。长期以来，我们将服务保障作为基础测绘工作的出发点和落脚点，紧紧围绕、主动对接、深度融入党和国家中心工作，坚定不移地把服务大局、服务社会、服务民生作为我们的价值追求，以数字城市、智慧城市等平台建设为抓手，强化成果应用，着力挖掘地理信息蕴藏的知识和价值，打通数据生产、信息挖掘、综合服务的通道，让地理信息大数据充分“涌流”，不断开拓基础测绘服务经济社会发展的新途径。

四是协作共建是形成基础测绘发展合力的重要途径。工作实践中，我们强化系统上下、行业内外的统筹协调、合作共享和互利共赢，加快建设全国卫星导航定位基准服务系统、深入探索数据库联动更新思路。通过开展数字城市建设、智慧城市建设、地理国情普查等工作，我们通过有限的资金极大地拉动了地方政府对测绘地理信息投入，促进了地方测绘地理信息管理机构的健全、管理职责的落实、技术队伍的壮大，推动了地方尤其是市县基础测绘的快速发展。

“十二五”基础测绘地理信息发展能够实现历史性的飞跃，得益于党中央、国务院的高度重视，得益于国家测绘地理信息局党组的正确领导，得益于各级测绘地理信息部门坚强有力的组织协调，得益于广大干部职工的艰苦努力和无私奉献。在此，我代表国家测绘地理信息局向从事基础测绘地理信息工作的同志们、向全国广大测绘地理信息干部职工表示衷心的感谢！

在总结成绩的同时，我们也要清醒地认识到，经过“十二五”基础测绘地理信息的发展，原先工作中存在的问题基本得到解决。但从更好地适应新形势、新需求的角度看，还存在以下问题：一是思想观念不够解放。仍然受传统测绘的思维模式局限，缺乏对新型基础测绘生产体系布局的全面系统研究。二是卫星导航定位基准站统筹和社会化应用服务不足。虽然我国基准站数量已和发达国家不相上下，但依然存在多、散的局面，没有形成服务合力，利用率仍然有待挖掘。目前我国基准站应用仍集中在坐标框架维护更新、高精度测绘领域，社会化应用和深度应用开发不足。三是部分省级基础地理信息覆盖范围和更新速度还难以满足需求。1:1 万及更大比例尺基础地理信息数据还没有实现必要覆盖，部分省份还未建立起稳定的更新机制，数据现势性较差。海洋国土、全球范围和边境地区的地理信息资源还比较匮乏。遥感影像获取能力还需要加强，统筹机制需要尽快完善。四是全国地理国情监测常态化的机制尚未建立、能力亟待加强。部分省份普查结束后，未建立起常态化的监测机制，监测经费还未落实。现有基础测绘生产服务体系可以承担临时性地理国情监测工作，但无法支撑这项工作深入开展和长远发展。五是测绘地理信息自主创新能力明显不足。测绘地理信息系统自主创新相对不够，云计算、物联网、移动互联网、大数据等相关技术在测绘地理信息应用明显不足，高端测绘技术装备基本由其他国家垄断的局面没有突破。

上述问题既是我们前进中的问题，也是影响“十三五”快速发展的难点和重点问题，需要我们认真面对，深入研究，协调一致，努力攻克和必须解决。

二、把握“十三五”基础测绘地理信息建设工作新形势

“十三五”是全面建成小康社会、实现我们党确定的“两个一百年”奋斗目标的第一个百年奋斗目标的决胜阶段，是测绘地理信息事业改革创新发展的关键时期。深刻认识全面加强基础测绘地理信息重大意义，谋划创新发展，对于提升保障服务能力、加快建设测绘地理信息强国至关重要。

（一）党中央、国务院对基础测绘地理信息建设工作寄予新期待。近年来，随着测绘地理信息工作作用日益彰显，党中央、国务院对测绘地理信息给予充分肯定、提出更高要求。今年 7 月 1 日习近平总书记亲自给国测一大队老队员、老党员回信，对一代代测绘人艰苦奋斗、无私奉献给予了高度评价，对测绘事业发展予以了殷切期望。今年以来，总书记多次就加强基准站管理、加强地图市场监管作出重要批示；李克强总理亲自签批《全国基础测绘中长期规划纲要（2015—2030 年）》、《地图管理条例》；张高丽副总理就做好第一次全国地理国情普查等作出批示。党中央、国务院给予测绘地理信息工作前所未有的重视，为基础测绘地理信息发展指明了方向、提供了舞台、营造了环境、注入了动力，必将为基础测绘的跨越发展提供坚强有力保证。

（二）发展新理念为基础测绘地理信息建设工作提供了新指引。十八届五中全会提出要牢固树立创新、协调、绿色、开放、共享的发展理念。测绘地理信息部门要以五大发展理念破解发展难题，增强发展动力，厚植发展优势，引领事业实现全面发展。坚持创新发展，要求深入实施创新驱动发展战略，强化原始创新，重视颠覆性技术创新，推动协同创新；实施《中国制造二〇二五》，全面提高测绘地理信息技术、装备水平，推动基于地理信息的大众创业、万众创新，促进地理信息产业全面发展。坚持协调发展，要求加快西部欠发达地区基础测绘工作；统筹中央与地方、政府与企业、行业内与行业外、国内与国外地理信息资源，在更大范围、更深层次、更高水平上推进合作发展。坚持绿色发展，要求贯彻落实中央《关于加快推进生态文明建设的意见》，充分利用地理国情普查成果，全面开展地理国情监测，为国土空间开发、资源节约利用、生态环境保护等提供支撑。坚持开放发展理念，要求推动测绘地理信息装备、技术、标准、服务走出去，积极参与全球测绘地理信息事务和治理。坚持共享发展理念，要求积极落实国家大数据战略，推进地理信息数据开放共享；加大对革命老区、民族地区、边疆地区、贫困地区基础测绘支持，扎实做好测绘援疆援藏。

（三）新常态下基础测绘地理信息保障服务面临新需求。习近平总书记关于新常态的系统阐述，深刻揭示了我国经济发展的新趋势和新特征，准确研判了经济发展的未来走势。应对新常态，中央提出了一带一路、京津冀协同发展、长江经济带、海洋强国、“走出去”、大数据等一系列重大战略与举措。对测绘地理信息工作而言，新常态意味着新需求，新需求蕴涵着新机遇，新机遇也必定是新的挑战。长期以来，国家测绘地理信息局主动服务国家重大战略、重大工程，提供了大量权威、可靠、精准的地理信息数据和应用服务。新时期下，新的发展战略和相关行业部门的应用对基础测绘地理信息提出了更高的要求。目前我们对这些应用需求还了解的不清、掌握的不全，我们的服务理念、服务手段和服务方式还跟不上应用需求的变化，需要我们不断提高基础测绘服务的针对性和有效性，为相关行业和领域提供重要的保障支撑。

（四）新技术为基础测绘地理信息建设工作增添新动力。当前，测绘基准的建设和维护主要依赖卫星导航定位技术，并向大地、高程、重力三网结合的方向发展。遥感卫星分辨率不断提高，种类不断丰富，已经成为地理信息获取的主要手段。地理信息数据处理自动化、智能化水平不断提升。移动测量、倾斜摄影等技术不断成熟，已经成为海量实景三维地理信息采集与建库的主要手段。随着我国大力推进云计算、物联网、下一代互联网、大数据等新技术发展，客观上为地理信息实时化获取、自动化处理、网络化服务和智能化信息挖掘等奠定了基础。“互联网+”的理念已经深入各个领域，不仅带来技术变革，更重要的是引发了思维方式的变革，促进了跨界融合，催生了新型业态。技术的发展倒逼着我们必须勇于变革、开放合作，促进全行业科技水平和生产方式的升级换代。

（五）事业转型升级对基础测绘地理信息建设工作提出新要求。当前，以天文大地测量等技术为支撑的传统测绘基准已经完成向以卫星导航定位技术为主要支撑的现代测绘基准的转变，基础地理信息资源建设完成了初步积累并由定期更新向动态更新转变，服务形式由传统的面对面、柜台式服务转变为网络化、一站式服务，服务内容由数据和信息服务拓展到地理国情服务。转型升级、科学发展构成了“十三五”事业发展的主线。基础测绘作为事业立业之基、强业之本，在事业整体转型升级中面临着加快转型、率先转型的历史重任。这要求我们加快构建工作对象新、工作范围新、产品服务新的新型基础测绘体系，为其它战略任务的落地打好基础、做好铺垫，为事业整体转型升级提供有力支撑。

三、努力实现“十三五”基础测绘地理信息建设创新发展

“十三五”基础测绘地理信息建设要按照“加强基础测绘、监测地理国情、强化公共服务、壮大地信产业、维护国家安全、建设测绘强国”的事业发展总体战略，深入贯彻《全国基础测绘中长期规划纲要（2015—2030年）》，全面推进现代测绘基准体系建设，不断优化基础地理信息资源战略布局，紧密围绕国家和地方工作大局开展地理国情监测，加快推动数字城市向智慧城市转型升级，加快构建新型基础测绘体系。争取到2020年，以“全球覆盖、陆海兼顾、联动更新、按需服务、开放共享”为主要特点的新型基础测绘体系初步形成，地理国情监测实现业务化常态化。

按照以上总体思路和工作目标，“十三五”期间应着力完成好以下主要任务：

（一）全面推进常态化地理国情监测

一要开展全国基础性地理国情监测。在第一次全国地理国情普查的基础上，开展全国年度变化监测，对普查成果进行变量更新；建立适应动态监测需求的地理国情时空数据库；开展地理国情分析，发布年度地理国情监测报告，为各级政府相关决策管理提供可靠、稳定的地理信息支撑。二要开展专题性地理国情监测。面向京津冀协同发展、长江经济带、“一带一路”等国家重大部署，围绕国土空间开发、自然生态、国家重大战略实施等专题，充分利用全国地理国情普查成果，结合基础性监测成果和多期遥感影像数据，融合行业专题资料、经济社会信息，开展专题性监测。三要深化地理国情普查成果应用。健全全国地理国情普查数据库管理系统，持续优化国情普查数据成果，提升普查成果的应用价值。建立地理国情监测综合生产作业技术系统、计算与分析应用系统以及网络化国情信息服务系统，支撑国情监测常态化运行。构建面向部门的专题数据仓库，为相关行业、政府部门提供定制服务。结合基础地理信息数据和各类经济社会专题数据，开展全国地理国情普查综合统计、分析评价。

（二）加强测绘基准建设和管理

一要持续完善测绘基准体系。利用地方和行业部门二等水准数据，以最新的一等水准网成果为控制，开展全国一、二等水准网整网平差计算工作，更新必要的二等水准数据。各省（区、市）全部建成卫星导航定位基准站网，加密西部地区、近海基准站，实现基准站对陆地国土及近海区域的全覆盖。加快启动国家现代测绘基准二期工程。开展我国重力空白区加密重力测量工作，逐步消除重力空白区。到2018年，完成54坐标系、80坐标系向2000国家大地坐标系过渡，全面使用2000国家大地坐标系。二要提升全国卫星导航定位基准服务系统服务能力。发布启用全国卫星导航定位基准服务系统。将符合条件的基准站纳入基准服务系统，扩大基准服务系统覆盖范围。建设基准站数据共享交换平台，实现相邻省（区、市）基准站数据实时交换。每年开展一次全国基准站网整体平差，实现全国基准框架统一和持续更新。做好面向全国的广域差分数据播发，联合有关单位研究并实现无线、卫星等播发方式。积极向社会推广基准服务系统。三要加强基准站管理。贯彻落实中央关于加强基准站建设和应用管理的文件精神，2016 年上半年集中开展基准站专项治理，加强基准站动态监管，做好基准站备案管理，既促进产业快速发展，又确保国家安全。

（三）加强基础地理信息数据库建设和更新

一要持续开展国家基础地理信息数据库动态更新。进一步完善国家基础地理信息数据库动态与联动更新生产技术体系。完成国家 1∶5 万、1∶25 万和 1∶100 万数据库的持续年度更新，每年建成一版数据库成果对外提供。开展 1∶5 万与 1∶1 万数据库联动更新生产试验，推动国家、省级地理信息资源联动更新。二要加快省、市级基础地理信息资源建设与更新。加大基础地理信息数据获取力度，实现 1∶1 万至 1∶5000 基础地理信息对陆地国土的必要覆盖，1∶2000 至 1∶500 基础地理信息对全国县级以上城镇建成区的全面覆盖。引导各地建立符合实际的基础地理信息资源更新机制，按要素或按区域开展基础地理信息数据库动态更新和利用大比例尺数据开展缩编更新生产示范，推进省、市地理信息资源联动更新。

（四）推动数字城市向智慧城市转型升级

一要加大智慧城市建设力度。大力推进数字城市向智慧城市的转型升级，加快智慧城市时空信息云平台建设试点，推广试点建设经验。二要加强与相关部门沟通。认真履行部际协调工作组成员单位职责，强化与住建部、工信部等部门的衔接，不断提升智慧城市时空信息云平台在智慧城市建设中的作用和影响力。三要做好技术支撑。加强顶层设计，进一步完善智慧城市管理、技术体系，指导、支持有关技术、标准的研发，强化项目设计的指导，提升设计质量。深入开展智慧城市时空信息云平台建设评价工作，进一步规范智慧城市的组织管理、技术设计和推广应用等建设标准，不断提升智慧城市建设的整体水平。四要推动建设成果应用。完成全国地级以上城市数字城市地理空间框架建设工作，重点加强应用推广以及平台数据更新完善，指导各城市将建设成果应用到各级政府建设各个领域，使建设成果持续发挥良好作用。

（五）统筹协调航空航天影像获取

一要推动遥感影像统筹获取与共享应用。与国家基础航空摄影获取相结合，以基础测绘、地理国情监测、数字城市及智慧城市建设、测绘重大工程等需求为牵引，建立“国家—地方”多级联动、统筹管理的航空摄影获取管理体制机制，逐步实现系统内遥感影像统筹获取与共享应用。推进地方测绘地理信息主管部门与其他部门之间的沟通协调，逐步实现遥感影像获取全省（区、市）一盘棋，力争省级测绘地理信息主管部门负责统筹协调和管理分发本地区遥感影像数据。二要按需获取不同类型影像数据。依靠资源三号、天绘等国产卫星，获取全国范围优于 2 米航天遥感影像数据，每年覆盖一遍我国陆地国土，满足 1∶5 万基础地理信息数据库更新需求。获取优于 1 米航空航天影像数据，满足 1∶1 万基础地理信息更新需求，每年力争获取 150 万平方千米，三年覆盖一遍。获取优于 0.2 米分辨率航空摄影数据，满足智慧城市、数字城市、数字县域建设及更新需求。

（六）探索新型基础测绘建设

一要拓宽基础测绘业务范围。突破目前基础测绘工作空间范围的局限，启动水下地形测量工程、海岛（礁）测绘二期工程、全球测图工程等重大测绘工程，积极参与地下管线测量、不动产登记测量等工作，实现基础测绘从内陆到海洋，从地上到地下，从陆地到水下的延伸。借鉴已有成功范例，主动承担“多规合一”信息数字化管理平台建设，为深化行政审批制度改革提供信息化保障。通过新型基础测绘的增量，带动传统基础测绘存量优化，满足各领域需求。二要补充和完善要素类型。在现有地理要素基础上，适度丰富和拓展地下管线、地名地址、地籍以及生态、环境、资源等方面的自然地理要素和社会经济要素，丰富传统基础地理信息数据内容。三要拓展产品种类。加快推动 4D 产品向多样化数字产品、定制化制图服务转变，使地理信息表现维度由二维向三维、四维拓展，使我们的服务和用户对地理信息认知从空间信息向时空信息转变，使其感受应用更加生动、逼真、准确。

（七）强化测绘地理信息质量监督管理

一要加强制度建设。不断完善测绘地理信息质量管理体系，健全适应测绘地理信息发展的质量管理法规体系。二要组织开展质量监督检查。结合基础测绘地理信息服务的重点工程和重要环节，开展测绘地理信息成果质量监督检查，推动测绘地理信息质量水平的提升。三要强化质检仪检能力建设。推动国家专业计量站建设，着力强化测绘地理信息系统仪器检定机构的能力建设，鼓励仪器检定技术创新，组织建设仪检信息共享平台，提升仪器检定技术水平和信息化水平。

四、工作要求

基础测绘作为经济建设、国防建设和社会发展提供地理信息的基础性、公益性事业，是实现经济社会可持续发展的基础条件和重要支撑。各地各单位要齐心协力，扎实工作，共同开创基础测绘地理信息新局面。在此，我就进一步做好基础测绘地理信息建设提几点希望和要求。

（一）全面总结、科学谋划。当前，我国正处于“十二五”收官、“十三五”开局的关键时间节点。谋划“十三五”是当前工作的重中之重。各地各单位要全面总结和评估“十二五”基础测绘发展，客观分析发展中存在的主要问题和挑战，深刻分析新需求、新要求，因地制宜谋划基础测绘发展思路，深入开展重大项目前期研究，科学编制基础测绘发展“十三五”规划，为基础测绘可持续发展奠定基础。

（二）加强领导、狠抓落实。要统一思想，提高认识，把基础测绘放在事业的中心位置，精心组织，强化措施，努力开创基础测绘工作的新局面。要深入基层，加强调查研究，强化对基础测绘建设的统筹协调和具体指导，增加经费投入，建立稳固的经费投入机制，强化政策支持，形成基础测绘建设合力。要坚持按需测绘，建立有效的需求会商机制，优先安排需求量大且迫切的项目，提升保障服务的有效性、能力和水平。

（三）统筹协调、上下联动。要在现行财政管理体制下积极探索各级基础测绘上下联动、协同更新、成果共享的措施。要加强对不同地方、不同部门基准站建设的协调，加强技术标准、规范、政策指导，实现资源共享、集约利用。要研究基础地理信息更新和地理国情监测两项工作协同开展数据获取、差异化开展数据应用和服务的路径和办法，提升整体效率。要推动建立健全军民测绘融合发展的体制机制，推进军民测绘融合向更广范围、更深程度、更高层次发展。

（四）深化改革、勇于创新。要着眼于经济社会发展需求，进一步完善基础测绘分级管理体制，合理划分各级基础测绘管理权限、工作内容，健全统一与分级相结合的基础测绘管理体制。要适应技术发展要求，对现有测绘事业单位布局、生产体系进行优化。要进一步强化市场在资源配置中起决定性作用，在基础测绘任务的组织实施方式和任务分配方式上，适当引入竞争机制，提高任务执行的效率和质量。要强化对基础测绘绩效考核和行政问责，发挥绩效评估对推动事业发展的导向和激励作用。

（五）强化质量、确保安全。要切实落实“两级检查、一级验收”制度，强化成果生产过程质量管理，实行质量问责制，从源头上控制成果质量。要充分发挥地方质检机构的作用，强化验收检验环节。要牢固树立“安全生产责任重于泰山”的思想，强化对安全生产工作领导，落实安全生产责任制，制定切合实际的安全管理规定和应急预案，加强对重点环节的安全检查，确保测绘地理信息各项工作顺利开展。

同志们，推动基础测绘地理信息事业创新发展任务艰巨、责任重大、使命光荣。让我们以习近平总书记系列重要讲话为指引，坚定理想信念，弘扬测绘精神，凝聚共识、汇聚力量，勇于实践、善于创新，为建设测绘地理信息强国，为全面建成小康社会、实现“两个一百年”奋斗目标做出新的更大的贡献！

谢谢大家！

在全国测绘资质管理工作会议上的讲话

国家测绘地理信息局副局长　宋超智

2015 年 4 月 28 日

同志们：

大家上午好。很高兴来到南宁市，出席测绘资质管理工作会议。这次会议是在测绘地理信息部门深入学习贯彻落实党的十八大、十八届三中、四中全会和中央经济工作会议精神背景下召开的。会议的主要任务是：总结2014年全国测绘资质复审换证工作，分析测绘资质管理工作面临的形势和挑战，全面履行好政府职能，研究加强测绘地理信息市场事中事后监管的有效举措。

当前，国家局党组审时度势，提出了“加强基础测绘，监测地理国情，强化公共服务，壮大地信产业，维护国家安全，建设测绘强国”的发展战略，注重顶层设计，突出问题导向，强化创新驱动，促进测绘地理信息转型升级发展。基础测绘是立业之基，依法行政是立局之本。为实现这一战略目标，就要全面推进依法行政，充分发挥法治的保障功能。测绘资质管理作为依法行政的一个重要手段，必须抓实抓好、抓出成效。下面，我谈三点意见，供大家参考。

一、简要总结回顾2014年全国测绘资质复审换证工作

为贯彻实施新修订的《测绘资质管理规定》和《测绘资质分级标准》，2014年7月，国家局部署开展了全国测绘资质复审换证工作，截至2015年3月底已全部完成。各级测绘地理信息行政主管部门对这项工作给予高度重视，牢固树立全国一盘棋思想，克服时间紧、人手少等困难，按照国家局统一要求，集中时间和人力，扎实做好学习宣贯、有序组织、受理审查等工作。截至本次复审换证工作结束，全国参加复审换证单位共14849家，通过13736家，通过率为92.5%；未通过965家（其中，甲级19家、乙级130家、丙级335家、丁级481家），未通过率为6.5%，并被依法注销测绘资质或降低资质等级；148家单位因上报迟缓、材料不齐全等原因，被责令限期整改，以观后效。

总体来看，各地在复审换证工作中，能够准确理解、认真执行新版《规定》和《标准》，坚持依法审查，做好指导服务，利用资质管理的杠杆调控作用，促进行业发展，取得明显成效。例如：北京、天津、江苏、山西等地结合本地实际，制定了相应的资质管理配套办法和标准。青海在新版《标准》颁布后及时废止了与其冲突的地方资质管理实施细则，规范了资质审批程序。吉林、云南、西藏等地在复审换证工作期间开展了资质巡查和实地核查。辽宁、海南、新疆等地将复审换证结果及时在门户网站及媒体上进行公示公告，接受公众监督。浙江、江苏、四川、陕西等地充分发挥市、县测绘部门的作用，下放部分审查权限，调动市县工作积极性，强化整体合力。各地普遍加强了对测绘单位基本情况变化、技术人员流动、仪器设备更新、项目备案登记、成果汇交、质量监督、成果保密等情况的审查和检查，摸清家底，了解实情，延伸了管理手臂。

这次全国测绘资质复审换证工作的圆满完成，对于激发市场活力，促进就业创业，规范市场秩序，起到了积极推动作用。成绩的取得，既是全国各级测绘地理信息行政主管部门精心组织的结果，也凝结了在座各位代表的辛勤汗水。在此，我代表国家测绘地理信息局，向大家表示衷心的感谢和诚挚的问候！

二、测绘地理信息市场监管面临新的形势和挑战

当前，我国经济呈现出增长速度换挡期、结构调整阵痛期、前期刺激政策消化期“三期叠加”的新特征，对政府履行“经济调节、市场监管、社会管理、公共服务”职能提出严峻考验。党的十八届三中、四中全会对全面深化改革、全面推进依法治国作出全面部署，全国上下都在认真贯彻落实。新形势下，国家局党组提出全力做好测绘地理信息服务保障、大力促进地理信息产业发展、尽责维护国家地理信息安全，推动测绘地理信息事业转型升级的工作目标。实现这一目标的重要基础，在于通过科学有效的事前准入和事中事后监管，维护市场公平竞争，营造良好发展环境。履行好准入和监管职能，既是我们的责任和使命，当前也面临着新的形势和挑战。

（一）行政审批制度改革促使监管观念加快转变

新一届中央政府成立以来，把简政放权作为转变政府职能的“当头炮”、“先手棋”。2013年以来，国务院多次召开常务会议，研究部署深化行政审批制度改革，促进大众创业、万众创新的政策举措。截至目前，新一届中央政府先后取消和下放了7批共632项行政审批事项，提前两年兑现了李克强总理关于本届政府任期内中央部门行政审批项目减少三分之一的承诺。修订了政府核准的投资项目目录，改革商事制度，减少、整合财政专项转移支付项目，大力减少行政事业性收费，清理并取消资质资格许可事项和评比达标表彰项目等。今年1月，国务院印发了《关于规范国务院部门行政审批行为改进行政审批有关工作的通知》。2月，国务院审改办专门下发了对贯彻这一通知的督导意见，内容规定的非常具体，时限要求的非常严格。可以说，这些改革措施是密集出台、环环相扣、步步为营的，充分体现了中央政府减轻企业负担、激发市场活力、突破利益藩篱、放权于市场和社会的坚定决心。

2015年4月15日，国家统计局公布了今年第一季度GDP增幅为7%，为近6年来最低。李克强总理最近召开东北三省经济工作座谈会，要求顶住经济下行压力；到国家开发银行、中国工商银行考察，要求银行减少服务收费项目，金融支持小微企业促进就业。这些都传递了明确信号，那就是简政放权作为一项重要的政治任务，没有完成时，只有进行时，今后还将不断向纵深推进。可以预见，今后，各地区各部门的行政审批事项将进一步取消和下放，行政审批的作用将日益弱化，单靠行政审批来替代市场监管的“轻松日子”将越来越少了。

与之相对应，我们一些地方部门和从事测绘资质管理工作的人员，在观念上转变还不到位，存在不适应的问题。主要表现在：一是抱残守缺。习惯了以批代管、以罚代管，“对审批很迷恋、对监管很迷茫”，对事中和事后监管既不熟悉，研究也不够，徘徊犹豫，反应迟缓。二是管控思维。习惯于通过资质审批实现对单位的管制，对国家局制定的宽松准入政策理解和执行不到位，设路障多，设路标少，较少寓管理于服务之中，较少设身处地为企业着想。三是人情资质。把握资质标准不严，自由裁量权较大，对一般单位讲原则，对熟人请托的单位讲灵活，亲疏有别，没能“一把尺子量到底”，有失制度公平。四是审批拖延。随意以材料不齐为由退回单位或者不一次告知补正的内容，审批中环节过多、时间过长、手续过繁，没有严格按照行政许可法规定的受理和审查时限办结审批事项。

（二）行业和市场快速发展倒逼监管方式改革创新

近五年来，在国家层面政策利好和地理信息产业蓬勃发展的带动下，甲、乙、丙、丁级测绘单位的增幅分别达到45.4%、84.2%、39.6%、13.5%。截至2014年底，全国测绘单位总数达到15673家（其中，甲级839家，乙级3322家，丙级5246家，丁级6266家）。民营企业达到8155家，占测绘资质单位总数的52%。伴随着市场主体增多、利益诉求多样、市场竞争加剧的新情况，在测绘行政管理体制机制相对薄弱的情况下，市场主体违法违规行为和无序竞争迅速增加，出现问题几率增多。为追求市场份额，部分小企业与规模较大的企业同台竞标时，不惜压缩成本，以低价中标，过低成本往往导致测绘成果质量难以得到保障，扰乱正常市场秩序，损害行业整体利益。与之相对应，测绘主管部门以往多采用以事前审批和事后查处为主的“静态化”监管模式，行政执法人员不足，监管执法能力不强，对测绘地理信息违法行为发现难、处理难，容易出现监管疲于应付、监管盲点、监管缺位等问题。

（三）新型业态层出不穷对监管能力提出严峻挑战

当前，“互联网+”催生互联网与位置服务融合发展。地图服务作为互联网产业的入口，推动智能交通、智能穿戴、物流配送、互联网搜索、电子商务等产业迅猛发展。北斗卫星定位系统投入运行，加快了北斗产业化应用进程，全球卫星导航位置数据服务的定位速度和精度大幅提升，发展潜力巨大。倾斜航摄颠覆了传统手工建模的三维模型获取方式，快速还原全景真三维影像，成为当下热门的测绘技术应用。街景测量、手持GPS采集地理信息精度高，给地理信息安全监管带来难度。这些新型业态在繁荣地理信息产业的同时，其从业单位也应纳入测绘监管范畴。与之相对应，部分从事测绘资质管理工作的人员捕捉新知识敏锐度不够，产生“老办法不管用、新办法不会用、硬办法不敢用、软办法不顶用”的问题，能力存在短板，对新型业态的市场监管不到位，对此我们要有清醒的认识。

三、转变职能推进测绘资质管理工作再上新水平

政府职能转变的新常态，要求干部的精神面貌要有新状态。激发市场活力、规范市场秩序，需要政府去清障搭台。当前，测绘资质管理工作要向“放权、严管、服务”三个方向转变，做到“放到位、管到位、扶到位”，努力建设统一开放、竞争有序、诚信守法、监管有力的测绘地理信息市场体系，要着力做好以下工作：

（一）改进资质审批工作规范资质审批行为

各地区各部门要认真贯彻国务院行政审批制度改革精神，以对事业发展负责、对管理相对人负责的态度，严肃对待、切实履行好这项法定权力，对资质审批工作投入足够的精力，给予充分的人力、物力和财力保障。一是树立服务意识。要按照行政许可法规定的时限办结审批事项，坚持高效便民，反对拖沓低效；要牢固树立审批就是服务的理念，坚持耐心指导，反对层层设卡。二是依法严格审批。测绘资质审批机关要当好“红绿灯”，树立规则和规矩意识，红灯停，绿灯行，制度面前人人平等，有权不可任性。三是推动实行“一站式”审批。推动测绘资质申报、受理、审查、反馈、决定和查询告知等全过程、全环节网上办理。抓紧建设与其他测绘行政许可管理系统整合共享的市场监管平台。四是推进阳光审批。进一步优化测绘资质审批程序，将审批事项、审批程序、申报条件、办结时限、办理结果、联系方式等在网上公开，提供公众咨询服务。五是建立申请人评议制度。每年开展一至两次评议工作，制定满意度评价表，由申请人在审批办结后填写。召开申请人评议会，听取意见建议，并向社会公告。

（二）大力推进市场信用体系建设和信息公开

信用是市场经济的基石，是一个单位的“第二生命”。党和国家高度重视信用体系建设。十八届四中全会决定指出：“加强社会诚信建设，健全公民和组织守法信用记录”。《国务院办公厅关于促进地理信息产业发展的意见》要求“健全地理信息市场信用体系”。加快推进测绘地理信息市场信用体系建设，是贯彻落实中央政府转变职能的应有之义和必然要求，是加强市场监管的关键一招，对于保证测绘成果质量、提高管理服务水平、优化市场环境、维护行业整体利益等，都具有重要意义。一是完善信用制度。制定符合测绘地理信息行业特点的信用管理办法和信用指标体系，做到于法周延、于事简便，国家局正在完善和推动这项工作。二是征集信用信息。监管范围延伸到哪里，信息征集就要到达哪里，及时、全面掌握测绘单位的信用信息，并建立单位信用档案。三是推动信息共享。搭建信用管理网络平台，加强与工商等职能部门的协调联动，推进测绘单位信用信息的互联互通、共享共治。四是加强信息披露。将测绘单位的信用信息向社会公开，发挥信用的警示作用，使违法失信单位“一处失信、处处受限”。五是实施信用分类监管。对多次出现失信问题的单位，实施零距离监管；对偶尔出现失信问题的单位，实施近距离监管；对几乎不出现失信问题的单位，实施远距离监管，探索建立单位“异常经营名录”、“黑名单”制度和守信激励、失信惩戒机制。

（三）创新工作方式加强日常监督检查

十八届三中全会决定指出：“发挥市场在资源配置中的决定性作用和更好发挥政府作用”。维护良好市场秩序，需要用好政府“有形之手”，放活市场“无形之手”。为此，要进一步加大监管力度，增强市场约束力，促进公平竞争。一是开展测绘资质巡查。细化巡查范围，强化巡查责任，优化巡查手段，提高巡查效能。二是加强行政执法检查。突出问题导向，聚焦重点领域、重点市场进行专项执法检查，健全执法责任制。三是加强风险防控管理。在赋予市场更多自主权的同时，强化测绘单位应当承担的责任和风险，避免测绘部门承担无限监管责任。四是加强社会监督。鼓励公众尤其是利益相关方参与对测绘单位行为的监督，加强行业自律，建立政府监管、行业自律、社会监督的共治格局，实现市场监管效能最大化。

（四）深化行政审批改革促进市场健康发展

改革行政审批制度，是建设法治政府的内在要求，是全面深化改革的关键环节，是提高政府效能的重要途径。测绘主管部门要按照国务院要求，加快推动建立“公开透明、便利高效、程序严密、权责一致”的行政审批制度。一是推进权力清单。坚持职权法定原则，没有法律法规依据，不得作出减损公民、法人和其他组织合法权益或者增加其义务的决定。测绘部门要围绕“清权、减权、制权、晒权”，对资质管理和市场监管制度措施进行一次“体检”，为权力“瘦身”，给市场松绑、放权、让利，让测绘单位拥有更多获得感。二是推进责任清单。坚持放管并举，对取消和下放的测绘行政许可项目，同步研究、同步提出加强事中和事后监管的措施，做到“放掉该放的、管好该管的、对下不截留、对上接得住”，避免“一放就乱、一乱就收、一收就死”和不作为、慢作为的问题。三是落实监管责任。法规司要按照国家局党组印发的贯彻落实十八届四中全会决定实施意见精神，对加强事中事后监管进行任务分解，发挥中枢作用，指导省级测绘部门做好贯彻落实。省级测绘部门要“吃透上头，接好天线；吃透下头，铺好地线”，推动监管重心向市县部门下移，推动行业协会学会有序承接政府转移职能，因地制宜开展好本地的测绘资质管理工作。四是强化指导服务。今年 4 月 22 日，李克强总理到福建自贸区综合服务大厅考察，在听到工作人员介绍以前是“办事群众围着各部门跑”，现在是“各部门围着办事群众跑”时，他表示，政府监管不是单纯的“管”，而是一种服务，服务得好，就能调动企业热情，激发市场和社会活力。测绘主管部门要牢固树立监管就是服务的意识，加强学习，提高本领，胜任新常态、新业态下的测绘资质管理工作。

同志们：

处长在机关中处于承上启下、协调内外的关键环节，既是制定宏观政策的参与者，也是落实具体政策的执行者。我们的工作能否做得扎实、做出成效，很大程度上取决于处长的精神状态、工作作风和能力水平如何。希望各位处长尽快调整状态、进入角色、熟悉业务，履职尽责，勇于担当，适应改革新要求，切实履行好测绘资质管理这项法定权力。

谢谢大家。

在全国测绘地理信息法治工作会议上的工作报告

国家测绘地理信息局副局长　宋超智

2015 年 6 月 9 日

同志们：

上午好！

今天，我们在石家庄市召开全国测绘地理信息法治工作会议。这是全系统深入贯彻落实党的十八届三中、四中全会精神、加快建设测绘地理信息法治体系、全面推进深化改革之际，召开的一次重要会议，也是国家局自 2011 年以来，再次专门就测绘地理信息领域法治工作召开的全国性会议。库热西局长亲自出席，并做了重要讲话，讲话全面阐述了加强测绘地理信息法治建设的重大意义，对当前和今后一个时期全面推进测绘地理信息法治工作提出了明确要求。库热西局长的讲话统揽全局、内涵丰富、立意深远，是我们全面加强测绘地理信息法治工作的重要指导，大家要认真学习，深刻领会，扎实贯彻。

这次会议的主要任务是：深入学习贯彻党的十八大和十八届三中、四中全会精神以及习近平总书记系列重要讲话精神，紧紧围绕“四个全面”战略布局，总结回顾近年来测绘地理信息法治建设经验，研究部署下一阶段测绘地理信息法治工作，为推动测绘地理信息事业全面深化改革、加快转型升级提供法治保障。

今年 3 月，国家局党组印发了贯彻落实《中共中央关于全面推进依法治国若干重大问题的决定》的实施意见，明确了测绘地理信息法治建设的指导思想和目标任务。当前，正是我们进一步推进依法治国、依法行政，全面建设测绘地理信息法治体系的关键时期。下面，我讲几点意见。

一、测绘地理信息法治建设工作取得较为显著的成效

十八大以来，各级测绘地理信息行政主管部门坚持在党的领导下、在法治轨道上开展工作，努力推动法规实施，积极落实依法治国各项任务，在立法、执法监督、转变政府职能等方面取得了可喜进展，积累了宝贵经验，全国测绘地理信息系统的依法行政水平得到了明显提高，表现在以下几个方面：

（一）法律法规体系逐步完善。

法律是治国之重器。我国自 1992 年颁布第一部《中华人民共和国测绘法》以来，经过几十年的努力，以《测绘法》为核心的测绘地理信息法律法规体系已经形成。1 法 4 条例 6 个部门规章，35 部地方性法规，86 部地方政府规章，为测绘地理信息事业发展奠定了坚实的法制基础。

十八大以来，各级测绘地理信息主管部门进一步重视立法工作，加强和改进立法工作机制，不断完善测绘地理信息法律法规体系。国家局开展了《测绘法》的修订工作，从 2011 年启动开展前期研究，到 2014 年纳入国家安全立法体系，中央高度重视。2014 年 10 月起，在前期研究基础上，国家局集中开展修订工作，进行了大量调研、考察、论证，在反复征求意见并修改的基础上，2015 年 3 月完成《测绘法》修订草案，报送国务院法制办。《地图管理条例》经过 7 年的打磨，反复研究、论证、协调、修改，已经完成起草工作于去年 7 月报送国务院等待审议。修订出台了部门规章《测绘地理信息行政执法证管理办法》，对规范行政执法行为、加强测

绘地理信息行政执法队伍建设起到了良好的促进作用。各地积极推进地方立法工作，紧紧围绕中心工作，加强重点领域的立法研究，制定出台了一批地方法规。例如，陕西省修订出台了《陕西省测绘成果管理条例》；河北、吉林、江苏出台了地理信息管理规章，黑龙江、浙江、甘肃出台了基础测绘管理的规定，辽宁、四川等出台了测绘市场、地图管理的规定等。测绘地理信息法律法规体系的不断完善，有力地促进了测绘地理信息法治建设。

（二）依法行政体制不断健全。

健全的管理体制是依法行政的前提条件。按照《测绘法》确立的统一监管模式，全国已建立起中央、省、市、县四级测绘地理信息行政管理体制：在中央层面，国家局实现更名，职能得到进一步明确；在地方层面，31个省（区、市）均设置了测绘地理信息管理机构并更名，97.6%的地级市和75.1%的县（市）明确了测绘地理信息管理机构，有的还加挂了测绘地理信息管理部门的牌子。

各级测绘地理信息行政主管部门深入贯彻党的十八届四中全会精神，全面推进依法行政，依法履行管理职能。国家局党组始终把依法治国依法行政作为一项重要工作来抓，认真研究制定了《贯彻落实〈中共中央关于全面推进依法治国若干重大问题的决定〉实施意见》，还对实施意见进行了任务分工，明确并落实了责任；为进一步健全依法决策工作机制，修订了《中共国家测绘地理信息局党组工作规则》和《国家测绘地理信息局工作规则》，推动局重大工作决策制度化、程序化、科学化；强化政府信息公开，依法依规做好了重要规范性文件、重要政策宣传解读等主动公开，按时发布年度报告等。各地测绘地理信息行政主管部门，不断推进机构、职能、权限、程序、责任法定化，依法加强管理职能，如黑龙江、江苏、浙江、陕西、山西、贵州、广西、江西、甘肃等省、区按要求梳理本部门权力清单，部分省已经省政府同意并公布；依法强化对行政权力的制约，对权力集中的岗位实行定期轮岗，并强化内部流程控制；积极推行政务公开，制定并落实了一系列信息公开的新举措，各级测绘地理信息行政主管部门依法行政工作开创了新局面。

（三）行政审批改革加快推进。

十八大以来，各级测绘地理信息行政主管部门按照国务院的要求，把行政审批制度改革作为全面深化改革的“先手棋”和转变职能的“当头炮”，积极取消下放一批审批项目，着力规范行政审批行为，取得了显著成效。国家局全面梳理了原有的11项行政审批项目，经国务院审改办确认，截止目前，已经取消了省级基础测绘规划备案、采用国际坐标系统审批、测绘行业特有工种职业技能鉴定3个审批项目，下放了永久性测量标志拆迁审批，取消下放项目共计4项，占比36%。在清理审批项目的同时，国家局着重研究转变监管方式、强化事中事后监管。去年修订的《测绘资质管理规定》和分级标准，按照“简政放权、宽进严管、强化服务”原则，降低了资质准入门槛，弱化了事前审批。规定颁布以来，全国测绘资质单位总数增加了1000家以上，激发了市场活力，促进创业就业，受到各方肯定。为进一步推动测绘地理信息行政审批制度改革向“放权、服务、严管”转变，做到“放到位、扶到位、管到位”，国家局制定了《2015年推进简政放权放管结合转变政府职能工作实施方案》，对继续推行行政审批制度改革、深入推进职业资格改革、深入推进收费清理改革、深入推进监管方式创新等，都作出了部署，提出了要求。各省级测绘地理信息行政主管部门目前也都按照本省（区、市）的要求，积极转变职能，深入开展行政审批改革，清理、取消、下放了一批测绘地理信息审批项目，初步实现了测绘地理信息行政审批的公开、高效、便民，促进了测绘地理信息行政主管部门职能向创造良好发展环境、提供优质公共服务、维护社会公平正义转变。

（四）执法监督力度日益加大。

各级测绘地理信息行政主管部门把加大执法力度、规范执法行为作为重要手段，深入推进依法行政工作。一是加大市场监管和案件查处力度。深入开展了“问题地图”专项治理，完善了上下联动的互联网地图监管系统，实现了对地理信息失泄密、“问题地图”等的集中监控、实时报警和协同处理。牵头督办一批重大案件，如首都机场无人机非法测绘案，对76家中央国家机关网站和188家互联网地图服务网站进行了问题排查，并督促存在问题的网站及时整改。二是加强执法机制建设。为进一步落实执法人员持证上岗制度，修订出台部门规章《测绘地理信息行政执法证管理办法》；为规范行政执法案件的办理程序，制定了《国家测绘地理信息局机关行政执法规定》；建成并推广“测绘地理信息行政执法管理信息系统”，实现执法机构、执法人员和执法证的信息化管理。三是推进综合执法。研究建设综合执法机制，与国土资源部共同探索行政执法工作部局协作；与中央六部门联合加强了对全国农村集体土地确权登记发证中军事设施信息安全的保障。四是规范执法行为。国家局组织开展了测绘地理信息行政处罚案卷评查活动，换发了新版《测绘地理信息行政执法证》；举办全国测绘地理信息行政执法人员培训班，组织编写出版了《测绘地理信息行政执法实用手册》。

（五）法治宣传教育成效显著。

各级测绘地理信息行政主管部门把学习贯彻党的十八大和十八届四中全会精神作为重要政治任务，切实用全会精神统一思想、武装头脑、指导工作、推动实践。国家局专门举办了学习贯彻十八届四中全会精神专题培训班，局机关全体公务员和局直属单位的班子成员参加了培训。国家局还举办了依法治国专题辅导讲座，邀请国务院法制办领导讲解十八届四中全会精神，对推动领导干部树立法治意识，增强法治思维，起到了良好的效果。

各地测绘地理信息行政主管部门也认真学习贯彻落实党的十八届四中全会精神，深入开展法治宣传教育。以全国测绘法宣传日活动为抓手，采取有奖征集作品、法律法规知识竞赛、微信微博问答、上街设点宣传、发放宣传材料、报刊网站设专版专栏、通报违法典型案件等多种形式向社会进行测绘地理信息法治宣传。“8·29”测绘法宣传日当天，国家局局长每年都出席主场宣传活动，各级测绘地理信息行政主管部门每年在本地区举办隆重的宣传活动。根据各地上报材料统计，2014年测绘法宣传日公众参与人数达600多万人。

（六）地理信息产业迅猛发展。

各级测绘地理信息行政主管部门大力推进《国务院办公厅关于促进地理信息产业发展的意见》的贯彻落实，不断深化改革，简政放权，释放市场活力，地理信息产业得到快速健康发展。一是行业规模不断壮大，十八大以来，全国测绘资质单位总数增加了2726家，增长比例达到20.7%。截至2015年5月底，全国共有测绘资质单位15893家，其中，甲级850家、乙级3486家、丙级5308家、丁级6249家。民营测绘资质企业总数为8422家，占测绘资质单位总数的53%。测绘地理信息从业人员总数34.55万人。二是服务领域不断拓展，测绘地理信息工作逐步融入到国民经济建设的主战场，从传统服务领域拓展到地理国情监测、智慧城市、环境保护、企业信息化、智能交通、现代物流等领域；以互联网地图服务、卫星遥感影像服务和移动位置服务为代表的地理信息服务迅速兴起，成为驱动地理信息市场的新兴力量。三是产业环境不断优化。国家局与国家发展改革委联合印发了《国家地理信息产业发展规划（2014—2020年）》，全国21个省（区）出台了促进地理信息产业发展的政策文件；国家局首次提出“地理信息+”行动战略，推进地理信息与相关战略深度融合，催生新的经济增长点，促进了企业转型升级发展，繁荣了市场。四是产业整体实力显著提高。地理信息产业规模年均增速超过20%，装备水平不断提高，创新驱动能力显著增强，一批有竞争实力和特色的企业开始崭露头角，市场占有率和影响力日益扩大，迅速成为产业发展的排头兵。

回顾总结十八大以来的法治建设工作，有以下经验和体会：一是做好法治建设必须加强组织领导。法治建设取得的成绩表明，加强党委（党组）的统一领导、统一部署、统筹协调是测绘地理信息法治建设的前提和基础。无论是法治建设的方针政策、决策部署，还是工作机制、工作程序，都需要领导班子把握正确方向，提供实施保障，检查督促落实。测绘地理信息行政主管部门党政主要负责人必须切实履行法治建设第一责任人的职责，把法治建设作为提高测绘地理信息行政管理水平的重要方面，放到全局工作的突出位置中，抓实抓好。二是做好法治建设必须紧密围绕中心工作。法治建设只有坚决贯彻落实党中央、国务院的决策部署，紧紧围绕、主动对接测绘地理信息的发展大局、中心工作，才能发挥更大的作用。在多年实践中，法治建设始终坚持推动测绘地理信息事业发展，着力解决发展过程中的突出矛盾和问题，确保了测绘地理信息深化改革、转型升级、科学发展的正确方向和途径。三是做好法治建设必须提高能力素质。测绘地理信息人员法治能力的提高，是推进法治建设的基础和关键。多年来，通过开展多层次、全方位的法律知识、业务知识和管理知识的培训，增强了人员依法行政的意识，提高了法律素质，为推进法治建设提供了内在动力。

同志们，测绘地理信息法治建设成绩的取得，是各级测绘地理信息行政主管部门坚决贯彻执行党中央国务院全面推进依法治国决策的结果，是全面贯彻实施《测绘法》、坚持依法行政、依法治测的结果，更是全系统广大干部职工团结奋进、顽强拼搏、扎实工作的结果。

二、正确认识测绘地理信息法治建设面临的新形势

法治，是治国理政不可或缺的重要手段，“法治兴则国家兴，法治衰则国家衰”。党的十八大作出了依法治国的战略部署，十八届四中全会通过了《中共中央关于全面推进依法治国若干重大问题的决定》，习近平总书记就全面推进依法治国作出了一系列重要讲话。各级测绘地理信息行政主管部门要深入学习领会依法治国的精神，并在测绘地理信息事业发展的大局中谋划和推动测绘地理信息法治工作。

（一）在“四个全面”战略布局中，把握全面推进依法治国的重大意义。

习近平总书记指出，要把全面依法治国放在全面建成小康社会、全面深化改革、全面依法治国、全面从严治党的“四个全面”战略布局中来把握。“四个全面”是党的十八大以来，党中央从坚持和发展中国特色社会主义全局出发，提出并形成的战略布局。“四个全面”立足治国理政全局，抓住改革发展稳定关键，统领中国发展总纲，确立了新形势下党和国家各项工作的战略方向、重点领域、主攻目标。在“四个全面”中，全面依法治国这一战略举措，与全面深化改革、全面从严治党相辅相成，共同为全面建成小康社会这一战略目标提供基本动力、基本保障、基本支撑。没有全面依法治国，就治不好国、理不好政，战略布局就会落空。要深刻认识全面依法治国和其他三个“全面”的关系，深刻认识全面依法治国的基础性、保障性作用，努力做到“四个全面”相互促进、相得益彰。

各级测绘地理信息行政主管部门必须把全面推进依法治国摆在更加突出的位置，把测绘地理信息工作纳入法治化轨道，坚持在法治轨道上统筹发展、规范行为、调节关系、平衡利益，依靠法治解决存在的矛盾和问题，确保我国测绘地理信息事业在深刻变革中既生机勃勃又井然有序。

（二）从我国推进法治化的方式中，认清测绘地理信息部门担负的重要职责。

法治是什么？法治就是用法律去衡量、规范、引导社会生活。我国是一个有 13 亿多人口的大国，地域辽阔，民族众多，国情复杂。要实现经济发展、政治清明、文化昌盛、社会公正、生态良好，需要秉持法律这个准绳、用好法治这个方式。习近平总书记指出，在我国实现社会主义现代化，必须自上而下、自下而上双向推进法治化。要坚持以政府推进为主导，以公民参与为基础，实行政府推进与公民参与有机结合，充分发挥政府和社会两个主体、自上而下和自下而上两个动力的作用，在依赖公权力的同时又制约公权力，是我国法治道路的正确选择。

测绘地理信息行政主管部门承担我国测绘地理信息的统一监管重要职责，担负着自上而下推进测绘地理信息法治化的重任，应当继续发挥主导作用，采取有效措施激发推进法治的动力。要切实履行好测绘地理信息立法、执法、行政审批、市场监管、法治宣传等职能；并且在推进法治建设的同时，依法规范自我权力的行使，推进政务公开，实行依法决策，加强权力监督，强化法治教育。

（三）从法治建设存在问题中，找准努力的方向和目标。

在总结与回顾测绘地理信息法治建设成绩的同时，也应当清醒地认识到，测绘地理信息法治建设仍存在不少突出问题，对照全面依法治国的要求尚存差距。

一是对法治建设的重要性认识不够。长期以来，测绘地理信息行政主管部门存在着“重事业、轻行政”，“重项目、轻管理”的倾向，推动法治建设的主动性不高、积极性不强，在研究法治建设方面投入的精力不够，持续推进法治建设的动力不足。二是法律法规体系还不完善。在卫星定位导航、地理国情普查与监测、海洋测绘管理等新兴领域，尚存法律空白，处于无法可依状态；在地理信息、测绘市场管理、海洋测绘等领域，立法层次仍然较低，只有一些规范性文件作为管理依据。三是执法体制不够健全。地方测绘地理信息管理机构不健全、模式不统一的现象依然比较突出，42% 的省级、18% 的市级和 21% 的县级测绘地理信息管理机构属于事业单位。各级测绘地理信息行政主管部门均不同程度存在执法力量薄弱，无专职执法人员和专项执法经费等问题。四是市场监管没有完全到位。当前，市场主体呈多元化，新型业态不断涌现，利益矛盾和冲突增多，市场失序风险不断加大。与之相对应，测绘地理信息部门的监管方式偏于单一、静态化，监管措施薄弱，及时发现、有效解决问题的能力不足。监管层级偏高，市县部门监管力量未得到充分发挥。

要通过这些存在的问题，认真分析查找工作上的不足、认识上差距，进一步牢固依法治国、依法行政的信心和决心。

（四）在事业发展的大局中，应对法治建设的机遇与挑战。

当前，我国经济发展进入新常态。新常态给我国带来新的发展机遇，也使我国经济社会发展面临不少困难和挑战。新常态背景下，地理信息大数据的价值日益彰显，我国测绘地理信息事业迎来了巨大的发展机遇：事业发展环境进一步优化，基础保障服务能力不断增强，地理国情普查和监测、数字城市建设、“天地图”建设等方面取得的成绩十分显著；也面临着复杂的形势和严峻的挑战：地理信息生产与服务从专业走向大众、地理信息产业跨界发展势头迅猛，测绘地理信息事业进入转型升级的关键时期。

法治是框架和轨道，也是理念和方法。要在新常态下推动测绘地理信息事业持续健康发展，不断开拓测绘地理信息事业更加广阔的发展前景，就必须深入学习贯彻党的十八届四中全会精神，充分认识法治对于测绘地理信息事业发展的重要意义，将多年来的有益探索和成功实践规范化、制度化、法治化，充分运用法治思维和法治方式，推进测绘地理信息事业深化改革、转型升级、科学发展。

三、全面加强新时期测绘地理信息法治建设

习近平总书记前不久在浙江调研时强调：“干在实处永无止境，走在前列要谋新篇”。各级测绘地理信息行政主管部门要认真贯彻落实党的十八大和十八届四中全会“全面推进依法治国”的部署，在“建设中国特色社会主义法治体系，建设社会主义法治国家”的大局中，谋划和推动测绘地理信息法治工作。总书记的要求一是要干，二是要谋，我们一定要以更宽的视野、更大的智慧、更多的担当，努力开创测绘地理信息法治建设的新局面，以法治的方式推进和实现测绘地理信息事业深化改革、转型升级、科学发展。

国家局党组确定今后一个时期，测绘地理信息法治建设的目标任务是：加快建设测绘地理信息法治体系，到二〇二〇年，形成完备的测绘地理信息法律规范体系、高效的测绘地理信息法治实施体系、严密的测绘地理信息法治监督体系、有力的测绘地理信息法治保障体系，实现科学立法、严格执法、全员守法，提高测绘地理信息行政管理法治化水平。按照党组确定的目标，要着力做好以下几个方面的工作：

（一）加强科学民主立法，完善测绘地理信息法律体系。

“立善法于天下，则天下治；立善法于一国，则一国治。”治理一个国家、一个社会、一个行业，关键是要立规矩、讲规矩、守规矩。法，是治国理政最大最重要的规矩。要紧紧抓住提高立法质量这个关键，进一步完善测绘地理信息法律法规体系。一要发挥立法的引领和推动作用。坚持立法先行，对事关测绘地理信息事业发展全局的一些根本性、全局性和长期性问题，要通过立法逐步规范化、制度化、法治化。立法要突出改革方向和问题导向，主动适应测绘地理信息事业改革发展需要。对不适应改革要求的测绘地理信息法律法规规章、规范性文件，要按照法定程序修订或废止。二要加快推进重点立法项目。要集中全系统、全行业智慧，全力做好《中华人民共和国测绘法》修订工作。按照2015年年底前提请全国人大常委会审议的目标，国家局要全面配合国务院法制办、全国人大，做好调研、论证、征求意见和修改等工作；各地要积极支持配合国家局修法工作，按要求组织安排好修法的调研、征求意见等活动。要认真落实《国家测绘地理信息局立法规划（2015—2020年）》，对列入规划的立法项目要加快推进，尽早出台。坚持“立、改、废、释”并举，进一步完善各项法律制度。三要完善立法工作机制。进一步健全测绘地理信息法律法规规章、规范性文件的起草、论证、协调、审议、备案等工作机制，增强立法的及时性、系统性、针对性、有效性。国家局要加强对地方测绘地理信息立法工作的指导协调，地方要主动开展探索、研究和试点，为立法积累经验。四要切实提高立法质量。立法要认真总结工作实践，组织深入调研，广泛开展讨论，形成最大共识。制定的制度措施要准确反映我国测绘地理信息事业转型升级的制度需求，切实解决事业发展的实际问题，并且操作性强。今后起草测绘地理信息法律法规规章、规范性文件，除涉密不宜公开的外，都要公开征求意见。

（二）依法全面履行职能，提高行政管理法治化水平。

依法治国的关键在于依法行政，党的十八届四中全会强调，“各行政机关要坚持法定职责必须为、法无授权不可为，勇于负责、敢于担当，坚决纠正不作为、乱作为，坚决克服懒政、怠政，坚决惩处失职、渎职。”各级测绘地理信息行政主管部门一是要强化事权的规范化、法律化。按照要求及时梳理并公布本部门的行政权力清单，不得法外设定权力，没有法律法规依据不得作出减损公民、法人和其他组织合法权益或者增加其义务的决定。二是切实转变职能。国家局要依法强化在发展规划制订、制度机制设计、全局性事项统筹管理等方面的职能，地方各级测绘地理信息行政主管部门要加强和改善测绘地理信息市场监管、公共服务等方面的制度建设，市、县级测绘地理信息行政主管部门要强化具体执行职责，突出行政执法权和日常监管权。三是健全依法决策机制。进行行政决策，要确保决策制度科学、程序正当、过程公开、责任明确。重大行政决策，必须要经过公众参与、专家论证、风险评估、合法性审查和集体讨论决定。未经合法性审查或经审查不合法的，不得提交讨论。四是推进政府信息公开。坚持以公开为常态、不公开为例外原则，进一步明确政府信息公开的主要内容、公开形式、申请流程和职责分工。重点推进测绘地理信息政策法规、财政预算、行政审批、重大项目、干部任免、市场监管、测绘成果和公益性地图服务等内容的信息公开。结合测绘地理信息政务信息平台建设，不断提高政府信息公开的信息化水平。

（三）深化行政审批改革，推进简政放权职能转变。

本届政府成立伊始，开门办的第一件事就是推进行政审批改革、转变政府职能。今年5月12日，国务院召开“推进简政放权放管结合职能转变工作电视电话会”，李克强总理再次要求：重点围绕阻碍创新发展的“堵点”、影响干事创业的“痛点”和市场监管的“盲点”，从“给群众端菜”向“让群众点菜”转变，从减少审批向放权、监管、服务并重转变。

各级测绘地理信息行政主管部门要按照克强总理的要求，主动适应经济发展新常态，协同推进简政放权、放管结合、优化服务。一要实现行政审批行为的规范化。严格落实规范行政审批行为的有关法规、文件要求，对继续保留的行政许可审批事项，公开审批流程，限定审批时限，约束自由裁量权。要从五个方面规范行政审批行为：一是全面实行“一个窗口”受理，二是推行受理单制度，三是实行办理时限承诺制，四是编制服务指南，五是制定审查工作细则，以标准化促进规范化。各级测绘地理信息行政主管部门要把全面实现网上集中预受理和预审查作为规范行政审批行为的重要抓手，此项工作国务院审改办专门制定了时间表和路线图，省级测绘地理信息行政主管部门要与国家局保持同步，2015年底前基本实现全部行政审批事项网上预受理和预审查。各地还要创造条件，积极推进实现网上审批，国家局将在明年底前全部实现行政审批事项的网上办理。二要清理规范行政审批中介服务。国家局已经按照国务院要求对本级行政审批涉及的中介服务事项已经进行了清理，各地也要按照省级人民政府的统一部署，对涉及本级行政审批的中介服务事项、中介服务资格认定进行清理规范，并严格对照文件要求提出处理意见。下一步要继续研究并做好本部门与承担本部门审批事项中介服务的下属单位的脱钩工作。三要强化监督问责。要主动公开行政审批信息，依法保障申请人知情权，及时向社会公布审批事项受理、办理进展和结果，接受社会监督；要强化监督检查，指定部门内部的监督机构，负责对行政审批的情况检查，并组织申请人、中介机构等进行评议；建立行政审批责任追究制度，明确行政审批工作的廉政要求，明确不当行为需要承担的后果。四是进一步简政放权。主动适应经济发展新常态，改革发展新形势，研究继续取消和下放行政许可审批事项，并且取消和下放的审批事项要从重数量向提高含金量转变。要围绕激发市场主体创造活力，制定出台规范测绘地理信息行政权力运行、提高行政效率的制度和措施，推出一批创新监管、改进服务的举措。

（四）积极推进严格执法，提高执法效率和规范化水平。

天下之事，不难于立法，而难于法之必行。各级测绘地理信息行政主管部门要坚持以法治的理念、法治的体制、法治的程序开展工作。一要全面落实行政执法责任制。各级测绘地理信息行政主管部门要继续下力气提高执法效率和规范化水平，严格确定执法人员执法责任，完善责任追究机制；深化测绘地理信息行政执法体制改革，下移执法重心、下沉执法力量、整合执法队伍、提高执法效率，国家局要加强指导协调、强化监督检查。二要完善执法程序。进一步明确测绘地理信息执法的具体操作流程，重点规范行政处罚、行政强制、行政检查等执法行为，对执法全过程要进行记录；进一步规范和细化行政执法自由裁量权标准，重大的执法决定，要实行法制审核。三要加大重大案件查处力度。切实加强地理信息安全监管，重点加大对涉外、涉军、涉密、涉网等领域的测绘地理信息专项治理和案件查处力度；研究地理信息安全监管装备和技术，提高地理信息安全监管水平；对涉及面广、社会影响大、情节恶劣的重大测绘地理信息违法案件，要挂牌督办、限期查办。四要加快建立综合执法机制。要认真落实部局业务协作实施方案，测绘地理信息管理职责设在各级国土资源部门的，要积极协调地方机构编制部门，明确国土资源部门内设的执法监察机构履行测绘地理信息行政执法职责，推行国土资源与测绘地理信息的综合执法。

（五）实行放管结合，促进测绘地理信息市场健康发展。

按照放管结合、依法监管、公正透明、权责一致的原则，创新监管方式，加强市场的事中事后监管，为测绘地理信息市场主体营造公平竞争发展环境。一是加强日常监管。各省局要抓紧开展巡查工作，突出问题导向，增强监管的“靶向性”，明确巡查时间、巡查范围和巡查内容。国家局对各省（区、市）开展巡查工作进行指导和随机抽查，形成巡查报告。要通过不定期巡查来提高监管频次，形成快速发现、快速响应、快速处理的工作机制。二是加强信用管理。今年，国家局将修订和颁布测绘地理信息的市场信用管理制度和信用指标体系，开展信用征集工作，建立测绘单位信用档案。依托信用管理平台向社会公开测绘单位的信用信息，加强与有关部门的信息共享，各省局要按照国家局的统一部署，跟进开展相关工作。国家局将于 2017 年年底前完成测绘地理信息统一监管平台建设，各省局也要加快推进。三是加强社会监督。国家局已经公示了全国甲级测绘单位 2014 年度报告，各省局要在本局网站对乙级以下测绘单位年度报告情况进行公示，强化社会监督。对未报送年度报告或者年度报告隐瞒情况、弄虚作假的，纳入单位不良信用记录。四是加强行业自律。推进测绘学会协会有序承接政府转移职能，协助做好行业管理工作。制定测绘地理信息行风建设行为准则，探索通过协会对违规市场主体实行业内警告、公开谴责等方式，强化行业自律，维护行业整体利益。

（六）尊法学法守法用法，全面提升党员干部法治能力。

法治能力，就是运用法治思维和法治方式的能力。习近平总书记强调，要对法律怀有敬畏之心，不断提高运用法治思维和法治方式深化改革、推动发展的能力。各级测绘地理信息行政主管部门一是要深入开展法治宣传教育工作，要按照“谁执法谁普法”、“从法制宣传向法治宣传转变”的要求，深入开展测绘地理信息法治宣传教育，引导全行业自觉守法、遇事找法、解决问题靠法。要以“8·29”测绘法宣传日、国家版图意识教育活动为抓手，向社会公众广泛深入普及测绘地理信息法律法规及国家版图知识，积极推进测绘地理信息法治宣传教育活动进机关、进乡村、进社区、进学校、进企业、进单位，提升宣传效果。二是要充分发挥党员干部在全面依法治国中的关键作用。测绘地理信息党员干部既是党和政府各项决策部署的执行者，又是测绘地理信息发展政策、管理制度的制定者和执行者，其运用法治思维和法治方式的能力，将对测绘地理信息法治建设起到关键推动作用。要把能不能遵守法律、依法办事作为考察干部重要内容，把善于运用法治思维和法治方式推动工作的人选拔到领导岗位上来，把法治建设成效作为衡量测绘地理信息部门各级领导班子和领导干部工作实绩的重要内容，纳入政绩考核指标体系。三是要自觉尊法学法守法用法，提升法治能力。各级测绘地理信息行政主管部门要把宪法、行政许可法以及测绘地理信息法律法规等列入党委（党组）中心组学习内容，列为各单位党校和干部学院的必修课，国家测绘地理信息局一年至少安排一次党组中心组关于法治方面的专题学习。广大党员干部要牢固树立有权力就有责任、有权利就有义务的观念，做到尊重法律法规的权威，在法律法规的范围内活动，依照法律法规规定行使权力、履行职责或义务。

同志们，全面推进依法治国是一个系统工程，是国家治理领域一场广泛而深刻的革命。各级测绘地理信息行政主管部门必须加强对法治工作的组织领导，进一步健全依法治国的制度和工作机制，准确把握依法治国的各项重点任务，找准工作着力点，尽快形成测绘地理信息法治体系，更好地发挥法治对测绘地理信息事业改革发展的引领和推动作用，为测绘地理信息事业健康有序发展提供有力的法治保障。

在测绘地理信息与地图管理工作座谈会上的讲话

国家测绘地理信息局副局长 闵宜仁

（根据录音整理）

2015 年 3 月 26 日

今天，我们围绕贯彻落实党的十八届三中、四中全会和全国“两会”精神，按照全国测绘地理信息工作会议部署，结合工作实际，就测绘地理信息与地图管理工作进行了谋划与思考、部署与落实。会上，国家局地理信息与地图司赵继成司长全面总结了 2014 年测绘地理信息与地图管理工作取得的成绩，分析了存在的问题，部署了今年工作，提出了“十三五”初步工作思路。吉林省测绘地理信息局、四川测绘地理信息局、中国测绘科学研究院、国家基础地理信息中心、卫星测绘应用中心从不同的方面介绍了各自工作经验和有关工作要求，达到了统一思想、提高认识、加深理解、相互交流、共同促进的目的，为下一步开展工作奠定了良好的基础。刚才，我们进行了讨论，大家对测绘地理信息与地图管理今后的工作提出了一些很好的意见和建议，值得我们认真思考。

2015 年，是全面深化改革的关键之年，是全面推进依法治国的开局之年，也是完成“十二五”规划的收官之年，还是国家局测绘地理信息与地图司（测绘成果管理司）成立十周年。因此，今年是很特别的一年，也是很关键的一年。下面，我结合大家讨论提出的问题和我个人的思考，就进一步做好测绘地理信息与地图管理工作，讲三方面意见。

一、深刻认识当前面临的发展形势

习近平总书记指出，要善于观大势、谋大事。这是我们工作的基本要求。我们只有认清了形势，把握了趋势，才能将工作做得更好、更到位。

（一）经济发展进入新常态

当前，我国经济发展进入新常态，增长速度正从高速增长转向中高速增长，经济发展方式正从规模速度型粗放增长转向质量效率型集约增长，经济结构正从增量扩能为主转向调整存量、做优增量并举的深度调整，经济发展动力正从传统增长点转向新的增长点。我国发展处于重要战略机遇期的基本判断没有变，尽管面对严峻的国际经济形势和国内改革、发展、稳定的繁重任务，重要战略机遇期的内涵和条件发生了很大变化，但发展仍然具备了难得的机遇和有利条件。“新”意味着不同以往，“常”意味着相对稳定。面对新常态，要适应新要求，跟得上时代步伐，按照“四个全面”的战略布局，以地理信息技术助推经济发展；面对新常态，要抢抓机遇，结合城镇化的广阔空间、“四化”融合的巨大动力、消费升级的庞大市场、科技创新的突飞猛进，推动测绘地理信息的价值彰显；面对新常态，要创建新的竞争优势，利用测绘地理信息成果和技术支撑科学管理决策，推动地理信息深层次应用。

（二）深化改革正全面推开

面对基本公共服务供求矛盾导致的发展失衡、政府公信力下降以及潜在的社会问题，首要任务是转变政府职能，大力提高公共服务的供给水平。面对新情况，改革是我们的唯一出路。党中央对我国全面深化改革进行了部署。国家局也出台了全面深化改革的实施意见，提出了完善“六大体系”和提升“六大能力”的改革目标和任务，以不断适应经济发展新常态。有为才有位，我们必须肩负起国家使命，履行好公共服务职责，增强危机感，推进法治政府、责任政府、阳光政府、服务政府建设，满足公众对测绘地理信息产品的需求。

（三）科学技术迅猛发展

目前，对地观测、卫星导航、大数据、物联网、移动互联网、虚拟现实、3D 打印等技术的发展正在对测绘地理信息产品、市场、服务等产生巨大影响。对地观测技术的发展，拓展了地理信息获取对象的范围。卫星导航定位技术的发展，使得导航定位终端的功能越来越强大。大数据技术的兴起，为海量、动态的地理信息数据存储、处理、开发利用等提供了新的视角和商机，比如互联网地图在大数据分析方面，就做得非常好。信息技术和物联网的快速发展，使得基于位置的应用逐步向智能化、个性化、娱乐化发展。高新技术的融合发展，极大提升了地理信息获取自动化和应用的智能化水平，正不断推动着地理信息产业的跨越式发展。同时，随着技术的发展，地理信息生产与服务从专业走向大众，这对我们加强地理信息安全监管提出了严峻挑战。

（四）产业跨界融合势不可挡

地理信息技术是信息化建设的关键技术之一，对于改造传统产业生产流程、提高传统产业科技含量、提升生产效率和信息化建设水平具有重要作用。同时，互联网技术对地理信息产业化的发展也有着巨大的推动和催化作用。特别是互联网思维的兴起，对传统行业的发展几乎具有颠覆作用。地理信息产业与物联网、大数据等新兴产业加快相融合，不断催生出新的商务模式和新的服务产品的新时代已经到来。这要求我们顺应发展趋势，解放思想，因势利导，以包容的心态，大力推进地理信息产业的健康、快速发展。

二、厘清“十三五”工作思路

刚才，赵继成司长在报告中提到地理信息、地图与测绘成果管理工作呈现“重、难、新”的特点，我同意这个观点。在讨论中，贵州的王赤兵副厅长提出：数据是基础、应用是核心、产业是目的、安全是保障，这个概括很好。在年初，国家局党组对我分管的工作提出了存在的问题，即测绘成果应用的广度、深度不够，侧重于一般性应用；地理信息资源共享不够；产业发展底数不清、举措不多、抓手缺乏；保密与应用的矛盾依然突出。这些问题确实存在，而且还不好解决。测绘地理信息与地图管理工作始终要处理好三个关系，即测绘成果公开与保密的关系、公益性服务与市场化运作的关系、地理信息资源共享与垄断的关系。这三个关系处理好了，我们的工作也就好推进了。

下面，我着重谈谈对测绘地理信息与地图管理“十三五”工作的一些思考。

（一）关于“十三五”工作的总体思路

国家局提出了“加强基础测绘，监测地理国情，强化公共服务，壮大地信产业，维护国家安全，建设测绘强国”的发展战略，“全力做好测绘地理信息服务保障，大力促进地理信息产业发展，尽责维护国家地理信息安全”的三大定位，印发了《国家测绘地理信息局全面深化改革的实施意见》和《中共国家测绘地理信息局党组贯彻落实〈中共中央关于全面推进依法治国若干重大问题的决定〉实施意见》，明确了形成“政策法规体系、新型基础测绘体系、公共服务体系、地理信息产业体系、科技创新体系、人才队伍体系”六大体系。同时，还出台了《国土资源部 国家测绘地理信息局深化部局业务协作实施方案》。这些就是我们制定测绘地理信息与地图管理工作“十三五”规划的总要求。

结合工作职责，“十三五”测绘地理信息与地图管理工作的总体思路是：以解决测绘地理信息与地图管理工作中存在的主要问题为导向，以推进测绘地理信息公共服务为主线，以维护国家地理信息安全为使命，加快实施“地理信息＋”战略，充分发挥市场配置资源的决定性作用和更好地发挥政府作用，实现地理信息产业的大发展、大繁荣。

（二）关于深化地理信息应用服务

今年的《政府工作报告》提出，国务院将制定“互联网＋”行动计划。“互联网＋”第一次纳入国家经济的顶层设计，这对于整个互联网行业，乃至中国经济社会的创新发展意义重大。为此，我们也应以此为契机，实施“地理信息＋”战略，创新应用服务模式，加强地理信息与各行各业的深度融合，通过示范应用，推动形成具有高技术含量、高集成性、高附加值等特点的深层次应用，带动相关产业转型升级。浙江省已率先提出了“地理信息＋X”战略，为我们在先行先试方面提供了有益借鉴。

一是推进地理信息与政府信息的融合、应用，共享整合各类政府信息资源，为地理信息在政府管理决策中的深度利用提供有力保障。同时，开发基于地理信息的业务辅助管理与决策支持系统，为国家重大战略工程的实施，为土地、森林、海洋、矿产等资源的调查、监测、开发利用，为国防建设、边境管理、反恐维稳、社会治理、防灾减灾、应急保障、智慧城市建设等提供技术支撑。二是推进地理信息与企业信息的融合、应用，着力加强地理信息与企业资源数据和经营管理数据的深入融合和分析，充分发挥地理信息技术在精确定位和空间分析等方面的巨大优势，紧密结合企业实际需求，将地理信息及相关技术充分融入企业的生产经营中，优化企业生产设施配置和管理，优化生产经营策略，提高企业效益。三是推进地理信息与大众消费的应用，依托移动互联网技术，深化地图服务、导航定位等方面的大众化应用，为公众旅游、出行、娱乐、日常生活提供多类型的地理信息服务。推动地理信息在智慧旅游、智慧校园、智慧社区、智能生活服务等领域的应用，促进信息消费。

（三）关于提供地理信息公共服务

《中共中央关于全面深化改革若干重大问题的决定》要求，加快转变政府职能，加强各类公共服务的提供。今年的《政府工作报告》指出，打造大众创业、万众创新和增加公共产品、公共服务“双引擎”，公共服务已上升成为我国经济提质增效升级的引擎之一。同时，“强化公共服务”也是测绘地理信息事业发展战略的主要内容之一。但是，地理信息公共服务相对日益增长的需求和全面深化改革的要求还有较大差距，亟待加强和提升。

今年的《政府工作报告》指出，提供基本公共服务尽量采用购买服务方式，第三方可提供的事务性管理服务交给市场或社会去办。为此，我们首先要界定好哪些是地理信息基本公共服务。从现实看，地理信息基本公共服务可以运用基础性、广泛性、迫切性和可行性四个标准来界定，比如基础测绘成果、地理信息公共服务平台、地理信息公共产品等。一是在基础测绘成果提供方面，要进一步简化手续、缩短时间、降低费用，便于更多的单位使用最新的基础测绘成果，避免重复建设。二是在地理信息公共服务平台建设方面，在坚持公益性服务的前提下，可以考虑采用政府和社会资本合作模式，开展社会化服务及商业化运营，提高服务和运营水平。在能力建设方面，天地图重点在于做好各类信息资源的动态整合以及大数据挖掘，通过推动在政府部门的应用，达到上升为国家战略性基础信息平台的目标。三是在地理信息公共产品开发方面，要结合政府管理决策、企业生产运营和百姓日常生活，利用基础测绘成果、地理国情普查（监测）成果等开发多样化、多层次的各类地理信息、地图公共产品。四是在公共服务能力建设方面，进一步提升地理信息公共服务信息化水平，增强地理信息公共服务对现代技术条件的适应性，降低地理信息应用门槛，促进公共服务转型升级。

（四）关于促进地理信息产业发展

《国务院办公厅关于促进地理信息产业发展意见》自 2014 年 1 月 22 日印发以来，各地、各部门采取多种措施，认真贯彻落实，取得了较好成效，产业规模持续快速增长，质量效益不断提升。一年多来，大家统一了对地理信息产业发展的认识，厘清了促进产业发展的思路，探索了促进产业发展的措施。

当前，我们要充分认识新常态下对地理信息产业发展带来的深刻影响以及机遇、挑战，以《意见》确立的产业政策为导向，用市场化思维加强宏观控制，指导市场发展，协调各方行动，逐步缓解地理信息总需求与总供给、消费结构与产业结构的矛盾。为此，我们要从以下几方面来把握产业发展促进工作。一是摸清产业底数，掌握发展规律。底数不清，就无法掌握产业发展规律，制定的政策可能不切合实际。国家局年初启动了地理信息产业基础研究，组建了研究团队，形成了研究大纲，目前正在与国家统计局沟通协调，利用第三次全国经济普查数据验证《地理信息及相关产业分类（初稿）》。希望各地也能摸清本地区产业发展的底数，有条件的省局可以与国家局合作，共同做好产业基础研究工作。二是创新产业政策手段。历史经验表明，产业政策的最大难点就在于政策手段的选择与配合，它比确立产业政策目标更复杂。因此，要想取得较好的产业政策效果，必须根据产业政策目标的要求，适当地选择和组合各种产业政策手段变量。从一定意义上讲，产业政策手段的设计、选择和运用是整个实施过程的关键环节。政府可以操纵的政策手段分为四大类：间接引导（如政府投资、财政补贴、税收减免、政府采购等）、直接干预（资质管理、技术管制、保密管理等）、信息指导（如向企业传播经济发展趋势信息，引导产业调整；提供信息服务；提供信息交换场所，传递市场信息等）、法律规则（主要适用于比较成熟和比较稳定的产业政策）。我们要进一步解放思想，创新管理手段，合理设计、选择和运用政策手段，提升地理信息产业发展引导能力。

（五）关于加强地理信息安全监管

尽管近年来我们在地理信息安全监管工作方面取得了一些成效，但也应该看到，地理信息安全监管的法规政策、技术水平相对滞后，《测绘法》没有明确地理信息安全监管的内容，部分涉密测绘地理信息生产和使用单位保密意识不强，非法获取、提供和买卖涉密测绘地理信息的案件时有发生。同时，随着科技的发展，新型地理信息服务业态不断出现，地理信息的获取方式、表现形式、传播途径更为多样，地理信息安全监管的对象和内容发生了巨大变化，安全监管的广度和难度也进一步增大。

“尽责维护国家地理信息安全”是测绘地理信息工作三大定位之一。地理信息安全监管只能加强、不能削弱。一是加强制度建设，完善涉密测绘成果使用审批、跟踪检查等制度，研究制定地理信息管理、使用、存储等安全监管制度，形成人防、物防、技防的立体安全监管体系。二是完善体制机制，进一步强化多级联动、部门协作的网上地理信息安全监管机制，打造地理信息安全监管一体化平台，并争取纳入国家公共安全体系，全面提高地理信息安全监管能力。三是加强监管信息化建设，开展远程监控关键技术研究，实现相关地理信息生产、使用的全程监管，一旦违法操作，及时固化证据、追查泄密情况。提升地理信息传播保护能力，推广应用地理信息数据安全防护技术。上午，中国测绘科学研究院刘纪平副院长介绍了地理信息安全监管体系和平台工作思路，请大家认真领会，积极配合做好相关工作。

三、抓好当前几项重点工作

下面，我就大家在讨论中提出的几个问题，做个解释和回应，这也是当前需要抓好的重点工作。

（一）天地图建设与应用工作

天地图经过四年多的发展，已经进入到比较平稳的发展阶段。去年，国家局印发了《天地图公益性保障服务能力建设方案》，强调天地图的公益性。同时，我们也一直在探索天地图市场化的运营模式。近期，国家局在与有关企业接洽，探讨天地图公众版和卫星导航定位地面增强系统的社会化应用及商业化运营。我们认为，在政府主导下，依托市场机制、发挥市场作用，是推动天地图公众版和卫星导航定位服务系统发展的必然要求。同时，要区分好公益性和市场化的界线，继续争取财政资金对天地图政务版和全球卫星导航定位基准服务系统公益性项目的支持。

（二）应急测绘保障能力建设工作

目前，国家局报发展改革委的《国家应急测绘保障能力建设可行性研究报告》已进入评审阶段，正在补充有关材料，有望近期启动实施。按照项目设计，我们将在全国建立 31 个航空应急测绘基地和应急测绘数据快速传输网络，实现突发事件现场信息的快速获取和应急测绘保障的高效服务。为完成上述任务，对于西部地区，国家将给予经费支持；对于东部地区，我们提出政策要求，经费主要由地方财政投入。为此，东部地区省局要尽早谋划，争取将应急测绘保障纳入当地“十三五”规划，主动争取财政资金支持，加强队伍建设和机制建设，为应对突发事件提供有力地理信息支撑。

（三）涉密网络建设与管理工作

一些省局反映涉密网络建设比较困难，资金投入较大。对此，国家局正在组织国家基础地理信息中心在总结涉密网络建设经验的基础上，提出涉密测绘地理信息网络的技术和管理要求，以指导各地开展涉密网络建设和测评工作。国家保密局也正在开展涉密网络检查和测评工作，对涉密网络的建设和管理要求也是十分明确的。各地要根据实际条件和有关要求，积极争取资金，尽快建成符合保密条件的涉密网络，并加强管理。

（四）全国地理信息应用成果和地图网上展览筹备工作

为展示“十二五”期间测绘地理信息部门服务大局、服务社会、服务民生的成就和地理信息应用成果，国家局不再按原来的方式举办实物展，而是举办全国地理信息应用成果和地图网上展览。各地在筹备网上展览过程中，可以根据实际情况，充分利用现有资源（比如地图公众版的网络、计算、存储资源等），达到展示成就、推介成果、扩大影响的目的，要因地制宜，厉行节约，希望大家能积极参与并按时间节点有序推进。

四、提升治理能力和服务水平

十八大以来，习近平总书记多次强调各级领导干部要努力学习掌握科学的思维方法，防止出现“新办法不会用，老办法不管用，硬办法不敢用，软办法不顶用”的情况，以科学的思维方法保证各项改革顺利推进。科学的思维方法主要有六大思维，即战略思维、辩证思维、法治思维、系统思维、底线思维、精准思维。《政府工作报告》提出，我们要全面推进依法治国，加快建设法治政府、创新政府、廉洁政府和服务型政府，增强政府执行力和公信力，促进国家治理体系和治理能力现代化。为此，我们要增强按制度办事、依法办事意识，善于运用这“六大思维”做好测绘地理信息与地图管理工作，提高服务水平和管理效能，推动事业转型升级。

（一）深入思考，加强政策研究

随着移动互联网的发展，现在各类信息非常丰富，也非常容易获取，但却导致“信息的丰富产生注意力的缺乏”。我们现在面对浩如烟海的信息，更加需要提升深入思考的能力。要适应时代变化，系统梳理各类业务情况，深入思考，既改革不适应实践发展要求的机制和做法，又不断构建新的机制和做法，使各方面业务有章可循，制度更加科学、更加完善。特别是要深入研究地理国情普查（监测）成果、高分辨率遥感影像数据及其他新型测绘地理信息成果和产品应用政策，研究地理信息产业发展机制和评价体系，研究地理信息安全监管体系和政策等。国家局正在开展地理信息产业基础理论研究，我们也欢迎大家能加入进来。

（二）积极探索，加大创新力度

创新是推动一个国家和民族向前发展的重要力量，是推动整个人类社会向前发展的重要力量，也是事业立于不败之地的强大武器。《政府工作报告》提出“大众创业、万众创新”，并作为双引擎之一。可以说，创新是我国未来一段时间发展的主要动力和手段。因此，我们要结合本地区实际，根据形势发展要求，试点先行，积极探索，不断加大创新力度。一方面加大管理创新，建立有利于推动工作的体制机制，联合有关部门，切实加强地理信息安全监管、地理信息深层次应用等工作。另一方面加大技术创新，通过实施地理信息公共服务平台、地理信息安全监管平台等项目，不断提高公共服务水平，提升监管能力，为履行好职责提供技术保障。希望各地能大胆试点、大胆创新。必要时，国家局将给予一定的经费支持。

（三）乘势而上，进行战略布局

任何工作中都应该善于利用战略思维谋篇布局，以达到事半功倍的效果。开展战略布局，首先应研究透事物发展的趋势。俗话说，没有人能打败趋势。趋势把握好了，工作自然就好落实。我们现在面临趋势是什么？我认为，在政府管理方面的趋势，就是简政放权和提供公共产品、公共服务。为此，我们还要加强战略研究，深入研究地理信息产业、测绘成果管理和地图管理的新情况、新特点、新趋势，厘清各项体制机制、法律法规以及有关政策，以简政放权和提供公共产品、公共服务为总的发展趋势，乘势而上，精心谋划，布好局，切实推动测绘地理信息与地图管理工作科学发展。

同志们，测绘地理信息与地图管理工作非常重要，面临的新情况、新问题多。让我们紧紧围绕国家局党组中心工作，进一步解放思想，开拓创新，提出更多的新思路、新办法，共同推动地理信息大应用和产业的大发展，为推进“四个全面”战略布局作出应有贡献。

在全国测绘地理信息应用工作座谈会上的讲话

国家测绘地理信息局副局长　闵宜仁

2015 年 10 月 30 日

同志们：

在党的十八届五中全会刚刚闭幕之际，我们在这里召开全国测绘地理信息应用工作座谈会，主要目的是深入贯彻落实《国务院办公厅关于促进地理信息产业发展的意见》（国办发〔2014〕2 号）精神，总结“十二五”全国测绘地理信息应用工作成效，分析当前面临的形势和存在的问题，谋划“十三五”测绘地理信息应用工作任务，进一步推动测绘地理信息跨部门、跨地区的共享和社会化深层次应用，促进地理信息产业发展，为国家稳增长、促改革、调结构、惠民生、防风险做出贡献。

上午，姜大明部长宣布开通了全国测绘地理信息应用成果和地图网上展览，库热西局长作了重要讲话，我局与 12 家中央部委和相关单位签署了地理信息共享合作协议，10 个单位作了大会交流发言，大家围绕库热西局长重要讲话精神、测绘地理信息应用工作进行了讨论，提出了很多很好的意见和建议。下面，我结合大家的讨论和个人的一些思考，谈几点意见。

一、“十二五”测绘地理信息应用工作成效显著

“十二五”期间，各级测绘地理信息部门坚持

服务大局、服务社会、服务民生，大力推动测绘地理信息应用于政府公共管理、经济转型升级和百姓日常生活，取得了较好的社会效益和经济效益。

（一）政策体系更加完善，为测绘地理信息应用提供了制度保障

国家局联合军队、保密部门，出台了基础地理信息公开表示内容规定和遥感影像公开使用管理规定，首次提出了基础地理信息要素分层管理细则，明确了遥感影像公开使用的空间位置精度和地面分辨率，实现了测绘地理信息社会化应用政策的重大突破；出台了《测绘地理信息业务档案管理规定》和《测绘地理信息业务档案归档范围》。河北、江西、福建等地出台了遥感影像共享统筹政策，节省了财政投入，促进了地理信息资源的共享利用。各地依法行政，规范开展行政许可，全国共办理涉密测绘成果使用提供审批 5 万余件，提供标准图幅 551.7 万余幅、数据量达 328.4TB；办理地图审核 2 万余件。这两项行政许可的执行，有效保障了测绘地理信息应用政策的贯彻落实，形成了管理的闭合环。

（二）数据资源不断丰富，为测绘地理信息应用奠定了扎实基础

建成了覆盖我国全部陆地国土面积的 1∶100 万、1∶25 万、1∶5 万基础地理信息数据库，其中 1∶5 万数据库基本实现了年度动态更新。1∶1 万基础地理信息数据覆盖陆地国土面积超过 53%，通过“数字城市”建设项目获取了大量 1∶2000、1∶500 等基础地理信息数据。依托资源三号立体测绘卫星，累计获取了 171 多万景 2.1 米分辨率卫星遥感影像。组织开展了全国第一次地理国情普查，获取了大量高分辨率遥感影像数据和各类地理国情普查数据，地理信息资源更加丰富。基本建成了国家地理信息公共服务平台“天地图”和全国测绘地理信息资源目录服务系统、卫星导航定位基准服务系统，测绘地理信息公共服务体系基础设施更加健全。组织编制了 1∶100 万、1∶400 万中国国界线画法标准样图和新版公益性标准地图，编制了新版盲文地图，更新并制作了 1∶25 万公众版地图成果（2015 版），编制了维吾尔文、蒙文等少数民族语言的中国地图和世界地图，测绘地理信息公共产品不断丰富。

（三）公益服务保障有力，为测绘地理信息应用拓展了服务领域

各地利用自身资源优势和技术优势，积极参与电子政务建设，开发各类基于测绘地理信息的综合管理与决策系统，组织编制并共享了领导工作用图 750 多种、应用系统 40 多个，主动为各级领导机关管理决策等提供服务。及时提供各类基础测绘成果，为国家和地方重大工程项目建设提供了测绘地理信息保障服务。积极落实国家航空应急和突发事件应急规划，组织开展了国家应急测绘保障能力建设项目申报。在地震、泥石流等自然灾害以及马航失联客机搜寻等突发事件发生后，第一时间组织获取数据成果并编制影像图、各类专题地图，向各级政府部门提供使用，为国家应急决策指挥和救援提供了有效服务。大力推动天地图在政府管理决策、重大工程建设、百姓日常生活等方面的公益性应用，极大地推进了跨管理层级、跨行政区域、跨行业的地理信息资源共享与协同服务，社会效益和经济效益显著。

（四）共享合作有效推进，为测绘地理信息应用建立了长效机制

各级测绘地理信息部门在加强数据资源建设的同时，大力推动各类地理信息资源的共享合作。积极落实测绘成果汇交制度，共收到汇交目录 34 万条，汇交副本 6611 套，有效支撑了各类基础地理信息数据建设和更新，在一定程度上避免了财政重复投入。依托“天地图”，有 26 个省级节点与主节点开展数据融合，共享了国家、省、市三级基础地理信息数据。“十二五”期间，共签订共享合作协议 170 个，累计已签订协议 325 个，共享了大量专业部门基于空间位置的专题信息，有效提升了基础地理信息数据的更新水平，推动了测绘地理信息在专业部门的深入应用。

（五）产业发展实现突破，为测绘地理信息应用提供了关键动力

国务院办公厅出台了《关于促进地理信息产业发展的意见》，并将地理信息产业明确为战略性新兴产业。国家局与发展改革委联合印发了《国家地理信息产业发展规划（2014—2020 年）》，明确了产业发展的重点领域和主要任务。各级测绘地理信息部门大力推进《意见》和《规划》的贯彻落实，浙江、湖北、新疆等22 个省（区）政府出台了促进地理信息产业发展的实施意见或者细化政策文件，采取各种有效措施，推动产业规模快速增长，质量效益不断提升。最近，我们结合全国第二次、第三次经济普查有关数据，对地理信息产业规模做了初步

测算研究，2008年至2013年产业规模以年均25.4%的速度增长，有效带动其他产业的发展，为国家稳增长、促转型、调结构发挥了积极作用。

（六）宣传推广形式多样，为测绘地理信息应用创新了宣传载体

各地利用信息化、网络化时代的特点，改变以往举办实物展览的传统方式，首次举办全国测绘地理信息应用成果和地图网上展览，搭建了1个主展馆、1个地图展馆、31个省级展馆和36个企业展馆的展馆集群，共计16300余件展品，全面展示“十二五”测绘地理信息成果和典型应用，为社会各界了解测绘地理信息应用工作搭建了新平台。大力推广应用天地图，组织开展了第三届天地图应用开发大赛，赴20多个高校开展宣讲，累计吸引了3000多人参与大赛，开发出了许多实用、好用的应用系统，社会影响力持续扩大。不断完善全国测绘地理信息资源目录服务系统，发布目录数据200多万条，内容涉及地形图、数字成果、历史地图、航空摄影、卫星影像、测绘资料档案等多类成果，较好落实了《测绘法》“测绘行政主管部门应当定期编制测绘成果目录，向社会公布”的要求。

二、认清形势，进一步增强做好测绘地理信息应用工作责任感和紧迫感

（一）测绘地理信息应用工作要适应新需求

“全面建成小康社会、全面深化改革、全面依法治国、全面从严治党”的战略布局，以及“一带一路”建设、京津冀协同发展、长江经济带建设的区域发展总体战略，都在优化国土空间开发格局、生态环境监测、政府科学管理、“互联网+”行动计划等方面对测绘地理信息提出了新需求，测绘地理信息应用呈现出范围更广、技术更高、服务更快的趋势。《国务院办公厅关于促进地理信息产业发展的意见》将“促进地理信息深层次应用”，作为六大重点发展领域之一。《全国基础测绘中长期规划（2015—2030）》将“地理信息公共服务”，作为五大重点任务之一。最近国务院印发的《促进大数据发展纲要》，明确大力推进自然资源和空间地理基础信息库等国家基础数据资源跨部门、跨区域共享，要求优先推动包括地理信息在内的政府数据集向社会开放，并加大应用力度。新形势下，测绘地理信息需求旺盛，应用大有可为。

（二）测绘地理信息应用工作要适应新要求

近年来，国务院把简政放权作为全面深化改革的“先手棋”和转变政府职能的“当头炮”，采取了一系列重大改革措施，有效释放了市场活力，激发了社会创造力，推动了政府管理创新。同时，随着事业单位改革进程的加快，测绘地理信息应用工作将主要依靠市场力量来推进，政府将重点做好地理信息公共服务和安全监管，地理信息公共服务正在从“给群众端菜”向“让群众点菜”转变。我们要适应这种转变，利用新的发展理念，按照新的要求，营造良好发展环境，促使测绘地理信息应用更具活力、更加深入。党的十八届五中全会提出创新、协调、绿色、开发、共享的发展理念。我们也要将这些新理念、新要求贯彻到测绘地理信息应用工作中去，破解发展难题，厚植发展优势。

（三）测绘地理信息应用工作要适应新发展

当前，我国经济发展进入新常态，科技发展日新月异。新常态背景下，地理信息数据的价值日益彰显，各级党委政府和有关方面越来越多地利用测绘地理信息成果和技术支撑科学管理决策，测绘地理信息应用迎来了新的发展机遇。特别是随着移动互联网、云计算、物联网、大数据等技术的快速发展，地理信息技术与其深入融合，测绘地理信息企业级、大众化应用趋势将更加凸显。在这些新技术的带动下，测绘地理信息行业正发生翻天覆地的变化，从静态到动态、从生产到服务、从单体到集群，测绘地理信息应用领域更加广泛，应用之路也将越走越宽。

（四）测绘地理信息应用工作面临新问题

总体来说，在大家的共同努力下，“十二五”全国测绘地理信息应用工作取得了显著成效，但我们也清晰地认识到工作中还存在一些问题，主要表现在：一是地理信息数据开放不够，还不能满足社会需求；二是测绘地理信息应用深度不够，专项应用开发多，综合性应用较少；三是测绘地理信息资源整合共享不足，按需提供地理信息公共服务的能力还不够；四是推进测绘地理信息应用的思路不够开阔，能力还不足。这些问题，有的是在发展过程中产生的，有的是工作不到位造成的。希望同志们都能通过认真思考这些问题，研究寻求对策，下大气力解决测绘地理信息应用工作存在的问题。

三、明确“十三五”测绘地理信息应用工作的思路和任务

“十三五”期间，测绘地理信息应用工作的总的思路是：在维护国家地理信息安全的前提下，以

公益性测绘地理信息应用服务为核心，以增加公共产品、公共服务和打造大众创业、万众创新“双引擎”为着力点，进一步加强测绘地理信息应用能力建设，加快完善测绘地理信息共享、开放、应用政策和公共服务体系，大力实施“地理信息+”战略，积极推动测绘地理信息社会化深层次应用，促进地理信息产业健康快速发展。

（一）转变观念，大力推动测绘地理信息资源开放

开放共享是互联网经济时代的典型特征之一。推动地理信息资源的开放，有利于盘活基础地理信息资源，使其发挥更大的作用；有利于减少重复投入，带动社会公众开展地理信息数据增值性、公益性开发和创新应用，充分释放测绘地理信息资源红利，激发大众创业、万众创新活力。国家局将在维护国家安全和风险可控的前提下，加大与有关部门的协调力度，积极推进测绘地理信息成果科学定密工作，努力形成“门槛”适当的测绘地理信息使用、开放政策。按照“分级分类”的原则，研究制定基础地理信息开放共享成果目录，并主要依托“天地图”和全国测绘地理信息资源目录服务系统，最大程度开放基础地理信息资源。探索完全放开1:100万、1:400万地理信息数据在网上的下载，创造条件放开1:25万公众版地图成果在网上的下载。同时，降低1:5万、1:25万基础地理信息数据的使用成本，对于用于国家机关决策和社会公益性事业的，无偿提供。认真贯彻落实《测绘地理信息业务档案管理规定》，推动测绘地理信息业务档案的开放、开发和利用。各地也要采取各种措施，推动本地区基础地理信息数据或者产品向社会开放，减少数据获取“阻力”，积极实施基础地理信息免费或低收费政策，推动测绘地理信息社会化深层次应用。

（二）强化整合，加快各级各类地理信息资源共享

大数据正日益对全球生产、流通、分配、消费活动以及经济运行机制、社会生活方式和国家治理能力产生重要影响。地理信息是大数据的重要组成部分，我们要积极推动地理信息数据与其他行业的融合（聚合），加快构建地理信息大数据。一是利用全国测绘地理信息资源目录服务系统开展目录汇交，加大副本汇交力度，避免重复建设。二是依托“天地图”，合理布局行业大数据中心，大力推动地理信息资源共享交换体系建设。纵向上，着力推动国家与地方测绘地理信息数据的融合和共享，进一步丰富各级地理信息资源，并保持数据属性的一致性；横向上，协调相关部门和军队，制定共享目录，在国家法规政策和合作协议框架下，按照“分建共享”的原则，建立地理信息的网络化数据共享模式，推动“天地图”成为政府部门内部和不同层级之间实现地理信息共享与应用服务的平台，从根本上实现“权威数据由权威部门提供和维护”。在国家局与中央部门签署的共享合作协议中，都要求共同推进省级相应部门开展合作，鼓励进行地理信息数据资源共享与开发利用。这次会议后，我们将尽快将签署的合作协议转发各省局，请大家积极推动落实。

（三）面向需求，不断完善测绘地理信息公共服务体系

健全高效的公共服务体系是推动测绘地理信息应用的保障网、催化剂。一是加强公共服务基础设施建设。打造“天地图”数据获取及其更新核心竞争力，充分整合基础测绘、地理国情普查（监测）、数字（智慧）城市、全球测图等数据资源，面向社会提供高效、标准的综合地理信息服务。全面升级全国测绘地理信息资源目录服务系统，整理优化各类成果目录数据，集成各行业地理信息目录资源，使其成为开放的地理信息资源目录集成与服务系统；鼓励地理信息企业主动参与建设并发布数据和产品目录，使其成为展示企业地理信息资源目录的窗口和数据分发的重要渠道。二是丰富测绘地理信息公共产品。进一步完善全国测绘测绘地理信息应用成果和地图网上展览，并与“天地图”进行整合。重点开发市场不能提供或者不愿意提供，且社会又急需的测绘地理信息公共产品，积极提供公益性地理信息服务。要面向用户需求，充分利用各级基础地理信息数据库资源和其他相关成果资料，大力开发多种类、实用方便的公益性地理信息产品，着力解决公众应用测绘地理信息的“痛点”问题，更好地满足全社会对测绘地理信息公共产品的需求。

（四）突出重点，着力提升测绘地理信息公益性服务能力

地理信息公益性服务是测绘地理信息部门的重要工作内容。我们应当坚持有所为有所不为，突出重点领域，发挥公共资源最大效益，不断扩大社会影响。一是为应急突发事件服务。推进国家应急测绘保障能力建设项目实施，在自然灾害多发地区配

备长航时、大载荷固定翼无人机和数据处理设备，加强突发事件现场影像获取、应急测绘成果快速处理服务、应急测绘资源互联共享等能力建设，实现突发事件“第一时间”现场信息快速获取、分析、处理与高效服务。完善应急测绘组织管理制度和保障服务机制，充实应急保障装备，丰富应急测绘资源储备，建立反应迅速、运转高效、协调有序的全国应急测绘保障体系。二是为政府管理决策服务。大力推进“天地图”在电子政务内网的应用。结合领导机关和政府部门需求，搭建全国辅助决策用图一体化定制服务平台，推进各级辅助决策用图信息资源的整合与利用，面向政府提供可定制、多元化、深层次公共服务，为政府宏观决策提供专题信息和空间态势服务。积极服务不动产登记、“多规合一”等工作。三是为国家重大战略服务。编制“一带一路”“长江经济带”“京津冀一体化”“主体功能区”综合地图产品，编制反映新中国成立70周年、建党100周年等展示国家历史性变化和辉煌成就的地图产品。

（五）加强引导，充分发挥市场力量推动测绘地理信息深层次应用

高手在民间，测绘地理信息应用的活水源头也在民间。我们要按照国家创新驱动发展战略，积极推进“地理信息+”行动战略，鼓励社会各界发掘利用地理信息资源，激发创新创业活力，加强地理信息与各行各业的深度融合，通过示范应用，推动形成具有高技术含量、高集成性、高附加值等特点的深层次应用，带动相关产业转型升级。一是加强产业运行监测，及时掌握本地区地理信息企业布局、产业结构及经济运行情况。二是为企业营造良好发展环境，通过应用创新开发竞赛、提供众创空间、服务外包、应用培训等方式，在为政府部门提供地理信息专业化服务的同时，引导鼓励企业和社会机构利用开放的地理信息资源，打造“双创”服务平台，开展创新应用研究，推动地理信息数据与互联网、移动互联网、可穿戴设备等数据的汇聚整合，深入发掘地理信息大数据价值，开发各类便民应用。三是重点创新公共服务提供方式，引入市场机制，凡是企业和社会组织有积极性、适合承担的，通过委托、承包、采购等方式尽可能发挥社会力量作用；以政府提供公共服务为主的，也要更多采取政府和社会力量合作方式。积极推动建立天地图公众版和卫星导航定位服务系统的社会化和商业化应用新机制。

（六）注重监管，为测绘地理信息应用健康发展保驾护航

测绘地理信息工作事关国家主权、安全和利益。确保国家地理信息安全，是我们的重大政治责任。随着科技的发展，新型地理信息服务业态不断出现，地理信息的获取方式、表现形式、传播途径更为多样，地理信息安全监管的对象和内容发生了巨大变化，安全监管的广度和难度也进一步增大。我们一定要牢固树立总体国家安全观，坚决维护国家地理信息安全，妥善处理好安全与应用的关系。要加强制度建设，完善涉密基础地理信息使用审批、跟踪检查等制度，研究制定地理信息管理、使用、存储等安全监管制度，形成人防、物防、技防的立体安全监管体系；要完善体制机制，进一步强化多级联动、部门协作的网上地理信息安全监管机制，探索建立地理信息数据安全评估机制，打造地理信息安全监管一体化平台，全面提高地理信息安全监管能力。

四、几点要求

（一）加强政策理论研究

任何工作中都应该有正确的理论指导，这样才能看得更远、看得更深，达到事半功倍的效果。当前，我们要在党的十八届五中全会精神指导下，利用战略思维、辩证思维、法治思维、系统思维、底线思维、精准思维等六大科学思维方法，着重开展地理信息产业理论和测绘地理信息保密政策研究。比如，利用战略思维，科学谋划“十三五”甚至更长一段时间的测绘地理信息应用工作；利用辩证思维，厘清地理信息产业发展与宏观经济增长的关系；利用法治思维，研究如何进一步简政放权、提高行政许可效率；利用系统思维，研究地理信息产业发展模式问题；利用底线思维，研究如何处理好测绘地理信息应用与保密的关系，确定好地理信息公开的边界；利用精准思维，研究地理国情普查（监测）成果、高分辨率遥感影像数据及其他新型测绘地理信息成果和产品应用政策问题，等等。

（二）精心谋划发展布局

凡事预则立，不预则废。我们要以国家“十三五”规划建议为总领，按照国家局的总体部署，把握测绘地理信息应用工作的新情况、新特点，以简政放权和增加公共产品、公共服务为总的发展趋势，结合本地区本单位实际，精心谋划，加强顶层设计。在编制测绘地理信息事业发展“十三五”规划的同

时，统筹考虑测绘地理信息应用工作，明确发展目标和重点任务，凝练提出“十三五”测绘地理信息应用的重大项目建议，并争取将部分项目纳入本地区“十三五”规划。要通过大项目带动应用大发展，着重抓好地理信息公共服务平台“天地图”、应急测绘保障能力建设、卫星导航定位基准服务系统、测绘地理信息目录服务系统等项目的优化升级或者立项前期工作，以此为基础全面构建测绘地理信息公共服务体系的基础设施，提升测绘地理信息应用保障水平和发展后劲。

（三）探索建立应用长效机制

有人说，测绘地理信息应用好比沙子，不容易抓起来。如果仅仅从应用的领域来看，确实很广、很多、很杂，不知从何下手。但是，作为政府部门，我们不应该沉迷于个案的应用，而应该从更加宏观的层面来考虑应用工作。在政策制定方面，应该研究制定有利于应用的开放政策、共享政策、保护政策、项目规划等；在公共服务方面，应该提供有利于应用的公共产品，健全公共服务体系；在服务领域方面，应该着重推动在政府管理决策、应急突发事件、国家重大战略等公益性方面的应用。总之，我们要适应时代变化，摸清不适应实践发展要求的机制和做法，深入思考，加强创新，探索建立新的机制和做法，使应用工作有章可循，制度更加科学、更加完善。

（四）加大应用推广宣传力度

尽管近年来测绘地理信息应用工作取得了一定成效，但相对于测绘地理信息生产、管理等工作，应用工作仍然是我们最薄弱的环节。这次我们举办全国测绘地理信息应用成果和地图网上展览，较好展示、推广了测绘地理信息应用成果和技术，宣传了地图文化。在移动互联网时代，我们要在继续运行维护好这个网上展览平台的同时，利用微博、微信等新媒体，采取多种形式，加强测绘地理信息应用在促进科学管理决策中作用和典型案例的宣传，尤其是面向各级领导干部的宣传，增进各方面对测绘地理信息应用工作重要性的认识和了解，营造促进测绘地理信息应用工作的良好环境。

同志们，测绘地理信息的价值在于应用。让我们解放思想、开拓创新、扎实工作，大力推动测绘地理信息的社会化深层次应用，为测绘地理信息改革创新发展奠定良好基础。

贯彻从严治党要求　强化监督执纪问责　为测绘地理信息事业发展保驾护航

——在全国测绘地理信息系统党风廉政建设工作电视电话会议上的报告

国家测绘地理信息局党组成员、纪检组组长　于贤成

2015 年 1 月 30 日

同志们：

国家局党组决定召开这次会议，主要任务是：深入学习贯彻习近平总书记关于党风廉政建设和反腐败斗争的重要论述和中央纪委五次全会精神，总结 2014 年测绘地理信息系统党风廉政建设和反腐败工作，深刻分析形势，紧密结合实际，研究部署 2015 年主要任务，推动测绘地理信息系统党风廉政建设和反腐败工作迈上新台阶，为测绘地理信息事业转型升级、科学发展提供坚强有力的保障。

国家局党组对这次会议高度重视，会前专门听取了 2014 年党风廉政建设和反腐败工作情况汇报，研究部署了 2015 年重点任务，并审定了会议方案和工作报告。今天，国家局党组书记、局长库热西同志还将作重要讲话，我们要深入学习领会，认真贯彻落实。

下面，我受国家局党组委托，就测绘地理信息系统党风廉政建设和反腐败工作报告如下。

一、2014 年工作回顾

一年来，全国测绘地理信息系统认真贯彻党中央、国务院、中央纪委反腐倡廉决策部署，在国土资源部党组的指导下，围绕中心、服务大局，务实创新、开拓进取，认真落实两个责任，严明党的纪律，持续改进作风，强化监督制约，坚决惩治腐败，党风廉政建设和反腐败工作取得新的成效，为测绘地理信息事业发展做出了应有的贡献。

（一）“两个责任”进一步落实。国家局党组把

履行好主体责任作为重要政治任务，2014 年召开 8 次党组会研究部署党风廉政建设，制定了《关于落实党风廉政建设主体责任和监督责任的意见》，每年初召开全系统党风廉政建设工作会议，制定年度计划，抓好责任分解，组织签订党风廉政建设责任书，切实把党风廉政建设责任落实到位。结合巡视、年度考核、述职述廉、民主生活会等，加强了对党风廉政建设责任制落实情况的监督检查，2014 年底库热西同志还带队开展了重点抽查。各单位各部门切实落实主体责任，努力做到守土有责、守土尽责。各级纪检监察机构积极履行监督责任，聚焦主业，进一步转职能、转方式、转作风。浙江局、四川局、贵州厅等多家单位制定了落实“两个责任”的办法，辽宁局、西藏局等单位将党风廉政建设责任制考核结果与业绩评定、奖励惩处、选拔任用挂钩，广东厅纪检监察机构参加的议事协调机构经清理从 38 个减少到 10 个。

（二）执行党的纪律更加严明。全系统各单位各部门通过多种方式，进一步加强纪律教育，引导督促广大党员干部严格遵守党的纪律。结合 2014 年度民主生活会，各级领导班子及其成员对遵守党的政治纪律、组织纪律、廉政纪律的情况进行了对照检查，进一步强化了纪律观念和规矩意识。国家局通过开展省级测绘地理信息行政主管部门年度绩效考核，督促全系统贯彻落实好中央决策部署和国家局各项要求。各单位各部门按照党中央、国务院、国家局党组、本地区党委政府的决策部署，围绕测绘地理信息中心工作、重大任务、重要项目，加强了落实情况的监督检查，有力保障了测绘地理信息系统全面深化改革、第一次地理国情普查等重点任务的开展，维护了测绘地理信息系统政令畅通。新疆局组织近 900 名各族干部职工作出了严守政治纪律的承诺，陕西局制定《省级财政测绘专项资金管理办法》，宁波局对测绘地理信息行政审批制度改革等情况开展了专项监督，研究院出台了《督促检查工作管理办法》。

（三）作风建设呈现新的气象。国家局党组坚持教育实践活动“收尾不收场”，持续用力深化整改，阶段性整改任务基本完成，专项整治工作全部完成。继续推动学习型、服务型、务实型、和谐型、廉洁型“五型机关”创建活动，开展了中央八项规定精神落实情况监督检查、办公用房清理、严肃财经纪律和“小金库”专项治理等工作，对局直属单位开展了选人用人“一报告两评议”和干部选拔任用专项检查。2014 年国家局机关会议、发文数量同比减少 26%、22%，因公临时出国（境）团组减少 17 批次、102 人次。制定了党员干部直接联系群众制度实施意见、培训费管理办法、公务接待管理办法、调查研究工作管理规定、因公短期出国培训费用管理办法等制度，推动作风建设常态化长效化。内蒙古厅、安徽局、海南局、大连规划局、青岛国土房管局等单位开展了作风建设专项整治。

（四）巡视审计作用充分彰显。国家局党组认真落实中央巡视组反馈意见，制定整改方案，分解任务，狠抓落实，取得明显成效。着眼于发现问题、解决问题，围绕“四个着力”，国家局党组对中国测绘科学研究院、海南测绘地理信息局进行了巡视，有效发挥了巡视的监督作用。国家局对 3 名领导干部开展了离任经济责任审计，对 6 家直属单位进行了年度预算执行和财务收支审计，在地理国情普查等重大项目中专门设立财务监督组，有效发挥了内部审计的作用。宁夏厅对 7 家单位开展了巡视，黑龙江局、甘肃局等单位开展了经济责任、财务收支、项目资金管理使用情况等方面的内部审计，重庆院坚持每年对干部职工收入及分配情况进行审计。

（五）监督力度不断加大。国家局党组制定了《贯彻落实〈建立健全惩治和预防腐败体系 2013—2017 年工作规划〉实施办法》，修订了党组工作规则和局工作规则，坚持民主集中制和“三重一大”事项集体研究制度，严格执行领导干部报告个人有关事项、民主生活会、述职述廉、诫勉谈话等制度。制定了《纪检监察机构监督政府采购工作暂行办法》，修订了《内部审计工作管理办法》，修订了干部选拔任用和监督管理方面的 9 项制度，为有效开展监督提供了重要依据。认真开展问题线索起底和外逃人员排查，2014 年国家局纪检监察机构共受理信访举报 25 件，立案 1 件，廉政谈话 7 人次。吉林局、福建局、湖北局、青海局等单位制定了惩防体系五年规划实施办法，江苏局、地信中心通过信息化手段实现了对审批事项、经济活动等的实时监控和动态预警，内蒙古事业局开展了廉政风险防控“回头看”，河南局、江西局制定了规范工作人员参加评审讲座等活动的管理办法，中图集团制定了《职务消费管理办法》等制度，深圳规划国土委通过公布《行政服务手册》进一步规范行政行为，厦门国土房管局向社会公布了权力运行流程图。

（六）廉政教育形式丰富多彩。各单位各部门通过开展中心组学习、举办勤廉书画展、参观廉政教育基地、开展廉政专题讲座、观看廉政教育片等形式多样的廉政教育活动，党员干部廉洁的从政意识进一步提升。在元旦、春节、中秋、国庆等重要节点，通过下发通知、发送短信、谈话提醒等方式，引导党员干部增强抵制各种不正之风的意识。许多单位通过组织学习杨艳萍等身边模范人物强化正面教育，通过反面典型案例开展警示教育，取得很好效果。积极拓展纪检监察宣传渠道，中央纪委网站、《中国纪检监察报》、《中国监察》杂志等多次报道国家局党风廉政建设工作。湖南厅开展了党纪条规教育年活动，山东厅组织1200多名正科级以上党员干部参加了德廉知识学习测试，上海院建立了廉政之声教育平台并出台了《领导班子和谐高效廉洁若干准则》。

通过一年来的工作，我们对做好党风廉政建设和反腐败工作有如下几点体会：提高思想认识、把握正确方向是基本前提，必须认真贯彻中央从严治党要求，切实把思想和行动统一到中央部署要求上来；党组高度重视、领导率先垂范是有力保障，“一把手”带头履行“第一责任人”职责，班子成员认真履行“一岗双责”，为我们做好工作提供了有力保障；围绕中心、服务大局是根本目的，必须从测绘地理信息事业发展大局出发，认真落实好党风廉政建设的各项任务；落实两个责任、强化监督检查是关键所在，必须把党风廉政建设作为分内之事、应尽之责，强化责任落实、检查考核、责任追究，才能把工作落到实处。在看到成绩的同时，我们也清醒认识到，当前测绘地理信息系统滋生腐败的土壤依然存在，党风廉政建设和反腐败工作还存在一些问题和不足，主要是：一些领导干部对反腐倡廉的认识不足、重视不够，重业务工作、轻党风廉政建设，有的甚至认为党风廉政建设是纪检监察机构的事，履行主体责任的意识不强；一些同志认为测绘地理信息系统是“清水衙门”，审批权力不大，发生案件不多，不会出什么大问题，还存在麻痹和放松的思想；干部教育、管理、监督抓得不紧不严，在项目、资金等方面仍然存在风险和隐患，以往在这方面的教训也很深刻；个别党员干部规矩意识不强，纪律观念淡薄，不良作风积习甚深，制度执行的力度还不够，违纪违法行为仍时有发生；有的单位纪检监察机构主业不够突出，监督问责力度还不够，执纪办案能力还不强；纪检监察机构不够健全，人员力量不足，教育培训欠缺，纪检监察队伍建设有待进一步加强等等。这些问题需要我们高度重视，认真加以解决。

二、2015年工作任务

近年来，党中央国务院对测绘地理信息工作越来越重视，财政投入越来越大，项目资金越来越多，测绘地理信息事业发展的势头越来越好，“摊子”越铺越大，但同时廉政风险也随之增大，党风廉政建设和反腐败工作任务依然艰巨。国家局党组高度重视党风廉政建设和反腐败工作，2015年新年伊始第1次党组会就是研究党风廉政建设，今年以来已召开3次党组会研究部署党风廉政建设。我们要充分认识测绘地理信息系统党风廉政建设和反腐败工作的长期性、复杂性、艰巨性，坚持党要管党、从严治党，牢固树立“两手抓、长期抓、从严抓”的意识，按照中央要求和国家局党组部署，坚决打赢党风廉政建设和反腐败斗争这场攻坚战、持久战。

2015年测绘地理信息系统党风廉政建设和反腐败工作的总体要求是：深入贯彻党的十八大、十八届三中、四中全会和中央纪委五次全会精神，加强纪律建设，落实“两个责任”，深入改进作风，完善规章制度，强化监督制约，严肃惩治腐败，进一步推动测绘地理信息系统党风廉政建设和反腐败工作迈上新台阶。

2015年重点要做好以下6个方面工作：

（一）强化规矩意识，加强纪律建设。要把守纪律、讲规矩摆在更加重要的位置，引导督促广大党员干部对党的纪律和规矩心存敬畏，自觉遵守党章、党的各项纪律、国家法律和党在长期实践中形成的优良传统和工作惯例。要遵守组织程序，重大问题该请示的要请示，该汇报的要汇报，决不允许超越权限办事。要服从组织决定，决不允许搞非组织活动。领导干部要在严守政治规矩、政治纪律、组织纪律和廉政纪律上当好表率，严格约束亲属和身边工作人员。各单位各部门要不折不扣贯彻落实党中央、国务院和国家局的决策部署，各级纪检监察机构要认真履行监督职责，确保党中央、国务院决策部署在全系统全面贯彻落实，对不守纪律的行为要严肃处理。

（二）强化责任落实，严格责任追究。2015年是责任追究年，测绘地理信息系统各级党组织要把履行党风廉政建设主体责任当作分内之事、应尽之责，与测绘地理信息业务工作同研究、同部署、同落实，逐级传递压力、层层落实责任，确保党风廉政建设的主体责任落实到位。“一把手”要带头履行“第一责任人”责任，班子成员要履行好“一岗双责”职责，当好党风廉政建设的领导者、执行者、推动者。各级纪检监察机构要聚焦中心、突出主业，认真履行监督责任。今年要对各级党组织书记和纪检监察机构负责人普遍开展一次“两个责任”专题轮训，切实提高履行主体责任和监督责任的意识和能力。国家局将按照中央纪委的部署要求，抓好责任追究，对不认真履行党风廉政建设责任，导致不正之风滋长蔓延，或者出现腐败问题不制止不查处不报告的，要严格追究责任；对纪检监察机构不敢抓、不敢管、不作为、监督责任缺位的，要坚决问责。

（三）深化作风建设，持续纠正“四风”。把作风建设作为推进党风廉政建设和反腐败斗争的重要着力点，严格执行中央八项规定，落实《党政机关厉行节约反对浪费条例》等一系列规章制度。以严的态度、严的措施纠正“四风”，持续抓好教育实践活动整改落实，确保兑现整改承诺。加强对整改落实工作的督促考核，把整改落实情况纳入领导班子、领导干部考核的重要内容。紧盯“四风”新形式、新动向，坚持一个一个节点、一个一个问题地抓，进一步精简公文、会议，规范各类培训，规范机关公务员参加评审、论证等活动，对顶风违纪、情节严重、造成恶劣影响的，要严肃查处并点名道姓通报曝光，坚决防止“四风”反弹回潮。

（四）保持高压态势，严肃查处违纪违法案件。坚持有腐必反、有贪必肃，严肃查处测绘地理信息项目管理、经费使用、行政审批、市场执法、政府采购等工作中的以权谋私、失职渎职等违纪违法行为，强化“不敢腐”的震慑作用，确保测绘地理信息系统风清气正。落实“一案双查”要求，查办违纪违法案件中既要追究当事人责任，又要追究领导责任。坚持抓早抓小、防微杜渐，对干部存在的苗头性、倾向性问题，要早发现、早提醒。畅通群众监督渠道，注意从巡视、审计、监督检查等工作中发现问题线索，健全纪检监察信访举报处理制度，加强线索管理和排查，严格落实中央纪委线索处置方式和标准的规定，切实提高执纪水平和能力。

（五）注重建章立制，加强监督制约。开展测绘地理信息法规制度“立改废释”工作，加快建立权力清单、责任清单和负面清单，健全完善行政审批程序规定、基础测绘项目管理办法、财政支出绩效评价办法等方面的制度，推进党务、政务、事务公开，综合运用制度加科技的手段，构建“不能腐”的防范机制。落实民主生活会、重要情况通报和报告、述职述廉、报告个人有关事项、诫勉谈话等制度。严格执行《党政领导干部选拔任用工作条例》，加强对测绘地理信息项目管理、资金分配、人员招聘等领域的监督，防止以权谋私。为贯彻中央关于巡视的新部署新要求，国家局 2015 年将修订《巡视工作暂行办法》，对 6 家直属单位开展巡视，加快巡视节奏，用好巡视成果，推动巡视发现问题、整改落实情况公开。严格执行财经纪律，加强对地理国情普查等重大项目资金管理使用的监督，继续深化审计监督，推动审计结果公开，督促审计发现的问题整改到位。深入学习贯彻习近平总书记系列重要讲话精神尤其是《习近平关于党风廉政建设和反腐败斗争论述摘编》，引导广大党员干部筑牢“不想腐”的思想防线。

（六）不断深化“三转”，加强纪检监察队伍建设。按照中央关于党的纪律检查体制改革的部署，国家局将配合中央纪委做好有关体制机制的改革工作。测绘地理信息系统各级纪检监察机构和干部要紧密围绕“加强基础测绘，监测地理国情，强化公共服务，壮大地信产业，维护国家安全，建设测绘强国”的发展战略，聚焦党风廉政建设和反腐败斗争主业，进一步深化转职能、转方式、转作风，认真履行监督执纪问责的职责。要增强担当意识，完善自我监督机制，规范工作流程，严格按程序和规矩办事，严肃查处跑风漏气、以案谋私行为，建设忠诚、干净、担当的纪检监察干部队伍。要加大纪检监察干部的教育培训力度，提高履职尽责能力。

按照党的隶属关系和干部管理权限，国家局将以落实“一岗双责”为头、“一案双查”为尾，通过党风廉政建设责任制落实情况报告制度、制定责任追究办法、对责任落实不到位的严格追究责任，督促局直属单位、机关各司室认真落实党风廉政建设责任；通过建立线索处置和案件查办情况报告、重要信访事项督办等制度，加强对直属单位执纪办案的督促指导。国家局直属各单位、机关各司室要本着对局党组负责、对事业负责、对干部负责的精神，层层落实责任，强化检查考核，严格责任追究，确保把国家局党组关于党风廉政建设和反腐败工作的决策部署落到实处。国家局机关各司室、直属各单位工作人员代表着国家局的形象，要增强责任意识，在遵守廉政规定、转变作风方面严格要求、发挥示范作用。

各省、自治区、直辖市、计划单列市测绘地理信息行政主管部门和新疆生产建设兵团测绘地理信息主管部门要根据本地党委、政府和纪委关于党风廉政建设和反腐败工作的部署要求，认真抓好各项任务落实，合力推进测绘地理信息系统党风廉政建设和反腐败工作，共同维护测绘地理信息系统风清气正的良好形象。各单位的党风廉政建设工作安排和总结、发生的违纪案件、有关部门对本单位党风廉政建设责任制的考核结果等，应及时抄报国家局。

同志们，2015年测绘地理信息系统党风廉政建设和反腐败工作目标已经明确，任务艰巨，责任重大。让我们进一步增强责任感和使命感，以更加坚决的态度和更加有力的措施，积极作为，不断取得党风廉政建设和反腐败工作新成效，为测绘地理信息事业转型升级、科学发展做出新的更大贡献。

在学习贯彻十八届四中全会精神专题培训班、基层党组织书记落实主体责任专题培训班和基层党组织书记轮训班上的讲话

国家测绘地理信息局党组成员、纪检组组长　于贤成

2015年3月31日

同志们：

根据中央有关要求和局2015年教育培训计划，经局党组研究决定，我们在这里结合举办贯彻十八届四中全会精神专题培训班、基层党组织书记落实主体责任专题培训班和基层党组织书记轮训班。受局党组和库热西局长委托，我简要讲两点意见。

一、深入贯彻落实全面依法治国决定，全面推进测绘地理信息法治建设

党的十八届四中全会通过的《中共中央关于全面推进依法治国若干重大问题的决定》，明确了全面推进依法治国的指导思想、总目标、基本原则和任务措施。习近平总书记就全面推进依法治国作出了一系列重要讲话，提出了一系列新思想、新观点、新举措，丰富了中国特色社会主义法治理论，为我们贯彻落实全面依法治国战略部署提供了重要遵循。

（一）深刻认识全面依法治国的重大意义。党的十八大以来，以习近平同志为总书记的党中央从坚持和发展中国特色社会主义全局出发，提出并形成了全面建成小康社会、全面深化改革、全面依法治国、全面从严治党的战略布局。“四个全面”相辅相成、相互促进、相得益彰，全面推进依法治国是保障，没有全面依法治国，就治不好国、理不好政，战略布局就会落空。

当前，我国测绘地理信息事业正处在全面深化改革、转型升级发展的关键阶段。地理信息产业作为战略性新兴产业发展迅猛，测绘地理信息事业在经济社会发展中的作用更加凸显。新常态下，党中央、国务院对测绘地理信息工作的要求更高，经济社会发展对测绘地理信息服务保障的需求更旺，我国测绘地理信息事业既迎来了巨大的发展机遇，也面临着复杂的形势和严峻的挑战。要在新常态下推动测绘地理信息事业持续健康发展，必须深入学习贯彻党的十八届四中全会精神，充分认识法治对于测绘地理信息事业发展的重要意义，运用法治思维和法治方式，推进测绘地理信息事业深化改革、转型升级、科学发展。

（二）全面提升测绘地理信息党员干部法治能力。法治能力，就是运用法治思维和法治方式的能力。习近平总书记在十八届四中全会第二次会议上强调，各级领导干部在推进依法治国方面肩负着重要责任，要对法律怀有敬畏之心，不断提高运用法治思维和法治方式深化改革、推动发展的能力。全面提升测绘地理信息党员干部的法治能力，一是要深刻认识党员干部在全面依法治国中的关键作用。测绘地理信息党员干部既是党和政府各项决策部署的执行者，又是测绘地理信息发展政策、管理制度的制定者和执行者。党员干部运用法治思维和法治方式的能力，从大的方面说，关系到依法治国的推

进；从小的方面说，关系到测绘地理信息事业的全面发展、转型升级，关系到测绘地理信息工作的依法治理，关系到测绘地理信息法治建设。测绘地理信息党员干部的法治能力，党员干部的信念信心和实际行动，将对测绘地理信息法治建设起到关键推动作用。二是要切实解决党员干部在法治能力方面的突出问题。当前测绘地理信息部门党员干部的法治能力与全面推进依法治国的要求还有一定差距。主要表现在，尊法的理念不强，日常工作习惯凭经验办事，凭感觉办事；学法的愿望不高，测绘地理信息部门专业性、技术性较强，一些党员干部存在“学好法律不如干好工作”的心理；守法的意识淡薄，有的党员干部不严格遵守法律法规，违法违纪行为仍然存在；用法的能力不强，一些党员干部对法律规定概念不清、认识模糊，依法决策、依法行政、依法管理的能力不强。三是要自觉尊法学法守法用法提升法治能力。测绘地理信息部门的领导和党员干部，要按照习近平总书记要求，以身作则、以上率下，做尊法学法守法用法的模范，不断提升运用法治思维和法治方式履行职能、深化改革、推动发展的能力。要把宪法法律列入党委（党组）中心组学习内容，一年至少安排一次党组中心组关于法治方面的专题学习。广大党员干部要牢固树立有权力就有责任、有权利就有义务的观念，任何组织和个人都必须尊重宪法法律权威，都必须在宪法法律范围内活动，都必须依照宪法法律行使权力或权利、履行职责或义务，都不得有超越宪法法律的特权。

（三）全面推进测绘地理信息法治建设。局党组认真贯彻落实党的十八大和十八届三中、四中全会精神，提出了我局法治建设的目标。测绘地理信息部门的党员干部，要按照局党组确定的目标，全面推动测绘地理信息法治建设。一是要完善测绘地理信息法律体系。要健全立法工作机制，进一步提高立法质量；加强立法规划计划，着力推进重点立法项目，实现立法和改革决策衔接，完善测绘地理信息法律体系；要深入推进科学民主立法，健全规范性文件备案审查制度，为加快测绘地理信息法治建设打下坚实的制度基础。二是要推进测绘地理信息法治实施。要全面依法履行测绘地理信息管理职能，坚持法定职责必须为、法无授权不可为；要推进行政管理事权规范化，进一步建立健全依法决策机制；要深入开展行政审批制度改革，规范审批行为，推动行政审批从“重事前审批”向“重事中事后监管”转变；要强化测绘地理信息市场监管，促进地理信息产业加快发展，平等保护各类市场主体合法权益，严格规范公正文明执法，加大重大案件查处力度。三是要强化测绘地理信息法治监督。要深入推进政府信息公开，健全行政权力监督体系，加强审计监督，完善常态化的层级监督制度，拓宽群众监督渠道；要健全作风建设长效机制，深入开展党风廉政建设和反腐败斗争；要加强行政复议，规范行政行为，维护行政相对人的合法权益，健全依法维权和纠纷化解机制。四是加强测绘地理信息法治保障。要完善领导干部学法用法制度，健全法治宣传教育机制，深入开展形式多样的法治宣传教育活动，创新普法形式，推动依法治测；要加强法治工作队伍建设，严格实行执法人员持证上岗和资格管理，积极推行政府法律顾问制度，探索设立公职律师；要强化测绘地理信息行业自律，加快推进信用体系建设，有力推动全行业的法治建设。

二、严格落实全面从严治党责任，扎实推进测绘地理信息系统党的建设和党风廉政建设

在“四个全面”的战略布局中，全面从严治党是根本。我们要进一步提高认识，准确把握目标要求，严格落实主体责任，扎实推进测绘地理信息系统党的建设和党风廉政建设。

（一）切实提高思想认识。坚持全面从严治党，是我们党的优良传统和宝贵经验，是应对“四大考验”、防范“四种危险”、提高“四自能力”的必然选择，是我们党带领全国人民实现“两个一百年”奋斗目标、实现中华民族伟大复兴中国梦的现实需要。党的十八大以来，中央从坚持不懈反“四风”，到坚持“老虎”“苍蝇”一起打，坚定不移推进反腐倡廉建设。从深入开展教育实践活动，到从严管理干部，完善党的建设各项制度，推动形成了全面从严治党的新常态。

局党组高度重视抓好党建工作和党风廉政建设，及时有力贯彻落实中央从严治党各项工作部署，为测绘地理信息事业改革发展提供了坚强的思想、政治和组织保证。当前，测绘地理信息事业正处于深化改革、转型升级、科学发展的重要时期，落实从严管党治党要求比以往任何时候都更加必要和迫切。各级党组织和广大党员干部特别是主要负责同志要进一步提高对全面从严治党重要性的认识，切实把思想和行动统一到中央和国家局党组的部署要求上来，切实增强做好新时期党建工作和党风廉政建设的责任感、使命感。

（二）严格履行主体责任。要把抓好党建作为最大政绩，认真落实党建和党风廉政建设责任制。各单位党委（党组、总支、支部）重点要履行好领导、用人、保障、管理责任；各司室、各部门支部要重点履行落实、统筹、教育、监督、管理责任；直属机关党委和各单位党委办公室要重点履行协助、推进、教育、监督和引领责任。各级党组织书记是本单位本部门党建工作第一责任人，各级党组织领导班子成员要承担“一岗双责”，既做抓业务的能手，又做抓党建的好手，真正履行分管领域从严治党责任。要做到压力层层传递、责任层层落实、工作层层到位。要把党建工作和业务工作同谋划、同部署、同落实、同检查、同考核。要坚持开展党性党风党纪和廉洁从政教育，加强廉政文化建设。要加强党员干部监督，经常监督检查本单位本部门党风廉政建设情况。要管好自己、抓好班子、带好队伍，积极营造良好的从政环境。要把党建工作考核作为硬标准、硬杠杠，做到考核考党建、评议评党建、述职述党建、任用干部看党建，把抓党建的成效作为干部选拔任用和奖惩的重要依据，对管党不严、治党不力、问题突出的党组织及主要负责人要严格追责。要落实“一案双查”要求，对发生的腐败案件，既追究当事人责任，又追究相关领导责任。纪检监察干部要承担起党风廉政建设的监督责任，要聚焦监督执纪问责主业，严肃查处违反党的纪律的问题，坚决打击腐败行为。

（三）准确把握目标要求。要紧密结合测绘地理信息工作实际，把全面从严治党的要求贯穿到党的建设全过程，落实到党的工作各方面。一是思想建设要从严。要狠抓思想建党，强化理论武装，重点深入学习领会习近平总书记系列重要讲话精神，引导党员干部坚定理想信念，自觉弘扬和践行社会主义核心价值观，传承弘扬测绘精神，解决好“总开关”这一根本问题。二是作风建设要从严。要深入落实中央八项规定和局党组十项具体措施，持续努力改进作风，坚决防止“四风”问题反弹回潮，落实好党员干部直接联系群众制度，进一步密切党群干群关系。三是干部管理要从严。要贯彻落实“好干部”标准和民主、公开、竞争、择优方针，坚持以严的标准要求干部、以严的措施管理干部、以严的纪律约束干部。四是组织建设要从严。要强化服务功能，把基层党组织的工作重心转到服务改革、服务发展、服务民生、服务群众、服务党员上来。要始终把政治标准放在首位，提高发展党员质量，优化党员队伍结构，增强党员队伍生机活力。五是党内生活要从严。要按照中央部署，深入开展“三严三实”专题教育。坚持民主集中制，进一步完善“三会一课”、民主评议党员、党员党性分析、领导干部双重组织生活会等制度，增强党内生活政治性、原则性、战斗性。六是制度纪律约束要从严。要严明党的政治纪律和政治规矩，做到“五个必须”，旗帜鲜明反对“七个有之”。坚持用制度管权管事管人，坚决维护制度的严肃性和权威性。加强对权力运行的制约和监督，形成不敢腐的惩戒机制、不能腐的防范机制、不易腐的保障机制，让党的纪律和规矩真正成为“带电的高压线”。

同志们，学习贯彻党的十八大、十八届三中、四中全会精神，推动实施依法治国战略，落实从严治党和党风廉政建设主体责任，是当前和今后一个时期的重大政治任务。希望大家按照培训班的安排认真参加学习，自觉遵守培训纪律，切实达到提高认识、明确责任、提高能力、推动工作的目的。

最后，祝大家学习愉快！

在第四届全国地理信息标准化技术委员会第一次全体委员会议上的总结讲话

国家测绘地理信息局副局长　李朋德

2015 年 7 月 28 日

各位委员、顾问，各位代表：

大家辛苦了。今天会议的时间紧、任务重，议程很紧凑，在此对大家的辛勤劳动表示由衷的感谢。

国家测绘地理信息局、国家标准化管理委员会高度重视本次会议。上午，库热西局长深刻分析了地理信息标准化工作面临的形势，对进一步做好地理信息标准化工作提出5点要求，崔钢副主任深入解读了国家深化标准化工作改革的精神并提出4点建议，我们要认真研究、贯彻落实。三位院士、来自国土资源部的副主任委员都作了精彩的发言，我们要很好地学习领会。

一天来，各位代表按照会议议程圆满完成既定任务，工作效率很高，成果丰硕。

一是原则通过全国地理信息标准化技术委员会工作报告、章程及秘书处工作细则。工作报告包括上届工作总结和本届工作计划，工作计划用于指导未来5年标委会的工作，会后秘书处要抓紧把大家的意见和建议整理出来，按照国家标准化工作改革的新要求，把本届全国地理信息标准化技术委员会的工作计划和工作方案做得更扎实、更清晰。章程是未来5年标委会工作的依据，秘书处要根据大家的意见把章程修改好，让章程更加权威、涵盖范围更广，特别是标委会的工作范围，要按照大家的建议体现“地理信息”一词在互联网+背景下的新含义。大家也审查了秘书处的工作细则，这是对秘书处提出的要求。秘书处要按照委员代表的意见尽快修改完善工作报告、章程以及秘书处工作细则，印发实施，并组织落实好本届全国地理信息标准化技术委员会的各项工作。

二是原则同意提请本次会议审议的31项测绘地理信息国家标准送审稿的专家审查意见。根据会议表决，全部通过31项国家标准送审稿的专家审查意见，秘书处要尽快组织标准起草单位履行国家标准报批程序。

三是原则同意提请本次会议审议的31项测绘地理信息国家标准项目提案的专家审查意见。其中，11项通过立项审查，秘书处要尽快组织标准申报单位按照委员代表提出的意见修改完善相关材料，履行立项申报程序；20项暂时不具备国家标准立项条件，部分建议先申报行业标准立项，秘书处要做好沟通协调工作。

四是原则同意提请本次会议审议的28项测绘地理信息国家标准复审的专家审查意见。要按照国家标准委要求，报送复审结论、安排修订计划。

对少数持有异议的委员代表，秘书处要沟通处理好具体意见，并将处理情况报告秘书长、国家局科技司和我。

最后，我对新一届全国地理信息标准化技术委员会的工作提几点意见，供大家参考。

一是要认真贯彻落实国务院《深化标准化工作改革方案》、国务院《关于全国基础测绘中长期规划纲要（2015—2030年）的批复》等政策要求，深入学习和领会库热西局长、崔钢副主任的讲话精神，全面推进测绘地理信息标准化工作改革，认真履行专业标准化技术委员会职能，在现有体制机制下，加强统筹协调，加快研究和制定测绘地理信息国家标准，更好地服务测绘地理信息事业的转型升级。重点做好标委会之间的协调，针对交叉领域，联合相关标委会，共同推出跨领域标准，加快标准出台，让标准服务经济社会发展的需要。例如地表覆盖相关标准。地表覆盖是地理国情监测的基础，地表覆盖数据在测绘、国土、林业、农业等部门有不同的分类，不同分类体系产生矛盾，导致下一步开展自然资源资产监管缺乏统一依据。目前，地表覆盖分类尚无国际标准，要联合相关标委会共同研制地表覆盖分类体系，制定相应国家标准，并推动中国标准走出去。再如地名地址相关标准。现代物流业对快速投递的需求与日俱增，急需能够唯一、精确提供位置信息的标准化地名地址。要加强该领域相关标委会的协调，联合测绘、民政、公安、住建、邮政等部门，将地名信息、位置信息、邮政编码等有机结合，尽快推出地名地址及位置的强制性国家标准，更好推动地理信息产业发展。又如位置服务相关标准。高精度位置服务在各行各业中的重要性日益凸显，精细农业要求提供精确到两厘米的位置服务，工业方面无人驾驶汽车对位置服务的要求更高。需加强相关标委会协调，组织召开地理信息标委会、北斗标委会、遥感标委会、智能交通标委会等参加的联席会，研究提出工作方案，尽快推出跨领域的位置服务标准。

二是希望各位委员、顾问和通讯成员代表一如既往地重视和支持测绘地理信息标准化工作，认真履行职责，结合各自的行业特点和需求积极献计献策，不断提升测绘地理信息国家标准的研制效率和质量。重点关注几个领域。一是大数据。时空信息是大数据分析的基础，没有时间序列、空间位置，所有变化的数据都难以分析，要考虑大数据里面的时空基准问题，尽快提供标准化支撑。二是云计算、物联网，尤其是物联网。物联网是互联网+的重要组成部分，传感器的位置、传感器所感知的内容等与时空紧密相关，要考虑这些领域的地理信息标准化需求。三是工业化和信息化的深度融合。空间智能在机器人产业里面至关重要，涉及三维、姿态的信息，要关注该领域的标准化需求。四是一带一路、长江经济带和京津冀的跨区域测绘地理信息标准问题。跨区域地理信息如何共享，标准如何一致？一带一路中，如何输出我国的技术、产品，如何推动中国标准得到其他国家的认同？五是精细农业、大众创业万众创新的标准支撑问题。六是地理国情监测的常态化，尤其是最近全面深化改革领导小组提出的自然资源资产离任审计。总之，新领域很多，在这样一个大变革时代，希望委员们广开言路，通过邮件、微信等多种方式加强交流，共同推进全国地理信息标准化技术委员会的发展。

三是要强化测绘地理信息国家标准的统筹协调力度和支撑服务能力。秘书处在工作中要充分开展调查研究，加强与相关标委会之间的沟通协调，积极协助主管部门加强标准执行情况的监督检查，不断提高测绘地理信息国家标准的科学性和适用性，增强统筹协调力度和支撑服务能力。本届全国地理信息标准化技术委员会有72名委员，规模较大，下一步将在数据获取、数据管理、数据分发服务、产业推广等领域设置工作组，以工作组会议的形式召集大家就某个领域的问题展开深入研讨。在此基础上召开一年一次的全国地理信息标准化技术委员会全会，交流大家在这一年中的收获，审定我们共同推出的标准。此外，中国测绘地理信息学会成立了标准化工作委员会，旨在提供学术交流、合作的平台和空间，希望大家积极参加。

让我们共同努力，完善地理信息标准体系，支持不断丰富的地理信息公共应用服务，支撑重大基础设施建设和监督，为国家现代化建设提供时间空间信息的云平台。再次感谢各位委员、顾问、通讯成员代表，以及各个行业部门对测绘地理信息标准化工作的支持。本次会议到此结束，祝大家旅途愉快。这里是地理信息标准化的家，希望大家多到国家局来走一走。再次祝大家身体健康、生活快乐，谢谢大家。

聚焦转型发展　落实创新驱动

——在国家测绘地理信息局科技创新工作会议上的讲话

国家测绘地理信息局副局长　李朋德

2015年10月19日

同志们：

2015年测绘地理信息科技创新工作会议圆满完成了各项议程。根据会议安排，我对会议作简要总结。本次创新工作会是在全系统全行业深入贯彻党的十八大和十八届、二中、三中、四中全会精神，认真落实党中央、国务院关于深化科技体制改革的各项要求，在测绘地理信息科技工作面临新任务、新要求的新形势下召开的一次重要会议。在今天的会议上，库热西局长作了重要讲话，国家局第七届科学技术委员会成立，武汉大学等8个单位作了各具特色的大会交流发言，全体与会代表围绕库热西局长的讲话，就如何切实推进测绘地理信息科技体制改革、全面实施创新驱动发展战略进行了认真热烈的讨论。会议内容丰富，主题突出，衔接紧凑，交流深入，气氛热烈，达到了预期目的，收到了预期效果。

在刚才的分组讨论中，大家围绕库热西局长的讲话以及即将出台的《关于加强测绘地理信息科技创新的意见》和《信息化测绘体系建设技术大纲》进行了细致地讨论，提出了很多很好的感想、意见和建议。大家一致认为，今天的会议非常重要，开的非常及时，规格很高，充分表明国家局党组对科技创新工作的重视，是测绘地理信息科技工作里程碑式的会议。库热西局长在大会上的讲话从事业发展战略出发，全面总结了“十二五”科技创新工作，分析了当前形势，并对“十三五”进行了全面部署，令人鼓舞。大家一致认为要深入学习领会会议精神，统一思想，结合本单位实际，切实落实库局长的讲话精神和要求。

即将出台的《关于加强测绘地理信息科技创新

的意见》主动适应新常态和“双创”战略要求，将为做好当前和今后一段时期测绘地理信息科技创新工作提供重要指导。《信息化测绘体系建设技术大纲》明确了信息化测绘体系建设的关键技术路线和要求，对提升测绘地理信息服务保障能力、推进事业转型升级具有重要意义。大家经过深入讨论和交流，主要提出了以下六个方面的意见和建议：一是进一步细化和明确科技创新意见的实施和保障措施，制定配套的实施细则，提高意见实施的可行性和操作性；二是对技术大纲中的技术细节、指标等方面进一步斟酌、凝练，尽量与当前涌现出的新技术如云计算、大数据等相结合；三是着力强化有关原始科技创新，加强复合型人才的引进和培养，进一步加强交流合作，推动测绘地理信息产品、服务的广泛应用。四是加强对企业在重大科技方向、国家需求和科技政策等方面的引导，加强知识产权保护，出台相应措施；五是充分发挥行业学（协）会和中介机构的作用；六是国家局对科研事业单位分类改革加强指导。这些意见很有针对性，会后国家局会进行深入研究。

下面，就如何贯彻落实会议精神、加强测绘地理信息科技创新工作，我再讲两点意见。

一、准确把握国家科技体制改革的新政策和新要求

党中央、国务院高度重视科技体制改革工作，党的十八大提出实施创新驱动发展战略，指出推进创新驱动发展最紧迫的任务在于深化改革。十八届三中全会的《决定》专门阐述了深化科技体制改革问题，本届政府的常务会议题中有21次与科技创新相关，发布的科技创新相关政策文件近20个。当前科技体制改革正在系统推进，创新氛围营造、科技计划管理、科技成果转化、科技与金融结合、科技资源开放共享等方面的改革正在各领域如火如荼地全面开展。

一是科技体制改革顶层设计已经完成。中共中央国务院印发了《关于深化体制机制改革加快实施创新驱动发展战略的若干意见》（中发〔2015〕8号）以及相配套的实施方案，目的是发挥市场在资源配置中的决定性作用和更好发挥政府作用，破除制约创新的思想障碍和制度藩篱，激发全社会创新活力和创造潜能，充分发挥企业在技术创新中的主体作用，推动“大众创业、万众创新”，《意见》和配套实施方案在营造激励创新的公平竞争环境、建立技术创新市场导向机制、强化金融创新的功能、完善成果转化激励政策、构建更加高效的科研体系、创新培养用好和吸引人才机制以及推动形成深度融合的开放创新局面等方面做出了全面部署。

二是鼓励“双创”有新政策。《国务院关于加快构建大众创业万众创新支撑平台的指导意见》（国发〔2015〕53号）、《国务院办公厅关于发展众创空间，推进大众创新创业的指导意见》（国办发〔2015〕9号）出台，对大力推进大众创业万众创新和推动实施“互联网+”行动进行了具体部署，是对加快推动以众创、众包、众扶、众筹为内容的“四众”等新模式、新业态发展的系统性指导。为指导和推动各地众创空间健康可持续发展，科技部也专门组织制订了《发展众创空间工作指引》（国科发火〔2015〕297号）。

三是科技计划管理有新体系。国务院先后颁布了《关于改进加强中央财政科研项目和资金管理的若干意见》（国发〔2014〕11号）、《关于深化中央财政科技计划（专项、基金等）的管理改革方案》（国发〔2014〕64号）等文件，从改进项目资金管理到优化中央财政科技资源配置进行了系统改革。新的科技计划体系包括国家自然科学基金、国家科技重大专项、国家重点研发计划、技术创新引导专项（基金）和基地人才专项等五类专项。今年是实施计划管理改革的第一年，科技部牵头组织了59项重点研发计划专项，目前我局所提12项建议中，有9项已体现在相关专项中，今年年底将会发布相应项目指南，届时希望相关科研院所、高校、生产单位和企业能够积极响应，主动争取。此外，财政部、科技部还联合印发了《国家科技计划及专项资金后补助管理规定》。在科技部归口管理的国家科技计划及专项管理中，引入后补助机制，将进一步激发企业创新活力。

四是科技成果转化有新法律。《中华人民共和国促进科技成果转化法》已经十二届全国人大常委会第十六次会议审议通过并正式颁布实施。科技成果使用、处置和收益管理改革正在国家自主示范区和“合芜蚌”自主创新综合实验区的中央级事业单位进行试点。

五是科技与金融结合有新举措。中国人民银行会与科技部、银监会、证监会、保监会和知识产权局等6部门联合发布了《关于大力推进体制机制创新 扎实做好科技金融服务的意见》（银发〔2014〕9

号），大力促进科技与金融的深层次结合，支持国家创新体系建设；测绘地理信息领域设立的创新基金、众创基金等，要符合国家的新要求。我们不能仅仅依靠国家投入，还需要动员相关企业、事业单位和地方政府加大对测绘地理信息科技的投入。

六是科技资源开放共享有新要求。中央深改领导小组和国务院审议通过了《关于国家重大基础设施和大型科研仪器向社会开放的意见》，要求力争3年内基本建成覆盖各类科研设施建设与仪器的专业化服务体系。国务院办公厅转发科技部《关于加快建立国家科技报告制度指导意见的通知》，确定了国家科技报告系统正式启用，4万多份科技报告正向全社会开放共享。这些政策措施，从不同侧面反应了国家对科技体制改革和推进创新驱动发展战略的思考和部署。

我们要认真学习贯彻习近平总书记系列重要讲话精神，掌握国家相关政策措施，进一步开拓思路，转变科技管理方式，主动适应新常态下的管理格局，扎实推进创新驱动发展战略实施。

二、全面落实测绘地理信息“十三五”科技创新工作任务

今天上午，库热西局长对我国测绘地理信息的科技创新工作做安排部署，进一步明确了测绘地理信息强国建设的科技发展方向。国务院日前批复同意《全国基础测绘中长期规划纲要（2015—2030年）》，明确了2015—2030年全国基础测绘的发展目标和重点任务。国家有关云计算、物联网、大数据、信息经济、智慧城市、城市地下管线和管廊建设、生态文明体制改革等工作都需要测绘地理信息的创新支撑。今后一个时期，测绘地理信息创新驱动的任务更重、范围更广、压力更大、机会更多。为此，我们要认真思考以下问题。

一要转变思想认识，探索管理创新。创新驱动作为国家战略，科技创新是重要抓手，但科技创新不只是科研工作，还包括科学决策的依据、科学方法的支撑条件和科学管理的体制机制。测绘地理信息具有科技密集性，没有哪项工作离得开科技的支撑，没有那件事情不是科技的体现。可以说，对测绘地理信息行业和地理信息产业来说，科技无处不在，创新才能引领发展。实现测绘地理信息的创新驱动，要积极推进管理创新，深化体制改革，明确科技创新的管理职责，优化事业单位布局，完善产学研用相结合的机制，促进产业健康发展，要加大对创新的投入，大胆引进新技术、新装备，促进人才的成长和新成果的涌现，要重视管理信息化，支持科学决策，加大对科技创新业绩的考核。

二要聚焦国家战略，开展服务创新。我国正处于且还将长期处于经济发展新常态，要通过深化改革促进经济保持中高速增长并向中高端水平迈进，这正是对创新驱动战略的期待，而且一系列新的国家战略开始实施，各个领域正在开展的精准改革，都对测绘地理信息提出了新的服务需求和要求。我们要深入探索发现结合点，为“一带一路”、长江经济带、京津冀协同发展战略的规划、实施和评价等提供地理信息支撑，丰富地理数据，搭建支撑平台，提供更加及时、准确和权威的测绘地理信息科技支撑。全面深化生态文明体制改革涉及全国各地和各行各业，急需精准的人口资源和生态环境信息平台，而地理国情普查和监测将发挥重要作用。不动产统一登记涉及到每一寸土地，其确权和信息平台有赖于测绘地理信息的支持。我们要牢固树立主动服务的理念，通过创新把数据变为服务、支撑和评价监督。同时，也要加强测绘地理信息科技领域的军民合作，开展共性技术研发，统筹卫星资源，共同研究建立统一标准体系。

三要面向社会需求，推进产品创新。针对全面推进新型工业化、城镇化、信息化和农业现代化建设的要求，要建立地理信息数据平台与各行业的融合机制，发挥时空信息的支撑作用，研发在农业、工业、交通运输、生态环境、水利、城市建设、防灾减灾、扶贫等各个方面的集数据、标准、平台和技术于一体的新产品。尤其要密切关注“中国制造2025”，在精密工业测量和智能机器人位置服务、高铁和城市轨道超高精度准实时的形变监测等方面有所作为。要在智慧城市时空信息云平台方面研发标准化产品，支撑现代城镇的规划、建设、管理和服务。要积极开展精细农业方面的科技创新，着力发展精细地图和位置跟踪技术，推进农业机械化、智能化。在车联网和智能交通领域创新研究，形成可以广泛应用的新型地理信息产品，发挥测绘地理信息的科技支撑作用。

四要关注信息消费，搞活创意创新。在网络互联和信息经济时代，测绘无处不在，地理信息无处不用。尤其随着“互联网+”和“双创”的推进，地理信息将成为创业和创新的热土。智能手机让动态位置成为重要的大数据，其各类传感器也成为地理信息的重要来源。智能手机的位置上可以承载的信息服务无法穷尽，都为“开源软件”提供了空间，为“开源数据”提供了市场。基于“天地图”等信息平台，可支持众多的创意创新。要研究现代物流和电商的测绘地理信息服务，建立产品信用管理方面的追溯平台。要积极开展地理信息开放和安全监管技术研发，搭建地理信息资源交易平台，支持地理信息消费。

五要夯实基础设施，力推品牌创新。测绘地理信息以科技为支撑，数据是生命线。要通过加快信息化测绘体系的技术能力建设，为地理信息数据的获取、处理、管理、服务和应用提供支撑。数据的生命力在于流动，网络设施也非常重要，要深入研究开发地理信息云和大数据处理中心的成套技术。要加快大地基准现代化建设，为各类数据提供时空标签和位置基因。要积极开展核心仪器装备、软件的自主创新和集成创新，创造世界知名的中国品牌。要加快我国北斗导航卫星的产业化应用技术研发，开发遥感影像的网络化服务系统，支持地理信息的快速更新和分析服务。要尽快发布《信息化测绘体系建设技术大纲》，指导全国的信息化测绘体系建设。

六是加强产权管理，促进原始创新。作为技术密集型的测绘地理信息行业，每一张地图都应该有其著作权，每个研发产品也应该有其知识产权。但测绘产品具有公益性和公共性特点，著作权被淡化，大部分地图产品是再加工的集成产品，产权难以界定。为此，要积极研究测绘地理信息的知识产权政策，逐步建立健全制度，促进地理信息数据的深加工，保护测绘地理信息软件和系统的再创新成果。要贯彻落实《促进科技成果转化法》，支持测绘地理信息科研成果的二次创新和产品化、商品化，保护创新者的利益，激励更多的科技创新活动。

七是面向国际合作，支撑集成创新。我国积极参与测绘地理信息领域的国际交流合作，在国际学术组织和联合国及亚太区发挥了重要作用。联合国全球地理信息管理专家委员会成立五年来，推进了全球地理信息管理能力建设，成立了一批工作组，对全球大地测量基准一体化、统计数据与地理信息融合、地理信息数据内容、共享原则、标准化、应急保障、地理信息公约、土地登记与管理、联合国地理信息统筹、可持续发展的地理信息评价以及测绘地理信息机构建设等进行了研究，对联合国全球地理信息的机制建设进行探索，建立了亚太、美洲、欧洲、阿拉伯和非洲的区域委员会。前年编印的《未来五至十年地理信息管理发展趋势展望》正在进一步修订，对测绘地理信息的科技、管理、数据、服务、法规、产业等作了深入分析。最近，联合国可持续发展峰会正式通过了《2030 年可持续发展议程》，提出了 17 项可持续发展目标和 169 项具体目标，也专门提出了对测绘地理信息的要求。为了开展 2020 年全球人口大普查，准备建立“全球地理空间统计框架”。

尽管我国在全球和亚太地区地理信息管理方面具有重要的引领作用，但还存在参与国际市场的产品档次不高、服务范围偏小，希望更多企业积极作为，抱团“走出去”。我国测绘地理信息科研活动存在对全球变化关注不足，地理信息平台的数据覆盖面偏窄，数据内容尚不够丰富，这也要求科技工作者要更加关注全球测绘和地理信息的基础科学问题。

会议结束后，参会代表要尽快向本地、本单位传达学习库热西局长讲话和本次会议的主要精神。各地要围绕自身需求，打造地方的创新平台，加强与地方政府各部门以及大型企业、投资方的沟通，增加科技创新投入，拓宽投资渠道，大力支持“双创”，通过测绘地理信息科技发展支持本地经济社会发展。

同志们，测绘地理信息科技体制改革压力空前，全面实施创新驱动发展战略重任在肩，面对新形势下的机遇和挑战，我们需要进一步弘扬测绘精神和科学精神。此次科技创新工作会的召开，为测绘地理信息科技创新发展勾画了新蓝图，我们一定要在已有成绩的基础上，完善工作思路，创新工作方法，寻求高效途径，推动“十三五”测绘地理信息科技工作迈向新的高度。

谢谢大家！

重要会议

全国地理国情普查工作会议

主办单位：国务院第一次全国地理国情普查领导小组办公室

时间：2015 年 1 月 28 日 ~29 日

地点：福建厦门

参加人员：国家测绘地理信息局副局长、国务院第一次全国地理国情普查领导小组办公室（以下简称国务院普查办）常务副主任李维森，国家测绘地理信息局总工程师、国务院普查办副主任李志刚，国务院普查办有关领导，各省、自治区、直辖市普查领导小组办公室（以下简称省级普查办）负责人、主管处长、技术负责人、质量负责人；国家测绘地理信息局机关有关司室、局所属单位相关负责人。

议题（主要内容）：回顾 2014 年地理国情普查工作进展情况，分析地理国情普查工作面临的形势和任务，就做好 2015 年普查收官工作提出要求。明确 2015 年普查工作 5 项重点任务：遥感影像保障、标准时点核准、普查数据库建设、普查统计分析、重要地理国情监测。

全国测绘地理信息系统党风廉政建设工作电视电话会议

主办单位：国家测绘地理信息局

时间：2015 年 1 月 30 日

地点：北京

参加人员：国家测绘地理信息局局长、党组书记库热西·买合苏提，国家测绘地理信息局部分领导班子成员，局机关全体公务员，在京直属单位领导班子成员；北京市勘察设计和测绘地理信息管理办公室及北京市测绘设计研究院领导班子成员、纪检监察机构人员、机关各处室主要负责人等在主会场参加会议。各省、自治区、直辖市、计划单列市测绘地理信息行政主管部门、新疆生产建设兵团测绘地理信息主管部门、国家测绘地理信息局京外直属单位领导班子成员、纪检监察机构人员、机关各处室主要负责人、所属单位党政主要负责人及纪委负责人等在各地分会场参加会议。

议题（主要内容）：学习宣传、贯彻落实习近平总书记重要讲话和中央纪委五次全会精神，总结 2014 年工作，部署 2015 年任务，推进测绘地理信息系统党风廉政建设和反腐败工作，为测绘地理信息事业转型升级、科学发展提供保障。

国家测绘地理信息局安全生产委员会视频会议

主办单位：国家测绘地理信息局

时间：2015 年 1 月 30 日

地点：北京

参加人员：国家测绘地理信息局副局长、局安全生产委员会主任李维森，局安全生产委员会在京成员，局在京所属各单位分管安全生产工作的领导和部门负责人在北京主会场参加会议。局安全生产委员会京外成员，局属京外单位分管安全生产工作的领导和部门负责人，陕西、黑龙江、四川、海南测绘地理信息局和重庆测绘院安全生产委员会成员在本地分会场参加会议。

议题（主要内容）：传达中央领导关于安全生产的指示精神，学习全国安全生产电视电话会议文件精神；总结国家测绘地理信息局2014年安全生产工作；研究讨论《国家测绘地理信息局2015年安全生产工作要点》，部署全年工作。

测绘地理信息与地图管理工作座谈会

主办单位：国家测绘地理信息局

时间：2015年3月26日

地点：安徽合肥

参加人员：国家测绘地理信息局局长库热西·买合苏提、副局长闵宜仁，各省、自治区、直辖市测绘地理信息行政主管部门主要负责人，国家测绘地理信息局机关相关司室、局属有关单位主要负责人。

议题（主要内容）：研究部署2015年测绘地理信息与地图（成果管理）重点工作，部署全国地理信息应用成果和地图网上展览、全国测绘地理信息保密检查等专项工作，听取各地对《“十三五”测绘地理信息应用服务工作总体思路（初稿）》的意见和建议。

第一次全国地理国情普查标准时点核准工作会

主办单位：国务院第一次全国地理国情普查领导小组办公室

时间：2015年3月31日

地点：江苏南京

参加人员：国家测绘地理信息局局长，国务院第一次全国地理国情普查领导小组副组长、办公室主任库热西·买合苏提，江苏省副省长徐鸣，国家测绘地理信息局副局长、国务院普查办常务副主任李维森出席会议。国家测绘地理信息局机关相关司室及所属单位主要负责人，各省级普查办主任、副主任，综合协调组和组织实施组组长等150多人。

议题（主要内容）：学习国务院副总理张高丽对第一次全国地理国情普查工作的重要批示精神，部署标准时点核准工作。

全国测绘地理信息“十三五”规划工作座谈会

主办单位：国家测绘地理信息局

时间：2015年4月16日

地点：河南郑州

参加人员：国家测绘地理信息局副局长王春峰；各省、自治区、直辖市测绘地理信息行政主管部门，国家测绘地理信息局机关有关司室、局所属各单位负责人。

议题（主要内容）：总结前期工作，统一规划思路，研究部署后续工作。对编制好“十三五”规划提出要求。介绍测绘地理信息“十三五”规划工作思路，未来5年的发展目标、总体布局、主要任务。部分单位作经验交流。

全国测绘资质管理工作会议

主办单位：国家测绘地理信息局

时间：2015 年 4 月 28 日

地点：广西南宁

参加人员：国家测绘地理信息局副局长宋超智，各省、自治区、直辖市测绘地理信息行政主管部门行业管理（立法、执法）职能处室主要负责人。

议题（主要内容）：总结 2014 年全国测绘资质复审换证工作，研究加强测绘地理信息市场事中事后监管的思路和举措，交流测绘资质管理工作经验。

地理信息企业家座谈会

主办单位：国家测绘地理信息局

时间：2015 年 5 月 8 日

地点：北京

参加人员：国家测绘地理信息局局长库热西·买合苏提、副局长闵宜仁，局机关有关司室和单位主要负责人，部分地理信息企业负责人。

议题（主要内容）：全面总结《国务院办公厅关于促进地理信息产业发展的意见》印发一年多来的情况和地理信息产业发展面临的形势。就企业生产经营情况、产业发展意见等进行交流。

全国测绘地理信息援疆工作会议

主办单位：国家测绘地理信息局

时间：2015 年 5 月 15 日

地点：北京

参加人员：国家测绘地理信息局局长库热西·买合苏提，副局长王春峰、李维森；新疆维吾尔自治区政府、新疆生产建设兵团有关负责人，全国对口援疆省份、新疆维吾尔自治区、新疆生产建设兵团测绘地理信息主管部门，国家测绘地理信息局机关各司室、所属有关单位，新疆维吾尔自治区有关部门、各州（市、地）政府（行署）、部分兵团师（市）有关负责人，各州（市、地）、兵团师（市）测绘地理信息主管部门负责人，部分测绘地理信息高校、企业负责人，援疆干部代表。

议题（主要内容）：贯彻落实中央关于新疆工作的决策部署，与新疆维吾尔自治区政府签署合作协议，动员全国测绘地理信息行业援疆，为推进新疆社会稳定和长治久安提供测绘地理信息服务保障。

智慧时空信息云平台建设专家委员会第一次会议

主办单位：国家测绘地理信息局

时间：2015 年 5 月 19 日

地点：北京

参加人员：智慧时空信息云平台建设专家委员会主任委员、中国科学院院士、中国工程院院士李德仁，专家委员会副主任委员、国家测绘地理信息局副局长李维森，副主任委员、中国工程院院士王家耀，专家委员会委员，专家委员会办公室成员。

议题（主要内容）：介绍数字城市地理空间框架建设和智慧城市时空信息云平台试点工作开展情况，报告并审议《智慧城市时空信息云平台建设技术大纲》及《智慧城市时空信息云平台建设和应用评价指标体系》，对智慧城市时空信息云平台建设工作提出建议。

国家版图意识宣传教育“进媒体”座谈会

主办单位：国家测绘地理信息局

时间：2015 年 5 月 28 日

地点：北京

参加人员：全国国家版图意识宣传教育和地图市场监管协调指导小组组长、国家测绘地理信息局副局长闵宜仁；中央网络安全与信息化领导小组办公室、外交部有关司局负责人，国家测绘地理信息局机关有关司室和直属单位负责人；《人民日报》、新华社、中央电视台、《中国日报》《光明日报》《经济日报》、新华网、人民网、中青网、腾讯网、搜狐网、凤凰网等 26 家媒体代表。

议题（主要内容）：通报近年来国家版图意识宣传教育和地图市场监管工作情况，介绍国家版图知识、地图管理政策法规及近年来媒体使用地图情况；各大媒体针对近年来媒体使用地图情况、对国家版图意识宣传教育和地图市场监管工作的建议等交流发言。

全国测绘地理信息法治工作会议

主办单位：国家测绘地理信息局

时间：2015 年 6 月 9 日

地点：河北石家庄

参加人员：国土资源部副部长、国家测绘地理信息局局长库热西·买合苏提，河北省副省长张杰辉，国家测绘地理信息局副局长宋超智，各省、自治区、直辖市测绘地理信息行政主管部门主管法治工作负责人和法制机构负责人，国家测绘地理信息局机关有关司室主要负责人。

议题（主要内容）：学习贯彻党的十八届四中全会和习近平总书记系列重要讲话精神，落实《中共国家测绘地理信息局党组贯彻落实〈中共中央关于全面推进依法治国若干重大问题的决定〉实施意见》，总结十八大以来测绘地理信息法治建设工作取得的成效，分析测绘地理信息法治建设面临的新形势，对加强新时期测绘地理信息法治建设做出全面部署，交流测绘地理信息法治工作经验。

全球地表覆盖制图与应用国际研讨班

主办单位：联合国全球地理信息管理专家委员会、国家测绘地理信息局

时间：2015 年 6 月 29 日 ~7 月 2 日

地点：北京

参加人员：国家测绘地理信息局副局长、联合国全球地理信息管理专家委员会共同主席李朋德，15 个发展中国家测绘地理信息主管部门的局长、副局长及相关高级技术管理人员共 22 人参加研讨班。

议题（主要内容）：国内相关专家介绍了地表覆盖遥感制图影像处理、分类方法、统计分析、精度验证、应用案例，以及基础地理信息数据库建设与更新、地理信息公共服务平台、地理国情监测分析等相关技术。

纪念建党94周年暨学习贯彻习近平总书记重要指示精神座谈会

主办单位：国家测绘地理信息局

时间：2015年7月1日

地点：陕西西安

参加人员：国土资源部党组成员、副部长，国家测绘地理信息局党组书记、局长库热西·买合苏提和陕西省副省长庄长兴出席座谈会，国家测绘地理信息局副局长宋超智主持座谈会。6位参与珠峰首次测量并给总书记写信的国测一大队老队员老党员和陕西省有关部门负责人，陕西测绘地理信息局领导班子成员，国测一大队领导班子成员、优秀党员代表参加了座谈会。

议题（主要内容）：传达习近平总书记给国测一大队老队员老党员回信重要指示精神，陕西省、陕西测绘地理信息局、国测一大队老队员老党员代表发言，共同学习总书记回信，畅谈思想体会，并对学习宣传贯彻习近平总书记回信重要指示精神提出明确要求。

学习贯彻习近平总书记重要指示精神暨庆祝建党94周年、2013—2014年度“两优一先”表彰大会

主办单位：国家测绘地理信息局

时间：2015年7月1日

地点：北京

参加人员：国家测绘地理信息局党组书记、局长库热西·买合苏提，局党组副书记、副局长王春峰，局党组成员、副局长李维森、宋超智、闵宜仁，党组成员、纪检组组长于贤成，副局长李朋德；国家测绘地理信息局机关全体公务员、退休党支部书记，局在京所属单位领导班子成员及处级以上党员干部。

议题（主要内容）：传达习近平给国测一大队老队员老党员回信重要指示精神和中共中央政治局常委、国务院副总理张高丽的批示精神，对全国测绘地理信息行业学习贯彻习近平总书记重要指示精神、落实全面从严治党提出明确要求；表彰2013—2014年度国家测绘地理信息局直属机关优秀共产党员、优秀党务工作者、先进党支部和“守纪律强服务促改革”优秀支部主题活动。

第一次全国地理国情普查劳动竞赛工作推进暨经验交流会

主办单位：国务院第一次全国地理国情普查领导小组办公室

时间：2015年7月9日

地点：青海西宁

参加人员：国家测绘地理信息局局长，国务院第一次全国地理国情普查领导小组副组长、办公室主任库热西·买合苏提，中华全国总工会党组成员阎京华，青海省常务副省长骆玉林，国家测绘地理信息局副局长、国务院普查办常务副主任李维森出席会议。国家测绘地理信息局，中华全国总工会，各省、自治区、直辖市测绘地理信息行政主管部门等相关单位负责人共160多人参加会议。

议题（主要内容）：总结地理国情普查劳动竞赛开展情况，部署今后一段时期的竞赛工作，交流各地竞赛工作经验，推进第一次全国地理国情普查劳动竞赛有序开展。

全国测绘地理信息局长座谈会

主办单位：国家测绘地理信息局

时间：2015 年 7 月 17 日

地点：山东青岛

参加人员：国家测绘地理信息局局长库热西·买合苏提，副局长王春峰、李维森，各省、自治区、直辖市测绘地理信息行政主管部门、新疆生产建设兵团测绘地理信息主管部门主要负责人，国家测绘地理信息局机关各司室、局属相关单位主要负责人。

议题（主要内容）：深入学习宣传贯彻习近平总书记重要指示精神和国务院副总理张高丽重要批示精神，学习贯彻《国务院关于全国基础测绘中长期规划纲要（2015—2030 年）的批复》和《全国基础测绘中长期规划纲要（2015—2030 年）》，总结上半年工作，部署下半年重点任务。

中亚地理信息技术国际研讨会

主办单位：中国测绘地理信息学会、新疆维吾尔自治区测绘地理信息局

时间：2015 年 9 月 29 日

地点：新疆乌鲁木齐

参加人员：国家测绘地理信息局副局长李维森、总工程师李志刚，李德仁、刘先林院士，国家测绘地理信息局科技与国际合作司，新疆维吾尔自治区测绘地理信息局、科技厅有关负责人，以及来自俄罗斯、捷克、乌兹别克斯坦等国测绘地理信息领域专家。

议题（主要内容）：进一步落实国家“一带一路”倡议，推进中国与中亚地区的测绘地理信息技术交流与合作，提升新疆测绘地理信息事业发展水平，国内外专家就北斗卫星定位导航定位技术及应用等 7 个方向专题作学术报告。

国家测绘地理信息局科技创新工作会

主办单位：国家测绘地理信息局

时间：2015 年 10 月 19 日

地点：北京

参加人员：国家测绘地理信息局局长库热西·买合苏提，副局长王春峰、李朋德，总工程师李志刚出席会议。国家发展和改革委员会、科技部、财政部、国土资源部、国家国防科技工业局、国家海洋局、总参测绘导航局有关负责人、测绘地理信息领域院士代表及系统内外 300 多人参加会议。

议题（主要内容）：贯彻落实创新驱动发展战略，全面总结“十二五”以来测绘地理信息科技创新工作，研究部署当前和今后一个时期科技创新的主攻方向和重点任务；发布《关于加强测绘地理信息科技创新的意见》和《信息化测绘体系技术大纲》，成立第七届国家测绘地理信息局科学技术委员会。

全国测绘地理信息应用成果和地图网上展览开通仪式暨地理信息共享合作签约仪式及全国测绘地理信息应用工作座谈会

主办单位：国家测绘地理信息局

时间：2015 年 10 月 30 日

地点：北京

参加人员：国土资源部部长、国家土地总督察姜大明；国土资源部副部长、国家测绘地理信息局局长库热西・买合苏提，国家测绘地理信息局副局长王春峰、李维森、闵宜仁，总工程师李志刚；教育部、水利部、交通运输部、环境保护部、国家林业局、中国气象局、国务院办公厅电子政务办公室等有关部门负责人；农业部、国家新闻出版广电总局、国家标准化管理委员会、国家减灾委员会办公室、中国石油化工集团公司等有关部门签约代表；外交部、工业和信息化部、公安部、民政部等全国国家版图意识宣传教育和地图市场监管协调指导小组成员单位有关人员；各省、自治区、直辖市、计划单列市测绘地理信息行政主管部门、新疆生产建设兵团测绘地理信息主管部门负责人，国家测绘地理信息局机关各司室负责人、局所属在京单位负责人，相关企业负责人和新闻媒体的代表。

议题（主要内容）：宣布全国测绘地理信息应用成果和地图网上展览正式开通；宣读国家测绘地理信息局关于启用最新版1:5 万、1:100 万基础地理信息数据和1:25 万公众版地图成果、发布启用2015 版“天地图”的公告；与相关部门签署地理信息共享合作协议。总结“十二五”期间全国测绘地理信息应用工作成效，分析当前面临的形势和存在的问题，研究部署“十三五”时期测绘地理信息应用重点工作任务。

现代大地测量基准与位置服务国际研讨班

主办单位：联合国全球地理信息管理专家委员会、国家测绘地理信息局

时间：2015 年 11 月 24 日 ~27 日

地点：广西南宁

参加人员：国家测绘地理信息局副局长、联合国全球地理信息管理专家委员会共同主席李朋德，14 个国家的测绘地理信息主管部门负责人及国内有关专家约 60 人。

议题（主要内容）：国内外相关专家围绕全球大地测量基准框架建设、北斗导航卫星系统发展、连续运行基准站网建设、国家大地测量基准与大地水准面确定、精密定位技术及其在各领域的应用及相关装备技术的进展等内容作报告。

全国基础测绘地理信息建设工作会议

主办单位：国家测绘地理信息局

时间：2015 年 12 月 9 日

地点：海南海口

参加人员：各省、自治区、直辖市、计划单列市测绘地理信息行政主管部门，新疆生产建设兵团测绘地理信息主管部门，国家测绘地理信息局机关有关司室负责人、局所属有关单位分管负责人及职能处室负责人约 100 人。

议题：学习领会党的十八届五中全会确定的目标要求和发展理念，贯彻落实《全国基础测绘中长

期规划纲要（2015—2030年）》，总结“十二五”全国基础测绘地理信息建设取得的成绩，研究部署“十三五”主要工作，统一思想、明确方向，推动基础测绘地理信息建设创新发展。

重大事件

习近平给国测一大队老队员老党员回信

2015年是我国首次自主完成珠穆朗玛峰高程测量40周年。参加当年珠峰测高任务的国测一大队邵世坤等6位老队员老党员给习近平总书记写信，汇报国测一大队的历程和年轻一代薪火相传的事迹。

7月1日，中共中央总书记、国家主席、中央军委主席习近平给国测一大队6位老队员老党员回信，充分肯定国测一大队爱国报国、勇攀高峰的感人事迹和崇高精神，对全国测绘工作者和广大共产党员提出殷切希望。

习近平在回信中表示，40年前，国测一大队的同志同军测、登山队员一起，勇闯生命禁区，克服艰难险阻，成功实现了中国人对珠峰高度的首次精确测量。党和人民没有忘记同志们建立的功勋。

习近平指出，几十年来，国测一大队以及全国测绘战线一代代测绘队员不畏困苦、不怕牺牲，用汗水乃至生命默默丈量着祖国的壮美河山，为祖国发展、人民幸福作出了突出贡献，事迹感人至深。

习近平强调，忠于党、忠于人民、无私奉献，是共产党人的优秀品质。党的事业，人民的事业，是靠千千万万党员的忠诚奉献而不断铸就的。不忘初心，方得始终。全国广大共产党员要始终在党爱党、在党为党，心系人民、情系人民，忠诚一辈子，奉献一辈子，以自己的实际行动，团结带领亿万人民为实现“两个一百年”奋斗目标、实现中华民族伟大复兴的中国梦而共同奋斗。

首次以国产卫星影像为主实现2米分辨率遥感影像全国覆盖

在地理国情普查标准时点核准阶段，国家测绘地理信息局与国土资源部、总参测绘导航局、中国资源卫星应用中心等部门或单位协调，初步建立了资源三号、天绘卫星、资源一号02C、高分系列等国产卫星遥感影像的统筹获取和共享利用机制，通过定期会商、协调拍摄计划、建立绿色快捷的数据提供渠道，以及必要的商业卫星影像补充获取，历时4个月时间，全面完成影像数据获取和分发工作，实现了2米分辨率遥感影像全国覆盖。

全球地表覆盖遥感制图项目获世界地理信息技术创新奖

5月25日~29日，2015年世界地理信息论坛在葡萄牙里斯本举行。会议期间举行了世界地理信息奖颁奖仪式，我国的30米分辨率全球地表覆盖遥感制图项目获2015年世界地理信息技术创新奖。30米分辨率全球地表覆盖数据被国际同行评价为“对地观测与地理信息共享领域的里程碑成就”，截至5月，近90个国家的2000多名用户使用该数据，广泛应用于气候变化研究、生态环境评估、自然灾害防治、可持续发展规划等领域。

长江经济带地理信息协同创新联盟成立

9月25日，长江经济带地理信息协同创新联盟成立大会在成都举行。该联盟由长江沿线30多家省市测绘地理信息主管部门、科研机构、高等院校等单位共同成立，旨在为长江经济带地理信息资源共享、岸线资源普查、生态屏障监测、地质灾害监测、城镇化监测、产业优化布局、航道安全等提供技术保障支撑。

《地图管理条例》颁布

11月26日，国务院总理李克强签署第664号国务院令，公布《地图管理条例》，自2016年1月1日起施行。《地图管理条例》以促进地理信息产业健康发展，维护国家主权、安全和利益为目的，将互联网地图服务纳入法治轨道，首次在行政法规中写入国家版图意识，明确建立地图的统一监督管理体制，完善地图审核程序和内容，强化法律责任。

综合工作

重点工作

数字城市、智慧城市建设

至2015年底，全国334个地级城市和475个县级城市完成数字城市地理空间框架建设立项，其中262个地级城市和166个县级城市完成建设并投入使用；计划建设专题应用系统5630个，其中完成3592个、在建2038个。专题应用系统涉及国土、规划、公安、环保、交通、卫生、旅游等领域。通过数字城市地理空间框架建设，实现了市（县）域地理信息数据政府主导、专业部门建设、各部门共享和应用的目标。

国家测绘地理信息局加快推动数字城市向智慧城市转型升级，印发《关于推进数字城市向智慧城市转型升级有关工作的通知》，对开展智慧城市时空信息云平台建设试点及继续推进数字城市相关工作提出明确要求。组织成立以院士、专家为成员的智慧城市时空信息云平台建设专家委员会，在北京召开第一次会议。编制印发《智慧城市时空信息云平台建设技术大纲》和《智慧城市时空信息云平台评价指标体系》；在北京和广西举办2期智慧城市时空信息云平台建设培训研讨班，指导试点城市开展技术设计及建设与应用工作。加强与相关部门沟通协调，履行国家智慧城市部际协调工作组成员单位职责，巩固提升智慧城市时空信息云平台在全国智慧城市建设中的基础地理框架的地位和作用。积极推进数字城市地理空间框架建设成果的推广应用，通过软件与技术更新支持、航空航天影像资料提供及指导各省经验交流、现场展示等方式，引导数据更新，推动应用发展。截至2015年底，已在全国18个省（直辖市）选取了29个城市开展试点工作，其中10个城市完成项目设计并通过评审。

“天地图”建设与应用

【主节点建设】

国家测绘地理信息局配合全国政协人口资源环境委员会开展“天地图”建设与应用情况专题调研。完善“天地图”国家主节点建设与运营的组织体系。完成“国家地理信息公共服务平台天地图二期工程”项目总体设计。突出公益性地理信息公共服务的需求，上线2015版“天地图”，新增《服务资源》栏目，汇集了国家、省、市（县）三级节点408个在线服务；更新并丰富了数据资源，0.5米分辨率影像覆盖473个城市共65万平方千米，资源三号卫星影像国内范围已超过530万平方千米，国外覆盖超过1200万平方千米。

【数据融合】

上海、湖北、贵州等26个省份开展“天地图”数据融合工作，其中福建、河南、浙江、江苏、四川、宁夏、湖南、吉林、江西等地已提交了矢量数据融合成果。数据融合工作实现了节点间数据的优势互补和测绘地理信息系统内部信息的分建共享。

【节点建设】

国家测绘地理信息局批复了“天地图”武汉数据中心。印发《关于做好2015年天地图建设与应用工作的通知》，修订“天地图”省市级节点建设方案。印发《关于开展2015年天地图省市级节点技术评估工作的通知》，细化了节点建设、数据整合、运行维护、推广应用、长效机制5个方面的评估指标。新增31个市级节点与主节点实现服务聚合，累计实现129个市级节点（不含县级）与主节点的互联互通。国家基础地理信息中心完成国内矢量与地名地址数据的全面更新，整体现势性达到2014年夏，部分新增高速、城市新开地铁、行政区划等数据现势性为2015年秋。国外重点区域矢量数据由14级丰富到18级。完成部分区域的资源三号卫星影像数据和0.5米分辨率影像数据更新与发布。

【推广应用】

国家测绘地理信息局指导相关单位开展第三届天地图应用开发大赛。大赛收到参赛作品200多件，共评选出特等奖1项、最佳创意奖1项、一等奖3项、二等奖10项、三等奖50项。组织编制并印发《天地图应用典型案例（2015版）》。指导开展“天地图·政务行”全国巡展活动。配合国土资源部完成基于“天地图”的不动产统一登记信息平台方案撰写，为农业部、中国石油化工集团公司等部门应用“天地图”提供技术支持。支持中央电视台新闻频道《关注候鸟迁徙保护生命共同体》特别报道，基于“天地图”全程展现了候鸟的迁徙路线。

地理国情普查与监测

【地理国情普查】

第一次全国地理国情普查任务基本完成。国家测绘地理信息局制定了《第一次全国地理国情普查标准时点核准实施方案》，如期完成标准时点核准，全国普查数据现势性统一到2015年6月30日这一标准时点。全国31个省（自治区、直辖市）的普查数据已全部完成汇交，实现了全国地理国情普查数据无缝隙、全覆盖。组织编制了数据库建设技术方案，开展支撑全国普查数据库运行的一体机及云存储等软硬件环境建设。完成全国普查数据入库工作。开展地理国情普查数据库管理系统和展示系统研发工作。制定了基本统计工作方案，建成普查统计分析环境。组织制作了数据库成果、公报、专报、皮书和图件等基本统计成果样本。推进普查成果在黑龙江省市县规划试点、海南省“多规合一”、新疆反恐维稳系统平台建设等工作中的应用。

【地理国情监测】

国家测绘地理信息局组织开展基础性地理国情监测试点，初步形成了适应常态化基础性监测的生产组织体系和技术体系。围绕国土空间开发、生态环境保护等，开展了多方向、多专题的重要地理国情监测，形成了18项监测成果，发布了京津冀地区地理国情监测数据成果、青海湖面积监测成果、三江源生态保护区草地监测成果等。与相关部委进行对接，拓展地理国情监测应用服务范围。

【地理国情普查劳动竞赛】

国家测绘地理信息局组织开展地理国情普查劳动竞赛，成立了竞赛委员会及其办公室。国家测绘地理信息局职业技能鉴定指导中心（国家测绘地理信息局党校、国家测绘地理信息局管理干部学院）（以下简称职鉴中心）履行第一次全国地理国情普查劳动竞赛委员会办公室职责，协助开展普查标准时点核查百日大会战主题活动，举办了知识竞赛、模范评比、摄影比赛、演讲比赛、五小发明等活动。各地结合实际情况举办了竞赛。12月，召开了第一次全国地理国情普查劳动竞赛工作交流会。

地理信息产业

【贯彻产业意见精神】

国家测绘地理信息局加强与相关部门的沟通协调，累计汇总了8期各地、各部门上报的《国务院办公厅关于促进地理信息产业发展的意见》落实情况，并每月向国务院办公厅上报。印发《〈国务院办公厅关于促进地理信息产业发展的意见〉贯彻落实情况通报》，督促各地加快落实、细化产业政策，引导企业转型发展。全国累计有22个省份出台了促进地理信息产业发展的政策文件。

【产业基础性工作】

国家测绘地理信息局组织编写《地理信息产业分类（初稿）》。利用第二次和第三次全国经济普查数据，初步测算出2008年和2013年地理信息产业总产出、从业人员和单位数量，对测算结果进行了简要分析和数据差异比较，提交产业规模测算研究报告。启动地理信息产业评价体系研究，组建了研究团队，取得初步成果。与国家组织机构代码管理中心合作，通过关键词获取了7万多条涉及地理信息单位的数据，以此为基础开发了地理信息产业单位名录库管理系统。

【引导企业转型发展】

国家测绘地理信息局组织召开了由23家企业参加的地理信息产业企业家座谈会。到4家地理信息企业围绕“大众创业、万众创新”进行调研。及时监测地理信息产业发展情况，汇总了2014年度23家上市企业财务数据和2015年一季度15家上市企业财务数据，并被国务院办公厅采用。对已公布财务报表的35家地理信息相关上市企业进行监测，结果显示上市企业仍处于高速增长态势。

政策与法规

立法工作

【《中华人民共和国测绘法》修订】

国家测绘地理信息局组织开展专题研究、部门协调、征求意见、论证修改，形成《中华人民共和国测绘法》修正案草案并经国务院法制办公室办务会议审议通过，报国务院审议。6月和9月，国家测绘地理信息局副局长宋超智陪同全国人大环境与资源保护委员会副主任委员卫留成、国务院法制办公室副主任夏勇，分别赴宁夏和新疆开展立法调研。6月，全国人大环境与资源保护委员会专题听取国家测绘地理信息局局长库热西·买合苏提汇报《中华人民共和国测绘法》修订情况。国家测绘地理信息局配合国务院法制办公室开展2轮征求意见及网上公开征求意见，召开多次专家论证会、部门协调会，与11个部门开展协调，向国务院法制办公室提供资料20多次。

【《地图管理条例》颁布实施】

11月26日，国务院总理李克强签发第664号国务院令公布《地图管理条例》，自2016年1月1日起施行。《地图管理条例》明确了促进地理信息产业发展的立法目的，增加互联网地图管理专章以规范互联网地图服务，首次在行政法规中对加强国家版图意识宣传教育作出明确规定，建立了地图的统一监督管理体制，完善了地图审核程序和内容，强化了法律责任。

【法治建设】

国家测绘地理信息局印发《中共国家测绘地理信息局党组贯彻落实〈中共中央关于全面推进依法治国若干重大问题的决定〉实施意见》，并制定任务分工方案。对58项主要任务明确责任部门，推动贯彻落实。召开全国测绘地理信息法治工作会议。

【局内立法】

国家测绘地理信息局印发《国家测绘地理信息局立法规划（2015—2020年）》，列入32件立法项目，明确测绘地理信息法制建设的时间表和路线图；印发《国家测绘地理信息局2015年立法工作计划》，起草《国家测绘地理信息局法规制定程序规定》《卫星导航定位基准站备案办法》。

行政审批制度改革

【简政放权】

国家测绘地理信息局完成国务院行政审批制度改革领导小组办公室部署的第一阶段行政审批取消和下放工作，共取消和下放4项行政审批事项。梳理取消甲级测绘资质审批涉及的3项中介服务事项。

【规范行政审批行为】

国家测绘地理信息局组织编制行政审批事项服务规范、指南、受理单、审查细则和满意度评价表。自7月1日起，实现全部审批事项“一个窗口”受理。至2015年底，实现全部行政审批事项的网上预受理和预审查。

【网上办理】

国家测绘地理信息局组织推进行政许可事项网上办理。测绘资质审批、地图审核等事项实现网上办理。

【政府职能转变】

国家测绘地理信息局印发实施《2015年推进简政放权放管结合转变政府职能工作实施方案》，成立国家测绘地理信息局推进职能转变协调小组，向国务院推进职能转变协调小组办公室报送多项报表、报告。

政府信息公开

国家测绘地理信息局修订印发《国家测绘地理

信息局政府信息公开规定》，制定印发《国家测绘地理信息局门户网站管理办法》，理顺政务信息主动公开工作机制，完善依申请公开工作流程。组织编制甲级测绘资质、地图审核等行政审批事项的服务规范、服务指南，在行政许可大厅实现了“一个窗口”受理、多种渠道公开审批过程和结果。在局门户网站公开部门年度预决算、“三公经费”决算，列出了因公出国（境）、公务用车购置及运行、公务接待费等情况。发布了青海湖水面面积变化等一批地理国情监测成果。开通了测绘地理信息应用成果和地图网上展览。围绕国务院公布《地图管理条例》、国务院批复同意《全国基础测绘中长期规划纲要（2015—2030 年)》，以答记者问、印发相关文件等方式进行宣传解读。统筹运用新闻发言人、新闻发布会，国家测绘地理信息局网站、官方微博微信等传统媒体与新媒体平台。全年局官方微博发布各类信息 3900 多条，粉丝数近 20 万；微信发布信息 1000 多条，关注人数 1.3 万多人。

行政执法

【规范行政执法行为】

国家测绘地理信息局制定《国家测绘地理信息局机关行政执法工作规定》，进一步完善局内执法工作机制；印发《关于开展 2015 年测绘地理信息系统行政处罚案卷评查工作的通知》，组织开展案卷评查工作，提高行政处罚案件办理质量和执法文书制作水平，规范和监督行政处罚行为。

【综合执法】

国家测绘地理信息局贯彻《国土资源部国家测绘地理信息局深化部局业务协作实施方案》，在全国就综合执法进行书面调研，对部分省市进行实地调研，总结综合执法经验，开展综合执法交流活动。

【执法队伍建设】

国家测绘地理信息局开展《测绘地理信息行政执法证》申领和换发工作，经过逐级申报审核，共配发证件 1 万多本。全国测绘地理信息行政执法人员达 1 万多人。在北戴河举办全国测绘地理信息行政执法人员培训班。

【执法信息化建设】

国家测绘地理信息局建成行政执法管理信息系统，在各级测绘地理信息行政主管部门推广应用，初步实现行政执法管理信息化。

【违法案件查处】

国家测绘地理信息局组织查办地方移交的违法案件，对地方负责查办的重点案件加强督办。对各地 2014 年查处的案件进行汇总分析，向全国通报典型案件。

法制宣传

国家测绘地理信息局印发《2015 年全国测绘地理信息普法依法治理工作要点》，部署 2015 年法制宣传工作。

国家测绘地理信息局以“树立国家版图意识、维护国家主权安全”和“监测地理国情为国为家、发展地信产业利国利民”为主题，开展“8·29”测绘法宣传日系列活动。举行 2015 年“合信杯”测绘法宣传口号、公益短信、主题宣传画有奖征集活动，数万人参加。

8 月 29 日，测绘法宣传日全国主场活动在长沙举行。国家测绘地理信息局局长库热西·买合苏提、湖南省常务副省长陈肇雄、国家测绘地理信息局副局长宋超智等出席活动。全国各级测绘地理信息行政主管部门组织开展宣传活动，共发放各类宣传材料 100 多万份，公众参与人数 600 多万人。

政策研究

【地理国情监测顶层设计研究】

国家测绘地理信息局测绘发展研究中心（以下简称发展研究中心）研究提出常态化地理国情监测的领域、内容、体制机制等，设计常态化地理国情监测的领域和主要任务，提出开展常态化地理国情监测的保障措施建议，推动监测工作常态化开展。

【测绘地理信息监管研究】

发展研究中心结合国内测绘地理信息监管变化和要求，对测绘地理信息协调机制、涉外非法测绘管理和国外测绘地理信息监管等方面进行研究，研究其安全监管的特点，分析对我国测绘地理信息安全监管的启示并提出建议。

【测绘地理信息全面深化改革若干问题课题研究】

发展研究中心在对全国测绘地理信息行政许可审批事项及相关调整情况、测绘地理信息公共服务发展情况、测绘地理信息事业单位布局现状、测绘地理信息科技体制建设情况进行分析，并到青海、甘肃等地调研，分别形成了测绘地理信息简政放权、公共服务模式改革、事业单位布局改革、科技体制改革4个部分的研究报告。

规划与计划

重要规划

【《全国基础测绘中长期规划纲要（2015—2030年）》】

6月，国务院批复同意《全国基础测绘中长期规划纲要（2015—2030年）》。规划纲要将基础测绘发展目标从2020年扩展到2030年，首次明确提出要全面建成新型基础测绘体系。国家测绘地理信息局将该规划纲要印发各地政府和有关部门。

【《全国基础测绘中长期规划纲要（2015—2030年）》辅导读本】

发展研究中心组织编写了《〈全国基础测绘中长期规划纲要（2015—2030年）〉辅导读本》，解读全国基础测绘发展的思路、方向、目标、任务和措施。

【测绘地理信息“十三五”规划编制】

在《测绘地理信息“十三五”规划基本思路》的基础上，国家测绘地理信息局继续组织开展新型基础测绘等重要内容的深化研究。组织召开全国测绘地理信息“十三五”规划座谈会，交流各地规划工作情况，进一步统一规划编制的认识和思路。就“十三五”发展有关指标开展了调研，对“十三五”规划编制的主要任务进行了细化。开展规划文本编制工作并形成初稿。

组织发展研究中心开展“十三五”时期测绘地理信息重大项目研究，起草了测绘地理信息“十二五”规划执行情况总结报告。

【海洋地理信息资源开发建设战略规划】

根据国务院领导对《关于对周宏仁、王安耕两位专家所提建议的意见》的批示精神，国家测绘地理信息局启动海洋地理信息资源开发建设战略规划前期工作。召开3次研讨会，对海洋地理信息资源开发建设进行研究探讨。

重大战略

国家测绘地理信息局与总参测绘导航局多次沟通，完成《关于促进军地测绘深度融合创新发展的意见》文本起草工作，征求了各有关部门的意见并根据反馈意见对文本进行修改完善。

推动地理国情监测与区域发展总体战略、主体功能区战略实施、资源环境承载能力监测预警、“十三五”市县规划编制等工作的紧密结合，为地理国情监测工作搭建高层次的稳定应用平台。落实与国家发展和改革委员会签署的《地理国情监测服务于区域发展总体战略实施合作协议》，完善地理国情监测工作机制和成果应用领域。配合国家发展和改革委员会开展市县经济社会发展总体规划编制工作，联合开展试点工作，共同形成并印发了《国家发展改革委国家测绘地信局关于印发市县经济社会发展总体规划技术规范与编制导则的通知》（发改规划〔2015〕2084号），并共同组织开展了培训工作。参与国家发展和改革委员会主导的“全国资源环境承载能力监测预警项目”，及时提供技术和数据保障。

发展研究中心负责中国工程院重点咨询课题第5子课题“地理世情监测的发展策略与政策研究”，研究了“走出去”战略实施对地理世情监测的要求与需求，提出了地理世情监测的重点领域、主要任务和保障措施。参与自然生态空间监测及评价方法研究，研究了自然生态和资源监管中开展地理国情监测的可行性，明确自然生态空间监测的主要任务、指标体系、技术流程、评价分析模型等，提出了自然生态空间监测常态化、业务化运行机制建议。

测绘地理信息发展研究

国家测绘地理信息局组织开展新型基础测绘研

究。分析基础测绘生产服务存在的问题，结合“十三五”规划编制工作，组织对新型基础测绘的技术体系、数据体系、服务模式、产品形式等方面进行研究，完善了新型基础测绘体系的理论基础，并利用调研、会议等各种途径，开展宣传讨论，在系统内形成一定共识。组织对相关试点示范方案进行研究，择机开展试点示范工作。参加民用空间基础设施、统筹经济建设和国防建设、国家航天、国土资源等一系列重大规划的起草工作，积极争取在各方面体现测绘地理信息发展诉求，为“十三五”测绘地理信息发展争取更多的支持。

发展研究中心完成《钓鱼岛图志》的编写工作，形成了由20多万字和200幅地图组成的报告。对国内外智库的基本情况进行调查研究，开展新型测绘地理信息智库建设研究，提出了加强测绘地理信息新型智库建设的思路、任务和建议。

基础测绘

经费投入

【财政预算】

国家测绘地理信息局加强财政预算争取工作。申报2016—2018年财政规划和2016年“一上”部门预算时，在规划和备选项目之外，单独申报了国家地理国情监测分析、测绘基准基础设施运行维护、资源三号02星应用系统建设等项目预算，保障了重点工作资金需求。

【拓展财政资金渠道】

国家测绘地理信息局积极落实国家关于发展文化产业的有关政策，组织中国地图出版集团等单位编报了文化产业发展专项资金和国有资本经营预算项目，财政部一次性追加国家测绘地理信息局2015年文化产业发展专项资金1043万元和国有资本经营预算800万元。向财政部报送中央机关事业单位在职人员基本工资调整和离退休人员离退休费增支情况，经财政部核定后，追加2015年部门预算5020.58万元。

基础测绘项目

【基础测绘计划】

国家测绘地理信息局编制并印发2015年国家基础测绘生产计划，提出2016年国家基础测绘生产项目“一上”和“二上”计划。每月汇总编制各单位基础测绘项目和重大专项进度表，对执行较慢的单位和项目加强督促。

【国家基础地理信息数据库动态更新】

国家测绘地理信息局完成2014年度1∶5万DLG数据库更新成果检验和入库，建成2014版1∶5万DLG数据库并通过验收；1∶5万DLG数据库实现了第4轮动态更新，重点要素现势性保持在1年内，一般要素现势性保持在2010年后。

完成2015年度1∶5万数据库动态更新生产，在项目组织实施管理、资料保障、技术支撑和质量控制等方面进行了创新实践，进一步优化了1∶5万DLG数据库全要素更新的技术方法、工艺流程和相关规范，完善了生产、质量软件功能，提升了更新效率。完成2015年度1∶5万DLG数据库全要素更新生产，成果分批全部汇交。结合2014年度1∶5万DLG数据库更新，覆盖全国陆地国土的24185幅1∶5万DLG数据实现了全要素更新，数据现势性保持在2010年后，数据内容进一步丰富。利用2014版1∶5万DLG成果完成了全国24185幅1∶5万地形图制图数据库快速联动更新，并与1∶5万地形数据库一体化管理，实现了数据对全国陆地国土的连续无缝覆盖，数据现势性与2014版1∶5万地形数据保持一致，满足了社会对新版1∶5万地形图产品的需求。进一步完善1∶1万数据库整合升级技术规定，编制《1∶1万基础地理信息数据库整合升级建库技术指南》和《1∶1万基础地理信息数据库动态更新》等技术方案，研发1∶1万和1∶5万数据联动更新软件系统，为国家、省两级数据库联动更新奠定了基础。

国家基础地理信息中心组织完成国家1∶100万数据库首次全面更新，形成全新的地形数据库、制图数据库、DEM 数据库，并实现与 1:25 万数据库的衔接和联动更新。建成了最新版国家基础地理信息数据库。

【新农村建设测绘保障服务示范项目】

国家测绘地理信息局选定江苏省睢宁县、浙江省天台县、江西省丰城市、山东省新泰市羊流镇、山东省聊城市东昌府区郑家镇和陕西省铜川市 6 个地方开展 2015 年新农村建设测绘保障服务示范项目，带动了部分省份在农村地区的测绘保障投入。开展需求调研，梳理各方对新农村建设测绘保障服务的需求，探索新农村建设测绘保障服务城乡一体化建设的新模式。

【北斗地基增强系统建设】

北斗地基增强系统建设是国家基础地理信息中心与中国兵器研究院合作的建设专项。2015 年，完成了 35 个国家级基准站屋顶钢标观测墩安装、气象仪基座建造、屋顶防水修缮及防雷工程改造等土建工作；配合完成 34 个框架网站点的设备集成安装、网络通讯接入等工作。

【全国测量标志动态信息管理系统】

国家基础地理信息中心定制研发了基于互联网的全国测量标志动态信息数据库及管理系统软件，在全国架构测量标志动态信息发布平台，实现全国测量标识信息的统一、规范化管理与发布。在部分地区试点实施测量标志动态信息管理系统。

【卫星激光测距与系统维护】

中国测绘科学研究院房山人卫站完成卫星激光测距（SLR）总观测 1585 圈，其中高轨卫星 676 圈、中轨卫星 185 圈、低轨卫星 724 圈，测距精度满足国际激光测距标准要求。完成 SLR 系统硬软件维护及升级工作，保证系统无故障运行。

【测绘成果保密与地理信息网络监管服务系统示范应用】

中国测绘科学研究院开发完成测绘成果保密与地理信息网络监管服务系统 2014 版软件，实现全国用户在线联动、在线取证和一体化流程管理。开发全国节点运行状态实时监测等功能，为国家节点安全监控大厅提供核心软件支撑。完成地理标注过滤系统 2 轮测试。举办监管系统技术培训班，培训全国 30 个省（自治区、直辖市）70 多名管理与技术人员。

测绘基准管理

【国家现代测绘基准工程】

国家现代测绘基准工程外业任务全面完成，完成 210 个国家基准站通讯接入、设备集成，1365 个卫星大地控制点观测，21420 千米一等水准测量，5330 点相对重力以及 50 点次绝对重力测量。

【全国卫星导航定位基准服务系统】

全国卫星导航定位基准服务系统建设进展顺利，统筹利用国家、省（自治区、直辖市）及部分行业部门基准站资源，形成了由 1879 站组成的我国规模最大、覆盖范围最广的基准站网，完成了国家数据中心建设，研发、部署了具有自主知识产权的广域差分软件，创建了导航定位信息发播平台，基本建成了可向社会提供实时位置服务的全国卫星导航定位基准服务系统。

【卫星导航定位基准站管理】

卫星导航定位基准站管理日趋完善，国家测绘地理信息局制定了加强基准站建设和应用管理工作方案，对开展基准站管理做出总体部署。开展卫星导航定位基准站调查和核查工作，编制了《全国卫星导航定位基准站调查报告》。

【全国卫星导航定位连续运行基准站网】

国家基础地理信息中心编制完成《全国卫星导航定位基准服务系统运行维护方案》，完成全国基准站网数据共享交换平台设计，基本实现了观测数据汇集、存储、交换、分发等。开展了 320 个国家级基准站（新建改造 170 站、利用 150 站）数据处理工作，包括单日观测数据的预处理、单日松弛解计算、时间序列分析、平差计算等，实现了基准站站点坐标、精密星历、卫星钟差、电离层模型等产品。开展全国省级基准站整网平差工作，完成 1385 个国家级、省级基准站观测数据的汇集、数据整理和预处理工作。完成了陆态网 828 个 GNSS 大地控制点数据处理和整网平差工作。

基础航空摄影与卫星影像获取

【国家基础航空摄影】

2015 年，国家测绘地理信息局编制下达影像获取计划 4 期，结算额度约 1.3 亿元。组织完成 49 个摄区的航空摄影任务，面积约 74 万平方千米，年度基础航空摄影项目完成率超过 90%；采购卫星影像约 85 万平方千米。及时将影像资料提供给基础测绘、地理国情普查、数字城市建设等重大项目使用。地方获取影像的平均水平显著提升，北京、上海、广西等地近年实现自主组织影像获取；浙江、江苏、湖南等地除部分申请国家支持外，基本自主开展影像获取。部分地区注重影像成果的应用，主动将自行获取的影像成果用于地理国情普查、监测和“天地图”建设等国家重大项目或测绘专项建设。

【影像成果接收与分发】

2015 年，国家基础地理信息中心共接收 49 个摄区航摄资料，数据量 326TB；接收卫星影像资料 2932 景，119 万平方千米，数据量 19TB，并及时提供测绘地理信息部门使用。促进资料共享，提高影像成果利用效率，为铁路、地质、水利等部门提供数据 39 批次，提供航片数据近 1 万片，数据量 4.6TB。

【航摄管理信息化建设】

2015 年，国家基础地理信息中心继续完善原始影像成果管理系统，完成所有馆藏原始影像元数据信息录入工作，原始影像对外信息发布平台基本建成。

完善和升级数字航空摄影成果质量检查验收系统，在解决框幅式、推扫式航摄成果飞行质量自动化检查的基础上，增加了机载 Lidar 数据成果的质量检验模块，解决了机载 Lidar 成果质检的难题。

开发计划需求网上编报系统，规范编报内容，实现各省局影像获取需求网上编报。该系统开发进入测试完善阶段，2016 年可正式投入运行。

【SAR 飞行试验】

中国测绘科学研究院重点研发基于 SAR 影像精准处理、高精度三维信息提取与面向对象地物解译等 SAR 核心技术，开发了国家级 SAR 影像处理系统。开展极化干涉 SAR 数据获取试飞试验，形成国内首个星－机－地一体化的遥感信息综合试验区。

安全生产

2015 年，国家测绘地理信息局所属各单位未发生安全责任事故。国家测绘地理信息局召开局安全生产委员会视频会议，印发《国家测绘地理信息局 2014 年安全生产工作总结》和《国家测绘地理信息局 2015 年安全生产工作要点》。督促各直属单位完善落实安全生产责任体系，健全管理制度，提高安全管理水平，开展安全生产宣传教育，强化监督检查力度，提高事故防范能力。在外业集中出测和重大工程开展关键期、暑期、汛期及年末等安全事故易发时段，及时印发通知，要求各直属单位加强监管力度，保障生产安全。组织开展安全生产大检查，及时排查安全隐患。

卫星测绘

测绘卫星建设与规划

【测绘卫星规划与立项】

国家测绘地理信息局卫星测绘应用中心（以下简称卫星应用中心）完成资源三号卫星 02 星可行性研究报告和使用要求等立项材料编制工作。11 月，国家发展和改革委员会、财政部、国家国防科技工业局联合审批立项。该卫星计划于 2016 年上半年发射。

配合高分辨率对地观测系统重大专项管理部门，开展面向 1∶1 万测图的高分七号卫星立项、论证与设计工作，牵头研究编制高分七号卫星工程研制总要求，形成卫星工程项目建议书与可行性研究报告。9 月，国家国防科技工业局、财政部批复立项。该卫星计划于 2018 年年底发射。

参与国家民用空间基础设施规划实施工作，开展光学、雷达、激光等不同类型测绘卫星的需求分析论证与立项预研工作，推动测绘地理信息部门成为高分多模卫星、L 波段差分干涉 SAR 卫星与陆地生态碳监测卫星 3 颗科研卫星的主用户。

【资源三号卫星应用系统建设】

资源三号卫星应用系统建设进入验收阶段，卫星应用中心编制了《资源三号卫星应用系统系统建设项目初步验收报告》，完成部分分项验收。

10 月，资源三号卫星应用系统工程项目通过国家发展和改革委员会委托国家测绘地理信息局组织的竣工验收，实现基于资源三号卫星应用系统构建我国 1∶5 万立体测图卫星生产技术体系，业务化开展卫星数据的获取、处理与应用服务。

【资源三号卫星影像获取】

2015年，卫星应用中心共完成编制资源三号卫星拍摄计划1734轨，接收1629轨，共获取原始数据248TB。中国区域影像获取覆盖面积为1221.76万平方千米，云量20%以下有效数据的覆盖面积为967.43万平方千米，实现我国大部分陆地区域的无缝覆盖。资源三号卫星影像全球有效覆盖达到7112万平方千米。

【资源三号卫星影像数据生产】

在卫星影像初级产品生产方面，卫星应用中心全年共完成资源三号卫星数据编目生产和人工云判1664轨435521景，完成传感器校正产品生产和一级质检1636轨219966景。

在卫星影像高级产品生产方面，卫星应用中心利用资源三号卫星影像和高精度外业控制数据，开展全国高精度正射纠正影像生产，形成1版基本覆盖全国、精度可靠、无缝接边的高精度地理参考影像成果，为1∶5万基础地理信息数据库动态更新和测绘相关工作提供了参考地理信息。

【资源三号卫星影像应用服务体系建设】

卫星应用中心建成覆盖全国的2015版全国影像控制点库，提升了控制点影像数据库精度和现势性；开展典型地区遥感影像解译样本与专家知识库建设，为卫星影像信息提取与分类提供依据；开展高分辨率卫星几何检校与辐射检校，实现多星联合检校。

建成2米分辨率全国数字正射影像库，实现我国陆地国土的全覆盖，实现年度更新，建成全国15米格网的数字表面模型库，并完成DOM和DSM三维产品发布。加强遥感影像机顶盒产品的技术开发与应用服务，建立了可提供在线或离线影像地图产品的即时服务系统，丰富了卫星应用产品体系。完善资源三号卫星在线分发服务系统建设，保障卫星成果在线查询、订购与下载服务顺利开展。建立面向省级测绘应用的国产卫星实时推送服务，形成自上而下的数据产品快速化、规模化分发的服务网络。推进卫星应用中心全资企业北京国测星绘信息技术有限公司的建设进程，开展卫星测绘产品的增值开发、技术服务、成果应用及营销网络建设。

【影像应用服务】

在服务国家重大测绘工程方面，卫星应用中心为全国地理国情普查标准时点核准项目向全国38个普查任务区分发国产卫星影像22805景、商业卫星影像269景，覆盖面积超过944万平方千米，占任务区总面积的99.92%。利用资源三号卫星的全球数据持续获取能力，为“天地图”公共服务平台建设提供国内520万平方千米、国外407万平方千米的数据。

在服务国家基础测绘方面，为1∶5万基础地理信息数据库更新提供资源三号、天绘一号等卫星正射纠正影像18647景，覆盖国土面积924万平方千米，覆盖率96%。在服务地方基础测绘方面，向全国31个省级测绘地理信息行政主管部门提供了所在地区的卫星影像数据，支持了省级基础测绘、省级地理国情监测、“天地图”省级节点建设等工作。依托新疆维吾尔自治区测绘地理信息局建立了卫星应用中心新疆分中心，搭建了新疆卫星影像数据分发与应用平台，无偿提供了覆盖全疆160万平方千米的影像数据深加工产品，共同开展了地理信息多项综合应用。

在服务地理信息产业发展方面，向土地督察、土地利用变更调查、林业资源调查、地质环境监测、水土保持监测、应急保障、导航地图更新等领域提供了传感器校正产品、数字正射影像、数字表面模型、数字高程模型、控制点数据库、影像机顶盒等资源三号卫星标准影像产品和服务，为用户提供了专题影像地图、裸眼立体影像地图、变化信息检测服务等定制产品和服务。全年向国内外测绘地理信息产业用户提供了覆盖面积累计超过9500万平方千米的资源三号卫星影像产品与服务。

在服务测绘应急方面，在尼泊尔地震等应急事件发生后，启动卫星测绘应急保障预案，累计向相关部门提供事前资源三号卫星影像60多景、事后高分辨率影像数据5景。

卫星测绘关键技术研究

卫星应用中心成功申报国家测绘地理信息局卫星测绘应用中心博士后科研工作站和卫星测绘技术与应用国际合作基地。采用立体光栅印刷技术制作的裸眼三维影像图集“美丽地球新视角”获第27届国际地图制图大会金奖和公众票选最佳作品奖。

质量监督与计量

【重大项目质量监督】

国家测绘产品质量检验测试中心（以下简称质检中心）全年分2批开展地理国情普查过程质量监督抽查工作，覆盖全国24个省（自治区、直辖市）的165家普查作业单位。编制《验前成果抽查质量典型案例汇总》《2015年第一批过程质量监督抽查中突出质量问题讲解》《西部地区地理国情普查成果预验收主要问题及解决方法》等文件，印发至全国各省级地理国情普查领导小组办公室和普查作业单位。开展地理国情普查成果质量复核工作，全年分2批次共派遣226名专职检查员，完成1∶1万图幅样本检查4814幅，完成质量评定表和检查记录表9628份，编制质量通报材料45份，印发复核意见30份，编制工作报告3份，完成30个省（自治区、直辖市）的成果质量复核任务，其中对9个省（自治区）的质量复核工作进行督导检查。完成地理国情基本统计软件测试验证和对比校核工作。完成陕西测绘地理信息局、黑龙江测绘地理信息局、四川测绘地理信息局、海南测绘地理信息局、国家测绘地理信息局重庆测绘院承担的新疆、青海、内蒙古、西藏、甘肃、云南等西部地区共约392万平方千米、11001幅1∶5万普查成果的预验收和验收任务。

完成国家现代测绘基准体系基础设施建设一期工程2015年度成果质量检查验收任务。完成5个国家高程控制网深层基岩点、714个国家GNSS大地控制点、56条国家高程一等水准线路选埋成果的检查验收。完成1144个GNSS大地控制点观测、105条共32879.8千米国家高程一等水准线路观测的检查验收以及10657点加密重力观测成果、50点次绝对重力观测成果的检查验收。完成24个国家GNSS大地控制点和76个国家高程控制网一等水准点外业抽查检验任务。

【全国1∶5万数字高程模型精细化处理成果检测】

质检中心按照国家测绘地理信息局要求，提出了全国1∶5万数字高程模型精细化处理成果检测实施方案，完成24182幅全国1∶5万数字高程模型精细化处理成果的检测任务。

市场监管

测绘资质管理

【测绘资质年度报告公示制度】

国家测绘地理信息局组织各省、自治区、直辖市测绘地理信息行政主管部门指导测绘单位在线填报、提交测绘资质年度报告书，单位和公众均可查询。国家测绘地理信息局以公告形式公示了甲级单位年度报告。

【测绘资质巡查制度】

国家测绘地理信息局组织制定《测绘地理信息领域推广随机抽查实施方案》，指导各省、自治区、直辖市测绘地理信息行政主管部门开展测绘资质巡查工作。成立测绘资质巡查组，赴上海、广东对制度落实情况开展抽查。

【测绘资质审批】

国家测绘地理信息局全年共依法审核批准78家甲级测绘资质单位，依法审核批准104家甲级测绘单位新增甲级专业范围，在国家测绘地理信息局网站公示24个批次。注销甲级测绘资质1家，受理合资单位资质申请2件并依法转送军方会审。

市场管理

【测绘监理管理】

国家测绘地理信息局开展测绘监理管理办法调研，完成《测绘地理信息项目监理办法》初稿。

【企业负责人培训】

国家测绘地理信息局组织部分民营甲级测绘资质企业负责人参加中欧测绘地理信息技术与产业发展高级研讨班。

【作业证管理】

国家测绘地理信息局针对部分测绘单位在异地设立分支机构从事测绘活动给测绘作业证管理带来的新问题，印发《关于加强测绘作业证管理工作的通知》。

诚信管理

国家测绘地理信息局印发《测绘地理信息行业信用管理办法》和《测绘地理信息行业信用指标体系》，将失信行为与市场准入限制挂钩，建立信用约束机制，开发建成信用管理网络平台。

地图管理与地图公共服务

地图审核

【地图审核管理】

国家测绘地理信息局依法开展地图审核并全面实现网上办理。全年共受理地图审核申请 3863 件，经审核批准 3441 件，不予批准 484 件，协助审核 25 件。组织研发地图技术审查辅助系统，在相关单位开展试运行。

【地图内容审查】

2015 年，国家测绘地理信息局地图技术审查中心（以下简称审图中心）共完成为行政许可服务的地图审查 3836 件，包括地图（集、册、幅）242 件、教学地图 148 件、图书报纸期刊插附地图 1473 件、对外加工印刷品插附地图 1596 件、地球仪 64 个、导航电子地图 191 件、互联网地图 88 件、其他地图 34 件。

完成《新疆维吾尔自治区系列地图》《尼泊尔地势图》、1∶25 万公开版地图数据、香港特别行政区政府用图、国际地图制图大会中国测绘地理信息成就展和网上中国地图展用图、国家测绘地理信息局官方微博使用地图、中国测绘宣传中心拍摄宣传片涉及地图、中国抗日战争纪念馆陈列地图的内容审查。

【地图备案】

2015 年，国家测绘地理信息局共收到 25 家单位的地图备案样书 791 件，进行了分类归档和部分抽查。

互联网地图监管

【互联网地图监管机制建设】

国家测绘地理信息局印发《关于进一步加强互联网地图监管工作的意见》。进一步完善国家、省级间上下联动的互联网地理信息监管工作机制，细化工作分工和工作流程，建立定期统计和汇报制度。开展覆盖涉密或敏感地理信息采集、生产、管理、分发、应用、流通等各环节的安全保密监管研究，初步形成国家地理信息安全监管平台总体设计方案，为搭建地理信息统一的安全监管平台奠定基础。

【互联网地图日常监管】

国家测绘地理信息局利用互联网地图监管系统部署国家、省级节点开展互联网地图日常监管和协同处理，实现对涉密地理信息交易、“问题地图”“问题标注”的及时监控和实时报警。国家、省级互联网地图监控节点全年共检定 69557 条地理信息，发现“问题地图”图片 2046 个、违规 POI 标注 3745 个。完善互联网地图标注过滤系统并推广应用，60 多家互联网地图服务单位申请下载使用。

【网上地理信息安全宣传】

国家测绘地理信息局积极参与中共中央网络安

全和信息化领导小组办公室举办的第二届网络安全宣传周活动，制作网上地理信息安全宣传视频，组织参加网络知识大讲堂和网络知识进万家等主题活动，向社会公众普及地理信息安全保密知识。

【互联网地图安全审校人员培训】

国家测绘地理信息局举办第十二期全国互联网地图安全审校人员培训班，来自全国100多家单位的370多名学员参加培训。其中，262人考试合格取得互联网地图安全审校人员上岗证。

地图市场监管

【重点监管工作】

国家测绘地理信息局组织开展2015年地图市场监管工作，印发《2015年地图市场监管重点工作方案》，指导各地重点针对涉及地图的教辅、新闻媒体使用的地图、移动互联网地图等进行全面检查。组织审图中心对人民网、新华网、央视网、新浪网、凤凰网等17家重点网站登载使用地图情况进行调查，发现17家网站存在登载使用“问题地图”的情况。及时组织查处中国铁路客服服务中心网站、中国国际旅行社有限公司、上海国际会议中心等单位登载“问题地图”的违法违规行为。

【地图导航定位产品测评】

国家测绘地理信息局组织实施地图导航定位产品测评工作。编制测评工作方案和测评大纲。组织协调中国卫星导航定位协会、质检中心在开展常规产品测评的基础上，对互联网地图产品（包括移动互联网地图导航产品）、车辆定位监控系统等新型产品开展测评，发布2015年地图导航定位产品推荐名单。

【地图市场调查】

审图中心与北京市勘察设计和测绘地理信息管理办公室共同对北京市图书批发和零售市场上的历史、地理类教材教辅图书和交通旅游类图书使用地图的情况进行调查，发现部分地图存在未依法送审的问题。全年共接受“问题地图”有效举报36件，经过对“问题地图”内容审查，提出处理建议并上报国家测绘地理信息局。

地图公共服务

【辅助决策用图交换和共享】

国家测绘地理信息局建设辅助决策用图定制与服务系统，初步实现行政区划图按需定制与快速出图。组织开展2015年度辅助决策用图共享工作，共享实物地图集17册、实物地图124幅；电子地图集8册676幅、电子地图827幅。

【地图公共服务】

国家测绘地理信息局全年组织向中共中央办公厅、国务院办公厅等提供领导工作用图服务50多次，提供世界地图、中国全图、中国分省图、专题图、定制类地图60多种共2000多幅。编制完成111幅不同主题和比例尺的标准公益性地理底图，其中包含6幅世界地图、5幅亚洲地图、66幅中国地图和34幅分省区地图。组织开展《城市地图集》的编制试点工作，开展《城市地图集》总体设计，指导4个省（自治区、直辖市）10多个城市开展图集试点编制。组织编制维文版、蒙文版等少数民族语言地图。

国家版图意识宣传教育

国家测绘地理信息局组织召开全国国家版图意识宣传教育和地图市场监管协调指导小组联席会议，总结2015年全国国家版图意识宣传教育和地图市场监管工作，制定2016年工作要点，形成报告上报国务院，同时印发给全国国家版图意识宣传教育和地图市场监管协调指导小组各成员单位及各省级协调指导机构。

国家测绘地理信息局联合中共中央网络安全和信息化领导小组办公室、外交部组织召开国家版图意识宣传教育“进媒体”座谈会，国家测绘地理信息局、中共中央网络安全和信息化领导小组办公室组织举办2次培训班普及国家版图知识。座谈会与培训班共覆盖170多家媒体、440多名有关部委、中央媒体、各地主要媒体、商业媒体负责人及记者，推动新闻媒体工作者了解国家版图知识，增加对“问题地图”的辨别力。

测绘地理信息成果管理与应用

成果汇交与资料档案建设

国家测绘地理信息局制定出台《测绘地理信息业务档案管理规定》。举办1期业务培训班，培训全国省级测绘地理信息部门业务档案管理人员。

成果共享和应用

【部门共享合作】

国家测绘地理信息局与教育部、交通运输部、环境保护部、水利部、农业部、国家新闻出版广电总局、国家林业局、中国气象局、国家标准化管理委员会、国务院办公厅电子政务办公室、国家减灾委员会办公室、武警部队、中国石油化工集团公司、中国铁建股份有限公司14家单位签署了合作协议。在无偿或者优惠提供基础地理信息数据与“天地图”在线地理信息服务的同时，相关部门向国家测绘地理信息局共享与空间位置相关的专题地理要素数据和服务。落实与相关部门的各类合作协议，已收集了中国地质调查局水文地质、环境地质调查、地质灾害调查与区划、西部地质灾害等数据和地图。

【完善目录服务系统】

国家测绘地理信息局指导国家基础地理信息中心在充分调研的基础上，起草了目录元数据规定、系统技术方案设计等文本，完成了系统功能框架搭建，优化了数据搜索、显示等核心功能，整理了164万条目录元数据，实现了与地质资料目录服务系统的对接和在线共享。

【成果推广】

中国测绘科学研究院全年累计推广PixelGrid软件9套、FeatureStation软件159套、地理国情普查基本统计软件11套、ZC型无人机6套、SWDC航摄系统8套、SSW车载激光建模测量系统1套，累计在全国310多个城市应用和推广NewMap软件。

涉密成果管理

【涉密成果提供使用】

国家测绘地理信息局拓展基础测绘成果服务领域，为国土、交通、能源、农林水利等国家重点工程建设及地理国情监测等基础测绘项目提供大量基础地理信息成果。全年共办理涉密测绘成果提供审批659件。组织完成1:25万公众版地图成果更新，并向社会发布2015版基础测绘成果和1:25万公众版地图成果。

【全国测绘地理信息保密检查】

经商国家保密局同意，国家测绘地理信息局组织开展2015年全国地理信息保密检查工作，部署对全国测绘资质单位和涉密测绘成果使用单位进行全面检查。全国共组织14509家单位自查、现场抽查5071家、989家单位被责令整改。

【测绘地理信息保密政策】

国家测绘地理信息局加快修订《测绘管理工作国家秘密范围的规定》，组织开展了卫星导航定位基准站数据、倾斜航空摄影测量成果密级划分研究和手机定位精度测评，为修订工作奠定基础。按照中央有关要求，会同军队测绘主管部门制定出台了《关于规范卫星导航定位基准站数据密级划分和管理的通知》。印发《关于进一步加强测绘地理信息成果安全保密管理的意见》。

测量标志管理与重要地理信息数据审核公布

【测量标志管理】

国家测绘地理信息局规范测量标志拆迁审批工作，制定了审批服务指南和审查细则。全年批复测量标志拆迁申请7件。

【巴丹吉林沙漠必鲁图峰高程数据审核公布】

7月13日，国家测绘地理信息局在北京组织召开巴丹吉林沙漠必鲁图峰高程测量成果公布会商会议。国土资源部、总参测绘导航局、中国科学院等单位的代表与专家参加会议。会议听取了巴丹吉林沙漠必鲁图峰高程测量工作及成果验收情况介绍，审阅了工作报告和技术报告，建议国家测绘地理信息局尽快将高程数据报请国务院批准公布。经国务院批准，9 月 24 日，国家测绘地理信息局发布第 12 号公告，公布内蒙古巴丹吉林沙漠必鲁图峰海拔高程为 1611.009 米。

应急保障

【国家应急测绘保障能力建设】

国家测绘地理信息局推进国家应急测绘保障能力建设项目立项工作。加强与国家发展和改革委员会的沟通；到公安部、工业和信息化部、国家海洋局、中国气象局、国家林业局、总参谋部等部门进行调研，形成相关材料。到贵州等地调研无人机性能指标，提出航空应急基地布局和装备配置调整建议。组织召开调研座谈会，邀请国务院应急管理办公室、国家防汛抗旱总指挥部等重点共享和用户单位调研座谈，研究应急测绘启动、实施、服务和共享等方面的运行机制。组织开展节能评估、社会稳定风险评估及环境影响评估，并向国家发展和改革委员会提交评估结论材料。在与 12 个部委和单位签订的地理信息共享合作协议中，明确了与相关部门在应急数据共享、应急演练与监测预警等方面建立合作机制。编写国家测绘地理信息局应急测绘保障总体方案大纲。12 月 28 日，国家发展和改革委员会批复国家应急测绘保障能力建设项目可行性研究报告，同意开展项目初步设计方案编制和投资概算等工作。

【应急测绘保障服务】

“4·25”尼泊尔 8.1 级地震波及我国西藏地区，国家测绘地理信息局向国务院应急管理办公室、武警司令部、中国地震局等提供日喀则地图、聂拉木县地图、尼泊尔地图等专用图件及影像图共 200 多幅。在东方轮船公司客轮翻沉应急服务中，向国务院应急管理办公室等提供湖北省地图、荆州市地图等。在新疆维吾尔自治区皮山县 6.5 级地震应急服务中，组织开展无人机应急测绘，获取重灾区皮西那乡约 100 平方千米 15 厘米分辨率的无人机影像，向国务院应急管理办公室、武警部队等提供新疆维吾尔自治区全图、和田地区地图和皮山县地图等。在陕西省山阳县山体滑坡应急服务中，向国务院应急管理办公室及救灾指挥部等提供山阳县地图、山阳县灾前灾后影像对比图等各种地图和影像图，组织开展无人机航空摄影，利用微形变监测设备对滑坡次生灾害进行监测。在天津滨海新区瑞海公司危险品仓库爆炸应急服务中，向国务院应急管理办公室等提供天津滨海新区爆炸位置示意图、爆炸核心区高分影像图。在深圳光明新区滑坡应急服务中，向国务院应急管理办公室、国土资源部等提供山体滑坡影像图、标注滑坡位置的地形图、事发前后影像对比图等。

中国地图出版集团全年累计完成应急保障和政府服务任务 67 次，紧急编制地图 429 幅，提供成品 7712 册幅。

国家基础地理信息中心研发了应急专题数据资源管理系统，实现了与 26 个部委的 34 万条专题信息集成。开展应急数据资源整理，共整理各类应急数据 5.37TB，整理和录入应急地理信息资源目录信息 4.8 万多条。为国务院应急管理办公室研发了应急地图智能浏览系统。研制了领导会商电子地图多媒体系统。2015 年，完成各项应急保障任务 47 项，为中共中央办公厅、国务院办公厅、国务院应急管理办公室、公安部等部门相关单位提供专题地图编制服务，共编制地图 180 多幅，制图数据 62GB。

全国测绘地理信息应用成果和地图网上展览

国家测绘地理信息局适应网络化、信息化需要，通过互联网搭建虚拟展馆集群的方式，于 10 月 30 日正式开通了全国测绘地理信息应用成果和地图网上展览。

展览由 1 个主展馆、1 个地图展馆、31 个省级地方展馆、36 个企业展馆组成，共展示 1.63 万件展品，涉及测绘地理信息重大建设成果以及在国土、水利、民政、气象、农业、环保、教育、卫生、财税等 20 多个领域的应用服务。主展馆展示“十二五”期间测绘地理信息部门服务经济建设、国防建设和社会发展的应用成果；地图展馆展出中国古代舆图、现代精品地图、全国少儿手绘地图大赛优秀作品；31 个省级地方展馆全面展示测绘地理信息在地方社会经济发展中的作用；36 个企业展馆展现了地理信息产业主动与物联网、云计算、大数据等创新融合后的发展态势。

展览的开通在社会上受到了广泛关注。新华网、光明网等媒体开通专栏对展览进行解读，《人民日报》《经济日报》《科技日报》、中央电视台、中央人民广播电台、新浪网、腾讯网等媒体对展览进行报道。展览开通当天各类展馆点击量达 120 万多次，展览官方微博阅读量超过 15.8 万次，展览微话题阅读量超过 24.2 万次，展览新闻通过微信送达人数达到 1.2 万人，新华网和光明网的展览专栏点击量超过 30 万次。

【测绘档案资料收集】

2015 年，国家测绘档案资料馆为地理国情普查工作收集 2009 年全国土地变更调查所使用的遥感影像数据 10TB，2010 年、2013 年 DOM 成果共 10.5TB；崩滑流地质灾害点数据、灾害分布图数据等地质灾害数据共 2.4MB；20 个省会城市 KH－4 全色卫星影像及 2 个省会城市 0.6 米分辨率 KH－7 全色卫星影像资料共 173 景；大地联测控制网成果、航摄数据及空三成果等中国俄罗斯国界第一次联合检查（东段）数据共 2.85TB。

【测绘档案成果归档】

2015 年，国家测绘档案资料馆完成归档档案共 74363 件，数据量 38.8TB。较 2014 年归档档案件数增加 13%，数据量增加 203%。包括 142 个项目档案的接收、检查、整理、组卷及上架工作，归档项目档案 19648 件、数据量 9.5TB。为地理国情普查收集归档的国土资源部全国土地变更调查影像数据、地质灾害数据、20 个省会城市历史影像数据及中国俄罗斯国界第一次联合检查（东段）数据共 23.5TB。清点、整理库存 114184 张纸黑图，从比例尺、出版年代、出版单位、版次等方面逐一与库存地形图档案进行比对，从中选出保存完好且库存地形图中缺份的纸黑图 24684 张，分别归档补充到不同比例尺的地图档案中。完成 63 个摄区航摄文档及像片的接收整理归档工作，整理装订归档档案 838 件，像片 206808 片。完成硝酸片基航摄底片扫描、资料整理与归档工作，共 29169 件，数据量 5.8TB。

【测绘档案成果资料提供情况】

2015 年，国家测绘档案资料馆接待档案索取服务 45 批次，对外提供各种类型数字档案复制、纸质档案扫描等服务的数据量约 14.3TB。为 26 家单位、部门提供历史档案信息咨询共 98 人次；接受归档工作方面电话咨询共 83 次。为外系统查询航摄成果面积约 53.92 万平方千米。提供航摄成果底片扫描服务共 4597 片。提供珠海地区 1∶1 万数据应急服务 1 次。

【档案信息化建设】

国家基础地理信息中心编写完成《测绘数字档案馆建设初步方案》，提出了数字档案馆建设思路和未来五年的工作任务。申报中国工程院“地理资源与地图信息专业知识服务系统”建设项目并立项。完成档案管理系统由 CS 向 BS 升级，正式投入运行；开发了档案卷内目录自动生成工具，提高了档案归档的工作效率和质量。完成数字档案归档质量检测系统开发、档案目录发布系统需求分析与功能设计、测绘成果档案目录公开化处理方案设计、系统框架搭建与属性查询功能开发，开展档案管理系统数据库模型映射与数据转换工作、图形查询系统开发测试工作。完成基于 OAIS 网上档案服务系统的研发工作，搭建了 GNSS 关系型数据库与数据文件管理系统及网上数据查询服务系统。开发高程基准数据档案管理服务功能。

【国家测绘成果档案存储与服务设施】

国家测绘成果档案存储与服务设施项目进入全面建设阶段。国家基础地理信息中心编制完成《国家测绘成果档案存储与服务设施项目管理办法》《国家测绘成果档案存储与服务设施项目经费管理办法》。对 18 家建设单位进行实地考察，初步设计方案通过评审。

成果提供使用

2015 年，行政许可大厅共受理涉密成果使用申请 655 件。提供数字成果 65.5TB；提供印刷图 10607 幅、13967 张，铁道、地矿等行业印刷图使用增长量较大。完成对新疆、湖北等 25 个省级测绘地理信息行政主管部门 1∶5 万、1∶25 万地形图印前数据的分发。根据国家测绘地理信息局地理信息共享合作框架协议，环境保护部、农业部领取了地理信息数据。

行政许可大厅全年提供咨询服务超过 2 万次；QQ 交流咨询稳定客户约 740 人，通过 QQ 解答问题 2.82 万多条。成果查询系统升级上线，增加航摄成果目录，用户可通过该系统了解提供服务的全部基础测绘成果情况并查询目录信息。

科技工作

科技体制改革

【印发《关于加强测绘地理信息科技创新的意见》】

国家测绘地理信息局按照《中共中央国务院关于深化体制机制改革加快实施创新驱动发展战略的若干意见》（中发〔2015〕8号）精神，围绕测绘地理信息发展战略，在广泛调研的基础上，制定印发《关于加强测绘地理信息科技创新的意见》，这是国家测绘地理信息局首个关于科技创新的指导意见。该意见包括7部分24条，从创新科技体制机制、明确科技创新任务、强化科技创新平台建设、发挥企业技术创新主体作用、促进科技成果转化、加强科技人才队伍建设6个方面提出意见，提出了到2020年和2030年的发展目标。

【测绘地理信息科技发展“十三五”规划编制】

国家测绘地理信息局结合征集的科研需求和重点研发专项的建议，形成测绘地理信息科技发展“十三五”规划基本框架，并与科技部、国土资源部等部门衔接、座谈调研，形成规划初稿。开展了地下管线测量、海洋测绘、卫星测绘、极地测绘等多项测绘地理信息科技发展“十三五”专项子规划研究。

【信息化测绘技术体系建设】

国家测绘地理信息局在总结信息化测绘技术体系试点工作基础上，组织对《信息化测绘技术体系建设大纲》中的建设内容、指标及形式等进行研讨，编制印发了《信息化测绘技术体系建设大纲（试行）》。确定湖南省第三测绘院和山东省国土测绘院作为2015年新的试点基地开展信息化测绘技术体系建设。

科技创新体系

国家测绘地理信息局分别与国防科学技术大学、解放军信息工程大学等签署战略合作协议，加强军民融合，服务国家国防建设。组织申报测绘地理信息学国家重点实验室，8月向科技部报送了申报材料。成立长江经济带地理信息协同创新联盟，主动服务和支撑国家长江经济带发展战略。响应和实施“大众创业、万众创新”战略，开展国家测绘地理信息科普教育基地示范建设，依托浙江省测绘地理信息科技产业园区等，建设“地信梦工场”众创空间。支持新疆建设中亚地理信息开发利用国家测绘地理信息局工程中心，成立卫星应用中心新疆分中心，召开中亚地理信息技术国际研讨会，与俄罗斯、捷克、乌兹别克斯坦等中亚六国以及国内专家共同研究“一带一路”的地理信息技术支撑。开展卫星测绘技术与应用等3个国家测绘地理信息局重点实验室验收和工程中心评估工作。

科技项目

【国家科技计划项目】

根据国务院印发的《关于深化中央财政科技计划（专项、基金等）管理改革方案》和中央财政科技计划（专项、基金等）管理改革相关要求，国家测绘地理信息局向科技部推荐2名战略咨询与综合评审委员会委员和20名特邀专家。

根据科技部关于开展“十三五”国家重点研发计划优先启动重点研发任务建议征集工作的要求，国家测绘地理信息局开展任务建议的研讨及编制工作，推荐“国家地理信息安全保障重点研发专项”1项重点专项和“全球地理空间信息动态获取与定位服务”“分米级光学卫星测绘遥感关键技术”2项重点任务。

组织推荐的“《国家影像地图集》《国家水文地图集》编研”和“人卫激光测距数据及相关大地基准产品规范”等项目获科技部支持立项，支持经费近1300万元。

【科技项目管理】

一、国家级科技项目管理

国家测绘地理信息局组织专家完成了“地理国

情监测应用系统”与“国产测绘装备应用示范”2项国家科技支撑计划项目课题的验收，并配合科技部完成了“地理国情监测应用系统”项目的验收及收尾工作。

二、公益行业科技项目管理

国家测绘地理信息局组织发展研究中心编制完成2014年度公益性专项项目业务中期检查报告，下发了中期检查情况通报，并对存在问题的项目提出了整改要求。印发《关于2015年度测绘地理信息公益性行业科研专项项目立项的通知》《关于下达2015年度测绘地理信息公益性行业科研专项项目计划的通知》，组织发展研究中心完成2015年项目任务书的审核与签订，组织召开了测绘地理信息公益性行业科研专项2015年项目启动会，对各项目承担及参与单位提出具体要求。

三、基础测绘科技项目管理

国家测绘地理信息局完成2015年基础测绘科技项目实施方案评审及批复工作，印发《关于下达2015年国家基础测绘科技与标准计划的通知》。提炼出“新型基础测绘关键技术研究与生产性试验”“地理信息安全保障技术与应用”与“智能化测绘关键技术研究”3个基础测绘科技项目，组织相关直属单位完成了2016年~2018年新上项目可行性研究报告的编制及评审工作，编制了“一上”预算。

【国家基础地理信息中心科技项目】

2015年，国家基础地理信息中心新立项目20项。其中公益性项目8项、自然科学基金项目2项、国家测绘地理信息局项目6项。承担国际合作项目“全球地表覆盖数据产品协同验证与服务研究”。“青海湖流域针茅草原物候对放牧的响应机制研究”“被动微波土壤水分频谱降尺度方法研究”2个项目获自然科学基金项目资助。完成国家测绘地理信息局公益性行业基金项目“基于云计算的‘天地图’存储与服务关键技术研发”项目，开发2个计算机软件并取得软件著作权，形成2个标准规范，发表论文10多篇。承担的国家测绘地理信息局公益性行业基金项目“全球地表覆盖数据分析研究”项目初步构建了全球地表覆盖数据分析指标体系，初步完成了全球耕地、湿地、人造覆盖分布格局分析大纲，开发了全球地表覆盖数据在线统计系统测试版；开展了面向应用分析的全球耕地、湿地、人造覆盖要素细化分类数据规模化处理和全球地表覆盖数据分析成果的集成化管理系统研发工作。

共有13个项目获奖，其中“全球地表覆盖遥感制图”项目获2015年世界地理信息技术创新奖。

【中国测绘科学研究院科技项目】

一、科技项目立项

2015年，中国测绘科学研究院共新立项目100项，经费超过1.3亿元。提交科技部重点研发任务建议4项，提出军民合作项目建议5项，向国家测绘地理信息局提交科研需求建议34项，组织了2016年~2018年基础测绘项目申报。申报国家自然基金项目2项、公益性行业专项6项、基础测绘项目立项10项。

二、科技项目实施

中国测绘科学研究院开展北斗现代测绘基准、基于云的遥感影像数据处理、雷达测图、地理信息安全监管、智慧城市云平台以及大数据政府地理信息服务等新型基础测绘技术和标准研究；探索新型基础测绘的目标、内涵、要求与任务，地理国情监测的目标与任务等。研制了面向对象的高可信SAR处理系统和机载双天线极化干涉SAR系统。重点突破基于SAR影像精准处理、高精度三维信息提取与面向对象地物解译等核心技术，开发了国家级SAR影像处理系统。开展了极化干涉SAR数据获取试飞试验。推出了WJ－III地图工作站系统。编制的《信息化测绘技术体系建设技术大纲》，经国家测绘地理信息局批准成为信息化测绘技术体系建设的纲领性文件。

科技成果

国家测绘地理信息局组织研发了高可信SAR系统实现1:5000测图；推出WJ－III地图工作站，实现了地图自动缩编和成图；建立了地理国情监测信息产品生产业务化、服务网络化的地理国情综合监测平台，实现地理国情要素综合监测的动态化、实时化分析，为政府及测绘地理信息相关部门提供地理国情本底及动态变化信息产品和服务。“全国15米数字表面模型库（DSMChina）”和“全国2米数字正射影像库（DOMChina）”实现了我国自主测绘卫星立体测绘产品的工程化、业务化生产目标。鉴定的科技成果“无人机集群灾情地理信息获取系统”，在“4·20”芦山强烈地震、“11·22”康定地震、“4·25”尼泊尔地震等应急测绘保障以及四川省地质灾害防治、和谐藏区建设、“天府使命”实兵军演、省级防震救灾综合演练中发挥了关键作用。

科技奖励

“国家数字城市地理空间框架技术体系构建与应用”项目获2015年国家科技进步奖二等奖。国家测绘地理信息局推荐“跨区域现代大地基准精化关键技术和应用”和“型谱化移动三维激光扫描测量关键技术与装备研制”2个项目为2016年度国家科学技术进步奖申报项目。

2015年，中国测绘地理信息学会评选了测绘科技进步奖，其中特等奖4项、一等奖9项、二等奖41项、三等奖52项。中国地理信息产业协会评选了地理信息科学技术进步奖，其中特等奖1项、一等奖14项、二等奖49项、三等奖64项。中国卫星导航定位协会评选了卫星导航定位科学技术进步奖，其中特等奖2项、一等奖3项、二等奖14项、三等奖18项。

测绘地理信息标准化

标准化研究

国家测绘地理信息局组织开展“空间基准与卫星导航定位应用标准化研究”“不动产测绘关键技术及标准化研究”“海洋测绘标准化研究”等标准化科研项目的研究工作；组织研究并提出《卫星导航定位系统连续运行基准站标准体系（建议稿）》，为基准站国家标准立项提供依据。组织专家参与编写国家重点研发专项“国家质量基础的共性技术研究与应用”实施方案，争取标准化科研经费投入。

国家标准制修订

国家测绘地理信息局组织开展2015年度标准制修订立项工作。组织完成30多项国家标准项目提案的初审，向国家标准化管理委员会新申报《地理国情监测基本统计技术规范》等11项国家标准制修订项目。申报的《地理国情监测内容框架》等23项国家标准项目通过审批并被列入国家标准制修订项目计划。组织完成《数字城市地理信息公共平台运行服务质量规范》等31项国家标准报批工作，完成4项国家标准编制与审查。

协调智慧城市时空信息云平台纳入“国家新型城镇化标准体系”建设内容；《智慧城市时空信息云平台评价指标体系》《智慧城市时空信息云平台基本规定》2项国家标准通过审查并立项。组织开展卫星导航定位基准站建设急需国家标准项目的提案征集与立项审查，完成《卫星导航定位基准站术语》等18项基准站国家标准项目的立项申报，其中10项通过审查。

行业标准制修订

国家测绘地理信息局组织完成70多项行业标准提案的初审。下达《基于机载SAR的地理信息要素更新技术规范》等34项测绘地理信息行业标准项目计划，包括地理国情普查方面的标准项目3项、不动产测绘6项。组织编制完成并发布《管线要素分类代码与符号表达》《管线测绘技术规程》《管线信息系统建设技术规范》，完成《地面三维激光扫描作业技术规程》等3项行业标准送审稿审查与发布。组织完成7项行业标准编制与审查。

计量标准化

国家测绘地理信息局推进测绘地理信息部门计量技术规范建设，组织编制并发布部门计量技术规范《比长基线场检定规程》。下达《手持激光测距仪产品规范》《数字水准仪产品规范》《因瓦条码水准标尺产品规范》《卫星导航定位基准站接收机》4项测绘计量技术规范项目制定计划。

中国测绘科学研究院牵头制订《GNSS测量型

接收机通用规范》和《GNSS 测量型 OEM 板性能要求及测试方法》等 2 项标准；参与制订《GNSS 测量型天线性能要求及测试方法》和《GNSS 导航单元性能要求及测试方法》2 项标准；推动测绘行业计量技术规范《地面移动测量系统》和《地面三维激光扫描仪》立项。

国际标准化

国家测绘地理信息局推进测绘地理信息自主国际标准化研制，组织完成国际标准《地理信息影像与格网数据的内容模型及编码规则第一部分：内容模型》编制工作，该标准已通过各成员国审查并提交发布；国际标准项目“地理信息遥感影像传感器定标与验证第 3 部分：SAR/InSAR”已立项。参与国际测绘地理信息标准化活动，组织业内专家参加 ISO/TC211 第 40、41 次全体会议和工作组会议。加大对成熟且符合我国国情的国际先进标准转化力度，及时将国际标准等同或修改转化为国家标准。组织有关专家持续跟踪研究测绘地理信息国际标准化动态，编译出版《地理信息国际标准译文集（2015）》，编译完成 12 期《国际测绘地理信息标准化动态》。

标准宣传贯彻

国家测绘地理信息局举办数字表面模型系列标准培训班、管线测绘系列标准培训班等，累计培训 330 人次；指导举办省级标准化培训班，扩大标准培训范围。采用新形式推广普及标准化知识、传播标准化信息，编制 4 期《测绘标准化》。积极开展“世界标准日”主题活动，组织“一带一路”标准化工作主题研讨会等交流活动，面向重点地区、重点领域开展测绘地理信息标准化工作专题调研。组织完成国家标准化管理委员会社会管理和公共服务标准化试点项目申报，四川、黑龙江、甘肃 3 个测绘地理信息试点项目获国家标准化管理委员会批准。

财务工作

财务制度建设

国家测绘地理信息局根据《中华人民共和国预算法》和《财政支出绩效评价管理暂行办法》（财预〔2011〕285 号），结合财政部出台的《中央部门预算绩效目标管理办法》（财预〔2015〕88 号），制定了《国家测绘地理信息局财政支出绩效评价管理暂行办法》，于 2015 年底印发。为做好测绘地理信息公益性行业科研专项财务验收工作，制定《测绘地理信息公益性行业科研专项财务验收规程》。

预算管理

【预算批复和公开】

国家测绘地理信息局及时完成了对所属 20 家单位 2015 年度各项经费的预算批复工作，共批复财政经费 131968.51 万元。完成国家测绘地理信息局 2014 年预算公开工作。

【2016 年预算编制】

5 月，国家测绘地理信息局印发《关于编制 2016 年测绘地理信息部门项目支出预算的通知》。6 月，印发《关于编制 2016 年测绘地理信息部门预算的通知》。按照项目分级管理的要求，在财政部布置之前，提前做好一级项目设立和二级项目分类的准备工作。6 月 11 日，召开电视电话会议，部署国家测绘地理信息局中期财政规划和 2016 年部门预算编制工作。举办 2016 年部门预算编制和政府采购管理培训班。

【2016 年～2018 年财政规划】

国家测绘地理信息局组织编制了 2016 年～2018 年财政规划。2016 年～2018 年专用项目财政规划支出总计 249820.98 万元，各年项目支出规划均超过了 2015 年预算规模；2016 年通用项目财政规划支出为 14396.66 万元。

决算管理

【2014 年决算管理】

国家测绘地理信息局组织完成 2014 年度决算布置与培训相关工作。在决算编审中，加强对所属单位决算编制工作的指导，有针对性地解决各单位决算中遇到的问题，对各单位上报的 2014 年部门决算、新闻出版单位企业决算、住房改革支出决算、基本建设决算 4 套报表分别进行了集中会审、汇总，保证了各项决算工作顺利完成。编制完成了国家测绘地理信息局 2014 年度部门决算、“三公经费”及行政经费支出情况、政府采购情况等公开资料并及时向社会公布。完成对所属各单位 2014 年财务决算批复相关工作。加强对决算数据的分析利用，结合近几年决算数据，对局所属二级单位财务数据进行了综合分析，形成了财务决算分析专题报告。组织开展所属单位决算稽核工作。

【项目竣工决算管理】

国家测绘地理信息局组织“927”一期工程 19 家项目承担单位完成基本建设项目财务竣工决算工作，汇总并报财政部。配合财政部委托的投资评审中心，完成对“927”一期工程的竣工决算评审工作。组织卫星应用中心完成资源三号卫星系统运行维护项目财务验收报告编写工作，完成对财务验收报告的审计，并组织专家完成了项目财务验收工作。

财务监管

国家测绘地理信息局开展地理国情普查资金使用情况专项财务检查工作，组织对 2014 年度地理国情普查所有项目承担单位进行检查，已完成现场检查相关工作，出具了分单位专项检查报告。对财务专项检查中发现的问题进行分析汇总，形成财务专项检查报告，督促各单位进行整改。

加强对预算执行情况的监控及结转结余资金使用情况的监管工作。定期对所属单位预算执行情况进行统计和分析，对预算执行偏慢的单位进行督促，以加快对重点项目的预算执行。组织所属单位对国家测绘地理信息局 2014 年财政拨款结转结余资金进行了清理，并按季度对所属单位结转结余资金使用情况进行统计，督促所属单位加快结转结余资金的使用，加强对结转结余资金的管理。

政府采购

国家测绘地理信息局开展政府采购制度建设与业务培训，规范采购行为，提升政府采购管理水平。编制并下发政府采购文件汇编。举办政府采购培训班，对《政府采购法实施条例》等文件精神及政府采购实务进行讲解。完成遥感影像资料采购项目进口或变更政府采购方式审核及报批相关工作。对各单位上报的 2014 年政府采购统计报表进行审核汇总后报送财政部。组织局所属各单位按季度开展编报 2015 年政府采购计划和执行工作，审核汇总后报送财政部，加强了政府采购预算、计划与执行的衔接。完成援疆测绘地理信息装备、国家测绘地理信息局第一大地测量队应急装备招标和采购工作。

国有资产管理

【国有资产决算报表编制】

国家测绘地理信息局汇总编制了测绘地理信息部门 2014 年行政事业单位国有资产年度决算报告；汇总编制了国家测绘地理信息局 2014 年度中央部门管理企业国有资产统计报表，并报送国务院国有资产监督管理委员会；组织开发行政事业单位资产管理信息系统（二期），编制完成行政事业单位国有资产决算报表。3 套报表一次性通过相关部门开展的集中会审。

【财政部专项调查】

按照《财政部关于开展中央级事业单位房屋出租出借情况专项清查的通知》（财资函〔2015〕19 号）要求，国家测绘地理信息局组织开展了局所属事业单位房屋出租出借情况专项清查工作，对局所属全部事业单位进行了房屋出租出借清查。发现部分单位对房屋出租出借管理工作不够重视，基础资料保管不够完善。要求局所属事业单位处理清查中发现的问题，规范单位的房屋出租出借行为，建立相应的管理制度，维护事业单位国有资产的安全和完整。

按照《财政部关于开展中央党政机关和事业单位所办企业情况调查的通知》（财资〔2015〕9 号）要求，组织完成相关单位所办企业情况调查。截至 2014 年底，国家测绘地理信息局共有 8 个下属事业单位开办企业 28 户，其中全资、控股企业 26 户，参股企业 2 户。所办企业均产权明晰，无产权纠纷。

行政体制与队伍建设

机构编制

全国各省级测绘地理信息行政主管部门继续推进辖区管理体制机制和机构建设。至年底，25 个省（自治区、直辖市）、约210 个设区市测绘地理信息管理部门更名挂牌，强化测绘地理信息监管职责，落实管理人员及内设机构，增加相应人员编制和领导职数。国家测绘地理信息局完成所属机关事业单位“吃空饷”问题集中治理工作；落实事业单位机构编制分类管理改革要求，完成事业单位编制外用人调研。对照中央全面深化改革决定和国务院职能转变方案，支持指导中国测绘地理信息学会作为承接政府转移职能扩大试点学会，继续有序承接测绘地理信息类专业认证职能。获得河北省政府支持，续租国家测绘地理信息局北戴河休养院经营场所 1 年。强化机构编制和领导职数管理，重新组建国家测绘地理信息局三亚测绘技术开发服务培训中心，批复调整海南测绘地理信息局、三亚测绘技术开发服务培训中心和国家测绘地理信息局管理信息中心内设机构，调整增加四川测绘地理信息局所属事业单位领导职数 3 名。

事业单位改革

【事业单位分类改革】

国家测绘地理信息局贯彻中央分类推进事业单位改革工作要求，制定所属事业单位分类意见落实方案，推进分类后续工作落实。落实中央非时政类报刊出版单位改革、国家检验检测认证机构整合 2 项行业体制改革要求，持续推进中国测绘报社剥离转制和测绘地理信息系统检验检测认证机构整合工作。贯彻国家行业协会商会脱钩总体方案，确定中国地理信息产业协会、中国卫星导航定位协会分别参加 2015 年和 2016 年脱钩试点，指导中国地理信息产业协会推进脱钩工作方案制定。

【人事制度改革】

国家测绘地理信息局组织所属事业单位编制完成年度公开招聘计划，在国家测绘地理信息局网站和公开发行的报刊上发布招聘信息。完成《事业单位工作人员处分暂行规定》执行情况摸底调研。推进《事业单位领导人员管理暂行规定》学习培训和贯彻落实，健全所属事业单位领导人员选拔任用机制和管理监督机制。

【收入分配制度改革】

国家测绘地理信息局深化收入分配制度改革，贯彻中央国有企业负责人薪酬制度改革精神，推进所属国有企业负责人薪酬制度改革工作，制定印发《国家测绘地理信息局管理企业负责人薪酬制度改革实施方案》和《国家测绘地理信息局管理企业负责人考核评价办法（试行）》，指导直属单位研究提出所管理企业负责人的薪酬制度改革方案。完成所属机关事业单位基本工资标准调整和基本养老保险缴费预扣工作，按时间节点兑现职工增资；人力资源和社会保障部、财政部印发测绘地理信息系统测绘队基本工资标准调整方案，保障测绘队干部职工合法权益。完成测绘地理信息职工野外工作津贴标准调整数据测算，形成标准调整建议方案，经人力资源和社会保障部、财政部同意报国务院办公厅审批。

人才队伍建设

【总体情况】

国家测绘地理信息局实施科技领军人才工程、青年学术和技术带头人培养工程、卓越工程师培养计划和高技能人才发展计划等重点人才工程，党政人才、专业技术人才和技能人才 3 支队伍建设取得成效。组织开展测绘地理信息人才队伍建设专题调研和“十二五”人才发展规划落实情况总结评估，分别在宁夏、黑龙江、广西、上海、浙江等地召开片区调研座谈会，听取省级测绘地理信息行政主管部门和行业资质单位的意见建议，谋划测绘地理信息“十三五”人才工作思路。

【党政人才】

国家测绘地理信息局举办2期学习贯彻党的十八届四中全会精神培训，集中轮训处级以上干部400多人；选派37名领导干部参加中共中央党校及其分校、国家行政学院等培训机构的脱产培训和22名司局级干部参加中央国家机关领导干部自主选学，增强领导干部党的意识、纪律意识、规矩意识和法治意识。完成机关和直属单位54名司局级干部、14名处级干部调整补充。推进干部双向交流挂职，有计划地安排机关12名干部到基层企事业单位挂职，选派1名处级干部挂职扶贫，1名科级干部到东北农村任第一书记。

扩大个人有关事项报告抽查核实范围，组织报请中共中央组织部对162名处级以上干部的个人有关事项报告进行了重点或随机抽查，抽查比例23%；立足抓早抓小抓预防，及时向领导干部本人函询个人有关事项报告抽查核实中发现的问题。强化领导干部日常管理监督，严格落实组织人事工作重要事项请示报告、领导干部企业兼职管理、“裸官”任职岗位管理等制度规定，开展干部人事档案专项审核、违规办理和持有因私出国（境）证件专项治理、所属机关事业单位“吃空饷”问题集中治理等工作。强化选人用人工作全过程监督，对中国地图出版集团、国家基础地理信息中心、国家测绘地理信息局卫星测绘应用中心、国家测绘地理信息局地图技术审查中心、国家测绘地理信息局测绘发展研究中心5家单位选人用人工作进行了专项检查；完成局直属单位干部选拔任用“一报告两评议”工作，经民主评议，直属单位选人用人工作和年度新提拔任用干部的总体满意率均较高。加强领导班子和领导干部考核，修订完善领导班子及领导干部年度考核评价指标，完成机关公务员和直属单位领导班子及领导干部年度考核，确定18名直属单位局级干部、19名机关公务员年度考核等次为优秀；制定印发《国家测绘地理信息局机关和直属单位司局级干部年度考核优秀等次确定办法》。

修订完善全国省级测绘地理信息行政主管部门年度测绘地理信息工作绩效考核指标，完成绩效考核工作，评定全国31个省级测绘地理信息行政主管部门的考核等次，确定优秀单位10家、突出进步单位6家、特色工作创新单位5家，在全国测绘地理信息工作会议上予以通报。

【专业技术人才】

国家测绘地理信息局坚持借助国家重大人才工程平台推进测绘地理信息高层次人才培养，选拔推荐高层次人才特殊支持计划人选、百千万人才工程国家级人选、千人计划人选、国家创新人才推进计划人选等，入选百千万人才工程国家级人选2人。继续实施青年学术和技术带头人培养工程，完成“十二五”期间青年学术和技术带头人培养目标，带头人总数131人；强化带头人培养管理，完成带头人科研计划资助、带头人报告文集出版、境内外学术交流等。指导所属企事业单位加强高层次人才储备，共接收高校毕业生215名。测绘地理信息人才建设基础工作加强，经人力资源和社会保障部、全国博士后管理委员会审核批准，国家测绘地理信息局卫星测绘应用中心博士后科研工作站正式设立。

完善人才援疆、援藏工作机制，继续实施测绘地理信息人才援疆、援藏工程。选派4名专业技术干部到新疆维吾尔自治区测绘地理信息局所属单位挂职1年，4名专业技术人才进疆开展短期技术指导；接收8名新疆测绘地理信息专业技术人员到国家测绘地理信息局所属事业单位学习锻炼。商请中国延安干部学院举办1期面向新疆地（市、州）测绘地理信息行政管理干部的“三严三实”专题教育培训班。截至年底，国家测绘地理信息局共有6人在新疆挂职援助，包括纳入中共中央组织部对口支援计划的2人。加强援藏干部管理服务，国家测绘地理信息局领导带队赴西藏看望慰问了5名援藏干部。加大西部地区人才援助，选派1名博士作为中央第16批博士服务团成员赴青海省测绘地理信息局担任副总工程师，完成第15批博士服务团成员服务期满考核工作。

【技能人才】

国家测绘地理信息局继续实施高技能人才发展计划，举办第四届全国测绘地理信息行业职业技能竞赛总决赛。行业竞赛经人力资源和社会保障部批准列为国家级职业技能竞赛，由国家测绘地理信息局职业技能鉴定指导中心、中国就业培训技术指导中心、中国能源化学工会全国委员会、共青团中央城市青年工作部和中华全国妇女联合会妇女发展部联合主办，设置工程测量和地图制图2个赛项。

职鉴中心2015年面向全国18个省、自治区、直辖市开展技师考评工作，673人申报，评审确定了59名高级技师和431名技师。全国测绘地理信息行业技师累计3135人。

干部教育培训

【重点班次培训】

国家测绘地理信息局认真贯彻《2013年—2020年全国干部教育培训规划纲要》，完善教育培训工作机制，下移干部教育培训工作重心，保证年轻干部、基层专业技术和管理人员特别是外业人员获得更多学习培训机会。指导局相关培训机构开展各类各层次培训。指导国家测绘地理信息局党校（管理干部学院）举办全国测绘地理信息系统局级、处级、科级干部及生产单位负责人培训班4个主体班次，共培训学员243人次，累计培训学时320小时。加强干部教育培训网络平台建设，党政人才继续教育系统上线试运行。强化培训管理的计划性，严格按照年度教育培训计划和领导干部脱产进修选派计划开展工作，年度教育培训计划完成率95%，领导干部脱产进修选派计划落实率93%。

统筹推进各类重点班次落实。首次以智慧城市建设健康发展部际协调工作组成员单位名义举办地方党政领导干部专题研究班，全国25个省（自治区、直辖市）所辖市（地、州、盟）及新疆生产建设兵团所辖师分管测绘地理信息工作的领导干部及相关省（自治区、直辖市）测绘地理信息行政主管部门负责人共51人参加。组织举办2期青年学术和技术带头人境外培训班、1期西部地区测绘地理信息专业技术人员新技术培训班。

【机关轮训】

职鉴中心分别于3月31日~4月2日、4月14日~16日举办贯彻十八届四中全会精神专题培训班、基层党组织书记落实主体责任专题培训班和基层党组织书记轮训班，共培训学员352人。国务院法制办公室、中共中央党校、中央国家机关纪工委、北京大学、人民大学等单位专家受邀参与授课。

【业务培训】

5月22日~26日、6月26日~30日，国家测绘地理信息局管理干部学院举办2期测绘地理信息行业地下管线探测技术培训班，全国共226人参加培训，考试合格者获得人力资源和社会保障部颁发的中级工程测量员证书，优秀者获得高级工程测量员证书。

12月1日~22日，国家测绘地理信息局管理干部学院在武汉举办无人机航摄培训班，共培训77人，累计培训180学时。全部学员通过理论和实操考核，获得国家职业资格证书。其中42人参加中国航空器拥有者及驾驶员协会（AOPA－China）组织的理论和实操考核，41人获得无人驾驶航空器系统驾驶员合格证书。

离退休干部管理

【离退休干部人数】

截至2015年底，国家测绘地理信息局管理的离退休干部共3045人。其中离休干部129人、退休干部2916人，国家测绘地理信息局机关直接管理的离退休人员93人。

【政治理论学习】

国家测绘地理信息局坚持离退休干部每季度集中学习制度，配发《2015年政府工作报告》等学习材料，组织离退休干部学习贯彻党的十八届三中、四中、五中全会和习近平总书记系列讲话精神，学习习近平总书记给国测一大队老队员老党员回信的重要指示精神，引导党员干部把思想和行动统一到中央精神上来。加大编印内部刊物《夕阳鸿雁》和看望老干部的频率，拓宽送学到家途径。在北戴河组织局机关离退休干部集中政治学习，通过局领导通报情况、观看形势教育片和分组讨论等形式，加深老干部对中央精神的理解和把握。

【正能量活动】

国家测绘地理信息局按照中央统一部署，在局机关和所属单位开展离退休干部工作为党的事业增添正能量活动。印发《关于开展离退休干部工作为党的事业增添正能量活动的通知》，围绕"展示阳光心态、体验美好生活、畅谈发展变化"主题，明确活动的主要内容。确定21个理论研讨参考选题，组织开展论文征集工作，并择优向中组部推荐3篇论文。倡导老干部关注人民网、共产党员网等国内主要媒体网站，发动老干部订阅共产党员微信、易信，鼓励他们积极主动发表评论、讲好中国故事和宣传测绘发展成果。

【离退休干部待遇】

国家测绘地理信息局对离退休干部工作领导小组进行了调整，由局长库热西·买合苏提担任组长，副局长闵宜仁担任副组长。中央研究同意离休干部李青待遇提高到正部级。按规定组织老干部阅读文件、听报告、参加重大活动，定期向老干部通报局重点工作进展情况。纪念抗日战争胜利70周年前夕，局领导带队上门看望了部分抗战及以前参加革命的老干部，发放抗战胜利纪念章和慰问金。

【离退休干部文体活动】

国家测绘地理信息局举办离退休干部迎春茶话会、科普讲座、台球比赛，组织部分离退休干部参观游览中国妇女儿童博物馆、APEC 会址和通州大运河森林公园，并对车道沟活动站雨棚等老干部活动基础设施进行维修。组织参加第二届“方山杯”中央国家机关老干部象棋邀请赛并获团体二等奖；组织参加中央国家机关工委纪念抗日战争暨世界反法西斯战争胜利 70 周年书画及诗、辞、赋作品征集活动获优秀组织奖，选送的 5 幅作品中有 3 幅获奖。

【离退休干部工作部门建设】

国家测绘地理信息局组织召开直属单位离退休干部工作会。与国土资源部离退休干部工作部门共同举办业务培训班。围绕新时期离退休干部服务管理工作创新及发展趋势，到浙江、青海、贵州等省测绘地理信息行政主管部门和中直部门进行调研。

职业资格管理

【执业资格与职称制度】

1 月 1 日，《注册测绘师执业管理办法（试行）》正式实施；6 月 1 日，注册测绘师注册管理系统正式建成并上线运行。注册测绘师的注册工作取得实质性进展，完成注册 5212 人，占取得资格人数的 69.6%。国家测绘地理信息局组织开展注册测绘师继续教育，制定印发学时认定和登记办法、继续教育大纲，开发选修课网络教育平台。联合人力资源和社会保障部组织完成年度全国注册测绘师资格考试，共有 26131 名测绘地理信息专业技术人员报名参加考试，2739 人通过考试并取得注册测绘师资格，全国取得注册测绘师资格的总人数达 10224 人。履行职称改革工作领导小组职责，完善测绘专业技术人员职称评价机制，审核批准直属单位测绘高级专业技术职务任职资格 147 人，为直属单位及相关部门符合条件的专业技术人员进行了委托评审。

【职业分类与技能鉴定管理】

2015 年版《中华人民共和国国家职业分类大典》正式发布，测绘和地理信息职业分类体系包括 3 个类别 19 个职业 17 个工种，新增地理信息服务人员类别及地理信息系统、导航与位置服务、地理国情监测、地理信息采集、地理信息处理和地理信息应用作业、不动产测绘、无人机测绘操控、海洋测绘等 9 个职业，增幅 73%；15 个测绘和地理信息职业被标示为绿色职业，占我国绿色职业总数的 12%。国家测绘地理信息局落实中央深化行政审批制度改革要求，制定印发强化测绘地理信息行业特有工种职业技能鉴定管理工作通知，明确“测绘行业特有工种职业技能鉴定”非行政审批项目取消后的监督管理方式，强化职业技能鉴定工作指导管理监督。

【职业技能竞赛】

第四届全国测绘地理信息行业职业技能竞赛于 9 月 19 日在黑龙江大庆（工程测量赛区）开幕，11 月 12 日在江苏南京（地图制图赛区）闭幕。竞赛入选 2015 年中国测绘地理信息十大新闻事件。全国 31 个省、自治区、直辖市和新疆生产建设兵团均组队参加，西藏首次参赛，其中 20 个省、自治区、直辖市采取多部门联合办赛的模式。全国参与竞赛选拔与技能培训的人数超过 5 万人，参加选拔的行业单位近 1500 家。中央人民广播电台、《光明日报》《工人日报》等 11 家中央新闻媒体和网站对竞赛工作进行报道。竞赛中成绩优异的 2 人获“全国五一劳动奖章”，6 人获“全国技术能手”称号，5 人获“全国青年岗位能手”称号，1 人获“全国巾帼建功标兵”称号，30 人获“全国测绘地理信息技术能手”称号。

【职业技能鉴定管理】

职鉴中心按人力资源和社会保障部要求，组织开展各鉴定站职业技能鉴定许可证复审换证工作，全行业 31 家鉴定站参加此次复审换证工作。组织各鉴定站为 3.4 万人提供鉴定服务，3.2 万人获得国家职业资格证书。行业累计获证人数超过 25 万人，其中高技能人才超过 5 万人。

对外合作与交流

多边合作

国家测绘地理信息局在多边国际合作中影响力显著提升。参与联合国全球地理信息管理事务，提升制度性话语权。国家测绘地理信息局副局长李朋德当选联合国全球地理信息管理专家委员会共同主席、联合国全球地理信息管理亚太区域委员会2015—2018届秘书长。在浙江举办了联合国全球地理信息管理专家委员会执行局扩大会议。全球地表覆盖数据国际用户和应用合作持续拓展。武汉大学国际地球空间信息科学学院纳入联合国全球地理信息教育培训基地网络。与联合国合作，在中国举办了全球地表覆盖制图与应用国际研讨班、现代大地测量基准与位置服务国际研讨班，推动发展中国家地理信息管理能力开发。首个由我国主导编制的地理信息国际标准通过并发布。国际地图年中国系列活动成功举办。我国代表当选国际地图制图协会副主席，我国选送地图作品在国际地图制图大会上获4个奖项。30米分辨率全球地表覆盖遥感制图项目在世界地理信息论坛会上荣获2015年世界地理信息技术创新奖。

双边合作

国家测绘地理信息局与巴基斯坦测绘局签署中巴政府间测绘地理信息科技合作议定书及工作计划。援助巴基斯坦新一代国家测绘基准项目获得商务部立项批准。以老挝为试点的“数字湄公河地理空间框架建设示范项目”被外交部作为澜沧江－湄公河合作早期收获项目向大湄公河次区域各国推广。根据与墨西哥双边协议，共享墨西哥国家地理信息数据平台服务，利用资源三号卫星数据与墨西哥联合开展加勒比海岛国地表覆盖遥感制图项目。1个国际科技合作项目和4个引进国外智力项目在科技部和国家外国专家局立项和执行。接待巴基斯坦、韩国、阿根廷、老挝等国家测绘地理信息主管部门代表团来华进行双边交流。

测绘地理信息走出去

国家测绘地理信息局不断加快测绘地理信息“走出去”步伐。开拓渠道，推动测绘卫星、北斗系统、天地图等自主技术和产品“走出去”。组织国内企事业单位参加重要国际会议、展览和培训，为其“走出去”提供支持与服务。在埃塞俄比亚组织召开中非测绘地理信息合作座谈会。在德国举办中欧地理信息产业发展高级研讨班。继续开展国际人才培养、推送工作，支持专家在国际组织任职及开展相关合作交流。配合局重点工作，在美国举办中美地理国情普查监测技术与管理高级研讨班、网络地理信息数据平台维护技术培训班，在英国举办地理国情监测与分析技术培训班。利用联合国项目基金，选派测绘地理信息系统多名技术和管理人员到联合国机构挂职和欧美高校进修。

政务工作

建议提案办理

2015年，国家测绘地理信息局共承办人大议案2件、建议7件，政协提案19件、委员意见和建议1件，总计29件。其中局单独办理6件、分办1件、参阅1件，会同办理中主办12件、分办9件。建议提案内容涉及测绘法修订、地理国情监测、“一带一路”战略测绘地理信息保障服务能力建设、边境测绘、水下地形测绘、地理信息资源共享、地图标注、位置服务统一监管等多个方面。

对于霍金花等32名代表提出的《关于测绘法修改的议案》，聚焦维护国家安全，重点围绕加强国家地理信息安全监管、强化卫星导航定位基准站管理、推动地理信息资源共享、促进地理信息产业发展、明确地理国情监测和应急测绘职责等方面对《中华人民共和国测绘法》进行了修订完善，形成修订草案上报国务院。国务院法制办公室进行了草案审查和调研论证，全国人大环境与资源保护委员会提前介入修订工作，赴宁夏调研，并听取了国家测绘地理信息局局长库热西·买合苏提的专题汇报。

对于吾守尔·斯拉木代表提出的《关于在我国实施边境测绘工程的建议》，通过组织开展9个边境省份的地理信息资源开发建设情况调查研究，全面摸清了我国边境地区的地理信息资源拥有情况，系统分析了我国在边境地区地理信息资源开发建设上存在的不足和问题，研究提出了到2020年开发建设边境地区地理信息资源的总体目标和主要任务。

对于李朋德委员提出的《关于提高“一带一路”战略测绘地理信息保障能力的提案》，与“一带一路”沿线国家测绘地理信息部门签订双边合作协议，就基础地理信息资源建设、技术升级、人才培养等开展务实合作。

文秘档案管理

国家测绘地理信息局全年档案查阅利用近1000人次、超2000件次。深化办公自动化系统应用，严格控制发文数量、范围和层级，每月通过办公内网通报机关各司室发文数量，解决“文山会海”问题。

保密工作

国家测绘地理信息局根据干部岗位调整和保密工作需要，对局保密委员会及其办公室组成人员进行了动态调整，确保了职责履行到位。制定出台《国家测绘地理信息局机关公文定密管理规定》《关于进一步加强测绘地理信息成果安全保密管理的意见》等规范性文件。组织对局机关涉密岗位和人员进行了重新梳理，与所有涉密人员签订保密责任书。组织局机关和在京直属单位358名涉密人员参加中央和国家机关涉密人员轮训。举办测绘地理信息涉密网络安全保密防护培训班。在京所属单位5个涉密信息系统通过安全保密测评。组织开展了全国地理信息保密、涉密网络保密管理、国有企业保密管理、“六五”保密法制宣传教育总结验收、《“十二五”时期全国保密事业发展规划》贯彻实施情况等一系列专项保密检查。

政务信息化建设

国家测绘地理信息局全面实现行政许可网上集中预受理和预审查。在甲级测绘资质审批、地图审核在线办理基础上，启动剩余6项行政许可项目的在线审批系统建设，全部实现网上预受理和预审查。启动国家测绘地理信息局网上办事服务大厅建设，探索线上服务与线下服务相结合的一体化新型政府服务模式，形成“一站式”测绘地理信息应用和信息服务窗口。完成测绘地理信息市场信用管理平台（一期）建设，实现全国测绘地理信息市场信用信息的征集录入、公开发布、监督举报等功能。开展局电子政务内网建设前期工作，编制建设方案并报送国家电子政务内网建设和管理协调小组办公室。参与国家电子政务内网建设中央和国家有关部门集中立项工作，组织编写局相关方案。

网络安全工作

国家测绘地理信息局办公室增设网络安全与保密处，强化了网络安全和保密管理有关职责，并明确该处承担局网络安全和信息化领导小组办公室、局保密委员会办公室的日常工作。组织召开网络安全工作专题座谈会。加入中共中央网络安全和信息化领导小组办公室牵头建立的国家网络安全工作协调机制、公安部牵头建立的国家网络与信息安全信息通报机制，履行成员单位职责。面向局机关及所属单位组织开展了全面网络安全检查和门户网站安全专项检查，检查过程中对国家测绘地理信息局及其14个所属单位的门户网站、“天地图”网站主节点开展了远程技术检测，向有问题的单位下发安全风险提示单，要求全面进行核查、修复、整改。

维护稳定工作

国家测绘地理信息局做好“两会”、纪念抗日战争胜利70周年阅兵等重大活动和国庆、元旦、春节等重大节日期间的安全保卫、应急处置工作，确保局系统安全稳定。做好信访接待和办理工作，提前预防和处理各类矛盾，全年共处置来信来访10件，妥善进行了接访和处理。召开局属各单位加强后勤基地安全管理工作视频会议，制定《局属单位后勤基地安全管理工作实施方案》，对局属各单位开展后勤基地管理安全检查活动。

援疆工作

【全国测绘地理信息援疆工作会议】

5月，国家测绘地理信息局在乌鲁木齐市召开全国测绘地理信息援疆工作会议。会前，中共中央政治局委员、新疆维吾尔自治区党委书记张春贤会见国家测绘地理信息局局长库热西·买合苏提，对进一步共同加强新疆测绘地理信息工作、推进新疆社会稳定和长治久安提出了明确要求和殷切希望。会上，国家测绘地理信息局和新疆维吾尔自治区政府签订共同推进新疆社会稳定和长治久安测绘地理信息服务保障能力建设合作协议，向新疆维吾尔自治区政府赠送全疆范围的基础地理信息数据。各有关单位与新疆受援方签订一系列援助建设合作协议。

【资金及政策援助】

国家测绘地理信息局继续为新疆落实边远地区少数民族地区基础测绘专项补助经费500万元；另资助50万元用于“天地图”地名数据维吾尔文注记翻译工作；2016年~2018年每年向新疆维吾尔自治区测绘地理信息局援助100万元资金支持“天地图·新疆”平台建设；免去航空航天影像成果新疆配套经费。部分测绘地理信息企业援助资金100万元。针对南疆4地州实际，适度调整新疆测绘资质准入政策并在申请条件方面给予倾斜。

【项目、装备及成果援助】

国家测绘地理信息局支持新疆测绘成果档案馆、新疆测绘地理信息创新中心建设和数字城市、“天地图·新疆”等项目，合作开展“丝绸之路经济带重要地理要素监测技术及示范”项目。援助了数字航空倾斜摄影仪和无人机倾斜摄影测量系统，提供了应急数据共享系统与快速出图系统。对新疆开通测绘地理信息成果数据提供绿色通道，无偿提供国家年度更新的1:5万基础地理信息数据。

【技术及人才援助】

国家测绘地理信息局支持在新疆建立中亚地理信息开发利用国家测绘地理信息局工程技术研究中心，国家测绘地理信息局卫星测绘应用中心新疆分中心挂牌成立并开始运行。支持举办中亚地理信息技术国际研讨会。选派4名干部赴新疆挂职工作，接收2名新疆维吾尔自治区测绘地理信息局干部到国家测绘地理信息局挂职，选派专家到新疆进行短期指导，培训新疆测绘地理信息管理干部和技术人员100多人次。援助100万元建设的新疆维吾尔自治区测绘地理信息局“访民情惠民生聚民心”驻村工作组所在地疏附县塔什米里克乡琼巴格村便民综合服务中心投入使用。

【各省对口支援】

辽宁、浙江、福建、江苏等省测绘地理信息援疆项目列入本省“十三五”对口支援规划，新疆生产建设兵团第三师、第八师受援方案纳入对口援疆省市“十三五”对口支援规划。对口支援省市测绘地理信息主管部门近600名测绘工作人员，开展了援助新疆920平方千米的大比例尺测图工作。

精准扶贫工作

国家测绘地理信息局成立由局长库热西·买合苏提任组长的扶贫工作领导小组，发挥行业优势，推进对口帮扶的黑龙江省绥化市海伦市脱贫工作。

挖掘海伦市经济发展潜力，推进富硒农产品特色产业，帮助打造富硒农产品品牌，编制《海伦富硒产业发展规划》，引进中泽食安集团投资资金5000万元，成立注册资金2000万元的海伦中泽富硒生物科技有限公司。发展“互联网+”农业产品销售模式，联系协调广州绿太集团旗下的中国有机电子商城，设立中国有机商城海伦馆，推动建设海伦大米、大豆等特色农产品登录电商平台；借助广州绿太集团的实体销售渠道，海伦市5家企业与广州、福建等地实体销售网点签约，海伦农产品进入南方市场，农产品销售额较上年增加近1000万元。筹措50多万元，为局挂职干部所在长发乡长发村购置农机工具。

为海伦市经济社会发展提供测绘地理信息保障服务。争取土地资源1:5万富硒土壤详查项目资金

1650 万元，组织完成海伦县城及部分乡镇的航空摄影、1:1000 地形图测绘、地下管网普查、地理国情普查，开展农村土地确权工作，建设了数字海伦城市地理空间框架，为海伦市城镇规划、土地管理、生态保护、农业发展、交通运输等提供保障。向海伦市无偿提供全市高分辨率卫星影像图，捐赠无人机及教材、地图、图书等，组织专业技术人员对海伦市国土资源局等相关部门人员进行业务培训。

宣传工作

宣传管理

【总体情况】

测绘地理信息宣传工作围绕党中央、国务院对测绘地理信息工作的重要部署、国家测绘地理信息局重点工作进行全方位、深层次、高频次宣传报道，扩大了测绘地理信息工作的影响。

国家测绘地理信息局领导亲自组织重大宣传。在学习宣传贯彻习近平总书记给国测一大队老队员老党员回信重要指示精神过程中，局党组研究制定宣传方案，局长库热西·买合苏提协调中共中央宣传部、组织部支持，协调国土资源部、陕西省委联合开展宣传，部署国测一大队先进事迹报告会相关工作。副局长宋超智组织研究宣传素材、审定相关宣传材料，并以采访团团长身份参与中央媒体采访团赴西安等地实地采访。

国家测绘地理信息局党组把意识形态工作作为重要工作，认真贯彻落实中央关于加强党委（党组）意识形态责任制的要求，制定国家测绘地理信息局实施细则。按照国务院新闻办公室要求，落实“4.2.1+N”新闻发布模式工作计划，按月报送新闻发布计划，按季度报送新闻发布工作情况。制定了《国家测绘地理信息局加强新闻发布主动及时回应社会关切的实施方案》，进一步完善了新闻发言人制度，健全了政策宣讲解读机制、突发事件应对机制、舆情监测与回应机制、新闻媒体沟通机制等。修订印发《国家测绘地理信息局政府信息公开规定》，制定印发《国家测绘地理信息局门户网站管理办法》，推动政府信息公开工作，加强国家测绘地理信息局门户网站建设和管理。

在新华网开设《测绘地理信息》频道。频道日均访问量 600 万人次，总访问量 20 亿人次。在《人民日报》开设“全国第一次地理国情普查”专栏。向中国政府网报送微博、微信建议稿和“部长之声”栏目建议稿，已被采用 6 条。

2015 年，《人民日报》、新华社、《光明日报》《经济日报》、中央电视台、中央人民广播电台等中央主要媒体累计刊（播）发测绘地理信息新闻 400 多条，其中中央电视台播出 18 条（焦点访谈 1 期、新闻联播 5 条）；人民网、新华网、中国政府网、新浪网、搜狐网等网络媒体和各地方媒体刊（转）发有关新闻 5 万多条。

【报刊宣传】

《中国测绘报》加强了对重大专题、重点专项宣传的实时报道，注重利用专栏、专版、专题、专刊和专网等形式进行重点、集中、连续的追踪报道和深度报道。利用言论、评论员文章和图片新闻提升宣传高度，增加宣传深度。《中国测绘报》全年采写新闻稿件 120 多万字，推出文化专刊 12 期，《中国测绘》杂志全年出版 6 期。

【网站宣传】

国家测绘地理信息局门户网站全年共刊登新闻类稿件 5200 多篇，制作重点专题 9 个，点击量超过 2.7 亿次。中国测绘新闻网栏目由近 20 个整合简化为要闻、产业、科技、言论、文化、人物、专题、报纸、杂志、视频 10 个。通过关键词搜索、关注行业重要网站、行业微博微信、自发来稿等方式发掘和扩大了网站用稿渠道；全年登载文章近 3000 篇，年度总访问量为 11 万个 IP；制作“时代先锋国家测绘地理信息局第一大地测量队”“‘合信杯’测绘法有奖征集”“四维远见杯摄影大赛”等专题。

【新媒体宣传】

国家测绘地理信息局利用官方微博、微信及时发布权威政务信息。国家测绘地理信息局官方微博累计发布信息4000多条，粉丝数19万多人；微信累计发布信息1100多条，关注人数1.4万多人。“测绘地信”微博发布信息1500多条；“测绘地理信息”微信公众号推送200多次，发布信息1000多条。《中国测绘报》开发了“中国测绘报手机报”，10月开始试运行。推动测绘地理信息系统单位和行业单位开通官方微博、微信，省级测绘地理信息行政主管部门中已开通官方微博28家、微信公众账号25家。

专题宣传

【习近平给国测一大队老队员老党员回信重要指示精神学习宣传】

7月1日，习近平总书记给国测一大队老队员老党员回信，充分肯定国测一大队爱国报国、勇攀高峰的感人事迹和崇高精神，对全国测绘地理信息工作者和广大共产党员提出殷切希望。新华社发表新闻通稿《习近平给国测一大队老队员老党员回信勉励广大共产党员在党爱党在党为党忠诚一辈子奉献一辈子》、长篇通讯《经天纬地绘蓝图——记国家测绘地理信息局第一大地测量队》，中央电视台“新闻联播”、《人民日报》播（刊）发通稿并全文播（刊）发总书记回信，各大媒体转播转载。

中共中央宣传部把国测一大队宣传列入重点宣传报道计划，印发《关于做好国测一大队先进事迹宣传报道的通知》作出专门部署。在中共中央宣传部的支持下，国家测绘地理信息局组织召开了新闻通气会和中央媒体采访团集中采访启动会，组织《人民日报》、新华社、中央电视台等18家中央媒体赴西安实地采访，集中宣传报道了国测一大队先进事迹，在全社会引发较大反响。各大中央新闻媒体共刊（播）发报道60多篇、近10万字；图片近百张。各地方媒体、网站转发转载量达2.13万多条。在国土资源系统、测绘地理信息系统和陕西、四川、重庆、江西等地举行先进事迹报告会近20场，国土资源部部长姜大明、陕西省省委书记赵正永、江西省省长鹿心社等会见了报告团成员，1万多名党员干部聆听了报告。

《中国测绘报》全方位报道习近平总书记给国测一大队老队员老党员回信指示精神及国测一大队先进事迹，连续多期刊发消息、通讯、社论、评论、专栏等。开设“国测一大队人物剪影”专栏，持续报道全国各地测绘地理信息部门和行业贯彻总书记指示的动态，及时追踪报道国测一大队先进事迹报告团活动。《中国测绘》杂志策划了封面专题。

【《地图管理条例》宣传】

11月，国务院总理李克强签发第664号国务院令，公布《地图管理条例》，自2016年1月1日起实施。中央电视台“新闻联播”播出《国务院常务会议通过〈地图管理条例（草案）〉》和《李克强签署国务院令公布〈地图管理条例〉》，新华社刊登《提升服务功能保障信息安全——国务院法制办负责人就条例有关问题答记者问》，《人民日报》刊登政策解读《〈地图管理条例〉明年起实施——开放政府数据鼓励互联网地图创新》；国家测绘地理信息局副局长宋超智、闵宜仁接受中央电视台采访。国家测绘地理信息局以电视电话会议、新闻通气会、网上在线访谈、专家政策解读等多种形式宣传《地图管理条例》的内容及意义。

【《全国基础测绘中长期规划纲要（2015—2030年）》宣传】

6月1日，国务院批复同意《全国基础测绘中长期规划纲要（2015—2030年）》。国家测绘地理信息局组织开展了新闻宣传与政策解读，中央电视台“新闻联播”播出国务院批复同意规划纲要的消息，《人民日报》刊登了《全国基础测绘“新规划”出炉，通过卫星遥感等手段高精度“扫描”陆海国土》一文；新华网、人民网、中国政府网、腾讯网、中国经济网等媒体刊登国家测绘地理信息局副局长王春峰就规划纲要出台的目的、意义和基础测绘发展目标等答记者问；国家测绘地理信息局网站开设专栏刊登专家解读文章。

【地理国情普查与监测宣传】

《人民日报》开设“地理国情普查”专栏，刊发《2015年全国第一次地理国情普查工作全面部署》《全国地理国情普查统计分析工作扎实推进》《第一次全国地理国情普查标准时点核准工作正式启动》《全过程监控保证地理国情普查成果质量》等多篇消息。普查外业采集数据完成后，《人民日报》刊发消息，中央电视台播出6分钟的消息。各大媒体报道了青海湖水面面积变化、三江源国家生态保护区草地监测、京津冀地区重要地理国情监测等重要成果。在全行业举办“地理国情普查故事会”“美丽中国影像”的征集、“地理国情普查摄影大赛”等活动。与新浪网、新华网联合组织了“祖国在我心中——全国地理国情知识竞赛”，5 万多人参与答题。组织策划“中国地理新发现”大型宣传，择优推荐中央电视台《地理中国》栏目拍摄专题片。利用新华网《测绘地理信息频道》办好《地理国情普查周刊》。《中国测绘报》通过专栏专题及时跟踪报道各地普查和监测的动态进展，进行经验交流。

【测绘地理信息保障服务宣传】

国家测绘地理信息局组织宣传全国测绘地理信息应用成果和地图网上展览，展示“十二五”测绘地理信息成果、成就和国家版图意识宣传教育。《人民日报》刊登新闻《虚拟展馆展示测绘地理成果》，新华网、人民网、央广网、光明网、腾讯网登载《足不出户体验测绘地理信息应用成果》等消息进行报道。利用新媒体播放《测绘地理信息改变生活》视频短片，展示测绘地理信息应用。

发布了我国 333 个地级市全部开展数字城市建设的消息。新华网刊登《中国智慧城市大数据有望实现实时更新》；《人民日报》刊登《建立地理信息系统推进智慧城市建设陕西架设“数字丝路”》。地方媒体对智慧杭州、智慧咸阳、智慧柳州、智慧中关村等建设情况进行报道。

“天地图”2015 版上线运行，《人民日报》刊发《天地图走出新天地》；各大媒体刊发消息展现“天地图”在政府决策、城市管理、便民服务等方面的重要作用。

宣传报道测绘地理信息部门为东方轮船公司客轮翻沉、新疆皮山地震、陕西山阳山体滑坡、天津滨海新区爆炸等突发事件提供测绘地理信息应急保障的情况，展现测绘地理信息部门迅速响应、科学组织、主动作为的良好形象。

【法治建设宣传】

国家测绘地理信息局组织报道《中华人民共和国测绘法》修订立法调研、全国测绘地理信息法治工作会议等情况。国家测绘地理信息局副局长宋超智就测绘地理信息行业信用管理办法和指标体系答记者问，宣传地图审核实现在线受理审批、“问题地图”查处治理等地理信息安全监管情况。开展全国测绘法宣传日活动，为测绘地理信息事业发展营造良好的法治环境。组织国家版图意识宣传教育“进媒体”活动，《人民日报》、新华社、《经济日报》、中央电视台、《中国日报》、凤凰网、腾讯网等 26 家媒体代表参加活动。在新华网等媒体登载“我爱地图”倡议书，向社会各界发出热爱地图、用好地图的倡议。

【产业意见贯彻落实宣传】

中国测绘宣传中心围绕地理信息产业企业家座谈会、北斗“百城百联百用”行动计划启动、中国卫星导航与位置服务年会、2015 中国地理信息产业大会等重大会议和活动，发布了《中国地理信息产业将推进“地理信息 +”催生新增长极》《2020 年地理信息产业规模或达万亿》《卫星导航与位置服务产业化发展》等消息。围绕倾斜摄影联盟 2015 年百城巡展和移动测量万里行活动，组织各大中央媒体记者赴各地采访，展示地理信息在服务百姓生活方面发挥的作用。《中国测绘报》发表《多措并举成效显著——关于促进地信产业发展意见得到深入贯彻落实》、中地信地理信息股权投资基金启动等消息，展现产业意见的贯彻落实成效。积极向中共中央办公厅、国务院办公厅报送信息，其中《我国地理信息产业发展势头强劲》被国务院《每周要情》采用。

【科技创新和“走出去”战略宣传】

国家测绘地理信息局组织宣传联合国大会通过决议敦促共享地理信息造福人类与地球、我国举办“国际地图年”中国系列活动、对外交流合作进展以及中国专家在国际组织中担任要职等情况。宣传全球地表覆盖遥感制图项目获国际大奖并入选 2014 中国十大科技进展新闻、资源三号卫星应用系统通过验收、吉林一号卫星成功发射、国家测绘地理信息局召开科技创新工作会议、全国测绘地理信息技术装备展、国家测绘地理信息局重点实验室建设等重大事件和活动，展示了创新驱动发展和“科技兴测”成效。国家测绘地理信息局副局长李朋德就《管线要素分类代码与符号表达》等 4 项测绘地理信息行业标准发布答记者问。

【“三严三实”专题教育和人才队伍建设宣传】

国家测绘地理信息局组织报道“三严三实”专题教育相关情况。宣传报道第一次全国地理国情普查劳动竞赛、第四届全国测绘地理信息行业职业技能竞赛、国家测绘地理信息局青年学术和技术带头人规模扩大、面向西部地区测绘地理信息专业技术人员开展新技术培训、注册测绘师资格考试等人才队伍建设情况。

新闻出版

地图图书出版

【出版总量】

2015年，中国地图出版集团出版地图、图书共2191种，其中新版（含再版）500种、重印1691种。

【实用参考图出版】

2015年，中国地图出版集团出版实用参考地图新产品160多个，重版率83%。其中覆膜挂图《中华人民共和国地图》和《世界地图》《世界热点国家地图系列》《中国自驾游地图集》《中国公路网交通地图集》等品种市场反响良好。

中国地图出版集团承担的财政部文化产业发展专项资金支持项目“全球地图数据库建设和数字地图出版与应用”已全面完成，进入项目验收阶段；首次承担的科技部公益性行业科研专项项目“世界大地图集库图一体化编研”按期启动并通过中期检查。国家测绘地理信息局公益性项目“少数民族语言版中国地图、世界地图编制”项目开展藏文版编制工作，出版了蒙文版。

在国际制图大会ICA地图评比活动中，中国地图出版集团出版的《中国西部地区典型地貌图集》获地图集类铜奖；《美丽地球新视角》获其他类作品金奖和最佳作品奖；选送的少儿手绘地图作品《和（荷）谐世界》获芭芭拉儿童手绘地图比赛12岁以上组金奖。在第五届中华优秀出版物奖评选中，《中国古代地图文化史》获图书奖；《淮河流域水环境与消化道肿瘤死亡图集》获音像电子游戏出版物奖。《看版图学中国历史》进入了2015年向全国青少年推荐的百种图书目录。

中国地图出版集团注重开拓定制地图市场，组织参加多个项目的招投标工作，为政府及多家企业提供定制产品，编制《建设银行营业网点分布图》《密云旅游图》《国际海陆缆图》《美国，从“心”发现》等图书，取得了较好的经济和社会效益。

【地图科研项目】

中国地图出版集团“城市地图集编制试点与国家版图意识宣传教育”等4个项目获批测绘成果应用项目；“中国地图文化展示平台建设”等2个项目获批进入新闻出版改革项目库；“基于虚拟现实技术的可视化地理智能教育资源与平台建设”项目获财政资金资助。“全球地图数据库建设和数字地图出版与应用”“‘爱我中华’国家版图意识宣传教育系统建设”等4个项目完成验收、投入使用；“旅游数字服务平台建设”“面向教育信息化的教学地图资源库建设”等9个项目有序实施。

组织实施少数民族语言版地图编制、领导工作用图共享更新与服务、地图审核信息化业务系统建设与应用3个测绘成果应用推广项目，组织申报辅助决策用图保障服务、公益性地图编制与服务、中国国界线及附近地名历史沿革研究、国家版图意识宣传教育与公益性地图编制4个2016~2018年度基础测绘成果应用推广项目。组织申报2016年国家出版基金项目《“一带一路”区域地图集》和《中国抗日战争地图集》，并进行了2015年国家出版基金项目《邓小平光辉历程地图集》的结项申报工作。组织编制并完成《“十三五”国家重点图书、音像、电子出版物出版规划》，申报的“十三五”重点图书包括《中华文明地图》《清史地图集》《中国共产党百年辉煌地图集》等。为纪念中国人民抗日战争暨世界反法西斯战争胜利70周年，组织报送了《重庆抗战地图集》《中国抗日战争地图集》和《中国人民抗日战争暨世界反法西斯战争全景地图》3种重点主题出版物。《中国抗日战争史地图集》作为“百种抗战经典图书”列入重印重版目录，已完成修订出版工作。

【教材与教辅图书出版】

中国地图出版集团全年完成教材产品初版品种70个、再版品种31个、重版品种669个、加印品种286个。针对新的教材选用办法，对《地理》教材做了全面的推广和宣传，根据各省情况制定相应的发行方案。

组织开展上海教材编制、出版、征订、发行、培训等工作，共征订2015秋季、2016春季教材62个品种，发行263.4万册幅。拓展新教材的开发及老版教材的修编工作，完成《法治教育读本》（小学版、初中版、高中版）3本图书的编写工作，送上海市课程审查委员会审查并通过。组织编写小学版《信息科技学科教学基本要求》；修改高中版《地理学科教学基本要求》、高中版《信息学科教学基本要求》；组织编写小学《信息科技练习部分》，修改初中《信息科技练习部分》。上海的教材市场份额稳中有升。

紧随教辅政策，采取自主研发、合作开发、地方定制等模式推进全学科教辅产品研发。优化调整教辅产品线，对《寒暑假作业》《实验报告册》《高效同步测练》《优化设计》《能力培养与测试》《天津教材补充练习》6大系列进行修订和完善，通过了福建、江西等省的教辅材料审核工作。为适应新形势下馆配图书需要，策划了《十面霾伏——远离PM2.5的侵害》等5个选题。出版的《看版图学中国历史》《中国历史1000问》《祖国地名撷趣》入选《2015年全国中小学图书馆（室）推荐目录》。

【测绘地理信息图书出版】

中国地图出版集团按计划完成“十二五”国家重点图书、音像、电子出版物出版规划系列图书；全国测绘地理信息职业教育教学指导委员会“十二五”工学结合规划教材。出版《新时期测绘好干部杨艳萍》《中国测绘地理信息年鉴》《国家测绘地理信息局文件选编》《中国地理信息产业发展报告》等14本重点图书；出版的《英汉海洋测绘词汇》等4本图书获国家测绘地理信息局基金专著重点项目资助。组织测绘科技专著书稿申报测绘地理信息科技出版资金，其中通过审查19本；组织推进测绘地理信息辞书出版项目的实施，其中资料库、词条库已初步建立，内容资源管理试验平台已初步搭建，辞书成果服务试验平台界面已设计完毕。

【综合出版】

旅游类图书出版方面，中国地图出版集团与LonelyPlanet（孤独星球）旅游图书合作推出城市指南、旅行读物（T&R）2个新系列；完成中国地图出版集团第一届编辑大会资助项目图书《你可曾梦想环游世界》及与台湾的中国文化大学邱毅教授合作《台湾百年好味道》的出版工作；推进旅游数字平台建设，通过网站和移动端APP等多种形式，根据旅行者的行程，打造专属旅行指南。大众图书出版方面，完成《遇见格桑花：带着孩子去西藏》《地图里的兴亡系列》《地图上的日本史》《英国不装腔指南》《最欧洲：我的自驾三万里》等图书的编辑出版工作。在地图文化创意产品开发方面，完成《重庆风景及物产图》包装设计与生产及《皇明大一统地图》竹简的订制工作；出版了新编《中国版图知识》及芭芭拉少儿手绘大赛作品集《孩子眼中的世界》等图书。

探索新媒体产品新服务模式，全年共出版55个新媒体产品。完成《中国煤矿瓦斯地质图》《中国及邻近地区破坏性地震震中分布图》《中国及邻近地区地震构造图》《中国及邻近地区中小地震震中分布图》《中国地震综合等震线图》等专题图制作。加强对外服务项目的生产投入，完成了“全国典型区重大自然灾害应急救助空间数据库建设”“全国行政区划查询平台系统维护和数据更新服务”“中国地图数据技术服务”“北京报刊零售公司电子地图系统”等多个项目的编辑生产工作。

【版权引进及对外合作】

中国地图出版集团与旅行指南图书LonelyPlanet公司合作出版了LP中文版图书及数字产品。与美国国家地理学会签订合作协议，获得授权开发美国国家地理地球仪系列产品，并在西单图书大厦共同举行了首发仪式。

参股投资成立北京创图未来科技有限公司，立足地理课程教学优势资源，积极推动在线教辅平台和手机APP应用开发，与纸质教辅图书配套使用，推进教辅产品“互联网+”融合发展。中华地图学社参股投资成立的上海圣岛安航信息科技有限公司经营团队已开展工作，与海事相关部门确定了300万元合作项目。西安亚东地图有限公司开发“景点游”智慧导游系统，已完成软件开发、测试和上线工作，在陕西省旅游市场推广签约11家景区。

组织完成全国测绘地理信息应用成果和地图网上展览中地图展馆建设任务。建成的地图展馆由序厅、中华舆图厅、现代地图厅和少儿手绘厅组成，受到国家测绘地理信息局的肯定。被国家测绘地理信息局授予“特别贡献奖”。

期刊出版

中国地图出版集团组织完成《测绘学报》和《测绘通报》全年及2期增刊的组稿、编辑、出版、发行工作。两刊均引入了专业机构的格式规范性校对、参考文献校对等服务项目，进一步提高了刊物的编校质量。《测绘学报》每期增加0.5个印张，提高了论文发表总量。全年有23篇论文入选“2015年度中国精品科技期刊顶尖学术论文（F5000）”，被《中国学术期刊评价研究报告（武大版）》评为“RCCSE中国核心学术期刊（A）”，获2014年“百种中国杰出学术期刊”称号。《测绘通报》2015年第1期出版了《第三届高分辨率对地观测学会年会专辑》。《地图》杂志策划了“古地图，文明的守望”“重塑世界的地图”“京城雅集话地图”3大专题，启动微信公众平台建设，将杂志内容通过微信平台推送。

统计工作

统计管理

【统计工作考核评比】

国家测绘地理信息局管理信息中心（以下简称管信中心）组织对测绘地理信息系统49家单位2014年、2015年统计工作进行考核，评选出17家统计工作先进单位和30名先进个人，进行了通报表扬。

【统计培训】

管信中心结合修订后测绘地理信息统计报表制度的贯彻实施，举办了2期测绘地理信息统计业务培训班。培训范围首次扩大到地（市）级测绘地理信息行政主管部门，共培训240多人。指导和协助广东、河南、浙江、重庆等省级测绘地理信息行政主管部门开展统计培训，培训近3000人。

【地理信息产业统计研究】

结合贯彻落实《国务院办公厅关于促进地理信息产业发展的意见》，国家测绘地理信息局启动了“中国地理信息产业发展研究”工作。管信中心作为课题组成员，参与完成了第二次经济普查、第三次经济普查统计数据中与地理信息产业有关的单位及其数据的筛选、整理、处理等工作，完成了2014年测绘资质单位统计数据的整理、汇总、分析处理等工作。

统计调查

【统计报表】

管信中心在对2014年各项专业统计年报数据收集、审核、汇总的基础上，编制完成了《2014年测绘地理信息统计年报》，经国家测绘地理信息局审批后印发提供使用。根据2014年统计年报数据和各单位提供的年度主要工作情况材料，组织编制了《2015测绘地理信息统计手册》，简要反映我国各省、自治区、直辖市测绘地理信息发展情况。

【专项调查】

管信中心配合国家测绘地理信息局人事司开展测绘地理信息人才队伍建设情况专项调查。该专项调查填报单位涉及全国各级测绘地理信息行政主管部门及其所属单位以及测绘资质单位共1.7万多家；调查内容包括单位基本情况及党政人才、专业技术人才、技能人才、经营管理人才等情况，已按要求及时提供相关数据。

应国家测绘地理信息局办公室要求，配合开展地方测绘经费投入情况专项调查并按时提供相关数据。

统计信息化

管信中心完成统计网络直报系统升级改造工作，已在2015年统计年报工作中正式使用。

统计信息服务

【综合统计分析】

管信中心从测绘地理信息行业发展、测绘地理信息系统发展、测绘成果提供使用等方面，开展年报统计分析，系统分析总结2014年测绘地理信息事业的发展情况。相关分析报告编入2014年测绘地理信息统计年报并提供使用。推动系统各单位开展统计分析工作，并将各单位报送的统计分析报告汇编成册提供统计人员学习参考。

【对外提供统计资料】

管信中心分别向《国土资源公报》《中国统计年鉴》《中国第三产业统计年鉴》《中国科技统计年鉴》《中国测绘地理信息年鉴》《国土资源统计年鉴》等提供测绘地理信息统计数据，向国家测绘地理信息局机关各司室及系统内有关单位提供各类测绘地理信息统计数据。

统计调查研究

管信中心赴福建、江西、浙江和江苏开展统计工作调研，通过听取汇报和实地考察等方式，了解各地统计工作开展情况，征集意见和建议。

测绘地理信息教育

教育指导

国家测绘地理信息局继续发挥行业主管部门作用，通过测绘类专业（含地理信息专业）教学指导委员会、全国测绘地理信息职业教育教学指导委员会2个教育教学指导机构，进一步加强测绘地理信息教育教学指导，推进测绘地理信息院校协同创新、协同育人，实现产学研结合。指导中国测绘地理信息学会继续开展测绘工程专业认证工作，推进测绘地理信息高职高专专业目录修订、测绘类专业国家标准制订等工作。强化技能人才培养师资队伍建设，开展“科力达杯”第一届全国测绘地理信息职业院校青年教师讲课（说课）竞赛，评审出特等奖7名、一等奖11名、二等奖13名。联合教育部、水利部主办全国职业院校技能大赛高职组测绘赛项总决赛，全国30个省（自治区、直辖市）的78支代表队和1支国际留学生代表队共316名选手参加比赛，其中国际留学生队为首次组队参赛。召开了全国测绘地理信息院校学科建设及人才培养工作座谈会。

武汉大学

【招生情况】

2015年，武汉大学测绘学院、遥感信息工程学院、资源与环境科学学院、测绘遥感信息工程国家重点实验室、卫星定位技术研究中心、中国南极测绘研究中心共招收测绘相关专业本科生1000多人；研究生718人，其中博士研究生159人、硕士研究生559人。本科生、研究生就业率均超过95%，在武汉大学各学科专业毕业生就业率中处于前列。

【科研情况】

2015年度，武汉大学测绘类学科获国家科技进步奖3项，省部级奖26项。发表科研论文近900篇，高引论文11篇。其中SCI 396篇、EI 277篇、CPCI－S 5篇。出版专著17部；制定行业国际标准2项；获授权发明专利64项、获授权实用新型专利10项；申请软件著作权109项。在研项目806项，经费总额3.3亿元。

【科研平台建设】

10月，地球空间信息科学国际合作联合实验室通过立项建设论证，这是武汉大学获批建设的首个部级国际合作科研平台。该联合实验室依托武汉大学测绘遥感信息工程国家重点实验室、地球空间信息技术协同创新中心、天空地一体化地球空间信息智能处理引智基地、荷兰代尔夫特理工大学进行建设。

【学科专业建设】

根据基本科学指标数据库(Essential Science Indicators，以下简称ESI) 11月的数据显示，武汉大学地球科学在进入ESI全球学科排名前1%的567个上榜机构中排名第439位。1月～11月发文量为1444篇，同比增加370篇；总被引次数7040次，同比增加2559次；篇均被引次数为4.88，同比增加0.71。

4月29日，2015年QS世界大学学科排名发布，在地理学与区域研究学科排名中，武汉大学地理学专业再次进入150强。

在2015年度全国博士后科研流动站综合评估

中，武汉大学测绘科学与技术博士后科研流动站获评优秀。

【获奖情况】

武汉大学牵头完成的“道路路面动态检测关键技术及装备”获2015年度国家技术发明奖二等奖，参与完成的“国家数字城市地理空间框架技术体系构建与应用”“大数据驱动的水文多要素监测预报关键技术与应用”均获2015年度国家科技进步奖二等奖，完成的“数字环境下地图制图关键技术”获2015年度高等学校科学研究技术发明奖二等奖，牵头完成的“水利应急响应遥感智能服务平台”获2015年大禹水利科学技术奖一等奖，参与完成的“基于水沙过程的典型多面源营养物质输移机理与生态防治”获2015年大禹水利科学技术奖一等奖；参与完成的“隧道施工安全监控量测信息系统研究与开发”获2015年度中国电建科学技术奖一等奖，牵头完成的“空天地高分辨率多源遥感影像智能匹配与融合的关键技术与系统”获湖北省技术发明奖二等奖，完成的“农村分散型生产生活污染控制及其循环利用关键技术与装备”获湖北省科技进步奖二等奖。

【极地科考】

2015年，武汉大学派出2名科考队员参加南极科学考察。1人度夏，完成长城站GNSS观测站升级和验潮站维护任务；1人执行中山站越冬任务，负责中山站常年GNSS跟踪站观测和验潮。派出2名科考队员参加北极考察，完成北极冰面地形复测与连续观测站建设任务。

【泛在测绘与位置大数据应用国际工程论坛】

11月，中国工程院主办，武汉大学国家卫星定位系统工程技术中心和2011地球空间信息技术协同创新中心承办泛在测绘与位置大数据应用国际工程论坛，主题为泛在测绘理论方法及工程技术、位置大数据的挖掘理论方法与信息安全、位置服务体系及典型应用等。来自美国、英国、澳大利亚、加拿大、中国等国家的高校科研机构、知名企业的学者和研究人员参会。中国工程院院士刘经南担任大会主席，武汉大学副校长李斐致欢迎辞。

【科技部2014年创新人才推进计划】

在科技部2014年创新人才推进计划评选中，由武汉大学李建成院士领衔的“地球重力场精细结构及其时变效应研究创新团队”入选重点领域创新团队。团队成员主持和参加国家杰出青年基金、国家自然基金重点项目，国家“973”“863”计划项目等国家级及省部级科研和工程项目共150多项，获国家科学技术进步奖二等奖4项，省部级科技进步奖一、二等奖30多项；发表论文200多篇，著作10多部。培养博士、硕士100多名。

【合作与交流】

4月2日，武汉大学与国家测绘地理信息局签订《深化科技发展与人才培养合作协议书》，在学科建设、人才培养、科学研究、创新平台建设、国际合作、科技成果转化等方面开展长期合作，促进武汉大学以测绘地理信息学科为主的科学研究、人才梯队和学科基地建设，推动学科的交叉、融合和渗透。

8月，应泰国地理信息与空间技术发展局（以下简称GISTDA）邀请，武汉大学卫星导航研究团队赴泰国开展“北斗”与“羲和”的技术培训，来自泰国相关政府部门和科研机构的20多名学员参加学习。双方就开展北斗/GNSS地基增强系统技术、羲和系统技术、高精度卫星导航数据处理软件及人才交流培养等方面达成合作协议。根据协议，卫星导航团队向GISTDA提供2套攀达GNSS多系统高精度接收机、CORS系统管理与服务软件PowerNetwork，及高精度卫星导航数据分析软件PANDA，分别部署在曼谷的GISTDA培训中心和SKP（SpaceKenovationPark）产业园。

8月22日~28日，在巴西里约热内卢召开的第27届国际地图制图学术大会（ICC）暨国际地图制图协会（ICA）第16届会员代表大会上，由国家测绘地理信息局、中国测绘地理信息学会推荐的武汉大学教授刘耀林当选国际地图制图协会副主席和执行局执委，任期4年（2015年~2019年）。

10月19日，国际电信联盟标准化部门第20研究组（ITU-TSG20）“物联网与智慧城市”在瑞士日内瓦召开首次大会。武汉大学教授陈能成作为中国代表团代表，出席大会并作主题报告，牵头提交2项标准立项建议并获通过。

11月，由德国斯图加特大学牵头，武汉大学、同济大学、中国测绘科学研究院作为主要合作申请方的国际合作项目“现代空间大地测量技术监测全球变化”项目组在斯图加特大学召开了第一次工作研讨会。来自斯图加特大学、慕尼黑工业大学、卢森堡大学、武汉大学、同济大学、中国测绘科学研究院和德意志学术交流中心（DAAD）等单位的主要项目负责人及相关学者出席了会议。

【重要成果】

武汉大学测绘遥感信息工程国家重点实验室公布了关于叙利亚内战以来夜间灯光的遥感研究成果，3 月 26 日，联合国人道主义事务协调厅（UN-OCHA）在联合国安理会关于叙利亚问题的简报中引用了该研究成果。

针对北斗系统实时精密轨道和钟差无法常规获取的问题，武汉大学相关科研团队提出解决办法，成功应用于 2015 年尼泊尔 7.8 级地震波观测。

武汉大学教授刘耀林团队开发的地理国情普查统计分析系统被国务院第一次全国地理国情普查领导小组办公室确定为第一次全国地理国情普查统计分析使用软件并在全国推广。

【重大项目】

10 月，由武汉大学、中国地震局地震研究所、云南省地震局合作共建的昆明超导重力观测站在昆明防震减灾技术试验基地通过验收并正式投入运行。

11 月，武汉大学测绘遥感信息工程国家重点实验室的深空探测器测距测速设施成功接收月球卫星信号，观测了美国月球卫星月球勘测轨道飞行器（LRO）和嫦娥三号着陆器。观测 LRO 获取了多普勒测速数据，测速精度达到 mm/s 量级。观测嫦娥三号着陆器获取了着陆器载波和数传信号，针对载波信号的多普勒测速，精度达到 mm/s 量级水平。武汉大学是全国高校中首个具有深空探测能力的院校。

12 月，武汉大学承建的广东省 88 个连续运行基准站的北斗升级改造工程通过验收，向广东用户提供高精度北斗定位导航在线服务。

郑州测绘学校

【国家示范校建设】

2015 年，郑州测绘学校（以下简称郑州测校）“国家中等职业教育改革发展示范学校建设”主体工作结束。学校按照示范校建设成果验收的相关要求，开展了资料整理、查漏补缺、经验总结等工作。10 月，形成《郑州测绘学校国家中等职业教育改革发展示范学校建设总结报告》。

【教学管理与师资队伍建设】

郑州测校除完成日常教学任务外，组织 2013 级、2014 级学生参加河南省中等职业学校学生文化基础课水平测试，促进文化基础课教学。按照教育部和河南省教育厅的要求，郑州测校学生电子学籍信息直接录入全国中等职业学校学生信息管理系统（2015 年之前录入河南省职业学校学生学籍管理系统），学生学籍、实习实训、毕业就业等环节的信息纳入全国中职学校学生信息化管理。武汉大学郑州测绘学校函授站在站学生近 2800 人，全年分 11 批对函授生进行集中面授教学。自 2015 年起，郑州测校与武汉大学网络教育学院合作开展网络教育，组织了 2015 年秋季班的教学工作。

郑州测校将“现代信息技术在职业教育中的应用”作为师资培训的主要内容，组织 60 名教师赴同济大学参加现代教育技术与微课学习培训，提高教师现代信息技术的运用能力。至年底，全校教师完成了 32 个知识点的微课制作，20 个知识点的微课制作进入收尾阶段。引导教师应用电子书、电子教案与课件、音频视频图像、行业法规、工作案例等网络资源增强教学效果。组织教师申报河南省职业教育教学改革研究项目，5 个项目获得河南省教育厅立项，参与教师 33 人。通过安排试用期的教师参与学生外业实习管理、利用暑假选派教师参加培训等方式，锻炼和提高教师的业务能力。组织教师参加第一届全国测绘地理信息职业院校青年教师讲课竞赛和第三届全国高校 GIS 青年教师讲课竞赛，2 名教师分获特等奖和二等奖。

【招生与毕业生就业】

郑州测校把招生工作作为 2015 年的重点工作之一，加大招生宣传力度，完善网上报名和录取措施，安排人员赴有关省份开展工作，落实学校在当地的招生计划；与测绘地理信息生产单位联合进行定向培养或现代学徒制试点工作，扩大生源；与相关高校合作开展“3+2”（初中起点大专教育，前 3 年学习中职课程，后 2 年学习高职课程，学业期满成绩合格者获得与中职学校合作的高职院校毕业证书）测绘地理信息高等职业教育，增加对生源的吸引力。2015 年共招收全日制学生 1216 人，比 2014 年略有增长。武汉大学郑州测绘学校函授站共招收 2016 级函授生 143 人。

开设《职业生涯规划》课程，指导学生就业。郑州测校 2015 届毕业生继续保持较好就业趋势。

【实践性教学与对外培训】

郑州测校组织师生参加测绘地理信息生产实践，完成河南省测绘工程院“南阳数字城市”部分测图任务、中测新图（北京）遥感技术有限责任公司“机载 LiDAR 点云数据处理”部分任务等。召开教学实践基地工作研讨会，促进实践性教学。2015年，与8家测绘地理信息单位签订了共建教学实践基地协议，至年底，教学实践基地数量增加到38个。3月，举办顶岗实习洽谈会，217家测绘地理信息用人单位为1029名顶岗实习学生提供了4162个实习岗位。加强对顶岗实习学生“上岗”前的培训与指导，开展顶岗实习回访调研工作。举办第28届学生技能大赛。

承担了5期国家测绘地理信息局安排的相关培训，培训学员180人。全年举办9期测绘实用人才培训班，其中4期在校内进行，5期在测绘地理信息生产单位进行，共培训学员160多人。

【学生管理与学生综合素质培养】

郑州测校坚持班主任例会制度，通报学生的思想动态，提出相关要求。开展优秀班主任、优秀辅导员评比表彰活动，举办了学生教育管理工作研讨会、辅导员工作经验交流会，做好新聘班主任的培训工作，组织学生管理人员学习先进管理模式和管理经验。做好享受国家助学金及免学费政策学生的资料审查、上报与发放等工作。

在全体学生中实施“综合素质拓展证书”制度，培养学生的责任意识、协作意识和创新意识。举办校园文化周、诗歌朗诵赛、田径运动会等文体活动。支持学生舞蹈团、古风书画社、校园通讯社等社团工作。组织300多名学生分赴北京、广州、湖北等地参加暑期“三下乡”社会实践。

【意识形态工作】

郑州测校开展“三严三实”专题教育，编发“三严三实”专题教育专刊16期，设立专题教育网页，通过收看视频讲座、组织座谈、外出参观等形式提高学习教育效果。开展“三查三保”（查履职尽责情况，着力消除安全隐患，确保师生生命财产安全；查措施落实情况，着力消除学校发展风险，确保学校健康快速发展；查保障民生、服务师生和学校稳定情况，着力化解各类矛盾，确保大局和谐稳定）活动。列出涉及“师生生命财产安全”的6项排查任务；涉及“学校健康快速发展”的8项排查任务；涉及“大局和谐稳定”的6项排查任务。建立了“三查三保”工作台账，明确了责任部门，细化了整改措施。学习宣传十八届五中全会精神，组织学习《中国共产党廉洁自律准则》和《中国共产党纪律处分条例》，开展党内民主评议、评优表彰及党员志愿服务活动。在教职工中开展师德教育，在学生中开展社会主义核心价值观、测绘精神与测绘职业道德等教育，开办学生道德讲堂。

【新校区建设】

2015年，郑州测校新校区完成了工地的通水通电工作，施工场地平整问题基本解决，规划区域内的老河道改道工作基本完成，取得了未受规划变动影响的216亩土地的国有土地使用权证。

中国测绘科学研究院

【师资队伍建设】

截至年底，中国测绘科学研究院共有硕士生导师32人、博士生导师11人。

【人才培养】

中国测绘科学研究院全年招收全日制硕士研究生11人，联合培养的硕士研究生、博士研究生120人；毕业硕士研究生40人，就业率100%。

【获奖情况】

中国测绘科学研究院1名硕士研究生获2015年研究生国家奖学金；1人获2014—2015学年度陈永龄院士优秀学生科技创新奖博士研究生一等奖。

党的建设与党风廉政建设

“三严三实”专题教育

国家测绘地理信息局党组把开展好“三严三实”专题教育作为重大政治任务，5月20日，局党组书记、局长库热西·买合苏提讲“三严三实”专题教育党课，启动专题教育。印发《中共国家测绘地理信息局党组开展“三严三实”专题教育方案》，组织召开党组、党组中心组3个专题的学习研讨会和专题民主生活会，深刻查摆问题、认真抓好整改；定期召开专题教育工作推进会，局党建工作领导小组对局在京单位和机关各司室的学习研讨进行督导；组织“践行三严三实、助推事业发展”学习研讨交流会，交流体会，总结经验，扩大专题教育成果；及时向中共中央组织部上报国家测绘地理信息局专题教育情况报告，在局网站开设“三严三实”专题教育专栏。

党建工作

【习近平总书记系列重要讲话精神学习贯彻】

国家测绘地理信息局通过党组中心组理论学习、举办“测绘学习大讲堂”、印发支部理论学习指导意见、部署召开组织生活会、座谈研讨等形式组织学习贯彻习近平总书记系列重要讲话精神。各单位各部门把学习习近平总书记系列重要讲话精神与学习党章党史、党内法规，与学习习近平总书记给国测一大队老队员老党员回信重要指示精神和“三严三实”专题教育学习研讨相结合，确保见效。

【学习型党组织建设】

国家测绘地理信息局党组中心组坚持每月必学，全年共进行了6个专题的学习。在保证集体学习研讨的时间外，党组中心组还及时安排了中央重要会议、中央领导同志重要讲话精神的传达、学习和贯彻活动。

进一步推进学习型党组织建设，围绕时事政策、理论热点和局重点工作，举办“测绘学习大讲堂”2期，邀请有关领导和专家学者作专题辅导报告。充分利用网络平台进行理论宣讲，共发布专题讲座视频36期，为党员、干部学习理论知识和时政热点提供新途径。坚持每季度印发直属支部理论学习指导意见，及时为各支部提供学习资料和学习指导。

【从严治党】

国家测绘地理信息局认真学习领会中央全面从严治党的精神，转发《中央国家机关贯彻落实从严治党要求实施方案》，要求各级党组织认真开展学习讨论，各级领导干部切实增强政治意识，强化全面从严治党主体责任。结合“三严三实”专题教育督导、巡视、专题汇报、实地调研等方式对学习贯彻情况进行了督促落实。成立了国家测绘地理信息局党建工作领导小组，对局党的建设各项工作实施统一领导、统筹规划、推动落实。

【党员干部理想信念教育】

国家测绘地理信息局组织做好国测一大队先进事迹报告会联系协调和服务保障工作，组织编撰《新时期测绘好干部杨艳萍》一书并配发至全系统，充分发挥测绘地理信息系统先进模范和身边典型的示范引领作用，进一步弘扬测绘精神。

【基层党组织建设】

国家测绘地理信息局指导机关各司室、局所属各单位进一步严格民主生活会程序，认真落实征求意见、谈心交心、对照检查、整改落实等环节，深入开展批评与自我批评，切实提高解决自身矛盾和问题的能力，确保专题民主生活会质量高、效果好。

严格执行党员领导干部双重组织生活会制度，局党组成员以普通党员身份参加了所在党支部的组织生活会。各基层党组织严格规范基层组织生活会程序，坚持开好“三会一课”，结合“三严三实”专题教育开展主题党日、警示教育等支部活动，确保每名党员都过党内生活的教育。

“七一”前夕，在局直属机关开展了“两优一先”和“守纪律强服务促改革”优秀支部活动评选表彰，并召开表彰大会，制作优秀支部活动展板，在中国测绘创新基地集中展示宣传。参加国土资源部直属机关“两优一先”评选推荐工作。

根据机构和人员调整，指导相关党支部进行换届选举和增补委员工作。完善党内激励、关怀、帮扶机制，做好老党员、困难党员服务工作。认真贯彻新修订的《中国共产党发展党员工作细则》，全年共发展预备党员13名；16名预备党员如期转正。印发《关于2013、2014年度国家测绘地理信息局直属机关党费收支情况公示的通知》，对近2年党费收缴情况进行公示。

【“五型机关”创建活动】

国家测绘地理信息局组织开展2015年度“五型机关”创建活动先进司局、先进处（室）和先进个人评选表彰工作，2个司室、9个处（室）、25名个人受到表彰。

党风廉政建设

【落实“两个责任”】

国家测绘地理信息局组织学习宣传、贯彻落实习近平总书记重要讲话和中央纪委五次全会精神、国务院廉政工作会议精神，不断把反腐倡廉建设引向深入。1 月 30 日，组织召开全国测绘地理信息系统党风廉政建设工作电视电话会议，明确了年度工作重点和责任分工，组织签订了党风廉政建设责任书。开展基层党组织书记“两个责任”轮训，结合巡视、民主生活会、年度考核、党建述职考核评议等对“两个责任”落实情况进行检查。

【作风建设】

国家测绘地理信息局制定印发《关于规范国家测绘地理信息局机关公务员参加评审、论证等活动的通知》，提高了廉政要求。在元旦、中秋、国庆等重要节日节点对廉洁自律工作提出明确要求。组织广大党员干部深入学习习近平总书记重要讲话精神尤其是《习近平关于党风廉政建设和反腐败论述摘编》，学习传达中央纪委和中央国家机关工委有关文件精神和违纪案件通报。制定方案、印发通知，对学习贯彻《中国共产党廉洁自律准则》和《中国共产党纪律处分条例》工作作出部署。采取专题辅导、知识测试、专题组织生活会等多种形式，组织学习 2 部党内法规。

【巡视监督】

国家测绘地理信息局成立局党组巡视工作领导小组及其办公室，明确了组成人员和主要职责等。在以往每年巡视 2 家单位的基础上，2015 年对 5 家所属单位进行了巡视。首次将发现的问题通过报纸、网站等公开，督促抓好问题整改，有效发挥了巡视的监督作用。

【纪律审查】

国家测绘地理信息局认真做好信访举报处理和来访人员接待工作，严格按照党纪条规处理来信反映的问题。按照中央纪委要求严肃查处了海南测绘地理信息局原党组成员、副局长金玉平违纪案件，查处了国家测绘地理信息局直属机关工会原主席刘新英违纪案件，并在局所属各单位、机关各司室进行了通报。

【内部审计】

国家测绘地理信息局完成 10 个局所属单位主要领导干部离任经济责任审计工作，针对审计中发现的问题进行督促整改。对 2014 年内部审计发现的问题进行系统梳理，并对各单位整改情况进行跟踪检查。协助审计署开展地理国情普查项目进展情况和其他有关资金管理使用情况的延伸审计。定期向审计署报送有关数据，协助审计署完成联网审计前置机维护工作。

【党员干部直接联系群众制度】

国家测绘地理信息局制定印发了《中共国家测绘地理信息局党组关于完善党员干部直接联系群众制度的意见》，对党员干部贯彻执行调查研究制度、基层联系点制度、基层挂职任职制度、定期接待群众来访制度、与干部群众谈心制度、征集群众意见制度、党员承诺践诺制度提出了明确的要求。

文化建设

【精神文明和思想政治建设】

国家测绘地理信息局围绕测绘地理信息工作全面深化改革，进一步加强测绘地理信息文化建设研究与实践，在全国测绘地理信息系统开展“成就测绘梦想我与改革同行”征文活动。组织开展中国测绘职工思想政治工作研究会 2014 年度优秀研究成果评选表彰，共评出优秀组织奖 9 个，获奖作品 29 篇。

【群团工作】

国家测绘地理信息局党组印发了《中共国家测绘地理信局党组关于加强和改进党的群团工作的意见》，支持工青妇组织开展工作。工会组织开展向困难职工和全国劳模送温暖活动。共青团举办“五四”青年节纪念活动，2 名青年职工获国土资源部直属机关青年五四奖章。妇联举办“三八”国际妇女节纪念活动，组织参加国土资源部家庭助廉行动并获表彰。继续加强同各民主党派和党外高级知识分子的沟通联系。

社团组织

中国测绘地理信息学会

【学术年会】

10月22日~23日，中国测绘地理信息学会在南昌举行2015年学术年会。会议以“自主创新、跨界融合”为主题展开交流与研讨，颁发2015年测绘科技进步奖、全国优秀测绘工程奖、青年优秀论文奖等6个奖项。设立倾斜摄影、现代海洋测绘技术、地理国情监测、测绘地理信息装备技术交流等7个分论坛，1500多人参加会议。

【第五届全国测绘地理信息技术装备展览会暨全国测绘地理信息博览会】

10月22日，第五届全国测绘地理信息技术装备展览会暨全国测绘地理信息博览会在江西南昌开幕，全面展示测绘地理信息技术在陆、海、空、天、地的应用，涵盖硬件和软件、系统集成和解决方案等最新技术及装备，展示跨界融合产生的新技术和新应用。举办多场专业技术论坛和分会场，增加第二届地图文化节、业务洽谈、人才招聘等活动。展览面积约3万平方米，国内外300多家企业参展。

【学术交流】

7月22日，中国测绘地理信息学会在中国测绘创新基地举办主题为“自主创新引领发展跨界融合开创未来”的中国测绘地理信息高端论坛。中国工程院院士倪光南、刘先林，中国科学院院士童庆禧作主题报告。论坛设立倾斜摄影与新一代三维GIS的发展、大地图与大数据整合下的跨界发展与应用、激光雷达立足测绘引领跨界融合新态势3个分论坛，500多人参加论坛。

【科普活动】

中国测绘地理信息学会举办2015年全国学生定向锦标赛暨“中国四维杯”第十一届全国测绘地理信息职工定向越野赛，来自全国90多支代表队近2100人参赛。联合5家全国性学会开展“生态文明，我知我行——首届资源与环境网络知识大赛”，通过学习、宣传、普及生态文明和现代测绘地理信息的相关知识以及科技创新的方法，提高全国测绘地理信息的科学创新意识和知识水平。完成2015年测绘地理信息科普基地认定工作，遴选企业参加全国科普教育基地认定，推进了测绘地理信息科普教育基地建设工作。

参与全国科普日和全国防灾减灾日活动。在“感·触科学——前沿科技魅力主题展”中展出全球地表覆盖遥感制图项目，向社会公众宣传和普及测绘地理信息技术和成果应用。在我国第七个防灾减灾日宣传活动中，向社会公众普及防灾减灾知识和自救互救基本技能。

【科技奖励】

中国测绘地理信息学会完成2015年度科技奖励工作。按照国家科技奖励新政策，结合测绘地理信息行业特点，健全完善了学会奖励评选程序和办法。评选出2015年测绘科技进步奖106项、全国优秀测绘工程奖283项；青年优秀论文20篇。推荐的“国家数字城市地理空间框架技术体系构建与应用”项目获国家科技进步奖二等奖。

【科技人才举荐】

中国测绘地理信息学会结合测绘地理信息学科（专业）、行业的实际，制定院士推选制度、机构和方案，向中国科学技术协会推选院士候选人3名。开展中国青年科技奖候选人、光华工程科技奖候选人、中国青年女科学家奖候选人的推荐工作。

【测绘地理信息创新产品认定】

中国测绘地理信息学会开展测绘地理信息创新产品认定工作，认定7项产品为2014年测绘地理信息创新产品。在2012年—2014年测绘地理信息自主创新产品中，投票选出十大产品并予以发布。

【自身建设】

3月18日，中国测绘地理信息学会工作会议暨团体会员工作会议在云南昆明召开。全国各省级测绘（地理信息）学会、各团体会员单位及有关测绘地理信息单位的代表240多人参加会议。会议颁发了全国优秀科技工作者奖牌证书，进行大会交流和分组讨论。召开了中国测绘地理信息学会十一届二次常务理事会议，审议研究了学会的重要事项和相关工作。

组建完成科技成果测试评价国家测绘地理信息局工程技术研究中心。组织开展地理国情监测等国家重大项目工程评估，智慧城市建设体系、信息化测绘技术体系等标准制定等。

【学科发展研究】

中国测绘地理信息学会开展《测绘科学与技术学科发展报告（白皮书）》编撰工作，展示测绘地理信息学科发展成就，总结学科发展规律，摸清存在的问题，促进学科健康发展。

开展《〈中国大百科全书〉第三版测绘学科》编纂工作，完成总体设计、编纂工作方案和组织形式，组建了11位院士组成的编委会，参与编写的专家300多人，整体编纂工作按计划进行。

【国际组织任职】

中国测绘地理信息学会与国家测绘地理信息局共同推荐多位专家学者，任职国际地图制图协会2015—2019届执行局及专业委员会领导层。其中学会副理事长刘耀林当选国际地图制图协会副主席，多名专家当选专业委员会副主席。

【国际交流】

中国测绘地理信息学会与英国皇家特许测量师学会在北京续签合作备忘录，进一步推动两国的会员资格双重认证，强化高层交流与互访关系。与新疆维吾尔自治区测绘地理信息局共同举办中亚地理信息技术国际研讨会。

【国际地图年活动】

中国测绘地理信息学会联合中国地理学会、中国地理信息产业协会和中国卫星导航定位协会发起《“我爱地图”倡议书》，在国际地图年活动启动当天向社会各界发布。

【创新发展】

中国测绘地理信息学会参与甲级测绘资质单位的信用信息管理工作。中国科学技术协会将中国测绘地理信息学会承接测绘地理信息市场信用信息管理工作列入全国学会承接政府职能转移的示范试点工作。召开部分团体会员座谈会，探讨“企会联盟”工作新模式，与有关企事业单位签署合作协议。

【测绘地理信息类教育专业认证工作】

中国测绘地理信息学会组织完成北京建筑大学等4所大学测绘工程专业的认证工作；完成遥感科学与技术专业补充标准起草和测绘工程专业补充标准英文版修订工作；完成测绘地理信息类教育专业认证试点工作组向认证工作委员会的转变，为实现国际测绘地理信息类教育专业间的实质性互认奠定基础。

【继续教育培训】

中国测绘地理信息学会举办测绘地理信息仪器装备检测及监督管理暨技术法规、智慧城市时空信息云平台技术大纲和评价指标体系、测绘成果档案电子化归档整理等专题培训，提高测绘地理信息科技工作者知识水平。

【分支机构工作】

7月31日，中国测绘地理信息学会教育委员会在西安科技大学举办了“中海达杯”第八届全国高等学校测绘学科青年教师讲课竞赛。113名青年教师参加竞赛，来自全国50所高校的57位教授担任评委和仲裁。14名选手获特等奖、30名选手获一等奖、47名选手获二等奖。

9月17日，中国测绘地理信息学会海洋测绘专业委员会与《海洋测绘》编辑部在福建泉州联合主办第二十七届海洋测绘综合性学术研讨会，180多人参会。会议邀请了14位专家介绍了海洋测绘现状、技术、装备的发展情况。研讨了如何为国家“一带一路”战略构想、“海洋强国”战略提供技术支撑和保障。表彰了第二届“海洋测绘学科发展突出贡献奖”、第一届“海洋测绘先进工作者”、“邦鑫杯”优秀论文、2015年度《海洋测绘》优秀论文获奖者。

9月26日，中国测绘地理信息学会大地测量与导航专业委员会、中国地球物理学会重力与固体潮专题组在武汉联合举办“重力与地球动力学”学术研讨会。中国工程院院士魏子卿、刘经南、李建成等国内外专家共80多人参加会议，作了12个报告。

10月16日，中国测绘地理信息学会地图学与GIS专业委员会、中国地理学会地图学与地理信息系统专业委员会、中国地质学会地质制图与地理信息专业委员会及中国地理信息产业协会地图工作委员会在中国地质大学（北京）联合主办“大数据时代的地理信息科学与服务”2015国际地理信息科学研讨会。40多名高校地理信息科学专业相关学院的院长、系主任及330多名国内外代表参会。研讨会包括12个主题报告、首届GIS院长/系主任论坛、地图文化高峰论坛、地图文化展览、分会场研讨等相关活动。

11月5日~7日，中国测绘地理信息学会科技信息网分会与湖北省测绘地理信息学会在湖北省恩施市联合举办第三届测绘地理信息科技成果全国推介会，200多名代表参加会议。

12月，中国测绘地理信息学会产品质量工作委员会在湖北恩施组织召开了产品质量工作委员会代表大会暨产品质量工作委员会年会，100多名会议代表参加会议。会上作了委员会年度工作报告和《〈测绘地理信息质量管理办法〉解读》《空间数据产品质量抽样检验方法与实践》主题报告，国家测绘产品质量检验测试中心和辽宁、山东、江西、河北、湖北等地质检机构就地理国情普查质量控制经验作大会交流。

12月28日，全国科学技术名词审定委员会第七届全国委员会全体会议在北京召开。中国测绘地理信息学会测绘学名词审定工作委员会获“先进集体”称号，1人获“先进个人”称号。

中国测绘地理信息学会测绘学名词审定工作委员会完成《测绘学名词》（第四版）的送交出版、预公布工作。完成《测绘学专业分类表》（第二版）的申报科技出版资金和出版工作。完成《中国大百科全书》第三版“测绘学科”的修订工作。启动《测绘学主题词表》修订工作。

中国测绘地理信息学会科技信息网分会举办西北地区第十七届测绘学术与科技信息交流会、中南地区第二十九次学术交流会；修订《中图法·测绘学专业分类表》，进入出版程序；开展《测绘学叙词表》修订工作；组织编辑印制了《全国测绘地理信息科技成果选编》（2013—2015卷），共收录成果104项。

中国测绘地理信息学会仪器装备专业委员会组织召开第十一届一次工作会议，举办全国测绘地理信息计量技术法规培训，承担测绘地理信息行业仪器装备情况调研项目。参与《测绘科学技术学科发展研究》编写工作，组织出版《测绘地理信息仪器装备发展研究》论文集。

中国地理信息产业协会

【《中国地理信息产业发展报告（2014）》】

7月，由中国地理信息产业协会编写的《中国地理信息产业发展报告（2014）》出版，国家测绘地理信息局局长库热西·买合苏提为该报告作序。

【调研工作】

中国地理信息产业协会到浙江、江苏、福建、山东、陕西、河南、北京等地调研各地地理信息产业协会、产业园及10多家企业情况，了解产业发展现状、存在问题及企业发展状况、经营特点、股权结构等，形成近1万字的调研报告。

【最具活力和最具成长力中小企业评选】

中国地理信息产业协会开展了中国地理信息产业最具活力中小企业和最具成长力中小企业评选活动。117家企业获“2015中国地理信息产业最具活力中小企业”称号，35家企业获“2015中国地理信息产业最具成长力中小企业”称号。

【中地信地理信息股权投资基金】

11月6日，中国地理信息产业协会召开中地信地理信息股权投资基金第一次合伙人大会，确认合伙议事规则，表决通过合伙协议，推选成立投资决策委员会，成立了专家咨询委员会。

【农村土地承包经营权确权登记工作调研】

中国地理信息产业协会经多地走访调研，就农村土地承包经营权确权登记颁证工作中，低价优先原则导致恶性竞争以及政府资金迟迟不到位导致测绘地理信息队伍难以为继的问题报告农业部、中共中央农村工作领导小组办公室、财政部、审计署、国家测绘地理信息局等部门，并请《经济日报》记者发了内参。7月31日，农业部派员到协会调研。8月初，国务院领导就此事做出批示。受国家测绘地理信息局委派，中国地理信息产业协会与发展研究中心到山东、陕西、四川等地进行调研，形成专题调研报告。10月底，会同农业部到陕西实地调研。有关部委组成了联合督查组对此事进行实地督查。

【“地理信息总裁圈”活动】

中国地理信息产业协会参与组织“地理信息总裁圈”活动。“地理信息总裁圈”有500多位成员，以交流、分享、共赢为宗旨。2015年开展多次活动，包括到优秀企业参观学习；组织“同游论道”“微访谈”等，以期增进地理信息企业间的了解和合作。

【奖项评选】

中国地理信息产业协会评选出2015年中国地理信息科技进步奖特等奖1项、一等奖14项、二等奖49项、三等奖64项；2015中国地理信息产业优秀工程奖金奖51项、银奖118项、铜奖89项。

【中国地理信息产业大会】

11月9日~11日，中国地理信息产业大会在北京召开。大会公布了2015年中国地理信息科技进步奖、2015年中国地理信息产业优秀工程奖、2015中国地理信息产业最具活力中小企业、2015中国地理信息产业最具成长力中小企业及2015地理信息优秀论文名单。10多家单位举办分论坛及中国地理信息产业成果展，宣传新技术、新产品和新理念。会议期间，同时召开中国地理信息产业理事会会议、第九届海峡两岸GIS研讨会筹备会议。中国工程院院士宁津生、刘先林、王家耀、孙九林、李建成、郭仁忠，香港地理信息系统协会会长邓兆星，澳门地图绘制暨地籍局局长张绍基、中共中央党校研究生院院长赵振华等出席会议；外交部、发展和改革委员会、科技部、住房和城乡建设部、国土资源部等部门负责人出席会议；来自全国地理信息产业界、各相关领域，港澳台地区10多个部门近2000人参加大会。

【《地理信息世界》杂志】

2015年，《地理信息世界》出刊5期，发行2.5万册。刊登学术论文113篇，其中基金项目75篇。2015年起不再刊登广告，改版成大16开本，封面重新设计，每期调换颜色。

【测绘资质单位负责人培训班】

中国地理信息产业协会分别在福州和延吉举办2期测绘资质单位负责人培训班，作测绘地理信息工作形势分析，解读市场监管及行业服务等方面的法律、法规、政策，报告国内外和业界发展态势和趋向。

【第一次全国地理国情普查项目评估工作】

中国地理信息产业协会受国务院第一次全国地理国情普查领导小组办公室委托，承担第一次全国地理国情普查项目评估部分工作，为普查项目的验收、绩效评价等提供参考依据。

【项目鉴定】

中国地理信息产业协会组织开展了珠海市北斗连续运行卫星导航与位置服务系统、高效三维地学浏览器的研制与示范应用、国家航空影像获取工程技术体系构建与实现等项目的鉴定工作。

【产业协会工作座谈会】

截至年底，全国已成立19家省级测绘地理信息产业协会。中国地理信息产业协会2015年分别在福州、延吉召开各省、自治区、直辖市地理信息产业协会工作座谈会。与会者一致同意中国地理信息产业协会提出的《关于加强与省级测绘地理信息产业协会合作的若干意见》，会议对开展最具活力中小企业评选、进行产业调研进行了讨论，并达成共识。

【信息化建设】

中国地理信息产业协会通过微信、QQ群、网站等交流、服务平台，加强会员之间的联系。建立会议注册系统，合作开通“地信之友”客户服务中心，提升服务能力。

【对外交流合作】

中国地理信息产业协会组团参加2015海峡两岸GIS研讨会，与瑞典GIS协会探讨利用基金支持促进产业发展问题。7月20日，国家测绘地理信息局副局长、中国地理信息产业协会会长宋超智率中国代表团出席中非测绘地理信息合作圆桌会议。与东盟土地测量与地理信息联合会签署了合作谅解备忘录。

【分支机构活动】

中国地理信息产业协会下设的工作委员会总数为31家。6月25日，中国地理信息产业协会地下空间信息工作委员会在北京成立。7月16日，中国地理信息产业协会电力信息工作委员会在北京成立。

4月3日，中国地理信息产业协会理论与方法工作委员会组织召开省级“国土资源云”建设高级研讨会。8月8日~9日，组织召开2015中国地理信息科学理论与方法学术年会，来自全国的近300名代表参加了会议。8月11日，主办东北亚-中亚区域资源环境数据共享国际培训班。11月25日，承办海上丝绸之路空间认知国际会议。12月7日，协办ACMSIGSPATIALChina2015年会暨“时空大数据管理”学术研讨会。

11月5日~8日，由中国地理信息产业协会教育与科普工作委员会、教育部高等学校地理科学教学指导委员会组织，华东师范大学地理科学学院承办的第四届全国大学生GIS应用技能大赛暨第三届全国高校GIS青年教师讲课竞赛在华东师范大学举行。全国47所高校相关专业的青年教师和学生参加比赛，其中57支参赛队伍共225名学生和74名指导教师参加第四届全国大学生GIS应用技能大赛，32名青年教师参加第三届全国高校GIS青年教师讲课竞赛。7月19日~24日，中国地理信息产业协会教育与科普工作委员会参与举办2015年全国高校青年教师GIS教学研修班，全国35所高校的62位青年教师参加。10 月 16 日 ~17 日，在武汉联合举办第三届“空间信息、资源管理与可持续生态”国际会议，来自国内外 30 多所高校的近 200 名教师和学生参加会议。主办江苏省高中地理骨干教师地理信息技术培训活动。编撰全国高校地理信息科学教学丛书。

3 月，中国地理信息产业协会环境工作委员会举办新常态下的智慧化环境监察执法能力建设与应用研讨会。4 月，参加第十四届国际环保展。

11 月 9 日 ~11 日，中国地理信息产业协会城市信息工作委员会组织举办了 2015 年中国地理信息产业大会“智慧城市发展与实践”分论坛。完成主任委员、副主任委员的换届工作。

中国地理信息产业协会应急保障工作委员会完善应急行业图示符号规范、图层组织管理规范、突发事件信息交互协议、突发事件预测预警信息交换格式等应急地理信息标准规范。在国内外推广相关标准规范。通过电话咨询、走访、问卷调查等手段，就理论方法支持、数据支撑、平台服务等方面开展调研分析。在中国地理信息产业大会上，组织应急测绘保障高端研讨交流活动。

10 月 16 日 ~18 日，中国地理信息产业协会地图工作委员会在中国地质大学（北京）联合主办“大数据时代的地理信息科学与服务”2015 国际地理信息科学研讨会。会议期间，与中国地质大学（北京）信息工程学院、中国地图文化创意产业联盟共同举办了地图展览。组织有关委员单位赴巴西参加第 27 届国际制图大会，并参与 2015 年国际地图年活动。10 月 22 日，在南昌联合举办第二届中国地图文化节暨地图文化论坛。

中国地理信息产业协会地理信息公共服务工作委员会组织、协助成员单位参加 ISPRS 学术活动、“天地图”建设与应用培训、第三届天地图应用开发大赛、“天地图”进校园等国内外相关活动。

中国地理信息产业协会国土资源信息工作委员会在国土资源行业组织 3 项成果申报中国地理信息科技进步奖。组织成员单位和地理信息行业专家开展不动产登记信息平台关键技术研究，以《国家地理信息标准体系》和《国土资源信息化标准体系》为指导，构建不动产登记信息化标准体系，设计出以地理空间信息为“底盘”的不动产登记数据模型，为不动产统一登记制度的实施提供技术支撑。

中国地理信息产业协会遥感影像工作委员会增补 2 名副主任委员、更换 1 名顾问委员。修订了工作委员会章程。联合中国测绘地理信息学会卫星测绘应用工作委员会及卫星应用中心，承办了 2015 年中国地理信息产业大会“深化卫星遥感应用”分论坛。联合中国自然资源学会资源地理专业委员会等学术团体在广西南宁共同举办学术年会。

中国地理信息产业协会政策法律与咨询工作委员会举办新视野新思路——2015 地信企业价值发现与提升高峰论坛暨中信协法咨委全体委员大会。承办 2015 中国地理信息产业最具活力中小企业评选工作。承办中国地理信息产业大会中国地理信息产业最具活力中小企业评选颁奖分论坛。推出了地信企业价值发现与提升系列沙龙活动。为委员单位提供法律法规咨询和企业咨询相关服务。

10 月 16 日，中国地理信息产业协会不动产工作委员会举办“3DGIS 助力房地产市场发展”专题讲座。12 月 3 日，召开关于“利用卫星观测技术监测地面沉降和基础设施变形”为主题的座谈会。

6 月 12 日，中国地理信息产业协会地下空间信息工作委员会在北京召开成立大会。地下空间信息工作委员会挂靠在正元地理信息有限责任公司。11 月 10 日 ~11 日，组织地理信息与地下空间论坛。协办 2015 全国城市地下管线普查、综合管廊、海绵城市建设经验交流会。

中国地理信息产业协会无人机航空遥感工作委员会代表测绘地理信息行业向国家和相关管理部门提出规范无人机产业发展的意见和建议，协助国家相关部委制定无人机行业标准与规范。参与编写《中国地理信息产业发展报告（2014）》无人机篇。发布无人机产业报告。召开无人机产业研讨会和高峰论坛。建立无人机航空遥感工作委员会资源信息共享平台。建立无人机培训基地，降低无人机飞行培训成本，促进无人机产业实用化。梳理并分析国家对无人机飞行管理的相关文件，加强与空管、民航等部门的交流，探索形成高效的无人机空域申请报批工作机制。

中国卫星导航定位协会

【第四届中国卫星导航与位置服务年会暨展览会】

中国卫星导航定位协会举办以“北斗耀全球 璀璨中国梦”为主题的第四届中国卫星导航与位置服务年会暨展览会，以及协会成立 20 周年庆祝活动。会上表彰了卫星导航定位科学技术奖和优秀论文、北斗奖、特别贡献奖获奖者，公布地图导航定位产品推荐名单。举办了特邀院士、领导、知名学者、专家主题报告的高端论坛，以及高精度定位与技术创新、北斗“百城百联百用”、北斗+产业化应用、车联网与导航定位产品等分论坛，首次引入全球导航定位系统应用国际论坛。举行了“江淮汽车杯”卫星导航定位科普知识竞赛。

【北斗“百城百联百用”行动计划】

由中国卫星导航定位协会主导的中国位置网服务联盟重大举措“百城百联百用”行动计划列入国家测绘地理信息局2015年重点工作。北斗精准位置服务网建设进展顺利，已与燃气行业多种业务进行深度结合。6月，在廊坊举办“百城百联百用”北斗精准服务网落地新奥能源控股有限公司签约和项目介绍会。基于北斗应用构建居家养老解决方案项目已在四川、黑龙江、辽宁等地开展实施，养老服务商已确定发展用户136万。“百城百联百用”项目对接会在江门、河源、廊坊、沈阳举行。

【北斗导航应用示范类项目评估】

中国卫星导航定位协会受国家发展和改革委员会委托，对国家发展和改革委员会、财政部2012年和2013年立项的卫星及应用产业发展专项中的北斗导航应用示范类项目进行了中期检查评估。通过对50个项目执行情况的检查，做出了总结分析和建议，形成《2012/2013年国家发改委北斗导航系统应用示范类项目中期检查评估总结》。

【第一次全国地理国情普查评估工作】

受国家测绘地理信息局委托，中国卫星导航定位协会对第一次全国地理国情普查项目“普查对象及内容的顶层设计”和“地理国情普查数据标准时点核准”2项工作进行评估。制订了评估方案，到部分省级测绘地理信息行政主管部门实地调研和检查，完成评估报告初稿。

【地图导航定位产品测评工作】

3月，中国卫星导航定位协会2015年地图导航定位产品测评工作启动，到9月测评工作全部完成。公布了2015年地图导航定位产品推荐名单，在年会上给予表彰。

申请立项的《导航型应用软件基本功能及技术要求》和《地图导航定位产品通用技术条件》2项国家标准获国家标准化管理委员会批准，列入2014年第一批国家标准制修订计划。开展标准起草工作。

【卫星导航定位科学技术奖评奖工作】

4月，中国卫星导航定位协会启动2015年卫星导航定位科学技术奖评奖工作，共有74个项目获奖。其中卫星导航定位科技进步奖特等奖2项、一等奖3项、二等奖14项、三等奖18项；卫星导航定位优秀工程与产品奖一等奖3项（特等奖空缺）、二等奖16项、三等奖18项。

【国家科技奖推荐】

中国卫星导航定位协会推荐“多系统多频率卫星导航定位关键技术及SoC芯片产业化应用”成果参加2015年国家科技奖评选。该成果通过评审答辩，获国家科技进步奖二等奖。

【《2014年度中国卫星导航与位置服务产业发展白皮书》】

9月10日，中国卫星导航定位协会组织召开新闻发布会，对外发布《2014年度中国卫星导航与位置服务产业发展白皮书》，近20家新闻媒体参加新闻发布会。该书对产业发展现状、格局、市场规模和前景进行了整体介绍和分析。

【《卫星导航与北斗系统应用论文集》】

中国卫星导航定位协会征集出版了《卫星导航与北斗系统应用论文集》，收集了卫星导航及我国北斗系统应用的最新科研成果和应用解决方案，并对历年收录论文集的优秀论文进行了回顾。

【《中国卫星导航与位置服务年鉴2014卷》】

中国卫星导航定位协会编制出版了《中国卫星导航与位置服务年鉴2014卷》。年鉴记载了2014年有关卫星导航与位置服务的领导讲话、国家和地方产业政策、产业重要事件，以及行业内科研院所、各企事业单位介绍等资料。

【第十七届中国优秀专利奖】

国家知识产权局2015年第十七届中国专利奖结果揭晓。中国卫星导航定位协会推荐的深圳市凯立德科技股份有限公司《一种交叉路口的导航方法及使用了此导航方法的导航系统》（ZL200810066721.7，发明人张文星）获中国优秀专利奖。

【第二期北斗沙龙】

3月20日，中国卫星导航定位协会、中国位置网服务联盟举办第二期北斗沙龙，70多人出席。沙龙围绕北斗助力国家重大战略实施、北斗产业发展、北斗“百城百联百用”行动计划等进行了讨论交流。

【专题培训班】

中国卫星导航定位协会举办了北斗卫星高精度

系统授时、授时应用培训班、北斗高精度应用、嵌入式系统及相关技术培训班、北斗+地理信息技术应用培训班、北斗地基增强系统建议与高精度位置服务应用培训班等。

【国际交流与合作】

7月9日~16日，中国卫星导航定位协会组团参加了2015年国际全球卫星导航学会研讨会暨展览会并访问澳大利亚新南威尔士大学。

11月28日~12月6日，组团赴比利时、捷克和波兰参观访问。与欧洲全球卫星导航局、捷克交通部、波兰国家空间局等单位互动交流，了解欧洲卫星导航系统伽利略的发展状况及欧洲卫星导航应用市场的先进产品和案例，受邀出席了欧洲卫星导航大赛——波兰伽利略大赛颁奖典礼。

【组织建设】

1月8日，中国卫星导航定位协会在广东江门召开第五届七次常务理事会议。大会表决通过了24家企事业单位及高校的入会申请；成立了北斗卫星应用推广工作委员会、新兴信息服务工作委员会、金融投资工作委员会、北斗与普适导航专业委员会；表彰获第十六届中国优秀专利奖的深圳市赛格导航科技股份有限公司。

5月27日，中国卫星导航定位协会召开“百城百联百用”行动计划示范项目汇报会，并宣布成立北斗应用技术创新研究院。北斗应用技术创新研究院是中国卫星导航定位协会、中国科学院计算机技术研究所和中电华远科技有限公司三方合作，共同建设的面向北斗行业共性技术研究和开发的服务平台，为基于北斗的企业群体提供核心技术，通过技术服务和人才支撑，促进北斗应用相关科技成果产业化，引领和指导北斗应用与各个领域的结合和发展，推动行业的良性可持续发展。

9月2日，中国卫星导航定位协会会长张荣久在成都为中国位置网服务联盟西部数据中心授牌。中国位置网服务联盟西部数据中心依托四川省测绘地理信息局建设，提供跨地区、跨部门导航与位置服务，以及相关综合信息服务。

12月22日，民政部发布《关于表彰全国先进社会组织的决定》（民发〔2015〕232号），授予中国卫星导航定位协会等社会团体“全国先进社会组织”称号。

文件目录

综　合

国家领导人对测绘地理信息工作重要批示

习近平总书记给国测一大队老队员、老党员回信（2015年7月1日）

行政法规

国务院公布《地图管理条例》（国务院令第664号　2015年11月26日）

国务院有关测绘地理信息工作的文件

国务院公布《中华人民共和国澳门特别行政区行政区域图》（国务院令第665号　2015年12月20日）

国务院关于全国基础测绘中长期规划纲要（2015—2030年）的批复（国函〔2015〕92号　2015年6月1日）

综合文件

关于印发《中共国家测绘地理信息局党组贯彻落实〈中共中央关于全面推进依法治国若干重大问题的决定〉实施意见》的通知（国测党发〔2015〕15号　2015年3月2日）

关于印发国家测绘地理信息局领导班子成员基层工作联系点制度的通知（国测党发〔2015〕17号　2015年3月11日）

中共国家测绘地理信息局党组关于学习宣传贯

彻习近平总书记重要指示精神的意见（国测党发〔2015〕51号 2015年7月7日）

中共国家测绘地理信息局党组关于认真学习宣传贯彻党的十八届五中全会精神的通知（国测党发〔2015〕76号 2015年11月17日）

关于印发《中共国家测绘地理信息局党组工作规则（试行）》的通知（国测党发〔2015〕83号 2015年12月11日）

关于学习贯彻张高丽副总理重要批示精神和2014年全国测绘地理信息工作会议上姜大明部长重要讲话 库热西局长工作报告 王春峰副局长总结讲话的通知（国测办发〔2015〕1号 2015年1月6日）

关于印发2015年测绘地理信息工作要点的通知（国测办发〔2015〕4号 2015年1月20日）

关于加强城市地下管线测绘保障服务的通知（国测办发〔2015〕10号 2015年3月9日）

关于印发深化部局业务协作工作进展情况报告的通知（国测办发〔2015〕18号 2015年12月17日）

政务管理

关于印发《中共国家测绘地理信息局党组贯彻落实〈中共中央关于全面推进依法治国若干重大问题的决定〉实施意见》主要任务分工方案（国测党发〔2015〕37号 2015年5月14日）

关于印发《国家测绘地理信息局督促检查工作管理办法》的通知（国测办发〔2015〕11号 2015年3月26日）

关于印发《国家测绘地理信息政府信息公开规定》的通知（国测办发〔2015〕15号 2015年11月18日）

关于印发《国家测绘地理信息局门户网站管理办法》的通知（国测办发〔2015〕16号 2015年11月20日）

关于印发《国家测绘地理信息局机关公文定密管理规定》的通知（国测保发〔2015〕4号 2015年4月30日）

关于调整国家测绘地理信息局保密委员会和办公室组成人员的通知（国测保发〔2015〕12号 2015年12月8日）

关于于调整国家测绘地理信息局密码工作领导小组和办公室组成人员的通知（国测密发〔2015〕4号 2015年11月10日）

关于明确政府信息主动公开职责分工的通知（测办〔2015〕68号 2015年11月30日）

市场监管与执法

关于印发《国家测绘地理信息局机关行政执法工作规定》的通知（国测法发〔2015〕1号 2015年1月20日）

关于印发《国家测绘地理信息局立法规划（2015—2020年）》的通知（国测法发〔2015〕2号 2015年1月26日）

关于做好《地图管理条例》学习宣传贯彻工作的通知（国测法发〔2015〕10号 2015年12月22日）

关于做好国务院取消测绘资质审批中介服务事项后续工作的通知（国测管发〔2015〕51号 2015年10月27日）

关于印发《测绘地理信息行业信用管理办法》和《测绘地理信息行业信用指标体系》的通知（国测管发〔2015〕57号 2015年12月3日）

关于加强测绘作业证管理工作的通知（测办〔2015〕56号 2015年9月24日）

关于就台湾籍人来华从事测绘活动适用法律问题的复函（测办函〔2015〕160号 2015年10月27日）

机构设置与人事管理

机构设置

关于成立中共国家测绘地理信息局党组巡视工作领导小组及办公室的通知（国测党发〔2015〕19号　2015年3月24日）

中共国家测绘地理信息局党组关于成立国家测绘地理信息局党建工作领导小组的通知（国测党发〔2015〕27号　2015年4月29日）

关于加强国家测绘地理信息局第一大地测量队领导班子建设的批复（国测党发〔2015〕63号　2015年9月14日）

关于核定国家测绘地理信息局重庆测绘院领导职数的通知（国测人发〔2015〕6号　2015年4月17日）

关于调整局办公室内设机构设置的通知（国测人发〔2015〕8号　2015年5月5日）

关于国家测绘地理信息局管理信息中心部分内设机构调整的批复（国测人发〔2015〕9号　2015年5月5日）

关于四川测绘地理信息局所属有关事业单位领导职数调整的批复（国测人发〔2015〕17号　2015年7月15日）

关于国家测绘地理信息局三亚测绘技术开发服务培训中心内设机构设置及处级领导干部职数配置的通知（国测人发〔2015〕19号　2015年6月19日）

关于海南测绘地理信息局部分内设机构调整的批复（国测人发〔2015〕28号　2015年12月30日）

关于成立国家测绘地理信息局推进职能转变协调小组的通知（国测办发〔2015〕13号　2015年6月26日）

关于调整国家测绘地理信息局离退休干部工作领导小组的通知（测办〔2015〕43号　2015年7月7日）

人事管理

中共国家测绘地理信息局党组关于学习贯彻《事业单位领导人员管理暂行规定》的通知（国测党发〔2015〕58号　2015年8月17日）

关于公布国家测绘地理信息局青年学术和技术带头人考评与增选结果的通知（国测人发〔2015〕5号　2015年3月30日）

关于进一步明确测绘地理信息行业特有工种职业技能鉴定管理方式的通知（国测人发〔2015〕7号　2015年4月21日）

关于印发《国家测绘地理信息局机关和直属单位司局级干部年度考核优秀等次确定办法》的通知（国测人发〔2015〕10号　2015年5月19日）

关于转发人力资源社会保障部、财政部《关于调整测绘地理信息系统测绘队工作人员基本工资标准的通知》的通知（国测人发〔2015〕11号　2015年5月25日）

关于印发《国家测绘地理信息局管理企业负责人薪酬制度改革实施方案》和《国家测绘地理信息局管理企业负责人考核评价办法（试行）》的通知（国测人发〔2015〕21号　2015年8月19日）

关于全国省级测绘地理信息行政主管部门2015年度测绘地理信息工作绩效考核结果的通报（国测人发〔2015〕26号　2015年12月22日）

关于印发《注册测绘师继续教育学时认定和登记办法（试行）》的通知（测人函〔2015〕52号　2015年7月13日）

关于印发《注册测绘师继续教育教学大纲（2015版）》的通知（测人函〔2015〕78号　2015年12月16日）

规划与财务工作

国家发展改革委 国家测绘地信局关于印发市县经济社会发展总体规划技术规范与编制导则的通知（发改规划〔2015〕2084号　2015年9月16日）

关于印发《全国基础测绘中长期规划纲要（2015—2030年）》的通知（国测规发〔2015〕3号　2015年6月9日）

关于贯彻落实全国基础测绘中长期规划纲要（2015—2030年）的通知（国测规发〔2015〕7号 2015年7月6日）

关于印发《国家测绘成果档存案存储与服务设施项目管理办法》的通知（国测规发〔2015〕14号 2015年11月20日）

关于规范我局所属行政单位会计核算方法的通知（国测财发〔2015〕12号 2015年6月24日）

关于印发《国家测绘地理信息局财政支出绩效评价管理暂行办法》的通知（国测财发〔2015〕35号 2015年12月17日）

基础测绘与地理国情普查

关于推进数字城市向智慧城市转型升级有关工作的通知（国测国发〔2015〕11号 2015年5月7日）

关于印发《测绘地理信息质量管理办法》的通知（国测国发〔2015〕17号 2015年6月26日）

关于印发《基于遥感影像的地理国情信息提取技术规定》的通知（国地普办〔2015〕1号 2015年1月12日）

关于军事区域地理国情普查有关事项的通知（国地普办〔2015〕3号 2015年2月2日）

关于印发《地理国情普查基本统计报告编写规定》的通知（国地普办〔2015〕24号 2015年12月2日）

关于印发智慧城市时空信息云平台建设技术大纲和评价指标体系的通知（测办〔2015〕60号 2015年10月16日）

关于印发《国家测绘地理信息局加强卫星导航定位基准站建设和应用管理工作方案》的通知（测办〔2015〕62号 2015年10月23日）

地理信息与地图管理

国家测绘地理信息局 国家档案局关于印发《测绘地理信息业务档案管理规定》的通知（国测成发〔2015〕1号 2015年3月5日）

关于进一步加强测绘地理信息成果安全保密管理的意见（国测成发〔2015〕8号 2015年12月4日）

关于进一步加强互联网地图监管工作的意见（国测图发〔2015〕3号 2015年9月23日）

关于公布全国测绘地理信息应用成果和地图网上展览优秀展馆及优秀展品的通知（国测图发〔2015〕4号 2015年11月11日）

关于落实地理信息共享合作框架协议的通知（国测信发〔2015〕4号 2015年12月2日）

科技与国际合作

关于成立国家测绘地理信息局第七届科学技术委员会的通知（国测科发〔2015〕2号 2015年10月15日）

关于成立时空信息感知与融合技术国家测绘地理信息局重点实验室的批复（国测科发〔2015〕3号 2015年12月2日）

国家测绘地理信息局关于加强测绘地理信息科技创新的意见（国测科发〔2015〕4号 2015年12月21日）

关于印发《信息化测绘体系建设技术大纲（试行）》的通知（国测科发〔2015〕5号 2015年12月23日）

关于全国地理信息标准化技术委员会（SAC/TC230）换届的函（测办函〔2015〕24号 2015年1月28日）

党的建设

中共国家测绘地理信息局党组关于完善党员干部直接联系群众制度的意见（国测党发〔2015〕1号 2015年1月4日）

中共国家测绘地理信息局党组关于认真学习贯彻十八届中央纪委五次全会精神的通知（国测党发〔2015〕4号 2015年1月23日）

关于印发库热西、于贤成同志在全国测绘地理信息系统党风廉政建设工作电视电话会议上讲话的通知（国测党发〔2015〕7号 2015年1月30日）

关于印发《中共国家测绘地理信息局党组开展“三严三实”专题教育实施方案》的通知（国测党发〔2015〕36号 2015年5月13日）

关于规范国家测绘地理信息局机关公务员参加评审、论证等活动的通知（国测党发〔2015〕44号 2015年6月15日）

中共国家测绘地理信息局党组关于认真学习贯彻《中国共产党廉洁自律准则》和《中国共产党纪律处分条例》的通知（国测党发〔2015〕79号 2015年12月3日）

地方工作

北京市

概况

2015年，北京市规划委员会积极推进并完成地理国情普查工作。9月，北京市地理国情普查成果通过验收；12月，地理市情普查成果通过验收。

基础测绘和数字城市建设方面，完成四环范围1:500地形图更新及数据加工入库；完成六环范围1:2000地形图、六环外新城地区1:2000地形图、全市域1:1万地形图更新。完成全部列入国家测绘地理信息局试点或推广立项计划的数字城市建设工作，推进数字西城、数字丰台、数字亦庄建设成果应用转型升级。

加强“天地图·北京”建设和应用，推进“天地图”政府服务的公益性平台建设。在已有涉密版和公共版的基础上，向市发展和改革委员会申请资金，开展政务版建设，将“天地图”建设纳入本地区财政投入体系，不断提升服务能力。

地理信息市场监管方面，在网站公开乙、丙、丁级测绘资质单位年度报告，接受公众监督。采取单位自查和现场抽查相结合的方式，开展北京市地理信息保密检查，共216家单位报送自查报告，组织对31家重点单位进行现场核查。

重点工作推进

【数字城市建设】

北京市规划委员会组织完成全部列入国家测绘地理信息局试点或推广立项计划的数字城市建设工作，推进数字西城、数字丰台、数字亦庄建设成果应用转型升级。数字西城以北京市第一次地理国情普查为契机，结合西城区实际情况与关注热点，细化内容与指标，推进西城区地理区情普查。数字丰台在建成地理空间框架基础上，拓展规划用地综合分析、城乡规划实施评估、三维辅助决策、GIS移动服务和公众服务等典型应用系统。数字亦庄以“智慧亦庄”顶层设计为支撑，设计典型应用系统。

启动智慧中关村地理信息服务平台建设，建立企业统计分析、规划与土地利用监测、企业及社会公共服务等典型应用系统，实现了中关村信息资源的互联互通、企业经济运行情况的监测、土地资源的动态监控、产业布局的智能分析。

【“天地图·北京”建设】

北京市规划委员会组织开展北京市基础地理信息公共服务平台“天地图·北京”政务版的建设，提升服务能力。完成“天地图·北京”节点数据更新2次，完成了技术架构升级，增加四环内19、20级精细数据，整合各类信息资源。

推进“天地图·北京”与“天地图”国家主节点间的数据融合，提升整体数据质量与深度应用支撑能力。推动“天地图”在公安、国土、交通等领域的应用。依托“天地图·北京”，研发北京市地理信息成果服务系统，在线提供申请使用涉密地理信息成果的政策法规、审批程序及相关表格以及地图数据查询服务等。

【地理国情普查】

2015年，北京市地理国情普查的主要内容包括成果预验收、标准时点核准、成果验收和汇交；市情普查、市情数据成果验收、数据库建库，以及地表形变、城乡规划用地演变与分析等 11 个项目。北京市第一次地理国情普查领导小组办公室组织制定《北京市第一次地理国情普查标准时点核准实施方案》《北京市第一次地理国情普查第三次过程质量监督抽查实施方案》等 10 个技术文件；对 6 家单位 400 名技术人员进行培训，要求持证上岗；每月召开 1 次生产调度会，统筹解决生产、技术、质量、资金、项目等方面的问题；组织开展过程质量抽查，通报发现的问题并要求立即整改；协调收集了 25 个部门更新后的数据。

9 月 11 日，北京市地理国情普查成果通过验收，合格率 100%，优良率 99%；12 月 15 日，地理市情普查成果通过验收，样本优良率 100%。10 个部委、25 个市直部门提供了 135 类专题数据资料，数据量约 5TB；采集了地理空间要素 690 多万个，外业调查核查要素 620 多万个，成果数据量约 2TB，丰富了全市基础地理空间数据资源。

法制建设与市场监管

【资质管理】

截至 2015 年底，北京市共有测绘资质单位 354 家，其中甲级 107 家、乙级 138 家、丙级 55 家、丁级 54 家。完成初审并报国家测绘地理信息局甲级测绘资质行政许可事项 24 项；受理乙级及以下资质行政许可 141 项（含证书变更事项）。在规定时间内完成审查并网上公示审查结果，批准后由窗口发放测绘资质证书。

【依法行政】

北京市规划委员会对行政审批事项进行梳理，确定了审批事项依据及行政审批事项。编制行政权力清单，梳理了北京市勘察设计测绘行业现行法律法规规章，并将结果及时上报了市政府法制办公室。

【市场监管】

北京市规划委员会联合国家测绘地理信息局地图技术审查中心对北京图书大厦和图书批发市场进行检查，排查北京图书市场的“问题地图”。针对李宁（中国）体育用品有限公司在“2015 年韦德中国行”宣传活动中展示“问题地图”事件，责令其撤回“问题地图”并进行整改。

【普法宣传】

8 月 24 日 ~8 月 29 日，北京市规划委员会组织开展以“树立国家版图意识，维护国家主权安全”为主题的测绘地理信息和地图服务及测绘法宣传活动。宣传活动主要采用互联网线上主题宣传的形式开展，会同百度、搜狗、高德、第一视频、新浪等单位共同完成。通过门户网站、微博、微信等向公众发布了测绘法基本知识、国界线画法依据、地图正确获取方式、如何进行地图审核等宣传内容；地图服务商在其主要地图产品上进行了 APP 宣传广告推送。普法宣传的互联网信息关注量超过 60 万人次。

基础测绘

【基础控制测量】

北京市规划委员会组织完成北京市沉降区一、二等水准复测 1050 千米以及中心城区 930 点网络 RTK 平面复测、1020 千米高程复测。完成北京市卫星导航定位基准站服务系统建设工作，对系统进行更新维护。

【基本比例尺地形图测绘及更新】

北京市规划委员会组织完成北京市四环范围 1:500 地形图更新 8450 幅（2 次），六环内 1:2000 地形图更新 3376 幅，六环外平原地区 1:2000 地形图要素更新 5540 幅，平原地区 1:1 万地形图更新 457 幅。协助收集和提供本区域 1:5 万基础地理信息数据库动态更新所需的专业资料和测绘成果，完成北京市区域 1:5 万动态更新成果的外业抽检工作。

【基础测绘数据库建设】

北京市规划委员会组织完成北京市六环范围 1:2000 地形图（2014 年版）GIS 数据整合入库工作，持续推进 1:2000 一体化更新技术，完成中心城区 1:500 一体化成果缩编 1:2000 数据的初始入库，启动四环外数据整理与航测一体化试生产工作；完成本年度 1:500 地形图一体化数据库的更新维护及性能优化；完成 1:1 万一体化更新项目验收；完成本年度拨地数据库更新维护，录入拨地共 264 件；完成本年度规划道路数据库的更新与维护，录入数据 1065 条；完成拨地规划路数据库与“特大城市地理信息数据管理与服务体系建设关键技术及应用”的同步更新。

【质量监督】

北京市规划委员会对基础测绘项目实行第三方验收，包括北京市中心城区 1:500 地形图更新测绘、平谷区 1:1 万地形图测绘、北京市中心城区 RTK 一级加密控制网复测等项目，均一次验收合格。配合国家测绘地理信息局开展第三批地理国情普查过程质量监督抽查，组织开展3次过程质量监督抽查，督促存在问题的单位及时整改。开展2015年北京市测绘资质单位成果质量监督抽检，抽检了57家具有工程测量资质且近5年内未被抽检的单位在2013年1月～2014年12月期间完成的29项工程测量项目，其中24项合格、5项不合格。责令不合格单位进行整改。

地图管理与地图服务

【测绘地理信息应用成果和地图网上展览北京馆】

北京市规划委员会组织开展测绘地理信息应用成果和地图网上展览馆建设工作。编制总体设计方案，向全国主展馆、地图展馆提供130多张图片及视频素材，利用官方网站发布网上展览。北京馆被评为优秀设计展馆，《北京历史地图》被评为优秀展品。

【地图编制与服务】

北京市规划委员会组织编制《大兴区街镇综合管线图集·长子营分卷》《市政府信息公开综合服务地图》《北京市行政区划图》《北京市城区行政区划图》等地图。开展《北京历史地图集（二卷）》编制工作。完成《北京人文地理·大兴卷》《北京人文地理·顺义卷》《北京人文地理·平谷卷》发行工作，开展《北京人文地理·朝阳卷》编制工作。

与国家测绘地理信息局进行领导工作用图共享；与天津市规划局和河北省地理信息局配合，做好领导工作用图服务，围绕地理信息共享、基础测绘、地理国情普查监测等内容，研究建立相应的协同机制。

【国家版图意识宣传教育】

北京市规划委员会以国家版图意识“进媒体”活动为重点，进一步推进国家版图意识进学校、进社区、进媒体活动。开展“美丽中国”第三届全国国家版图知识竞赛和少儿手绘地图大赛有关预热与组织工作，开展北京选拔赛筹备工作，申报竞赛活动经费预算。

测绘地理信息成果管理与应用

【基础测绘数据服务】

2015年，北京市规划委员会共审批涉密测绘成果262件，开具证明函167件，提供北京市电子地形图数据16452幅、各种比例尺地形图4424幅、各种比例尺影像数据1236幅。为20家政府部门和企事业单位提供1:2000、1:1万地形图数据和部分影像数据等基础地理数据服务。为纪念抗日战争胜利70周年阅兵活动提供测绘地理信息保障服务。

【成果汇交】

北京市规划委员会开展测绘成果及副本汇交工作，经整理后交测绘成果保管单位入库管理。测绘档案管理工作由北京市基础地理信息中心（测绘资料档案馆）负责，完成了2013年～2014年基础测绘项目档案归档。

【应急测绘保障】

北京市规划委员会制定《测绘应急保障预案》，推进应急协作和信息共享，推动应急测绘保障体系纳入市应急管理体系。

科技与标准化工作

【科技项目】

北京市测绘设计研究院承接的“不动产测绘关键技术及标准化研究”“北京市空间数据库协同审批平台研究与应用（二期）”“面向科技创新中心定位的北京城乡规划实施动态监测与评估系统开发与应用”等项目通过立项审批。“北京历史文化地理信息系统（一期）”“数字西城三维地理信息公共平台运维服务”“北京市严厉打击违法用地违法建设专项行动信息平台升级扩建项目（二期）”“北京市管线共享平台”等项目通过专家评审或项目验收。

【科研机构建设】

北京市测绘设计研究院城市地理信息与文化创意研究工作室完成的“特大城市地理信息数据管理与服务体系建设关键技术及应用”项目被认定为“2015年首都职工创新工作室优秀助推项目”；由北京市测绘设计研究院和北京工业大学联合创建的北京地理国情监测与城市评估研究中心正式挂牌，并利用地理信息大数据为城市规划与城市精细化管理提供有针对性的分析和评估成果支持。

【学术交流】

6月7日～13日，北京市测绘设计研究院派11人参加在台湾举办的2015年京台青年科学家论坛。11月1日～21日，北京市测绘设计研究院派1人赴美国参加“城市空间、产业布局及综合交通规划管理专业技术”培训。

【标准编制】

北京市测绘设计研究院主编的行业标准《北京市地下管线探测技术规程（修编稿）》《地面三维激光扫描作业技术规程》通过专家评审，正式发布。作为主编单位组织编写的国家标准《工程测绘基本技术要求》，行业标准《不动产测绘基本术语》《不动产测绘要素分类代码》《不动产测绘成果质量检验技术规程》《不动产测绘地理底图编绘规范》《管线制图技术规范》，北京市地方标准《工程测量技术规程（修订）》等通过立项审批。

党的建设与精神文明建设

【党的建设】

北京市规划委员会制定“三严三实”专题教育实施方案，以党员干部为重点，通过中心组示范学、支部研讨学、专家学者辅导学等多种方式开展学习教育。通过布设展板，组织收看焦裕禄先进事迹报告录像，开展重温入党誓词、征集老照片等活动，加强学习效果。

【党风廉政建设】

北京市规划委员会研究制定了落实“两个责任”的实施意见和党风廉政建设责任制检查考核办法。以分局为试点，推行勤政廉政“双约谈”制度，明确“五必谈”工作要求，进一步推动“两个责任”的落实。推行廉政文化建设，组织廉政课。实施规划管理电子监察系统三期建设，开展规划重点工作效能监察。做好信访举报和案件查处工作。

成立党风廉政建设工作领导小组，负责党风廉政建设整体工作的组织、协调、实施。逐级签订党风廉政建设责任书，履行一岗双责。

【精神文明建设】

北京市测绘设计研究院组织开展建院60周年系列主题活动。拍摄制作《北测魂》宣传片，结合“七一”和纪念抗日战争胜利70周年，组织开展以建院60周年冠名的足球、篮球、长走、定向越野、国际长跑节等活动。参加“中国四维杯”第十一届全国测绘地理信息职工定向越野赛并获青年团体第二名、青年男子短距离第一名。参加2015年首都职工健身操舞蹈交流展示活动，获优秀组织奖和健身气功、太极拳类三等奖。

地方社团工作

【北京测绘学会】

北京测绘学会召开第十一次会员代表大会，选举产生第十二届理事会。在第18届北京科技交流学术月期间，举办第九届京港澳测绘地理信息技术交流会暨2015年学术年会，邀请院士、京港澳三地专家学者做学术报告，出版论文集1部。

举办“科技进步引领转型发展”综合性学术论坛，邀请院士专家作学术报告，针对京津冀地区大气污染进行座谈，提出了《关于尽快开展北京市重点大气颗粒污染物源排放空间分布的普查与监测的建议》。举办地理国情普查、地下管线技术培训、注册测绘师培训班，多次举办新技术推广应用研讨会。开展建筑企业施工测量人员上岗培训考核和上岗证书核发工作。

【中国城市规划协会城市勘测专业委员会】

2月6日~8日，中国城市规划协会城市勘测专业委员会在广西玉林市召开四届七次常务理事（扩大）会议。召开3次城市基础地理信息系统技术规范会议。10月16日~18日，在合肥召开2015年年会。开展2015年度全国优秀城乡规划设计奖（城市勘测类）评选工作。做好《城市勘测》期刊出版工作。

【中国城市规划协会地下管线专业委员会】

中国城市规划协会地下管线专业委员会修订完成《城市地下管线探测技术规程》，编制完成《管线信息系统建设技术规范》《管线要素分类代码与符号表达》，启动《城市地下病害体综合探测与风险评估技术规范》《排水管道电视检测仪》和《地下管线检测与可靠性鉴定标准》编制工作。

4月26日~28日，在南京举办第十期城市地下管线普查探测工程项目经理岗位暨第五期城市地下管线普查探测工程监理岗位培训班；11月6日，联合同济大学、上海市城市综合管理事务中心、现代工程测量国家测绘地理信息局重点实验室在同济大学举办地下管网科技创新研讨会；11月23日~25日，在北京举办2015北京国际地下管线展览会暨全国城市地下管线普查、地下综合管廊暨海绵城市建设经验交流会。

天津市

概况

2015年，天津市地理国情普查工作取得阶段性成果，完成天津市域全部DOM和DEM数据成果的汇交工作及连片30%的地表覆盖和地理国情要素数据的上交工作。完成标准时点核准工作，成果通过最终检查，合格率100%。编制完成《天津市测绘地理信息发展“十三五”规划》并通过专家评审。完成2015年天津市基础测绘计划各项任务。为天津港“8·12”瑞海公司危险品仓库特别重大火灾爆炸事故提供各类专题图368张，专题图集134本。对全市测绘地理信息生产单位和涉密测绘成果使用单位开展地理信息保密检查。建成全国测绘地理信息应用成果和地图网上展览天津展馆。举办了第三届天津市测绘地理信息行业职业技能竞赛暨第四届全国测绘地理信息行业职业技能竞赛选拔赛。

重点工作推进

【地理国情普查监测】

天津市规划局完成天津市域全部DOM和DEM数据成果汇交工作及连片30%的地表覆盖和地理国情要素数据的上交工作。完成标准时点核准工作，成果通过最终检查，合格率100%。组织多层次统计分析，将普查数据和第二次全国土地调查数据、全国第八次森林清查结果等数据进行对比分析；将基础地理数据和各种专题数据进行空间化；开展专项统计分析，包括城市定位监测与评估、天津总体规划实施监测与评估等。

由中国测绘科学研究院牵头，天津、北京、河北普查办公室共同利用普查成果，开展京津冀地区重要地理国情监测项目。该项目共涉及4个专题，已完成数据采集和分析工作，开展分析报告编制工作。利用普查成果研发“美丽天津”一号工程清新空气APP应用系统，共完成全市16个区县20多类涉气污染源信息近万条，制作了多种类型污染源信息专题图。

与北京市测绘设计研究院、河北省地理信息局共同参与开展京津冀地区自然生态空间变化监测、地表沉降监测、高等级公路和铁路交通网络变化监测、重点大气颗粒物污染源空间分布监测、城市空间扩展监测以及城市群形态及结构变化监测，结合2014年度已形成监测成果，进行综合统计分析，形成监测报告及图件。

【“十三五”规划编制】

天津市规划局编制完成《天津市测绘地理信息发展“十三五”规划》初稿。12月26日，《天津市测绘地理信息发展“十三五”规划》通过专家评审。

法制建设与市场监管

【行政审批制度改革】

天津市规划局成立审批处，测绘资质、地图审核等7项测绘行政许可事项全部进驻行政许可中心。10个区县分局审批科均已进驻同级别行政许可中心，5个区县行政审批职能划转至同级别行政审批局。按照自贸区和国家自主创新示范区建设的要求，全面梳理权力清单，优化简化审批流程和管理制度，修订业务管理手册。

【测绘法宣传】

天津市规划局组织开展2015年测绘法宣传日活动，主会场设在天津市规划展览馆门前广场，组织部分甲级测绘单位集中宣传。活动期间，共发放宣传材料近1万份，制作展板300多块，接待群众5000多人次。人民网、北方网、天津电视台、天津人民广播电台、《中国测绘报》等报道了活动情况。

【资质管理】

天津市规划局组织修订了测绘地理信息行政许可事项的办理指南和业务指导手册。制定测绘资质巡查方案，组织区县测绘地理信息管理部门开展天津市2015年测绘资质巡查工作，共巡查测绘资质单位20多家。

基础测绘

【基础测绘计划】

天津市规划局完成全市域1:2000地形图的更新维护，对全市测量标志进行了普查并对测量标志管理系统进行了更新维护，完成全市域一、二等水准测量复测，对中心城区（市内六区）、环城四区（东丽区、津南区、西青区、北辰区）、滨海新区、蓟县、武清区、静海县1:1万地形图进行了更新。完成2014年度基础测绘成果质量验收，产品合格率100%。

【卫星导航定位基准站调查】

天津市规划局与市发展和改革委员会联合组织开展了本市辖区内卫星导航定位基准站调查工作。经统计，全市共有61个基准站点和12个基准站网，相关情况已报送国家测绘地理信息局。参与国家现代测绘基准体系基础设施建设一期工程建设项目。组织开展全市控制点普查工作，更新完成控制点管理系统，完成71座水准点埋设工作。

【2000国家大地坐标系推广使用】

天津市建立了2000国家大地坐标系与1990年天津市任意直角坐标系、1990年天津市任意直角坐标系滨海坐标、1980西安坐标系、1954年北京坐标系间相互转换关系；完成了基础测绘成果1:1万地形图系统数据坐标系转换软件和1:2000及1:500地形图数据转换软件的编制工作，完成了全市1:1万地形图数据转换工作。

地图管理与地图服务

【地图审核】

2015年，天津市规划局受理地图审核11件次，其中地图（集、册）7件次、图书报纸期刊插附地图4件次。

【地图市场监管】

天津市规划局制定下发了天津市2015年地图市场监管重点工作方案，联合天津市国家版图意识宣传教育和地图市场监管协调指导小组各成员单位对全市互联网网站、新华书店、文化用品市场、报刊杂志、新闻媒体中登载的地图进行检查，要求存在问题的单位限期整改。

组织对文化市场（主要是新华书店等各类书店）中涉及地图的中小学教辅材料，以及ICP在天津市注册备案、涉及本市服务的各类移动互联网地图APP等进行全面检查。

【互联网地图监管】

天津市规划局利用国家测绘地理信息局配发的互联网地理信息安全监管系统软件持续开展互联网地图监管工作，每季度向国家测绘地理信息局互联网地图监控主节点上报日常监管统计材料。2015年，天津节点互联网地理信息监管系统共处理地图服务记录448条，其中属于天津节点的166条（其中完成检定149条）、排除227条、移交外省市55条。处理地图图片记录共8977条，其中属于天津节点的3406条（已全部完成检定）、排除4577条、移交外省市994条。处理POI记录共92条，已全部完成检定。

【工作用图编制】

2015年，天津市规划局累计制作完成工作用图38种。制作完成《天津市永久性保护生态红线标桩实施重点区域图册》《天津市国家自主创新示范区界址点图册》，以及自创区21个分园区的展示汇报图册。为“美丽天津·一号工程”及水务、民政、环境监测等单位提供“四清一绿”工作用图48幅。为天津市滨海新区民政局编制《天津市滨海新区居（村）委会图册》《滨海新区行政区划图集》。为天津市国家安全局编制《天津市危化品生产企业位置分布图》《天津市危货运输企业位置分布图》《天津市加油站位置分布图》《滨海新区危险品（危险货物）企业位置分布图》《天津市危险品经营企业位置分布图》5幅专题挂图。天津市测绘院和北京市、河北省测绘部门联合编制了领导工作用专题地图，编制完成8幅专题挂图。

【测绘地理信息应用成果和地图网上展览天津馆】

10月21日，天津市测绘地理信息应用成果和地图网上展览馆正式上线运行，展示了435张图片、19个视频和相关文字、文件，反映了“十二五”期间天津市测绘地理信息事业取得的成绩。

测绘地理信息成果管理与应用

【测绘成果提供与更新】

天津市测绘院对外提供矢量地形图11108幅。

更新了天津市中心城区10批次4773幅1:500图和875幅1:2000图；更新维护了9个批次的规划路网。

【保密检查】

天津市规划局组织对全市测绘地理信息生产单位和涉密测绘成果使用单位开展地理信息保密检查。全市共有149家单位开展了保密自查工作，抽查单位25家。

【应急保障】

天津市规划局建成应急服务数据库，包括天津市区1:500地形图7970幅、天津市域1:2000地形图15470幅、天津市域1:1万地形图687幅；天津市域1:2000、1:1万GIS数据以及天津市1:2000 DOM。引进了无人飞行器、车载移动激光扫描设备、无人机航摄相机检校软件。

天津港“8·12”瑞海公司危险品仓库特别重大火灾爆炸事故发生后，天津市测绘院开展隔天一飞的常规保障服务，持续投入到事故现场的应急测绘服务中。累计出动170多人次，15次赴事故现场完成47架次飞行任务，获取1800张航摄影像，累计制作正射影像图面积达75.98平方千米、各类专题图368张、专题图集134本。

地理信息产业

天津市规划局与天津市经济和信息化委员会进行多次座谈，就促进天津地理信息产业发展相关问题进行专题研究，制定了工作方案，明确了工作内容和进度安排。起草《天津市人民政府关于促进地理信息产业发展实施意见》并完成意见征求。在局政务网站开辟“促进测绘地理信息产业发展”专栏，介绍各地经验，宣传产业政策法规。

科技与标准化工作

【科技立项】

天津市规划局开展测绘地理信息公益性行业科研专项项目“天津市陆海一体化地理信息服务平台建设研究”“基础地理信息本体库开发关键技术及示范”研究和国土资源部项目“INSAR在地面沉降长期监测中的应用研究”。开展“天津市陆海一体化地理信息服务平台建设研究”课题的研究工作。

【科技成果】

2015年，天津市测绘单位共投入科研经费4280.94万元。完成科研项目71项，发表论文169篇，取得软件著作权37项，授权专利23项。自主研发360度街景图像的快速采集、处理、拼接和校正平台，实现街景与地理信息平台的一体化查询、展示、分析。开发“基于北斗地基增强的天津市三维测绘基准体系研究与建设”项目，服务京津冀协同发展。

【科技成果转化】

天津市规划局开发了天津市城市建设管理监管系统，以地理信息为基础，融合天津市城建领域15个部门的信息资源，建成建设项目全过程监管平台，实现了平台共建、资源共享。开展三维数字社区、民政局社区管理系统等200多个地理信息系统建设项目，完成“三维数字城市建设”“天津智慧城建”等技术创新项目。

【标准化工作】

天津市测绘院编写完成天津市地方标准《天津市基础地理信息要素数据字典》。天津市规划局组织编写了《天津市地下管线信息管理技术规程》和《天津市地下建（构）筑物信息管理技术规程》地方标准，参与编写、修订了《城市测绘基本技术要求》《地面三维激光扫描作业技术规程》等国家标准和行业标准。

党的建设与精神文明建设

【“三严三实”专题教育活动】

天津市规划局开展“三严三实”专题教育各环节规定动作，督查指导所属单位。成立专题教育领导小组，制定了《市规划局党组开展“三严三实”专题教育实施方案》《市规划局党组督促指导所属单位开展“三严三实”专题教育工作方案》《市规划局领导班子“三严三实”专题教育学习研讨阶段工作方案》《市规划局落实六个专项整治工作方案》等工作方案。局系统领导干部普遍开展了谈心、谈话活动，广泛听取意见和建议，汇总形成了问题清单和意见建议清单。共查摆问题65条，制定整改措施37条。开展专题学习研讨，开展观看廉政警示片、学习优秀领导干部先进事迹、请党校教授做专题解读、到廉政教育基地参观等形式的集体学习。

天津市测绘院领导班子分赴13个党支部讲党课，开展专题讲座、专题讨论5次，召开了民主生活会，深入查找“不严不实”问题，并制定整改措施。

【基层党建】

天津市测绘院全年组织中心组学习 8 次、院领导班子调研 66 次；召开了两级领导班子述职评议会、组织生活会。完成 3 个党支部换届选举和 6 名发展对象的入党工作；开展“创先争优”评选、支部书记讲党课等活动 20 项；组织党员学习了《中国共产党廉洁自律准则》和《中国共产党纪律处分条例》等党规党纪。开展“天测大讲堂”10 讲，组织外出考察调研 52 人次，撰写管理论文 78 篇，其中 1 篇获得中国测绘职工思想政治工作研究会重点课题优秀研究成果一等奖。

地方社团工作

【天津市测绘学会】

截至 2015 年底，天津市测绘学会共有个人会员 1369 名、团体会员 57 个。4 月，召开七届一次常务理事会，讨论通过学会 LOGO 及《天津市测绘学会财务管理制度》《天津市测绘学会印章文件管理制度》等 5 项管理制度。组织召开 2015 年度学术年会，邀请专家作学术报告，向 2015 年度天津市优秀测绘工程奖获奖单位和个人颁发了证书。评选出 2015 年度天津市优秀测绘工程奖 60 项。

《天津测绘》期刊出版 1 期，发行 550 册。按照年检整改要求，经七届一次常务理事会讨论通过，同意注销《天津测绘》期刊出版业务。

【天津市测绘与地理信息协会】

11 月 3 日，天津市测绘与地理信息协会一届一次会员大会在天津召开。11 月 23 日，天津市规划局下发《关于同意成立天津市测绘与地理信息协会的批复》。12 月，天津市民政局下发准予行政许可决定书，准予成立天津市测绘与地理信息协会。12 月底，天津市测绘与地理信息协会正式成立。

河北省

概况

2015 年，河北省测绘地理信息行业单位完成测绘服务总值 31.57 亿元。河北省地理信息局在 2015 年度全国省级测绘地理信息行政主管部门测绘地理信息工作绩效考核中名列全国第二。

第一次全国地理国情普查工作进展顺利，按时向国务院第一次全国地理国情普查领导小组办公室（以下简称国务院普查办）提交全部普查成果，成果合格率 100%，一次性通过国务院普查办成果复核，完成地理国情普查基本统计和综合统计分析试点工作；市级数字城市地理空间框架建设全部完成并通过竣工验收，县级数字城市地理空间框架建设全面铺开，全省所有县（市、区）均完成数字城市地理空间框架建设项目立项工作；推进“天地图”市、县节点建设，与数字城市同步推进、同步验收，突出示范应用。

基础测绘“十二五”规划全面落实，建立了稳定的基础测绘地方财政投入机制，2015 年全省各级财政共投入基础测绘经费 6332 万元。省、市、县基础测绘年度计划全面完成。完成省级 1∶1 万数据整合处理、环京津地区约 12 万平方千米 1∶1 万数字正射影像图制作。开展经济热点地区 350 幅 1∶1 万数字线划图更新。完成全省农村面貌提升行动 3023 个重点村测图和北京张家口申办 2022 年冬季奥运会崇礼县测图工作。完成夏秋秸秆焚烧、禁种铲毒应急监测工作。

全年共办理涉密测绘成果提供使用审批 260 多项，开具证明函 106 项，提供基础测绘成果 76365 幅、航摄数据成果 34501 片（景）。河北省测绘地理信息应用成果和地图网上展览馆建设并开通。河北省地理信息公共服务平台项目在省发展和改革委员会立项并通过评审。启动省级空间地理信息数据库建设，依托电子政务内、外网，探索建立涉密版和政务版空间地理信息数据库，初步实现对省直各部门在线提供基础地理信息数据。

地理信息产业规模不断扩大，认真落实《河北省人民政府办公厅关于促进地理信息产业发展的实施意见》，进一步简化资质许可流程，建立适应地理信息新兴服务业态发展的市场准入制度。启动省级地理信息与卫星导航产业园区建设，制定《中国地理信息与卫星导航产业（河北）基地入驻企业优惠政策》并通过论证。全省地理信息企业800多家，地理信息产业年增速超过25%。

全省各级地理信息机构建设进一步得到落实，逐步形成覆盖省、市、县、乡四级的地理信息行政管理队伍。经河北省机构编制委员会办公室批准，河北省地理信息局设立事业发展与科技处。推进地理信息依法行政，清理审查地理信息行政许可、非行政许可审批、行政处罚、行政监督等事项，编制权力清单并及时公开。推进"五位一体"执法检查，开展测绘地理信息项目备案、地图市场、质量监督、涉密测绘地理信息成果保密等专项检查，进一步规范测绘地理信息市场秩序。

建设安装中国遥感卫星虚拟地面站系统，河北省卫星通信与应急监测系统通过专家评审。推进国土环境与灾害监测国家测绘地理信息局重点实验室建设。河北省地理信息局共有享受国务院特殊津贴专家1人、国家测绘地理信息局青年学术和技术带头人3人、省有突出贡献中青年专家2人、省"三三三"人才工程第二层次人才3人。

全年全省16项成果获得国家测绘地理信息科技奖励。

重点工作推进

【数字城市建设】

河北省11个设区市数字城市全部建成并通过验收，除邯郸县（有县无城可不开展县级数字城市建设）外，127个县（市）和14个区立项并启动县级数字城市建设，其中隆化县、栾城区、霸州市、磁县4个县（市、区）已完成建设任务并通过竣工验收。

5月20日，经河北省委组织部批准，河北省地理信息局举办了河北省第4期数字城市建设与智慧城市探索县（市）长专题研讨班。石家庄、张家口等9个设区市国土资源局分管负责人，41个县（市、区）政府分管负责人和国土资源局主要负责人90多人参加。

开展全省数字城市基础建设工作督查。10月16日，河北省政府督查室印发《关于开展全省数字城市基础建设工作督促检查的通知》（冀政督〔2015〕第130号），对全省市县级数字城市基础建设工作进行专项督查。省政府督查室会同省国土资源厅、省地理信息局组成2个督查组，先后赴邢台、保定、衡水、沧州和定州市进行督促检查。

【"天地图·河北"建设】

河北省推进"天地图"市、县节点建设，与数字城市同步推进、同步验收。河北省测绘地理信息相关部门完成全省的交通数据，张家口和沧州2个市城区范围、霸州和隆化2个县城区范围的矢量、影像及POI数据以及冀南测区1000多幅DOM数据更新融合工作。唐山、张家口、沧州3个市级节点接入国家主节点，霸州、隆化、栾城、磁县4个县级节点完成接入测试工作。开发河北省不动产登记信息演示系统，推进省级地理信息公共服务平台（"天地图·河北"政务版）在政府内网的在线服务。全省11个设区市主要街道实景信息全部实现在线浏览。建成开通手机版和微信公众平台。

【地理国情普查监测】

2015年，河北省落实普查经费11351万元，投入作业人员1212人，组织培训38批次。投入影像处理设备25台（套），自动遥感解译软件302套，外业手持采集设备372套，内业采集编辑设备572台（套），外业测量车辆238辆。按照时间节点完成普查成果预验收、标准时点核准数据生产等工作。向国务院普查办汇交了影像控制点加密采集成果，整景正射影像1068景，1:5万分幅正射影像数据成果535幅、元数据及相关文档资料，全省1:1万2米格网DEM精细化成果8127幅，全省170个县级单位的普查成果资料；预汇交全省30%连片区域普查数据矢量成果。

河北省第一次全国地理国情普查领导小组办公室（以下简称河北省普查办）制定《河北省标准时点核准实施方案》及技术设计书，加强过程质量控制，严格组织对普查成果的预验收和验收。

3月和6月，国务院普查办督导组两次到河北省督导检查，6月26日~7月3日，国务院普查办对河北省普查成果质量开展复核检查，结果100%通过。

河北省普查办开展省级地理国情监测示范，完成"石家庄交通发展过程监测与趋势分析""石家庄地表形变监测""白洋淀重要湿地变化监测"3个监测项目。选取内丘县开展地表覆盖、重要地理国情要素等变化监测试验工作。继续开展京津冀协同发展重要地理国情信息监测，配合中国测绘科学研究院开展交通、地表形变、城镇空间格局、大气颗粒物污染源空间分布及自然生态5项监测工作，逐步形成常态化地理国情监测机制。

【夏秋秸秆焚烧监测】

6月，河北省地理信息局使用3架动力三角翼飞行器设备，对邯郸、邢台、石家庄、保定、衡水、沧州等地区麦秸焚烧情况进行监测。10月，使用4架动力三角翼飞行器设备，对环京津地区秸秆焚烧情况进行监测。将监测结果及时报省政府、省大气污染防治工作领导小组办公室、省委农村工作部和着火点所在市政府，为各级政府加强秸秆禁烧管理提供技术保障。着火点的数量、位置在《河北日报》上公布，河北省副省长张杰辉多次做出批示，对监测工作予以肯定，省内外10多家新闻媒体进行了深度报道。

【服务禁种铲毒】

7月，按照河北省禁毒委员会安排，河北省地理信息局抽调40多名技术人员组成监测工作队，使用Z－5无人直升机、MD4－1000型四旋翼、eBee无人机及动力三角翼，对河北省部分地区进行禁种铲毒应急监测。连续28天开展监测，起飞无人机169架次，监测面积570多平方千米。

8月14日，河北省副省长、省禁毒委员会主任、公安厅厅长董仚生在省禁毒委员会办公室《关于使用地理信息技术对非法种植地块进行航测试点工作的情况汇报》上批示给予肯定。

8月31日，河北省禁毒委员会印发《关于对省地理信息局积极参与航测铲毒行动的表扬通报》，对河北省地理信息局通报表彰。

法制建设与市场监管

【制度建设】

河北省地理信息局印发《河北省地理信息局行政执法工作规定》《河北省地理信息局行政执法全过程记录工作制度》等规范性文件，健全行政执法工作机制。协助国家测绘地理信息局开展《中华人民共和国测绘法》修订工作。开展《测绘地理信息项目监理办法》调研起草工作，10月通过立法论证，上报国家测绘地理信息局。

【依法行政】

河北省地理信息局联合省人大城建环保工委组成调研组，赴邯郸、邢台、衡水市及所辖县（市）开展《中华人民共和国测绘法》和《河北省实施〈中华人民共和国测绘法〉办法》贯彻实施执法调研。调研组先后召开由地方人大、政府编办、财政、发改、国土资源和测绘单位代表以及专家学者参加的座谈会6次，调研《中华人民共和国测绘法》和《河北省实施〈中华人民共和国测绘法〉办法》贯彻实施情况。

开展行政审批事项改革，完成地理信息行政权力清单、流程图发布工作，取消了“设区市基础测绘规划备案”非行政许可审批项目；根据《国务院关于第一批清理规范89项国务院部门行政审批中介服务事项的决定》，衔接取消了乙、丙、丁级测绘资质审批中质量保证体系ISO9000认证、测绘仪器检定、测绘项目质量检验合格证明等3项行政审批中介服务事项；结合机关标准化建设工作，梳理、细化行政权力行使的法律依据、办理程序，统一了权力行使的各类文书格式，落实服务承诺、限时办理的工作制度。

【行政执法】

河北省地理信息局完成《河北省测绘地理信息行政执法监督办法》《河北省地理信息局重大行政决策合法性审查办法》和《河北省地理信息局重大行政决策责任追究制度》等行政执法责任制度的修订工作，并印发执行。

开展“项目登记、数据提供、质量检验、成果汇交、资质管理”五位一体综合执法检查，对全省11个设区市20家甲级测绘资质单位、51家乙级测绘资质单位进行检查，根据检查结果向15家测绘资质单位发出整改通知书。查处天津中科遥感信息技术有限公司违法从事无人机航摄案件，将有关情况上报国家测绘地理信息局。

全年全省各级地理信息行政主管部门开展执法检查535次，其中涉密测绘成果使用管理检查267次；立案调查涉嫌违法案件50件；作出行政处罚22件。所有行政处罚案件均及时报送国家测绘地理信息局进行备案。

【执法队伍建设】

河北省地理信息局组织省、市、县地理信息行政执法人员、甲级测绘资质单位负责人50多人次参加国家测绘地理信息局组织的行政执法人员培训和测绘资质管理、甲级测绘资质单位负责人培训；组织33名地理信息行政执法人员参加省政府法制办公室举行的执法证换证培训；11月17日~20日，举办全省地理信息行政管理干部培训班，全省11个设区市及所辖县（市、区）地理信息主管部门300多人参加培训；完成《测绘地理信息行政执法证》申领工作，全省共换发执法证587本。

【法制宣传教育】

3月，河北省地理信息局印发《2015年全省测绘地理信息法制宣传教育工作要点》，部署全省测绘地理信息法制宣传教育工作。印发《关于开展2015年测绘法宣传日活动的通知》，组织开展以“树立国家版图意识，维护国家主权安全”“监测地理国情为国为家，发展地信产业利国利民”为主题的“8·29”测绘法宣传日活动。河北省地理信息局和廊坊市政府、国土资源局相关负责人参加了廊坊市主会场活动。现场发放宣传材料近万份、宣传地图8000多张、宣传画册1000多册，悬挂横幅30多幅，布置展板70多块，解答群众咨询100多人次，发送普及测绘法公益短信20多万条。在省广播电台《北方快车》栏目开展“走进测绘法”系列活动，召开贯彻实施测绘法座谈会。活动期间，全省各地共设立宣传站点400多个，悬挂横幅标语700多条，制作宣传展板1000多块，印制宣传品10万多张。

【测绘统一监管】

2015年，河北省各级地理信息行政主管部门累计受理测绘项目备案登记事项2300多件。河北省地理信息局加强全省航空摄影和遥感资料统一管理，开展卫星导航定位基准站摸底调查，查清全省共有131个单基站、64个省级站。开展测绘资质单位年度报告工作，在局网站公开。开发河北省测绘项目备案登记管理系统，实现省、市、县三级测绘监管体系互联互通。

【资质管理】

河北省地理信息局全年上报审批新申请甲级测绘资质单位2家、增加甲级业务范围4项、甲级基本信息变更15项。受理测绘资质申请111项，准予许可107项，其中新批资质47项、资质升级33项、增加业务范围27项；不予许可4项。受理名称、法人、地址等事项变更167项。设区市审批丁级测绘资质34项。完成测绘资质复审换证收尾工作，为先期通过复审换证审查的628家（其中乙级101家、丙级195家、丁级332家）单位换发了测绘资质证书；对因复审换证申请材料存在问题予以退回整改的单位，依法做出处理，注销乙级测绘资质单位3家，丙、丁级测绘资质单位43家，全部完成网上注销手续。

【测绘信用体系建设】

河北省地理信息局完成全省测绘资质单位信用信息审核和结果公布工作，未出现信息异议。将天津中科遥感信息技术有限公司违法从事无人机航摄案件通报天津市规划局，作为该单位不良信息记录于测绘地理信息市场信用档案。

基础测绘

【河北省基础测绘“十三五”规划】

经河北省人民政府批准，《河北省基础测绘“十三五”规划》列入河北省“十三五”专项规划序列。河北省地理信息局完成《河北省基础测绘“十三五”规划》编制工作并通过论证。

【省级基础测绘计划】

河北省地理信息局制定2015年1:1万数字线划图、数字正射影像图的生产和入库、省级基础地理信息数据库更新、全省中等高等分辨率航空摄影遥感资料购置处理、全省范围激光雷达数据处理、全省性基础地理底图制作、全省农村面貌改造提升行政重点村地形图测制、地理国情普查及监测等项目计划，明确任务量和完成时限。完成《河北省省级基础测绘“十二五”规划》中期评估工作，规划项目资金全部落实，项目完成率100%。

【基础测绘项目】

河北省测绘地理信息部门完成冀南（一）摄区和环京津摄区共约12万平方千米的1:1万数字正射影像图制作，经济热点地区350幅1:1万数字线划图更新，利用全省范围高精度激光雷达数据开展高精度数字地面模型建设，利用汇交成果更新邯郸、邢台、衡水地区1:1万地形图134幅。河北省地理信息局制定全省2015年度航空摄影和遥感资料统一购置及处理计划，省财政安排资金740万元，完成冀南（二）摄区0.5米分辨率2.7万平方千米的航摄，以及环首都区域0.5米分辨率9.3万平方千米、机载航空激光雷达扫描（格网精度2米）14.3万平方千米的航摄及成果接收工作。影像资料使用率100%。完成全省范围内现有测绘地理信息成果和地理信息系统的坐标系向2000国家大地坐标系转换工作。

河北省地理信息局完成国家现代测绘基准体系基础设施建设一期工程灵寿、围场、涞水、丰宁、正定5个GNSS新建站和曲阳、深州、邯郸、遵化4个GNSS改建站设备安装调试，实现数据接入解算测试。完成河北省1∶5万数据库动态更新和抽检工作。

【2000国家大地坐标系启用和推广】

2月6日，河北省政府办公厅印发《关于启用和推广2000国家大地坐标系的通知》，推进CGCS2000启用和推广工作。该通知要求，县级以上政府地理信息行政主管部门负责制定本地启用和推广CGCS2000计划及运行机制，县级以上政府要加强对本行政区域CGCS2000启用和推广工作的领导，省政府有关部门负责本部门CGCS2000启用工作，并负责完成本部门生产的地理信息成果和基于地理信息的应用系统坐标系向CGCS2000转换工作；在全省范围内进行的各种测绘地理信息活动的坐标系要统一到CGCS2000下，各级有关部门停止提供非CGCS2000成果。

【全省农村面貌改造提升行动重点村测图项目】

河北省地理信息局承担2015年全省农村面貌改造提升行动重点村地形图测制工作。5月，完成并向省住房和城乡建设厅提供全省范围3023个提升行动重点村9000平方千米范围1∶1000地形图等资料。

【安全生产】

河北省地理信息局印发关于开展安全生产检查工作的通知，7月，组成2个检查组对局属单位内业生产区和7个外业测区进行安全生产检查，全局安全生产总体形势良好。

地图管理与地图服务

【测绘地理信息应用成果和地图网上展览河北馆】

按照国家测绘地理信息局《关于举办全国测绘地理信息应用成果和地图网上展览的通知》统一部署，河北省地理信息局积极开展全国测绘地理信息应用成果和地图网上展览试点工作。

10月8日，河北省测绘地理信息应用成果和地图网上展览馆在河北省地理信息局创新基地正式上线开通，成为全国首个开通的省级展馆，国家测绘地理信息局副局长闵宜仁出席开通仪式并讲话。该馆被国家测绘地理信息局授予“优秀设计示范展馆”称号。

【地图监管与审核】

河北省地理信息局制定《2015年地图市场监管重点工作方案》，加强“问题地图”专项治理和互联网地图等专项执法检查。联合工商、新闻出版以及保密等部门对承德、张家口、沧州、衡水、唐山、秦皇岛等地进行巡查，开展检查58次。重点检查“5·18”中国·廊坊国际经济贸易洽谈会、石家庄正定小商品博览会、石家庄图书批发市场、火车站、大型商场等场所。查处“问题地图”400多幅，存在“问题地图”宣传册1000多本。与16家地图销售商及地球仪销售商签署《增强测绘法律法规意识自觉维护和净化地图市场倡仪书》。

开展互联网地图服务监管，利用互联网地理信息安全监管系统检定地图服务网站20个，发现存在“问题地图”服务网站3个。检定静态地图图片4884张，发现存在“问题地图”的图片22张。检定POI信息804条，发现存在问题的POI信息804条。通知整改网站2个，完成整改网站1个。

严格执行地图审核质量委托检验、地图审核结果网上公告、地图出版样本备案等制度，全年共受理地图审核行政许可23项。

【地图编制与出版】

河北省地理信息部门全年编制出版河北省领导工作用图、河北省地图、河北省11个设区市地图、河北省170个县市区地图、石家庄市公安局综合警务服务站巡逻防控区域图等专题地图1.4万多幅(册)。制作《河北省危险化学品和烟花爆竹企业分布图》《河北省金属非金属企业分布图》等6幅数百张地图及相关企业名录。向国家测绘地理信息局报送了河北省领导工作用图电子版。

【国家版图意识宣传教育】

河北省地理信息局印发《河北省国家版图意识宣传教育和地图市场监管2015年工作要点》，推进国家版图意识“三进”活动。配合“8·29”测绘法宣传，与省广播电台《东方快车》栏目合作录制国家版图意识宣传教育专题节目，通过政务微博、微信推送国家版图意识宣传教育知识。发挥河北省地理空间技术创新基地科技馆的宣传阵地作用，全年接待各类参观人员5000多人次。联合省教育厅对“美丽中国”第二届国家版图知识竞赛省级赛获奖单位和个人进行表彰奖励，并就“美丽中国”第三届国家版图知识竞赛进行了宣传动员。

测绘地理信息成果管理与应用

【成果汇交】

河北省地理信息局加强测绘资质单位成果汇交管理，全年汇交320套地理信息成果副本。利用测绘资料档案管理系统，定期向社会发布。编发《地理信息成果通报》4期。

【成果质量监督】

河北省各级地理信息行政主管部门依法开展全省测绘地理信息成果质量监督检查工作。省地理信息局对2012年~2014年未开展成果抽查的30家甲、乙级测绘资质单位，各抽取1个测绘项目进行项目成果质量检查，市县地理信息行政主管部门对2012年~2014年未开展成果抽查的59家丙、丁级测绘资质单位进行项目成果质量检查，被检单位质量管理体系建立及运行情况良好，成果质量合格。

河北省各级地理信息行政主管部门委托河北省测绘产品质量监督检验站开展测绘项目成果质量检查，完成多个基础测绘项目的成果质量检查验收，以及河北省基础地理信息数据库改造升级项目、全省数字城市建设成果等验收工作。配合国务院普查办督导组对普查工作计划管理、普查进展、质量管控、预验收组织、数据接边及标准时点核准开展情况进行督导检查。

【成果审批与提供】

河北省地理信息局全年共完成测绘地理信息成果行政审批事项260多项，出具证明函106项。全年向社会各界提供各种比例尺地形图894幅，“4D”产品77758幅，航摄数据成果34501片（景），控制点成果675个。

【成果保密管理】

河北省地理信息局开展测绘地理信息成果保密检查工作，印发《关于开展全省地理信息保密检查的通知》，对11个地市60多家测绘单位测绘成果保密管理进行检查，对保密管理存在问题较多的4家单位进行立案调查，责令整改。修订印发《河北省地理信息局保密工作规定》，认真执行涉密测绘成果提供审批、核心涉密人员培训和跟踪检查等管理制度，与省保密局合作，完成涉密网络分级保护升级改造工程、核心涉密人员培训、联合检查等工作。

【测量标志管理】

河北省各级地理信息行政主管部门全年完成40座重点测量标志维护工作，开发了测量标志保护与地理信息资源发布系统。

【共建共享】

3月3日，河北省审计厅与河北省地理信息局就利用地理信息技术开展自然资源审计工作进行会商，双方就贯彻落实省政府《关于加强审计工作的实施意见》，发挥地理信息资源优势和技术优势，共同做好自然资源资产审计工作达成一致意见。

8月28日，河北省普查办召开高分影像分发发布会，省直11个厅局参加会议，推进普查成果共享。

12月23日，河北省地理信息局与河北经贸大学在石家庄签署《京津冀一体化发展协同创新中心共建框架协议》，进一步深化交流合作，促进资源共享，探索产学研协同创新机制。

【服务经济建设】

河北省地理信息局组织完成农村面貌改造提升村测图任务，开展农村承包土地确权登记颁证工作。以地控税、以税节地管理信息系统在全省推广。组织完成河北省海岛三维综合辅助管理系统、保定三维平台、曹妃甸后备资源平台系统、华北油田地籍管理信息系统等项目，开发河北省体彩综合数据库建设及信息管理平台项目，服务领域覆盖国土、安监、农业、园林等多个领域，项目资金近2亿元。

【服务国土资源工作】

5月26日，河北省国土资源厅印发《关于加强地理信息服务国土资源管理工作的意见》，从11个方面提出地理信息服务国土资源管理工作的内容、方法和途径。

河北省地理信息局在各设区市设立分院，为市县数字城市建设、不动产登记、农村宅基地和集体建设用地使用权确权登记颁证、基础测绘规划编制等提供技术支持和服务。实施河北省农村集体土地确权登记信息系统、河北省卫片执法监察智能系统升级维护、河北省露天矿管理系统、秦皇岛市近海陆域三维地表模型建设等20多个项目，服务土地执法、地质灾害监测、海洋资源调查等领域。

【应急保障】

河北省地理信息应急监测及卫星通信系统通过验收并投入应用，完成省政府秸秆禁烧监测等应急保障任务。河北省地理信息局组织开发河北省高危行业企业安全生产三维地理信息系统；与河北省政府应急管理办公室、省交通厅协调，落实全省高速公路服务区作为地理信息应急保障场地，编制《河北省地理信息应急场地分布图》。组织开展应急监测工作，开展夏秋季秸秆焚烧地理信息应急监测、禁种铲毒监测、“9·3”阅兵空气质量监测等工作，监测报告及时报省政府和有关部门。

地理信息产业

河北省地理信息局落实《河北省人民政府办公厅关于促进地理信息产业发展的实施意见》，进一步简化资质许可流程，建立适应地理信息新兴服务业态发展的市场准入制度。启动省级地理信息与卫星导航产业园区建设，制定《中国地理信息与卫星导航产业（河北）基地入驻企业优惠政策》并通过论证，石家庄市政府将地理信息与导航产业园建设列入前期项目。全省地理信息企业800多家，地理信息产业年增速超过25%。完成基于互联网的《河北省地理信息产业单位名录库》建设和验收，已投入应用。

科技、标准化与国际合作

【科技成果】

2015年，河北省地理信息行业16项科技成果分获2015年中国测绘地理信息学会测绘科技进步奖、全国优秀测绘工程奖和中国地理信息产业优秀工程奖。2015年度河北省优秀地理信息工程奖获奖项目共94项，其中一等奖13项、二等奖35项、三等奖46.项。2015年度河北省测绘学会科学技术奖38项，其中一等奖12项、二等奖12项、三等奖14项。

【卫星虚拟地面站系统建成】

2月4日，河北省地理信息局与中国科学院遥感与数字地球研究所联合，在河北安装中国遥感卫星虚拟地面站系统。该系统在用户端实现近实时卫星遥感图像远程播报与接收，并通过对卫星图像的分析，快速掌握卫星过境拍摄地区的情况，及时为防灾减灾、应急监测等方面提供数据支持。

【测绘标准化】

河北省地理信息局制定测绘地理信息标准贯彻实施年度计划并抓好落实，完成常用测绘地理信息标准目录梳理，印发各单位学习。将标准执行情况作为综合执法检查的一项内容，同部署、同检查。11月，举办质量和标准培训班，贯彻落实《测绘成果质量监督抽查管理办法》，宣传贯彻新标准，全省各级地理信息行政主管部门和测绘单位260人参加培训。

【人才培养】

河北省地理信息局认真落实《关于加强人事人才工作服务地理信息事业转型升级发展的意见》，评选出省测绘地理信息青年科技带头人和局青年科技带头人各12名，1人被增选为国家测绘地理信息局青年学术和技术带头人。全局共有河北省有突出贡献中青年专家2人，省“三三三”人才工程第二层次人才3人，全省通过注册测绘师资格考试人数334人。举办2期全省地理信息行政管理干部培训班。全年共培训各类人员1100多人，2300多人参加职业技能鉴定培训并通过鉴定。

【对外合作与交流】

7月1日，全球地表覆盖制图与应用国际研讨班代表团到河北省地理信息局进行考察交流，来自14个国家的测绘地理信息主管部门的局长、司长和专家参加交流活动，就地理信息科技创新能力、应急服务保障能力进行交流研讨。代表团听取了河北省地理信息工作和科技发展情况的介绍，参观了创新基地、省测绘博物馆，应急监测指挥系统及设备。

河北省地理信息局积极开展对外技术合作与交流，继续拓宽测绘对外合作领域，加强与法国、瑞典等国家的技术交流与合作。全年组织出访1批次1人，接待来访2批次19人。完成2015年省级引进国外智力项目，“河北省大气颗粒物污染源及气溶胶遥感监测技术研究”项目获批准。利用美贷建设基础测绘现代化技术装备体系项目第一批进口设备全部到位，在生产中发挥作用。

党的建设与精神文明建设

【党建工作】

河北省地理信息局参加省委、省直工委举办的“燕赵大讲堂”“省直大讲堂”等讲座活动。全年发展党员8人，完成不合格党员排查工作。扎实开展“三严三实”专题教育，组织2次专题学习研讨会，开展3个专题的学习研讨，认真组织召开专题民主生活会和组织生活会，深化整改落实和立规执纪，“三严三实”专题教育取得明显成效。

【党风廉政建设】

河北省地理信息局认真贯彻落实《建立健全惩治和预防腐败体系 2013—2017 年工作规划》，印发《河北省地理信息局 2015 年党风廉政建设工作要点》，召开局系统党风廉政建设工作会议，逐级签定《党风廉政建设责任承诺书》。深入学习《中国共产党廉洁自律准则》和《中国共产党纪律处分条例》，强化政治意识，落实“两个责任”，确保党风廉政建设落到实处。抓好机关标准化建设，规范权力运行，编制权力清单、监督清单和流程图。定期召开各级领导班子民主生活会，加强干部选拔任用工作监督，坚持干部任前谈话制度，促进全局各项工作的开展。

【精神文明建设】

河北省地理信息局组队参加全国测绘地理信息系统第四届“世恒杯”乒乓球比赛，获团体第三名和优秀组织奖。组织参加 2015 年河北省直机关干部职工健步走展示活动。与省总工会联合举办河北省第一次全国地理国情普查劳动竞赛，2 人获“河北省五一劳动奖章”，2 家单位获“河北省工人先锋号”称号。与省人力资源和社会保障厅、省总工会共同举办第四届全省地理信息行业职业技能竞赛，共有 18 支代表队、近百名选手参加比赛，通过竞赛选拔优秀选手参加全国决赛。

地方社团工作

【河北省地理信息产业协会】

5 月 14 日，河北省地理信息产业协会召开三届六次常务理事会，讨论通过第四届会员代表大会议程，审议通过《河北省地理信息产业协会第三届理事会工作报告》等有关文件及第四届理事会理事、常务理事、会长、副会长、秘书长、监事会主席建议名单。12 月 14 日，河北省地理信息产业协会第四次会员大会和四届一次理事会议在石家庄召开。会议审议通过协会第三届理事会工作报告、财务报告和《河北省地理信息产业协会章程（修正案）》等有关文件，依照程序选举产生协会第四届理事会领导机构，来自全省 200 多个会员单位代表参加会议。

【河北省测绘学会】

河北省测绘学会组织开展 2015 年河北省优秀地理信息工程奖和河北省测绘学会科学技术奖评审工作，评选出 2015 年度河北省优秀地理信息工程奖 94 项，河北省测绘学会科学技术奖 38 项。与河北省地理信息产业协会共同编辑出版《河北测绘》期刊 4 期，总发行量 2800 多册。按要求完成学会年检工作。

1 月 9 日，河北省测绘学会七届六次常务理事会在石家庄召开，讨论通过《河北省测绘学会第七届理事会工作报告》等有关文件，审议通过八届理事会理事、常务理事以及理事长、副理事长、秘书长建议名单。5 月 13 日，河北省测绘学会第七次会员大会和八届一次理事会议在石家庄召开。会议审议通过河北省测绘学会第七届理事会工作报告、财务报告和《河北省测绘学会章程（修正案）》以及《河北省测绘学会会费调整的说明报告》，选举产生第八届理事会，举行了专题学术报告会。中国测绘地理信息学会、河北省科学技术协会等有关部门负责人以及来自全省会员单位代表近 200 人参加会议。

7 月 17 日，河北省测绘学会联合省地理信息产业协会、省土地学会、省地质学会、省矿业协会、省土地估价师协会、省遥感应用协会及省灾害防御协会，在石家庄市共同举办 2015 GIS 技术创新论坛。论坛邀请国土资源部、中国地质大学、中地数码集团等单位的专家学者作专题报告。全省测绘地理信息、土地、矿业、遥感、土地估价师及灾害防御等领域 460 多名专家、学者参加论坛。

山西省

概况

2015 年，山西省测绘地理信息工作积极服务全省经济发展，加快推进数字城市建设，积极推广测绘地理信息成果应用。以地理国情普查为龙头，积极发挥测绘地理信息对省委、省政府重点工作的服务保障作用，按时向国务院普查办汇交了全省普查成果，成果质量检验合格率100%。

完成大同等6个市、县（市）数字城市项目建设。完成兴县等9个县级基础测绘项目，县级基础测绘实现全省覆盖。落实21个贫困县基础测绘项目省财政“以奖代补”经费630万元，落实边远地区、少数民族地区基础测绘项目中央财政专项补助200万元。完成省基础测绘“十二五”规划评估；编制完成《山西省基础测绘“十三五”规划》，已通过专家评审并上报省政府。全面贯彻落实国务院办公厅关于促进地理信息产业发展的意见和山西省人民政府办公厅的实施意见，推动地理信息产业有序发展。编制了《山西省地理信息产业发展规划（2015—2020年）》。

组织对489家测绘资质单位开展了基本信息征集、评价、发布工作。开展测绘资质巡查、涉密地理信息成果使用情况和“问题地图”专项检查。完成吕梁市7个县（市）测量标志警示牌设置工作，实现测量标志警示牌全省覆盖。建设完成晋中市昔阳县大寨村虎头山旅游景区景观型标志1座。

编制完成《山西省廉政文化地图》《山西省红色文化地图》《山西省法治文化地图》“三个文化”系列地图作品以及《山西省县域经济地图集（大同、运城卷）》《山西省林业资源地图集》等大型地图集。编制完成吕梁、大同、运城3个市的《版图教育知识读本》，共印制15万册并分发到各市初二学生手中，实现《版图教育知识读本》初二学生全省覆盖。

重点工作推进

【数字城市建设】

山西省测绘地理信息局组织完成数字大同、数字霍州、数字河津、数字永济、数字左权、数字怀仁6个市、县（市）地理空间框架建设任务。数字吕梁完成航摄任务。启动数字灵石、数字右玉项目。

按照国家测绘地理信息局“智慧城市”时空信息云平台建设实施方案要求，结合“智慧太原”时空云平台项目设计书，太原市国土资源局争取市财政资金1500万元，确定政务网、公众网“智慧太原”时空信息云平台建设项目软件体系及智慧城市管理、智慧公共交通2个应用示范为第一期建设项目。太原市政府采购中心对“智慧太原”时空信息云平台试点项目平台建设和应用系统（一期）进行招标，确定了项目建设承担单位。

【“天地图·山西”建设】

山西省测绘地理信息局组织更新“天地图·山西”门户网站相关专题信息；利用高分辨率影像对晋中、晋城的省市数据融合成果进行更新，并在省级节点统一发布服务；太原及晋中市级节点与国家主节点开展数据融合，并按时提交数据成果。

完成晋城市、运城市及吕梁市的18个市县范围主要矢量要素更新；完成年度数据更新任务，利用全省资源三号卫星影像、部分地区0.5米分辨率卫星影像进行局部更新；采用最新配图方案进行配图，达到“天地图”主节点配图效果。

完善和改进了“天地图·山西”公众版门户网站功能及内容，增加全省53个旅游景点的街景影像，门户网站接入省政府门户网站首页。山西省综合地理信息中心完成的“烽火三晋——纪念抗战胜利70周年”获第三届天地图应用开发大赛二等奖。

年内新增省公安厅、省国家安全厅、省环境保护厅等6个应用示范项目；为省交通科学研究院、省生态环境研究中心提供互联网在线地图服务；与太原卫星发射中心、省体育局等多家单位进行平台应用研讨，拓展服务领域。

【地理国情普查】

山西省按时完成地理国情普查成果汇交，以及影像图成果、控制点成果和数字高程模型精细化处理成果汇交。接受国务院普查办组织的3次过程监督抽查和4次抽检以及预验收、时点核准验收及最终成果验收，全省普查成果质量合格率100%，优良率91.2%。山西省第一次全国地理国情普查领导小组办公室举办了地理国情普查网上知识竞赛，科普大讲堂，地理国情普查进社区、进校园等活动。

法制建设与市场监管

【测绘立法】

山西省测绘地理信息局配合国家测绘地理信息局做好《中华人民共和国测绘法》修订工作，按时向国家测绘地理信息局和省政府法制办公室提交修订意见和建议。完成《山西省人民政府关于健全行政机关依法决策机制的意见》《山西省人民政府关于规范省政府部门行政审批行为改进行政审批有关工作的实施意见》《山西省政务服务平台建设总体方案》《山西省人民政府关于深化行政审批制度改革加强事中事后监管的意见》等规范性文件的立法征求意见工作。按照国家测绘地理信息局要求，对制定（修订）的测绘地理信息法规、规章及规范性文件进行年度报备。

【依法行政】

2015 年，山西省测绘地理信息局政务服务大厅共受理行政许可申请 467 件。其中测绘资质审批 68 件、测绘项目登记 12 件、测绘成果提供利用申请 354 件、地图审核 31 件、永久性测量标志迁建审批 2 件。全部办结，限时办结率 100%；当日办结 360 件，当日办结率 77%。

【资质管理】

山西省测绘地理信息局组织完成 2015 年全省测绘资质复审换证工作。全省通过测绘资质复审换证的单位 513 家，其中甲级 22 家、乙级 63 家、丙级 162 家、丁级 266 家；注销测绘资质单位 40 家，其中乙级 2 家、丙级 7 家、丁级 31 家。全省测绘资质复审换证工作中共审查发放测绘资质证书的单位 64 家，其中乙级 1 家、丙级 18 家、丁级 45 家；测绘资质升级 18 家，其中乙级升甲级 3 家、丙级升乙级 6 家、丁级升丙级 9 家；测绘资质证书信息变更 47 家；注销测绘资质 1 家。

至年底，全省共有测绘资质单位 578 家，其中甲级 24 家、乙级 69 家、丙级 184 家、丁级 301 家。

山西省测绘地理信息局组织开展 2015 年测绘资质巡查工作，省级测绘地理信息行政主管部门负责甲、乙级测绘资质单位巡查工作，市级部门负责丙、丁级测绘资质单位巡查工作。成立巡查组对太原、晋中、长治、晋城 4 市 12 家甲、乙级测绘资质单位进行测绘资质巡查，同时对市级测绘地理信息行政主管部门的测绘资质巡查工作进行指导。

【执法培训】

山西省测绘地理信息局组织 3 人参加国家测绘地理信息局举办的全国测绘地理信息行政执法人员培训班，3 人参加省直部门新增行政执法人员培训班。组织开展测绘地理信息行政执法证件申领和培训考试工作，采取省级和市县级分批申领的方式进行，省测绘地理信息局申请换发《测绘地理信息行政执法证》共 23 人；市县级测绘地理信息行政主管部门申请领取《测绘地理信息行政执法证》共 921 人。委托各市国土资源局组织开展本辖区测绘地理信息行政执法人员的执法培训和考试工作，全省 11 个市已全面完成，培训范围覆盖测绘管理科（股）、执法支队（大队）和部分国土所的负责人。

【测绘普法】

山西省测绘地理信息局对“六五”普法依法治理工作进行全面总结验收。8 月 29 日，在局办公楼前举办测绘法宣传活动，摆设宣传展板，设立咨询台，播放宣传音频，发放太原市交通导游图 1500 份，宣传书签 1700 多张；制作完成宣传活动主题板报，利用局大型电子屏滚动播放。举办机关公务员学法用法专题培训，通过《中国特色社会主义法律体系》系列讲座形式，组织机关全体公务员专题学习新颁布的行政法律法规。

【市场信用体系建设】

山西省测绘地理信息局委托省测绘职业资格管理中心组织开展全省测绘资质单位信用信息的征集和评价、发布工作，共征集到良好信息 436 条，可用于发布和评价的信息 377 条，涉及 110 家测绘资质单位。参加评价的 489 家测绘资质单位中，信用等级评为 A 级的 10 家（乙级 2 家、丙级 5 家、丁级 3 家）；B 级的 479 家（乙级 65 家、丙级 160 家、丁级 254 家）；无 C 级和不合格的单位。取得测绘资质未满 6 个月不进行评价的 26 家。

11 月 14 日，组织全省测绘资质单位信用评级结果专家审查会议，对信用评价报告和评级结果进行了专家审查。向社会公开了测绘资质单位的信用信息。

【测绘保密培训】

山西省测绘地理信息局组织对大同市、朔州市近 200 人进行地图市场监管和测绘成果行政管理培训。11 月 2 日 ~4 日，举办山西省第四期涉密测绘成果管理人员岗位培训班，全省各有关测绘资质单位和涉密测绘成果生产、使用单位的核心涉密人员 190 多人参加培训，考试成绩合格者获颁《涉密测绘成果管理人员岗位培训证书》。

【国家版图意识宣传教育】

根据国家测绘地理信息局深入开展国家版图意识宣传教育“进学校、进社区、进媒体”活动的要求，山西省测绘地理信息局以“进学校”为重点。适时组织各市举办形式多样的国家版图意识宣传活动，通过悬挂横幅、发放宣传品、发放地图、发送短信等方式宣传国家版图知识，提高全社会的国家版图意识。

8 月 11 日，组织专家对编制完成的吕梁、大同、运城3个市的《版图教育知识读本》进行验收。9月1日，向3个市测绘地理信息行政主管部门下发《关于做好版图教育知识读本接收有关事宜的函》。3个市分别举行《版图教育知识读本》进校园活动，共向12.7万名初二学生及公共图书馆等单位发放读本15万册。

基础测绘

【省级基础测绘】

山西省综合地理信息中心完成汾河测区、左权测区共1086幅1:1万地形要素数据的检查、修改工作；完成阳泉测区、长治测区、左权测区及汾河测区共1875幅1:1万地形要素数据、数字正射影像数据、数字高程模型数据的升级整合、建库工作。与国家基础地理信息中心合作完成1:1万基础地理信息数据图库一体化建设任务，研发了图库一体化制图软件，已具备批量生产能力。

【质量管理】

山西省测绘地理信息局组织开展全省测绘地理信息质量管理年和质量巩固年活动，印发《山西省测绘地理信息质量提高年活动实施方案》，成立活动领导组织机构。质量提高年活动分动员部署、组织实施和总结考评三个阶段进行，以抓地理国情普查质量为重点，严格落实“两级检查一级验收”制度，提升全省测绘地理信息成果质量整体水平。

【测绘仪器检定】

山西省测绘产品质量监督检验站全年检定水准仪612台、经纬仪82台、全站仪1083台、GPS接收机953台、测距仪586台。其中，不合格仪器209台。

地图管理与地图服务

【地图编制审查】

山西省测绘地理信息局全年完成《山西省民俗地图集》《朔州市在线触控式工作用图》《山西耕地质量及生产能力调查评价（插图）》《山西抗战全景图》等图集、地图、插图及数字河津网络地图审查13项。

【“三个文化”系列地图】

为深入贯彻山西省省委书记王儒林提出的弘扬山西省“三个文化”的指示精神，山西省地图院编制完成“三个文化”系列地图作品，包括《山西省廉政文化地图》《山西省红色文化地图》和《山西省法治文化地图》。9月9日，“三个文化”系列地图在山西文化产业博览交易会展出。10月1日～3日，《山西新闻联播》连续3日头条播报相关报道。

【大型地图集编制项目】

山西省地图集编纂委员会办公室完成《山西省行政区划历史沿革地图集》审校工作和《山西省民俗地图集》编制工作。启动《山西省传统村落地图集》编制工作，该图集反映山西省129个国家级传统村落在美术、建筑、民俗上独特的历史文化价值；启动《山西省百镇地图》编制工作，该图集将满足新农村建设规划、乡村产业发展、城镇化建设和乡村文化建设等重大项目需求。

山西省地图院完成《山西省县域经济发展地图集》大同卷、运城卷的出版工作，该图集分设政区交通、自然资源等20多个图组，共712幅图。

【为政府决策服务】

山西省地图集编纂委员会办公室完成2015版《省领导工作用图》编制工作。为省领导外出考察、调研提供紧急公务用图1000多幅。

测绘地理信息成果管理与应用

【涉密成果管理】

山西省测绘地理信息局会同省国家保密局联合印发《关于印发〈山西省地理信息保密检查工作方案〉的通知》，组织各市对所属的涉密成果生产和使用单位进行全面检查。4月～10月，各市开展保密检查，采取自查、抽查、交叉检查相结合的形式进行，全省自查单位共691家，抽查单位共373家。向存在问题的75家单位下发整改通知书。

【测量标志管理】

山西省测绘地理信息局完成吕梁市7个县（市）测量标志警示牌设置，实现测量标志警示牌全省覆盖。建设完成晋中市昔阳县大寨村虎头山旅游景区景观型测量标志1座。审批迁建测量标志申请1件。

【为重点项目服务】

山西省遥感中心为晋中108廊带区域一体化发展示范区规划提供地理信息数据支撑。组织对108国道晋中段185千米共400平方千米范围进行无人机航摄，形成1:1000正射影像数据，制作完成晋中榆次段16千米重点区域正射影像图；对潇河4.5千米范围进行无人机航摄，形成1∶1000正射影像数据；采用监测型多旋翼无人机对108国道晋中榆次段16千米和潇河4.5千米范围进行无人机航拍，形成视频数据成果；建成108国道三维地理信息演示系统，集成晋中市15米分辨率TM数据、0.5米分辨率航片、0.1米分辨率无人机影像数据，以及1∶5万基础地理信息数据和部分地理国情普查数据，制作完成重点工程专题汇报视频。

【为社会服务】

2015年，山西省测绘地理信息局向各级各部门提供多种比例尺纸质地形图2358幅3694张，多种比例尺基础地理信息数据总计359幅、数据量778.5GB，专题地图300多幅；三角点70个、水准点103个、GPS点170个。

地理信息产业

山西省测绘地理信息局制定印发《山西省测绘地理信息局贯彻落实〈山西省人民政府办公厅关于促进地理信息产业发展的实施意见〉任务分解方案》。编制完成《山西省地理信息产业发展规划(2015—2020年)》，并向省发展和改革委员会、省经济和信息化委员会、省财政厅等单位和部门征求了意见。

科技与标准化工作

【科技奖励】

山西省测绘地理信息局系统完成的项目获2015年中国地理信息产业优秀工程奖金奖1项、银奖1项，获2015年地理信息科技进步奖二等奖1项、三等奖1项；获2015年测绘科技进步奖二等奖1项。

【科技创新】

山西省测绘地理信息局共收到全系统各单位申报的科技项目7项。其中，省地图院申报的“室内三维导航平台在数字城市建设中的应用”、省遥感中心申报的“无人机技术在城市大比例尺基础测绘中的应用”通过立项评审，该局对两个项目各资助经费32万元，带动项目总投资124万元。

【标准化工作】

山西省测绘地理信息局编制完成《山西省测绘地理信息标准化“十三五”规划》，于8月4日印发。组织局属单位技术人员参加了国家测绘地理信息局举办的测绘地理信息标准培训。

【人才培养】

山西省测绘地理信息局在全局范围内共进行技术专题培训31期，1000多人次参加培训。9月9日～19日，山西省测绘职业资格管理中心举办2015年度山西省机关事业单位工人技术等级岗位考核测绘类工种培训班，涉及工程测量、地图清绘2个工种，分技师及高、中、初级工四个等级，106人参加培训。局系统各单位招聘武汉大学应届毕业生15人、博士生1人；公开招聘非测绘专业人员2人。

党的建设与精神文明建设

【基层党组织和党员队伍建设】

山西省测绘地理信息局认真落实《中国共产党和国家机关基层组织工作条例》，加强机关党委和纪委建设。局党组全年多次听取机关党委关于机关党建的专题汇报，定期讨论、研究、指导党建工作，将机关党组织的活动经费列入行政经费预算，为加强党员活动和阵地建设提供相应的物质支持。严格落实民主集中制，规范决策程序，实行制定重大问题决策、事关党员干部切身利益问题意见征集制，使各项决策公开、透明、规范。规范“三会一课”等制度，对各党支部的“三会一课”次数、内容、参与党员人数等提出具体要求，并予督促检查和通报；建立党支部书记（委员）与党员定期谈心、座谈制度，要求支部书记、委员全年与本支部党员谈心、座谈率不低于党员总数的90%；机关党委定期进行党员思想状况分析，开展基层党组织建设情况调研。

根据省直工委安排，6名党务干部参加2015年省直机关党支部书记培训，26名2012年以来转正的新党员参加2015年省直机关新党员培训。发动全局广大党员、入党积极分子参与订阅“共产党员微信”活动。3月，印发《山西省测绘地理信息局2015年党建工作要点》，明确了直属单位基层党组织工作目标。10月21日～23日，举办了山西省测绘地理信息局基层党组织书记及党务工作者培训班。

【党风廉政建设】

山西省测绘地理信息局召开全省测绘地理信息工作暨党风廉政建设工作会议，全面安排部署2015

年党风廉政建设和反腐败工作。机关各处室、局属各单位主要负责人签署党风廉政建设责任承诺书，并纳入年度目标责任考核。局党组制定印发《关于落实党风廉政建设党组主体责任清单》，局属各级党组织分别制定《落实党风廉政建设党组织主体责任清单》，并签字背书。局党组纪检组制定印发了落实党风廉政建设经济监督责任清单。畅通信访举报渠道，在局网站和电子显示屏公开举报电话，接受群众监督。

4 月，为 11 家局属单位购置发放《依法治国依规治党坚定不移推进党风廉政建设和反腐败斗争》和《深入学习习近平关于党风廉政建设反腐败斗争的论述》2 套学习光盘。印发《关于转发〈中共山西省纪律检查委员会关于认真学习贯彻《中国共产党廉洁自律准则》和《中国共产党纪律处分条例》的通知〉的通知》。

【“三严三实”专题教育】

5 月 26 日，山西省测绘地理信息局党组举办专题党课，正式启动“三严三实”专题教育活动。局党组成员先后为局机关和局属事业单位副处级以上领导干部讲授专题党课。局党组印发《关于在全局处级以上领导干部中开展“三严三实”专题教育工作方案》。局党组、局机关及 11 个局属单位结合工作实际，围绕“严以修身，加强党性修养，坚定理想信念，把牢思想和行动的‘总开关’”等专题内容开展集中学习和专题研讨。先后组织集中学习 6 次，专题研讨 4 次，参加学习的党员干部 50 多人次，形成个人心得体会 55 篇。期间，组织学习了习近平总书记给国测一大队老队员老党员的回信；召开民主生活会，开展批评和自我批评，列出问题清单。

【精神文明建设】

山西省测绘地理信息局开展走访慰问困难党员活动和“三八”妇女节活动。“五一”前夕，组织慰问全局劳模，召开座谈会，学习劳模先进事迹。组队参加省直机关第九套广播体操比赛，获银奖；参加全国测绘地理信息系统第四届“世恒杯”乒乓球比赛，获女子单打冠、亚军。全年工作紧密结合“六型机关”建设，将开展“学讲话、学作风”活动融入学习型机关建设；将党风廉政建设的各项具体工作融入廉洁型机关建设；将测绘地理信息服务于政府决策、服务于全省经济建设，扶贫和领导包村工作融入服务型机关建设；将深化行政审批制度改革，全面清理行政权力推行权力清单制度，全面依法行政融入法治型机关建设；将改进工作作风，提升服务质量，简化办事程序，加强绩效考核融入效能型机关建设。

地方社团工作

【山西省测绘学会和山西省地理信息系统协会】

山西省测绘学会和山西省地理信息系统协会分别组织召开了理事会。山西省测绘学会组织会员单位参加测绘科技进步奖、全国优秀测绘工程奖评选活动。山西省地理信息系统协会组织会员单位参加中国测绘地理信息学会 2015 年学术年会暨第五届全国测绘地理信息技术装备展览会，参加中国地理信息产业协会召开的中国地理信息产业大会。

【山西省测绘行业协会】

4 月 17 日 ~ 19 日，山西省测绘行业协会协助中国测绘地理信息学会工程测量分会在太原举办“新形势下不动产统一登记——不动产测绘与土地权属、地籍房产测量、不动产监理新技术应用及案例分析”专题培训班，各测绘资质单位的 100 多名技术人员参加培训。

11 月 19 日，举办 2015“移动测量万里行智慧中国百城秀”太原站活动。

内蒙古自治区

概况

2015 年，内蒙古自治区测绘地理信息工作坚持“构建数字内蒙古、监测地理国情、壮大测绘地理信息产业、建设测绘强区”的战略方向，各方面工作扎实推进。编制完成了《内蒙古自治区测绘地理信息发展第十三个五年规划大纲（2016—2020 年）》。推进地理国情普查，查清了自治区 102 个旗县区地表自然和人文地理要素，建立了地理国情数据库。建成由内蒙古自治区 GPS B 级网、似大地水准面模型和 160 座全球导航卫星连续运行参考站（CORS）构成的内蒙古三维现代大地测绘基准。全区 1:1 万地形数据总覆盖面积 61.7 万平方千米，覆盖率 52.2%。

重点工作推进

【数字城市建设】

内蒙古自治区首家数字旗县——数字锡林浩特地理空间框架建设项目通过验收。数字巴彦淖尔地理空间框架建设项目通过验收。翁牛特旗、克什克腾旗、陈巴尔虎旗、阿尔山数字旗县地理空间框架建设项目设计书通过专家评审并完成数据建库工作。数字呼伦贝尔地理空间框架基本建设完成。

【“天地图·内蒙古”建设】

“天地图·内蒙古”完成与国家主节点 5500 幅 1:1 万地形图的数据融合。

【地理国情普查】

2015 年，内蒙古自治区完成 8 个盟市 66 个旗县市区 38.9 万平方千米数字正射影像图的制作与内业解译、外业核查、解译样本数据制作及时点核准工作。66 个旗县市区的地表覆盖数据集、地理国情要素数据集、普查数据元数据与解译样本数据已全部汇交。查清了自治区 102 个旗县区地表自然和人文地理要素，包括地形地貌、植被覆盖、水域、荒漠与裸露地、交通网络、居住地与设施和地理单元等，建立了地理国情数据库。接收了黑龙江测绘地理信息局完成的呼伦贝尔、锡林郭勒、巴彦淖尔、阿拉善 4 个地区地理国情普查的全部数据，完成了与相邻 8 省区的接边工作。

【必鲁图峰高程数据启用】

内蒙古自治区国土资源厅组织实施的阿拉善沙漠世界地质公园（巴丹吉林沙漠）必鲁图峰海拔高程数据（1611.009 米）经国务院批准，由国家测绘地理信息局于 9 月 24 日正式公布启用。

法制建设与市场监管

【法制宣传】

内蒙古自治区国土资源厅借助“4·22”世界地球日、“6·25”全国土地日等契机摆放宣传板，设置宣传栏，宣传测绘地理信息工作。

4 月，世界地球日科普宣传周活动期间，在内蒙古工业大学设置测绘科普宣传点，通过播放专题宣传视频、布置宣传展板，宣传地理国情普查、普及测绘地理信息知识。

“8·29”测绘法宣传日期间，全区各盟市均开展了丰富多彩的宣传活动，进社区、进学校、进企业，全面普及测绘地理信息法律法规和基本常识。

【资质管理】

内蒙古自治区国土资源厅组织完成全区 618 家测绘资质单位复审换证工作，563 家通过资格审查，其中甲级 16 家、乙级 133 家、丙级 244 家、丁级 170 家；注销 55 家。完成 111 家测绘资质单位的各类变更业务，受理 34 家单位新申请测绘资质、资质升级等业务。

基础测绘

【基础测绘项目】

2015 年，内蒙古自治区基础测绘经费投入 5000 万元。全年安排 1:1 万地形图测绘 1069 幅，更新 1:1 万地形图 41 幅，新增 1:1 万地形图覆盖面积 2.4 万平方千米。完成通辽市 50 个 C 级 GPS 点布测和 800 千米三等水准测量，全区第二次大地水准面精化等项目。积极开展与“天地图”国家主节点的数据融合，完成 5500 幅 1:1 万融合数据的前期预处理。完成《内蒙古自治区测绘地理信息事业“十三五”发展规划大纲》的编写和评审。

【专项测绘】

内蒙古自治区国土资源厅组织完成阿尔山市、陈巴尔虎旗、额尔古纳市城镇化建设地形图测绘项目。全球导航卫星连续运行参考站项目已完成，可提供服务的基准站 160 座。完成 30 个旗县区政府所在地高分辨率航空摄影项目，覆盖面积 2800 平方千米。

地图管理与地图服务

【地图公共服务】

内蒙古自治区测绘地理信息局为内蒙古自治区党委、政府及有关厅局提供推拉式地图 1 套、框图 40 套、地图集 80 多本，布图 180 多幅、挂图 2000

多幅。

【地图编制与出版】

内蒙古自治区测绘地理信息局更新出版了《内蒙古自治区地图集》，编制了《内蒙古自治区地图册》《内蒙古自治区系列挂图》《内蒙古历史沿革地图集》，更新了10个盟市和部分旗县的地图，为自治区交通、旅游、电力等部门制作了专题地图。完成《内蒙古建设国家向北开放桥头堡和沿边经济带规划工作用图》和《中国“一带一路”中的内蒙古丝绸之路经济带》的地图编制工作。为“十个全覆盖”等国家和自治区重大工程编制工作用图。参加全国测绘地理信息应用成果和地图网上展览，内蒙古自治区展馆于10月30日正式上线运行。

测绘地理信息成果与应用

【成果服务】

内蒙古自治区测绘地理信息局向社会各界提供水准点5000多个、地形图4000多张。为内蒙古自治区环境保护、不动产登记、农村土地承包经营权确权及自治区党委政府和呼和浩特市政府重大项目提供服务。

【成果保密】

内蒙古自治区国土资源厅下发《关于开展全区测绘地理信息保密检查工作的通知》，全年共组织、指导全区402家测绘资质单位开展保密自查工作，对218家测绘资质单位进行了抽查，下发整改通知书13份。

【应急保障】

内蒙古自治区测绘地理信息局完成各种环境下无人机应急演练，航飞面积覆盖1100平方千米。内蒙古自治区应急地理信息平台项目一期工程已完成，可实现基于二维地理信息技术的应急管理与决策。

科技与人才培养工作

【科技创新】

内蒙古自治区测绘地理信息局组织完成的“内蒙古高精度三维动态测绘基准研究与建立项目”获内蒙古自治区科学技术进步奖二等奖。

【人才培养】

内蒙古自治区地图院1人入选2015年度内蒙古自治区青年创新人才——“草原英才”工程后备人才一层次人员。内蒙古自治区测绘地理信息局公开招聘工作人员16人。

党的建设与精神文明建设

【党建工作】

内蒙古自治区国土资源厅开展“三严三实”专题教育学习，组织集中学习和专题讲座，开展“三严三实”三个专题学习研讨会，认真剖析存在的问题，至年底，查摆梳理出的问题已得到解决。

【精神文明建设】

内蒙古自治区测绘地理信息局组织开展了内蒙古自治区第一次全国地理国情普查劳动竞赛，举办了全国第四届测绘地理信息行业职业技能内蒙古选拔赛、职工运动会和摄影展。帮助定点扶贫地区扎赉特旗推进“十个全覆盖”工作，修建了文化室，改善了农牧民住房和卫生院设施等。内蒙古自治区基础地理信息中心被中华全国总工会授予“全国模范职工小家”称号。

地方社团工作

4月16日，内蒙古自治区测绘学会举办了测绘地理信息新技术、新产品推广应用交流会，各会员单位代表150多人参加大会。5月23日，内蒙古自治区测绘学会和内蒙古自治区高职高专土木类专业指导委员会在呼和浩特市联合举办了2015年全区高等院校学生“沛霖杯”测量技能竞赛，全区19所高等院校、37个竞赛小组、148名学生参加。在锡林浩特举办第十届内蒙古自治区自然科学学术年会测绘地理信息分会场——“自主创新”智慧城市建设学术交流研讨会。与内蒙古自治区测绘地理信息局联合举办内蒙古地理国情普查监测学术研讨会。与国家测绘地理信息局管理干部学院在呼和浩特市联合举办2015年注册测绘师资格考试考前培训班，110人参加培训。

组织开展内蒙古自治区测绘科技奖励评选工作，共评出测绘科技进步奖2项、优秀测绘工程奖15项。推荐的1人获中共内蒙古自治区委员会组织部、内蒙古自治区人力资源和社会保障厅、内蒙古自治区科学技术协会共同颁发的“第十届内蒙古自治区青年科技奖”。

辽宁省

概况

2015年，辽宁省测绘地理信息事业发展“十三五”规划编制完成，经辽宁省政府第56次常务会议审议通过，纳入辽宁省国民经济和社会发展“十三五”规划序列。完成全省6516幅1:1万地形图更新与建库工作，首次完成了全省域数字线划图、数字正射影像图和数字高程模型等测绘工作，建成省级基础地理信息数据库。建成辽宁省现代测绘基准体系，包括164个B级GPS控制点、456个C级GPS控制点、1619个二等水准点、68座连续运行基准站以及似大地水准面精化模型。

全面完成数字城市等三大平台建设任务，进一步拓展成果应用范围。全省14个地级市和本溪、绥中2个县的数字城市建设全面完成，启动“智慧本溪”建设试点工作。“天地图·辽宁”建设完成数据融合、更新和节点接入、功能开发等工作，被国家测绘地理信息局评为五星级省级节点，6个市县节点接入国家主节点。完成全省14.81万平方千米地理国情普查数据生产任务，成果一次性通过国务院普查办验收。加快地理国情普查成果向实际应用的转化，共完成7个地理国情监测项目，新开展2个地理国情监测项目。

《辽宁省测量标志保护办法》经辽宁省政府293号令通过，于6月1日正式公布施行。制定《辽宁省测绘地理信息行政违法案件查处程序规定》，修订《辽宁省测绘资质审批管理实施细则》，完善测绘地理信息法规体系。开展2015年度测绘资质单位巡查工作，完成了测绘市场专项检查及测绘产品质量检查工作。

全年为辽宁省省委、省政府及省直有关部门提供辅助决策用图775幅，各类正射影像图、高程模型图2.49万幅。编制《辽宁省应急测绘保障体系建设实施方案》，制定《辽宁省测绘应急保障预案》，初步建立测绘应急保障工作机制和服务体系。组织了以抗洪抢险为背景的应急测绘保障演练，提高了应急测绘保障能力水平，规范了应急指挥流程。

推进机构编制调整，辽宁省测绘地理信息局与辽宁省机构编制委员会办公室联合发文，规范机构设置、理顺工作职能，加强市、县测绘地理信息管理队伍建设。加强高层次创新型人才队伍建设，全局共有国家测绘地理信息局青年学术和技术带头人4人，辽宁省“百千万人才”万层次人才6人。被国家测绘地理信息局评为2015年特色工作创新单位，测绘地理信息应用成果和地图网上展览工作被国家测绘地理信息局评为优秀。

重点工作推进

【数字城市建设】

辽宁省测绘地理信息局组织完成鞍山、锦州、葫芦岛、辽阳、铁岭、朝阳的数字城市建设，至此，辽宁省14个地级市和本溪、绥中2个县的数字城市建设全面完成。基于数字城市已建成107个系统应用，在建30多个系统应用，涉及国土、旅游、城管、房产等数十个领域。启动“智慧本溪”建设试点工作，《智慧本溪时空信息云平台建设试点项目设计书》通过专家评审，获国家测绘地理信息局批准立项，落实项目资金，进入实施阶段。10月13日，组织召开辽宁数字城市地理空间框架向智慧城市时空信息云平台转型升级会议。

【“天地图·辽宁”建设】

“天地图·辽宁”建设完成数据融合、更新和节点接入、功能开发等工作。沈阳、大连、抚顺、阜新、盘锦、绥中6个市县级节点接入了国家主节点。辽宁省测绘地理信息局与辽宁省林业厅、畜牧局、海洋厅等部门进行对接，合作开发了辽宁资源信息管理系统、辽宁省畜牧业统计监测预警系统、辽宁海洋与渔业综合管理数据服务平台，与辽宁省政府电子政务建设领导小组办公室沟通协调，正式将“天地图·辽宁”链接到辽宁省政府网站。

【地理国情普查监测】

辽宁省测绘地理信息局组织完成辽宁省普查数据生产，包括全部100个县（市、区）普查数据生产、整改、接边工作，共制作2040幅1∶2.5万分幅数字正射影像、1054景整景正射影像、6527幅精细化数字高程模型、86个遥感影像解译样本分区数据库、93149个解译样本点，以及辽宁省所有县（区）和长海县海岛的地表覆盖分类数据、地理国情要素数据、元数据的矢量数据集，形成技术设计41份、技术总结66份。起草了普查相关文件及管理规定35个，召开工作会议1次、工作例会5次、接边会议1次，编制月报3期、简报4期、会议纪要6期；参加国务院普查办培训8次，举办了全省地理国情普查标准时点核准、数据入库、基本统计分析以及图件制作等各类专题培训班。8月9日，经国务院普查办复核，成果质量合格。8月28日，完成辽宁省遥感影像解译样本数据、地表覆盖与地理国情要素数据、时点核准正射影像成果数据的国家级汇交工作。

完成了南票煤矿沉陷区地面沉降、辽西北土地沙化、大伙房水资源、辽河保护区生态、抚顺市林业资源、阜新重点地区沙化、盘锦湿地时空变化7个地理国情监测项目。开展大连市金普新区建设变化监测和盘锦沿海滩涂变化监测试点项目。

法制建设与市场监管

【立法工作】

4月20日，《辽宁省测量标志保护办法》经省政府293号令通过，于6月1日正式公布施行。辽宁省测绘地理信息局完成《辽宁省遥感影像数据管理规定》草案及法律依据对照表、可行性报告的起草工作，申请列入2016年省政府立法计划。根据国家测绘地理信息局新修订的《测绘资质管理规定》，修订《辽宁省测绘资质审批管理实施细则》。制定《辽宁省测绘地理信息行政违法案件查处程序规定》，进一步完善测绘地理信息法规体系。

【资质管理】

2015年，经辽宁省测绘地理信息局审查，省内通过复审换证的测绘资质单位共563家，不符合条件、未通过复审换证审核的单位72家。复审换证结果在《辽宁日报》公示（见《辽宁日报》2015年9月29日第18、19、20版）。组织辽宁省各级测绘资质单位全部报送了2015年度测绘资质年度报告，并将年度报告结果向社会公示，对存在问题的单位依法依规予以处理。开展2015年度测绘资质单位巡查工作，对大连、本溪、丹东等市55家测绘资质单位的人员配备情况、仪器检定情况、测绘项目质量情况等进行了检查，向出现问题的15家单位下达了处罚通知书。严格测绘资质审批工作，规定时限内办理资质审批业务37家、资质升级业务16家、资质增项业务20家。

【市场监管】

辽宁省测绘地理信息局开展测绘市场专项检查及测绘产品质量检查工作，对大连市勘察测绘院有限公司、大连中世传媒广告有限公司等单位使用过期审图号的违法案件进行查处并在全省通报。完成56个乙、丙、丁级测绘资质单位产品质量实地检查工作。开展涉密地理信息成果专项执法检查，向16家存在问题的单位下达了整改通知书。

【管理体制建设】

辽宁省测绘地理信息局从依法行政、服务保障和市场监管、地图管理以及基础测绘、数字城市和机构建设6个方面，对省内14个设区市和2个省管县测绘地理信息行政主管部门进行绩效考评。与辽宁省机构编制委员会办公室联合下发《关于印发〈加强市、县（市、区）测绘地理信息行政管理机构建设的指导意见〉的通知》，规范机构设置、理顺工作职能，加强市、县测绘地理信息管理队伍建设。确定了《辽宁省测绘地理信息局权责清单(2015年版)》，并在辽宁省政府网站公示。保留各项职权25项（下设13个子项），其中行政许可类8项、行政处罚类11项（含省市县共有职权3项）、行政奖励类1项、其他权力类4项、审核转报职权1项。

【法制宣传与培训】

8月29日，辽宁省测绘地理信息局在辽宁省委、省政府和省数字化测绘基地等宣传场地举办了丰富多彩的宣传活动，发放地图和《辽宁省测绘市场管理办法》《辽宁省测量标志保护办法》等单行本和印有宣传标语的手提袋1万多套，通过短信平台发送5万多条测绘法宣传公益短信。10月22日，召开2015年法制培训会议，组织全省各级测绘地理信息管理干部182人参加培训，为通过执法资格考试人员颁发了测绘地理信息行政执法证。

基础测绘

【规划计划】

辽宁省测绘地理信息局完成辽宁省测绘地理信息发展“十三五”规划的编制工作，8月20日，辽宁省政府第56次常务会议审议通过《辽宁省测绘地理信息发展“十三五”规划》，并纳入辽宁省国民经济和社会发展“十三五”规划序列。

【基础测绘】

辽宁省测绘地理信息局认真组织基础测绘项目方案设计，合理安排生产进度，9月30日，组织完成大连、丹东、沈阳、阜新4个测区共1514幅1:1万地形图更新，至此，全省域6516幅1:1万地形图更新全面完成。首次完成了全省域数字线划图、数字正射影像图和数字高程模型测绘全覆盖，建成了省级基础地理信息数据库。各市、县建成区及规划区的1:500、1:1000、1:2000地形图实现基本覆盖，部分设区市完成了市级基础地理信息数据库建设。12月23日，辽宁省现代测绘基准体系建设项目通过专家组验收，建成由620个B、C级GPS控制点组成的辽宁大地测量控制网，该项目获2015年测绘科技进步奖三等奖；建成二等水准点1619个，施测水准路线9101.7千米；建成全省区域似大地水准面精化模型；完成由68座基准站组成的辽宁省卫星导航定位连续运行基准站系统。建设完成由19座基准站组成的辽宁省北斗地基增强系统。

【国家现代测绘基准体系建设一期工程】

辽宁省测绘地理信息局承担国家现代测绘基准体系建设一期工程7个新建站（新民、朝阳、大连、庄河、凤城、清原、桓仁）任务，完成了网络通讯接入、土建资料汇交，数据已传输至国家基础地理信息中心，进入试运行阶段。完成朝阳、新民、庄河3个站的北斗升级改造土建工作。

地图管理与地图服务

【地图管理】

2015年，辽宁省测绘地理信息局受理地图审核申请51件，办结46件，全部审批通过，做到了即送即审、严格把关。利用互联网地理信息监管系统进行网络监管，整治各类“问题地图”，处理存在“问题地图”的网站14个、“问题地图”60幅，组织辽宁省14个市、2个省管县进行地图市场检查，通过网络对《辽宁日报》《沈阳日报》等数字报纸使用地图情况进行了检查。对发现的非法出版制作地图案件立案4起，查处了大连市勘察测绘院有限公司、大连中世传媒广告有限公司和成都地图出版社使用过期审图号的违法案件。

【地图服务】

辽宁省测绘地理信息局组织编制《辽宁省地图集》、辽宁省领导工作用图移动平台建设（二期）及2015年辅助决策用图。辽宁省领导工作用图移动平台建设（二期）在一期的基础上丰富了领导工作用图内容，增加59幅辽宁省县级政区系列图和6幅辽宁省专题地图，完成省国土资源厅、地震局、气象局、发展和改革委员会、防汛抗旱指挥部相关专题资料收集工作。为省委、省政府及省直有关部门提供辅助决策用图775幅，各类正射影像图、高程模型图2.49万幅。完成2015年辅助决策用图共享工作，向国家测绘地理信息局提供了辽宁省内最新地图17幅。

【测绘地理信息应用成果和地图网上展览辽宁馆】

辽宁省测绘地理信息局组织建设辽宁省测绘地理信息应用成果和地图网上展馆，展示“十二五”期间测绘地理信息工作在辽宁省国民经济发展、政府决策、应急保障等工作和百姓日常生活中的重要作用。10月15日，展馆上线运行。10月30日，展馆被国家测绘地理信息局评为优秀设计展馆，“辽宁省领导工作用图2011”及“辽宁省林业资源地理信息系统”被评为优秀展品。

【国家版图意识宣传教育】

辽宁省测绘地理信息局在“5·15”政务公开日和“8·29”测绘法宣传日，宣传国家版图知识，增强公众国家版图意识。组织各市及有关单位做好参加第三届全国国家版图知识大赛和少儿手绘地图大赛的准备工作。

测绘地理信息成果管理与应用

【成果汇交与分发】

辽宁省测绘地理信息局依托辽宁省测绘成果分发服务系统，以网上统一汇交的方式组织开展辽宁省2015年测绘成果汇交工作。全省测绘资质单位全部完成了汇交。汇交目录在省网络化分发服务系统上及时进行发布，首次实现测绘成果网上汇交和同步发布汇交成果目录。

从国家基础地理信息中心领取辽宁省地理国情普查任务区标准时点核准影像数据263景，全省最新1∶5万纸质地形图474幅、43010张，丹东摄区高分辨率立体卫星影像42景。及时完成新领资料元数据录入与发布、新旧地形图上下架及地形图入库归档等工作。

依托辽宁省测绘成果分发服务系统进行测绘成果提供利用审批，实现成果目录信息网上实时发布和涉密成果提供利用在线审批。2015年，完成测绘地理信息成果提供使用在线审批232项、线下审批9项，转函52项。向社会提供涉密基础测绘成果三角点288个、水准点102个、GPS点622个，1∶1万纸质地形图1209幅、1∶5万纸质地形图125幅，1∶1万数字线划图2842幅、1∶5万数字线划图409幅、1∶25万数字线划图6幅，1∶1万数字高程模型3324幅、1∶5万数字高程模型261幅、1∶25万数字高程模型11幅，1∶2000正射影像图59308幅、1∶1万正射影像图1806幅、1∶5万正射影像图114幅。

【涉密成果管理】

辽宁省测绘地理信息局与辽宁省国家保密局联合开展涉密测绘成果保密检查，在全省范围内按20%的比例筛选了120家涉密测绘成果使用单位，向17家单位下达了整改通知书，督促有问题的单位及时整改到位。在保密检查的同时进行了测绘档案管理考核。向安徽、河北、吉林、上海、浙江、北京、黑龙江、陕西、天津9个省、直辖市测绘地理信息行政主管部门发函，商请协助调查有关单位在辽宁申请领取涉密测绘成果的使用情况。

【测量标志管理】

辽宁省测绘地理信息局组织实施测量标志巡查维护工作，巡查316个三角点、158个水准点；维修120个水准点。根据《辽宁省测量标志保护办法》，组织了测量标志委托保管试点工作，将98个B、C级GPS控制点和252个二等水准点委托当地进行保管，向保管人发放了委托保管证和托管补助费，测量标志委托保管试点对全省大范围进行测量标志托管工作的展开奠定了基础。

【应急保障】

辽宁省测绘地理信息局编制了《辽宁省应急测绘保障体系建设总体方案》，将主要建设项目纳入辽宁省测绘地理信息事业和辽宁省应急体系建设“十三五”规划。汛期来临前，组织抗洪抢险应急测绘保障演练，提高应急测绘保障能力水平。

科技与人才培养工作

【科技管理】

辽宁省测绘地理信息局成立科技工作领导小组，组织编制《辽宁省测绘地理信息局科技创新工作管理办法》。

【人才培养】

辽宁省测绘地理信息局系统4人被确定为国家测绘地理信息局青年学术和技术带头人，6人被列入省“百千万人才工程”万层次级别人才。开展2015年度测绘地理信息专业职称评审工作，评出高级工程师20名、工程师45名、助理工程师49名、技术员11名。

【职业资格管理】

辽宁省测绘地理信息局开展注册测绘师首次注册工作，全省共有181名注册测绘师完成首次注册。

【获奖情况】

辽宁省测绘地理信息局组织参加2015年中国测绘地理信息学会测绘科技进步奖和全国优秀测绘工程奖评选，“辽宁省农村集体土地登记发证工作——全省0.2米分辨率航空影像获取和DOM制作项目”获2015年全国优秀测绘工程奖白金奖，“地理国情普查数据生产中的关键技术研究与应用”“辽宁省现代测绘基准体系——B、C级GPS网建设”均获2015年测绘科技进步奖三等奖。

党的建设与精神文明建设

【“三严三实”专题教育】

5月起，辽宁省测绘地理信息局组织开展“三严三实”专题教育。局班子成员和局机关支部、直属单位党委（支部）书记带头讲党课；按照“学讲话、讲诚信、懂规矩、守纪律、鼓士气、促振兴”的要求，开展机关工作作风整治；局机关全体工作人员和直属单位局管干部共84人参加了“大学习、大讨论”活动，查摆出“不严不实”问题314条，归纳整理成6个方面23个问题，制定了整改方案，明确了整改责任人和整改时限。

【党建工作】

辽宁省测绘地理信息局制定《辽宁省测绘地理信息局党建工作责任制》，建立了责任考核和责任追究的具体制度，落实了从局“一把手”到基层党支部书记的责任。定期召开专题党组会议，听取局机关党委关于年度党建工作安排，提出明确要求，解决具体问题。成立局党风廉政建设领导小组，实行“一岗双责”，局纪检委负责组织协调、监督检查和情况综合工作。加强对重点岗位人员廉政风险防控，加强对干部人事、财务管理、行政审批权、政府采购工作的监督。

【文化建设】

辽宁省测绘地理信息局开展职工之家建设、扶贫帮困、文体竞赛等活动。组织局属单位单身职工参加辽宁省直机关单身职工联谊会，组织“五四”青年节主题日活动、摄影书法比赛和羽毛球、乒乓球比赛等活动，丰富了干部职工文化生活。

【宣传工作】

辽宁电视台报道地理国情普查6次。各级测绘地理信息部门在《中国测绘报》发表文章46篇，在《辽宁日报》发表文章16篇，在国家测绘地理信息局网站发布新闻46篇，在辽宁省政府网站发布新闻33篇，在新华网发布新闻25篇。向省政府办公厅信息处报送了191条信息。

地方社团工作

2015年，辽宁省测绘学会与沈阳市测绘学会沟通、协调，省、市测绘学会合并办会。召开换届大会、常务理事会及理事大会，共有常务理事64人、理事210人、个人会员2329人、会员单位59家。组织参加在大庆举办的东北三省测绘学术与信息交流会。完成2015年省测绘科学技术进步奖评选工作，向中国测绘地理信息学会推荐项目参与评奖。

吉林省

概况

2015年，吉林省加快实施测绘地理信息产业创新驱动发展战略，助推全省经济结构调整和优化。测绘地理信息工作被列入省政府《关于促进互联网经济发展的指导意见》《关于促进电子政务协调发展的实施意见》《吉林省产业投资引导基金管理暂行办法》《吉林省促进大数据发展实施方案》《吉林省卫星及航天信息产业发展规划（2015—2025年）》等政策规划当中，服务范围和发展空间得到提升。2月9日，吉林省召开第十二届人民代表大会第四次会议，省长蒋超良在政府工作报告中提出，2015年吉林省要抓好八个方面的重点任务，“抓好地理信息科技产业园”被写入“着力促进结构调整和转型升级”工作中。2月25日，吉林省政府召开2015年第4次常务会议，审议通过《2015年省政府重点工作目标责任制》，将“‘吉林一号’民用高分辨率遥感卫星下半年实现首星发射，在全国测绘地理信息领域率先应用”“推动地理信息科技产业园建设”“搭建地理空间大数据云平台”“第一次全国地理国情普查”确定为2015年省政府重点工作。

吉林省编制完成《吉林省测绘地理信息事业发展“十三五”规划》，制定基础测绘、地理信息产业、设备、人才、科技等相关发展规划。吉林省测绘地理信息局、省政府法制办公室、省政府政务公开协调办公室联合印发《关于加强测绘项目招标投标管理工作的通知》，规范测绘招投标管理。按照省政府的统一部署，协助做好辽源、通化、松原、白城、洮南、通榆、镇赉、柳河、前郭等地承接下放行政审批权工作。加强市、县测绘地理信息行政管理部门机构建设，市、县测绘地理信息行政管理部门的“三定”方案已全部落实。

吉林省加强测绘地理信息统一监管，开展涉密测绘成果检查，完成长春、辽源、长白山保护开发区涉密测绘成果清理销毁工作，降低失泄密风险。与省发展和改革委员会共同开展全省基准站安全专项整治行动，对全省123座基准站进行调查摸底。在四平、通化、白山开展测绘资质巡查和质量巡检，在长春、延边朝鲜族自治州、长白山保护开发区开展地图市场检查。对蛟河、榆树、乾安和长岭等地农村土地承包经营权确权的测绘活动进行检查，查处3起违法案件。

完成全省地理国情普查数据采集、时点核准、成果汇交工作，普查成果通过国家验收。组织开展基础测绘重点工作。吉林省北斗导航卫星地基增强系统通过验收并开通运行。开展市县2000国家大地坐标系建设，7个地区已建成2000国家大地坐标系下的城市坐标系统。

开展“吉林省湿地生态安全遥感监测研究”“吉林省地理国情普查成果在黑土区沟蚀监测与防治中的应用研究”和“森林资源动态监测”项目研究。分别与中国测绘科学研究院、北京国遥新天地信息技术有限公司签署战略合作协议，加强测绘地理信息科技创新及应用合作研究，推动“吉林省地理空间大数据云平台”建设。推进地方标准研制和地方标准制定，承担《卫星导航定位基准站网络传输协议和接口协议》国家标准制定工作。《吉林省卫星导航定位基准站数据处理规范》等4项地方标准通过省质量技术监督局的批准立项。

吉林省测绘地理信息局共有国家测绘地理信息局青年学术和技术带头人3人；省突出贡献专家4人。吉林省金佰汇测绘有限公司、长春五度空间数据有限公司等5家单位被中国地理信息产业协会评为“中国地理信息产业最具活力中小企业”。吉林省测绘地理信息局申报的建功“十二五”主题实践活动成果“让‘北斗’落地引领位置服务产业发展”项目获2015年度省直机关建功“十二五”主题实践活动“突出业绩奖”。吉林省测绘地理信息局在全国省级测绘地理信息行政主管部门年度测绘地理信息工作绩效考核中被评为“突出进步单位”，在全省政府部门绩效考核中连续第4年被确定为良好等次。

重点工作推进

【数字城市建设】

吉林省测绘地理信息局促进数字城市向智慧城市转型升级，开展全省数字城市地理空间框架建设情况摸底调查，形成调查报告。要求建设数字城市的市（州）、县（市）政府尽快出台《数字城市地理空间框架建设与使用管理办法》。《智慧临江地理空间框架建设项目设计书》《数字白城地理空间框架建设项目设计书》通过评审。省测绘地理信息局分别与临江市政府、长白朝鲜族自治县政府签署《合作建设智慧临江地理空间框架项目协议书》《合作建设长白朝鲜族自治县数字城市地理空间框架协议书》。

吉林省推进数字（智慧）城市建设成果应用，数字白城为城市供暖、地下管线等重点工作提供测绘服务保障。数字长白朝鲜族自治县地下管线综合管理信息系统满足城市管理和应急等工作的需求。12月，数字公主岭地理空间框架建设二期工程建设成果和数字长白朝鲜族自治县地理空间框架建设成果通过验收。完成智慧长白山地理空间框架建设项目可研报告。

【“天地图·吉林”建设】

吉林省测绘地理信息局扩展“天地图·吉林”应用项目，完成吉林省慈善救助地理信息服务系统、吉林省残疾人综合管理地理信息支撑服务平台、吉林省森林资源动态监测管理系统、吉林省湿地资源动态监测管理系统4个应用系统建设。启动数据融合工作，完成省级1445幅DLG数据与国家主节点的数据融合，完成白城、九台、汪清、临江、榆树等7个市、县级节点与省级节点数据融合。开展“天地图·吉林”公众版运行环境的升级与改造，添置交换机、链路负载均衡器以及服务器等设备。完成“天地图·吉林”门户网站、应用系统运行维护环境日常监测管理，全年上报“天地图”运行情况4次、热点新闻更新4次、交通专题信息更新13次。编写“天地图·吉林”前置服务解决方案，融合最新地理国情普查成果及数据资料成果，进行节点2015版成果数据集建设，制作完成2015版电子地图数据。支持国家测绘地理信息局在全国各省开展“天地图·政务行”全国巡展活动，组织“政务天地，图显智慧”长春巡展，在展会上派发“天地图·吉林”宣传册500册。吉林省政府各委办厅局、各市县住房和城乡建设局以及行业单位人员、大学生700多人参观展览。

【地理国情普查】

吉林省第一次地理国情普查领导小组办公室（以下简称省普查办）部署开展地理国情普查数据生产、时点核准和普查数据成果质量验收工作。全年召开3次地理国情普查专题会议，组织4次督导检查。全省地理国情普查经费2.1亿元全部按期拨付到位。

8月，全省范围的时点核准数据通过省级质量验收。配合“普查标准时点核准百日大会战”主题竞赛活动，局直属机关党委、省航测遥感院、省地理信息院分别开展了“普查地理国情，助力美丽中国，文化携手同行”等主题活动。11 月 5 日，吉林省第一次地理国情普查数据库建设方案通过省级评审。

开展“智慧辽源”地理国情一张图、汪清县矿区地质灾害动态监测系统、松原市地理国情监测系统、“天地图 · 吉林”旅游服务系统、吉林莫莫格国家级自然保护区湿地生态安全动态监测与管理、吉林省长春东部典型黑土区水土流失动态监测与管理共 6 项应用示范项目，全部通过验收。

【地理空间大数据云平台建设】

吉林省测绘地理信息局向省发展和改革委员会提出建立吉林省地理空间大数据工程，明确地理空间大数据在全省大数据分析工作中的关键性作用，省政府同意建设吉林省地理空间大数据工程，并写入《吉林省关于促进大数据发展实施意见》，成立了吉林省地理空间大数据云平台建设领导小组及办公室。吉林省地理空间大数据云平台建设列入省政府重点工作。省测绘地理信息局与中国测绘科学研究院达成战略合作协议，计划建立中国测绘科学研究院吉林分院，共同开展吉林省地理空间大数据云平台建设。10 月，与中国测绘科学研究院共同起草完成《吉林省地理空间大数据云平台项目建议书》，向省发展和改革委员会申请项目立项。

法制建设与市场监管

【法制建设】

吉林省测绘地理信息局制定《吉林省测绘地理信息局从事测绘活动资质认定监管办法》，修订《吉林省测绘地理信息局测绘作业证管理规定》。5 月，向省政府法制办公室报送关于《中华人民共和国测绘法》的修订意见。与吉林省政府法制办公室、吉林省政府政务公开协调办公室联合印发《关于加强测绘项目招标投标管理工作的通知》，要求各级政府相关部门要加强对测绘项目招投标活动的监督管理，规范测绘招投标管理。起草完成《吉林省测绘地理信息项目监理管理办法（草案）》初稿，向省政府法制办公室报送《吉林省测绘地理信息项目监理管理办法（草案）》的立法建议，完成《吉林省地下空间地理信息管理办法（草案）》初稿。

【行政管理】

吉林省测绘地理信息局印发《关于加快推进各市（州）、县（市、区）测绘地理信息行政管理机构承接下放行政审批工作的通知》，部署推进测绘地理信息行政管理机构承接下放行政审批工作，督促未完成承接工作的各市（州）、县（市）测绘地理信息行政主管部门要协调当地有关部门，落实定职能、定机构、定人员的“三定”方案，完成承接下放行政审批工作，履行相关职责。

11 月，完成 43 个市（州）、县（市）的委托下放行政审批事项工作。初步建立起地方测绘地理信息管理部门的行政体制机制。举办全省测绘地理信息行政管理培训班，全省各市（州）、县（市）测绘地理信息行政管理负责人参加培训。

【依法行政】

吉林省测绘地理信息局完成 2015 年部门责任清单梳理工作。公布取消、下放、调整和保留的省政府部门行政审批项目目录。共有省级测绘地理信息行政许可 7 项、行政处罚 110 项、行政确认 3 项、行政征收 1 项、行政奖励 1 项、其他行政职权 14 项、公共服务事项 4 项。对规范性文件进行逐件审查，清理后登记造册，审查清理结果在局网站公布。

【行政审批】

吉林省测绘地理信息局行政审批办公室全年受理各类审批报件共 1191 件。办理测绘资质审批、发证及年度复审换证 528 件。办件过程严格按照规范程序审批，未出现逾期办件现象，无举报、投诉情况发生。全年接待来访和电话咨询 360 多次，群众满意率 100%。被省政府政务公开协调办公室评为省政务大厅（2015 年）第二季度、第四季度优秀窗口单位。

【简政放权】

吉林省测绘地理信息局简政放权，扶持地方企业发展。明确不再将 ISO 9000 质量管理体系认证、测绘工程项目质量检验合格证明、测绘计量器具检定证书 3 项内容作为吉林省审核申请甲级测绘资质初审意见中的要求；不再将测绘工程项目质量检验合格证明、测绘计量器具检定证书等 3 项中介服务事项作为乙、丙、丁级测绘资质审批的受理条件。将审核发放测绘作业证和丁级测绘资质审批 2 个行政许可项目下放到市（州）、县（市）测绘地理信息行政管理部门审批。在局门户网站公示拟清理规范的省政府部门行政审批中介服务事项（不包括投资领域）目录。

【行政执法】

吉林省测绘地理信息局下发《2015 年测绘地理信息资质巡查和成果质量巡检工作方案》，组成联合检查组对四平、通化、白山 3 个地区共 40 家资质单位（甲级 2 家、乙级 9 家、丙级 10 家、丁级 19 家）进行测绘资质巡查和成果质量巡检，受检单位数量占受检地区资质单位总数的 30%。经检查，各单位整体情况较好。对北京世纪国源科技发展有限公司未备案从事测绘活动一案、吉林文史出版社《临江市地名志》地图插图未经审核案和北京中安经纬工程有限公司超越资质等级许可从事测绘活动案分别进行处罚。开展 2015 年测绘地理信息系统行政处罚案卷评查工作，全省各级测绘地理信息行政执法机关对 2014 年 7 月 1 日 ~2015 年 6 月 30 日符合要求的行政处罚案卷进行自查自评，形成案卷自查报告，报送国家测绘地理信息局备案。

【资质管理】

2015 年，吉林省测绘地理信息局受理测绘资质申请 114 项，批准 114 项，其中新增资质 22 项、资质升级 26 项、新增业务范围 66 项。审批测绘资质单位名称、地址、法人等基本信息变更 103 项。完成测绘地理信息项目备案 61 项，发放作业证 149 个，办理招标投标备案 115 项。新增加甲级测绘资质单位 2 家。完成 2014 年 ~2015 年全省测绘资质复审换证工作，依法注销 27 家。对责令整改的 58 家资质单位进行跟踪处理，已全部完成整改。截至年底，全省共有测绘资质单位 484 家，同比增长 4.08%，其中甲级 18 家、乙级 84 家、丙级 122 家、丁级 260 家。

【法制宣传】

6 月，吉林省测绘地理信息局布置 2015 年全省测绘法宣传教育工作，制订了测绘法宣传方案。在全省测绘系统开展学习习近平总书记给国测一大队老队员老党员的回信活动，学习贯彻落实习近平总书记重要回信精神，加强测绘法宣传效果。

8 月 29 日，开展测绘法宣传日活动，长春市设立多个宣传点，悬挂条幅和展板，向群众发放测绘法宣传彩页和地图，通过主要街道电子屏播放测绘地理信息工作宣传内容。各市（州）、县（市）组织了特色宣传活动，全省共设立 116 个宣传点，各级测绘地理信息行政管理部门共制作 93 种宣传材料，共发放 72016 份宣传材料，总投入资金 10.09 万元。

基础测绘

【基础测绘】

2015 年，吉林省省级基础测绘经费投入继续保持增长，部门预算基础测绘经费增加到 5000 万元。完成白城测区 1∶1 万 DLG 基础地理信息数据更新 1924 幅、吉林省控制点数据库采集、吉林省 1∶1 万数据库延白通边境测区数据整合 1445 幅。加大市县 2000 国家大地坐标系建设，延吉、四平、辽源、吉林、白城、松原、长白山管委会 7 个地区已建成 2000 国家大地坐标系城市坐标系统，农安县 2000 国家大地坐标系城市坐标系统建设被纳入省委、省政府《关于支持农安县率先实现农业现代化的若干意见》，集安市 2000 国家大地坐标系城市坐标系统建设工作列入 2016 年省级基础测绘任务计划。

吉林省测绘地理信息局修订《吉林省测绘地理信息局测绘地理信息生产管理办法》和《吉林省测绘地理信息局直属事业单位目标责任制考评暂行办法》，完善生产与质检进度统计报表，编制《吉林省测绘地理信息局 2015 年基础测绘任务计划》。协调四维世景科技（北京）有限公司，获取 2015 年基础测绘影像。协调国家测绘地理信息局将长吉松测区列入国家航摄计划。

【北斗地基增强系统和国家基准站建设】

吉林省北斗地基增强系统通过国家验收。吉林省连续运行卫星定位参考站综合服务系统（以下简称 JLCORS）入网单位 290 家，用户 580 个，广泛应用于国土、林业、交通、水利、规划等部门。完成国家现代测绘基准体系建设一期工程 7 座国家 GNSS 基准站建设、设备安装及网络调试，对珲春站进行北斗地基增强系统建设改造。开展全省 GNSS、JLCORS 参考站基础设施巡查及维修维护，完成 21 个 JLCORS 参考站的巡查及维修维护工作以及大安站基础设施的工程验收。联合省发展和改革委员会、吉林省军区下发通知，对吉林省境内卫星导航定位基准站进行调查，核准全省共有 123 座基准站。

11 月，吉林省测绘地理信息局召开吉林省北斗卫星地基增强系统专家验收会和运行发布会。

【多元化协同发展】

2月，吉林省测绘地理信息局与立得空间信息技术股份有限公司签署战略合作框架协议，加快推进数字（智慧）城市建设，提高“天地图·吉林”建设水平。4月，与上海华测导航技术股份有限公司签署促进吉林省北斗卫星导航定位产业发展战略合作协议。8月，与中国测绘科学研究院签署战略合作协议，重点加快推进地理空间大数据云平台建设，建立科技成果转化直接对接机制，设立中国测绘科学研究院吉林分院。12月，与北京国遥新天地信息技术有限公司签署战略合作协议，针对吉林省地理空间大数据云平台的建设与应用、新型基础测绘、信息化测绘体系、智慧吉林建设等方面开展合作。

【援疆工作】

吉林省测绘地理信息局将部门援疆工作列入2015年基础测绘计划。制定2015年《吉林省测绘地理信息局测绘地理信息援疆工作实施方案》，重点实施阿依海滑雪场建设项目测绘任务和布尔津机场扩建项目测绘任务。完成布尔津县4.58平方千米和阿依海测区2.45平方千米1:500全野外数字化地形图测绘任务。8月17日，在长春举办援疆工作培训班，阿勒泰地区的40多名测绘地理信息工作者参加培训。

【质量监督】

吉林省测绘产品质量监督检查站全年共检定全站仪582台/套、GPS接收机513台/套、光学经纬仪34台/套、电子经纬仪105台/套、光学水准仪624台/套、电子水准仪19台/套、水准标尺14条、手持测距仪241台/套。制定《吉林省第一次地理国情普查生产过程质量监督抽查计划》，编制地理国情普查数据采集等多个检验实施方案。组织开展2015年基础测绘项目过程质量监督检查工作，成立过程质量监督检查组，公开通报过程质量监督检查情况，向受检单位通报检查中发现的问题及整改建议。

吉林省测绘地理信息局对四平、通化和白山3个地区共40家资质单位实施质量巡检。委托省测绘产品质量监督检查站，抽取16家资质单位的16个项目进行实地野外成果检验。对存在质量问题的9家单位做出不合格处理决定，给予全省通报。组织举办全省甲、乙级测绘资质单位质量管理人员培训班。

【“吉林一号”商用高分辨率遥感卫星应用项目】

6月26日，吉林省测绘地理信息局与中国科学院长春光学精密机械与物理研究所、国家测绘地理信息局卫星测绘应用中心、国家基础地理信息中心共同签署《吉林民用遥感卫星研制与应用合作协议》（以下简称合作协议）。合作协议明确了“吉林系列卫星研制与推广应用规划”“研究制定产业发展政策”等8项合作内容和具体的合作机制，并对各方所应当履行的责任和义务进行具体约定。

“吉林一号”商用高分辨率遥感卫星应用项目被列入吉林省政府重点工作。10月7日12时13分，“吉林一号”卫星在酒泉卫星发射中心成功发射。

地图管理与地图服务

【地图管理】

吉林省测绘地理信息局开展“问题地图”专项治理，对长春、珲春、图们、延吉、龙井、和龙6个市、县及长白山管委会管辖区域进行专项检查。重点检查涉及边境地区，特别是长白山景区的示意图、口岸公开展示的地图、中小学地理教辅教材等。对发现的“问题地图”进行现场采样，要求市场管理人员将有“问题地图”的地理教辅教材及时下架，并将地图市场检查情况报送国家测绘地理信息局。

【地图审核】

吉林省测绘地理信息局完成对延边朝鲜族自治州委宣传部、省林业厅、吉林日报等部门送审的《美丽延边》《中国湿地资源（吉林卷）》、《长吉产业发展规划图》等编印、出版、展示地图及示意图的审查、核准、发放地图审图号工作。全年共受理编印、出版、展示地图及其示意图的审批报件67

件，其中审批通过61件，核发审图号61个，折合16开标准图幅7008幅。审批报件中，公开出版的单张地图14件、地图册1件、公开展示图7件、电子地图及互联网地图1件、书刊报刊插图21件、地理教辅书插图23件。完成地图备案43个图件。

【地图编制与出版】

吉林省航测遥感院编印完成《吉林省地图》1∶90万、1∶150万、1∶230万、1∶330万等系列比例尺地图。吉林省有关测绘资质单位编印出版《长春交通全图》《辽源市交通图》《公主岭交通图》等各类纸质地图及插图。省基础地理信息中心编制完成《长白山旅游手绘地图》；提供各类专题地图2127幅、图册68册；喷绘各类专题地图75幅；提供测绘地理信息应急保障服务，以县为单位打印65幅《吉林省域防洪工程图》；为测绘法宣传免费提供地图700张。

【互联网地图监管】

吉林省地图技术审核中心指定专人负责互联网地图监管工作，并对互联网地理信息安全监管系统进行更新升级，建立健全互联网地图监管的长效机制，每周不少于3个工作日对全省各级党政机关、高校、各大型企业等网站进行排查；按季度向国家测绘地理信息局提交监管情况报告。全年共检查地图服务网站122家、地图图片6882张、POI信息2345条，全省未发现存在损害国家主权、泄露国家秘密等严重问题的互联网地图网站。

【地图公共服务】

吉林省测绘地理信息局为省政府编制“一带一路”建设领导工作用图；为省委宣传部编制《吉林省大项目巡检新闻报道集》。与省民政厅合作研发吉林省慈善救助地理信息系统。为省残疾人联合会开发吉林省残疾人综合管理地理信息支撑平台。为《吉林年鉴》编印《吉林省行政区划图》《吉林省地势图》插图；为长春市司法局、抚松县政府编制《长春市公共法律服务分布图》《抚松县行政区划图》；为珲春市民政局、集安市民政局编印《珲春地名志》《集安市地名志》插图等。向省政府及相关厅、局提供非密级各种挂图51幅、地图集（册）40本、《吉林省领导用图》及《十全十美》系列地图集（册）75套。

【测绘地理信息应用成果和地图网上展览吉林馆】

6月23日，全国测绘地理信息应用成果和地图网上展览吉林展馆建设正式启动。吉林省测绘地理信息局成立吉林网上地图展览组织委员会，先后到吉林省委党史研究室、伪满皇宫、省档案馆等单位收集1200多张图片和超过850分钟的影像资料。10月28日，全国测绘地理信息应用成果和地图网上展览吉林馆暨吉林省测绘地理信息应用成果和地图网上展览正式上线运行。

【国家版图意识宣传教育】

吉林省测绘地理信息局与省教育厅启动“国家版图意识宣传教育进校园”系列活动，启动仪式在长春市南关区东四小学校园举行，向师生们播放国家版图意识教育专题讲座，赠送200套标准世界地图和中国地图。全省6620所中小学组织观看国家版图意识教育专题讲座。

8月，省测绘地理信息局和直属事业单位在长春市绿园区春草社区开展国家版图意识教育，设立咨询台，义务为居民普及测绘地理信息常识，解答测绘难题，发放地图、法律法规等宣传材料1000多份。

测绘地理信息成果管理与应用

【成果管理】

吉林省测绘地理信息局全年共受理测绘成果提供审批535件。出具《国家秘密基础测绘成果资料使用证明函》47份，涉及9个省份。组织开展2014年度测绘成果目录（副本）汇交，共382家测绘单位汇交2982条测绘成果目录。在局门户网站发布测绘成果汇总目录和公告。对连续2年未汇交的13家单位下达限期汇交通知书，并依法对未进行汇交的单位进行处罚。

吉林省测绘档案资料馆完成2014年已上交数据成果的接收、整理和接边数据备份成果的替换工作。基础地理信息数据成果异地存储56盘磁带。向国务院普查办上交吉林省分幅正射影像542幅、整景影像117景、1∶1万DEM数据8220幅、地表覆盖及地理国情要素数据61个县（区）、遥感影像解译样本数据57个县（区），总数据量4300GB。集中销毁地形清绘原图7332幅、地形图档案资料1171盒。完成1∶5万（2012版）612幅53970张纸质地形图的领取和整理工作，并对外提供使用。

【成果提供与接收】

吉林省基础地理信息中心为“全国地质环境系

列图编制”“吉林省钻井及地面辅助工程”“长白山玄武岩覆盖”等项目提供各种比例尺地形图共3767幅、专题地图2127幅。提供DLG 9141幅、DOM 7345幅、其他地理信息数据612幅，接待用户288人次。提供各类控制成果资料共4923点、航空摄影成果7800GB、卫星影像9650GB，接待用户279人次。向国家基础地理信息中心等单位索取用于地理国情监测和基础测绘项目所需要的影像及专题数据共31项，数据量约20000GB。接收基础测绘任务生产单位上交的计划内生产项目成果共20项，数据量1200GB。

【成果保密管理】

吉林省测绘地理信息局制定《2015年全省地理信息保密检查工作方案》，下发《关于开展2015年全省地理信息保密检查的通知》，对长春市、辽源市、长白山保护开发区涉密测绘成果用户单位进行检查，掌握全省利用涉密测绘成果使用和保管情况。起草《全省涉密地理信息保密检查工作情况总结报告》。举办第六期全省测绘成果核心涉密人员岗位培训班，邀请沈阳军区、省国家保密局、市国家安全局、省测绘地理信息局专家授课，120人参加培训，通过考试人员获得核心涉密人员岗位培训证书。

【测量标志管理】

吉林省测量标志管理站对通化市、通化县、梅河口市等8个市、县开展测量标志普查维护工作，共普查维护各类测量标志点758点。完成通化、白山、梅河口、公主岭、珲春市2000国家大地坐标系城市坐标系统建设选点埋石工作。全年巡查吉林市区、桦甸市等6个市、县三等以上水准点533点。对巡查的三等以上水准点重新绘制点之记，测定点位概略坐标，整饰点位，拍摄点位照片，以市、县行政区域为单位重新整理点位档案资料，更新测量标志数据库。完成集安市高句丽遗址景观型测量标志建设。落实全省测量标志保管人员经费，将2015年度测量标志保管津贴全部发放到县级测绘地理信息行政主管部门。

【服务重点工程】

吉林省测绘地理信息局为吉林省传统村落保护规划编制、国家新增千亿斤粮食产能规划2014年田间工程、吉林省重点文物保护规划编制及保护设计方案等重点项目提供DLG、DOM数据和各种比例尺纸质地形图。完成吉林市城区、白山市浑江区、磐石市、永吉县等县（市）农村土地承包经营权确权试点项目测绘项目登记备案61件。为长白山保护开发区管委会提供1∶1万、1∶5万规划用图及数据200多幅。参与建设吉林省扶余市农村土地承包经营权确权登记（第三标段）628平方千米，白城市月亮泡蓄滞洪区地形图修测700平方千米。完成广西大藤峡水利枢纽工程、滇西北～广东±800kV特高压直流输电线路、西藏自治区金河流域水电开发规划等测量工程项目。服务领域涵盖规划、水利工程、电力设计、地质灾害等20多个行业和部门。

吉林省测绘地理信息局完成吉林省地理信息科技产业园建设项目用地选址，编制产业园项目规划书，产业园建设项目被列入吉林省“十三五”规划重点项目。11月24日，吉林省测绘地理信息局在长春召开促进测绘地理信息企业发展座谈会，15家测绘地理信息企业代表参加会议并交流发言。

科技、标准化与国际合作

【科技创新】

吉林省测绘地理信息局组织2015年科技创新项目征集和立项评审，共征集项目9项，通过立项评审6项，总投入85万多元；组织2014年科技创新项目验收评审，参加评审的5个项目全部通过验收。对已完成的科技创新项目成果进行分析，选择适合推广应用的成果共享给各基础测绘生产单位进行应用。组织召开地理国情数据拼接处理软件推广应用培训会。省地理省情监测工程技术研究中心结合地理国情普查及监测，开展“吉林省湿地生态安全遥感监测研究”“吉林省地理国情普查成果在黑土区沟蚀监测与防治中的应用研究”和“森林资源动态监测”3个项目，成为吉林省第一批地理国情应用项目。

【标准化工作】

吉林省测绘地理信息标准化技术委员会制定《吉林省测绘地理信息地方标准库建设纲要》《吉林省测绘地理信息地方标准制修订办法》等规章。申请承担《卫星导航定位基准站数据处理规范》和《卫星导航定位基准站网络传输协议和接口协议》2项国家标准制订任务，其中《卫星导航定位基准站网络传输协议和接口协议》获得批准；申报《吉林省房产测绘实施细则》《吉林省地质雷达测绘技术规程》《吉林省卫星导航定位基准站数据处理规范》和《吉林省卫星导航定位基准站网络传输协议和接口协议》4 项地方标准，全部通过省质量技术监督局批准立项。召开《地名/地址数据采集与建库标准》编制工作研讨会，邀请省民政厅专家共同对该项标准的内容和格式进行讨论和修改，编制完成该项标准送审稿。

【科技奖励】

吉林省测绘地理信息局组织全省测绘资质单位申报科技成果，吉林省基础测绘院申报的“统计假设检验方法在全极化 SAR 变化检测中的应用”获吉林省自然科学学术成果三等奖。组织参加中国测绘地理信息学会 2015 年全国优秀测绘工程奖评选，吉林省测绘地理信息行业单位获 2 项银奖、3 项铜奖。10 月，2015 年度中国地理信息产业优秀工程奖公布，吉林省 2 个项目获银奖、4 个项目获铜奖。

【人才培养】

2015 年，吉林省测绘地理信息局通过公开招聘引进人才 19 人，其中面向全社会公开招聘 16 人，通过绿色通道从武汉大学招聘 3 人。完成与武汉大学联合举办的工程硕士研究生班论文开题和答辩，31 人参加开题，33 人参加论文答辩。主办北斗卫星导航定位系统应用高级研修班，邀请相关专家作“北斗应用与导航产业的态势和前景”“北斗卫星导航系统发展现状及其应用关键技术”等专题报告。推选出 4 名局属事业单位专业技术人员参加省第五批拔尖创新人才评选，其中当选第二层次 1 人、第三层次 3 人。开展首届全省测绘地理信息行业青年学术和技术带头人评选工作，评选出 17 名全省首届青年学术和技术带头人，其中局系统 9 人。完成 25 名局第五届青年学术和技术带头人考核，其中优秀 10 人、合格 15 人。至年底，全局共有国家测绘地理信息局青年学术和技术带头人 3 人、省突出贡献专家 4 人。开展 2015 年度全省测绘行业高、中级职称评审工作，取得高级专业技术职务任职资格 52 人，中级专业技术职务任职资格 99 人。组织局属正处级领导干部参加吉林省委组织部网上学习，处级干部教育培训 43 人，全局共有 80 人次参加网上教育培训。10 月，与吉林省人力资源和社会保障厅联合举办测绘地理信息在政府信息化管理中的应用高级研修班，全省测绘、国土、农业等相关行业 80 多人参加。

【职业技能培训与鉴定】

6 月 17 日 ~19 日，吉林省测绘地理信息局、省人力资源和社会保障厅、省总工会、团省委和省妇联联合举办吉林省第四届测绘地理信息行业职业技能竞赛暨全国竞赛吉林选拔赛，省内 17 支代表队参赛。长春市测绘院获工程测量专业团体一等奖，吉林省基础地理信息中心获地图制图专业团体一等奖，吉林省基础地理信息中心 1 人、长春市测绘院 1 人分获地图制图专业、工程测量专业第一名。7 月、11 月举办 2 批次全省测绘行业工程测量员培训班，共有 200 多人参加培训。报名申请工程测量专业 1 级（高级技师）、工程测量专业 2 级（技师）共 65 人，通过 51 人；报名申请工程测量专业 3、4、5 级（测量员）共 152 人，通过 144 人。74 人完成全省注册测绘师的注册申报工作，其中 70 人已办结。全年开展 9 个批次职业技能鉴定工作，鉴定人数 961 人。其中，在大中专院校开展 7 个批次，共鉴定 744 人；在测绘地理信息行业内开展 2 个批次，共鉴定 217 人。

【对外合作交流】

7 月，吉林省航测遥感院选派 1 人赴美国乔治梅森大学参加“网络地理信息平台维护技术”培训班学习。9 月，省基础测绘院选派 1 人赴美国乔治梅森大学参加“中美地理国情普查监测技术与管理高级研讨班”培训班学习。吉林省测绘地理信息局针对地理空间大数据云平台建设、地理国情监测、产学研国际合作等重点项目邀请美国乔治梅森大学教授杨超伟来访。全年共组织因公出国学习交流和邀请国际知名专家学者来访 3 批次。

党的建设与精神文明建设

【党建工作】

吉林省测绘地理信息局党组出台《关于贯彻落实党风廉政建设主体责任和监督责任的实施意见》，结合干部轮岗交流，强化基层党组织及局机关各党支部建设。明确局系统各级党组织、负责人、领导干部的“两个责任”。召开局直属机关第一次党员代表大会，选举产生新一届党委和纪委。制定局属单位党的工作目标考核细则和党组织书记党建工作述职考核方案。

全年送出培训入党积极分子 6 人，选派 4 人参加新党员培训班，发展党员 8 人，选派 10 名党支部书记参加省直机关党支部书记短训班。组织对 2014 年全局党员领导干部及局机关干部理论学习成果进行检查和考核，表彰考核优秀人员 5 名。印发《关于2015年全局党员干部理论学习安排意见》，组织4期320人次参加全局处以上党员领导干部及局机关党员干部理论知识测试活动。落实理论中心组学习扩大会和党员干部理论学习制度，全年局党组召开扩大学习会议7次。选派3名处级干部参加省直机关理论骨干培训班。组织广大党员群众订阅使用共产党员微信，268人加入关注。局直属机关党委、工会、团委部署落实习近平总书记给国测一大队老队员老党员的回信精神，向全省测绘地理信息系统共产党员、干部、职工提出倡议。

【党风廉政建设】

吉林省测绘地理信息局印发《关于集中开展纠正“四风”系列行动工作实施方案》，集中开展纠正“四风”系列行动，包括清理违规使用公务用车，明察暗访，清理滥发津贴、补贴等5个专项行动。召开全局廉政工作会议。组织局机关及局属单位处级以上领导干部在吉林省分会场参加全国测绘地理信息系统党风廉政建设工作电视电话会议。开展反腐倡廉警示教育，局系统24名处级领导干部参加省直机关党员干部廉政培训班；组织党员领导干部和机关全体干部80多人参观吉林省预防职务犯罪警示教育基地。局直属机关党委制作完成的《结合苏共亡党的教训看反“四风”、反腐败斗争的重大意义》视频在吉林省委宣传部开展的“长白山讲坛——精彩一讲”网上讲座视频展播活动中获优秀作品奖一等奖和优秀制作奖。落实省纪律检查委员会关于开展廉政文化创作活动要求，举办全局系统廉政文化创作书画作品展。

【“三严三实”专题教育】

吉林省测绘地理信息局制定印发《吉林省测绘地理信息局“三严三实”专题教育实施方案》。以党组书记讲党课为开篇启动局系统“三严三实”专题教育，在局门户网站开设“三严三实”专题教育专栏。开展“3个自我反思”“5个自我深省”“3个自我拷问”专题学习研讨。召开局中心组扩大学习会议6次，局属单位共召开57次专题学习会议。局党组向省委、省政府和相关厅局、市（州）、县（市）测绘地理信息行政管理部门、部分测绘资质单位和地理信息企业、局属单位发放征求意见表153份，党组成员深入基层一线听取意见建议。局党组梳理问题7个，局党组成员梳理问题70个，局属各单位领导班子梳理问题91个，局属各单位领导班子成员梳理问题200个，分别建立清单、台账，逐项进行整改落实。

【精神文明建设】

吉林省测绘地理信息局开展党员领导干部慰问困难职工活动，“两节”期间共慰问困难职工17人次。代省直机关工委发放慰问金1.02万元，资助金秋助学学生2人次。向新农村建设帮困、扶贫、文明结对对象赠送电脑10台。与吉林省紧急救援促进中心联合开展“中华少儿书屋”捐赠活动，组织党员和职工捐赠少儿读物664册。局团委组织青年志愿者与残疾儿童结成“一帮一”对子。

参加省直属机关工作委员会组织的建功“十二五”活动，吉林省测绘地理信息局申报的“让‘北斗’落地引领位置服务产业发展”项目被评为省直机关2015年度建功“十二五”突出业绩奖。吉林省测绘地理信息局、省基础测绘院、省地理信息院、省航测遥感院获2013～2015年度全省精神文明建设先进集体称号；吉林省基础地理信息中心、省测绘地理信息局机关服务中心、省测绘产品质量监督检查站获2013～2015年度省直机关文明单位称号。1人被省直机关授予“五一劳动奖章”。省地理信息院五分院获“省三八红旗集体”称号。在局门户网站开设“先进人物系列报道——我为测绘事业筑辉煌”专题栏目。

【文化建设】

吉林省测绘地理信息局直属机关党委与社区单位确定2015年机关在职党员服务社区项目，联合长春市绿园区春城街道春草社区开展“文明祭祀平安清明”“测绘法宣传进社区”等主题宣传活动；省第一次地理国情普查劳动竞赛委员会办公室开展庆“五一”国情普查诗歌和我身边的国情普查故事征文活动。局团委和基层团组织举办“弘扬五四精神，关爱残疾儿童”“五四”青年志愿服务活动、“依法普查地理国情，地信服务美丽吉林”等互动交流活动和“国情故事分享，地理国情知识问答”等主题活动。局直属机关工会组队参加全国测绘地理信息系统第四届“世恒杯”乒乓球比赛，获女单第五名。局直属机关工会组织女职工参加省直属机关妇女工作委员会、省直工会女职工委员会举办的“健康女性·幸福中国”“清廉养德·从家庭出发”读书征文系列活动，获一等奖1名、二等奖5名、三等奖6名；参加全省“阳光女性·幸福中国”读书征文活动，获二等奖2名、三等奖3名。全年共组织164人次参加社区精神生活、环境卫生、便民利民、平安建设等活动。

【政务及宣传工作】

吉林省测绘地理信息局制定《吉林省测绘地理信息局重点工作督查办法》，建立省政府重点工作督查机制。每月对列入政府重点工作的“地理空间大数据云平台建设”等4项重点工作开展督查，全年共向省政府督查室上报12期督查报告、2期专项总结报告。向省政府报送政务信息13篇，被政府《每日要情》采用7篇；向省委报送政务信息7篇，被《吉林信息》采用3篇。《中国测绘报》刊登信息2篇。印发《内部情况通报》2期。出台《吉林省测绘地理信息局直属事业单位工作目标责任制考评暂行办法》。1人被《吉林年鉴》评为优秀撰稿人。

吉林省测绘地理信息局创新宣传工作新模式，到长春市、吉林市、延边朝鲜族自治州等13个测绘地理信息行政管理部门和省地矿测绘院等14家测绘资质单位开展新闻采访活动，形成采访文字6.3万多字，采访报道行业先进典型人物15人。《吉林测绘地理信息》杂志全年出版4期印发4200册。截至年底，局网站发布稿件546篇，转载稿件735篇。全年局门户网站总点击量为1560万次，较2014年增长20%，网站相关报道被近100家报纸、网站、电台、电视台等新闻媒体转载400多次。全年在电视播出新闻36分54秒。起草《吉林省测绘地理信息局政务微信管理暂行办法》。至年底，政务微信公众号“吉林测绘地信”发布新闻类微信近100条，新浪微博粉丝近3万人。

地方社团工作

【吉林省测绘与地理信息行业协会】

3月19日，吉林省测绘与地理信息行业协会一届五次理事会在长春召开。会议表彰了25家协会工作先进单位和35名先进工作者，公布2014年吉林省优秀测绘地理信息工程奖评选结果，表决通过新变更副会长和增选副会长、常务理事人员名单。4月，在长春召开第二届一次会员代表大会，审议通过第一届理事会工作报告和理事会财务收支决算报告，选举产生第二届理事会、常务理事、副会长、会长，130多人参加会议。

5月，承办全国倾斜摄影技术联盟百城巡展长春站活动。7月，召开促进测绘地理信息民营企业发展座谈会，70多人参加会议。8月，举办吉林省测绘地理信息行业第一届羽毛球赛，16支代表队160人参赛。10月，推荐的项目获2015年中国地理信息产业优秀工程奖银奖2项、铜奖3项。推荐的5家中小企业当选最具活力中小企业。

【吉林省测绘地理信息学会】

3月12日，吉林省科学技术协会举办的2015年学会工作会议召开，省测绘地理信息学会教育专业委员会获2014年度优秀专业委员会；主办的第四届“南方杯”吉林省大学生测量技能竞赛被评为2014年度优秀学会活动；1人获2014年度优秀学会干部称号。4月3日，吉林省测绘地理信息学会召开八届九次常务理事会。4月24日，在长春召开八届三次暨九届一次会员代表大会，会议听取并审议通过吉林省测绘地理信息学会八届理事会工作报告、八届理事会财务报告和提请修改《吉林省测绘学会章程》的报告，选举产生第九届理事会理事长、副理事长、常务理事、理事和秘书长，聘任学会理事会副秘书长和常务副秘书长，审议通过第九届理事会专业（工作）委员会设置议案和各专业（工作）委员会主任委员名单，表彰了2014年度吉林省测绘地理信息科技进步奖获奖单位和2014年度吉林省熹光测绘地理信息科学技术奖获得者。

7月，获第十一届测绘地理信息职工定向越野赛优秀组织奖。7月23日，与黑龙江省测绘地理信息学会和辽宁省测绘地理信息学会联合举办第十三届东北三省测绘学术与信息交流会。参加“华测杯”优秀论文评选活动，吉林省申报的论文获一等奖1篇、二等奖2篇、三等奖3篇。10月22日，组织参加第五届全国测绘地理信息技术装备展览会暨全国测绘地理信息博览会，以“测白山松水绘大美吉林”为主题，集中展示吉林省测绘地理信息技术装备和重大项目等有关情况。

黑龙江省

概况

2015年，黑龙江省测绘地理信息行业单位完成服务总值18亿元。不断推进测绘地理信息法制建设，《黑龙江省测绘地理信息数据交换和共享管理办法》列入省政府立法计划。印发《黑龙江省测绘地理信息行政处罚自由裁量权实施办法》等3个规范性文件。开展行政审批改革，黑龙江省测绘地理信息行政主管部门共梳理行政权力清单44项，下放丙级测绘资质审查权至市（地）测绘地理信息行政主管部门。加强事中事后监管，开展地图市场、质量监督、测绘地理信息成果保密综合执法检查等工作，全省测绘地理信息市场秩序进一步规范。开展市（地）测绘地理信息行政主管部门工作绩效考核。

黑龙江测绘地理信息局完成新疆、西藏、内蒙古自治区及甘肃省129万平方千米国家地理国情普查任务和黑龙江省45.4万平方千米地理国情普查任务。组织开展黑龙江省第一次全国地理国情普查劳动竞赛和黑龙江省第一次全国地理国情普查标准时点核准百日大会战主题竞赛。数字（智慧）城市建设有序开展，全省地级数字城市得到不同程度应用。“天地图”国家、省级数据融合和黑龙江政务版建设稳步推进，7个市级节点接入国家主节点并运行。

黑龙江测绘地理信息局完成国家基础地理信息数据库动态更新、国家现代测绘基准体系基础设施建设一期工程、极地重点区域基础测绘工程、边远地区少数民族地区基础测绘专项补助项目、黑龙江省卫星定位连续运行综合服务系统和似大地水准面精化工程等国家、省级重大专项测绘工程。开展黑龙江省农村土地承包经营权确权登记航空摄影测量、像控测量和影像底图制作工作。

黑龙江测绘地理信息局编制完成《黑龙江省基础测绘“十三五”发展规划（初稿）》。牵头编制的《市县经济社会发展总体规划技术规范与编制导则（试行）》由国家发展和改革委员会、国家测绘地理信息局以发改规划〔2015〕2084号文件联合印发。落实黑龙江省卫星定位连续运行综合服务系统和似大地水准面精化工程、地理国情普查及省农村土地承包经营权确权登记影像底图制作等项目经费2.77亿元。承办第四届全国测绘地理信息行业职业技能竞赛工程测量赛项竞赛。

全省测绘地理信息服务领域不断延展优化。黑龙江测绘地理信息局利用地理国情普查成果和基础地理信息数据，编制完成黑龙江省生态功能红线划定实施方案和技术规程并开展试点。持续深化与省农委、国土、水利、环保、防汛抗旱指挥部等部门合作，为省精准农业综合管理、治安防控体系建设、防汛抗旱等工作提供地理信息服务。全年向全省各行业提供控制成果3284点、地形图3688幅、数字成果105TB。完成《黑龙江省地图集》编纂工作。

黑龙江测绘地理信息局全年获国家专利3项，9项技术成果取得软件著作权。

重点工作推进

【数字城市建设】

黑龙江省地级数字城市地理空间框架建设全面完成并投入应用，县级数字城市地理空间框架建设有序开展。数字嘉荫、数字绥芬河、数字海伦、数字友谊等县级数字城市地理空间框架建设试点工作稳步推进，数字二道河、数字创业等数字农场地理空间框架建设全面完成。“智慧讷河”县级智慧城市时空信息云平台建设先行启动。国家测绘地理信息局试点项目“智慧哈尔滨”时空信息云平台建设顺利开展。

【“天地图·黑龙江”建设】

“天地图·黑龙江”省级节点建设有序开展，完成三江平原区域约4.6万平方千米矢量数据、1.3万平方千米影像数据上线服务及与国家主节点数据融合工作。10月，“天地图·大庆”完成上线评估并接入国家主节点。开展黑龙江省地理信息公共服务平台（政务版）升级改造工作。完成基于“天地图·黑龙江”的省测绘成果检索查询系统、“龙江古迹”展示服务系统、空气质量公众监测评价展示系统、自然保护区地理国情监测服务平台等设计、开发工作。

【地理国情普查】

黑龙江测绘地理信息局完成第一次全国地理国情普查内蒙古、新疆、西藏、甘肃区域129万平方千米标准时点核准工作，普查成果通过验收。完成黑龙江、吉林、北京、内蒙古等省（自治区、直辖市）256万平方千米地貌类型数据生产工作。完成黑龙江省45.4万平方千米地理国情普查标准时点核准工作，形成标准时点核准数据集和基本统计报告。

对22家测绘资质单位、1300多名作业人员进行培训与考核。联合黑龙江省总工会举办黑龙江省第一次全国地理国情普查劳动竞赛，评选出先进集体10家、先进个人32人。其中，1家单位被黑龙江省总工会授予“黑龙江省五一劳动奖状”，3家单位被授予“黑龙江省工人先锋号”称号，2人被授予“黑龙江省五一劳动奖章”。组织开展“黑龙江省第一次全国地理国情普查标准时点核准百日大会战”主题竞赛，评选出优胜集体12家、个人标兵35人、星级班组16个、技术明星5人。

结合黑龙江省“五大规划”实施，开展“应用地理国情普查监测技术支撑市县经济社会发展规划编制试点”研究工作。利用普查成果和基础地理信息数据，编制完成《黑龙江省生态功能红线划定实施方案》，在哈尔滨、佳木斯、阿城、木兰、宾县、同江等地开展试点。

【农村土地承包经营权确权登记】

黑龙江测绘地理信息局组织完成黑龙江省农村土地承包经营权确权登记项目7.9万平方千米航空摄影工作；完成10.9万平方千米航空影像像片控制测量、航空影像底图制作及8万平方千米边境禁飞区域及零散地块高分辨率航空航天影像底图制作工作。9月，首批18.9万平方千米影像底图成果分发至各县（市、区）农业主管部门。

【测绘地理信息行业职业技能竞赛】

6月，黑龙江测绘地理信息局联合省人力资源和社会保障厅、省总工会、共青团黑龙江省委员会、省妇女联合会举办第四届黑龙江省测绘地理信息行业职业技能竞赛。全省测绘地理信息行业30家测绘资质单位、60名选手参加工程测量和地图制图两项比赛。两个赛项各评出团体一等奖1名，团体二等奖2名，团体三等奖3名。6名选手获“省测绘地理信息技术能手”称号，6名选手获“省测绘地理信息青年岗位技术能手”称号。4家单位获大赛优秀组织奖。

第四届全国测绘地理信息行业职业技能竞赛工程测量赛项竞赛现场

9月，承办“吉威时代杯”第四届全国测绘地理信息行业职业技能竞赛工程测量赛项竞赛。赛会期间，累计接待往返来宾、参赛选手等846人次，发放竞赛材料282份。在全国、省内各大媒体刊发消息21篇，发表竞赛现场纪实文章3篇、通稿1篇；拍摄照片1000多张，录制视频资料120GB，印发简报750份，制作竞赛宣传光盘160张。举办了“中国梦·测绘情”主题联谊会。竞赛组委会授予黑龙江测绘地理信息局“特别贡献奖”。竞赛中，黑龙江省代表队分获工程测量赛项、地图制图赛项团体第二名；2名选手分获工程测量赛项个人总成绩第5、8名；2名选手分获地图制图赛项个人总成绩第3、6名。

法制建设与市场监管

【法制建设】

《黑龙江省测绘地理信息数据交换和共享管理办法》列入省政府立法计划。黑龙江测绘地理信息局出台《加强测绘航空摄影项目登记规定》《黑龙江省测绘地理信息行政处罚自由裁量权实施办法》《测绘资质审查有关内容调整规定》3个规范性文件。

组织数百家测绘资质单位开展“8·29”测绘

法宣传日活动，全省发放宣传单及各类宣传材料3万多份，部分地市政府主管测绘的负责人到现场宣传。

各级测绘地理信息行政主管部门利用全省测绘地理信息综合行政执法检查、保密检查、质量监督检查、哈洽会驻会服务等契机，向测绘资质单位、参展商户讲解宣传测绘地理信息法律法规和国家版图知识等。

【行政审批改革】

黑龙江测绘地理信息局完成测绘地理信息行政权力清单梳理工作，共梳理44项权力。其中，行政许可7项、非行政许可3项、行政处罚24项、行政征收2项、行政确认4项、行政监督检查2项、税费减免1项、其他1项。

将丙级测绘资质审查权下放至地市测绘地理信息行政主管部门。将哈尔滨以外的实地考核工作委托给测绘资质单位所在地测绘地理信息行政主管部门。根据国务院《关于取消第一批清理规范89项国务院部门行政审批中介服务事项的决定》（国发〔2015〕58号）精神，调整黑龙江测绘地理信息局资质审查委员会，取消黑龙江省测绘产品质量监督检验站、黑龙江测绘计量仪器检定站等单位审查资格。出台《测绘资质审查有关内容调整规定》。

【资质管理】

截至2015年底，黑龙江省共有测绘资质单位599家，其中甲级32家（其中私营企业3家）、乙级102家（其中私营企业55家）、丙级182家（其中私营企业124家）、丁级283家（其中私营企业210家）。测绘资质单位新申请数量、升级数量较2014年增加了99家。私营企业占测绘资质单位总数的65%。

【市场监管】

在第二届中国－俄罗斯博览会布展期间，黑龙江测绘地理信息局与博览会组委会联合印发《关于第二届中国－俄罗斯博览会正确使用国家版图的通知》，对布展施工单位使用地图进行事中监管。至年底，全省具备测绘地理信息行政执法资格人员95人。配合黑龙江省国家安全部门等开展相关案件调查。开展全省测绘地理信息综合行政执法检查、地理信息保密检查、测绘资质巡查，省、市测绘地理信息行政主管部门共抽查测绘资质单位97家，检查比例17%。对抽取的59家测绘资质单位进行测绘地理信息成果质量监督检查，其内容涵盖地形图测绘、勘测定界、地籍测绘、土地变更调查等，抽查结果为：不可检1项、批合格52项、批不合格6项，合格率89.6%。

基础测绘

【国家基础测绘】

一、国家基础地理信息数据库动态更新

黑龙江测绘地理信息局组织完成黑龙江、吉林、辽宁等10个省（自治区、直辖市）262万平方千米、7211幅1:5万地形数据库动态更新和制图数据更新任务。其中，黑龙江、内蒙古、北京、天津4个省（自治区、直辖市）为重点要素更新，6个省为全要素更新。

二、极地重点区域基础测绘工程

黑龙江测绘地理信息局组织完成中国第31次南极科学考察测绘任务。首次在南极建立民用北斗卫星导航系统南极基准站，完成数据采集、分析工作。完成维多利亚地科学考察站建站区域8个D级GPS大地控制点选埋、观测、数据处理，13幅1:5000“3D”数据生产工作。完成中山站－埃默里冰架区域60幅1:5万“3D”数据生产工作。编制完成《“十三五”极地基础测绘研究报告》。“地理信息保障能力建设”纳入《中国极地考察“十三五”重大工程项目规划》。11月，选派2人参与第32次南极科考，环南极开展北斗基站二期建设，涉及新站选址和旋翼无人机等新技术应用。

三、基础地理信息系统运行与维护

黑龙江测绘地理信息局组织完成哈尔滨全球定位系统跟踪站每日GPS数据采集下传、整理、汇交上传及跟踪站日常维护与管理等工作，数据有效率100%。完成省级基础地理信息数据库日常维护与管理等工作。

【国家重大专项测绘】

黑龙江测绘地理信息局组织完成国家GNSS连续运行基准站、卫星大地控制网、国家高程控制网建设，完成国家GNSS连续运行基准站8座新建站、1座改造站土建、电气、室外、通信接入、高程属性测定工作，完成221个GNSS大地控制点、19条（约7300千米）一等水准路线观测工作。2015年，中央财政补助黑龙江省500万元，用于开展“数字海伦地理空间框架数据集建设三期”等9个地形图测绘和数字城市建设项目。

【省级基础测绘】

黑龙江测绘地理信息局组织完成黑龙江省连续运行卫星基准站（以下简称 HLJCORS）建站 101 座，利用 12 座。采购仪器设备 113 套，安装 65 座。完成 GNSS 大地控制点选点、埋石、观测 120 座，二等水准观测 1.2 万千米。完成 HLJCORS 控制中心房屋改造工作。

【安全生产管理】

黑龙江测绘地理信息局印发《2015 年度安全生产工作要点》，部署全年安全生产工作。年内，2 次调整安全生产管理委员会及办公室组成人员。组织 20 多次安全生产专题讲座及安全生产演练（消防演练、防火疏散演练等），400 多人参加。完善车辆卫星定位安全监管系统，增强功能，全局 170 多台外业车辆（包括雇佣车辆）配置升级后的安全生产车辆监测系统。全年未发生安全生产责任事故。

地图管理与地图服务

【地图管理与服务】

2015 年，黑龙江测绘地理信息局共受理地图审核 121 件，批准 121 件。完成黑龙江省测绘地理信息应用成果和地图展览网上展馆建设工作，黑龙江展馆被国家测绘地理信息局评为优秀展馆。在第二届中国 - 俄罗斯博览会期间开展驻会地图监管与服务，免费发放博览会专版哈尔滨市区地图。向企事业单位、党政机关、社会公众提供《哈尔滨市 9 区 9 县地图册》《黑龙江省抗战遗址分布图》《黑龙江陆海丝绸之路经济带地图》等多项公共地图服务。

【地图出版】

2015 年，黑龙江省地图出版以新版、重版纸质参考图和新版一般出版物为主。共出版参考图 182 种，其中，新版 63 种、重版 119 种。出版一般出版物（图书）121 种，其中新版 117 种。哈尔滨地图出版社出版《黑龙江省地图集》（精装版、活页版）、《黑龙江省地形图（3D 版）》《黑龙江省抗战遗址分布图》等图集和单张图 296 种。

【国家版图意识宣传教育】

黑龙江测绘地理信息局与省新闻出版广电局联合印发《关于加强黑龙江省国家版图意识宣传教育和地图市场监管工作的通知》。在全省国家版图意识宣传教育进媒体工作中，市（地）测绘地理信息行政主管部门、新闻出版广电局按照分工对辖区内报纸、图书、杂志以及电视新闻栏目中登载的地图进行检查，并利用新兴媒体等普及、宣传国家版图知识。

测绘地理信息成果管理与应用

【成果提供与汇交】

2015 年，黑龙江测绘地理信息局受理涉密基础测绘成果行政审批 337 件。为黑龙江省行业单位提供地形图 3688 幅、控制成果 3284 点、数字成果 105TB。全年共接待用户咨询 1000 多次。强化省级测绘地理信息成果归档管理工作，完成省级 1∶1 万基础测绘成果归档 6164 幅。完成 2014 年度黑龙江省测绘成果汇交工作，353 家测绘资质单位汇交测绘成果目录 2096 条。

【涉密成果管理】

2 月，黑龙江测绘地理信息局举办涉密测绘成果管理人员岗位培训班，全省测绘资质单位及申请涉密测绘成果大宗用户近 300 人参加培训，考试合格人员领取了岗位证书。开展黑龙江省涉密测绘地理信息成果专项检查，全省 420 家测绘资质单位及大宗用户开展保密自查，省、市级测绘地理信息行政主管部门抽查测绘资质单位 82 家。市级测绘地理信息行政主管部门定期开展巡查，并向省级测绘地理信息行政主管部门报送整改情况。11 月，对黑龙江测绘地理信息局直属单位及公司进行专项保密检查。

【成果推广应用】

黑龙江测绘地理信息局承担并完成“天地图”分布式数据中心建设与数据融合示范、重大测绘工程历史档案搜集与整理等 4 项国家基础测绘成果应用推广项目。7 月，确立了“天地图 · 黑龙江”省级节点建设、基于“互联网 +”的有机农田监测与示范应用等 5 大方向、13 个项目的局级基础测绘成果应用推广项目。

【应急保障服务】

5 月，黑龙江测绘地理信息局成立测绘地理信息应急保障专家组并列入省级防汛抗旱专家序列。启动黑龙江省春季森林防火测绘应急保障战备值班，做好系统平台、资料保障、应急装备、后勤保障等准备工作，在黑河、大兴安岭、嫩江等地为森工、农垦系统及森警总队等开展黑龙江省森林防火电子沙盘指挥系统 2.0 升级、数据更新和技术服务培训等工作。7 月，启动黑龙江省汛期测绘应急保障战备值班，根据以往防汛测绘应急经验及水文部门分析预测，开展易发生汛情区域大比例尺地形图及地理信息数据资料准备工作，并进行战前测绘防汛应急演练。11 月，1 人被聘为省政府突发事件应急委员会专家组成员。

【为政府部门服务】

9 月，黑龙江测绘地理信息局与省环保厅、哈尔滨市环保局分别签署战略合作协议，全面启动新常态下测绘地理信息服务黑龙江省及哈尔滨市生态环境保护和生态文明建设工作。在黑龙江省生态保护红线划定、自然生态保护与生态环境监测、生态保护管理地理信息服务平台等方面提供测绘保障服务，依托“地理国情普查服务于自然生态空间监测的研究与示范”科技项目，开展了生态保护红线划定、空气质量公众监测评价平台建设项目。完成的“兴凯湖国家级自然保护区生态环境监测示范”成果应用获保护区管理局、鸡西市政府和国家林业局好评。黑龙江测绘地理信息局直属单位与兴凯湖国家级自然保护区管理局签署战略合作框架协议。黑龙江测绘地理信息局为省水利厅编制完成《黑龙江省界河水利工程图》系列工作用图 17 套。

地理信息产业

黑龙江测绘地理信息局与呼兰区有关部门组成调研组赴湖北、浙江等地考察调研，学习成熟园区建设发展壮大的经验。开展地理信息及相关产业的宣传推广工作，向黑龙江省工业和信息化委员会报送《关于依托黑龙江省地理信息产业园建设北斗产业基地的报告》。与省科技厅、省工业和信息化委员会共同推进省政府与航天集团卫星应用产业项目，与呼兰利民开发区协调北斗产业基地建设工作。3 月，黑龙江省副省长胡亚枫到地理信息产业园区调研北斗产业和地理信息发展情况，对园区建设给予充分肯定。截至 2015 年底，入园企业 24 家。在全省范围内开展产业发展现状调查等系列工作，依托黑龙江省地理信息产业协会，召开贯彻落实《黑龙江省人民政府办公厅关于促进地理信息产业发展的实施意见》座谈会。截至 2015 年底，全省具备地理信息系统资质企业 83 家，卫星导航定位应用企业约 100 家。

科技、标准化与国际合作

【科技项目】

2015 年，黑龙江测绘地理信息局组织申报国家发展和改革委员会新兴产业重大工程包信息消费工程空间技术应用专项 1 项（基于北斗的黑龙江省现代农业作业与管理基础服务平台建设及示范应用）；承担国家发展和改革委员会关于开展北斗卫星导航产业重大应用示范发展专项 1 项（哈尔滨北斗精准农业综合服务示范）；申报黑龙江省科技厅 2016 年科技项目 2 项。完成公益性行业科研专项“南极测绘地理信息应用服务关键技术研究”和省科技厅应用技术研究与开发计划项目“区域 CORS 系统北斗 - 2/GPS 协同服务关键技术研究及试验验证”；开展国家测绘地理信息局综合性科研项目“地理国情普查服务于自然生态空间监测的研究与示范”；完成 2014 年度国家基础测绘科技项目验收 2 项。确立“信息化测绘体系顶层方案设计及服务体系微环境搭建示范应用”等黑龙江测绘地理信息局基础测绘科技项目 16 项。

2015 年，黑龙江省测绘地理信息相关单位取得“一种 GNSS 接收机拆装装置”等专利 3 项，取得“城市地下综合管网 GIS 管理系统”等软件著作权 9 项。获中国测绘地理信息学会、中国地理信息产业协会、中国卫星导航定位协会颁发的科技进步奖 7 项、优秀工程奖 7 项。

【科技创新】

黑龙江测绘地理信息局牵头，联合国家测绘地理信息局测绘发展研究中心、国家基础地理信息中心等单位开展“地理国情普查服务于自然生态空间监测的研究与示范”综合研究项目，已完成 2015 年全部研究和示范工作，待验收。项目部分研究成果已在省环保、林业、发改等部门开展应用。牵头编制完成《市县经济社会发展总体规划技术规范与编制导则（试行）》，9 月，该导则由国家发展和改革委员会、国家测绘地理信息局联合印发（发改规划〔2015〕2084 号）。12 月，协助国家测绘地理信息局在哈尔滨举办市县经济社会发展总体规划技术规范与编制导则培训班，全国 100 多人参加培训。依托课题研究，开展黑龙江省生态功能红线划定试点工作。基本完成局信息化测绘体系建设总体方案设计。编制完成《极地测绘“十三五”发展规划》并上报国家测绘地理信息局。

【标准化工作】

黑龙江测绘地理信息局组织申报国家测绘地理信息局测绘地理信息标准制修订提案 2 项；制订《极地地区 1:5 万 1:10 万遥感影像平面图制作规范》行业标准 1 项；组织反馈对相关行业标准征求意见、建议 14 项。首次承担国家社会管理和公共服务综合标准化试点项目“地理信息公共服务标准化省级试点”。完成的《南极测绘基本技术规定》和《南极区域低空数字航空摄影规范》2 项标准通过国家测绘地理信息局测绘标准化工作委员会审查。会同黑龙江省质量技术监督局，筹划成立黑龙江省测绘地理信息标准化技术委员会，已完成委员会章程起草和委员遴选工作。

【对外合作与交流】

黑龙江测绘地理信息局全年组织出国（境）6 人次，分赴德国、英国、巴西、南极等国家和地区，参加国际环境遥感大会、国家局青年学术与技术带头人培训、世界统计大会、南极科学考察等。选派 3 人参加联合国机构和国外高校挂职工作选拔考试，1 人进入候选人名单。邀请美国乔治梅森大学地理与地球信息科学系教授交流访问。

【人才培养】

至年底，黑龙江测绘地理信息局有享受政府特殊津贴专家 13 人，其中享受国务院特殊津贴专家 11 人、享受黑龙江省政府特殊津贴专家 2 人；百千万人才工程国家级人选 1 人，省部级专家 4 人。新提拔 4 名副处级干部，6 名处级干部试用期满考核转正；2 名处级干部进行岗位交流；选派 2 人赴国家测绘地理信息局挂职锻炼；从基层单位选派 3 人到局机关处室挂职锻炼，从局机关处室选派 5 人到基层单位挂职锻炼；根据省委组织部部署要求，选派 1 人任驻村第一书记。继续做好干部人才培训工作，选派 14 名干部参加国家行政学院、国家测绘地理信息局党校、黑龙江省直机关党校学习。举办第三期新录用人员起航培训班，近 60 人参加培训。全年共举办各类培训 21 次，累计培训 4300 多人次。

党的建设与精神文明建设

【党的建设】

黑龙江测绘地理信息局落实思想建党要求，深入学习贯彻党的十八届三中、四中、五中全会和习近平总书记给国家测绘地理信息局第一大地测量队老队员老党员的回信等重要指示精神，举办宪法知识专题辅导报告会，为全局党员购置普法教材《法治热点面对面》，推进干部职工学法用法。开展“三严三实”专题教育，制定工作方案，细化工作安排，为全局副处级以上干部配发辅导书籍 5 种、为其他党员配发书籍 2 种，共 2000 多册；基层党组织开展主题党日活动近 40 项；局领导、机关处室和直属单位负责人等 26 人做了专题学习研讨中心发言。全局各级党组织广泛征求意见建议，召开民主生活会、组织生活会，深入查摆不严不实问题，剖析问题产生原因，明确努力方向，制定了整改措施。

【党风廉政建设】

黑龙江测绘地理信息局严格落实党风廉政建设责任制，机关处室和局属单位 33 名主要负责人向党组递交党风廉政建设责任承诺书。全局副处级以上干部 90 多人参加《习近平关于党风廉政建设和反腐败斗争论述摘编》和《十八大以来廉政新规定》读本知识答题活动。加强党风廉政制度建设，印发《中共黑龙江测绘地理信息局党组贯彻落实党风廉政建设主体责任和监督责任具体措施》《2015 年党风廉政建设和反腐败工作要点和责任分工》等。对局属 16 家单位开展落实党风廉政建设主体责任、监督责任和主要负责人履行“党风廉政建设责任承诺书”专项监督检查。制定印发《局机关在全省优化发展环境专项整治行动中发挥示范引领作用实施方案》。开展局属 6 家单位黑龙江省地理国情普查专项资金内部审计和 3 家单位预算执行情况审计。在廉政文化建设方面，组织专题讲座和观看警示教育片等活动，开展反腐倡廉警示教育工作。

【精神文明建设】

黑龙江测绘地理信息局以纪念抗战胜利 70 周年为主题，组织参观 731 遗址纪念馆，收看“筑梦中国”纪录片，参观《忠诚的足迹》展览等活动；举办“美好家园”职工摄影展；组织参加地理国情普查摄影大赛、省直机关“读书启智，阅读人生”读书征文、我与改革同行征文等活动。获中国测绘职工思想政治工作研究会重点课题研究一等奖、二等奖各 1 项。黑龙江地理信息工程院被评为第 17 届省文明单位标兵，4 家单位晋升为省直文明单位标兵，2 个基层团组织获省“青年文明号”称号。

黑龙江测绘地理信息局在局属单位开展建设服务型工会主题调研活动，召开黑龙江测绘地理信息局工会七届四次委员会会议，完成 5 个基层单位工会主席改选工作，组织工会干部开展集中培训。开展形式多样的文体活动。组织职工开展拔河比赛、毽球比赛、迎五一职工长跑比赛等，参加全国测绘地理信息系统第四届“世恒杯”乒乓球比赛和省直机关工委纪念中国人民抗日战争暨世界反法西斯战争胜利70周年“回顾历史，重走抗联路”山地徒步大赛。开展“面对面、心贴心、送温暖”活动，重大节日期间慰问一线职工近千人次，慰问患病住院职工280人次、特殊困难职工及劳动模范35人。为帮扶村新建村委会捐赠办公设备数十套、科普书籍200多本，节日期间慰问贫困村民8户，送去生活物资和慰问金。黑龙江第二测绘工程院、黑龙江第三测绘工程院均被黑龙江省总工会授予“黑龙江省五一劳动奖状”，黑龙江第一测绘工程院第五测量队、黑龙江第二测绘工程院第七中队、黑龙江地理信息工程院地理国情联合普查小组、国家测绘地理信息局黑龙江基础地理信息中心地理国情应用服务小组均被黑龙江省总工会授予“黑龙江省工人先锋号”称号；国家测绘地理信息局黑龙江测绘产品质量监督检验站1人被中华全国总工会授予“全国五一巾帼标兵”称号，黑龙江测绘地理信息局机关、国家测绘地理信息局黑龙江测绘产品质量监督检验站各1人被黑龙江省总工会授予“黑龙江省五一劳动奖章”。

黑龙江测绘地理信息局党组书记、局长鲍英华（左三）为罗鹏（左二）颁发中华全国总工会“全国五一巾帼标兵”证书

【宣传工作】

黑龙江测绘地理信息局加大重大宣传活动统筹协调及策划力度，密切与新闻媒体的联系与合作，开展了地理国情普查、南极科考、“十二五”工作回顾等重大专项主题宣传工作，中国测绘报黑龙江记者站获评优秀记者站。圆满完成第四届黑龙江省和全国测绘地理信息行业职业技能竞赛宣传工作。设立专题网页，组建宣传队伍，编制宣传标语和口号，利用影视公司、旋翼无人机等进行现场跟踪采访、拍摄照片和视频，编制大赛简报10期，制作了竞赛宣传短片等。全年在黑龙江测绘地理信息局网站发布新闻稿件1323篇，在国家测绘地理信息局网站、黑龙江省政府网站、《中国测绘报》等发布稿件502篇。

地方社团工作

【黑龙江省测绘地理信息学会】

1月~3月，黑龙江省测绘地理信息学会承办三维地理信息系统获取、处理及工程应用技术培训班，协办GNSS测量工程综合应用与全球定位系统实时动态测量（RTK）技术实操及案例分析专题培训班。7月，在大庆举办第十三届东北三省测绘学术与信息交流会暨黑龙江省测绘地理信息学会第八届四次理事会，400多人参加会议；公布了“华测杯”东北三省测绘地理信息优秀论文评审结果，18篇优秀论文受到表彰。3月~11月，开展黑龙江省优秀测绘地理信息工程奖、黑龙江省测绘地理信息科技进步奖评选活动，共评出优秀测绘地理信息工程奖28项、科技进步奖8项。9月，与黑龙江工程学院、黑龙江科技大学联合组织测绘科技月和黑龙江省高校学生测绘技能大赛，参与主办东北林业大学土木工程学院校园测绘技能大赛等。黑龙江测绘地理信息科技馆被中国科学技术协会办公厅评为2014年度优秀全国科普教育基地。

【黑龙江省地理信息产业协会】

黑龙江省地理信息产业协会开展纪念《中华人民共和国测绘法》修订颁布13周年宣传活动。联合全国倾斜摄影技术联盟举办全国倾斜摄影技术联盟百城巡展哈尔滨站技术交流。推荐黑龙江省企业参加中国地理信息产业最具活力中小企业评选，6家企业获2015年“中国地理信息产业最具活力中小企业”称号。根据会员需求组织64家单位、122人参加测绘地理信息技术质量控制培训班。面向全省民营企业专业技术人员开展测绘专业助理工程师任职资格评审工作，253人获得任职资格。配合黑龙江测绘地理信息局行业管理部门完成国家测绘地理信息市场信用管理平台试点工作。开展黑龙江省地理信息产业发展调查前期准备工作。

上海市

概况

2015年，根据《上海市人民政府办公厅关于印发上海市规划和国土资源管理局主要职责内设机构和人员编制规定的通知》（沪府办发〔2014〕40号），原上海市测绘管理办公室承担的测绘管理职责划入上海市规划和国土资源管理局，成立了测绘管理处。在行业管理方面，做好依法行政，开展测绘管理规范性文件清理工作。积极推进行政审批制度改革，完成业务手册和办事指南修编、行政权力和行政责任事项清理工作。按期完成资质复审换证工作，组织开展全市基准站摸底调查和核查工作。加强事中事后监管，认真开展资质巡查、质量监督检查和地理信息保密检查工作。

完成地理国情普查相关任务，数据成果通过验收，新增的10大类地理市情普查工作同步完成，浦东新区开发建设变化监测和全市的地理市情监测工作顺利推进。“天地图·上海”完成与国家主节点的数据融合，被评估为五星级省级节点，政务版和公众版已建成并取得广泛应用，涉密版基本建成。优化了上海市测绘基准服务平台（SHCORS系统），向社会提供高精度的卫星导航实时定位服务。基础测绘更新周期实现了“0511”（1∶500数字地形图1年更新2次，1∶1000、1∶2000数字地形图1年更新1次）。

重点工作推进

【“智慧城市”和“天地图”建设】

上海市采取全市范围统一标准集中建设管理模式推进上海智慧城市地理空间框架建设，基本建成“天地图·上海”和政务版地理信息公共服务平台，完成了与国家级节点的互联互通，完成了年度更新任务和共享成果汇交工作。“天地图·上海”被评估为五星级省级节点。通过实时在线、前置服务等方式，该平台已应用于规划土地管理、水务、文物等领域，迪士尼国际旅游度假区等开发区，浦东、崇明等区县和岳阳街道、五角场街道等街镇，为上海的智慧城市建设提供基础地理信息服务。智慧城市时空信息云平台建设在经费落实、数据资源、技术攻关、应用方式等方面取得进展。

【地理国情普查监测】

上海在地理国情普查的基础上重点开展了全市性的地理国情监测工作，承担了重要地理国情监测国家级新区建设变化监测项目之一的上海浦东新区监测任务。为了使监测工作顺利开展，进一步健全了普查和监测标准体系，在网上建立了“地理国情普查和监测专栏”，及时补充发布了《上海市地理国情普查和监测成果对外提供暂行规定》等技术、管理文件及工作简讯、进度报表。8月，地理国情普查成果汇交至国家基础地理信息中心。按照“边普查边利用”的原则，为上海2040总体规划编制等工作提供普查数据，推进普查成果应用。

法制建设与市场监管

【立法工作】

上海市规划和国土资源管理局继续协助国家测绘地理信息局做好《中华人民共和国测绘法》修订工作，开展《上海市测绘管理条例》《上海市地图编制出版管理若干规定》修订调研工作。开展有效期届满的测绘管理规范性文件清理工作，重新发布《上海市测绘质量管理规定》，修订印发《上海市测绘技术质量管理体系考核标准》《关于进一步加强竣工规划验收测量管理的意见》。

【依法行政】

上海市规划和国土资源管理局推进行政审批制度改革，完成测绘地理信息行政审批业务手册和办事指南修编工作。按照上海市行政审批制度改革的统一要求，完成行政权力事项和行政责任事项清理工作，测绘地理信息管理共梳理确认除行政审批以外的行政处罚51项、行政确认5项、行政备案1项等行政权力事项。下放测绘资质丙丁级初审、测绘计量检定人员资格审批至浦东新区政府。对1起“问题地图”案件进行查处。

【资质管理】

上海市规划和国土资源管理局组织完成测绘资质复审换证工作，通过复审换证和新批准测绘资质的单位共有178家，其中甲级24家、乙级62家、丙级59家、丁级33家。复审换证中注销资质2家，依规注销12家未提出申请单位。在测绘资质审批方面，全年共完成4家甲级测绘资质单位的初审工作，受理乙级以下测绘资质申请24件（包含初次申请、升级、扩项）、资质变更21件（包含单位名称和法定代表人变更）、资质注销1件，审批意见均在局外网予以公示。

【普法宣传】

上海市规划和国土资源管理局开展测绘法宣传日活动，在局办公大厅宣传屏幕滚动播放测绘法宣传日相关活动信息；在局网站和官方微博（上海规土发布）转发《关于开展2015年“8·29”测绘法宣传日宣传口号、公益短信、宣传画有奖征集活动的启事》，扩大了受众范围；在局网站建立测绘法宣传日专栏，内容包括测绘法宣传日主题口号、宣传口号，各单位测绘法宣传工作动态等信息。8月29日，在浦东新区设立测绘法宣传主场，设置咨询点，制作宣传展板，发放近1000份宣传资料和宣传品，悬挂宣传横幅40多条。

基础测绘

【规划实施】

上海市规划和国土资源管理局组织学习《全国基础测绘中长期规划纲要（2015—2030年）》，加快制订《上海市基础测绘“十三五”规划》。落实地理国情普查和监测等重大测绘地理信息专项经费，制订了《上海市地理国情普查和监测专项资金管理办法》。上海市测绘院进一步完善了基础测绘项目管理系统，推进了基础地理信息平台实时在线服务。

【测绘项目】

上海市规划和国土资源管理局全面完成国家现代测绘基准工程建设任务，将GNSS连续运行基准站纳入上海连续运行参考站网系统。完成了上海控制系统与国家现代测绘基准体系的联系，实现了2000国家大地坐标系的转换和使用。

上海市测绘基准服务平台继续优化服务功能，实现了上海陆域范围高精度定位服务。完成覆盖上海全市域的322幅1∶1万地形图的更新维护工作，1∶5万动态更新成果外业抽检，约8000平方千米航空摄影，约9600幅1∶2000数字正射影像图和2345幅1∶2000数字地表模型制作等。

【质量监督】

上海市测绘产品质量监督检验站完成全市166批次1∶500、1∶1000、1∶2000等比例尺的数字地形图、正射影像图成果检验。一次验收合格率100%，归档数据5.7万多幅。配合国家测绘地理信息局开展地理国情普查和监测质量监督检查工作，验收的成果合格率100%，优良级品率94.9%。组织对38家测绘资质单位的测绘地理信息成果和质量管理体系进行监督检查，完成地下管线跟踪测量项目报检归档2300多件。

地图管理与地图服务

【测绘地理信息应用成果和地图网上展览上海馆】

上海市规划和国土资源管理局开展全国测绘地理信息应用成果和地图网上展览各节点工作，及时编写上海展馆的总体设计和布展方案并报送组委会审核，依法对有关展示内容进行地图审核和保密审查，并积极向主展馆、地图展馆提供《上海市地图集世博专版》等展示素材，利用微信公众号、网站等方式扩大网上展览影响。10月28日，上海市测绘地理信息应用成果和地图网上展览正式上线开通，共设地图厅、资源厅和应用厅3个厅，展示了66幅不同历史时期的地图，8大类不同类别的地理信息资源和32个地理信息服务成果，被国家测绘地理信息局评为优秀展馆。

【互联网地图和地图市场监管】

上海市规划和国土资源管理局加强对网上地图的日常监管，会同总参三部十二局合作开展了互联网地理信息联合监管技术研究，并获上海市经济信息化委员会立项支持。按照国家测绘地理信息局编发的《2015年地图市场监管重点工作方案》，组织开展地图市场监管工作。加强地图出版审核工作，全年共审核各类地图101幅。

【辅助决策用图服务】

上海市规划和国土资源管理局主动做好国家、

省级间辅助决策用图的共享与服务，及时将国家测绘地理信息局下发的领导工作用图成果纳入成果目录。继续为上海市委、市人大、市政府、市政协4套班子和各相关委办局、区县政府，以及“两会”提供工作用图。为上海市领导更新和编制了中国（上海）自贸试验区用图，为相关管理部门编制了《市政交通基础设施控制线数据地图》等。闸北区与静安区“撤二建一”设立新的静安区后，立即开展内部版和公开版区县图修编工作，为政府决策管理、应急指挥、百姓日常生活提供更现势的地图与地理信息服务。

【国家版图意识宣传教育】

上海市规划和国土资源管理局利用测绘法宣传、“地图文化之旅”等活动深化国家版图意识“三进”活动，依托青年志愿者队伍，为浦东新区、普陀区、嘉定区等区县街镇的爱心暑托班、社区居民开展国家版图意识宣传活动。与复旦大学深化合作，将版图意识作为青年大学生的基础素养加强要求。利用上海城市规划编制的公众参与机制及全市所有社区和东方网、复旦大学等平台，开展“美丽中国”第三届全国国家版图知识竞赛和少儿手绘地图大赛的预热和组织工作。

测绘地理信息成果管理与应用

【成果管理】

上海市规划和国土资源管理局联合市国家保密局开展2015年上海市地理信息保密检查工作，下发《关于开展2015年上海市地理信息保密检查的通知》，组织开展涉密地理信息成果用户单位的自查和抽查工作。共有60多家成果使用单位进行了自查，其中9家单位接受了现场检查。严格落实测绘成果核心涉密人员管理制度，组织各行业单位相关人员参加国家测绘地理信息局举办的核心涉密人员岗位培训并取得证书。全年共受理外省市使用测绘成果备案25件、涉密成果使用8件。

【应用服务】

上海市规划和国土资源管理局推进应急测绘地理信息保障能力建设，成立了应急保障工作小组，制定了测绘地理信息应急保障办法。11月，上海市政府宣布闸北区与静安区“撤二建一”设立新的静安区，上海市测绘院迅速制作并在24小时内提供了相关的政府工作用图。2015年，上海市地理信息公共服务平台继续提供近500万条拼音首字母的定位信息，为政府部门和社会公众定制更加实用的服务功能。

地理信息产业

上海市规划和国土资源管理局组织对《国务院办公厅关于促进地理信息产业发展的意见》专题学习。在前期调研基础上，拟定了促进上海地理信息产业发展的重点领域和贯彻落实意见的方案，与上海市经济信息化委员会等部门开展包括财政、落户、税收、金融等配套扶持政策的协调工作。北斗卫星导航产业已纳入上海市战略性新兴产业和智慧城市建设内容，全市已有卫星导航应用开发企业近百家。

科技、标准化与国际合作

【科技工作】

上海市规划和国土资源管理局对“十二五”测绘科技发展规划贯彻落实情况进行了总结评估，启动了“十三五”测绘与地理信息科技发展规划编制。上海市测绘院在职工科技创新标兵冯琰工作室基础上成立了雏鹰工作室，形成以人才培养为目标的科技创新人才孵育机制，承担“超大城市地名地址动态管理与变化检测研究”和“基于高分辨率影像的规划土地监管技术研究”2项实验室开放基金项目的研究和推广工作。制定“基于倾斜摄影数据的三维量测及数据管理技术研究”等9项年度科研计划。认真落实国家测绘地理信息局“特大城市公共设施安全监测技术体系与应急服务”项目的组织实施工作。全年共获科技奖3项，其中“多视角空间分析三维静态地图生产方法与应用研究”获2015年中国地理信息科技进步奖三等奖，“上海市地理信息公共服务平台关键技术研究”获上海市科技进步奖二等奖，参编的《城市测量规范》获华夏建设科学技术奖励委员会“中国城市规划设计研究院CAUPD杯”三等奖。完成“基于城市高分辨率影像地物信息分类提取方法的研究”和“特大型城市地理国情监测统计分析模型和方法研究”等现代工程测量国家测绘地理信息局重点实验室开放基金研究课题。组织开展了《上海市地理信息公共服务平台应用标准》《上海市地名地址数据规范》等地方标准的编制。

【合作交流】

上海市规划和国土资源管理局贯彻测绘地理信息“走出去”战略，选派9人赴英国、美国等进行技术交流、培训、参加国际会议等。9月，2015年发展中国家GIS应用培训班学员到上海市测绘院考察学习，了解测绘地理信息资源建设和应用服务情况。

【人才队伍建设】

上海市规划和国土资源管理局推进干部交流轮岗，4名处级干部在局机关和局属事业单位之间轮岗交流，3名处级干部在局机关挂职锻炼。选送5名干部到党校进行理论培训，选送2名专业技术骨干赴德国进行为期22天的培训。共20人申报职称评审，其中高级职称8人（待评审），12人通过中级职称评审。履行上海市测绘职业技能培训中心和测绘行业特有工种鉴定上海站职责，共举办测绘上岗证、初级工、中级工、高级工和高级技师培训鉴定9期249人次，5人报送工程测量高级技师评审。举办地理国情普查技术员和质量检验员培训班，共153人参加培训并通过考核。组织参加第四届全国测绘地理信息行业职业技能竞赛，上海市代表队在工程测量赛项获团体总分第7名（三等奖），个人选手首次进入全国前15名。做好注册测绘师考试报名人员资格审查工作，组织全市584名考生参加注册测绘师资格考试。做好注册测绘师网上注册工作，208人通过网上注册。

党的建设与精神文明建设

【党建工作】

上海市规划和国土资源管理局学习贯彻党的十八大、十八届三中、四中全会精神和习近平总书记系列重要讲话精神，组织开展以“深化学习理解、深化思想认识、深化标准要求、深化贯彻落实”为主题的“四深化”学习培训，认真开展“三严三实”专题教育。全面加强党的建设，着力推进“一证、一站、一特色”工作，印制《党员手册》，设立党务干部流动站，认真落实“三会一课”、领导干部双重组织生活、民主生活会等制度。深入开展“破瓶颈、解难题”活动，并与测绘单位进行定点联系，长效推进党建工作。

【党风廉政建设】

上海市规划和国土资源管理局召开局系统党风廉政建设大会，签订了2015年度党风廉政建设责任书。加强审计和巡查监督，局巡查组对2个局属单位进行全面巡查，对2个区县开展土地执法专项巡查。推进“五位一体”的机关文化建设。开展3期“修身讲堂”活动。深化学习型机关建设，创办“双月谈”论坛，共举办4期，还举办了2期挂职干部专场。

地方社团工作

8月，上海市测绘地理信息产业协会正式成立，国家测绘地理信息局副局长宋超智、中国地理信息产业协会常务副会长兼秘书长胥燕婴等出席。至年底，上海市测绘地理信息产业协会共有121家会员单位、20名个人会员，涵盖了工程测量、不动产测绘、北斗导航、互联网地图、航测遥感、海洋测绘等多个专业领域。

江苏省

概况

2015年，江苏省测绘地理信息工作保持平稳较快发展。截至年底，全省共有测绘资质单位842家，同比增加100家。其中甲级57家、乙级136家、丙级374家、丁级275家。全省测绘地理信息行业共有17842人从事测绘生产，其中专业技术人员14626人。全省测绘资质单位全年完成服务总值32.13亿元，同比增加2.87亿元。

在全国省级测绘地理信息行政主管部门2015年度测绘地理信息工作绩效考核中，江苏省测绘地理信息局位列第四，连续第六年被评为优秀单位。市县测绘地理信息管理机构和职能不断完善，全省13个省辖市测绘地理信息行政主管部门均独立设立测绘管理处。测绘地理信息统一监管成效显著，《江苏省测绘地理信息基础设施管理规定》经省政府常务会议审议通过后发布；将丙、丁级测绘资质审查委托市县测绘地理信息行政主管部门办理。重点工作进展顺利，地理国情普查任务按计划完成，沿海滩涂调查、海岛（礁）调查、海岸线和海域界线调查、地面沉降调查等9项省情普查拓展任务基本完成。启动25个数字县（市、区）地理空间框架建设，确定盐城市大丰区和洪泽县为江苏省县级智慧城市时空信息云平台建设试点；“天地图·常州”实现国家、省、市、县4级“天地图”一体化，“天地图·江苏”和无锡、徐州、常州、扬州市级节点被国家测绘地理信息局评为五星级节点，基于“天地图·江苏”的各类应用超过120个；有序开展“十二五”第二轮1∶1万基础地理信息数据更新，全面完成全省五大湖水下地形测量；积极推进测绘地理信息援疆工作，完成霍尔果斯市、四师重点团场、胡杨河市约132平方千米航空摄影。局系统承担4项国家和省级测绘科研项目，申请专利1项、软件著作权3项，全省13个项目获国家测绘地理信息科技进步奖。党的建设和人才队伍建设不断强化，扎实开展党建工作，加强党风廉政建设，人才队伍建设取得明显成效。

重点工作推进

【数字城市建设】

连云港、淮安数字城市建设项目分别通过验收。江苏省启动25个数字县（市、区）地理空间框架建设，其中新沂、扬中、溧阳、金坛等市（区）通过验收。数字南通实现常态化更新。盐城市政府出台了《“数字盐城”建设应用与运行维护管理意见》。继续推进“智慧徐州”和“智慧无锡”时空信息云平台建设试点工作，确定盐城市大丰区和洪泽县为江苏省县级智慧城市时空信息云平台建设试点。

【“天地图·江苏”建设】

江苏省在全面建成“天地图”省市节点的基础上，持续更新影像、矢量和POI数据，完善“天地图·江苏”与国家主节点数据融合，省节点和5个市节点数据融合工作进展顺利。“天地图·常州”首次实现国家、省、市、县4级“天地图”一体化。推广“天地图”在各领域的广泛应用，基于“天地图·江苏”的各类应用超过120个，3个项目在第三届天地图应用开发大赛获奖。“天地图·江苏”和无锡、徐州、常州、扬州市级节点被国家测绘地理信息局评为五星级节点。启动国家“天地图”一体化建设试点，开发“天地图·江苏”Andriod版、iOS版移动端软件和导航电子地图平台，建成“天地图·江苏”抗日烈士纪念网和抗日航空烈士纪念电子地图。组建江苏天地图公司，推广政府主导的“天地图”企业化运作和市场化运营模式。

【地理国情普查监测】

江苏省、市、县3级联动，按计划完成国务院明确的各项地理国情普查任务。基本完成沿海滩涂调查、海岛（礁）调查、海岸线和海域界线调查、地面沉降调查等9项省情普查拓展任务。部分市开展了市级扩展内容普查。8月23日，江苏省地理国情普查领导小组向国务院普查办提交全部普查成果，一次性通过验收。积极利用普查成果，组织开展沿海滩涂、陆路交通变化、典型区域地面沉降、生态红线典型区域等专项监测和应用，并初步形成统计分析和监测试点成果。参与国家测绘地理信息局沿海滩涂开发利用变化监测试点，监测盐城近海岸带地表覆盖及重要地理要素变化情况。南通、镇江等市普查成果在土地确权登记、土地执法等工作中应用较好。

法制建设与市场监管

【法规建设】

2015年，《江苏省测绘条例》被列为省人大调研类立法项目，已进行立法前期调研。《江苏省测绘地理信息基础设施管理规定》通过省政府常务会议审议，于12月28日发布，2016年2月1日起施行。该规定首次将卫星导航定位基准站、地理信息公共服务平台等基础设施纳入统一监管。江苏省测绘地理信息局完善局规范性文件，制定《江苏省测绘地理信息市场信用管理办法》，完成局规范性文件清理工作。

【政府信息公开】

2月起，江苏省测绘地理信息局省级测绘地理信息行政审批事项全部进驻省政务服务中心办理，局网站通过链接省政务服务中心网站，向社会公开行政审批事项有关情况。截至年底，在网运行的行政权力主要集中在“乙、丙、丁级测绘资质审查”

和“国家基础测绘成果资料提供使用审批”2个方面，办理资质审批297件，审核地图136件，汇交发布成果5000多条，审批、提供测绘成果360批次，窗口工作量居进驻部门前10位。所有办理情况均按照“公开为原则、不公开为例外”的要求，在局网站予以公示，公示期满无异议的准予发证。同时，根据测绘地理信息市场巡查、行政执法检查、监管平台建设、招投标管理等市场监管工作进展情况，及时发布相关信息，接受社会公众监督。局网站全年发布信息1543篇，回复网民来信、信息咨询124件，局政务微博发布信息346篇，政务微信公开政府信息45篇。

【法制宣传】

江苏省测绘地理信息局认真组织做好全省“8·29”测绘法宣传日活动。全省各地共设置100多个测绘法宣传站点，布置各类测绘法宣传展板近1000块，发放印有《中华人民共和国测绘法》《江苏省测绘条例》《江苏测绘市场管理规定》等内容的城市地图8.6万份、国家版图意识教育宣传册6000册、刊有测绘法宣传专栏的《江苏科技报》3000份。联合有关甲级测绘资质单位，在南京火车站南广场现场宣传，展示测绘无人机。拓展受众范围，在群发手机短信、开辟报纸专栏等传统方式基础上，首次制作测绘地理信息法治宣传短片，在地铁和公交的电视屏上循环播放7天。积极组织参加法治文化节征稿活动，提升全局系统干部职工法制意识，开展法治文化建设，形成了良好氛围。

【行政执法】

2015年，常州、苏州市国土资源局单设测绘管理处，江阴、宜兴市国土资源局设立测绘管理科。南京市大部分区国土资源行政主管部门单独内设测绘地理信息行政管理机构，并出台测绘管理工作考核办法。沭阳县进一步明确由国土资源部门负责基础测绘工作。江苏省测绘地理信息局召开行政处罚案卷评查暨加强基层违法案件查处工作座谈会。开展市（县）测绘地理信息行政执法人员培训，统一审核发放测绘地理信息行政执法证件。各级测绘地理信息行政主管部门全年开展执法检查425次，其中涉密检查165次。全省立案调查涉嫌违法案件12件，作出行政处罚案件3件。

【市场监管】

江苏省测绘地理信息局全年完成109家测绘单位资质初次申请、425家测绘单位资质复审换证、50家测绘单位资质升级、79家测绘单位业务范围变更、150家测绘单位基本信息变更、139家测绘单位补充和修改数据的材料审查工作。完成789份测绘作业证的发放工作。建立信息发布制度，利用备案信息和CORS监控结果，发布农村土地承包经营权确权登记项目调研、沉降观测市场调研、测绘地理信息市场监管分析、2015年全省测绘地理信息市场巡查工作等4份市场监管报告，便于行政主管部门和行业单位及时了解市场动态。开展全省测绘地理信息市场巡查，首次将测绘资质纳入巡查范围，分赴13个市实地检查，巡查的测绘资质单位占总数的10%。召开全省沉降观测市场统一监管座谈会，对部分市开展沉降观测市场统一监管专项执法检查。开展行业单位信用评价，建立黑名单制度，鼓励测绘资质单位参与信用评价，营造良好的市场信用环境。

基础测绘

【省级基础测绘】

2015年，江苏省省级基础测绘经费投入8535万元。江苏省测绘地理信息局完成《“十三五”省级基础测绘规划》报审稿。省政府办公厅批准印发《江苏省关于贯彻落实〈全国基础测绘中长期规划纲要（2015—2030年）〉的实施意见》。开展“十二五”第二轮1:1万基础地理信息数据更新，整合升级1:1万基础地理信息数据库，完成1:1万DLG采集3056幅、调绘2293幅、编辑837幅，更新全省1:5万DOM322幅，完成沿海滩涂约3000平方千米地形图测图，形成1:1万DEM、DOM、DLG成果各459幅。实施太湖水下地形测量，测线12056.5千米，全面完成全省五大湖水下地形测量工作。承接1:500、1:1000地形图测绘及数据库建设、数字城市地理空间框架建设及相关技术装备等援疆项目，完成霍尔果斯市、四师重点团场、胡杨河市约132平方千米航空摄影。

【市（县）级基础测绘】

2015年，江苏省各地级市基础测绘经费投入7652万元，比2014年减少53.7万元；各区（县）基础测绘经费投入6008.74万元，比2014年增加1311.64万元，增长27.92%。各市开展市级“十三五”基础测绘规划编制。镇江、南通、常州、淮安等市组织了优于0.1米分辨率的航空摄影。徐州、南京、苏州、常州等市完善市级卫星导航定位基准站服务系统并纳入省级网体系。无锡市启动D级GPS平面控制网建设。南通、宿迁等市对数字化地形图进行更新补测和数据库维护。各市县初步实现了1:500、1:1000、1:2000基础地理信息的常态化更新，累计测绘面积超过7.6万平方千米。各地市建立了核心区亚米级城市三维模型。南京、泰州等市开展了总长度超过6万千米的地下管线测绘工程。海安、江阴、洋河、涟水、睢宁等县（市）被列入国家新农村测绘保障服务项目，测图面积共1456平方千米。南京国土和规划部门统一了2套坐标系统和数据标准。

【省级现代测绘基准体系】

江苏省测绘地理信息局进一步完善省级现代测绘基准体系。完成4个CORS站点的新建及83个已建站点的测算工作，复测了87个B级GPS点。实施全省北斗框架网建设试点工作，开展CORS系统软件北斗化升级测试，已建设和改造兼容北斗的基准站41座。

【国家现代测绘基准体系基础设施一期工程】

江苏省测绘地理信息局承担的国家现代测绘基准体系基础设施一期工程2个新建站点和9个改造站点的土建、设备安装、网络施工已全部完成，并通过项目部土建验收，进入站点试运行阶段。

【质量管理】

江苏省测绘地理信息局更新了全省测绘地理信息项目库，新入库582家测绘单位完成的16647个项目。开展2015年全省测绘地理信息成果质量监督抽查，共抽检14个项目，抽查结果为“批合格”13项、“批不合格”1项。指导测绘单位加强质量管理体系建设，考核6家测绘单位质量管理体系，对2家测绘单位进行了约谈。完成2家测绘单位质量不合格项目的监督复查工作。江苏省测绘产品质量监督检验站全年完成测绘成果质量委托检验143项，检定测绘仪器6967台（次）。

地图管理与地图服务

【地图管理】

江苏省测绘地理信息局全年共审核地图136件，发放审图号136个。其中地图（集、册、幅）109件、图书报纸期刊插附地图10件、互联网地图17件。采用先进技术，加强对互联网地图服务的在线监管。严格地图编制出版、公开展示和互联网发布的审查与备案工作。各市按照年度工作计划，以检查移动互联网、新闻媒体、中小学教辅使用地图为重点，开展地图市场检查，省地图市场指导协调小组强化日常监管和市场抽查，有效杜绝了“问题地图”。

【地图服务】

江苏省成立《江苏省地图集》编纂委员会。江苏省测绘地理信息局组织编制江苏“两会”图册、省系列政区图（1:30万、1:50万、1:70万、1:100万）等。开展《中国城市地图集（江苏）》的编撰试点工作，出版发行南京、苏州、连云港、扬州、泰州等城市地图集。定期更新全省市（县）标准样图，利用“中国·江苏”“天地图·江苏”和江苏地图网等平台及时发布相关变更信息。编制出版11个市县政区图，与国家测绘地理信息局共享18幅近年编制的辅助决策工作用图，进一步完善4级辅助决策用图共享体系。昆山市编制了江苏省第1份县级英文版地图。

【测绘地理信息应用成果和地图网上展览江苏馆】

江苏省测绘地理信息应用成果和地图网上展览馆建设项目经过方案设计、资料收集、平台开发、展馆搭建、展品制作、环境建设等阶段，历时2个多月，于10月13日建成开通。江苏馆分为地图馆、成果馆、政务应用馆、民生应用馆和体验馆5个展馆，突出江苏特色和成果应用的主题，展出江苏古今地图、北斗地基增强系统、基础测绘、地理国情监测、公共服务平台、应急保障、“天地图”应用、数字城市及政务、民生应用等系列测绘地理信息应用成果和地图近百件展品。在全国测绘地理信息应用成果和地图网上展览开通仪式上，江苏馆作为全国5个优秀设计示范展馆之一受到表彰。

【国家版图意识宣传教育】

江苏省测绘地理信息局继续开展国家版图知识“进学校、进社区、进媒体”活动，召开新闻和网络媒体记者座谈会，宣讲国家版图知识，增强媒体从业人员国家版图意识。江苏省国家版图意识宣传教育和地图市场监管协调指导小组授予无锡市2所学校“国家版图意识宣传教育示范学校”称号。配合中国地图出版集团开展“爱我中华国家版图意识宣传教育信息系统”建设。为全国中小学教学活动提供示范，制作国家版图意识宣传教育进学校宣传片。

测绘地理信息成果管理与应用

【成果管理与提供】

江苏省测绘地理信息局完成“十二五”期间永久性省管测量标志普查维护工作，建立重点保护和一般维护相结合的常态化维护机制。年内普查省管测量标志604座，维护63座，设立景观测量标志3座，勘察论证、审批拆迁测量标志17批次，发放省管测量标志保管津贴96万元。举办2期涉密地理信息保密岗位培训班，全省涉密地理信息生产、加工、应用部门涉密人员580多人参加培训。完成局系统涉密信息系统分级保护建设项目并通过国家保密部门的监测，获全国测绘地理信息系统涉密信息系统分级保护合格证书。联合省国家保密局开展年度地理信息保密专项检查，省级抽查生产和用户单位20多家，对检查发现的问题提出限期整改和处理意见。完成2014年度全省测绘地理信息成果汇交工作，汇交、发布成果副本和目录5000多条，提供涉密基础测绘成果350多批次，其中涉外提供10批次、密级鉴定7批次。指导测绘地理信息企业开展测绘档案规范化建设。局系统全年向社会各界提供各种比例尺地形图1383张，各种比例尺“4D”成果图27139.94GB，基准成果点8411个。

【厅局合作】

江苏省测绘地理信息局持续为国土资源合理开发和科学管理提供地理信息支撑，依托地理信息技术和公共服务平台，搭建国土资源“一张图”、土地交易和矿产资源监测等平台。

【军民融合】

江苏省测绘地理信息局开展以CORS站点共建、测绘成果共享、测绘地理信息标准转换等为重点的军地融合工作。组建了100人的国防动员力量，与61175部队联合举行测绘保障演练。在对军地现有基础测绘成果同步更新的基础上，开展国家标准1:1万、1:5万地形数据的军用改造，在全国和全军首次实现国家标准和军方标准的相互转化。

【应急保障】

江苏省测绘地理信息局完善以无人机系统为主要技术手段的全省测绘应急保障体系，综合利用测绘地理信息数据、技术、人员和装备资源。为苏州世乒赛安保和扬子石化精制塔爆炸、德纳化工厂爆炸等突发事件的应急救援提供保障。

地理信息产业

江苏省测绘地理信息局认真贯彻国家和省关于促进地理信息产业发展意见，积极落实助力产业发展的财税、科技、金融、人才、成果提供等方面的政策措施。研究起草江苏省“十三五”地理信息产业发展规划，明确未来五年全省地理信息产业发展的指导思想、总体目标、发展重点和政策措施。组织召开全省促进地理信息产业发展座谈会，总结交流推广企业创新发展的做法和经验，推动地理信息产业发展。江苏省地理信息企业活力持续增强，2015年产值增长超过25%，6家企业上市。

科技、标准化与国际合作

【科技创新与成果】

2015年，江苏省测绘地理信息局投入60多万元资助23个科研项目，验收结题26个往年项目。承担国家测绘地理信息行业公益性科研项目“多方法海岸带地形遥感监测”；完成国家科技支撑计划子课题“省域地理国情综合数据库建设”并通过验收；完成省科技厅科技基础设施建设计划项目“江苏省地理信息技术重点实验室”。卫星测绘技术与应用国家测绘地理信息局重点实验室建设期满，通过国家测绘地理信息局验收。依托江苏省地理信息技术重点实验室开展“天地图与数字城市”和“地理数据转换并行技术”2个方向的科技研究。“数字城市——泰州地理空间框架平台及其应用”获2014年度江苏省科学技术奖三等奖。充分发挥国家重点实验室等科研平台的作用，参与发起组建国家级长江经济带地理信息科技协同创新联盟。组织开展江苏省测绘地理信息科技进步奖评选工作，共评出一等奖5个、二等奖7个、三等奖13个。组织开展2015年度江苏省优秀测绘地理信息工程奖评选工作，共评出一等奖10个、二等奖34个、三等奖43个。局系统8个项目获国家、省部级科技奖项，其中“数字南通地理空间框架”获2015年全国优秀测绘工程奖金奖；“宜兴国土资源‘一张图’工程”“数字无锡地理空间框架”“数字连云港地理空间框架建设”均获2015年中国地理信息产业优秀工程奖金奖。申请“多源地图瓦片集成服务技术”专利1项，“地理信息服务个性化定制系统”“水利地理信息时态数据库管理系统”“模板化Web专题制图系统”软件著作权 3 项。

【标准化建设】

江苏省测绘地理信息局出台《江苏省 1∶500 1∶1000 1∶2000 基础地理信息地形要素数据规范》。承担国家标准《倾斜数字航空摄影技术规程》《卫星导航定位基准站运行维护规范》的制定工作，参与《卫星导航定位基准站服务规范》《城市基础地理信息系统技术规范》《导航电子地图框架数据交换格式》3 项行业标准的制修订工作。全年开展标准培训 1300 多人次，覆盖市县测绘地理信息管理部门和全省测绘单位。南京市出台《南京市管线数据标准》和《南京市管线探测技术规程》2 项地方标准，向省质量技术监督局申报了 3 项测绘地理信息地方标准立项。

【人才培养】

江苏省测绘地理信息局出台《教育培训管理办法》，多渠道引进和培养人才。公开考试录取公务员 1 名，公开招聘 18 名测绘专业人才、4 名非测绘专业人才，与河海大学联合培养 16 名测绘工程专业硕士，选派 2 人赴联合国总部挂职，1 名干部受省委组织部委派、代表省国土资源厅担任村第一书记。局系统新增国家测绘地理信息局青年学术和技术带头人 1 人。局系统中省“333 高层次人才培养工程”培养对象申报的 1 项课题获省专项课题资助。举办第四届全省测绘地理信息行业职业技能竞赛，承办第四届全国测绘地理信息行业职业技能竞赛地图制图决赛。全年举办测绘地理信息业务、专业技术等培训班 11 期，培训 2142 人次。开展职业技能鉴定，举办 3 期技能鉴定班，全年共鉴定 53 批次、鉴定 4840 人次。局系统 1 人获江苏省第四届信息安全技能竞赛党政机关组一等奖，1 人获江苏省公务员局省级机关依法行政知识抽考三等奖。

【合作交流】

江苏省测绘地理信息局组织全省测绘地理信息系统 25 名技术骨干和管理干部赴英国剑桥大学参加地理信息技术及地理国情监测培训。

党的建设与精神文明建设

【“三严三实”专题教育】

江苏省测绘地理信息局成立“三严三实”专题教育协调小组，传达学习上级指示要求和会议精神，制定《2015 年省测绘地理信息局“三严三实”专题教育时间表》。局党组书记以《扎实开展“三严三实”教育，锻造忠诚干净担当的党员干部队伍》为题，为局系统党员干部上专题党课；局党组其他成员为分管处室和单位党员干部上专题党课。加强对直属单位特别是处级干部少的单位开展专题教育的组织指导，区分局机关学习中心组、局机关其他处级干部、直属大单位党委（支部）、直属小单位等不同情况，分别明确组织人员、组织方法和组织形式。学习中心组成员开展 6 次专题学习研讨，编印 12 期专题教育情况通报。结合“三解三促”开展专题调研和意见征集活动，开展对标找差，处级以上干部均列出“不严不实”清单，并制定整改措施、明确整改目标。组织基层党支部书记培训，参观周恩来纪念馆、周恩来故居、梅园新村等革命教育基地。

【党建工作】

江苏省测绘地理信息局深入学习贯彻党的十八大和十八届三中、四中、五中全会以及习近平总书记系列重要讲话和给国家测绘地理信息局第一大地测量队老队员老党员回信重要指示精神，分别召开老干部、青年人、转业干部、先进人物座谈交流会，用身边的典型引路。持续开展“三解三促”活动，形成调研报告 8 篇、民情日记 8 篇。其中《智慧江苏时空信息云平台建设问题及对策研究》《加强地信产业发展推进企业转型升级》被确定为省重点调研课题。开展“党组织统一活动日”活动。全年发展党员 7 人，《江苏机关党建工作简报》第 17 期专题对江苏省基础地理信息中心在新常态下发展党员的创新做法进行宣传。开展党员组织关系排查工作，开展在职党员进社区活动，参与社区组织的“慈善一日捐”、结对帮扶、歌唱比赛等活动。

【党风廉政建设】

江苏省测绘地理信息局落实党风廉政建设责任制，签订党风廉政建设责任状。学习贯彻《中国共产党廉洁自律准则》和《中国共产党纪律处分条例》，增强全体党员干部廉洁自律意识和纪律观念。贯彻执行中央八项规定和省委十项规定，紧盯节假日等重要节点和关键环节，推进作风建设，防止“四风”问题反弹，完善作风建设长效机制。

【精神文明建设】

江苏省测绘地理信息局在局系统普遍推广“大讲堂”活动。局机关举办“党员大家讲”活动，省测绘工程院举办“苏测院大讲堂”，省基础地理信息中心举办“青年大讲堂”，省测绘产品质量监督检验站创建“质量大讲堂”。为庆祝建局40周年，开展“四个一”系列纪念活动（组织一次职工定向越野赛、开展一系列座谈会、编印一本纪念画册、开展一次书画摄影评选）。参加国家测绘地理信息局举办的测绘地理信息文化展示和征文活动。组织局机关全体党员参观抗战胜利70周年图片展，看望慰问局系统抗战时期参加革命工作的老干部。在局系统职工中组织开展“质检杯”第五届职工篮球、乒乓球、羽毛球比赛和“迎春杯”趣味定向越野比赛。局团委围绕普查标准时点核准百日大会战开展主题倡议活动，联合质检站党支部向六合区竹镇小学贫困学生捐赠学习用品、开展爱心助学基金等活动，在团组织中开展青年文明号创建活动。局青年志愿者服务活动获“江苏省优秀青年志愿服务项目”称号，局系统1家单位被命名为江苏省省级机关“青年文明号”。《中国测绘报》专刊宣传江苏省测绘工程院等5家测绘地理信息文化示范单位的事迹，《中国测绘》杂志刊登局党组书记施建石《高举文化建设大旗，助推地信产业发展》署名文章。局系统1人被评为“全国五一巾帼标兵”，1人获“江苏省五一劳动奖章”，1人被评为“江苏省青年岗位能手”“江苏省五一创新能手”和“江苏省巾帼建功标兵”，1人被评为“全国测绘地理信息技术能手”，1人被评为“江苏省优秀工会工作者”；1家单位被评为“全国模范职工小家”，3家单位被评为“江苏省工人先锋号”，1家单位被评为“江苏省模范职工之家”，1家单位被评为“江苏省模范职工小家”，1家单位被评为“江苏省厂务公开民主管理先进单位”。

地方社团工作

【江苏省测绘地理信息学会】

4月17日，江苏省测绘地理信息学会召开十届三次常务理事扩大会议；11月20日，召开十届四次常务理事会议；12月30日，召开十届三次理事会议；11月27日，与省土地学会联合主办第十一次江苏科技论坛智慧城市与大数据应用分论坛；12月30日，召开学术年会。2015年，江苏省测绘地理信息学会各专业委员会共承办8个学术交流活动。江苏省测绘地理信息学会主办的《现代测绘》杂志共收到稿件1000多篇，正式出版6期，增刊2期，刊登学术论文200多篇。在省科学技术协会“提升计划”中，江苏省测绘地理信息学会申报的“科技服务站”“首席专家”“承接政府职能转移”“学术创新”等项目通过审批。被省科学技术协会评为“综合示范学会”。

【江苏省测绘地理信息行业协会】

6月5日，江苏省测绘地理信息行业协会召开联络处工作会议。组织2015年测绘地理信息行业“诚信单位”评选活动，81家测绘单位获“诚信单位”称号。组织行业单位开展庆祝建局40周年书画、摄影等文艺作品征集评比活动；举办江苏省测绘地理信息行业“国图杯”第三届羽毛球比赛，全省15支代表队共77名运动员参加比赛。在行业内开展新技术推广，邀请技术人员作倾斜摄影技术应用市场拓展报告，协同中国地理信息产业协会配合全国倾斜摄影技术联盟在南京举办技术成果展示，受到行业单位好评。

【江苏省测绘地理信息思想政治工作研究会】

1月，江苏省测绘地理信息思想政治工作研究会召开会长会议；8月，在镇江召开二届四次理事大会暨2015年年会；9月，在盐城召开2015年度第二重点课题组研讨会；10月，在常州召开2015年度第一重点课题组研讨会。10月，在高淳举办第十二届“测绘杯”江苏省定向锦标赛，全省25支代表队200多名运动员参赛。

浙江省

概况

2015年，浙江省测绘与地理信息局在全国省级测绘地理信息行政主管部门年度测绘地理信息工作绩效考核中连续六年名列全国第一。全省测绘资质单位完成测绘服务总值37.43亿元，实现了稳步增长。

重大项目建设全面推进。浙江省第一次地理国情普查全部完成，13项地理省情普查任务完成过半，地理市、县情普查工作有序推进。全面完成省市县三级互联互通的数字城市地理空间框架和“天地图·浙江”建设任务，完成73个市县节点与省级节点数据融合后的信息发布工作，开展“天地图”数据省市联动更新试点。完成阿克苏地区测绘援疆年度任务并向当地测绘管理部门移交测绘成果。

基础测绘工作稳步推进。全省、市、县（市、区）基础测绘规划全部列入同级政府“十三五”规划编制目录，基础测绘经费全部纳入公共财政预算。全省基础测绘经费投入7.12亿元，省、市、县基础测绘全部列入政府经济社会发展年度计划并全面完成。按期完成1:1万基础地理信息数据快速更新、1:2000、1:500基础地理信息数据必要覆盖更新等项目。编制完成《浙江省基础测绘“十三五”规划》《浙江省基础测绘中长期规划纲要（2016—2030年）》及全省所有市、县（市、区）基础测绘“十三五”规划并通过专家评审。

测绘地理信息成果得到广泛应用。浙江省测绘与地理信息局共向社会各界提供各种比例尺“4D”成果数据8.29万幅、纸质地形图543幅。浙江省地理空间数据交换和共享平台为全省政府部门和社会各行业单位提供了156批次的共享数据分发服务，已授权106个用户单位使用交换平台的数据和服务，支撑基于平台的应用系统有128个。

地理信息产业得到较快发展。编制完成《浙江省地理信息产业发展“十三五”规划》。浙江省地理信息产业园建设加快推进，79家地理信息及相关企业签约入驻。全省地理信息及相关产业年总产值超过250亿元。

测绘与地理信息统一监管工作不断加强。浙江省市、县（市、区）测绘与地理信息管理部门的机构、职能、人员进一步得到落实。宁波市、桐庐县等5个市、县（市、区）开展行政管理改革试点工作。在全省开展了行政审批前置测绘中介服务推行“联合测绘”改革试点工作。加强对测绘市场的事中事后监管，组织开展测绘资质巡查、测绘项目备案、地图市场、成果质量、涉密测绘成果保密专项检查，进一步规范测绘地理信息市场秩序。

科技和人才工作取得新进展。建设完成地理国情监测国家测绘地理信息局重点实验室。与比利时那慕尔大学共建中欧感知城市创新实验室。实现基础测绘“361”图库一体化准实时更新和DEM/DOM同步并行编辑与更新。开展“基于语义模型的地理实体谱系与标准研究”“基于增强现实的便携测绘终端与标准研究”等测绘地理信息行业公益性科研专项的研究。新增享受国务院政府特殊津贴人员1名，增选国家测绘地理信息局青年学术和技术带头人1名。

重点工作推进

【数字城市和“天地图·浙江”建设】

2015年，浙江省完成30个县（市、区）的数字城市和37个县（市、区）“天地图”节点建设，全面完成了数字城市和“天地图”建设任务。完成73个市县节点与省级节点数据融合后的信息发布工作，开展“天地图”数据省市联动更新试点。“智慧宁波”已完成项目实施方案的编制并开展组织实施工作，“智慧德清”时空信息云平台建设试点项目已获得国家测绘地理信息局立项。全省各类应用示范项目累计1000多个。明确“天地图·浙江”的公益性服务定位，重点针对政府、专业部门需求，提供地理信息公益性服务。

【地理国情普查监测】

浙江省第一次地理国情普查采取省、市、县联动和部门协同推进的组织模式开展。采用不定期巡查、全程督导、集中整改与建库等多种方式，完成了国家下达的地理国情普查任务。13项地理省情普查任务完成过半，地理市、县情普查工作有序推进。同步完成全省90个县（市、区）地理国情基本统计工作，开展了地理国情分析评价试点工作。浙江省第一次地理国情普查领导小组办公室制定了省、市、县三级地理国情分析技术规范和关键技术操作说明，形成了三位一体的技术标准体系。各级测绘与地理信息管理部门坚持边普查、边监测、边应用的原则，为“五水共治”“三改一拆”“多规合一”、生态功能示范区建设、国土空间开发利用等重点工作提供普查成果。利用普查成果开展了浙江省粮食播种面积调查监测、部分重点河流水质监测试验等工作。

【浙江省地理空间数据交换和共享平台推广应用】

截至年底，浙江省地理空间数据交换和共享平台已为全省政府部门和社会各行业单位提供了156

批次的共享数据分发服务，已授权106个用户单位使用交换平台的数据和服务，支撑基于平台的应用系统128个。建立了省市县地理空间数据纵向交换机制，明确纵向交换方法、使用手续、数据更新等问题，并开始数据汇交。杭州市等5个市、县（区）开展了纵向数据在线共享的试点工作；金华市制订了《金华市地理空间数据交换和共享管理办法》；嘉兴市地理信息共享平台的建设和应用工作被纳入信息惠民国家示范城市建设项目、“两化”深度融合和促进信息消费重点实施项目；台州市建设市空间地理信息中心；舟山市以海洋基础数据为支撑建设海洋大数据中心。

【援疆测绘】

浙江省测绘与地理信息局编制了测绘援疆6年规划，推进各项测绘援疆工作。组织280多名测绘人员进疆开展测绘援疆工作，投入测绘援疆资金2539万元，协调省政府有关部门落实测绘援疆资金。通过行业协会、学会向全省测绘地理信息企事业单位发出做好测绘援疆工作的倡议，募集测绘援疆资金78万元。完成新疆生产建设兵团第一师（阿拉尔市）、库车县、拜城县1:500、1:1000数字地形测图，获取覆盖阿克苏市、库车县、拜城县部分区域0.08米分辨率的航空影像，完成阿拉尔市1:1万正射影像图和拜城县高清影像数据制作，所有成果均已通过验收并提交阿克苏地区及相关县（市）和兵团第一师测绘管理部门。

法制建设与市场监管

【测绘立法】

浙江省测绘与地理信息局制定《浙江省测绘与地理信息行业失信“黑名单”管理暂行办法》，修订《浙江省测绘与地理信息行政处罚自由裁量权实施办法》《浙江省测绘与地理信息行政处罚自由裁量权细化标准》《浙江省测绘资质管理实施细则》和《浙江省测绘资质标准》。

【资质管理】

2015年，浙江省新增测绘资质单位（含资质等级升级）115家，其中甲级4家、乙级29家、丙级45家、丁级37家；注销丁级测绘资质单位1家。截至年底，浙江省共有测绘资质单位615家，其中甲级33家、乙级112家、丙级174家、丁级296家；其中民营测绘资质单位389家，占全省测绘资质单位总数的63.25%。

【管理体制建设】

浙江省测绘与地理信息局制定了《关于全面深化改革的实施意见》。浙江省测绘与地理信息局行政许可事项缩减为6项，取消全部非行政许可事项，行政权力事项除涉密事项和行政处罚事项外全部实现在线办理，全程接受电子监察。对设区市测绘与地理信息局年度工作进行考核，嘉兴、湖州、绍兴、温州、宁波、台州6市测绘与地理信息局被评为2015年度优秀单位。在全省开展了行政审批前置测绘中介服务推行“联合测绘”改革试点工作，温州、绍兴、湖州、金华市出台“联合测绘”的相关规定并已实施“联合测绘”。开展基于事中事后监管的深化先照后证改革工作，对从事测绘活动的单位资质认定实行后置审批。宁波市、桐庐县等5个市、县（市、区）开展行政管理改革试点工作。丽水市将测绘与地理信息工作纳入市政府对所辖县（市、区）政府工作的考核内容。

【市场监管】

浙江省测绘与地理信息局组织开展了测绘资质巡查、测绘项目备案、地图市场、成果质量、涉密测绘成果保密专项检查。各级测绘与地理信息管理部门全年组织开展执法检查291次，其中涉密测绘成果使用管理检查75次，立案调查涉嫌违法案件18件，作出行政处罚案件21件。推进市场主体信用体系建设，向社会公开全省测绘单位信用信息，建立失信“黑名单”制度。建立健全部门间联合执法机制，为国土资源执法监察提供遥感监测服务。浙江省测绘与地理信息局在2014年度浙江省法治政府建设（依法行政）考评中被评为先进单位。

基础测绘

【体制机制建设】

2015年，浙江省基础测绘计划体制和财政经费投入机制进一步完善。《浙江省基础测绘“十三五”规划》《浙江省基础测绘中长期规划纲要（2016—2030年）》及全省所有市、县基础测绘“十三五”规划编制完成并通过专家评审；省、市、县三级基础测绘全部列入同级政府国民经济和社会发展年度计划，实施经费全部纳入公共财政预算。全省基础测绘和地理国情普查经费投入7.12亿元，其中省级基础测绘和地理国情普查经费投入1.56亿元，市、县（市、区）基础测绘和地理国情普查经费投入5.56亿元。

【基础测绘生产】

2015年，浙江省、市、县基础测绘年度计划全面完成。全省1:1万基础地理信息数据快速更新、1:2000、1:500基础地理信息数据必要覆盖更新等项目按期完成。全省陆海统一的三维测绘基准全面建成，完成了50座北斗卫星导航定位系统基准站点的改造升级工作。获取了覆盖全省陆域及沿海地区的2.1米分辨率资源三号卫星影像和平原、丘陵地区0.2米~0.4米分辨率数码航空影像。

地图管理与地图服务

【地图管理】

2015年，浙江省各级测绘与地理信息管理部门共审核地图（集、册、幅）131件596幅、地球仪95个、互联网地图41件、图书报纸期刊插附地图37件110幅。经审核批准，发放公开出版、展示、登载的审图号249个，发放国家测绘地理信息局委托审核的地图产品审图号95个。针对网络地图、新型地图（集）等加强保密审核，处理测绘成果脱密367批次，数据总量10.5TB。

【地图出版与服务】

浙江省和部分市、县（市、区）测绘与地理信息管理部门组织编制了领导工作用图。编制《浙江交通公众出行服务影像图》《衢州旅游休闲资源分布图》《瑞安市徒步线路图》等文化休闲类地图，满足社会公众需求。在浙江省测绘与地理信息局门户网站及时更新发布全省导航电子地图，供社会公众免费下载。

建成浙江省测绘地理信息应用成果和地图网上展馆，并被评为优秀示范展馆。

测绘地理信息成果管理与应用

【成果服务】

2015年，浙江省测绘与地理信息局向社会各界提供各种比例尺“4D”成果数据8.29万幅、纸质地形图543幅、大地控制点1028个。

浙江省各级测绘与地理信息管理部门充分利用地理信息资源和地理国情普查成果及相关技术，主动服务于“五水共治”“多规合一”“四边三化”、农村土地承包经营权调查、自然资源资产管理、生态环境保护和领导干部自然资源资产离任审计试点等重点工作。建立地理空间数据管理服务系统，开发了全省政务地理信息报送系统，通过浙江政务服务网为各级政府及相关部门和社会公众提供地理信息服务。

【应急测绘】

浙江省测绘与地理信息局进一步完善全省应急测绘工作机制，各设区市政府将应急测绘保障纳入本级政府应急管理体系；建立了省市联动机制，引入社会力量参与应急测绘保障；组织13家应急测绘单位开展了全省应急测绘保障联合演练；组织开展了抗击台风“灿鸿”“苏迪罗”等应急测绘保障。在丽水市莲都区雅溪镇里东村山体滑坡救援工作中，浙江省测绘与地理信息局派出无人机队伍获取灾区航摄数据，向省领导提供了灾区的灾前灾后平面、三维影像对比等资料，编制灾情评估分析报告，为科学救灾提供了测绘保障。

地理信息产业

浙江省政府召开了促进地理信息产业发展座谈会。浙江省测绘与地理信息局编制了《浙江省地理信息产业发展“十三五”规划》初稿。与中航工业集团、航天科工集团等企业就重大项目合作事宜签订协议；与千寻位置网公司进行对接，达成合作共识。推动建立地理信息产业发展政府引导基金，促进地理信息企业科技创新成果的开发应用。建立国家地理信息创客空间——地信梦工场，与比利时那慕尔大学共建中欧感知城市创新实验室，建立童庆禧、薛永琪2位院士领衔的院士工作站和创新驱动助力工程学会服务站。截至年底，浙江省地理信息产业园已有50幢产业大楼开工建设，累计投入建设资金30亿元；79家地理信息及相关企业签约入驻，协议投资金额近100亿元；入园企业累计完成产值38亿元，累计财政收入1.6亿元。全省地理信息及相关产业年总产值超过250亿元。

科技、标准化与国际合作

【科技工作】

浙江省测绘与地理信息局建设完成地理国情监测国家测绘地理信息局重点实验室。承担了国家测绘地理信息局“基于语义模式地理实体谱系标识与标准研究”等2个科研课题和5项浙江省科技厅科技项目。2015年，获得中国测绘地理信息学会测绘科技进步奖1项；中国地理信息科技进步奖2项。实现基础测绘“361”图库一体化准实时更新和DEM/DOM同步并行编辑与更新。开展了激光移动测量车的应用研究和基于无人机的大幅面影像采集、处理试验，开展了基础地理信息“增量式”更新技术的试验。

【标准化工作】

浙江省测绘与地理信息局推进浙江省测绘与地理信息标准化技术委员会的机构建设。浙江省测绘与地理信息标准化技术委员会主导制定《地理信息交换基本要求》，参与编制《地址 第1部分 数据模型》和《地理位置网格编码规则》2个国家标准。开展了测绘地理信息行业公益性科研专项研究。举办了数字城市地理空间框架技术标准、测绘与地理信息标准化以及标准化基础知识等培训班。

【人才培养】

2015年，浙江省测绘与地理信息局产生副厅级领导干部3名，选拔任用处级领导干部10名，公开招录事业编制人员15名。新增享受国务院政府特殊津贴人员1名，增选国家测绘地理信息局青年学术和技术带头人1名；选送1名副处级干部到丽水市龙泉市挂职锻炼，选派局系统14名年轻干部到设区市担任测绘与地理信息工作指导员。浙江省测绘行业职业技能鉴定站在全省测绘行业和高职院校组织了7批技能鉴定，379人通过鉴定。举办了市、县（市、区）测绘与地理信息局长培训班和全省测绘与地理信息新上岗人员法律法规培训班，组织全省300多人次参加涉密测绘成果管理、地图审核、数字城市、“天地图”建设等专题培训。

【对外合作与交流】

10月，联合国副秘书长吴红波一行到浙江访问，考察了浙江省地理信息产业园建设、联合国全球地理信息管理德清论坛永久会址等地。浙江省测绘与地理信息局分别派员随国家测绘地理信息局代表团赴巴西、美国、澳大利亚，参加测绘地理信息研讨及培训，派员代表国家测绘地理信息局赴联合国挂职锻炼。派员随浙江省人力资源和社会保障厅代表团赴英国、新加坡参加短期培训。与比利时那慕尔大学共建中欧感知城市创新实验室，开展技术交流和研究。

党的建设与精神文明建设

【党建工作】

浙江省测绘与地理信息局制定了《浙江省测绘与地理信息局党委议事规则》《单位主要负责同志“五不直接分管”实施意见》等制度，组织学习习近平总书记在浙江考察期间重要讲话精神和给国测一大队老队员老党员回信精神，开展“干在实处永无止尽、走在前列要谋新篇”大讨论。开展党员捐赠衣物等活动。浙江省测绘与地理信息局系统先后派20多人次赴仙居县大战乡指导结对帮扶工作，提供帮扶资金179万元。

【“三严三实”专题教育】

浙江省测绘与地理信息局开展“三严三实”专题教育活动，组织学习贯彻习近平总书记系列重要讲话精神，举办专题党课、专题研讨、专题民主生活会等活动。局主要领导带头讲党课、带头开展学习研讨、带头查摆问题；召开局系统“三严三实”专题教育汇报交流暨工作推进会。被浙江省委组织部列入中央和省级新闻媒体重点报道的五个部门之一。

【党风廉政建设】

浙江省测绘与地理信息局制定《局党委关于落实党风廉政建设主体责任和监督责任的实施意见》。认真贯彻执行中央八项规定和浙江省委“28条办法”“六个严禁”。在局门户网站开辟“廉政之声”专栏，加强廉政文化宣传。全年组织3次作风建设巡查，及时发现和纠正问题。支持纪检部门独立开展纪律检查工作，进一步加强对基础测绘、地理国情普查、海洋测绘、浙江省信息化测绘创新基地等重大项目实施的跟踪监督检查。

【精神文明建设】

浙江省测绘与地理信息局组织开展“最美测绘人”评选活动，全省测绘与地理信息管理部门和行业单位20人获全省“最美测绘人”称号。全面实施《浙江省测绘与地理信息文化建设发展规划》，浙江测绘与地理信息科技博物馆、《浙江省测绘与地理信息志》等重大文化项目的建设进展顺利。举办了浙江省测绘与地理信息局第二届职工文体活动节，开展书法、绘画等12个比赛（评选）项目。浙江省测绘与地理信息局门户网站在全国测绘地理信息系统政府网站综合测评中连续五年获得第一名。

地方社团工作

【浙江省测绘与地理信息行业协会】

浙江省测绘与地理信息行业协会修订了《省优秀测绘与地理信息工程奖评选办法》，评选出浙江省优秀测绘与地理信息工程奖44项。10月14日，在杭州举办浙江省第八届测绘与地理信息行业职工业余乒乓球比赛，21支队伍123人参赛；11月11日，在杭州市举办浙江省第一届测绘与地理信息行业职工羽毛球比赛，8支联队20多家单位81人参赛。全年举办注册测绘师考前辅导、房产测绘上岗培训、涉密测绘成果培训、地图内容审查上岗培训等9期培训班，共1801人次参加。完成注册测绘师注册省级审核388人。新增会员单位43家，会员单位总数达到466家。

【浙江省测绘与地理信息学会】

浙江省测绘与地理信息学会制定了《浙江省测绘与地理信息学会单位（团体）会员管理办法》《浙江省测绘与地理信息学会理事工作行为规则》，成立浙江省测绘与地理信息学会地图文化专业委员会。6月27日，举办第二届全省测绘与地理信息职工定向越野赛，24家会员单位300多人参赛。7月15日，组团参加“中国四维杯”第十一届全国测绘地理信息职工定向越野赛，获得17个奖项。11月11日~17日，组团赴台湾参加2015年海峡测绘技术交流与学术研讨会。组织开展浙江省测绘与地理信息科学技术进步奖评选工作，评选一等奖2项、二等奖4项、三等奖8项。组织开展2015年省测绘与地理信息专业技术中级职务任职资格评审工作。出版《浙江测绘与地理信息》期刊4期，发表论文79篇。编辑出版《2015年度浙江省测绘与地理信息学会优秀论文集》。新发展个人会员125名、单位（团体）会员11家。

【浙江省测绘职工思想政治工作研究会】

7月17日，浙江省测绘职工思想政治工作研究会召开六届二次理事会暨第十六次年会，总结六届一次理事会工作，交流政研成果29篇。组织会员单位开展课题研究，撰写调研文章，并向中国测绘职工思想政治工作研究会推荐研究成果18篇，1篇获三等奖。

安徽省

概况

2015年，安徽省测绘地理信息事业保持稳步发展，各项测绘地理信息工作顺利完成。地理国情普查阶段性工作结束，普查成果通过复核检查，按期完成安徽省地理国情普查成果的汇交任务。基础测绘稳步实施完成1∶1万地形图生产与更新3000幅、其他比例尺地形图生产与更新33634幅。强化安徽省卫星定位综合服务系统（以下简称AHCORS）的调试、运行与维护工作，完成AHCORS北斗兼容升级改造项目的总体方案编写。数字城市建设进展顺利，11个县区的数字县域建设立项实施。“天地图·安徽”完成覆盖全省的0.5米高分辨率影像数据制作，数据更新84.2GB。地理国情监测服务能力增强，完成地理国情动态监测3748平方千米。强化测绘产品质量管理，重点围绕全省地理国情普查项目开展成果质量监督管理，制定问责制度，严肃责任追究。加强涉密测绘成果管理，开展安徽省测绘局局属5个单位涉密信息系统分级保护建设和测绘地理信息成果、档案数据异地备份系统建设。测绘地理信息自主创新能力明显提升，在AHCORS、地理国情普查的应用软件研究方面取得成果，安徽省地理国情监测与智慧城市重点实验室的建设项目通过验收。2015年向社会各界提供各种比例尺地形图20125幅、测绘基准成果3406点（次），航空航天遥感数据4105GB，编制各类专题地图110多幅，测绘地理信息服务保障水平进一步提高。

重点工作推进

【数字城市建设】

数字滁州实现全市域影像电子地图更新工作，

"数字黄山地理空间框架数据更新"项目通过由安徽省国土资源厅组织的评审验收。省内11个县的数字县域地理空间框架建设立项实施。"数字黄山统一县域地理空间框架建设"和"数字绩溪地理空间框架建设"完成了项目设计书评审工作。

【"天地图·安徽"建设】

安徽省积极开展数据更新和融合工作，及时更新1:1万基础数据，完成覆盖全省的0.5米高分辨率影像数据制作，开展滁州全市域数据与"天地图"主节点数据融合工作。维护升级"天地图·安徽"门户网站，设立"天地图·安徽"专用机房，增加软硬件设备，提升平台性能与安全性。推动基于GIS时空云平台的"天地图·安徽"政务版建设，优化"天地图·安徽"移动端的整体功能。完成"天地图·六安"网站系统建设和地图服务工作，接入国家主节点。

加强"天地图·安徽"推广应用。安徽省智慧城市与地理国情监测重点实验室联合安徽省人事考试院，共同开发了"安徽省人事考试赶考地图"示范应用系统，获第三届天地图应用开发大赛二等奖。

【地理国情普查】

安徽省进一步完善第一次地理国情普查经费投入和管理机制，制定《安徽省第一次地理国情普查追加预算支出经费细化方案》和《安徽省第一次地理国情普查追加经费实施办法》。安徽省测绘局将省地理国情普查工作列入局属单位领导班子考核内容，制定问责制度，严格各项普查工作的管理。

安徽省第一次全国地理国情普查领导小组办公室（以下简称安徽省普查办）开展标准时点督查检查和普查成果质量验收，针对不合格成果进行跟踪督导和集中整改，普查成果通过复核检查。全年共完成安徽全域约14万平方千米地表自然和人文地理要素信息的内业采集、外业调查与核查以及标准时点核准工作。按期完成安徽地理国情普查成果1:1万图幅5474幅、数据资料692GB、文档资料168册的汇交任务。

调动安徽普查单位工作积极性，制定"以奖代补"方案，组织"普查标准时点核准百日大会战"主题竞赛和地理国情普查先进事迹征集工作。组织开展地理国情普查技术研究，编制《安徽省第一次地理国情普查数据库建设设计书》，自主研发地理国情普查建库预检、预处理程序。

法制建设和市场监管

【资质管理】

安徽省国土资源厅组织完成了2015年测绘资质申请受理工作。全年共受理测绘资质申请155家，审批发证138家；变更测绘资质证书事项40家；初审通过上报申请甲级测绘资质4家。

【行政执法】

安徽省国土资源厅开展测绘地理信息系统行政处罚案卷评查工作。组织开展测绘地理信息行政主管部门和测绘单位保密培训，约600人参加培训。根据《关于开展2015年全国地理信息保密检查的通知》要求，经商省国家保密局，向全省测绘地理信息行政主管部门印发了检查通知和检查方案，并向北京、上海、江苏等10多个省（直辖市）发出涉密测绘成果协查函。10月28日~11月6日，组织对合肥、铜陵、宣城等市部分测绘单位和测绘成果领用单位进行抽查，共抽查20多家单位。发现存在严重问题单位1家，进行了全省通报，并作为典型案例上报国家测绘地理信息局，将检查结果移交省国家保密局。

基础测绘

【计划执行情况】

安徽省积极组织落实基础测绘2015年度计划，成立安徽省基础测绘更新工作设计领导小组，制定《2015年基础测绘更新经费预算指标分解表》，细化基础测绘专项经费。全年共完成1:1万地形图生产与更新3000幅、其他比例尺地形图生产与更新33634幅。

【现代测绘基准体系建设】

安徽省积极推进2000国家大地坐标系的使用，加快省级成果转换步伐，转换平面点和高程点5.8万个。

加强安徽省卫星定位综合服务系统建设，完成省内8个国家基准站监控设备的安装和亳州、五河、灵璧、霍邱4个基准站的搬迁与设备安装调试工作，建成五河、芜湖（县）、望江3个基准站观测墩。在安徽省内建设的8个国家GNSS站点均通过国家测绘基准工程项目部的质检，质量评定为优良。强化对AHCORS控制中心、基准站的运行维护和管理，完成对全省基准站的调查工作，编制AHCORS北斗兼容性升级改造项目总体方案，研究AHCORS兼容北斗的升级改造技术。截至年底，AHCORS为

500多家单位和2000多个流动站用户注册入网并提供技术服务。

【质量管理】

安徽省重点开展第一次地理国情普查成果质量监督管理工作，共完成全省78个测区普查数据成果质量的验收和28家普查任务承接单位标准时点核准的过程质量监督检查工作。组织多次质量培训，1723人通过考核。开展2015年安徽省基础测绘成果质量监督检查工作，抽查全省测绘资质单位123家，及时督促整改检查中发现的问题。全年检定各类仪器2800多台（套）。

地图管理与地图服务

【地图编制审核】

安徽省测绘局编制《安徽省行政区划图集》《安徽省政区示意图》《安徽省二调图集》等各类专题地图（集）22幅。完成“一县一图”工程地图制作95幅。全年完成地图审核71件。

【地图市场监管】

安徽省国土资源厅在全省开展了国家版图意识宣传教育“进学校、进社区、进媒体”活动。组织召开媒体座谈会，通报媒体出现“问题地图”情况，向传统媒体、新媒体工作者普及国家版图知识；开展国家版图意识宣传教育试点学校建设活动，深化国家版图意识宣传教育“进学校”活动；参与全国地理信息应用成果和地图网上展览。

【测绘地理信息应用成果和地图网上展览安徽馆】

安徽省测绘局组织完成安徽省测绘地理信息应用成果和地图展览网上展馆布展工作，2项成果被评为优秀展品。

测绘地理信息成果管理与应用

【测绘资料管理】

2015年，安徽省完成测绘资料归档组卷92卷，完善案卷电子目录信息2万多条，整理31个摄区航片43477张，整理备份成果数据122769GB。积极开展测绘地理信息成果、档案数据异地备份系统建设。安徽省基础测绘资料成果服务系统内网管理系统和外网测绘成果目录汇交系统上线，并不断完善功能、更新数据。

【成果提供】

2015年，安徽省测绘局向国土、交通、规划、农业等多个行业部门提供各种比例尺地形图20125幅、测绘基准成果3406点（次）、航空航天遥感数据4105GB，主动为各级政府和有关部门规划、科学决策提供地理信息与技术支持。

【保密管理】

安徽省测绘局启动局属5个单位涉密信息系统分级保护建设，6月底通过省保密科技测评中心的现场测评。加强涉密人员管理，组织人员分期分类参加测绘成果保密与网络安全保密培训，与机关全体工作人员签订保密责任书。配合国家保密局和省国家保密局开展涉密网络安全检查。2015年，共产生密件17969件，其中秘密级15227件、机密级2742件，销毁涉密测绘资料4600多张。

【土地变更调查和美好乡村建设保障服务】

安徽省测绘局完成2014年度全省18个县市区土地变更调查数据库建库、105个县区的土地变更调查数据库质量检查和成果核查工作。为美好乡村建设规划提供基础地理信息数据，制作打印全省农村集体土地所有权确权登记发证工作的基础图件近11万张，提供调查地图数据3297GB。完成舒城县、泾县、青阳县等地区大比例尺地形图的制作工作。计划、实施专项援助测绘项目，完成砀山县赵屯镇赵屯村的扶贫工作。

【测量标志管护与普查】

2015年，测量标志省级监管配套预算增加至140万元，安徽省国土资源厅及时将省级配套资金下达，同时启动2015年普查工作。印发普查方案，确定池州市为普查市。因地方城市建设发展需要，依法实施测量标志迁建3座。

【共建共享】

安徽省测绘局与安徽省公安厅签订关于安徽警用地理信息系统共建共享合作协议书，就共同推进警用地理信息平台建设开展合作。贯彻落实与中国人民解放军61175部队签订的战略合作框架协议，建立融合机制，合作实现测绘地理信息成果目录、数据资源、时空基准的共享。

科技、标准化与国际合作

【科技工作】

安徽省测绘局印发《安徽省测绘局科技奖励试

行办法》，加强对2014年度立项的科研项目的跟踪管理。强化关键技术的自主研发能力，完成“安徽省地理国情普查人机交互质检软件开发与研究”和“基于CORS数据的安徽省基础图移动外业调绘系统”建设工作。开发满足多领域需求的服务系统，推进安徽省测量标志普查系统、农村土地承包经营权查询系统、淮南市采煤塌陷区综合治理动态监测管理系统、六安地质灾害监测系统等多个应用系统建设。安徽省智慧城市与地理国情监测重点实验室的建设项目通过验收。

【人才培养】

安徽省测绘局制定印发《安徽省测绘局所属事业单位领导班子和领导干部考核实施办法（试行)》，修订印发《安徽省测绘局机关工作人员考勤制度》和《安徽省测绘局机关工作人员请销假规定》。全年组织局内部培训1257人次，外派培训171人次。开展全局干部人事档案专项审核和“吃空饷”问题集中整治工作，推进机构实名制管理，更新全局448人的实时核查数据信息。选拔任用局内相关岗位负责人3人，面向社会公开招录公务员与局属事业单位工作人员18人。局2人被评选为国家测绘地理信息局青年学术与技术带头人。

党的建设和文化建设

【党的建设】

安徽省测绘局开展“三严三实”专题教育活动，制定印发实施方案，全年共组织10次党委理论学习中心组学习活动，专题学习党的十八大、十八届三中、四中、五中全会精神，中央八项规定，习近平总书记系列重要讲话和省纪委关于反腐败工作会议精神等。制定印发《安徽省测绘局2015年党风廉政建设与反腐败工作要点》，落实领导干部述职述廉、诫勉谈话、报告个人有关事项等制度。全年共处理2件群众来信（来访）和4件上级纪检部门的专函，积极配合省纪委党风政风监督室和省国土资源厅纪检组、监察室对局属部分单位的检查工作。

【文化建设】

安徽省测绘局组队参加全国测绘地理信息系统第四届“世恒杯”乒乓球比赛和安徽省国土资源系统首届篮球比赛。举办老干部书画摄影展、春节文体活动及“三八”妇女节游园活动等。

地方社团工作

经安徽省民政厅批准，安徽省测绘学会更名为安徽省测绘地理信息学会。安徽省测绘地理信息学会完成换届备案工作，调整常务理事26人、理事45人，发展19家单位为团体会员单位。至年底，团体会员单位200多家。

安徽省测绘地理信息学会参加第十七届华东六省一市测绘学术交流会，共10篇论文获奖。组织召开安徽省国土资源厅科技奖励（测绘地理信息领域）评审会，共评出科技进步奖一等奖2项、二等奖1项，项目质量优秀奖一等奖4项、二等奖11项、三等奖16项。《安徽测绘》杂志通过年检，全年编辑印刷3期，发行3600册。

福建省

概况

2015年，国家测绘地理信息局局长库热西·买合苏提，副局长王春峰、李维森、宋超智、李朋德先后到福建调研考察；全国政协人口资源环境委员会副主任徐德明一行到福建专题开展国家地理信息公共服务平台“天地图”应用与发展调研；福建省委常委、常务副省长张志南对“天地图·福建”专门批示；副省长洪捷序多次到福建省测绘地理信息局调研指导，对福建省第一次全国地理国情普查、测绘无人机队伍建设等工作专项批示。

福建测绘地理信息局全年实现预算收入2.63亿元，同比增长13.3%。按时有序推进第一次全国地理国情普查工作，完成全省陆域地理国情普查数据生产、标准时点校准、数据库建库等工作。普查成果通过国家验收，合格率 100%。福建省测绘地理信息局进一步加强基础测绘建设，启动全省连续运行卫星导航定位系统北斗化改造，完成省级基础测绘成果向 2000 国家大地坐标系的转换；大力推进数字城市地理空间框架项目建设，设区市数字城市全面完成，并开展了 16 个数字县域地理空间框架项目建设；加快“天地图·福建”更新应用，完成全省道路、地名等重要要素和 4 个市、11 个县核心要素的更新，开发 7 个应用系统、完成 4 个前置服务部署对接；加强测绘应急服务体系建设，建立部门应急联动机制，应用测绘无人机参与了漳州古雷半岛 PX 爆炸救援工作，为灾情现场决策提供重要的数据资源；简政放权、优化服务，公布行政权力事项 45 项、责任清单 74 项，将全部 7 项行政审批事项授权福建自贸区实施，将 6 项行政审批事项授予福州新区实施。

重点工作

【数字城市建设】

福建省推进数字城市建设和应用，全省各设区市数字城市全面建成。数字漳州、数字厦门通过竣工验收；数字宁德完成全部生产任务；智慧南平时空信息云平台建设试点获国家测绘地理信息局立项批复。推进数字城市成果在各行业的应用，新增三明市环保人工管理系统、泉州市智慧安监信息管理平台、龙岩市社会治安综合治理委员会办公室网格系统等 10 多个典型应用示范。福建省测绘地理信息局修订了《福建省县域数字城市地理空间框架建设指南》。批复福清市、福鼎市、德化县、寿宁县、连江县数字县域项目立项。数字永春通过验收。数字晋江通过预验收，晋江市政府办公室印发《数字晋江地理空间框架建设和使用管理暂行规定（试行）》（晋政办〔2015〕18 号）。

【“天地图·福建”建设】

9 月，全国政协人口资源环境委员会副主任徐德明一行到福建进行国家地理信息公共服务平台“天地图”应用与发展专题调研，福建省副省长洪捷序介绍了“天地图·福建”的建设和应用情况，对“天地图”上升为国家战略性安全信息基础平台等方面提出建议。福建省基础地理信息中心按照国家测绘地理信息局“天地图”评估要求，完成 4 个市、11 个县主城区核心要素，全省中分辨率、5417 平方千米高分辨率影像及电子地图更新，“天地图·福建”数据现势性达到 2015 年 4 月。开发了“天地图·福建”微信公众平台，电子地图模块新增实时路况、街景地图等功能。部署政务外网公共服务区节点和福州软件园备用节点。新增省高速公路出行地图、省信访专题地图、省应急专题地图、福州市易涝点地图、福州市青运会地图等 7 个应用系统；完成省司法厅、省公安厅、泉州市和南平市公安局服务对接及政务外网公共服务区前置节点部署；面向企业用户，在福州软件园完成“天地图·福建”软件园备用节点的系统部署。

【地理国情普查监测】

2015 年，福建省基本完成地理国情普查工作任务，获取 21 个部门 40GB 的行业专题数据；完成全省陆域普查数据生产、标准时点校准、数据库建库等工作。开展了福建省地理国情普查数据与国土、林业普查数据比对分析工作。福建省第一次全国地理国情普查成果通过复核验收，成果合格率 100%。福建省坚持“边普查、边监测、边应用”原则，推进普查成果使用，开展厦门市城市建成区变化动态监测和三明市水土流失保持治理动态监测。

法制建设与市场监督

【依法行政】

福建省测绘地理信息局对行政职责进行全面梳理，明确具体责任 74 项，并确定责任处室（单位）和追责情形以及相关的依据。按“谁行使、谁绘制”原则，优化行政许可运行流程图 9 份。设立福建省测绘地理信息局行政服务中心，实行“一站式”审批管理，将 7 项行政审批和 2 项公共服务事项统一在行政办事窗口受理与办理，并在福建省网上办事大厅开通网上办理业务。开展资质审批中介服务事项清理工作，取消 2 项行政审批中介服务事项。推进测绘地理信息政务信息公开，制定行政许可和行政处罚等信息公示工作实施方案。

【资质管理】

2015 年，福建省测绘地理信息局受理审批 46 家单位测绘资质申请，其中乙级 8 家、丙级 28 家、丁级 10 家。受理并审批测绘单位基本信息及业务范围变更申请事项 226 项。截至年底，全省共有测绘资质单位 493 家，其中甲级 27 家、乙级 77 家、丙级194家、丁级195家。完成测绘资质复审换证工作，通过复审换证单位396家、注销19家。

【行政执法】

福建省测绘地理信息局开展全省测绘行政执法证换证工作，共有106人换领新测绘行政执法证。为41人办理测绘作业证，其中新申请38人、换发3人。开展测绘地理信息行政执法资格网络培训考试，共有115人参加，95人通过。

【法制宣传】

福建省测绘地理信息局组织福州市国土资源局、福州部分测绘单位联合举办以“树立国家版图意识，维护国家主权安全”等为主题的“8·29”测绘法宣传日宣传活动。现场发放《中华人民共和国测绘法》《国家版图小知识》《保密法宣传图》《法律法规知识及问答》等宣传材料6万多份，并向公众展示多旋翼测绘无人机、测绘应急车等装备。发送手机宣传短信10万多条。福建省内相关新闻媒体对活动进行了现场采访和报道。局网站开通测绘法宣传日专栏，集中报道宣传活动，局官方微博、官方微信实时报道宣传现场情况。各市、县测绘地理信息行政主管部门和测绘单位也在当地以不同形式开展宣传活动。

基础测绘

【基础测绘规划】

福建省“十三五”基础测绘规划列入《福建省“十三五”国土资源开发利用专项规划》。按照福建省国土资源厅要求，福建省测绘地理信息局编制基础测绘规划稿，并按要求开展意见征求、咨询论证等工作。各设区市“十三五”基础测绘规划有序推进，福州、厦门、三明、莆田、南平、龙岩、宁德等地基本完成规划编制。

【国家基础测绘】

福建省测绘地理信息局按时完成2015年国家现代测绘基准体系基础设施建设一期工程任务。利用国家测绘地理信息局老少边基础测绘专项补助经费300万元，安排老少边地区基础测绘项目6个。获取宁德市9806平方千米、龙岩市811平方千米和南平市1120平方千米航空影像。

【省级基础测绘】

福建省级基础测绘成果2000国家大地坐标系转换项目通过验收，莆田市完成全市1980西安坐标系与2000国家大地坐标系转换工作。福建省测绘地理信息局开展全省卫星导航定位基准站建设情况调查。完成全省1∶25万正射影像图制作1232平方千米、1∶1万数字线划图重要要素年度更新4616幅、重点港湾诏安湾1∶1万水深图和海底地形图测制218平方千米。

【市县基础测绘】

福州市完成1138平方千米基础航空摄影及数据处理；厦门市投入2515万元开展基础测绘建设；莆田市完成全市航空摄影及1∶1000正射影像图制作；南平市投入200多万元开展中心城区数据更新及修补测工作；宁德市完成6个连续卫星定位服务基准站点的布设选址和12个行政村1∶1000地形图测制。

【质量监督】

福建省测绘地理信息局对30家测绘单位进行质量监督检查，4家单位不合格。福建省测绘产品质量监督检验站完成市场委托测绘产品检验115项、省基础测绘验收项目58个。

【计量检定】

2015年，福建省测绘产品质量监督检验站的全部水准仪、经纬仪、全站仪等主标准器及配套标准器全部通过检测，并取得检定证书。结合新检定规程，升级完善了测绘仪器检定管理信息系统。全年共检定各类仪器4100台，其中全站仪1300台、GPS接收机860台（套）、水准仪1050台、手持测距仪720台。

【测绘援疆】

福建省测绘地理信息局加强与福建省对口援疆前方指挥部和昌吉州国土资源局联系，落实福建省“十三五”测绘援疆项目，将昌吉1∶500、1∶1000基础测绘建设项目列入对口援疆“十三五”规划中，项目预算总经费4010万元。从基础测绘生产中调整经费，开展昌吉州高新区核心区域45平方千米1∶1000地形图测制。12月，福建省测绘地理信息局在福州举办首次对口援助新疆昌吉州测绘地理信息干部培训班，22名昌吉州测绘地理信息管理人员参加培训。

【福建省连续运行卫星定位基准站】

福建省测绘地理信息局完成福建省连续运行卫星定位基准站的勘选和15个基准站土建施工。全年审批福建省连续运行卫星定位基准站使用用户303家，同比增长23%；发放注册账号1800个，同比增加61%。

地图管理与地图服务

【地图出版】

福建省制图院全年发行地图27.8万册（幅），编制图册（图集）4册、影像图34幅、行政区图4幅、交通旅游图9幅、广告地图6幅。

【地图审核】

福建省测绘地理信息局共接收地图审核118项，其中互联网电子地图项目11项、纸质地图106项、其他地图1项。

【网上地图监管】

福建省测绘地理信息局共鉴定互联网地图2775项，其中“问题地图”428项。

【地图公共服务】

福建省测绘地理信息局加强测绘成果保障服务，向228家单位提供测绘成果分发服务、提供咨询服务2000多人次，提供“4D”地理信息成果3.6万幅、大地控制点832点、卫星影像228.3万平方千米，成果数据量25.4TB。提供领导及办公挂图1862幅，编制了《福建文明地图集》《省直机关办公用房分布图》《福建省大中型水库分布图》等专题地图。

【测绘地理信息应用成果和地图网上展览福建馆】

10月12日，福建省测绘地理信息应用成果和地图展览网上展馆上线运行，展馆分为序言、精品地图、数字福建、特色主题和科技装备5个部分，体现“红色摇篮”“清新的绿意”“蓝色的海洋”的福建特色，记载了数字城市、“天地图·福建”、地理国情普查等重大项目，展示了福州民国时期地图、福建省测绘地理信息局成立后的图史资料。

测绘地理信息成果管理与应用

【成果汇交】

福建省基础地理信息中心接收资料文档504本（其中技术文档338本、图历簿77本、加密成果89本）、地图集6本、专题图15幅、调绘片686片、控制片1368片、加密片1233片、航片34476片。接收数据档案103批次，包括“4D”数据档案资料59750幅、卫星遥感影像资料2176景（其中高分辨率影像877景、中分辨率影像751景、低分辨率影像548景）、航片数据38652片。

【成果开发】

福建省基础地理信息中心开发明溪县挂钩帮扶信息管理系统，可以直观了解挂钩帮扶工作。福建省制图院开发了交通规划移动平台和温泉派出所警用辅助系统。

【服务国土资源】

福建省测绘地理信息局服务福建省国土资源管理工作，应用测绘无人机对福清市新厝玉成采石场、龙岩市高岭土矿等23个矿山进行航摄，获取高清视频，制作正射影像图，核查矿山“青山挂白”恢复生态治理情况、矿山越界开采违法情况，为国土资源矿山执法提供地理信息依据。为福建省第三轮矿产资源规划数据库建设提供全省1∶5万、1∶25万地理底图；协助福建省国土资源厅完成787个地灾点的提取、解译、整理。为福建国土资源管理信息化开发的福建省地价一张图查询系统和福建省旧村复垦和城乡建设用地增减挂钩管理系统通过验收；完成福建省农村土地整治监测监管系统开发。

【应急测绘保障】

福建省测绘地理信息局出台《突发环境事件测绘地理信息应急响应预案》。建立部门应急联动机制，组织福建省测绘院参加“闽动－2015”应急演练及省武警边防总队组织的演练。4月，组织测绘无人机参与漳州古雷半岛PX爆炸救援工作，为灾情现场决策提供数据资源。为加强全省应急保障服务能力，福建省政府专门批复福建省测绘地理信息局500万元用于测绘无人机队伍建设。福建省制图院地图应急保障服务青年突击队被共青团福建省委授予“福建省青年突击队”称号。

【青运会专题地图】

10月，福建省基础地理信息中心和福建官方新闻网站东南网联合依托“天地图·福建”开发了中国第一届全国青年运动会青运会专题地图。该地图将赛事的赛场内外的信息与地理信息系统和地图联系起来，用户可以通过专题地图了解各个场馆赛事，以及外出观看比赛的交通线路等。

地理信息产业

【地理信息产业发展交流会】

6月11日，福建省测绘地理信息局联合福建省（海西）卫星导航产业技术创新战略联盟，在福州召开地理信息产业发展交流会，并在会前将国家及福建省有关地理信息产业的政策材料汇编整理，提供参会的地理信息企业使用。

【高分辨率对地观测系统数据与应用福建分中心】

9月，福建省测绘地理信息局联合福建省国防科技工业办公室向福建省政府报送《高分辨率对地观测系统福建数据与应用中心建设方案》。10月，福建省政府批复省部（福建省和国家国防科技工业局）共建高分辨率对地观测系统数据与应用福建分中心，该中心依托福建省基础地理信息中心设立，承担获取、处理、管理、分发高分数据等职责，统筹开展高分专项的应用示范与成果推广工作。

【地理信息产业单位名录】

福建省测绘地理信息局基本建立了地理信息产业单位名录。收录测绘资质单位、高校及地理信息相关企事业单位的基本情况、主营业务、联系方式及经营状况等。

【福建省地理信息产业技术公共服务平台】

福建省测绘地理信息局牵头组织的“福建省地理信息产业技术公共服务平台建设”获福建省科技厅立项。该平台为省级创新平台，依托省基础地理信息中心，联合厦门精图信息技术股份有限公司、省测绘产品质量监督检验站、福建工程学院、省测绘院、省空间工程研究中心等共同建设。

科技与标准化工作

【科技项目】

福建省测绘地理信息局开展局校合作3项。与福建师范大学联合申报科技项目1项并获国家自然科学基金立项。获得省自然科学基金立项1项，完成成果登记1项，获得软件著作权1项。

【标准化建设】

福建省测绘地理信息局组织申报的《福建省连续运行卫星定位服务系统网络RTK高程测量技术规范》获得立项。将现行有效的测绘地理信息国家、行业、地方标准等汇编成目录，发布在福建省测绘地理信息局网站，方便测绘单位查阅。

【人才培养】

福建省测绘地理信息局完成14名青年学术和技术带头人考评，增选了4名青年学术和技术带头人。将测绘专业技术人员继续教育培训、涉密测绘成果专管员培训、测绘行政执法培训等纳入网络教育平台，培训1480人次。开展测绘地理信息专业技术人员初、中、高级职称申报和评审工作，共194人通过职称评审，其中高级52人、中级104人、初级38人。联合福建省人力资源和社会保障厅等5个部门举办第二届“海西测绘地理信息杯”职业技能竞赛，共有51支队伍136人参加。福州市勘测院工程测量一队、福建省测绘院地图制图4队分获工程测量、地图制图团体第一名；福州市勘测院2人分获工程测量、地图制图个人第一名。

党的建设与精神文明建设

【党的建设】

福建省测绘地理信息局加强干部理论学习，召开14次中心组学习会，组织领导干部上党课26次，举办4次“三严三实”专题教育学习交流会。为干部职工购买《中国共产党廉洁自律准则》《中国共产党纪律处分条例》《习近平谈治国理政》《习近平用典》等书籍。组织干部职工撰写职工思想政治理论调研文章5篇，其中1篇获中国测绘职工思想政治工作研究会重点课题优秀研究成果二等奖。

【廉政建设】

福建省测绘地理信息局组织25人次到廉政教育基地开展警示教育。开展廉政风险点排查，制定了公务用车、公务接待、项目对外委托（合同）管理及项目报备等制度。加强财务审计监督，对直属4个单位进行年度财务审计和绩效工资执行情况专项审计，并对3名法人进行离任审计。

【精神文明建设】

福建省测绘地理信息局组织开展第四届全民健身运动会活动8项；组织322人次参与福州举办的第一届全国青年运动会交通劝导志愿服务；组织36人次义务献血5800毫升。“天地图·福建”无障碍爱心地图项目获得第二届中国青年志愿服务项目大赛银奖和“福建省直机关最佳服务项目”称号，1名志愿者获“福建省直机关最美志愿者”称号。福建省测绘地理信息局机关和福建省基础理信息中心均获“第十二届福建省级文明单位”称号，另有3个直属单位获“福建省直机关文明单位”称号。

【测绘扶贫】

根据定点帮扶县明溪县请求，福建省测绘地理信息局投入 80 多万元开展明溪县火车站 1:500 地形图、兴泉铁路选线，完成明溪县 1:1000 村庄规划测量 6.4 平方千米。直接投入 70 多万元用于明溪县定点帮扶村乡村交通建设、村庄治理等，为当地困难群众、老党员等发放慰问金 9 万多元。

地方社团工作

【海峡测绘技术交流研讨会】

5 月，福建省测绘地理信息学会在厦门组织召开 2015 海峡测绘技术交流会暨第十七届华东六省一市测绘学会学术交流会，共有 160 多名专家学者参加会议。会议收到论文 250 多篇，评出一等奖 15 篇、二等奖 21 篇、三等奖 35 篇。11 月，福建省测绘地理信息学会协助台湾省测量技师公会、中国测量工程学会举办 2015 年第一届海峡测绘技术交流会，共有 150 人参加会议。

【科技奖励评选】

福建省测绘地理信息学会组织全省有关测绘地理信息单位申报 2015 年中国地理信息科技进步奖和 2015 年全国优秀测绘工程奖。其中获 2015 年中国地理信息科技进步奖二、三等奖各 1 项，2015 年全国优秀测绘工程奖金、银奖各 1 项。开展 2015 年福建省测绘地理信息科技奖评选活动，评选出 2015 年福建省测绘地理信息科技进步奖二等奖 1 项、三等奖 41 项；2015 年福建省优秀测绘地理信息工程奖一等奖 2 项、二等奖 3 项、三等奖 6 项。

【测绘科普与咨询】

福建省测绘地理信息学会组织有关测绘地理信息单位参加“中国四维杯”第十一届全国测绘地理信息职工定向越野赛，被组委会授予“优秀组织奖”。9 月，组织有关单位和个人参加福建省科学技术协会主办的第十五届省科学技术协会年会主会场活动及 2015 年福建省全国科普日主会场活动。

江西省

概况

2015 年，江西省测绘地理信息工作服务江西绿色崛起战略，成效显著，江西省测绘地理信息局在 2015 年度全国省级测绘地理信息行政主管部门测绘地理信息工作绩效考核中获第三名。

地理国情普查工作已全面完成内外业数据采集任务，一次性提交成果，100% 合格。与省总工会联合开展普查劳动竞赛。编制完成《江西省测绘地理信息事业深化改革实施方案》。全省 11 个设区市全部完成数字城市建设，“天地图 · 江西”省级节点与国家主节点全面对接。在井冈山建成全国第一家基础地理信息数据异地备份中心暨军民融合测绘地理信息数据灾备中心，面积 1600 平方米，为地理信息产业发展所需的海量数据搭建了良好的科学备份和管理平台。开展了兼容北斗、GPS、格雷纳斯三星卫星导航定位服务系统的升级改造项目，实现了全省空间三维基准全域、全天候、实时动态服务。

完成鄱阳湖 LIDAR 数据处理，制作全区范围 1:1 万 DSM 及 DEM，启动《鄱阳湖历史变迁地图集》项目，为鄱阳湖生态经济区建设提供测绘地理信息保障。采购九江南昌摄区 SAR 卫星影像，开展昌九一带地表沉降监测，积极服务全省重点工程“昌九一体化”。江西省政府与国家测绘地理信息局签订了《深化战略合作框架协议》。

重点工作推进

【数字城市建设】

江西省全面完成设区市数字城市建设，南昌、新余、吉安市启动了智慧城市试点建设工作。

【“天地图 · 江西”建设】

江西省测绘地理信息局成立“天地图 · 江西”建设工作领导小组及“天地图 · 江西”工作部，下发《关于做好天地图建设与应用工作的通知》及《关于做好天地图市（县）级节点评估工作的通知》，重点推进“天地图”节点间的数据融合，统筹建设涉密版、政务版和公众版，拓展应用领域，推动面向政府和专业部门的应用。完成全省影像数据的融合，赣州、吉安、景德镇、萍乡4个设区市矢量数据和影像数据的融合，同对赣州、吉安、景德镇等市县级节点进行了评估。

【地理国情普查】

江西省第一次全国地理国情普查取得阶段性成果。省委副书记莫建成主持召开省第一次地理国情普查领导小组第二次成员会议，部署下一阶段普查任务。向国务院普查办一次性提交全部普查成果，100%合格。江西省测绘地理信息局与省总工会联合开展普查劳动竞赛，优胜者获得全省“五一劳动奖章”。为加强普查宣传，2015年全国“两会”期间，在《香港商报》、新华社《环球周刊》等媒体大幅刊登江西省测绘地理信息工作及地理国情普查工作情况。

【机构建设】

江西省基础测绘院、省地理国情监测遥感院、省基础地理信息中心3家局属单位由副处级升格为正处级，核定18名处级领导职数。南昌市测绘地理信息行政管理职能由城乡规划局调整到国土资源局，加挂市测绘地理信息局牌子，干部高配为副处级。至此，全省市县测绘地理信息职能统一落在同级国土资源部门。

法制建设与市场监管

【立法工作】

江西省测绘地理信息局制定印发《江西省测绘地理信息局立法规划（2015—2020年）》从夯实法治建设基础、加强基础测绘、建立地理国情监测制度、加强测绘成果管理和应用、强化事中事后监管5个方面，将15个项目纳入立法项目。做好《中华人民共和国测绘法》修订意见反馈工作。

【法治建设】

江西省测绘地理信息局组织对现行有效的31件规范性文件进行全面自查清理，保留23件、修改1件、废止2件、失效5件。凡未被列入继续有效目录中的规范性文件，一律不得继续执行，不得作为行政管理的依据。

开展行政权力事项自查工作，对负责实施的各项行政权力的名称、权种类别、设定依据、清理意见及省级保留权限进行全面梳理。5月，经省政府审议通过保留权力事项79项，涉及权种12类。其中行政处罚23项、行政征收2项、行政确认5项、行政奖励4项、备案3项、其他审批权1项、审查转报4项、行政监督检查11项、政策标准制定11项、内部管理3项、其他4项、共性权力8项。编制了各项行政权力的流程图和责任清单，分别在省政府门户网站、省编办网站及局网站公布。

【行政执法】

江西省测绘地理信息局指导各设区市测绘地理信息行政主管部门通过新版测绘地理信息行政执法管理信息系统录入自2006年来参加国家测绘地理信息局执法培训人员信息。7月，完成全省110位行政执法人员新证配发工作。9月，组织3人参加了国家测绘地理信息局在北戴河举办的省级行政执法人员岗位培训。

安排专人为上饶市国土资源系统行政执法人员讲授测绘地理信息法律基础知识及测绘行政执法程序。先后两次派专人在全省国土资源系统管理干部培训班上授课。在南昌举办全省测绘地理信息行政执法人员培训班，全省各市、县（市、区）测绘地理信息行政主管部门及部分国土资源执法支队的行政执法人员共180多人参加培训。

6月，根据举报，向宜春市国土资源局下达《关于核查举报材料的督办函》，督促指导对江西中今测绘工程有限公司无证测绘案进行调查处理。在查明违法事实的基础上，宜春市国土资源局依法作出了“没收江西中今测绘工程有限公司的测绘成果”的行政处罚决定。

【普法宣传】

江西省测绘地理信息局与南昌市政府联合举办测绘法宣传日主场活动。8月28日，江西省副省长李贻煌等出席在南昌市八一公园的宣传活动。活动现场发放了地图、测绘法宣传广告扇、测绘法律法规单行本等各类宣传资料5000多份。现场群众及在昌部分甲级测绘单位的职工近千人参与。全省各级测绘地理信息行政主管部门和测绘单位共悬挂宣传横幅680多条，设立宣传点140多个，摆设宣传展板220多块，发放宣传资料3万多份，发送宣传短信18万多条，开辟宣传专栏80多个，张贴宣传标语700多条，提供咨询服务1万多人次。

基础测绘

【基础测绘管理】

江西省测绘地理信息局开展全省卫星导航定位

服务系统升级改造项目建设，联合省发展和改革委员会出台《关于做好卫星导航定位基准站调查工作的通知》和《关于加强卫星导航定位基准站建设和应用管理的通知》。形成了覆盖全省的由70座基准站、1个系统控制中心、2个数据中心组成的江西省卫星导航定位服务系统，实现全省空间三维基准全域、全天候、实时动态服务。参与国家现代测绘基准体系建设，已完成江西省境内4座新建基准站和9座改造站的建设任务；全面推广2000国家大地坐标系，开展数字城市地理空间框架建设的11个市6个县全部采用2000国家大地坐标系。完成全省1:1万基础地理信息数据库整合升级项目。

【航空航天遥感影像获取与应用】

在国家测绘地理信息局的支持下，鄱阳湖区域LIDRA数据已全部用于鄱阳湖区域DEM/DSM生产及部分区域的数据分类和地形三维模型制作，地理国情普查资料已全部下发并应用于时点核准，航摄资料使用率100%。向国家测绘地理信息局申请了南昌市城区倾斜摄影和丰城摄区0.2米分辨率航空摄影，各项工作有序推进。保障省级自主投入影像经费，省财政厅已同意先支付部分经费启动江西省0.2米分辨率航空影像获取。

地图管理与地图服务

【测绘地理信息应用成果和地图网上展览江西馆】

江西省测绘地理信息局组织建设的江西省地理信息应用成果和地图展览网上展馆主要包括主展馆、红色摇篮馆、绿色家园馆、蓝色赣鄱馆和用户体验分馆。该展馆收集整理了近500件展品，并获全国优秀示范设计奖。

【地图管理】

江西省测绘地理信息局利用国家测绘地理信息局下发的互联网地图监管系统，每天实时对网上地图服务、地图图片、POI兴趣点及涉密交易信息进行筛选，并进行研判检定。该系统共推送地图服务420个，其中已排除182个、已检定53个、待签收185个；推送地图图片7518个，其中已排除407个、已检定288个、待签收6823个；推送POI兴趣点83个，全部已检定。

下发《关于召开江西省国家版图知识意识宣传教育和地图市场监管工作联席会议的通知》和《江西省国家版图意识宣传教育和地图市场监管2015年工作要点的通知》，要求各成员单位、各设区市测绘地理信息行政主管部门按照通知要求结合本地实际贯彻落实。对九江市和庐山开展地图市场检查工作。

【地图服务】

江西省测绘应急保障服务中心利用无人机航摄设备，从2011年起连续五年对红角洲区域进行航摄，获得该区域高清晰的影像资料。为省级党政机关搬迁置换筹建指挥部提供了该区域各个重要时期的影像资料。

江西省测绘地理信息局编制第五届全国测绘地理信息装备技术展览会地图。为第五届全国测绘地理信息装备技术展览会暨全国测绘地理信息博览会制作《江西省地图》和《南昌市地图》。

年内推出《长江经济带江西省高速公路发展布局示意图》《长江经济带机场、水运、铁路发展示意图》《国家重点生态功能区范围图》等。

【国家版图意识宣传教育】

江西省测绘地理信息局以开展国家版图意识宣传教育“进媒体”活动为抓手，深入宣传教育工作；以检查移动互联网、新闻媒体、中小学教辅使用地图为重点，加强地图市场监管；以加强能力建设为核心，提升地图公共服务水平。安排专项资金购买地球仪、国家版图知识读本、鼠标垫等国家版图意识宣传品。与江西育华学校共同举办2015年国家版图意识宣传教育“进学校”活动，邀请相关媒体、社区工作者等100多人参加活动，并向学校、社区幼儿园及农民工子弟学校赠送国家版图知识图书图册、地球仪等宣传品。开展“美丽中国”第三届全国国家版图知识竞赛和少儿手绘地图大赛相关工作。

测绘地理信息成果管理与应用

【成果保密管理】

江西省测绘地理信息局制定印发《关于贯彻执行〈基础测绘成果提供使用管理暂行办法〉的通知》《关于贯彻执行〈国家秘密基础测绘成果使用申请审批程序〉的通知》；制定《测绘成果保密管理综合表册》，并在全省测绘成果保密管理、使用单位中推广应用，进一步规范测绘成果保密统一监督管理。

根据单位人员变动情况，及时调整局保密委员会领导小组成员。在全省开展地理信息安全保密检查，共有562家单位完成自查，抽查226家单位，共发出整改通知书71份，45家单位已整改到位。根据中共江西省委保密委员会要求，下发《关于印发江西省测绘地理信息局2015年度保密工作要点的通知》。

向国家测绘地理信息局上报《关于申请对抚州市部分测绘成果进行保密技术处理的请示》，会同省军区、省国家保密局，按照有关规定对数字抚州、数字鹰潭所涉图件进行审核，并按照审核意见对涉密测绘成果资料数据进行处理后上报国家测绘地理信息局进行脱密处理。

召开全局保密工作会，学习保密管理有关法律法规，组织观看保密教育片。安排涉密管理人员参加国家测绘地理信息局、省国家保密局组织的培训学习。举办2015年涉密测绘成果管理人员岗位培训班，市、县测绘地理信息行政主管部门、省直测绘成果归口管理单位和各等级测绘资质单位的核心涉密人员共465人参加培训，考试合格者领取了《涉密人员岗位培训证书》。

【应急保障】

江西省测绘地理信息局制定测绘应急保障预案，组成测绘应急快速反应队伍，在省基础地理信息中心储备全省基础地理信息数据资料。为省政府应急办公室开通了可对全省基础地理信息数据进行实时查阅的网络专用线，为抗洪抢险等突发事件提供测绘应急保障。在永修县开展了应急演练。

【合作共建】

江西省测绘地理信息局召开测绘地理信息共享合作暨应用推广工作会，做好地理信息公共服务平台的应用，进一步促进政务信息共享与业务协同，实现信息公开和综合利用开发。与东华理工大学、江西应用技术职业学院、江西移动等签订了战略框架合作协议。

地理信息产业

江西省测绘地理信息局为地理信息产业发展所需的海量数据搭建良好的科学备份和管理平台，在井冈山建成面积为1600平方米的基础地理信息数据异地备份中心暨军民融合测绘地理信息数据灾备中心。加快推进省地理信息科技产业园建设，已与12家地理信息企业签订入园协议。

科技、标准化与国际合作

【科技创新】

流域生态与地理环境国家测绘地理信息局重点实验室全年承担科研项目30多项，项目总经费1000多万元。取得专利及软件著作权7项，在国内外期刊上发表科技论文20多篇，面向社会公众公开征集基金课题28个。

【标准化工作】

江西省测绘地理信息局向省质量技术监督局申请筹建江西省测绘地理信息标准化技术委员会，秘书处设在江西省基础测绘院。面向社会公开征集了39名委员，编制了委员会章程、秘书处工作细则、负责制修订地方标准领域内地方标准体系框架等系列文件。9月，省质量技术监督局正式批复同意成立江西省测绘地理信息标准化技术委员会（JX/TC024）。

【国际合作与交流】

江西省测绘地理信息局组织6人赴芬兰大地测量中心和俄罗斯圣彼得堡亚太合作中心进行技术交流与学习，组织全局测绘技术骨干20人赴瑞典进行为期21天的专业技术培训。省测绘地理信息学会组织11人赴台湾进行测绘技术考察交流。

【人才队伍建设】

江西省测绘地理信息局3人分获“江西省技术能手”“江西省青年岗位能手”“巾帼建功标兵”称号。与省人力资源和社会保障厅、省总工会、省国有资产监督管理委员会、省共青团、省妇女联合会5部门联合组织“振兴杯”测绘地理信息行业职能技能竞赛，与东华理工大学联合举办为期90天的全省测绘地理信息管理干部培训班等。

党的建设与精神文明建设

【党风廉政建设】

江西省测绘地理信息局深入开展“三严三实”主题教育实践活动和贯彻落实习近平总书记给国家测绘地理信息局第一大地测量队回信精神，通过将“三严三实”课堂搬上井冈山革命根据地等方式，确保学习教育落到实处。强化党委主体责任和纪委监督责任，加强反腐倡廉。被评为省直机关党的工作特别优秀单位，省直工委组织全省各单位240多名代表前来参观交流。

【文化建设】

江西省测绘地理信息局组织国测一大队先进事迹报告团到江西宣讲。举办“中国梦，测绘梦，弘扬国测一大队精神”主题活动，集中展现40年来全省测绘地理信息干部职工的良好精神面貌。通过开展“道德讲堂”“测绘好人”评选、青年志愿者深入扶贫村学雷锋等活动，加强测绘文化建设。

地方社团工作

10月，江西省测绘地理信息学会协助在南昌举办第五届全国测绘地理信息技术装备展览会（以下简称展览会）暨全国测绘地理信息博览会以及中国测绘地理信息学会2015年学术年会、第二届中国地图文化节。展览会特别设立“赣鄱特色”展厅，集中展示测绘地理信息服务江西经济社会发展的应用与成果。在2015年海峡测绘技术交流会暨十七届华东六省一市测绘（地理信息）学会学术交流会上，江西省测绘地理信息学会推荐的论文共有10篇获奖，其中一等奖2篇、二等奖3篇、三等奖5篇。

山东省

概况

2015年，山东省测绘地理信息局在2015年度全国省级测绘地理信息主管部门测绘地理信息工作绩效考核中连续第五年被评为优秀。全年全省测绘地理信息行业单位完成测绘服务总值突破35亿元，实现了稳步增长。

向国务院普查办完整汇交山东省第一次地理国情普查成果，一次性通过质量复核，优良品率高于80%。承担并按时完成了西藏自治区拉萨市地理国情普查成果验收任务，累计投入人员80多人次，进藏30人次。全面完成市级数字城市地理空间框架建设，4个市列入国家智慧城市时空信息云平台建设试点；全面启动县级数字城市地理空间框架建设，超过70%的县已完成建设。继续引进街景工厂、倾斜摄影仪等高新测绘技术装备，获取实时化、处理自动化的能力得到进一步提升；建成山东省信息化测绘生产管理系统，省级基础测绘实现了生产全过程信息化管理。省政府出台文件，首次明确了地理信息产业在全省经济社会发展中的地位和作用，推进地理信息产业跨越发展。入驻山东省地理信息产业基地的企业超过70家，年产值超过20亿元。

全省各级财政共投入基础测绘经费2.7亿元，落实地理国情普查项目经费2.4亿元。省、市、县基础测绘年度计划全面完成。按期完成1∶1万、1∶5000基础地理信息数据快速更新，1∶2000、1∶500基础地理信息数据必要覆盖更新等项目。海洋测绘工作扎实推进，海洋测绘成果得到广泛应用。

全省各市、县（市、区）测绘地理信息管理部门的机构、职能、人员进一步得到落实。全省17个设区市和137个县（市、区）都明确了测绘地理信息管理机构。全省17个设区市已有10个设立了测绘局、测绘地理信息局或地理信息局。临沂、东营、潍坊、枣庄等市所辖县（市、区）全部加挂测绘局或测绘地理信息局牌子。组织对市级测绘地理信息工作进行年度考核，表彰了潍坊市国土资源局等9家考核优秀单位。

加强测绘地理信息科技创新、高层次人才梯队建设和高技能人才培养。建立山东省空间信息与大数据应用工程技术研究中心；山东省国土测绘院研发的“机载雷达直升机搭载吊舱”获国家专利；建立了省级地理信息增量更新技术体系，研发了基于互联网众源大数据的地理信息变化快速发现技术，建成省市县一体化的地理信息数据库；完成地方标准3项。“普适化协同式地理信息公共服务关键技术与平台应用”获山东省科学技术进步奖二等奖。全省共有国土资源部青年学术带头人1人，国家测绘地理信息局青年学术和技术带头人4人。

重点工作推进

【数字城市建设】

山东省全面完成17个设区市数字城市地理空间框架建设；县级数字城市建设全部启动，建成率70%。半数市级节点与国家“天地图”主节点以聚合方式实现互联互通。数字城市建设成果已在全省300多个部门的600多个业务系统中得到应用，节约投资超过15亿元。加快推进全省数字城市向智慧城市升级，临沂、淄博、潍坊、聊城列入了国家智慧城市时空云平台建设试点，临沂、聊城试点方案已通过国家测绘地理信息局的评审。

【“天地图·山东”建设】

山东省国土资源厅将“天地图·山东”更新维护纳入基础测绘规划计划，建立了稳定的投入机制。“天地图·山东”数据继续保持每年更新1次，网站访问量1000多次/日，服务调用量4.8万多次/日。2015年完成全省高清影像数据更新，实现了全省17个地市城区和全省2/3县（市）城区“天地图”省、市、县三级数据同构；建立框架数据增量更新技术体系；实现省级节点与全部市级节点和77%的县级节点的数据融合。“天地图·山东”在全国省级节点服务评估中获得“五星级”称号，在第三届天地图应用开发大赛中获一等奖。“天地图·山东”应用业务系统新增应用20个，累计应用超过100个，为省政府办公厅、省发展和改革委员会、省财政厅等40多个政府部门提供技术支撑，完成的全省主体功能区规划图件修编、棚改资金管理项目、海上粮仓等成果获得好评。“互联网+在山东”全国网络媒体采访采风活动对“天地图·山东”进行专题报道；山东卫视新闻联播12月10日、12月26日连续2次报道省级地理信息公共服务平台取得的成效和作用；全年在各类媒体发表新闻宣传稿件400多篇，受到社会各界的广泛关注。

【地理国情普查监测】

山东省进一步完善地理国情普查管理运行机制，落实了地理国情普查专项经费，会同山东省总工会开展劳动竞赛活动。印发2015年普查工作计划，实行周例会和周报制度，出台了普查标准时点核准实施方案、专业技术设计、检查验收方案等。8月22日，将全部普查成果汇交至国务院普查办，普查成果全部通过验收，一次性通过国务院普查办质量复核，合格品率100%，优良品率98.7%。

组织完成了文登区基础性地理国情监测、威海市沿海滩涂变化监测和青岛西海岸国家级新区建设变化监测3项国家试点任务。同发改、环保、住建等部门对接应用需求，推动普查成果在全省市县总体规划、生态环境保护、城镇化建设等领域的应用，取得初步成效。完成全省2010年～2013年新增人工水景观占地监测分析。开展黄河三角洲高效生态经济区地理国情普查数据与同期土地变更调查数据对比分析。完成东营市地理国情普查数据与专题资料对比分析。3月～5月，山东省遥感技术应用中心利用新获取的卫星影像及普查数据成果，监测39个县（市、区）5.44万平方千米区域内的冬小麦种植面积。

法制建设与市场监管

【法制建设】

山东省国土资源厅完成《山东省测绘成果管理办法》修订稿起草、意见征集、专家论证等工作。报请山东省人大法制工作委员会，将《山东省测绘管理条例》修订工作列入2016～2020年地方立法规划建议项目二类立法计划，启动立法调研。配合国家测绘地理信息局做好《中华人民共和国测绘法》及有关政策的调研，提供有关参考资料、统计数据。

【依法行政】

山东省国土资源厅推行行政权力清单制度，编制了权力清单和行政审批事项工作手册与服务手册并向社会公开。被国土资源部评为全国推进依法行政先进单位。深化行政审批制度改革，修订了《山东省测绘资质管理办法》和《山东省乙丙丁级测绘资质分级标准》，弱化事前审批，强化事中和事后监管。下放了丁级测绘资质审批、测绘项目登记备案审批事项。调整乙级以下测绘资质受理审批条件，取消乙级测绘资质审批中涉及的ISO9000认证、测绘成果质检证明、测绘仪器检定证书3项中介服务事项。

通过测绘资质管理系统和省测绘成果目录服务系统，实现了测绘资质申请、基础测绘成果使用和地图审核的全流程网上审批，提高了审批的透明度。

推行行政机关负责人行政诉讼案件出庭应诉制度，建立了国土资源行政复议管理信息系统。把测绘信访工作纳入国土资源信访工作中统筹安排，开通12336热线电话，在厅网站设立网络举报和信访投诉窗口。

【法规宣传】

山东省国土资源厅制定年度依法行政工作要点，对普法工作进行统一部署，落实人员和经费，做到专款专用。利用“4·22”地球日、“6·25”土地日、“8·29”测绘法宣传日，开展宣传活动。8月29日，全省通过召开座谈会、印发宣传材料、悬挂横幅、出动宣传车、发送公益性短信等形式宣传测绘地理信息法律法规，共发放宣传材料3万多份，现场解答市民问题1500多人次，为测绘地理信息事业发展营造了良好社会环境。

【资质管理】

山东省国土资源厅全年审批新设测绘资质、资质升级及业务范围增项202家，晋升甲级资质4家；办理和注册测绘作业证866个。实施测绘业务项目登记21项；审核登记注册测绘师393名。组织开展测绘资质巡查，全省800多家资质单位进行自查，对160多家单位进行了巡查。

【市场监管】

山东省国土资源厅将测绘地理信息纳入国土资源统一执法，落实职责和工作经费，依法查处各类测绘地理信息违法案件。与有关部门建立了联席会议、联合办案、信息互通等测绘地理信息市场监管长效机制，不定期组织开展地图市场、测绘市场、成果保密安全等专项检查。组织开展了测绘成果质量监督检查、测绘成果保密检查、地图市场检查和测绘资质巡查“三检查一巡查”及测量标志动态巡查工作，依法查处测绘违法案件。审核公开出版、展示地图130多件，完成14个市县数字城市建设上线数据脱密处理和地图审核。

【信用体系建设】

山东省积极推进测绘地理信息市场信用体系建设，制定了《山东省测绘地理信息市场信用信息管理暂行办法》和《山东省测绘地理信息市场信用评价标准（试行）》，首次对乙级以下测绘资质单位开展信用评价工作，通过全国测绘地理信息市场信用信息管理平台发布评价结果。配合国家测绘地理信息局开展新信用管理平台测试工作。组织省测绘行业协会开展测绘地理信息市场诚信体系建设调研工作，从市场准入、市场规则、市场调控、市场诚信、招投标管理和恶意竞争现象等方面进行了调研分析，形成调研报告。

【成果质量与仪检管理】

山东省国土资源厅组织开展测绘成果质量监督检查，按照分级管理的原则，监督抽查甲、乙级单位完成的重点项目24个，组织各市监督抽查丙、丁级单位完成的测绘项目106个，向存在问题的9家单位下发整改通知，对检查情况进行通报。东营、烟台、枣庄、莱芜、德州、淄博等市组织开展专项检查，保障测绘成果的质量。

山东省国土测绘院做好测绘计量基础设施维护工作，全年完成仪器检定5598台/次。

基础测绘

【规划计划】

山东省各级基础测绘规划落实到位。省和全部17个设区市形成了覆盖完整、步调一致、协同互动的规划体系。山东省国土资源厅印发《关于做好基础测绘“十三五”规划编制工作的通知》，全面启动各级“十三五”规划编制。创新规划编制程序，试点采取重点工程项目申报制度，至年底，全省重点工程项目申报工作已完成。“十二五”期间，省级基础测绘投入3.2亿元（不含地理国情普查经费），市县级基础测绘投入超过10亿元，较“十一五”期间翻了一番多。构建新型基础测绘，开展定期更新与及时更新协同一体化更新试验。

规范国家重大专项经费管理，完成“927”工程、全省地理国情普查、固定资产投资项目等经费决算编报，保证专款专用和资金使用效率。山东省落实地理国情普查项目经费2.4亿元。省级落实年度基础测绘经费7000多万元，市县落实基础测绘经费超过2亿元。

【省级基础测绘】

山东省国土资源厅向省国土测绘院下达2015年度基础测绘计划和重点工作任务。至年底，完成全省范围的数字正射影像图、数字线划图框架要素更新和396幅数字高程模型、2001幅数字线划图更新。完成全省卫星定位连续运行基准站网和测绘基准体系优化升级工程。市县大比例尺基础地理信息数据更新持续开展，绝大部分地区现势性保持在2年以内。全省2000国家大地坐标系转换工作基本完成，新开工基础测绘项目全面采用2000国家大地坐标系。完成“山东信息化测绘生产管理体系”建设项目验收工作，并推动该系统在地理国情普查、基础测绘更新等工作中应用。

海洋基础地理信息资源开发建设取得突破，建立了山东省沿海高程/深度基准转换模型，为各类海洋资源调查、地形测绘、港口建设等提供陆海统一的测量基准。完成东营、滨州市4600平方千米潮间带区域地形测绘任务，实现了省级基础地理信息资源由陆地向海洋延伸。

【影像获取和共享】

山东省建立遥感影像年度获取机制。继续落实影像获取计划管理制度，获取了覆盖全省的新一轮卫星影像和1万多平方千米机载雷达数据。获取全省2米分辨率卫星影像，更新了数字正射影像。完成了全省数字线划图框架要素年度更新和2001幅全要素更新，数据现势性持续提升。德州、聊城由市级统筹，基本完成市县两级大比例尺基础地理信息数据更新工作。济南全面建立常态化动态更新机制。青岛按照计划单列市要求，组织了本地区1:5000基础地理信息数据更新。

山东省国土资源厅继续落实与交通、民政、气象、公安、地震等部门的共享协议，与林业、海洋等部门在共享方面取得突破。

【安全生产】

山东省国土资源厅组织安全生产教育宣传活动和微信答题活动，共有207人参加。开展安全生产年、安全生产月主题活动，举办安全生产培训和安全生产警示教育，定期开展安全生产大检查。改造升级了省级基础测绘生产基地消防通道，整治办公生产用房，杜绝安全生产隐患。强化安全生产设施建设，及时对装备设备进行检修检查，提高安全生产能力。全年未发生安全生产事故。

地图管理与地图服务

【地图市场管理】

山东省国土资源厅依法做好地图审核工作。截至年底，共审核公开出版、展示和登载地图186件，备案率100%。利用互联网地图监管系统开展全国联动监管工作，并加强国家有关地图管理政策和文件宣传。在全省开展地图市场专项治理，省国土资源厅组织检查组对各市专项治理工作进行了抽查。重点针对教辅地图、新闻媒体使用地图及移动互联网地图开展检查，对发现的“问题地图”产品责令下架，对部分教育出版机构出版的未经审查的地图图书情况及时上报国家测绘地理信息局。

【地图出版】

山东省启动《山东省地图集》修编工作，省政府办公厅成立《山东省地图集》编委员，副省长王书坚任主任，副秘书长张斌、省国土资源厅厅长刘俭朴任副主任。省国土资源厅开展《山东省地图集》（修编）调研、框架调整、设计书的评审论证和资料收集工作。基本完成山东省市、县行政挂图和《山东省政务工作用图》的编制工作。提供应急地图公共服务，为省委、省政府及省直各部门提供各类地图服务649多（册）。服务大众生活，新编出版各类地图集（册）180多种。

【国家版图意识宣传教育】

山东省深入开展国家版图知识“进学校、进社区、进媒体”活动，积极向社会公众和广大中小学生赠送各种宣传材料，并邀请广大媒体进行宣传报道。利用“8·29”测绘法宣传日等活动，通过多种方式加强国家版图意识宣传。青岛等市开展了2015年“爱我中华”国家版图知识宣传年活动。

测绘地理信息成果管理与应用

【成果汇交】

山东省将测绘单位执行成果汇交制度情况与资质升级、年度注册、成果评优、业绩考核等挂钩，督促测绘单位进行成果汇交。山东省测绘成果目录服务系统增加了在线成果目录汇交功能，实现了各级基础成果和行业汇交成果目录的一站式发布。2015年，全省共汇交测绘成果副本、目录近3000项。

【成果保密】

山东省国土资源厅在全省范围内组织了涉密测绘成果生产、使用、管理保密大检查，702家单位开展自查，组织抽查285家单位，下发整改通知书26份。

【测量标志管护】

山东省国土资源厅进一步完善测量标志管护体制，按照分级管理的原则，将测量标志管护职能落实到基层国土资源所，将测量标志完好率纳入年度工作目标考核。组织完成了全省测量标志点普查工作，摸清了全省各类型、各等级测量标志点的现势情况，获得第一手资料，完善了山东省测量标志动态监管信息系统数据库。组织对市县测量标志管理维护工作进行了督导检查，全省测量标志完好率继续保持较高水平。

【服务重大规划及活动】

山东省国土测绘院继续为山东半岛蓝色经济区、黄河三角洲高效生态经济区、中原经济区三大国家发展战略和省会城市群经济圈、西部经济隆起带等全省重点发展规划提供测绘地理信息服务，继续为省发展和改革委员会、财政厅、海洋与渔业厅等部门设计制作各类规划图件。诸城市新农村建设测绘保障国家示范项目通过验收，聊城市郑家镇和新泰市羊流镇列入2016年度国家示范项目。

山东省国土测绘院探索精准扶贫模式。完成东平县移民避险解困规划区108平方千米的SWDC－5相机倾斜航空摄影及无人机航空摄影，制作了三维实景模型及6个乡镇施工前后对比影像图19幅。10月，举行东平县及库区移民搬迁安置点遥感影像及信息系统交接仪式。

【测绘应急保障】

山东省国土资源厅成立了测绘应急保障工作领导小组，组建了测绘应急分队，配备了应急装备和车辆，明确了测绘应急保障的领导机构、办事机构、实施机构并严格执行《山东省测绘应急保障预案》，做好快速制图系统、分发服务系统、会商服务系统、应急发布系统的运维管理工作。拟定《山东省森林火灾应急测绘保障工作方案》。

【日常测绘保障服务情况】

山东省国土测绘院全年共向交通、规划、水利水电、环保、农业等20多个行业系统128家单位提供各种比例尺纸质地形图1457张，“4D”产品31296幅、数据量约7565GB，大地控制点502个，航摄成果1538片；通过山东省测绘成果目录服务系统发布省级元数据4万多条。SDCORS系统服务用户2100多个。

地理信息产业

【政策环境】

3月31日，山东省政府办公厅印发《关于贯彻落实国办发〔2014〕2号文件促进地理信息产业发展的实施意见》（鲁政办发〔2015〕12号），明确了当前和今后一个时期促进地理信息产业发展的总体思想、发展目标、重点领域、政策和保障措施。全省测绘资质单位发展到850多家，服务产值超过36亿元。在全国地理信息产业大会上，山东明嘉勘察测绘有限公司、青岛捷达建筑工程咨询有限公司被评为2015年中国地理信息产业最具成长力中小企业；东营市森迈图测绘信息开发有限责任公司等6家企业被评为2015年中国地理信息产业最具活力中小企业。

【地理信息产业园】

山东地理信息产业园所在的潍坊市出台《关于加快山东测绘地理信息产业基地建设的若干意见》等配套政策措施，优化产业发展环境。院士工作站、山东地理信息产业技术创新战略联盟引领协调作用彰显，刘先林、周成虎等院士定期进驻指导。产业基地“一个中心、两个园区”建设稳步推进，71家企业和研发单位落户基地，4家企业承担了国家北斗应用示范项目的筹建工作。截至年底，已累计完成投资45.5亿元，完成建筑面积78.4万平方米，实现产值276921.3万元，利润13624.26万元，上缴税金9065.42万元。

科技、标准化与国际合作

【科技奖励】

2015年，山东省共获测绘科技进步奖11项、地理信息科技进步奖6项、全国优秀测绘工程奖18项、地理信息产业优秀工程奖23项、卫星导航定位优秀工程和产品奖2项。省国土测绘院完成的“普适化协同式地理信息公共服务关键技术与平台应用”获山东省科学技术进步奖二等奖。

【科技创新】

山东省国土资源厅将测绘创新作为全省国土资源科技进步的重要组成部分，统一组织评定和奖励。支持山东科技大学国家海岛礁测绘重点实验室建设和青岛市勘察测绘研究院地图文化与创意国家测绘地理信息局工程技术研究中心建设。山东省国土测绘院向省科技厅申报并获批准设立山东省空间信息与大数据应用工程技术研究中心。省国土测绘院、省遥感技术应用中心与中国测绘科学研究院、武汉大学、山东大学、山东科技大学、山东理工大学等高校科研院所建立长期合作机制，在北斗大地基准服务、智慧城市建设等方面开展合作。

【标准化工作】

山东省制定地理信息公共服务平台技术规范等3项地方性测绘标准，并向社会公示。

【人才培养】

山东省国土资源厅完成年度人才引进计划。全省共有252人通过注册测绘师资格考试，累计777人。省测绘地理信息系统共有国家测绘地理信息局青年学术和技术带头人4人。

山东省测绘职业技能鉴定中心全年开展8个批次测量员、2个批次技师和高级技师的职业技能鉴定，涉及490人。

【业务培训】

山东省国土资源厅组织省内测绘企业、市县测绘行政管理等人员参加国家测绘地理信息局举办的各类培训10多次，100多人参加了培训。

【对外交流与合作】

山东省国土资源厅选派3人次参加国家测绘地理信息局组织的出国考察学习活动。与日本地质调查局和瑞典测量学会建立了稳定的交流合作机制。青岛市勘察测绘研究院赴巴西参加2015国际地图年活动。

党的建设与精神文明建设

【党的建设】

山东省国土资源厅认真开展“三严三实”专题教育，组织召开全省国土资源系统“三严三实”专题教育工作座谈会。制定《山东省国土资源厅党员民主评议暂行办法》和《山东省国土资源系统能力建设（2015—2017）行动方案》，积极开展“能力建设年”活动。坚持领导班子中心组学习制度，厅党组制定《2015年理论学习计划》，坚持“三会一课”（定期召开支部党员大会、支部委员会、党小组会，按时上好党课）制度，落实领导班子民主生活会、党员领导干部参加双重组织生活制度。

【精神文明建设】

山东省国土资源厅机关在连续7年获评“省级文明单位”的基础上，开展“全国文明单位”创建活动并获第四届“全国文明单位”称号。山东省国土测绘院继续保持“省级文明单位”称号。共青团山东省国土测绘院总支获团省委“山东省青年志愿者服务先进集体”称号。1人获全省国土资源系统“十大道德模范”特别奖。

【廉政建设】

山东省国土资源厅召开全省国土资源系统廉政建设工作会议，层层签订廉政责任书。结合“三严三实”专题教育，在全省国土资源系统开展为期9个月的“学党章、守纪律、做表率”教育活动。购买《新党章知识竞赛600题》《中国共产党廉洁自律准则》《中国共产党纪律处分条例》各1250册，发放到厅直属单位和厅机关每名党员干部手中。组织230名党员干部走进山东省省直机关警示教育基地（省监狱）参加警示教育活动，为副处级以上干部发放《领导干部违纪违法典型案例警示录》。全省测绘地理信息系统未出现重大腐败行为和案件。

【英模人物】

4月，山东省国土测绘院党委委员、第一测绘院院长杨艳萍获“全国先进工作者”称号。7月，《中国测绘报》头版头条刊登杨艳萍先进事迹。按照国家测绘地理信息局要求，山东省国土测绘院组织编写《新时期测绘好干部》一书。该书共12万字，由测绘出版社出版发行，国家测绘地理信息局局长库热西·买合苏提作序。

地方社团工作

【组织建设】

山东测绘学会召开七届四次理事会议，会议听取了2014年学会工作情况的汇报，研究审议了2015年学会工作计划。

山东省测绘行业协会组织开展了2015年度测绘行业先进集体及先进个人评选工作，共评选出先进集体70个、先进个人69人、市联络处先进工作者17人。

【学术交流】

山东测绘学会组织会员参加华东六省一市测绘学会学术交流会，向大会提交测绘科技论文12篇。其中2篇获一等奖、4篇获二等奖、6篇获三等奖。派代表队参加了在吉林省长白山自然保护区举办的第十一届全国测绘地理信息职工定向越野赛。

山东省测绘行业协会在临沂、聊城市分别举办2期测绘地理信息技术设计书编写、技术总结编写、检查报告编写培训班，全省700多名测绘技术人员参加培训。

【科普教育】

10月19日，山东测绘学会和省测绘行业协会举办了“正元地信杯”山东职业院校学生测量技能比赛。山东冶金技师学院等14所职业院校的代表队参加了比赛。其中4个组获一等奖、6个组获二等奖、8个组获三等奖。

10月23日，山东测绘学会和省测绘行业协会主办第九届“南方测绘杯”山东大学生测量技能比赛，中国石油大学（华东）、山东科技大学（青岛）、山东科技大学（泰安）等7所高校的14支代表队参加比赛。其中3个队获一等奖、5个队获二等奖、6个队获三等奖。

12月，山东省测绘行业协会组织有关专家组成山东省优秀测绘地理信息工程评选委员会，组织开展了2015年度全省优秀测绘工程项目评选工作。受理优秀测绘工程项目186项，共评选出获奖项目151项。其中一等奖28项、二等奖46项、三等奖77项。

河南省

概况

2015年，河南省测绘地理信息事业全面提升测绘对社会经济发展的服务保障能力和监管水平，不断壮大测绘队伍，测绘服务总值再创历史新高。

截至年底，全省共有925家测绘资质单位。全年完成测绘服务总值33.63亿元，同比增长30.62%。基础测绘经费总投入9031.86万元，其中省级基础测绘经费投入4800万元、地市583.4万元、县级3648.46万元。地理国情普查经费2015年投入6958.7万元，累计投入17468万元。

全省全年向社会相关行业提供地形图2956张，成果点329个，航摄成果444片，航摄数据882GB；“4D”成果10424幅、数据量202GB；遥感影像493景、数据量2176GB。开展测绘执法检查334次，涉密测绘成果检查141次。编制完成《河南省基础测绘中长期规划纲要（2015—2030年）》。完善《河南省测绘资质审批程序规定》，定期在河南省测绘地理信息局门户网站公示各项行政审批结果。

重点工作推进

【数字城市建设】

2015年，河南省18个省辖市全部启动数字城市地理空间框架项目建设，完成验收10个；全省启动数字县域建设26个，完成验收10个；启动数字乡镇建设59个，完成验收9个。完成数字驻马店政务版地理信息公共平台建设，并通过省军区、省国家保密局、省测绘地理信息局三方会审。完成数字平舆政务版地理信息公共平台建设，更新数字三门峡、平顶山、鲁山、济源地理信息公共平台数据。智慧郑州城市时空信息云平台建设项目列入国家测绘地理信息局智慧城市时空信息云平台建设试点项目。智慧平顶山城市时空信息云平台建设项目已获批准。完成数字开封公共服务平台及应用示范系统的建设。完成数字禹州公共服务平台和应用示范系统建设。

【“天地图·河南”建设】

2015年，“天地图·河南”被国家测绘地理信息局评为“五星级”省级节点。更新“天地图·河南”省级节点数据，并通过国家基础地理信息中心测试。完成“天地图·河南”政务版建设及数据融合工作。在河南省财政专网设政务版平台，为财政大数据系统提供地图服务。“天地图·洛阳”接入国家主节点。完成“天地图·驻马店”公众版地理信息公共平台建设，并与国家主节点联通。河南省第一个县级天地图平台“天地图·兰考”通过验收，成为全省第一个与国家主节点对接的县级节点。参与起草《关于深化厅局业务合作实施方案的项目》，推进“天地图·河南”在国土资源、不动产登记、工信等领域的应用。组织上报“天地图”应用典型案例12个，其中“河南省旅游产业运行监测调度系统”获第三届天地图应用开发大赛一等奖。

【地理国情普查监测】

河南省测绘地理信息局编制完成《2015年度地理国情普查工作计划》《河南省地理国情监测项目实施方案与预算书（2016—2018年）》《河南省第一次全国地理国情普查标准时点核准实施方案》《河南省第一次全国地理国情普查DEM制作技术设计书》《2015年重要地理国情监测项目——南水北调

中线工程（河南部分）水源区地理空间环境动态监测项目设计书》。举办河南省第一次全国地理国情普查标准时点核准技术培训班，99 人参加培训。完成全省 18 个省辖市 158 个县区 16.6 万平方千米的普查工作，涉及图幅 6558 幅。完成地理国情普查数据生产及成果质量验收、地理国情普查标准时点核准及成果汇交工作。根据“边普查边应用”原则，利用地理国情普查成果数据，开展省级地理国情监测示范项目，包括郑州（市）湿地监测、兰考县情监测实验、南水北调中线工程水源地监测等。

【机构建设】

河南省设省、市、县三级测绘地理信息管理机构。省级管理机构河南省测绘地理信息局行政管理隶属省国土资源厅，为参照公务员管理的事业单位，从事测绘管理工作 34 人，编制数 43 人；局属单位从业人员 552 人，编制数 621 人。市级测绘地理信息管理机构 17 个，其中 12 个为行政编制、5 个为事业编制，13 个管理机构挂牌测绘地理信息局，全部隶属于国土资源部门。159 个行政县设测绘地理信息管理部门的 116 个，其中 51 个为行政编制、65 个为事业编制，20 个县级管理机构挂牌测绘地理信息局，全部隶属于国土资源部门。

法制建设与市场监管

【行政执法】

2015 年，《河南省测绘地理信息市场管理办法》（草案）纳入省政府法制办公室立法调研计划。全省开展测绘执法检查 334 次、涉密测绘成果检查 141 次、专项执法行动 10 多次。开展对郑州（市）金创测绘有限公司无测绘资质承担测绘市场任务一案的审查工作。受理并完成 4 项投诉违法经营的案件。

【法制宣传】

河南省投入经费 97.26 万元开展测绘法宣传活动，发放宣传材料近 17 万份。河南省测绘地理信息局组织开展“8·29”测绘法宣传日系列活动，首次开展测绘法宣传进社区活动。8 月 29 日，组织驻郑州的测绘资质单位进行测绘法宣传，组织省新闻单位开展“地理国情普查中原行”采访活动。发放印有“首届地理国情普查纪念”字样及测绘法内容的宣传品。市县区均开展测绘法宣传活动，共设立宣传点 120 多个，咨询台 110 个，摆放宣传展板 890 块，悬挂宣传横幅 510 条，张贴宣传画 2720 张，发放宣传报纸 1000 份，发放河南省旅游、交通地图 6000 张、省辖市地图 1.6 万张，发放宣传图册 1.3 万份、纪念品 7000 个，出动宣传车 80 多辆，利用政府信息平台向市民发送测绘法宣传公益短信 8 万多条。河南电视台、《人民日报》《河南日报》《大河报》《河南法制报》等媒体对活动采访报道。

【资质管理】

河南省完成 849 家测绘资质单位的复审换证工作。截至年末，全省共有 925 家测绘资质单位，同比增长 8.95%。其中甲级 36 家、乙级 263 家、丙级 294 家、丁级 332 家。

基础测绘

【基础测绘经费】

河南省测绘地理信息局编制完成《2015 年度基础测绘计划》《2016—2018 年度基础测绘等专项的项目预算书及经费分配方案》《河南省基础测绘中长期规划纲要（2015—2030 年）》《河南援疆测绘工作实施方案》，落实部门预算财政专项资金 1 亿元。全省基础测绘经费总投入为 9031.86 万元。其中省级基础测绘经费投入 4800 万元、地市级 583.4 万元（其中测量标志维护经费投入 185 万元）、县级 3648.46 万元（其中测量标志维护经费投入 1883.65 万元）。地理国情普查经费累计投入 17468 万元，其中 2015 年投入 6958.7 万元。

【基础测绘项目】

河南省完成全省 6500 多幅 1:1 万地形图及数据库更新工作。9 个省辖市、10 个县（市）城市控规区和 53 个乡镇城镇建成区实现 1:2000 或更大比例尺基础地理信息数据覆盖，高分辨率航空航天遥感影像覆盖全省。完成全省地理国情普查数据库数据预处理、数据库合库工作；完成全省 1:5 万动态数据库增量更新核查。编写完成档案大专项项目方案。在档案分发服务系统录入 1:1 万 DLG 元数据 13359 条、1:1 万 DEM 元数据 2084 条、1:1 万地理国情普查 DOM 元数据 6212 条、1:5 万 DLG 元数据 464 条；核对国家三角点（1954 年北京坐标系）2634 点；扫描航片 3110 片。完成标准时点核准遥感影像等资料的收集、正射影像图制作，开展标准时点核准技术的试生产研究。完成数字哈密地理空间框架建设项目。完成郑州市轨道交通四号线工程沿线 1:1000 地形图测绘项目一级控制成果点 18 个，四等水准路线

115.265 千米，地形图成果 33.14 千米，总面积 20.65 平方千米，分幅地形图 33 幅。完成新乡市 420 平方千米的航空摄影及 290 平方千米 1∶1000 地形图测绘、平舆县 87 平方千米航空摄影及 1∶1000 地形图测绘。完成农村集体土地确权登记项目数据库建设，开展农村宅基地使用权、土地承包经营权调查。完成南水北调中线工程水源地卢氏、栾川环境动态监测；完成兰州市水源地建设工程施工控制网测量项目、河南省大型水库水下地形测量实验鲁山昭平台水库测量项目等。

【测绘基准管理】

河南省测绘地理信息局编制《河南省卫星导航定位基准站建设和应用管理总体规划》《河南省卫星导航定位基准站建设和应用管理办法》。定期检查、维护全省卫星导航定位基准站。完成卫星导航定位基准站国家标准项目立项申报、北斗地基增强系统 49 个新建站点选点勘察工作。完成国家现代测绘基准建设一期工程开封、周口、平顶山、伊川、洛宁、商城等市（县）的工程建设任务，并通过验收。联合省发展和改革委员会完成河南省卫星导航定位基准站调查、核查工作。截至年底，全省共有卫星导航定位基准站 238 座，其中：国家级 10 座、各类单基站 96 座、基准站网 5 个（基准站 132 座）。

【质量监督】

河南省测绘地理信息局组织完成全省地理国情普查剩余 8 万平方千米 4 项成果的预验收，16.6 万平方千米地理国情普查成果质量验收复查及标准时点核准成果质量验收。完成安阳、汝州、禹州、兰考、叶县、内黄等市（县）数字地理空间框架建设项目验收，及安棚、石佛寺等地数字乡镇基础数据制作成果质量检验。完成援疆项目数字哈密地理空间框架建设工程（1∶1000 DLG 数字化地形图 67 平方千米）成果质量验收。完成济源、禹州、长垣、光山等市（县）农村土地承包经营权确权登记项目航摄及正射影像图制作成果质量检验。完成 2015 年河南省优秀测绘地理信息工程奖上报项目的质量鉴定和检验工作，共鉴定 200 多项。检验委托项目 10 多项。开展全省测绘资质质量检查。举办河南省地理国情普查成果质量检查验收总结暨国情监测质量控制研讨会，110 多人参加。举办 1∶1 万 “3D” 产品质检软件培训班，100 多人参加。召开河南省测绘地理信息质量监督检验专家库成员研讨会，修订专家库管理章程。为全省测绘单位检定各类测绘计量器具 2700 台次。

【安全生产】

河南省测绘地理信息局召开安全生产工作会议，传达河南省国土资源厅《关于进一步加强安全生产工作的紧急通知》，安排部署安全生产工作。省测绘地理信息局及所属单位多次邀请郑州（市）公安消防支队宣讲团举办消防安全知识讲座。测绘资质单位组织安全生产大检查。全年未发生安全事故。

地图管理与地图服务

【地图市场监管】

河南省测绘地理信息局召开河南省国家版图意识宣传教育和地图市场监管协调指导小组联席会议。联合国土、工商等部门组成省、市、区三级执法组，突击检查多个地市地图市场，收缴各类违法地图产品 150 多件。联合省工商行政管理局、省新闻出版广电局在郑州对地图导航定位产品进行检查。继续加强对损害国家主权、危害国家安全等“问题地图”的查处，将移动互联网、新闻媒体使用的地图作为 2015 年重点监管内容，组织开展专项治理，处理国内权威媒体和省内媒体“问题地图”事件 2 起；通过国家测绘地理信局互联网地理信息监管系统，处理“问题地图”事件 18 起、“问题图片”事件 12 起。

【地图服务】

河南省测绘地理信息局为省委省政府及上级领导机关制作城区图、木框地图、丝绸版地图；为社会公众制作河南省自驾游地图、史志图、水系示意图等专题地图。洛阳市国土资源局印制《洛阳市领导用图》200 套。驻马店市测绘地理信息局为市领导制作办公室工作地图 6 套，为各部门提供地图 1100 多套，向社会公众免费发放《驻马店地图》《驻马店城区图》《驻马店交通旅游图》3000 份。

【地图审核出版】

河南省测绘地理信息局下放部分行政许可权，涉及 2 个以上省辖市的公开地图和互联网地图由省测绘地理信息局审核，其他由省辖市测绘地理信息行政主管部门负责审核。省测绘地理信息局全年审核地图 8 件，其中互联网地图 3 件、纸质地图 5 件；下放地市地图审核 11 件。出版《河南省领导工作用图》（2016 版）、《郑州大城区图》。编制《长江经济带地图》《长江黄金水道图》《中原经济区地图》

等地图20多种。编制《平顶山地图集》《平顶山地图》(新版)、《平顶山城区图》。

【国家版图意识宣传教育】

河南省测绘地理信息局建设完成全国地理信息成果应用与地图网上展览河南展馆，并上线开通。持续推进国家版图意识宣传教育“进媒体、进社区、进学校”等活动。

测绘地理信息成果管理与应用

【成果汇交】

2015年，河南省15家测绘资质单位汇交成果，其中5家汇交副本、10家汇交目录。完成1:1万元数据和控制点元数据录入工作。完成河南省省级地理国情成果资料的汇交与归档。

【成果服务】

河南省测绘地理信息局完成成果提供审批303件，向交通运输、电力、水利、国土、煤炭等行业提供地形图2956张，成果点329个，航摄成果444片，航摄数据882GB；“4D”成果10424幅、数据量202GB；遥感影像493景、数据量2176GB。主要服务于河南省第一次全国地理国情普查项目、数字城市建设、省抗旱防汛指挥、南水北调中线水渠防污、矿山地质环境调查、新粤浙输气管道工程、黄河流域洪水防治工程、红旗渠文物保护规划等重大工程。

郑州市公安三维地理信息指挥调度平台服务于省会安保部署和动态监测，为上合组织政府首脑郑州峰会提供业务内相关服务。河南省测绘地理信息局向郑州航空港区、高铁建设、电力勘测、水利工程等项目提供1:1万地形图2655幅、1:1万“3D”产品1万多幅，节约资金3000多万元。为相关单位办理案件提供郑州市某区域高清影像成果。河南省测绘资料档案馆为相关部门提供1:5万地形图24幅。

舞钢市测绘地理信息局为辖区各领域建设发展提供1:5000地形图12幅及地理信息服务。许昌市测绘地理信息局为该市相关部门提供数字许昌1:2000地形图资料307.7平方千米。周口市国土资源局为该市地税局提供数字周口1:2000地形图成果资料。

【涉密成果管理】

河南省测绘地理信息局下发《河南省测绘地理信息局关于开展2015年全省地理信息保密检查的通知》。对使用涉密测绘地理信息成果的单位在管理上要求做到管理场所专一、管理设备专一、管理人员专一、管理制度专一、管理台帐专一，抓好生产、传输、管理、使用、销毁环节。8月11日，河南省测绘地理信息局下发《河南省测绘地理信息局关于开展2015年全省地理信息保密抽查工作的通知》，在全省914家测绘资质单位和生产单位自查的基础上，分2个抽查小组抽查了180家生产、使用涉密测绘地理信息成果的单位；抽查涉密计算机210台、非涉密计算机190台。受外省委托，保密协查11家单位。向抽查中发现问题的26家单位下发了整改通知。

【测量标志管理】

2015年，河南省测绘地理信息局处理测量标志保管员信访事件3起，批准修复测量标志的请示3起。郑州、鹤壁、许昌等市对辖区内D级GPS控制点测量标志进行普查维护。许昌市普查维护D级GPS控制点测量标志310个；商丘市落实财政专项资金5万元，普查和维护D级GPS控制点测量标志300个。

【应急保障】

河南省地图院制作了最新的电子版焦作、许昌、漯河市城区图及郑东新区图各1幅，交付上级有关部门使用。洛阳、许昌、鹤壁、济源、驻马店等市为辖区内水利、规划、城中村改造等大型建设项目提供测绘成果应急保障服务。

地理信息产业

2015年，河南省地理信息产业产值40亿元。9月，河南省地理信息产业协会成立，向中国地理信息产业协会推荐7家“中国地理信息产业最具活力中小企业”。河南省测绘地理信息局起草《我省地理信息产业发展情况的报告》《关于加快地理信息产业发展的实施意见(代拟稿)》。河南省测绘地理信息导航产业园完成土地征收工作，测绘创新基地完成招标开标工作并实施建设。编制《河南省连续运行参考站北斗卫星地基增强系统改造方案》，落实主干网升级改造及建设经费2400万元，完成前期踏勘选点、设备采购工作，主干网包含93座北斗卫星导航定位基准站。河南省测绘地理信息局与中国人民解放军信息工程大学共建的国内首个高精度北斗信息综合服务平台——北斗(河南)信息综合服务平台项目通过验收，开启“北斗 +”模式。河南省地理信息产业协会与中国卫星应用产业联盟等单位联合主办主题为“促进车联网行业的健康发展，推动北斗产业化应用”的2015中国车联网创新发展论坛。

新乡市将北斗卫星导航定位系统终端覆盖辖区管控车辆，启动智慧交通；焦作市开通北斗卫星导航定位智慧物流平台；鹤壁市开通智慧农业物联网管理平台；许昌市启动智慧农机导航定位系统。

科技工作

【科技创新】

河南省测绘地理信息局以长葛市为全景三维河南试验点，将车载点云和机载点云融合。河南省寰宇信息技术股份有限公司成功申报“高新技术企业”，获“河南省科技小巨人”称号，获国家发明专利2项。4家企业获“中国地理信息产业最具成长力中小企业”称号。相关测绘单位完成的“矿区地质灾害与环境天空地一体化监测及预警关键技术”项目获2015年度中国地理信息科技进步奖一等奖；研发的“焦作市2000地方坐标系建设”项目实现多元信息无缝集成和多元数据统一管理；研发河南省政府综合办公大楼智慧管理系统和三维不动产登记管理系统、地图数据库快速出图系统、中原银行网点机构地理信息系统等。“‘领导通’移动政务工作用图系统研究与应用”项目获河南省国土资源厅2015年重点科技攻关项目立项。河南省测绘工程院在固定翼无人机和多旋翼无人机方面开展应用探索，实施4个县1∶1000无人机航空摄影，获取1200多平方千米的高分辨率遥感影像。

【科技合作】

河南省测绘地理信息局联合中国人民解放军信息工程大学及相关企业，在省发展和改革委员会立项建立北斗导航与位置服务河南省工程实验室，已列入河南省高技术产业发展计划；申报《卫星导航定位基准站规范》《卫星导航定位基准站系统测试规范》《卫星导航定位基准站网络传输协议和接口规范》3项推荐性国家标准项目，其中《卫星导航定位基准站网络传输协议和接口规范》获全国地理信息标准化技术委员会的批准。与河南理工大学共建矿山空间信息技术国家测绘地理信息局重点实验室。参加省环境保护厅组织的《河南省生态保护红线划定建议方案》论证研讨。河南省测绘工程院与中国科学院测量与地球物理研究所建立合作伙伴关系，在人才联合培养、科研项目合作等领域开展产研合作。

【职业资格管理】

测绘地理信息行业特有工种职业技能鉴定河南站完成全省工程测量专业技师鉴定10人、高级技师鉴定23人。完成黄河水利职业技术学院614名应届毕业生职业技能鉴定工作，其中摄影测量88人、地图制图110人、工程测量416人。

【人才培养】

河南省测绘地理信息局制定《河南省测绘地理信息局青年学术技术带头人遴选管理办法》，完成2014～2015年度局级青年学术技术带头人的届满考核、2016～2017年度青年学术技术带头人遴选工作。选派15名处级、科级干部参加国家测绘地理信息局及省直党校干部培训班。21人通过年度工勤技能岗位等级考核。举办第四届全国测绘地理信息行业职业技能竞赛河南省选拔赛，选拔出工程测量、地图制图专业各2人参加国家级竞赛。组织河南省第一次全国地理国情普查劳动竞赛各主题竞赛，共评出先进（优秀、获奖）个人104人、先进单位（集体、班组）13个。年末全省测绘从业人员22847人，其中私营企业测绘从业人员11518人。

河南省测绘地理信息局举办各类技术培训班10多期，共培训1000多人。完成414人次职业技能鉴定培训、690人测绘专业技术职务评审工作。

【获奖情况】

河南省测绘地理信息局组织2014年度河南省测绘科学技术进步奖评选活动，共评出一等奖8项、二等奖5项；河南省测绘学会组织2015年度河南省优秀测绘地理信息工程奖评选活动，共评出一等奖45项、二等奖108项、三等奖52项。河南省相关测绘单位完成的项目获2015年全国优秀测绘工程奖17项，其中银奖5项、铜奖12项；2015年中国地理信息产业优秀工程奖4项，其中银奖1项、铜奖3项；“焦作市土地收购储备规划”项目获2015年中国测绘地理信息学会测绘科技进步奖三等奖。

党的建设与精神文明建设

【党建工作】

河南省测绘地理信息局增设纪检监察室，配备工作人员。与机关处室、直属单位签订《党风廉政建设目标责任书》，成立惩防体系建设工作领导小组。成立“三严三实”专题教育工作领导小组、办公室和督导组。召开全局副处级以上干部专题教育活动动员会、“三严三实”教育领导小组办公室及督导组会议，多次开展学习研讨活动，排查问题，定期通报整改情况。在省测绘地理信息局门户网站开设信访举报平台及曝光台。在局门户网站发布党风廉政建设稿件5篇、国家测绘地理信息局网站发布2篇。开展“严格党内生活，严守党的纪律，深化作风建设”的主体教育活动，组织党员集体观看廉政教育豫剧《全家福》。创建省级精神文明单位，评选文明处室和先进党支部。召开纪念中国共产党成立94周年大会，举行新党员入党宣誓、老党员重温入党誓词仪式。向全局处级以上领导干部发放《读文鉴廉》2期80份。开展“纪念先烈·报效祖国·圆梦中华”活动，在局门户网站开设“网上祭先烈”栏目，组织全局干部群众参观革命烈士陵园和爱国主义教育基地，举办主题党日、团日活动。组织申报2015年度中国测绘职工思想政治工作研究会重点课题4人次。组织入党积极分子31人参加省直党校理论培训。

【精神文明建设】

河南省测绘地理信息局完成2014年度省辖市测绘地理信息行政主管部门科学发展观年度考评工作，表彰优秀单位10家。参加全国测绘地理信息系统第四届“世恒杯”乒乓球比赛。河南省委省直机关工委授予河南省遥感测绘院党委“五好”基层党委称号、河南省测绘地理信息局后勤服务中心党支部“五好”党支部称号，河南省地图院1人、河南省测绘地理信息局信息中心1人获“省直单位优秀共产党员”称号，河南省基础地理信息中心1人获“省直优秀党务工作者”称号。

开展“我们的节日”主题活动，利用端午、中秋等节假日举办棋牌类、球类比赛。开展结对帮扶留守儿童志愿公益捐赠活动，捐助学习用品。参加省直文明委、省林业厅、省旅游局举行的“走进绿博园、感受大自然”健步走活动。参加河南省直机关干部职工“全民健身体验月”活动。开展读书活动，举办纪念中国人民抗日战争暨世界反法西斯战争胜利70周年书画摄影作品展览。组织地理国情普查征文活动，评出一等奖1篇、二等奖3篇、三等奖5篇，组织奖3个；报送给国家测绘地理信息局的征文1篇获一等奖、1篇获二等奖。

【宣传工作】

2015年，河南省测绘地理信息局门户网站发布、更新信息1774篇，制作“河南省第一次全国地理国情普查劳动竞赛”等6个专题栏目；局官方微博、微信分别发布信息304篇、122篇；回复微博留言5条、微信留言3条。通过互动交流平台回复公众提问12条，回复在线留言咨询信息42条。在各类媒体发表稿件300多篇。编辑《河南测绘简报》12期，创办《资源导刊·信息化测绘》杂志。为5种国家、省级相关年鉴提供稿件。编纂完成《河南省测绘志》《河南测绘地理信息年鉴》（2012～2015卷）合订本。

地方社团工作

【河南省测绘学会】

2015年，河南省测绘学会发展新会员单位12家。共拥有会员单位230家，会员8000多人；理事单位118家，常务理事单位59家。被河南省科学技术协会评为十佳五星学会，获发展奖励基金10万元。组织2015年河南省优秀测绘地理信息工程奖评选活动，评出一、二、三等奖共205项。组织全省不动产统一登记培训。完成全国优秀测绘工程奖河南省项目申报工作。联合泰瑞天际科技（北京）有限公司举办2015倾斜摄影真三维技术与智慧城市应用高峰论坛。完成《河南测绘》2015年第1、2、3期的组稿发行工作。出版《2015河南测绘学术论文集》，收录论文31篇。向全国测绘科技信息网中南分网第二十九次信息交流会组委会提交论文12篇，大会交流论文3篇。协助河南省测绘地理信息局完成2015年河南省测绘科技进步奖评选、职称评审等工作。向河南省第三届自然科学学术奖评委专家库推荐测绘学科专家10人。

【河南省地理信息产业协会】

9月7日，河南省地理信息产业协会成立大会暨第一次会员代表大会在郑州召开，近240人参加会议。大会选举了会长、副会长、秘书长及73名理事，召开了第一次理事会，选举产生38名常务理事。

9月，参加中国地理信息产业协会举办的全国地理信息产业协会改革发展座谈会暨测绘资质负责人培训班。11月，参加中国地理信息产业大会，向中国地理信息产业协会推荐7家“中国地理信息产业最具活力中小企业”，推荐2015年中国地理信息科技进步奖4项、2015年中国地理信息产业优秀工程奖4项。

湖北省

概况

2015年，湖北省委、省政府高度重视测绘地理信息和北斗产业发展相关工作。6月30日，省委书记李鸿忠在《湖北省测绘地理信息局关于芯片研制及北斗卫星导航应用产业发展相关情况的汇报》上作出批示：“同意省测绘局的意见。省委、省政府大力支持、大力推进。”8月3日，省长王国生、常务副省长王晓东、副省长许克振到湖北省测绘地理信息局听取汇报，现场召开支持北斗产业发展专题办公会。这次会议的召开，标志着湖北北斗产业发展进入整体推进阶段。

5月，总装备部联合湖北省政府对《湖北省北斗卫星导航应用示范可行性报告》正式批复；6月13日，项目初步设计方案通过评审；11月6日，召开湖北省北斗卫星导航应用示范项目启动会，北斗卫星导航系统总设计师杨长风、湖北省副省长许克振出席会议并讲话，应用示范项目正式进入具体实施阶段。项目以湖北省北斗地基增强系统为基础“建设1个平台，推广5类应用”，建设北斗高精度位置服务平台，在长江航道、现代农业、城市配送、农村客运、民生关爱5个领域建设7个信息服务系统，安装42万套北斗终端，总投资2.46亿元。

湖北省测绘地理信息局支持武汉梦芯科技有限公司成功研制启梦TM北斗应用芯片。11月11日，省政府召开北斗产业重大成果发布会，发布我国首颗完全自主创新的40纳米高精度消费类北斗导航定位量产芯片。

重点工作推进

【数字城市建设】

湖北省列入国家测绘地理信息局试点和推广立项计划的4个数字城市建设工作已完成并通过竣工验收。2个数字城市实现了与“天地图”国家主节点的互联互通。开展了县市数字城市建设工作。启动武汉、老河口2个智慧城市时空信息云平台建设试点，落实了项目经费，完成了设计书评审。老河口智慧城市时空信息云平台以北斗时空为基准，以位置为核心，整合各类空间信息，实现基于北斗时空的多源数据采集、处理、存储、管理、发布、共享与交换，构建全息地图，实现基础时空信息数据、资源业务数据、实时传感数据的动态接入、关联融合、按需加载，直至大数据的挖掘，为全省智慧城市时空信息云平台建设作出了探索。

【“天地图·湖北”建设】

湖北省测绘地理信息局进一步加大对“天地图”数据融合工作的投入，将数据融合及资源整合列为年度基础测绘项目。已完成省级数据与国家数据融合，武汉、鄂州、天门、黄冈、潜江等市级数据融合。加快“天地图·湖北”政务版的设计、建设工作，为接入湖北政务外网做准备；加强平台软件的功能拓展，探索建立“天地图·湖北”涉密版。拓展“天地图·湖北”相关应用，重点面向政府部门和行业提供涉密数据、政务信息（政务网）、公众服务三大类服务。与湖北省公安厅、省交通厅等省直12个部门签订了数据交换共享协议，提供数据离线服务和在线系统服务。截至10月，为湖北省发展和改革委员会、省应急救援指挥中心、省武警总队、省公安厅等单位提供了基于“天地图”的地理信息应用服务，已建成湖北省主体功能区规划地理信息平台、湖北省公共应急服务基础地理信息系统、湖北省卫生资源公共服务地理信息平台等省级应用服务平台，在全省17个市、州、直管市实现了十多类行业应用。在促进北斗卫星导航应用产业发展方面，“天地图·湖北”结合湖北北斗地基增强系统，为水上交通、现代农业、现代林业、城市配送、农村客运、民生关爱6个国家级北斗行业示范应用提供服务。

【地理国情普查监测】

湖北省全部完成地理国情普查标准时点核准、数据整理及质量验收工作，并通过国务院普查办普查数据生产成果的质量抽验。开展基本统计与对比分析工作。

湖北省测绘地理信息局采取“分片承担、统一管理”的方式，限量生产，严禁转包分包，保障湖北省普查工作有效展开。实行约谈机制，湖北省第一次全国地理国情普查领导小组办公室（以下简称省普查办）不定期召集市级普查办和生产单位，通报全省普查工作开展情况，指出存在的问题。对少数普查工作推动不力的生产单位，由省普查办负责人进行约谈。建立退出管理机制，对没有能力完成湖北省普查任务的单位，尽早淘汰，保障普查进度和质量。

湖北省普查办加强督导工作，对督导指导员进行强化培训，督导组多次前往地市普查“第一现场”实施督导，形成省、市（州）、县（市）三级联动机制，保证全省78个普查工作单元整体推进。强化普查经费使用监督，确保专款专用。建立健全成果资料管理规定，加强数据收集整理工作，将涉密普查资料纳入保密管理事项，建立健全普查资料管理和使用制度，加强资料和成果的保密管理，未发生失密、泄密事件。

湖北省普查办抽调专人组成应用研究组，开展普查成果应用与服务研究工作，开展了水资源湖泊监测、城市建成区监测（随州试点）、主体功能区监测、基础性地理国情监测、遥感监测辅助城乡规划监督、南水北调中线工程水源地环境动态监测等项工作，推进普查成果的应用。

【北斗卫星导航产业】

湖北省委省政府将北斗应用产业列入湖北省“十三五”发展规划，省政府办公厅正式印发《湖北省北斗卫星导航应用产业发展行动方案》，围绕提出的7大重点25项任务，明确了各项任务的时间节点和责任部门分工。武汉梦芯科技有限公司研制的我国第一颗40纳米高精度消费类芯片实现量产；在老河口市初步建成高精度、可感知的全息地图——智慧城市时空信息云平台；依靠自主核心技术，建成全国首个北斗地基增强系统，在北斗地基增强系统高精度板卡和应用软件上取得进展，建成覆盖全省的地基增强系统。

法制建设与市场监管

【立法工作】

湖北省测绘地理信息局向湖北省人大报送了《2016年度立法项目建议书》，向省政府法制办公室报送了《2016年度立法计划项目申报表》；向省人大常委会办公厅报送了《省测绘地理信息局关于对修改部分省本级地方性法规的决定征求意见的复函》，对《湖北省测绘管理条例》部分条款的修订提出了意见；向省大常委会办公厅报送了《湖北省测绘地理信息局关于开展省本级地方法规清理工作的报告》。配合国家测绘地理信息局做好《中华人民共和国测绘法修正案》意见反馈工作。

【依法行政】

8月20日，湖北省召开全省测绘地理信息法治工作会议，总结近年来全省测绘地理信息系统在测绘法行政、资质管理、测量标志管护等方面的工作，对2015年度“六五”普法依法治理、测绘资质巡查、测量标志管护、测绘项目登记及测绘地理信息市场信用信息管理等工作进行部署。制定《省测绘地理信息局行政审批服务指南》和《行政审批事项审查工作细则》，规范行政审批行为。对中央设定地方实施的行政审批事项进行2次清理，向省政府行政审批制度改革办公室报送了《省测绘地理信息局对中央设定地方实施的行政审批事项的清理报告》和湖北省测绘地理信息局关于对《省审改办关于再次征求中央指定地方实施的行政审批事项意见的函》的复函。共保留行政职权51项，其中行政许可7项、行政处罚28项、行政检查4项、行政确认2项、其他类10项。11月2日，在省政府网站公布了行政权力清单。制定了湖北省测绘地理信息局2015年推进简政放权放管结合转变政府职能工作实施方案。

【综合执法】

湖北省测绘地理信息局根据省政府法制办公室的要求对行政执法人员情况进行全面清理，并及时向省政府法制办公室报送了《湖北省测绘地理信息局关于行政执法主体行政执法人员清理工作的报告》；向国家测绘地理信息局报送了《湖北省测绘地理信息局关于对全省测绘地理信息综合执法工作情况的调研报告》。

【案件查处】

湖北省测绘地理信息局开展行政处罚案卷评查

工作，加大对测绘地理信息违法案件的查处力度。以测绘项目登记工作为契机，加大测绘执法工作力度，联合安全、保密等有关部门，加大对涉军、涉密、涉证、涉外、涉网等各类违法案件的执法力度。全年进行测绘资质类和测量标志类执法4起，未发生行政复议案件和行政诉讼案件。

【资质管理】

湖北省测绘地理信息局督促省内49家甲级测绘资质单位按时完成年度报告。完成了全省测绘资质复审换证工作，向国家测绘地理信息局报送了工作总结。完成乙级以下测绘资质审批工作，并在局网站公示。全年办理测绘资质申请76家、资质升级34家；办理信息变更57项、业务范围变更86项；向国家测绘地理信息局转报了5家资质单位晋升甲级的申请。截至年底，全省共有测绘资质单位735家，其中甲级51家、乙级189家、丙级330家、丁级165家。

【日常监管】

湖北省测绘地理信息局开展测绘资质巡查工作，制定巡查计划，赴孝感、武汉、襄阳等地进行监督检查、座谈，对近30家测绘资质单位进行了资质巡查，对有问题的单位现场提出整改要求。通过湖北省测绘项目网上登记系统为测绘单位办理测绘项目登记近50项。

【信用管理】

湖北省测绘地理信息局推动湖北省测绘地理信息信用市场体系建设，完成行业信用信息数据整理入库工作。10月30日，组织参加国家测绘地理信息局举办的测绘地理信息信用平台终试培训。

【普法宣传】

湖北省测绘地理信息局印发《2015年全省测绘地理信息系统普法依法治理工作要点》，召开全省测绘地理信息法治工作会议，举办测绘地理信息法制培训班，对市县的测绘科长和局机关全体工作人进行培训。组织机关全体工作人员参加法律知识学习和无纸化学法用法考试。组织全省“8·29”测绘法宣传日活动。通过悬挂宣传横幅、张贴宣传画、发放宣传材料和公益地图等方式，向群众宣传测绘地理信息工作，并指派技术专家到各个宣传点答复群众咨询。对近5年普法依法治理工作进行自查，向省普法依法治理工作领导小组办公室报送《湖北省测绘地理信息局关于“六五”普法依法治理工作的自查报告》。

基础测绘

【规划实施】

湖北省测绘地理信息局对“十二五”规划的实施情况进行全面总结，形成了总结报告。成立测绘地理信息“十三五”规划编制领导小组，完成《湖北省测绘地理信息“十三五”规划思路》的编写和修改完善工作；启动了“十三五”重大项目库研究工作，形成了基础测绘、国情监测、应急保障、北斗产业、信息化测绘体系等10项重大工程项目库；初步完成规划初稿的编写工作。

【基础测绘投入】

2015年，湖北省测绘地理信息局基础测绘投入经费总计7934万元。其中地理国情普查项目经费2969万元，全部拨付到位。地方财政对基础测绘项目的投入稳中有增。

【测绘保障】

湖北省测绘地理信息局对原有的湖北卫星定位连续运行参考站网基础设施进一步改造升级，建成了北斗地基增强系统；与湖北省发展和改革委员会共同完成了全省北斗地基增强系统基准站调查工作；完成国家卫星导航系统连续运行基站湖北站点建设工作；完成了省级成果数据2000国家大地坐标系转换，为行业部门和市县使用2000国家大地坐标系提供技术支持；完成全省1:1万DEM和DOM覆盖更新，已全部通过质检并汇交国家测绘地理信息局；开展襄阳等地1:1万地形图测制工作，提升数据现势性；协助收集和提供了全省1:5万数据库动态更新所需的专业资料和省级测绘成果，完成全省1:5万动态更新成果的外业抽检工作。

【基础航空摄影与卫星影像获取】

湖北省测绘地理信息局将遥感影像获取工作列入年度工作计划，按需获取遥感影像，按规定及时配套经费。获取的影像全部用于基础测绘、地理国情普查等项目，及时向国家测绘地理信息局报送了影像获取情况、汇交影像资料。结合地理国情普查影像核查工作，获取了覆盖全省的优于2.5米分辨率卫星遥感影像数据。为支持汉江生态经济带发展，组织实施了汉江生态经济带部分城市大比例尺航空摄影，对汉江沿线宜城、钟祥、沙洋、天门、潜江、仙桃6个城市分别实施不少于700平方千米的高分数码航摄，影像资料使用率100%。

地图管理与地图服务

【地图编制】

湖北省测绘地理信息局向国家测绘地理信息局汇交湖北省辅助决策用图的共享资料；建立了国家与省级之间辅助决策用图共享与服务机制；完成了《部门应急工作用图》编制与更新。相继为湖北省委办公厅、省政府办公厅、省政协办公厅等部门提供和安装四全开、双全开实木镜框地图47套（幅）。为省领导、省直各厅局、各级政府和湖北省重大发展战略、重大工程建设提供各类地图集（册）、特色地图、挂图、纸图累计2700多份。

【地图市场监管】

湖北省测绘地理信息局印发《湖北省2015年地图市场监管重点工作方案》，明确工作目标、内容、要求和步骤。重点检查中小学教辅材料及新闻媒体使用的地图，查处了有关违法违规行为；加大对移动互联网地图服务中涉及国家主权、安全等问题的监管力度，重点查处未依法送审、标注涉密或敏感地理信息及损害国家领土主权和海洋权益等违法违规行为。进一步细化了互联网地图监管工作机制和流程，建立了定期统计和汇报制度。

【互联网地图监管】

湖北省测绘地理信息局充分利用互联网地图监管系统平台，实现24小时不间断监管。对监管系统内推送的地图图片、地图服务、POI信息和涉密信息交易等进行在线研判。检定地图服务网站147个，其中判定为非地图服务网站71个、无问题的地图服务网站30个、存在问题的地图服务网站46个，完成内容检定的地图服务网站76个。主要涉及国界线问题、POI问题、敏感信息、涉密信息。检定静态地图图片331张。检定POI信息147条。

【测绘地理信息应用成果和地图网上展览湖北馆】

湖北省测绘地理信息局组织建设地理信息应用成果和地图展览网上展馆，该展馆分为主展厅、成果应用厅、产业发展厅、科技人才成果厅；对展馆所采用的地图资料进行了保密审查和地图审核工作，核发了审图号；向国家主展馆、地图展馆提供具有湖北特色的展品素材；利用局网站等媒体宣传报道湖北展馆建设情况。

【国家版图意识宣传教育】

湖北省测绘地理信息局以组织开展国家版图意识宣传教育“进媒体”活动为重点，继续推进开展“进学校、进社区、进媒体”活动。利用新闻媒体，加大对地图重大违法案件曝光力度，增强公众辨别“问题地图”的能力。利用科技周，在武汉及省内其他城区采用拉横幅、设展台、发放地图宣传资料等形式，面向社会公众开展宣传活动。利用“8·29”测绘法宣传日，开展国家版图意识和地理信息安全宣传教育工作。开展2016“美丽中国”第三届全国国家版图知识竞赛和少儿手绘地图大赛预热宣传工作。

测绘地理信息成果管理与应用

【成果质量管理】

湖北省测绘地理信息局基础测绘、测绘专项成果一次验收合格率均为100%。组织开展全省地理国情普查成果质量专项监督检查和市州测绘成果质量监督检查，抽查60多家单位。组织完成全省地理国情普查成果质量检查验收工作。

【成果汇交】

2015年，湖北省测绘地理信息局共接收各类项目成果12批次，接收文档415册（件）、光盘28盘、硬盘1块，数据量为200GB。完成全省地理国情普查78个工作区1:1万DOM、DEM、地表覆盖和国情要素、解析样本、统计分析成果及外业核查成果等全部成果资料的接收工作，数据量为7TB。

【成果提供应用】

2015年，湖北省测绘地理信息局在土地确权、地理国情普查等工作中，累计提供地理信息数据和资料135935幅（个、片、景）。其中数据类成果122196幅（个、片、景）、图纸类成果13739幅。共提供印刷图89幅、喷绘图731幅、确权1:2000 DOM洗印像片12919幅。提供1:1万、1:5万、1:25万DLG数据11729幅；1:1万、1:5万DRG数据555幅；1:2000、1:1万DOM数据29017幅（含农业确权数据）；1:1万、1:5万DEM数据3951幅；地理国情普查专题类数据及时点影像8635景、数据量约14.3TB；其他成果数据2919幅（主要为数字城市瓦片数据）；大地成果点2103点，其中GPS成果1335点、水准成果758点、三角点10点；航摄成果46531片；卫星影像143景。

【涉密测绘成果管理】

湖北省测绘地理信息局组织开展地理信息保密

检查，5月~6月自查，7月~9月抽查。全省各地市州测绘地理信息行政主管部门组织对重点单位开展了地理信息保密抽查工作，湖北省测绘地理信息局组成抽查小组赴武汉市、恩施州、咸宁市，对30多家单位进行现场抽查。全省自查单位741家、抽查272家、发出整改通知书125份，125家单位已完成整改。受理涉密测绘成果提供使用审批387件，审核并备案各类公开版地图（册）15件。11月，在武汉举办全省第九期涉密测绘成果管理人员岗位培训班。不定期到有关单位开展测绘成果保密管理知识宣传讲座，确保成果安全有效地使用。

【应急保障】

湖北省测绘地理信息局明确湖北省测绘地理信息应急保障工作职责，加强应急保障管理，完善《湖北省测绘应急保障预案》；建立健全部门协作和信息共享机制，开展应急数据储备和应急演练，及时提供应急测绘保障服务。

地理信息产业

湖北省测绘地理信息局在武汉光谷地球空间信息产业技术创新战略联盟和湖北省北斗产业技术创新战略联盟的组织协调下，建立了地理信息及北斗产业单位名录库，完善了名录库相关信息。

科技创新与人才培养

【科技创新体系建设】

湖北省测绘地理信息局总结梳理“十二五”科技发展规划落实情况，组织编制湖北省“十三五”科技发展规划。与武汉大学测绘遥感信息工程国家重点实验室等开展了成果转化和推广科研工作。设立了年度自主科研经费100万元，开展了生产性技术攻关和标准研究制定工作。

【科技创新能力建设】

2015年，湖北省测绘地理信息局获国家和省部级科技奖励8项；提交国家和行业标准制订与提案2项。在局属单位中选派1人赴澳大利亚参加第9届国际移动测量学术大会；完成赴联合国机构挂职工作及国外高校短期进修候选人选拔工作，2人被国家测绘地理信息局确定为候选人。

【人才队伍建设】

湖北省测绘地理信息局选派1名处级干部到老河口市挂职副市长；选派1名博士参加全省第四批“博士服务团”，到英山规划局挂职副局长；从局机关选派1名副处级干部到局属单位挂职；从局属单位选派1名技术骨干到鄂州市地理信息中心挂职。开展全省测绘地理信息人才队伍建设调研工作，在全省选取数十家有代表性的市州测绘地理信息行政主管部门、行业企事业单位和测绘地理信息类高等院校进行调研，形成了调研报告。组织完成局属事业单位16个岗位公开招聘工作。

多次选派专业技术人员参加国家测绘地理信息局组织的各类培训，指导湖北省地理国情监测中心多次举办测绘技术类培训、全省涉密测绘成果管理人员岗位培训、地理国情监测知识培训等。全年全局共安排10人分别到省委党校、华师党校、省直机关工委党校及国家测绘地理信息局党校学习培训。完成2015年度国家测绘地理信息局青年学术和技术带头人考评增选工作，对局属各单位上报的人选进行初审，最终推荐3人，1人当选。组织湖北省测绘地理信息行业职业技能竞赛，工程测量、地图制图2个项目共有37个参赛队、74名队员参加。

党的建设与精神文明建设

【党的建设】

湖北省测绘地理信息局制定2015年中心组理论学习安排，做好党的十八届四中、五中全会和习近平总书记系列重要讲话精神学习贯彻工作。局党组中心组全年学习9次，局领导上党课5次。全年发展党员6名，21人参加省直工委组织的入党积极分子培训。

【“三严三实”专题教育】

湖北省测绘地理信息局深入扎实开展“三严三实”专题教育，党组织负责人带头讲专题党课，带头学习研讨，带头查摆问题。召开专题民主生活会和组织生活会，开展批评和自我批评。

【党风廉政建设】

湖北省测绘地理信息局组织开展2015年度党风廉政建设责任制检查考核，通过听取汇报、述职述廉、民主测评、实地检查等形式增强领导干部落实党风廉政建设责任制的自觉性。层层签订2015年党风廉政责任制书，实行“一级抓一级，层层抓落实”工作机制。对新提拔处级干部和初任公务员进行任前廉政谈话，对局属单位党政负责人和机关处室负责人进行“一对一”约谈，对局属单位领导班子成员进行集体约谈。开展第十六个党风廉政建设宣传教育月活动和岗位廉政教育活动。组织全局科以上党员干部参加。坚持重大节假日发送廉政短信，向局属单位“一把手”配偶发送了“廉政测绘”短信。局监察室对局属单位“三重一大”民主决策执行情况、落实局党组重大决策执行情况、行政审批办件工作和网上诉求工作等进行了监督检查。对发现的问题提出了整改意见并督促整改。

【精神文明建设】

湖北省测绘地理信息局成立精神文明创建工作领导小组，制定了年度计划。全年组织机关6次23人参加“湖北干部讲堂”学习讲座。督促机关人员完成干部在线学习，全年累计3410.5学时。组织参加全国测绘地理信息系统第四届“世恒杯”乒乓球比赛，获优秀组织奖。参加省直机关第四届职工作运动会，获优秀组织奖。举办乒乓球比赛、羽毛球比赛、迎新春游艺会活动、登山活动、篮球比赛、拔河比赛。连续三届被省委省政府表彰为“省级文明单位”。

地方社团工作

【湖北省测绘地理信息学会】

湖北省测绘地理信息学会审议通过了相关会员单位的入会申请和理事会的变更申请，邀请专家就地理国情监测前景和发展等热点问题做了主题报告。与中国测绘地理信息学会科技信息网分会共同承办了第三届测绘地理信息科技成果全国推介会。协助全国倾斜摄影技术联盟在武汉举办百城巡展活动。向湖北省科学技术协会院士专家联络服务中心申请成立湖北省院士专家服务示范基地。承办中国测绘地理信息学会在武汉召开的《中国大百科全书》第三版测绘学科编委会成立暨第一次工作会议。

组织为全国测绘科技信息网中南分网第二十八次信息交流会报送交流论文38篇，并组织会员单位和论文作者20多人参加了会议。组织参加“四维杯”第十一届全国测绘地理信息职工定向越野赛，获成年团体第三名和优秀组织奖。完善了学会奖励评选程序和办法，评选出湖北省测绘科技进步奖项目28项、优秀论文40多篇。组织会员单位申报测绘科技进步奖、全国优秀测绘工程奖、地理信息科技进步奖。组织会员单位赴昆明参加东南亚测绘协会第58次理事会会议暨面向灾害风险管理的测绘与地理信息协同、共建研讨会。组织会员单位赴江西南昌参加中国测绘地理信息学会学术年会和第五届全国测绘地理信息技术装备展览会暨全国测绘地理信息博览会，布置了湖北展台，从硬件和软件、系统集成和解决方案等方面展示了湖北测绘高新技术。

【湖北省测绘地理信息行业协会】

湖北省测绘地理信息行业协会印发了《2015年协会工作要点》和《2015年协会工作安排》，召开2015年度协会联络组工作会议。召开第四届理事会常务理事会议，审定湖北省测绘行业协会首届摄影比赛评选结果，讨论通过武汉智图科技有限责任公司等11家测绘单位的加入申请，讨论修订《湖北省测绘优秀工程奖评选办法》，讨论理事单位、常务理事单位增补名单，讨论确定省测绘行业协会更名为省测绘地理信息行业协会。

10月15日～17日，由湖北省测绘行业协会主办，湖北省羽毛球协会协办的首届团体羽毛球比赛在湖北省奥林匹克体育中心开赛，全省22支代表队187名队员参加了比赛。开展湖北省优秀测绘工程奖评选工作，全省36个会员单位共申报79个项目，最终评出2015年度湖北省优秀测绘工程奖一等奖23项、二等奖30项、三等奖22项。

湖南省

概况

2015年，湖南省国土资源厅在国家测绘地理信息局组织的全国省级测绘地理信息行政主管部门2015年度测绘地理信息工作绩效考核中被评为优秀单位。新一轮政府机构改革以来，湖南省不断强化测绘地理信息工作职能。省国土资源厅增设了地理信息处，负责统一对外提供包括基础地理信息数据、地理国情普查数据、地籍与土地利用分类数据、土地变更调查数据等在内的各类空间地理信息数据；整合基础地理信息中心和国土资源信息中心职能，加快测绘地理信息与国土资源业务协作，建设全省统一的地理空间大数据管理中心，厅机关各处室在遥感影像统一获取、国情普查、国情监测工作中开展了广泛深入的业务协作。株洲、张家界市和湘西土家族苗族自治州在原有机构人员基础上，增设测绘地理信息行政管理科室和人员编制。截至年底，省市县三级共有测绘地理信息管理机构110个，从事测绘地理信息管理工作人员共有357人。省市县三级直属测绘地理信息单位从业人员1930人，其中省级直属测绘地理信息单位813人。

湖南省各级财政共投入基础测绘经费19788万元，测量标志维护经费1121万元，其中省级投入分别占35%、7%。积极争取地理国情普查和地理国情监测经费，2015年投入6742万元，累计达27888万元。

截至年底，湖南省共有测绘资质单位574家。其中甲级37家、乙级97家、丙级192家、丁级248家。全年测绘资质单位完成服务总值26.06亿元，比2014年增加4.33亿元。全省测绘资质单位承担科技研究项目90项，项目经费合计1.07亿元。全省测绘地理信息行业科研成果数量和质量稳定，发表论文46篇。验收科技成果20项、获得发明专利授权6项、获省部级以上奖项6项。

重点工作推进

【数字城市建设】

邵阳、怀化、张家界3市数字城市建成并通过验收，至此全省14个市州数字城市建设全部完成。市县一体化数字县域建设全面展开，制定出台了数字县域市县一体化建设工作方案，资兴、韶山、平江等7个县市建成并通过验收，祁阳、衡阳等26个县市启动数字县域建设，在建数量31个。举办了数字城市建设应用培训班。各地依托数字城市地理信息公共服务平台，建设了人口管理、园林绿化、电力管理、市政服务、地下管网、公安消防等200多个专业应用系统或应用示范系统。

【“天地图·湖南”建设】

“天地图·湖南”（政务版）数据现势性增强，张家界等多个地市约5.3万平方千米范围矢量数据得到更新，覆盖全省面积的四分之一，数据整体现势性提高到2005~2013年水平。完成了L14—L15级影像电子地图更新，收集了全省2014年影像数据；以数字常德、永州、邵阳、张家界成果为基础数据源，结合专题数据，完成相关区域地名地址数据更新加密。娄底、常德等6个市州“天地图”节点与国家主节点对接。以湖南省地理国情数据作为数据源，开展标准专题地图服务，开发出地理省情纵览系统、古村古镇文化遗产数字化传承展示平台、地质灾害隐患在线地理信息系统、“天地图”娄底智慧旅游系统，为政府部门提供了省情、战略、经济和社会等多方面的地理信息和综合应用。“天地图·湖南”用户总访问量898.3万次，日点击峰值6.4万次。开通“天地图·湖南”微信公众号。

【地理国情普查监测】

湖南省按时提交全省地理国情普查数据并通过国务院普查办的质量复核，合格率100%，优良率95%。开展了长株潭城市扩张与用地变化动态监测、湖南省主体功能区规划实施情况地理国情监测、长株潭绿心地区遥感监测、洞庭湖生态经济区地理国情持续监测、湖南省粮食种植面积监测5项地理国情监测。在洞庭湖生态经济区监测中发现了非法围湖3万亩，为水利部门执法提供了准确数据；长株潭绿心地区遥感监测项目每季度向省长株潭两型社会建设改革试验区领导协调委员会办公室提供监测数据，作为该重点区域实时监控监管的依据。衡阳市开展中心城区违法用地、违法建设遥感监测，每年为政府节省拆迁财政资金2亿元。

法制建设与市场监管

【法制建设与依法行政】

湖南省国土资源厅印发《关于加强湖南省卫星定位基准站系统用户注册管理工作的通知》《关于开展全省卫星定位连续运行基准站清理工作的通知》，对无测绘资质或违法转借湖南省卫星导航定位公共服务平台（以下简称HNCORS）账号的单位进行了全面清理，清查出违规建设的CORS基准站64个，组织专家组对违规建设站点制定并网改造实施方案或清理方案。印发《地理信息数据交换共享办理流程》，统筹规范地理信息数据管理和交换共享。全省开展涉密地理信息保密检查195次，地图市场检查68次，排查地图服务网站302个。立案调查涉嫌违法案件47件，其中市场准入类1件、测绘项目类21件、测绘成果类11件、地图类11件、测量标志类3件；做出行政处罚的案件14件，其中测绘项目类11件、测量标志类3件。

【法制宣传】

2015年，湖南省承办全国测绘法宣传日主场活动，全省国土资源系统开展了为期1个月的测绘法宣传活动。主场活动于8月29日在省地质博物馆举办启动仪式；同时举办了首届湖南省地理信息装备成果展，近60家测绘单位和地理信息企业设立了展位，展示最新科技装备和科技研究成果。厅直属测绘单位及市县国土资源局在各地人员流动集散地设立宣传点132个，制作各类宣传材料1312种，发放宣传材料13.8万份，举办各种类型宣传活动132场，省内外十几家主流媒体对数字城市应用等进行了宣传报道。

基础测绘

【测绘基准体系建设】

湖南省累计建成HNCORS卫星定位连续运行基准站122座，其中年内新建12座。268家用户单位涵盖国土测绘、气象预报、高等教育、城市规划等行业。在地理国情普查和全省1:2000不动产测绘等重大项目中，利用HNCORS进行像控测量，提升了工作效率；在地质灾害监测和防控领域，将HNCORS作为全省地质灾害监测的统一基准，对灾害隐患点的位移进行监测；在精准农业自动化方面，为中联重科股份有限公司“智慧农业工程机械”战略实施提供实时地理空间位置服务。

【基础地理信息数据更新】

湖南省国土资源厅通过航空、航天影像更新长株潭、邵阳、永州等区域1:1万地形图1374幅、面积39022平方千米。开展湖南省境内1:5万基础地理信息数据库动态更新所需专业资料收集工作，及时向国家测绘地理信息局提供所需省级测绘地理信息成果，配合完成1:5万动态更新外业抽检工作。

【基础航空航天遥感影像获取与应用】

湖南省国土资源厅组织开展1:2000不动产统一登记基础数据建库工作，获取0.2米分辨率基础航空数据资料11.7万平方千米。省级影像资料已实现由省国土资源信息中心统一管理、资源共享，减少重复投入、重复获取。按照国家测绘地理信息局的要求，按时报送了湖南省基础航空航天影像获取情况。在基础测绘、地理国情普查、数字城市建设、农村集体土地确权登记发证、1:5万数据更新等方面实现航空航天影像资源共享。

【质量管理】

湖南省国土资源厅完成全省地理国情普查过程质量监督抽查和成果质量检查验收工作，涉及全省14个市（州）122个县（市、区）的6类成果数据。组织完成30批次的基础测绘项目成果的检查与验收，涵盖吉首、攸县、修同、邵阳、宁远、洪江测区。组织对湖南地图出版社、湖南省地图院等单位制作的83批次地图进行技术审查，及时完成数字邵阳、数字怀化、数字岳阳城管、“天地图·湖南”等公众版互联网地图数据技术审查。协助国家测绘地理信息局第一大地测量队完成中长边基线和微边基线场检定工作，组织对湖南省农村集体土地确权登记发证、农村集体建设用地和宅基地使用权确权登记工作底图，不动产统一登记基础数据建设成果质量等项目开展检查验收。

地图管理与地图服务

【地图审核和地图出版】

湖南省国土资源厅全年共受理审核地图、核发审图号66批次共188幅地图。其中审核互联网地图10批次，全部按照要求备案。全年出版各类地图（册）、图书347种，印数345万幅（册）。

【互联网地图管理】

湖南省国土资源厅开展互联网地图服务企业资质监测和研判核查，合计签收地图服务网站32个、排除地图服务网站301个、排除地图图片47张。

【地图公共服务】

湖南省国土资源厅直属单位及市县国土资源部门加大地图公共服务及应急保障工作力度，为社会公众、各级党政机关提供了湖南省交通旅游图及纪念中国人民抗日战争暨世界反法西斯战争胜利70周年专题地图、长沙电力配电网电力数据应用分析系统、湖南省“十二五”重大工程实时调度、湖南省涉重污染源管理系统等。省测绘应急保障服务中心利用无人机完成临湘市羊楼司镇遭受暴雨袭击灾害区域0.12米分辨率航摄近18平方千米，为防汛抗灾工作提供可靠的资料。完成测绘地理信息应用成果和地图网上展览湖南展馆建设，10 月正式上线运行。

测绘地理信息成果管理与应用

湖南省国土资源厅依法加强测绘地理信息成果管理，为国土、水利、电力、地矿等 20 多个行业提供了测绘地理信息成果服务。全年提供“4D”成果及纸质成果 185521 幅，无偿提供率 95%。受理基础测绘成果使用许可申请 320 件，为全省不动产统一登记数据库建设、第二次全国地名普查、全省耕地地理调查与永久基本农田划定、全省警用地理信息系统建设等重大项目提供地理信息数据保障服务。推进新常态下测绘地理信息数据管理方式的变革，逐步从基础地理信息数据周期性更新到实时、准实时更新转变，从介质拷贝数据向在线提供数据转变，满足经济社会发展对地理信息数据快速更新的需求。

在空间数据交换共享方面，湖南省国土资源厅与公安、工商、交通、民政等 9 个省直部门，重庆市规划局等 2 个省外单位签订了交换共享协议。与省林业厅研讨了交换共享协议相关事项。

地理信息产业

湖南省测绘资质单位服务总值保持了较快增长速度，同比增长 20%。省地理信息产业园在长沙市天心区正式开园，园区范围 35 平方千米，规划了 12 个功能区。其中总部基地大楼（德泽苑）和创业创新中心（远航广场）2 幢大楼完成了主体工程建设。园区管委会制定了鼓励与引导地理信息企业入园的政策和措施，设立了 1 亿元产业扶持资金。

科技创新与人才培养

【科技创新平台建设】

湖南科技大学地理空间信息技术国家地方联合工程实验室获国家发展和改革委员会、湖南省发展和改革委员会批准。湖南省国土资源厅与中国人民解放军第二测绘导航基地签订了测绘地理信息领域军民融合战略合作框架协议。通过协同创新平台的合作机制，在重大基础设施共建、数据资源共享、应急保障快速反应、科技创新与发展等 4 大类 35 个重点项目和领域展开针对性的协作。

【科技创新能力建设】

全年湖南省国土资源厅投入测绘科研经费 512 万元，同比增加 42.6%。启动 12 项科学技术研究攻关、2 项测绘地理信息标准研究，其中“张家界地貌的精确测量与数字重建研究”“LIDAR 技术在 DEM 生产中的应用研究”“基于无人机技术的土地综合整治项目动态监管研究”等 10 个项目通过验收。获 2015 年中国测绘地理信息学会测绘科技进步奖一等奖 1 项、二等奖 2 项、三等奖 7 项；全国优秀测绘工程奖金奖 7 项、银奖 6 项、铜奖 16 项。

【人才培养】

湖南省测绘地理信息相关单位 1 人入选国土资源部第一批国土资源科技领军人才开发和培养计划，1 人入选国土资源部第一批国土资源青年科技骨干，1 人入选国土资源部第二批国土资源青年科技骨干，1 人被选为国家测绘地理信息局青年学术和技术带头人。

党的建设与精神文明建设

【党的建设】

湖南省国土资源厅结合“三严三实”活动加强党的建设。安排了十八届五中全会、习近平重要讲话精神、法治国土、湖南“十三五”规划等专题辅导讲座。开展了学习习近平总书记系列重要讲话“学讲话用讲话”精神体会交流活动。组织了 6 次中心组集中（扩大）学习，结合“三严三实”专题教育，机关处室党支部和直属单位党组织负责人汇报了工作思路和具体举措，厅班子成员结合各自分管的工作谈了落实的具体思路，发挥中心组学习示范作用。将党建基本制度落实情况纳入厅机关处室年终绩效考核，与业务工作同部署、同检查、同考核。制定了基层党组织分类定级标准，对基层党组织进行了分类定级，明确了帮建责任人和帮建措施。结合“三严三实”专题组织生活会开展了民主评议党员和处置不合格党员工作。举办了“做好党员教育管理，提升党务干部的综合素养”专题党务干部培训班。全年共推荐 25 人参加省直工委组织的入党积极分子培训，发展党员 20 名。参加省直工委组织的省直机关党建和思想政治工作理论重点课题研究。参加省委办公厅组织的“深入践行‘五个坚持’做党性坚强的党办人”征文活动。开展机关支部联基层活动、在职党员进社区工作。

【精神文明建设】

湖南省国土资源厅开展“热点问题谈心录”专题宣传、纪念抗战胜利70周年活动。邀请专家学者做“培育和践行社会主义核心价值观”等系列专题讲座。开展典型推荐、宣传活动，推选6名先进典型在厅直系统进行宣传，并推荐3名典型参评省直践行核心价值观典型活动。举行湖南省第46个世界地球日暨第三届“爱地球·看我的”主题活动。与省政府办公厅、研究室、法制办公室、发展和改革委员会共同举办纪念抗日战争胜利70周年交响音乐会。向厅机关帮扶单位困难职工捐款5万元，春节期间筹集20多万元慰问机关和直属单位困难人员。组织党员干部参加各类读书和竞赛活动，持续开展服务群众满意窗口创建活动，厅政务大厅获全国行政服务大厅典型案例展示活动“百优”称号。

地方社团工作

【自身建设】

湖南省测绘地理信息学会召开第十次全体会员代表大会，对《湖南省测绘地理信息学会章程》《湖南省测绘地理信息学会会费缴纳规定》等进行了审议修订。召开第十届一次理事会，选举产生第十届理事会正副理事长、正副秘书长、各专业（工作）委员会主任。11月16日，召开年会总结全年工作，增补了常务理事、理事及会员单位。

【学术活动】

湖南省测绘地理信息学会参与组织了2015全国测绘法宣传日主场活动暨测绘地理信息装备展，全国48家测绘地理信息企事业单位参展，500多人参加了活动。11月16日，特邀香港理工大学教授史文中、香港中文大学教授林珲做学术报告，300多人参加。联合省内优秀民营企业主办3次装备仪器展示与交流会议，与房地产测绘专业委员会、测绘科技教育工作委员会等11个专业委员会开展了学术交流和新技术研讨活动。协助中国测绘地理信息学会在长沙举办了不动产测绘技术应用及案列分析培训班。7月、10月，在长沙理工大学开办了2期测绘地理信息技术与应用短期培训班，共204人参加。4月27日，赴广西壮族自治区测绘地理信息局考察学习诚信体系建设的经验。11月，召开湖南省测绘地理信息单位诚信体系建设标准评审会。

【评选奖励】

湖南省测绘地理信息学会组织开展2015年全省优秀测绘地理信息工程奖和湖南省测绘科技进步奖评选活动。评选出优秀测绘地理信息工程奖一等奖11项、二等奖19项、三等奖22项；评选出测绘科技进步奖一等奖2项、二等奖2项、三等奖4项。向中国测绘地理信息学会推荐的项目获2015年测绘科技进步奖一等奖1项、全国优秀测绘工程奖5项。推荐26篇论文参与全国测绘科技信息网中南分网论文交流会，获一等奖4篇、二等奖11篇、三等奖11篇。

【学术平台建设】

湖南省测绘地理信息学会对湖南测绘地理信息网进行了升级改版和更新维护，完善了湖南测绘地理信息网新一届的编委会队伍，落实了稿费规定。

广东省

概况

2015年，广东省第一次全国地理国情普查数据采集任务全面完成，统计分析、数据库建设及图集设计制作等工作稳步推进，普查成果经国家抽查全部达到优级。优于0.5米分辨率影像数据和2.5米间距高程模型数据首次覆盖全省。开展全省高分影像数据建设，优于0.2米分辨率、高精度的航摄影像数据首次覆盖全省。完成粤东西北12市市区倾斜摄影。广东省地理信息公共服务平台发布启用，广东省国土资源厅与省公安厅等19个部门签订合作共享协议。数字县区地理空间框架建设和“一村一镇一地图”建设全面铺开，12个数字县（区）建设成果通过验收。公共地图服务体系建设加快推进，全省即将第一次形成从省到村5级公共地图数据。完成广东省连续运行卫星定位服务系统多星改造升级，北斗定位达到厘米级以上、覆盖全省范围。省级测绘地理信息监管与服务平台（一期）建成并投入试运行。《广东省基础测绘“十三五”规划》编制完成并通过评审。测绘资质管理实现三级互联、在线审批，全年核准测绘资质事项157件，受理审核地图170件。截至年底，全省共有测绘资质单位684家，测绘从业人员19282人，全年完成服务总值近60亿元。测绘仪器装备制造企业优势明显，在全国占有较大份额。

重点工作推进

【数字城市建设】

广东省国土资源厅推进数字城市地理空间框架成果应用，完成全省各市级成果更新升级，建成各类应用示范系统500多个，为50多个部门提供地理信息服务。数字县区地理空间框架建设和“一村一镇一地图”建设全面开展，12个县（区）完成建设并通过验收，35个县（区）基本完成建设任务。

【“天地图·广东”建设】

“天地图·广东”完成覆盖全省的矢量数据更新和全省影像数据发布。完善“天地图·广东”门户网站功能，提高浏览速度，完成不同终端应用。“天地图·深圳”建设完成，接入国家主节点；“天地图·中山”完成市级节点更新。

【地理国情普查监测】

广东省第一次全国地理国情普查工作全面推进，完成全省17.96万平方千米高分辨率正射影像图制作、内业解译及外业工作底图制作、外业调查核查、遥感解译样本采集及内业整理、地表覆盖分类编辑整理、地理国情要素编辑整理、DEM精细化数据生产、标准时点统一核准工作等普查信息采集任务。全省11家测绘资质单位3000多人次参与普查工作。10月，普查成果正式汇交国务院普查办。组织开展广东省第一次全国地理国情普查劳动竞赛和普查标准时点核准百日大会战活动，推荐2个先进单位、2个先进班组、3名先进个人参加第一次全国地理国情普查劳动竞赛委员会组织的评选。

开展珠海市沿海滩涂变化监测和广州南沙新区建设变化监测2个国家级典型性监测试点项目。完成珠江口湾区地理空间格局演变监测和省级以上开发园区土地利用变化监测（试点）2个省级监测应用项目并形成监测报告。开展面向广东省碳汇能力评估的地理国情监测应用（试点）和广东省城镇化格局发展监测（试点）2个省级监测应用项目。

法制建设与市场监管

【资质管理】

广东省国土资源厅严格落实测绘资质管理制度，核准测绘资质事项157件，核发测绘作业证1124个。完成2014年度测绘资质复审换证。截至年底，全省共有测绘资质单位684家，同比增长9.9%，其中甲级54家、乙级130家、丙级234家、丁级266家。筹备成立广东省地理信息标准化技术委员会，开展地方地理信息应用标准研究。推进行政审批制度改革，向广东省测绘地理信息学会转移注册测绘师执业审查职能，受理审核注册测绘师470人。

【依法行政】

广东省国土资源厅印发《广东省国土资源厅关于做好行政审批下放事项实施和监管工作的通知》《关于规范测绘项目备案非行政许可审批事项意见的通知》，将测绘项目备案管理权限下放地级市，全面落实全省测绘项目备案工作。全面推行行政审批标准化工作，优化行政审批要素，梳理再造行政审批流程，细化量化审批裁量标准，逐一编制和公布行政审批事项办事指南和业务手册，建设行政审批标准化管理模块，推进行政审批网上办理。开展“领导干部运用法治思维和法治方式能力的养成”“运用法治思维和法治方式化解矛盾、维护稳定”专题法制讲座，召开全省国土资源系统行政复议、行政应诉工作会议，邀请省法制办公室、省高级人民法院专家授课。

【法制宣传贯彻】

8月29日，广东省国土资源厅组织开展2015年测绘法宣传日主题宣传活动，与梅州市国土资源局联合在梅州举办主场活动，省国土资源厅党组成员、副厅长杨林安出席。宣传活动以“树立国家版图意识，维护国家主权安全”为主题，现场设置有大型电子屏幕，滚动播放“国家版图意识宣传教育”“广东省地理信息公共服务平台”等视频短片，设立宣传展板，使用无人机遥感技术通过新媒体平台同步直播路况，举办测绘地理信息知识有奖竞猜、少儿拼地图游戏等活动，发放测绘地理信息宣传手册、宣传地图、宣传日记本等各类宣传资料7500多份。

全省各地利用电视、广播、报刊、杂志、网络、短讯等各类媒体开展宣传活动。广州、清远、汕尾、揭阳、顺德等地国土资源主管部门与当地电视台合作，制作并播放测绘法宣传日专题宣传片、公益广告，插播测绘法宣传标语、宣传图片；广州、深圳、湛江、阳江、潮州等地国土资源主管部门在公众网站开设宣传专栏，举办“测绘法宣传”在线交流活动；江门、惠州、揭阳、汕尾等地国土资源主管部门向市民发送测绘法宣传公益短信。

基础测绘

【省级基础测绘】

2015 年，广东省省级基础测绘经费投入4200 万元，高分影像数据建设专项经费投入 9420.9 万元，珠江三角洲基础地理信息公共平台专项经费投入1000 万元。编制完成《广东省基础测绘“十三五”规划》《广东省“十三五”基础测绘项目可行性研究报告》。

广东省国土资源厅部署开展高分辨率航空影像数据建设，获取覆盖全省优于 0.2 米高分辨率航空影像，建立全省高分辨率航空影像数据库。截至年底，完成航空摄影近 15 万平方千米，占全省面积的80%；完成正射影像制作近 9 万平方千米，占全省面积的 50%。组织开展 12 个地级市城市中心区总面积 1560 平方千米的倾斜摄影数据获取和三维建模项目，截至年底，已完成测绘航空摄影 506 平方千米，占总面积的 32%；完成像片控制测量 443 平方千米，占总面积的 28%。完成全省测量标志普查，建成广东省测量标志管理信息系统。完成广东连续运行卫星定位导航服务系统（以下简称 GDCORS）88 个基准站及运行控制中心的北斗升级改造，将 GDCORS 系统的单一 GPS 精密定位服务提升为北斗、GPS 及 GLONASS 3 个系统融合服务，扩大了使用范围，既可向地理信息行业用户提供厘米级和毫米级定位服务，又可向社会公众用户提供优于 1 米的导航定位服务。做好 2000 国家大地坐标系启用准备工作，完成省级现有测绘成果向 2000 国家大地坐标系转换，建立广东省 2000 国家大地坐标框架。开展卫星导航定位基准站安全专项整治，在前期基准站检查、核查、安全评估的基础上，要求存在安全隐患、未经审批向外发送数据的基准站限期整改。

【市县基础测绘】

2015 年，广东省市县两级基础测绘投入 4.07 亿元，比 2014 年增加 1.67 亿元，增长 59%。组织完成大比例尺数字线划图更新 42664 幅，数字高程模型更新 9173 幅，数字正射影像图更新 12323 幅。完成水准点测量 1131.4 千米。

【公共平台建设】

广东省地理信息公共平台完成建设并通过验收，开展平台数据 1∶2000 影像、1∶500 地形数据、城市三维模型数据、五级行政界线数据、地名地址数据和国土资源管理所需的 12 类专题数据更新。省级平台已在省公安厅、水利厅、气象局等 19 个单位开展合作应用、数据服务和共建共享工作。市级地理信息公共服务平台建设成果应用范围不断扩大，建成应用示范系统 500 多个，涵盖 50 多个部门。

【质量监管】

广东省国土资源厅印发《关于进一步完善测绘质量监督管理工作的通知》，完善测绘质量监督管理体系，将测绘资质、测绘生产过程质量和测绘成果质量等纳入质量监督检查和考核范围，及时向社会发布 2014 年度共 484 家测绘单位监督检查结果。搭建省级测绘地理信息监管与服务平台，初步实现统一、动态与在线监管和部分辅助决策分析以及快速便捷服务行业单位等功能。组织开展第一次全国地理国情普查过程质量监督抽查和成果预验收，配合国务院普查办完成普查成果抽查。

地图管理与地图服务

【地图编制】

广东省国土资源厅组织完成 11 个地级市公开版地图和 68 个县级领导机关工作用图编制。编制出版《南海区里水镇交通旅游图》《连州市交通游览图佛山搜房图》《从化区交通游览图》等 19 种单张旅游图及《中国·花都赤坭地图》《中国·中山火炬开发区地图》《中国·新会大泽地图》等 10 种中国名镇系列单张旅游图。重新改版《广东省旅游图册》《广东及周边公路交通旅行地图册》。编制完成各类专题地图 480 种，主要包括《广东省政区图册》《珠江三角洲航道图》《始兴县交通游览图》《大亚湾经济技术开发区交通旅游图》等。为各级政府地方志办公室制作志书、年鉴插图。开展《珠海澳门地图集》编制。全年共出版公开版地图 73 种、测绘图书8种，总印数36.7万幅/万册。

【地图市场监管】

广东省国土资源厅加强互联网地图监管，利用互联网地图监管系统开展全省互联网地图日常监管，检查地理信息网站24个，其中地图服务网站15个，发现存在问题的网站10个；鉴定地图图片2863张，其中存在问题的411张。针对检查中发现的问题，已责成有关单位进行整改。全年受理审核地图170件，通过审核143件，完成地图技术审查170件。

【地图服务】

广东省国土资源厅编制完成省、市、县三级的区域挂图210幅，结合数字县（区）建设，积极构建省、市、县、乡、村五级地图公共服务体系。强化辅助决策用图服务保障，向国家测绘地理信息局提供辅助决策用图23幅，为省委、省政府及省直各单位提供辅助决策用图1539张（幅）。

测绘地理信息成果管理与应用

【成果管理】

广东省国土资源厅加强测绘地理信息数据安全监管，建立与保密等部门联合检查合作机制。开展全省地理信息保密检查，检查单位799家，其中抽查227家，发出整改通知书103份。针对检查中发现的问题，有关单位已进行整改。举办全省涉密测绘成果管理培训班，近2000人参加。全年受理省级国家涉密基础测绘成果申请225批次，批准213件。

【应用服务】

广东省国土资源厅全年向社会和有关部门提供省级基础地理信息数据32818幅（张）、纸质印刷图3893幅（张）、控制点成果2018点、档案成果5779幅（片）。市、县国土资源管理部门向社会和有关部门提供各种比例尺地形图和数字产品2.3万多幅、各种控制点成果6.1万多点，保障能源、电力、水利、交通等重大项目建设。广东省地理信息公共服务平台建成使用，平台数据和成果服务对象覆盖全省范围。

地理信息产业

广东省国土资源厅通过召开地理信息企业座谈会等形式深入调研地理信息产业发展现状，收集意见、建议，促进广东地理信息产业发展实施意见出台。5月，广东省政府办公厅印发《关于促进地理信息产业发展的实施意见》。截至年底，全省共有测绘资质单位684家，其中企业410家，占60%。地理信息企业聚集发展，全省资质单位主要集中在珠三角地区，占全省60%，其中甲级53家，占全省98%。

科技创新与交流合作

【科技创新】

广东省国土资源厅启动《广东省国土资源“十三五”科学技术发展规划》和《广东省国土资源“十三五”科学技术普及计划》编制工作。组织开展2016年度广东省国土资源科研专项项目申报工作，收到立项申请11个，其中9个项目入选。组织开展2015年度国土资源科学技术奖和广东省科学技术奖推荐工作，完成第三届国土资源（广东）科学技术奖的评选，省土地调查规划院承担的“广东省开发区土地利用模式及相关政策研究”和省国土资源技术中心承担的“服务型地理信息公共平台关键技术研究与应用”均获第三届国土资源（广东）科学技术奖一等奖；省土地调查规划院承担的“2012年全国土地利用变更调查监测与核查项目遥感监测任务20分包”和省国土资源档案馆承担的“广东省地质资料集群化应用模式研究”均获二等奖。完成2015年度国家测绘地理信息局青年学术和技术带头人考评增选，省国土资源技术中心1人被国家测绘地理信息局评为青年学术和技术带头人。厅机关、省土地开发储备局各1人被推荐为国土资源部“十二五”科技与国际合作先进个人。省土地开发储备局1人被国土资源部评为科技领军人才。省土地调查规划院、省国土资源技术中心各1人被国土资源部评为杰出青年科技人才。

【交流合作】

广东省国土资源厅派员赴澳大利亚参加国际移动测量学术大会（MMT2015），赴澳门出席《珠海·澳门地图集》项目工作会议，赴美国参加第二期中美地理国情普查监测技术与管理高级研讨班。完成国家测绘地理信息局下达赴澳门特别行政区执行粤澳行政区域界线测绘任务。广东省遥感与地理信息系统学会、香港摄影测量与遥感学会等单位联合主办第六届珠江三角洲区域环境遥感研讨会，120人参加。

党的建设与精神文明建设

【党建工作】

广东省国土资源厅组织学习习近平总书记系列重要讲话精神，厅党组坚持每季度召开中心组理论学习会，学习贯彻党的十八届四中、五中全会和省委十一届五次全会精神，组织研讨。开展“三严三实”专题教育，组织3次专题学习研讨，查摆出5个方面21个问题。各级党组织召开专题民主（组织）生活会，制定整改方案，厅党组提出46项具体整改措施。通过厅党组扩大会、辅导报告会、视频报告会等多种形式，组织学习《中国共产党廉洁自律准则》和《中国共产党纪律处分条例》。抓好省委巡视组反馈意见的整改落实，以巡视意见推动机关作风建设。制定党风廉政建设责任清单，落实“两个责任”。厅党组成员和机关党委委员落实党建工作联系点制度，前往联系点单位讲党课，参加民主生活会和党员评议会。厅党组成员坚持过好双重组织生活，自觉参加所在党支部的组织生活会，带头践行党内政治生活制度。各基层党组织严格落实“三会一课”制度，召开组织生活会并开展民主评议党员工作。厅机关党委组织召开基层党组织书记抓机关党建工作述职评议考核会，以考核促进从严治党责任落实。

【精神文明建设】

广东省国土资源厅开展社会主义核心价值观教育，组织干部职工到爱国主义教育基地、反腐倡廉教育基地开展情境式教育。开展中国人民抗日战争胜利暨世界反法西斯战争胜利70周年宣传纪念活动，组织干部职工参观广东省家谱家训家风展、抗战历史展，参加社科讲坛、职工大讲坛等，营造良好氛围。

地方社团工作

【广东省测绘地理信息学会】

5月，广东省测绘地理信息学会举办2015广东省地下管线普查与监控技术研讨会，200多人参加。7月，举办测绘行业继续教育专业科目培训班，120人参加。与广东省城市规划协会联合举办2015年度广东省城市测量学术经验交流会，开展学术交流和定向越野活动。10月，组织80多人参加中国测绘地理信息学会年会。与南方测绘集团联合主办2015测绘地信跑步嘉年华（广东站）活动，500多人参加。11月，组织会员参加全国测绘科技信息网中南分网第二十八次学术信息交流会，20多人参加，提交论文22篇，其中8篇被评为优秀论文。

受广东省国土资源厅委托，与广东省土地学会、广东省遥感与地理信息系统学会、广东省土地估价师与土地登记代理人协会、广东省地质灾害防治协会联合开展第三届国土资源（广东）科学技术奖评奖活动。

全年出版《测绘时空》6期，刊发论文60多篇，发行1.38万本。与湖北《空间地理信息》期刊合作，推荐15篇论文在该刊公开发表。

【广东省遥感与地理信息系统学会】

广东省遥感与地理信息系统学会获广东省科学技术协会十三届学术活动周优秀组织奖。1月，主办“大数据时代的对地观测使命”学术讲座，邀请中国科学院院士郭华东作专题讲座，200多人参加。5月，与中山大学、国家遥感中心广东分部、香港摄影测量与遥感学会、广东省地理学会联合主办第六届珠江三角洲区域环境遥感研讨会，120多人参加。8月，与ESRI中国（北京）有限公司、国家遥感中心广东分部联合主办ENVI遥感图像处理技术培训班，75人参加。11月，主办“天空地传感及其在地理国情监测中的应用”专题报告会，邀请中国科学院院士龚健雅作专题报告，170人参加。参与组织国土资源（广东）科学技术奖评选，受理申报项目21项，评选出获奖项目14项，其中一等奖5项、二等奖9项。承担“广东省土地利用总体规划修编成果（政务版）管理与数据库实时更新系统建设”“广东省土地利用总体规划数据（政务版）共享服务平台建设”“广东省公共地图管理系统测试服务协议”“数字清城、清新两县区公共平台及应用示范系统测试项目服务合同”等项目的技术咨询、测试、监理服务。

广西壮族自治区

概况

2015 年，广西测绘地理信息工作得到了更高的关注和更多的资源，发展环境更加良好。国家测绘地理信息局局长库热西·买合苏提，副局长李维森、宋超智、李朋德，总工程师李志刚等相继到广西调研指导测绘地理信息工作。全国测绘地理信息系统10 多场会议、活动以及联合国大地测量基准和位置服务国际研讨班等在广西举办。

地理国情普查完成标准时点核准，成果合格率100%，优良率 98% 以上。全区统一航摄一期项目完成 3/4，航摄成果已分发到 64 个县（市、区）；二期项目全面启动。数字广西建设项目地理信息公共服务平台等基本完成，数据生产和建库加紧实施。数字城市建设覆盖全区，9 个市建设完成，柳州智慧城市时空云平台项目获批实施。数字巴马、数字东兴试点县域地理空间框架建设顺利推进。“天地图·广西”系统升级与功能更新研发工作基本完成。

新型基础测绘体系探索取得有益成果，测绘手段、生产方式、发展理念等适应形势不断改革。监管体制改革进一步深化，出台《广西壮族自治区测绘资质巡查办法》。丙、丁级测绘资质初审工作委托下放到 11 个市级测绘地理信息行政主管部门。44 个县（市、区）完成行政主管机构挂牌，测绘资质巡查、涉密测绘成果保密检查、地图市场监管工作扎实开展；自治区测绘地理信息局直属事业单位分类改革全面启动，改革方案得到自治区编制、国土等部门的支持。

起草完成自治区政府支持地理信息产业发展的政策措施。全区测绘资质单位发展到 586 家，直接服务产值 15.45 亿元。召开了全区地理信息应用服务工作会议，签订了一批研发应用责任状，出台了支持创新研发的激励政策。主动对接旅游、林业、信访、地震等部门，服务地方对外开放和边境管理。“醉美广西”智慧旅游系统平台等完成研发，进入推广应用阶段。

建立国土和测绘厅局业务协作关系，两部门在联合培训、共同执法、数据共享等方面业务协作实现常态化，测绘地理信息行政职能进一步延伸，资源获得渠道进一步拓展。以 4.5 万多个摄像头整合集成为基础，地理信息数据支撑的全区应急、应用系统进一步完善。

广西测绘地理信息“十三五”规划完成框架起草，重点工作和重点项目初步纳入国家测绘地理信息“十三五”规划、自治区国民经济和社会发展“十三五”规划。中国－东盟广西地理信息产业基地前期工作得到自治区政府高度重视。

国家国防科技工业局批复，依托广西测绘地理信息局建设高分辨率对地观测系统广西数据与应用中心，建设方案已获自治区政府同意，中心初步具备运营条件。国家测绘地理信息局卫星测绘应用中心广西分中心项目获得国家测绘地理信息局批准。

参与中国－东盟信息港建设，加快北斗地基增强系统建设，推动北斗卫星应用和产业化发展。出台《全区测绘地理信息系统稳增长促发展的政策措施》，支持大众创业，万众创新。一年来，自治区本级为重大项目和重点规划无偿提供数据价值 1.06 亿元。

在全国省级测绘地理信息行政主管部门年度测绘地理信息工作绩效考核中，广西测绘地理信息局获“突出进步单位”称号。

重点项目推进

【数字城市建设】

《数字广西地理空间框架建设可行性研究报告》《数字广西地理空间框架建设项目初步设计方案》获广西壮族自治区发展和改革委员会批复。相关机房扩建及配套工程、软硬件设备（一期）已完成供货及安装调试，屏蔽机房已启用。一期系统开发项目通过验收，软硬件设备采购（二期）有序进行。数字广西地理信息公共服务平台建设项目基本完成，数据生产和建库加紧实施。14 个地级市的数字城市地理空间框架建设工作进展顺利，其中数字北海、数字柳州、数字百色、数字玉林、数字钦州、数字贵港已全面建成并在各领域开始应用；数字来宾、数字梧州、数字贺州、数字防城港完成预验收；数字河池、数字崇左、数字南宁、数字桂林开展建设；数字巴马、数字东兴、数字南丹、数字田阳等数字县域地理空间框架建设顺利推进。柳州智慧城市时空信息云平台项目获国家测绘地理信息局批复实施。

【“天地图·广西”建设】

“天地图·广西”公众版新增路径规划以及街景等功能，新增应急图像接入系统、第二次全国地名普查录入系统 2 个应用，示范应用已有 12 个。“天地图·钦州”“天地图·柳州”“天地图·北海”“天地图·百色”“天地图·贵港”5 个市级节点实现与国家主节点和省级节点的互联互通。

【地理国情普查】

广西第一次全国地理国情普查办公室印发《2015 年广西地理国情普查工作计划》，完成全区 DOM 生产、DEM 精细化、普查数据采集、标准时点核准、数据成果验收以及数据成果入库前检查和预处理。普查数据成果汇交至国务院普查办，经国家测绘产品质量检验测试中心复核，全区 96 个测区普查成果合格率为 100%，优良率达到 98% 以上。开展省级地理国情普查数据库建设工作，已完成广西版普查成果的数据处理及地理国情普查 DOM 和 DEM 数据的入库工作。开展地理国情普查数据库管理与基本统计分析系统开发、地表覆盖和国情要素数据库建库、基本统计等工作。

法制建设与市场监管

【法制建设】

广西测绘地理信息局制定出台了《广西壮族自治区测绘资质巡查办法》，同时报请自治区法制办公室进行备案。

【依法行政】

广西测绘地理信息局与自治区国土资源厅出台《贯彻落实深化部局业务协作方案》，将广西测绘地理信息年度重点工作纳入自治区国土资源厅 2015 年度各市国土资源局综合管理目标考核范围。完成广西各级测绘地理信息行政执法人员执法证的申领、发放以及执法人员的岗前培训工作。

开展行政事项清理工作，经最终审核，确认权力事项共 44 项，其中行政许可 7 项、行政确认 1 项、非许可审批 2 项、行政处罚 10 项、行政检查 2 项、行政征收 1 项、行政奖励 3 项、其他行政权力 2 项、实行市、县（市、区）属地管理行政处罚 16 项。明确主要职责 9 项，具体涉及工作事项 33 项，制定事中事后管理制度 6 项。公布了权力清单、责任清单。

【行政管理】

广西测绘地理信息局加强市、县级测绘地理信息行政管理机构建设，要求各市、县在“三定”方案中明确测绘地理信息违法案件查处的职责，将市、县级测绘地理信息行政执法职责明确落实到对应的国土或测绘地理信息执法部门，确保各级测绘地理信息执法职责有效落实。

【市场监管】

广西测绘地理信息局针对有关方面反映的广西农村土地承包经营权确权登记颁证试点工作涉及的测绘项目，特别是测绘航空摄影项目中存在无资质或超资质提供服务等违法违规问题，部署各市开展了专项监督检查。

【行政审批】

广西测绘地理信息局对承接和委托下放的行政审批事项全部落实到位并做好衔接工作，委托下放到各市测绘地理信息局实施管理权的行政审批工作进入正常化。对取消的 2 项行政审批事项，自文件下发之日起均不再实施审批，不以任何备案、审查、核准等形式进行变相审批。编印行政审批项目办事指南并发放给相关单位和处室，放置在自治区政务服务中心窗口供办事人员查阅，在广西测绘地理信息局测绘政务网站上公布，接受社会监督。全年共受理审批事项 1109 件，全部办结，不同意许可 1 件，按时办结率 100%，无行政相对人投诉现象发生。

【资质管理】

广西测绘地理信息局将丙、丁级测绘资质初审工作下放至南宁、柳州、桂林等 11 个地级市测绘地理信息行政主管部门。10 月，在南宁举办丙、丁级测绘资质初审工作培训班。开展测绘资质复审换证工作，应参加单位 539 家，其中甲级 17 家、乙级 80 家、丙级 252 家、丁级 190 家。通过复审换证 513 家，注销 26 家。组织开展测绘资质巡查工作，对百色、柳州等市巡查工作进行抽查。

【信用评定】

广西测绘地理信息局开展测绘资质单位信用评定工作，评定结果在广西测绘地理信息局测绘政务网站公示。对信用等级不合格的单位，下发告知书要求限期整改，整改不合格的单位被列入年度失信测绘资质单位黑名单。

【法制宣传】

广西测绘地理信息局组织全区市、县测绘地理信息行政主管部门和全区测绘资质单位参与“8·29”测绘法宣传日活动。活动当天，全区共展示宣传展板130多块，发放宣传资料20多万份、宣传册5万份，发送公益短信40多万条。南宁主会场共展示宣传展板15块，发放国家版图知识读本5000册、测绘地理信息法律知识手册8000册、印有测绘法宣传标语的环保购物袋1800个、国家版图宣传海报3万份，发送公益短信15万条。

基础测绘

【国家基础测绘】

广西测绘地理信息局完成国家测绘地理信息局下达的国家现代测绘基准体系基础设施建设一期工程的一等水准测量和国家GNSS基准站建设任务。协助国家测绘产品质量检验测试中心完成广西范围1:5万基础地理信息产品外业抽检。

【省级基础测绘】

广西测绘地理信息局积极推进2000国家大地坐标系的推广使用。3月，举办全区2000国家大地坐标系成果转换技术培训班，组织各市测绘地理信息局的技术人员参加培训。完成全区市级国土资源系统现有测绘成果的坐标转换工作。完成1:1万数据库整合处理，利用广西第一次全国地理国情普查成果，提升1:1万DLG、DEM、DOM的现势性。完成广西CORS基础设施建设项目118座GNSS基准站（含10座国家GNSS基准站）设备安装、调试和试运行测试工作。

【县（市）基础测绘规划编制】

市县级1:500～1:2000数字化地形图测绘基本覆盖乡镇驻地。继续指导并加快推进县（市）级基础测绘规划编制工作，全年完成合山、兴业、陆川、金秀、那坡、武鸣、横县、隆安、上林等县（市）基础测绘规划编制和评审工作。

【边远地区、少数民族地区基础测绘】

广西测绘地理信息局完成国家测绘地理信息局下达的边远地区、少数民族地区基础测绘专项经费180万元的支出任务，用于数字广西地理空间框架建设项目初步设计服务采购、地理信息数据库管理系统开发、广西现代测绘基准管理与综合服务平台系统开发、广西全区高分辨率卫星遥感影像更新等工作。

【全区航天遥感影像获取】

广西测绘地理信息局完成中越边境1米分辨率的IKONOS卫星遥感立体影像数据生产，有效覆盖面积为15978平方千米。

【农村土地确权航空摄影】

广西测绘地理信息局组织实施广西农村土地确权统一航摄及1:2000数字正射影像图制作。一期项目完成航摄面积92249平方千米，占一期任务量的83.4%；完成1:2000数字正射影像图制作71145平方千米，占一期任务量的64%；航摄成果已分发至64个县（市、区）。二期项目已完成了统一航摄和中越边境卫星遥感影像招标工作，至年末已获取航空摄影影像3253平方千米，中越边境0.4米分辨率的卫星遥感影像1218平方千米。

【广西CORS基础设施建设】

广西CORS基础设施建设项目从试运营阶段转入验收前准备工作阶段，总体测试工作全部完成，共接入站点118座，年内已开展文档归档整理、CORS坐标联测、似大地水准面精化模型检验、验收汇报材料整理等验收前的各项工作准备。开展基于GXCORS的北斗地基增强系统升级改造项目，完成5家国内外主流设备供应商的设备性能指标外业测试工作，编制系统性能测试报告，完成项目招标工作。北斗地基增强系统升级改造项目年内已经部署完成，进入测试阶段。

地图管理与地图服务

【地图审核】

广西测绘地理信息局全年收到地图审核86件。完成审核并批准85件，其中地图（集、册、幅）25件、图书报纸期刊插附地图25件、互联网地图18件、其他地图17件。

【地图编制和出版】

广西测绘地理信息局直属单位为自治区党委编制《自治区领导工作用图图册》《广西壮族自治区地图》《贵港市地图》等。编制《广西边境图》《中国东盟地图》《广西“十三五”规划附图》《北部湾经济区地图》《广西精准扶贫系列图》等，提供《广西壮族自治区交通图》400多张、《南宁城区图》350张、《广西壮族自治区地图册》300本。修编《中华人民共和国军事交通图》，为宜州市人民武装部、柳北区人民武装部制作了模型地图，为崇左武警支队编制工作用图14幅，为广州军区编制工作用图4幅，编制铁路军事运输工作图以及铁路货运营业站示意图等。为广西各界提供专题地图50多种。

【地图市场监管】

广西全区14个地级市开展地图市场监管工作。广西测绘地理信息局制定《2015年地图市场监管重点工作方案》，开展专项检查。组织检查组对南宁、柳州、桂林、北海、百色等市进行了抽查。全年共完成200多家单位的监督检查、1个重大展会的现场检查，对发现的问题及时进行了处理。

制定《关于推进互联网地图安全监管系统省级监控节点建设的建议》，完成互联网地图安全监管系统软硬件设备和网络环境的配备，组织有关人员参加国家测绘地理信息局举办的互联网地图安全审校人员培训班，建立与国家监控主节点联动的互联网地图监管省级监控节点。全年对国家测绘地理信息局推送、其他省移交的5992条任务记录进行签收和内容鉴定；要求存在问题的20个网站限期整改，约谈2家未登载地图审核号或地图审核号过期的地图服务网站。

【国家版图意识宣传教育】

广西测绘地理信息局将国家版图意识宣传教育和地图监管教育纳入年度普法计划，利用“8·29”测绘法宣传日进行国家版图意识宣传教育。“8·29”期间，全区共举办国家版图意识宣传教育活动15次，设立宣传点230多个，发放宣传资料40多万份。

开展国家版图意识宣传教育“进学校、进社区、进媒体”活动。全区各地投入经费20多万元，订购、印制宣传册5万多份，通过向学校、社区、媒体赠送国家版图知识宣传材料，开设国家版图专题讲座等方式，推动国家版图知识的普及。

测绘地理信息成果管理与应用

【成果保密管理】

广西测绘地理信息局组织全区511家测绘地理信息生产单位及2012年以来申领涉密测绘成果的用户单位进行保密自查。自治区、市两级检查组随机抽查了197家单位，对发现问题的61家单位下发了限期整改通知书并监督完成整改，保密检查总结已按时报国家测绘地理信息局。

年内共举办3期涉密测绘成果管理人员岗位培训班，共有796人参加培训，考试合格人员领取了涉密测绘成果管理人员岗位培训证书。

【测量标志管理】

广西测绘地理信息局全年共收到永久性测量标志拆迁审批申请4件，批复率100%。

【成果应用与服务】

广西测绘地理信息局为广西北部湾经济区、珠江－西江经济带、“双核驱动 三区统筹”“四群四带”城市化等全区重点发展规划编制提供地图服务；为中国－东盟博览会等重大活动做好地图保障；为南宁吴圩机场、桂林两江机场等全区重点公共场所制作应急救援、反恐防暴等安全防控和交通疏导指挥专用地图。全年为国土、规划、住建、旅游、交通、林业等部门提供各种基本比例尺地形图、正射影像图和数字高程模型数据101913幅，数据量64391GB；提供大地控制成果231次共2196点，点之记2911张；自治区本级为全区重大项目和重点规划无偿提供基础地理信息数据价值1.06亿元。

科技创新与人才培养

【科技创新】

2015年，广西测绘地理信息系统和行业单位共有6项科技成果分别获2015年中国测绘地理信息学会测绘科技进步奖、全国优秀测绘工程奖和广西科技进步奖；8个项目获2015年广西测绘地理信息科学技术奖，11个项目获2015年广西优质测绘地理信息产品（工程）奖。

【人才培养】

广西测绘地理信息局印发《自治区测绘地理信息局2015—2020年人才队伍建设方案（试行）》。出台《自治区测绘地理信息局培养自治区“新世纪十百千人才”第二层次人选计划实施方案》。部署安排自治区人才小高地建设任务。加强人员的继续教育，联合武汉大学等高校开展在职学历教育，与桂林理工大学共建实习基地。定期举办干部素质大讲堂，每年举办1次技术带头人交流会；不定期举办测绘行政管理、专业技术人员继续教育等培训，参训人员近1000人次。组织测绘管理人员和技术骨干5人赴新加坡、马来西亚等东盟国家；2人赴美国进行技术交流互访和短期培训；选派2人到国家测绘地理信息局挂职锻炼；选派13人到市测绘地理信息局挂职，市测绘地理信息局选派3名干部到局机关及直属单位挂职锻炼。同时，选派3人到乡镇基层挂职，选派3人到定点扶贫村担任第一书记，选派2人担任“美丽广西·清洁乡村”挂职工作队队员。增选国家测绘地理信息局青年学术和技术带头人1人。局属事业单位公开招聘人员32人。完成局青年学术和技术带头人考评和增选工作，新增选5人。

党的建设与精神文明建设

【党的建设】

广西测绘地理信息局推进学习型党组织建设，将《习近平谈治国理政》等学习资料，发放给局机关党员；将《紫光阁》等期刊杂志发放到基层党支部；在区党校图书馆建立局党组中心组成员学习室，成为区直单位党组（党委）中心组成员学习室第一批成员单位之一。组织开展测绘职工思想政治工作课题研究，把“四个全面”战略思想列入全局党员学习的重点并开展理论研讨。

建设服务型党组织，局领导带队对困难职工党员进行走访慰问，组织基层党支部为困难群众送爱心、送温暖；局属各基层党支部与社区困难党员结成帮扶对子，开展党员志愿服务活动。对党费收缴工作进行调整，加大对发展对象和新入党人员的材料核查力度。加强对党务干部的培训，组织1期全局党务干部培训班，并与遵义市委党校共同组织2期“三严三实”专题教育专题培训，分5批选送12名基层党支部书记参加区直工委党校培训。

将党建工作纳入对局属单位的年度绩效考核。将局机关党支部调整为5个机关基层党支部。通过广西机关党建工作平台、共产党员手机报、共产党员微信、易信等平台，进行思想宣传教育。印发机关党支部组织生活指导意见，加大对基层党支部组织生活制度的落实指导。

制定《自治区测绘地理信息局“三严三实”专题教育实施方案》；成立专题教育领导小组，明确工作职责和开展专题教育的主要举措。

【党风廉政建设】

广西测绘地理信息局召开2015年党风廉政建设自查自纠动员会，成立4个执行中央八项规定和财经纪律情况检查组，分2期对局属各单位执行中央八项规定和财经纪律情况进行检查，对发现的突出问题进行了通报。7月，召开党风廉政建设和反腐败工作会议，逐级签订党风廉政建设责任状，分解落实廉政责任。开展机关廉政文化建设，参加区国土资源系统第二届廉政文化周活动。组织实施和动员排查发生在群众身边的“四风”和腐败问题专项工作。纪检监察部门督促各级领导干部履行好“一岗双责”，配合驻国土资源厅纪检组加大查办案件力度。

【文化建设】

广西测绘地理信息局参加美丽家庭评选、绿化植树等活动，组织开展志愿者服务、爱心捐款、救助帮扶等活动。组织5期知识讲座，创作反映测绘人时代精神的小品《给宝宝的信》，开展核心价值理念征集评选活动，参加区直机关社会主义核心价值观电子板报比赛并获三等奖。开展先进模范评选活动，1人获自治区“巾帼建功”标兵称号，上报全国、自治区劳动模范候选人各1名。坚持每月开展1次群众性文体活动，成立7个测绘文化活动兴趣小组。发动党员利用节假日开展回乡调研活动，2015年春节调研论文获区直机关工委二等奖1篇、三等奖3篇、优秀奖2篇。

【群团组织建设】

广西测绘地理信息局召开全局群团工作会议，传达学习中央、自治区党委群团工作会议精神；申报会计工作规范化建设，通过2015年第一批工会会计规范化管理验收；加大对局属单位工会工作指导，印发工作指导意见；召开全局妇委会会议；承办1期区直机关青年联谊活动。

地方社团工作

【广西测绘学会】

2月，广西测绘学会理事长、秘书长参加广西壮族自治区科学技术协会七届三次全委（扩大）会议。3月，组织会员参加中国测绘地理信息学会工作会议暨团体会员工作会议；推荐2015年中国测绘地理信息学会测绘科技进步奖候选项目8项、2015年全国优秀测绘工程奖候选项目10项。4月，与

Esri中国信息技术有限公司在南宁联合主办2015年新一代Web GIS应用学术交流会。5月，协助广西壮族自治区科学技术协会邀请中国工程院、中国科学院院士李德仁作“智慧城市大数据”学术报告。6月，完成《加强测绘学会职能建设，促进广西测绘地理信息产业发展》调研报告。7月，组织5名代表参加在新加坡举办的第十三届东南亚测绘代表大会，并赴马来西亚土地测量师协会进行访问交流；组织会员参加“中国四维杯”第十一届全国测绘地理信息职工定向越野赛。10月，派员参加中国测绘地理信息学会2015年学术年会。11月，组织参加第三届测绘地理信息科技成果全国推介会；协助举办现代大地测量基准与位置服务国际研讨班。12月，组织评选2015年度广西测绘地理信息科学技术奖、广西优质测绘地理信息产品（工程）奖，共评出2015年广西测绘地理信息科技奖一等奖2项、二等奖2项、三等奖4项；2015年广西优质测绘地理信息产品（工程）奖金奖2项、银奖3项、铜奖6项。全年编辑《广西测绘与遥感》2期，刊发论文19篇，印发3800多册。

【广西遥感学会】

广西遥感学会召开6次理事会会议。组织会员到广西地理信息测绘院等单位参观学习遥感新技术。派会员前往新加坡、云南参加东南亚测绘协会第57次、58次理事会。9月，组织参加闽赣桂遥感科技论坛，推荐31篇论文，获一等奖2篇、二等奖4篇、优秀论文12篇。

【广西测绘科技信息站】

11月，广西测绘科技信息站组织6名成员单位代表到海口参加全国测绘科技信息网中南分网第二十九次学术交流会。提交23篇科技论文参加技术交流，获优秀论文一等奖3篇、二等奖5篇。

海南省

概况

2015年，海南测绘地理信息局不断创新工作思路，强化工作举措，助推全省测绘地理信息工作有序开展。承担“多规合一”信息数字化管理平台建设，为海南省实现“一张蓝图干到底”奠定基础。参与海南省海岸带保护与开发专项检查、新一轮海岸线修测、全省整治违法建筑三年攻坚等省重点工作。按项目进度部署，实施了省第一次全国地理国情普查、国家地理国情监测任务、国家现代测绘基准体系基础设施建设、国家基础地理信息数据库动态更新等重大测绘地理信息项目，提高了保障服务能力。加快推进省1:1万基础地理信息数据库整合升级、“天地图·海南”省市级节点建设与更新。数字三亚地理空间框架建设项目通过验收。推进科技成果的转化应用，支撑生产技术升级。加强测绘地理信息依法行政，加快《海南省基础测绘管理办法》立法进程。海南测绘地理信息“十三五”规划作为专项规划正式列入海南省国民经济发展“十三五”规划。

重点工作推进

【数字城市建设】

12月11日，数字三亚地理空间框架建设项目通过验收。数字三亚完成了基础地理信息数据库建设、地理信息公共平台开发、典型应用示范系统搭建等建设内容，基本实现了全市范围内测绘基准统一、地理信息数据共享、地理信息公共平台权威通用的目标，建成政务版地理信息公共平台及公众版地理信息公共平台，已为三亚市国土、旅游、房产等10多个部门、30多个业务系统提供了在线地理信息共享服务。

【“天地图·海南”建设】

“天地图·海南”完成年度更新任务，通过了国家测绘地理信息局的更新测试评估。加强政府部门专题信息的数据和服务聚合力度，主动开展专题信息的整合和共享，新增了全省学校分布、地质遗迹、地址公园等专题信息。在“天地图·海南”政务版应用中，新增了海南省应急管理系统、海南省主题功能区规划系统等。

10月29日，“天地图·三亚”正式接入“天地图”国家主节点。“天地图·三亚”制作发布了18—20级矢量电子地图、0.5米分辨率影像电子地图、360度全景影像图，实现了地图浏览、兴趣点搜索定位、驾车路线查询、公交路线查询、地图纠错、地图对比等功能，并集成了房地产、便民服务、旅游、社会经济、行政区划等公众服务信息。

【地理国情普查监测】

海南测绘地理信息局采购覆盖全岛超过90%以上范围的SPOT6和SPOT7卫星影像数据，完成整景正射影像生产，连同国务院普查办提供的影像，分发给各普查单位。选取万宁市开展普查标准时点核准试生产，编制标准时点核准实施方案。8月，海南省地理国情普查标准时点核准成果通过复核，普查标准时点核准工作全面完成。9月，海南省第一次全国地理国情普查标准时点核准成果正式汇交至国务院普查办，汇交数据包括覆盖全岛18个市县的地理国情要素数据、地表覆盖分类数据、遥感解译样本数据和相关文档资料。开展海南省地理国情普查数据预处理、入库检查和数据建库技术培训。完成全省工作范围内的数据预处理、入库检查，形成建库数据集。

组织完成新疆喀什测区约11.5万平方千米普查标准时点核准工作，普查成果通过验收。

选取海南省澄迈县、定安县，四川省宜宾市翠屏区和南溪区，黑龙江省哈尔滨市阿城区与香坊区，以及河南省许昌市（总面积约5023平方千米）开展基础性地理国情监测工作，已完成监测数据采集、监测报告和图件的生产，开展了道路监测规程编制工作。完成海南、广东、福建（面积约33万平方千米）的地貌类型数据生产和接边工作。12月10日，由海南测绘地理信息局承担实施的海南岛沿海地表覆盖变化监测项目通过验收。查清了近20年海南岛沿海林地、耕地、园地、房屋建筑、道路、坑塘及其他水域的空间分布、变化范围、变化类型及面积等。

【“多规合一”信息数字化管理平台建设】

5月29日，国家测绘地理信息局与海南省政府在海口签署合作协议，共同建设海南省“多规合一”信息数字化管理平台。国家测绘地理信息局局长库热西·买合苏提、海南省省长刘赐贵出席签约仪式。海南省副省长王路、国家测绘地理信息局副局长李维森代表双方签署合作协议。根据协议，双方将在数字海南地理空间框架的基础上，完成各类规划数据整合，形成空间布局合理、高度共识的“一张蓝图”；建设规划信息联通、共享和审批信息实时联动的信息管理系统，建成可持续升级服务于全省各类规划编制、审批和监督与管理工作的信息管理平台。双方还将合作为该平台的建设制定系列标准规范，整合规划和专题数据，建设总体规划应用服务系统，开发通用应用服务接口，建立运行维护机制，使该平台为各类规划的编制、协调、衔接和融合，以及编制《海南省总体规划》提供信息平台支撑。平台建设成果由海南省政府和国家测绘地理信息局共享，海南省政府部门、各市县政府及其部门无偿使用。

海南测绘地理信息局利用地理信息系统空间数据管理功能，完成各部门、各市县规划资料的整合工作，统一了数据格式和坐标系统。利用基础地理信息数据、地理国情普查数据、土地利用变更调查数据等成果，为编制《海南省总体规划》提供数据支撑。利用地理国情普查数据和高分辨率航空航天遥感影像，进行矛盾梳理与规划调整。通过统筹协调，解决了各类资源指标和空间坐标的矛盾，在海南省总体规划层面上解决了耕地、林地、岸线的图斑重叠等问题。开展了“多规合一”公众信息平台、规划时空信息数据库、信息共享和协同管理信息系统、市县综合审批管理系统以及标准规范体系建设。

法制建设与市场监管

【依法行政】

《海南省基础测绘管理办法》纳入海南省五届人大常委会五年立法规划和2015年立法计划。海南测绘地理信息局组织开展了省内调研和草案编写研讨工作，并配合省人大赴贵州开展了省外调研工作。制定了《海南测绘地理信息局地方性法规、规章起草和规范性文件制定程序规定》，修订《海南省测绘资质审批程序规定》。

【资质管理】

海南测绘地理信息局组织完成全省2014年度测绘资质复审换证工作，对2014年复审换证审批结果进行了通报。经审查，批准换证的单位138家、限期整改1家、依法注销8家。至年底，海南省共有测绘资质单位182家，其中甲级11家、乙级24家、丙级67家、丁级80家。完成外省测绘资质单位验证备案74家。开展海南省测绘地理信息市场信用信息平台各资质单位信用信息的征集、整理、录入工作。

【法制宣传】

海南测绘地理信息局组织开展“8·29”测绘法宣传日活动，主会场设在海南省昌江县，通过主题宣传、媒体宣传、短信宣传、讲座宣传等多种形式宣传测绘法律法规及海南省在普及测绘法律法规、加强测绘监管方面取得的成绩。宣传活动共发放宣传材料4万多份。8月，通过了海南省“六五”普法检查验收。

基础测绘

【国家现代测绘基准工程建设】

海南测绘地理信息局承担了1189千米一等水准观测和36个卫星大地控制点观测任务，作业范围涉及内蒙古自治区锡林郭勒盟锡林浩特市、苏尼特左旗、苏尼特右旗、阿巴嘎旗、正蓝旗、东乌珠穆沁旗等地区。

【国家1:5万地形数据库更新】

海南测绘地理信息局完成广东、福建、海南、台湾共1042幅1:5万地形数据更新和地形图制图数据更新任务。

【海南省1:1万基础地理信息数据库更新、整合升级】

海南测绘地理信息局组织开展海南岛1:1万数字正射影像整合、1:1万数字高程模型整合工作，完成琼南测区594幅地形要素数据更新、琼北测区653幅更新整合。

地图管理

【地图审核管理】

10月26日，海南测绘地理信息局举办地图管理培训班，各市县测绘地理信息局局长及相关人员等40人参加，学习了地图业务知识、地图法律法规和地图市场监管方法等。

全年共审核30件（282幅）地图，公开版地图备案率86%。

【地图市场监管】

海南省加强国家版图意识宣传教育和地图市场监管工作协调指导小组印发了《2015年海南省地图市场专项检查的通知》，组织各市县测绘、文体、工商等部门联合开展地图市场专项检查，各市县检查情况总体良好。

12月3日～4日，海南测绘地理信息局联合省工商、文体部门派出检查组赴三亚市、琼海市、陵水县抽查地图市场专项检查工作情况。组织开展省外测绘地理信息单位在海南测绘活动专项检查和海南省测绘地理信息市场及资质巡查，规范了市场秩序。

【测绘地理信息应用成果和地图网上展览海南馆】

10月20日，海南省测绘地理信息应用成果和地图网上展览上线运行，公众可登陆网站在线游览展馆内容。展馆设测绘发展概况、地图产品展示、支撑科学决策、服务热带旅游、助推海洋开发、助力绿色发展、应急测绘保障7个主题展区，展示海南测绘地理信息部门在“十二五”期间利用地理信息成果服务于海南经济社会发展的实例。

【国家版图意识宣传教育】

9月，海南测绘地理信息局印制完成《第二届少儿手绘地图大赛（海南赛区）优秀作品集》。10月，开展国家版图意识宣传教育“进校园”活动，在海口市英才小学组织系列宣传活动，包括校园展板、国家版图公开课、有奖知识问答、拼图游戏等，发放《国家版图知识宣传单》《第二届全国少儿手绘地图大赛（海南赛区）优秀作品集》等。

测绘地理信息成果应用与服务

【成果管理】

4月～10月，海南测绘地理信息局组织开展了全省测绘地理信息保密检查，检查对象为全省测绘地理信息生产单位和涉密测绘成果使用单位。其中涉密测绘成果使用单位为2012年以来申领涉密测绘成果的用户单位。208家受检单位按要求开展自查，海南测绘地理信息局抽查了43家，向存在问题的12家单位下发了整改通知书。

开展全省2014年度测绘成果目录汇交工作，共有132家测绘资质单位完成汇交，汇交目录总数3200项。2014年度测绘成果汇交目录和基础测绘成果目录已通过网站向公众公布。

【共建共享】

海南测绘地理信息局向省国土资源厅提供了地

理国情普查成果数据，服务国土资源部门。协助省国土资源厅完成现有成果的坐标系向2000国家大地坐标系转换。深化与省军区的合作，明确了6项具体合作项目，建立直接对接合作的沟通平台。向省各部门、市县提供高分辨率影像、基础地理信息数据超过13万幅，约6000GB，用于推进“多规合一”、农村承包经营权确权登记、机场迁建选址、矿产调查、海岸线开发保护检查等省重点工作。

地理信息产业

3月31日，经海南省政府同意，省政府办公厅印发《海南省人民政府办公厅关于促进地理信息产业发展的实施意见》，对海南省贯彻落实《国务院办公厅关于促进地理信息产业发展的意见》提出了具体措施，明确了海南省发展地理信息产业的主要任务。

科技创新与人才培养

【科技管理】

海南测绘地理信息局申报立项2015年科技部公益性科技课题1项；申报国家测绘地理信息局基础测绘科技项目5项，涉及无人机测绘、地理信息系统建设、地理国情监测等多个方向。自主研发“多规合一”平台，积累科技创新经验。12月11日，国家“十二五”科技支撑计划“基于地理信息的智慧城镇规划设计技术集成与示范”项目启动。该项目选取海南省澄迈县老城经济开发区和金江镇为实验区，发挥地理信息、规划专题信息和社会经济信息在新型城镇化规划设计中的基础性作用，为智慧城市建设提供基础技术支撑。

【干部队伍管理】

海南测绘地理信息局加强对干部个人申报事项的管理，比照核实年度重点抽查的对象1人及随机抽查的对象5人的填报信息，确保个人事项报告真实。开展出国证照清查及管理，在当地公安机关出入境管理部门登记备案。对在直属单位及委托代管单位下属企业兼职的领导干部进行了清理。出台《海南测绘地理信息局干部挂职锻炼管理暂行办法》。组织4家所属事业单位的主要负责人进行了轮岗交流。

党的建设与精神文明建设

【“三严三实”专题教育活动】

海南测绘地理信息局组织开展“三严三实”专题教育活动，结合开展廉政教育月活动，组织党员干部开展现场教育实践、观看廉政教育片。各党支部以召开支部专题学习会的形式开展学习，举办反腐倡廉专题讲座，赴反腐警示教育基地参观，丰富了专题教育形式、内容。全局按照要求开展了“三严三实”专题教育的学习研讨。组织学习习近平总书记系列重要讲话精神、习近平总书记给国测一大队老队员老党员回信重要指示精神；组织市县测绘地理信息局、测绘资质单位和全局党员干部学习国测一大队事迹。

【党建工作】

海南测绘地理信息局开展年度党建工作目标管理考核，把推进党的思想建设、组织建设、作风建设、制度建设和反腐倡廉建设的内容细化分解并进行量化评分，把评分结果作为年终考核的重要依据。建立局党组成员联系支部制度，指导基层单位建立健全党组织，落实党建工作目标责任制。开展“守纪律、讲规矩、作表率”主题教育和廉政教育月活动，开展《中国共产党廉洁自律准则》和《中国共产党纪律处分条例》、党章、宪法学习宣传活动。做好党员发展工作和党内统计、党费收缴公示等工作。

【党风廉政建设】

海南测绘地理信息局出台《海南测绘地理信息局党风廉政建设主体责任和监督责任清单》。局机关各处室和事业单位主要负责人签署党风廉政建设责任承诺书，监督本单位、本部门党风廉政建设主体责任的落实。参与海南省2015年度党风、政风、行风建设社会评价群众满意度测评工作，履行公开承诺，推动监督作用的发挥。完成直属事业单位内部审计3项，直属事业单位原负责人离任经济责任审计5项。利用共产党员网、共产党员手机报、共产党员微信、“海南廉政”微信等网络新媒体，对干部职工开展思想教育和勤政廉政教育。邀请省人民检察院反贪污贿赂局专家作预防职务犯罪专题报告，组织党员干部观看警示教育片、先进典型优秀影片，参观反腐倡廉警示教育基地，开展廉政知识网上测试。

【文化建设】

海南测绘地理信息局建立困难和患病职工档案，开展“送温暖”活动。组织在职党员进社区参加志愿服务活动。组织干部职工参加测绘地理信息系统乒乓球比赛，举办职工趣味运动会、迎新春体育比赛等文体活动。国家测绘地理信息局第四航测遥感院遥感应用部获海南省“三八红旗集体”称号。

地方社团工作

经海南省科学技术协会组织评选，海南省测绘学会被评为2015年“示范学会”。11月11日，召开第七届全体会员代表大会暨第八届一次全体理事会，完成学会换届选举工作。会议通过了第七届理事会的工作报告、财务报告及学会章程修改意见，选举产生了新一届学会理事会。

重庆市

概况

2015年，重庆市全面加强测绘地理信息管理和创新，较好地发挥了测绘地理信息的基础、保障和信息支撑作用，全市测绘地理信息事业发展取得明显进步。重庆市规划局（重庆市测绘地理信息局）在全国省级测绘地理信息行政主管部门2015年度测绘地理信息工作绩效考核中获优秀等次。

重庆市规划局（重庆市测绘地理信息局）组建了地理国情监测应用处，推动区县测绘地理信息管理机构和职责进一步落实；开展行政审批权力清理和处置，统一了测绘地理信息行政管理权，推进建设工程领域测绘服务改革；编制《重庆市测绘地理信息发展第十三五专项规划》，完成了全市地理国情普查工作，开展地下管线普查，开展数字（智慧）城市建设，推进重庆市综合市情系统和城乡规划大数据建设；推进2000国家大地坐标系使用，开展现代测绘基准改造，完善测绘基础设施建设，实现市域高分影像和1∶5000地形图全覆盖，更新1∶1万地形图2.2万平方千米，推进大比例尺地形图覆盖；加强测绘成果管理，开展测绘成果质量和保密检查，强化测绘成果分发和地图服务；规范测绘地理信息市场秩序，开展“问题地图”、测量标志专项执法检查工作。全年获国家、省部级科技奖39项，专利12项，重庆市规划局（重庆市测绘地理信息局）获“测绘地理信息高技能人才培育突出贡献奖”。

重点工作推进

【数字城市建设】

9月，重庆市政府办公厅印发《重庆市深入推进智慧城市建设总体方案（2015—2020年）》。11月，智慧重庆时空信息云平台项目通过国家测绘地理信息局评审，在共享交换系统、智慧知识引擎、时空数据管理、倾斜摄影、离线电子地图、地理编码、互联网文本挖掘等关键技术领域取得阶段性成果。建成数字万州，推广成果应用。协同开展住房和城乡建设部试点“智慧南岸”“智慧渝中”“智慧两江”“智慧永川”建设，基本建成商务部试点“智慧两江”地理信息云服务平台。

【“天地图·重庆”建设】

深化“天地图·重庆”建设，完成涉密版系统（重庆市基础地理信息平台）建设，建立基础地理数据库，提升“天地图·重庆”应用水平。2015年，“天地图·重庆”更新电子地图20次，完成了与永川、万州、长寿的区县数据融合，提升了用户体验，新增了对手机、平板电脑等移动设备的离线矢量专题地图数据应用支持。

【地理国情普查监测】

重庆市地理国情普查工作全部完成。重庆市地理国情普查领导小组办公室组织研发了“一种仿建筑用地指数（SIBI）”与“一种结合核Fisher与多尺度提取的遥感影像道路提取方法”、基于DOM的DEM联动编辑系统，做好普查技术支撑。开展普查劳动竞赛，宣传普查典型事迹和人物。7月，完成标准时点核准工作，一次性通过普查成果质量复核验收，地表覆盖合格率100%、优良率100%，国情要素合格率100%、优良率95.5%。9月2日，向国家汇交了全部地理国情普查成果资料。编写普查数据对接方案，完成各个区县的数据对接工作，在全面开展统计分析工作的试点试验基础上，统筹推进普查数据统计分析工作。

国家测绘地理信息局重庆测绘院（以下简称重庆测绘院）完成西藏昌都、林芝地区18个县22.6万平方千米，云南省文山州4个县1.72万平方千米的地理国情普查标准时点核准工作。完成西藏测区、文山测区的数据库建设以及入库前检查与预处理，8月完成成果汇交。完成湖南、贵州、重庆共47万平方千米地貌类型单元精确定位生产任务。

重庆市规划局（重庆市测绘地理信息局）推动并完成“地理国情监测保障体系研究”“地理国情监测评价体系研究”和“测绘地理信息技术在自然资源资产审计中的应用研究”等多个科研项目，开展了两江新区监测试点和“成渝城市群经济潜能综合统计分析”试点项目。继续深化城镇用地遥感监测与分析研究，实现主城区、区县城镇建设用地监测全覆盖，完成2014年度主城区建设用地、区县城镇建设用地（旧标准）监测，以及远郊区县527个镇建设用地遥感监测。加强城乡规划遥感辅助监察执法应用，完成巫山、奉节等3个区县的在建项目遥感督察，开展基于遥感的主城区违法建筑监测项目，完成2012年存量、2012年~2013年度新增、2013年~2014年度新增违法建筑监测工作，并利用无人机对纳入2015年集中整治的11个小区的综合整治情况开展年终核实。

重庆测绘院完成黑龙江省齐齐哈尔市龙沙区、陕西省咸阳市渭城区、山东省淄博市张店区、湖南省长沙市岳麓区、重庆市九龙坡区5个监测区域1782平方千米的地表覆盖、地理国情要素变化监测，形成监测成果和专题图件成果，完成《房屋建筑（区）基础性地理国情监测技术规程》和《重庆片区基础性地理国情监测生产方案》的编写。

【“十三五”规划编制】

重庆市规划局（重庆市测绘地理信息局）成立专项规划编制工作组，在广泛调研的基础上，书面征求了市发展和改革委员会、市财政局等21个部门意见。起草了《重庆市测绘地理信息发展第十三个五年专项规划（征求意见稿）》。12月，组织召开了专家论证会。上报《重庆市测绘地理信息发展第十三个五年专项规划（审议稿）》。

【地下管线普查】

5月，重庆市政府办公厅印发《重庆市地下管线普查与更新工作方案》，明确了由重庆市规划局（重庆市测绘地理信息局）牵头负责全市地下管线普查工作。副市长陈和平主持召开全市地下管线普查工作电视电话会议，对普查工作进行动员部署，成立了城市地下管线普查专项工作组，与地理国情普查领导小组办公室合署办公。制定了地下管线普查与更新《工作调度管理办法》《信息通报管理办法》和《督察督办管理办法》，建立了统一技术体系。全年组织召开86次区县普查办、行业主管部门以及管线权属单位的普查工作调度会、协调会和推进会。至年底，全市地下管线基础信息采集工作全面完成，地下管线共约6.8万千米，完成地下管线隐患排查13253处，其中完成整治13220处。

【综合市情系统】

11月，重庆市政府办公厅印发《重庆市综合市情系统建设实施方案》，成立了重庆市综合市情系统建设联席会和工作推进组，明确了建设目标。初步建成了综合市情数据资源库，涵盖基础地理信息、地表数据、各类规划、经济社会和城市运行五大类数据；初步构建了全市城乡综合信息资源总目录和19个部门目录，理清了5个门类、39个一级类、172个二级类、1690个要素类，形成了《重庆市综合市情信息分类与编码标准（初稿）》。研发了综合市情系统软件，建立了包括综合市情共享交换平台和综合市情决策咨询平台。为7位市领导、15个政府部门和区县政府安装了综合市情系统。在突发事件风险管理、市场主体信用监管、建设项目环评管理等领域得到了应用。

法制建设与市场监管

【制度建设】

重庆市完成测绘行政许可网上审批系统建设，并上网运行。重庆市规划局（重庆市测绘地理信息局）修订了测绘资质行政审批等5项行政许可程序、测绘地理信息质量监督等12项依法行政制度、地图审核标准等9项技术管理规定。拟定了《重庆市建设工程测绘改革方案》，推进建设工程领域测绘服务改革。开展行政审批权力清理及权力事项处置，将“不动产（地籍、房产）测绘资质管理权”纳入统一监管。建立测绘产品质量检验专家库、地图技术审查专家库、测绘资质审查专家库，实现技术与行政审查分离，规范行政权力运行。

【资质管理】

重庆市规划局（重庆市测绘地理信息局）完成测绘资质单位复审换证工作，173 家通过复审，新增测绘单位 27 家，升级 12 家，变更业务范围 42 家。对 37 家测绘资质单位开展资质巡查工作。

【测绘执法】

重庆市规划监察执法总队市政测绘支队完成重庆市测绘执法人员培训，培训人员全部申领测绘地理信息行政执法证。组织专项执法检查，开展“问题地图”专项治理和互联网地图、测绘成果使用、测量标志保护等专项检查，集中开展执法检查 2 批次，调查“问题地图”等涉嫌违法行为 4 起，依法查处测绘违法案件 1 起。

【法制宣传】

重庆市规划局（重庆市测绘地理信息局）组织开展重庆测绘法制宣传系列活动，设计、制作并启用了全国首枚“测绘法宣传日和国际地图年”纪念邮戳，举行区县联动、区县巡展。利用现代媒体，拓展宣传载体，制成“发展成就展”“版图文化展”和“特色地图展”三大展区的内容宣传手册，通过二维码实现网上看展览。

基础测绘

【现代测绘基础设施】

9 月，重庆市规划局（重庆市测绘地理信息局）完成国家 GNSS 彭水站北斗升级改造工作，开展重庆市主城区及渝西地区共 12 个站点北斗升级改造工作。建成使用重庆大观现代化测绘仪器检定场。建成重庆市质量监督检查网络平台，实现全市测绘成果的规范化监督检验。开展坐标体系整合工作，建立了各类坐标系到 2000 国家大地坐标系间的转换关系模型，研制了整合软件，实现了各类不同坐标系测绘成果的坐标转换。

重庆测绘院完成内蒙古自治区 59 个国家 GNSS 大地控制点的选建、野外观测任务，完成内蒙古等地区 1283. 2 千米的一等水准观测。

【基础地理信息资源】

重庆市规划局（重庆市测绘地理信息局）开展基础地理信息资源收集与整合，实现主城规划区 1:500 地形图动态更新，城市道路、高速公路、国、省、县、乡道全部进行更新，其中基础地理信息数据库更新城市道路 2192 千米，国道、省道、县道 3. 5 万千米。更新全市地址数据库 100 万条地址数据、67256 个地名数据。完成全市 1:5000 地形图更新 3. 9 万平方千米，市域 1:5000 地形图实现全覆盖。1:1 万地形图更新 2. 2 万平方千米。加强航空航天遥感影像获取，实现全市优于 2 米分辨率影像全覆盖，市区、区县城、中心镇等优于 0. 5 米分辨率影像全覆盖。

【地理空间信息数据库】

重庆市规划局（重庆市测绘地理信息局）完成地理空间信息数据库建设。数据库主要包含遥感影像数据、矢量地形图数据、数字高程模型数据和地理空间核心要素数据。应急、公安、民政等多个市级部门基于地理空间信息数据库开展了业务系统建设，两江新区基于此开展了市场主体监管平台建设。

【重庆测绘院基础测绘项目】

重庆测绘院完成重庆市、湖南省和贵州省约 47 万平方千米的 1:5 万基础地理信息数据库重点要素更新工作，涉及 1:5 万 DLG 1203 幅。

完成重庆市云阳等 6 个测区 1:5000 数字地形图测绘 1. 51 万平方千米，完成 2291 幅 1:5000 DLG、DEM 生产和全部图幅的入库工作。

完成四川省地理信息公共平台建设阿坝州 2055 幅以及广安市、巴中市 712 幅 1:1 万基础地理信息数据检查、入库（包括基础地理信息数据库、平台数据库），地理省情监测报告编制，监测专题图制作。

完成新疆维吾尔自治区 1:1 万地形图测绘新源测区 50 幅航空摄影测量工作。完成合肥市宅基地和集体建设用地使用权确权登记发证 1:1000 DLG 测绘数据立体采集 500 平方千米，外业调绘 140 平方千米，内业编辑 80 平方千米。

地图管理与服务

【地图市场监管】

重庆市规划局（重庆市测绘地理信息局）利用互联网地图监管系统开展全国联动的监管工作，排查互联网地图服务中违法违规标注。全年检查中小学教辅材料和新闻媒体使用地图以及移动互联网地图服务中涉及国家主权、安全问题，实景地图涉军涉密情况近100次。

【地图服务】

2015年，重庆市规划局（重庆市测绘地理信息局）为重庆市各级机关提供领导工作用图4937幅，安装重庆市规划与测绘地理信息查阅系统18套。全年发布“每周一图”42期，举办了“每周一图”100期纪念活动。编制完成24幅《重庆市标准画法系列图》，编制完成《重庆最美步道图》、2015版《主城区影像地图》《重庆区县影像地图》，开展白沙、松溉等24个古镇手绘地图制作。继续推进便民地图服务，在公共场所免费发放公益地图约68万份。

【测绘地理信息应用成果和地图网上展览重庆馆】

重庆市规划局（重庆市测绘地理信息局）完成测绘地理信息应用成果和地图网上展览重庆馆建设工作，10月12日上线。重庆馆主要分发展成就厅、应用成果厅和地图厅，预留了特展厅，不定期进行测绘地理信息专题特展。

【国家版图意识教育】

重庆市规划局（重庆市测绘地理信息局）开展国家版图意识教育“进媒体、进社区、进学校”活动，为《重庆日报》和《重庆晨报》编辑、记者举办培训班，开展“一带一路”、长江经济带和国家领导人出访线路图等热点新闻示意图的制图指导。建立市内主要报刊“地图审核咨询微信群”，地图审图专家在线答疑，从源头上杜绝错、漏绘国境线等严重政治问题的情况发生。建立地理地图科普常态机制，在南岸区珊瑚实验小学、巴蜀小学开展国家版图和重庆地理知识宣讲活动。

测绘地理信息成果管理与应用

【成果汇交与分发】

2015年，重庆市测绘档案馆接收纸质档案3850件，各类电子档案340件，地理国情普查成果、航空摄影航片、1:5000数据成果、1:2000数据成果等总量约50TB。累计分发测绘成果303次，提供各类控制点384个、各类比例尺地形图1686幅、各类遥感影像2.8万平方千米。CQGNSS行业用户单位200多家，账号950多个，提供成果转换3000多次，转换各类控制点2.6万多个。

【保密管理】

重庆市规划局（重庆市测绘地理信息局）进一步完善涉密测绘成果管理提供审批、核心涉密人员培训和跟踪检查等管理制度，建立了跟踪检查机制。建立了与重庆市国家保密局、重庆市国家安全局等部门联合检查的合作机制，对45家测绘资质单位和测绘成果使用单位开展了现场检查。联合市国家保密局共同查处了开县擅自转让涉密测绘成果案件，责成有关单位进行整改。联合市国家安全局等部门开展了进口测绘设备、地理国情普查等专项保密检查。与四川、湖南、湖北、江苏、广西、山东、云南和陕西等省的测绘地理信息行政主管部门对接，对其在重庆申领的涉密测绘成果资料的单位展开保密协查。配合浙江、湖北和山西等省份测绘地理信息行政主管部门，对重庆市相关单位到其他省份领取测绘成果进行了保密协查，并发函回复。

【成果质量监督】

重庆市规划局（重庆市测绘地理信息局）完成2014年度国家1:5万基础地理信息数据库更新项目质量检查，完成451项工程项目检验。检验1:500地形图364平方千米、1:2000地形图263平方千米、地下管线2812千米、基塔测绘1316个、各类地形图共36342幅。开展2015年度重庆市测绘地理信息工程成果质量检查，全市176家测绘单位自查并报送了自检报告和工程目录，检查小组到城口、巫山、巫溪、奉节等区县进行了现场检查。开展2015年度规划核实测量专项督查工作，抽取161项规划核实测量项目开展详查，完成全部抽检项目的内业质量检查；组成3个外业检查组分赴11个区县进行了现场检查和技术交流。

【城乡规划大数据】

重庆市规划局（重庆市测绘地理信息局）通过地理国情普查、数字城市建设、地下管线普查等重点工作，有效整合了全市各类空间信息资源，基本建成了纵向覆盖市域－区县－镇街乡－村社，横向覆盖全市经济社会、公共安全、城市运行与城乡规划建设管理的城乡规划大数据体系。城乡规划大数据主要包含重庆市综合市情系统、城乡规划综合数据库、交通决策支持系统。重庆市综合市情系统整合了全市多尺度、多类型的综合信息，为重庆市领导、市级部门、区县政府安装了200多套。城乡规划综合数据库开展的居住和商业商务调控、工业用地等研究为重庆市委市政府宏观决策提供了信息支撑。交通决策支持系统为主城区综合交通规划评估、主城区近期建设规划等重大设施建设提供保障。

【应急保障】

重庆市应急救援地理信息服务队编制了《2015年重庆市应急救援地理信息服务队应急保障预案》《2015年重庆市应急救援地理信息服务队训练大纲》，制定了《十三五突发事件应急地理信息建设规划》。组织开展了全市地理信息应急保障及民防通讯联动演练和主城区森林火灾地理信息应急演练，举办了应急救援知识培训和技术保障等专题讲座。参与市政府应急平台建设，升级建成“重庆市应急一张图”平台体系，为全市应急平台提供信息化支撑。参与了万州区长滩镇白岩村滑坡、巫山县大宁河滑坡等应急突发事件处置工作，累计制作各类应急图件100多幅。

地理信息产业

重庆市规划协会以及相关科研院所筹办成立了重庆市地理设计专委会，成员单位包括西南大学、重庆大学、重庆师范大学、重庆市规划设计研究院、重庆市环保信息中心等10多家单位。2015年，开展了南川避暑休闲地产规划、綦江避暑休闲地产规划、巴南区村规划编制等65项地理设计工作。开展重大战略规划应对研究、重庆与周边地区规划协调研究、“五大功能区”政策空间化研究、地理设计在城乡规划中的应用、区县总体规划实施评估技术路线研究等攻关性项目。

科技创新与人才培养

【创新平台与成果】

重庆市规划局（重庆市测绘地理信息局）参与筹建长江经济带地理信息协同创新联盟。与中国科学院、中国测绘科学研究院等单位签订战略合作协议，创立雷达遥感合作实验室、数字城市应用创新联合实验室；与武汉大学、西南交通大学联合设立研究生培养基地；重庆市地理国情监测工程技术研究中心落户重庆市勘测院，中国测绘科学研究院地理国情监测重庆中心落户重庆市地理信息中心。与武汉大学、中国测绘科学研究院联合建立遥感等新技术应用中试基地和人员定期互访交流机制。2015年，获得国家、省部级科技奖励合计39项。成功申请专利12项。

重庆测绘院落实科技项目7项。其中完成国家测绘地理信息局科技项目立项评审1项、国家测绘地理信息局2016年~2018年科技滚动项目立项确认4项、国家发展和改革委员会新兴产业重大工程专项申报2项。完成“基于不同分辨率遥感影像的变化范围自动提取研究（二期）”“工天辅助管理软件设计与开发”“基于倾斜摄影测量的三维模型生产试验”等院级测绘科技创新项目。完成“基于FME Server的多源异构地理国情信息提取整合发布关键技术研究”和“面向智慧城市的物联网关键技术研究和应用”2个国家测绘地理信息局基础测绘科技项目的验收工作。开展SSW车载激光三维建模测量系统试生产。

【职业技能竞赛】

6月，重庆市规划局（重庆市测绘地理信息局）、重庆市人力资源和社会保障局、市总工会、团市委、市妇联共同举办重庆市第四届测绘地理信息行业职业技能竞赛暨重庆市第四届青年职业技能大赛决赛。47支代表队参加竞赛，成绩优异的区县代表队和选手分别被授予“测绘地理信息人才培育突出贡献奖”“重庆市测绘地理信息技术能手”和“重庆市测绘地理信息行业优秀技能人才”称号。多名选手获“五一劳动奖章”“巾帼建功标兵”“优秀技能人才”等称号。11月，重庆代表队获第四届全国测绘地理信息行业职业技能竞赛工程测量赛项团体冠军和个人冠军、季军，地图制图赛项团体三等奖，重庆市规划局（重庆市测绘地理信息局）被授予“测绘地理信息高技能人才培育突出贡献奖”。

【人才培养】

重庆市规划局（重庆市测绘地理信息局）选派重庆市勘测院1人赴联合国挂职。重庆市地理信息中心1人入选国家测绘地理信息局赴联合国机构挂职工作及国外高校短期进修候选人名单。邀请多名院士、专家到重庆讲学。局系统1人新被授予“全国百千万人才”“国家有突出贡献的中青年专家”称号，1人被评为“重庆市勘察设计大师”，1人被评为技能专家，建立李维平工程测量员技能专家工作室。举办重庆市测绘管理部门负责人和测绘资质单位负责人培训班，约320人参加。开展全市测绘地理信息行业技师考评工作，32人通过评审。

重庆测绘院开展测绘成果验收相关规范文件解读、国家大地基准的技术要求及注意事项、野外作业安全、农村建设用地复垦项目测绘审查要求、土地开发整理项目测绘审查要求5个专题的技术培训。参加重庆市第四届青年职业技能大赛，获测绘地理信息行业地图制图项目团体二等奖、个人一等奖，工程测量项目团体三等奖。

党的建设与精神文明建设

【党的建设】

2015年，重庆市规划局（重庆市测绘地理信息局）严格落实“一岗双责”和从严治党责任，对局机关党组织结构进行了重新设置。形成以处室为单位单独成立党支部、处室负责人兼任支部书记的组织模式。推进廉政风险防控机制建设，确定了156处廉政风险点，提出了制度和程序上的完善和改进措施。

全年共组织局党组中心组（扩大）理论学习17次，800多人次参加中心组集中学习和讨论交流，共收集体会文章近600篇。以集中专题辅导讲座和观摩交流相结合的形式开设周末学习讲座平台经纬大讲堂，开展15个主题的学习辅导，累计2500多人次参加学习，参学率90%。联合承办国测一大队先进事迹报告会，重庆市直机关工委各单位、全市规划测绘系统各级领导干部职工近1000人参加。

【精神文明建设】

重庆市规划局（重庆市测绘地理信息局）女职工委员会组织了妇女节健身比赛活动，局团委组织了“青年·成长”主题演讲比赛活动，局工会组织了春节游园、摄影、登山和职工单项运动比赛活动。利用“爱心基金”共帮助困难人员11人，落实各类慰问资金20.3万多元。开展“文明单位”“职工之家”等创建工作，2家单位成功创建“模范职工之家”和“合格职工之家”。

重庆测绘院推进重庆市文明单位标兵的创建工作，开展了职工篮球赛、第二届职工羽毛球赛、成就测绘梦想征文、职工摄影比赛等活动。3人获“测绘地理信息行业2015年重庆市青年职业标兵”称号。

【宣传工作】

2015年，《人民日报》、新华社、《中国测绘报》《重庆日报》等媒体发布重庆市测绘地理信息相关新闻信息近500篇次，中央及地方各级广播、电视、报纸、网络等对重庆市测绘地理信息行业正面报道和新闻转载超过2000篇次。

重庆测绘院全年在各媒体刊载报道205篇，其中国家测绘地理信息局门户网站56篇、《中国测绘报》9篇。编发《重庆测绘院简讯》3期。开通院官方微信和微博。

地方社团工作

重庆市测绘学会组织数字重庆技术论坛1次，组织会员参加莱卡全球用户大会活动1次。组团参加了中国测绘地理信息学会2015年度学术年会。组织参加了在巴西里约热内卢举办的第27届国际制图大会。参与筹建长江经济带地理信息协同创新联盟。教育专业委员会协助承办了高等学校2015年测绘地理信息工作会。《重庆勘测》期刊全年共出版4期。

四川省

概况

2015年，四川省测绘地理信息各项重点工作推进顺利，成效显著。四川测绘地理信息局在2015年度全国省级测绘地理信息行政主管部门测绘地理信息工作绩效考核中名列第6。

四川省2015年落实地理国情普查工作经费2.1亿元，累计落实4.1亿元；完成全省48.6万平方千米地理国情普查生产任务及承担的西藏自治区部分区域、云南省部分区域地理国情普查生产任务，并汇交全部成果。完成4320幅1:1万地形图测制，全省1:1万基础地理信息覆盖率提升至65%。建成高分遥感影像资源数据库，首次实现全省高分遥感影像全域覆盖和年度更新。牵头研制Z5无人直升机系统并在高海拔区域试飞成功；牵头长江沿线31家省市测绘地理信息管理部门、科研机构、高等院校共同成立长江经济带地理信息协同创新联盟；启动了四川省地理空间信息交换共享平台一期工程，与四川省住房和城乡建设厅联合启动全省城镇地下管线普查工作；初步建成以"重点实验室+工程中心+联盟"为主体的创新驱动发展平台。四川省北斗导航高精度基础数据中心、中国位置网服务联盟西部数据中心挂牌。四川省测绘地理信息应用成果和地图网上展览馆获评全国"优秀设计示范展馆"。《四川省标准地图》首次对外发布。

全省21个市（州）全部完成数字城市建设，"天地图"市级节点与省、国家节点实现互联互通。智慧城市时空信息云平台建设试点工作持续推进。全年共向社会各界提供各种比例尺地形图1172张，大地测量控制点5995点，"4D"产品8473幅，航空摄影资料2403片，受理行政审批事项4048件，检定各类测绘仪器8073台套，编制《四川省领导工作用图（2015版）》并提交使用。

四川省地理信息产业协会成立。西部地理信息科技产业园一期工程建设顺利，签约入驻企业增至64家。智慧四川产业投资基金创立，基金总规模20亿元。截至年底，全省共有测绘资质单位1010家，其中甲级单位41家；测绘从业人员4万人。

重点工作推进

【数字城市建设】

内江、泸州、资阳、广安和南充完成地理信息公共平台项目建设并通过验收。至年底，四川省21个市（州）数字城市地理空间框架建设全部完成并转入推广应用阶段，示范应用累计92个。在完成数字乡城、数字温江等数字县区建设的基础上，开展了数字恩阳、数字隆昌、数字岷东等数字县区建设。

天府新区智慧城市时空信息云平台建设试点持续推进，泸州市开展了智慧泸州时空信息云平台建设顶层设计、项目立项等工作。四川测绘地理信息局开展基于智慧城市的地理信息交换共享平台建设，编制了四川省地理信息交换共享平台建设实施方案，与地震、气象等部门共同制定了交换共享数据标准，启动四川省地理空间信息交换共享平台一期工程建设，投资1400万元。

【"天地图·四川"建设】

全省21个市（州）节点全部接入"天地图·四川"节点，增加了内江、自贡、广元的数据融合。完成2015年矢量及影像数据上交，并通过数据评估接入国家主节点。更新"天地图·四川"涉密版、政务版和公众版地理国情影像数据和68个区县矢量数据，重点完成了569千米高速公路数据更新，现势性达到2015年5月。开展"天地图·四川"技术评估调查问卷，推荐并指导6个市（州）参加国家测绘地理信息局技术评估。参加第三届天地图应用开发大赛，"绵阳市多规合一规划信息平台"获三等奖。"基于'天地图·四川'的地理信息动态更新系统""乐山市中心城区3DGIS信息系统规划管理系统""数字泸州移动辅助决策系统——泸州通"被《天地图典型应用案例汇编（2015版）》收录。"天地图·四川+"创新基地由四川测绘地理信息局与西南交通大学共同建设并揭牌。第二届"天地图·四川"进高校应用开发大赛在成都举办，6所大学的20项开发作品分别获大赛4个奖项。

至年底，"天地图·四川"平台在全省100多个政府部门、企事业单位得到应用，发布各类地理信息服务60多种，在线注册的二次开发用户超过2300个，在线服务日均访问量21万多次。

【地理国情普查监测】

四川省第一次全国地理国情普查目标任务全部完成。落实工作经费2.1亿元，累计落实4.1亿元。四川省第一次全国地理国情普查办公室印发《四川省第一次全国地理国情普查专项资金管理办法》和《四川省第一次全国地理国情普查2015年工作计划》。全年下达3期生产计划，完成全省48.6万平方千米行政区域范围内普查数据时点核准及数据库建库工作，标准时点核准数据成果合格率100%，优良率90%。组织了时点核准、数据建库、成果汇总、成果验收等专题培训。

3月，完成地理国情普查数据生产收尾工作。8月，完成地理国情普查标准时点核准成果质量验收。9月，完成普查成果数据入库预处理并通过国务院普查办技术小组检查。

完成国家测绘地理信息局下达的西藏阿里地区、日喀则地区、山南地区及那曲部分地区共66.8万平方千米地理国情普查任务，云南省西双版纳州景洪市、勐腊县共1.37万平方千米地理国情普查任务，并汇交全部成果。完成西藏、四川、云南、广西、江西地貌类型数据精确定位生产，形成1∶25万地貌类型数据并通过验收。

实施省级地理国情监测项目20多项，完成彭州市地质灾害风险分析、都江堰市地质灾害易发区风险分析、天府新区发展变化监测、成渝经济区发展规划监测等系列监测项目，成果移交相关市（县）政府或管理部门使用。选取四川省安岳县、云南省昆明市呈贡区、福建省安溪县、成都市绕城生态区、溪洛渡水电站淹没区5个区域（总面积4069平方千米），开展3期典型区域地表覆盖、重要地理国情要素变化监测。开展邛海湿地恢复工程及邛海流域生态环境监测、川滇区域地质环境稳定性监测，开展天府新区建设变化监测。

法制建设与市场监管

【法制建设】

9月23日，《四川省测绘地理信息市场管理办法》以省政府令第301号印发，11月1日起施行。四川测绘地理信息局完成《四川省地理信息交换共享管理办法（草案）》编制并报省政府法制办公室。开展《四川省地理信息交换共享管理办法》立法调研。

【管理体制建设】

四川省21个市（州）和183个县（市、区）均落实了管理机构、职责，其中20个市（州）和77%的县（市、区）完成挂牌。8月7日，四川省机构编制委员会办公室批复四川省测绘地理信息局，同意在四川测绘地理信息局测绘技术服务中心增挂“四川省测绘地理信息局测绘应急保障中心”牌子，在国家测绘地理信息局四川基础地理信息中心增挂“四川省测绘地理信息局地理信息数据交换中心”牌子，在国家测绘地理信息局第六地形测量队增挂“四川省测绘地理信息局地理国情监测中心”牌子。

【依法行政】

四川测绘地理信息局制定《四川省测绘地理信息局关于推进测绘地理信息系统依法治理的实施方案》，印发《四川省2015年测绘地理信息法治建设和依法治理工作要点》，修订《四川省测绘行政处罚自由裁量实施标准》。公开权力清单，包括测绘行政执法依据14项，行政权力72项，其中行政审批（行政许可）9项、行政强制1项。对行政权力统一编码，由省政府法制办公室向社会公布。将丁级测绘资质审批权限下放到市（州）测绘地理信息行政主管部门。

召开全省测绘地理信息行政执法工作会议，开展执法人员业务培训考核，全年培训、考核、办理测绘行政执法证170多人次。与四川省地理信息产业协会联合举办测绘地理信息法律法规培训，共培训120家测绘资质单位210人。建立国土资源和测绘地理信息部门联合执法机制，推进联合执法。参加国家测绘地理信息局在江苏等地开展的测绘资质巡查，完成国家测绘地理信息局、国务院普查办组织的地理国情普查等重大项目质量检查、网上地图检查等工作。

【市场监管】

四川测绘地理信息局开展全省测绘资质巡查，巡查测绘资质单位700多家。开展质量检查专项活动，检查测绘资质单位70家。与省保密部门联合开展保密检查专项活动，抽查单位40家。与国土资源部门联合开展土地整理测绘项目中标单位的测绘资质核查，核查单位169家。开展地图市场专项检查，抽查资阳市地图市场、成都火车北站图书市场。开展全省农村土地确权登记颁证工作测绘质量检验，加强房产测绘统一监管。

查处成果质量不合格单位12家、成果资料保密存在较严重问题的单位3家，纠正无资质证书和相关业务范围参与投标活动的单位3家。布置、督导市（州）开展案卷评查，评查行政处罚案卷20多件。

【测绘法宣传】

8月29日，四川省举行测绘法宣传日活动。全省21个市（州）测绘地理信息行政主管部门、近40家甲级测绘资质单位、部分县级测绘地理信息行政主管部门和测绘单位设置宣传点近500个，出动宣传人员4000多人，邀请相关部门负责人到宣传现场指导工作，组织宣传督导组到德阳、遂宁、乐山等地检查指导。全省共发放宣传资料40多万份、发送公益短信30多万条。7月~9月中旬，开展测绘地理信息法律法规网络答题竞赛，6000多人参与。

基础测绘

【国家基础测绘项目】

2015年，四川测绘地理信息局承担完成多项国家基础测绘项目，包括地理国情普查、国家基础地理信息数据库动态更新、新型基础测绘生产试验、现代测绘基准体系基础设施建设一期工程。完成基础地理信息数据库建设与更新全部任务，包括四川、云南、西藏、广西、江西5个省（自治区）1:5万DLG更新、5722幅1:5万地形图制图数据更新，向国家基础地理信息中心提交成果。开展新型基础测绘生产试验工作，选择泸州市区城市主、次干道开展街景数据生产与建库试验，完成数据采集、建库、城市街景数据采集技术规程和城市街景数据规范等技术文档编写工作。完成西藏、青海、甘肃、黑龙江、吉林、辽宁、内蒙古等地区一等水准路线观测和卫星大地控制点观测等全部任务，累计完成卫星大地控制点观测470个，一等水准路线观测5039千米。

【省级基础测绘规划项目】

四川测绘地理信息局组织完成四川省地理信息公共平台建设项目规定的内容，实现四川省“十二五”基础测绘发展规划既定目标。完成2015年度基准站监测及数据解算、全省重要基础地理信息数据更新、天府新区1:1万基础地理信息数据更新、917幅1:1万基础地理信息数据更新及入库、1:1万地形图印刷3602幅、地质灾害防治专用图测绘60平方千米、三维地形图生产36.6平方千米等。

【其他重点项目】

四川测绘地理信息局完成藏区9个卫星导航定位连续运行基准站网络改造、巡检、年度解算等工作，完成藏区县城及新区1:500地图测制94.62平方千米、藏区维稳及重大工程专题影像地图制作5700平方千米，完成数字三州地理信息公共平台升级、藏区应急维稳地理信息平台建设及数字乡城建设，完成藏区工作用图编制、测量标志普查与维护等工作。

与四川省住房和城乡建设厅联合印发《四川省城镇地下管线普查工作方案及技术规程》，召开全省城镇地下管线普查工作现场会议。6月12日，四川省城镇地下管线普查工作全面启动。

【遥感影像统筹获取与管理】

四川测绘地理信息局推进四川省航空摄影与卫星遥感影像统筹获取和统一管理机制体制建立，筹建遥感影像处理中心。完成全省影像需求调研和四川省影像统筹发布会筹备工作，包括《影像四川》宣传片摄制、系列图册设计与印制。完成四川省全息影像通用服务平台建设和《全省影像统筹获取实施方案》等文本编制。全年统筹获取卫星影像11万平方千米、航空影像5000平方千米。按计划推进天府新区约3000平方千米影像获取工作。

组织完成新型多源遥感影像处理等相关研究，包括基于SAR影像的基础地理信息数据快速采集与处理技术研究，以及应急遥感影像高性能集群处理系统、地面三维激光扫描及数据采集系统、轻型低空遥感影像飞行质量检查系统、LiDAR处理技术软件系统等关键技术研究。

【市（州）基础测绘】

广元市完成“天地图·广元”兴趣点更新、控规平台化、地下综合管线探测入库等项目；推进四川省地理空间信息交换共享平台试点工作，完成全市1:1万、1:500、1:2000地形图和DOM数据等省、市级基础数据的交换共享；新增地下管线探测24.3千米，总里程为3027.26千米。眉山市开展绿海明珠地理市情监测，完成省、市（州）重要基础地理信息联动更新，完成地下管线三维管理信息化系统开发建设，建立应急测绘保障机制，启动数字岷东县级地理信息公共平台建设。宜宾市落实与四川测绘地理信息局签署的战略合作协议，推进城区实景三维建模项目，协助开展地理国情普查，完成测绘成果目录汇交517个，将“十三五”规划经费纳入2016年财政预算。泸州市完成地理信息公共平台建设，完成中心城区300平方千米1:500测图，对原有的200平方千米1:500地形图进行补测和更新，完成3条高速路导航数据更新与整合，对已有的50平方千米主城区三维模型进行了更新与转换。

地图管理与地图服务

【地图管理】

2015年，四川测绘地理信息局开展地图审核和备案67项，监管地图服务网站121个，检定静态地图图片9376张。加强全省网络地图监管，对21个市（州）政府网站及甲、乙级互联网地图服务资质单位网站、地图网站进行检查和日常监管，对四川省测绘地理信息应用成果和地图网上展览馆展出的1000多件展品进行地图技术审查，对成都市西南书城、成都购书中心、成都图书批发市场等大型书店的教材教辅类地图进行专项检查，对成都地图出版社出版的图书进行抽查。联合资阳市测绘地理信息局、工商行政管理局对该市地图市场开展执法检查。抽查省政府职能部门网站 30 多个，定期对《华西都市报》《四川日报》《成都商报》等报刊、网站和四川公共频道等电视新闻栏目中登载的地图进行检查。

【地图出版】

成都地图出版社全年出版图书 363 种，总印数 2943.79 千册，总印张 8803.09 千张。其中新版 119 种、再版（重印）244 种。承担的《大美中国》获 2013—2015 年四川省优秀测绘工程奖银奖；《我爱我家——我的家乡在江苏》《中国交通地图册（大字版）》《迷宫地图——中国·世界》分别获第二十三届中国西部地区优秀科技图书奖一、二、三等奖；《四川省土地利用地图集》获 2015 年四川省重点出版项目资助；《地球仪（维吾尔文）》《中国地图册（维吾尔文）》获 2015 年度民族文字出版资金项目资助；《熊猫指南 PandaGuides 英文旅游网站》获 2015 年中央文化企业国有资本经营预算支出项目资助；《地图上的中国》《地图上的世界》因版权输出获 2015 年度版权走出去项目专项补助资金资助。

【国家版图意识宣传教育】

四川测绘地理信息局联合资阳市测绘地理信息局举办“版图杯”校园国家版图知识竞赛，赠送宣传资料 1000 册、地理教学用具 680 套。联合广元市测绘地理信息局组织中小学生参加“测绘地理信息与国家版图知识”夏令营活动，到四川测绘地理信息局生产基地观摩。到凉山喜德县瓦尔学校进行国家版图意识宣传教育，发放宣传资料 500 份。开展版图知识进社区活动，为成都市肖家河街道联谊社区中小学生举办国家版图意识宣传教育讲座。

测绘地理信息成果管理与应用

【成果管理】

四川测绘地理信息局完成 2014 年度测绘资质单位测绘成果目录汇交工作，接收测绘成果目录 7769 条。完成 732 家测绘资质单位审核发证工作。编制测绘成果目录，通过成果目录管理系统对外发布。开展测绘地理信息成果提供应用审批，共审批相关单位申请使用国家涉密基础测绘成果 870 项，跨省转函 211 项，SCGNSS 服务开通申请 320 项。与中国水电顾问集团华东勘测设计研究院协调加强四川省金沙江白鹤滩水电站库区测量标志保护。完成宜宾、凉山 7 座测量标志拆迁审批。

【成果应用】

四川省测绘资料档案馆全年共受理使用国家涉密基础测绘成果申请 927 项，对外提供各种比例尺地形图 1172 张，大地测量控制点 5995 点，“4D”产品 8473 幅，航空摄影资料 2403 片（处），总数据量 720GB。

四川测绘地理信息局为第二次森林资源调查、成都第二机场建设、农村土地经营权确权、新农村示范区建设规划、居民点地质灾害危险性评估等重大项目服务。为省发展和改革委员会提供国家“一带一路”战略走向示意图及四川在“一带一路”和长江经济带的区位图，为四川省地质环境监测总站提供全省各区县高程 5300 米以上面积统计数据，为武警四川总队提供道孚县地形图，为都江堰市国土资源局提供都江堰市地质灾害易发区风险分析报告相关成果数据，为省公安厅提供全省最新高分影像数据 4660 幅，为蜀道申遗提供用图服务，与国家测绘地理信息局共享新版四川省领导工作用图等成果。

【保密管理】

四川测绘地理信息局与四川省国家保密局联合编制全省 2015 年测绘地理信息成果保密检查实施方案，开展全省测绘地理信息成果保密大检查。对阿坝、资阳、自贡、达州的 40 家单位进行保密检查，对涉嫌丢失涉密地形图的单位的查找情况进行核查，对 23 家存在问题的单位进行查处、通报并督促整改。催报各市（州）测绘地理信息行政主管部门 2015 年保密案件查处情况，对局属单位进行涉密审查，对四川省测绘地理信息应用成果和地图网上展览作品进行保密审查，指导达州市测绘地理信息局开展测绘地理信息成果保密检查，完成 13 家单位涉密测绘成果资料销毁审批。

举办全省涉密测绘地理信息成果管理人员岗位培训 2 期。向甘孜州野外一线测绘地理信息职工进行测绘地理信息成果保密安全宣传。

【应急保障】

四川测绘地理信息局修订《四川省测绘地理信息局应急预案》，编写《四川省应急测绘工作手册》和《应急测绘概论》及各项技术规定。四川省测绘应急指挥中心与省政府应急指挥中心实现互联互通，按时响应省政府应急管理办公室视频点名。牵头研制 Z5 无人直升机系统并在高海拔地区试飞成功，参加省军区预备役野外军事训练和省防震减灾综合演练。

完成航空航天遥感资料快速获取及处理技术体系建设。完成地质灾害防治专用图测制1762平方千米，康定、宝兴三维地图生产63平方千米，已汇交全部成果。完成地质灾害专题数据库设计和总体框架建设，制作高分辨率影像地图约1.6万平方千米，完成地质灾害专题地图200幅（全开），占总任务量的88%。

4月26日，紧急编制西藏樟木镇、吉隆镇等区域矢量专用图和影像地图，移交西藏自治区测绘局。5月10日，组建援藏应急分队到西藏日喀则执行地震重灾区域无人机应急航空摄影任务，至5月27日，共获取和处理震后核心灾区高分辨率无人机影像311平方千米，制作应急影像专题图16幅，为西藏灾区抗震救灾、灾情研判、次生灾害排查、灾后重建等工作提供了保障服务。

为公安部开展应急维稳工作提供四川精确测绘无人机高分辨率影像和三维成果演示，为四川省武警总队司令部处突反恐任务提供四川省、市（州）、县（区、市）行政区划、交通等专题地图资料。紧急获取丹巴县城、东谷乡二卡子沟等区域0.2米分辨率无人机影像35平方千米，为全国地质灾害防治工作现场会提供保障。紧急编制金口河地震救灾专题图，为抗震救灾提供应急测绘保障。

与辽宁、广西、湖南、江西、重庆、新疆、江苏、湖北等测绘地理信息行政主管部门开展应急测绘保障工作交流，与四川省军区预高师开展信息化建设融合发展。四川省第二测绘地理信息工程院获“四川省地质灾害防治工作先进集体”称号。

地理信息产业

【产业政策】

四川测绘地理信息局编制《四川省地理信息产业发展规划（2015—2020年）》（草案），印发《促进我省地理信息企业特色化发展的意见》，协调成都市开展产业扶持政策调研和论证。《四川省测绘地理信息市场管理办法》以四川省人民政府令第301号予以公布，11月1日起施行，重点解决市场主体、市场价格、项目招投标、质量监管、数据应用与安全等方面的突出问题。

【产业推进】

4月，四川省测绘地理信息产业协会成立，完成《四川省地理信息产业发展研究报告》初稿编写。9月1日，四川测绘地理信息局与赛伯乐投资集团签署战略合作协议，联合创设总规模20亿元的智慧四川产业投资基金，共同创设全息三维数据平台公司，联合创办四川创新创业大学，设立中国城市全息三维产业联盟。该项工作得到四川省政府和成都市政府支持。12月25日，四川省促进地理信息产业发展联席会议第一次会议召开，13家成员单位参加会议。

【园区建设】

至年底，西部地理信息科技产业园共有64家地理信息企业签约入驻。大数据基地、产业发展基地、孵化基地和园区信息化基础设施建设按期推进。

科技、标准化与国际合作

【科技管理】

四川测绘地理信息局印发《四川测绘地理信息局关于实施创新驱动发展战略提升创新能力的办法》《2015年四川省测绘地理信息科技进步奖评审实施方案》《四川省测绘地理信息科技进步奖评价指标及记分办法》，编制完成《科技支撑体系专题研究报告》和《四川省“十三五”测绘地理信息科技研发指南》，进一步规范科技创新投入机制、科技成果转化、创新责任目标考核、奖项评审流程等内容。

【科技项目】

2015年，四川测绘地理信息局系统共获各类科技项目立项14项，获资助经费1385万元。其中，在国家测绘地理信息局立项4项，获资助经费257万元；在四川省科学技术厅立项2项，获资助经费400万元；在四川测绘地理信息局立项7项，获资助经费718万元；在四川省安全生产监督管理局立项1项，获资助经费10万元。全年完成国家测绘地理信息局、四川省科学技术厅和四川测绘地理信息局科技项目验收共21项；获得计算机软件著作权27项、专利7项，成果登记3项；发表论文79篇，其中在SCI、EI、中文核心期刊共发表45篇。

组织申报四川省国土资源厅、四川省科学技术厅2016年科技项目，“基于多源无人机遥感的长江经济带上游生态屏障应急监测关键技术研究”等3个项目被纳入备选库。与成都市科学技术局对接申报了“成都市地理信息产业技术路线图编制”项目，联合成都市金牛区经济和科学技术局申报成都市创新驱动发展试点示范区建设项目“西部地理信息科技产业园建设”。组织开展2016年～2018年国家基础测绘科技项目建议征集工作，“无人机高光谱遥感应急监测平台与承灾体易损性评估系统研制”等7项被纳入“地理信息安全保障技术与应用”项目。

【科技创新】

2015年，四川测绘地理信息局投入科技经费1500万元。完成四川省应急测绘与防灾减灾工程技术研究中心、数字制图与国土信息应用工程国家测绘地理信息局重点实验室和四川省地理国情监测工程技术研究中心3大创新平台建设。联合成立了长江经济带地理信息协同创新联盟，基本形成以“重点实验室＋工程中心＋联盟”为主体的创新平台体系。完成四川省连续运行基准站网北斗升级建设。四川省北斗导航高精度基础数据中心和中国位置网服务联盟西部数据中心分别获四川省经济和信息化委员会、中国卫星导航定位协会授牌。“四川省北斗导航高精度基础数据中心建设”和“基于北斗的四川省地质灾害监测预警示范工程”被纳入四川省北斗综合应用示范工程建设项目。承担的国家测绘地理信息局信息化测绘技术体系试点示范基地建设开始系统试运行。编制《完善空间定位基准现代化建设项目可行性报告》并通过论证。集成研发的Z5无人直升机系统在阿坝红原和都江堰试飞测试成功。

全年获得省部级科技奖项14项，申报发明专利1项、实用型专利6项，已获批2项。

【标准与计量管理】

四川测绘地理信息局全年申报国家、行业和地方标准共14项。牵头编制的国家标准《地下管线数据获取规程》形成送审稿并通过审议。承担测绘行业标准编制4项，新立项6项；《管线测绘技术规程》于8月1日正式发布；《车载移动测量数据规范》等行业标准均完成主体编制。承担地方标准编制3项，新立项9项；《城镇地下管线普查技术规程》作为四川测绘地理信息局首次承担的地方标准重点项目立项；《四川省地理信息公共服务平台数据规定第1部分：矢量数据规定》等3项地方标准于年初正式发布。

组织相关技术人员参加数字表面模型系列标准、管线测绘等各类标准培训，开展《管线测绘技术规程》等标准的宣贯工作，完成13项国际、国家、行业标准意见征集工作。

【对外合作与交流】

四川测绘地理信息局全年共派出23人次赴德国、保加利亚、巴西、美国等国家（地区）参加学术交流和培训。

【人才培养】

四川测绘地理信息局选派9名干部和生产单位负责人参加有关干部管理学院、国家测绘地理信息局党校学习培训，选派6名干部和公务员参加省直机关党校学习，推荐3名青年干部和1名专业技术人员为2015年度四川省优秀干部和人才培养对象，完成局属各单位2015年高校毕业生聘用工作，选派10名专业技术人员到市（州）、西藏自治区和新疆维吾尔自治区测绘地理信息行政主管部门挂职。

完成2014年注册测绘师证书办理和发放53人；完成各类专家推荐上报21人次；完成2015年度测绘地理信息职称评审工作，至年底，四川测绘地理信息局共有专业技术人员983人，其中成绩优异的高级工程师17人、高级工程师161人、工程师369人、助理工程师和技术员436人；加强测绘行业特有工种职业技能鉴定，完成地图制图、工程测量、地籍测绘、房产测量4个工种职业鉴定3006人；举办继续教育培训12期，培训1622人；举办了测绘地理信息青年学术和技术带头人高级研讨班；举办了四川省第二届测绘地理信息行业职业技能竞赛暨第四届全国测绘地理信息行业职业技能竞赛选拔赛，组队参加工程测量和地图制图全国决赛，均获团体三等奖。

党的建设与精神文明建设

【党的建设】

四川测绘地理信息局被省委宣传部、省直机关工委评为2014年度中心组理论学习先进单位。党组中心组2015年集中学习17次共20天，参学率90%以上。制定领导班子成员基层联系点制度，形成9篇调研报告。

【“三严三实”专题教育学习】

四川测绘地理信息局印发了《“三严三实”专题教育实施方案》，组织专题党课，以党组书记讲党课作为“三严三实”专题教育开局，局党组班子成员分别到分管单位讲专题党课。召开3次党组中心组（扩大）学习研讨会。将专题教育与学习贯彻习近平总书记给国测一大队老党员老队员回信重要指示精神结合，与四川省直属机关工作委员会联合举办国测一大队先进事迹首场京外报告会，省直部门、省军区、各市（州）400多名干部职工参加。向全省市（州）测绘地理信息行政主管部门、资质单位和全局系统印发《关于学习宣传贯彻习近平总书记重要指示精神的实施意见》。

【党风廉政建设】

四川测绘地理信息局强化党风廉政建设“两个责任”，落实局党组和直属各单位党委的主体责任，局党组书记与党组成员签订党风廉政建设责任书。直属单位党委书记、局机关部门负责人共23人签订党风廉政建设承诺书。印发局党组2015年党风廉政建设和反腐败工作要点和责任分工，明确了党风廉政建设23项重点工作。在局机关全体公务员和直属事业单位领导班子及关键岗位开展廉政风险点排查和防控工作，局机关及9个下属单位500多人纳入廉政风险防控范围。组织观看理论学习辅导录像，发放廉政教育书籍，组织参观锦江监狱，进行警示教育。

【创先争优及文体活动】

四川测绘地理信息局开展践行社会主义核心价值观、劳模宣传月、纪念抗战胜利70周年暨红军入川80周年以及登山、羽毛球和读书征文等活动。发布测绘好人榜第二、三榜，组织开展“测绘青年沙龙”1期。举办全局歌咏比赛，组队参加全省机关歌咏比赛并获三等奖。组织开展社区“双报到”和“走进测绘”社区联谊活动。开展藏区精准扶贫，选派7名年轻干部到甘孜州乡城县一对一驻村帮扶。开展测绘援疆、援藏工作，投入100万元实施援疆。开展扶贫公募日活动，募资8万多元。全年举办“四川测绘大讲堂”6期，400多人次参加。开展多层次学习活动，订购各类读本13类、1000多本。

【对外宣传】

四川测绘地理信息局门户网站全年点击量22万多次，发布和更新信息约2180条；在国家测绘地理信息局网站刊登稿件409篇。各大媒体刊登四川测绘地理信息工作报道400多条，《四川日报》《中国测绘报》刊登专版5版。编印《2014年四川测绘地理信息事业发展报告》等宣传册。四川测绘政务微博、微信全年共发布信息300多条。

地方社团工作

【四川省测绘地理信息学会】

四川省测绘地理信息学会全年共发展新会员246人，至年底，共有个人会员2272人。年内增补理事7名、常务理事6名、单位理事3个。召开2015年学术年会暨第11届2次理事会，印发《关于加强学会建设实施意见》和《第十一届会员代表大会会刊》，成立测绘产品质量工作委员会，重新组建不动产与地籍测绘专业委员会。至年底，共有11个专业（工作）委员会。

组织参加第四届中国卫星导航与位置服务年会暨展览会、中国测绘地理信息学会2015年学术年会、第五届全国测绘地理信息技术装备展览会暨全国测绘地理信息博览会。与国家遥感中心四川分部和西南交通大学地球科学与环境工程学院联合主办测绘地理信息发展报告会，与西南石油大学联合承办“中海达·星辰杯”四川省第一届高等学校大学生测绘技能大赛，承办中国测绘地理信息学会咨询委员会2015年学术年会。组队参加“中国四维杯”第十一届全国测绘地理信息职工定向越野赛，获优秀组织奖。

与四川测绘地理信息局联合组织2013～2015年四川省优秀测绘工程奖评选，参评项目40多项，评选出获奖项目27项。其中“郫县地下管线普查探测及监理服”等5个项目获金奖，“大美中国系列地图”等8个项目获银奖，“新建铁路成都至贵阳线乐山至贵阳段CGZQSG－3标段精密测量控制网第二次复测”等14个项目获铜奖。与四川测绘地理信息局联合组织2013～2015年四川省测绘地理信息科技进步奖评选，共评选出获奖项目17项。其中“基于三维地理信息平台的泸州市规划辅助决策系统”等4个项目获一等奖，“基于解译知识库的面向对象影像信息提取技术在地理国（省）情地表覆盖解译中的应用研究”等5个项目获二等奖，“基于3S技术的智慧温江数字街景建设研究”等8个项目获三等奖。

全年《测绘》期刊共出版6期，发行1.5万册。

【四川省地理信息产业协会】

4月24日，四川省地理信息产业协会召开会员代表大会暨成立大会，审议通过《四川省地理信息产业协会章程》和《协会会费收取和使用规定》，选举产生第一届理事会组织机构。12月，协会网站上线。制定了《四川省地理信息产业协会财务管理办法》和《四川省地理信息产业协会会员公约》。至年底，共有会员单位138家，其中副会长单位5家、常务理事单位23家、理事单位77家。

组织编写《四川省地理信息产业发展研究报告》。承担了2015年四川省测绘地理信息专业技术职称高、中、初级评审，地理国情普查项目验收和年终评价，藏区基础测绘项目竣工验收和审核等工作。举办政府采购、测绘地理信息法律法规、涉密测绘成果管理人员岗位等系列培训，共培训980人次。组织行业单位参加测绘资质单位负责人培训班各类培训，培训人员50多人次。

贵州省

概况

2015年，贵州省地理国情普查任务基本完成，成果通过国务院普查办的复核验收。推进数字城市和“天地图·贵州”建设，数字贵阳、数字遵义、数字毕节完成省级验收，县级数字城市数字盘县、数字贞丰、数字瓮安完成立项；“天地图·贵州”更新和丰富了数据内容。贵州省GNSS项目已基本完成34个站的建设，12个站按计划进行建设；项目总预算6649.8万元，已落实2000多万元。完成测绘资质复审换证工作，在贵州省国土资源厅门户网站公示。截至年底，全省共有测绘资质448家，其中甲级15家、乙级69家、丙级164家、丁级200家。

重点工作推进

【数字城市建设】

数字盘县、数字贞丰、数字瓮安3个项目立项，各获20万元经费支持。数字贵阳、数字遵义、数字毕节已完成省级验收。基于数字安顺开发的精准扶贫典型示范应用项目入选贵州大数据发展成果展参展项目。

【“天地图·贵州”建设】

经与国家基础地理信息中心沟通，确定“天地图·贵州”省级节点将依托“天地图”国家主节点运行支持环境完成服务发布，并与主节点开展技术合作。第一批数据生产内容包含省内34个县级以上建成区与部分风景名胜区及工业园区的高分辨率航摄遥感影像，中分辨率遥感影像及重点城市高分辨率遥感影像。页面总点击量25万次，日均点击量500次，日点击峰值1100次，独立IP访问数3.5万个。

【地理国情普查监测】

贵州省地理国情普查工作投入普查人员2400多名，完成全省17.62万平方千米普查数据生产、普查数据标准时点核准、普查数据库建库工作，成果通过国务院普查办的复核验收，成果质量优良品率100%，优等品率90%以上。

贵安新区建设变化监测项目已完成，形成专题数据、专题图件、监测报告、技术报告、工作报告等成果。

【测绘地理信息“十三五”规划】

贵州省国土资源厅开展贵州省测绘地理信息“十三五”总体规划编制工作，制定工作方案，细化了编制工作经费预算，明确了规划编制单位。5月15日，组织召开全省测绘地理信息“十三五”规划编制视频会议，“十三五”规划编制工作正式启动。组织就基本比例尺地形图测制与更新、基础测绘成果建设与应用、地理国情监测体系建设、全省连续运行基准站网建设4个方面内容到厅属测绘事业单位、甲级资质单位、各市州国土资源局共26家单位调研，并组织编写团队到各市州、行业单位实地调研。

【贵州省GNSS连续运行基准站网建设】

贵州省全球导航卫星系统连续运行基准站网建设已完成56个站点的土建施工工作。已运行站点28个，覆盖黔西南、毕节、六盘水、贵安新区、遵义部分地区。注册用户约500个，活跃用户约100个。10月，贵州省国土资源厅向省发展和改革委员会呈报《关于贵州省全球导航卫星定位系统（GNSS）连续运行基准站网（GZCORS）立项的申请》。

法制建设与市场监管

【法制建设】

贵州省国土资源厅配合国家测绘地理信息局做

好《中华人民共和国测绘法》修订相关工作。

【依法行政】

2015年，贵州省国土资源厅将依法行政情况纳入本部门内设机构年度目标考核。梳理了权力清单，梳理后测绘地理信息权力清单包括行政许可事项3项、行政服务事项2项、行政处罚事项8项、行政收费事项2项，在厅网上办事大厅公布。凡未纳入清单的行政许可事项、非行政许可审批事项和行政服务事项，一律不得实施。取消了建立相对独立的坐标系统审批。

贵州省发展和改革委员会等部门拟取消测量标志迁建、测量标志有偿使用2项收费项目，经贵州省国土资源厅多次协调得以保留，保障了测量标志保护工作的资金来源。

【市场监管】

贵州省国土资源厅执法部门对煤矿事故中相关测绘资质单位做出处理。向市州国土资源局移交2起测绘地理信息违法案件，均已处理。

完成省国土资源系统测绘地理信息行政执法证办理工作。

【法制宣传】

贵州省国土资源厅开展全省国土资源系统普法、依法治理检查，在“4·22”地球日、“6·25”土地日、“8·29”测绘法宣传日活动中宣传测绘法律法规。“8·29”期间，重点开展“推进依法行政，全面提高法治管理水平及依法测绘理念”主题宣传，以悬挂标语条幅、发送手机短信、设立咨询点、召开报告会和座谈会、开展测绘法律法规知识竞赛等形式进行宣传，组织了“贵州省纪念8·29测绘法宣传日”地理国情普查劳动竞赛演讲比赛。各市、州，各测绘资质单位设点宣传共35次，发放各类宣传资料4万多份。

基础测绘

【现代测绘基准建设】

贵州省GNSS连续运行基准站网共有89个站点，已完成56个站点的土建施工工作。项目总预算6649.8万元，已落实2000多万元。

贵州省国土资源厅组织完成承担的国家现代测绘基准工程6个站的建设任务。推进2000国家大地坐标系使用，完成省级成果转换和验收，连续2年将该项目列为财政资金专项，进行了设计方案的论证，指导行业部门和市县使用2000国家大地坐标系。

【基础测绘项目】

贵州省国土资源厅组织完成省级1:1万数据整合处理，连续2年将该项目列为财政资金专项，进行了设计方案的论证。开展1:1万数据库更新与地形图测制工作。

协助国家测绘地理信息局重庆测绘院收集1:5万数据库动态更新贵州区域所需的专业资料和省级测绘成果。抽调专业人员，完成区域内1:5万动态更新成果的外业抽检。

【航空航天遥感影像获取】

贵州省国土资源厅继续组织实施0.2米高分辨率航空影像数据全覆盖项目，从省财政获取1.02亿元经费用于该项目。从国家测绘地理信息局领取影像资料，支撑地理国情普查等重大项目，影像使用率100%。

地图管理与地图服务

【地图市场监管】

贵州省国土资源厅利用互联网地图监管系统开展互联网地图监管，同时对各市州政府、各省直部门等79个门户网站进行了人工检查，向国家测绘地理信息局提交了检查报告。

8月，组织对贵阳、遵义市开展地图市场专项检查，重点检查新华书店、图书批发市场等场所的挂图和登载地图的书籍，未发现“问题地图”。

【地图服务】

贵州省国土资源厅完成辅助决策用图共享相关工作，共享了《贵州省综合地图册》《贵州省地图》和219个电子地图数据文件。

编制更新《贵州省地图》《贵州省交通图集》，新编《六盘水市地图册》及多个县市的行政区划地图、专题图等，开发了基于多系统移动端、多平台的电子地图系统及互联网电子地图。

【测绘地理信息应用成果和地图网上展览贵州馆】

贵州省国土资源厅组织开展贵州省测绘地理信息应用成果和地图网上展览工作，向国家主展馆、地图展馆提供了地理信息应用成果3项、地图集3种。10月27日，贵州省展馆正式上线运行，被评为优秀设计展馆。

【国家版图意识宣传教育】

贵州省国土资源厅组织做好国家版图意识宣传

教育“进媒体”活动。6 月 14 日，在《贵阳晚报》整版登载《记者走进贵州省第三测绘院——揭秘地图测绘师如何画贵州轮廓》专题报告，对测绘工作和地图管理以及相关法律法规进行宣传。6 月 16 日，在《贵州都市报》登载《手绘贵阳仿古地图》，宣传地图相关知识。“8 · 29”测绘法宣传日期间，开展国家版图意识教育进学校、进社区活动，全省共发放宣传资料 1 万多份。

测绘地理信息成果管理与应用

【成果保密管理】

贵州省国土资源厅会同省国家保密局对全省测绘地理信息生产单位和测绘成果使用单位进行了专项保密检查。6 月 ~11 月，组织 329 家单位进行保密自查，对其中 131 家单位进行抽查，发出整改通知书 25 份。截至 11 月上旬，23 家单位完成整改。检查中发现涉密地理信息成果违规连接互联网事件 17 件，擅自复制、转借、转让涉密成果事件 34 件。组织甲级测绘资质单位参加国家测绘地理信息局举办的成果保密培训。分 5 期对全省 400 多家测绘资质单位进行测绘核心涉密人员培训，与所有参会单位法人签订了《测绘成果保密协议书》。

【成果服务】

贵州省测绘资料档案馆全年接待 282 家行业单位索取资料人员 1018 人次，拷贝数据资料 191 次，刻录光盘近 300 张。主要为全省第四次林业资源调查、全省第二次全国地名普查、风电场勘测设计、水库勘测设计、输变电工程设计、水利工程、机场建设选址、区域地质调查、土地确权、土地规划等提供成果服务。

【应急保障管理与服务】

5 月 11 日，贵州省突发性地质灾害应急演练活动在开阳县举行，1000 多名干部职工参加演练活动。贵州省国土资源厅应急监测车、直升机、无人机等测绘应急设备为应急演习提供了地理信息数据。5 月 20 日，贵阳市云岩区头桥社区居民楼发生部分垮塌，贵州省第三测绘院派无人机获取灾害现场的影像资料，为救灾决策提供保障。

地理信息产业

贵州省国土资源厅起草了《贵州省人民政府办公厅关于贯彻落实〈国务院办公厅关于促进地理信息产业发展的意见〉的实施意见（征求意见稿）》。建立省地理信息产业单位名录库，共收纳 440 多家单位。

科技、标准化与国际合作

【科技创新体系建设】

贵州省在编制“十三五”基础测绘规划和测绘地理信息事业发展规划时，将科技创新、科技发展工作作为重要专项规划编写。贵州省国土资源厅召开多次专题会议，研究“十三五”期间科技创新能力建设和产学研结合促进地理信息科技发展。配合国家测绘地理信息局在贵州召开面向西部地区测绘地理信息新技术专业技术人员培训班。在贵州省毕节市组织建设的毕节百里杜鹃测绘文化展览、数据异地备份存储、定向越野基地取得阶段性成果。与贵州大学、中铁西安勘察设计研究院有限责任公司等单位联合向国家测绘地理信息局申报成立山地生态测绘应用研究中心。

厅直属各测绘事业单位均建立了科研管理机构和科技创新激励机制。贵州省第三测绘院取得 1 项软件著作权。

【科技创新能力建设】

贵州省利用基于山区高分辨率卫星影像的面向对象自动解译技术开展地理国情普查，探索适用于地理国情普查的自动解译生产工艺。贵州省第二测绘院“机载 LIDAR 与摄影测量技术在贵州山区（惠水长田）1∶500 比例尺地形测量中的应用研究”等项目为地形图测绘提供了一种新的技术手段，降低了贵州航测受天气因素和起飞场地条件的影响；开展地理国情普查外业全景影像辅助调查、空地一体化大比例尺测图研究、倾斜摄影数据处理等生产性攻关试验。贵州省第三测绘院在地理国情普查中，自主投入经费开展内业自动解析、外业核查全景影像采集项目研究。

【对外合作交流】

贵州省第二测绘院 1 人被国家测绘地理信息局选派为联合国挂职侯选人，并通过考试被国家基础地理信息中心派往香港中文大学进行为期 1 年的专业培训。贵州省测绘行业协会组织省内部分甲、乙级测绘资质单位参加了在新加坡举行的世界测量大会。贵州省国土资源厅派员随国家测绘地理信息局代表团参加在美国乔治 · 梅尔森大学举办的研修班。

贵州省第三测绘院相关人员参加了在巴西举办的国际地图制图大会。

党的建设与精神文明建设

【党风廉政建设】

2月7日，贵州省国土资源厅组织召开了2015年全省国土资源系统党风廉政建设工作视频会。召开全省国土资源系统党风廉政建设突出问题集中专项整治动员会暨2015年半年国土资源工作会。组织党员干部到警示教育基地接受警示教育，集中观看典型教育片。

【“三严三实”专题教育】

贵州省国土资源厅组织开展“三严三实”专题教育。召开集中研讨会，厅党组成员分别作重点发。召开2次“三严三实”专题教育督查推进会，对厅党组、机关党支部和直属事业单位党委（支部）教育开展情况进行督促检查。组织厅机关、直属事业单位处级以上干部70多人到孔子学堂接受中华传统文化教育。举办“三严三实”专题教育先进典型报告会暨省级劳模事迹报告会。

开展4次党的群众路线教育实践活动整改落实“回头看”活动。起草厅党组关于进一步加强密切联系群众改进作风建设的意见（修订稿），印发《关于进一步开展作风专项整治工作的通知》。

【文化建设】

贵州省国土资源厅组织机关职工参加贵州省国土资源系统第三届职工体育节活动。7月～8月，贵州省地理国情普查劳动竞赛摄影、征文、演讲活动共评选出获奖摄影作品6幅、获奖征文作品6篇、演讲获奖人员6名。编印了获奖作品集。

地方社团工作

【贵州省测绘行业协会】

贵州省测绘行业协会召开常务理事会，确定在各市州设立联络处。建设贵州省测绘地理信息公共服务网站，3月上线。组织开展“守信用、重质量”单位评选活动，共有30多家单位申报。组织开展了民营企业职称评选推荐工作。

【贵州省测绘学会】

贵州省测绘学会协助中国测绘地理信息学会工程测量分会在贵阳举办新形势下不动产统一登记——不动产测绘与土地权属、地籍房产测量、不动产监理新技术应用及案例分析专题培训班及最新管线测绘标准暨城市底线管线测绘技术应用与信息化建设、地理市情监测培训班。全省测绘行业单位近300人参加培训。

云南省

概况

2015年，云南省测绘地理信息工作主动服务和融入云南发展战略。《云南省人民政府办公厅关于进一步加快地理信息产业发展的实施意见》印发实施，从全省战略层面进一步强化了对地理信息产业的政策指导。基础地理信息资源建设取得突破，基本实现1:1万数字地图的首次全域覆盖，初步建成云南省综合卫星定位服务系统。地理国情普查工作落实年度省级财政配套经费7515万元，完成普查任务，9月30日汇交成果，合格率100%，优良品率91%。《云南省测绘地理信息事业发展“十三五”规划纲要》和《云南省基础测绘“十三五”规划》编制完成并通过评审。数字红河和数字昆明全面建设完成，开展数字曲靖、数字德宏建设。“天地图”应用开发逐渐广泛，应用案例“天地图·水电工程灾害应急指挥平台”获第三届天地图应用开发大赛特等奖，“云南承包地地理信息平台（天地图——承包地）”获三等奖。建成云南省时空信息云平台（一期）工程。加强科技创新与交流合作，多项科技成果获奖，与老挝国家测绘地理信息局签订深化测绘合作备忘录，帮助老挝编制旅游图，构建北斗卫星CORS站。全年为全省各行业提供基础控制资料7867点、基本地形图7378张、地理信息数据

15653GB。在全国省级测绘地理信息行政主管部门年度测绘地理信息工作绩效考核中，云南省测绘地理信息局被评为“突出进步单位”。

重点工作推进

【数字城市建设】

数字红河和数字昆明全面建设完成，开展数字曲靖、数字德宏建设，应用系统在国土管理、环境保护、城市管理方面取得较好成效。开展基于“天地图”建设方式的弥渡县、沧源县、洱源县等数字县域经济地理信息系统建设。

【“天地图·云南”建设】

云南省测绘地理信息局收集整合国土、民政等部门的专题信息，丰富“天地图·云南”数据资源；完成“天地图·云南”3000 幅 1:1 万框架数据更新；购买影像数据，更新主要城市区域数据。完成访问服务器全托管及环境布设；完成 3 万平方千米影像处理，开展省级节点与国家主节点的数据融合工作。深化“天地图”示范应用，实现了“天地图”服务模式与公安部门 P－GIS 的融合应用，在云南应急救灾、土地行政执法等方面得到推广。应用案例“天地图·水电工程灾害应急指挥平台”获第三届天地图应用开发大赛中特等奖，“云南承包地地理信息平台（天地图——承包地）”获三等奖。

【地理国情普查监测】

云南省第一次全国地理国情普查办公室抽调各作业单位技术骨干组建质检队伍，及时完成普查检查验收任务。开展 3 个批次的警示约谈工作，对未按要求完成普查工作的 10 多家项目承担单位进行跟踪督促。落实省级财政经费 7515 万元，帮助协调州市配套资金落实工作，为普查工作提供资金保障。举办地理国情普查劳动竞赛和普查标准时点核准百日大会战。3 月，完成 129 个县（市、区）普查信息采集项目的预验收；8 月，完成标准时点核准成果验收工作，并接受了国务院普查办的抽查；9 月，成果汇交至国务院普查办，合格率 100%，优良品率 91%。完成普查信息采集工作验收。普查转入信息系统建设、统计分析和图件编制阶段。

大理市海西基本农田保护和海东城市扩展监测项目、抚仙湖流域生态环境动态监测项目通过省级验收。投入 983.85 万元开展昭通鲁甸地震灾区恢复重建监测、迪庆州德钦县城周边区域地质灾害监测和昆明主城区地表沉降与城市空间演进监测 3 个地理国情监测项目。

【云南省时空信息云平台建设】

10 月，云南省时空信息云平台项目及应用示范建设项目（一期）通过评审验收。该项目由云南省基础地理信息中心、美国乔治梅森大学智能空间计算联合研究中心、Esri 中国信息技术有限公司合作实施，为“智慧云南”及各行业信息化建设提供应用支撑。

法制建设与市场监管

【法制建设】

云南省测绘地理信息局开展《云南省测绘条例》修订前期准备工作，向云南省人大汇报了条例实施情况，建议省人大修订条例并列入立法计划。

【行政监管】

云南省测绘地理信息局完成全省测绘资质复审换证工作。参加复审换证的测绘资质单位共 728 家，666 家通过，62 家被注销。至 2015 年底，全省共有测绘资质单位 760 家，其中甲级 14 家、乙级 142 家、丙级 327 家、丁级 277 家。

对云南省互联网地理信息进行在线安全监控。印发《关于加强民用无人飞行器航摄活动管理的通知》。10 月～11 月，组织对昆明市、普洱市、西双版纳州测绘资质单位和外省在云南承揽地理国情普查项目的单位进行测绘地理信息综合执法检查，共检查 18 家单位，依法查处了某公司未经审批从事以测绘为目的的航空摄影活动的行为。全年审批测量标志迁建 4 件，涉及拆迁的测量标志点近 30 个；审批航摄计划 37 件。

【法制宣传】

云南省测绘地理信息局对全省 400 多名执法人员进行岗位培训。围绕“发展地理信息产业，地图服务大众生活”宣传主题，组织“8·29”测绘法宣传活动，通过设置宣传点、发放宣传资料、悬挂横幅、出动宣传车、播放宣传短片等方式，向群众宣传测绘相关法律法规、国家版图意识、地理国情普查、地理国情监测等。

基础测绘

【“十三五”规划编制】

《云南省测绘地理信息事业发展“十三五”规

划纲要》和《云南省基础测绘“十三五”规划》编制完成并通过评审，已上报云南省政府审定，并请求安排“十三五”基础测绘专项经费。推进《云南省地理国情监测“十三五”规划》和《云南省地理信息产业发展“十三五”规划》评审准备工作。推进“十三五”重点项目可研报告编制工作。

【基础测绘重点项目】

云南省“万幅测图”项目完成7523幅“3D”数据成果的转换整合工作，1843幅1:1万“3D”数字地图测制。该项目在“十二五”期间共测制1:1万“3D”地图9905幅、1:5000“3D”地图1136幅，折合1:1万10189幅。云南基本实现1:1万数字地图的首次全域覆盖。

组织申报的2015年度云南省边少项目“临沧边境经济合作区基础测绘项目”获批准。开展鲁甸震区灾后测绘基础设施恢复重建工作。推进实施云南藏区基础测绘项目，开展云南藏区综合卫星定位服务系统和藏区地理信息公共服务平台及应用系统建设，并编制上报云南藏区“十三五”基础测绘需求计划。

【测绘基准体系建设】

云南省综合卫星定位服务系统（YNCORS）建设初步完成省级数据处理与控制中心建设工作，建成的全省GNSS基准站网已组网试运行，开展控制中心控制软件的开发研制工作。开展大理州、曲靖市、丽江市、临沧市、怒江州、西双版纳州综合卫星定位服务系统建设，所有基准站设备和控制中心设备已安装完毕，并开始试运行。启动昭通和迪庆GNSS基准站建设项目。滇西南和楚雄州GNSS系统区域似大地水准面精化项目通过验收。完成普洱GNSS系统精化项目工作，曲靖GNSS系统精化项目外业工作，迪庆州、大理州GNSS系统精化项目水准联测工作，昭通市、临沧市精化项目高程异常控制点选埋2条二等支线选埋、观测工作。

推广2000国家大地坐标系，完成了已有各等级大地控制测量的坐标系统转换工作。指导和推进全省各县市采用2000国家大地基准升级改造坐标系统。

地图管理与地图服务

【地图服务】

云南省测绘地理信息局全年提供各类地图服务47次2703幅（张）。为中央领导视察云南提供快速地图服务。为省有关部门制作专题地图。

【地图编制与出版】

云南省测绘地理信息局全年审核地图29件。云南省有关测绘地理信息单位编制出版了《数字昆明地理空间框架建设昆明市影像图》《数字红河公众版电子地图及其瓦片数据》等数字地图；编制了《云南省金矿成矿规律及资源潜力》插图（42幅）、《云南省磷矿成矿规律及资源潜力》插图、《云南省典型成矿区带遥感地质研究》插图等地质系列用书的图件；编制了《昆明建设世界知名旅游城市规划发展图》《怒江傈僳族自治州地图》等。

【地图市场管理】

5月，云南省测绘地理信息局印发《2015年云南省版图意识宣传教育和地图市场监管重点工作方案》；云南各州市按通知要求对辖区内新华书店、图书城、文化市场、汽车客运站、报刊销售点、流动摊点、广告宣传栏等重点区域进行突击检查；对本地区有影响的、涉及地图和地理信息的大型商业网站、政府信息网站和新闻媒体网站等进行重点检查。未发现“问题地图”，地图市场秩序良好。

【测绘地理信息应用成果和地图网上展览云南馆】

云南省测绘地理信息局开展全国测绘地理信息应用成果和地图网上展览云南展馆建设，10月正式上线。展馆设综合厅和4个分展厅，展品近100件。

测绘地理信息成果管理与应用

【成果保密检查】

云南省测绘地理信息局开展云南省测绘地理信息成果保密专项检查，227家测绘单位进行了自查，对其中179家单位进行了抽查。发现16家单位存在不符合保密规定的问题，下发整改通知书，并加强跟踪检查。16家单位按要求完成整改。

【成果应用】

云南省测绘地理信息局全年审批测绘地理信息成果资料提供使用443件。累计为全省各行业提供基础控制资料7867点、基本地形图7378张、地理信息数据15653GB。

向省减灾委员会申请专项资金，建设云南省16个州、市三维地理信息应急指挥平台。丰富应急测绘数据资源储备，完善全天候新型多源遥感影像快速获取、处理技术体系，将应急地理信息数据与民政、地震等专业部门数据整合，启动全省地质灾害防治应急测绘数据储备库建设。为沧源“3·1”地震、华坪“9·16”特大洪灾等提供了应急测绘保障服务。

地理信息产业

8月，云南省政府办公厅印发《云南省人民政府办公厅关于进一步加快地理信息产业发展的实施意见》。云南省地理信息产业园计划落户省级产业园区——呈贡信息产业园内，通过引进战略投资者共同建设云南地理信息产业园。

科技与交流合作

【科技研究】

云南省测绘地理信息局开展云南省综合卫星定位服务系统（YNCORS）关键技术、低空无人机应用于地理国情监测技术方法等专项研究。对自主研发的云南地理国情普查质检软件——云岭质检软件进行升级完善，该软件被国家测绘产品质量检验测试中心选用，应用于西部地区地理国情普查成果验收工作中。

【科技奖励】

云南省测绘地理信息系统获2015年全国优秀测绘工程奖4项，其中白金奖1项、银奖2项、铜奖1项。云南省测绘地理信息局组织开展2015年云南省测绘科技进步奖和优秀测绘工程奖评奖工作，评选出科技进步奖3项（其中一、二、三等奖各1项）和优秀测绘工程奖25项（其中金奖4项、银奖9项、铜奖12项）。

【交流合作】

云南省测绘地理信息局与国家测绘地理信息局卫星测绘应用中心签署《测绘地理信息战略合作协议书》，共同开展数字湄公河地理空间框架建设示范项目研究。与中国测绘科学研究院、昆明市测绘研究院共建测绘地理信息国际联合研究中心昆明中心。与云南省水利厅签署地理信息数据资源共享与技术合作协议，促进部门间的数据资源共建共享。与老挝国家测绘地理信息局开展合作，签订深化测绘合作备忘录，帮助老挝编制旅游图，搭建老挝“天地图”，构建北斗卫星CORS站。

党的建设与精神文明建设

【党建工作】

云南省测绘地理信息局开展“三严三实”和“忠诚干净担当”专题教育活动及“六个严禁”专项整治工作。加强党风廉政建设，多次开展干部职工政治理论学习。

【精神文明建设】

云南省测绘地理信息局系统1人被评为2015年享受云南省政府特殊津贴人员，1人被授予“云南鲁甸地震抗震救灾先进个人”称号。

完成扶贫挂钩点弥渡县牛街乡首轮“挂包帮、转走访”结对帮扶工作。局属单位云南省测绘工程院第五次被授予云南省“文明单位”称号。举办云南省测绘地理信息局第二届体育运动会。组织“云南美·普查情”摄影征文评选活动。

地方社团工作

【云南省测绘地理信息学会】

3月，云南省测绘学会召开第十次会员代表大会，云南省测绘学会正式更名为云南省测绘地理信息学会。大会选举了云南省测绘地理信息学会第十届理事会理事169名。

云南省测绘地理信息学会召开了3次常务理事会。开展了测绘科普进藏区、进校园等活动，组织举办第二届“天地图·云南”应用开发大赛。组团参加2015国际测量师联合会工作周暨学术大会、第13届东南亚测量大会及东南亚测绘协会第56、57次理事会会议和第九届会员代表大会、第九届国际数字地球会议。推荐江西、广西、贵州等省区测绘学会和部分企业进入东南亚测绘市场开展业务和交流。承办东南亚测绘协会第58次理事会暨面向灾害风险管理的测绘与地理信息“协同、共建”研讨会。《云南测绘》期刊出版6期。

【云南省地理信息协会】

云南省地理信息协会制定《云南省地理信息协会会员公约》，自2015年11月1日起施行。召开2次常务理事会议。增加会员单位8家、个人会员11人。组队参加中国地理信息产业大会，并组织会员单位进行考察学习。开展质量技术培训，参训会员单位100多家，参训人员240多人。

为云南省农村土地承包经营权调查登记发证工

作提供咨询、监理等服务。组织发布测绘地理信息新产品、新技术等。组织云南测绘地理信息企业参与2015年中国地理信息产业“最具活力中小企业”评选，13家企业入选。

西藏自治区

概况

2015年，西藏自治区测绘地理信息事业发展环境进一步优化。西藏自治区测绘局完成第一次全国地理国情普查任务。“十二五”基础测绘项目建设全面完成。西藏自治区基础地理信息数据库、基础地理信息系统、基础地理信息网络分发服务系统3个系统建设完成，基础地理信息数据管理和成果分发服务模式实现重大转变。“天地图·西藏”（一期）项目建成并投入试运行。国家1:5万基础地理信息数据库年度更新项目受到自治区领导重视，在项目实施前作出指示。完成珠峰、洛扎、左贡、波密4个国家卫星定位连续运行基准站建设任务，设备安装到位，试运行情况良好。“4·25”地震发生后，西藏自治区测绘局紧急向西藏自治区党委、政府和相关部门提供灾区相关资料，为抗震救灾工作提供测绘地理信息保障服务。

重点工作推进

【“天地图·西藏”建设】

西藏自治区测绘局组织完成“天地图·西藏”（一期）工程建设，硬件已全部安装调试到位，系统开发完毕并投入试运行，面向普通公众提供地图浏览、距离和面积量算、交通路线规划等在线“一站式”地理信息服务。

【地理国情普查】

西藏自治区测绘局完成第一次地理国情普查任务。协调自治区各级政府和相关部门对承担西藏地理国情普查任务的国家测绘地理信息局直属队伍给予大力支持和配合，确保了国家测绘地理信息局帮助西藏实施的119万平方千米地理国情普查生产任务如期完成。独立完成拉萨市3万平方千米地理国情普查生产任务和全区专题区情普查，推进全区普查数据汇总、普查数据入库和数据统计分析工作。

【重要系统建设】

西藏自治区测绘局完成西藏自治区基础地理信息数据库、基础地理信息系统、基础地理信息网络分发服务系统3个系统建设，基础地理信息数据管理和成果分发服务模式实现重大转变。

【GNSS工作站建设】

西藏自治区测绘局完成珠峰、洛扎、左贡、波密4个国家卫星定位连续运行基准站建设任务，截至年底，设备安装到位，试运行情况良好。完成拉萨LHAZ国际IGS基准站，拉萨LHAS陆态网络基准站，拉萨LHA1、LHA2北斗IGMAS基准站，拉萨武汉大学北斗基准站，日喀则XZRK陆态网络基准站的数据接收、传输工作。向国际IGS服务中心局、德国国家大地测量局、武汉大学卫星导航定位技术研究中心、中国地震局、中国气象局等单位和部门传输数据8.8TB。开展全区卫星定位基准站专项核查工作，参与了《西藏自治区关于加强卫星导航定位基准站建设和应用管理工作方案》的讨论和修改。

法制建设与市场监管

【法制建设】

西藏自治区测绘局已将《贯彻落实〈国务院办公厅关于促进地理信息产业发展的意见〉的实施意见》上报自治区政府审批。印发了《西藏自治区〈测绘资质管理规定〉和〈测绘资质分级标准〉实施办法》等4个规范性文件。

【市场监管】

西藏自治区测绘局全年批准测绘资质单位8家。至年底，测绘资质单位总数达到39家。举办全区测绘资质单位负责人培训班，集中开展全区2015年度测绘资质巡查和测绘成果目录汇交等工作。聘请了20名测绘地理信息市场义务监督员。加强了区外测绘单位来藏承担测绘项目的监管力度，测绘项目备案登记工作得到进一步改善。

【法制宣传】

西藏自治区测绘局积极利用“4・22”世界地球日、“6・25”土地日和“8・29”测绘法宣传日开展测绘相关法律法规宣传，共发放各类宣传材料4000多份。

基础测绘

【基础测绘“十三五”规划】

西藏自治区基础测绘“十三五”规划已列入自治区“十三五”专项规划。西藏自治区测绘局编制完成《西藏自治区基础测绘“十三五”规划（征求意见稿)》。国家测绘地理信息局协助对该规划中设计的6大项目17个工程进行可研报告和技术设计书的编写。

【“十二五”基础测绘】

西藏自治区“十二五”基础测绘项目建设全面完成。完成青藏铁路及藏东国道沿线区域1:1万“3D”数字测绘产品1258幅，1:1万“3D”数字测绘产品在西藏重点地区的覆盖率由“十一五”末的4.49%提高到23.5%。完成全区350个C级GPS点和5000千米三等水准联测成果计算，初步建成覆盖西藏主要交通沿线区域的现代大地控制网。

【1:5万动态更新质量监督抽查】

西藏自治区测绘局技术人员对2014年1:5万地理信息数据库动态更新进行抽查，选取堆龙德庆县、曲水县、尼木县、江孜县、浪卡子县及桑珠孜区为抽查样本，内外业抽查工作于3月30日全部结束，成果已按时提交国家测绘地理信息局。

地图管理与地图服务

【地图管理】

西藏自治区测绘局全年审核地图13件，发放审图号13个。联合工商部门对拉萨市区进行地图市场专项检查，查处《西藏游》《一卷方向西藏行》等一批“问题地图”，没收盗版地图45份、未经审核的地图230份，发放正版地图产品350多份。定期开展互联网地图检查，实现对互联网地图常规监管内容的常态化监管。

【地图编制与服务】

根据西藏自治区成立日喀则市、昌都市和林芝市的决定，西藏自治区测绘局编制了新版行政区划图提供给政府及相关部门。完成拉萨市政府委托的拉萨新机场选址1:1万数字地形图测绘工作。编制出版了2015年版《西藏自治区地图册》。

【地图资料收集】

2015年，西藏自治区测绘局接收西藏自治区模拟1:5万地形图544幅；《日喀则市地图》《昌都市地图》4000张；“4・25”地震西藏自治区灾后影像图数据100GB；新版西藏自治区地图册1.5万本；“国道219线新藏公路新疆与西藏交界处至噶尔木段C级GPS网成果”GPS点37个、水准点43个；“1:1万基础地理信息数据采集及成图项目”拉萨至唐古拉山口测区及拉萨至林芝河谷地带测区“3D”数据225幅；第一次全国地理国情普查国家级和省级成果数据。

【国家版图意识宣传教育】

西藏自治区测绘局与自治区教育厅联合印发《关于表彰“美丽中国”第二届国家版图知识竞赛和少儿手绘地图大赛获奖集体和个人的通报》，对各获奖单位和个人予以奖励。8月29日，经与《西藏商报》沟通，对中国测绘地理信息学会、中国地理学会、中国地理信息产业协会和中国卫星导航定位协会联合发布的《“我爱地图”倡议书》进行报道。

测绘地理信息成果管理与应用

【涉密成果管理】

西藏自治区测绘局举办2015年西藏自治区第四期涉密测绘成果管理人员岗位培训班，针对涉密测绘成果和地质资料使用与管理中存在的问题开展保密培训，区内外53家涉密测绘成果使用单位的负责人和涉密测绘成果管理核心岗位人员共84人参加培训。联合自治区保密部门开展全区涉密测绘成果保密检查，实地跟踪抽查5个地（市）的26家单位，对2家存在较大问题的单位进行了全区通报。

【成果应用】

西藏自治区测绘局全年为自治区党委政府及国家机关决策和社会公益性事业无偿提供各类测绘成果资料1.28万幅（本、点、张），为西藏自治区宏观规划编制、重大决策制定和自治区成立50周年庆祝活动安保等工作提供测绘保障服务。为社会各界提供测绘成果资料281次、11529幅（本、点、张）。参与全国测绘地理信息应用成果和地图网上展览。为全区交通、水利、电力等重大基础设施建设，全区农村土地经营权调查、基本草场划定、农村集体土地所有权调查等自治区重点工作以及部队信息化建设等提供基础资料和技术服务。

【应急保障】

"4·25"地震发生后，西藏自治区测绘局紧急向自治区党委政府和相关部门提供灾区现有各类图件554本（张），赶制救灾专用地图400多张。首次将西藏自治区突发事件应急处置地理信息平台安装在自治区抗震救灾总指挥部，为区党委、政府主要领导提供测绘地理信息保障服务。协调国家测绘地理信息局派遣测绘无人机获取灾区307.6平方千米高分影像数据，为灾害损失评估和灾后重建工作提供基础资料。

党的建设与精神文明建设

【党建和党风廉政建设】

西藏自治区测绘局党总支与下属2个支部签订了党建工作责任书。西藏自治区测绘院支部和局机关支部在区国土资源厅机关党委15个基层支部党建工作考评中获得第二、三名。组织广大干部职工学习中央第六次西藏工作座谈会议精神、习近平总书记系列讲话精神和全国政协主席俞正声在西藏自治区成立50周年大会上重要讲话精神。认真学习习近平总书记给国家测绘地理信息局第一大地测量队老队员老党员的回信。

【文化建设】

西藏自治区测绘局结合"三严三实"教育活动，开展"老实做人、踏实做事"大讨论。结合创先争优强基础惠民生活动，开展"我的驻村故事"征文活动。组织开展第四届职工中秋联谊会。开展老党员、老职工慰问活动和向困难职工献爱心活动。西藏自治区测绘局创先争优强基础惠民生活动第四批5名驻村工作队完成在比如县恰则乡那村的各项驻村任务。另选派5名干部赴当雄县羊八井镇拉多村开展第五批驻村工作。

【人才工作】

西藏自治区测绘局全年调整和选拔任用15名干部。选派3名干部参加国家测绘地理信息局党校和自治区党校学习。经自治区教育厅批准，联合郑州测绘学校在拉萨举办全区测绘行业测绘中等专业学历教育班，首期65名学员已毕业，第二期100名学员完成第一学期集中授课。与国家测绘地理信息局第三航测遥感院签订技术帮扶协议，在基础地理信息采编一体化生产技术、地理国情普查技术等方面对西藏自治区测绘院实施精准帮扶。首次组队参加全国测绘地理信息行业职业技能竞赛。首次举办全区测绘地理信息技术交流与成果展示活动。全年共有50多人次参加区外各类技术培训学习。

地方社团工作

3月，西藏自治区测绘学会举办2015年测绘地理信息技术交流会，来自国土、住建、水利、测绘等部门的9家单位做交流。自治区建筑勘测设计院、拉萨市设计院等相关单位的9名专家参加座谈。5月，协助西藏长城测绘技术发展有限公司举办新技术、新产品交流会。7月，组织相关专家参加西藏与香港建筑测绘界专家座谈会。向西藏自治区科学技术协会2015年年会推荐2篇测绘地理信息科技论文。组织18家会员单位参加2015年中国测绘地理信息学会学术年会和第五届全国测绘地理信息技术装备展览会暨全国测绘地理信息博览会。8月，学会被评为2011—2015年西藏自治区科学技术协会系统先进集体。

陕西省

概况

2015年，习近平总书记给国家测绘地理信息局第一大地测量队老队员老党员回信后，陕西省委部署开展了系列学习宣传贯彻活动。省委书记赵正永主持召开省委学习回信精神座谈会，出席国测一大队先进事迹报告会并接见报告团成员。省委印发通知对学习贯彻提出要求，将回信精神学习列入全省“三严三实”专题教育重要内容。陕西省委、国土资源部党组、国家测绘地理信息局党组联合向中央推荐国测一大队为“时代楷模”，陕西省委开展向“三秦楷模”国测一大队学习活动，省总工会授予其“五一劳动奖状”。国测一大队先进事迹报告团组建并在全国举行16场报告会，累计听众1万多人。

陕西测绘地理信息局组织完成陕西、新疆、青海、甘肃约180万平方千米地理国情普查数据生产及标准时点核准任务，成果通过验收、按时汇交；完成全国361.3万平方千米地貌数据生产。落实陕西省地理国情普查最后一批经费3200万元。完成普查成果基本统计，形成4项综合统计分析报告；4项省地理国情监测项目通过验收并提供政府部门使用；承担国务院普查办3类4项地理国情监测任务，1项通过验收。

《陕西省测绘成果管理条例》正式施行，陕西测绘地理信息局与陕西省人大联合编制了条例释义。编制完成陕西省测绘地理信息事业发展“十三五”规划纲要征求意见稿，省“十三五”基础测绘规划列入省专项规划。

统筹推进1:5万更新、国家现代测绘基准建设与维护、新农村测绘保障项目牵头、1:5万地形图印刷等国家项目，成果验收合格率100%。全面完成秦岭测图工程，实现陕西省1:1万地形图全覆盖。开展新型基础测绘生产试验和研究。为省领导和各级政府部门、单位提供约71TB成果数据和技术支持。全面深化共建共享，联合成立省城乡规划建设测绘遥感技术中心，与陕西省住房和城乡建设厅、农业厅、民政厅、国家土地督察西安局等部门签署合作协议或开展合作，服务新型城镇化、“多规合一”、经济普查、地名普查、土地确权等10多项政府重点工作。开展“8·12”山阳特大山体滑坡灾害抢险救援工作，尼泊尔地震珠峰地区板块影响应急监测、省应急三维地信指挥系统和应急街景地图建设等工作。

完成行政审批许可事项清理，权责清单上线公布。开展省“十三五”测绘地理信息科技发展规划编制。投入科技经费1380万元，投入2000多万元配置高精度雷达等高新装备。14项公益科研专项、国家测绘地理信息局科技项目和重点实验室项目立项，2项国家基础测绘科技项目通过验收。开展18项标准制修订工作，完成“军民通用测绘地理信息标准体系框架研究”。局系统1人当选国家测绘地理信息局青年学术和技术带头人，1人当选享受国务院政府特殊津贴专家，1人获夏坚白测绘事业创业与科技创新奖。陕西队获第四届全国测绘地理信息行业职业技能竞赛地图制图赛项团体一等奖和个人第一、二名，工程测量赛项团体二等奖。全省测绘资质单位数量比2014年底增加74家，达到512家。

重点工作推进

【回信精神宣传学习】

国家测绘地理信息局党组在国测一大队召开建党94周年暨学习贯彻习近平总书记重要指示精神座谈会、纪念我国首次珠峰测量40周年暨珠峰复测10周年座谈会。陕西省委举办国测一大队先进事迹报告会，省委书记赵正永和国家测绘地理信息局局长库热西·买合苏提接见报告团成员。国土资源部部长姜大明、陕西省委书记赵正永到国测一大队看望慰问干部职工。陕西省委、国土资源部党组、国家测绘地理信息局党组联合向中共中央宣传部报送请示，共同推荐国测一大队为“时代楷模”；陕西省委将学习回信列入全省“三严三实”专题教育重要内容，省委宣传部授予国测一大队“三秦楷模”称号；省总工会授予国测一大队“五一劳动奖状”。

陕西测绘地理信息局党组印发学习宣传贯彻总书记回信重要指示精神的意见和实施方案。组建国测一大队先进事迹报告团，在各部委和省内厅局、高校等举行报告会16场，累计听众1万多人。接待18家中央媒体采访团，各大媒体刊（播）发报道100多篇，地方媒体、各大网站转载消息2万多条。省委组织部、省直机关工委、省总工会、共青团陕西省委、国家土地督察西安局等组织党员干部到国测一大队学习交流。国家测绘地理信息局支持国测一大队600万元应急装备建设经费。陕西测绘地理信息局编制《应急测绘大队建设方案》，在局内外广泛开展能力建设专题调研。

【数字城市建设】

陕西省10个设区市和杨凌示范区全部获国家测绘地理信息局批复立项为全国数字城市地理空间框架建设项目试点或推广城市。结合老少边、新农村项目开展了数字区县工作，凤翔县、安塞县已完成建设并投入使用，商州区已启动。与陕西省互联网信息办公室联合印发《陕西省智慧城市建设要求与技术规范时空地理信息资源及服务建设要求》。国家测绘地理信息局同意将咸阳市列入国家测绘地理信息局智慧城市时空信息云平台建设试点计划，咸阳市成为陕西省首个智慧城市试点。

【“天地图·陕西”建设】

陕西测绘地理信息局持续推进“天地图·陕西”建设工作，利用秦岭测图工程、地理国情普查、农村土地确权等重大工程项目及时更新平台内容；完成2015版矢量电子地图数据的上线运行，地名地址数量由原来的39.41万条增加至54.14万条；优化电子地图展示版式和铁路、公路、水系、兴趣点、地名5大地理要素数据的分析整合，涉及道路、餐饮、医疗卫生、企事业单位、购物等17大类、40多万个兴趣点信息；开展“天地图·陕西”专题频道开发工作，开发油菜花、西安公共自行车、西安气象、山阳滑坡影像等频道。加大应用推广力度加强与相关厅局的沟通交流，为省环保厅、省地震局更新数据4次。

【地理国情普查】

陕西省下达地理国情普查经费1100万元。陕西测绘地理信息局全面完成新疆、青海、甘肃、宁夏、陕西、河南、湖北、安徽、上海、浙江共约361.3万平方千米的地貌类型数据生产工作。组织开展富平县、高陵区等区县标准时点核准试生产。编制《陕西省第一次全国地理国情普查标准时点核准实施方案》《地理国情监测项目新疆青海甘肃测区标准时点核准实施方案》并报国务院普查办备案。统一组织编写《陕西省第一次全国地理国情普查标准时点核准分项设计》《地理国情监测项目新疆青海甘肃测区标准时点核准专业设计书》。组织多期技术培训，共650人次参加。完成陕西省30个重点示范镇建设进程监测。与延安市测绘地理信息管理部门编制《延安市地情图集》。编制《陕西省地质灾害隐患点大比例尺测图项目建议书》，启动地质灾害隐患点大比例尺测图。

【援疆工作】

陕西测绘地理信息局制定援疆工作实施方案，完成国家现代测绘基准建设、1:5万基础地理信息数据库动态更新等项目新疆区域任务，协助新疆完成地理国情普查和标准时点核准，为阿拉尔测图、库西工业园测图、塔里木河及新疆生产建设兵团航摄工作等提供保障服务，协助出版《新疆生产建设兵团图集》，选派2名干部援疆，接收2名新疆测绘地理信息局技术骨干来陕交流。局领导带队赴新疆测绘地理信息局对接援疆工作，在测绘项目、科技创新、技术装备、人才培养、生产管理等方面达成合作意向。协助全疆测绘地理信息管理机构和直属单位51名干部到延安干部学院进行为期6天的“三严三实”专题教育培训。提供相关软件和100万元援助经费，启动天山北坡经济带、北疆等重点区域64万平方千米精度似大地水准面模型建立工作。

法制建设与市场监管

【法规体系建设】

3月1日，《陕西省测绘成果管理条例》正式施行，陕西测绘地理信息局联合省人大编写出版《陕西省测绘成果管理条例释义》。《陕西省基础测绘管理办法》和《陕西省测绘航空摄影管理办法》列入省政府2015年度立法计划，《陕西省基础测绘管理办法》通过省政府法制办公室审查。制定《关于做好测绘单位测制涉密测绘成果监管工作的通知》《陕西省测绘地理信息成果质量监督检查管理办法》2个规范性文件。

【依法行政】

陕西测绘地理信息局制定《陕西省测绘地理信息局2015年依法行政工作要点》和《陕西测绘地理信息局2015年依法行政实施方案》。完成8项行政审批许可事项清理并上报陕西省行政审批制度改革工作领导小组办公室，编写8项行政审批事项服务指南并在局网站公布，清理3项行政审批中介服务并报省机构编制委员会办公室。完成权力清单和责任清单制度建设并在局网站公布。开展全省测绘地理信息行政执法检查，对1起立案查处的行政执法案卷进行评查。

【市场监管】

陕西测绘地理信息局督促省内测绘资质单位全部完成测绘资质年度报告，并将年度报告内容在局网站公示。将乙、丙、丁级测绘资质单位的测绘作业证核发工作下放至市级测绘地理信息行政主管部门。完成行政权力清单梳理工作，共梳理行政许可1项、行政处罚7项、行政检查1项，并建立了相应的责任清单、权力运行流程及事中事后监管制度。

【资质管理】

截至2015年底，陕西省共有测绘资质单位512

家，其中甲级 37 家、乙级 153 家、丙级 194 家、丁级 128 家。陕西测绘地理信息局下发《陕西省测绘地理信息局关于开展 2015 年全省测绘资质巡查工作的通知》，首次对全省测绘资质巡查工作进行部署。巡查甲、乙级测绘资质单位 30 家，其中甲级 4 家、乙级 26 家，占全省甲、乙级测绘资质单位总数的 22%。10 个设区市和杨凌示范区测绘地理信息行政主管部门共巡查丙、丁级测绘资质单位 128 家，其中丙级 81 家、丁级 47 家，占全省丙、丁级测绘资质单位总数的 46%。陕西测绘地理信息局对丙、丁级测绘资质单位巡查情况进行了抽查，共抽查 13 家，其中丙级 11 家、丁级 2 家。

对全省测绘资质单位的情况进行摸底调查，完成《陕西省测绘地理信息产业基本情况分析报告》。制作新版《陕西省测绘资质办理指南》。建成地理信息产业单位名录库。鼓励测绘资质单位加入陕西省高级人民法院司法鉴定机构管理平台鉴定机构名单，已有 6 家测绘单位进入该平台名单。

【法制宣传教育】

8 月 29 日，陕西测绘地理信息局联合西安市规划局在西安开展测绘法宣传。通过播放宣传视频、摆放展板、发放宣传彩页、发送微信等方式向群众介绍测绘法规和应用知识，提供测绘监管和成果应用咨询服务。其他 9 个设区市和杨凌示范区测绘地理信息管理部门组织测绘资质单位在繁华街道、主要街区和办公楼前设立宣传站点进行宣传。全省 200 多家测绘资质单位参与宣传活动，共发放各类宣传资料 3 万多份。

基础测绘

【经费投入】

陕西省财政厅印发《关于支持基础测绘工作有关问题的意见》，明确自 2015 年起，省财政厅、省发展和改革委员会继续对省基础测绘事业给予资金支持，并在安排省级预算内基本建设资金计划时落实。年内省财政落实测绘专项经费 1550 万元。加大市级基础测绘配套经费支持力度，落实老少边基础测绘中央财政专项补助经费 400 万元，筹集并落实市级基础测绘配套经费 230 万元。组织开展全省基准站专项检查、核查工作，向省财政申请专项经费 510 万元。全省 10 个设区市、杨凌示范区及各区县投入测绘经费约 1.8 亿元。

【基础测绘项目】

陕西测绘地理信息局完成甘肃、河南、安徽、上海、浙江、湖北、宁夏 7 个省（自治区、直辖市）地形数据库全要素数据更新，以及陕西、青海和新疆地形数据库重点要素数据更新。重点要素现势性达到 2015 年，全要素更新区域一般要素的现势性达到 2010 年以后。完成 10 个省份 9174 幅 1∶5 万地形图制图数据更新。组织完成《1∶5 万地形数据库动态更新陕西生产责任区 2015 年专业技术设计书》《2015 年 1∶50000 地形图制图数据更新生产专业技术设计书》等技术文档的编制和印发，并全部在动态更新项目部备案。自主研发数字调绘系统，应用于陕西、河南等测区 1∶5 万地形数据库动态更新外业巡查和调绘。1∶5 万地形数据库动态更新项目中青海、新疆和陕西更新成果已汇交，其余 7 个省（自治区、直辖市）外业核查和调绘工作基本结束。完成 2015 年江苏省睢宁县、浙江省天台县、江西省丰城市、山东省新泰市羊流镇、山东省聊城市东昌府区郑家镇、陕西省铜川市共 6 个新农村建设测绘地理信息保障服务示范项目的立项和航摄申请、实施方案申报与批复工作。

【测绘基准管理】

陕西测绘地理信息局承担 GNSS 大地控制点观测 579 点、一等水准观测 7580 千米、加密重力观测 4432 点、绝对重力观测 36 点，作业区域主要分布在西藏、新疆、内蒙古等 9 个省（自治区）。完成 1 个一等天文点测量，并对重力仪设备进行维护；完成全国 6 条比长基线场复测；完成国家测绘基准维护项目的国家现代测绘基准数据处理，完成 17455 千米一等水准观测数据、15915 个加密重力点观测数据处理。完成国家现代测绘基准数据处理项目华北、华中、华东 15 个省份 1080 个点大地水准面精化观测数据处理工作。开展重力仪设备维护工作。组织开展全省基准站检查、核查工作，落实省财政基准站专项治理经费 510 万元。完成陕西省境内 62 个新建基准站勘选、资料整理和汇总工作。

【安全生产】

2015 年，陕西测绘地理信息局实现安全生产责任零事故。印发《测绘安全生产管理规定》以及消防等各类规范性文件，修订《安全生产应急预案》。陕西省测绘地理信息局安全生产委员会与局属 16 个单位签署安全生产责任书，多次召开安全生产会议，现场检查安全生产工作。

地图管理与地图出版

【地图管理】

2015 年，陕西测绘地理信息局全年共受理审核审批各种地图 73 件。指导国家测绘地理信息局陕西基础地理信息中心使用互联网地图监管软件开展互联网地图服务网站监管工作，共检定地图服务网站 96 个、静态地图图片 7296 张、POI 信息 367 条。查实涉及“问题地图”网站 19 个并通知整改，其中 12 个已完成整改。组织地市测绘地理信息管理部门开展地图市场检查，重点检查中小学教辅材料。对互联网地图服务网站和新闻网站登载的地图进行了排查，向存在问题的单位下发整改通知书。指导地市测绘地理信息管理部门对大型展会地图进行监管，及时查处展会、户外展示的“问题地图”。抽检全省各地市新华书店公开出售的 15 种公开版地图产品，其中优级品 2 种、良级品 10 种、合格品 1 种、不合格品 2 种。

【地图出版】

2015 年，陕西测绘地理信息局编制完成《陕西省领导用图（2015 版）》《陕西省接待用图》《丝绸之路经济带核心区域地图集》。与省委宣传部联合编制完成《圣地之光 · 延安观览图集》。编制完成《秦岭 6 市影像图、区县影像图》《秦岭环境治理影像图》《重点示范镇建设监测影像、矢量图》《全省地名普查工作用图》《全省生态环境监测评估影像图》等工作用图，并及时向省领导及相关部门提供使用。完成《宝鸡千阳地震区地图》和《陕西省扶贫点地图》。

西安地图出版社共出版地图类产品 46 种，实现造货码洋 4248 万元，实现收入 402.45 万元。地图集（册）出版项目 27 种。出版旅游类地图产品 11 种（含 3 种手绘地图）。

【国家版图意识宣传教育】

陕西测绘地理信息局在省测绘地理信息应用成果和地图网上展览馆中开辟《国家版图知识》专栏，向媒体和社会公众普及国家版图知识。与雁塔区教育局联系沟通，完成国家版图意识宣传进校园活动宣传材料筹备。指导和支持地市测绘地理信息管理部门以多种方式开展国家版图意识宣传教育进媒体、进学校、进社区的“三进”活动。积极开展“美丽中国”第三届全国国家版图知识竞赛和少儿手绘地图大赛预热和组织工作，开展素材收集和知识竞赛题库完善工作。

测绘地理信息成果管理与应用

【成果质量管理】

陕西测绘地理信息局印发《陕西省测绘地理信息成果质量监督检查管理办法》。开展全省测绘地理信息成果质量监督检查。举办全省测绘地理信息成果质量检查员培训班。

【成果服务】

2015 年，陕西测绘地理信息局向土地、规划、科教、环保、交通等部门提供“4D”数字产品 135611 幅、数据量约 12.15TB，各种比例尺地形图 3046 幅、7143 张，大地成果 2222 点（其中 GPS 点 1542 点、三角点 257 点、水准点 423 点）。建立基础测绘成果无偿提供和底价服务制度，服务中共中央办公厅、国务院办公厅督查调研组、审计署专员办在陕督查，为陕西省委督查室开展秦岭生态环境整治工作提供保障。

与陕西省住房和城乡建设厅合作服务省新型城镇化建设监测，对全省 35 个重点示范镇开展了 2011 年以来不同时期建成区的变化监测及量化评估。协助省农业厅开展全省农村土地承包经营权确权登记工作，编写完成《陕西省农村土地承包经营权登记数码航空摄影及 1∶2000、1∶10000 数字正射影像图制作测绘成果检验工作流程》《陕西省农村土地承包经营权确权登记颁证项目检查验收办法》；组织开展影像底图精度检测工作；完成全省农村土地承包经营权登记影像工作底图汇交和分发工作；开展农村土地确权登记业务培训，培训人员近 1000 人。与省民政厅联合开展全省地名普查工作用图试验、乡镇境界变更工作。受省住房和城乡建设厅委托，开展富平县“多规合一”信息管理平台的建设工作。服务榆林“多规合一”试点“生态保护红线划定”，无偿提供了榆林市全境 1∶1 万 DLG、DEM 数据成果。按照省委秦岭环境治理督查组的要求，紧急制作提供 738 幅工作用图。与省应急管理办公室推进省应急三维地理信息指挥系统建设工作，完成二维电子地图数据更新、分政区应急专用图制作、应急三维地图建设、应急街景地图建设等工作。为陕西省武警总队城区重点场所反恐维稳、铜川市连续运行基准站建设、武警黄金第五支队公益性区域地质调查、省山地救援队山区被困人员专业救援等无偿提供测绘地理信息成果。

【合作共建】

陕西测绘地理信息局与西安市气象局签订部门合作框架协议，共同开展联合观测、信息共享及技术研发。在“8·12”山阳特大山体滑坡灾害处置过程中，为省地质调查院提供灾前灾后影像、地形矢量数据和山体形变检测数据。参与“8·12”山阳特大山体滑坡灾害抢险救援，首次将合成孔径雷达用于抢险救灾，实现测绘在政府应急工作中由基础数据提供到综合分析的转变，受到国土资源部部长姜大明、省委书记赵正永的肯定。与陕西省住房和城乡建设厅签署全面合作协议，联合成立省城乡规划建设测绘遥感技术中心，服务“多规合一”、全省重点示范镇建设等；与渭南市政府签署协议，服务城市地下管线测量；与省国土资源厅开展全省不动产登记管理平台建设；与国家土地督察西安局联合开展“三网融合”土地督察监测试点，构建土地督察信息化应用平台；与省农业厅、民政厅、气象局等部门广泛合作，服务经济普查、地名普查、农村土地确权、移民搬迁、反恐维稳、地籍调查、生态红线划定和秦岭环境治理等工作并取得阶段性成果。

科技与国际合作

【科技项目】

2015年，陕西测绘地理信息局投入科技经费1380万元，其中国家级科技项目经费350万元、国家测绘地理信息局科技项目经费120万元、陕西测绘地理信息局科技项目经费900万元、重点实验室科技项目经费10万元。组织起草《陕西省“十三五”测绘地理信息科技发展规划（讨论稿）》。组织申报2015年国家测绘地理信息公益性科研专项项目7项，其中“全国开展基础性航空重力测量技术体系研究及业务化应用示范”等4个项目获得立项，项目总经费1251万元。“基于倾斜摄影的城市三维建模生产及应用技术研究”等6项2015年基础测绘科技项目获国家测绘地理信息局立项批复。牵头承担2015年测绘地理信息公益性科研专项项目3项；参与承担2015年测绘地理信息公益性科研专项项目1项；承担“航空重力测量质量评价方法研究”等2015年国家测绘地理信息局科技项目6项，承担现代工程测量国家测绘地理信息局重点实验室开放基金研究项目4项，局级以上在研项目20多项。牵头申报了基础测绘科技项目“‘一带一路’国家基本信息获取与地理信息服务技术及应用示范”。

局系统获各类科技奖项40多项，其中省部级科技进步奖特等奖3项、一等奖5项。完成国家级和省级科技项目50多项，项目产生的科技成果已推广转化20多项。

与同济大学联合建立的现代工程测量国家测绘地理信息局重点实验室参与“面向主动交通安全的城市车辆在线位置服务技术”（“863”项目）研究。与武汉大学联合建立的地理空间信息与数字技术国家测绘地理信息局工程研究中心进行了基于天地图的导航基础引擎软件开发和基于天地图的手机导航软件及工具开发。与长安大学、国家基础地理信息中心联合向国家测绘地理信息局上报的《地理国情监测国家测绘地理信息局工程技术研究中心建设可行性研究报告》通过论证，按计划开展该中心建设工作。

【对外交流】

陕西测绘地理信息局派员参加国家测绘地理信息局和其他单位因公出国（境）团组共12人次。派员赴巴西参加第27届国际地图制图大会并设立展区。

【人才队伍建设】

陕西测绘地理信息局修订《陕西省测绘地理信息局青年学术和技术带头人管理办法》，制定出台《陕西省测绘地理信息行业科技领军人才管理暂行办法》《陕西测绘地理信息局优秀专业技术人才管理办法》，印发《局选拔录用优秀编制外人员暂行办法》。全局具有高级职称200多人、中级职称400多人、初级职称430多人。完成职业技能鉴定6批次1000多人，全省实现6个职业工种、3～5级3个等级全覆盖。选派56人参加在职学历教育。全年累计举办专业技术人员培训班18期，参加培训人员1800多人次。1人当选为享受政府特殊津贴专家，在职享受国务院政府特殊津贴专家达到7人；1人当选为国家测绘地理信息局青年学术和技术带头人1人，全局共有7人；1人获夏坚白测绘事业创业与科技创新奖；11人新增选为全省测绘行业青年学术和技术带头人。完成全省测绘中、高级专业技术任职资格评审工作，54人取得高级工程师任职资格，177人取得工程师任职资格。组织完成2015年注册测绘师考试报名的资格审查。开展首次测绘师注册工作，审核通过并提交国家测绘地理信息局注册161人。

党的建设与精神文明建设

【党的建设】

陕西测绘地理信息局举办全局处以上干部学习贯彻习近平总书记来陕视察重要讲话暨全面推进法治陕西建设研讨培训班、全局党委书记和基层党支部书记轮训班、全局处以上干部学习十八届四中全会精神轮训班。创新党课教育形式，指导基层党组织开展“书记讲党课”活动。组织开展“七一”纪念建党系列活动、纪念中国人民抗日战争暨世界反法西斯战争胜利70周年系列活动。制定局党组中心组2015年理论学习计划，全年组织学习9次。配发并组织学习《习近平关于党风廉政建设和反腐败斗争论述摘编》《中国共产党廉洁自律准则》《中国共产党纪律处分条例》等学习材料。邀请专家做预防职务犯罪报告。制定基层党组织“对标定位、晋级争星”活动方案。加强基层党组织建设，指导局属3家单位完成换届选举，并明确新班子对纪检工作的领导。严格按规定、按计划发展党员，完成党费收缴和党内统计工作。开展生活困难党员、建国前老党员走访慰问工作。

全年选派2名厅局级干部分别参加国家测绘地理信息局党校和省委专项培训，10名处级干部、13名科级干部参加省行政学院培训，4名处级干部和2名科级干部参加国家测绘地理信息局党校培训。

【党风廉政建设】

陕西测绘地理信息局节假日前召开专题会议并向各单位纪委发出通知，提前预警，廉洁过节；到局属5家单位督促检查，严防“四风”反弹。制订局政府采购管理办法和国有资产管理办法。开展政府采购监督专项检查，督促各单位进行电子化政府采购156次（1600多万元），补充公布政府采购合同100多条。召开经济责任审计专题会议，制定领导干部经济责任审计实施方案。完成局属5家单位党委书记及2家单位行政领导离任审计、后勤餐饮中心2014年财务收支状况专项审计。纪检部门参与局基建项目、大宗材料、设备采购的招投标和决算审计，完成工程建设审计43项，报审3181.09万元，审减72.85万元。建立人事部门与纪检监察机构联席会议制度，召开5次联席会议，杜绝“带病提拔”。制订《局属单位领导班子和领导人员综合研判工作暂行办法》。开展因私出国人员专项治理，完善出国登记备案人员信息库。完成全局处级以上领导干部个人有关事项报告，在提拔干部时首次引入核查个人有关事项报告程序，对10名报告内容有遗漏的干部进行诫勉谈话。开展干部人事档案改版及专项审核，补充处级干部档案材料47份，组织认定10人档案信息。推行干部选拔任用全程记录存档制度。组织全局纪检干部到廉政基地学习。

地方社团工作

陕西省测绘地理信息学会召开九届七、八次常务理事（扩大）会和九届四次理事大会。邀请加拿大卡尔加里大学教授来陕举办学术报告与交流活动，承办陕西省智慧城市发展学术研讨会，邀请王任享、刘经南、李德仁、刘先林等院士做学术报告，举办“测绘科技大讲堂”等多场全省学术交流活动，组织专家和科技人员到杨凌进行学术交流。组织科普小分队到兴平市汤坊镇五丰小学开展科普宣传和助教献爱心活动。参加陕西省科学技术协会在西北工业大学举办的“2015全国科普日陕西主场示范活动”。协助南方测绘公司等测绘地理信息企业在西安举办了5场新产品、新技术推介会。编辑出版《测绘技术装备》期刊4期，共发行8000多册。

甘肃省

概况

2015年，甘肃测绘地理信息各项工作扎实推进，取得明显成效。在全国省级测绘地理信息行政主管部门2015年度测绘地理信息工作绩效考核中，甘肃省测绘地理信息局被国家测绘地理信息局评为

"特色工作创新单位"。至年底，全省共有测绘资质单位373家，测绘从业人员1.18万多人，分布在国土、规划、城建等20个行业。

全年审批测绘资质127家，办理行政审批项目1500多件。开展了测绘执法检查，查处违法编制地图、非法测绘等案件27起。开展了第一次全省测绘资质巡查工作，共巡查测绘资质单位96家。推进基础测绘工作，实现了省级基础测绘省域全覆盖。全省卫星定位连续运行基准站网建设工程项目竣工，标志着全省唯一、权威、高精度的现代空间定位基准站网正式建成运行。地理国情普查野外数据采集、标准时点核查等工作全面完成，普查成果通过验收，已汇交国务院普查办。组织实施了冰川与积雪、黑河湿地、兰州新区地理国情综合统计等地理国情监测试点项目。推进"天地图·甘肃"建设，丰富其基础数据。推动数字城市地理空间框架建设，7个市（州）数字城市与"天地图"互联互通，整体运行良好。酒泉、金昌、陇南等市政府印发了促进地理信息产业发展的实施意见。

"测绘地理信息档案信息化技术研究与应用示范"项目被列为国家测绘公益专项。围绕丝绸之路经济带甘肃黄金段建设、精准扶贫精准脱贫等战略部署和重大项目建设，提供地理信息服务保障。全年为国土、规划、城建、农林、水利、交通等20多个行业和部门提供各种比例尺地形图1.7万幅，各种控制点成果3200点。

重点工作推进

【数字城市建设】

白银、甘南、陇南、嘉峪关、庆阳、天水、兰州7个数字城市均实现了与"天地图"的互联互通，整体运行良好。金昌、张掖2市完成建设任务，通过省级验收；酒泉市基本完成建设任务，已申请省级验收；武威、平凉已完成项目设计书编制；定西市被国家测绘地理信息局列为2015年度数字城市地理空间框架推广城市，开始编写实施方案。推动数字城市向智慧城市升级，兰州、天水2市智慧城市时空信息云平台项目被国家测绘地理信息局列为2015年度智慧城市试点项目。

【"天地图·甘肃"建设】

"天地图·甘肃"更新了张掖、武威、白银等7个市州主城区及天水全市域矢量地图、影像地图，更新数据量114GB。依托"天地图·甘肃"公众版和政务版，为应急、综治、水利、卫生、林业等行业提供在线或前置地理信息服务。新增兰州市街景、兰州新区重点区域360度全景等特色服务，开发了安卓版移动终端"在哪"软件，搭建了银行营业网点分布、兰州市单双行道、兰州国际马拉松赛等在线应用专题。

【地理国情普查监测】

甘肃省完成了兰州、武威、金昌、张掖、酒泉、嘉峪关、陇南、庆阳等8市31.5万平方千米的地理国情普查内业数据采集、外业调查与核查等任务，并按要求完成了普查标准时点核准工作。普查成果通过省级验收和国家级质量复核，合格率100%，优良率超过80%。向国务院普查办汇交了全省普查成果数据，普查工作进入数据库建设及统计分析阶段。组织开展地理国情普查劳动竞赛。

开展兰州新区综合统计分析及监测试点项目，向兰州新区管委会移交了阶段性监测成果。实施的"河西走廊绿洲沙漠化动态监测"等6个地理国情监测项目，有2个已完成。国家测绘地理信息局支持的"冰川与常年积雪变化监测""兰州新区建设变化监测"2个国家重要地理国情监测项目，已完成技术设计。

【体制机制建设】

兰州市将测绘管理职能由规划部门划归国土资源部门，金昌市成立了科级建制的测绘地理信息局，庆城县、清水县成立了测绘地理信息局。截至年底，全省14个市州测绘地理信息行政主管部门中，行政编制的5个、参照公务员法管理的1个、事业编制的8个。

法制建设与市场监管

【行政审批改革】

甘肃省测绘地理信息局推进"三张清单一张网"工作，梳理行政许可8项、行政处罚36项、行政征收2项、行政奖励3项及其他行政权力10项，并在甘肃政务服务网公布。省级测绘行政许可事项全面实行"一个窗口服务、一站式审批"全流程网上办理，全年受理行政审批项目1500多件，办结率100%，测绘地信服务窗口被省政府评为"优秀服务窗口"。按照省政府推进简政放权、放管结合、优化服务的要求，拟定了随机抽查事项清单，做好随机抽取检查对象、随机选派执法检查人员的“双随机”抽查制准备工作。

【行政执法】

甘肃省测绘地理信息局组织开展了专项执法检查。全年全省查处违法编制地图、非法测绘等案件27起，其中市州测绘地理信息行政主管部门查处12起。酒泉、定西、陇南、甘南等市州将测绘执法检查纳入国土资源执法范围，与土地、矿产执法巡查统一部署、统一检查、统一考核。

【统一监管】

甘肃省全年审批测绘资质单位127家，其中甘肃省测绘地理信息局审批87家，市州测绘地理信息行政主管部门审批40家。截至年底，全省共有测绘资质单位380家。首次开展全省测绘资质巡查工作，共巡查测绘资质单位96家。开展测绘资质单位信用信息征集工作并向社会公示。

【法制宣传】

甘肃省测绘地理信息系统开展“8・29”测绘法宣传日活动，共设置宣传点100多个，发放宣传资料50多万份，制作宣传展板300多块，悬挂宣传条幅1000多条，发送公益短信200多万条。

基础测绘

【省市基础测绘】

甘肃省测绘地理信息局组织完成民勤、酒泉等测区1:1万地形图测绘与更新约9万平方千米。完成甘南州藏区基础测绘专项总任务量的70%。完成卓尼县“尼江”地区大比例尺地形图测绘。

【“十三五”基础测绘规划】

《甘肃省“十三五”基础测绘规划》被省政府纳入全省“十三五”省级重点专项规划序列，完成文本编制、专家评审等工作。甘肃省测绘地理信息局完成《甘肃省藏区“十三五”基础测绘规划》编制工作。各市州基本完成“十三五”基础测绘规划文本编制工作。

【现代测绘基准体系建设】

甘肃省测绘地理信息局继续完善全省卫星定位连续运行基准站网，推进似大地水准面精化项目，完成240个点的精度测试和外业数据采集任务，开展了基准站巡查工作，完成水准观测6300千米。全省卫星定位连续运行基准站网建设项目通过国家验收并发布成果，标志着全省唯一、权威、高精度、高时空分辨率、高覆盖率的现代空间定位基准站网全面建成并运行。至年底，已为220多家单位、1200多个用户提供实时定位基准和精准位置服务，涉及基础测绘、农村集体土地确权登记发证、地理国情普查、地质找矿行动等多项重大工程。

地图管理与地图服务

【地图审核】

甘肃省测绘地理信息局全年受理、审核地图28件，核发审图号25个，主要包括便民地图、岷县漳县地震灾后恢复重建项目示意图集、互联网地图。全年受理审批利用涉密测绘成果900件。

【地图市场监管】

甘肃省测绘地理信息局开展了地图市场专项整治活动，对2015年兰州国际马拉松赛、第21届兰州投资贸易洽谈会等赛会用图进行了前期检查和全面规范，确保重大节会无“问题地图”。开展互联网地图日常监管，利用互联网地图监管系统配合进行全国联动监管，筛查网上地图7326幅，排除涉密交易信息9条。各市州对本地区地图市场进行全面检查，重点检查了各类书店中涉及地图的中小学教辅材料。

【地图公共服务】

甘肃省测绘地理信息局组织为第21届兰州投资贸易洽谈会、兰州国际马拉松赛、天水公祭伏羲大典、伏羲文化旅游节等提供地图服务，保障了重大赛事使用合法地图。

【测绘地理信息应用成果和地图网上展览甘肃馆】

甘肃省测绘地理信息局组织建设测绘地理信息应用成果和地图网上展馆，10月，展馆建成并开通上线，向社会公众提供“一站式”展示服务。甘肃展馆由门户网站、展馆外景、主展厅、测绘成果应用和地图主题厅组成，是国家测绘地理信息局主导建成基于互联网建设的网上展馆集群的重要节点之一，获优秀设计奖。

测绘地理信息成果管理与应用

【成果目录汇交】

甘肃省测绘地理信息局完成测绘成果目录汇交工作，共汇交目录1957项，从中遴选了839个项目向社会公布。

【涉密成果管理】

甘肃省测绘地理信息局联合省国家保密局对兰州铁道设计院、省水利水电勘测设计研究院、省基础地理信息中心等开展了专项保密检查。对检查中发现的问题，现场提出整改意见，责令限期整改，并对相关人员进行了保密安全意识教育。

【成果推广应用】

甘肃省测绘地理信息局为省委省政府提供各种政务地图25批次300多幅（册）；向省军区提供了地理国情普查成果资料；为全省国土、规划、城建、农林等20多个行业400多家单位累计提供各种控制成果3200点，各种比例尺地形图1.7万幅。市州测绘地理信息行政主管部门服务当地经济社会发展和重大工程项目建设，为兰州新区建设、南梁红色旅游景区建设、西气东输、西油东送等重大项目提供测绘地理信息保障服务。

【部门合作】

甘肃省测绘地理信息局推进国土资源与测绘地理信息联合执法，完善协作工作机制。与兰州大学、长安大学等5所高校建立长期合作关系，与总参第三测绘导航基地、兰州军区测绘信息中心等开展了测绘地理信息共享和项目合作。市县建立国土“一张图”系统，将测绘与土地、矿产工作同部署、同落实、同考核，并在农村集体土地确权登记发证、地质找矿、国土资源管理、地质灾害防治等领域开展合作和资源共享。

地理信息产业

甘肃省测绘地理信息局落实国家和省促进地理信息产业发展的优惠政策，推动兰州新区信源地理信息产业园建设。鼓励中小企业申办测绘资质，规范测绘资质审批程序，简化申报资质环节，缩短行政审批时限，全年新增测绘资质企业43家。酒泉、金昌、陇南等市印发了促进地理信息产业发展的实施意见。

科技、标准化与国际合作

【科技创新成果】

甘肃省测绘地理信息局投入自主科研经费60万元，开展11个科研项目，3个项目获国家或省部级科技奖励。“信息化测绘生产基地构建技术研究与应用示范”和“测绘地理信息档案信息化技术研究与应用示范”2个科技项目被国家测绘地理信息局列为国家测绘公益专项。依托甘肃省测绘学会，开展学术交流及科学技术奖颁奖活动，从全省110个科技项目中评出2014年度甘肃省测绘学会科技进步奖和优秀工程奖共43项。

【标准化管理】

甘肃省测绘地理信息局强化全省测绘标准化工作机制，把测绘地理信息高新技术发展及应用列入全省标准化年度工作计划，实行标准化工作经费专款专用。开展测绘地理信息标准宣传贯彻和实施监督工作，组织技术人员参加国家标准化工作委员会举办的地理信息生产、卫星定质量检验等方面的标准培训。

【交流与合作】

甘肃省测绘地理信息局完成全局处级以上干部出入境国家工作人员报备工作。上报了2015年度出访计划及工作总结。全年组织3批次4人次分赴英国、巴西、美国参加国际会议或业务培训。

【教育培训】

甘肃省全年开展测绘类培训20次，培训人员3500多人（次）。开展全省测绘地理信息行业职业技能鉴定工作，鉴定测绘专业人才2700多人。举办了全省“工程测量员”省级一类决赛、地理国情普查劳动竞赛。

党的建设与精神文明建设

【党建工作】

甘肃省测绘地理信息局组织学习习近平总书记系列讲话精神。开展“三严三实”专题教育。通过召开专题会议、开展手机上党课活动等，组织全局干部职工学习党的十八届五中全会精神。

【党风廉政建设】

甘肃省测绘地理信息局组织召开党风廉政建设工作会议，部署全年党风廉政建设工作，局党委与机关各处室、直属各单位签订党风廉政建设责任书。执行党风廉政建设主体责任制，落实“一岗双责”制度。

【精神文明建设】

甘肃省测绘地理信息局积极开展精神文明建设，组织“三八”妇女节知识讲座、“五四”青年节爱国教育、“七一”建党纪念日评优、机关党员进社区等活动，推进社会主义核心价值观教育。举办了“微视测绘”微视频大赛、书画摄影比赛、成就测绘梦想主题征文等活动。

【扶贫工作】

甘肃省测绘地理信息局为对口扶贫村建设硬化村级道路，修建基础设施，开展秋季建园等活动。其中曲坪村农民人均纯收入达到4500元，已摘掉贫困村的帽子；丁窑村脱贫41户181人，脱贫率为52%。

【宣传工作】

2015年，各媒体共登载甘肃省测绘地理信息信息727条，其中国家测绘地理信息局门户网站133条、《中国测绘报》35条、《甘肃地矿报》116条、《甘肃国土资源》杂志32条、《甘肃日报》17条。庆阳、天水、金昌、嘉峪关等市州主流媒体多次宣传报道测绘地理信息工作。

地方社团工作

【社团活动】

甘肃省测绘学会召开常务理事会2次，学术报告会2次，学会科学技术奖集中评审会、答辩会，奖励委员会会议各1次。组团参加中国测绘地理信息学会2015年学术年会、西北地区第十七届测绘信息技术交流大会和第三届测绘地理信息科技成果全国推介会。

【科技奖励】

甘肃省测绘学会组织开展2014年度科技进步奖和优秀工程奖评选工作，来自测绘、国土、建设、能源等近20个领域的110个项目申报。评选出获奖项目43项，其中科技进步奖一等奖4项、二等奖6项、三等奖8项；优秀工程奖金奖6项、银奖8项、铜奖11项。

青海省

概况

2015年，青海省测绘地理信息局在全国省级测绘地理信息行政主管部门年度测绘地理信息工作绩效考核中被评为突出进步单位，在全省国土资源系统目标责任考核中被评为优秀单位。

按全国统一时间节点完成第一次全国地理国情普查第一阶段工作任务，形成了反映2015年6月30日前自然地理要素与人文地理要素的地表覆盖分类数据和地理国情要素数据成果。数字德令哈地理空间框架建设、“智慧格尔木”时空信息框架建设持续推进，基于省级公共服务平台完成的青海省减灾地理信息系统和海西州地震地理信息系统上线运行。

推进基础测绘、藏区基准体系基础工程建设、省级地理信息公共服务平台建设、数字城市和测绘应急监测系统等重大工程实施。推进信息化测绘生产体系、管理体系、质检体系、服务体系建设。推进东部地区北斗地基增强系统建设，建成青海省测绘仪器综合检定场，其中，室内大长度自动化检测平台、数字水准仪及条码尺自动检测系统填补了省内空白。

全年向社会各界提供成果档案服务322件，各种比例尺地形图1712幅、挂图496张、图册1726册，各类控制成果点7519点，数字化成果4631幅，影像数据2.9TB，服务全省经济社会发展及生态保护。

与省国防科技工业办公室、中国科学院青海盐湖研究所、青海大学等科研院所沟通，联合申报、共建高分辨率对地观测系统青海数据与应用中心。国家国防科技工业局已批复同意依托青海省测绘遥感信息中心设立高分辨率对地观测系统青海数据与应用中心。

青海省测绘地理信息局完成权力清单和责任清单的梳理、公开工作，制作完成《青海省测绘地理信息局随机抽查事项清单》。到2市6州开展“送服务到基层，送培训到现场”活动。开展测绘地理信息项目备案、地图市场、质量监督、涉密测绘地理信息成果保密等专项检查，规范测绘地理信息市场秩序。

基础测绘规划首次从国土资源总体规划调整单

列为省级重点专项规划。《青海省地理空间数据交换和共享管理办法》（省人民政府令第112号）自12月1日起正式实施。《地理信息公共服务兴趣点数据分类与代码》《地理信息公共服务基础要素分类与代码》2项地方标准发布。

重点工作推进

【数字城市建设】

数字德令哈地理空间框架建设项目全面完成。启动了"智慧格尔木"建设，已完成《智慧格尔木时空信息框架建设实施方案》的编制以及中心城区大比例尺地理信息数据生产、数据库建库等工作。编制完成三维数字城市（玉树）可行性研究报告和建设方案。开展了土地管理系统、采矿权管理系统、三维规划辅助决策系统等示范应用建设。

【"天地图·青海"建设】

"天地图·青海"与"天地图"国家主节点开展数据融合工作，融合数据包括2348幅1∶1万基础测绘成图范围内矢量数据、全省范围内中分辨率影像数据、18个重点城区的高分辨率影像数据和兴趣点数据。完成青海省减灾地理信息系统和海西州地震地理信息系统的研发和上线工作。为青海省国土资源厅、省科学技术信息研究所等单位提供数据资源服务。

【地理国情普查监测】

青海省测绘地理信息局组织完成青海省第一次全国地理国情普查标准时点核准工作，实施过程质量监督抽查2次，开展地理国情普查成果复核1次。10月，按时汇交了普查影像控制点及控制点加密成果、分幅数字正射影像成果和元数据、整景影像成果、DEM精细化成果以及地理国情普查数据预处理成果。

组织开展青海湖流域湖泊面积和草地变化监测、三江源国家生态保护综合实验区监测。

【省级地理信息公共服务平台建设】

青海省初步建成省级地理信息公共服务平台。平台政务版已上线试运行，主要开展了地理空间框架数据库建设、运行支撑环境建设、门户网站建设、制度与标准规范体系建设、典型应用建设和平台应用推广等方面的工作。完成3大类、10个要素层、66个要素类，530类12万多个POI的数据资源整合及发布。开展数据交换与共享，对青海省环保厅、省交通运输厅等5家单位的交换数据进行了空间化处理，发布多行业单位专题共享服务。完成了西宁市医疗卫生布局系统、青海省地理国情发布系统、青海省安全部门地理信息系统及安全数据移动采集系统、青海省监狱电子沙盘系统等典型应用建设。

【青海东部地区北斗地基增强系统建设】

青海省东部地区北斗地基增强系统已完成10个基准站的设备安装工作，开始进行系统性能、定位精度、空间可用性、系统兼容性、时间可用性和定位服务的时效性等各项设计指标的专项测试。

法制建设与市场监管

【法制建设】

10月13日，青海省省长郝鹏签发第112号省政府令，公布《青海省地理空间数据交换和共享管理办法》，自12月1日起正式实施。《青海省测绘地理信息市场管理办法》进入立法酝酿阶段。会同省政府法制办公室赴江苏、上海、浙江进行专题法制调研，在省政府内参上发表《以立法推进数字城市建设》调研报告。

【依法行政】

青海省测绘地理信息局公布权利责任清单，包含行政许可审批6项、行政处罚56项、行政监督8项、行政检查7项、其他行政权力44项。制作了对应的行政权力运行流程和行政岗位责任。

印发了《青海省测绘地理信息局关于全面深化改革的实施意见》《青海省测绘地理信息局关于全面推进依法行政加快法制建设实施意见》。将测绘资质认定、测绘人员资格许可审批初审权力下放至市州测绘地理信息行政主管部门，简化许可审批、登记备案等程序。将乙、丙、丁级测绘资质认定、测绘人员资格、地图编制审核等5项许可转移至青海省政府行政服务和公共资源交易中心办事大厅集中办理，建立标准化服务体系，促进职能转变。为农村土地经营权确权登记、第二次地名普查、城市管线调查等大型项目提供服务。对外省来青海进行项目投标的单位进行资质交验和项目登记。

【行政执法】

青海省测绘地理信息局与青海省国土资源厅联合印发《贯彻落实深化部局业务协作工作方案》，协作开展国土资源和测绘地理信息行政执法，对驻省政府行政服务和公共资源交易中心窗口人员进行力量整合、岗位互补。与厅执法监察局合作，指导全省各级国土综合执法队伍履行测绘地理信息执法职能。联合大型展会和赛事主办方对参加活动单位使用地图情况进行检查，共检查单位213家。指导51个市、州、县测绘地理信息行政主管部门对2014年7月1日~2015年6月期间办结的案件进行评查。评查了1起测绘案卷。

【资质管理】

青海省测绘地理信息局完成测绘资质认定12件、资质升级1件、资质业务范围变更3件、资质单位信息变更18件。完成甲级测绘资质单位法人代表变更初审2件，甲级测绘资质业务范围变更初审1件。办结率100%。

完成102家测绘资质单位复审换证工作，注销测绘资质4家。对全省52家测绘资质单位进行了资质巡查，巡查比例近50%。截至年底，全省共有测绘资质单位118家，其中甲级11家、乙级24家、丙级62家、丁级21家。

【测绘信用体系建设】

青海省测绘地理信息局指导青海省测绘与地理信息行业协会完成全省102家测绘资质单位信用信息的采集工作，并在测绘资质信用信息平台发布了全省92家乙、丙、丁级测绘资质单位的信用信息报告。

【法制培训】

8月~11月，青海省测绘地理信息局在全省2市6州开展“送服务到基层，送培训到现场”活动，通过先培训后座谈的方式，累计举办培训8场，召开座谈会8次，发放经验交流材料500多本，培训人员500多人次，征集各类意见、建议30条。

【法制宣传】

青海省测绘地理信息局部署开展全省测绘地理信息系统普法依法治理、测绘法制和国家版图意识宣传教育工作。在“8·29”测绘法宣传日期间，利用报纸、微信、QQ等对社会公众进行普法宣传，联合《西海都市报》开展测绘法律法规及国家版图知识有奖竞答活动。8月29日，在全省范围内开展以“树立国家版图意识，维护国家主权安全，监测地理国情为国为民，发展地理信息产业利国利民”为主题的测绘法宣传日活动，在西宁主会场采取现场测绘法律法规知识竞赛、少儿手绘地图作品展览、测绘仪器科普、宣传展板制作等方式进行集中设点宣传。各州、市测绘地理信息行政主管部门利用报刊、电视、展板、宣传画、宣传标语、手机短信等方式广泛开展测绘管理普法宣传教育活动。全省共制作展板160多块，横幅80多条，发放宣传资料1万多份。

基础测绘

【基础测绘规划】

青海省测绘地理信息局向青海省委省政府报送了基础测绘中长期项目库，包括2015年在建项目、2016年拟建项目及中长期谋划项目（2016—2030年）。经青海省政府同意，省发展和改革委员会将基础测绘“十三五”规划列为政府12个重点规划之一。

【经费管理】

青海省测绘地理信息局编制了年度省级财政专项预算内基础测绘专项以及老少边基础测绘专项基础测绘任务实施方案并通过专家组评审。成立了青海藏区基础测绘项目、青海省第一次全国地理国情普查项目、青海省地理空间信息协调等重大专项领导小组，印发了财务管理规定、项目管理办法及质量管理规定。

【2000国家大地坐标系】

青海省测绘地理信息局联合青海省发展和改革委员会印发《关于开展卫星导航定位基准站调查工作的通知》。印发《关于开展全省坐标系统清理工作和2000国家大地坐标系的推广使用的通知》，要求各市、州测绘地理信息局、住房和城乡建设局对所在地的独立坐标系进行清理并启用2000国家大地坐标系。编制全省2000国家大地坐标系推广使用实施方案，委托国家测绘地理信息局大地测量数据处理中心开发了青海省基础地理信息数据CGCS2000转换软件，完成省级成果转换工作并通过质检验收，在1:1万地形图测绘、东部城市群建设测绘保障工程、数字城市建设等项目中全面使用。

【基础测绘生产】

青海省测绘地理信息局完成1292幅1:1万地形图的数据库整合升级工作，完成乌兰、天峻、格尔木、祁连、刚察地区1:1万基础测绘项目像控点联测工作，完成187幅1:1万DLG生产与入库工作以及680幅DEM、DOM生产。协助陕西测绘地理信息局收集和提供青海省1:5万数据库动态更新所需的专业资料和省级测绘成果，完成1:5万动态更新成果的外业抽检工作。

【质量监督】

青海省测绘地理信息局联合质监机构开展质量检查1次，受检单位480多家，发现违法行为43起。对存在问题的单位进行了批评教育，责令现场修改，发放整改通知32份。全年共收到测绘资质单位送检测绘项目570项，出具质量认可证明477项，出具成果质量合格质检报告93项。

【航空航天遥感影像获取与应用】

青海省测绘地理信息局制定《青海省航空航天影像资料管理规定》。及时变更调整了2015年度国家基础航空摄影范围，领取了6个批次标准时点核准影像以及城市高分辨率影像。申报了2016年度国家基础航空摄影范围，拟定了2016年度1:1万地形图测绘计划，影像使用率100%。2013年、2014年泽库摄区以及玛沁摄区航空影像获取项目经申请免去配套经费的支付。报送了青海行政区域内倾斜摄影测量获取需求。自主投入的航空航天影像主要用于玉树灾后重建和地理国情普查等项目建设，与国家测绘项目共享。

【青海藏区现代测绘基准体系建设】

青海省测绘地理信息局以“青海藏区现代测绘基准体系一期工程”的解算成果为基础，建立了海西州、果洛州和海南州藏区大比例尺基础地理信息采集项目共38个城镇基于2000国家大地坐标系的城镇独立坐标系，并确定城镇独立坐标系与国家坐标系、原有地方独立坐标系的转换关系，满足青海省藏区大比例尺基础地理信息数据采集项目对测区基础控制的精度要求和各测区城镇建设、工程测量的需要。

【安全生产】

青海省测绘地理信息局印发《关于调整局安全生产委员会的通知》，明确了工作目标和任务。建立安全生产责任制，将安全生产纳入年终目标考核。组织局属单位参加安全生产月宣传咨询日活动，观看安全教育警示片、学习《安全生产整理规定》及国家安全生产监督管理总局第74号令，开展安全生产检查。

地图管理与地图公共服务

【地图监管与审核】

青海省测绘地理信息局整合“问题地图”查处、地理信息市场检查、保密检查、质量检查等专项检查，制定《青海省测绘地理信息局2015年资质巡查工作方案》，检查单位52家。通过专项检查、突击检查、监督检查、联合执法等途径，加大对“问题地图”的查处力度。联合大型展会、赛事主办方就“问题地图”进行专项检查3次，检查单位213家，查处违法行为11起，主动提供地图4次，指导展示、展览“问题地图”产品的单位进行现场修改。对新华书店、报刊亭、义乌商贸城等纸质地图、地球仪和地图拼图集聚地进行例行地图市场检查，发现违法行为3起，均责令整改。印发《关于加强青海省互联网地图监管工作实施方案》，利用互联网地图监管系统开展全国联动监管工作，签收并处理网上疑似“问题地图”6894个。全年审核地图563幅，受理地图审核17件，核发审图号13个。

【地图编制与出版】

青海省测绘地理信息局为省委、省人大、省政府、省发展和改革委员会、武警总队、交警总队、省工程咨询中心等有关部门制作提供青海省“两会”工作用图、《青海典藏——魅力城市（2015年）》《青海省软弱涣散党组织图》《可可西里自然保护区分布图》《西部国家高速公路、铁路布局方案图》等各类专题图件。

【国家版图意识宣传教育】

青海省测绘地理信息局在西宁市城北区泉湾小学开展国家版图知识宣传教育主题活动，通过知识大讲堂、现场识图、现场问答的形式给小学生讲解国家版图知识。

测绘地理信息成果管理与应用

【成果汇交】

青海省测绘地理信息局联合省档案局向各市州测绘地理信息行政主管部门、档案局及甲、乙级测绘资质单位转发了国家测绘地理信息局、国家档案局印发的《测绘地理信息业务档案管理规定》，完善测绘成果汇交及管理程序。全年共82家测绘行业单位汇交成果，其中副本73个、目录461个。

【成果保密管理】

青海省测绘地理信息局与省国家保密局联合制定保密检查方案，印发了《关于开展全省2015年地理信息保密检查工作的通知》。对2012年以来国家涉密测绘成果的使用、管理和对外提供以及涉密资料的使用等情况进行了自查和抽查。其中单位自查200多家，重点抽查17家，发出整改通知14份。对各市州、县级测绘地理信息主管部门及部分行业单位开展了上门培训，主要培训涉密测绘成果的管理、涉密计算机的安全使用、涉密资料存储场所要求、以及涉密人员安全责任等。建立了与省国家保密部门联合开展测绘地理信息成果安全保密检查的机制。

【成果应用】

青海省测绘地理信息局全年向社会各界提供成果档案服务322件，各种比例尺地形图1712幅、挂图496张、图册1726册、控制成果点7519点、数字化成果4631幅、影像数据2.9TB。为全省经济建设、生态环境保护、土地调查、农牧业综合开发、黄河流域水利水电开发等项目提供了测绘服务保障。

【应急保障】

青海省测绘地理信息局购置低空无人机、应急监测车、移动测量车等专业设备，建立了多源数据处理系统和应急地理信息服务平台。对数字化测绘生产基础和网络信息平台进行技术升级和改造，对人员队伍进行重组，建立了应急测绘保障服务中心，基本形成了应急数据快速获取、加工处理、提供服务为一体的服务能力。将测绘应急保障纳入省地理空间信息协调共建共享机制，以青海省基础地理信息中心为依托，做好应急数据储备。

地理信息产业

12月1日，《青海省地理空间数据交换和共享管理办法》正式实施。青海省测绘地理信息局依托青海省测绘遥感信息中心筹建高分辨率对地观测系统青海数据与应用中心。建立全省地理信息产业名录库，开通青海省地理信息共建共享平台。在各州（市）、县建立共建共享平台建设试点推优机制、领导联系机制，以高原地理信息实验室为依托，开展高原地理信息数据采集研究。

科技、标准化与国际合作

【科技项目】

青海省基础地理信息中心与青海省科技信息研究所联合申报的青海省农牧业地理空间基础支撑平台于7月获准立项，已完成农田信息移动采集系统建设。完成“多源异构数据库一体化建设”和“青海省地理信息公共服务平台关键技术攻关”2个青海省科技计划项目。开展了基于倾斜摄影的城市三维建模技术流程研究等科研项目，成果应用于年度基础测绘项目。

【科技创新体系】

青海省测绘地理信息局印发《青海省测绘地理信息局科技创新项目管理办法》，按照各单位科技课题完结情况给予奖励。青海省测绘地理信息局信息化测绘体系建设方案通过论证并开始实施，初步建立了青海省信息化测绘服务基地，部署完成生产院的信息化测绘生产体系以及局机关的信息化测绘管理体系，开始开发信息化测绘服务体系以及信息化测绘质检体系。对基础测绘流程进行了改造，开展集群化影像数据生产技术研究、内外一体和图库一体的数字线划地形图改造、应急模式下无人机数字正射影像快速拼接及基于倾斜摄影的城市三维建模技术流程创建。

【科技成果】

青海省测绘地理信息局研发的“青海省公共应急地理信息系统建设”项目获2015年中国测绘地理信息学会测绘科技进步奖三等奖。海西州地震地理信息系统、青海省旱獭信息采集系统、青海省减灾地理信息系统、青海省农田信息采集系统取得软件著作权。柴达木循环经济试验区地理信息系统取得青海省科技厅科技成果鉴定证书。

【标准化工作】

青海省测绘地理信息局制订了《地理信息公共服务标准体系表》，已完成数据内容及服务规范中的6项标准编写。发布了《地理信息公共服务兴趣点数据分类与代码》《地理信息公共服务基础要素分类与代码》2项地方标准。

【人才培养】

青海省测绘地理信息局选派8名处级干部分别参加了省委组织部组织的省委党校中青年领导干部和国家测绘地理信息局举办的处级干部培训班。选派4名干部参加省委冬春季维稳督导组，选派10名年轻干部到藏区乡镇开展帮扶工作，选派3名驻村第一书记、3名驻村干部开展扶贫工作。合作举办2期财务管理培训班和1期地勘测绘事业单位人事与管理干部业务培训班，全局56人参加培训。将各类培训总结、结果备案，列入年度目标考核。年内共2341人次参加各级各类培训，87人通过测绘行业特有工种职业技能鉴定，其中5人取得技师职业资格证书、64 人取得高级职业资格证书、11 人取得中级职业资格证书、7 人取得初级职业资格证书。省基础地理信息中心获省“地理信息应用研究人才小高地”称号。省基础地理信息中心 1 人被评为国家测绘地理信息局青年学术和技术带头人、青海省优秀专业技术人才。全局共有国家测绘地理信息局青年学术和技术带头人 3 人，青海省优秀专业技术人才 1 人。

党的建设与精神文明建设

【党建工作】

青海省测绘地理信息局贯彻落实局党委中心组学习制度，学习贯彻习近平总书记系列重要讲话、党的十八大以来系列重要会议精神，以及省委省政府重要会议精神和有关领导重要讲话。制定“三严三实”专题教育方案，按要求完成专题党课、专题学习研讨、专题民主生活会和组织生活会、整改落实和立规执纪 4 个关键动作。组织全局 27 名处级干部参加省国土资源厅举办的“三严三实”专题教育及集中轮训学习班。开展测区大慰问和安全大检查、送服务到基层、送培训到现场系列活动，开展“高原美丽乡村”帮扶工作。对全局基层党组织书记进行了为期 7 天的轮训。发展新党员 7 名。全局 300 多名党员接受党课、教育培训，实现党员教育管理系统化。

【党风廉政建设】

青海省测绘地理信息局组织召开全省测绘系统党风廉政建设和反腐败工作会议，逐级签订党风廉政建设目标责任书。制定《2015 年党风廉政建设和反腐败工作要点及任务分工》《关于落实党风廉政建设党委主体责任和纪委监督责任的任务分工的通知》等制度。组织“一季一讲一看”活动，组织全体党员干部观看警示教育片。

【文化建设】

青海省测绘地理信息局举办第 17 届测绘文化周，开设了诗歌朗诵、卡拉 OK、篮球、拔河比赛等项目。举办“进德修业讲堂”。开展为期 3 个月的“书香测绘·悦读人生”主题读书学习季活动，“我和读书”第三届测绘青年论坛、“好书去哪儿了”互荐读物等系列活动。青海省基础地理信息中心、青海省测绘产品质量监督检验站被青海省总工会授予“青海高原工人先锋号”称号。

地方社团工作

【青海省测绘地理信息学会】

8 月 12 日 ~15 日，青海省测绘地理信息学会承办西北地区第十七届测绘学术与科技信息交流会，共 170 多人参加。组织完成 2015 年青海省测绘地理信息学会测绘科技进步奖、优秀测绘工程奖的评选工作，评选出测绘科技进步奖特等奖 1 项、一等奖 1 项、二等奖 2 项；优秀测绘工程奖一等奖 1 项、二等奖 2 项。配合青海省测绘地理信息局宣传中心完成 2015 年度《青海测绘地理信息》内部刊物的编辑、出版、印刷任务，全年共刊发 6 期，印刷 6000 册。

选送的项目获 2015 年全国优秀测绘工程奖银奖、铜奖各 1 项和 2015 年中国测绘地理信息学会测绘科技进步奖三等奖 1 项。

【青海省测绘与地理信息行业协会】

青海省测绘与地理信息行业协会配合省测绘地理信息行政主管部门做好测绘地理信息市场信用评价工作，组织行业单位参加青海省测绘地理信息行业职业技能竞赛，选拔出 4 名选手参加全国技能大赛。与山东省测绘行业协会进行学习交流座谈。举办三维激光测量车技术运用、南方测绘新技术交流等多场技术专题讲座，450 多人次参加。

宁夏回族自治区

概况

2015 年，宁夏回族自治区国土资源厅（测绘地理信息局）（以下简称宁夏国土资源厅）组织完成数字固原、数字中卫地理空间框架建设的验收工作；完成数字银川、数字石嘴山等 6 个市、县地理空间框架建设经费拨付、协议签订、方案审核及招标工作；完成第一次地理国（区）情普查项目22个市、县（区）的普查标准时点核查工作，通过国务院普查办组织的成果质量复核并上交数据。组织完成2015年全区测绘地理信息市场调研暨检查工作，完成全区测绘地理信息保密检查工作，继续加大地图市场检查力度。

重点工作推进

【数字城市建设】

宁夏国土资源厅全面推进数字城市地理空间框架建设。完成数字银川、数字石嘴山等6个市、县地理空间框架建设经费拨付、协议签订、方案审核及招标工作。完成数字固原、数字中卫地理空间框架建设的验收工作。

【地理国（区）情普查】

4月，宁夏回族自治区第一次地理国（区）情普查领导小组办公室印发了《关于宁夏第一次地理国（区）情普查问题整改及复查工作安排的通知》，要求各普查单位将整改工作与标准时点核查工作同时开展。6月，自治区测绘产品质量监督检验站对各普查单位的地表覆盖成果和国情要素成果进行概查，重要要素做重点检查。宁夏国土资源厅完成时点核查全部影像的获取和制作。8月，完成22个市、县（区）的标准时点核查工作。9月，通过了国务院普查办组织的成果质量复核并上交数据，是全国首批提交成果的15个省（区）之一。

法制建设与市场监管

【资质管理】

6月，宁夏国土资源厅印发了《关于调整乙级测绘资质部分专业标准注册测绘师人数的通知》，自6月19日起将乙级测绘资质大地测量、工程测量、不动产测绘、海洋测绘4个专业标准中须具备的注册测绘师人数由2人调整为1人。

8月，成立全区测绘地理信息市场“一调三查”工作小组，在全区开展测绘地理信息市场调研暨测量标志、测绘资质和地图市场检查工作。8月～10月，各市县及资质单位分阶段开展了自查、巡查、抽查，并按时上报了工作总结。在此基础上，宁夏国土资源厅检查工作小组分别对各市的落实情况进行了实地抽查与指导，完成了2015年度全区测绘地理信息市场调研暨检查工作任务。

全年共受理并办结新申请乙级以下测绘资质单位26家，申请资质升级单位7家。完成全区24名注册测绘师申请材料初审工作，并通过国家测绘地理信息局审批。

【保密检查】

4月，宁夏国土资源厅成立涉密测绘成果检查领导小组，召开了首次工作会，联合自治区保密部门开展涉密测绘成果检查。检查以各市国土资源局为主，采取自查和抽查相结合的方式进行，重点检查测绘资质单位生产、使用和管理设施及相应制度，以及2013年6月～2014年12月期间领用的涉密测绘地理信息成果使用和管理情况。开展自查的单位140家，组织抽查74家，发出整改通知书26份，有关单位都按照要求及时进行了改正并上报整改情况。

【法制宣传】

8月29日，宁夏国土资源厅在银川举办“8·29”测绘法宣传日活动，组织银川市国土资源局以及10多家甲、乙级测绘资质单位共同参与，共发放测绘地理信息法律法规宣传手册1000份、地图产品500份、宣传画200份、宣传环保手提袋500个，接受现场咨询80多人次。利用报纸、网络、公益短信，扩大宣传影响，发送宣传短信2万多条。自治区新闻媒体以及部分城市电视台、报社等，对宣传活动进行了报道。各市、县（区）国土资源局及测绘资质单位在活动期间共悬挂各类横幅、垂幅80多条，制作宣传展板160多块、宣传专栏27个，设置广场宣传咨询点28个，出动宣传车20多辆，发放各类宣传彩页2万多份，接受群众咨询200多人次。

基础测绘

【基础测绘生产】

宁夏国土资源厅完成全区卫星导航定位连续运行基准站建设，用户覆盖全区各行业；完成2015年度国家测绘地理信息局委托1∶5万基础地理信息数据库更新的质量检查；开展1∶1万基础地理信息数据常态更新工作；完成110国道（镇北堡镇至闽宁镇）绿化景观改造工程测绘工作；完成同心—海原高速公路建设前期航空摄影工作，为中阿博览会信息化服务提供了基础地理信息数据服务。

【“十三五”规划】

宁夏国土资源厅完成全区基础测绘“十三五”规划工作方案的编制工作。成立了规划编制领导小组，开展了资料收集、前期调研和集中编写，形成了征求意见稿。向自治区发展和改革委员会、财政厅等12个部门征求意见，经修改完善后形成送审稿上报自治区政府。

【质量监督】

宁夏测绘产品质量监督检验站完成宁夏第一次地理国（区）情普查项目22个县（市、区）共5.19万平方千米成果的过程质量监督检查及成果验收任务；宁夏卫星导航连续运行基准站网（以下简称NXCORS）项目的检查验收工作；2015年度国家测绘地理信息局委托的宁夏全区1:5万地形数据库重点要素动态更新成果检查；数字宁夏1:1万基础地理信息数据更新665幅航测外业调绘的检查验收；数字中卫地理空间框架建设15平方千米1:500全数字地形图，75平方千米1:2000航测地形图，107平方千米DEM、DOM检查验收；数字灵武基准控制网测量及20平方千米1:500地形图测绘检查验收；数字固原地理信息公共服务平台、矢量电子地图、影像电子地图数据脱密成果检查验收；宁夏中北部土地开发整理重大工程6个项目区约130平方千米的勘测成果检查验收。

全年共检定GPS接收机、全站仪、经纬仪、水准仪、钢卷尺等各类测绘仪器1500多台（套）。

地图管理与地图服务

【地图管理】

7月，宁夏国土资源厅在全区开展地图市场检查工作。将移动互联网、新闻媒体、中小学教辅地图作为检查重点，组织各市、县（区）开展地图市场检查工作。会同相关部门，对在区内举办的展（博）览会进行专项检查。对地图广告中存在漏绘台湾岛、南海诸岛等问题的单位进行了限时整改。银川市国土资源局组织人员对辖区内的书店、车站等进行地图市场检查，发现1处新华书店售卖的地球仪和世界地图册中存在未标注钓鱼岛和赤尾屿等问题，责令下架并要求该书店对购进的地图全部进行清查。向全区互联网地图和地理信息服务单位推广了互联网地图标注过滤系统。

2015年，宁夏国土资源厅共核发审图号10个。

【测绘地理信息应用成果和地图网上展览宁夏馆】

4月，宁夏国土资源厅组织完成了测绘地理信息应用成果和地图网上展览的总体方案编制、素材收集工作，完成了设计制作和环境搭建。10月26日，举行全国测绘地理信息应用成果和地图网上展览宁夏展馆上线暨开通仪式。宁夏展馆的设计以伊斯兰风格为主线，体现了民族、地域特色。展馆运用三维实景技术模拟实体展馆，由序厅、主展厅、地图展厅、成果应用展厅和测绘技术装备与科普知识展厅组成，展出了包括NXCORS、数字城市、地理国情普查、“天地图·宁夏”和各类基础地图、专题地图等在内共150多件展品，展示了近年来尤其是“十二五”期间宁夏测绘地理信息取得的成果。

【国家版图意识宣传教育】

宁夏国土资源厅会同自治区新闻出版、教育部门以及当地国土资源局到银川市二十一小、逸馨苑社区和《宁夏日报》报业集团等2家报社开展“三进”活动。向参与单位赠送了《国家版图知识读本》及《宁夏回族自治区地图》，宣讲国家版图意识宣传教育的意义。完成了“美丽中国”第三届全国国家版图知识竞赛和少儿手绘地图大赛的预热准备工作。借助“8·29”测绘法宣传日，重点宣传国家版图知识。

测绘地理信息成果管理与应用

【测量标志管理】

3月，宁夏国土资源厅对同心县国家一等水准点（吴和34（11））迁建的申请进行了实地调查核实，向国家测绘地理信息局提交了关于标志迁建的请示及相关材料。组织同心县国土资源局、国测一大队和宁夏测绘产品质量监督检验站签订了三方协议，并监督有关单位做好标志迁建的后续工作。完成2015年度测量标志管理经费发放工作。

【成果管理与提供】

2015年，宁夏国土资源厅为地理国情普查、农村土地确权、基础测绘等重大项目和交通、水利、电力、煤炭等行业提供涉密测绘地理信息成果157件。

提供1∶1万纸质地形图896幅、电子地形图344幅，1∶5万纸质地形图679幅、电子地形图170幅，1∶10万纸质地形图9幅，控制点66个（GPS点34个、三角点11个、水准点21个），数字正射影像19362幅24.8TB，卫星影像52210平方米0.4TB。

地理信息产业

3月26日，宁夏国土资源厅召开了全区地理信息产业发展座谈会，各市、县（区）国土资源局、厅机关有关处（室）、厅直属有关事业单位、各有关行业单位、测绘企业的负责人共80多人参加会议。针对各行业单位提出的意见、建议，出台了《关于进一步促进全区测绘地理信息产业（单位）企业健康发展的通知》，从11个方面进一步明确了促进全区测绘地理信息产业发展的方向。

党的建设与文化建设

【党风廉政建设】

宁夏国土资源厅严格落实党风廉政建设责任制，从党组书记至党员干部层层签订了党风廉政建设责任书；建立处级以上干部廉政档案，采取“制度+科技”手段，前移惩防体系关口，加大违纪和廉洁自律有关规定查处力度；开展重点部门和单位内部巡视，对重点项目、重点工程、重大资金使用情况进行内部审计，督促整改落实。

【文化建设】

宁夏国土资源厅组织广大干部职工开展全民健身系列比赛活动；组织厅直机关团员代表与厅驻村工作队所在村小学开展结对共建，赠送学习用品。开展测绘宣传系列活动，全年在全国各类媒体发布测绘新闻300多篇，其中中央和地方主要媒体60多篇。

新疆维吾尔自治区

概况

2015年，新疆维吾尔自治区测绘地理信息局（以下简称新疆测绘地理信息局）在全国省级测绘地理信息行政主管部门2015年度测绘地理信息工作绩效考核中，获“特色工作创新单位”称号。

新疆测绘地理信息局系统全年完成测绘服务总值1.6亿元。新疆财政投入基础测绘经费4900万元。落实国家“十二五”支持重点地区（新疆）5个基础测绘工程项目2015年度中央预算内资金3000万元，落实自治区第一次地理国情普查经费8847万元。

完成自治区承担的48.18万平方千米普查及160多万平方千米普查成果汇总汇交工作，普查成果通过国务院普查办验收。完成“新源县地质灾害监测”“塔河流域地表覆盖变化监测”试点项目及“塔城地区耕地变化监测”项目。开展普查劳动竞赛、普查微电影制作和“普查故事会”征文等活动。

新疆测绘地理信息局印发《关于全面推进自治区测绘地理信息法治建设的实施意见》，修订实施《新疆维吾尔自治区实施〈测绘资质分级标准〉若干规定》，完成49项行政权力和责任清单梳理上报。审批55家单位测绘资质，完成2014年度测绘资质复审换证、测绘地理信息单位市场信用评价工作，对全区76家测绘资质单位开展巡查。开展国家版图意识“六进”活动和“8·29”测绘法宣传日活动。定期开展地图市场巡查检查，重点对2015亚欧商品贸易会、中国喀什·中亚南亚商品交易会等的展示宣传品进行检查。加强互联网地图服务网站、静态地图图片、涉密地图等审查力度，净化地图市场。查处1起台湾籍人员在疆非法测绘案件。会同国家安全和保密等部门开展联合检查，对全区547家重点单位地理信息保密情况进行专项检查，处理13家存在重大失泄密隐患的单位。投入400万元提升南疆四地州31个县（市）测量标志管理装备水平，建成乌鲁木齐市、赛里木湖风景区2座景观测量标志，重点维护55个高等级测量标志。

在全区新建卫星导航定位基准站点105个，开展1:1万基础测绘，在9个地州测制1:1万地形图2035幅，成图面积约5万平方千米。组织获取约1.25万平方千米航空航天遥感影像。完成1:1万基础地理信息数据库整合升级项目。全区14个地州市政府（行署）驻地城市的数字城市地理空间框架全部建成。新疆测绘地理信息应用成果和地图网上展馆上线运行，被评为优秀设计展馆。派出无人机组参与皮山县地震灾区服务保障并及时提供地震灾区高分辨率影像成果，为拜城“9·18”反恐行动提供保障。联合驻疆部队开展应急测绘保障综合演练。出版新疆首部历史图册《地图上的中国新疆》，新修编汉文、维吾尔文、哈萨克文版《新疆维吾尔自治区地图集》。

国家测绘地理信息局支持在新疆建立卫星测绘应用中心新疆分中心和中亚地理信息开发利用国家测绘地理信息局工程技术研究中心2个科研平台。中央预算内及自治区财政投入4000多万元购置一批高新尖设备，研发多个生产软件，一批项目、产品获国家级、省部级奖项。举办中亚地理信息技术国际研讨会，召开全国测绘地理信息援疆工作会议，援建的疏附县塔什米里克乡琼巴格村便民综合服务中心竣工使用。各对口支援省市相关单位和测绘地理信息企业开展对口援建实地调研，推动一批援疆项目落地实施。

重点工作推进

【数字城市建设】

2015年，全疆14个地州市政府（行署）驻地城市的数字城市地理空间框架全部建成。加强公众版、政务版自治区地理信息公共服务平台建设，初步形成跨地区、跨部门协同式地理信息网络服务和应用体系。政务版公共服务平台接入自治区党委信息中心电子政务内网。新疆测绘地理信息局与自治区环保厅开展共享合作。组织完成乌鲁木齐、克拉玛依、库尔勒、博乐、吐鲁番、昌吉、伊宁市和新源县的数字城市验收及成果汇交工作。组织开展哈密市数字城市建设立项、签约、设计书评审等工作。组织数字城市建设单位技术骨干、有望开展智慧城市建设的地州市领导参加国家测绘地理信息局举办的智慧城市时空信息云平台建设相关会议与培训。

【“天地图·新疆”建设】

新疆测绘地理信息局完成“天地图·新疆”15~17级数据融合，并在政务版和公众版统一部署和发布，首次实现“天地图·新疆”矢量数据全覆盖。完成自治区园区地理信息、兵团分布和医疗机构分布等政务信息收集、集成及上线发布；开展基于“天地图·新疆”的领导工作用图、教育专题、主体功能区规划展示与决策系统、园区地理信息查询系统等建设；完成“天地图”乌鲁木齐市、喀什地区政务信息维吾尔文翻译工作，扩大“天地图·新疆”的应用领域。引导行业单位参加第三届天地图应用开发大赛，协调“大赛宣传行”到新疆大学开展宣传活动。新疆基础地理信息中心开发的“新疆维吾尔自治区测绘生产车辆安全监控系统”获第三届天地图应用开发大赛二等奖。

【地理国情普查监测】

新疆测绘地理信息局组织完成自治区承担的48.18万平方千米普查及160多万平方千米普查成果汇总汇交工作，普查成果通过国务院普查办验收，成果优良率超过85%。地理国情监测稳步推进，完成“新源县地质灾害监测”“塔河流域地表覆盖变化监测”试点项目及“塔城地区耕地变化监测”项目，加快推进“新疆地理国情遥感监测系统”建设。联合自治区总工会开展普查劳动竞赛；与自治区人力资源和社会保障厅共同举办职业技能竞赛，优胜团体组成新疆队参加第四届全国测绘地理信息行业职业技能竞赛，获地图制图赛项团体三等奖、总排名第九。做好普查宣传，开展普查微电影制作和“普查故事会”征文等活动。

【机构建设】

3月，新疆维吾尔自治区测绘档案资料馆（基础地理信息中心）加挂国家测绘地理信息局卫星测绘应用中心新疆分中心牌子。5月，新疆维吾尔自治区测绘科学研究院（中国测绘科学研究院新疆分院）加挂中亚地理信息开发利用国家测绘地理信息局工程技术研究中心牌子。

法制建设与市场监管

【立法工作】

新疆测绘地理信息局下发《新疆维吾尔自治区实施〈测绘资质分级标准〉若干规定》。协助国家测绘地理信息局做好《中华人民共和国测绘法》修订的调研、论证工作。做好《新疆维吾尔自治区地图管理办法》修订调研工作。对2015年8月30日之前制定的规范性文件进行清理，并按规定向社会公示。7 月，制定出台《关于全面推进自治区测绘地理信息法治建设的实施意见》。

【行政执法】

新疆测绘地理信息局完成两轮部门权力清单和权责清单填报修改等工作。清理 7 项行政许可事项的行政审批服务指南、行政审批程序、行政审批各种样表等，在局网站公示。对全疆行政执法组织体系、开展执法培训情况、联合执法情况及重要举措进行梳理并上报相关材料。完成测绘行政执法证申领和信息录入工作。9 月，组织全疆 53 名行政执法人员参加全国测绘行政执法培训班。与有关部门建立测绘地理信息行政执法工作机制，完成各类执法检查。严格涉外测绘活动监管，联合自治区国家安全部门调查 2 起涉外案件，查处 1 起台湾籍人员在新疆非法测绘案件。

【资质管理】

新疆测绘地理信息局修订出台《新疆维吾尔自治区实施〈测绘资质分级标准〉若干规定》，放宽全疆测绘资质申请条件，组织完成测绘资质年度报告工作。审核批准新申请测绘资质单位 25 家、升级 13 家、增加业务范围 17 家；办理测绘作业证注册 12 个。完成 2014 年测绘资质复审换证工作。1 月，在局门户网站公示全疆测绘资质复审换证结果。全疆 394 家测绘资质单位中，17 家甲级测绘单位通过国家测绘地理信息局审核；其余 377 家测绘单位中，通过复审换证的 342 家、核减业务范围的 19 家、注销的 9 家、被要求整改的 6 家、降级的 1 家。9 月，组织开展全疆测绘资质巡查工作。巡查 13 家甲、乙级测绘资质单位，63 家丙、丁级测绘资质单位，巡查比例占资质单位总量的 18.8%。对 1 家测绘单位做出降级处理的决定。

【法制宣传】

4 月，新疆测绘地理信息局组织参加自治区第 12 个“宪法法律宣传月”系列活动。组织局系统 254 人参加自治区“学习宪法尊法守法”知识竞赛；组织局系统参加自治区“学法达人”月月赛活动，共有 100 多名职工参与手机微信答题。对局系统内“六五”普法工作进行总结，参加自治区“六五”普法成果展，报送“普法工作 30 周年”征文 8 篇。

“8·29”测绘法宣传日期间，全疆各地共悬挂测绘法宣传横幅 265 条，摆放宣传展板 174 块，发放宣传画 5750 张、宣传资料 4.2 万份，出动宣传车 17 辆，发送测绘法宣传公益短信 555 万多条。

基础测绘

【测绘基准体系建设】

新疆测绘地理信息局 2015 年新建 105 个基准站，完成新疆现代测绘基准体系数据中心服务系统建设项目设计书、项目实施方案的编制和评审工作，完成机房改造工作。起草《加快 2000 国家大地坐标系推广使用的函》，推进 2000 国家大地坐标系应用，在 1:1 万基础测绘、大比例尺地形图以及数字城市地理空间框架建设中使用 2000 国家大地坐标系。全年共批准建立奇台县、哈巴河县 2 个相对独立平面坐标系统。

【基础航空摄影】

新疆测绘地理信息局向国家测绘地理信息局申请 2015 年 1:1 万基础测绘航空摄影 81151 平方千米。组织获取伊犁州尼勒克航空摄影 1296 平方千米，采购阿勒泰边境地区卫星影像 1.13 万平方千米，全部完成验收并汇交国家测绘地理信息局。

【基础测绘测图】

2015 年，新疆财政投入基础测绘经费 4900 万元。新疆测绘地理信息局与塔城地区等 9 个地（州、市）签订 1:1 万基础测绘项目实施协议，安排 19 个测区 1:1 万地形图测绘 2035 幅，面积约 5 万平方千米。建设完成 1:1 万基础地理信息数据库，入库 1:1 万地形图“3D”数据 1.7 万多幅。

【质量监督】

新疆测绘地理信息局完成 2014 年跨年度基础测绘项目和 2015 年基础测绘项目的成果质量检验，共验收 31 批次。开展地理国情普查过程质量监督检查与成果验收，配合国务院普查办开展过程质量监督巡查，完成地理国情普查标准时点核准检查，共 80 批次。完成国家 1:5 万地形数据库重点要素 2014 年度动态更新生产（新疆辖区）成果质量抽查 1 批次。完成自治区测绘资质单位定期检验 35 批次，33 家合格、2 家不合格。完成市场委托检验 43 批次。完成各类仪器检定校准 848 台，其中 GNSS 接收机 473 台、全站仪 216 台、水准仪 159 台。

【测绘援疆】

5 月，全国测绘地理信息援疆工作会议在乌鲁木齐召开，国家测绘地理信息局与自治区政府签订共同推进新疆社会稳定和长治久安测绘地理信息保障能力建设合作协议，浙江、福建等省测绘地理信息局及国家测绘地理信息局有关直属单位与新疆相关受援方签订一系列援建合作协议。国家测绘地理信息局及其直属单位在新疆测绘成果档案馆、相关重大项目建设，以及科研平台建设、中亚地理信息技术国际研讨会举办、成果提供、人才培养等方面给予支持，援建的疏附县塔什米里克乡琼巴格村便民综合服务中心竣工使用。各对口支援单位和测绘地理信息企业开展对口援建实地调研，推动大比例尺地形图测制、人才培训、资金设备援助等一批援疆项目落地实施。

【安全生产】

新疆测绘地理信息局与局属各事业单位签订年度安全生产目标管理责任书，并将安全生产情况纳入事业单位绩效考核体系。印发《测绘生产车辆安全监控系统使用管理规定》，在生产作业车辆上安装自主研发的测绘生产车辆安全监控系统。在重要节日和敏感节点，集中开展安全生产大检查，实行24小时值班制，做好应急预案启动准备。在极端天气来临前、特殊时期，及时向在新疆执行外业测绘任务的有关人员通报情况，帮助解决问题。全年未发生安全生产事故。

地图管理与地图服务

【地图审核】

新疆测绘地理信息局全年共受理审核地图118件1298幅图，并完成备案工作。

【地图编制与出版】

新疆测绘地理信息局组织完成国家测绘地理信息局试点项目——昌吉市、哈密市地图集编制工作。编制出版《地图上的中国新疆》《新疆维吾尔自治区地图集》《2015年村级惠民生工程项目分布及实施进度示意图》《2015年新疆维吾尔自治区重点建设项目分布挂图》。制作《疏附县塔什米力克乡辖区管理模型》沙盘。为自治区公安厅特警总队制作全疆特警警力分布图。

【地图市场监管】

新疆测绘地理信息局组织新疆维吾尔自治区国家版图意识宣传教育和地图市场监管工作领导小组17家成员单位召开工作联席会议，制定自治区地图市场监管2015年工作要点。组织各地州市测绘地理信息行政主管部门对2015亚欧商品贸易博览会、中国喀什·中亚南亚商品交易会等登载、展示地图宣传品情况进行检查，会同文化、工商等相关部门开展专项检查，清理不符合规定的互联网、新闻媒体、中小学教辅的地图。加强互联网地图监管，利用互联网地图检查系统软件及时完成信息推送。

【地图公共服务】

新疆测绘地理信息局全年为自治区党委、政府及政法、发展改革、公安、部队等部门无偿提供各种比例尺地形图1502幅，控制成果2215点，图集、挂图等公开版资料1938册（幅）。为塔城库鲁斯台草原生态修复规划工作制作系列专题图，向来疆慰问的中央代表团、电视台、西水东引项目等提供各类测绘成果，为自治区60周年建设成果展览提供系列地图资料。

【测绘地理信息应用成果和地图网上展览新疆馆】

10月26日，新疆测绘地理信息应用成果和地图网上展览馆正式上线运行。展馆以“十二五”期间测绘地理信息服务新疆社会稳定和长治久安为主线，展出110件成果。6个展厅、24个展台分别从服务经济建设、应急测绘保障、决策保障服务、公共服务和测绘援疆成果等6个方面展示测绘地理信息保障服务的实例。展馆被评为优秀设计展馆，3件展品获优秀展品称号。18件展品入选国家主展馆及国家地图展馆。

【国家版图意识宣传教育】

新疆测绘地理信息局以“进媒体”为重点，借助报社、广播电台等媒体平台，通过发放载有国家版图知识的鼠标垫、发送公益短信等多种方式开展国家版图意识宣传教育进媒体进社区活动，推进国家版图意识宣传教育“六进”活动。协助自治区教育、工商、商务、新闻出版、兵团等单位开展本系统国家版图意识宣传教育工作。在各类培训班设置地图管理课，普及国家版图知识，讲解地图管理法律法规。

测绘地理信息成果管理与应用

【成果管理与提供】

新疆测绘地理信息局全年接收基础测绘1:1万地形图1253幅。完成组卷归档90卷、发图审批单41卷、其他资料56卷。提供成果资料1073人次，提供地形图6675幅、控制成果6874点、各类测绘地理信息成果数据 14.5TB。

【成果汇交】

2015 年，新疆测绘地理信息局完成 2014 年度全疆 329 家测绘单位的测绘成果汇交工作，整理、编纂测绘地理信息成果目录 9 类 2578 项。汇交目录在新疆测绘地理信息局门户网站上发布。

【涉密成果管理】

新疆测绘地理信息局共办理涉密测绘地理信息成果审批事项 1073 批次。组织全疆各地（州、市）开展涉密测绘成果使用跟踪监管工作。组织开展 2015 年测绘地理信息保密专项检查工作，组织 426 家重点单位完成自查；抽查 121 家，向 67 家单位下发限期整改通知书。修订《利用属于国家秘密的测绘成果的审批程序》，建立测绘成果核心涉密人员登记备案制度和岗前审查制度，全区已登记备案核心涉密人员 481 人。分 3 批次对全疆 291 名涉密成果管理人员进行培训，为 5 家重点单位专题讲授涉密成果保密管理课程。

【测量标志管理】

新疆测绘地理信息局为南疆 4 地州的 31 个县（市）配备测量标志管理装备，提升测量标志管理水平。全年共批准拆迁测量标志申请 2 个。下达乌鲁木齐、巴州、石河子、昌吉、阿勒泰、哈密、吐鲁番、阿克苏 8 地 55 个重点永久性测量标志维护工作任务。前往伊犁、昌吉、博州 3 地对 2014 年重点测量标志保护及景观型测量标志工作进行验收，提出整改意见。

【应急保障】

新疆测绘地理信息局建成由机载航空摄影设备、集群式影像快速处理系统构成的现场区域数据获取装备体系，建成多种无人机、车载地面视频采集系统、应急遥感影像快速处理系统构成的地理信息应急监测体系。建设应急测绘指挥中心，建立应急测绘资料图库。组建自治区级测绘应急保障队伍。开展皮山应急测绘实战，与总参某测绘导航基地联合举行应急测绘保障演习。开展汛期应急测绘保障工作。首次投入测绘应急分队参加新疆皮山县 6.5 级地震应急处置，及时提供地震重灾区高清影像图和《皮山县 6.5 级地震影响范围影像图》等 6 类专题图。

【共建共享】

新疆测绘地理信息局完成与国家测绘地理信息局、各省测绘地理信息局间的辅助决策用图共享工作，向国家测绘地理信息局汇交辅助决策用图 11 件，向浙江省测绘与地理信息局提供系列地图；接收国家测绘地理信息局援助的测绘地理信息成果数据及系列图集图册。在自治区发改、国土、教育、交通等 8 个部门开展地理信息公共服务需求调研，与自治区环保厅签订《地理信息资源合作框架协议书》。推进测绘融合国土资源，促进了基础测绘、地理国情监测、数字城市等建设成果在国土资源管理工作中的应用，承担农村土地承包经营权确权登记颁证项目试点工作。

【军地测绘融合】

新疆测绘地理信息局参加西北五省军地导航合作会议，与军区某部队签署《战略合作框架协议》，向该部队提供 3900 幅 1∶1 万地形图数据，开展数据共享工作。向武警黄金八支队、新疆军区所属部队、总参西北卫星中心站，新疆军区信息中心等部队提供测绘地理信息成果。军地协作共同完成西藏阿里测区摄影测量项目。为部队制作 5 个沙盘模型。

地理信息产业

新疆测绘地理信息局举办学习自治区政府办公厅《关于促进自治区地理信息产业发展的意见》（以下简称《意见》）培训班及座谈会，全区各地州市测绘地理信息行政主管部门、财政部门及局机关、所属事业单位 50 多人参加培训。

开展全疆地理信息产业发展现状调查，向全疆 402 家测绘单位下发调查问卷，就如何促进自治区地理信息产业发展征询意见，收回问卷 210 份。撰写专题文章，通过天山网视频栏目向社会各界宣传《意见》的意义。开展地理信息产业园建设调研，形成调研报告，并将促进产业发展纳入“十三五”规划编制。

科技创新与人才培养

【科技创新】

新疆测绘地理信息局编制出台科技创新管理办法，安排专项经费用于测绘科技创新与应用，开展科技管理与研发工作。建立科技大讲堂制度，6 月 24 日，第一期“测绘科技大讲堂”活动正式启动。完成 2015 年局属单位科技项目申报工作。起草局“十三五”科技发展规划。

新疆维吾尔自治区基础地理信息中心完成的“自治区测绘地理信息局测绘生产车辆安全监控系

统”获第三届天地图应用开发大赛二等奖。

【人才培养】

新疆测绘地理信息局增选局青年学术与技术带头人4名，总数达到8人。推荐申报新疆天山英才工程、公派出国留学等人才培养计划。选派7人参加各级党校和行政学院的脱产培训，选派1人赴江苏省国土资源系统挂职锻炼。完成年度新疆区域注册测绘师资格考试、测绘系列中初级职称评审、职业技能鉴定等工作。国家测绘地理信息局安排14名专家、技术人员到新疆挂职工作或开展技术指导，接收13名新疆测绘技术骨干到直属单位学习、2名新疆测绘管理人员到直属单位挂职学习。5月，举办自治区测绘地理信息职业技能竞赛。组织参加第四届全国测绘地理信息行业职业技能竞赛，获地图制图赛项团体三等奖。全年选拔任用县处级干部14名，对3名正处级领导干部进行轮岗交流。指导5个局属事业单位制定干部考察方案，调整事业单位副处级干部1名。提拔任用少数民族基层选调干部1名。开展局领导班子成员推荐和副厅级后备干部调研等工作。

【干部教育培训】

新疆测绘地理信息局全年举办行政执法、继续教育、涉密测绘成果管理等培训班6期，累计培训797人次。组织全疆375人参加测绘地理信息继续教育培训班；137人参加测绘地理信息中初级专业技术职务资格评审，共113人通过评审；238名技术人员参加注册测绘师考试，46人通过。

党的建设与精神文明建设

【“三严三实”专题教育】

新疆测绘地理信息局制定“三严三实”专题教育实施方案，局党组成员讲授专题党课4场，局党组开展中心组集中学习研讨9次，13名处级领导干部进行会议集中发言，局机关各学习小组集中学习研讨10次、自学6次，处级领导干部人均撰写心得体会和发言提纲4篇。5月，在中国延安干部学院举办新疆测绘地理信息管理干部“三严三实”专题教育培训班，50人参加。开展“责任心建设”专项活动。开展机关干部下基层活动，3批13名局机关干部先后到南北疆测区锻炼。

【党建工作】

新疆测绘地理信息局全年开展中心组学习13次，落实党风廉政建设党组主体责任、纪检组监督责任，落实中央八项规定和自治区党委十条规定，严肃财经纪律和资金管理。做好发展党员工作，选派8人参加区直机关党员发展对象培训班，吸收4人为预备党员。开展党员关怀救助活动，组织慰问抗战老红军、基层老党员、全国及自治区劳动模范、先进工作者及困难党员。选树4名局先进典型。表彰奖励2014年度10个先进基层党组织、25名优秀党员、10名优秀党务工作者。

【党风廉政建设】

新疆测绘地理信息局召开局系统2015年党风廉政建设工作会议，局党组与局属各事业单位签订党风廉政建设责任书。开展第17个党风廉政教育月活动，组织党员干部观看反腐倡廉警示教育片、反腐倡廉获奖公益短片，组织开展廉政专题自学和集体学习。在局OA办公系统每周发送廉政警示语，在局门户网站刊发党风廉政建设动态信息，组织局领导和重点岗位处级干部12人参加自治区纪委举办的季度廉政大讲堂。开展全局新提拔处级、科级干部任前廉政知识测试。开展“廉洁测绘在身边”警示语征集评选活动，共征集到廉政警示语130条。45名处级干部撰写《习近平关于党风廉政建设和反腐败斗争论述摘编》心得体会。邀请自治区党校老师举办廉政专题讲座。

【民族团结工作】

新疆测绘地理信息局鼓励汉族职工和少数民族职工技术结对子，优才带新手，选派优秀少数民族干部参加自治区少数民族专业骨干培养计划，组织少数民族干部赴党校、行政学院培训。全年有14名少数民族干部获得提任、轮岗或取得专业技术任职资格，占全局少数民族在职职工人数的18.9%。推荐2个民族团结先进典型，1个自治区民族团结进步模范先进集体。1名职工的家庭获“自治区最美家庭”称号。开展以“增强法制意识、远离宗教极端”为主题的第14个公民道德建设月活动。局“访惠聚”工作组累计开展“去极端化”教育宣讲21次，受教育群众6000多人次。选派1人参加社区民族团结暨“去极端化”知识竞赛，取得第一名。

【精神文明建设】

新疆测绘地理信息局成立篮球队、舞蹈队、合唱队、羽毛球队，组织职工户外健身、举办“趣味体育比赛”和“经纬杯”职工篮球赛。开展自治区第14个公民道德建设月活动、第33个民族团结教育月活动。全年举办道德讲堂3次。开展综合治理

（平安建设）创建和“去极端化”宣传教育活动。在疆内外媒体上发布信息600多篇，局门户网站登载信息1000多篇。

新疆测绘地理信息局1个集体保持国家级青年文明号称号，2个集体保持自治区级青年文明号称号，4个集体保持区直机关级青年文明号称号。1个集体获自治区直属机关“五四红旗团支部（总支）”称号，2个集体成功创建区直机关级学习型“新机关建设青年示范岗”，5个集体申创了自治区“青年安全生产示范岗”，2个集体申创了国家级“青年安全生产示范岗”。

新疆测绘地理信息局“访惠聚”（新疆维吾尔自治区各级干部深入基层“访民情惠民生聚民心”活动）工作组完成疏附县塔什米里克乡琼巴格村336户村民的入户调查、走访慰问、捐赠帮扶等工作。援建道路，开网店、微店帮助村民销售特色产品，召开“去宗教极端化”现场会、收押人员家属情况分析会、宗教人士座谈会。为县乡村各级政府制作影像图和行政区划图，为塔什米里克乡航拍并制作200多平方千米的高清影像，为县委县政府制作疏附县行政区划图、影像图，向各级领导及学校赠送图集、图册共120本。

对岳普湖县艾西曼镇恰喀村开展包村定点扶贫工作。全年局各级领导下村调研6人次，慰问定点扶贫村贫困户及低保户2次。

地方社团工作

【学术交流】

5月12日～13日，新疆维吾尔自治区测绘行业协会组织会员单位参加资质单位负责人培训。8月8日，新疆维吾尔自治区测绘学会组织会员单位50多人参加2015中国地理信息科学理论与方法学术年会。10月22日～23日，测绘学会组织会员单位15人参加中国测绘地理信息学会2015年学术年会。

【科普培训】

3月3日，新疆维吾尔自治区测绘学会举办全球卫星导航系统相关服务与研究报告会，70多名技术人员参加；3月31日，在乌鲁木齐市举办自治区第八期涉密测绘成果管理人员岗位培训班，126人参加培训。6月25日，举办“倾斜摄影百城巡展”乌鲁木齐站活动，100多人参加。7月11日～13日，联合举办注册测绘师考前重点难点强化培训班，98人参加培训。7月16日，联合举办2015年首届民用无人驾驶航空器系统驾驶员培训班，19人参加培训。9月8日，联合举办“互联网＋时代的地理平台”研讨会，100多名技术人员参加。11月13日，联合举办新形势下不动产统一登记——不动产测绘与土地权属、地籍房产测量新技术应用及案例分析专题培训班，120多人参加培训。11月20日，举办无人机合法化运营专题培训班，80多人参加培训。

【科技奖励】

2月，新疆维吾尔自治区测绘学会组织评选2013～2014年度优秀地图作品，从23个申报作品中评选出13个获奖作品。8月12日～15日，组织会员单位14名技术人员参加西北地区第十七届测绘地理信息学术与科技信息交流会，8篇论文获优秀奖。11月，评选出自治区2013～2014年度测绘地理信息优秀科技论文18篇。

新疆生产建设兵团

概况

2015年，新疆生产建设兵团国土资源局（以下简称兵团国土资源局）完成测绘项目252项，实现产值约8200万元。

5月，国家测绘地理信息局局长库热西·买合苏提到兵团国土资源局调研指导测绘地理信息工作，要求“兵团要尽快建立健全测绘地理信息管理机构，按照测绘地理信息管理有关规定，加强兵团测绘地理信息管理工作”。兵团国土资源局认真贯彻落实会议精神，加强与兵团对口援疆工作领导小组办公室的协调，指导各师（市）国土资源局与对口支援兵团的省市援疆指挥部进行沟通和对接，督导各师（市）国土资源局建立健全测绘地理信息管理机构，测绘地理信息工作保持了平稳较快发展。

重点工作推进

【管理机构建设】

兵团国土资源局协调相关部门，督促指导设市的国土资源局加挂测绘地理信息局牌子，实行一个机构、两个牌子，履行县（市）级测绘地理信息行政职能。至年底，第八师石河子市及第十师北屯市设立了相关机构，履行了相关职能。

【测绘地理信息援疆工作】

5月15日，国家测绘地理信息局在乌鲁木齐召开全国测绘地理信息援疆工作会议。会后，兵团国土资源局督促各师与对口援助省市测绘地理信息主管部门进行对接，测绘援疆工作取得实质性进展。完成1:500地形图测绘40平方千米、1:1000地形图测绘150平方千米。

【法制宣传】

兵团国土资源局组织开展2015年测绘法宣传日活动。共设立宣传站20处，制作宣传板报400多块，悬挂宣传横幅200多条，发放宣传材料1.2万多份，发送公益短信17万多条。

基础测绘

【规划与计划】

兵团国土资源局与兵团发展和改革委员会配合，协调兵团勘测规划设计院（集团）有限责任公司等相关测绘单位制定了兵团基础测绘“十三五”规划和兵团2016年度基础测绘计划。

【基础测绘项目】

兵团国土资源局完成兵团边境团场城镇化基础测绘任务，涉及10个师的58个边境团场，总面积约130平方千米。在利用已有测绘成果资料的基础上，运用航空摄影测量和外业测图结合的方法完成1:1000地形图测绘。

【无人机倾斜摄影系统】

兵团勘测规划设计研究院（集团）有限责任公司对无人机常规摄影测量系统进行改进，将无人机技术与倾斜摄影技术有效结合，自主组装2套无人机倾斜摄影系统。全年共获取约2800平方千米的影像数据。

测绘地理信息成果管理与应用

【涉密成果管理】

兵团国土资源局督导兵团勘测规划设计院（集团）有限责任公司开展测绘地理信息成果保密宣传教育，组织涉密测绘地理信息成果生产单位和使用单位全面自查。全年受理涉密测绘地理信息成果申领使用3项，全部按时办结。

【测绘档案管理】

兵团国土资源局督导兵团勘测规划设计院（集团）有限责任公司完善测绘档案管理制度，档案管理达到科技事业单位国家二级档案管理标准。相关档案管理人员取得上岗培训证书。

【应用推广】

兵团国土资源局组织完成兵团重点地区洪水风险图编制、兵团山洪灾害调查、兵团水利基础数据库管理系统建设、兵团第二师基础水利信息平台建设等任务。

【科技奖励】

兵团勘测规划设计院（集团）有限责任公司合资企业新疆智道信息科技有限责任公司的“奶牛监测记步定位仪”和“社会渠道分销运营平台”2个项目分别获兵团首届创新创业大赛一等奖和优秀奖。QC小组完成的“提高GPS高程拟合精度和效率”获国家勘察设计协会优秀QC三等奖。

党的建设与文化建设

【党建工作】

兵团国土资源局全年组织党员干部上党课5次、中心组学习12次，召开党总支委员会9次。兵团国土资源局党总支制定了《兵团国土资源局“三严三实”专题教育前期准备工作计划》，下发了“三严三实”专题教育实施方案。反复征求基层的意见和建议，围绕存在问题开展了研讨和检查，举行“三严三实”应知应会理论知识测试。兵团党委组织部开展“强党性、强法制、强责任、强基层”专题教育部署活动，兵团国土资源局制定《四强专题教育实施方案》，局总支以“落实‘四强’要求，服务职工群众”为主题，召开专题座谈会部署启动。局总支定期对支部党员参加“三会一课”等组织生活的情况进行经常性督促检查。制定《兵团国土资源局党总支发展党员计划》，预备党员按期转正1名，发展预备党员1名。

【党风廉政建设】

兵团国土资源局召开了兵团国土资源系统2015年党风廉政建设视频会议，制定印发《2015年兵团国土资源纪检工作要点》。开展了2次以中央八项规定落实情况为重点的实地检查督导工作。将中央加强党风廉政建设和反腐败工作9个方面99条摘录整理成册，发给局机关全体党员学习。制定《兵团国土资源系统落实党风廉政建设责任制检查考核办法》，将党风廉政建设考核内容和党风廉政方面出现严重问题"一票否决"纳入到兵团国土资源局机关绩效考评细则和师（市）国土资源局责任目标考核办法。起草了《兵团国土资源局全面清理行政权力推行权力清单制度工作方案》。印发《关于在兵团各级国土资源部门推行权力清单制度的通知》，做好职权清理和权力清单及责任清单的梳理、审核等工作。

【文化建设】

6月，兵团国土资源局联合国家土地督察西安局土地例行督察组开展第25个全国土地日主题宣传和纪念建党94周年活动。7月，组织到第六师五家渠市参观王震将军纪念馆和军垦博物馆及兵团民兵建设基地并组织座谈讨论。8月，组织参观兵团保密警示教育基地。9月，组织退休党员干部参观兵团团场城镇化建设。组织党员干部参观自治区成立60周年成果展，观看警示教育片和优秀影片并撰写心得体会。组织师（市）国土资源局编制地质灾害应急预案及防灾方案，参与地质灾害灾情隐患排查工作。组织纪念中国人民抗日战争暨世界反法西战争胜利70周年系列活动。

【访民情惠民生聚民心工作】

兵团国土资源局选派4名干部组成"访惠聚"工作组进驻第三师51团15连。局机关联合乌鲁木齐广播电视台、中华联合财产保险股份有限公司新疆分公司等单位筹集款项及物资为15连改善基础设施，为贫困群众捐赠衣物及慰问金，在连队举办技术讲座，开展文体活动。工作组被评为第三师"访惠聚"活动2015年度先进工作组。

协助扶贫帮困团场137团编制《新疆兵团第七师一三七团国民经济和社会发展第十三个五年规划纲要》。推动阿吾斯奇牧场5A级旅游景区的申报工作，部署开展阿吾斯奇牧场地质灾害防治工作。

青岛市

概况

2015年，青岛市国土资源和房屋管理局对青岛市市南区、市北区及李沧区1∶500、1∶2000及全市域1∶5000地形图进行全面更新，更新后的成果在数字青岛地理信息公共平台上发布。利用数字青岛地理信息平台为青岛市120急救中心、黄岛区综合治理管理等多个部门提供在线服务。开展测绘资质巡查、测绘地理信息保密检查、测绘地理信息成果质量监督检查、地图市场专项检查，对青岛市测绘地理信息市场进行规范整治。发挥青岛在地图文化方面的优势，以地图文化普及宣传为牵引，与市教育局联合举办"爱我中华"国家版图知识宣传年活动，在中华人民共和国水准零点景区设立测绘地理信息科普基地。

重点工作推进

【数字城市建设】

青岛市国土资源和房屋管理局对数字青岛地理信息公共平台进行更新维护和推广应用，51个专业应用系统在线使用公共平台运行。数字莱西、数字黄岛、数字崂山建设完成。会同市经济和信息化委员会共同开展智慧城市建设研究工作，已完成"智慧青岛"时空信息云平台的总体思路、工作计划。

【地理国情普查】

青岛市国土资源和房屋管理局组织完成4市3区地理国情普查成果的统计工作，收集完成地理国情普查标准时点核查资料，结合普查业务同步开展普查宣传工作。

法制建设与市场监管

【行政许可事项清理】

青岛市国土资源和房屋管理局完成测绘行政许可事项清理工作，清理保留测绘类行政许可事项2项、测绘类服务监督事项4项，规范性文件3件。编写行政审批事项业务手册、服务指南和审批后监督检查管理办法，对已完成的行政审批事项，通过信息公开、网上公示等手段进行事后监管。

【市场监管】

青岛市国土资源和房屋管理局开展测绘资质巡查、测绘成果质量监督检查、测绘地理信息保密检查，联合青岛市国家保密局、山东省测绘产品质量检验站成立3个检查组，3项检查相结合，共检查企业60家，向5家不符合要求的企业下达整改通知书，责令限期整改。

【法制宣传】

青岛市国土资源和房屋管理局开展“8·29”测绘法宣传日活动，主会场设立在国家水准零点测绘地理信息科普教育基地。科普教育基地场馆外树立国家测绘地理信息局第一大地测量队测绘铜像，摆放大型专题宣传展板10块，发放宣传资料2000多份；科普教育基地室内展厅增设测绘地理信息科普知识、中国测绘发展历史沿革等专题，现场播放数字青岛宣传片等，进行法制宣传。

【资质管理】

青岛市国土资源和房屋管理局组织完成测绘资质年度报告公示工作，全市符合上报2014年测绘资质年度报告的单位共有92家（其中乙级16家、丙级32家、丁级44家），年度报告全部在青岛市国土资源和房屋管理局门户网站向社会公示。

青岛市行政审批服务大厅全年依法受理、审核新申请测绘资质单位11家、测绘资质升级8家、业务范围变更31家。截至年底，全市共有测绘资质单位107家，其中甲级4家、乙级19家、丙级36家、丁级48家。

基础测绘

青岛市国土资源和房屋管理局组织完成1:500、1:2000数字测图更新及基础地理信息数据更新入库等任务，施测区域涵盖市南区、市北区和李沧区。其中1:500数字线划图3382幅，更新面积200平方千米；1:2000数字线划图270幅，更新面积270平方千米。完成全市域10654平方千米1:5000数字线划图快速更新及数据入库任务，更新图幅2005幅。启动《青岛市“十三五”基础测绘规划》和《青岛市测绘地理信息产业发展意见》编制工作。

地图管理与地图服务

【地图市场监管】

青岛市国土资源和房屋管理局会同市国土资源执法监察支队开展地图市场检查，以新华书店、车站、会展中心为重点区域，重点对中小学地图教辅材料、新闻媒体使用地图、互联网地图及导航地图产品进行检查。从检查情况看，青岛市地图市场总体比较规范，未发现违法违规地图产品。

【国家版图意识宣传教育】

青岛市国土资源和房屋管理局与青岛市教育局联合举办“爱我中华”国家版图知识宣传年活动，全市中小学生代表及学生家长共100多人参加了启动仪式，青岛电视台、青岛日报、晚报等多家媒体对活动进行了报道。11月，在青岛市图书馆举办为期2周的“爱我中华”国家版图知识宣传展。在中华人民共和国水准零点景区设立测绘地理信息科普基地，组织部分中小学校在测绘科普基地举行开学典礼。

测绘地理信息成果管理

【成果管理】

青岛市国土资源和房屋管理局组织全市测绘地理信息单位开展成果汇交工作，共汇交测绘地理信息成果目录132项、副本53项。对外提供各种比例尺地形图1476幅、控制点29点、卫星影像数据500多景190GB。完成测绘地理信息项目登记63项。

【测量标志普查】

2015年，青岛市国土资源和房屋管理局组织对青岛市测量标志进行全面普查，共普查不同等级测量标志点1120座，其中三角点74座、水准点237座、GPS点809座。根据普查结果，对需重点保护的测量标志加强巡查和维护力度，利用山东省测量标志动态监管系统，实现高等级及重点标志点的日常巡查、维护、迁建的网络化管理。落实青岛市连续运行基准站（QDCORS）管护经费，与QDCORS站所在的国土所签订管护协议，保证基准站的稳定运行。

大连市

概况

2015 年，大连市不断加强测绘地理信息保障服务能力和公共服务水平建设。完善大连市地理信息公共平台建设，进一步推广“天地图·大连”应用，配合辽宁省测绘地理信息局完成大连地区地理国情普查任务，进行地形图更新，按计划开展现有测绘成果向 2000 国家大地坐标系转换，完成地理信息数据更新、测量标志普查管护，完成测绘地理信息统计工作。全年受理各类文件、报件 704 件，全部按时办结。对外发文 54 件。

重点工作推进

【大连市地理信息公共平台建设及应用】

基于大连市地理信息公共平台开发运行的各部门业务系统已接近 30 个，新增 3 个政府部门应用系统。对政务专网版、互联网版（“天地图·大连”）和决策版地理信息公共平台进行完善，更新平台基础数据库，维护平台软硬件，进一步提升测绘地理信息保障能力，为“智慧大连”建设提供地理空间基础数据。

【“天地图”建设与应用】

“天地图·大连”接入“天地图”国家主节点，新增加 4 个基于“天地图·大连”的应用系统，应用领域拓展到食品药品、城建、环保和经信等部门。

【地理国情普查】

大连市规划局组织完成大连市辖 6 区约 3356 平方千米地理国情普查工作，主要包括卫星遥感影像 DOM 制作、精细化 DEM 生产、地表覆盖要素和地理国情要素采集、外业核查底图制作、遥感样本解译、质量检查、数据入库、元数据制作、时点核准以及成果统计、分析、汇总等，普查成果通过验收。

【机构建设】

5 月 30 日，中共大连市委下发《中共大连市委大连市人民政府关于加强城市建设与管理的意见》（大委发〔2015〕16 号），决定加强测绘地理信息管理，推进智慧城市建设，在大连市规划局加挂大连市测绘地理信息局牌子，加强测绘地理信息管理。大连市测绘地理信息局组建工作有序推进。

法制建设与市场监管

【法规建设与依法行政】

大连市规划局对测绘行政管理规范性文件进行全面清理，对审批程序进行重新规范。协助辽宁省测绘地理信息局调研海洋测绘工作，到海军大连舰艇学院和 4 家甲级测绘资质单位了解情况，组织测绘资质单位、院校座谈。开展测绘地理信息市场监管专项治理、涉密测绘成果执法检查、质量管理、档案和保密管理等工作。协助辽宁省测绘地理信息局检查旅游地图市场，处罚大连中视传媒有限公司等违法行为。

【资质管理】

大连市规划局完成测绘资质复审换证 78 家、测绘资质申请 5 家、资质升级 1 家、增加业务范围 5 家。组织辖区内测绘资质单位做好测绘资质年度报告工作，84 家单位上报年度报告，对 25 家单位进行检查。

实行测绘资质单位质量管理考核、档案和保密管理考核常态化管理，采取日常询问和不定期抽查相结合方式开展考核。5 月 ~10 月，完成全市 88 家测绘资质单位的考核工作并将考核证书、报表、佐证材料及时上报辽宁省测绘地理信息局。

【质量监督】

大连市规划局组织开展测绘地理信息市场监管专项治理工作，配合辽宁省测绘地理信息局对大连市 40 家乙、丙、丁级测绘资质单位年度报告、测绘项目备案情况及完成的测绘成果质量进行抽样检验，并对存在问题的 9 家单位给予通报批评，在大连市规划局网站公示。

【测绘项目备案】

大连市规划局全年开展外地来大连测绘项目备案登记3项。

【法制宣传与培训】

大连市规划局将“8·29”测绘法宣传日活动扩大为宣传周活动，组织各级测绘地理信息行政主管部门及测绘资质单位开展宣传活动。宣传周期间，全市在相关网站刊发信息6篇，设置宣传点、咨询站26个，宣传拱门24个，悬挂条幅110多幅，张贴宣传画200多张，发放宣传手册600多册、宣传地图和宣传购物袋700多套、宣传单及资料4000多份，为群众提供咨询230多人次。

选派3人参加全国测绘地理信息行政执法人员培训。组织区市县测绘地理信息行政管理部门7人参加全省测绘地理信息行政执法培训。

基础测绘

【基础地理信息数据更新及入库】

大连市规划局组织对部分区域约500平方千米的1:2000数字线划图等基础地理信息数据进行更新、整理并入库。

【主城区机载三维激光雷达测量和倾斜摄影测量】

大连市启动并完成主城区机载三维激光雷达测量和倾斜摄影测量项目，面积约300平方千米，首次获取大范围6厘米分辨率高清、低空倾斜影像。

【坐标系转换及应用】

大连市继续开展现有测绘成果向2000国家大地坐标系数据转换工作。至年底，已完成大连市基础测绘数据（地形图、影像图、控制点）、大连市地理信息公共平台数据库（地理底图、影像底图）等80%成果的转换。大连市开展的基础测绘、地理信息系统开发等测绘地理信息项目已全部采用基于2000国家大地坐标系的大连市独立坐标系统进行生产。

地图管理

大连市规划局制定下发《关于做好大连地图市场监管工作的通知》，开展国家版图意识宣传教育和地图市场监督管理工作。2月，协助辽宁省测绘地理信息局对大连市区部分测绘资质单位、广告公司和新华书店进行检查。7月，组织全市甲、乙级测绘资质单位自查，并组织区市县测绘地理信息行政主管部门对辖区内地图市场进行抽查。对近3年来从事地图生产或参与地图市场生产、经营的单位进行重点检查，向辽宁省测绘地理信息局上报《关于大连市2015年地图市场监管工作情况的报告》。

测绘地理信息成果管理与应用

【涉密测绘成果保密检查】

5月~10月，大连市规划局组织全市88家测绘资质单位、2012年以来在大连市申领使用“十一五”基础测绘成果的13家单位（含部分测绘单位）、2012年以来出具证明函在辽宁省测绘地理信息局申领使用涉密测绘成果的9家单位（含部分测绘单位）开展成果保密自查工作，并将申领使用“十一五”基础测绘成果和涉密测绘成果的单位作为检查和抽查重点。8月，在自查基础上，与区市县测绘地理信息行政主管部门联合对市内4区、金州新区、普兰店市、庄河市等地18家单位进行抽查。10月，向辽宁省测绘地理信息局上报《关于大连市2015年涉密地理信息成果保密检查情况报告》。

【涉密成果提供使用】

大连市规划局全年为申领国家秘密成果的10个项目提供出具证明函，提供大连市基础测绘成果4件。

【成果汇交】

大连市规划局组织开展测绘成果汇交工作，全市77家测绘资质单位共汇交成果1343项。

科技与人才工作

【科技奖励】

辽宁水文地质工程地质勘察院实施的“大连开发区万达广场A区基坑监测”项目获2015年度辽宁省科学技术成果奖三等奖。

【科技交流】

大连市测绘研究院组织参加了第十届中国智慧城市大会、2015世界地理信息开发者大会、2015年超图GIS技术大会、全国倾斜摄影技术联盟百城巡展等国内学术会议以及技术培训。

【人才培养】

大连市规划局全年调任1名正处级干部，调整

2名正处级干部，选拔任用3名副处级干部；招录6名公务员工作。集中整理干部人事档案140多卷，对发现的问题逐个查核、确认，保证了干部人事档案真实规范。

党的建设与精神文明建设

【党的建设】

大连市规划局党委中心组学习研讨9次，组织党员干部教育培训9次；制定印发《领导干部作风建设规定》《党委工作细则》《市规划局信访工作细则》等规章制度；班子成员带头转变领导工作作风，与群众联系对接。深入开展“三严三实”专题教育、“不作为、不担当”专项整治和“我是共产党员”主题教育活动。成立活动领导小组，制定活动实施方案，把主题教育与“学讲话、讲诚信、懂规矩、守纪律、鼓士气、促振兴”大学习大讨论紧密结合，推进各项活动的开展。在建党94周年之际，组织机关和局属事业单位100多名党员参观关向应故居纪念馆，组织全局100多名党员到社区参加服务活动。

【党风廉政建设】

大连市规划局对3名违法乱纪人员进行党政处理。强化对重要时间节点、重点岗位的监督检查，通过政府公共信息平台向全体公务人员发送廉政短信400多条。

宁波市

概况

2015年，宁波市共投入测绘类财政资金8530万元，其中市本级投入2900万元。完成市本级项目16个。完成水准测量860千米，一级导线点520个，完成300平方千米的1:500、1:2000地形图联动更新，完成504平方千米绕城以内三维电子地图和2.5维电子地图的一张图建设，完成共享服务平台政务电子地图、地名地址、POI、地理实体“一张图”的更新、融合和建设。推进全市地理国情普查工作，组织实施了全市8000多平方千米航摄激光点云数据采集与处理。完成665座重点测量标志保护工作。组织编制《宁波市基础测绘“十三五”规划》等。宁波市测绘与地理信息局联合市经济和信息化委员会编制《宁波市人民政府关于进一步推进地理信息产业发展的实施意见》。

重点工作推进

【地理空间框架建设】

宁波市测绘与地理信息局组织完成8个区县地理空间框架项目建设，同步完成“天地图”县级节点建设，初步形成全市共享服务平台一张网。结合“天地图”数据融合任务要求，组织实施全市数据库融合工作，推动全市空间信息资源从“分级管理”到“协同更新、资源共享、统一服务”的提升。修改完善时空信息云平台技术设计，开展项目关键技术攻关和论证，推进智慧规划、智慧位置、地理国情监测等示范应用建设工作。

【地理国情普查监测】

宁波市测绘与地理信息局参与完成地理国情普查工作，组织开展地理省情绿地率、绿化率普查、建成区面积监测，定期发布监测成果。全面推进地理市情普查工作，开展建筑高度、围填海、地面沉降、城市低洼地段、道路易积水区专题普查，对已完成的避难场所和消防设施普查进行了时点更新。联合市海洋与渔业局、市国土资源局、市水利局开展全市围填海造陆普查。联合市住房和城乡建设委员会开展建筑物高度普查。联合市城市管理局开展道路易积水区调查等。组织市情平台建设。

【地下管线普查】

宁波市测绘与地理信息局制定全市地下管线普查实施方案，组建普查办公室，召开全市地下管线工作会议。会同市安全生产监督管理局、市发展和改革委员会完成市公共区域117条总长1134千米的石油天然气管线、危化管线数据排查工作并牵头开展管线信息系统建设。

【援疆测绘】

8月~10月，宁波市测绘与地理信息局组织完成援疆测绘库车县城50平方千米1:500数字地形图测绘任务。

法制建设与市场监管

【市场监管】

宁波市测绘与地理信息局组织完成全市52家丙、丁级测绘资质单位年度报告收集和公布工作。完成全市24家单位的测绘成果质量检查和6家单位的监督检验工作。联合市保密部门对72家单位开展测绘成果保密检查和集中销毁工作。采用异地交叉巡查方式，选取18家丙、丁级测绘单位开展资质巡查工作。建立测绘产品质检员库。加强测绘信用体系建设，推行“黑名单”制度和诚信激励、失信惩戒机制。

【行政审批】

宁波市测绘与地理信息局完成测绘类行政权力事项比对规范与信息梳理工作，调整5项、新增1项。优化审批程序，简化审批环节，下放行政管理事权，做好政务服务网部门网上服务窗口建设。会同相关部门制定《宁波市基本建设项目联合测绘试行办法》及相关配套制度。审批测绘成果提供1372件，办理测绘资质审批13件、永久性测量标志拆迁审批1件，完成建设工程规划验线67件、建设工程竣工测量审核48件、测绘项目备案942件、地图审核24幅。

【法制宣传】

8月29日，宁波市测绘与地理信息局以测绘法宣传为主线开展宣传活动。共发放宣传品2.5万多份，解答市民问题50多个，发送公益短信8万多条。

在全市开展国家版图意识宣传教育“进媒体”“进学校”“进社区”活动，面向传统媒体和新媒体开展国家版图知识宣传，在200个社区开展测绘科普活动，到学校开展国家版图知识微型讲座、有奖竞答活动。

基础测绘

【经费投入】

2015年，宁波市基础测绘经费投入5860多万元，其中市本级投入2400万元。

【基础测绘生产】

宁波市测绘与地理信息局组织完成全市地面沉降监测（十五期）、市区工程控制网复测、市区基本比例尺地形图联动更新、市区三维和2.5维数字地图联动更新、全市历史影像库建设、基础地理信息数据更新维护、共享平台数据生产及运维服务、综合管线信息平台建设、政务地图服务、应急测绘保障服务等。

【完善基础测绘制度】

宁波市测绘与地理信息局制定基础地理信息数据库和分类更新等管理规定。联合市财政局印发《宁波市规划编制与基础测绘项目专项资金管理暂行办法》。召开全市基础测绘计划统筹工作会议，明确基础测绘计划统筹内容，强化市县两级基础测绘协同推进。

【宁波市基础测绘“十三五”规划】

宁波市测绘与地理信息局组织成立基础测绘“十三五”规划编制领导小组，到12家单位实地调研需求，并在全市范围内开展问卷调查。编制完成《宁波市基础测绘“十三五”规划》。推进县（市）基础测绘“十三五”规划编制工作。

地图管理与地图服务

【地图市场监管】

宁波市测绘与地理信息局联合市文化广电新闻出版局组织开展地图市场检查，共检查重点场所20多个。进一步完善互联网地图安全监管机制，对互联网地图中未登载地图审核号、错绘国界线、漏绘主要岛屿等问题进行检查。

【地图出版】

宁波市测绘与地理信息局编制出版了《宁波海岛图集》《宁波市、县（市、区）系列地图》《印象宁波》等地图产品。全年共编制出版交通、生活、购物、房产和商贸等地图产品24种。编制宁波市、县（市、区）系列地图，为政府决策提供地图服务。

测绘地理信息成果管理与应用

【地理信息共享服务平台应用】

宁波市地理信息共享服务平台年内新增5个部

门的10个应用系统，支持36个部门的50个应用系统建设，政务版共享平台已在8个区县部署。年度累计为各部门提供180多次技术服务，重点推进了与市公安、发改、环保等部门的应用对接；开展区县平台建设以及“天地图”评测相关技术服务，同步推进全市共享服务平台建设与应用。

【NBCORS保障服务】

宁波市连续运行卫星定位服务系统（以下简称NBCORS）新增用户7家，新增注册仪器28台，为86个单位的276台仪器提供了定位服务。年内累计在线时长353万分钟，累计提供在线坐标转换400多万个。开展NBCORS升级、北斗设备改造的方案研究，协助完成市域4个站点的北斗设备改造。

【成果提供】

宁波市测绘与地理信息局年内累计向政府部门、公益性项目免费提供基础地形图60次；向建设单位提供地形图及管线图1165幅、控制点85个，接待1186人次；接待群众查询历史地形图42次，提供各类比例尺历史地形图293幅；为规划管理提供管线及基本地形图140202幅。

【政府管理测绘保障】

为满足政府对“三年行动计划”重点项目的督查需求，提高城建规划信息管理效率，宁波市测绘与地理信息局整合基础地图数据、规划专题数据、三年行动计划数据、主要功能区块及其他重点项目数据，搭建了移动城建信息服务平台。实施北仑区海洋灾害风险及污染调查工作，利用无人机技术采集高精度影像数据，为海洋综合管理提供基础数据和决策依据；对海域环境状况进行调查分析，研究制作分布状况图，为开展海洋环境治理和保护提供依据。组织实施了民政地名信息管理平台、水功能区划及水文管理信息系统、宁波智慧城管基础地理信息及城市部件更新维护。

【重大工程测绘保障】

宁波市测绘与地理信息局开展轨道2号线（二期）、3号线（一期）、4号线、5号线（一期）、宁奉线工程测绘，涉及控制测量、地形修测、管线详查（迁改）及竣工测量等任务。为全市管线排查工作提供测绘保障，实施了高危油气管线、原水管线探测以及无人机巡线等项目。为市道路综合整治、栎社国际机场建设、镇海炼化、北仑LNG、梅山港区地基处理、甬台温天然气输气管线施工等系列重大工程提供测绘保障服务。

【河道、港口测绘保障】

宁波市测绘与地理信息局开展甬江航道21千米疏浚维护测量，每月至少测量一次，确定不满足航行水深的区域，并提供相关数据给航道维护单位进行疏浚。开展甬江隧道运行监测，包括变形观测和水深测量，确定保养日期和隧道上方的疏浚，保障了隧道的运营安全。开展大榭岛大比例尺水下地形测量，为大榭各港区的规划、设计、施工提供保障。

科技工作

【地面沉降综合研究】

宁波市启动了地面沉降的综合研究，利用INSAR技术，结合历年水准监测成果和区域地质环境资料，全面评估全市地面沉降情况，研究分析地面沉降现状、成因，为城市建设提供防治建议。

【科技创新与项目评优】

宁波市测绘与地理信息行业全年获中国测绘地理信息学会测绘科技进步奖二等奖1项，全国优秀测绘工程奖金奖1项，中国地理信息科技进步奖三等奖2项，中国地理信息产业优秀工程奖银奖1项、铜奖2项；浙江省测绘与地理信息科技进步奖二等奖1项、三等奖2项，浙江省测绘与地理信息工程奖金奖2项、银奖3项、铜奖4项，宁波市科学技术奖二等奖1项。评选出全市优秀测绘工程奖10项。

党的建设与精神文明建设

【理论学习】

宁波市测绘与地理信息局组织开展“三严三实”专题教育、十八届五中全会精神解读、《中国共产党廉洁自律准则》《中国共产党纪律处分条例》深入学习、党章党规党纪集中培训等活动。邀请市直机关工委等党建领域的专家上党课，局领导以党员大会、微型党课等形式，为党员上党课。

【干部组织建设】

宁波市测绘与地理信息局以公推直选的方式，组织开展直属机关党委、直属机关纪委及下属各基层党组织的换届选举工作。制定了党支部责任清单，明确了5个方面31条责任。

【党风廉政建设】

宁波市测绘与地理信息局党委书记与党委领导班子其他成员、分管领导与业务处室负责人签订党风廉政建设责任状。制定《局党风廉政建设主体责任追究暂行办法》，对党风廉政工作中第一责任人的责任和“一岗双责”进行了细化。

地方社团工作

宁波市测绘与地理信息学会成立监事会，规范学会管理。定期召开常务理事会、理事会，组织测绘学术交流，开展院士宁波行等活动。组织技术骨干赴台湾考察；联合宁波市规划局、九三学社宁波市委员会、宁波市城市规划学会，开展“规划、医卫、科技”三下乡活动。出版测绘学术刊物 2 期、论文集 1 册。举办定向越野比赛；承办测绘行业、测绘科技培训；为会员提供继续教育培训，共 1020 多人次参加。组建了宁波市测绘与地理信息中级专业技术资格评审委员会，承担全市测绘与地理信息专业中级职称评定及高级职称推荐工作，审核中级职称 49 名、高级职称 31 名。开展宁波市地理市情监测研究与探索重点软课题研究，开展市情监测方法研究，编制宁波市地理市情监测研究与探索课题报告。组织宁波市测绘地理信息产业工作者状况调查，形成调查报告。

深圳市

概况

2015 年，深圳市 54 家测绘资质单位共完成测绘服务总值 9. 24 亿元，同比增长 8%。投入测绘类财政资金共 5129. 3 万元。完成地理国情普查工作，数字深圳空间基础信息平台用户达到 65 家，“天地图 · 深圳”节点通过国家接入评估；完成 1∶1000 地形图更新入库 80 平方千米和地下管线修补测数据更新入库 2. 2 万千米，完成全市 2000 平方千米的 0. 2 米分辨率高精度航空影像获取工作；完成北斗地基增强系统 5 个基准站点的前期建设工作；编制完成《深圳市测绘地理信息十三五规划》；为“12 · 20”山体滑坡事故提供应急测绘支持；配合广东省国土资源厅完成全市 20 家甲、乙级和 11 家丙、丁级单位的测绘质量监督检查工作；完成年度资质报告公示及信用评价考核工作。

重点工作推进

【数字深圳建设】

深圳市规划和国土资源委员会与深圳市多个部门开展地理信息技术合作，推进深圳市“织网工程”“全口径人口库”等重大信息化项目的 GIS 应用，实现 220 万条商事实体等数据的落图工作。拓展空间平台地图应用框架，实现二、三维数据一体化展示。开展地理国情普查、人口、市情、规划等专题图的制作和发布。截至年底，数字深圳空间基础信息平台服务覆盖全市机关各部门和事业单位共 65 家，同比增加 3 家。制定《深圳市空间地理基础信息资源管理暂行办法》，作为《深圳市电子政务公共资源管理暂行办法》的配套文件。

【“天地图 · 深圳”建设】

深圳市规划和国土资源委员会在数字深圳空间基础信息平台的基础上，完成电子地图、影像地图、地理实体、地名地址等深圳节点数据建设及系统搭建工作；生产完成满足市级节点对接要求的 1∶500、1∶1000 和 1∶2000 二维矢量、影像数据及全市域地名地址数据，并通过“天地图”国家主节点接入评估。

【地理国情普查监测】

深圳市规划和国土资源委员会组织完成地理国情普查数据采集工作并通过验收。结合实际情况，扩展调查地理国情要素，采集全市无人岛的数据，拓展地表覆盖分类的属性项，细化部分指标，提高部分要素的采集精度，形成具有深圳市特色的地理市情成果。开展数据挖掘和需求分析工作，形成地理国情指标拓展建议，完善需求征集机制。通过专题网站、现场活动、在线访谈、问卷调查等形式落实地理国情普查宣传工作。

完成“深圳市第一次全国地理国情普查大鹏半岛自然生态环境及评价”和“深圳市第一次全国地

理国情普查土地利用变化与覆盖变化监测”2个监测试点项目，形成研究报告和系列专题图件。

法制建设与市场监管

【资质管理】

截至年底，深圳市共有54家测绘资质单位，其中甲级18家、乙级24家、丙级10家、丁级2家。深圳市规划和国土资源委员会组织完成2015年全市乙、丙、丁级测绘单位的年度报告公示。

【信用体系建设】

深圳市规划和国土资源委员会完成49家测绘资质单位2014年~2015年的测绘地理信息信用信息评价与考核工作。开展深圳市测绘地理信息信用管理系统平台与国家地理信息市场信用信息管理系统平台对接工作，实现2个平台信息数据互通。

基础测绘

【基础测绘生产】

2015年，深圳市基础测绘财政投入3981.4万元。完成1:1000地形图更新入库80平方千米和地下管线修补测数据更新入库2.2万千米；组织获取了全市范围的0.2米分辨率航空影像数据，已作为地理国情普查主要数据源投入使用。继续做好SZCORS系统日常维护和推广应用工作，至年底，SZCORS用户达到230个；研制完成SZCORS在线坐标转换系统，实现外业用户的实时三维坐标获取；完成深圳市北斗地基增强系统5个基准站点的前期建设工作。

【坐标转换及提供应用情况】

深圳市规划和国土资源委员会完成深圳市2013年、2014年航空影像的深圳独立坐标系与2000国家大地坐标系的转换工作；因地理国情普查工作所需，完成影像转换工作700GB；完成基础地理信息数据共500GB的入库坐标转换工作；完成全市宗地界址点坐标与2000国家大地坐标系的转换工作，协助完成土地动态监测系统33915个界址点坐标录入工作；为其他工程项目进行坐标转换5000个。

地图管理与地图服务

【地图市场监管】

深圳市规划和国土资源委员会建立互联网地图服务常态监控和地图市场日常巡查制度，每季度开展1次地图市场巡查工作，重点巡查大型书城及机场、火车站、汽车站、关口等重要交通枢纽周边的地图售卖点；重点监控25家互联网地图服务及政府门户网站，登记《网上地图检查记录表》。基本实现了对全市地理信息市场持续监测和跟踪。

【地图服务】

深圳市规划和国土资源委员会更新发布2个版本的全市电子地图、4个版本的重点片区电子地图和3个版本的全市影像地图；为罗湖区城市更新、盐田区总体规划修编、市发展和改革委员会全口径人口信息集成系统等项目建设以及70多家用户提供技术支持约300次。

测绘地理信息成果管理与应用

【质量监督】

深圳市规划和国土资源委员会开展日常测绘产品质量监督检查工作，对8家承担深圳市数字化地形图和地下管线动态修补测工作的测绘单位的基础测绘成果质量进行监督检查；配合广东省国土资源厅对抽检的深圳市20家甲、乙级测绘资质单位进行测绘产品质量监督检查。对全市11家丙、丁级测绘资质单位进行质量监督检查，形成测绘产品质量监督检查报告和总结。

【测绘档案管理】

深圳市测绘档案管理部门全年接收测绘成果文本档案769册、图纸1749幅、航片8918片、光盘数据64张/个。其中控制测量文本14册、光盘2张；摄影测量与遥感文本32册、航片8918片、硬盘2个；地形测量文本100册、地形图1248幅、光盘14张；地图制图与地图印刷文本1册、地图1幅、光盘3张；管线测量文本432册、地下管线图356幅、光盘9张；地籍测绘文本169册、地籍图纸144幅、光盘30张；测绘行业管理文本21册、光盘4张。

全年提供查询服务64人次，提供图纸775幅/张，其中1:1000地形图382幅、1:2000地形图379幅、航片13张、地图1幅。

【测绘成果资料提供应用】

深圳市规划和国土资源委员会全年为全市各部门和企业提供基础测绘数据服务260多批次，其中地形图数据近2.3万幅、影像数据7000多平方千米、地下管线数据3.4万千米。

组织制订《深圳市测绘成果提供使用工作规程（试行）》，测绘成果提供所需时间缩短一半。

【涉密成果管理】

5月~8月，深圳市规划和国土资源委员会联合深圳市国家保密局，组织全市52家测绘资质单位和10家涉密测绘成果领取单位开展自查，并对其中12家单位进行现场抽查，向存在泄密隐患的5家单位出具了整改通知书。6月，组织全市122名涉密岗位管理人员参加全省涉密测绘成果管理培训班。

【测绘应急保障】

深圳市规划和国土资源委员会为“12·20”深圳市光明新区山体滑坡事故提供测绘应急保障，共派出无人机16架次，获取2500多张航空照片、2000多个关键坐标点，制作各类高精度图件，定位掩埋建筑物。

地理信息产业

深圳市规划和国土资源委员会完成全市216家地理信息产业相关单位的调研，形成《深圳市测绘地理信息产业调研报告》。编制完成《深圳市测绘地理信息发展“十三五”规划》。

科技与标准化工作

【科技奖励】

2015年，深圳市测绘地理信息行业共获奖励33项。其中全国优秀测绘工程奖银奖5项、铜奖14项，中国测绘地理信息学会测绘科技进步奖二等奖1项；中国地理信息科技进步奖一、二、三等奖各1项，中国地理信息产业优秀工程奖金奖2项、银奖7项、铜奖1项。

【测绘技术标准】

深圳市规划和国土资源委员会完成深圳市《房屋建筑面积测绘技术规范》修订工作，12月1日正式发布，作为新时期深圳市不动产测绘工作的标准。

党的建设与文化建设

【党建工作】

深圳市规划和国土资源委员会开展党组书记讲党课及严以修身、严以律己、严以用权3个专题教育，组织召开了9场征求意见座谈会、36场主题学习、6次专家辅导、7次集中学习研讨、9次廉政教育基地观摩学习；委领导班子共查出“不严不实”问题23个，完成整改8个；处级领导共查出“不严不实”问题44个，完成整改24个。调整规范“裸官”4名，清理规范退休后在企业兼职人员12名。

【文化建设】

深圳市测绘企业共32人参加由中国大学生体育协会和中国测绘地理信息学会联合主办的“中国四维杯”第十一届全国测绘地理信息职工定向越野赛，获得9个奖项，深圳市规划和国土资源委员会连续第二年获优秀组织奖。

地方社团工作

深圳市测绘学会配合广东省国土资源厅完成注册测绘师注册工作，截至2015年底，全市共有完成注册的注册测绘师112人。

3月18日，深圳市测绘学会组织会员单位参加中国测绘地理信息学会工作会议暨团体会员工作会议。5月14日，组织参加由全国倾斜摄影技术联盟主办的全国倾斜摄影技术联盟百城巡展暨2015SuperMapGIS自主创新与应用研讨会。10月22日~24日，组织参加中国测绘地理信息学会2015年学术年会暨第五届全国测绘地理信息技术装备展览会、第二届中国地图文化节。11月9日~11日，组织参加中国地理信息产业大会。11月19日~20日，组织参加全国测绘科技信息网中南分网第二十九次测绘科技信息交流会。

厦门市

概况

2015 年，厦门市测绘地理信息财政投入 2148.94 万元，较 2014 年增加 1063.54 万元。测绘地理信息工作在推进厦门市“多规合一”、建设国际一流营商环境、服务全市经济发展大局、促进厦门产业城市社会“三个转型”等工作中发挥积极作用。

成立测绘地理信息“十三五”发展规划项目组，启动“十三五”规划编制工作；组织协调 6 个小组，进行规划内容的调研和撰写等工作。《厦门市数字城市地理空间框架管理办法》经市政府常务会议审议通过并印发实施；数字厦门地理空间框架建设通过福建省测绘地理信息局组织的整体验收；“天地图 · 厦门”正式上线运行，为全市 21 个部门的信息系统提供在线地理信息数据服务。基础测绘方面，完成了 1:500 全野外数字化测图项目、厦门地区航空摄影测量项目、厦门市卫星遥感影像数据采购及处理等项目，启动了五年一次的厦门市 1:2000 地形图测绘及空间数据库建设项目，对 6 个 XMCORS 站、4 个厦门市地方坐标系起算点及其他重要测量标志进行了维护。地理国情普查监测方面，组织开展图斑比对和外业核查工作，完成全市 6 个区 38 个镇（街道）约 1835 平方千米的图斑比对。公共服务方面，与 3 家单位签订共享协议，建立长期稳定的数据交换和更新机制；为全市政府机关和企事业单位提供测绘成果服务。监管执法和宣传方面，参与厦门国际投资贸易洽谈会联合执法，开展地理信息保密检查，开展测绘资质巡查。

重点工作推进

【数字城市建设】

《厦门市数字城市地理空间框架管理办法》经第 82 次市政府常务会议审议通过并印发实施。政务版公共平台稳定运行，公众版公共平台“天地图 · 厦门”正式上线运行，为全市 21 个部门的信息系统提供在线地理信息数据服务。11 月，数字厦门地理空间框架建设通过福建省测绘地理信息局组织的整体验收。

制作发布首个“天地图 · 厦门”专题地图——《2016 年建发厦门国际马拉松赛专题图》，收集了马拉松全程及 5000 米健康跑路线的医疗点、饮水点、卫生间等配套服务点位，提供实时点位服务等功能，通过微博、微信等向 5 万多名参赛选手推送地图服务，日均访问量近千人次。

【“十三五”发展规划】

厦门市国土资源与房产管理局会同市发展和改革委员会成立测绘地理信息“十三五”发展规划项目组，启动“十三五”规划编制工作。组织测绘地理信息管理与法制建设、测绘基准、基础测绘与地图保障、地理空间框架建设与服务、专业测绘服务和地理信息产业 6 个工作小组，开展调研、撰写等工作，完成 3 轮专家意见征求和各部门意见征求。

【“两违”整治工作】

厦门市国土资源与房产管理局继续协调市行政执法局（“两违”整治办）、福建省测绘院等单位，组织召开专题会确定外业核查作业方法及标准、部署疑似图斑外业核查工作，组织作业单位和国土所完成全市 6 个区 38 个镇（街道）约 1835 平方千米的图斑比对工作，共筛查出合法图斑 4698 个、违法图斑 6445 个，及时提交市行政执法部门。

厦门市国土资源与房产管理局会同市行政执法局开展 2015 年度“两违”整治测绘保障工作，协助航飞单位开展空域协调工作，完成航摄外业、正射处理和图斑比对等工作，提交 2015 年度疑似图斑成果供外业筛查工作使用。

法制建设与市场监管

【资质管理】

厦门市国土资源与房产管理局共完成测绘资质

单位复审换证、资质申请、资质升级、基本信息变更等初审330多批次，资质升级2家、新申请资质12家、注销资质2家。截至年底，厦门市共有测绘资质单位51家，较2014年底增加10家。其中甲级9家、乙级14家、丙级18家、丁级10家。

【行业管理】

9月，厦门市国土资源与房产管理局联合厦门市国家保密局组成2个检查组，在前期组织全市90多家单位开展测绘地理信息保密自查的基础上，抽取10家测绘生产单位和7家涉密测绘成果使用单位，进行了测绘地理信息保密检查。从抽查结果看，大部分单位总体情况较好，未发现严重失泄密线索。共发出整改通知书8份。

11月，厦门市国土资源与房产管理局组建测绘资质巡查小组，抽取5家丙、丁级测绘资质单位进行现场检查。从巡查情况看，部分单位存在不注重地理信息质量过程管理、成果档案和保密管理制度执行不到位等问题。共发出巡查意见书5份。

【法制宣传】

8月28日，厦门市国土资源与房产管理局在《厦门日报》《厦门晚报》各刊登1个专版，共登载6篇文章和9幅专题照片（图片），回顾了“十二五”期间厦门市测绘地理信息事业取得的成就，展示了保障促进农村土地承包经营权确权登记、城市轨道交通建设和水利管理的案例。“8·29”测绘法宣传日，厦门市国土资源与房产管理局及各测绘资质单位在办公场所悬挂宣传标语、横幅，张贴宣传栏，订购发放全国版地图、测绘小常识工作簿1000份，通过移动短信平台面向局干部职工和广大市民发送宣传短信5万多条。组织发动各分局、国土资源所及辖区测绘资质单位开展宣传活动，悬挂宣传横幅、张贴主题宣传画150多张。在厦门市国土资源与房产管理局政务信息网站更新测绘法宣传日专题，及时刊登2015年测绘法宣传主题、口号以及宣传文章。

基础测绘

【大比例尺测图】

厦门市国土资源与房产管理局完成厦门市局部1:500数字测图更新及基础地理信息数据更新入库等任务，施测区域涵盖海沧、同安、翔安共44.7平方千米，完成1:500（966幅）和1:1000（242幅）两种比例尺的4种数据格式、10种数据成果，实现基础测绘资料的年度动态更新。

6月，启动五年一次的1:2000地形图测绘及空间数据库建设项目。该项目施测区域为全市范围1699平方千米，计划测制92厦门坐标系下1:2000和1:5000两种比例尺的各4类数据产品，西安1980坐标系和2000国家大地坐标系下1:5000数字正射影像图产品。完成部分DLG内业测图、初编、DOM制作、外业调绘编辑及补测的抽检工作。

【高分辨率遥感影像】

厦门市国土资源与房产管理局组织了1次全市1800平方千米1:2000和1:5000正射影像航空摄影测量，在服务于“两违整治”的同时获得基础测绘影像数据；购买了1期全市2200平方千米的0.5米分辨率卫星遥感影像数据并进行处理，制作各种坐标系下的1:5000正射影像图。

【安全生产】

厦门市国土资源与房产管理局落实“一岗双责”规定，定期召开季度安全生产例会，下达安全生产管理责任，实施安全生产责任考核。建立76人的危房抢险队伍和85人的消防自愿者队伍，组织应急抢险救灾演练，持续开展“消剿火患”战役。

地图出版与地图服务

【地图市场监管】

9月，厦门市国土资源与房产管理局参与2015年厦门国际投资贸易洽谈会联合执法工作，主要负责展商布展及宣传材料中使用中国版图的督查工作。现场发放50多份国家版图小知识宣传地图。共发出22张地图整改通知书，现场督促2个展位整改到位。

【公益地图服务】

厦门市国土资源与房产管理局全年向市委、市政府等部门及其他市直机关提供专题地图和安装挂图3400多份。投入经费40.3万元，联合福建省制图院编制《厦门市城市总体规划图》《厦门市土地利用总体规划图》《厦门市基本农田分布与生态线图》等18幅纸质和布质工作用图（印刷5300多幅），以及《厦门市地图》《厦门市影像图》等4幅挂图（印刷1600多幅），探索应急供图和个性化供图机制，及时提供符合领导机关及社会需求的各类地图组合。

支持鼓浪屿“申遗”工作，提供1984年鼓浪屿航拍影像图扫描数据及43幅1956年1:500地形图，委派专人赴福建省测绘地理信息局协助完成鼓浪屿“申遗”文本的审图工作。

测绘地理信息成果管理与应用

【涉密成果服务】

厦门市国土资源与房产管理局全年受理通过26家单位涉密测绘成果使用申请，向机关和企事业单位提供各种比例尺地形图2051幅、数字线划图17905幅、数字正射影像图5739幅、专题地图800幅，用于保障新机场规划建设、小流域综合治理、农村分散式污水治理、农村自来水管网改造等项目。

【地图数据服务】

2015年，厦门市测绘与基础地理信息中心向政府部门及社会各界提供1:1000线划矢量图18758幅，1:2000线划矢量图945幅，1:5000线划矢量图1366幅，各比例尺数字影像图1672幅。提供不同比例尺地形图及影像图572幅。完成多个项目的点位坐标转换及图形数据转换等服务179件次，用地预审项目规划图、现状图、管制专题图、市区专题图、街区影像图等专题图制作与服务共计143批次图件287张。

【共建共享】

厦门市国土资源与房产管理局与市规划委员会、建设局、水利局3家单位签订共享协议，建立长期稳定的数据交换和更新机制。

【测量标志保护】

厦门市国土资源与房产管理局梳理优化永久性测量标志迁建申请的标准化流程，进一步压缩时间，审批通过测量标志拆迁申请1件。7月，制止1起国家一级水准点测量标志破坏事件。10月起，对92厦门坐标系4个起算点进行勘察保护，保证检测时的通视度和卫星信号不受干扰。委托各国土资源分局及国土所招募测量标志保管员150多人定期开展巡查。截至2015年底，共有6座CORS基准站，71个B级GPS点、188个C级点，196个二等水准点、188个三等水准点。

【征地拆迁测算服务】

厦门市测绘与基础地理信息中心组织实施并审核完成土地房屋征收事前包干测绘与面积计算项目5个，累计土地面积68.5万平方米，房屋建筑面积84万平方米。

【工程测绘】

厦门市测绘与基础地理信息中心完成轨道交通1号线、火车站、国际会展中心四期、东南国际航运中心等省市重点工程测绘保障服务60多件次，实现重点项目测绘保障的“零等待”。完成竣工规划验收测量158个工程项目（建筑物495栋、建筑面积520.65万平方米），拨地测量101件、建筑物单体定位244件、±0验线261件、地籍坐标测量11件、其他测量56件。优良品率97%，顾客满意度100%。

【地籍权属调查】

厦门市测绘与基础地理信息中心制定《厦门市城镇土地房屋地籍调查业务规范》。支持军队土地确权登记发证工作，完成军队地籍调查8件、武警边防3件。完成22宗铁路地籍调查工作。全年共完成地籍调查339件，完成历史档案数据整理业务1285宗，打印宗地图695份。

【房产测绘】

厦门市测绘与基础地理信息中心全年完成1200幢房屋5.6万房产单元测绘历史数据整理；房产测绘成果审核297件，总建筑面积93.48万平方米；土地房屋权证配图39852宗。升级房产信息查询系统。制定《厦门市城镇土地房屋测绘成果审核业务规范》。

党的建设与精神文明建设

【“三严三实”专题教育】

5月29日，厦门市国土资源与房产管理局以局领导讲党课的形式启动“三严三实”专题教育活动，局党组全体成员、局系统副处级以上干部115人参加。全系统共开展了81场集中学习研讨，289人发言，2000多人次参加学习。

通过举办知识竞赛、书香国土房产党员读书活动、“三严三实”专题征文、新老党员帮扶挂钩等活动，开展“三严三实”专题教育。7月，在全系统56个基层党组织630名党员中广泛开展党建知识竞赛。8月，推出“党的建设”网站。

【党风廉政建设】

厦门市国土资源与房产管理局传达学习和贯彻落实习近平总书记在中央纪委五次全会上的重要讲话和各级纪委全会精神，编印成册下发；完成党风廉政建设责任制问题整改情况自查；召开2015年党风廉政建设和反腐败工作视频会议，组织签订党风廉政建设责任书；组织开展以“守纪律、讲规矩、担责任”为主题的党风廉政宣传教育活动，开展党纪条规和案例警示教育，组织了作风建设大排查、支部组织生活会和摄影作品征集等活动；开展党风廉政巡查；制定《督查督办制度》《廉政谈话制度》《廉政巡查制度》和《风险防控管理暂行规定》等，开展廉政谈话16人次、提醒谈话6人次、函询3人次；组织系统各单位“三公”经费情况互查自纠；组织对各分局离任局长进行离任审计。

【群团工作】

厦门市国土资源与房产管理局成立局青年工作委员会，召开第三次团员代表大会，选举产生新一届团委委员，构建“国土房产青年汇”团青工作平台。开展基层工会女职工组织规范化建设，拥有10名以上女职工的单位均成立女职工委员会。组织完成2015年度“三八”国际劳动妇女节、“五一”国际劳动节、“五四”青年节表彰活动。开展基层工会达标创优、青年文明号和巾帼文明岗创建活动。全年新增8家市“职工之家”、3家省市“巾帼文明岗”、1家省级青年突击队和1家省级红旗团组织。

【效能建设】

厦门市国土资源与房产管理局全年主动公开信息1337条，受理政府信息依申请公开101件，同比增长62.9%。建立健全国土房产重大决策信息汇集工作制度，制定印发《会议管理办法（试行）》，修订并印发《重大业务事项内部会审制度》。

【精神文明建设】

厦门市国土资源与房产管理局机关、直属分局被省委、省政府评为“2012—2014年度省级文明单位”。组织做好第十三届（2015—2017年度）省级文明单位申报工作，1家单位初次申报并入围省文明单位考核。局系统9家市级文明单位全部通过考核。

国家基础地理信息中心
（国家测绘档案资料馆）

成立 20 周年发展巡礼

2015 年，国家基础地理信息中心迎来 20 华诞。20 年来，中心秉承“严谨、务实、创新、和谐”的核心价值观，坚持科技为支撑、数据为中心、人才是基础、应用服务是关键的宗旨，坚持求实创新、科学发展为主线，以建设现代化测绘基准体系、丰富基础地理信息资源、优化测绘地理信息应用服务格局、打造新时期测绘技术支撑体系为目标，各项工作稳步推进，整体实力明显提升，为我国测绘地理信息事业在信息化浪潮下的起步、创新与发展提供了有力支撑，为我国从测绘大国向测绘强国的腾飞提供了强劲动力。

建设世界一流的测绘地理信息科研院所

2015 年 6 月 4 日，国家测绘地理信息局局长库热西·买合苏提到中国测绘科学研究院调研并召开座谈会，国家测绘地理信息局副局长李朋德参加调研。

库热西·买合苏提听取了地理国情普查与监测等专题汇报，深入科研一线，实地察看了北斗分析中心、基于云的影像数据处理技术、智慧城市云平台、政府地理信息服务等建设与研发情况，对中国测绘科学研究院贯彻落实国家测绘地理信息局党组决策部署和在测绘地理信息科技创新方面取得的成绩给予肯定，明确提出了“建设世界一流的测绘地理信息科学研究院”的奋斗目标。

库热西·买合苏提对中国测绘科学研究院的发展提出 3 点要求：一是准确把握工作定位，聚力科研，加快创新，突出公益性、基础性，紧紧围绕测绘地理信息改革发展需求，加强自主创新，强化成果转化；二是坚定不移推进改革，完善机制，激发活力，准确把握科技体制改革方向，建立健全潜心研究的保障机制，形成充满活力、人才辈出的局面；三是切实加强党的建设，抓好班子，带好队伍，注重理论学习，增强政治意识，严守政治规矩，强化党风廉政建设。

国家科学技术进步奖
证　书
为表彰国家科学技术进步奖获得者，特颁发此证书。
项目名称：国家数字城市地理空间框架技术体系构建与应用
奖励等级：二等
获 奖 者：中国测绘科学研究院
证书号：2015-J-25201-2-02-D01

国家科学技术进步奖
证　书
为表彰国家科学技术进步奖获得者，特颁发此证书。
项目名称：国家西部测图工程技术体系及其应用
奖励等级：二等
获 奖 者：中国测绘科学研究院
证书号：2014-J-25201-2-01-D01

中国测绘科学研究院

发布国情监测成果 服务经济社会发展

2014 年重要地理国情监测研究成果发布会

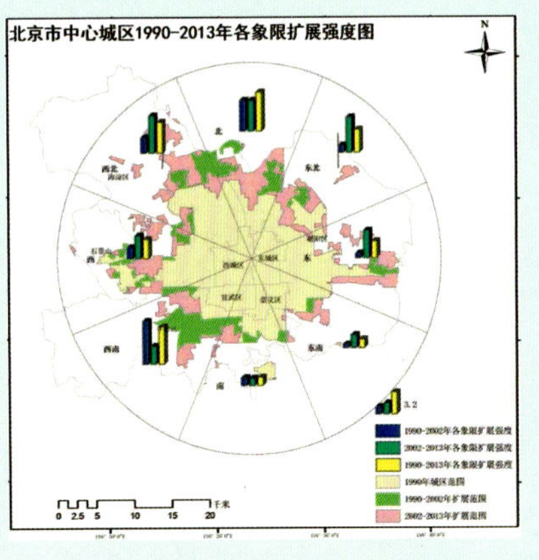

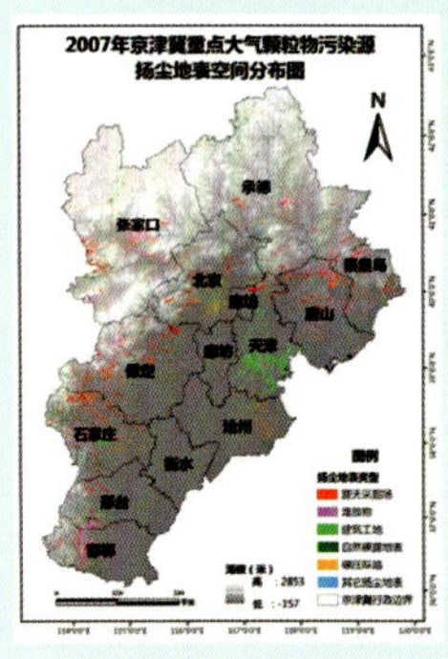

2015 年 9 月 16 日，中国测绘科学研究院联合中国测绘宣传中心召开了 2014 年重要地理国情监测研究成果发布会，向社会公开发布了由中国测绘科学研究院联合有关单位完成的 2014 年度重要地理国情监测研究成果。发布成果包括京津冀地区重要地理国情监测成果（重点大气颗粒物污染源空间分布监测、城市空间扩展监测、植被覆盖状况变化监测、地表沉降与地壳稳定性监测）、青海湖水面面积变化监测成果、青海三江源国家生态保护综合试验区草地监测成果等。新华社、中央电视台、中央人民广播电台、《人民日报》《光明日报》《经济日报》《科技日报》等多家媒体进行了报道，引起了社会各界广泛关注。国务院副总理张高丽就京津冀地区的污染源分布、植被覆盖、城市扩展地表沉降等监测成果做出重要批示。国家发展和改革委员会、环境保护部、住房和城乡建设部、中国科学院、中国社会科学院等部门表示了对此次地理国情监测研究成果的高度重视，就进一步深化成果应用、加强与测绘地理信息部门合作提出了意见和建议，充分体现了测绘地理信息在监测地理国情、服务科学发展的价值和作用。

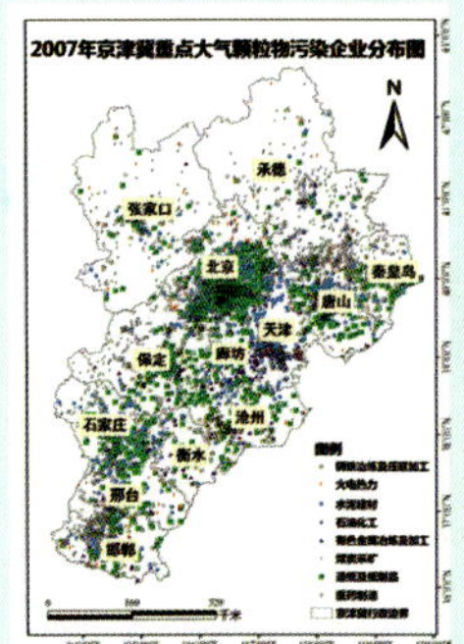

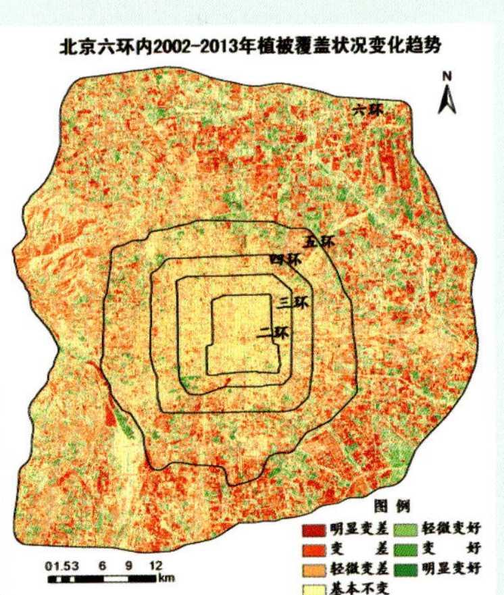

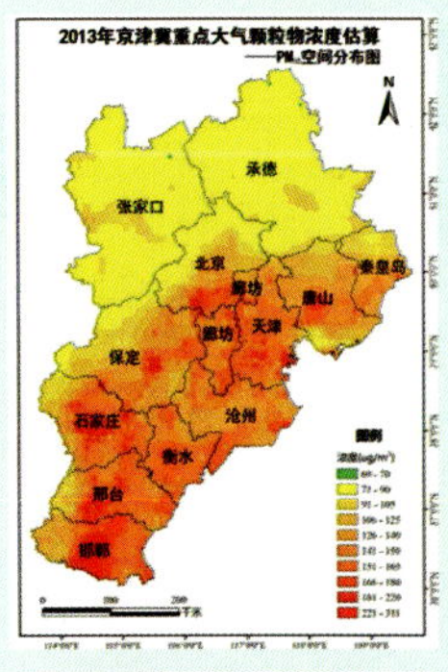

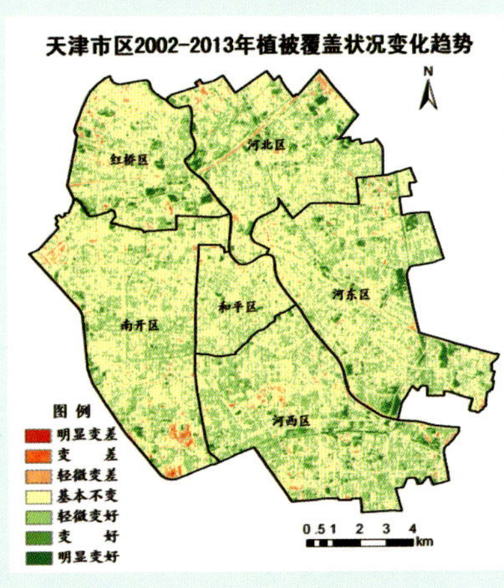

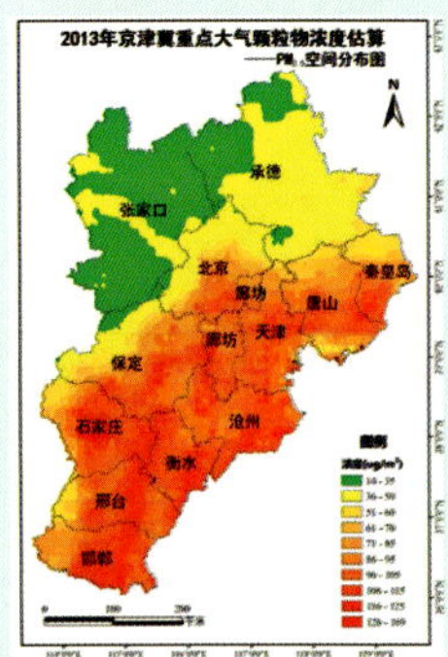

国家测绘地理信息局管理信息中心

测绘地理信息管理信息化座谈会

国家局政务云机房维护管理

网络安全防护技术研讨

国家测绘地理信息局管理信息中心是国家测绘地理信息局(以下简称国家局)直属事业单位，坚持以提供优质信息服务为己任，致力提升测绘地理信息政务信息化整体水平，承担国家局电子政务项目的规划设计、建设管理和运行维护，以及信息化应用环境的技术支撑、安全保障等工作。

配合国家局“放管服”改革，积极推进“互联网＋政务服务”。 建设完成国家局网上办事服务大厅，全面实现行政许可事项网上集中预受理和预审查，极大提高社会公众办事的便捷性和实效性。配合首次测绘地理信息行业信用信息的征集、发布，建设完成全国统一的测绘地理信息行业信用管理平台，为加强行业事中事后监管提供信息化支撑。配合《测绘资质管理规定》《测绘资质分级标准》的出台，参与完成测绘资质管理系统升级改造。配合《测绘地理信息行政执法证管理办法》的颁布，组织完成测绘地理信息行政执法管理系统建设。其中，测绘资质管理信息系统荣获电子政务理事会2014年电子政务优秀案例奖。

开展业务管理信息化建设，提升机关行政办公效能。 建成并投入使用的多个政务应用系统为国家局规范办公、提升效能、便捷服务等提供信息化保障，公文、档案、行政事务等日常办公管理工作基本实现网络化、自动化。在此基础上，组织开展国家基础测绘项目管理系统建设，实现了国家基础测绘项目计划下达、进度上报、文档提交等环节的信息化管理。开展人事人才管理信息系统建设，已完成原型系统开发，实现全局机构人员信息的三个层级集中管理。参与资产管理系统升级和财务管理平台上线等工作，为财务管理信息化提供技术支持保障。

创新电子政务建设新模式，促进集约化发展。 组织开展管理信息化顶层设计研究，对信息化发展做出阶段性发展规划。进一步加大政务信息资源整合和共享力度，建成国家与行业基础代码、数据字典、行政区划等标准数据库，以及行业人员库、行业机构库等基础数据库。持续推进国家局政务云平台建设，进一步优化基于云计算架构的政务应用运行环境，国家局机房总计算资源和存储资源均有明显增加，虚拟服务器已增至254台，总存储量已达128TB。

强化网络安全建设，确保信息安全保密。 坚持重点整治与源头治理相结合、安全管理与技术防范相结合，全面加强国家局网络信息安全和保密防护工作。全面落实安全监测、应急处置和责任追究等制度，安全管理水平明显提高；全面加强安全技术整改，抵御攻击、篡改、破坏的能力显著增强，运行安全和数据安全得到切实保障。

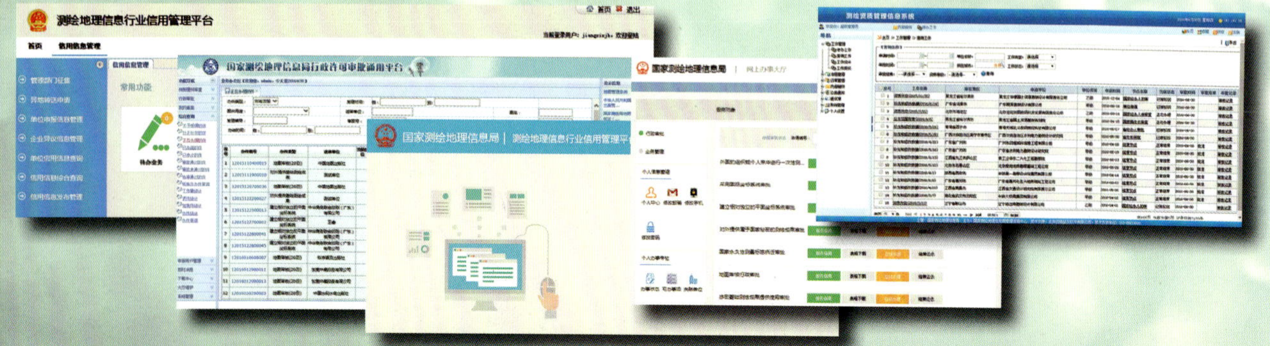

国家测绘产品质量检验测试中心

中心主任张继贤（左一）在FIG会议上作报告

国家测绘产品质量检验测试中心（以下简称国检中心）是国家测绘地理信息局直属正厅级事业单位，2010年9月25日正式挂牌成立。内设7个处（室），在编人员63人，硕士以上学历占63%（其中博士8人），研究员和高级工程师18人。

历年来，在国家测绘地理信息局统一部署下，国检中心先后完成针对数字测绘成果的全国质量监督检查、“927”一期工程成果质量检查验收、国家现代测绘基准体系基础设施建设一期工程成果质量检查验收、2000国家大地坐标系转换成果监督检验、全国第一次地理国情普查管理与监督检验等重大国家任务，有效促进成果质量稳步提高。

中心党委书记周德军（右二）与外业人员一起工作

2015年，国检中心紧紧围绕“抓项目统筹落实，保国情成果质量，强质量体系建设”的工作目标，按照国家测绘地理信息局总体部署和要求，分两批次完成了24个省、自治区、直辖市165家普查作业单位的全国第一次地理国情普查过程质量监督抽查；分两批次共组织派遣226名专职检查员，完成了全国30个省、自治区、直辖市的成果质量复核任务，对9个省、自治区的质量复核工作进行了督导检查；共完成1:1万样本检查4814幅，完成质量评定表和检查记录表9628份，编制质量通报材料45份，印发复核意见30份，编制工作报告3份。圆满完成2015年地理国情普查质量控制工作。

外业检查

国检中心在反复试验的基础上，提出了全国1:5万DEM精细化处理成果检测实施方案，在抽样方法、技术流程、检验结果形式等方面进行创新，高效保质完成了24182幅全国1:5万数字高程模型精细化处理成果的检测任务。

2015年，国检中心作为项目牵头单位承担了国家级科技项目网络化测绘地理信息质检平台构建技术研究及应用示范项目，也是近几年测绘质检行业承担的唯一一个国家级科技项目。完成了网络化测绘地理信息质检作业管理系统、测绘地理信息质量信息管理与服务系统设计、研发工作，实现了项目年度目标任务，全面推进了测绘地理信息公益性行业科研专项工作。

在开展测绘地理信息质检标准体系框架研究方面，成功申报立项《卫星导航定位基准站网与安全管理要求》《卫星导航定位基准站质量评定规范》2项国家标准和《地理国情普查成果质量检查与验收》行业标准，参与完成了《大地测量控制点坐标转换标准》行业标准，牵头编制的行业标准《三维地理信息模型数据产品质量检查与验收》正式印发实施。

国检中心以国家测绘地理信息局“加强基础测绘，监测地理国情，强化公共服务，壮大地信产业，维护国家安全，建设测绘强国”的发展战略为宗旨，围绕政策研究、标准制定、技术引领和质量把关等核心任务，优化质检外部环境，创新质检技术手段，强化质检能力，坚持“科学、公正、准确、廉洁、高效”的质检理念，切实履行“当质量的坚守者，做消费的保护者”的重要职责。

资质证书

资质范围

北京市测绘设计研究院
Beijing Institute of Surveying and Mapping

民政部副部长宫蒲光调研北京市地名普查工作

院第二届测绘地理信息科技周活动

北京历史文化地理信息系统

获第四届全国测绘地理信息行业职业技能竞赛工程测量团体第二名，个人第四、第六名

服务2022年北京冬奥会选址

北京市测绘设计研究院成立于1955年，具有测绘、工程勘察甲级资质。现有在职职工800多人，专业技术人员所占比重超过77%，其中具有正高级职称的11人、副高级职称的87人、中级职称的179人。

北京市测绘设计研究院下设1个基础测绘院、4个专业测绘院（公司）、4个地理信息服务院（公司）等生产部门以及5个科技创新平台。具有大地测量、测绘航空摄影、摄影测量与遥感、工程测量、不动产测绘、地图编制以及互联网地图服务等综合设计、生产能力；承担各种大型、特殊、复杂的测绘工程；提供全球卫星定位系统、地图数字化、空间数据库建设和地理信息系统（数字城市、智慧城市）设计开发及地理国（市）情监测（普查）、地名普查、地下管线基础信息普查等技术服务。先后完成北京市十大建筑、天安门广场改扩建、亚运村、首都机场、北京新机场、2008年奥运会、2022年冬奥会以及轨道高铁等数百项重点工程的测绘地理信息保障服务工作。获国家科技进步（技术发明）奖7项，部（市）级科技进步奖100多项；国家优秀工程奖10多项，部（市）级优秀工程奖180多项。完成各类重大政治、文化活动的测绘地理信息保障服务和各类测绘地理信息项目。

近年来，北京市测绘设计研究院树立“开放、包容、合作、共赢”的“大测绘”理念，以“建设国内领先的‘一流人才、一流科技、一流环境、一流业绩’的科技主导型测绘地理信息强院”为目标，通过科技创新和机制创新，促进全院管理、科技水平不断提升，努力实现从测绘生产型向保障服务型转变。

河北省第三测绘院

河北省第三测绘院始建于 1975 年，隶属于河北省地理信息局，专业范围包括：摄影测量和遥感、地理信息系统工程、工程测量、不动产登记、大地测量、测绘航空摄影、地图编制等。2011 年，成立河北省航天航空遥感技术应用中心，主要负责航天航空遥感技术应用系统的建设和管理；组织开展航天航空遥感技术推广应用和研究开发工作；承担航天航空遥感技术应急保障相关工作。

全院编制 123 人，下设 7 个工程处室，主要从事数字城市建设、不动产登记、倾斜摄影测量和地理信息系统建设以及应急保障等工作，拥有全数字摄影测量工作站 150 多套、全站仪、GPS80 多台套、固定翼、旋翼无人机航摄系统 5 套、三维激光扫描仪 1 台、移动测量车 2 套以及 Z-5 无人直升机应急保障系统、Street Factory 街景工厂、smart 3 D等先进软硬件设备。

河北省第三测绘院始终坚持"和谐、严谨、创新、超越"的文化理念，注重队伍建设、制度建设、文化建设和科技创新，着力构建新型基础测绘体系，加快转型升级，全面提升地理信息服务能力，努力为建设经济强省、美丽河北提供有力的测绘保障。

法人代表：张月华

联系电话：0311-85266064/66/67

单位地址：河北石家庄市中山东路 495 号

邮　　编：050031

内业工作区

拥有多种无人机

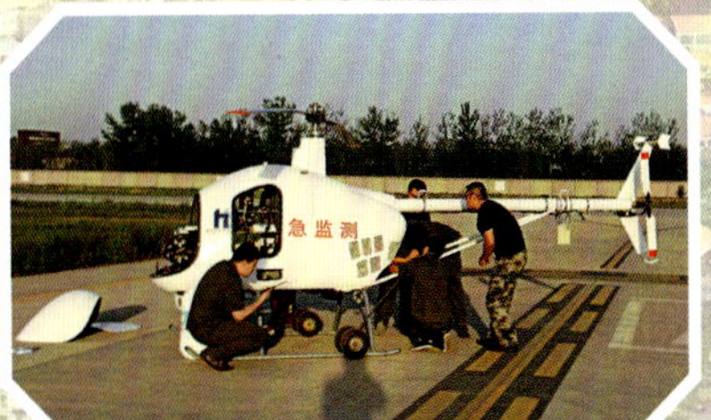

直 5 无人机航拍前准备

比赛中的外业技能竞赛选手

生产的三维数据产品——三维宽城

河北省地矿局第三地质大队

河北省地矿局第三地质大队始建于1952年，主要承担基础公益性地质工作，是以地质矿产勘查为主，水文地质勘查、地球物理勘查、地球化学勘查、探矿工程施工、岩矿分析鉴定、测绘工程、岩土及水质分析化验等为辅的综合型地质勘查单位。2015年取得甲级测绘资质。

办公大楼

河北省地矿局第三地质大队测绘工程处是该队所属专业从事测绘工程的二级实体，现有专业技术人员35人，其中高级3人、中级18人、初级14人。业务范围包括矿山测量、地形测量、工程测量、地籍测量、行政区域界线测量及三四等控制测量等。先后完成了河北省矿业权核查、河北省矿政信息及三维动态管理系统建设、河北省农村土地确权登记发证、张家口市主城区城镇地籍调查、张家口西山产业集聚区地形图测绘、河北省崇礼县奥运公园地形图测绘等省、市重点项目。获“省级地理信息产业优秀测绘单位”称号，2项测绘成果获省级测绘科技奖励。

测绘资质证书

展望未来，河北省地矿局第三地质大队将继续秉承重质守约、严谨求实、服务社会、用户至上的服务理念；继续坚持以市场为导向、以创新为动力、以质量求生存、以发展求壮大的发展思路；继续实施制度化、科学化、人性化的管理模式，为服务张家口地方经济发展及奥运建设工程做出更大的贡献。

矿山井下测量

野外地形测量

城市地籍测量

优秀测绘单位奖

科学技术奖

中国冶金地质总局一局五二〇队

中国冶金地质总局一局五二〇队成立于 1974 年，系中央直属综合地质找矿兼多种经营的事业单位。已成为集综合地质找矿、工程勘查及基础施工、物探测绘为一体的综合性地质队伍，多次被河北省政府评为省级文明单位、黄金找矿先进单位、思想政治工作优秀企业，连续 23 年被邢台市评为文明单位，并荣立国家地质找矿二等功。具有甲级测绘资质，主要业务涉及工程测量、地籍测量、地理信息系统、无人机等领域。拥有专业测绘人员 60 多人，其中高级工程师 7 人、工程师 17 人。购置了无人机、全站仪、水准仪、静态 GPS、动态 RTK、测斜仪、陀螺仪、地下管线探测仪等先进仪器设备。

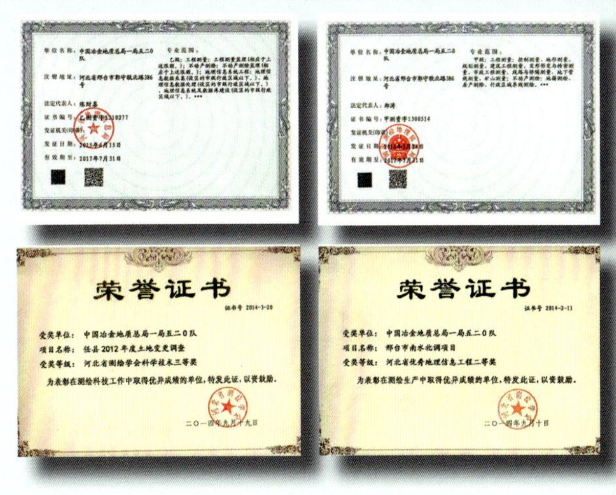

荣誉证书

证书号 2014-3-20

受奖单位：中国冶金地质总局一局五二〇队

项目名称：任县 2012 年度土地变更调查

受奖等级：河北省测绘学会科学技术三等奖

为表彰在测绘科技工作中取得优异成绩的单位，特发此证，以资鼓励。

二〇一四年九月十九日

荣誉证书

证书号 2014-2-11

受奖单位：中国冶金地质总局一局五二〇队

项目名称：邢台市南水北调项目

受奖等级：河北省优秀地理信息工程二等奖

为表彰在测绘生产中取得优异成绩的单位，特发此证，以资鼓励。

二〇一四年九月十日

自成立以来，坚持以创新求发展，以品质求信誉。近年来，承担了地籍调查、河北省矿业权核查、土地变更调查、土地承包经营权登记发证、城市地下管线普查及信息化建设等测绘项目，得到顾客的普遍好评；在 2010 年中国冶金地质总局一局及 2011 年河北省组织的工程测量比赛中均取得了个人及团体第一名。

秉承“诚信测绘，追求卓越”的服务宗旨，以务实的作风、科学的管理、优质的服务，努力开创测绘地理信息新局面。

管线探测　利用 Pix4DMapper 处理无人机原始照片　利用 GlobalMapper 输出正射影像图　为地质找矿服务

承包经营权航飞　内业成图室　球赛活动　参加社会实践活动

辽宁省基础测绘院

辽宁省基础测绘院院景

领导班子深入测区调研

辽宁省第一数字化测绘中心

辽宁省基础测绘院具有甲级测绘资质，现有干部职工207人，专业技术人员166人，其中教授级高级工程师8人、高级工程师31人、工程师81人。测绘业务包括大地测量、地理信息系统工程、地图编制、海洋测绘、测绘航空摄影、摄影测量与遥感、工程测量、不动产测绘等。

2015年，全院干部职工完成地理国情普查和监测、1:1万地形图更新与建库、现代测绘基准体系建设、辽宁省农村集体土地确权登记发证、数字锦州地理空间框架建设等项目。建立测绘应急队伍，编写“十三五”1:1万地形图更新与建库项目工作方案等，开发软件52项。开展3项具有代表性的地理国情监测项目论证工作，并通过专家审核验收，为相关政策制定提供参考。完成的“辽宁省农村集体土地登记发证工作全省0.2米分辨率航空影像获取和DOM制作项目”获2015年全国优秀测绘工程奖白金奖。

辽宁省基础测绘院获辽宁省测绘地理信息局2015年度先进单位称号。院全体干部职工将在领导班子的领导下，继续踏实奋进、砥力前行，为实现辽宁测绘地理信息事业发展新跨越而不懈奋斗！

和谐文化建设

测绘高新技术应用培训

ADS100航空摄影作业

辽宁省地理信息院

RCD30 倾斜航空摄影

辽宁省地理信息院成立于 1978 年，是全国首批甲级测绘资质单位。具有测绘航空摄影、摄影测量与遥感、地理信息系统工程、工程测量、地图编制甲级资质。

全院现有职工 155 人，其中教授级高级工程师 13 人、高级工程师 28 人、工程师 67 人。近几年来，引进了 ADS80 数字航空摄影测量系统、RCD30 倾斜摄影系统、无人机倾斜摄影系统等仪器设备，拥有街景工厂三维模型处理系统、航天远景数字摄影测量系统、Inpho 摄影测量和遥感影像处理平台、清华山维图库一体化编辑平台等测绘地理信息应用软件。

朝阳数字城市倾斜摄影和三维建模

2015 年，承担的国家和辽宁省现代测绘基准 GNSS 连续运行基准站建设一次性通过验收。完成辽宁省第一次地理国情普查时点核准和基本统计工作，抚顺露天矿地理国情监测项目倾斜摄影 205 平方千米、三维建模 100 平方千米，辽河保护区生态环境监测系统和大伙房水源地矿产资源监测系统地理国情监测项目，省现代测绘基准建设 B 级点观测 82 个点，1:1 万地形图更新建库 465 幅，朝阳数字城市倾斜摄影和三维建模 66.5 平方千米，铁岭新区数字城市倾斜摄影和三维建模 22.5 平方千米，辽宁省土地变更调查与遥感监测项目，辽宁省建设用地批后监管核查项目，辽宁省第二次地名普查矢量图地形图项目，凌源市、北票市城市地下管网普查和信息化建设项目。

全国倾斜摄影技术联盟理事单位

2015 年，共有 9 个测绘地理信息工程项目成果获辽宁省测绘科学技术进步奖和省国土资源厅科学技术成果奖，其中一等奖 2 个、二等奖 4 个、三等奖 3 个。

长春市国土测绘院

长春市国土测绘院成立于1999年10月，具有甲级测绘资质，通过ISO质量、环境、职业健康安全体系认证。现有职工81人，其中具有高级职称的14人、中级职称的19人、初级职称的28人。主要从事地籍测量、工程测量、航空摄影和遥感数据处理、地理信息系统开发与服务、三维影像制作、地图制印等业务。

近几年，该院多次承担长春市政府重点工程勘测等项目；为国土资源部门提供矢量数据和宗地权属信息；为各城区、开发区等提供大量1:500、1:1000地形图；承担2009、2010、2011年卫星遥感监测影像图册的编辑印刷工作；合作开发了长春市国土资源局电子政务系统，并负责日常数据处理及维护工作；参与完成了长春市城区350.9平方千米范围三维地籍数据库系统建设任务，综合运用航空遥感、激光LiDAR、点云建模、倾斜摄影和虚拟仿真等技术，采用内外业结合的方式，获取宗地体、界址模型、基础模型、影像数据、数字高程模型、纹理等数据，建立了长春市城区三维地籍数据库系统，实现了地籍管理的多角度、多视野、立体化、社会化服务与管理目标。

近年来，该院先后获科技进步奖1项，优秀工程奖10项。

四平市地勘测绘院

院长：王忠学

会员代表大会

四平市地勘测绘院隶属于吉林省第三地质调查所，是一支长期从事测绘工作、设备先进、经验丰富的专业队伍，具有工程测量（包括控制测量、地形测量、规划测量、建筑工程测量、变形形变与精密测量、市政工程测量、水利工程测量、线路与桥隧测量、地下管线测量、矿山测量）、不动产测绘甲级资质和地理信息系统工程、地图编制乙级资质。2004 年，通过 ISO9001 质量管理体系认证；2011 年，升级为 ISO9001-2008 认证体系，通过 ISO14001:2004 环境管理体系认证，通过 OHSAS18001:2007 职业健康安全管理体系认证。现有职工 120 人，其中高级工程师 18 人、工程师 38 人、助理工程师 24 人、技术员 40 人。

该院先后完成了吉林至珲春高速公路 1:2000 地形测量 50 平方千米，长春至哈尔滨高速公路 1:2000 地形测量 160 平方千米，深圳市、珲春市 1:500 地形图修测 60 平方千米等多项数字化工程测量和 1:500 数字化地籍测绘长春市 30 平方千米、四平市 23 平方千米、通化市 54 平方千米（含 3 个镇）等多个地籍测绘项目以及土地利用现状调查、房产测绘等项目。

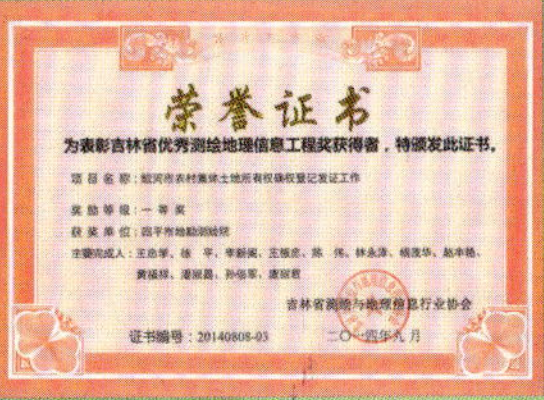

建院 20 多年来，全院广大职工开拓进取，为省内外的城市规划和国家基本建设及经济发展提供大量准确的资料和服务。

吉林省第三地质调查所

研讨会

国家测绘地理信息局第三地形测量队（黑龙江第二测绘工程院）

国家测绘地理信息局第三地形测量队（黑龙江第二测绘工程院）始建于1975年，行政隶属于黑龙江测绘地理信息局，是国家测绘地理信息局直属专业地形测量队，是国内最早的甲级测绘资质单位之一。

单位中坚力量

该队现有职工296人，专业技术人员占90%，工人占8%，管理人员2%。拥有固定资产1亿多元。位于黑龙江省地理信息产业园，工作及配套环境近3000平方米，同时在北京、上海、新疆等多个省市设有常驻机构。主要业务涉及大地测量、摄影测量与遥感、地理信息工程、工程测量、不动产测绘、工程监理等。

近几年，该队主要承担省级1:1万地形图测绘、国家级1:5万基础地理信息数据库更新任务、全国第一次地理国情普查、农村土地经营权确权工作。参加了国家西部测图工程和汶川、伊犁灾后重建测绘工程，“927”项目，南极科学考察等多项国家专项测绘工程项目。为全国20多个省（自治区、直辖市）城市规划、国土资源、公路交通、水利等部门提供了优质的测绘地理信息服务，为地方的经济发展作出了贡献。

西部测图工作

荣誉展示

数字化成图

该队高度重视自主研发，近年来完成国家级科研项目3项、省级科研项目11项，申请专利7项、软件著作权3项。自主研发的地理国情监测调绘系统软件、农村土地确权登记系统等多个软件已投入市场应用，受到好评。在无人机航空摄影测量、倾斜摄影测量、智慧城市建设等方面具有较强实力，拥有合作伙伴。

该队始终遵循“科学管理、精心测绘、优质服务、顾客满意”的质量方针，以“快速、优质、友谊、守信”为经营理念，以一流的测绘产品质量和良好的合作信誉向社会各界提供优质的测绘服务保障。

南极测绘

无人机飞行现场

江苏省测绘工程院

激光移动测量车

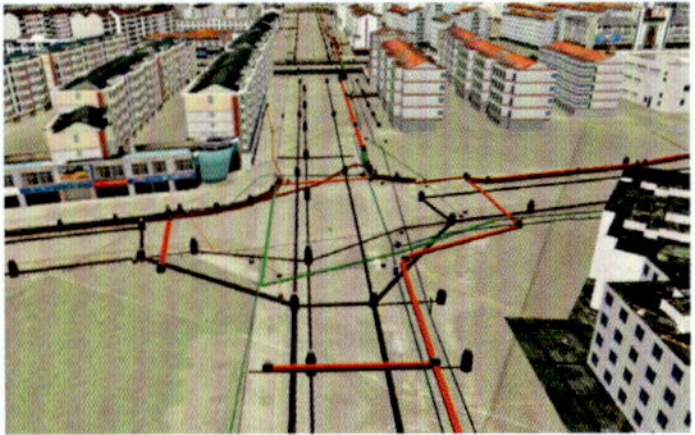

地上地下三维一体化应用系统

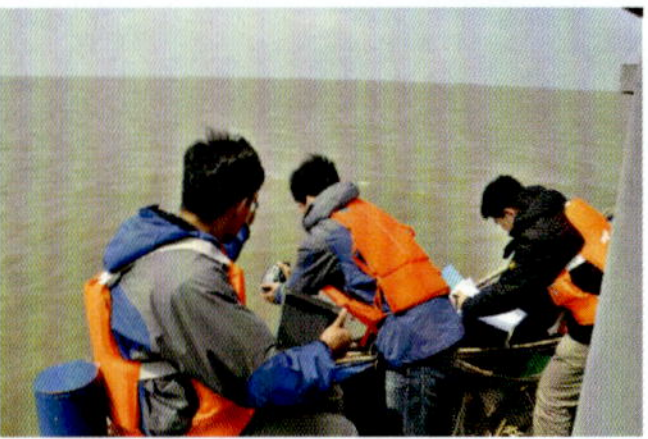

海上数据测量

数字镇江地理空间框架建设

“天地图·扬州”

国土资源“一张图”平台建设

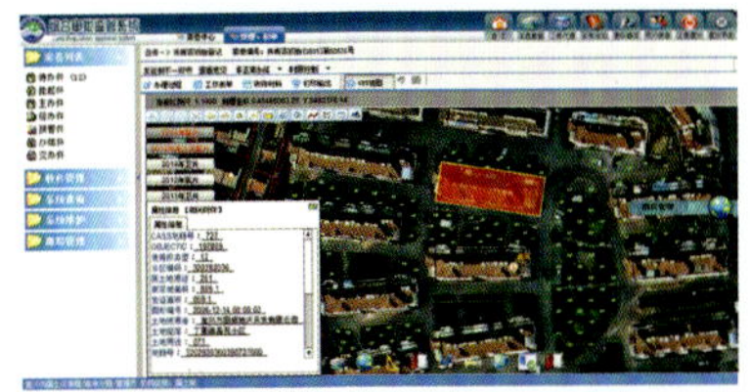

不动产统一登记管理系统

江苏省测绘工程院是江苏省测绘地理信息局直属全民事业单位，是国家首批甲级测绘资质单位，主要承担和从事基础地理信息数据的采集、处理及其他专业测绘任务。

近年来，江苏省测绘工程院遵循“构建数字中国、监测地理国情、发展壮大产业、建设强院大院”的发展战略方向，发展成为全省领先、全国一流的综合性地理信息服务单位。五年来，该院获省文明单位、省五一劳动奖状、省诚信测绘单位等 10 多项省级以上荣誉，多名职工获全国技术能手、全国五一奖章、国土资源部杰出青年科技人才等近 50 项省级以上奖项。

江苏省测绘工程院以地理信息数据快速获取、加工处理和服务能力建设为核心，引进无人机系统、激光移动测量车等高新测绘技术装备，对现有生产技术体系进行网络化、信息化、智能化改造，建立信息化测绘生产服务体系。拓展测绘地理信息应用，为各级政府、部门在重大事件决策、突发公共事件应急处置等方面提供测绘地理信息保障服务。开拓海洋业务，获得海岛保护规划编制技术单位和无居民海岛使用论证推荐单位资质，被评为海岛礁调查全国示范单位。利用卫星测绘技术，应用国家测绘地理信息局重点实验室平台，开展多学科交叉研究和多领域协同攻关，承担或参与国家级科研项目或课题近 20 项。近 2 年来，获得软件著作权 12 个、发明专利 1 个；获中国测绘地理信息学会测绘科技进步奖、卫星导航定位科技进步奖、全国优秀测绘工程奖等 18 项。

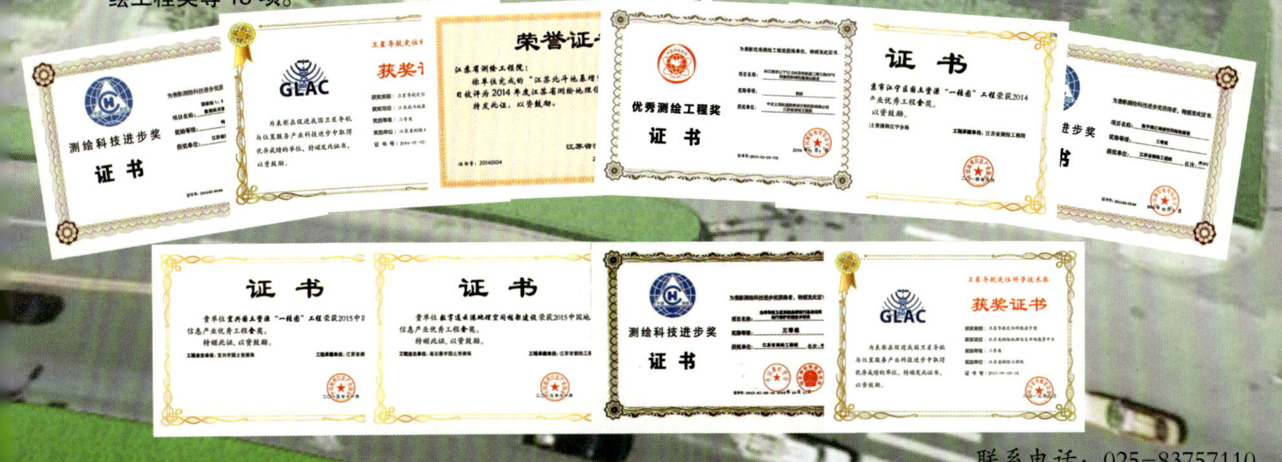

联系电话：025-83757110

江苏省基础地理信息中心

天地图·江苏

江苏省地理信息公共服务平台（政务版）

天地图·常州

天地图·武进

江苏省基础地理信息中心（以下简称中心）成立于 2000 年 3 月，隶属于江苏省测绘地理信息局，主要从事基础性、前期性、公益性的测绘工作，是集测绘生产、科研、服务于一体的全额拨款事业单位。

中心现有在编职工 191 人，各级各类专业技术人员共 157 人，占职工总数的 82%。其中研究员级高级工程师 9 人、高级工程师 39 人、工程师 59 人、助理工程师 55 人。下设 6 个机关科室，11 个生产、科研、服务科室（部门）。负责全省基础地理信息系统的建设、维护、更新和开发应用；承担地理信息数据的采集、处理、建库、更新和分发服务工作；具有摄影测量与遥感、工程测量、地籍测绘、地理信息系统工程、导航电子地图制作（外业）、地图编制（地形图、电子地图、省级及以下政区图、真三维地图、其他专用地图）等甲级资质。具有 GPS 接收机、全站仪、内外业一体化测图软件、全数字摄影测量工作站、遥感影像处理系统（像素工厂）、移动街景采集车、地理信息平台软件 ArcGIS、Skyline 等大型软硬件设备。

长期以来，中心把“依托科技创新，共筑数字江苏”作为核心精神，以“培育一流队伍、提供一流服务、创造一流业绩、塑造一流形象”为奋斗目标，以科技进步为先导，坚持“面向政府宏观决策、面向经济建设主战场、面向国土大系统”的工作方针和“科技兴测、人才强测”的发展战略，树立“我与单位共荣辱、单位与我同发展”的文化理念，努力做好省级基础测绘、地理国情普查、数字城市建设等工作，积极为政府部门和社会发展各行业提供优质、高效的测绘保障服务。测绘成果曾获各种厅、局以上奖励 70 多项。

通过全体干部职工多年来的共同努力，中心的主要经济指标近年来稳步增长，单位的综合实力明显增强，核心竞争力不断提升，成为江苏省测绘科技队伍和测绘科技支撑体系的重要组成部分，为江苏测绘地理信息事业的科学发展做出了贡献。

法国引进的像素工厂主机房
购置的移动街景采集设备
基础测绘 DEM+DOM+DLG 多元数据生产
省公安厅警务地理信息基础平台
三维城市景观建模
三维城市街景建模
印制的各类图集、图册
中心生产的遥感正射影像图
水利地理信息系统

江苏省基础地理信息中心　地址：南京市北京西路 75 号 | 电话：025-83757162 | 邮编：210013 | 网址：http://www.jsdxzx.com.cn

南京捷鹰数码测绘有限公司

南京捷鹰数码测绘有限公司成立于 2004 年，注册资金 1010 万元，是一家具有甲级测绘资质的民营测绘公司。通过了 ISO9001 质量管理体系、环境管理体系、职业健康安全管理体系认证。2015 年 12 月，与南京信息工程大学共同建立了南京市管网智能监控与服务系统工程技术研究中心。

公司现有正式员工 120 人，其中具有测绘高级职称的 8 人、中级职称的 20 人。拥有全站仪 30 台套、GPS（RTK）86 台套、高精度水准仪 4 台套、管线探测仪 10 台套、各种测绘专业软件 60 多套。取得 8 项软件著作权，并得到应用。

公司长期致力于海量地理信息数据的采集、快速处理和智能分析工具的研究与开发，深入挖掘地理信息数据的信息价值，为国土资源、城乡规划、房产管理、电力能源、建设施工、交通通信等领域提供智慧化服务。自成立以来，坚持以客户为中心、以技术求发展、以质量为保障、以服务为根本，赢得了各界用户的信赖。已与多个省市国土、房产、规划建设、电力交通部门建立了紧密合作关系，将以先进的技术、优良的产品和优质的服务，与您合作共赢，携手发展！

浙江省工程物探勘察院

浙江省工程物探勘察院成立于1994年，隶属于浙江省地球物理地球化学勘查院，是一家专业从事工程测量、工程物探、岩土工程勘察、岩土工程设计、水文地质勘察、岩土测试检测、岩土监测、室内实验、地质灾害防治、浅层地温能开发利用、地热资源勘查的国有企业。主导修订了《浅层地震勘探技术规范》，参与编写《城市工程地球物理探测规范》和浙江省《岩土工程勘察规范》。

该院现有职工300多人，其中各类注册师30多人，具有副高级职称及以上的人员110多人。拥有各项专业技术要求的先进装备。先后承接并完成工程测绘、岩土工程勘察、工程物探、地质灾害防治、浅层地温能开发利用、地热资源勘查等各类项目2万多项(其中国家、省级重点工程500多项)，涉及工民建、交通、市政、铁路、海洋、水利、电力、环境、能源、矿产等领域，获国家及省部级奖项60多项。

浙江物探大楼

该院通过ISO9001:2008质量管理体系认证、环境管理体系认证、职业健康安全管理体系认证，具有工程物探、工程测量、不动产测绘、工程勘察综合类、地质灾害危险性评估、地质灾害治理工程勘查、矿产开发利用方案编制甲级资质，是浙江省文明单位、中国勘察设计行业诚信单位、浙江省勘察设计行业诚信单位、浙江省“守合同重信用”AAA级单位、浙江省对口支援青川县灾后恢复重建先进单位。

该院秉持“物探品质、勘测生活、院兴我荣”的精神，竭诚为社会各界提供优质服务。

地址：浙江省杭州市湖墅南路220号　　邮编：310005

电话：0571-88223828　　传真：0571-88223830

网址：www.zjwty.com

浙江合信地理信息技术有限公司

浙江合信地理信息技术有限公司注册资金1000万元，商务中心、项目管理中心坐落于北京国家新媒体产业基地，占地约1400多平方米；生产基地位于浙江省地理信息产业园，占地约2000多平方米。具有甲级测绘资质，取得重合同守信用AAA级证书、中国质量信用AAAA级证书，通过ISO9001质量管理体系认证、环境管理体系认证、职业健康安全管理体系认证。

公司主营业务包括无人机系统设计研发、测绘航空摄影、摄影测量与遥感、工程测量、不动产测绘、互联网地图服务、地理信息系统应用开发、企业运营管理平台研发等。服务领域涵盖地理信息产业链的上、中、下游，包括数据获取、数据处理、增值应用开发等各个方面，为国土、规划、能源、电力、水利、交通、农业、灾害防治等各领域提供了优质的地理信息服务，获得各行业的高度认可。

公司秉承“天地人合，信义为先”的经营理念，践行“为客户创造价值”和“助员工成就梦想”的使命，将努力成为地理信息行业最受人尊敬的信息服务企业。

三维建模

倾斜摄影影像

地理国情普查

激光点云数据

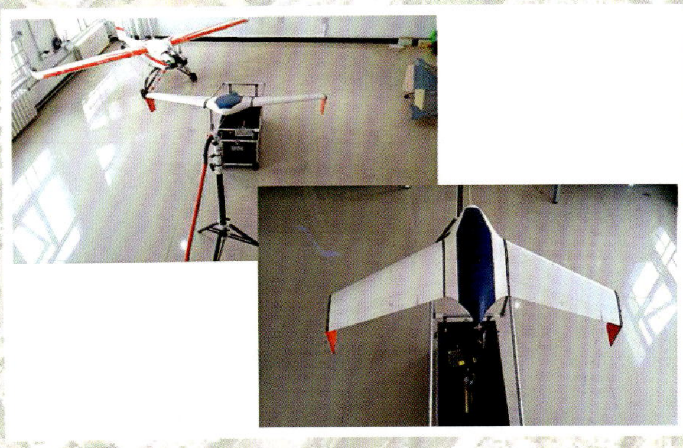

无人机（电动（小））+GNSS

无人机＋倾斜摄影系统

安徽省第四测绘院

地理信息与地图制图

无人机测绘

摄影测量与遥感

《安徽省地图集》获裴秀奖金奖

安徽省第四测绘院成立于1973年，是国家测绘地理信息局首次批准的甲级测绘资质的测绘事业单位，通过ISO9001:2008国际质量管理体系认证。主要从事摄影测量与遥感、地理信息系统工程、工程测量、不动产测绘、地图编制、互联网地图服务、测绘航空摄影、立体模型制作、土地登记代理、土地规划等。

安徽省第四测绘院现有职工173人，其中高级工程师15人、工程师40人、注册测绘师5人。拥有全数字摄影测量系统40台套、彩色影像扫描仪2台、A0幅面以上绘图仪6台、图形编辑工作站80台、全站仪10台、水准仪10台、GPS接收机12台、地理国情应急监测车一辆、无人飞行器系统3台套、模型雕刻机等先进的测绘仪器设备，以及相关测绘专业软件。

安徽省第四测绘院主要承担安徽省基础测绘、地理国情普查、数字城市和智慧城市建设及监测、测绘应急保障、违法用地监察、各种地图编制等业务。近年来，依托专业技术优势，参与市场竞争，为民政、水利、交通、电力等部门提供及时有效的测绘地理信息和地图服务，参与了全国第二次土地调查及建库工作，农村土地经营权、所有权确权登记发证，第二次全国地名普查，不动产登记测绘，行政区域勘界测绘工作，常态化为政府领导提供应急制图服务，为安徽的经济建设与社会发展提供测绘保障，以优质的服务得到了社会的广泛赞誉。

地名普查

福建省海陆勘测有限公司

福建省海陆勘测有限公司成立于 2004 年，注册资金 1000 万元，是一家按现代企业制度建立和管理的测绘与空间地理信息综合服务提供商，处于高速发展初期的具有强大创新能力及核心技术的高新技术企业，具有甲级测绘资质，业务范围包括测绘航空摄影、摄影测量与遥感、地理信息系统工程、工程测量、不动产测绘、海洋测绘。通过了 ISO9001-2008 质量管理体系、ISO14001-2004 环境管理体系、OHSAS18001-2007 职业健康安全管理体系认证。

研发中心

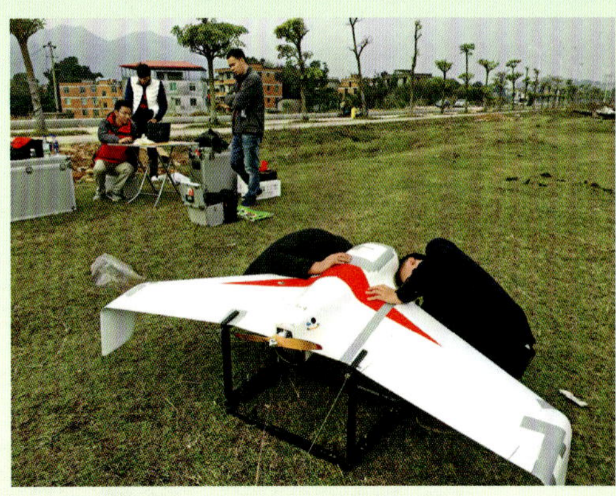

起飞前检查

公司下设 5 个职能部门、5 个专业生产部门及 1 个研发中心，核心技术为无人机测绘航空摄影（含倾斜摄影）及后期数据处理技术，DOM 、DEM、DLG 、真三维等主要产品已广泛应用于福建省的房屋拆迁、工程建设征地、海域使用征迁的证据固化和新农村建设规划、城镇信息化、房地产开发、城乡土地利用动态监管、大比例尺地形图修测、工程场地评价、电力交通选线、森林动态监测、水利工程前期规划设计、地质矿产勘测定位、生态环境监测、文物保护、旅游风景区建设管理、突发性灾害应急等领域，取得良好的经济效益及社会效益。

海陆号测量船及专用码头

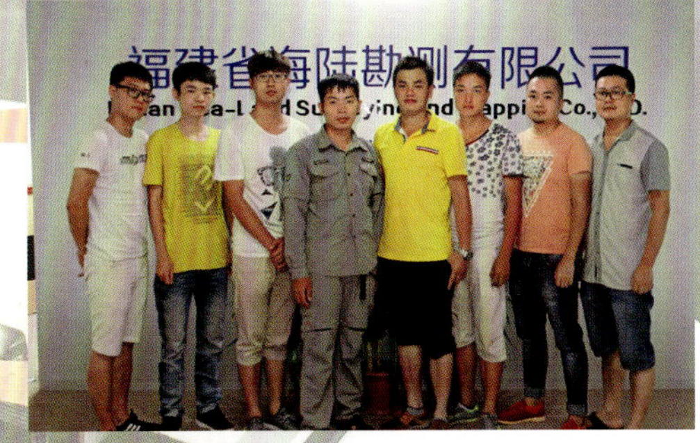

测绘航空摄影飞行中队

地址：福州高新区海西高新技术产业园创业大厦 12 层

网站：www.fjshlkc.com 邮箱：fjsealand@126.com

售后服务电话：0591-83368973 传真：0591-83368973

福建特力惠信息科技股份有限公司

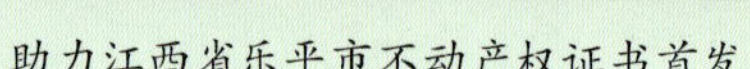
助力江西省乐平市不动产权证书首发

助力江西省广丰区不动产权证书首发

福建特力惠信息科技股份有限公司专业致力于政务信息化服务，业务覆盖国土、住建、林业、海洋、草原、电力等行业，为客户提供集信息化咨询、软件开发、应用实施、系统集成、安全服务为一体的全方位信息化解决方案。2015 年 9 月 11 日，特力惠登陆新三板正式挂牌上市。

近年来，围绕国土资源发展为核心，经过多年的研发积累，公司建立了较完整的国土资源行业产品线，面向国土资源行业用户提供基于 Teleware 统一业务架构平台构建的国土资源信息化管理一体化解决方案。解决方案的产品包括不动产登记云平台、国土资源电子政务平台、国土资源数据中心、国土资源一张图、国土资源综合监管系统、办公自动化系统、移动政务办公系统、移动执法监察系统等数十项产品，应用范围覆盖全国 20 多个省份、数十个地市、上百个县级国土资源行政机关单位。得到了行业专家和用户的一致好评。除国土部门外，公司在住建、海洋、集成、草原、林业、电力、电信等行业也拥有一大批成熟稳定的客户群体。

特力惠承担的“河南省建设用地全程动态监管系统研究”项目获国土资源科学技术奖二等奖，“广西地质灾害预警分析及应急指挥系统”获中国地理信息科技进步奖三等奖；研发的《基于国土资源一张图的 WEBGIS 综合应用》产品列入 2015 年度国家火炬计划项目清单。

北京华星勘查新技术公司信阳测绘院

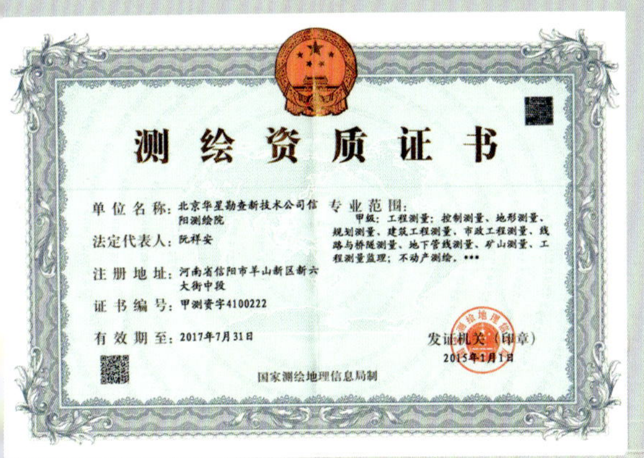

测 绘 资 质 证 书

单位名称：北京华星勘查新技术公司信阳测绘院

法定代表人：阮祥安

注册地址：河南省信阳市羊山新区新六大街中段

证书编号：甲测资字4100222

有效期至：2017年7月31日

专业范围：
甲级：工程测量：控制测量、地形测量、规划测量、建筑工程测量、市政工程测量、线路与桥隧测量、地下管线测量、矿山测量、工程测量监理；不动产测绘，•••

发证机关（印章）
2015年1月1日

国家测绘地理信息局制

北京华星勘查新技术公司信阳测绘院成立于1989年，隶属中材地勘河南总队，2011年取得甲级测绘资质,2003年通过ISO 9001:2000质量管理体系认证和GB/28001–2001职业健康安全管理体系认证。

现有职工86人，其中测绘专业技术人员62人。专业技术人员中具有高级技术职称的10人（教授级高工2人、注册测绘师5人）、中级职称的22人。测绘业务范围包括：工程测量、不动产测绘、摄影测量与遥感、地理信息系统工程、地图编制。通过河南省国土资源厅认证，在全省内可从事土地调查及监理业务。

自建院以来，多次获得中国中材集团先进集体、信阳市测绘行业先进单位、中材地勘河南总队先进集体等称号。近年来，完成多个县的农村土地确权发证、农村土地承包经营权等大型项目。多项测绘成果获得中国建材协会(部级)、河南省优秀测绘地理信息工程奖。

院长携全体职工本着“诚信立足、创新致远”的理念,以严谨的管理团队、卓越的测量技术、高质量的满意服务，邀您共同漫步数字世界！

CERTIFICATE

质量管理体系认证证书

北京华星勘查新技术公司信阳测绘院

GB/T 19001-2008/ISO 9001:2008

《质量管理体系 要求》

方圆标志认证集团

CERTIFICATE

职业健康安全管理体系
认 证 证 书

北京华星勘查新技术公司信阳测绘院

GB/T 28001-2011/OHSAS 18001:2007

《职业健康安全管理体系 要求》

方圆标志认证集团

法人代表（院长）：阮祥安

电 话：0376 – 6365328 传真：0376 – 6365929 邮箱：bjhxchy@163.com

地 址：河南省信阳市羊山新区新六大街中段 30 号

湖北地信科技集团股份有限公司

湖北地信集团成立于 2013 年，由湖北省地理信息行业多家重点企业和国际知名卫星导航专家韩绍伟博士共同出资成立，已成为湖北省北斗卫星导航应用产业的领导者，国内领先的智慧城市整体解决方案提供商和运营商。

成立以来，湖北地信集团始终秉承创新理念，专注于为政府、行业、公众提供高品质的信息产品、解决方案和服务，业务领域涵盖智慧城市建设及运营、北斗高精度导航与位置服务以及农业、水利、国土、规划、公安、交通等行业应用。

湖北地信集团是湖北省重点高新技术企业，现有国家“千人计划”海外学者 1 人，“3551 光谷人才计划”1 人，在智慧城市、北斗导航应用领域拥有关键核心技术，成功研发了一批标志性产品，曾多次荣获中国测绘科技进步奖、湖北省测绘科技进步奖、湖北省优秀软件企业、北斗行业应用示范奖等荣誉奖项。

2015 年，公司承建的“智慧老河口”项目被评为全国第三批智慧城市专项试点，全国首个县级市智慧城市时空信息云平台试点；获 2015—2016 年度湖北省“优秀软件企业”称号及湖北省创新创业战略团队奖。

地址：湖北省武汉市东湖高新技术开发区民族大道 39 号湖北测绘地理信息大厦 3 楼

电话：027-87676808

传真：027-87676808

邮箱：HGT@dx-tech.com

官网：www.dx-tech.com

襄阳市测绘研究院

XiangYang Institute of Surveying and Mapping

襄阳市测绘研究院创建于1957年，隶属于襄阳市城乡规划局(市测绘地理信息局)，是专业从事基础测绘、工程测量、地理信息服务和摄影测量与遥感的事业单位，已通过ISO9001：2008国际质量体系认证，荣获AAA级企业信用等级证书，是中国城市规划协会会员单位，湖北省测绘地理信息学会理事单位，湖北省测绘行业协会理事单位，襄阳市测绘学会副理事长单位。具有地理信息系统工程、摄影测量与遥感、不动产测绘、工程测量甲级资质，大地测量、测绘航空摄影、互联网地图服务、地图编制乙级资质，是湖北省地市首家综合性测绘甲级单位。

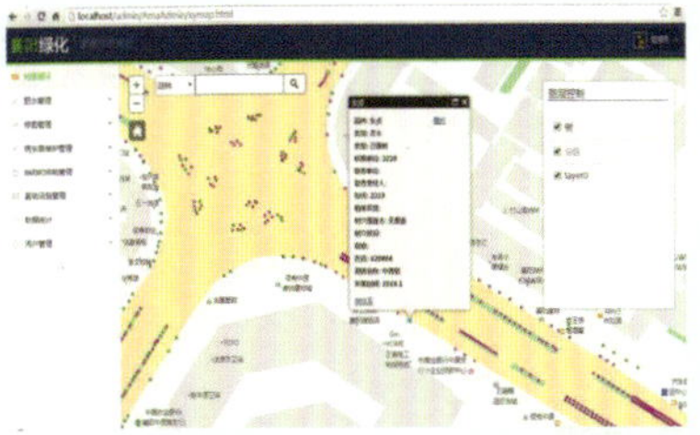

近年来，该院先后被评为全国地理国情普查标准时点核准百日大会战主题竞赛活动先进单位、湖北省测绘地理信息工作考评优秀单位、全市规划工作先进单位、全市城市建设工作优秀集体、全市党建工作先进单位、全市文明单位、全市基层社会治安综合治理优胜单位等，获湖北省测绘地理信息行业职业技能竞赛三等奖和优秀组织奖，多个测绘地理信息工程项目获湖北省优秀测绘工程一、二等奖，湖北省优秀城乡规划设计(城市勘测类)二等奖，襄阳市优秀测绘工程金、银奖等。

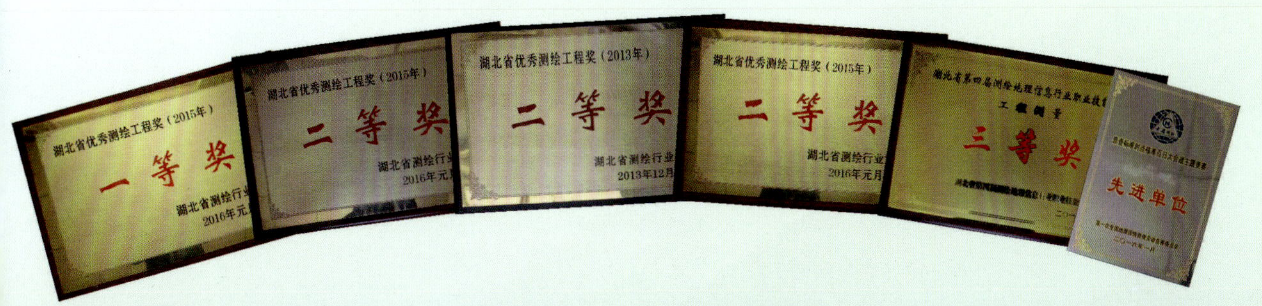

地址：湖北省襄阳市中原路22号　电话：0710-3806981　网址：http://www.xych.org.cn　邮箱：xych@vip.163.com

湖南省国土资源基础地理信息中心

湖南省省长杜家毫视察

原湖南省省委书记周强视察

国家测绘地理信息局局长库热西·买合苏提视察

湖南省国土资源信息中心（湖南省基础地理信息中心）成立于2002年5月，是湖南省国土资源厅直属公益性全额拨款事业单位。现有职工129人，其中在编职工47名，聘用职工82人，高级职称14人（含二级教授1人），中级职称25人，博士、硕士研究生39人，本科以上学历占比70%，拥有一支集土地、测绘、地质、档案、计算机软硬件等于一体的具有市场竞争力的综合型专业队伍。

中心具备互联网地图服务甲级资质，地理信息系统工程乙级资质，固体矿产勘查乙级资质，承担全省国土资源数据管理，电子政务建设，政务公开，基础地理信息数据的管理、分发和服务工作；2015年，中心与中国测绘科学研究院进行战略合作，设立地理国情监测湖南研究中心，负责地理国情监测及相关研究工作。

证书

贵单位 湖南省国土资源厅电子政务系统 荣获2010′中国地理信息产业优秀工程金奖。

特颁此证，以资鼓励。

工程业主单位：湖南省国土资源信息中心　工程承建单位：武汉中地数码科技有限公司

二〇一〇年十月

证书

贵单位 湖南省国土资源“一张图”建设项目荣获2014中国地理信息产业优秀工程金奖。

特颁此证，以资鼓励。

工程业主单位：湖南省国土资源信息中心　工程承建单位：武汉中地数码科技有限公司

中心数据资源丰富。土地、地质、矿产等专题类数据达上百个数据库，集成于湖南省国土资源“一张图”系统中，为湖南省国土资源管理提供优质、高效、快速服务；多种比例尺的基础地理信息数据实现全省覆盖，地理国情普查数据库全面建成，多源、多时相、多尺度遥感影像数据实现年度更新；地质资料和国土资源业务档案馆藏量9万多卷。

长期以来，中心始终坚持为全省经济建设提供数据支撑，为全省社会经济发展做出了重要贡献。

单位地址：湖南省长沙市天心区杉木冲西路49号

行业单位工作

北京市

概况

截至2015年底，北京市共有测绘资质单位354家，同比增加68家，其中甲级107家、乙级138家、丙级55家、丁级54家。按单位性质分，事业单位40家、企业314家；按所在地区分，东城区13家、西城区35家、朝阳区50家、丰台区18家、石景山区14家、海淀区142家、门头沟6家、房山8家、通州8家、顺义8家、昌平15家、大兴20家、怀柔6家、平谷5家、密云4家、延庆2家。全市测绘资质单位全年完成测绘服务总值135.8亿元。

2015年测绘资质单位完成科技成果116项，其中通过验收的成果106项，通过鉴定的成果10项；科技成果登记40项，其中在国家科技成果管理机构登记11项，在地方政府科技成果管理机构登记26项；科技成果获省部级以上奖项57项，其中国际科技奖3项，国家科技奖7项；软件著作权847项。

北京市测绘设计研究院

【业务】

2015年，北京市测绘设计研究院完成沉降区一、二等水准复测1050千米、中心城区930点网络RTK平面复测、1020千米高程复测。完成四环范围1:500地形图更新8450幅（2次），六环内1:2000地形图更新3376幅，六环外平原地区1:2000地形图更新5540幅，平原地区1:1万地形图更新457幅。完成1:500地形图数据加工、入库8450幅，六环范围1:2000地形图数据加工、入库3376幅，平原地区1:1万地形图数据加工、入库457幅。完成北京市第一次地理国情普查国情部分、市情部分数据生产、成果接边、汇交、质量检验工作，并通过质量验收。

【其他】

北京市测绘设计研究院完成的“智慧城市房屋全生命期管理关键技术研究及应用”获2015年中国测绘地理信息学会测绘科技进步奖二等奖；“智慧园区时空信息服务平台建设关键技术研究及应用”“北京市城市绿化系统动态监测技术研究——以第一道绿化隔离地区为例”均获2015年中国地理信息科技进步奖二等奖，“北京市空间数据共享与协同审批系统”获三等奖；“数字房山地理空间框架”获2015年中国地理信息产业优秀工程奖金奖。

北京超图软件股份有限公司

【业务】

2015年，北京超图软件股份有限公司发布SuperMap GIS 8C新产品，融合了云端一体化GIS、二三维一体化GIS和跨平台GIS三大技术体系，支持国产芯片、增强云运维管理能力等。参与承建赣州市国土资源“一张图”数据管理系统、基于云端一体化应用的数字唐山地理空间框架建设项目、邵阳房产GIS系统项目、咸宁市二三维一体化地理信息公共服务平台等项目。

【其他】

北京超图软件股份有限公司全年取得软件著作权38项。参与的“国家数字城市地理空间框架技术体系构建与应用”项目获国家科学技术进步奖二等奖；主持的“云端一体化SuperMap GIS软件平台研发及产业化”项目获2015年北京市科学技术奖一等奖，并获授权专利2项。

中兵勘察设计研究院

【业务】

2015年，中兵勘察设计研究院完成市政道路改扩建测绘项目60多项，河道改建整治项目9项，建设工程规划监督测量项目12项，高层和超高层建筑沉降观测项目10项，专业管线竣工测量56项、管线长度累计68千米，城市地下管网探测项目30项、探测管线长度累计900千米，建筑深基坑第三方监测项目10项，不动产（房产）面积测绘项目11项、房产测绘面积累计60多万平方米。为用户及施工设计单位提供大比例数字地形图及地下综合管网图1200多幅。

【其他】

中兵勘察设计研究院完成的“基于测量机器人的基坑三维自动化变形监测系统”被北京市西城区科学技术委员会列为2015年科研项目，发表相关论文2篇，取得软件著作权证书1项。

北京建设数字科技股份有限公司

【业务】

2015年，北京建设数字科技股份有限公司开展了杭州地理市情监测应用、“天地图·中山”建设、泰安等地规划管理信息系统、宜昌规划一张图管理及包头燃气热力综合监管等多个基于地理信息的综合应用项目。成立智慧城市研发中心，进一步完善规划管理、地理国情监测和天地图应用及城市综合管理等领域的智慧应用系列产品。

【其他】

北京建设数字科技股份有限公司承建的“‘天地图·中山’建设”项目获2015年中国地理信息科技进步奖二等奖。

北京广图软件科技有限公司

2015年，北京广图软件科技有限公司完成多个GIS应用软件研发及运维支撑服务。围绕天津滨海新区地理信息共享服务平台的共享应用，为新区统计局、应急指挥中心、综合执法局等多个委办局提供技术支撑服务，并为“8·12”天津港爆炸事故的应急处置提供地图服务。完成了综合地下管线信息系统升级研发并在苏州市、银川市、太仓市等多个城市的管线普查工作得到实际应用；完成的苏州市智慧园林GIS系统、苏州市交通大屏幕GIS系统、昆山市水利GIS系统、常熟市规划一张图系统等行业GIS软件产品研发和实际应用均共享调用了地理信息共享平台的地图数据服务。

天津市

概况

截至2015年底，天津市共有测绘资质单位136家，其中甲级20家、乙级42家、丙级66家、丁级8家。按单位性质分，事业单位31家、企业105家（含私营企业44家）。天津市测绘资质单位全年完成测绘服务总值17.86亿元，与2014年基本持平。

中铁隧道勘测设计院有限公司

【业务】

2015年，中铁隧道勘测设计院有限公司承担天津地铁5、6号线工程第三方现场监测，广州市轨道交通21号线控制测量及施工测量检测工程，郑州市轨道交通5号线工程控制测量检测，广州市轨道交通11号线控制测量及施工测量检测工程项目A标段，南宁市轨道交通3号线工程（科园大道－平乐大道）第三方监测项目一标段等项目测量监测工作。

【其他】

中铁隧道勘测设计院有限公司完成的“一种采用位移传感器测量隧道变形的监控量测方法”“一种自动钻孔测斜仪操作装置”取得专利授权。“郑州市轨道交通1号线一期工程控制测量”获2015年“海河杯”天津市优秀勘察设计工程勘察二等奖、

2015年天津市优秀测绘工程奖一等奖；“苏州轨道交通2号线工程测监中心（测量与监测中心）”获2015年“海河杯”天津市优秀勘察设计工程勘察三等奖；“武汉市轨道交通四号线一期工程全线测量监理及监测第一标段”“武汉市轨道交通二号线一期工程全线测量监测及车站基坑监测项目”分获2015年天津市优秀测绘工程奖二、三等奖。南京地铁三号线过江隧道控制测量质量管理小组被命名为2015年度中国中铁股份有限公司优秀质量管理小组。被天津市测绘学会评为天津市2015年度优秀测绘工程奖评选工作先进组织单位。

天津市水利勘测设计院

【业务】

2015年，天津市水利勘测设计院承接了天津市永定河泛区工程与安全建设二期工程初设，引滦水源保护工程于桥水库入库河口湿地工程，独流减河左截渗沟治理工程，天津市南水北调中线市内配套工程宁汉供水工程等多项测量任务。

【其他】

天津市水利勘测设计院承担的“北大港水库1:5000地形图测量”项目获2015年天津市优秀测绘工程奖二等奖，“天津市大黄堡蓄滞洪区工程安全建设”项目和“天津市大清河中下游段（新开河－金钟河）治理工程”项目均获三等奖。

中交第一航务工程勘察设计院有限公司

【业务】

2015年，中交第一航务工程勘察设计院有限公司共完成测绘项目80多项。承担了“南通港通州湾港区北部港区开发方案研究”项目；开展了通州湾港区陆域及水域地形测量及水文要素观测，共完成1:2.5万水下地形测量551平方千米、1:5万水下地形测量1163平方千米；水文海流观测垂线11条、底质取样点261个。

【其他】

中交第一航务工程勘察设计院有限公司完成的“南通港洋口港区金牛挖入式作业区工程方案区域地形水深测量”获2015年天津市优秀测绘工程奖二等奖。

中国地震局第一监测中心

【业务】

2015年，中国地震局第一监测中心完成“4·25”尼泊尔8.1级地震应急、中国综合地球物理场观测、中国大陆构造环境监测网络、地震监测系统运维等项目。水准观测4146.4千米、GNSS观测478点、相对重力联测252点（277测段）；水准踏勘5359.5千米、踏勘水准点位1370点、补埋水准标石51座。

【其他】

中国地震局第一监测中心全年发表各类论文44篇，其中SCI、EI 8篇。获得实用新型专利5项，计算机软件著作权4项。“强化华北地区强震监视跟踪工作：GNSS观测”项目获2015年天津市优秀测绘工程奖二等奖，“强化华北地区强震监视跟踪工作：区域精密水准测量”“世纪中心项目”“天津市政道路与高铁交叉施工监测项目”均获三等奖。

天津市国土资源测绘和房屋测量中心

【业务】

2015年，天津市国土资源测绘和房屋测量中心完成7050万平方米的房产测绘任务和3100多万平方米的地籍测绘任务。其中为天津市国土资源和房屋管理局直管公产住房、预告登记权利人入住满两年、补登补测项目测绘房屋213万平方米、测绘土地2.4万平方米。推广自主研发的天津市房屋测绘一体化处理及应用系统，全年天津市各房地产登记机构利用该系统远程打印各类登记用图31.5万张。

【其他】

天津市国土资源测绘和房屋测量中心承担的2个项目获2015年中国地理信息产业优秀工程奖铜奖；1个项目获2015年全国优秀测绘工程奖铜奖；1个项目获天津市优秀测绘工程奖二等奖、2个项目获三等奖。

天津市勘察院

【业务】

天津市勘察院承担完成天津市2015年高标准基本农田保护测绘项目、2014年高标准基本农田保护验收测绘项目，涉及环城四区、五区县和滨海新区120万亩。承担天津市蓟县农村集体土地使用权及其地上房屋调查项目，完成11个乡镇共61298宗土地的调查工作，涉及面积70.8平方千米。完成北辰区、西青区地名调查项目验收工作，开展宝坻区、蓟县地名调查项目前期准备工作。完成天津市西青区地下管线普查项目，普查范围涵盖市政道路280千米，探明的地下各种管线长度共3300千米。

【其他】

天津市勘察院参与编写国家标准《城市地下空间数据测绘规范》《城市测绘基本技术要求》；行业标准《车载移动测量技术规程》《建筑变形测量规范》《车载移动测量数据规范》。取得2项实用新型专利授权，新申请发明专利26项，获得软件著作权18项。与下属公司共同承担的“天津市基本农田图册制作”等3个项目均获2015年全国优秀测绘工程奖银奖，“2012年度保税区、空港经济区、国际物流区基础测绘项目”等3个项目均获铜奖。

中水北方勘测设计研究有限责任公司

【业务】

2015年，中水北方勘测设计研究有限责任公司完成测绘地理信息项目91个，其中国内项目81个、国外项目10个。完成海河流域恩县洼等23处蓄滞洪区基础信息测量及复核项目，主持编写了《全国山洪灾害调查评价规范》，承担了新疆生产建设兵团辖区的山洪灾害调查评价工作。主编的《水利水电工程施工测量规范》由水利部于2015年5月15日发布，于2015年8月15日实施。主编的《水利空间要素图式与表达规范》由水利部于2015年11月30日发布，于2016年3月1日实施。

【其他】

中水北方勘测设计研究有限责任公司完成的“老挝拉森水电站可研阶段测量”项目获2015年度全国优秀水利水电工程勘测设计奖金奖；“于桥水库库区地形图测量及库容曲线复核”项目获2015年“海河杯”天津市优秀勘察设计工程勘察一等奖。《用于井下、隧道及夜间测量观测的发光条码水准尺》取得实用新型专利。

天津市测绘院

【业务】

2015年，天津市测绘院完成了天津市第一次全国地理国情普查项目标准时点核准工作，成果通过验收。数字城市建设方面，建立了天津市级节点与区级节点一体化建设和更新维护机制；开发完成了天津能源供热地理信息系统等20个管理系统。“天地图·天津”节点网站建设方面，更新了公开版电子地图数据；基于“天地图·天津”网站开发完成了天津市林业地理信息系统等管理系统。对全市1.2万个建设项目进行梳理与关联；研发了信息资源融合平台的客户端和服务器端，相关技术成果实现了多点联网测试运行。参与天津市第二次全国地名普查工作，完成东丽区、津南区地名普查任务，建立普查成果数据库；建立了地名普查成果共享平台，实现了地名普查成果的全市共享。

【其他】

天津市测绘院开展8项生产性技术攻关科研项目。“天津市陆海一体化地理信息服务平台建设研究”等3项国家级、省部级科研课题进入验收阶段。获中国地理信息科技进步奖二等奖1项，中国测绘地理信息学会测绘科技进步奖三等奖2项，全国优秀测绘工程奖银、铜奖共4项，中国地理信息产业优秀工程奖银奖2项。在国内外公开期刊发表论文39篇，其中核心期刊4篇。《基于分区的完整地物测绘作业方法》获发明专利；申请5项专利。

天津港湾水运工程有限公司

【业务】

2015年，天津港湾水运工程有限公司加入IMCA国际海事承包商协会，通过了国家高新技术企业认定，完成测绘业务产值6100万。在海洋测绘方面，完成海底管线、电缆勘察和航道测量797.4平方千米。工程测量方面，完成1∶500地形图183幅。技术创新方面，自主开发钻井船和深水DP作业船专属的导航、定位软件和硬件系统，在多个项目中得到应用并取得良好效果。

【其他】

天津港湾水运工程有限公司承担并完成的“平黄一期管线铺设水面/水下导航定位项目”获2015年天津市优秀测绘工程奖三等奖。

铁道第三勘察设计院集团有限公司

【业务】

2015年，铁道第三勘察设计院集团有限公司完成的地理信息系统项目主要有阳泉至大寨铁路三维建设管理系统80千米、印度尼西亚雅加达至万隆高铁三维可视化方案展示系统140千米；摄影测量与遥感项目主要有太原至焦作城际铁路工程初测340千米、北京至唐山城际铁路初测172千米；铁路工程测量项目主要有郑州至周口至合肥铁路定测281千米、北京至原平铁路电气化改造工程定测418千米、泰国既有铁路改造工程初定测873千米；精密工程测量项目主要有北京至沈阳客运专线精密工程控制测量复测690千米、深圳市城市轨道交通10号线精密工程控制测量30千米、商丘至杭州客运专线商丘至阜阳段精密工程控制测量252千米、济南至青岛城际铁路精密工程控制测量330千米；测绘航空摄影项目主要有牡丹江至佳木斯、哈尔滨至佳木斯铁路电气化改造工程数码摄影测量2060平方千米。

【其他】

铁道第三勘察设计院集团有限公司新增与测绘地理信息相关的软件著作权5项、专利3项。完成的“运营高速铁路基础变形综合监测技术”获2015年中国测绘地理信息学会测绘科技进步奖二等奖；“沈阳至丹东客运专线精密控制测量”获2015年全国优秀测绘工程奖银奖；“塞拉利昂矿区铁路唐克里里至普杰洪段初测工程测量”获2015年天津市优秀测绘工程奖一等奖，“山西中南部铁路魏家滩至洪洞北段控制测量”“珠三角城际轨道交通新塘至白云机场初测工程测量”获二等奖，“白城至乌兰浩特段精密工程控制测量”获三等奖；“呼和浩特至准格尔至鄂尔多斯铁路精密工程控制测量”“天津至保定铁路精密工程控制测量”“石家庄至济南客运专线精密工程控制测量”分获2015年“海河杯”天津市优秀勘察设计工程勘察一、二、三等奖。

天津市陆海测绘有限公司

【业务】

2015年，天津市陆海测绘有限公司完成胜利油田海洋采油厂平台井场调查、海管路由检测、海管路由复测；辽东作业公司部分海管路由勘察服务，唐山港京唐港区各泊位、港池、东南防波堤水深及基线控制点测量等多项测绘工程项目，覆盖唐山港、青岛港、烟台港、日照港、黄骅港、东营埕岛、渤海湾等港口和地区。

【其他】

天津市陆海测绘有限公司完成的“胜利油田CB351等平台井场及海管调查”“青岛董家口港区航道、矿石码头扫海测量”项目均获2015年全国优秀测绘工程奖铜奖；“胜利油田CB22H等海上石油平台井场调查”“嘉海一期（旺海国际）项目基坑变形监测”项目分获2015年天津市优秀测绘工程奖二、三等奖。

河北省

概况

截至2015年底，河北省共有测绘资质单位808家，其中甲级51家、乙级133家、丙级264家、丁级360家。同比甲级平稳增长，乙、丙级均较快增长，丁级数量略有下降。民营测绘资质单位数量占资质单位总数的63.6%，非民营测绘资质单位主要分布在国土资源、城乡建设与规划、水利、煤炭、冶金等行业。

2015年，河北省测绘资质单位完成测绘服务总值31.18亿元，同比增长19.3%。其中，测绘地理信息、国土资源、城乡建设与规划等行业的测绘资质单位完成的测绘服务值比重较高。全省完成的重大测绘项目主要有河北省地理国情普查、县级数字城市建设、河北省农村面貌改造提升村测图以及夏秋秸秆焚烧监测、禁种铲毒监测等。全省大规模开展、测绘资质单位普遍参与的测绘项目主要是以县域为单位的农村“三权”确权登记发证工作和农村土地承包经营权确权登记颁证工作。

2015年，河北省测绘资质单位测绘从业人员年平均人数总计17479人，同比增长10.9%，其中，测绘专业技术人员9752人、注册测绘师340人。

中国石油天然气管道工程有限公司

【业务】

2015 年，中国石油天然气管道工程有限公司承担了“西气东输”三线中段（中卫—吉安）工程、中俄东段天然气管道（黑河—长岭段）工程、陆良支线天然气管道工程、蒙西煤制天然气外输管道项目、渭南—晋陕豫黄河金三角区域输气管道工程、上虞—新昌天然气管道工程等 20 多项工程。

主编了行业标准《油气管道工程无人机航测规范》和全国注册咨询工程师继续教育培训教材航测遥感部分。参编完成了行业标准《石油天然气工程地面三维激光扫描测量规范》，公司级标准《油气管道工程地面激光扫描技术规程》。

【其他】

中国石油天然气管道工程有限公司完成的“西气东输二线管道工程泰安支干线”获 2015 年全国优秀测绘工程奖铜奖，“柳园 - 敦煌光传输系统建设工程测量”获 2015 年河北省测绘学会科学技术奖二等奖，“锦州—郑州成品油管道工程”获 2015 年河北省优秀地理信息工程奖二等奖，“长庆油田—呼和浩特石化原油管道工程测量”获 2015 年度化工行业优秀工程勘察奖二等奖，“兰州—成都原油管道工程测量”获 2015 年石油工程优秀勘察奖二等奖，“SPS 管道测量绘图软件”获 2015 年石油工程优秀计算机软件奖三等奖。

河北建设勘察研究院有限公司

【业务】

2015 年，河北建设勘察研究院有限公司新开工测绘项目 148 项，在建项目 367 项；完成项目 103 项，工程合格率、优良品率、工程一次验交率均为 100%。

完成项目主要包括任丘市城乡规划局基础测绘项目、鹿泉区上庄镇规划区 1:1000 地形图测绘项目、沧州临港经济技术开发区（西区）控制测量及 1:500 地形图测绘项目、沧州临港经济技术开发区东区（扩区）控制测量及 1:500 地形图测绘项目等。

【其他】

河北建设勘察研究院有限公司完成的“内蒙古大唐国际克什克腾煤制气项目化工区永久控制点、建筑方格网及水准基点复测项目”获 2015 年河北省测绘学会科学技术奖三等奖，“辽宁阜新辽宁大唐国际日产 1200 万 Nm^3 煤制天然气项目动力区、煤场区（一期）建筑方格网点及沉降观测基准点测量项目”“邯郸文化艺术中心沉降观测项目”均获 2015 年河北省优秀地理信息工程奖三等奖。

河北中核岩土工程有限责任公司

【业务】

2015 年，河北中核岩土工程有限责任公司完成的测绘项目主要涉及控制测量、地下管线探测、地形测量、线路工程测量、变形（沉降）观测等。主要完成了福建霞浦核电厂陆域 1:1000 和 1:1 万地形测量，石家庄海山实业发展总公司老区、新区综合地下管线测绘工程，山东海阳核电有限公司 3、4 号机组次级控制网复测，河北长河核电厂工程可研阶段 1:1000 地形测量等项目。在建的变形监测项目有田湾核电站扩建工程 5、6 号机组人工边坡监测以及山东海阳核电厂建筑物沉降测量等。

【其他】

河北中核岩土工程有限责任公司完成的“山东海阳核电厂 3、4 号机组次级控制网测量”获 2015 年核工业部级优秀工程勘察奖二等奖，“中核冀东核电项目初可研陆域 1:5000 地形测绘”获 2015 年河北省优秀地理信息工程奖二等奖。

保定金迪地下管线探测工程有限公司

【业务】

2015 年，保定金迪地下管线探测工程有限公司共签订工程合同 87 个，合同金额 1.9 亿元。完成地下管线探测 76029 千米，地理信息管理系统开发项目 55 个，输出地下管线图 111689 幅。

研发了用于大埋深地下管线高精度探测的分离式探头及探测技术方法，开发了 GDInfo 大埋深管线分析系统、GDInfo 移动数据采集系统、GDInfo 移动办公平台、GDInfo 三维管线信息管理系统。

【其他】

保定金迪地下管线探测工程有限公司完成的“智慧廊坊建设——廊坊市地下管线普查和信息系统建设项目（一期）”“中山市中心城区排水管网摸查与水污染调查及信息系统建设工程”分获 2015 年中国地理信息产业优秀工程奖金、银奖。“温州市地下管线普查项目”获2015年全国优秀测绘工程奖铜奖。

石家庄市勘察测绘设计研究院

【业务】

2015年，石家庄市勘察测绘设计研究院完成各类小型工程测量项目2000多项，包括征地定线、建筑定线、建筑违章、专项整治、建筑竣工、管线定线、管线探测、管线竣工、测量反馈等。完成重大项目“石家庄市2015年1:500数字地形图修补测”修测面积114.75平方千米，涉及1:500地形图1836幅；“石家庄市地下管线普查项目”B标段管线外业探测730千米；“高新区规划局地下管线普查项目”管线外业探测900千米。

在国家级刊物发表论文5篇，省级刊物发表论文2篇，研发了地下管线数据采集入库处理软件与管线数据库检查软件、基于AutoCAD的纹理图像快速处理、三维初步建模与地图截屏软件以及图像EXIF信息处理软件、二维码生成软件。

【其他】

石家庄市勘察测绘设计研究院完成的“石家庄市2014年1:1000数字地形图修补测”项目获2015年河北省测绘学会科学技术奖二等奖。

河北省第二测绘院

【业务】

2015年，河北省第二测绘院完成秦皇岛、沧州、邯郸市1050个提升村1:1000地形图测图工作。完成秦皇岛、邯郸、沧州市级数字城市建设并通过验收，启动22个县级数字城市建设，其中3个县建成并通过验收。完成河北省激光雷达数据外业检查点测量和内业处理任务。承担26个县的农村集体建设用地使用权、农村宅基地使用权确权工作和14个县区的土地承包经营权确权项目。利用低空数字摄影测量等技术开展秸秆禁烧和种植毒品原植物的监测，参与大气污染防治和“航测铲毒”行动。组建30多人的援疆工作队赴新疆库尔勒铁门关市开展测绘援疆。受河北省国土资源厅委托，完成河北省173个县市区“2015年度全国土地变更调查与遥感监测”外业核查工作。

研发河北省以地控税、以税节地管理信息系统，在沧州市上线使用。完成的“北京铁路局3D数字铁路用地管理系统”“华北油田地籍管理信息系统”上线使用。完成承德、秦皇岛2个测区的4.7万平方千米的地理国情普查任务，成果一次通过验收。

【其他】

河北省第二测绘院完成的“河北省农村集体土地确权登记发证数字线划图制作”“中捷产业园区航空摄影成图及三维建模”分获2015年全国优秀测绘工程奖银、铜奖，“基于测绘地理信息的河北省涉地税收一体化平台研究及应用”获2015年中国测绘地理信息学会测绘科技进步奖二等奖，“数字栾城地理空间框架建设”“沧州市以地控税以税节地管理信息系统”均获2015年河北省测绘学会科学技术奖一等奖，“河北省农村集体土地确权登记发证数字线划图制作项目”获2015年河北省优秀地理信息工程奖一等奖。

承德华勘五一四测绘有限公司

【业务】

2015年，承德华勘五一四测绘有限公司主要承担河北省承德市、唐山市、内蒙古自治区农村土地承包经营权确权登记颁证项目，涵盖承德市承德县12个乡镇约20万亩耕地、承德高新区上板城镇约2万亩耕地、唐山市海港经济开发区王滩镇约15万亩耕地，以及内蒙古自治区察右前旗土贵乌拉镇约10万亩耕地。截至年底，完成合同进度要求并通过第三方预检。中标“国网河南省供电公司营销客户服务信息采录工程（质量核查和治理项目）”，完成“围场县农村宅基地和集体建设用地使用权确权登记项目二期工程”年度计划。承担“唐山市唐山湾国际旅游岛2014年度海籍变更调查项目”，利用自主研发的海籍调查管理信息系统开展数据建库、地图编制工作。完成新泰市地下管线普查约200千米。

【其他】

承德华勘五一四测绘有限公司完成的“乐亭县国土局海域使用金动态监测暨海籍变更调查项目”获2015年河北省测绘学会科学技术奖三等奖。

化学工业第一勘察设计院有限公司

【业务】

2015年，化学工业第一勘察设计院有限公司测绘业务实现产值840万元，完成各类测绘项目36项，主要包括中天合创鄂尔多斯煤炭深加工示范项目厂区内外GPS控制测量及测绘服务、延安煤油气资源综合利用项目工程测量检测服务、内蒙古新蒙能源投资股份公司1:500地形图测绘、广东揭阳市揭东实验区供气官网项目1:500地形测绘和中海油惠州炼化二期炼油改扩建项目乙烯工程一区软地基沉降观测等，涉及地形测绘、城市地下管线、沉降观测等多个方面。

【其他】

化学工业第一勘察设计院有限公司完成的“中煤集团乌审旗蒙大矿业有限责任公司纳林河二号矿井首采区1:2000地形图测绘”获2015年河北省优秀地理信息工程奖二等奖。

中国石油集团东方地球物理勘探有限责任公司

【业务】

2015年，中国石油集团东方地球物理勘探有限责任公司完成物探测量、无人飞行器航摄、地理信息系统等测绘项目90多项。完成北疆作业部准格尔盆地腹地航拍项目等，航拍作业面积共3173平方千米。至年底，完成软件著作权登记6项，自主研发的GeoNavA系列北斗GNSS接收机在物探测量作业中广泛应用。

【其他】

中国石油集团东方地球物理勘探有限责任公司完成的“2014年塔里木盆地GPS基准控制网的扩展与优化”获2015年河北省测绘学会科学技术奖一等奖，“2015年度辽河坳陷东部凹陷红星地区火成岩三维地震勘探采集工程”获2015年河北省优秀地理信息工程奖一等奖，“2014年度准噶尔盆地腹部滴南8井区三维测量项目”“2014年度准噶尔盆地西北缘玛131井区三维测量项目”均获三等奖。

河北省第一测绘院

【业务】

2015年，河北省第一测绘院完成石家庄、衡水、沧州、邢台4个设区市65个县（市）4.65万平方千米地理国情普查工作，普查成果质量合格率100%，优良品率80%以上。完成2015年河北省农村面貌改造提升行动测制重点村地形图任务。开展2015年度河北省国土资源厅执法监察总队土地卫片核查，协助省国土资源厅执法监察局完成重大典型违法案件查处工作。完成三权发证项目2项，农村土地承包经营权确权登记发证项目45项，涉及省内8个地区。完成村镇地籍调查及登记发证成果省级预检（秦皇岛、衡水）、地籍调查技术细则——无人机的应用研究、河北省2015年度土地变更调查省级核实等项目。

【其他】

河北省第一测绘院完成的“数字唐山地理空间框架项目二期基础数据建设”获2015年河北省测绘学会科学技术奖一等奖；“基于云端一体化应用的数字唐山地理空间框架建设项目”获2015年中国地理信息产业优秀工程奖金奖。

河北天元地理信息科技工程有限公司

【业务】

2015年，河北天元地理信息科技工程有限公司实现营业收入9426万元，其中地籍调查及系统建设约占49%，地下管线探测及系统建设约占38%，航测和数据处理约占6%，房产测量、工程测量、监理等约占7%。完成地下管线探测约1.75万千米，完成农村土地承包经营权确权登记发证约256万亩。

中标“合肥市市区地下管线普查和信息系统建设项目的普查探测（第四包）”“农安县农村土地承包经营权确权登记颁证项目三标段”“围场满族蒙古族自治县农村土地承包经营确权登记颁证项目”。

【其他】

河北天元地理信息科技工程有限公司完成的“涿州市城镇地籍调查项目”“长春市3米以上道路管线探测工程（第一标段）”均获2015年全国优秀测绘工程奖铜奖，“智慧廊坊建设——廊坊市地下管线普查和信息系统建设项目（一期）”获2015年中国地理信息产业优秀工程奖金奖，“大连市2011年地下管网普查（二期）工程、大连市2012年地下管网普查工程（二标段）”获2015年河北省优秀地理信息工程奖二等奖。取得“PDA数据采集系统”“综合管网信息管理系统”“天元农村土地承包经营权管理系统”3个软件著作权。获得“河北省诚信企业”称号。

秦皇岛市测绘大队

【业务】

2015 年，秦皇岛市测绘大队完成秦皇岛市市区 1:500 数字地形图更新维护 30.3 平方千米，其他测绘项目 66 项和零星测量 50 多项，主要包括秦皇岛市市区的城市规划、道路工程、各种管网工程、河道治理、城区改造等城市工程测量和地籍测绘、工程项目征地、土地流转等土地测量项目。共测绘和编制各种图件 1710 多件，其中城区 1:500 地形图 606 幅，各类 1:500 工程地形图（含竣工图）30 多项，总面积 22.5 平方千米；日照分析用房屋立面图 285 件；地籍、宗地图 300 宗，总面积 11.1 平方千米；征地用图 26 宗，总面积 2.4 平方千米；规划用地图 61 项，总面积 4.5 平方千米；土地勘测定界图 151 宗，总面积 4.1 平方千米。

【其他】

秦皇岛市测绘大队完成的“海港区圆明山文化旅游产业聚集区地形图”获 2015 年河北省优秀地理信息工程奖一等奖，“2013 年度秦皇岛市城区 1:500 地形图更新维护项目”获 2015 年河北省测绘学会科学技术奖三等奖。

河北省制图院（河北省渤海测绘管理中心）

【业务】

2015 年，河北省制图院（河北省渤海测绘管理中心）完成保定、唐山、邯郸市 58 个县市区 4.77 万平方千米地理国情普查工作。参与“京津冀一体化重要地理国情监测”项目，承担了“高等级公路和铁路交通网络变化监测”工作。完成“河北省地理国情信息综合统计分析区域经济潜能试点”项目，河北省廊坊、保定市及所辖县市区数字城市建设启动工作，石家庄、保定、廊坊市共 798 个提升村的测图工作和唐山东区 1:1 万数字正射影像图制作。编制完成《石家庄市农村房屋权籍调查技术细则》和《水下地形测量技术规程（草案）》。完成海域使用权招拍挂基础地理信息建设、北戴河及邻近海域综合整治与修复影像图集、河北省海岸线标识影像图集制作工作。承担张家口市怀来县、邯郸市临漳县数字城市建设项目，张家口市康保县、逐鹿县农村土地承包经营权确权登记颁证项目。完成河北省测绘地理信息应用成果和地图网上展览馆设计布展工作。承担河北省农村集体土地确权系统建设项目的系统研发和数据库建库工作。自主研发的 CreatMap 地理信息服务云平台在河北省数字城市建设中得到广泛应用。

【其他】

河北省制图院（河北省渤海测绘管理中心）获第四届河北省测绘地理信息行业职业技能竞赛“地图制图”项目团体第二名。“唐山海岸带、海岛三维地表模型建设示范工程”获 2015 年全国优秀测绘工程奖银奖，“土地勘测定界与土地调查成果衔接方法研究”获 2015 年河北省测绘学会科学技术奖一等奖。自主研发的“基于云计算的时空信息共享交换服务套件（国土版）软件”和“河北省农村土地所有权建库系统”取得计算机软件著作权。

河北省地矿局石家庄综合地质大队

【业务】

2015 年，河北省地矿局石家庄综合地质大队完成河北省水利工程地形测绘 12 平方千米，纵横断面测量 1000 千米；无极县高标准基本农田建设项目地形图测绘 15 平方千米；栾城、元氏、正定 3 县南水北调配水管网建设管线测量 88 千米；碧桂园房产测绘 255604.2 平方米；矿山地形测绘 2.9 平方千米，地质剖面测量 13 千米，洞探测量 240 米；河北省、浙江省共 18 个县、市（区）农村集体土地确权登记发证工作地籍测绘 96.8 平方千米，权属调查 20.5 万宗；辛集市、行唐县等 5 个县（市）农村集体土地承包经营权确权登记发证工作 17.6 万亩的外业测量；石家庄市新华区、赞皇县等 7 个县（区）土地勘测定界 300 宗。

【其他】

河北省地矿局石家庄综合地质大队在第四届河北省地理信息行业职业技能竞赛中获“工程测量团体第二名”。“元氏县南因镇高标准基本农田建设项目”“河北园博园变形观测工程”均获 2015 年中国地理信息产业优秀工程奖铜奖，“深州市农村集体土地所有权确权登记发证项目”获 2015 年全国优秀测绘工程奖铜奖、2015 年河北省优秀地理信息工程奖二等奖，“正定县农村集体土地所有权确权登记发证项目”“隆尧县大张庄乡大虫营村等（5）个村高标准基本农田建设项目”“高邑县农村集体土地所有权确权登记发证（二标段）项目”均获 2015 年河北省测绘学会科学技术奖三等奖。

河北省基础地理信息中心

【业务】

2015 年，河北省基础地理信息中心负责河北省第一次全国地理国情普查数据预处理与数据库建设，共处理全省不分区数据 47 层，分区数据 170 个县，覆盖全省 18.8 万平方千米，处理、核对检查记录数据几十万条，矢量数据和检查记录数据量分别为 6.87GB 和 2GB，所有数据已完成入库。

完成“天地图·河北”在国家主节点的注册与升级改版工作，更新部分地区的数据。开发“天地图·河北”Android 版和 IOS 版移动端，开通“天地图·河北”微信公众平台。

完成数字张家口地理空间框架项目，数字邢台地理空间框架项目基础数据库管理系统、地理信息公共服务平台的研发和应用示范系统建设工作。完成河北省 1:1 万基础地理信息数据库整合处理、河北省卫片执法监察智能系统升级维护、河北省新民居建设用地多维动态管理系统升级改造、河北省地理信息产业单位名录库等地理信息工程项目。参与完成夏秋两季秸秆禁烧地理信息应急监测任务。

【其他】

河北省基础地理信息中心完成的“‘天地图·河北’（2013）”项目获 2015 年全国优秀测绘工程奖银奖，“利用现代遥感技术开展河北省省级卫片执法检查”项目获 2015 年中国地理信息产业优秀工程奖银奖，“河北省新民居建设用地多维动态管理系统研究”项目获 2015 年中国测绘地理信息学会测绘科技进步奖三等奖。

河北省地质矿产勘查开发局第四地质大队

【业务】

2015 年，河北省地质矿产勘查开发局第四地质大队实测完成承德市管辖区 1:500、1:1000、1:2000 数字地形图 21.1 平方千米。完成其他各类测绘项目 30 多项，主要包括承德市及周边矿山测量、城市规划、市区道路工程、房地产开发等工程测量和地籍测绘。共测绘和编制各种图件 9587 件，其中各类 1:500 工程地形图（含竣工图）4 项，总面积 6.16 平方千米；地籍、宗地图 11770 宗。

【其他】

河北省地质矿产勘查开发局第四地质大队完成的“河北省承德县大汤头沟矿区钒钛磁铁矿普查工程测量项目”“河北省承德县张营子矿区钒钛磁铁矿普查工程测量项目”分获 2015 年河北省优秀地理信息工程奖一、三等奖。派送多人参加职业技能培训班并取得结业证，聘请吉林大学、石家庄经济学院老师授课，聘请工程技术人员培训现代地理信息实测技术。

河北博翔地理信息技术有限责任公司

【业务】

2015 年，河北博翔地理信息技术有限责任公司主要完成较大测绘项目 20 多项，包括农村土地承包经营权确权登记颁证、地下管线普查及工程监理、数字城市建设、耕地后备资源调查、土地变更调查与遥感监测等。测绘和编制地形图 238.62 平方千米；农村集体土地确权登记使用的宗地图 62813 宗，地籍图 3970 幅；1:5000 DOM 生产 1343 平方千米；1:2000 DLG 数据采集 149 幅；1:1000 DLG 制图数据生产及入库 135 平方千米，DOM 和 DEM 生产 292.5 平方千米。完成地下管线普查及监理工作总长度约 6705 千米，总面积约 143 平方千米；水深测量及扫海测量总面积约 20 平方千米。

【其他】

河北博翔地理信息技术有限责任公司被评为“2015 中国地理信息产业最具活力中小企业”和“河北省诚信企业”。“数字邯郸地理空间框架建设项目”获 2015 年全国优秀测绘工程奖银奖，“永年县城区地下综合管线普查项目”获 2015 年河北省测绘学会科学技术奖二等奖。

河北恒华信息技术有限公司

【业务】

2015 年，河北恒华信息技术有限公司承接各类项目 120 多项，其中主要包括武邑县农村集体建设用地和宅基地使用权确权登记，石家庄市农村集体建设用地、宅基地使用权确权登记发证，沧县农村土地承包经营权确权登记颁证等项目。

【其他】

河北恒华信息技术有限公司与政府、高校、企业开展相关合作，建立基于云计算和数据挖掘的公共信息服务平台。8月，被石家庄市发展和改革委员会、石家庄市财政局、石家庄市国家税务局等单位联合认定为“石家庄市企业技术中心”。12月18日，与相关单位共同举办了河北省首届智慧城市建设峰会暨河北省智慧城市建设联盟成立大会。

河北省第三测绘院

【业务】

2015年，河北省第三测绘院完成测绘生产项目30多项，实现产值7650万元。完成1:1万DOM 2986幅、地理国情普查统一时点变更约2.87万平方千米（1:1万2158幅）、邢台市60幅1:1万地形图测绘和608个帮扶村测图、石家庄地区高精度DTM数据生产2.027万平方千米（1:1万800幅）。开展尚义、丰南、滦县、肥乡4个县农村集体建设用地和宅基地登记发证工作，完成大曹庄、清河、高邑等8个县（市、区）农村土地经营权确权登记发证任务。

【其他】

河北省第三测绘院完成的“基于云端一体化应用的数字唐山地理空间框架建设项目”获2015年中国地理信息产业优秀工程奖金奖，“新乐市地形图测绘项目”获2015年河北省优秀地理信息工程奖一等奖，“数字张家口地理空间框架建设项目A标段”“唐山海港经济开发区1:1000地形图测绘项目”分获2015年河北省测绘学会科学技术奖一、二等奖。

山西省

概况

截至2015年底，山西省共有测绘资质单位578家，其中甲级24家、乙级69家、丙级184家、丁级301家；私营企业331家，占资质单位总数的57.3%。2015年，全省测绘资质单位完成测绘服务总值15.48亿元。

完成的重大测绘地理信息项目包括数字左权地理空间框架建设、2015年武汉市中心城区真彩色航空摄影任务、山西省万家寨引黄入晋工程煤矿采空区地表地形监测、山西省集中连片特困地区（浑源县）省道大灵线东坊城至大磁窑段改建工程测量、郭峪线至盂榆线连接线公路工程测量、吕梁市城区航空摄影项目、太原市城市轨道交通2号线一期工程控制网建立及基础测绘资料转换项目、《山西省民俗地图集》、郑徐客专ZXZQ07标轨道控制网CPI-II复测、河津市数字城市地理空间框架建设项目等。

山西省水利水电勘测设计研究院

【业务】

2015年，山西省水利水电勘测设计研究院实施测绘项目45项，包括汾河流域生态修复工程、山西省禹门口东扩工程、山西省晋中东山供水工程、山西省中部引黄工程、山西省辛安泉供水工程测量等。新建C级GPS点60多个，完成540个D级GPS点、826个E级GPS点观测，断面测量610千米，二、三、四等水准测量125千米。

【其他】

山西省水利水电勘测设计研究院“山西省晋中东山供水工程测量班组”被评为2015年度全国质量信得过班组；1人被评为2015年度山西省质量管理小组活动卓越领导者。

山西省基础地理信息院

【业务】

2015年，山西省基础地理信息院完成吕梁、临汾、运城3个市的地理国情普查工作任务，已全部通过验收。完成吕梁市兴县、交口县、岚县数字正射影像生产，方山县、临县、石楼县1:500、1:1000数字地形图生产并通过验收。完成阳泉、晋城1:2000基础测绘项目，数字霍州、数字永济、数字河津地理空间框架建设项目。实施了河津市、临猗县、闻喜县农村土地承包经营权确权登记颁证项目外业工作。

【其他】

山西省基础地理信息院完成的“数字临汾地理空间框架建设项目”获2015年中国地理信息产业优秀工程奖银奖。

山西省测绘工程院

【业务】

2015年，山西省测绘工程院完成大同、忻州、太原、阳泉4个市行政区域内40个县（区）以及朔州市怀仁县共51971平方千米的地理国情普查工作任务，全部通过验收。整理汇交了全省用于地理国情普查数据生产的正射影像数据及相关资料，完成并汇交了全省15.6万平方千米1:1万数字高程模型精细化处理成果。与省水文水资源勘测局合作完成“山西省山洪灾害调查测量”项目。完成省重点项目“农村土地承包经营权确权登记颁证试点项目”中大同市域航空摄影测量3389平方千米。完成0.15米分辨率“武汉市真彩色航空摄影”项目，覆盖面积8494平方千米。赴新疆维吾尔自治区五家渠市和昌吉州阜康市开展援疆测绘，完成5.4平方千米1:500地形图测绘任务。

【其他】

山西省测绘工程院完成的“山西省高精度数字高程模型建设项目”获2015年中国地理信息产业优秀工程奖金奖。

阳泉新宇岩土工程有限责任公司

【业务】

2015年，阳泉新宇岩土工程有限责任公司完成阳煤集团下属的新元矿、平舒矿、寺家庄矿、三矿、五矿等矿井井下控制导线测量及主要巷道延伸过程中陀螺定向工作。完成平遥县宅基地权属调查工作，承接阳煤集团各矿地形图测量工作；完成“阳煤集团矿井贯通高程精度控制的研究”科研项目验收等工作。

【其他】

阳泉新宇岩土工程有限责任公司测量QC小组被中国煤炭工业协会评为“2015煤炭工业优秀质量管理小组”。

山西家豪测绘集团有限公司

【业务】

2015年，山西家豪测绘集团有限公司实施了山西省广灵县农村土地承包经营权确权登记颁证项目（第三标段）。完成襄垣县农村集体建设用地、宅基地使用权确权登记及数据库建设项目（第四标段）；壶关县农村集体建设用地、宅基地使用权确权登记及数据库建设项目（第三标段）；各类司法鉴定测量工作86项；房地产开发征地测量项目4处，测制1:500地形图86幅4.7平方千米；沉降变形监测126项；房产测量58项，总面积126.1万平方米。

【其他】

山西家豪测绘集团有限公司被中国地理信息产业协会评为“2015中国地理信息产业最具活力中小企业”。

山西省煤炭地质物探测绘院（山西省矿山地理信息研究院）

【业务】

2015年，山西省煤炭地质物探测绘院（山西省矿山地理信息研究院）承揽农村土地承包经营权项目44个，面积1554万亩。承担山西省第一次地理国情普查项目10个县（区、市）的基础普查、时点核准及统计入库工作，总面积12561平方千米，涉及1:1万地理国情普查数据613幅，已通过验收。承揽山西省朔州市和内蒙古自治区乌拉特前旗的航空摄影测量及正射影像图制作任务，面积18149平方千米，其中朔州项目通过验收，成果质量为批合格，质量等级为优。组建了管网中心，中标朔州、潞城、介休、运城4个市的地下管线探测项目。

【其他】

7月，山西省煤炭地质物探测绘院（山西省矿山地理信息研究院）被中华全国总工会授予“全国五一劳动奖状”。

山西省地图院

2015年，山西省地图院完成朔州市平鲁区，晋中市昔阳县、和顺县、左权县、榆社县地理国情普查；《山西省县域经济发展地图集》吕梁、临汾卷的编制和大同、运城卷的出版工作。编制完成《晋中市地图》（11个县区）、《长治市领导工作用图》《长治城区图》（全开）、《长治市地图》（全开）、《泽州县领导工作用图》《晋城市交通旅游图》、《山西省廉政文化地图》等。开展《山西省红色文化地图》和《山西省法治文化地图》编制工作。

山西省遥感中心

【业务】

2015年，山西省遥感中心完成朔州市朔城区及长治市6个县区的地理国情普查任务，右玉县建成区及部分规划区31平方千米1∶500航摄及正射影像图制作工作。综合应用物联网、云计算、大数据等技术，开展基础地理信息数据采集、更新、建库，时空信息云平台（政务网）软件体系建设，智慧城市管理系统建设及时空信息云平台（政务网）运维管理等工作。采用无人机对明长城广武段进行航拍，累计飞行50多架次，拍摄照片600多张。完成乡宁县60平方千米1∶1000无人机航摄工作。

【其他】

山西省遥感中心完成的“山西省突发地质灾害遥感监测指挥系统”获2015年中国地理信息科技进步奖三等奖。

山西省综合地理信息中心

【业务】

2015年，山西省综合地理信息中心完成朔州市右玉县、晋城市陵川县、晋城市城区地理国情普查工作。编写完成《山西省第一次全国地理国情普查数据库建设方案》并通过评审。开展山西省地理国情普查成果数据二期预处理和建库试验，完成山西省地理国情普查成果数据建库工作。编制完成《山西林业资源图集》。补充完善山西省智慧旅游地理信息服务平台全省旅游景区数据，完成全省4A级及以上全景影像数据部署和服务发布。

【其他】

山西省综合地理信息中心完成的“山西省智慧旅游地理信息服务平台”获2015年中国地理信息科技进步奖二等奖。“烽火三晋——纪念抗日战争胜利70周年”获第三届天地图应用开发大赛二等奖。

山西迪奥普科技有限公司

2015年，山西迪奥普科技有限公司完成晋中、临汾、忻州部分地区1∶2000农村土地承包经营权确权航拍数字正射影像底图制作47766平方千米。完成农村集体建设用地宅基地确权登记发证、土地勘测定界等不动产测绘和地理信息系统开发及数据库建设等其他各类测绘项目46项。自主设计开发SV360高安全度轻型测绘无人机。

中铁十七局集团第一工程有限公司

2015年，中铁十七局集团第一工程有限公司承担铁路、地铁、公路、市政工程等测绘项目，完成测绘产值867万元。主要涉及桥梁测量、线路测量、隧道测量、地铁测量、市政工程测量等业务。具体包括成渝客专、京福客专项目87千米CPIII建网；西成、成兰、宝兰等高铁项目109千米精测网复测；六威高速、罗望高速、龙怀高速等27个高速公路项目控制网检测；巴基斯坦达苏水利项目施工控制网建网及工程量测算等。

山西晋城无烟煤矿业集团有限责任公司

2015年，山西晋城无烟煤矿业集团有限责任公司完成晋煤集团所属矿井井下巷道测量放线50万米，绘制了采掘工程平面图、井上下对照图及各种煤矿用图，保证矿井的正常采掘活动。与中国矿业大学及河南理工大学合作完成赵庄煤业、寺河煤矿和坪上煤矿的岩移观测，对观测数据进行分析，取得了各矿的岩移参数。组织测绘技术人员参加晋煤集团天安公司东沟煤业井下透水事故抢险救援，绘制井下巷道布置图，测定与积水点相对应的地面位置，为地面施工排水孔提供依据。

内蒙古自治区

内蒙古自治区地图院

【业务】

2015年，内蒙古自治区地图院完成10个旗县市区7.18万平方千米的地理国情普查标准时点核准和区内外接边工作。完成自治区102个旗县市区地理国情普查数据入库前检查和第一阶段预处理工作。完成1598幅地理国情普查区域2米格网DEM精细化制作，204幅1:1万“3D”产品制作和验收工作，374幅1:1万地形图更新任务，数字锡林浩特地理空间框架项目验收工作。翁牛特旗、克什克腾旗地理空间框架建设项目设计书通过专家评审，完成数据建库工作。完成各种环境下无人机应急演练，航飞面积1100平方千米。完成内蒙古自治区应急地理信息平台项目一期工程。更新出版《内蒙古自治区地图集》，编制《内蒙古自治区地图册》《内蒙古自治区系列挂图》《内蒙古历史沿革地图集》，更新10个盟市和部分旗县地图，完成5个专题地理信息服务系统的制作和更新，为自治区交通、旅游、电力等部门制作专题地图。为国家和自治区重大工程编制工作用图。参加全国测绘地理信息应用成果和地图网上展览内蒙古自治区展馆建设，该馆于10月30日正式上线运行。

【其他】

内蒙古自治区地图院1人入选2015年度内蒙古自治区青年创新人才——“草原英才”工程后备人才一层次人员，1人继续担任国家测绘地理信息局青年学术和技术带头人。内蒙古自治区地图院被内蒙古自治区第一次全国地理国情普查领导小组办公室、内蒙古自治区总工会直属企事业工会授予“内蒙古自治区第一次全国地理国情普查劳动竞赛先进集体”称号，地图一室获“先进团队”称号，1人获“先进个人”称号；院团支部被共青团内蒙古直属机关工委授予“2015年度自治区直属机关青年文明号”称号；《内蒙古自治区地图集》获2015年内蒙古自治区测绘学会测绘工程奖一等奖。

内蒙古自治区航空遥感测绘院

【业务】

2015年，内蒙古自治区航空遥感测绘院完成的16个旗县区地理国情要素数据与地表覆盖数据采集与建库、地理国情普查数据生产元数据采集制作、遥感影像解译样本数据采集与建库工作通过国家级检查验收。完成6个盟市14.4万平方千米数字正射影像图制作任务。完成30个旗县（区）政府所在地的高分辨率数字彩色航空摄影2800多平方千米。完成3727幅1:1万DEM制作。基本建设完成数字呼伦贝尔地理空间框架。

【其他】

内蒙古自治区航空遥感测绘院数字地图编辑室被第一次全国地理国情普查劳动竞赛委员会授予“普查标准时点核准百日大会战主题竞赛活动先进班组”称号。1人被第一次全国地理国情普查劳动竞赛委员会授予“普查标准时点核准百日大会战主题竞赛活动先进个人”称号。1人被中共内蒙古自治区委员会、内蒙古自治区人民政府授予“内蒙古自治区劳动模范（先进工作者）”称号。

内蒙古自治区测绘院

【业务】

2015年，内蒙古自治区测绘院完成各类测绘项目20多项。完成15个旗区共11.98万平方千米地理国情普查地表覆盖、地理要素生产和建库任务，4个盟市24万平方千米地理国情普查数字正射影像制作，DEM精细化生产6345幅，通辽市C级GPS点测量100个、三等水准测量1500千米。更新自治区4个旗县1:1万地形图408幅。完成9个旗县航测内业1:1万地形图1347幅。开展阿尔山市、巴尔虎旗、额尔古纳市、阿鲁科尔沁旗、鄂温克旗1:1000地形图测制。完成数字阿尔山、数字巴尔虎旗数据建库工作。

【其他】

内蒙古自治区测绘院被内蒙古自治区第一次全国地理国情普查领导小组办公室、内蒙古自治区总工会直属企事业工会授予“内蒙古自治区第一次全国地理国情普查劳动竞赛先进集体”称号，三分院获“先进团队”称号，2人获“先进个人”称号。

内蒙古自治区基础地理信息中心

【业务】

2015年，内蒙古自治区基础地理信息中心完成托克托县、清水河县和呼和浩特市回民区4400平方千米地理国情普查任务。完成“天地图·内蒙古”与国家主节点5500幅1:1万地形图的数据融合。向社会各界提供水准点5000多个、地形图4000多张。汇交地理国情普查DOM成果数据分幅1094幅、整景1599景，1:1万精细化DEM成果数据10275幅。

【其他】

内蒙古自治区基础地理信息中心被中华全国总工会授予“全国模范职工小家”称号；中心普查项目组被第一次全国地理国情普查劳动竞赛委员会授予“先进班组”称号；中心团支部被内蒙古自治区团工委授予“全区五四红旗团支部（总支）”称号。

辽宁省

概况

2015年，辽宁省测绘地理信息局推动测绘资质单位发展，做好资质审批管理，通过年度注册、地理信息市场整顿、专项执法检查等方式，对违法违规、不符合测绘资质条件的单位进行依法注销或降级、缓期注册、核减业务范围等处理。至年底，全省共有测绘资质单位603家，其中甲级36家、乙级164家、丙级219家、丁级184家，主要分布在测绘地理信息、城乡建设与规划、国土资源、海洋、水利、电力、冶金等16个行业，测绘资质单位全年完成测绘服务总值22亿元。

全省测绘资质单位积极参与地理国情普查、基本比例尺地形图更新与重大工程项目建设，为辽宁沈阳经济圈、沿海经济带开发等提供精准、及时的测绘地理信息服务保障。

大连九成测绘信息有限公司

【业务】

2015年，大连九成测绘信息有限公司累计完成控制测量项目9个，航空摄影项目11个。完成各种比例尺数字线划图数据生产项目978平方千米，数字高程模型2128平方千米，数字正射影像图16079平方千米，填海竣工测量及验收12宗，房屋面积测算200多万平方米，宅基地项目15个，农村土地承包经营权确权登记颁证项目67个、986.3万亩。完成哈尔滨市城市空间信息普查建库、庄河市综合地下管线管理系统、庄河市智慧城管三维建模、长兴岛规划一张图等二、三维地理空间融合建库项目。

【其他】

大连九成测绘信息有限公司与武汉大学等多所高校院所合作开发Android版“庄河全景1.0”手机APP。形成确权登记颁证培训课程体系，完成“九成农图”产品体系的构建及20套软件系统的研发。完成的“大连市智慧沙河口三维地理信息服务平台建设”获2015年中国地理信息产业优秀工程奖金奖；“九成农村土地承包管理信息系统”获2015年中国地理信息科技进步奖二等奖；“大连市沙河口区基础地理信息数据建设关键技术研究”和“智慧庄河公共信息服务平台技术研究”均获2015年辽宁省测绘科学技术进步奖二等奖；与神州数码控股有限公司联合完成的智慧本溪项目在香港获“中欧绿色和智慧城市奖”创新奖。

中国建筑材料工业地质勘查中心辽宁总队

2015年，中国建筑材料工业地质勘查中心辽宁总队完成了地形测量、矿山省级核查、矿山储量核实及动态监测项目150多项。承担河北省、内蒙古自治区、吉林省、辽宁省部分市县乡镇土地承包经营权确权项目9项，完成外业土地测绘约50万亩及相应的土地调查工作。承担辽宁省沈阳市及江西省南昌市部分街路地下管线普查项目2项。完成丽阳盛京广场基坑、北市文化广场等12项变形监测项目。

中煤科工集团沈阳设计研究院有限公司

【业务】

2015年，中煤科工集团沈阳设计研究院有限公司在完成煤炭行业测绘项目基础上，重点开拓地籍测绘与地理信息系统工程市场，完成各类测绘项目30多项，包括地形图测绘、农村集体土地使用权确权登记颁证、农村土地承包经营权确权登记颁证、地下管线测量、地下管网普查工程监理等。制作1∶500地形图1168幅，1∶2000地形图84幅，地籍图、宗地图4.1万多幅。

【其他】

中煤科工集团沈阳设计研究院有限公司完成的“阜新市解放大街地下人防商业街沉降及位移测量项目”获2015年辽宁省测绘科技进步奖二等奖。

中国能源建设集团辽宁电力勘测设计院有限公司

2015年，中国能源建设集团辽宁电力勘测设计院有限公司完成丹东金山电厂厂外输煤工程、辽宁本溪热电厂“上大压小”新建工程、兴义市煤电铝一体化资源深加工基地清水河工业园热电联产动力车间项目贮灰场工程、北票上新井风电工程等发电、新能源和电网工程的勘察测绘工作。

辽宁省地理信息院

【业务】

2015年，辽宁省地理信息院承担4万平方千米辽宁省地理国情普查和辽河保护区生态环境监测、大伙房水源地矿产资源监测项目，完成年度1∶1万地形图更新与建库、辽宁省现代测绘基准体系建设B级GPS网观测、LNCORS基准站建设、年度建设用地批后监管核查等项目，开展辽宁省农村房屋权籍调查试点工作。参与市场项目28项，包括通辽市、喀左县、凌源市等1∶1000航测数字化成图、地下管线探测、农村宅基地测量、沈河区棚户区改造工程等。

【其他】

辽宁省地理信息院全年组织各类技术培训23次，培训400多人次。针对土地变更调查省级外业核查项目，组织开发遥感图斑辅助计算分析软件，提高违法比例计算、统计汇总效率。

辽宁省基础测绘院

【业务】

2015年，辽宁省基础测绘院承担5.3万平方千米辽宁省地理国情普查和辽宁省大连市金普新区变化监测项目，完成2015年度1∶1万地形图更新与建库、辽宁省现代测绘基准体系建设二等水准网观测、B级GPS网观测、LNCORS基准站建设、似大地水准面精化等项目。合作完成南票煤矿开采沉陷区地面沉降监测、辽西北土地沙化遥感监测。完成北镇市航空摄影及地形图制作、瓦房店2015农村集体土地承包经营权确权登记颁证测绘、广西农村土地经营权确权0.2米航空影像获取等市场项目。

【其他】

辽宁省基础测绘院组建专业的测绘应急队伍，全年开展5次测绘应急保障技术培训、3次无人机试飞演练。购买徕卡RCD－30倾斜相机1台、法国街景工厂1套，ZKHY05型无人机航摄系统1套。开发基于清华山维平台的DLG、DEM、DOM元数据等附属产品自动生产工具，基于ArcGIS的自动化数据后期处理工具；根据ADS100、RCD30航摄仪的实际应用，开发航摄项目管理系统；面向生产开发多款实用软件。

辽宁省基础地理信息中心

【业务】

2015年，辽宁省基础地理信息中心开展盘锦、营口、辽阳、北镇、龙港区、南票区地理国情普查生产、标准时点核准和成果汇交工作。完成辽宁省海域现状监测与沿海经济带开发空间潜力分析评估项目，参与中国测绘科学研究院牵头的沿海滩涂变化监测试点（盘锦）项目。完成“天地图·辽宁”与国家主节点的数据融合，起草了《辽宁省地理信息公共服务平台使用管理办法》，完成与省政府门户网站的对接工作。承担鞍山、葫芦岛、锦州、辽阳、营口、铁岭和朝阳数字城市建设技术支持工作，完成217幅1:1万地形图更新与建库工作及沈阳、辽阳、本溪3个LNCORS站建设工作。

【其他】

辽宁省基础地理信息中心完成的“天地图·辽宁地理信息公众服务平台（政务版）”“辽宁省海域现状监测与沿海经济带开发空间潜力分析评估项目”均获2015年辽宁省测绘科技进步奖一等奖，“辽宁省数字城市地理空间框架建设技术体系研究”获二等奖，“辽宁省第一次地理国情普查行政界线资料收集整理项目”获三等奖。

辽宁省摄影测量与遥感院

【业务】

2015年，辽宁省摄影测量与遥感院承担2.5万平方千米辽宁省地理国情普查和抚顺县林业资源监测、阜新市重点沙化地区遥感监测项目，完成年度1:1万地形图更新与建库、辽宁省现代测绘基准体系建设LNCORS基准站建设、全省国土资源遥感监测执法等项目。

【其他】

辽宁省摄影测量与遥感院制定针对雷达数据进行精细化DEM生产技术流程、方法及资料汇交模式，完成数据试生产。开发地理国情普查数据预处理工具，并在全省地理国情普查生产中推广使用。

该院被辽宁省委宣传部、省总工会等单位评为“辽宁省思想政治工作先进单位”，航测一室获“辽宁省总工会优秀班组”称号、航摄室获“省直团工委青年文明号”称号。

辽宁省冶金地质勘查局地质勘查研究院

2015年，辽宁省冶金地质勘查局地质勘查研究院主要完成多项GPS控制测量和1:500、1:1000、1:2000地形图测图项目，包括鞍山市大孤山滑坡治理工程控制测量，1:500、1:2000地形图测绘；鞍山市张家湾铁矿勘查控制测量及1:2000地形图测绘；鞍山市齐大山铁矿补堪勘查控制测量及1:2000地形图测绘；鞍山市集体土地确权登记发证项目（十九标段）；辽宁省绥中县地下管网普查及系统建设等。

沈阳市勘察测绘研究院（沈阳市地理信息中心）

【业务】

2015年，沈阳市勘察测绘研究院（沈阳市地理信息中心）主要开展年度沈阳市基础测绘工作，包括“一张图”数据地形图更新2778幅，1:500地形图更新7588幅，新民市养息牧河流域1:2000测图52.5平方千米，1:5000地形图编绘19幅等。完成年度重点测绘工作包括城镇地籍更新汇总11218宗，浑南区农村土地资源调查16986亩，浑南区城市管理部件调查及增补1145幅，地理市情监测2000平方千米及地铁四号线、九号线、北一路快速路等在建交通工程控制测量。承担数字沈阳“政务版”地理信息公共服务平台升级、测试与修改工作，完成移动端平台的开发及应急保障平台的开发工作。开展智慧沈阳时空信息云平台建设项目总体设计方案、可行性研究报告编写及项目申报工作。编制完成“走遍沈阳”系列套图、辽中撤县设区相关民政地图，制作完成“影像沈阳”“方寸钩沉”八个主题套系的书签、明信片和藏书票。

【其他】

沈阳市勘察测绘研究院（沈阳市地理信息中心）全年发表各类测绘论文共82篇。“沈阳市城镇土地使用税地理信息管理系统”获2015年全国优秀测绘工程奖银奖，“大数据背景下地理信息档案资源整合与应用研究”获2015年度辽宁省档案局优秀科技成果奖二等奖。

沈阳美行科技有限公司

【业务】

2015年，沈阳美行科技有限公司发布基于NDS地图增量更新技术的在离线混合导航产品和基于SDL手机互联方案。以导航和地图技术为核心竞争力的位置服务产品——悠悠手机导航拥有3600万用户。基于 NGTP 车联网架构，集成相关领域多家公司的内容与服务，研发了第一代车联网服务平台。

【其他】

沈阳美行科技有限公司被评为“2015 年度中国年度创新软件企业”，“基于增量更新技术的位置服务导航平台软件”获 2015 年卫星导航定位科技进步奖三等奖。

吉林省

概况

2015 年，吉林省加快实施测绘地理信息产业创新驱动发展战略，助推全省经济结构调整和优化。以省政府重点工作为切入点，围绕“吉林一号”民用高分辨率遥感卫星应用项目、地理信息科技产业园、搭建地理空间大数据云平台、第一次全国地理国情普查 4 项省政府重点工作，积极服务全省经济社会发展。至年底，吉林省共有测绘资质单位 484 家，其中甲级 18 家、乙级 84 家、丙级 122 家、丁级 260 家，同比增长 4.08%；测绘资质单位测绘从业人员年未人数为 8932 人，同比增长 12.02%。全省测绘地理信息服务主要以国土资源、农业、环保、城乡建设与规划及水利电力行业为主，测绘资质单位全年完成测绘服务总值约 15.27 亿元。

完成的重点测绘地理信息工程项目包括吉林省控制点数据库建设 4000 点，长春市 2012 年、2013 年、2014 年建设用地审批台账统计工作，长春市 2014 年度土地变更调查数据库更新工作，长春市城区 CORS 网布点、埋石、观测等任务。参与建设吉林省扶余市农村土地承包经营权确权登记（第三标段）628 平方千米，白城市月亮泡蓄滞洪区地形图修测 700 平方千米，广西大藤峡水利枢纽工程，滇西北—广东 ± 800kV 特高压直流输电线路，西藏自治区金河流域水电开发规划测量等工程项目。

吉林省航测遥感院

【业务】

2015 年，吉林省航测遥感院共完成各类测绘项目 19 项，主要包括白城测区 1∶1 万 DLG 数据更新 792 幅，吉林省 1∶1 万数据库延白通测区数据整合 1457 幅，地理国情普查（长春地区、延边州地区）项目标准时点核准任务 6.3 万平方千米，吉林省控制点数据库建设 4000 点，领导工作用图专题地图编制，辽河源镇、安石镇区域规划图、影像图编制，吉林省政务大厅指南专题图编制，《吉林年鉴》地图编制，测绘法宣传材料编制及地图制图，全国测绘地理信息应用成果和地图网上展览吉林馆建设等。

【其他】

吉林省航测遥感院被吉林省精神文明建设指导委员会授予“2013—2015 年度省级文明单位”称号。1 人被评为国家测绘地理信息局青年学术和技术带头人；1 人入选吉林省第五批拔尖创新人才第三层次。

吉林省基础测绘院

【业务】

2015 年，吉林省基础测绘院完成吉林省松原、辽源和白城市 5.3 万平方千米地理国情普查时点核准工作，普查成果优良率 100%。完成的基础测绘指令性任务包括数字吉林 CGCS2000 城市坐标系统建设、1∶1000 地形图实测 520 平方千米、1∶500 地形图修测 215 平方千米、地理信息公共平台和天地图建设、白城测区 1∶1 万 DLG 基础地理信息数据更新 167 幅。完成的基础测绘指导性任务包括白城测区 1∶1 万 DLG 基础地理信息数据更新 370 幅、吉林省控制点数据库建设、数字长白山 CGCS2000 城市坐标系统建设。

【其他】

吉林省基础测绘院完成的“双辽市农村集体土地所有权确权登记发证项目”获 2015 年全国优秀测绘工程奖银奖，“北京通州文化旅游区土地一级开发项目测绘”和“通化军民合用机场测量工程”均获2015年全国优秀测绘工程奖铜奖；“统计假设检验方法在全极化SAR变化检测中的应用”获2015年吉林省自然科学学术成果奖三等奖。1人入选吉林省第五批拔尖创新人才第二层次和吉林省突出贡献人才，1人入选吉林省第五批拔尖创新人才第三层次。1人获省直机关五一劳动奖章。

吉林省基础地理信息中心

【业务】

2015年，吉林省基础地理信息中心完成各类测绘项目15项、专题项目1项。主要包括数字吉林、松原、白城、长白山CGCS2000城市坐标系建设；吉林省地理信息公共服务平台延白通边境测区1520幅1:1万实体数据生产及数据入库；JLCORS系统维护及北斗地基增强系统建设47点；“天地图·吉林”系统更新维护及省市节点数据融合；基于“天地图·吉林”开发吉林省慈善救助地理信息服务系统等4个管理系统；缩编“一县一图”专题地图试验。完成7座国家连续运行参考站设备安装，网络联调、联测、巡检及其他日常运维工作；数字松原、数字汪清、数字长白、数字临江地理实体数据和遥感影像数据整合与转换处理等技术支持；数字榆树行业专题数据收集整理、工作总结、技术总结、系统测试等工作；数字白城地理空间框架建设项目设计书通过评审；JLCORS全年的运行维护工作。完成四平测区（除伊通县满族自治县）及白山测区（除抚松县和靖宇县）地理国情普查工作。

【其他】

吉林省基础地理信息中心获第四届全省测绘地理信息行业职业技能竞赛地图制图专业团体一等奖。2人分获地图制图专业个人成绩第一、第二名并均获“全国测绘地理信息行业优秀技能人才”称号。1人被评为国家普查标准时点核准百日大会战主题竞赛活动先进个人。2人被评为国家测绘地理信息局青年学术和技术带头人。2人均获“吉林省突出贡献人才”称号。1人入选吉林省第五批拔尖创新人才第三层次。地理信息数据部和地理信息工程部被评为省测绘地理信息局2015年度先进集体，2人被评为省测绘地理信息局2015年度先进个人。

吉林省交通规划设计院

【业务】

2015年，吉林省交通规划设计院完成各类测绘项目4项，主要包括舒兰市新安乡、开原镇辖区内农户承包地块权属调查20.9万亩，伊通至开原高速公路辽源至乌龙岭（省界）段二期工程勘察设计线路测量19千米，长春市远洋-戛纳小镇项目A3-2地块地质勘察测绘12.9万平方米，集双高速公路集安至通化段路线勘界工程58.6千米。

【其他】

吉林省交通规划设计院被吉林省测绘与地理信息行业协会评为协会工作先进单位，“伊通至辽源高速公路”获2015年度吉林省优秀工程勘察奖二等奖。

长春市测绘院

【业务】

2015年，长春市测绘院完成长春市中心城区1:500基础地形图动态更新741平方千米、长吉新区1:5000地形图4078平方千米。制作完成地理实体数据约582平方千米。完成覆盖主城区及周边1150平方千米的三维模型数据制作，建设完成长春市地下管线模型804千米，完成城市部件普查试验区310.6平方千米。提供20多项地理信息空间定位、系统建设、数据支持和专题服务，通过在线服务方式推进数字长春地理空间框架应用。全年完成规划测量640项，共2191栋建筑物；完成长春地铁1号、2号线、快速轨道交通东延长线控制测量复测工程一等水准106.7千米、精密导线35点等。完成“长春市公用局管线普查探测项目”控制测量8个标段149点、长春市城市二次供水改造工程地下管线测绘728平方千米，利用高清航空影像捕捉顶层违法建筑共120平方千米。

【其他】

长春市测绘院获第四届全省测绘地理信息行业职业技能竞赛工程测量专业团体一等奖、地图制图专业团体二等奖。1人获工程测量专业个人成绩第一名。“数字长春地理空间框架”获2015年全国优秀测绘工程奖银奖，“长春市快速轨道交通北湖线一期工程基础控制网测量项目”获2015年度吉林省优秀城乡规划设计奖一等奖。

吉林省金佰汇测绘有限公司

【业务】

2015 年，吉林省金佰汇测绘有限公司完成吉林省柳河、伊通、汪清县地理国情普查项目；九台市西挖村等 335 个村的农村集体建设用地、宅基地使用权和农村房屋产权确权工作，总面积约 118 平方千米；桦甸市、辉南县 2 个县域的耕地后备资源调查评价；数字航空摄影地形图测绘、全解析地形图测绘等 10 多项测绘工作。完成地理信息系统数据库建设 10 多项、图件印制 8000 幅、档案编制 12 万宗/卷。

【其他】

吉林省金佰汇测绘有限公司获“2015 年中国地理信息产业最具活力中小企业”“吉林省诚信示范单位”“吉林省守合同重信用 AAA 级企业”称号。

长春市国土测绘院

【业务】

2015 年，长春市国土测绘院制作宗地图、地籍图、勘测定界图 15396 幅。主要完成长春市 2012 年、2013 年、2014 年建设用地审批台账统计工作，长春市 2014 年度土地变更调查数据库更新工作，榆树市弓棚镇村庄地籍调查项目，长春市二道区英俊镇、宽城区土地增减挂钩试点整理开发复垦项目，城区 CORS 网改造项目等。

【其他】

长春市国土测绘院完成的“长春市国土资源局土地利用总体规划数据库建设”“2013 年度长春市土地变更调查”项目，分获 2015 年中国地理信息产业优秀工程奖银、铜奖。

中水东北勘测设计研究有限责任公司

【业务】

2015 年，中水东北勘测设计研究有限责任公司完成各类测绘项目 55 项。主要包括吉林省扶余市农村土地承包经营权确权登记（第三标段）628 平方千米，月亮泡蓄滞洪区地形图修测 700 平方千米，广西大藤峡水利枢纽工程测量淹没桩埋设、地形图测绘、施工放样等，以及内蒙古引绰济辽工程测量，西藏金河勒珠预可研及可研测量，西藏自治区金河流域水电开发规划测量，丰满水电站全面治理工程石料场边坡安全监测等。

【其他】

中水东北勘测设计研究有限责任公司完成的“松辽流域统一高程测量地理信息系统的建立及应用”项目获水利部松辽水利委员会科学技术进步奖二等奖，“松辽流域统一高程测量”项目获 2015 年度吉林省优秀工程勘察奖二等奖。

中国电力工程顾问集团东北电力设计院有限公司

【业务】

2015 年，中国电力工程顾问集团东北电力设计院有限公司完成各类测绘项目 90 多项，主要包括滇西北—广东 ±800kV 特高压直流输电线路、老挝 XENAMNOY 水电站 230kV&115kV 送出线路等电网项目，华润五间房 2×660MW 电站等发电项目，以及庆南 500kV 变电站新建工程、葫芦岛宽邦 500kV 变电工程等变电项目。

【其他】

2015 年，中国电力工程顾问集团东北电力设计院有限公司设计的“通辽发电厂三期工程”、参与设计的“1000kV 晋东南—南阳—荆门特高压交流试验示范工程”分获第十四届全国优秀工程勘察设计奖金质奖，“华能营口电厂二期工程”和“东北华北联网高岭背靠背换流站工程”均获银质奖；设计的“新疆华电喀什热电有限责任公司 2×350MW 热电联产工程”“辽宁华润盘锦热电厂 2×350MW ‘上大压小’新建工程”及参与设计的“哈密南—郑州 ±800kV 特高压直流输电工程”均获 2015 年度中国电力优质工程奖。

黑龙江省

概况

截至2015年底，黑龙江省共有测绘资质单位599家，其中甲级32家、乙级102家、丙级182家、丁级283家；测绘资质单位共完成测绘服务总值17亿元，承担（揽）测绘项目10586项，年末从业人员总数近1.2万人。服务领域涵盖测绘、国土资源、城乡建设与规划、交通运输、水利水电等。

黑龙江省地质矿产局测绘院

【业务】

2015年，黑龙江省地质矿产局测绘院完成哈尔滨市道外区团结镇、永源镇农村土地承包经营权确权登记，佳木斯市、桦南县、桦川县、汤原县、依兰县地理国情普查标准时点核准，黑龙江省地质档案馆破损报告修复，黑河市土地利用总体规划评估修改，大庆油田工程测量，国土资源执法监察等项目。全年完成产值1863万元。

【其他】

黑龙江省地质矿产局测绘院完成的“黑龙江省三维国土资源管理系统建设——矿产资源储量三维可视化管理系统示范工程”获2015年黑龙江省测绘地理信息科技进步奖三等奖，“黑龙江省国土资源矿产执法监察2012～2013年度项目”获2015年黑龙江省优秀测绘地理信息工程奖铜奖。

齐齐哈尔市国土资源勘测规划设计院有限公司

【业务】

2015年，齐齐哈尔市国土资源勘测规划设计院有限公司实现测绘服务总值6000多万元。完成齐齐哈尔市本级及7个县全部村庄地籍数据库建设工作，数据覆盖101个乡镇、1037个村级单位，总面积1217平方千米。开展齐齐哈尔市农村土地承包经营权确权登记项目，完成外业勘测2066平方千米，无人机航空摄影2800平方千米，制作正射影像图3000幅。完成齐齐哈尔市7区9县2014年度第二次土地调查数据库更新工作；哈尔滨市1∶1000带状地形图更新内业编辑4100幅；大庆油田、虎林市、甘南县数字城市建设地形测量、地下管网普查、真三维地图制作等智慧城市所需空间地理信息数据库建设工作，总面积57平方千米；“天地图·齐齐哈尔”市级节点建设，总面积约2.5万平方千米；齐齐哈尔机场扩建1∶1000地形图测绘35幅；齐齐哈尔市地籍变更测量669宗地；161千米北富高速公路用地勘测定界等重大工程勘测定界工作。

【其他】

截至2015年底，齐齐哈尔市国土资源勘测规划设计院有限公司自行投资建成覆盖齐齐哈尔全市域的GPS连续运行卫星参考站14座。自主研制无人机并形成规模，全年生产各型固定翼、旋翼无人机70多架。“数字龙江地理空间框架建设一期工程齐齐哈尔测区1∶10000地形图更新”项目获2015年黑龙江省优秀测绘地理信息工程奖铜奖。

大庆油田工程有限公司

【业务】

2015年，大庆油田工程有限公司完成朝阳沟油田朝86区块2015年道路系统工程等大庆油田产能测量项目134项，中俄原油管道工程等航测项目2项。完成各种比例尺地形图测绘1130幅，利用机载激光雷达测量技术和数码航空摄影测量技术完成670平方千米航空摄影测量任务。全年完成测绘服务总值4980万元。

【其他】

大庆油田工程有限公司编写完成《油气输送管道工程测量规范》等国家标准2项、《石油天然气工程卫星定位测量规范》行业标准1项、《油气储运工程勘察测绘规范》企业标准1项。开展基于LIDAR数据的数字测绘产品生产新技术应用研究与实践，发表测绘地理信息科技论文9篇。“大庆油田第七采油厂、第十采油厂地理信息系统建设地形图测量”获2015年度黑龙江省优秀工程勘察奖二等奖，“第七采油厂敖南油田敖416－67、茂202区块地理信息系统建设地形图测量”获2015年石油工程优秀勘察奖二等奖。

黑龙江龙飞航空摄影有限公司

【业务】

2015年，黑龙江龙飞航空摄影有限公司完成国家基础测绘航空摄影2项6个摄区、市场航空摄影10项11个摄区生产任务。完成的国家基础航空摄影项目是河南鹤壁、济源、焦作、平顶山、许昌5个市1202平方千米航空摄影和铜川55平方千米倾斜航空摄影。完成的市场航空摄影总面积5.88万平方千米，项目包括广西农村土地承包经营权确权统一航空摄影和数字正射影像图制作，河南新蔡县、通许县、鹿邑县、永城市4个县（市）农村土地确权航空摄影，山西大同土地确权航空摄影，吉林省扶余市、抚松县航空摄影，哈尔滨铁路局铁路选线航空摄影，帽儿山林场航空摄影等。

【其他】

黑龙江龙飞航空摄影有限公司被黑龙江省科技厅、省财政厅、省国家税务局、省地方税务局4部门联合授予“高新技术企业”称号。“南海二摄区（西沙群岛、七洲列岛）”项目获2015年中国地理信息产业优秀工程奖银奖。

国家测绘地理信息局第二大地测量队（黑龙江第一测绘工程院）

【业务】

2015年，国家测绘地理信息局第二大地测量队（黑龙江第一测绘工程院）完成国家现代测绘基准体系基础设施建设一期工程221个GNSS大地控制点、7389千米一等水准路线观测及9座国家GNSS连续运行基准站仪器设备安装调试、电力接入、网络连通和数据中心建设等工作。完成黑龙江省卫星定位连续运行综合服务系统和似大地水准面精化工程120个GNSS大地控制点、12070千米二等水准路线观测及101座CORS站土建收尾、内业资料整理、仪器设备安装调试、电力接入、网络连通等工作。完成地理国情普查项目内蒙古鄂伦春自治旗、额尔古纳市、牙克石市、根河市、尚志市14.4万平方千米时点核准和黑龙江省时点核准成果汇交工作。完成国家基础地理信息数据库动态更新工程山东、山西测区28个生产单元868幅1:5万地形数据库全要素更新工作。完成黑龙江省农村土地承包经营权确权登记项目宾县、肇源等10个摄区航空摄影地面跟踪服务，富锦、肇源摄区像控点测量和全省B级GNSS大地控制点计算工作。

完成陆态网联测项目陕西、青海、甘肃等地110座区域站GNSS观测任务。完成青海省现代基准体系建设、山东省测绘基准体系优化升级工程等区域性现代基准体系建设项目142个大地控制点、2500千米二等水准观测工作。完成沪宁全线轨道线形测量、北京市沉降区高程复测与原点网监测、上海市轨道交通地面控制网测量及长期沉降监测等任务，累计监测6610千米。完成地籍测绘、大比例尺地形图测绘等项目。

【其他】

国家测绘地理信息局第二大地测量队（黑龙江第一测绘工程院）选派1人参加第31次南极科考任务，参与完成中国北斗卫星导航系统南极基准站建设。选派1人参加第32次南极科考任务。承担“兼容北斗的多模GNSS组合精密单点定位关键技术研究与软件实现”“地理国情成果在线地图表达关键技术”等5项科研项目或课题研究。2项技术获国家实用新型发明专利，1个软件获国家计算机软件著作权。获第四届黑龙江省测绘地理信息行业职业技能竞赛工程测量赛项团体二等奖、地图制图赛项团体三等奖等奖项。第五测量队被黑龙江省总工会授予“工人先锋号”称号。“地理国情普查内外业生产应用与管理集成系统”获2015年中国地理信息科技进步奖二等奖，“沪宁城际高铁运营期控制网复测及构筑物变形监测”获2015年全国优秀测绘工程奖金奖，“山东省地面沉降监测与防治研究——水准测量及解算、GPS测量工作”获2015年卫星导航定位优秀工程和产品奖三等奖。

国家测绘地理信息局第四地形测量队（黑龙江第三测绘工程院）

【业务】

2015年，国家测绘地理信息局第四地形测量队

（黑龙江第三测绘工程院）完成测绘服务总值7100多万元。完成黑龙江、北京、天津、河北测区1:5万数据库动态更新1808幅；新疆、西藏、内蒙古测区地理国情普查标准时点核准49.2万平方千米；黑龙江省地理国情普查标准时点核准10.48万平方千米；黑龙江省农村土地承包经营权确权登记影像底图制作外业像控测量3.3万平方千米；虎林市基础测绘工程外业控制、新疆青河县塔克什肯口岸1:500大比例尺测图援疆项目等。完成山东省地理国情普查标准时点核准，资源三号卫星检校，新疆1:1万基础测绘，五大连池市智慧景区二期建设服务，北京、青岛等城市地下管网普查探测，泰来县、龙江县农村土地承包经营权确权登记颁证项目等。

【其他】

国家测绘地理信息局第四地形测量队（黑龙江第三测绘工程院）获第四届黑龙江省测绘地理信息行业职业技能竞赛工程测量赛项团体二等奖、地图制图赛项团体二等奖；获“黑龙江省第一次全国地理国情普查劳动竞赛先进集体”“黑龙江省地理国情普查标准时点核准百日大会战主题竞赛优胜集体”称号。在《测绘与空间地理信息》等期刊发表论文11篇。完成“便携式多源遥感影像即时服务系统”和“外业生产地理围栏”研发。自主研发的“地理国情工具集成系统”“城市地下管线信息系统”取得软件著作权。“地理国情普查内外业生产应用与管理集成系统”获2015年中国地理信息科技进步奖二等奖。被黑龙江省总工会授予“黑龙江省五一劳动奖状”。

黑龙江地理信息工程院

【业务】

2015年，黑龙江地理信息工程院完成7211幅2015年版1:5万国家基础地理信息数据库地形图制图动态更新任务。完成内蒙古、新疆、西藏自治区地理国情普查标准时点核准正射影像生产，内蒙古自治区地理国情普查数据库建设，内蒙古、黑龙江、辽宁等10省（区）地貌类型数据精确定位生产工作。完成牡丹江、伊春、齐齐哈尔、大兴安岭、黑乌测区等省基础测绘任务。完成黑龙江省地理国情普查标准时点核准正射影像生产、地理国情要素与地表覆盖核准数据生产、数据库建设、DEM精细化等工作。完成黑龙江省农村土地承包经营权确权登记影像底图生产约10万平方千米，安徽合肥市宅基地和集体建设用地使用权确权登记发证1:1000工作底图DOM制作8500平方千米，安徽合肥市宅基地和集体建设用地使用权确权登记发证1:1000 DLG测绘360平方千米，北京市1:2000彩色数字正射影像图制作2825平方千米。完成吉林市城区1:500农村集体建设用地使用权确权登记发证、极地环境与资源信息集成及共享服务等项目。开展“测绘地理信息内业生产信息化体系建设”“基于国产卫星影像的快速变化检测及快速更新应用技术”“基于智能地形识别的自适应DSM滤波方法”“佳木斯城建档案管理系统建设”等科技和成果应用项目研究。

【其他】

黑龙江地理信息工程院完成的“地理国情普查内外业生产应用与管理集成系统”获2015年中国地理信息科技进步奖二等奖，“西安秦岭北麓区域1:500航测项目”获2015年全国优秀测绘工程奖铜奖，“基于天地图的黑龙江省教育专题信息系统”获第三届天地图应用开发大赛三等奖，“富阳市1:2000数字航测成图”获2015年黑龙江省优秀测绘地理信息工程奖铜奖。

国家测绘地理信息局经济管理科学研究所（黑龙江省测绘科学研究所）

【业务】

2015年，国家测绘地理信息局经济管理科学研究所（黑龙江省测绘科学研究所）完成智慧讷河时空信息云平台建设（一期），数字创业农场、数字二道河农场、数字哈密地理空间框架建设等项目。开发了规划审批、旅游、城管、公安、农机管理等典型特色应用示范系统。通过手机传感器，利用二维码技术，开发了掌上旅游、语音导游和城管规划执法等功能。开展了从街景工厂的有效运用到旋翼无人机低空和超低空航拍倾斜摄影研究与实践，进行了真正射影像、街景工厂无POS影像处理、基于倾斜摄影的大比例尺测图等关键技术研究。建立了完整的数据获取、处理与系统研发体系和中低空倾斜数据获取、处理的一体化解决方案。编制完成《市县经济社会发展总体规划技术规范与编制导则（试行）》。开发完成全国省市县四级联动经济社会发展规划管理平台，为开展市县规划研究编制、监测评估和“多规合一”提供测绘地理信息技术支撑。

【其他】

国家测绘地理信息局经济管理科学研究所（黑龙江省测绘科学研究所）开发完成的“大学公用房产管理信息系统”和“旅游地理信息服务系统”获得计算机软件著作权，完成的“数字七台河地理空间框架建设”获2015年中国地理信息产业优秀工程奖银奖，“基于多时相多传感器遥感数据的大宗农产品优势产区监测研究”获2015年中国地理信息科技进步奖三等奖，“数字绥化地理空间框架建设”项目获2015年黑龙江省优秀测绘地理信息工程奖金奖。

黑龙江中海经测空间信息技术有限公司

【业务】

2015年，黑龙江中海经测空间信息技术有限公司完成黑龙江省第一次全国地理国情普查齐齐哈尔、伊春、克山、克东、方正、延寿6市（县）3.5万平方千米标准时点核准工作。完成黑龙江省农村土地承包经营权确权登记入库81平方千米；多波束全覆盖扫海测量7项，扫测面积120平方千米；单波束水下地形测量2项，扫测面积350平方千米；控制测量2项、房产测量2项；DLG、DEM、DOM产品制作2项；港口航道地形图测量3幅。

【其他】

黑龙江中海经测空间信息技术有限公司完成的“数字海伦地理空间框架数据集建设”项目获2015年黑龙江省优秀测绘地理信息工程奖金奖。

齐齐哈尔市勘察测绘研究院

【业务】

2015年，齐齐哈尔市勘察测绘研究院完成各类测绘项目348项，主要涉及民用住宅小区规划测量及放样、公共建筑及设施规划测量及放样、市政道路桥梁规划测量及放样、市政管线和其他市政设施规划测量及放样、日照分析测量、竣工测量、地下管线动态管理及各种工业与民用建设项目等。主要完成昂昂溪区水师营平房村测绘、克山县马铃薯产业园测绘、依安县城市地下管线普查工程等。

【其他】

齐齐哈尔市勘察测绘研究院完成的“齐齐哈尔市中心城区单基站CORS系统建设工程”“齐齐哈尔市地下管线更新探测工程”分获2015年黑龙江省优秀测绘地理信息工程奖银、铜奖。

国家测绘地理信息局第二地理信息制图院（黑龙江省第五测绘地理信息工程院）

【业务】

2015年，国家测绘地理信息局第二地理信息制图院（黑龙江省第五测绘地理信息工程院）实现测绘服务总值6758.46万元。完成3.4万平方千米甘肃省地理国情普查标准时点核准项目、城市地图集与特色版图知识读本编制试点项目等国家指令性生产任务。完成1868幅黑龙江省基础测绘1:1万地图测绘与更新，4478幅黑龙江省基础地理信息数据库建设与维护，7.8万平方千米黑龙江省农村土地承包经营权确权登记影像底图制作，《黑龙江省地图集》编制等项目。

承担3.69万平方千米广西农村土地承包经营权确权统一航空摄影和数字正射影像图制作，吉林省、河南省、黑龙江省部分市县农村土地承包经营权确权登记颁证，吉林省靖宇县地理国情标准时点核准，河南省息县地理国情普查统计分析、《新疆维吾尔自治区地图集》《新疆历史地图册》制作、湖南省1:2000不动产测量试点等市场性调节项目。

【其他】

国家测绘地理信息局第二地理信息制图院（黑龙江省第五测绘地理信息工程院）获第四届黑龙江省测绘地理信息行业职业技能竞赛地图制图赛项团体三等奖，被评为黑龙江省第一次全国地理国情普查劳动竞赛先进集体、黑龙江省地理国情普查标准时点核准百日大会战主题竞赛优胜集体。地理国情工程部被评为星级班组；开展了“信息化测绘体系框架下的集群式影像处理系统应用研究”“基于互联网+的有机农田监测与示范应用”研究及国家基础地理信息中心、中国工程院科技项目“地理资源与地图信息专业知识服务系统”开发等工作。完成的“哈尔滨市北斗卫星导航产业重大专项——精准农业（平地系统）”已进入实施阶段。完成的“1:25万到

1:100 万数据库缩编程序开发”获2015 年黑龙江省测绘地理信息科技进步奖三等奖。在文明单位创建活动中获黑龙江省“省直文明单位标兵”称号。

国家测绘地理信息局第三地形测量队（黑龙江第二测绘工程院）

【业务】

2015 年，国家测绘地理信息局第三地形测量队（黑龙江第二测绘工程院）完成测绘服务总值 6805 万元。主要业务涉及大地测量、摄影测量与遥感、地理信息工程、工程测量、不动产测绘、工程监理等领域。完成第一次全国地理国情普查 71.7 万平方千米标准时点核准任务，完成吉林、辽宁、内蒙古、江苏省（自治区）360 个县级行政区 162.35 万平方千米 1:5 万数据库动态更新项目。完成黑龙江省哈尔滨、牡丹江、佳木斯等市及所辖市县 6.3 万平方千米农村土地确权影像底图像控点测量。完成黑龙江省基础测绘大兴安岭测区 DLG 入库、哈尔滨测区外业控制与调绘及 DOM 生产、牡丹江测区调绘工作，总图幅数 3343 幅。承揽“上海市农村宅基地调查”和“喀什地区农村地籍和集体建设用地确权登记发证”等市场项目。

【其他】

国家测绘地理信息局第三地形测量队（黑龙江第二测绘工程院）获第四届全国测绘地理信息行业职业技能竞赛工程测量赛项团体二等奖，第四届黑龙江省测绘地理信息行业职业技能竞赛工程测量赛项团体一等奖、地图制图赛项团体二等奖及优秀组织奖。被评为全国普查标准时点核准百日大会战主题竞赛先进单位，黑龙江省第一次地理国情普查劳动竞赛先进集体、黑龙江省普查标准时点核准百日大会战主题竞赛优胜集体。在无人机航空摄影、倾斜摄影测量、真三维正射影像和三维立体建模等方面与国家测绘地理信息局经济管理科学研究所开展合作，并签署战略合作框架协议。完成的“地理国情普查内外业生产应用与管理集成系统”获 2015 年中国地理信息科技进步奖二等奖，“全球 GNSS 星站差分定位系统研究和应用”获 2015 年卫星导航定位科技进步奖三等奖，“黑龙江省农村土地承包经营权调查登记系统”取得计算机软件著作权，“全景地下隧道管线测量设备”获得实用新型专利。被黑龙江省总工会授予“黑龙江省五一劳动奖状”。

牡丹江市勘察测绘研究院

【业务】

2015 年，牡丹江市勘察测绘研究院主要业务涉及摄影测量与遥感、工程测量、地理信息系统、大地测量、地下管线测量、地籍测量等方面。完成牡丹江市地下管线信息管理系统数据更新运行维护，牡丹江铁北区雨水管网建设测绘 30 千米，牡丹江、穆棱市地理国情普查标准时点核准工作。完成绥芬河市 2000 国家大地坐标系统转换，转换各类比例尺地形图、规划图等 108 平方千米。

【其他】

牡丹江市勘察测绘研究院被评为黑龙江省第一次全国地理国情普查劳动竞赛先进集体、黑龙江省普查标准时点核准百日大会战主题竞赛优胜集体。完成的“数字牡丹江地理信息公共服务平台及示范应用开发建设”获 2015 年黑龙江省测绘地理信息科技进步奖三等奖。

双鸭山市国土资源勘测规划院

【业务】

2015 年，双鸭山市国土资源勘测规划院完成地理国情普查双鸭山市市辖区、集贤县测区标准时点核准工作，核准面积 3778 平方千米；完成各类建设项目征地供地测绘 71 宗地；完成 24 家煤矿、40 家非煤矿山地质测量和 18 家新设矿权测量，开展矿山现场勘查测量 20 次；开展土地复垦现状调查，完成 45 家矿山土地复垦方案编制工作；完成 123 宗卫片执法疑问图斑现状测量和 90 多宗违法用地现状勘测及制作现状图等工作。

【其他】

双鸭山市国土资源勘测规划院被评为全国国土资源系统先进集体、黑龙江省第一次全国地理国情普查劳动竞赛先进集体、黑龙江省普查标准时点核准百日大会战主题竞赛优胜集体。

黑龙江省国土资源勘测规划院

【业务】

2015 年，黑龙江省国土资源勘测规划院完成测绘服务总值3155多万元，主要业务涉及地籍测量、地理信息系统工程、航空摄影测量、大地测量、土地调查等方面。完成河南、吉林、贵州、四川等省172个县（区）33.9万平方千米土地利用变更调查监测与核查遥感监测工作。完成穆棱市奋斗水库、引嫩工程扩建一期骨干工程、尚志市幸福沟水库等重大工程项目勘测定界工作。

【其他】

黑龙江省国土资源勘测规划院参与的“国家土地利用宏观监测遥感技术系统及应用”项目获2015年度国土资源科学技术奖一等奖。

黑龙江省海天地理信息技术股份有限公司

【业务】

2015年，黑龙江省海天地理信息技术股份有限公司完成服务外包项目美国格威内特数字线划图修测、入库1262平方千米，比利时弗兰德斯LiDAR数据分类2640平方千米，荷兰分类数据采集5万平方千米，荷兰4波段DOM制作3325幅，匈牙利DTM采集300平方千米。完成山东省地理国情普查标准时点核准8个市县5936平方千米；数字龙江地理空间框架建设1:1万地形图测绘与更新牡丹江测区像控测量、调绘264幅；大连、临沂等测区1:1万地形图更新278幅；黑龙江省农村土地承包经营权确权影像底图制作项目像控测量4000平方千米，富裕县、讷河市、明水县农村土地承包经营权确权登记447平方千米；江苏、浙江地形图测绘项目等。

【其他】

黑龙江省海天地理信息技术股份有限公司开展了“基于Lidar点云的高效自动分类生产技术研究”“基于一张图的道路施工管理系统”等科技和成果应用项目研究。完成的“DHM Flanders LiDAR Project”和“靖江市1:1000比例尺数字地形图测绘”分获2015年黑龙江省优秀测绘地理信息工程奖银、铜奖。

佳木斯市勘察测绘研究院

【业务】

2015年，佳木斯市勘察测绘研究院完成佳木斯市城市规划、建设测绘828项；同江市20个村庄17平方千米1:1000数字地形图测绘工作；鸡西市兴凯湖良好湖泊生态环境保护项目34平方千米1:500数字地形图测绘工作；同江市城区12平方千米三维模型和三维地理信息系统建设工作；双鸭山市友谊县城区10平方千米三维模型和三维地理信息系统建设工作；同江市向阳乡1平方千米排水专项规划1:1000数字地形图测绘工作；太平沟水文站、抚远水文站100千米水准测量工作。引进无人机微型倾斜摄影系统完成30架次15平方千米航空摄影任务，完成城区正射影像挂图和三维模型更新工作。

【其他】

佳木斯市勘察测绘研究院完成的“佳木斯市三维城市模型建设”项目被黑龙江省住房和城乡建设厅评为黑龙江省城市规划优秀设计奖二等奖。“摄影测量与遥感技术”梯队被佳木斯市政府命名为市级重点领军人才梯队。

哈尔滨地图出版社

【业务】

2015年，哈尔滨地图出版社共出版图书296种，其中地图地理类图书181种。编制出版《黑龙江省地图集》《中国分省地图系列（双面版）》《中国地图（中英文）》等新版图书62种；再版《哈尔滨城市通地图册》《中国分省公路里程地图册系列》《区域地理状元笔记学习模板》等地图册及系列单张地图94种。教辅类图书《中学地理复习考试地图册》（完全版、综合版）在同类图书中发行量保持良好势头。

承揽《哈尔滨市地图集》《中国“一带一路”中的黑龙江陆海丝绸之路经济带》《中华人民共和国影像地图》等多项地图编制合作项目。自主研发的电动地图专利产品销量较好。

【其他】

哈尔滨地图出版社编制的《中国分省丝绸地图系列》获2015年黑龙江省优秀测绘地理信息工程奖铜奖。

国家测绘地理信息局黑龙江基础地理信息中心（国家测绘地理信息局黑龙江测绘资料档案馆）

【业务】

2015年，国家测绘地理信息局黑龙江基础地理信息中心（国家测绘地理信息局黑龙江测绘资料档案馆）完成测绘服务总值3393.88万元。主要业务涉及地理信息系统开发与维护、空间遥感信息数据处理、测绘成果资料保障服务、测绘应急保障服务等。完成“天地图·黑龙江”公众版和政务版运维、数据更新和升级工作，数字黑河、数字双鸭山基础数据更新运维工作，“天地图·五大连池”智慧景区服务平台及三维建模工作，内蒙古、新疆等省份41个县地理国情普查成果的基本统计任务，“地理国情普查服务于自然生态空间监测的研究与示范”项目研究、实验与示范任务，初步建立了自然生态空间监测指标体系和技术规程。

完成对外提供分发服务420次，累计数据量102.3TB。收集资料16.7TB，接收数据成果69.7TB。完成馆藏58464个控制点成果的数字化，143万张地形图档案整理组卷、著录标引和黑龙江省测绘成果查询检索系统更新工作。完成2015年森林防火、夏季防汛测绘应急保障战备、森林防火电子沙盘指挥系统升级、测绘无人机系统更新升级、中国测绘网网络升级和基于云架构的数据存储中心系统集成等工作。

【其他】

国家测绘地理信息局黑龙江基础地理信息中心（国家测绘地理信息局黑龙江测绘资料档案馆）参与完成的“全球30米地表覆盖遥感制图关键技术研究与产品研制”“天地图位置服务平台关键技术研究与应用”分获2015年中国测绘地理信息学会测绘科技进步奖特等奖、三等奖。完成的“黑龙江林区航空航天遥感正射影像工程”“黑龙江省松嫩黑干流应急洪水风险图编制”均获2015年全国优秀测绘工程奖铜奖，“治安防控体系指挥系统”和“城市地下综合管网GIS管理系统”取得计算机软件著作权。

上海市

概况

截至2015年底，上海市共有测绘资质单位189家，其中甲级27家、乙级63家、丙级60家、丁级39家。全年新增资质单位24家，注销资质单位17家。按单位性质分，事业单位17家、企业单位172家。全市测绘资质单位完成测绘服务总值约30.79亿元，同比增加8.95亿元；其中私营企业完成测绘服务总值约7.04亿元，同比增加1.76亿元。

上海京海工程技术有限公司

2015年，上海京海工程技术有限公司完成各类测量项目35项，涉及变形测量、形变测量、控制测量、地下管线测量、管线探测、房产测量等多个领域。包括基坑施工监测11项，其中轨道交通地下车站及附属设施5项；房产开发项目施工监测6项；轨道交通区间盾构推进监测3项；运营中的轨道交通设施变形、形变测量10项，其中丰树闵行商业园、万科上海南站商务一期等项目采用了全站型机器人、静力水准仪等自动化测量手段；地下管线探测项目5项。完成其他类测量项目6项，分别为2015年度上海轨道交通长期收敛（管片结构内径变化）测量、上海迪士尼度假区控制测量、上海中心大厦观复博物馆房产测量及西藏南路电力隧道轴线、妙境输变电排管工程、虹桥商务核心区区域供能管沟工程管线测量。

上海杰图软件技术有限公司

2015年，上海杰图软件技术有限公司按标准完成了“百度街景数据服务”8万多千米的街景数据采集，主要包括道路、国家风景区、重点景区、公园、高等院校校区等城市中心区域。共更新12个城市的数据，完成800多万张街景图片的后处理工作；完成“高德街景数据服务”项目的部分工作，采集4个城市的街景数据，更新完成300多万张街景图片。

号百信息服务有限公司

2015年，号百信息服务有限公司共升级发布10

个客户端版本，其中IOS 2个、安卓8个，主要新增了8个核心功能，对原有功能做了优化。在核心导航引擎上，大版本引擎全年升级2次，共更新12次，全年共完成基础地图数据更新3次；全国公交数据更新40次，累计更新城市批次1200次，累计更新公交线路3500条；全国POI数据更新15次，累计更新数据150万条，对POI分类更新2次；加油站优惠信息更新30次。

上海东海海洋工程勘察设计研究院

【业务】

2015年，上海东海海洋工程勘察设计研究院完成海洋工程项目77项，其中测绘项目62项，测绘总面积3000平方千米，主要包括海底管道和电缆路由的勘测和研究工作，涉及海底输油输气管道、输水管道、输电电缆、民用和国防通信光缆等。其中新跨太平洋（NCP）国际海底光缆工程上海崇明（S1.1）和上海南汇（S3）段路由调查项目于10月完成海上调查，包括地形地貌、地球物理、海底底质、磁力探测等调查科目。

【其他】

上海东海海洋工程勘察设计研究院完成的“亚太直达海底光缆（APG）中国海洋路由勘测”项目获2015年全国优秀测绘工程奖银奖和2015年度上海海洋科学技术奖一等奖，“上海市海域海岛地名普查”项目获2015年度上海海洋科学技术奖二等奖。

上海航遥信息技术有限公司

【业务】

2015年，上海航遥信息技术有限公司完成常规的垂直航空摄影项目13项，摄影面积约1.7万平方米，共飞行56架次、171个小时，获取像片6万多张。完成了倾斜航空摄影700多平方米，主要包括西宁市中心城区及湟源县、湟中县、大通县高分辨率真三维数据库航摄制作，汉中平原、河南清丰县土地承包经营权数码航摄等项目。完成无人机航空摄影项目12项，飞行143场次、1190架次，主要包括外站实景三维建模项目、易县燕下都遗址航空测绘等考古项目。内业数据处理方面，全年共处理航片34万多张。进一步完善AMC580、AMC1036多视角航空照相机系统，研制了可用于直升机的倾斜航摄系统AMC850及无人旋翼机倾斜摄影系统ARC524，形成了倾斜航空摄影和实景真三维建模的自有技术方法和路线。

【其他】

上海航遥信息技术有限公司被中国地理信息产业协会评为“2015中国地理信息产业最具活力中小企业”；无人机组使用ARC524无人机倾斜摄影系统参与“12·20”深圳山体滑坡救援工作。

上海市城市建设设计研究总院

【业务】

2015年，上海市城市建设设计研究总院勘察院完成测绘类工程100多项。主要包括：S26公路入城段（G15公路～嘉闵高架）工程、上海市北横通道新建工程Ⅲ标段、海港引河绿廊西侧护岸整修加固工程测量及管线探测、龙华街道161街坊33丘等地块土地前期基础性开发工程基坑施工监测、大定海排水系统管线第三方监测及管线跟踪测量等。

【其他】

上海市城市建设设计研究总院参与编写《工程地球物理探测规程》和《建设工程规划检测规范》。承担“交通运输行业高精度卫星定位技术研究及示范应用”“智慧城市交通基础设施全寿命周期辅助决策体系研究”科研项目的研究工作。

中国电力工程顾问集团华东电力设计院有限公司

【业务】

2015年，中国电力工程顾问集团华东电力设计院有限公司完成各类测绘项目80多项。其中，布设完成E级GPS点580多个，四等以上水准近700千米，测绘1:1000及以上比例尺地形图60平方千米，测量输电线路近1400千米，地下管线探测66千米，测量海域1:1000地形图3.5平方千米，海域侧扫1平方千米，完成沉降观测、基坑监测等变形监测项目共10项，完成航空摄影内业测图74平方千米、外业调绘268平方千米。完成项目多为国家重点大中型电力建设项目，包括榆横—潍坊1000kV交流特高压输变电工程、山西～江苏±800kV直流特高压输变电工程，国电泰州电厂等一批1000MW火力发电工程，以及三门核电、漳州核电等大型国产堆型核电项目。

【其他】

中国电力工程顾问集团华东电力设计院有限公司参与完成的《中国电力设计标准与国际和国外先进标准比较研究》（工程测量专业）获2015年中国测绘地理信息学会测绘科技进步奖三等奖。

上海市地籍事务中心（上海市土地登记事务中心）

【业务】

2015年，上海市地籍事务中心（上海市土地登记事务中心）完成土地勘测定界项目约700项。包括北横通道新建一期工程、沪通铁路、轨道交通14和18号线等重大工程项目；完成地籍变更项目约400项、土地利用现状日常变更调查项目1.1万多项、土地执法案件现场勘测约500项、土地整理复垦现场调查项目约800项。

【其他】

上海市地籍事务中心（上海市土地登记事务中心）共立项8个中心课题并全部通过验收，职工共发表论文5篇。承担了市规划和国土资源管理局1项科研课题的研究工作。

上海市地质调查研究院

【业务】

2015年，上海市地质调查研究院完成地面沉降测量一、二等水准路线共约2000千米。完成其他各类测绘项目40多项，主要包括上海市轨道交通沉降基准网监测，全市一、二、三等精密水准复测准备工作，生命线工程沉降监测等城市工程测量和上海近岸海域单、多波束测深，潮滩测量，海堤沉降监测及上海市农村地籍更新调查等土地测量项目。其中上海市轨道交通沉降基准网一、二等水准测量约1100千米；复测准备工作水准路线调查共46条，水准点勘查共计1001个；生命线工程含5条高架（申字形高架），48座跨苏州河、跨铁路桥梁，9条越江隧道；单波束测量约7100千米，多波束测量1100千米，潮滩测量238千米，底质取样321个站位，海堤沉降监测二等水准815千米；农村地籍更新调查崇明、浦东、金山共35个村，总面积148.31平方千米。

【其他】

上海市地质调查研究院完成的“上海轨道交通八号线定期沉降测量（2013年度）项目”“申字型高架、自管桥梁沉降监测项目”分获上海市测绘学会2015年优秀工程奖二、三等奖。

上海市岩土工程检测中心

【业务】

2015年，上海市岩土工程检测中心承接测绘业务90多项。其中工程测量37项，主要涉及市域范围内的污水收集管网完善工程、直排污染源截污纳管工程、小区污水治理工程、大型居住社区供水外配套给水管建设工程等；地下管线跟踪测量31项，主要涉及道路新建工程、新建住宅市政配套排水管线工程、给水管排管工程等；基坑工程监测27项，主要涉及市政工程施工基坑监测、基础施工周边地下管线监测、新建工程基坑围护监测、管道工程信息化施工监测、建筑沉降监测等。完成各类测绘项目50多项，主要包括闸北区地下综合管线普查采购项目控制测量、上海老港临港青草沙风电场风机变形监测、新场镇秀丰路等污水收集管网完善工程跟踪测量等31项，上海国际医学园区A1－03－08地块项目、森兰国际五期等基坑监测项目20项。出具测绘报告119份、基坑监测报告23份。

【其他】

上海市岩土工程检测中心参与编写国家标准《建筑基坑工程监测技术规范》和上海市工程建设规范《地下工程地球物理探测规程》。联合组织实施的“上海市地质灾害专项巡查与预防监测”项目获2015年全国优秀测绘工程奖金奖。

上海市政工程设计研究总院（集团）有限公司

【业务】

2015年，上海市政工程设计研究总院（集团）有限公司勘察设计院承接各类测量项目100多项，累计完成道路工程测量250千米，道路竣工测量130

千米，管线测量320万平方米。主要包括大叶公路改扩建工程（松江区界～沪杭公路段）、嘉闵高架路（S32～莘松路）道路新建工程、河南省南水北调平顶山焦庄水厂供配水工程、沪松卫线（亭枫公路～金山大道）大修工程、宁波中兴大桥及接线（江南路—青云路）工程、上海市沿江通道越江隧道（江杨北路～牡丹江路）工程、上海轨道交通14号线环境监测4标等重大工程的测量、物探及监测工作。

【其他】

上海市政工程设计研究总院（集团）有限公司勘察设计院完成的“上海轨道交通二号线东延伸段工程（测量）”获2015年度上海市优秀工程勘察项目二等奖，科研项目“大功率磁电法在管线探测之中的应用”通过上海市土木工程学会验收。

上海铁新地理信息有限公司

2015年，上海铁新地理信息有限公司完成上海市内河约945.88千米航道的水深断面测量并提供水深测量图，对航道沿线标志标牌、航务（海事）系统站点、巡逻艇码头及公共停泊区进行调查修测。完成长江口支航道总面积约17.28平方千米水深地形测量，洋山港深水港区总面积约17.84平方千米地形测量。

完成其他各类测绘项目100多项。其中房产竣工测绘8项，总建筑面积约127万平方米；违章建筑测量1项，占地面积约24587平方米；航道浚后测量2项，总里程约22.33千米；航道水深及地形常规检测测量2项，总里程约32.3千米；码头前沿水深测量12项，水下地形面积约51653平方米；码头维护疏浚测量1项，测量面积约9800平方米；新建桥梁桥底障碍物浅剖测量1项，扫测桥梁3座；地下管线测量79项，主要包括电力管线三维跟测、信息管线（移动、联通、有线、电信等）跟测、燃气管道跟测、雨污水管道跟测；地块勘探测绘2项，总探测面积183456平方米。完成内河航道信息系统软件、防汛物资管理系统等相关信息产品开发。

上海岩土工程勘察设计研究院有限公司

【业务】

2015年，上海岩土工程勘察设计研究院有限公司完成测绘类项目120多项。变形测量类项目主要包括轨道交通2、5、6、10、12、16号线总长约236千米长期健康监测，外滩通道等4条市政隧道结构健康监测，轨道交通保护区内邻近项目施工全过程的轨道交通结构安全监测，上海地铁、青岛地铁、天津地铁、杭州地铁等建设期工程监测项目等。工程测量类项目主要包括上海迪士尼乐园建设全过程第三方测量、辰塔大桥施工测量、长沙大众建设全过程第三方测量以及上海市虹口区管线普查和测量项目。规划检测类项目主要包括建设项目前期日照测绘、后期竣工测量等。开展基于地面三维扫描技术的隧道检测应用开发，自主研发1套适用于地铁隧道的作业方法和数据处理软件，开展高精度几何测量、激光反射率影像、病害信息调查和BIM建模等工程应用，为地铁隧道提供高精度、高效的无损检测技术。推广应用云图轨道交通监护测量数据管理平台，至2015年底已有16家行业单位使用该系统，发放账号近160个，数据库中测点记录超过40万条、监测成果记录超过1000万条。

【其他】

上海岩土工程勘察设计研究院有限公司主编完成上海市地方标准《城市轨道交通结构监护测量规范》并承办2次宣贯培训，培训人数近260人；参与编写《城市轨道交通工程测量规范》《建筑变形测量规范》《管线信息系统建设技术规范》等国家或行业标准。完成的“上海轨道交通2012～2014年度结构监护测量及数据管理平台建设”项目获2015年度上海市优秀工程勘察设计项目一等奖，“2014年度轨道交通2号线东延伸、10号线长期收敛测量项目”获2015年上海市测绘学会优秀测绘工程奖一等奖。在全国测绘地理信息应用成果和地图网上展览活动中，组建了“智慧地铁·安全管理”企业主题展馆，“云图·地铁结构监测管理系统”获优秀展品奖。

中交第三航务工程勘察设计院有限公司

【业务】

2015年，中交第三航务工程勘察设计院有限公司测量部门共完成各类测绘项目66项。测量范围涵盖华东沿海、长江中下游、广东、广西、海南以及北方部分地区，在海外承接多项测量任务，业务范围包括东南亚、非洲及拉美地区。主要工程项目包括洋山深水港区北侧围垦前期研究水下地形测量、通州湾港区二港池匡围二期工程地形测量、中石化（香港）洋浦成品油保税库项目配套码头工程和洋浦港神头港区神北三港池南防波堤工程、漕泾炼油化工一体化项目码头工程测量、漳州古雷半岛东侧港区水文波浪泥沙测验、刚果（金）马塔迪 MBENGU 国际码头一期工程测量及水文测验、圣多美集装箱项目工程地形测量及水文测验、科特迪瓦西市－阿博维尔公路测量等。共布设 E 级以上 GPS 控制点 103 点，四等以上水准测量 434.1 千米，完成水文测验定点流速流向测量 53 点、ADCP 走航测流 432.4 千米，绘制各类图纸 672 张。

【其他】

中交第三航务工程勘察设计院有限公司研发的“一种表面流速及流向测定装置”获发明专利授权；完成的“马来西亚槟城第二跨海大桥工程勘察”“上海液化天然气项目一期工程接收站及输气管线项目接收站工程监测”分获 2015 年度上海市优秀工程勘察设计项目二、三等奖。

交通运输部东海航海保障中心上海海事测绘中心

【业务】

2015 年，交通运输部东海航海保障中心上海海事测绘中心完成港口航道图测量 8700 换算平方千米，沿海航路、定线制水域、通航尺度核定、应急测量等 7600 换算平方千米，专题海图 400 幅。整理沿海 300 个潮位水准点数据；完成南极科考测量任务，发现新锚地，配合完成南极科考专用海图制作；整编了长江口水文信息共享资料。

【其他】

交通运输部东海航海保障中心上海海事测绘中心向国内学术团体投稿 23 篇，其中 4 篇论文获奖。完成的“极地综合航海研究与应用”“基于 AIS 网络的北斗精密定位服务系统建设与应用”分获 2015 年度中国航海科技奖特等奖和二等奖。

上海达华测绘有限公司

【业务】

2015 年，上海达华测绘有限公司完成测绘项目 124 项，共测绘和编制各种图件 2000 多件。其中工程测量相关项目 93 项，主要包括温州瓯飞一期围区生产配套区涂面整理工程施工测量、长兴潜堤后方滩涂圈围工程施工测量、连云港徐圩港区一期工程原料堆场一区基础设施工程一期设计施工总承包项目施工测量、2015 年度长江口航道养护整治建筑物监测等。海洋测绘相关项目 31 项，主要包括长江口 2015 年度航道维护、黄浦江及上海周边码头测量、2015 年杭州湾航道水深监测项目、连云港 30 万吨级航道一期工程竣工前维护疏浚施工项目（H2.6 标段），海洋测绘总面积 5000 多平方千米。承担黄浦江水文测验、长江南京以下 12.5 米深水航道一、二期工程动态监测水文测验等项目，累计测绘金额超过 1000 万元。承接上海市重大工程洋山深水港区四期工程项目的施工测量。

【其他】

上海达华测绘有限公司取得“连云港多波束系统改造”与“孔隙水压力计埋设装置”2 项新型实用专利。“基于北斗系统的工程船舶智能服务平台研制与应用”获 2015 年度中国航海科技奖二等奖。“南京纬三路过江通道冲刷坑抢险（回填覆盖）工程”获上海市测绘学会 2015 年优秀测绘工程奖一等奖，“盐城港射阳港区进港航道水沙、地形监测（第一阶段）”“2014 年洋山深水港区航道水深监测项目”均获二等奖，“连云港港 30 万吨级航道工程徐圩海域底质、海床和岸滩稳定性监测－水文测验”“冀东油田项目水文测验和地形测量”“海门市新江海河闸－立新闸江堤恢复工程地形测量”均获三等奖。

上海新地海洋工程技术有限公司

【业务】

2015 年，上海新地海洋工程技术有限公司完成各类测绘项目约 30 项。承担约 60 个工程测量项目，其中重大工程有黄浦江水源地连通管工程；上海轨道交通 14 号线 3 座车站、3 段隧道区间的第三方监测工作；上海轨道交通 17 号线 2 座车站、1 个明挖段的第三方监测工作；上海轨道交通 5 号线南延伸工程 2 座车站、1 段明挖断、3 段区间、1 个高架段的第三方监测工作。

【其他】

上海新地海洋工程技术有限公司完成的“黄浦

江上游闵奉原水管线工程地下管线探查”项目获上海市测绘学会2015年优秀测绘工程奖二等奖。

中交上海航道勘察设计研究院有限公司

【业务】

2015年，中交上海航道勘察设计研究院有限公司完成各类测绘项目10多项；共测绘和编制各种图件（总图）200多件，其中各种工程地形图10多项，总面积6700平方千米。完成的重大工程有长江口深水航道治理一、二、三期工程设计阶段勘察测绘，连云港30万吨级航道工程设计阶段勘察测绘，长江南京以下12.5米深水航道建设一期工程设计施工阶段勘察测绘等。开展了GPS－PPK技术在水深测量中的应用研究。

【其他】

中交上海航道勘察设计研究院有限公司完成的“长江南京以下12.5米深水航道建设一期工程（太仓～南通段）勘察”获2015年全国优秀测绘工程奖金奖，“连云港深水航道岸滩稳定性及回淤研究与实践”获2015年度中国航海科技奖一等奖。

中铁上海设计院集团有限公司

【业务】

2015年，中铁上海设计院集团有限公司完成各类测绘项目50多项，累计完成铁路测量900多千米，交付测量技术总结报告2500多册。完成铁路平交道口改立交桥项目17项、铁路营运线监测项目6项、地铁勘测项目4项、小市政测量项目6项。

【其他】

中铁上海设计院集团有限公司完成的“新建铁路合肥至蚌埠客运专线精密工程测量体系建设”获2015年全国优秀测绘工程奖银奖；“合蚌高速线运营期精测网复测及沉降监测”“上海城市轨道交通轨道几何形位检测11号线北段（安亭站至花桥站）”“2014～2015年上海轨道交通2号线、2号线西延伸段长期收敛测量项目”分获上海市测绘学会2015年优秀测绘工程奖一、二、三等奖。全年共取得测绘专业相关的专利10项，其中发明专利1项、实用新型专利6项、外观专利3项。完成中国铁建股份有限公司科研课题1项、开展科研课题2项。

上海市建筑科学研究院

【业务】

2015年，上海市建筑科学研究院完成各类工程测量项目120多项。其中轨道交通运营期测量200多千米，轨道交通建设测量100多千米，住宅安全性监测测量500多幢，桥梁安全性检测测量200多座。

【其他】

上海市建筑科学研究院完成的“基于长水准线路自动化测量软件”取得软件著作权；开展“基于压力式静力水准测量系统”研究并取得阶段性效果，申请国家专利1项。

中华地图学社

【业务】

2015年，中华地图学社共出版图书155种，总印数426.6万册，总印张13927.7千印张，总造货码洋4847.4万元。其中，地图类100种，印数241.9万册，印张5325.1千印张，造货码洋2631.1万元；一般性图书55种，印数184.7万册，印张8602.6千印张，造货码洋2216.3万元。

【其他】

中华地图学社被上海市新闻出版行业文明办公室授予2013—2014年度“上海市新闻出版行业文明单位”称号，被中国地理信息产业协会授予“2015中国地理信息产业最具活力中小企业”称号。

江苏省

概况

截至2015年底，江苏省共有测绘资质单位842家，同比增加100家。其中甲级单位57家，增加5家；乙级单位136家，增加16家；丙级单位374家，增加66家；丁级单位275家，增加13家。年末全省测绘地理信息行业共有测绘从业人员17842人，其中专业技术人员14626人，民营企业测绘从业人员10098人。全省测绘资质单位共完成测绘服务总值32.13亿元，比2014年增加2.87亿元；其中民营测绘企业完成服务总值16.69亿元，占全省总额的51.95%。

长江水利委员会水文局长江下游水文水资源勘测局

【业务】

2015年，长江水利委员会水文局长江下游水文水资源勘测局完成长江南京以下12.5米深水航道建设二期工程动态监测（施工期第一次监测），长江干线上巢湖至浏河口段数字航道建设工程Ⅳ标段水准点引测和埋设服务，长江南京全河段1:1万水下地形监测分析，宁波甬江建闸第二阶段研究基础水文测验及地形测量，以及2015年杭州湾海底管道路由探测项目。全年完成专业技术咨询报告约60篇，完成地形测量、水文测验、水平衡测试、温升调查、海底管道路由探测等各类勘测项目70多项，签订项目合同90多份。

【其他】

长江水利委员会水文局长江下游水文水资源勘测局被评为2015年度江苏省诚信测绘单位。完成的“长江南京新济洲河段整治工程水文测验及地形测量”项目获2015年全国优秀测绘工程奖铜奖，“长江扬中河段天星洲汊道段河道综合整治工程断面及地形测量、水文测验”项目获2015年度江苏省优秀测绘地理信息工程奖二等奖。

江苏省测绘工程院

【业务】

2015年，江苏省测绘工程院完成国家及省级基础测绘任务。推进地理国情普查项目，完成33个县市区地理国情普查统一时点核准和数据入库等工作，开展了江苏省典型地区地面沉降监测、江苏省生态红线典型区监测工作。开展数字城市、天地图与地理信息应用服务，数字连云港、数字丰县、数字扬中建设通过验收，丹阳、张家港等6个县级数字城市和射阳、丰县国土资源“一张图”建设等项目按计划推进。参与农村集体土地使用权确权、技术标准制定、不动产登记等项目。完成精确仿真平台三维电子地图扩容工程、江苏省住房和城乡建设厅风景园林管理信息系统等项目。完成海岛地名普查、赣榆海岸线修测、领海基点保护工程、江苏省海洋承灾体调查试点、江苏省沿海海域地图集编制、沿海滩涂变化监测试点项目等海洋测绘项目。承担了“江苏省浅水湖泊水深遥感反演研究”“基于无人机航空影像的水域变化自动监测研究”“多方法海岸带地形遥感监测关键技术研究”等工作。

【其他】

江苏省测绘工程院获2015年中国地理信息产业优秀工程奖金奖2项、卫星导航定位科技进步奖三等奖1项；2015年度江苏省优秀测绘地理信息工程奖一等奖3项、二等奖8项、三等奖2项；江苏省科技进步奖一等奖1项、二等奖2项、三等奖1项。

南通市测绘院有限公司

【业务】

2015年，南通市测绘院有限公司开展地下管线测量、轨道交通测量、基础地理信息数据采集、古建筑测绘、地图编制等工作。完成南通市地下管线普查工程管线探测4913千米；徐州城市轨道交通3号线控制测量；南通市轨道交通1、2号线障碍物调查；南通主城区园林绿化现状调查483平方千米；徐州1∶1000基础地理信息数据生产56平方千米；南通市历史建筑三维建模、唐闸古建筑测绘和通州区优秀历史建筑测绘共135幢。完成2015南通市区城市规划影像地图集、南通城市建设公用设施服务地图、濠河手绘地图等地图编制21项。

【其他】

南通市测绘院有限公司获第四届全省测绘地理信息行业职业技能竞赛工程测量团体二等奖，2人被授予“江苏省测绘地理信息技术能手”称号。被评为2015年南通市企业首席技师培养单位，1人被评为首席技师。“南通市1∶500规划地形数据采集与建库（八期）”获江苏省2015年城乡建设系统优秀勘察设计奖三等奖。

江苏省水文地质工程地质勘察院

【业务】

2015年，江苏省水文地质工程地质勘察院承担乌干达标准轨距铁路工程东线工程、埃塞俄比亚北部铁路、肯尼亚蒙巴萨至内罗毕标轨铁路、肯尼亚内罗毕西环线、肯尼亚基苏木通用泊位工程测量等，合同产值占据全年测绘总产值的50%。在国内测绘市场完成各类工程测量项目10项，成果合格率100%。

【其他】

江苏省水文地质工程地质勘察院开展Veripos星站差分接收机在远海工程测量方面的应用研究；引进多波束测量系统并应用于生产，提升了江河及近海水下地形高精度、高效率的测绘能力。

苏州市测绘院有限责任公司

【业务】

2015年，苏州市测绘院有限责任公司承担完成了苏州市第一次地理国情普查（二标段）项目、姑苏区城市支路地下管线普查监理项目、昆山市2015年地形图修测及入库项目。开展常熟市街景影像采集及应用系统开发，完成常熟市城区三维模型数据更新。承接苏州市轨道交通3、5号线设计类测量。完成2015年苏州市二等水准网复测、苏州市市区地面沉降监测与分析、2015年苏州市地下管线更新维护等。制作《苏州市影像地图集》。

【其他】

苏州市测绘院有限责任公司承担的“苏州市区地面沉降监测与分析”获2015年全国优秀测绘工程奖金奖；“吴中蠡墅片区道路与综合管线规划竣工测量”“苏地2013-G-2地块规划放线与验线测量”均获2015年度江苏省优秀测绘地理信息工程奖二等奖，“中海苏州13-14年度地产建设工程规划建筑面积预测”获三等奖。

江苏星月测绘科技股份有限公司

【业务】

2015年，江苏星月测绘科技股份有限公司承接农村土地承包经营权确权登记、地理国情普查、不动产调查登记、智慧时空云平台等项目50多项，其中“智慧大丰”时空信息云平台项目被江苏省测绘地理信息局推荐为国家区（县）级智慧城市时空信息云平台试点。

【其他】

江苏星月测绘科技股份有限公司获“2015中国地理信息产业最具活力中小企业”“全国科技自主创新示范单位”“诚信测绘单位”等称号。承建的“大丰市1∶1000村庄地籍调查及数据库建设项目”获2015年中国地理信息产业优秀工程奖铜奖，“大丰市国土资源数据中心‘一张图’系统”获2015年江苏省测绘地理信息科技进步奖三等奖，“静脉产业园初步规划控制区测绘项目”获2015年度江苏省优秀测绘地理信息工程奖三等奖。

江苏省地质测绘院

【业务】

2015年，江苏省地质测绘院签订测绘地理信息项目合同额1.3亿多元。承接江苏省20多个区、县和省外3个县共约3300平方千米的农村土地承包经营权确权登记发证项目；中标南京市、淮安市等地管线探测普查项目，全年探测管线约1.5万千米；与扬州市考古队合作，对汉代古墓挖掘现场实施了地面三维激光扫描测绘。

【其他】

江苏省地质测绘院在第四届全省测绘地理信息行业职业技能竞赛暨全国竞赛江苏选拔赛上，1人获工程测量个人三等奖并被授予“全省测绘地理信息技术能手”称号。“无锡市市区第二次土地调查1:500城镇调查”获2015年全国优秀测绘工程奖金奖；“靖江市1:500城镇土地调查”获2015年度江苏省优秀测绘地理信息工程奖一等奖，“邳州市城区1:1000地形图测绘”“江阴市农村宅基地和集体建设用地调查及数据建库”均获二等奖。

江苏易图地理信息工程有限公司

【业务】

2015年，江苏易图地理信息工程有限公司承担农安、岳西等14个县市近350万亩的农村土地承包经营权确权登记颁证工作以及常熟市、张家港市航测地形图生产项目。参与浙江省、江苏省、上海市县区级约1.5万平方千米数字城市建设工作。完成“扬州市三维导税软件”“扬州市文保一图通软件”等地理信息系统项目。编写张家港市、兴化市河道划界确权实施方案，完成泰州市高港区河道划界确权工作试点项目。编制完成中国城市地图集系列试点项目《扬州城市地图集》并通过验收。

【其他】

江苏易图地理信息工程有限公司“新三板”上市工作正式启动。获“2015中国地理信息产业最具活力中小企业”称号。“扬州地税三维可视化导税系统”获第三届天地图应用开发大赛三等奖，“三维导税软件系统”项目获2015年江苏省测绘地理信息科技进步奖二等奖，“盐城市影像地图集（主城区）编制技术服务”项目获2015年度江苏省优秀测绘地理信息工程奖二等奖。

江苏省基础地理信息中心

【业务】

2015年，江苏省基础地理信息中心完成“天地图·江苏”影像更新；《江苏省水利工程普查成果电子地图》《如东县影像图》《徐州市区水系图》《大丰市领导工作用图》和《江苏省第一次全国水利普查水系图》《江苏省水利图集》的编制、印刷；为省“两会”提供《江苏省行政区划调整图册》4000份。完成12个区县的地理国情普查外业调查、数据库建设及时点更新工作，并于8月提交成果，成果一次性通过复核；开展扬子石化爆炸、南京德纳化工厂爆炸事故救灾工作应急测绘保障，快速提供爆炸区域1:5万和1:1万地形图、0.3米分辨率航摄影像图。

【其他】

江苏省基础地理信息中心承担的“基于New-MapGIS的数字城市地理信息公共平台在移动终端上的大众化应用”“‘天地图江苏’数据更新技术研究”等4个课题完成验收。“江苏地区陆海大地水准面的精化及拼接研究”“基于地理国情的城镇布局监测研究”等4个江苏省测绘地理信息局科研课题通过立项。继续推进“天地一体化地面沉降动态监测”“DEM地形纹理及地形形态特征识别研究”等课题的研究。承建的“常州市县一体化地理信息公共服务平台”“江苏天地图信息服务平台”获省经济和信息化委员会颁发的“智慧江苏建设重点工程·省信息化示范平台”奖牌。获第四届全国测绘地理信息行业职业技能竞赛地图制图赛项全国总决赛团体三等奖，2人获“全国测绘地理信息技术能手”称号。

南京市测绘勘察研究院有限公司

【业务】

2015年，南京市测绘勘察研究院有限公司完成南京市江南主城区约780平方千米动态维护更新2次，其他地区1:1000、1:2000全覆盖航空摄影测量约5000平方千米。完成南京市约5800平方千米地理国情普查建库工作。完成南京市约4.2万千米地下管线普查及入库工作，已验收。基本完成南京市雨污分流排水管线测量工作。承担“南京市公安局交通管理局道路信息采集”项目，已完成约600千米的采集工作。完成南京地铁3号线、10号线、机场线、宁天城际线竣工测量及5号线前期测量工作。完成成贵高铁控制测量CPI30点、CPII136点、二等水准96千米。完成南京市河西漫滩地区地表沉降监测一等水准134千米、二等水准800千米。完成南京、无锡、苏州等地运营期地铁结构监测基准网375千米，监测运营线路90千米；实施地铁（高铁）运营期保护区监测33项。基本完成中国城市地图集系列之《南京城市地图集》和《连云港城市地图集》编制工作及南京市域11分区地图更新及编制工作。

【其他】

南京市测绘勘察研究院有限公司在第四届江苏省测绘地理信息行业职业技能竞赛暨全国竞赛江苏

选拔赛上，2人获地图制图赛项个人三等奖并被授予“江苏省测绘地理信息技术能手”称号。“长江漫滩沉降监控关键技术研究”获2015年中国测绘地理信息学会测绘科技进步奖二等奖，3个项目获2015年全国优秀工程勘察设计行业奖，2个项目获2015年江苏省测绘地理信息科技进步奖，3个项目获2015年江苏省优秀测绘地理信息工程奖，8个项目获江苏省2015年城乡建设系统优秀勘察设计奖，申报专利8项，其中3项已获授权、5项被受理，获得8项计算机软件著作权。

浙江省

概况

截至2015年底，浙江省共有测绘资质单位615家。其中甲级33家、乙级112家、丙级174家、丁级296家；民营测绘企业389家，占全省测绘资质单位总数的63.25%，同比增加83家。

2015年，浙江省测绘资质单位全年完成服务总值37.43亿元，年末从业人员16061人。主要完成了1:1万基础地理信息数据快速更新、地理国情普查、数字城市地理空间框架建设、天地图县（市、区）节点建设、1:2000基础地理信息数据必要覆盖和数据库建设、2000国家大地坐标系转换等重大测绘项目，并为国土资源、城乡建设与规划、水利电力、交通、城市管理等行业提供测绘成果服务和地理信息技术支撑。

宁波市测绘设计研究院

【业务】

2015年，宁波市测绘设计研究院完成宁波市区重点区域1:500地形图、管线和三维数据联动更新，1:500地形图累计巡测更新3.3平方千米、竣工更新1.1平方千米、新测10平方千米。完成管线跟踪测量2600多千米、各类规划测绘项目360多项，以及宁波市区地面沉降监测和市区（海曙、江东）工程控制网复测工作。承担NBCORS系统运营维护工作，为宁波市238台仪器（其中24台为新增用户的）使用NBCORS系统提供运营服务和技术支持。承担宁波市地理国情普查任务部分工作。参与宁波市轨道交通2号线（二期）、4号线、5号线（一期）、宁奉线地形修测及管线详查，2号线（一期）管线迁改及竣工测量，3号线（一期）工程规划放线、管线跟踪测量、管线核查等近10项重点工程。开展管线排查，共排查各类危化管线133条1295千米。

【其他】

宁波市测绘设计研究院完成的“宁波市智慧位置服务体系研究与示范应用”获2015年中国测绘地理信息学会测绘科技进步奖二等奖，“宁波市海洋测绘项目”获2015年全国优秀测绘工程奖金奖，“镇海炼化智能化管线试点配套项目”获2015年中国地理信息科技进步奖三等奖，“东钱湖旅游度假区地下管线普查一期、二期项目”“市区三维数字地图联动更新（2014）”均获2015年中国地理信息产业优秀工程奖铜奖。“宁波国家高新区城市立体空间信息化平台建设”获2015年度浙江省优秀城乡规划奖一等奖，“宁波国际金融服务中心北区规划竣工测绘项目”“宁波杭州湾世纪城B1、B2区规划竣工测量”均获三等奖。“宁波智慧化工园区空间信息管理平台研究及应用”“宁波市三维警用地理信息系统开发及应用”分获2015年浙江省测绘与地理信息科技进步奖二、三等奖，“宁波市轨道交通测绘基准框架网建设”“杭州湾新区控制网改造及复测与重点区块1:500数字地形图测量项目”均获2015年度浙江省优秀测绘与地理信息工程奖银奖。

浙江省测绘大队

【业务】

2015年，浙江省测绘大队承担温岭市农业林业局农村土地承包经营权登记颁证项目，以及柯桥、普陀、德清、黄岩、三门、西湖等地农村土地承包经营权确权项目，合同金额约3760万元。承担象山县晓塘乡1:2000航测业务及部分县市地理国情普查工作。完成东阳、缙云、象山、温岭、新昌、余杭等地航摄任务。完成集体土地承包经营权采集建库系统、地名地址采集系统和城市部件采集系统、富阳区无违建管理系统、杭州市无违建管理系统等22个系统的研发，申请软件著作权11项。完成浙江省第一个建设用地表土剥离与再利用专项规划项目和杭州市城市周边基本农田划定举证项目。

【其他】

浙江省测绘大队获第四届全国测绘地理信息行业职业技能竞赛工程测量赛项团体三等奖，获“2014年度浙江省安康杯优胜单位”“2015年浙江省勘察设计行业企业文化建设优秀单位（三星级）”等称号。“3S集成技术在违法建设监测中的研究与应用”获2015年中国测绘地理信息学会测绘科技进步奖三等奖；“中国大运河（杭州段）及西湖文化景观申报世界文化遗产项目的勘测定界及专题调查”获2015年全国优秀测绘工程奖金奖；“温岭市农业林业局农村土地承包经营权登记发证系统”和“3S集成技术在大坝碾压中的应用”均获2015年浙江省测绘与地理信息科技进步奖三等奖；“温岭市1:500村庄数字地籍调查”“温州经济技术开发区农村集体土地所有权确权登记发证与地籍调查建设项目”“浙江省海洋测绘水下地形测量和深水岸线调查（十二标段）”分获2015年度浙江省优秀测绘与地理信息工程奖金、银、铜奖。

浙江省第二测绘院

【业务】

2015年，浙江省第二测绘院完成各类测绘项目43项。包括DLG、DEM测绘更新6万多平方千米、图幅数9000多幅，DOM更新近8万平方千米，19个县（市、区）地理国情普查时点更新工作，慈溪余姚雷达数据处理、滩涂地形图成果与水下地形成果接边460幅。开展“美丽乡村”“五水共治”“浙东引水”“援疆测绘”等重大项目的测绘与地理信息服务保障工作等。

【其他】

浙江省第二测绘院完成的“数字温州地理空间框架建设1:2000数字航测及入库项目”获2015年全国优秀测绘工程奖白金奖。

浙江省第一测绘院

【业务】

2015年，浙江省第一测绘院完成测绘服务总值约1.46亿元，全年完成各类测绘项目共210项。完成各等级大地点选埋107点、各等级水准施测3200千米，完成1:1万DLG更新50938平方千米、1:500地形图测绘280平方千米、1:1000地形图测绘53平方千米、1:2000数字线划图2750平方千米、地籍测绘80平方千米、房产测绘约804万平方米、地理信息系统开发15项，建设数字城市9个，编制影像地图8种、地图集11种、电子地图44种、其他地图42种。

【其他】

浙江省第一测绘院完成的“中国海域数字高程基准研究及应用”获2015年卫星导航定位科技进步奖特等奖，“浙江省海洋灾害风险调查和隐患排查”获2015年中国地理信息科技进步奖二等奖，“DOM/DEM同步更新关键技术研究与应用”获2015年度浙江省测绘与地理信息科技进步奖一等奖，“衢州CORS建设与似大地水准面精化工程”获2015年卫星导航定位优秀工程和产品奖三等奖，“瑞安市马屿镇、仙降街道（新农村社区）等1:500数字地形图测绘（建库）项目”获2015年全国优秀测绘工程奖铜奖，“数字温岭地理空间框架建设”获2015中国地理信息产业优秀工程奖银奖、“数字嘉善地理空间框架建设”“数字平湖地理空间框架建设”均获铜奖。

杭州市勘测设计研究院

【业务】

2015年，杭州市勘测设计研究院完成杭州市主城区近600平方千米跟踪修测，涉及图幅近1.2万幅。承接杭州市第一次地理国情普查任务，完成公共设施数据采集，并以白皮书的形式向社会发布。建立了符合公安部门要求的CIM数字城市基础数据平台和虚拟现实一体化的三维空间信息数据应用平台，为G20峰会提供服务保障。完成BIM（建筑信息模型）技术到CIM（城市智慧模型）技术的提升。推出交通、住宿、消费、文化、体育等11个系列的便民地图；配合杭州市“五水共治”，完成

《杭州的水》信息解译工作，为杭州市防洪减灾和规划相应河道提供基础性数据；参与3个铁路工程1:500地形图修测、首级控制网测设、控制测量及后期现场服务等项目；完成水准线路普查、选埋共549点，水准外业测量一等497千米、二等1140千米，水准数据平差处理和InSAR沉降监测2500平方千米。

【其他】

杭州市勘测设计研究院5项工程获省部级优秀工程奖、4项工程获市级优秀工程奖。其中，“杭州市火车东站站房及站台雨棚工程”获2015年度浙江省建设工程钱江杯奖（优秀勘察设计）一等奖。

浙江省地理信息中心

【业务】

2015年，浙江省地理信息中心开展基础测绘、数字城市、地理国情监测与统计分析和公共服务等方面的业务。完成35个数字城市地理空间框架建设项目。完成地理国情普查影像卫片与航片成果接边及省际接边生产任务，标准时点核准5个批次共242景中分辨率影像、42景高分影像的生产，全省90个县基本统计数据生产，以及全省地理国情普查初步统计分析报告编写工作；数字嘉兴地理信息共享交换平台部门数据交换整合共享工作。研发地理信息公共服务平台3.0和地理市（县）情成果管理发布系统。建设金华市8890便民服务中心地理信息管理系统、洞头县“七规合一”地理信息服务平台等项目。参与新疆维吾尔自治区数字城市建设和阿克苏数字城市建设并提供技术支持。

【其他】

浙江省地理信息中心完成的“数字镇海地理空间框架建设项目”“数字宁海地理空间框架建设项目”“数字武义地理空间框架建设项目”“数字桐乡地理空间框架建设项目”均获2015年中国地理信息产业优秀工程奖银奖，“智慧城市三维地理信息云服务平台”获2015年中国地理信息科技进步奖三等奖，“炒地图”项目获第三届天地图应用开发大赛二等奖、“桐乡市文物信息系统”“教育资源一张图管理信息系统”均获三等奖。获发明创造专利1项。

温州市勘察测绘研究院

【业务】

2015年，温州市勘察测绘研究院完成各类工程测量1720项、地籍测绘675项、地图编制13幅，实现产值收入2806万元。主要完成拜城县城1:500、1:1000数字地形图测绘；平阳县三等水准网测量；温州市快速公交BRT一号线工程地下管线综合测量；数字泰顺地理空间框架建设、地理信息公共服务平台（云环境构建及移动服务系统软件研发和平台软件研发）、地理国情普查等项目。

【其他】

温州市勘察测绘研究院完成的“基于时空信息数据库的数字开发区二期建设”获2015年中国地理信息产业优秀工程奖金奖；“基于时空信息数据库的智慧开发区建设研究”获2015年浙江省测绘与地理信息科技进步奖二等奖。

浙江国遥地理信息技术有限公司

2015年，浙江国遥地理信息技术有限公司完成杭州市1:2000航空摄影及正射影像生产2100平方千米，其他各类测绘项目110多项。主要包括浙江省1:2000航空摄影、浙江省地理国情普查及山西、云南等地航空摄影及正射影像制作、农村土地承包经营权确权登记、地名普查、山洪地质灾害调查等。共航摄和测绘各种成果约2.3万平方千米，其中航空摄影及正射影像制作1.7万平方千米，农村土地承包经营权确权登记、山洪地质灾害、地理国情普查共约0.6万平方千米。

福建省

概况

截至2015年底，福建省共有测绘资质单位493家，其中甲级27家、乙级77家、丙级194家、丁级195家。全省测绘服务主要围绕国土资源、测绘、城乡规划、水利等领域，测绘资质单位共完成测绘服务总值25.91亿元，同比增加3.89亿元。年末测绘地理信息从业人员10140人，同比增加1626人。福建省测绘地理信息局积极搭建地理信息产业交流合作平台，联合福建省（海西）卫星导航产业技术创新战略联盟在福州召开地理信息产业发展交流会。“福建省地理信息产业技术公共服务平台”项目获福建省科技厅立项。福建省政府批复依托福建省基础地理信息中心设立高分辨率对地观测系统数据与应用福建分中心。

福建省基础地理信息中心

【业务】

2015年，福建省基础地理信息中心完成福建省第一次地理国情普查时点核查卫星影像及专题资料的收集与分发工作；完成漳州、厦门及永春、明溪数字城市地理空间框架建设；完成建阳、武夷山、德化等5个数字县域地理空间框架建设项目设计并通过评审。完成福建省地理信息公共服务平台（“天地图·福建”）的数据融合更新及软件版本升级工作。

【其他】

福建省基础地理信息中心完成的“基于PPGIS的无障碍设施建设管理平台建设”项目获2015年中国测绘地理信息学会测绘科技进步奖三等奖，“福建省自然资源与地理空间基础信息库一期工程”项目获2015年全国优秀测绘工程奖银奖。

福建省制图院

【业务】

2015年，福建省制图院完成地图服务项目170项，提供地图约30.8万册（幅）。其中，提供领导工作用图及办公挂图等1862幅；省“两会”用图、省领导拉练用图、楼市地图、测绘法宣传图等约2.9万册（幅）；发行地图产品约27.8万册（幅）。主要完成2015年度公开版地图数据库更新、公务用图服务、实景三维建设（福州、宁德、泉州、莆田）等基础测绘项目。开发完成“交通规划”移动平台、资料管理系统、温泉派出所警用辅助系统开发项目；服务第二次全国地名普查工作，开展顺昌县、建阳区、邵武市、新罗区、周宁县、东山县地名普查。

【其他】

福建省制图院承担的《电子地图数据规范》通过评审，“《福建省情地图集》更新”项目获2015年全国优秀测绘工程奖银奖。

福州市勘测院

【业务】

2015年，福州市勘测院完成各类测绘地理信息项目9169项，主要包括城市规划、道路工程、管线工程、河道治理、房产面积测量、园林绿化竣工测量、规划建筑面积核算等。完成福州市行政区电子地图生产、福州数码航拍及数据处理、福清市地下管线数据库数据生产、福州市国家税务局税源地理信息系统建设、福州市部分县市规划综合应用平台开发、福州市房屋征收项目网签及安置房源管理平台建设等。

【其他】

福州市勘测院完成的“数字福州地理空间框架建设”获2015年中国地理信息产业优秀工程奖金奖、福州市科技进步奖一等奖，“福州市1:500数字线划图数据库Ⅱ期”“福州市‘数字园林’绿化数据建库及规划一体化应用”分获2015年中国地理信息产业优秀工程奖银、铜奖，“福州大都市航空摄影及1:2000 DLG、DEM、DOM航测工程项目”“建筑物征收拆迁安置一体化平台项目”分获2015年全国优秀测绘工程奖金、银奖。

福州开睿动力通信科技有限公司

2015年，福州开睿动力通信科技有限公司将行业地理信息系统的建设与可视化调度平台相结合，为政府部门、企事业单位提供人员工作管理与应急指挥调度的行业解决方案。基于地理信息与电子地图定位，完成四川省成都市青羊区城管网格化智能管理平台建设；基于地理信息与视频监控相结合的技术，开发广东省珠海市金湾综治可视化调度指挥系统。

厦门闽矿测绘院

【业务】

2015年，厦门闽矿测绘院完成福建省第一次全国地理国情普查数据采集及标准时点核准12个县市区共2.15万平方千米，测绘和编制各种图件7100多件、67平方千米。完成地籍、宗地图4800多宗、9平方千米，房产测绘53件、290万平方米，土地变更及卫片执法7个县市区、9379平方千米，土地勘测定界图79宗、4.5平方千米，地下管线竣工测量524项、180.8千米。

【其他】

厦门闽矿测绘院完成的“厦门市1:500全野外数字化测图项目”获2015年福建省测绘地理信息优秀工程奖一等奖。

福建省地质测绘院

【业务】

2015年，福建省地质测绘院完成福建省地理国情普查2.55万平方千米；完成数字古田地理空间框架建设；开发了福建省国土资源矿证综合管理信息系统和南平市“一张图”及综合管理信息平台；完成11个县（市）年度变更调查、6个县（市）耕地后备资源调查评价和3个县（市）耕地质量等新型测绘地理信息项目等。

【其他】

福建省地质测绘院完成的“南平市、县两级土地利用规划管理信息系统”获2015年福建省测绘地理信息优秀工程奖三等奖。

福建省交通规划设计院

2015年，福建省交通规划设计院完成各类测绘项目150多项。其中1:1000工程地形图3项，总面积2.71平方千米；1:2000工程地形图16项，总面积53平方千米；高速公路及其他线路工程的定测43项，总长度195千米；线路用地边界测量工程10项，总长度43千米；码头及水下地形测量5项，总面积8平方千米。

漳州市延北勘测设计有限公司

【业务】

2015年，漳州市延北勘测设计有限公司完成各类测绘项目99项。其中1:500地形图测量15项，总面积12.8平方千米；1:1000地形图测量21项，总面积31.5平方千米；1:2000地形图测量16项，总面积52.2平方千米；道路工程定界放样10项，总长度86千米；道路工程施工图定测12项，总长度138.6千米；水深测量8项，总面积16.4平方千米；漳州市2座大桥桥梁永久性观测（形变与变形测量）；水利工程测量3项；地籍测绘7项，总面积12.6平方千米；房产测绘5项，总面积129586平方米。

【其他】

漳州市延北勘测设计有限公司被福建省质量文化促进会授予“重质量守信用单位”称号，被中国勘察设计管理协会评为“2015年度全国优秀勘测设计企业”。

福建省水利水电勘测设计研究院

【业务】

2015年，福建省水利水电勘测设计研究院完成1:500数字地形图测绘45平方千米、1:1000数字地形图测绘120平方千米；水下1:500数字地形图测绘15平方千米、1:1000数字地形图测绘40平方千米、1:2000数字地形图测绘60平方千米；1:500河道断面578条、186.81千米。完成闽侯县、闽清县、连江县、罗源县等山洪灾害调查测量，福建省溪源水库大坝外部变形观测工程、马尾区白眉水库大坝外部变形观测工程、连江塘坂水库大坝外部变形观测工程，国投湄洲湾第二发电厂 2×1000MW 建筑物变形及沉降观测。

【其他】

福建省水利水电勘测设计研究院被评为“全国文明单位”。

厦门海洋工程勘察设计研究院

【业务】

2015 年，厦门海洋工程勘察设计研究院完成各类测绘项目 120 多项，主要包括海域水深地形测量、海籍测量及海域使用规划论证工程、核电厂址工程、沙滩修复工程、海底电缆路由工程、海砂调查与评估、海底沉积探测工程、海洋水文调查及数模预测等。编绘各类专题图件 200 多件，包括海岸与海底地形图 18 幅、230 平方千米；海籍、宗海图 36 宗，0.32 平方千米；海洋水文图件 120 张；路由地质地层剖面图 14 件。

【其他】

厦门海洋工程勘察设计研究院完成的“平潭长江澳海上风力发电场工程海底地形测量工程”获 2015 年福建省测绘地理信息优秀工程奖三等奖。

龙岩市经纬测绘有限公司

【业务】

2015 年，龙岩市经纬测绘有限公司完成 1:500 数字地形图测量 18.9 万平方千米、房产测绘 498 万平方米、地理信息系统开发 5 项。完成其他各类测绘项目 176 项，主要包括南三龙铁路北站房改造工程征收测量、土地整理测绘、管线测绘、房地产开发项目测绘、地籍测绘等。共测绘和编制各种图件 1410 多件，涉及 1:500 工程地形图（包含竣工图）50 多项、地籍和宗地图 300 多宗、征地用图 120 多宗、产权分户图 6850 多宗。

【其他】

龙岩市经纬测绘有限公司取得网络智能办公系统、合同管理系统、数字档案管理系统等 5 项软件著作权。

厦门市测绘与基础地理信息中心

2015 年，厦门市测绘与基础地理信息中心完成大比例尺地形图更新测绘 56 平方千米与全市 1:2000 航空摄影测量成图。完成轨道交通 1 号线、火车站南广场、国际会展中心四期等省市重点工程 70 多件次。完成日常房产测绘成果审核业务 408 个、建筑面积 1227 万平方米，对外提供土地房屋权属配图 54811 份，增容建筑面积确认 125 份。完成地籍权属调查业务 878 件，对外提供宗地图利用 125240 份。完成地调档案数字化整理 1615 宗，拨地测量、单体定位、±0 验线等 1609 件次。完成竣工规划条件核实测量项目 412 个、建筑物 1537 栋、建筑面积 1577 万平方米，为政府部门及社会提供基础地理信息数据 23290 幅、地形图件 1366 幅，制作红线图、蓝线图、用地范围示意图、选址图 463 幅，完成勘测定界 1052 宗、提供勘测定界报告书 1538 份，完成政府部门规划及建设需要的地形图坐标转换 386 件，提供土地利用规划图、现状图 1080 幅，提供卫星影像图 1892 幅。

泉州市房地产测绘队

【业务】

2015 年，泉州市房地产测绘队完成商品房面积预测项目 256 宗、247 万平方米；房屋产权面积实测项目 945 宗、403 万平方米；完成二手房交易绘图 6019 宗、63 万平方米；承担泉州北峰片区霞美棚户区改造项目、东海片区华通石业、台商投资区玖珑纸业等项目房屋征迁测绘，总面积 15 万平方米。

【其他】

泉州市房地产测绘队获“福建省青年文明号”“泉州市直机关 2013～2015 年度（第六届）文明单位”等称号。

江西省

概况

2015 年，江西省测绘资质单位共完成测绘服务总值11.4 亿元，同比增长10.8%。其中民营企业完成测绘服务总值6.4 亿元。截至2015 年底，江西省共有测绘资质单位536 家，同比增加7%。其中甲级30 家、乙级68 家、丙级134 家、丁级304 家。资质单位构成由原来的中低端向中高端转移。测绘资质单位年末测绘从业人员共有 9720 人，同比增长12.1%。其中民营企业年末测绘从业人员 3215 人，占全部从业人员数量的 33.1%。服务领域涵盖测绘、国土资源、城乡建设与规划、交通运输、水利水电等传统领域和地理国情普查、农村土地承包经营权确权、数字城市（智慧城市）建设等。

江西省国土资源测绘工程总院

2015 年，江西省国土资源测绘工程总院完成了进贤县、会昌县、黎川县、崇仁县、万载县、新建县、上饶县、南昌市西湖区的第一次地理国情普查质量检查验收、成果上交等工作。完成会昌县农村土地承包经营权确权登记颁证土地调绘勘测工程项目（三标段）6 个乡镇耕地面积共8.7 万亩。完成第三代1:1 万地形图萍乡测区62 幅“3D”产品更新测制（内业采编、像控外业及外业调绘）。完成江西省6 个地级市的土地执法巡查测量、东乡县石厂违法开采核查（共18 个石厂）、吉水县11 个乡镇的农村宅基地权属调查等工作。参与开发江西省小蓝地理信息产业园项目。收购了江西中测蓝图遥感技术有限责任公司40%股份。申请注册了5 名注册测绘师。

江西省基础测绘院

【业务】

2015 年，江西省基础测绘院共完成各类测绘项目60 多项。完成了地理国情普查质量抽查；第三代1:1 万地形图测制与更新；城市地表沉降监测；1:1 万基础测绘成果元数据整改、1:1 万整合升级项目整理；全省 DEM 精细化及坡度、坡向信息提取、DEM 数据入库、坡度与坡向数据入库等基础测绘生产任务。开展袁州区、樟树市、铜鼓县、高安市增减挂钩验收、数字鹰潭数据整合、数字萍乡数据更新；吉安市中心城区周边控制网联测与测图；九江等地风电场工程测绘；富山大道等道路改造测量等工作。

【其他】

江西省基础测绘院完成的“数字井冈山地理空间框架建设”“江西省工业和信息化委员会全省大比例尺地理信息数据库”分获2015 年中国地理信息产业优秀工程奖金、铜奖；“景德镇市国土资源局建成区351.3 平方公里大比例尺数字修测和整理项目”获2015 年全国优秀测绘工程奖铜奖。获江西省“振兴杯”测绘地理信息行业职业技能竞赛工程测量团体一等奖和技能人才培育突出贡献奖。

江西省天久地矿建设工程院

【业务】

2015 年，江西省天久地矿建设工程院完成宁都县农村土地承包经营权确权登记颁证测绘技术服务；贵溪市耳口镇风力发电 1:5000 地形测量项目；江西省铅山县岭背滩及八字岭萤石矿 1:2000 工程测量项目；鹰潭市高铁广场工程竣工测量项目及龙虎山北大道竣工测量项目。承担了鄱阳县2012 年度土地开发和整治项目竣工测量、鹰潭市沉降观测及基坑监测等项目。

【其他】

7 月，江西天久测绘院更名为江西省天久地矿建设工程院。

江西省勘察设计研究院

2015 年，江西省勘察设计研究院完成各类测绘项目191项，主要包括城市规划、市区道路工程、各种管网工程、河道治理、旧城改造、城市轨道交通深基坑监测、建筑基坑变形监测、已有建筑物变形监测、地籍测绘、工程项目征地、土地勘测定界、土石方测量等。共测绘和编制各种图件近2000件，其中各类1:500工程地形图（含竣工图）15项，总面积近12平方千米；地籍、宗地图50宗，总面积5平方千米；征地用图50宗，总面积11.1平方千米；土地勘测定界图30宗；建筑深基坑监测40多项；城市管线探测项目8项。

江西省地矿测绘院

【业务】

2015年，江西省地矿测绘院主要承担了江西、浙江、广西、福建、湖北等地的测绘地理信息项目。承担江西、浙江、湖北等省13个县市的农村土地确权登记发证项目，调查面积980多平方千米。完成数字化地形图测绘145平方千米、房产测绘540万平方米。编制《宁波市地图集》以及瑞金、宜春、新余等政区专题地图。贵州省六盘水市，江西省南昌县、于都县等县市的城市管线普查共2800千米，航空摄影及DOM制作6300多平方千米。

【其他】

江西省地矿测绘院完成的“象山县村庄数字地籍调查A标段”和“温州市地下管线普查”项目分获2015年全国优秀测绘工程奖银、铜奖，“鄞州区集体土地所有权登记发证工程Ⅰ标段”和“宁海县城镇、村庄地籍调查”项目均获2015年江西省优秀测绘工程奖二等奖，院全资公司江西图讯信息科技有限公司获“中国地理信息产业最具活力中小企业”称号。

九江地质工程勘察院

【业务】

2015年，九江地质工程勘察院完成瑞昌市、万安县、浮梁县农村土地承包经营权项目的野外调查确权工作；河北省沧县、吉林省九台市莽卡乡农村土地承包经营权野外调查及确权工作；瑞昌市下巢湖矿山测量4.5平方千米1:1000地形图测绘工作；瑞昌市黄金乡矿山测量4平方千米1:1000地形图测绘工作；徐宿淮盐铁路项目160千米放线工作；九江市数字城市框架建设项目200平方千米勘测工作（其中九江城区修补测65平方千米、城市周边新测70平方千米、城市周边航测65平方千米），九江市工业园区闲置用地调查15个。

【其他】

九江地质工程勘察院完成的“湖口县农村集体土地确权登记发证项目”获2015年全国优秀测绘工程奖银奖。

江西有色地质测绘院

【业务】

2015年，江西有色地质测绘院完成江西省（分宜县、全南县、安义县及青山湖区）第一次地理国情普查3806.7平方千米；新余市渝水区土地整治、土地开发等各类地形测量项目18个，累计面积33平方千米；浙江省衢州市城区与龙游县1:500地籍测量45平方千米。完成江西省新余市渝水区与仙女湖区、进贤县、铅山县、德兴市、景德镇及高安市等县区农村土地承包经营权确权登记颁证3806.7平方千米。

【其他】

江西有色地质测绘院承担的“会昌县农村集体土地（所有权）确权登记发证项目”获2015年全国优秀测绘工程奖铜奖，“大余县农村集体土地所有权确权登记发证项目”获2015年江西省优秀测绘工程奖二等奖。

江西省测绘应急保障服务中心

【业务】

2015年，江西省测绘应急保障服务中心完成南昌市九龙湖区域、瑶湖湿地公园区域等应急无人机航摄及其影像数据处理145平方千米；为万安县、黎川县、永新县规划城区和南昌市部分区域提供优于0.1米分辨率的无人机航摄影像数据及1:1000数字正射影像图数据608平方千米；制作万安县规划城区1:2000数字高程模型160平方千米。完成峡江县、万安县、昌江区、珠山区、浮梁县地理国情普查标准时点核准6618平方千米，江西省第三代1:1万“3D”数据采集与更新1767平方千米；国家GNSS连续运行基准站4个新建站、9个改造站高程属性测定；江西省现代大地基准完善项目平面高程控制网观测；武功山主峰（金顶）高程测定和数字抚州空间数据库建设；数字抚州地理空间框架公共平台及应用示范；“天地图·抚州”建设项目，全部通过验收。承担全省高等级 GPS 点和水准点的迁建，完成数字万安 1:500 数字线划图数据采集 19.1 平方千米；南昌市湾里区、青山湖区、东湖区农村土地承包经营权确权登记颁证等项目。完成行政区划、旅游交通等专题地图、专题影像地图制作 26 件。承担江西测绘地理信息行业特有职业技能鉴定工作。承办了江西省 2015 年“振兴杯”测绘地理信息行业职业技能竞赛；承办并参加江西省测绘地理信息局在青山湖区扬子洲开展的地质灾害测绘应急演练；完成了 JXCORS 更新建设项目。

【其他】

江西省测绘应急保障服务中心共有国家测绘地理信息局青年学术和技术带头人 1 人，江西省测绘地理信息局测绘技术带头人 2 人。

江西南方测绘院

【业务】

2015 年，江西南方测绘院承接测绘与地理信息系统工程项目 20 项，其中工程测量项目 15 项、地籍测绘及地理信息系统工程项目 5 项。完成江西省永新县、崇义县第一次地理国情普查生产项目并通过验收。承担永新县农村土地承包经营权确权勘查测绘工作，建立全县统一的农村承包土地确权调查数据库。承担南昌 2015 年西湖区征地拆迁项目，进贤县土地规划设计项目，靖安县、石城县农村集体土地调查确权登记发证及数据库建设项目和信丰县农村集体土地宅基地及建设用地使用权数据库建设项目。

【其他】

江西南方测绘院承担的“樟树市昌樟高速经楼连接线地形测量项目”获 2015 年江西省优秀测绘工程奖三等奖。

南昌市测绘勘察研究院

【业务】

2015 年，南昌市测绘勘察研究院共完成测绘项目 1356 项。承担了数字南昌地理空间框架建设中 1:500～1:2000 DLG 修测与编绘、1:2000 DEM、DOM 数据制作，各类数据建库及平台数据制作等子项目，完成 778 平方千米系列比例尺地形图修测及数据建库、600 平方千米 1:2000 地形图缩编、460 平方千米 1:2000 数字航测成图。承担南昌市地铁 1 号线长期监测、轨道交通工程前期规划设计配套项目、智慧高新地下管网普查探测项目、智慧高新三维建模、幸福水渠资金平衡测算项目、地铁 4 号线构筑物调查项目、高新开发区 2015 年度土地利用现状年度变更项目等。完成 2015 年版《南昌市城区图》《南昌市域图》《南昌市旅游图》《南昌市轨道 1 号线站点分流图》以及线网图编制。完成南昌市小区地下管线查验及数据整合建库项目 113 项。

【其他】

南昌市测绘勘察研究院承担的“幸福渠领域土地筹备情况摸底及整体开发资金平衡测算”“红谷滩新区电子地图制作”项目分获 2015 年江西省优秀测绘工程奖一、二等奖。

江西省地理国情监测遥感院

【业务】

江西省地理国情监测遥感院完成第三代 1:1 万地形图测制与更新项目，鄱阳湖测区 5800 平方千米 1:2000 DOM 制作项目，江西乡镇界矢量化建库项目，鄱阳湖测区 11858 平方千米 1:5000 DOM 制作项目。完成地理国情普查建库与基本统计技术支持、时点变更遥感影像处理和制作、普查数据与专题数据对比分析、标准时点实施方案编制和省情专题资料收集、普查成果报告编制等工作。承担了丰城市、兴国县、新建县共 7138.2 平方千米农村集体土地确权登记发证项目，开展农村土地承包经营权确权登记颁证“百日大会战”工作。承担了吉安市、万安县、永丰县、永新县、新干县、安福县、吉安县等地测绘地理信息“十三五”规划编制工作。

【其他】

江西省地理国情监测遥感院承担了重点实验室开放基金项目 2 项；申报省级科技推先项目 2 项、局级科技推先项目 6 项。“江西省基本地理省情项目”获 2015 年全国优秀测绘工程奖铜奖；“江西省地理国情普查标准时点核准影像制作项目”获 2015 年江西省优秀测绘工程奖一等奖。

核工业赣州工程勘察院

【业务】

2015 年，核工业赣州工程勘察院完成各类测绘项目 32 个。主要包括于都县城贡江南区、跃洲区 1:1000 数字化地形图测绘；于都县城贡江北区控制性详细规划修编 1:1000 数字化地形图测绘；瑞金市叶坪机场障碍物调查测量；于都县看守所、拘留所、武警中队营房建设项目边坡支护工程；赣州市新城区开发区基坑等监测项目；赣县白鹭乡农村土地经营权确权登记颁证试点工作项目；江西赣州南康区、崇义县、安远县、石城县，内蒙古赖曼旗农村土地经营权确权登记颁证项目；赣县土地变更调查、赣州市章贡区房屋面积测绘等。

【其他】

核工业赣州工程勘察院完成的“于都县城贡江南区、跃洲区 1:1000 数字化地形图测绘”项目获 2015 年江西省优秀测绘工程奖二等奖。

中铁大桥局集团第五工程有限公司

2015 年，中铁大桥局集团第五工程有限公司测绘公司承担福州至平潭海峡公铁跨海两用大桥、港珠澳大桥、成都至贵阳线宜宾金沙江公铁两用大桥、鸭池河大桥、珠海市白石桥工程、云南乌东德水电站项目，大理至瑞丽铁路保山澜沧江大桥、厦门碧溪大桥的施工测量工作，新建汉襄十铁路大桥、武汉青山长江公路大桥等项目的测量工作。

江西省电力设计院

【业务】

2015 年，江西省电力设计院测绘部完成测量项目 60 多项，主要包括线路终勘约 1100 千米，其中 500kV 线路终勘 588.3 千米、220kV 线路终勘 379.8 千米、110kV 线路终勘 86 千米、10kV 配网 40 千米。全年完成 1:500、1:1000、1:2000 地形图测绘总面积约 80 平方千米。

【其他】

江西省电力设计院完成的“建昌—黎川新城 220kV 输出线路工程测量”获 2015 年度江西省优秀工程勘察设计行业奖二等奖，“江西大唐国际松门山风电场工程测量”“梦山—安源 500kV 输电线路工程测量”均获三等奖。

江西省赣西土木工程勘测设计院

2015 年，江西省赣西土木工程勘测设计院完成测绘项目 205 项。其中江西省五河治理防洪工程测绘 15 项、宜春集镇防洪治理工程 4 项、大型灌区工程续建配套与节水改造工程测绘 1 项、防汛抗旱引调水工程测绘 6 项、中型水闸工程测绘 1 项、大中型病险水库测绘 10 项、小型病险水库测绘 127 项、农田水利工程测绘 2 项。

江西核工业测绘院

【业务】

2015 年，江西核工业测绘院完成了贵州省六枝特区、海南省屯昌县、河南省长垣县等地航飞及农村土地承包经营权确权登记项目，江西省 10 个县区电力营配贯通数据采集服务项目，长春、宁波等地国土数据整理建库，浙江省三门县、新疆维吾尔自治区精河县、江西省铜鼓县等地管线探测项目，安福、吉水、泰和、永新等县土地规划项目。服务领域扩展到无人机航测遥感、农村土地承包经营权确权、电力营配贯通、国土数据清理建库等领域。

【其他】

江西核工业测绘院承担的“广州市农村集体土地确权登记发证项目（23 标段）”获 2015 年全国优秀测绘工程奖铜奖，“余江县农村土地承包经营权确权登记颁证工作测绘航空摄影项目”获 2015 年江西省优秀测绘工程奖二等奖。

江西省基础地理信息中心

【业务】

江西省基础地理信息中心全面完成江西省第一次全国地理国情普查统一时点核准与汇交工作，成果均一次性通过检查。参与建设基于“天地图·江西”的五河及东江源保护区范围界线专题和江西省生态红线划定专题，与省国土资源厅共同开展江西省地质环境信息化建设项目，提供基于“天地图·江西”的南昌县交管电子地图数据服务、南昌市标准地名系统数据更新及升级成果。完成数字赣州建设并通过验收、完成数字鹰潭建设工作；完成智慧新余、智慧南昌设计书改版编写工作。推进数字婺源、数字九江建设工作。完成鄱阳湖重点区域综合治理信息系统升级、江西省综合地理信息保障服务系统建设、江西省公益性地理信息平台扩充、地理信息公共服务数据处理软件开发工作，开发的南昌市以地控税系统上线运行。

【其他】

江西省基础地理信息中心与江西理工大学联合申报成立了江西省教育厅、工业和信息化委员会、科技厅、人力资源和社会保障厅首批行业企业与高校研究生培养基地。开展“基于江西省地理信息公共服务平台的鄱阳湖水域面积动态监测关键技术”研究。成功申请并获批国家公益性行业科研专项“卫星遥感与地面传感网一体化的湖泊流域地理国情监测关键技术研究”；成功申请并获批国家科技支撑计划“世界文化遗产景观地旅游综合服务平台关键技术研究与示范”，承担文化遗产与旅游资源信息收集和数字化课题。

核工业华东二六七工程勘察院

2015 年，核工业华东二六七工程勘察院完成修水、德安、弋阳县农村土地承包经营权项目的野外调查确权、内业整理及数据库建设、部分承包经营权证书打印工作，德安、永修县农村集体土地确权登记使用权外业调查工作，洛南市部分县区电力设备数据采集普查项目，宁都县各乡镇中心村地形测量，温州公路连接线地形测量项目，瑞金市工业园盘活土地场区 1∶500 地形测绘项目，瑞金市叶坪乡风电项目地形测绘项目等。

江西省煤田地质局测绘大队

【业务】

2015 年，江西省煤田地质局测绘大队签订各类合同 200 多个，合同总金额超过 1 亿元。参与的袁州区、湘东区、安源区、吉安县地理国情普查项目通过验收。海外市场项目涉及肯尼亚、赞比亚等 10 多个国家。下属股份公司研发的不动产登记信息基础平台在国家级试点崇义县投入使用，颁发了第一本林权类不动产证书。承接了共青城市不动产登记数据整合工作，整合了共青城市土地登记、房产登记、林权登记等各类原有数据信息，保障共青城市不动产权证书发放工作。

【其他】

江西省煤田地质局测绘大队通过环境管理与职业健康安全管理体系认证；研发的“便携式亚米级蓝牙 GPS 定位仪”获得实用新型专利；完成的“南昌市四城区农村集体土地所有权确权登记发证项目”获 2015 年江西省优秀测绘工程奖三等奖。

江西省交通设计研究院有限责任公司

2015 年，江西省交通设计研究院有限责任公司完成了南昌至九江改扩建工程 1∶1000 地形图测绘 45. 3 平方千米和 1∶1 万地形图测绘 450 平方千米。完成南昌市七里岗互通立交新建工程等 9 个工程项目（含各等级公路、桥梁，市政道路、桥梁）的 1∶2000 地形图测绘 22 平方千米及 1∶1 万地形图测绘 150 平方千米。

江西省地球物理勘察技术院

2015 年，江西省地球物理勘察技术院部分完成上高县农村集体土地使用权确权登记发证项目的地籍调查和数据编录工作；完成都昌县地下管线普查与信息化建设工程，勘探地下管线约 924 千米；完成各类中型测绘项目 10 多项、小型项目 20 多项；完成南京市六合区地下管线勘探 100 千米；合作完成深圳惠盐高速公路扩建工程带状测量 13 千米；完成安徽省贵池区朱庄铜矿项目控制测量；开展全南县桃源小棚户区改造安置房基坑监测。

江西省地质矿产勘查开发局赣东北大队

【业务】

2015 年，江西省地质矿产勘查开发局赣东北大队完成了上饶市多个县的矿山复测任务；进贤县 5 标段、青原区试点、弋阳县 1 标段和上饶市经开区农村集体土地承包经营权项目调查工作；上饶市耕地后备资源调查市级平台和广丰县信州区耕地后备资源调查项目；玉山、广丰等县卫片执法检查和土地变更调查项目；继续完成广丰、德兴、信州区、贵溪市三权发证项目入库；全面完成江西省安远县、湖口县第一次地理国情普查生产项目并通过验收。

【其他】

江西省地质矿产勘查开发局赣东北大队完成的“德兴市农村集体土地确权登记项目工程 GPS 控制测量”获 2015 年江西省优秀测绘工程奖三等奖。

江西省瑞华国土勘测规划工程有限公司

2015 年，江西省瑞华国土勘测规划工程有限公司完成了永丰县、万安县、余干县、崇仁县、青原区、吉州区土地变更调查及数据库建设维护项目和万载县、乐安县土地开发项目测绘工作；承担的奉新县、赣县、吉州区、青原区农村土地承包经营权确权登记颁证及数据库建设项目，已完成全部外业数据采集和证书打印工作；承担的万载县和吉州区土地利用总体规划修改项目通过验收。

江西省地质矿产勘查开发局赣西地质调查大队

2015 年，江西省地质矿产勘查开发局赣西地质调查大队完成贵州省六盘水市综合管线普查测量约 3000 千米；共青城市农村房屋调查约 1000 宗。续作项目共青城市农村集体土地所有权确权登记 287 平方千米、井冈山市农村集体土地所有权确权登记 1288 平方千米；吉安县市农村集体土地所有权确权登记 2122 平方千米。完成苏州市吴中区东山镇地籍调查、高安市矿山动态监测、宜丰县矿山动态监测、南昌市政公用国家级生态农业示范园基地地形测量等多个大中型项目。

江西省煤田地质局普查综合大队

2015 年，江西省煤田地质局普查综合大队主要承接了宜春市万载县，萍乡市芦溪县，吉安市吉安县、万安县，上饶市上饶县农村土地承包经营权确权登记发证项目。共完成 128.4 万亩农村土地承包经营权的确权及登记发证工作。完成县级耕地后备资源调查评价项目、县级耕地质量等别调查评价与监测项目、城市管线测量及 1:500 地形图测绘等测量项目。建设完成县级土地承包经营权信息库及县级耕地质量等别数据库。

中国建筑材料工业地质勘查中心江西总队

【业务】

2015 年，中国建筑材料工业地质勘查中心江西总队完成宜丰县、广丰县、弋阳县第一次地理国情普查项目并通过验收，汇交项目资料工作。完成横峰县 D 级 GPS 控制网测量项目，控制网覆盖横峰县全境，共施测平面控制点 88 个。继续开展上饶县、横峰县、弋阳县农村集体土地确权登记项目相关工作。完成横峰县 5 个乡、镇、场的农村土地承包经营权外业确权、内业建库和证书打印工作，上饶三清山机场的部分工程测量和德安水泥厂选址测量工作。

【其他】

2015 年，中国建筑材料工业地质勘查中心江西总队部分测绘业务升级为甲级资质，增加了乙级测绘资质业务范围。完成的“横峰县 D 级 GPS 控制网测量”项目获 2015 年度建材行业优秀工程勘察奖二等奖。

江西核工业二六八测绘院

【业务】

2015 年，江西核工业二六八测绘院完成江西省上栗、于都县第一次地理国情普查生产任务，普查面积约 3746 平方千米。完成其他各类测绘项目 30 多项。共测绘和编制各种图件 1000 多件，其中各类 1:500 工程地形图（含竣工图）10 多项，总面积 1.6 平方千米；地籍、宗地测量 22.12 平方千米；土地勘测定界图 100 多宗，总面积 1.2 平方千米。

【其他】

江西核工业二六八测绘院获 2015 年江西省“振兴杯”测绘地理信息行业职业技能竞赛个人成绩第二和第四名。“舟山市衢山岛、鼠浪湖岛海洋测量”获 2015 年江西省优秀测绘工程奖二等奖。

江西省水利规划设计研究院

【业务】

2015 年，江西省水利规划设计研究院完成峡江水利枢纽工程测量坝址 1:500、库区 1:2000 地形图测绘工作；东乡县井山水库大型水利枢纽测量 1:1000 地形图测量 20 平方千米；九江市长江济公、溢公堤变形测量工作并通过验收；鄱阳湖区 1~5 万亩圩堤除险加固工程 17 条圩坦、单退圩堤除险加固工程测量 46 座堤防测量任务；承担江西省于都县农村土地经营权确权颁证项目。

【其他】

江西省水利规划设计研究院完成更名工作。5 月，获批甲级测绘资质。承担的“峡江水利枢纽工程测量”项目获 2015 年江西省优秀测绘工程奖一等奖。

山东省

概况

截至 2015 年底，山东省共有测绘资质单位 870 家，其中甲级 34 家、乙级 109 家、丙级 226 家、丁级 501 家；测绘资质单位年末测绘从业人员共有 19620 人，测绘作业证持证人数 9525 人。2015 年，全省测绘资质单位完成测绘服务总值 35.33 亿元。完成的主要测绘项目包括山东省第一次地理国情普查、全省农村土地承包经营权登记颁证、济青高速（北线）改扩建、南水北调（山东段）确权等。

山东省经纬工程测绘勘察院

【业务】

2015 年，山东省经纬工程测绘勘察院完成了北京-张家口冬奥会张家口赛区地形图测绘 170 多平方千米。其中 1:500 地形图 120 平方千米，1:2000 地形图约 50 平方千米；7 条索道的测绘及检测、12 座建筑物的沉降观测、100 多千米的地下管线探测以及部分核心区域约 4 平方千米的三维建模工作。承担不动产登记项目 51 个，涉及山东、安徽、河北、内蒙古等地，合同额 1.11 亿元；完成 40 多条山岳型索道的测绘勘察工作，研发并投入使用了索道测量外业电子手薄，承接了 5 条索道的总服务咨询管理工作，其中 2 条已交付使用。

【其他】

山东省经纬工程测绘勘察院完成的“山东省第一次全国地理国情普查数据采集（东阿县）”和“济南国际机场二平滑场道测量”项目均获 2015 年山东省优秀测绘地理信息工程奖二等奖。

山东正元航空遥感技术有限公司

【业务】

2015 年，山东正元航空遥感技术有限公司新建工程项目 121 项，合同额 2.45 亿元，完成收入 1.52 亿元。中标云南省农村土地承包经营权确权登记颁证工作底图制作一期项目，利用航空摄影、摄影测量与遥感技术制作 6.7 万平方千米 0.2 米分辨率工作底图。全年完成其他各类测绘项目 161 项。共完成航空摄影项目 11.5 万平方千米、“4D”产品制作项目 8.4 万平方千米、低空无人机航空摄影电力选线线路 12 条、农村土地承包经营权 1075 万亩、精准扶贫信息系统开发项目 1 个。购置 1 台 UCOP 倾斜摄影测量相机和 1 台 ADS100 相机。承接“南昌市‘一江两岸’风光带 1:1000 倾斜航空摄影”项目。

【其他】

山东正元航空遥感技术有限公司通过高新技术企业认定。完成的“数字枣庄地理信息框架数据生产项目”“平度市中心城区外围区域及北部休闲区地形图测绘项目”均获 2015 年度山东省优秀测绘地理信息工程奖一等奖。

山东正元地球物理信息技术有限公司

【业务】

2015 年，山东正元地球物理信息技术有限公司承揽管线探测、隐患排查、智慧城市、软件开发、桩基检测、地震安评等工程项目 615 项，合同额超过3亿元。其中工程测量项目103项，地理信息工程项目30项，探测管线长度5.8万千米。取得软件著作权5个，发表科技论文17篇，软件产品登记3项；参与《测绘管线技术规程》《管线信息系统建设技术规范》和《管线要素分类代码与符号表达》行业标准的编写。

【其他】

山东正元地球物理信息技术有限公司建立了院士专家工作站，获批成立山东省地理信息系统工程技术研究中心、济南市企业技术中心。“活断层探测的多源数据融合分析及快速评价系统”“智慧管线北斗巡查系统”获批山东省科研创新项目。20个项目获中国测绘地理信息学会和中国地理信息产业协会优秀工程奖、山东省优秀测绘地理信息工程奖和山东省地球物理科学技术奖。

山东省物化探勘查院

【业务】

2015年，山东省物化探勘查院完成了山东省青岛、聊城等地区农村土地承包经营权项目283万亩。完成农村集体土地所有权确权登记发证项目7324.6平方千米。完成农村集体建设用地土地使用权和宅基地使用权登记发证项目341.8平方千米。承揽农村房屋产权登记颁证项目12.3万宗，项目外业工作已结束，进入发证建库阶段。完成地形测量项目84.1平方千米。

【其他】

山东省物化探勘查院完成的“乳山市第二次土地调查（村庄部分）及信息系统建设”获2015年度山东省优秀测绘地理信息工程奖一等奖。

山东明嘉勘察测绘有限公司

【业务】

2015年，山东明嘉勘察测绘有限公司完成山东省第一次全国地理国情普查数据采集和标准时点核准工作，历时2年完成面积达7689平方千米；山东省基础测绘1:1万数字线划图定期更新项目；聊城市冠县基础地理信息数据采集及建库；莱芜市高新区1:500地形图测绘等基础测绘项目。完成农村土地承包经营权登记颁证项目地形图航空测绘、机载激光扫描和全线控制点测量K36+388－K100+400段、济南恒大帝景楼体基坑监测工程、山东（青岛）国际航运中心（A1地块）沉降观测和青岛市地铁一期工程（3号线）第三方监测等监测项目。开展青岛市地铁1号线第三方测量项目。完成日照市东港区、潍坊市等地房产测绘项目50多项，省内勘测定界项目200多项。完成山东、河北、江苏、安徽等地部分农村集体土地确权登记发证及土地承包经营权确权登记颁证项目等。

【其他】

山东明嘉勘察测绘有限公司完成的“沂源县农村集体土地所有权确权登记发证项目”“淄博市临淄区农村集体土地所有权确权登记发证项目”“邹平县集体土地所有权确权登记发证项目”均获2015年度山东省国土资源科学技术奖二等奖，“山东省第一次全国地理国情普查数据采集（淄博市）”和“淄博市农村土地调查数据库建设项目”分获2015年度山东省优秀测绘地理信息工程奖一、二等奖。

济南市勘察测绘研究院

【业务】

2015年，济南市勘察测绘研究院完成了济南全市域及德州部分县市地理国情普查、济南市轨道交通R1线控制测量、济南市现状三维模型数据制作等测绘地理信息项目40多项。完成了济南市632.5平方千米1:500地形图动态更新并缩编更新1:2000地形图；运行维护济南市基础地理信息公共平台，更新了全市域平台数据；开展济阳县城区1:500地形图测绘工作；完成济南市中心城区永久基本农田划定工作；完成了宗地税源管理地理信息服务系统建设研究等3项科研项目，取得4个软件著作权。

【其他】

济南市勘察测绘研究院全年获56项科技奖项。代表山东省参加第四届全国测绘地理信息行业职业技能竞赛工程测量赛项总决赛并获团体三等奖，1人被授予“全国测绘地理信息技术能手”称号，1人被授予“全国测绘地理信息行业优秀技能人才”称号。

山东省地质测绘院

【业务】

2015年，山东省地质测绘院完成各类工程项目

30 多项。其中，山东省地理国情普查标准时点核准项目 16 个县市区共 14020 平方千米，山东省基础测绘 1:1 万 DLG 定期更新 2600 平方千米，1:500 基础地理信息数据更新采集及建库项目 342 平方千米，长输管线测量 1550 千米，8.5 万个电力设备电力信息测绘，农村集体土地确权登记发证 2.09 万平方千米，水利工程确权划界地籍测绘 325 平方千米。

【其他】

山东省地质测绘院全年获科学技术奖与优秀工程奖 19 项。其中，全国优秀测绘工程奖 3 项（银奖 1 项、铜奖 2 项）、山东省科学技术奖二等奖 1 项、山东省测绘行业协会优秀工程奖 3 项（一等奖 2 项、二等奖 1 项）、山东省国土资源科学技术奖 12 项（一等奖 2 项、二等奖 8 项、三等奖 2 项）。在公开刊物上发表科技论文 32 篇，出版专著 2 部。

中石化石油工程设计有限公司

【业务】

2015 年，中石化石油工程设计有限公司完成陕西延长气田临镇至富县输油管道工程测量、广西液化天然气输气管道工程改线测量、广西 LNG 输气管网改造工程等项目，累计长度 600 多千米，1:2000 地形测图 120 多平方千米。完成各类地面建设测绘项目 265 项，测量内容以 1:2000、1:500 地形测图为主，共约 75 平方千米。完成中石化胜利油田智能化管道建设和油田隐患治理工程等地下管线探测 610 千米。

【其他】

中石化石油工程设计有限公司升级和扩展了摄影测量与遥感、地理信息系统工程和海洋测绘 3 项乙级测绘资质。自行开发长输管道勘察设计一体化软件，其核心算法获国家发明专利。参与编写行业标准《石油天然气工程地面三维激光扫描测量规范》。“咸阳市天然气三期工程测量”获 2015 年度山东省优秀测绘地理信息工程奖三等奖。

青岛市勘察测绘研究院（青岛市基础地理信息与遥感中心）

【业务】

2015 年，青岛市勘察测绘研究院（青岛市基础地理信息与遥感中心）开展并完成了青岛市及潍坊诸城市地理国情普查标准时点核准、西海岸新区变化监测、青岛市 1:5000 数字地形图框架数据更新及市区地下管线普查与信息化建设等重点项目。承办了第二届中国地图文化节暨地图文化论坛，承办了国家测绘地理信息局组织的海洋测绘地理信息资源开发建设战略规划座谈会，参与了《国家海洋测绘技术丛书》编制工作，并主编《海岸带地形图测绘》一书。

【其他】

2015 年，青岛市勘察测绘研究院（青岛市基础地理信息与遥感中心）海陆地理信息集成与应用国家地方联合工程研究中心获国家发展和改革委员会批准成立，被认定为“山东省企业技术中心”。1 人被选拔到联合国挂职工作、1 人被评为国家测绘地理信息局青年学术和技术带头人、1 人被评为山东省工程勘察设计大师、1 人被评为山东省杰出青年勘察设计师。共获 75 项科技奖励，其中中国测绘地理信息学会测绘科技进步奖二、三等奖各 1 项，全国优秀测绘工程奖白金奖 1 项；获发明专利 1 项、软件著作权 7 个及地图文化创意产品版权登记 5 件。

济南市房产测绘研究院

【业务】

2015 年，济南市房产测绘研究院完成房产测绘 1.22 万多件，总面积 90 多平方千米。与山东建筑大学合作开展房产基础地理信息成果数据库建库项目，完成鲁能领秀城房产基础地理信息数据整理试点，推出《房产基础地理信息成果数据库建库标准》。与山东科技大学合作开展基于移动测量系统的章丘市区三维建模项目，完成外业数据采集 13 平方千米。在天桥区纬北路街道办事处康桥社区开展智慧社区建设试点，完成纬北康桥社区的三维建模工作。研发出新型房产测绘软件“房测之光 2015”，有效提高测绘内业工作效率。

【其他】

济南市房产测绘研究院完成的“济南市房屋安全管理云”“济南市市中区九曲庄路中海国际社区房产测绘项目”分获 2015 年中国地理信息产业优秀工程奖金、铜奖；“济南市高新区龙奥北路 1067 号房产测绘”“济南市市中区二环东路依山郡一区房产测绘”均获 2015 年度山东省优秀测绘地理信息工程奖一等奖；“济南市市中区普利门三角地绿地普利中心房产测绘”获二等奖。

山东省国土测绘院

【业务】

2015年，山东省国土测绘院完成全省15.7万平方千米优于2米分辨率卫星影像获取及生产制作。实现1:1万DLG全面更新，完成1051幅数据生产；实现1:1万DLG框架要素更新，完成国家测绘地理信息局数据融合与同构。完成济南、泰安、聊城、日照等地街景扫描；完成海洋测绘滨州东营摄区约3000平方千米优于0.5米分辨率的点云和影像数据获取，制作1:1万DEM、DOM、DLG产品120幅；完成潍坊摄区约9000平方千米点云和影像数据获取，制作1:1万DEM、DOM产品360幅。完成东营、滨州地区水下地形测量101幅，潮间带1:1万数字线划图编辑入库84幅，潮间带岸线以上测区1:1万航空摄影测量更新152幅。对新增道路名称进行外业核查，实现16地市水系、道路、居民地、植被的更新并应用于地理信息公共平台。完成东平县移民避险解困规划区108平方千米SWDC-5相机倾斜航空摄影及无人机航空摄影。

【其他】

山东省国土测绘院完成的“山东省海洋与渔业‘一张图’平台”获第三届天地图应用开发大赛一等奖；11个项目分获中国测绘地理信息学会、中国地理信息产业协会奖项；10个项目均获2015年度山东省国土资源科学技术奖。

山东省水利勘测设计院

【业务】

2015年，山东省水利勘测设计院主要完成日照市日照水库增容工程测量、峡山水库水城副坝测量、沂南县马牧池乡王家安子河治理工程、新建黄水东调应急工程；济南市城区段、小清河片区段、大汶河片区段、东鱼河片区等洪水风险图测量；南水北调确权发证测量、山东省33座水库的三维扫描工程、南水北调三座平原水库的变形监测以及沉降研究、庄里水库勘测定界测量等项目。累计完成基本平面控制点1209点、四等水准测量3197.7千米、1:2000地形图测量365.5平方千米、1:1000地形图测量17.3平方千米、1:500地形图测量16.9平方千米、横断面图测量1846.8千米；纵断面测量941千米、桥涵调查1209处。

【其他】

山东省水利勘测设计院完成的“峡山水库库区工程测量关键技术及应用”获2015年度山东省水利科学技术进步奖三等奖；“南水北调东线一期工程济南~引黄济青段工程勘测定界”获2015年度山东省优秀测绘地理信息工程奖一等奖。

山东省第四地质矿产勘查院

【业务】

2015年，山东省第四地质矿产勘查院承担了海阳市、莱阳市农村集体土地宅基地及建设用地测绘颁证项目，河北省滦南县农村土地承包经营权登记颁证项目，连云港市徐圩区地下管线探测，诸城市、青州市、即墨市、昌乐县、寒亭区等地国土资源局日常测绘工作。

【其他】

山东省第四地质矿产勘查院承担的“青州市农村集体土地确权登记发证和宗地统一编码”获2015年中国地理信息产业优秀工程奖银奖”；“莱阳市农村集体土地所有权确权登记发证及信息系统建设”获2015年全国优秀测绘工程奖铜奖；“昌乐县城区E级GPS控制网测量”获2015年度山东省优秀测绘地理信息工程奖一等奖。

山东省城乡建设勘察设计研究院

【业务】

2015年，山东省城乡建设勘察设计研究院签订滨城区农村土地承包经营权确权登记、高密市城市规划区内市管道路地下管线普查项目监理、济南市华山片区开发建设项目地下管线工程物探等测绘项目合同177项，合同产值3715万元。全年完成测绘施工产值4007万元。

【其他】

山东省城乡建设勘察设计研究院完成的“禹城市南街社区新农村建设工程基坑支护变形监测”“日照苏宁云商销售有限公司日照苏宁广场基坑监测”项目均获2015年度山东省优秀测绘地理信息工程奖三等奖”。

山东省地质矿产勘查开发局第五地质大队

【业务】

2015 年，山东省地质矿产勘查开发局第五地质大队完成苍山县农村集体土地确权登记发证工作项目 20 平方千米；宁阳县农村集体土地确权发证项目 10 平方千米；提交各类地籍档案资料 2.5 万宗。完成其他各类测绘项目 82 项，主要包括 1:500 地形测绘、井下矿山核实测量、机场净空测量、房产测量、竣工测绘、沉降观测、土地勘测定界等项目。完成大比例尺地形图 1171 幅，房产测绘 50 万平方米、工程测绘项目 60 多项、土地勘测定界类项目 1300 多宗、沉降观测项目 20 多项。

【其他】

山东省地质矿产勘查开发局第五地质大队完成的“雲湖观邸房屋面积测绘项目”“泰安市盐矿井布局调查及即时监测系统项目”分获 2015 年度山东省优秀测绘地理信息工程奖二、三等奖。

威海圣达测绘工程有限公司

【业务】

2015 年，威海圣达测绘工程有限公司完成威海市区 1:500 数字地图更新维护约 70 平方千米；威海市环翠区、乳山市沿海滩涂变化监测试点项目约 3.67 平方千米；双岛湾科技城金融中心动态监测及填海竣工验收项目 11 公顷；东营潮间带地形测量 125 平方千米；威海市区海洋空间资源区划及调查项目 484 平方千米，海洋测绘水深测量 635 平方千米；市级土地整理开发项目 5 个，县级土地整理开发项目 3 个，总面积约 12.1 平方千米；市区内管线探测 50 千米。完成其他各类测绘项目 110 多项。

【其他】

威海圣达测绘工程有限公司完成的“威海市城区 1:500 大比例尺地形图更新项目”“威海市区海洋空间资源区划及调查项目”均获 2015 年度山东省优秀测绘地理信息工程奖二等奖。

山东中基地理信息监理有限责任公司

【业务】

2015 年，山东中基地理信息监理有限责任公司完成各类测绘项目 20 多项。共完成地下管线监理 70090 千米、地下管线探测 300 千米、农村土地确权登记 533 平方千米。自主研发地下管线监理外业数据采集系统、农村土地承包经营权确权登记信息管理系统、城市工程管线安全评估系统等地理信息系统软件。

【其他】

2015 年，山东中基地理信息监理有限责任公司完成的“南阳市地下管网普查及信息管理系统项目监理”“扬州市区地下管线信息系统建设地下管线普查工程监理”“淮北市地下管线档案平台建设工程施工监理”分获 2015 年度山东省优秀测绘地理信息工程奖一、二、三等奖。

青岛海洋工程勘察设计研究院

2015 年，青岛海洋工程勘察设计研究院完成和在研国家重大专项、科技部国际合作专项及各类勘测项目 30 多项。完成第二次全国海岛资源综合调查 200 多幅地形图，国家重大专项某海域垂直基准构建及多波束海底地形、海洋重力测量，科技部国际合作项目基于 GNSS 浮标的卫星高度计海面测高绝对定标年度任务，全省陆海一体垂直基准转换模型建设观测任务项目 15 个站潮位观测，科技支撑项目 GNSS 浮标研制浮标体的机械设计和研制以及 3 个海洋公益项目课题的研究等工作。

山东省鲁南地质工程勘察院

【业务】

2015 年，山东省鲁南地质工程勘察院完成了济宁市兖州区和任城区 1:500 基础地理信息数据库更新项目，共修（补）测 1:500 地形图、调查地址地名及其数据库建设 115.9 平方千米。完成济宁市兖州区、定陶县、成武县农村土地承包经营权确权登记颁证项目，测绘、调查面积约 95.28 万亩。完成其他各类测绘项目 140 多项，主要包括济宁市、临沂市、菏泽市、枣庄市等地的工程测量、不动产测绘、土地勘测定界测量等项目，总测绘面积约 90 平方千米。其中济宁市兖州区兴隆庄镇地形图测绘、微山县两城镇和留庄镇太阳能光伏项目地形图测量等各类工程 1:500 ~ 1:2000 地形图测绘及竣工图测量约 50 平方千米；不动产测绘、土地勘测定界图测量约40平方千米。

【其他】

2015年，山东省鲁南地质工程勘察院晋升为甲级测绘单位，业务范围为工程测量，地理信息系统工程和不动产测绘由丙级晋升为乙级，增加了摄影测量与遥感和地图编制2项乙级业务范围。承担完成的“兖州市农村集体土地所有权确权登记发证”“费县农村集体土地所有权确权登记发证”分获2015年中国地理信息产业优秀工程奖银、铜奖。“临沂机场改扩建工程工程测量”“济宁市任城区大比例尺基础地理信息数据库更新”项目分获2015年度山东省优秀测绘地理信息工程奖二、三等奖。

中铁十四局集团有限公司

2015年，中铁十四局集团有限公司完成及在建项目共11项。测绘工作主要涉及：铁路项目为轨道精调、客运专线CPIII建网、控制网复测、施工测量、控制测量等，地铁项目为地铁监控量测，施工监测、变形测量等工作。包括佛肇轨道精调，成绵乐客运专线CPIII建网，青荣城际铁路QRZH－1标段，额哈铁路控制网复测，长株潭城际铁路控制网复测、轨道精调，贵广铁路GGTJ－9标段控制测量，山西中南部铁路通道ZNTJ－21标段CPIII测量，厦门地铁、济南地铁监控量测项目。

河南省

概况

截至2015年底，河南省共有测绘资质单位925家，其中甲级36家、乙级263家、丙级294家、丁级332家。测绘资质单位年末测绘从业人员22847人，同比增长18%。其中私营企业年末测绘从业人员11518人，占总人数的50%，同比增长48%。私营企业测绘专业技术人员9221人，同比增长70%；其中高级专业技术人员535人、中级1930人、初级2757人。共有低空无人驾驶摄影飞机113架，其中私营企业82架。

全省测绘资质单位全年完成测绘服务总值33.63亿元。其中私营企业完成测绘服务总值13.54亿元，占总测绘服务总值的40.25%。

黄河勘测规划设计有限公司

【业务】

2015年，黄河勘测规划设计有限公司完成测绘项目110项，总产值1.4亿元。开展黄河托克托段以下重点区域GPS控制网测量外业观测工作，完成B级GPS网点观测156点、C级GPS网点观测420点，三等水准联测7060千米；开展黄河禹门口以上统一高程系统成果整理工作，编制完成水准网平差及报告；开展黄河下游蓄滞洪区基础信息测量及复核工作，编写完成工作大纲、技术方案；开展河南省18个县（区）农村集体土地使用权确权登记发证项目，完成地籍图测绘及权属调查工作；开展新蔡、潢川、商城、渑池等县农村土地承包经营权确权登记颁证服务项目，完成外业调查400平方千米；开展黑河黄藏寺水利枢纽施工控制网测量、兰州市水源地建设施工控制网复测等水利工程测绘工作；开展安徽、青海、江西等6省、黄河下游、黑河等地洪水风险图编制工作；成立航测摄影中心，开展甘肃马莲河、诺木洪、老虎口水库、黑河河道监测项目无人机摄影工作；参与郑州市轨道交通2号线二期工程地形图测绘、南水北调西线生态环境监测遥感解译、智慧郑州时空信息云平台设计、河南天池抽水蓄能电站5D施工BIM模型建设管理平台研究与开发等项目；完成厄瓜多尔、赤道几内亚、几内亚等地7个国际项目的测绘任务。

【其他】

黄河勘测规划设计有限公司完成的“河南省国土资源厅农村集体土地登记发证省级专项工作‘控制测量’项目（区域4）”等3个项目获2015年全国优秀测绘工程奖铜奖。“工程坐标系设计方法研究与软件实现”获水利部黄河水利委员会2015年度新技术、新方法、新材料认定。“一种强制对中基座调平器”获实用新型专利证书。

河南省中纬测绘规划信息工程有限公司

【业务】

2015年，河南省中纬测绘规划信息工程有限公司完成地理国情普查新蔡、固始县项目共4386平方千米；12个市（县、区）土地使用权确权登记发证项目地籍调查测绘414.6平方千米；无人机航空摄影测量1500平方千米，制做1:2000正射影像图1200幅；焦作市2015年度利用卫星遥感技术辅助城乡规划督查一、二、三期工作，航测面积约350平方千米。编制完成《焦作市历史文化图》。

【其他】

河南省中纬测绘规划信息工程有限公司被评为“2015年中国地理信息产业最具活力中小企业”。“修武县农村集体土地所有权确权登记发证项目”获2015年全国优秀测绘工程奖银奖；“焦作市土地收购储备规划”项目获2015年中国测绘地理信息学会测绘科技进步奖三等奖；“孟州市基本农田调整划定方法研究”获2015年中国地理信息科技进步奖二等奖；“封丘县农村土地所有权确权登记发证外业调查及数据库建设项目（第五标段）”等4个项目获2015年河南省优秀测绘地理工程奖一等奖，“博爱县农村集体土地所有权确权登记发证工作（第二标段）”等3个项目获二等奖。

河南省焦作地质勘察设计有限公司

【业务】

2015年，河南省焦作地质勘察设计有限公司完成焦作市级8个界桩的制作、运输、安装及界桩点的测绘和资料编制工作；焦作市示范区、卫辉、孟州、武陟等多个市县农村土地承包经营权确权登记项目测绘工作；沁阳市1:5万地质灾害遥感解译图5幅、重点区域1:1万遥感解译图1幅；山西省陵川县、阳城县重点区域1:1万遥感解译图2幅；1:5万遥感解译图2幅。

【其他】

河南省焦作地质勘察设计有限公司完成的“舞阳县农村集体土地所有权确权登记发证及数据库建设项目（第四标段）”“利比里亚BOMI东部山区铁矿勘查测量”项目均获2015年河南省优秀测绘地理信息工程奖一等奖，“信阳市平桥区农村集体土地所有权确权登记发证项目（第七标段）”“青海省化隆县南宁沟—俄博峡地区稀土矿预查项目测量工程”项目均获二等奖。

河南省地图院

2015年，河南省地图院编制完成《河南省领导工作用图》（2016版）、《平顶山市地图集》《郑州搜房网地图》《郑州生态水系图》《黄河水文监测站分布图》《河南省自驾游地图》《郑州市革命老区分布图》等；发行《郑州大城区双拼图》；完成《中原文化地图集》前期设计草案；为研究长江经济带国家战略编制《长江经济带地图》《长江黄金水道图》；为省发展和改革委员会编制《中原经济区地图》；为省商务厅申报自由贸易试验区编制《中国（河南）自由贸易试验区地图》《中国（河南）自由贸易试验区片区布局图》。

完成开封、焦作、新乡、新郑等市地理国情普查任务，安阳市区、信阳浉河区和固始、新蔡、汤阴县地理国情普查监理及标准时点核准工作。完成开封、焦作和新乡市共9525平方千米1:1万地形图协同更新数据采集，开封、焦作市0.9万平方千米外业调绘和编辑。数字焦作、数字兰考地理空间框架建设项目通过验收。完成数字禹州公共服务平台和应用示范系统建设。完成“天地图·河南”服务器升级工作。完成省民政厅豫鲁界线濮阳段勘界任务。开发“数字开封公共服务平台及应用示范系统”“时空信息云平台三维虚拟城市”等软件。为中原银行、焦作市林业局开发地理信息管理系统。参与编制《河南省第一次全国地理国情普查总体方案》《河南省第一次全国地理国情普查项目设计书》。申报的“WitsMap地理信息公共服务平台”项目获国家测绘地理信息局矿山空间重点实验室基金项目资助。“‘领导通’移动互联政务工作用图研究与应用”被列入2015年省国土资源科技立项计划。

洛阳市规划建筑设计研究院有限公司

【业务】

2015年，洛阳市规划建筑设计研究院有限公司完成1:500、1:1000地形测量项目13项，面积7.38平方千米；洛阳市7条规划道路的前期带状地形图测量10.06千米；洛阳市市政管线测量项目30项，其中20项为新建管线。引进无人机航空摄影测量技术，成立无人机航空摄影测量应用技术研究组、“基于AUTOCAD平台的工程测量成图软件开发及应用”项目课题组。承担洛阳市10个乡（镇）农村集体土地使用权确权登记发证项目。完成洛阳市龙门大道改造提升项目的前期测量工作，包括带状图测绘、建筑及建筑占地面积汇总等内容。完成洛阳市洛河以北规划道路路网维护更新工作。完成洛阳（市）新奥华油燃气有限公司天然气管线线路测量120千米。完成道路测量8000米、地形图测量4.5平方千米、地籍测绘宗地图测量1.6平方千米、勘测定界1.8平方千米。

【其他】

洛阳市规划建筑设计研究院有限公司完成的“一种预埋式可调节测量基座”获国家级实用新型专利。“洛阳伊川—孟津天然气管道工程”项目获2015年河南省优秀测绘地理信息工程奖一等奖，“洛阳市第一无害化生活垃圾处理厂周边1:1000地形图”“伊滨区福民工程1号安置小区实测关系坐标图、竣工测量”项目均获二等奖，“河南枫叶国际学校附属初中、小学沉降观测”“洛阳新区村民拆迁居住安置龙诚小区测绘工程”项目均获三等奖。

北京华星勘查新技术公司信阳测绘院

【业务】

2015年，北京华星勘查新技术公司信阳测绘院完成服务总值901万元。完成7个县共66.4平方千米农村集体土地使用权、承包经营权确权登记发证项目，2个县共3519平方千米年度土地变更调查项目。完成1:2000矿山测量6.8平方千米。

【其他】

北京华星勘查新技术公司信阳测绘院完成的“潢川县农村集体土地所有权确权登记发证及数据库建设”项目获2015年河南省优秀测绘地理信息工程奖一等奖。发表论文5篇。

河南省基础地理信息中心

【业务】

2015年，河南省基础地理信息中心完成22个县（区）共1.94万平方千米地理国情普查数据库建设、26个县（区）共2.59万平方千米的标准时点核准任务，并通过省级验收；制作DOM 90幅。完成全省地理国情普查数据库数据预处理、数据库合库，并通过验收。完成濮阳、驻马店、漯河等市1:1万地形图基础地理信息数据协同更新内业编辑746幅及外业调绘工作，全省1:5万动态数据库增量更新核查。整合1:1万地形图基础地理信息数据2345幅。完成新乡420平方千米的航飞及290平方千米1:1000地形图测绘、平舆县87平方千米航飞及1:1000地形图测绘。完成数字平舆政务版地理信息公共平台建设。完成农村集体土地确权登记项目数据库建设，开展农村宅基地使用权、土地承包经营权调查。完成数字驻马店水利资源管理信息系统的开发并投入使用；更新“天地图·河南”省级节点数据，并通过测试。完成“天地图·河南”政务版地理信息公共平台建设。完成“天地图·驻马店”公众版地理信息公共平台建设，并与国家主节点联通。完成数字驻马店政务版地理信息公共平台建设，并通过省测绘地理信息局、省军区、省国家保密局三方会审。在河南省财政专网设政务版平台，为财政大数据系统提供地图服务。完成河南省地理国情普查工作DOM、DEM、遥感影像解译样本数据、地表覆盖与地理国情要素数据、标准时点核准正射影像成果数据、影像控制点的国家级汇交工作。为全省10多个行业提供纸质地形图2826张，成果点317个，“4D”成果10005幅、数据量139GB，航摄像片444片、航摄数据881GB，遥感影像581景（2.38TB）。为档案分发服务系统录入1:1万DLG元数据13359条、1:1万地理国情普查DOM元数据6212条、1:1万DEM元数据2084条、1:5万DLG元数据464条；扫描航片3110片。

【其他】

河南省基础地理信息中心完成的“基于数据分存、信息隐藏的数字地图产品安全分发关键技术研究”获2015年中国地理信息科技进步奖二等奖；“河南省旅游产业运行监测调度系统”“河南省财政厅平台托管数据服务”分获第三届天地图应用开发大赛一等奖、优秀奖；“第一次全国地理国情普查试点项目关键技术研究”项目获2014年河南省测绘科学技术进步奖一等奖，“天地图数据融合关键技术研究”“建设用地批后监管地理信息系统研建”项目均获二等奖；“河南省第一次全国地理国情普查（濮阳市）”项目获2015年河南省优秀测绘地理信息工程奖一等奖，“淇县农村集体土地所有权确权登记发证及数据库建设”“河南省1:1万基础地理信息数据库整合升级”项目均获二等奖。

河南省遥感测绘院

【业务】

2015年，河南省遥感测绘院完成测绘服务总值8000万元，共完成各项生产任务46项。完成地理国情普查项目4.75万平方千米标准时点正射影像制作、48个县市区共5.46万平方千米的核准任务，并通过质量检验。完成三门峡、鲁山数字城市、数字县域地理空间框架建设，数字哈密援疆建设项目，叶县、汝州数字县域地理空间框架建设通过验收，启动数字汤阴、舞钢、光山项目建设，签订数字商丘项目建设合同。开展平顶山市新区11个乡镇的数字乡镇项目建设。承建的“天地图·洛阳”接入国家主节点，完成“天地图”三门峡、平顶山、鲁山数据更新，启动数字平顶山、济源地理信息公共平台数据更新工作。完成河南省1:1万地形图协同更新2252幅。建设完成全国地理信息应用成果与地图网上展览河南展馆，并上线开通。完成南水北调中线工程水源地卢氏、栾川环境动态监测，河南省大型水库水下地形测量实验鲁山昭平台水库测量项目。引进DM－150型油动航空摄影无人机3架，获取影像1200多平方千米。研发完成河南省城乡不同比例尺的数据库融合标准及建设管理软件、三门峡土地登记发证及档案管理系统。研发完成“U－MAP”地理信息公共服务平台，扩充三维服务功能。制作完成《全省数字城市地理空间框架建设回望》《测绘美丽河南共享智慧生活》《经纬天地服务河南》《数据激发活力导航引领方向》《强化能力建设打造测绘强省》等专题片。推动数字平顶山地理信息公共服务平台数据成果在市各相关行业的应用。

【其他】

河南省遥感测绘院完成的“矿区地质灾害与环境天空地一体化监测及预警关键技术”项目获2015年中国地理信息科技进步奖一等奖；“机载LiDAR铁路专题要素提取关键技术研究”项目获2014年河南省测绘科学技术进步奖一等奖，“基于多源遥感的地理国情DOM制作技术研究”“数字鹤壁地理空间框架项目建设”项目均获二等奖；“数字洛阳地理空间框架建设”“河南省第一次全国地理国情普查多尺度数字高程模型生产”“河南省第一次全国地理国情普查数字正射影像制作”“桐柏县集体土地所有权登记第六标段（数据库建设）”项目均获2015年河南省优秀测绘地理信息工程奖一等奖，“光山县槐店乡1:1000数字航空摄影测量”“梁园区集体土地所有权确权登记发证工作项目第二标段”项目均获二等奖。

河南省水利勘测有限公司

【业务】

2015年，河南省水利勘测有限公司承担南水北调中线工程防洪影响处理工程，引江济淮工程，北汝河、伊洛河河道治理工程，5个水库、2个灌区相关测绘任务。共完成各种比例尺地形图测量374.9平方千米、断面测量2909千米、C级GPS观测71点、D级GPS观测27点、E级GPS测量305点、二等水准测量108千米、三等水准测量100千米。完成4个县农村土地承包经营权确权登记发证项目57.4平方千米的测量工作。完成河南省2014年度山洪灾害防治项目4957个村（组）的地形测量任务。

【其他】

河南省水利勘测有限公司完成的“许昌市清泥河综合治理工程项目”获2015年河南省优秀测绘地理信息工程奖二等奖。

郑州市规划勘测设计研究院

【业务】

2015年，郑州市规划勘测设计研究院重建郑州市轨道交通高程基准网。完成郑州市轨道交通3号线首级平面和高程控制测量任务，及精密导线网和二等水准测量工程，并通过验收。完成郑州市区及郑州航空港区等工程测量任务，为市政紧急项目提供测绘保障服务；郑州市马寨产业集聚区、中牟县万摊镇安庄村1:1000地形图更新任务。协助上海数慧系统技术有限公司完成郑州市“一张图”历史规划成果数据建库（二期）工程城市总体规划、城镇总体规划及用地规划许可证、规划核实成果数据的规整建库工作。

【其他】

郑州市规划勘测设计研究院完成的“郑州数字

基础地理信息数据综合服务”“郑州市轨道交通高程基准网建立与地铁 4 号线首级工程控制网测量”项目均获 2015 年全国优秀测绘工程奖铜奖；“郑州市南四环至郑州南站城郊铁路工程精密导线网和轨道二等水准网测量”“裕鸿世界港 · 丽宫竣工测绘”项目均获 2015 年河南省优秀测绘地理信息工程奖二等奖。发表学术论文 7 篇。

河南省基力勘测有限公司

【业务】

2015 年，河南省基力勘测有限公司完成邓州市、辉县、长垣县、滑县、栾川县、卢氏县、封丘县、漯河市西城区等市、县、区农村土地承包经营权确权登记发证项目共 703.92 平方千米的测量任务。

【其他】

河南省基力勘测有限公司通过国家 ISO9001 质量管理体系认证，获 AAA 信用等级证书。“温县集体土地所有权确权登记发证、数据库建设”项目获 2015 年河南省优秀测绘地理信息工程奖二等奖。

河南省地质矿产勘查开发局测绘地理信息院

【业务】

2015 年，河南省地质矿产勘查开发局测绘地理信息院完成地理国情普查项目林州、登封等市 1∶1 万地形图 171 幅；河南省济源、禹州等 5 市（县）和湖北省襄阳市农村集体土地使用权（经营权）确权登记发证项目 22 个标段 1∶500 地形图测量 330 平方千米，数据库建设 66 平方千米；河南省漯河、邓州、偃师、原阳等市（县）农村土地承包经营权确权颁证 9 个项目 1∶2000 地形图测量 600 平方千米；新乡市 12 个 E 级 GPS 点的测量。“河南省北斗地基增强系统（郑州）区域网”建设项目通过验收。开展中原城市群地面沉降监测工作，布设 GPS 监测点 39 个、水准监测点 15 个，一等水准测量 180 千米、二等水准测量 300 千米、三等水准测量 435 千米、InSAR 解译 2884 平方千米。

【其他】

河南省地质矿产勘查开发局测绘地理信息院完成的“孟津县农村集体土地确权登记发证”等 3 个项目获 2015 年全国优秀测绘工程奖铜奖；“河南省国土资源厅省级农村集体土地所有权数据库建设项目及监理（1 标段）”“开封市地面沉降监测测量”项目均获 2015 年河南省优秀测绘地理信息工程奖一等奖，“亳州市城区集体土地地籍与数据库建设”“2014 年度南海全区 1∶500 数字化地形图动态监测（修测）”项目均获二等奖。研发的“易吉（EasyGIS）土地承包经营权数据处理系统”取得计算机软件著作权登记证书。

河南省测绘工程院

【业务】

2015 年，河南省测绘工程院完成测绘服务总值 5345 万元。承担新疆哈密地区测绘援建工作，完成 47 平方千米 1∶1000 地形图测绘、测图及数据入库。组织 25 人参加省测绘地理信息局举办的地理国情普查标准时点核准技术培训班，完成标准时点核准第一批遥感影像等资料的收集、标准时点核准正射影像制作、标准时点核准地理国情普查工作，开展标准时点核准技术的试生产研究。定期检查、维护全省 63 个 GNSS 基准站。承担的国家测绘地理信息局 6 个基准站建设土建工程通过验收。完成北斗地基增强系统 49 个新建站点选点勘察工作。完成卫星导航定位基准站国家标准项目立项申报工作。签订数字郸城地理空间框架建设项目、数字长葛地理空间框架建设项目、镇平县石佛寺镇数字乡镇项目、鹿邑农村土地承包经营权项目的施工合同。完成数字固始地理空间框架建设项目、鄢陵县数字县域、许昌县灵井镇数字乡镇的立项工作。完成数字偃师、郸城、石佛寺、安棚、长葛 50% 以上的外业实测工作。数字滑县地理空间框架建设项目通过验收。与省国土资源厅合作研发河南省城乡不同比例尺地形图的数据库融合标准及建设管理软件。完成全景三维河南省许昌市试点工作。制作完成南阳市桐柏县安鹏测区 13 平方千米的 1∶1000 线划图和正射影像图。自主研发焦作市 2000 地方坐标系建设项目，实现多源信息无缝集成、统一管理及标准化服务。继续实行校企合作，接收黄河水利职业技术学院、郑州测绘学校实习学生 307 名。

【其他】

河南省测绘工程院完成的“郑州市轨道交通 4 号工程沿线 1∶1000 地形图测绘”等 4 个项目获 2015 年河南省优秀测绘地理信息工程奖一等奖，“浦东新区 1:1000 数字地形图修测更新”等 4 个项目获二等奖，“河南省第一次全国地理国情普查（平顶山市）数字正射影像制作”项目获三等奖；“河南省 CORS 用户管理服务信息化研究与实现”项目获 2014 年度河南省测绘科学技术进步奖一等奖，“地理国情普查与基础测绘更新协同生产信息管理关键技术研究”项目获二等奖。

河南华泰规划勘测设计咨询有限公司

【业务】

2015 年，河南华泰规划勘测设计咨询有限公司完成中、小型测绘项目 37 个，实现测绘服务总值 484 万元。主要完成济源市王屋镇农村集体土地使用权确权登记、开封市祥符区和睢县农村土地承包经营权确权登记颁证、济源市水利局 2015 年深化农田水利设施产权制度改革工作前期工程等项目的测绘任务。

【其他】

河南华泰规划勘测设计咨询有限公司完成的“济源市蟒河口及周边地形图测量工程”“济源市光伏农业大棚科技示范园地形图测量工程”项目均获 2015 年河南省优秀测绘地理信息工程奖二等奖。

湖北省

概况

截至 2015 年底，湖北省共有测绘资质单位 735 家，其中甲级 51 家、乙级 189 家、丙级 330 家、丁级 165 家；年末测绘从业人员为 24644 人。全省测绘资质单位完成测绘服务总值 64.17 亿元。湖北测绘资质单位分布呈多元化发展趋势，民营企业也逐步得到发展，全省民营测绘资质单位测绘产值达 12 亿元。

湖北省神龙地质工程勘察院

2015 年，湖北省神龙地质工程勘察院测绘工程处承接各类测绘项目 224 个，实现产值 1972 万元。完成广东省信宜（桂粤界）至茂名公路项目 T1 合同段隧道监测和江门市丰乐路北延线鹅公山隧道左线修复工程监控量测项目 2 个；武汉市轨道交通三号线工程监测和武汉市轨道交通六号线（唐家墩站口）基坑监测项目；监利县宅基地使用权和集体建设用地使用权地籍测量及权属调查（第三标段）确权登记发证项目；枝江市农村宅基地和集体建设用地使用权以及房屋所有权确权登记发证及数据库建设项目（第三标段）等项目。

中国电力工程顾问集团中南电力设计院有限公司

【业务】

2015 年，中国电力工程顾问集团中南电力设计院有限公司完成 1000kV 及 ±800kV 特高压输电线路工程测量 461.28 千米，750kV 架空送电线路工程测量 245 千米，500kV 架空送电线路工程测量 47.2 千米，220kV 架空送电线路工程测量 51.4 千米，发电、变电、风电、核电、城市热力管网等工程 E 级 GPS 控制点测量 292 个，1:500 地形图测绘 2.4 平方千米，1:1000 地形图测绘 26.9 平方千米，1:2000 地形图测绘 156.76 平方千米。主编电力行业标准《架空送电线路航空摄影测量技术规程》《特高压架空输电线路工程勘测技术规程》《500kV 架空送电线路勘测技术规程（工程测量部分）》《送电线路大跨越勘测技术规程》；参编电力行业标准《火力发电厂工程测量技术规程》《电力工程勘测综合收费标准》《工程勘察设计收费标准》工程测量部分。

【其他】

中国电力工程顾问集团中南电力设计院有限公司完成的“1000kV 晋东南 ~ 南阳 ~ 荆门特高压交流试验示范工程输电线路岩土工程勘测”获第十四届全国优秀工程勘察设计奖金质奖；“云南金沙江中

游电站送电广西直流输电线路工程（西林县八大河乡高寨村－河池市拉力峒村）测量”获2015年全国优秀测绘工程奖金奖；《中国电力设计标准与国际和国外先进标准比较研究》（工程测量专业）获2015年中国测绘地理信息学会测绘科技进步奖三等奖。“西藏昌都电网与四川电网联网输变电工程（乡城～巴塘～昌都500kV线路）（工程测量）”“厄瓜多尔输变电工程测量”均获2014年度电力行业（火电、送变电工程）优秀勘测奖一等奖，“华润随州风电场工程测量”获三等奖；“输电线路工程综合数字勘测平台”获优秀计算机软件奖三等奖。

武汉航天远景科技股份有限公司

【业务】

2015年，武汉航天远景科技股份有限公司研发无人机稀少控制高精度测绘解决方案、OKMatrix一键快拼系统，参与鲁甸地震、天津港“8·12”爆炸救灾项目；推广应用MapMatrix教学系统、MapMatrix不动产登记版软件、无人机电力巡线系统PowerMatrix。

【其他】

武汉航天远景科技股份有限公司被评选为“2015中国地理信息产业最具活力中小企业”和“2015湖北省成长型优秀企业”。自主研发的“OKMatrix一键快拼系统”获2015年湖北省测绘科技进步奖三等奖，“航天远景无人机航测解决方案”获2015年湖北省优秀解决方案奖项。

湖北省测绘工程院（湖北省导航与位置服务中心）

【业务】

2015年，湖北省测绘工程院（湖北省导航与位置服务中心）完成11个县市共1.87万平方千米的地理国情普查工作，完成1:1万DLG覆盖与更新407幅。为新农村建设和美丽乡村建设提供测绘保障，全年完成67平方千米地形图测绘任务。完成数字荆州项目数据采集与整理工作。完成博尔塔拉蒙古自治州精河县和阿拉山口市30平方千米1:500全野外数字化测图工作和5个国家GNSS连续运行基准站的建设及高程联测工作。做好HBCORS参考站日常维护、数据服务中心运行维护、通信网络维护、应用推广等工作。完成宜昌市基础控制与似大地水准面精化项目，鄂州市基础控制与似大地水准面精化项目技术设计及GNSS网观测工作。参与孝昌县宅基地使用权和集体建设用地使用权确权登记发证工作，鄂州市鄂城区农村土地承包经营权确权登记颁证工作。

【其他】

湖北省测绘工程院（湖北省导航与位置服务中心）完成的“数字荆门地理空间框架建设”项目获2015年全国优秀测绘工程奖银奖；“鄂州市基础测绘成果转换到2000国家大地坐标系”项目获2015年中国地理信息产业优秀工程奖铜奖和2015年度湖北省优秀测绘工程奖一等奖；“宜昌市基础控制与似大地水准面精化项目”“黄陂区优于0.2米彩色航空影像获取及DOM制作项目”均获2015年度湖北省优秀测绘工程奖一等奖，“数字咸宁地理空间框架建设航空摄影测量”项目获二等奖。

湖北省航测遥感院

【业务】

2015年，湖北省航测遥感院完成7个县市共1.83万平方千米的地理国情普查任务；完成襄阳测区1:1万DLG覆盖与更新171幅；完成随州、黄冈、襄阳等地3个乡镇（村）68平方千米地形图测绘任务。完成智慧武穴项目建设航空摄影、基础控制及大部分数据采集工作。完成数字恩施项目建设航空摄影、基础控制及数据采集工作。完成数字团风技术设计工作。完成郧西县1:1000 DLG90平方千米控制、加密、测图、调绘、编图工作。完成罗田二级公路控制及带状地形图测绘任务，武汉市大外环连接线公路改线工程控制点埋设任务。完成宜昌点龙公路控制测量及数据采集任务。

【其他】

湖北省航测遥感院完成的“数字十堰地理空间框架建设”项目获2015年全国优秀测绘工程奖金奖，“G107咸宁市赤壁段改扩建工程”获2015年度湖北省优秀测绘工程奖二等奖。

武汉科岛地理信息工程有限公司

【业务】

2015年，武汉科岛地理信息工程有限公司主要完成测绘测量工程 2888.08 平方千米，1:500～1:2000 地形测量 366.41 平方千米，1:500～1:2000 地籍调查 1467.92 平方千米，1:5000～1:1 万地籍调查 450 平方千米，航空摄影测量的“4D”产品生产约 211.7 平方千米，地名地址调查约 4000 平方千米，管线普查探测 23524 千米，工程物探 2660 个物理点。完成临桂县农村土地承包经营权确权登记颁证试点项目，蒙城农村土地承包经营权确权项目，合山市农村土地承包经营权登记颁证试点测绘项目等。完成合肥市城区地下综合管线探测项目，柳州市中心城区地下综合管网普查与探测，汉川市城区地下管网普查工程，随州市地下管线普查项目，宜都市城区地下管线普查规划编制项目。

【其他】

武汉科岛地理信息工程有限公司承担的“武汉市蔡甸区地下管线探测及系统建设”项目获 2015 年全国优秀测绘工程奖铜奖，“大冶市城区地下综合管道普查更新探测”“宜昌市善溪冲水库片区 1:500 数字化地形图测绘”项目分获 2015 年度湖北省优秀测绘工程奖一、二等奖，“武汉市蔡甸区地下综合管网信息管理系统建设”项目获 2015 年湖北省测绘科技进步奖三等奖。

长江岩土工程总公司（武汉）

【业务】

2015 年，长江岩土工程总公司（武汉）承接各类测绘项目 100 多项，完成产值约 2900 万元。主要完成南水北调中线工程丹江口市、十堰市等地移民集中安置点 40 个高切坡的监测；南水北调中线水源工程丹江口水库地质灾害防治工程（湖北省首批）监测预警项目年度计划，包括涉水 17 个滑坡和 14 个库岸的监测；完成南水北调中线工程湖北省丹江口水库受蓄水影响的地质灾害防治规划项目 1:2000 地形图测量 19 平方千米；开县水位调节坝提高正常蓄水位工程勘察项目 1:2000 地形图测量 34 平方千米；贵州省普安县横冲梁子风电项目勘察工程 1:500 地形图测量 4.4 平方千米；广水市农村土地经营权确权 25 万亩；洪湖东分块蓄洪工程补充测量 46 平方千米。

【其他】

长江岩土工程总公司（武汉）编制的《地质灾害地表变形监测技术规程》和“地基分层垂直位移监测装置”获得国家实用新型专利证书。

中冶集团武汉勘察研究院有限公司

【业务】

2015 年，中冶集团武汉勘察研究院有限公司完成了宝钢集团、武钢集团、梅山钢铁、马鞍山钢铁、广东韶钢、珠海粤钢、湛江钢铁基地、防城港钢铁基地、河南济源钢铁、河北承德建龙项目的各类控制测量、工程测量、地形图测绘、地理信息系统等项目，完成了湖北省宜昌市、仙桃市地理国情普查项目和潜江市考古测绘项目的质检验收。

【其他】

中冶集团武汉勘察研究院有限公司完成的“中冶数码－三维地理信息系统”获 2015 年中国地理信息科技进步奖三等奖，“宝钢集团新疆八一钢铁有限公司（本部）三维总图信息管理系统（一期）”获 2015 年中国地理信息产业优秀工程奖银奖，“首钢水城钢铁集团有限责任公司基础地理信息系统工程”获 2015 年度湖北省优秀测绘工程奖一等奖；取得 1 项实用新型专利、3 项软件著作权。

湖南省

概况

截至 2015 年底，湖南省共有测绘资质单位 574 家，其中民营企业 116 家。共有甲级 37 家、乙级 97 家、丙级 192 家、丁级 248 家。年内新增资质单位 40 家，其中甲级 2 家、乙级 8 家、丙级 15 家、丁级 15 家。年末全省测绘从业人员总数为 13113 人，年内录用毕业生 726 人。

2015 年，湖南省测绘资质单位完成测绘服务总值 26.06 亿元，同比增长 20%。湖南省地理信息行业及相关产业服务总值接近 150 亿元。

湖南省水利水电勘测设计研究总院

【业务】

2015 年，湖南省水利水电勘测设计研究总院完成了政府财政投资及市场测绘地理信息项目 80 多项。主要包括湖南省洞庭湖区 11 个重点垸综合整治工程（可行性研究阶段）1∶2000 堤防带状地形图测绘 420 平方千米、1∶500 穿堤建筑物地形图测绘 359 处、大堤横断面测量 3786 千米；涔天河水库扩建工程库区征地界桩测量并埋设界桩 5581 个，补测各类地形图 25.8 平方千米；毛俊水库工程灌渠 1∶2000 渠线带状地形图测绘 56 平方千米、附属建筑物 1∶500 地形图测绘 48 处；湖南省山洪灾害调查 48 个县市；衡阳县农村土地承包经营权确权项目 5 个乡镇共 16 万亩土地的外业调查和数据建库工作；长沙高新区华润商厦基坑、深圳光明新区等监测工作。引进无人机航摄系统，实现了自主航拍航摄、内业成图等一体化作业。

【其他】

湖南省水利水电勘测设计研究总院承担的“洞庭湖区安化垸等 7 个蓄洪垸”获 2015 年湖南省优秀测绘地理信息工程奖一等奖。获 2015 年“湖南省文明标兵单位”称号，2015 年中国水利水电勘测设计协会颁发的“AAA + 级信用企业”。

长沙市规划勘测设计研究院

【业务】

2015 年，长沙市规划勘测设计研究院完成长沙市轨道交通 1 号线第三方竣工测量，3、4 号线一期工程周边环境调查，5 号线一期工程控制网测设；长沙大王山旅游度假区配电工程线路测量；长沙市内 6 区 0.5 米分辨率卫星影像制作 2 期及长沙市规划区 0.5 米分辨率卫星影像图制作共计 1 万平方千米；城市市政工程线路测量 300 千米；城市建（构）筑物规划放线 1000 多处。承担了长沙市地下管线探测项目的监理及地下管线信息系统建设工作。参加《城市基础地理信息系统建设规划》的修编工作，主编了《城市地下管线探测技术规程（试行）》地方标准。

【其他】

长沙市规划勘测设计研究院参与完成的“长沙市规划建设地理时空大数据管理与应用平台建设”获 2015 年中国地理信息产业优秀工程奖银奖。

湖南省第三测绘院（湖南省基础地理信息中心）

【业务】

2015 年，湖南省第三测绘院（湖南省基础地理信息中心）完成洞庭湖测区 895 幅，益阳、岳阳测区 75 幅，洪江测区 416 幅，道县测区 319 幅基础图件更新相关任务。完成岳阳、张家界、邵阳市共 4.53 万平方千米地理国情普查任务，全省 21.18 万平方千米成果数据预处理及省级本底数据库建设。承担“天地图”政务版和省级基础地理信息数据库建设，整合入库的数据成果涉及吉首、宁远、邵阳、攸县、慈利、道县、洪江、洞庭湖测区 DLG2548 幅、DOM2839 幅、DEM1880 幅，数据迁移入库 1∶1 万 DLG 数据 7454 幅、1∶5 万 DLG 数据 583 幅和 1∶25 万 DEM 数据 27 幅，元数据入库 7088 条。“湖南省基础地理信息数据库管理系统改造升级”和“天地图（政务版）建设”项目通过验收。完成数字张家界、数字平江省级验收，开展数字汨罗建设前期工作。完成华容县等 7 县市农村集体土地确权登记发证项目的建库及修改；完成娄邵盆地等土地综合整治重大项目的测量和设计工作，其中测量约 25 万亩，设计约 9.5 万亩；完成 400 千米 1∶2000 公路带状测图和广铁集团湖南省境内洛湛、娄邵、渝怀铁路 300 千米 1∶2000 用地图测量。完成省民政厅地名地址普查部分工作底图制作。开展湖南省测绘地理信息“十三五”规划专题研究和“地理信息交换共享等公共服务平台建设研究”。开发了湖南省省情纵览系统、数字张家界智慧旅游系统、张家界立体纵览系统等。

【其他】

湖南省第三测绘院（湖南省基础地理信息中心）获测绘地理信息行业职业技能竞赛省级比赛地图制图团体一等奖、工程测量团体三等奖，测绘地理信息高技能人才培育突出贡献奖。代表湖南参加第四届全国测绘地理信息行业职业技能竞赛地图制图比赛，获团体二等奖。“数字岳阳地理空间框架建设项目”获 2015 年中国地理信息产业优秀工程奖金奖。“张家界地貌的精确测量与数字重建研究”和“基于典型行业共享模式地理信息更新技术研究”分获2015年湖南省测绘科技进步奖一、三等奖。2篇科研论文分获全国测绘科技信息网中南分网测绘科技信息学术交流会优秀论文一、二等奖。自主研发的张家界立体纵览系统取得软件著作权证书。承担的国家基础测绘科技与标准计划项目《信息化测绘技术体系试点示范基地建设》实施方案通过评审。“数字常德地理空间框架建设基础地理信息数据采集与更新”“吉首测区1∶1万地形图更新”项目分获2015年湖南省优秀测绘地理信息工程奖一、三等奖。

湖南省第一测绘院

【业务】

2015年，湖南省第一测绘院完成衡阳、吉首、长株潭、洪江测区共862幅1∶1万地形图更新项目，慈利测区390幅1∶1万地形图调绘，邵阳、宁远、攸县测区共734幅1∶1万数据整合处理及优化建库项目。完成洞庭湖测区409幅1∶1万地形图更新项目。承担26个县市区总面积45586平方千米的地理国情普查任务，按期完成标准时点核准正射影像、遥感解译样本汇总、核心矢量成果汇总和成果汇交，全部成果通过验收。在湘南地区和株洲、怀化市进行地理国情监测工作前期调研，形成了《涔天河水库生态环境监测方案》等5个监测方案，启动衡阳市市情监测工作。编制《湖南省数字县域地理信息基础工程一体化建设方案》和《全省数字城市地理信息政务版公共平台数据标准》。数字资兴、数字韶山等5个地级市数字城市、5个县级数字县域建设项目通过验收。《数字衡阳地理信息基础工程市县区一体化建设方案》、数字祁阳（含金洞管理区）、数字长沙县、数字南岳、数字衡阳县地理信息基础工程设计书通过评审。开展数字衡阳二期、数字长沙县、数字祁阳、数字南岳、数字湘潭县、数字新田、数字东安、数字临湘、数字桃源等基础工程建设。承担茶陵县、永兴县等12个县区总面积约24828.4平方千米的1∶2000DLG不动产基础数据生产，已完成所有测区的资料分析工作，共加布像控点2600多个，完成DOM制作16370平方千米，DLG采集1.3万多平方千米。承担的18个县区农村集体土地所有权调查发证项目外业调查已全部预检，并完成了数据库的初步建设。承担了广州、深圳、佛山及东莞等市工程测量、房产测绘、征地拆迁测量、管线测量、勘测定界及城市三维建设等项目。承担了《湖南省基础地理信息数据更新模式研究》和《地面移动测量技术在公路边坡监测中的应用》等10个技术标准编制和科研项目。

【其他】

湖南省第一测绘院获相关科学技术奖励8项。在国家级、省级测绘地理信息行业技能竞赛中获国家级工程测量项目团体三等奖、省级工程测量项目团体一等奖和地图制图项目团体二等奖，获湖南省测绘地理信息高技能人才培育突出贡献奖。获全国地理国情普查“百日攻坚战”先进集体称号。《测绘项目精细化管理系统V1.0》取得计算机软件著作权。

湖南辉达规划勘测设计研究有限公司

【业务】

2015年，湖南辉达规划勘测设计研究有限公司承担了湖北省枝江市，湖南省平江县、溆浦县、永兴县等农村土地承包经营权确权登记颁证测绘项目，面积60万亩；完成湖南安化天子山、湘乡褒忠山、湘潭县昌山、内蒙古赤峰县巴林右旗查干花等风电场工程测量；完成湘西土家族苗族自治州机场测量制图服务项目；承担完成了湖南、安徽、云南、贵州等省40多条公路建设工程测量。

【其他】

湖南辉达规划勘测设计研究有限公司被评为“中国地理信息产业最具活力中小企业”。“桃源剪市至凌津滩公路改建工程”获2015年湖南省优秀测绘地理信息工程奖三等奖。成功申请6个软件著作权，被认定为“国家高新技术企业”。

湖南省地质测绘院

【业务】

2015年，湖南省地质测绘院承担了湖南省不动产统一登记基础数据建设2万多平方千米；数字衡阳地理空间框架建设（市县一体化建库政府采购项目）第二期平台建设及多县数据建设；湖南省长沙县、耒阳市、祁东县、常德市武陵区，福建省南平市建阳区、漳平市、福州市晋安区，湖北省绵阳经开区，江苏省徐州市等地农村土地承包经营权确权登记项目；江苏省南京市、广西壮族自治区南宁市、广东省佛山市顺德县大良镇、龙江镇地下管线普查项目；广州铁路（集团）土地登记代理项目（衡阳及永州地区标段）；江苏省徐州市睢宁县档案数字化加工及管理系统采购纸质档案整理、档案软件系统开发项目。

【其他】

湖南省地质测绘院完成的“仙游县城区及周边规划1:500全野外数字地形测量及地形图修补测项目”“珠海市桂山镇人民政府桂山岛1:500数字化地形测绘项目”“吉首市城区和乡镇、村1:500地形图测绘采购项目”分获2015年湖南省优秀测绘地理信息工程奖一、二、三等奖。

湖南省第二测绘院

【业务】

2015年，湖南省第二测绘院完成了长株潭测区、道县测区和洪江测区1:1万基本地形图更新项目；吉首测区415幅、宁远测区128幅、邵阳测区128幅和攸县测区395幅1:1万图件整合升级。参与编制全省新一轮1:1万基础地理信息快速更新方案。承担了长沙市、永州市、湘西州28个县（市、区）共4.95万平方千米的地理国情普查任务。参与编制《不动产统一登记业务流程设计方案（建议稿）》《湖南省不动产统一登记工作指南》《湖南省不动产统一登记试点发证前工作事项清单》，对试点县拟使用的登记软件进行业务流程测试和模拟。编制了《芷江县不动产统一登记技术服务工作方案》《芷江侗族自治县不动产统一登记试点实施方案》《芷江县不动产统一登记试点项目数据整合建库技术方案》。累计完成全省13万平方千米的航飞任务和像控测量任务，实现了全省高分辨率航摄影像覆盖率80%以上，91个县市区实现高分辨率航摄影像100%覆盖，完成了省国土资源厅下达的1:2000正射影像图制作、坐标转换、1:2000数字线划图制作任务。启动数字湘西州地理信息公共服务平台的升级改造工作。协助省国土资源厅完成105个县市区农村集体土地确权数据库预检，组织完成了县级权属界线接边工作；完成了承担的17个县市农村集体土地所有权确权项目数据建库工作，有14个县市通过省级预检。承接了6个县市农村集体土地承包经营权调查工作。完成长沙市、湘潭市的土地矿产卫片执法检查工作。协助省民政厅开展第二次地名普查，完成了省第二次地名普查技术规程与数据标准编制、普查底图制作。完成怀邵衡铁路、黔张常铁路征地拆迁测量、放线及用地报批资料制作工作；岳阳临湘防汛抗灾测绘应急保障工作；省国土资源厅驻隆回县清水村开展扶贫开发工作的航飞任务。

引进遥感影像自动化处理系统法国“像素工厂”，采购35套最新航测设备。获得航空摄影甲级资质。开发了“易采”“易图”“易绘”等软件，已用于数字县域建设、不动产统一登记数据建设、1:1万基础数据整合、农村集体土地承包经营权等工作中。协助做好湖南省地理信息产业园挂牌、筹备成立湖南省地理信息产业协会工作。

【其他】

湖南省第二测绘院获湖南省第四届测绘地理信息行业职业技能竞赛地图制图、地籍测绘2个参赛项目的团体二等奖，工程测量个人第一名。“数字望城地理空间框架建设项目”“江永县第一次地理国情普查项目”“数字永州地理空间框架建设项目”分获2015年湖南省优秀测绘地理信息工程奖一、二、三等奖。

湖南地图出版社有限责任公司

【业务】

2015年，湖南地图出版社有限责任公司实现经营性收入2228万元，同比增长10%。完成省文化产业引导资金项目《湖南地图应用网》《大湘西生态文化旅游地图集》的编制，策划编制《血火湖湘——湖南省抗战胜利纪念地图》，为广州军区司令部提供中国竖版地图数据，为“东方之星”沉船救援提供应急保障，策划编制湖南省、市、县地图。为省政府、财政厅开发了“湖南省政务图典”触控一体机，为湖南省领导及多个厅局单位和企事业单位提供地图挂图服务，为省发展和改革委员会编制了《大湘西旅游规划地图》和《大湘图特色产业图集》，为湖南省民政系统编制了系列行政区划图，为湖南省旅游系统编制了多张旅游用图，为湖南省高速公路管理局编制了《湖南省高速公路路网及规划图》，为长沙市城管局编制了长沙市及各区报刊亭等相关用图，为湖南省军区及分军区编制了大幅面大比例尺系列地图。

【其他】

湖南地图出版社有限责任公司编制的《中国红色旅游地图集》获2015年湖南省优秀测绘地理信息

工程奖一等奖；《精神家园——湖南红色资源巡礼》被评为2015年湖南省优秀社科普及读物；《血火湖湘——湖南省抗战胜利纪念地图》获湖南省测绘地理信息学会举办的首届“一图秀·湖南”地图文化创意活动二等奖。

长沙市海图科技有限公司

【业务】

2015年，长沙市海图科技有限公司完成株洲市规划信息中心的株洲市城乡规划空间信息共享与服务平台建设、长春市规划一张图系统CAD版建设、衡南县城乡规划局电子政务系统建设。推出了一系列管线类综合管理系统，建设完成孝感市规划管理局地下管线综合管理系统、天津三维管线监测管理系统。建设完成洞新高速GIS服务系统、湖南省畜牧水产管理地理信息系统等。完成宁夏中宁县、原州区、西吉县地理国情普查。参与《湖南省城市地下管线探测技术规范》《湖南省城市地下管线信息系统技术规范》《湖南省城市地下管线普查资料和工程文件归档与移交指南》等相关标准制定工作。

【其他】

长沙市海图科技有限公司申请了30多项软件著作权。通过双软认证、高新技术企业认证、ISO9001质量管理体系认证，获“中国地理信息产业最具活力中小企业”称号。

广东省

概况

截至2015年底，广东省共有测绘资质单位684家，同比增长9.9%，其中甲级54家、乙级130家、丙级234家、丁级266家。民营测绘资质单位298家，占全省测绘资质单位总数的43.5%。全省测绘资质单位分布在国土资源、测绘地理信息、城乡建设与规划、交通运输等10多个行业，全年完成测绘服务总值58.44亿元。其中民营企业完成服务总值25.1亿元，占全行业服务总值的41.8%。承担的重点测绘项目主要包括地理国情普查、数字县区地理空间框架建设、“一村一镇一地图”建设、“天地图”市级节点建设、浅海滩涂地形测量、基础地理信息数据更新、测绘地理信息统一监管与服务平台建设、广东省公共地图服务系统开发、农村土地承包经营权确权登记颁证测量、高标准基本农田测量、珠三角城际轨道、广州至乐昌高速公路、广州铁路枢纽东北货车外绕线等省重大工程的勘测定界测量、导航电子地图服务、互联网地图服务等。

深圳市赛格导航科技股份有限公司

2015年，深圳市赛格导航科技股份有限公司推出赛格车圣微信平台，为全社会提供基于车辆位置的信息服务，包括智能车载信息终端产品和TSP系统解决方案。依托车联网大数据平台推出基于微信服务平台的移动端产品，发布8个版本微信功能，新增和更新23个功能，探索基于车联网大数据产品研发，分析车辆位置流量、违章数据。通过微信公众号进行微信查车、车辆行程管理、违章查询、微信客服、增值服务等多项功能，对车辆进行全天候、全方位的一站式服务。微信服务覆盖原有短信设备、GPRS安防设备、TGS50S等设备。

广东精一规划信息科技有限公司

【业务】

2015年，广东精一规划信息科技有限公司完成阳江市和汕尾市公安局警用地理信息系统（PGIS）数据库建设，建立以基础地理信息、警用公共地理信息、警用关联地理信息为核心的空间警用三大数据库。完成广州、佛山、汕尾、清远、云浮等市公安局广东省统发空间标准地址数据库管理平台部署和数据采集。承担公安部“十二五”国家科技支撑计划“新一代警用地址数据与管理系统”课题示范项目广东省惠州市和湖北省黄石市的建设任务，完成黄石市4580平方千米标准地址数据采集及整理入库工作，地址采集覆盖率达到95%以上。完成湖南省警情时空研判系统、广东省边防总队执勤巡逻管理子系统建设。承担广东省流行病时空分析研判系统建设，完成基于广东省电子地图约15万个登革热病例数据实时上图与展示，为登革热疫情发生、发展分析研判及预防控制提供支持。

【其他】

广东精一规划信息科技有限公司承担的“空间标准地址挖掘与应用平台的研究与推广应用”被列入2015年广东省科技计划项目。研发的“精一移动导航软件V1.0”“精一移动采集软件”“精一地址标准化工具软件”“精一空间标准地址库平台软件V1.0”等多个软件产品获计算机软件著作权登记证书。

广东省地图院

2015年，广东省地图院承担湛江测区1.26万平方千米的地理国情普查，完成普查底图制作、地理国情信息外业调绘核查、地理国情信息遥感解译样本制作、地理国情与地表覆盖信息编辑及整理、遥感影像数据库建设、地表覆盖数据库建设等工作，成果通过验收，质量达到优良等级；完成普查成果标准时点核准和广东省地理国情普查图件工作方案编写。完成3200幅1:1万DLG电子地图数据库数据整理和全省591幅1:5万DLG数据基于DOM影像的核心要素更新。完成广东省公共地图服务系统开发，编制广东省15~17级“天地图”公众版、21个地级市及其市区对开版地图（电子版）和广东省1:50万、1:70万、1:100万、1:130万普通地理图、行政区划图、地势图、交通图（电子版）。编制珠海、东莞、韶关、惠州、清远、河源等市管辖的县级辅助决策用图共68幅。全年提供领导辅助决策工作用图31批次、1600多册（幅）。编制《中国（广东）自由贸易试验区》系列地图并制作展板以及《梅州市综合地图册》等。承担12个数字县（区）地理空间框架建设和18个县（区）“一村一镇一地图”项目建设，完成12个县（区）1:500DLG测图和30个应用示范系统建设。完成全国地理信息应用成果及地图网上展览广东展馆的布展工作。承担的“基于ArcMap的反走样绘图及精确线型绘制技术研发”科研项目通过验收。

广州市欧科地理信息技术服务有限公司

【业务】

2015年，广州市欧科地理信息技术服务有限公司承担六盘水市城乡规划管理信息化平台、阿拉山口市公安局警用地理信息平台地图建设。承担佛山市南海区2015年土地利用变更调查、南海1号仿古船数字化保护、成都市数字文化文物信息平台配套、广东民间工艺博物馆2015年数字化多媒体管理、广东省博物馆文物数字化保护等工作。

【其他】

广州市欧科地理信息技术服务有限公司承担的“‘南海1号’保护发掘设备租赁与资料采集服务”获2015年中国地理信息产业优秀工程奖银奖。“时空信息云平台关键技术研究应用示范”被列入2015年广州市科技计划产学研协同创新重大专项。

广东省测绘技术公司

2015年，广东省测绘技术公司完成萝岗区1:500地形地籍成果更新及集体土地使用权地籍调查80平方千米。完成广州市工程测量、不动产测绘、三旧改造以及汕（头）湛（江）高速公路、汕昆高速公路等勘测定界测量项目39项，测绘1:500地形图4316幅，房产测绘5680456平方米。

广东省地质测绘院

【业务】

2015年，广东省地质测绘院完成佛山市顺德区第一次全国地理国情普查、普宁市市区扩容和东部新城中心区120平方千米数字化测绘、广州市花都区200多平方千米地形地籍修补测。完成茂名市和东莞市等地海洋测量10多项、广东省内司法委托测量20多项。完成广州市、惠州市公路全图及各区公路图（2015版）修编与印刷、广州市花都区和白云区等地地图编制、广东省南岭成矿带和武夷成矿带共4期252幅1:2.5万地理底图编绘。承担信宜、罗定、封开数字县（区）地理空间框架建设以及合肥市和广州市南沙区、花都区、原萝岗区等地房产测量。承担合肥“中国鼓”建筑吉尼斯世界纪录认证现场检测鉴定测量、清远市5个县区山洪灾害调查评价外业测量、阳江市地下管线探测等。承担广州市12个区和茂名市、肇庆市、阳江市的10个县(区)2015年度土地变更调查;封开县、新兴县、龙门县等10多个县(区)农村土地承包经营权确权登记颁证;罗定市、阳春市、佛山市的5个县(区)高标准基本农田建设项目勘测、可行性研究、规划设计、竣工验收。

【其他】

广东省地质测绘院获中华全国总工会“2015年全国五一巾帼标兵岗”称号。

国家海洋局南海调查技术中心

2015年,国家海洋局南海调查技术中心承担第二次全国海岛资源综合调查任务,获取调查区域全覆盖地形数据。完成重点区域海域权属核查湛江试点,掌握区域内海域使用权属数据和海域使用现状。完成广西液化天然气(LNG)海域使用竣工验收测量、阳西电厂海域使用竣工验收测量、珠海口岸管理区及大桥管理区竣工验收测量等8个填海竣工验收测量项目。完成海南海洋站水准联测复测和水深测量、中海油海上施工导航定位13项和预后调查6项。

广东省水利电力勘测设计研究院

【业务】

2015年,广东省水利电力勘测设计研究院完成E级GPS点测量278个、四等水准测量1900千米、1:1000地形测量56平方千米、横断面测量267千米。完成珠江三角洲水资源配置、广东省梅州山洪灾害调查工程、广东省各中小河流治理工程、广东各县市村村通自来水工程、广东省西江干流治理工程、东莞市中小河流治理重点县综合整治及水系连通试点项目区、南雄市孔江灌区续建配套工程、茂名滨海新区供水工程、连平24宗小型病险水库除险加固工程等项目约70多项,实现总产值3500万元。

【其他】

广东省水利电力勘测设计研究院承担的“GPS水准测量法在鉴江供水枢纽工程中的应用与研究”获广东省水利学会水利科学技术奖三等奖。

交通运输部南海航海保障中心广州海事测绘中心

【业务】

2015年,交通运输部南海航海保障中心广州海事测绘中心承担中国南海海区71幅海图水域测量,测量面积8150平方千米。承担粤东水域船舶定线制、涠洲岛船舶定线制水域测量,测量面积1036平方千米。承担琼州海峡客滚运输安全整治、港珠澳大桥建设等国家重点水上工程技术支持和航海保障工作。完成海事管理、综合港口、集装箱码头、电厂、邮轮港、专用航线、游艇码头、水库等区域测量项目127项。完成强台风“彩虹”后湛江港水域、“穗东方332”集装箱落水等应急扫测任务8项。完成永兴岛渔业综合补给基地专题图、南沙海事处卫星影像图等专题图编制10幅。完成广东海事局、海南海事局动态监管网格化用图编制23幅。完成52期中英文版海图改正通告的编辑和发布,销售航海图书43718册。

【其他】

交通运输部南海航海保障中心广州海事测绘中心承担的“全国内河电子航道图制作”“三亚港海图测量”分获2015年全国优秀测绘工程奖银、铜奖。“北江水域(清远)勘察测量及航道图制作”获2015水运交通优秀勘察奖二等奖。“飞来峡通航环境实景模拟系统建设”获2015中国航海学会科技进步奖三等奖。

中水珠江规划勘测设计有限公司

【业务】

2015年,中水珠江规划勘测设计有限公司承担珠江流域重要河道地形测量(三期),完成西江段、飞来峡水利枢纽以下河段、河源以下河段地形测量和东江河源以上河段断面测量。完成西江、北江、东江1:5000河道地形测量290平方千米和1:2000断面测量392千米。承担大藤峡水利枢纽工程首级施工控制网复测,完成二等平面控制点测量21个、二等水准测量49千米。承担江西新干航电枢纽首级施工控制网测量,完成二等平面控制点测量12个、深层基岩水准点选埋2个、二等普通水准点选埋8个、二等水准测量19.2千米。承担重庆利泽航运枢纽工程首级施工控制网测量,完成二等平面控制点测量

12个、浅层基岩水准点测量2个、二等普通水准点选埋8个、二等水准测量11千米。获取大藤峡水利枢纽坝址区影像数据38.9平方千米、凌云县加尤镇农村土地承包经营权确权影像数据314.3平方千米、西江平南到藤县段航空影像数据386.22平方千米。承担梧州市山洪灾害防治调查项目测量技术服务，完成249个重点防治区测量工作。承担广西八渡水电站、深中通道、揭阳市龙颈水库应急备用水源饮水工程、西江干流生态调度、东莞市东江与水库联网供水水源二期工程等测绘项目。承担成都地铁4号线一期工程万年场站至宽窄巷子站7站7区间第三方监测。承担的水利部“948”项目“第五代高分辨率宽带多波束测深系统”通过水利部组织的验收，并获A级评价。

【其他】

中水珠江规划勘测设计有限公司承担的“珠江流域重要河道（西江干流）地形测量”获2015年广东优秀水利工程勘测奖二等奖。

珠海市测绘院

【业务】

2015年，珠海市测绘院承担各类测绘项目5800多项。承担国内最大的BT项目——珠海市横琴新区市政基础设施项目的道路、管线、综合管沟及电力隧道的综合测量，完成综合管线验收340千米；承担珠海市高新区基础规划数据更新1:500数字化地形图测绘工程，完成34.4平方千米的基础地理信息数据更新；承担珠海市西部地区部分村居1:500地形图测图建库，完成金湾区、斗门区、高栏港经济开发区等地区27条村居面积19.13平方千米的数字化测图；完成珠海市东南部万山海洋开发区内三角岛及周边海域的综合测绘。

【其他】

珠海市测绘院承担的“珠海高精度三维陆海统一测绘基准建立及其理论与技术研究”获2015年中国地理信息科技进步奖一等奖。“珠海市‘五规融合’成果坐标转换”获2015年广东省优秀城乡规划设计奖（城市勘测类）一等奖，“珠海市测量标志普查”“房地产图像系统开发完善”项目均获二等奖，“华发四季名苑综合测量”“港珠澳大桥人工岛珠海口岸勘测定界测绘”项目均获三等奖。

深圳市规划国土房产信息中心（深圳市空间地理信息中心）

【业务】

2015年，深圳市规划国土房产信息中心（深圳市空间地理信息中心）承担数字深圳空间基础信息平台建设，完成1:1000地形图更新入库80平方千米和地下管线修补测数据更新入库2.2万千米，更新发布2个版本的全市电子地图、4个版本的重点片区电子地图和3个版本的全市影像地图；完成“织网工程”1800万条人口数据、200万条商事主体数据、82万条门牌地址数据和11万条路灯数据以及地铁1、2、5号线79个站点三维模型数据汇交和接收；完成全市200万商事主体数据落地和1800万人口数据空间关联以及人口、商事主体、行业等24幅专题密度分布图制作。为罗湖区城市更新等项目建设以及70多家用户提供技术支持300多次，提供基础测绘数据服务260多批次，其中地形图数据近2.3万幅、影像数据7000多平方千米、地下管线数据3.4万千米。承担深圳市规划土地数字监察平台（“天地网”）建设，完成违法案件项目管理系统、交叉检查管理系统等系统建设。开展移动巡查终端系统建设，实现与省国土资源厅巡查系统对接。拓展农村城市化历史遗留违法建筑处理系统功能，完善卫片执法管理系统，探索优化违法建设卫星遥感监测并进行局部区域试验，完成规划土地监察法律支撑系统建设。承担深圳市城市设计三维仿真平台建设，利用城市三维仿真平台技术和数据资源合作完成“飞跃深圳”虚拟现实体验项目，开展深圳前海片区等重点片区及岗厦等城市更新片区三维模型更新1.5万栋。“天地图·深圳”实现与国家主节点在线数据的互联互通，发布18~20级矢量电子地图、0.5米分辨率影像数据、60多万条地理实体和地名地址数据。完成深圳市龙岗测区388平方千米第一次地理国情普查和数据建库，成果通过验收。承担深圳市第二次地名普查（二期）工程，完成时点截至2012年底的福田、南山、盐田、宝安、龙岗5个区1:5万地名成果和全市1:1000地名成果。承担建筑信息更新调查任务，完成2013年~2015年建筑信息更新外业调查和内业处理，获取全市约60万栋建筑物的空间和属性数据。开展深圳市地下管线普查成果建库及空间信息综合管理系统建设。参与全市土地总登记与地籍调查工作，参与制定《深圳市地籍调查前期清查规则》，建设全市土地权属文件库。

【其他】

深圳市规划国土房产信息中心（深圳市空间地理信息中心）承担的“面向‘地楼房人’一体化大数据整合关键技术与应用”项目获2015年中国地理信息科技进步奖二等奖，“深圳市第二次地名普查及应用工程”获2015年中国地理信息产业优秀工程奖金奖，“测绘地理信息行业专题服务模式与关键技术”获2015年中国测绘地理信息学会测绘科技进步奖二等奖。

深圳市勘察测绘院有限公司

【业务】

2015年，深圳市勘察测绘院有限公司承担控制测量、地形测量、摄影测量与遥感、地图（海图）编制、线路测量、地下管线探测、第三方监测、变形监测以及房屋面积测量等各类测绘项目326项。其中控制测量11项；大比例尺地形测量55项，测量面积16.3平方千米；摄影测量与遥感1项，测量面积468平方千米；地图（海图）编制8项；线路测量20项，测量总长度41千米；地下管线探测47项，单线总长1045千米；第三方监测9项；变形监测32项；房屋建筑面积测绘32项以及其他工程测量111项。

【其他】

深圳市勘察测绘院有限公司承担的“中国深圳市平安国际金融中心项目基坑支护监测工程”获2015年全国优秀测绘工程奖银奖，“惠州市国土资源局2013年1:500数字化地形图测量”“2013～2014年深圳市地形图及地下管线修补测A1标段”“深圳市城市轨道交通11号线工程施工控制网测量”项目均获铜奖。“深圳市南坪快速路三期工程1:500地形测量及地下管线探测”获2015年度广东省优秀工程勘察设计优秀工程奖二等奖。

广州奥格智能科技有限公司

【业务】

2015年，广州奥格智能科技有限公司承担广州市5个数字县区地理空间框架建设，完成0.05米高分辨率航拍影像数据生产加工、“一村一镇一地图”编制等工作。承担珠江堤坊信息管理系统、广州市排水精细化管理系统、华容县排水设施普查等多个排水信息系统和设施普查项目，摸清城市排水设施现状，实现数字化管理。承担佛山市南海区、桂林市等地管线探测项目，完成管线探测3万多千米。承担江西省崇义县不动产统一登记发证试点项目，研发“不动产登记信息系统V1.0”。参与儋州市农村土地承包经营权确权登记、公安县农村土地承包经营权确权登记颁证等不动产测绘项目，完成农经权确权调查400多平方千米。承担厦门市、蚌埠市、贺州市、铜陵市等地“多规合一”平台建设。完成淮安市市政公用网格化管理系统、南宁市防涝预警监控信息系统等市政行业GIS系统建设，为多个城市市政管理、监测提供系统支持。承担广州市花都区、白云区等地全国第二次地名普查项目。联合广东省测绘地理信息学会举办2015广东省地下管线普查与监控技术研讨会，应邀参加第十届中国智慧城市建设技术研讨会暨设备博览会。

【其他】

广州奥格智能科技有限公司“一体化多段检索式智能电子水尺”等4个产品取得专利证书。承担的“数字长春地理空间框架”获2015年全国优秀测绘工程奖银奖，“基于SVG的移动互联网空间信息集成服务与应用”获2015年度广东省科学技术奖二等奖。

深圳市腾讯计算机系统有限公司

2015年，深圳市腾讯计算机系统有限公司发布19个版本（包括Android和IOS）腾讯手机地图，新增和更新129个城市街景地图。探索基于位置大数据产品研发，分析上线位置流量趋势，制作区域热力图、人口迁徙图。发布车联APP、车机ROM和微信车联接口等车联网解决方案。推行“互联网+”战略，与上海、广东等签署战略合作协议，利用微信和QQ，提供互联网融合金融、医疗、教育、交通、公共服务、媒体、企业服务等众多领域解决方案和技术支持。

广州市四维城科信息工程有限公司

【业务】

2015年，广州市四维城科信息工程有限公司完成广州市番禺区桥南街旧城改造20万平方米征地房产测量、广州市南沙区滨海花园九期 1∶500 地籍测绘及 54.45 万平方米房产测量、丰顺县河道综合治理工程项目 1∶2000 带状地形图及 1∶200 断面图测量。完成第二次全国海岛资源调查项目 3000 平方千米水深测量、汕头市 LPG 气库码头泊位水深测量、珠海龙华石油化工有限公司港池及支航道水深测量服务。完成惠州市华德石化大亚湾马鞭洲岛储油罐区变形监测、广州市 2000 国家大地坐标系转换关系建立与全市控制网整合项目监理、惠州市第一次地理国情普查工作项目监理、广州市番禺区土地房产测绘成果质量审核服务、广州市增城经济技术开发区村庄现状固化测量成果第三方检查验收。承担珠海市近岸滩涂水下地形测量、湖南省衡东县 1∶2000 不动产数据整理以及东莞市大朗、顺塘、塘厦碧桂园房产测绘。

【其他】

广州市四维城科信息工程有限公司承担的“从化市低丘缓坡荒滩综合开发利用 1∶500 数字化地形测量（明珠二片区）项目”获 2015 年全国优秀测绘工程奖铜奖。

广东省惠州七五六地质测绘工程公司

2015 年，广东省惠州七五六地质测绘工程公司开展惠东、龙门、汕尾、海丰等地的基础测绘项目，累计完成 GPS 控制点测量 160 点、水准测量 352 千米、测绘地形图 42.2 平方千米。完成惠东园方·欧洲城、惠东碧桂园、惠东县人民医院迁建项目等建（构）筑物竣工测量和变形监测项目 13 个。完成惠东县和五华县 2015 年土地整理项目测量、广州铁路枢纽东北货车外绕线工程项目测量及惠东县第一次土地详查土地利用现状图成果扫描建库服务。承担惠州市、河源市和汕尾市地质灾害应急抢险测绘，出动测绘作业人员 160 人次，施测受灾点区域面积 15 平方千米，绘制各类灾区地形图 50 多幅。承担湛江遂溪中间岭矿区、饶平县溪西钼矿区、惠东县白马山锡铜多金属矿区的矿山测量和工程点测量。为广州、惠州等市政建设、房屋拆迁及项目评估提供依据。

佛山市城市规划勘测设计研究院

【业务】

2015 年，佛山市城市规划勘测设计研究院承担佛山市基础测绘、规划监督测量、市政工程测量、不动产测绘等各类测绘业务 2614 项。完成禅城区基础测绘数据更新、佛山市人防工程测绘及普查（一期）、佛山市防空警报器普查、佛山市城市快速轨道交通 3 号线工程地面控制测量及地形图测绘、新建贵阳至广州（佛山段）竣工测量、广州地铁 7 号线西延线顺德段 1∶500 地形图测绘工程、广州地铁 7 号线西延线顺德段坐标系统转换、佛山（云浮）产业转移工业园六都分园基础控制测量及 1∶500 数字化地形图测绘和思劳片区西片区 5 平方千米 DOM 制作、佛山市禅城区 154 平方千米 DEM 制作以及佛山市高明区数字地理空间框架平台建设等项目。

【其他】

佛山市城市规划勘测设计研究院承担的“控制性详细规划信息平台（第一期）项目”获 2015 年度广东省城乡规划勘测优秀工程奖二等奖，“佛山市城市地下管线勘测成果数据建设（四期）”获三等奖。

深圳市凯立德科技股份有限公司

【业务】

2015 年，深圳市凯立德科技股份有限公司推出 K－Go（凯行）车联网服务平台，进入商用车联网领域，发布货运专用 APP。与多个汽车厂商合作，为 5 款车型开发标配凯立德导航软件。推出 2015 年春季版、夏季版、秋季版导航地图，C－Car 版 V5.0、C－Car 版 V6.0，ForiPhone/iPad 版、ForAndriod 版等。与深圳市交警合作，推出深圳交警 APP 客户端，服务深圳智能交通。

【其他】

深圳市凯立德科技股份有限公司承担的“凯立德移动导航系统”获 2015 年全国测绘地理信息应用成果和地图网上展览优秀展品奖。“多用途、高现势性、精准的导航电子地图软件研发”获 2015 年中国卫星导航定位科技进步奖二等奖。“凯立德导航软件”获深圳智慧交通创新产品奖。“一种交叉路口的导航方法及使用了此导航方法的导航系统”获 2015 年中国专利优秀奖。

深圳市长勘勘察设计有限公司

【业务】

2015 年，深圳市长勘勘察设计有限公司承担测绘任务400多个项目，全年签订测绘项目合同额4650多万元。完成2015年度深圳市1:1000地形图地下管线动态修补测、深圳三联路市政工程前期测绘、深圳香蜜体育中心测绘、深圳市第二儿童医院测量、深圳盐田区小梅沙未征山顶整备项目测量、深圳园东花园商铺定点测绘、2014年度东深供水沿线水工建筑物变形测量及新增变形监测、深圳蔡屋围C地块旧村改造房屋查丈、大亚湾核电站建筑变形监测、2015深圳宝安区交通拥堵综合治理、国际大学园市政整体提升改造、2015年深圳充电站项目、深圳罗湖区体育中心室内网球馆物探等测绘项目。

【其他】

深圳市长勘勘察设计有限公司承担的“宏佳华府项目基坑及相邻地铁隧道第三方监测”获2015年全国优秀测绘工程奖银奖，“深圳市龙岗区布吉街道甘坑旧村改造拆迁测绘”获铜奖。

中交广州航道局有限公司

【业务】

2015年，中交广州航道局有限公司勘察测量分公司承担施工测量和施工管理项目34个，总面积9920平方千米。国内项目主要包括辽宁省营口经济技术开发区钢港配套产业园区填海工程、长江口2015年度航道维护C标段、湄洲湾航道三期工程等；国外项目主要包括沙特海尔港四期扩建项目、以色列阿什杜德港南部建设工程项目、雅加达北部海上新城ANCOL东区填海造地工程设计采购施工总承包项目、斯里兰卡科伦坡港口城发展项目、喀麦隆克里比深水港疏浚工程、纳米比亚鲸湾港新集装箱码头工程等。

【其他】

中交广州航道局有限公司勘察测量分公司获2015年全国交通企业管理现代化创新成果二等奖。“提高多波束测深系统深水高边坡基槽回淤监测质量”“探索侧扫声呐野外工作模式”获2015年度全国交通行业优秀质量管理小组称号。

广东省测绘工程公司

2015年，广东省测绘工程公司完成肇庆市4155平方千米第一次地理国情普查以及标准时点核准、数据整理入库和地理国情监测应用。完成珠海市1700平方千米1:2000地形图更新与入库以及肇庆和梅州部分地区数字正射影像图和数字高程模型制作、大比例尺数字线划图数据整理和入库、城市电子地图生产、地图编制、城市建筑三维模型制作。完成梅县、兴宁市、德庆县、鼎湖区数字地理空间框架建设和梅县“一村一镇一地图”建设以及数字肇庆地理空间框架数据更新服务。完成东莞市麻涌镇农村土地承包经营权确权登记、阳东县D级GPS控制网施测、兴汕高速公路兴宁至五华段变线部分勘测定界、广州南沙区土地房产测量以及穗莞深和莞惠城际轨道交通项目地上附属物和青苗详查清点。承担东莞市农村土地承包经营权确权登记、梅州市梅县区和大埔县第二次全国地名普查、德庆县农村门牌信息化项目、测绘地理信息工程项目监理等工作。

广东省核工业地质局测绘院

【业务】

2015年，广东省核工业地质局测绘院完成广州市花都区地形修补测监理覆盖面积400平方千米、清远市连州市美丽乡村建设测量72个村5平方千米以及佛山市三水区、北海涠洲岛西南海岸等数字化地形测绘480平方千米。承担其他各类测绘项目140多项。完成江门市4个区、广州市花都区5个镇、清远市阳山县及连山县30个高标准基本农田测量；兰州七里河2230千米、佛山市顺德区270千米地下管线测量；广州市花都区、罗定市船步镇、河源市连平县等地区基坑监测；广州市、东莞市等地房产测绘120万平方米，征地测量面积20平方千米；完成广州市花都区土地勘测定界120宗；广州、东莞、佛山等市规划验收测量项目30个；湖北省蕲春、团风县地理国情普查3090平方千米。承担数字郁南地理空间框架建设；签订农村土地承包经营权项目13个，涉及广东、湖南、湖北、河北、海南等省，总面积1900平方千米。

【其他】

广东省核工业地质局测绘院承担的“广东省铀矿资源动态监测及管理系统项目”获2015年中国地理信息产业优秀工程奖银奖，“广东省地质铀矿三维建模系统项目”获铜奖。“郁南县农村集体土地确权登记发证项目”获2015年全国优秀测绘工程奖银奖。

深圳市勘察研究院有限公司

【业务】

2015 年，深圳市勘察研究院有限公司全年实现总产值 1.23 亿元。承担 2014 年度深圳市航空摄影测量、2014～2015 年度深圳市地形图及地下管线动态修补测 A1 标段（坪山标段）、深圳地铁 6 号线（石岩段）拆迁测绘、广州市花都区南片 1:500 地形地籍修补测（东片）、合肥市轨道交通 3 号线工程测量、仁化县农村宅基地大比例尺地籍调查和数据库建设试点等测绘项目。承担江门新会区、紫金县、肥东县等地的农村土地承包经营权确权登记颁证测绘服务和深圳龙岗区土地整备管理信息系统开发工作。承担深圳市轨道交通 10 号线工程第三方监测 10001 标、107 国道（新安西乡段）排水管网检测、合肥市轨道交通 3 号线工程第三方监测 DSFJC2 标等。承担大鹏新区路灯地下管线、深圳市盐田区地下管线、佛山南海区里水镇污水管网系统（含泵站）清疏等普查工作。承担湖南省第二次全国地名普查作业底图数据融合（第六标段）、韶关市区 2015 年度河堤里程桩测量安装及河堤管理数据建库工程、深圳市福田区环境保护和水务局地面坍塌专项整治工程隐患排查、深圳市 2014 年度存量污水管网内窥抽查及质量鉴定、东莞市中堂镇美丽幸福村居建设行动计划及项目设计。承担深圳市龙华新区片区路网整治工程详细规划方案服务、民治办事处新牛片区雨污分流管网工程（勘察）等。

【其他】

深圳市勘察研究院有限公司承担的“深圳前海蛇口自贸区智慧赤湾建设项目”获 2015 年中国地理信息产业优秀工程奖金奖；“2012 年度深圳空间基础信息平台三维地理信息数据库更新”等 3 个项目获银奖。“昆明市轨道交通首期工程控制网复测及施工测量检测”获 2015 年全国优秀测绘工程奖银奖，“深圳市盐田区地面塌陷隐患全面勘测服务项目”等 2 个项目获铜奖。“深圳轨道交通龙华线二期工程竣工测绘”“卓越梅林中心广场北地块基坑支护工程监测”“东部滨海地区有价值村落建筑测绘”项目分获 2015 年度广东省优秀工程勘察设计奖一、二、三等奖。取得 4 个软件著作权登记证书。

广东省国土资源技术中心

【业务】

2015 年，广东省国土资源技术中心完成广东省 1:1 万基础地理信息数据库整合升级项目二期工程、2015 年度省级政务版矢量及影像电子地图更新等基础测绘任务。完成茂名市 1.1 万平方千米第一次地理国情普查时点核准、省级任务区 DEM 精细化以及广东省第一次地理国情普查数据库成果汇交与数据库系统建设工作。完成 2014 年土地利用现状数据保密处理、2015 年全省农村集体土地所有权成果数据库保密处理、2015 年土地利用规划数据保密处理、2013 年耕地质量分等数据保密处理、2003～2014 年建设用地审批成果数据保密处理。完成 2013 年和 2014 年土地利用现状电子地图生产。加大数字县（区）地理空间框架数据保密处理技术服务力度，分批处理各市县数据约 90 个批次，为 35 个县市开具数据保密处理证明。承担广东省基础地理数据库升级工作，完成数据库管理系统质检、建库、更新、管理、制图、配置维护等工作，增强基础地理信息数据库的安全性和扩展性，提高省级基础地理数据库性能。完成 89 个县（区）数字城市、数字县（区）地理空间框架设计书技术审查以及数字阳山地理空间框架试点建设任务。承担广东省测绘地理信息监管与服务平台建设工作。为 54 个单位部门提供 63 套保密插件和相关技术支撑。研发保密敏感词检测软件。参与广东省地理信息标准化技术委员会筹备工作。

【其他】

广东省国土资源技术中心承担的“智能架构下地理信息自适应云平台关键技术研究”获 2015 年中国测绘地理信息学会测绘科技进步奖二等奖，“广东省土地登记信息监管系统的研发及应用”获 2015 年中国地理信息科技进步奖二等奖，“服务型地理信息公共平台关键技术研究与应用”获 2015 年广东省土地学会国土资源（广东）科技奖一等奖，“清远市党建地图系统”获第三届天地图应用开发大赛三等奖。

广东明源勘测设计有限公司

2015 年，广东明源勘测设计有限公司完成河源市区东片区基础控制测量 30 平方千米、河源市区东片区 1:500 地形地籍测量项目数字地形图更新维护 10 平方千米、汕昆高速河源段 1:1000 数字正射影像图 120 平方米和土地权属调查 6.7 平方千米、河源市连平县风吹蝴蝶风电工程 1:2000 数字正射影像图和数字线划图50平方千米。承担河源市龙川县、连平县、和平县、东源县、紫金县等高标准基本农田建设地形测绘200平方千米。完成河源市城市规划、市政道路工程、各类地下管网工程、河道治理等各类测绘项目100多项，其中工程测量80多项，总面积53.8平方千米；规划用地测量30多项，总面积12平方千米；土地勘测定界26宗，总面积4.8平方千米。

深圳市地籍测绘大队

2015年，深圳市地籍测绘大队完成各类测绘项目2380多项，其中房产测绘1075项，市政、拆迁和土地储备测绘469多项，开工验线、宗地图制作和地界测量780多项，信访件、咨询件和零星测量等近60项。开展深圳市地理国情普查，完成地表覆盖分类、地理国情要素、元数据、遥感解译样本等国情数据内外业采集，成果质量被评定为良级以上。开展深圳市似大地水准面精化，完善深圳市现代测绘基准体系基础框架基础设施。开展深圳市连续运行卫星定位系统（SZCORS）日常维护和应用，用户达到230个。提供坐标转换及应用，协助完成土地动态监测系统界址坐标录入，为其他工程项目转换坐标5000个，提供平面控制点26个、高程控制点5个。修订完成《深圳市经济特区房屋建筑面积测绘技术规范》，编印《深圳市地籍调查规程》《深圳市地籍调查规程（试行稿）》《深圳市地籍调查底图编制规则》《深圳市地籍调查底图编制规则（试行稿）》等文件。

深圳地质建设工程公司

2015年，深圳地质建设工程公司全年共完成各类测绘项目近220个，测绘产值近3000万元。完成深圳市1:1000地形图及地下管线动态修补测（龙岗标段）9.03平方千米、管线探测170千米。完成惠东县2014年度1:500基本地形图测绘（包2）12平方千米、GPS控制点测量54点、四等水准测量29千米。承担深圳市龙华新区现代有轨电车示范工程第三方监测及控制测量检测，检测E级控制点23点、工程变形监测点85点。

广东邦鑫勘测科技股份有限公司

【业务】

2015年，广东邦鑫勘测科技股份有限公司完成广州海珠区环岛新型有轨电车试验段工程、广州中石油鸿业石化码头港池航道、肇庆鼎湖区简易码头岸线地形及水深、珠海九洲港港池和航道水域等100多个常规水深测量项目。完成湛江市麻章区新坡水厂供输管线、阳西县溪头渔港总体规划工程等30多个地形测量项目。完成珠海黄茅海三一港机码头等20多个多波束测量项目，珠海中燃油库码头、广州南沙港等10多个变形监测项目，广东省阳西、南雄、茂名滨海新区、电白等10多个农村土地承包经营权确权登记颁证试点项目。协助承办中国海洋勘测发展新丝路第二届高峰论坛，协助组建中国勘测联盟并成为第一届理事长单位。

【其他】

广东邦鑫勘测科技股份有限公司承担的“潮州华瀛润裕天然气有限公司LNG储备站配套15万吨级码头工程测量”获2015年全国优秀测绘工程奖铜奖。

广东南方数码科技股份有限公司

【业务】

2015年，广东南方数码科技股份有限公司承担鹤壁市房地产市场信息管理系统、广东省地理国情普查数据采集系统、数字鹤山地理空间框架、平顶山市住房保障系统升级和房地产市场信息系统基础数据整理等20多个建设项目。承担广东、安徽、广西、贵州等地20多个农村土地承包经营权确权登记颁证项目。推出南方数码不动产统一登记业务，并与广东省国土资源测绘院签署战略合作协议。

【其他】

广东南方数码科技股份有限公司承担的“数字岳阳地理空间框架建设项目”“广州市房地产测绘院广州市土地房屋测绘生产管理系统项目”均获2015年中国地理信息产业优秀工程金奖；“惠州市国土资源局测绘地理信息统一监管系统建设外业调查和软件开发项目”获银奖。“一体化空间信息集成交互平台的关键技术与应用”获广东省科技进步奖三等奖和广州市科技进步奖三等奖。

深圳市水务规划设计院有限公司

2015 年，深圳市水务规划设计院有限公司完成深圳市新圳河—西乡河水环境整治工程截污管道内窥检测、深圳市海月南路改造工程雨污水管网内窥检测与复核等 22 个项目。承担深圳坝光核心启动区防洪（潮）排涝工程（第一阶段）可研测量、深圳坪山河流域水环境综合整治工程干流综合整治工程施工图测量。在深圳市首次将 GPS 应用于水库大坝监测。利用 0.5 秒级高精度全站仪开发无人值守型地铁观测系统。全年共承担市场项目 69 项，完成 60 项，实现产值近 3000 万元。

深圳市中正测绘科技有限公司

2015 年，深圳市中正测绘科技有限公司完成深圳市 1:1000 地形图修补测 7.6 平方千米、管线修补测 87.2 千米、管线普查 1250 千米。完成其他各类测绘项目 157 项，业务涵盖深圳市规划监督、市政工程、管网工程、城市更新、土石方计算等工程测量以及工程项目征地、土地勘测定界和房产建筑面积测算、预售、竣工测量等不动产测量。测绘各种图件 400 多幅，其中 1:500 地形图（含竣工图）90 多幅 9.5 平方千米；征地定界测量 6 平方千米；规划用地定界测量 5 平方千米；城市更新测量 200.5 万平方米；房产建筑面积测量 192.2 万平方米。

深圳市爱华勘测工程有限公司

【业务】

2015 年，深圳市爱华勘测工程有限公司共签订测绘项目合同额 3500 多万元。承担皇庭国际公馆（下梅林旧改二期）项目建筑面积测算（施工图测算）、望江县农村土地承包经营权确权登记颁证测绘、长春市测绘院城市部件普查采购项目、2014 年度阳山县高标准基本农田建设项目测绘和规划设计及预算编制采购项目、珠海市唐湾岸线沙滩修复工程测绘、深九国际产业升级项目基坑监测工程、深圳地铁 4 号线北延段定测物探管线探查等项目。

【其他】

深圳市爱华勘测工程有限公司承担的“南山区城中村（旧村）改造办公室北部片区测绘服务采购项目”等 3 个项目获 2015 年全国优秀测绘工程奖铜奖。

中交第四航务工程勘察设计院有限公司

【业务】

2015 年，中交第四航务工程勘察设计院有限公司承担汕头市东部城市经济带市政基础设施建设项目、江门港广海湾港区广海湾作业区防波堤、进港航道和 5 万吨级码头工程、东莞市虎门港同舟石化码头有限公司立沙岛石化公用码头扩建工程、福州长乐国际机场二期建设陆域形成工程、潮州港公用航道一期工程、揭阳港大南海东岸公共进港航道工程等测量项目。承担科特迪瓦圣佩德罗港扩建工程、莫桑比克贝拉渔码头重建项目、科特迪瓦阿比让港扩建一期工程、牙买加主要基础设施发展项目等国外测绘项目。全年完成工程测量项目 33 个、面积 290 平方千米，涉及水深测量、地形测量、控制测量、变形观测、多波束扫海测量及旁扫声呐等业务。

【其他】

中交第四航务工程勘察设计院有限公司承担的“广州港南沙港区二期工程”获 2015 年全国优秀工程勘察设计奖银质奖，“广州港出海航道三期工程综合勘察”获 2015 年度水运交通优秀勘察奖三等奖，“中科合资广东炼化一体化项目码头工程可行性研究”获 2015 年全国优秀工程咨询成果奖二等奖，“巴基斯坦卡西姆港国际集装箱泊位二期工程”获 2015 年国际咨询工程师联合会菲迪克 FIDIC2015 提名奖。

深圳市蓝天鹤测绘有限公司

【业务】

2015 年，深圳市蓝天鹤测绘有限公司承担 2014 年～2015 年深圳龙岗区地形图及地下管线动态修补测、深圳市宝安区新桥河综合整治（拆迁测绘）项目以及深圳市龙华新区城中村地下管线普查及隐患排查民治办事处试点项目、福永街道孖庙涌排涝泵站工程、玻璃围涌水泵站工程等测量项目。承担 2014 年深圳市土地变更调查工程外业调查（罗湖、福田、南山片区）、梅州市梅县区耕地后备资源调查评价及建库、梅州市土地登记监管系统建设及国土资源基础业务数据整合建库项目等。参与 2014 年度深圳市土地变更调查变更结论合理性分析及变更图斑地类一致性检查研究、耕地实际管理信息内业梳理与实际耕种情况外业调查及数据库建设研究以及深圳市违法用地和违法建筑历年相关调查成果数据清理、内业分析、成果整合与数据库建设项目研究等。

【其他】

深圳市蓝天鹤测绘有限公司承担的“深圳市龙岗区平湖街道新祠堂—竹篙片区城市更新项目拆迁测绘”和“梅州市平远县农村集体土地确权登记发证数据库建设”项目均获2015年全国优秀测绘工程奖铜奖。

广东省国土资源测绘院

【业务】

2015年，广东省国土资源测绘院作为广东省第一次全国地理国情普查省级普查任务的牵头单位，承担并完成12个地级市的地理国情普查任务，占全省普查任务的80%左右；制定《测绘院2015年广东省地理国情普查与监测工作计划》《广东省第一次全国地理国情普查专项经费实施细则》；加强生产过程质量管理工作，普查成果均通过质量复核。承担12个地级市高分辨率航空影像数据建设，完成影像数据获取10万平方千米，占应完成面积的78.8%；像片控制测量84903平方千米，占应完成面积的66.8%。完成广东省连续运行卫星定位服务系统（GDCORS）改造升级、控制中心服务器升级、软件重新部署等工作，并通过验收。承担数字城市地理空间框架建设升级推广应用和数字县（区）地理空间框架建设，完成韶关等10市数字城市基础数据改造升级以及60个县（区）近3000平方千米影像数据获取和生产。开展广东省高标准基本农田无人机航摄试点和地质灾害无人机三维倾斜航拍试点。利用无人机航摄技术获取近4500平方千米的影像。开展国土资源在线巡查系统运行维护工作，编制《2015年度遥感监测图斑外业巡查结果省级审核作业指导书》，承担遥感监测图斑外业巡查结果省级审核工作。

【其他】

广东省国土资源测绘院承担的“珠海高精度三维陆海统一测绘基准建立及其理论与技术研究”项目获2015年中国地理信息科技进步奖一等奖，“惠州市统一测绘基准（惠州市现代测绘基准与服务体系建设）”获2015年全国优秀测绘工程奖金奖、“曲江区1:2000数字正射影像图制作、农村集体土地所有权及宅基地所有权确权登记”等3个项目获银奖、“数字湛江地理空间框架建设数据库系统项目”获铜奖。1人获“全国技术能手”称号，1人获“全国测绘地理信息行业职业技能鉴定先进工作者”称号，1人获“全国地理信息行业优秀技能人才”称号。

广州市城市规划勘测设计研究院

【业务】

2015年，广州市城市规划勘测设计研究院完成广州市基本地形图更新、广州市城市等级导线控制网重建、广州市地下管线普查及数据整理（80测区）、广州市城市规划地下空间设施普查及测绘、数字规划地图动态更新、广州市森林防火应急指挥工作挂图及地图集编制、广州市白云区城中村基础数据调查等测绘项目。承担广州市轨道交通“十二五”新线规划测量、广州市2015～2017年度高分辨率航空摄影测量。参与编制出台《地下管线探测技术规程》《1:500 1:1000 1:2000地形图图式》。举办测量专业新技术讲座20多场，在核心期刊发表论文39篇。“广东省空间信息移动激光测量系统工程技术研究中心建设”“广东省地理信息产业技术路线图编制”“融合高分辨率遥感影像图谱特征的城市不透水面提取及示范应用”分别被列入广东省、广州市科研课题。

【其他】

广州市城市规划勘测设计研究院承担的“广州市城市勘测信息系统升级维护”“南沙规划地理信息系统”“可园古建筑三维测量与建模及系统开发”项目分获2015年中国地理信息产业优秀工程奖金、银、铜奖。“多源数据更新系列电子地图方法研究与应用”“广州市地下管线智能化工程项目”均获2015年中国地理信息科技进步奖二等奖、“数字城建档案馆综合利用关键技术研究与应用”获三等奖。“广州市连续运行卫星定位城市测量综合服务系统（GZCORS）升级及高程测量基准优化”获2015年卫星导航定位优秀工程和产品奖三等奖。“基于空地协同测绘新技术的南沙国家级新区地形图测量”获2015年全国优秀测绘工程奖金奖、“基于BIM理念的广州市龙归保障房项目竣工测量数据分析与探索应用”“广州开发区、萝岗区地下管线普查工程（二期）项目”均获银奖、“广州市绿化三维实景专题数据采集”获铜奖。“超高层建筑第三方监测技术体系研究”等3个项目获2015年中国测绘地理信息学会测绘科技进步奖二等奖。“车载多传感器城市街景移动测量系统”获广东省科学技术奖三等奖、第三届国土资源（广东）科学技术奖一等奖。12个软件取得计算机软件著作权登记证书。

广州建通测绘地理信息技术股份有限公司

【业务】

2015年，广州建通测绘地理信息技术股份有限公司承担肇珠管网二期LiDAR摄影竣工测量、宁波杭州湾新区机载激光雷达数据处理。承担湛江东海岛至雷州高速公路工程第A1标段以及横县六景镇、肇庆市、云浮市山洪灾害调查评价外业测量。承担汕湛高速公路惠州至清远段、兴宁至汕尾高速公路汕尾段、梅州至平远高速公路和湛江机场迁建等工程地形测量。承担大埔至潮州港高速公路（大埔至漳州支线）工程航测和控制测量、韶关市区1300平方千米1:1000机载激光雷达测量。承担济源市、灵宝市、陕县等地农村土地承包经营权确权登记颁证航空摄影和数字正射影像图制作以及桂林市临桂区农村土地承包经营权确权登记颁证服务项目H标、2015年武鸣县农村土地承包经营权确权登记颁证航拍及权属调查、藤县2270平方千米农村土地承包经营权确权服务项目。承担广州市2015~2017年度高分辨率航空摄影测量、惠州地区风暴潮漫滩基础地理数据航空采集、安顺市普定县航空摄影及1:2000正射影像图制作、辽宁医巫闾山遗址和天门石家河遗址群机载激光遥感测绘、拉萨市城市防洪续建配套工程机载激光雷达航空摄影以及巴基斯坦水利枢纽工程等测绘项目，涉及公路、国土、农业、水利等行业。

【其他】

广州建通测绘地理信息技术股份有限公司获“中国地理信息产业百强企业”称号，承担的“三亚市1:2000比例尺地形图信息化测绘及入库项目”获2015年全国优秀测绘工程奖白金奖。“多源数据管理GIS平台软件”取得计算机软件著作权证书，“一种机载激光点云数据的智能化滤波方法”获发明专利证书。

广州市房地产测绘院（广州市测绘产品质量检验中心）

【业务】

2015年，广州市房地产测绘院（广州市测绘产品质量检验中心）完成新机场、河涌整治、高速公路、城市轨道交通等重点项目以及土地开发储备、保障房建设等项目测绘，共承担各类测绘项目10692项，其中房产类8629项。承担完成广州市第一次全国地理国情普查工作。完成地理国情监测城市扩张监测工作并通过验收，开展数字高程基准、地理国情平台建设等后续工作。承担广州市不动产统一登记测绘、编码工作，研发不动产单元编码系统并投入使用。完成全市房地合一不动产权籍管理“一张图”数据建设，完成《广州市不动产登记测绘管理工作制度（初稿）》，编制《不动产测量成果报告书》模板，制定《广州市不动产调查测绘技术规范（试行）》，完成近10万个不动产单元号。承担系列重大项目基础性关键性技术工作，完成高等级基础控制网、连续运行卫星定位服务系统和北斗系统建设、2000国家大地坐标系等“三规合一”基础性、关键性工作，并通过验收。履行广州市测绘产品质量检验中心职责，获国家质量技术监督部门CMA计量认证证书，落实内设机构及人员配置，制定测绘成果质量检验暂行规定，开展全市测绘成果质量监督检查工作。编撰完成《广州市测量标志史话》。组织土地管理、测绘工程技术工程师资格评审、技术培训与交流。

【其他】

广州市房地产测绘院（广州市测绘产品质量检验中心）承担的“广州市土地房屋测绘生产管理系统”获2015年中国地理信息产业优秀工程奖金奖，“《房屋面积测算规范》（DBJ440100/T204—2015）”获2015年中国地理信息科技进步奖三等奖。

深圳市中铭勘测工程有限公司

【业务】

2015年，深圳市中铭勘测工程有限公司实现测绘生产产值近3000万元。承担测绘项目382项，其中工程测量项目269项、地理信息系统开发项目3项、农村土地经营权确权项目2项、地名普查项目2项。全年完成地籍测绘460平方千米、房产测绘

52.59 万平方米、测绘航空摄影 25 平方千米、海洋测绘 20 平方千米。

【其他】

深圳市中铭勘测工程有限公司承担的“深圳国际低碳绿色低碳产业基地土地整备拆迁测绘工程项目”获 2015 年全国优秀测绘工程奖银奖；“华侨城城区市政地下管网普查暨信息系统建立”获 2015 中国地理信息产业优秀工程奖银奖，“龙城街道违法建筑信息管理系统”获铜奖。

广州绘宇智能勘测科技有限公司

【业务】

2015 年，广州绘宇智能勘测科技有限公司完成肇庆市、四会市、英德市“多规合一”平台开发。完成综合地下管线普查及系统建设项目 50 多个，主要包括广州大学城管线普查、东莞大朗镇地下管线普查、江门市综合管线信息系统软件升级开发项目、江门市区地下综合管线普查探测服务（新会二期）、大埔县地下管线普查和建立地下管线信息系统项目等。完成农村土地承包经营权确权登记项目 30 多个，总面积 2000 多平方千米。完成农村土地承包经营权系统、通信网络资源管理系统、气象淹没分析系统、电子报批系统、图文办公自动化系统、可视化监管平台、控规管理系统等软件产品开发。

【其他】

广州绘宇智能勘测科技有限公司承担的“基于‘二三维规划一张图’的多规合一空间信息管理平台”获 2015 年中国地理信息科技进步奖三等奖。

深圳市工勘岩土集团有限公司

【业务】

2015 年，深圳市工勘岩土集团有限公司承担湖北省襄阳市襄州区和监利县宅基地使用权和集体建设用地使用权确权地籍测量以及大亚湾核电基地控制测量、地形测量、地下管线探测。承担深圳市前海市政工程Ⅱ标第三方监测、深圳市前海填海区后续软基处理工程 E1 地块监测、深圳市万科房地产有限公司留仙洞总部基地二期基坑支护工程监测、深圳市前海市政工程 III 标第三方监测等测绘项目。编制出台《深圳地区地基处理技术规范》，开发“岩土工程计算软件 V1.0”。全年完成测绘生产产值 1580 多万元。

【其他】

深圳市工勘岩土集团有限公司升级为甲级测绘资质，承担的“中国移动深圳信息大厦基坑监测”获 2015 年广东省优秀勘察设计工程奖三等奖。

广州港工程管理有限公司

【业务】

2015 年，广州港工程管理有限公司完成广州南沙粮食码头变形测量、广州南沙汽车码头沉降位移观测、广州港南沙一期宿舍楼（D 座）沉降监测、东江公路桥及麻涌铁路桥沉降监测、广州港新港车站装卡系统环保改造工程沉降变形测量、广州港南沙港区控制网布设测量等项目。承担海南省琼中县农村土地承包经营权确权登记颁证测绘服务项目（B 包湾岭镇）和“传统水深图的 GIS 实现”科技项目。全年共完成水深测量 142 项、面积 70 多平方千米。

【其他】

广州港工程管理有限公司取得甲级测绘资质和地理信息系统专业乙级资质。

广东省地质物探工程勘察院

【业务】

2015 年，广东省地质物探工程勘察院承担佛山市南海区西樵镇污水管网系统建设、惠州市仲恺高新开发区地下管线普查以及江门市区地下综合管线探测、佛山新城和乐从镇地下管线探测、惠州市地下管线探测等 28 个地下管线测量项目。承担清远市清新区天泽颐康城一期无人机航测数字化地形测量、忻城县马泗乡农村土地承包经营权确权登记颁证航测、惠城区国家级农业示范区（一期、二期）数字航空摄影测绘等测绘航空摄影项目。承担广州市花都区房地产测绘、安远县浮槎乡农村土地承包经营权确权登记颁证试点服务、碧桂园西苑颐翠庭房产宗地测量等不动产测绘项目。承担数字普宁地理空间框架建设、数字澄海地理空间框架软件及数据建设、从化市市政道路及公用设施数据库建档等地理信息系统工程项目。承担佛山顺德区北滘镇西南工业区地形测量、新兴县河头镇步朗生态村规划编制地形图测量、新兴县国家农业综合开发高标准农田建设项目1:2000地形图测量、S358清溪段路面改造工程、嘉兴商业办公楼项目基坑支护工程第三方监测、广州利联新城项目一期主体沉降观测、高支模监测等工程测量项目。全年共完成各类测绘项目127项，实现测绘服务总值2644万元。

【其他】

广东省地质物探工程勘察院承担的“仲恺高新开发区全区地下管线普查招投标项目”获2015年全国优秀测绘工程奖银奖。

广东中冶地理信息工程有限责任公司

【业务】

2015年，广东中冶地理信息工程有限责任公司完成东莞市5个镇第一次地理国情普查生产任务和数字东莞地理空间框架三维城市建设5个镇三维模型制作。完成110kV平断面图测量231千米、220kV平断面图测量186千米、500kV平断面图测量368千米。完成地籍测绘36平方千米、配网基建项目211.3千米。承担1:500地形图测绘28.9平方千米、1:500地形图修补测量53.4平方千米。承担地下管线普查项目46个共3106.4千米。

【其他】

广东中冶地理信息工程有限责任公司承担的“新疆维吾尔自治区疏附县城区地下管线普查”获2015年广东省优秀测绘地理信息工程奖二等奖，“220kV广南—乌洲送电线路工程”获三等奖。取得计算机软件著作权共10项。

广州科测测绘技术有限公司

【业务】

2015年，广州科测测绘技术有限公司承担广州市番禺区市桥镇、南村镇、钟村镇国土测绘业务，涉及地形测绘、地籍测绘、房产测绘、勘测定界等。完成广州从化江村和小海片区城市规划测量1:500地形图16平方千米、广州市600平方千米地理国情普查、广州从化土地储备中心征地测量70宗、广州增城沙庄至花都兴公路二期工程45千米勘测定界与地面附着物清点测量。

【其他】

广州科测测绘技术有限公司承担的“从化市低丘缓坡荒滩综合开发利用1:500数字化地形测量”“广州城沙庄至花都北兴公路二期工程（荔城至花都北兴段）勘测定界测量及地面附着物清点”项目均获2015年全国优秀测绘工程奖铜奖。

东莞市测绘院

2015年，东莞市测绘院承担各类测绘项目97项。主要包括东莞市第一次全国地理国情普查（一期）、东莞市“一村一镇一地图”编制、数字东莞地理空间框架三维城市建设三维模型制作（东北发展示范区）、东莞市石龙镇和麻涌镇农村土地承包经营权确权登记颁证综合技术服务、广深四线地籍测量、东莞市沿海公路用地预审数字地形图测量、东莞市长安镇人文生活区土地统筹测绘和房屋及附着物详查、清溪生态农业产业园低空摄影测量和农地种植现状调查、东莞全市农资店调查测绘服务等工程类项目。完成HK数字社区综合信息管理系统建设、数字东莞三维模型编译、智慧林业云技术咨询、土地储备中心红线格式转换（一期）、2016国有建设用地供应计划编制、国土业务核心数据整理建库等测绘信息化项目。

广东省工程勘察院

【业务】

2015年，广东省工程勘察院完成揭阳市高标准农田建设1:2000数字化地形图测绘99.5平方千米、茂名市铁路用地全野外数字化地形测量及土地登记52.9千米、珠海横琴新区市政基础设施BT项目非示范段主、次干路道路工程第三方监测。承担广州市、佛山市、珠海市、东莞市、揭阳市等地基坑变形监测、高层主体沉降观测、边坡支护工程监测等其他各类测绘项目252个，完成基坑监测、高层主体沉降、边坡支护工程监测和高支模监测项目157个，大比例尺地形图测量30平方千米，不动产测绘5.6平方千米，土地勘测定界测量3平方千米。

【其他】

广东省工程勘察院研发的“一种用于基坑监测的监测标志”“一种用于监测点的保护装置”分别取得国家实用新型专利证书，并在广东省内工程监测项目中得到应用。

广州全成多维信息技术有限公司

【业务】

2015年，广州全成多维信息技术有限公司承担农村土地承包经营权确权登记颁证565.51平方千米，其中广州市108.72平方千米、河南省296.35平方千米、湖北省160.44平方千米。承担档案影像扫描及装订整理项目、2015年度从化市政府储备用地土地测绘项目、广州市南沙区各类测绘项目155项、佛山市顺德区地下管线测绘23项以及其他宗地测量、房产测绘等项目40多项。

【其他】

广州全成多维信息技术有限公司10个项目取得计算机软件著作权登记证书。

佛山市城市地理信息中心

【业务】

2015年，佛山市城市地理信息中心承担“天地图·佛山”兴趣点采集更新、佛山市禅城区第二次全国地名普查、佛山市建（构）筑物抗震性能普查、佛山市南海区地下管线普查咨询设计和数据入库、佛山市三水区地下管线普查项目成果入库等各类测绘地理信息采集工作。完成佛山市（不含顺德）“一镇一村一地图”成果审查、佛山市DEM数据更新制作以及佛山市消防灭火救援警力分布示意图、佛山市气象局专题图、佛山市水利工程图等各类地图编制。完成佛山市综合治理云平台GIS系统、佛山市防震减灾安全决策与服务平台、佛山市规划城建档案空间导视管理系统、禅城区社区自治家园平台地理信息子系统、高明区土地储备信息管理系统建设等。承担佛山市2015年度控制性详细规划成果入库、佛山市城乡规划电子政务系统数据入库与更新、佛山市绿地专题图建库（二期）及绿地绿线动态维护、佛山市顺德区规划“一张图”管理信息平台数据建设、南海区规划编制成果数据整理等工作。

【其他】

佛山市城市地理信息中心承担的“城乡规划业务全生命周期智能化管理平台建设与应用”获2015年广东省科学技术奖三等奖。“禅桂片区地下空间资源普查”获2015年广东省优秀城乡规划设计奖二等奖，“佛山市历史文化名城专题图规划管理”“佛山（云浮）转移工业园南园思劳片区现状基础地形及概念规划方案三维模型建设”项目均获三等奖。

广西壮族自治区

概况

截至2015年底，广西壮族自治区共有测绘资质单位586家，其中甲级18家、乙级104家、丙级285家、丁级179家；测绘从业人员年末人数为11640人。全区测绘资质单位全年完成测绘服务总值15.45亿元，同比增长18.7%。完成的重点项目（工程）包括广西第一次全国地理国情普查、广西农村土地确权统一组织航空摄影和数字正射影像图制作、数字广西和数字城市地理空间框架建设、广西CORS基础设施建设、“天地图·广西”省市节点建设等。

柳州市国土资源信息测绘所

【业务】

2015年，柳州市国土资源信息测绘所主要完成征地测量1.2万亩、违法用地测量197宗、拨地钉桩2021个、商品房地籍测量169栋、房产测绘179栋。完成国有土地登记地籍调查1175宗、集体土地登记地籍调查763宗、建设用地预审前置地籍调查190宗、供地前置地籍调查552宗、土地勘测定界项目71个（面积约为517.0386公顷）、用地预审规划论证项目18个、用地项目土地规划修改编制项目5个。完成柳州市2015地籍调查综合服务包项目、柳州市本级农村宅基地及集体建设用地使用权确权发证项目（二期工程）、柳州市本级地理国情普查项目（1016.75 平方千米）等。

【其他】

柳州市国土资源信息测绘所完成的“柳州市 2013 年 1:500、1:1000 数字化地形图测绘服务采购（02 分标）项目”获 2015 广西优质测绘地理信息产品（工程）奖铜奖。

钦州市测绘院

2015 年，钦州市测绘院完成钦州市 2015 年度基础测绘编绘项目 17.3 平方千米 1:500 地形图测制，钦州市钦南区农村宅基地及集体建设用地确权登记发证工作。完成数字钦州地理空间框架建设项目并通过验收。承担广西壮族自治区第一次全国地理国情普查钦州市钦北区 2215 平方千米普查任务，通过验收。完成国家 2000 大地坐标系成果本级坐标转换工作。完成钦州市区多个小区及城镇共 5200 多宗地籍测量、钦州市区 330 多宗城镇地籍权属调查、钦州市辖区土地开垦整理项目 30 多平方千米及 6.6 平方千米征地拆迁测量及绘图。

广西壮族自治区地理国情监测院

【业务】

2015 年，广西壮族自治区地理国情监测院完成测绘服务总值约 9800 万元。完成地理国情普查及时点核准工作并通过验收。完成普查数据采集 421 幅，贵港市等 8 个市县普查采集成果均按时申请预验收；完成 26 个测区累计 71556 平方千米（占全区总面积 30.2%）的普查标准时点核准、成果复核、成果接边和成果汇交等工作。完成了 5 座国家、35 座广西和 6 座北部湾 GNSS 站资料归档整理和移交工作；完成 5 个国家 GNSS 站点的高程属性测定工作；完成北斗崇左站设备安装和附属设施改造工作；完成数字广西 1:1 万 DLG 生产 341 幅。数字贵港通过验收，数字贺州和数字梧州通过预验收。正式启动数字桂林数据采集工作。开展了梧州市区无人机快速获取影像和地面三维数据采集应急演练。与全州县、永福县签订了战略合作框架协议，在资源共享、人才交流、技术支撑和决策咨询等方面深化合作。为不动产确权、建设用地调查、耕地资源保护、土地规划和土地整治等国土资源项目提供技术服务。开展了北海市海岸带综合监测，广西信访信息综合分析研判系统开发和数字城市后期维护及推广应用。

【其他】

广西壮族自治区地理国情监测院完成的“廉江市中心城区和规划控制区 1:500 数字化地形图测绘”“‘数字贵港地理空间框架建设’城南东建设规划区地形地籍测绘”分获 2015 年全国优秀测绘工程奖银、铜奖，“车载移动测量系统的应用研究”获 2015 年广西测绘地理信息科学技术奖三等奖。

广西壮族自治区国土测绘院

【业务】

2015 年，广西壮族自治区国土测绘院完成武宣县、兴业县第一次全国地理国情普查外业数据采集 0.51 万平方千米；龙州县等 8 县（区）标准时点核准及数据库建设 2.06 万平方千米；广西“小块并大块”耕地整治及高产高糖糖料蔗基地“以奖代补”土地整治测绘 75 平方千米；柳州市 1:500 地形图修补测 39 平方千米；三江县 1:500 地形图测绘 21 平方千米；南宁市、玉林市、贵港市、百色市、崇左市、梧州市共 49 个县（市、区）耕地后备资源调查评价及数据建库；岑溪市等 11 个县（市）农村宅基地和集体建设用地使用权确权登记发证（二期工程）项目内业数据建库；农村土地承包经营权确权登记颁证工作 190 平方千米；云桂铁路南宁至百色段工程用地 1:2000 全野外数字化地籍测绘 12.6 平方千米；无人机航测及影像图制作 1270 平方千米。

【其他】

广西壮族自治区国土测绘院完成的“灵山县 1:500 数字化地形图测绘”项目获 2015 年全国优秀测绘工程奖铜奖，“三江县农村宅基地和集体建设用地使用权确权登记发证二期工程（重点区域）”项目获 2015 年广西优质测绘地理信息产品（工程）奖铜奖。

广西壮族自治区基础地理信息中心

【业务】

2015 年，广西壮族自治区基础地理信息中心完成基础地理信息数据管理接收与分发工作；完成广西第一次全国地理国情普查约 1.01 万平方千米的标准时点核准和数据整理工作；广西全区约 23.67 万平方千米地理国情普查数据的接收、检查、第一阶段预处理及汇交工作；广西地理国情普查建库设计和基本统计试验工作；数字广西地理空间框架建设项目初步设计的编制和评审；广西地理信息公共服务平台一期建设。协助完成广西现代测绘基准管理与综合服务平台、地理信息数据库管理系统建设。完成数字广西 1:1 万 DLG 生产前期准备工作；完成"天地图·广西"覆盖全区的矢量地图与影像地图数据生产及系统升级改造；开展广西壮族自治区人民政府应急一张图图像接入系统、"醉美广西" 2 个应用。承担 GXCORS 基准站运行维护管理及应用服务，完成 26 座 GXCORS 参考站的防雷改造、12 座国家站（含陆态网 2 座）的坐标计算、北斗地基增强系统升级改造测试、整网联合测试和《GXCORS 运维管理办法（初稿）》的编制。数字钦州地理空间框架建设项目通过验收。

【其他】

广西壮族自治区基础地理信息中心完成的"广西北部湾经济区地理空间框架数据库建设"获 2015 年广西测绘地理信息科学技术奖三等奖，"第二次全国地名普查录入系统"和"醉美广西"分获第三届天地图应用开发大赛三等奖、优秀奖。

南宁市勘察测绘地理信息院

【业务】

2015 年，南宁市勘察测绘地理信息院承揽业务 3100 多项。完成南宁市地下管线普查 800 多平方千米、探测管线 1.8 万千米；开展定点全景航摄，获取市区重要节点全景影像图 120 多幅，开发了基于移动端的浏览平台；完成南宁市等片区约 200 平方千米大比例尺地形图生产；完成田林县利周乡农村土地确权项目；完成邕江两岸及内河直排口普查和流量监测；完成南宁市数字城管基础地理信息数据及城市部件更新；完成南宁市城中村及公园广场地理信息数据普查；完成南宁吴圩机场第二高速公路工程岩土勘察工程、带状地形纵横断面测绘；完成 2015 版《南宁市中心城区地图》《南宁市六城区地图》《南宁市地图》的修编；编制《南宁市马山县地图》、第六届广西园林园艺博览会（梧州）导览手绘地图及相关衍生品等。

【其他】

南宁市勘察测绘地理信息院自主开发的 4 个软件取得软件著作权登记证书。主编 4 项广西地方标准和《广西建筑基坑监测技术规程》。"智慧社区网格化管理信息系统及应用示范""南宁市地理信息共享服务平台的研究与建设"均获 2015 年中国地理信息科技进步奖三等奖，"基于南宁 CORS 的移动终端精准定位研究"获 2015 年中国测绘地理信息学会测绘科技进步奖三等奖，"基于 Worldview2 高清卫星影像的 DLG 与 DEM 生产"项目获 2015 年广西测绘地理信息科学技术奖三等奖。

北海市国土资源信息中心

【业务】

2015 年，北海市国土资源信息中心完成各类测绘项目 60 多项。测绘和编制征地用图、土地勘测定界图 67 件，总面积 26.5 万亩；完成地籍、宗地图 2486 件，共 6930 宗。

完成数字海洋系统的部署及相关专题数据制作。为地税局提供大比例尺地形电子地图服务、大比例尺遥感影像电子地图服务、道路路网数据服务、行政区划数据服务、城镇地籍数据服务、土地供应数据服务、土地登记数据服务，及时更新土地专题数据。"天地图. 北海"框架正式发布。完成北海市铁路沿线环境综合整治等项目权属调查及专题图件编制工作 2726 宗。完成北海市辖 3 区 2014 年城镇地籍汇总工作，并对 2014 年变更调查成果进行统计分析、数据汇总。完成市本级农村宅基地 300 个重点图斑 28.635 平方千米的数据建库工作；对北海市本级农村宅基地非重点区域进行权属入库，已累计完成 640 个图斑 17.6246 平方千米。

【其他】

北海市国土资源信息中心完成的"北海市冯家江新区 1:1000 地形图测绘"获 2015 年广西优质测绘地理信息产品（工程）奖银奖。

广西有色勘察设计研究院

【业务】

2015 年，广西有色勘察设计研究院完成各类测绘项目 130 多项，产值约 3500 万元。共测绘和编制各类 1:500 工程地形图（含竣工图）19 项，总面积约310平方千米；地籍、宗地图约12.56万宗，总面积620平方千米；征地用图约3.56万宗；土地勘测定界图约6.545万宗，总面积约950平方千米。

【其他】

广西有色勘察设计研究院完成的“西南水运出海通道工程（澧渡河口至桥巩段）航道竣工水深测量”“百色市矿业权实地核查测量”分获2015年度全国有色金属行业部级优秀工程勘察奖二、三等奖，“合浦县农村宅基地和集体建设用地确权登记发证工作”获2015年广西优质测绘地理信息产品（工程）奖银奖。

桂林市测绘研究院

【业务】

2015年，桂林市测绘研究院完成测绘任务691项。完成琴潭片区三维建模项目20平方千米；完成漓江大美等竣工测量三维建模5项，建筑面积80万平方千米；为“桂林市高度控制规划”提供三维模型数据30平方千米；完成临桂新区60平方千米、会仙生存谷50平方千米、平乐沙子镇60平方千米的航拍并制作1∶1000正射影像图。提供市中心区域及新区最新航空遥感影像图用于市长工作用图。为城市规划及政府管理提供工作用图，为市工业和信息化委员会提供临苏产业带航空影像图，为市规划局编制桂林高铁规划专项工作图；完成新版桂林市城区图的调绘，累计为市政府各部门提供工作用图80份。完成桂林市现代测绘基准体系建设项目，共测设GNSS控制网C级点75个，二等水准路线600多千米，覆盖桂林市重点规划区域1300多平方千米。

【其他】

桂林市测绘研究院完成的“广西桂林兴安通用机场1∶500地形图测量”获2015年度广西优秀工程勘察设计奖三等奖。

广西壮族自治区遥感信息测绘院

【业务】

2015年，广西壮族自治区遥感信息测绘院完成广西第一次地理国情普查标准时点核准卫星遥感影像数据共450景；忻城、扶绥等12个县市2.7万平方千米地理国情普查标准时点核准任务以及数据入库、成果汇交；数字广西1∶1万DLG生产288幅；防城港市数字城市地理空间框架建设1∶500 DLG数据73平方千米，1∶2000 DLG数据103平方千米，DEM、DOM数据4116.5平方千米以及地名地址等基础地理信息数据生产；隆安至宾阳、贺州至巴马等高速公路沿线一级导线点布设及控制测量，1∶2000地形图成图300平方千米；永福至三皇、富禄至丹洲、融水至河池公路等1∶1万地形图数字化1000平方千米；广西天然气支线管网项目北流天然气支线管线、钦南成品油管道等管线1∶2000地形图测绘85平方千米；钦州市钦北区青塘镇农村土地承包经营权确权登记颁证3万亩。

【其他】

广西壮族自治区遥感信息测绘院参加第四届广西测绘地理信息行业职业技能竞赛地图制图项目比赛并获团体三等奖。

广西壮族自治区地图院

广西壮族自治区地图院为自治区党委编制了《自治区领导工作用图》《广西壮族自治区地图》《贵港市地图》《来宾市地图》《桂林市地图》《柳州市地图》《防城港市地图》《广西山脉水系图》等。为自治区及各级政府编制了《贵港市地图》《广西边境图》《中国东盟地图》《崇左市地图》《江州区地图》《广西“十三五”规划附图》《北部湾经济区地图》《广西精准扶贫系列图》等，提供《广西壮族自治区交通图》400多张、《南宁城区图》350张，《广西壮族自治区地图册》300本。为宜州市、柳北区人民武装部制作了模型地图，为崇左武警支队编制工作用图14幅，为广州军区编制工作用图4幅等。为广西经济社会发展提供《广西壮族自治区政区地名图集》《珠江－西江经济带发展规划地图册》；为广西凭祥申报国家重点开发开放试验区提供用图服务，编制广西地理教学用图1200幅，完成珠江—西江经济带黄金水道高等级航道规划图、南宁市大中型水库防洪示意图、广西沿海高速公路路线图等专题地图50多项。

广西壮族自治区地理信息测绘院

【业务】

2015年，广西壮族自治区地理信息测绘院完成地理国情普查数据生产 7831 平方千米；DOM 及各县普查数据质量整改及接边；各县地理国情普查标准时点核准 62022.17 平方千米；广西 CORS 基础设施建设项目资料整理归档；数字广西地理空间框架建设 1:1 万 DLG 数据生产桂林试验区试生产 8 幅；数字广西地理空间框架建设 1:1 万 DLG 数据生产及地名地址调查（一期）任务第 14 作业区 9882 平方千米，建成区 145.2 平方千米；国家北斗地基增强系统基准站（融水站）改造工作。

【其他】

广西壮族自治区地理信息测绘院承担的“广西来宾市象州县工业园区石龙、马坪片区 1:500 地形图测量”获2015 年广西优质测绘地理信息产品（工程）奖铜奖。

广西壮族自治区交通规划勘察设计研究院

【业务】

2015 年，广西壮族自治区交通规划勘察设计研究院共完成 19 个水运工程项目，水深测量 1:500 测图面积 1.9 平方千米、1:1000 测图面积 6.6 平方千米、1:2000 测图面积 77.3 平方千米、1:5000 测图面积 6.5 平方千米；陆域地形测量 1:500 测图面积 0.5 平方千米、1:1000 测图面积 1.7 平方千米、1:2000 测图面积 27.7 平方千米、1:5000 测图面积 10.4 平方千米；跨河管线测量河段里程 159.3 千米；水文测验河段里程 172.8 千米；共实现产值 398.7 万元。道桥专业测绘工作主要包括高速公路及一、二级公路 1:1 万、1:2000 地形图测绘及勘测定界图工作。完成高速公路地形图测绘项目 8 个，里程 663 千米，1:1 万地形图测绘 7956 平方千米，实现产值 95.5 万元；无人机航测 1:2000 地形图 2652 平方千米，实现产值 431 万元。完成一、二级主要公路项目 7 个，里程 242.2 千米，1:1 万地形图测绘 2325 平方千米，实现产值 27.9 万元；无人机航测 1:2000 地形图测绘 969 平方千米，实现产值 157.4 万元。完成高速公路勘测定界项目 6 个，里程 390 千米，勘测定界面积 468 平方千米，实现产值 312 万元。完成一、二级公路项目 5 个，里程 204 千米，勘测定界面积 196 平方千米，实现产值 112.2 万元。

【其他】

10 月，广西壮族自治区交通规划勘察设计研究院选派 3 位选手代表广西参加了 2015 年中国技能大赛——中央企业职工技能大赛工程测量工决赛，3 人均获“优秀选手”。承担的“北海港铁山港区航道三期工程测量”获 2015 年广西优质测绘地理信息产品（工程）奖铜奖。

南宁市国土资源信息中心

【业务】

南宁市国土资源信息中心编制的《数字南宁地理空间框架建设项目设计书》通过专家评审。完成数字南宁地理空间框架基础地理信息数据库（一库）、地理信息公共平台（一平台）及 5 个典型应用示范系统的建设任务。开展全市统一的 CGCS2000 框架网建设，建立了南宁市六城区和六县 1954 年北京坐标系、1980 西安坐标系与全市统一 CGCS2000 之间转换模型；建成了 22099 平方千米范围内厘米级精度的似大地水准面模型。承担了南宁市江南区 1183 平方千米地理国情普查任务，完成 596 个地理单元点要素、2939 个线性道路要素、1047 个线性水域要素以及 5294 个面性水域要素调查工作；核查地表覆盖信息分类提取图斑共 90176 个，采集遥感解译样本 535 个。编写完成《南宁市“国土资源云”建设项目建议书》，并取得南宁市发展和改革委员会的立项批复。完成了《南宁市国土资源云建设方案》编写、云机部署、升级设备等相关工作。

【其他】

南宁市国土资源信息中心承担的“南宁市农村宅基地地籍调查及登记发证项目之地籍调查及建库项目”获 2015 年全国优秀测绘工程奖金奖。

广西壮族自治区国土资源规划院

2015 年，广西壮族自治区国土资源规划院完成各类测绘项目 80 多项。主要包括广西壮族自治区内各大交通水利基础设施建设项目土地勘测定界约 1.04 万公顷；铁路、高速公路等道路工程土地登记地籍测量 19.7567 平方千米；西林县等 4 个县（区）农村宅基地和集体建设用地所有权确权登记发证（二期工程）地籍测绘 80 平方千米。完成广西 89 个县农村宅基地和集体建设用地使用权确权登记发证

（二期工程）数据库成果预检工作，并派出技术骨干配合完成全区89个县二期工程的验收。完成整县推进土地整治工程地形测量38平方千米；广西109个县（市、区）变更调查数据库成果制作和自治区级的内、外业核查项目工作；承担完成了广东省和新疆维吾尔族自治区共60个县（区、市）的2014年全国土地变更调查监测与核查任务以及江西、安徽、青海等省共12个县（市、区）变更调查成果国家级外业核查任务。

广西壮族自治区测绘地理信息档案资料馆

2015年，广西壮族自治区测绘地理信息档案资料馆完成服务总值1588万元。接收测绘成果资料197批次，数据量205TB；整理与入库航测档案3个测区共150卷以及96个市县地理国情专项档案资料357卷。提供各种比例尺地形图成果服务725次、共22550幅（张）；大地控制点成果服务231次、2196点，点之记2911张；航测档案资料60批次、共1305张航摄像片，像控点成果582个；行政区划图及各种专题图服务117次，共510张；专项数据资料共52次、数据总量211TB。完成62批次、800幅地形图的数据格式转换；1954年北京坐标系、1980西安坐标系向2000国家大地坐标系成果转换服务148批次、共62873点；WGS－84大地高转换为1985国家高程基准正常高服务46批次、共920点。完成历史地图扫描、建档10336幅，历史航片扫描4055张；判读像主点480个；备份档案级光盘869张，数据量约3545.52GB。接收交回涉密成果资料10批次，造册销毁图纸共58047幅。完成全区8495幅1∶1万DEM精细化、省外接边和质量检查工作。接收23批次的农村土地确权航摄影像1∶2000 DOM成果67132幅以及相应摄区的航摄原始影像资料。完成广西第二次地名普查工作底图编制，编制全区111个市、县、区重点区域共1959幅1∶1万DOM作为地名普查工作底图。完成西部挂图路网重点要素更新，编制《梧州市行政区划图》《临桂区交通图》《东兰县道路分布图》《百色市及周边地区交通旅游图》；制作临桂县茶洞乡、四塘乡、两江镇、会仙镇、南边山乡影像图，那坡县城区影像图。

广西壮族自治区测绘地理信息产品质量检验站

2015年，广西壮族自治区测绘地理信息产品质量检验站完成广西壮族自治区地理国情普查标准时点核准影像DOM成果验收36.3万多平方千米（含重叠区域）；验收广西地理国情普查96个县市区；检查验收广西农村土地承包经营权确权统一航空摄影和数字正射影像图63420幅；验收自治区级基础测绘项目5项；完成行业定期监督检查21项，包括14个地级市国土资源局直属测绘资质单位14项和无人机航飞的数字正射影像图7项；验收农村宅基地地形测绘成果40项；完成地方委托验收80项。

全年检定（校准）全站仪2367台、GPS接收机1695台、手持测距仪1524台、经纬仪312台、水准仪1730台。共审核纸质地图82件。

广西测绘职业技术学校

2015年，广西测绘职业技术学校完成服务总值约275万元。举办测绘地理信息行业职业技能鉴定培训班14期，共培训、鉴定学员631人次；完成继续教育培训1391人次。测绘培训基地营业额为767887.6元。

海南省

概况

截至2015年底，海南省共有测绘资质单位182家。其中甲级11家、乙级24家、丙级67家、丁级80家。按单位性质分，事业单位、国有企业、私营企业分别占总数的13%、23%、64%。按行政区划分，海口市共有103家、三亚市共有16家、省直辖市县共有63家。海南省测绘资质单位全年完成测绘服务总值5.19亿元。

国家测绘地理信息局海南测绘资料信息中心

2015年，国家测绘地理信息局海南测绘资料信息中心承担了国家基础地理信息数据库1:5万动态更新（海南、台湾）共280幅重点要素更新工作。完成了“天地图·海南”分布式数据中心建设与数据融合示范。承担昌江、保亭、白沙县的地理国情普查任务。完成数字海口、数字昌江、数字保亭地理空间框架数据体系、地理空间信息公共平台和运行支撑环境及部分应用示范建设。完成乐东龙西湾填海项目竣工海域使用及标高验收、文昌清澜新港码头改扩建、海南航天发射场设备运载码头项目竣工海域使用验收、昌江县昌化镇过会园1:500数字地形图测绘、三亚鸿洲国际游艇会游艇码头宗海图、白沙县主体功能区划图件制作、海南省少数民族9市县兴趣点地理坐标采集等市场任务。

国家测绘地理信息局海南基础地理信息中心

2015年，国家测绘地理信息局海南基础地理信息中心承担了海南省“多规合一”信息数字化管理平台建设项目；承担了地理国情普查新疆喀什东部测区任务，完成地理国情普查五指山、乐东、东方和三亚市县共约8102平方千米范围的任务。承担基于地理信息的智慧城镇规划设计技术集成与示范基础地理信息本体库海南省实例库建设等科技项目。与国家测绘地理信息局第七地形测量队共同承担海南省澄迈县、定安县，河南省许昌市，四川省宜宾市以及黑龙江省哈尔滨市的地理国情普查数据、遥感影像数据、基础地理信息数据及专题资料的收集、整合、采集等，根据典型区域的监测成果进行统计分析，形成监测报告及图件。

海南地质综合勘察设计院

2015年，海南地质综合勘察设计院完成白沙县土地确权测绘服务项目、保亭县农村土地承包经营权确权登记颁证。承担临高县农村土地承包经营权确权登记耕地测绘等，开展抱由镇地下管线普查服务工作。利用GIS技术实现农村土地2个系统权属的确权调查数据采集、建库、管理、利用的一体化管理。开展农村集体土地共有宗地分割确权登记发证工作，满足国土资源部提出的“一张图”的管理模式；开展农村土地承包经营权确权登记发证工作

国家测绘地理信息局第四航测遥感院

【业务】

2015年，国家测绘地理信息局第四航测遥感院承担了国家基础地理信息数据库动态更新项目，完成广东（含港澳）、福建、海南、台湾等区域1042幅1:5万地形图制图、福建测区1:5万DLG地形要素更新7个生产单元、广东测区1:5万DLG地形要素更新。完成新型基础测绘生产试验项目（使用lidar技术完成DEM和DSM的生产和建库），编写项目设计书，进行了小区域生产试验；完成数字陵水地理信息的国土档案管理系统应用项目。承担陵水、万宁、琼中等地区的地理国情普查。承担海口龙华区龙泉镇、海口琼山区三门坡镇、陵水县等地的农村土地承包经营权确权登记项目。

【其他】

国家测绘地理信息局第四航测遥感院遥感应用部获海南省“三八红旗集体”称号。

国家测绘地理信息局第七地形测量队

【业务】

2015年，国家测绘地理信息局第七地形测量队承担国家现代测绘基准工程项目，完成了GNSS大地控制点观测任务及1230千米一等水准观测。承担海南省第一次全国地理国情普查任务，完成海口市、儋州市、文昌市、临高县、澄迈县、屯昌县、琼海市、定安县8市县所辖陆地范围的地理国情普查标准时点核准工作。承担国家测绘地理信息局地理国情普查任务，开展海南省澄迈县、四川省宜宾市翠屏区与南溪区、黑龙江省哈尔滨市阿城区与香坊区重要地理国情监测—基础性地理国情监测。承担海南大部分市县农村土地承包经营权证登记、海口地区地形形变和地面不均匀沉降监测、三亚市创意产

业园 1∶500 数字地形图测绘等多个测绘项目。

【其他】

国家测绘地理信息局第七地形测量队完成的“海南省连续运行卫星定位综合服务系统”项目获2015 年中国测绘地理信息学会测绘科技进步奖三等奖，“数字儋州地理空间框架建设示范”项目获2015 年全国优秀测绘工程奖铜奖。

海南天琦测绘信息工程有限公司

【业务】

2015 年，海南天琦测绘信息工程有限公司承担了琼海市农村土地承包经营权确权登记（第 1 标段），完成琼海市阳江镇（第 1 标段）承包经营权确权、登记外业测量；完成皇桐镇 12 个村委会 44350 块地块共 36582. 62 亩测量工作。承担临高县农村土地承包经营权确权登记耕地测绘及资料归户、合同签订、权证打印项目。

【其他】

海南天琦测绘信息工程有限公司完成的“三亚市凤凰镇行政村及自然村 1∶2000 地形图测绘”项目获 2015 年全国优秀测绘工程奖铜奖。

海南水文地质工程地质勘察院

2015 年，海南水文地质工程地质勘察院主要承担海南、四川、深圳等省各类工程测量项目，涉及控制测量、基坑监测及建筑沉降监测、地形测量、地下管线测量等。完成文昌市同源水厂龙马片区管网延伸供水工程带状地形测量项目、澄迈县金江镇下塘村灾毁农田整治项目地形测绘项目。承担海口千禧酒店填海筑岛工程、海口国际金融中心、昌建·逸海国际基坑支护工程、海南液化天然气（LNG）站线工程等变形监测项目。

重庆市

概况

截至 2015 年底，重庆市共有测绘资质单位 198 家，其中甲级 5 家、乙级 47 家、丙级 127 家、丁级 19 家。全年开展地理国情普查、城市地下管线普查、数字城市、智慧城市等国家重点工程，开展 1∶5000 地形图测绘、1∶500 地形图城乡规划区全覆盖和地籍测绘等市级重点工程，完成了市政工程、规划竣工核实、三维仿真模型、地籍变更和土地复垦等工程测量工作，测绘资质单位全年完成测绘服务总值 13. 58 亿元。

重庆市地理信息中心（重庆市遥感中心、重庆市测绘产品质量检验测试中心）

【业务】

重庆市地理信息中心（重庆市遥感中心、重庆市测绘产品质量检验测试中心）主要承担综合市情系统、地理国情普查和监测、“智慧城市”建设等重点工程建设，以及地理信息公共服务、应急保障、地图文化、测绘质检等工作。

重庆市综合市情系统建设包括基础地理、地表数据、各类规划、社会经济等数据已形成应用发布；完成地理国情普查标准时点核准工作，完成国家级新区试点项目两江新区地理国情监测；重庆市地理信息公共服务平台继续升级，为交巡警总队、市公安局等应用单位提供上门技术服务 20 多次，为相关部门及软件开发公司提供咨询和培训服务 30 多次。编制全市应急救援地理信息服务队 2015 年应急保障预案、训练大纲，开展 2015 年重庆市地理信息应急保障及民防通讯联动演练和 2015 年主城区森林火灾地理信息应急演练。为各级政府、行业部门制作各类专题图件 200 多幅。全年发布“每周一图”42 期。

全年完成 451 项工程项目检验。检验 1∶500 地形图 364 平方千米，1∶2000 地形图 263 平方千米，地下管线 2812 千米，基塔测绘 1316 个，各类地形图共10310幅。

【其他】

重庆市地理信息中心（重庆市遥感中心、重庆市测绘产品质量检验测试中心）全年申报国家自然科学基金、市重大决策咨询课题、市规划局研究项目20多项。申报国家自然科学基金项目1项，对地观测技术国家测绘地理信息局重点实验室开放课题1项。“基于RFID及GIS技术的智慧楼宇关键技术研究”“面向移动端的城乡统筹综合现状及规划信息平台研发与示范”2个住房和城乡建设部科技项目结题，组织开展“基于遥感技术的城市违法建筑监察执法系统研究”“重庆市城乡规划督察系统研究”2个住房和城乡建设部科技项目研究及“泛在网络地理信息服务与智慧城镇应用”“复杂山地环境植被快速构面与典型地物解译规则库研究”2个国家测绘地理信息局科技项目研究。

全年获各类奖项10项，发明专利1项，软件著作权登记1项。完成的“‘每周一图’地图便民服务创新工程”“重庆市村镇规划综合信息数据库”均获2015年中国地理信息产业优秀工程奖金奖，“时空信息调查智能移动终端系统”获2015年中国地理信息科技进步奖二等奖，“重庆市三维地理信息平台建设及规划管理示范应用”获2015年中国测绘地理信息学会测绘科技进步奖三等奖，“面向城乡规划全覆盖的城市建设用地遥感监测”获2015年全国优秀测绘工程奖铜奖。

重庆市国土资源和房屋勘测规划院

【业务】

2015年，重庆市国土资源和房屋勘测规划院在基础测绘保障方面，制定完成了不动产单元编码规则、图件编制标准等多个技术标准；完成外业土地勘测面积171.6平方千米，内业绘图173621宗；完成成都铁路局、广州铁路局重庆市境内铁路用地权属完善及授权经营初审、巫山县“8·31”灾毁土地复垦前期测绘、国家土地督察成都局委托2015年度督察任务；完成房屋建盘7862幢，面积6175万平方米。在土地调查方面，完成重庆市第二次土地调查项目38个区县成果的市级验收工作；重庆市年度土地变更调查市级核查汇总、全市城镇地籍调查市级核查汇总工作、全市农村建设用地补充调查（24个区县）县级成果核查汇总工作；重庆市村庄用地专项调查工作、基本农田专项调查。

【其他】

重庆市国土资源和房屋勘测规划院全年立项各级各类科技项目20项，其中省部级1项、遥感科学国家重点实验室开放基金项目1项、中国博士后科学基金面上资助项目1项。公益性科研专项“内陆开放区土地规划与监管技术研究与示范”通过中期评估；“十二五”国家支撑计划课题“村镇区域空间规划与土地利用优化技术集成示范”完成标准类成果评审备案；“十二五”国家支撑计划子课题“农村土地流转数字化监管技术集成与应用示范”完成验收。“重庆市国土资源调查与监测信息系统”获2015年中国地理信息科技进步奖二等奖、2015年中国测绘地理信息学会测绘科技进步奖三等奖。“区县级国土资源综合数据管理系统关键技术研究”“重庆市土地利用总体规划数据库管理系统研发”均获2015年中国地理信息科技进步奖三等奖。“重庆市长寿区新一轮农村土地房屋登记数据库建设”“重庆市轨道交通沿线土地权属数据清理”分获2015年中国地理信息产业优秀工程银、铜奖。“重庆市长寿区新一轮农村土地房屋登记发证测绘和所有权调查项目”“重庆市主城区五区地籍测绘”分获2015年全国优秀测绘工程奖金、铜奖。

重庆数字城市科技有限公司

【业务】

2015年，重庆数字城市科技有限公司承接软件和数据服务类项目50多项，业务涵盖建设、规划、环保、公安、农业、水利、交通等多个领域。软件项目方面，重点围绕规划、公安、建设、水利等行业提供地理信息服务保障。数据项目方面，推动重庆市第一次地理国情普查标准时点核准工作，拓展地理信息调查类业务。集成项目方面，重点围绕重庆市勘测院总部生产基地建筑智能化、黔江规划展览馆、钓鱼嘴招商展示中心、巴南近期发展功能展示中心等项目展开。

【其他】

重庆数字城市科技有限公司参与了全国测绘地理信息应用成果和地图网上展览活动，展示近年来公司在移动测量产品研发、各行业GIS应用软件开发以及重庆市各区域展览馆建设方面的成果和应用情况。自主研发的吉信移动测量系统通过测试，系统整体精度达到厘米级。全年共获高新技术产品认定5项、国家发明专利授权2项、各类项目奖项10多项。

重庆市勘测院（重庆市地图编制中心）

【业务】

2015年，重庆市勘测院（重庆市地图编制中心）完成1.22万多项勘察、测绘、地理信息、三维仿真系统建设、展馆建设、检测、安全性评估、设计及咨询项目，推进主城区地下管线普查与更新工作以及全市地下管线普查与更新技术组的工作。开展地理国情普查成果整改和市内、省际接边，推动地理国情普查标准时点核准。开展成渝扩能通道方案、雷家坡立交方案、郭家沱大桥方案、悦来智能城三维道路方案模拟等多项辅助市政工程项目规划方案技术审查工作。为市人大、各部门提供25种4937幅领导工作用图。

更新发布爱尚重庆网站的二、三维数据，将10幅图游重庆系列地图及24幅重庆市标准地图更新上网供市民查阅；继续推进便民地图服务，在机场赠送地图50万份，在观音桥等公共场所免费发放重庆市地图、规划便民地图等公益地图约12万份。

【其他】

重庆市勘测院（重庆市地图编制中心）成立了李维平市级技能专家工作室。获得13项国家专利，其中发明专利5项、实用新型专利8项；获软件著作权19项；获重庆市科学技术成果转化促进会批准的科学技术成果登记7项；职工在各级刊物上发表论文109篇。全年共有47个项目获奖，其中18个项目获科技进步奖、29个项目获优秀工程奖。1人被授予全国百千万人才、国家有突出贡献的中青年专家称号，1人享受国务院政府特殊津贴，1人被评为国家测绘地理信息局青年学术和技术带头人，1人被评为重庆市勘察设计大师。2人均被授予全国技术能手、全国测绘地理信息技术能手、全国青年岗位能手称号，1人获重庆市五一劳动奖章。

四川省

概况

截至2015年底，四川省共有测绘资质单位1012家，分布在测绘、国土、建设、规划、水电、铁路、地矿、煤田等20多个行业。其中甲级40家、乙级192家、丙级472家、丁级308家。测绘资质单位全年完成测绘服务总值66.92亿元。

2015年，全省测绘地理信息单位服务经济社会发展，承担了成都地铁1号线南延线首期工程精密导线测量（GPS测量），改建铁路成昆线（峨嵋至米易段）扩能改造工程控制网复测和加密测量，长江（水富—宜宾段）航道整治工程预可行性研究测量，嘉陵江川境段航运配套工程一期工程初步设计及施工图设计测量，黄河银川段航运建设工程施工图勘察设计测量，黄河宁夏吴忠段航运建设二期工程初步设计测量等。完成绵阳市土地利用总体规划调整完善项目，古蔺县农村土地承包经营权确权登记项目，天府新区地籍调查，兴隆湖、西部博览城等1008公顷31个批次新征地勘测定界，天府新区直管区划界及数据统计直管区地籍调查数据库建库等项目。

四川省地质测绘院

【业务】

2015年，四川省地质测绘院完成安岳县、营山县、洪雅县、阆中市等地航摄及正射影像图制作；承担安居区城镇地籍测量、金堂县城镇地籍测量、乡城县县城地籍测量以及梓潼县农村宅基地测量等；完成隆昌县3个镇农村房产测量；完成成都经济区环线高速公路简阳至蒲江段（成都及眉山境）土地勘测定界项目；完成连霍高速公路新疆境内乌鲁木齐至奎屯段改扩建工程第WKSJ－2合同段道路测量、都匀开发区卡郎至白瑶寨段公路测量、重庆渝长高速公路扩能勘察设计项目地形图测量；完成重庆市綦江区地下管线普查探测工程；完成隆昌县金鹅镇星星村等5个新村建设规划地形图测绘；完成德阳市旌阳区地理国情普查工作；承担盐亭县第二次全国地名普查；完成从化区文化遗产普查成果汇编。

【其他】

四川省地质测绘院获“2015中国地理信息产业最具活力中小企业”称号。

成都市武测地理信息工程有限公司

2015年，成都市武测地理信息工程有限公司承担了丹棱县承包土地确权C级GPS控制测量、460平方千米航空摄影测量、外业像控点测量和1:1000数字高程模型与数字正射影像图生产；完成全县7个乡镇40万亩承包土地入户调查及公示。完成权属调查和地籍测绘437.4平方千米、制作地籍图864张。完成遂宁市蓬溪县10平方千米航空摄影测量；外业像控点测量与调绘、“3D”产品生产。完成金桥新区地形图及房产、土石方、地形图测绘，1:2000航测12606亩。开展遂宁市安居区场镇地籍测绘及数据库建设项目，对21个乡镇50个场镇（约55平方千米）的地籍测绘、权属调查、宗地编码进度、质量进行监督检查。

四川省地质工程勘察院

【业务】

2015年，四川省地质工程勘察院完成测绘项目74项，包括南部县农村产权确权登记服务项目、乐至县农村土地承包经营权确权登记政府采购项目、向家坝水电站灌区北总干渠一期工程建设用地勘测定界、李家岩水库建设用地勘测定界、成都恒大御景半岛商业综合体基坑变形观测等。

【其他】

四川省地质工程勘察院参加四川省第二届测绘地理信息行业职业技能竞赛，获工程测量团体三等奖。

四川省煤田地质局一三七队

【业务】

2015年，四川省煤田地质局一三七队承担了宣汉县农村土地承包经营权确权登记项目航空测绘及数字正射影像图制作项目；四川省泸州市、宜宾市第一次地理国情普查数据库建设、泸州市普查图制作项目；重庆市酉阳土家族苗族自治县城市地下管线基础信息普查与更新项目。

【其他】

四川省煤田地质局一三七队承担的“开江县建成区地下综合管网探测项目”获2015年四川省优秀测绘工程奖铜奖。

四川省地震局测绘工程院

2015年，四川省地震局测绘工程院承担四川跨鲜水河、安宁河、则木河、龙门山等断裂带27处形变观测场地每月一周期的流动形变监测；完成四川及相邻省区覆盖约25万平方千米2周期相对重力观测；完成90个A级GNSS点联测，35个GNSS连续站以及中国大陆构造环境监测网络四川甘孜和松潘重力站连续运行；实施甘孜、阿坝2个地震台站跨断层短水准观测；完成川藏铁路成都至雅安段建设用地征地分户测量、地形测量、放样测量；完成农业科技园区1:500地形测量；完成贵州织毕、织纳铁路隧道内CPII、CPIII轨道控制网测量；完成雨城区、宝兴县2015年土地利用现状变更调查等项目。

中国石油集团川庆钻探工程有限公司地球物理勘探公司

【业务】

2015年，中国石油集团川庆钻探工程有限公司地球物理勘探公司先后在四川、重庆、云南、贵州、湖北、内蒙古、黑龙江、吉林、新疆等国内地区及也门、埃及等国外区域进行油气勘探，共完成32个二、三维地震勘探工程项目。完成地震测线1345条，放样地震激发点28万个，放样地震接收点113.08万个，布设GPS控制点252个。

【其他】

中国石油集团川庆钻探工程有限公司地球物理勘探公司山地四队和259队钻井组分别被四川省质量协会、四川省总工会、四川省科学技术协会、四川省经济和信息化委员会、四川省质量技术监督局、共青团四川省委员会等部门授予“2015年四川省优秀质量信得过班组”称号；207 队 QC 一小组被授予“2015 年四川省优秀质量管理小组”称号。完成的“山地复杂构造精确地震成像与气层识别技术及工业化应用”获 2015 年度国家技术发明奖二等奖。

中铁八局集团有限公司

【业务】

2015 年，中铁八局集团有限公司测绘分公司完成新建铁路贵阳枢纽白云至龙里北联络线左线和白云至龙里北联络线右线 CPIII 控制网建网与复测工作 48138 米，兰渝线 CPIII 控制网复测 26 千米，新建长沙至昆明铁路客运专线引入贵阳枢纽工程控制网复测及 CPIII 测量 48 千米，新建兰渝铁路引入重庆枢纽工程及广元地区相关工程站前施工总承包代建站前施工 2 标轨道 CPIII 控制网测量 29 千米，宝成货线 CPIII 控制网建网与复测 13.7 千米。完成改建铁路成昆线峨嵋至米易段扩能改造工程控制网复测和加密测量 16.25 千米。完成成都地铁 1 号线南延线首期工程精密导线测量（GPS 测量）5.8 千米，成都地铁 3 号线精密导线测量（GPS 测量）20.4 千米，湖北保宜高速公路控制网复测及控制点加密，国道 351 线乐英—芦山—宝兴公路灾后恢复重建工程 LJ2 标。

【其他】

中铁八局集团有限公司测绘分公司完成的“石家庄至太原客运专线太行山隧道 CPIII 控制网测量”获 2015 年四川省优秀测绘工程奖银奖，自主研发的“无砟轨道施工测量控制网处理系统（WZTCS）”获 2015 年四川省测绘地理信息科技进步奖一等奖。

四川省水利水电勘测设计研究院

2015 年，四川省水利水电勘测设计研究院完成 172 项测量工作。参与的工程项目有向家坝灌区一期工程、大桥灌区二期工程、毗河引水一期工程、遂宁唐家渡电站、崇州李家岩水库。引进无人机航测系统及航测内业软件处理系统，成立无人机航摄组，取得无人机航测乙级资质。开发标准化测绘系统软件。完成的“武都引水工程金龙分干渠施工控制测量”通过检验，样本质量等级为良。

中国建筑西南勘察设计研究院有限公司

【业务】

2015 年，中国建筑西南勘察设计研究院有限公司完成成都新机场可研阶段约 30 平方千米控制测量、无人飞行器航摄、数据处理、外业调绘及 DOM 和 DLG 生产；完成成都新机场保障基地测量工程、双流机场东跑道部分道面板角高程复测及地下管线探测、拉萨贡嘎机场快滑扩建勘测等 13 项机场勘测工程；完成青羊万达广场变形监测工程、成都双流万达广场变形监测工程、成都市第三储配站新建储气罐罐体及支柱三维激光扫描、支柱基础沉降测量工程等 5 项变形监测工程；承接成都地铁 1 号线三期首期、南段工程控制测量及施工测量检测工程，完成 GPS 控制网复测补测 40 点，精密导线网复测 48 点，地铁一等水准网测量 88 千米及 12 个车站的施工测量检测。

【其他】

中国建筑西南勘察设计研究院有限公司承担的“赤道几内亚吉布劳新城城市测量项目”“深圳城市轨道交通地铁 9 号线控制网复测项目”分获 2015 年四川省工程勘察设计“四优”一、二等奖。

四川永鸿测绘有限公司

【业务】

2015 年，四川永鸿测绘有限公司完成宜宾 1:1000 地形图调绘、芒市资料录入及外业公示，开江、惠水、大安测区空三 DOM 制作以及巴州区、洪雅 DOM 制作的收尾工作等。承担了四川省第一次地理国情普查项目 8 个区县检查修改、14 个区县数据库建设工作。完成成都职业技术学院地下管线及地形图测量，大邑县地名普查项目前期准备，古蔺 1:1 万地理信息平台项目外业调绘，宜宾长江工业园区 36 平方千米控制测量和调绘，宜宾市屏山县土地整理勘测定界，西昌市小庙村地形图测量等工作。

【其他】

四川永鸿测绘有限公司获“2015 中国地理信息产业最具活力中小型企业”称号。

成都市勘察测绘研究院

【业务】

2015 年，成都市勘察测绘研究院完成数字成都地理信息公共平台遥感影像底图更新，电子地图、地理实体数据库更新；成都公众电子地图配图工作。完成成都市市域卫星影像加工约 1 万平方千米正射影像图，为中心城区规划、测绘、勘察任务提供 1:500 地形图 351 平方千米，提供 1:2000 地形图 45 平方千米。完成天府新区直管区地形模型、一城一区一带及鹿溪河城市设计模型等三维建模项目约 696 平方千米；编制《成都地图（2015 版）》《中心城区老旧院落点位图和棚户改造点位图》《老旧院落分区图》《金牛区规划图》《高新区规划图》《高新区建设项目分布图》《金牛区人北中央商务推进办功能区图》等各类专题图；开发规划移动执法系统、移动规划设计系统和天府新区三维地理信息系统；完成成都市中心城区排水管网普查和华阳街道、万安镇地下管线普查等 66 项普查工程，探测地下管线 4990 千米。

【其他】

成都市勘察测绘研究院完成的“郫县地下管线普查探测及监理服务政府采购”项目获 2015 年全国优秀测绘工程奖银奖和 2015 年中国地理信息产业优秀工程奖银奖，“郫县地理信息公共平台数据处理服务采购项目 1:500 地形图、县域兴趣点数据、电子地图数据”获 2015 年全国优秀测绘工程奖铜奖和 2015 年中国地理信息产业优秀工程奖银奖，“大慈寺文化商业综合体深基坑监测工程”获 2015 年全国优秀测绘工程奖铜奖和 2015 年四川省优秀测绘工程奖银奖，“成都手绘地图编绘项目”获 2015 年四川省优秀测绘工程奖铜奖。

四川省冶金地质勘查局测绘工程大队

【业务】

2015 年，四川省冶金地质勘查局测绘工程大队完成四川省地理信息公共平台建设项目 1:1 万基础地理信息数据更新、1:1 万基础地理信息数据覆盖率新测工作；四川省遂宁市安居区、大英县、资阳市安岳县、内江市东兴区地理国情普查 5828 平方千米；云南省红河州开远市 1940 平方千米普查信息采集项目；广元市朝天区及利州区、盐亭县、乐至县等地农村承包地经营权确权项目；四川省都江堰紫坪铺望江村大火地页岩矿开采核实、重庆高速公路及燃气、成都东和人艺变形监测等项目。

【其他】

四川省冶金地质勘查局测绘工程大队完成的“江油市农村集体土地及其房屋确权登记颁证及数据库建设控制测量”获 2015 年全国优秀测绘工程奖铜奖。

成都市国土规划地籍事务中心

2015 年，成都市国土规划地籍事务中心承担天府新区地籍调查，兴隆湖、西部博览城等 1008 公顷 31 个批次新征地勘测定界；完成 227.98 千米、10071 宗地地铁沿线地籍权属调查和数据库建设；为成都 3、5、6、18 号地铁线路设计和建设提供地籍资料；完成成都市火车北站扩建工程勘测定界。参与村镇节地控制关键技术、低空无人机遥感技术在城乡建设用地增减挂钩项目监管中的应用研究，不动产统一登记和调查技术方法与标准研究，成都市城市地上地下土地权利确定与登记研究。

四川省煤田测绘工程院

【业务】

2015 年，四川省煤田测绘工程院完成资阳市雁江区、广安市岳池、武胜县和凉山彝族自治州金阳县 5651.4 平方千米地理国情普查；广安市邻水县、南充市嘉陵区、稻城县海子山等地 25 个 C 级控制点，154 个 D 级控制点和 4 个 E 级控制点测量；1:500、1:1000 和 1:2000 航空摄影 8667.85 平方千米，制作 DOM、DEM127270 幅；平昌县、宜宾县、东坡区和贵州省瓮安、平塘等 5 个县（区）农村土地承包经营权确权登记 1439.6 平方千米；1:500 天然气管线测量 266.58 平方千米、电缆测量 23.97 千米、1:500 带状图测绘 91.77 千米、勘测定界测量 30.69 平方千米；高县、名山区、峨眉山市、南充市嘉陵区等县（市、区）1:500 ~ 1:2000 地籍测量 1433.99 平方千米，1:500 地形图测量 10.59 平方千米。开展资中县公安局标准地址信息编制采集工作，采集城区地址信息 12.32 万条，乡镇地址信息 132556 条。完成自贡市高新、沿滩、大安等 5 个区年度变更调查和市级变更调查汇总工作等。

【其他】

四川省煤田测绘工程院承担的“广元市昭化区农村土地承包经营权确权登记航空摄影测量”获2015年四川省优秀测绘工程奖金奖，“雅安市名山区农村集体土地使用权确权登记控制测量”获铜奖。获四川省第二届测绘地理信息行业职业技能竞赛工程测量团体三等奖。

四川省国土勘测规划研究院

2015年，四川省国土勘测规划研究院完成金沙江乌东德水电站枢纽工程区、川藏铁路成都至雅安段工程、汶川至马尔康高速公路工程、攀枝花至大理（四川境）高速公路工程等水电站、高速公路、铁路项目的土地勘测定界工作；完成土地利用现状调查、测量，耕地、园地分户调查测量工作，编撰土地勘测定界报告，制作土地勘测定界图；完成省道S212西昌缸窑至宁南汤家坪改扩建工程、省道S307西昌川兴至昭觉县城改扩建工程、省道216线桃巴至梅雨段改扩建工程、汉源清溪风电场风电等建设项目的勘测定界工作；完成四川省2014年度土地变更调查审查汇总及更新入库工作；完成四川省耕地后备资源调查评价及二次调查新增耕地调查、耕地后备资源调查评价、综合数据库建设等。

四川中测天翔遥感技术有限责任公司

【业务】

2015年，四川中测天翔遥感技术有限责任公司完成各类测绘项目20多个。承担了屏山县农村土地承包经营权确权登记颁证专业机构技术服务项目，屏山县1531平方千米航空摄影、像片控制测量、1:1000数字高程模型及1:1000数字正射影像图制作，2015年国家航空航天遥感影像获取项目（三期）、雅安市汉源县农村土地承包经营权确权登记颁证航空摄影、西充县土地确权颁证工作航空拍摄作业等项目。承担的摄影测量与遥感项目主要有贡井区、白玉—新龙等公路专题图制作、乐山市犍为县巴石煤矿独立工矿区芭马环线塘芭快速通道1:2000地形图测绘等。

【其他】

四川中测天翔遥感技术有限责任公司获“2015中国地理信息产业最具活力中小型企业”称号。

中铁二院工程集团有限责任公司

【业务】

2015年，中铁二院工程集团有限责任公司完成的铁路工程测量项目主要有郑万线、南昆线百色至昆明段增建二线、川南城际铁路、云桂铁路、贵阳至南宁铁路、吉永泉铁路等项目水准测量、CPI控制测量和1:2000航外制图；完成成都地铁4、10号线，滇南城市群轨道交通蒙自有轨电车等项目勘测；完成成渝客专沉降监测、成昆铁路米攀段垭口隧道下穿雅西高速公路大桥监测等项目；完成埃塞俄比亚铁路、俄罗斯高速铁路、埃及铁路项目等；参与罗江县448平方千米地理国情普查项目。主持编制《铁路工程测量手册》，修编《铁路工程测量规范》等标准。

【其他】

中铁二院工程集团有限责任公司完成的“新建铁路重庆至利川线精密控制网测量”获2015年全国优秀测绘工程奖铜奖。

中铁二局集团有限公司

【业务】

2015年，中铁二局集团有限公司完成高速铁路和铁路精测网复测、控制测量、变形监测、CPIII测量、轨道板精调等测量共693千米。完成分水镇隧道、庙子梁隧道、黑石山隧道、松岗隧道、鹧鸪山隧道、铁盔山隧道、云屯堡隧道地表控制测量、洞内控制测量和变形监测。完成厦门地铁2号线、青岛地铁1号线、深圳地铁6号线、苏州轨道交通3号线、南京宁和城际轨道交通一期、南京地铁4号线、常州地铁1号线、成都地铁7号线控制网复测、洞内控制测量等任务。完成成都新津有轨电车、深圳市龙华新区现代有轨电车示范线工程、青荣城际引入青岛枢纽工程、衡阳市滨江新区路网工程、四川省华阳麓湖湿地公园项目、新建北京市中低速磁浮悬交通示范线（S1线）西段工程控制测量等任务。完成国道G318米拉山隧道、湖南省永顺至吉首高速公路第6合同段、汶马高速公路C2标等11个公路工程控制网复测及控制网加密等测量任务。

【其他】

中铁二局集团有限公司在中国中铁第14届青年技能竞赛工程测量技能大赛中获团体第三名，获2015

年中央企业职工技能大赛测量工大赛 2 枚铜牌。

四川中水成勘院测绘工程有限责任公司

2015 年，四川中水成勘院测绘工程有限责任公司承担了四川省甘孜藏族自治州第一次地理国情普查数据入库工作，广安市邻水县、南充市仪陇县、内江市威远县、甘孜州小金县等地农村土地确权测绘工作。完成金沙江溪洛渡水电站新增滑坡界桩测量、金沙江叶巴滩水电站建设征地界桩测量、西藏雅鲁藏布江玉松水电站水库工程规划加深阶段库区测绘、雅鲁藏布江下游水电规划测绘、安宁河流域风电场测绘、黄联关风电场测绘、西藏羊湖抽水蓄能电站压力钢管变形监测、二滩水电站大坝变形监测、猴子岩水电站施工期变形监测等。工作内容包括测绘技术服务、机载激光扫描、1:500～1:5000 地形地籍图测绘、公路测量、界桩测量、变形监测等。

四川旭普信息产业发展有限公司

【业务】

2015 年，四川旭普信息产业发展有限公司完成湖北省南漳县等 9 个县（区）农村集体建设用地（宅基地）确权登记发证及数据库建设项目 267819 宗；1 个县卫片执法项目；农村土地承包经营权确权项目 22 个约 310 万亩；第一次全国地理国情普查约 3859 平方千米；6 个第二次全国地名普查项目、1 个四川省荣县农村小型水利设施确权项目、2 个四川省地理信息公共平台建设项目等。

【其他】

四川旭普信息产业发展有限公司获“2015 中国地理信息产业最具活力中小企业”称号。

四川空间信息产业发展有限公司

【业务】

2015 年，四川空间信息产业发展有限公司完成蓬安县、南部县 1:1000 测绘航空摄影，宜宾县、巴州区航空摄影，兴文县、三台县、蓬安县、南部县正射影像图制作。完成三台县宗地统一代码编制、遵义县农村土地承包经营权确权登记颁证、兰溪市土地流转管理中心农村土地承包经营权登记颁证及数据库建库、青神县第二次全国地名普查技术服务、沾益县农村土地承包经营权确权登记颁证、蓬安县农村产权制度改革确权颁证服务等项目。完成荣县土地利用变更调查、丰都县 2015 年土地变更调查界线调整等项目。

【其他】

四川空间信息产业发展有限公司完成的“空间调绘专家平台”项目获 2015 年中国地理信息科技进步奖三等奖，“广元市昭化区农业局农村土地承包经营权确权登记内外业作业单位项目（第 5 包）”“丹棱县石桥乡农村土地承包经营权确权登记项目”分获 2015 年中国地理信息产业优秀工程奖银、铜奖，“智慧乡镇空间地理信息应用平台项目”获 2015 年四川省测绘地理信息科技进步奖三等奖。

四川省交通运输厅交通勘察设计研究院

2015 年，四川省交通运输厅交通勘察设计研究院完成甘孜州巴塘竹巴笼（西藏界）至得荣二龙桥（云南界）公路工程 B 标段初步勘察设计测量；省道 216 线桃巴至李子坪段公路改建工程初步勘察设计测量；南充过境高速公路广（元）南（充）至南（充）广（安）段工程勘察设计测量；嘉陵江川境段航运配套工程一期工程初步设计及施工图设计测量；黄河银川段航运建设工程施工图勘察设计测量；黄河宁夏吴忠段航运建设二期工程初步设计测量。

中国水利水电第七工程局有限公司

【业务】

2015 年，中国水利水电第七工程局有限公司测绘中心承担溪洛渡、锦屏、白鹤滩等水电站项目 40 多个，成贵、深茂等铁路项目 8 个，成都、深圳、武汉等地铁项目 3 个，李家梁水库工程勘察设计工程项目 1 个，国际工程项目 4 个，南水北调工程项目 8 个，市政及公路项目 5 个，风电项目 12 个，水电站运行期外部变形监测项目 7 个，施工期外部变形监测项目 6 个。

【其他】

中国水利水电第七工程局有限公司测绘中心完成的“新建铁路成都至贵阳线乐山至贵阳段 CGZQSG－3 标段精密测量控制网第二次复测项目”

获2015年四川省优秀测绘工程奖铜奖。

中节能建设工程设计院有限公司

【业务】

2015年，中节能建设工程设计院有限公司开展的主要项目有腾讯成都大厦地形测绘及变形观测，北三环220千伏电力隧道建设变形测量，中节能（成都）国际节能环保装备基地地形图测绘，成都饭店地块地下管线探测，双楠大道西沿线建设工程、金海棠大道建设工程带状地形图及纵横断面测量等。

【其他】

中节能建设工程设计院有限公司完成的“香榭兰庭岩土工程勘察项目”获2015年四川省优秀工程勘察设计一等奖；“中铁建锦江国际城项目基坑支护设计工程”“旺多姆婚庆文化广场基坑支护工程”均获2015年四川省优秀工程勘察设计奖二等奖，“华固一品基坑支护工程”获三等奖。

四川省川建勘察设计院

【业务】

2015年，四川省川建勘察设计院完成夹江县（第二包）、峨边彝族自治县、荥经县农村土地承包经营权确权登记项目；重庆气矿、川东北气矿、低效油气事业部天然气管线数字化测绘工程累计约500千米；四川省凉山彝族自治州金阳县4个乡（镇）总体规划测绘工程和夹江县住房与城乡建设局1:1000地形图制作。对绿地468、龙之梦、乐天商业广场、泰和广场等成都市地标性建筑物开展施工监测，参与编制四川省房产测绘地方标准《房产测绘成果质量检验技术规程》。

【其他】

四川省川建勘察设计院完成的“川西南矿区生活小区地下管网测绘工程”获2015年四川省优秀工程勘察设计奖三等奖。

中国建筑材料工业地质勘查中心四川总队

【业务】

2015年，中国建筑材料工业地质勘查中心四川总队完成成都铁路局四川省境内宝成线与广岳线等6条铁路、成昆铁路及渡口支线、瀑布沟水电站等地籍测量项目的平面控制测量、细部测量、地籍图和宗地图制作；承担井研县农村土地承包经营权确权颁证登记项目、珙县农村土地承包经营权确权登记和管理信息系统建设监理及检验项目、高县农村土地承包经营权确权登记和管理信息系统建设监理项目；完成彭州市国土资源局城镇数据库修补测及城镇地籍数据建库项目、遂宁市安居区场镇地籍测绘及数据库建设项目、蓬溪县城镇地籍测绘及数据库建设（第二次）项目；完成峨眉山市全国宗地统一代码编制项目、夹江县全国宗地统一代码编制项目工作底图制作、地籍区划分和地籍区代码编制；完成天润~东方新天地项目变形监测，“包江新居”9号楼项目基坑变形监测。

【其他】

中国建筑材料工业地质勘查中心四川总队承担的“彭州市国土资源局城镇数据库修补测及城镇地籍数据建库项目”获2015年度建材行业优秀工程勘察奖三等奖。

中国电力工程顾问集团西南电力设计院有限公司

【业务】

2015年，中国电力工程顾问集团西南电力设计院有限公司完成华能江津电厂新建工程可行性研究设计（含水下地形测量）、大唐贵州水城煤电一体化2×660MW新建工程可行性研究设计、中电国际筠连低热值煤发电新建工程可行性研究设计、大唐贵州兴仁煤电一体化新建工程可行性研究设计、贵阳能源集团威赫2×660MW新建工程可行性研究设计、神华天明电厂工程（2×100万千瓦）项目工程初步设计、贵州黔西电厂二期扩建（1×660MW）工程施工图设计、四川省盐源县100MW光伏发电项目可行性设计、叙永低热值煤发电厂新建项目可行性设计等工程的测量项目。完成神华天明电厂、贵州黔西电厂、神华江西国华九江电厂施工控制网，贵州盘县电厂、六枝电厂、白马电厂、福溪电厂等沉降观测任务。

【其他】

中国电力工程顾问集团西南电力设计院有限公

司完成的“溪洛渡－牛寨500kV送电线路工程”“锦屏二级电站－西昌裕隆换流站500kV线路工程”分获2015年四川省工程勘察设计“四优”一、三等奖；“西藏昌都电网与四川电网联网输变电工程（乡城～巴塘～昌都500kV线路）（工程测量）”“国电重庆石柱风电场工程”分获2014年度电力行业（火电、送变电工程）优秀勘测奖一、三等奖，“输电线路工程测量手册”获优秀标准设计一等奖；“《中国电力设计标准与国际和国外先进标准比较研究》（工程测量专业）”获2015年中国测绘地理信息学会测绘科技进步奖三等奖。

四川金土地实业有限公司

【业务】

2015年，四川金土地实业有限公司承担了德阳市、阿坝藏族羌族自治州19个县（区）156473.51平方千米地理国情普查成果数据预处理与入库检查；绵阳市9个县（区）20258平方千米基础地理信息数据库、平台数据库、地理省情监测报告编制、监测专题图制作。完成农村土地确权、土地变更调查、工矿废弃地复垦利用试点、城乡建设用地增减挂钩试点项目、土地整理、土地利用规划调整、基本农田划定等项目的测绘、数据库建设、资料编制任务。

【其他】

四川金土地实业有限公司完成的“金堂县土地利用遥感监测及土地利用数据库建设项目”获2015年四川省优秀测绘工程奖铜奖。

四川中地信息工程有限公司

【业务】

2015年，四川中地信息工程有限公司完成江安县农村承包经营权确权登记项目，通江县耕地质量等别年度更新与检测项目，筠连土地整治建设基本农田项目测绘、可研、设计（含初设和施工设计）及预算编制工程，巴中市国土资源局恩阳分局耕地等别年度更新与监测评价项目，雅安市名山区农村土地承包经营权确权登记颁证项目，古蔺工矿废弃地复垦利用试点项目前期勘测设计及竣工验收资料编制等。

【其他】

四川中地信息工程有限公司承担的“泸县农村集体土地确权发证和数据库建设项目”获2015年全国优秀测绘工程奖铜奖，“筠莲县高坎乡花山村、顺利村土地整理项目”“泸州市江阳区方山景区控规1∶500地籍地形测绘项目”均获2015年四川省优秀测绘工程奖铜奖。

贵州省

概况

截至2015年底，贵州省共有测绘资质单位447家，其中甲级15家、乙级68家、丙级161家、丁级203家。测绘从业人员年末人数为8232人。全年全省测绘服务主要以国土资源、测绘、农业、环保、城乡建设与规划及水利水电行业为主。完成的重点测绘地理信息项目包括地理国情普查、数字城市建设、不动产登记调查、矿产资源规划修编等。

贵州省第一测绘院

2015年，贵州省第一测绘院完成贵州省30个县、市的地理国情普查工作，贵安新区地理国情监测工作，13个县地理国情普查框架数据生产。完成新建沪昆铁路客运专线长沙至昆明段（贵州境内）勘测定界工作，铜仁市农村地籍测量500平方千米；毕节市基础测绘30个C级GPS控制点测量，似大地水准面精化496平方千米；都匀市1∶2000地形图测量180平方千米。完成GPS连续运行基准站50个站点的土建工作。完成所有权调查2504宗、使用权调查573301宗。

贵州地矿测绘院

2015年，贵州地矿测绘院主要完成贵州省大方、纳雍、正安、道真和重庆江津区第一次地理国情普查工作；贵州省紫云、大方、威宁县部分乡镇农村宅基地确权建库工作。开展贵州省水城、大方、纳雍、金沙、黔西、印江县试点20个乡镇的农村土地承包经营权确权登记工作；开展部分县的第二次全国地名普查工作。开展基于UAV低空摄影测量的城乡虚拟现实技术研究和无人机机载差分GPS应用于无人机航测的应用研究。全年完成产值5050万元。

贵州省地质矿产勘查开发局一〇六地质大队

2015年，贵州省地质矿产勘查开发局一〇六地质大队完成了贵州省务川县大竹园南段铝土矿勘探、正安县桥溪河煤矿勘探测量、晴隆县栗寨—兴发金矿普查、正安县9家采石场动态监测、遵义机场新建综合楼地下管线测量、遵义市第三轮矿产资源规划编制数据库建设等75个测量项目。完成级E级山地工程点154个，勘查线36千米，1:500地形图测量21.579平方千米，1:2000地形图测量11.444平方千米。

贵州省第二测绘院

2015年，贵州省第二测绘院完成产值5900万元，其中地理国情普查项目实现产值4200万元、市场任务产值1700万元。承担并完成贵州省乌蒙山区域“兴地惠民”土地整治重大工程、贵州省夹岩水利枢纽及黔西北水利工程等省级重大民生工程项目。开展了沿河县官舟镇宅基地确权登记试点、三穗县农村集体土地确权登记发证试点以及贵阳市3个区县的第二次全国地名普查试点工作，完成了安顺市北郊给水管线探测项目。将卫星影像自动解译技术应用地理国情普查工作，研制了低成本的全景影像设备应用于普查外业核查工作；开展了基于山区的空地一体化地理信息数据快速获取与处理试验；联合开展了基于倾斜摄影测量建模数据进行DLG数据测量的试验和软件开发；自主开发了第二次全国地名普查相关软件；研制了无人机GPS后差分处理的相关硬件设备和处理软件。

西藏自治区

概况

截至2015年底，西藏自治区共有测绘资质单位39家，其中甲级1家、乙级11家、丙级17家、丁级10家；年内丙丁级测绘资质单位各增加了3家。测绘从业人员年末人数为693人，其中测绘专业技术人员595人，占从业人员总数的95.8%。测绘资质单位全年完成测绘服务总值9357.48万元，同比增长62.5%。大部分单位测绘专业主要为本单位主题业务配套，测绘项目大部分为工程项目的配套业务。公路交通、水利、地勘等行业在测绘方面投入力度比较大。

西藏自治区测绘院

2015年，西藏自治区测绘院全年完成测绘服务总值800多万元。主要完成了拉萨市地理国情普查标准时点核准成果更新、修改，1120幅1:1万DEM精细化数据制作以及成果资料的汇总整理，普查成果通过验收。完成全区3市4地专题区情普查，对全区10个街道办事处、543个乡政府驻地、140个镇政府驻地、198个居民委员会、5254个村民委员会、1826个寺庙相关信息进行采集核查，形成了全区行政村和寺庙情况统计概况表。完成西藏重点地区1:1万基础地理信息数据采集及成图项目，堆龙至羊八井段51幅“3D”数据成图的生产任务。推进噶尔至界山大坂段C级GPS网和三等水准测量任务，完成38个C级GPS点和410千米三等水准验收。独立完成2014年度西藏全区1:5万动态数据库动态更新抽查工作。合作完成林周县4幅1:1万数字地形图的测绘工作。选派了工程测量、地图制图2支参赛队伍参加第四届全国测绘地理信息行业职业技能竞赛。

“4·25”地震后，协助西藏自治区测绘局在抗震救灾总指挥部安装西藏自治区突发事件应急处置地理信息平台，并及时标注出震中位置和余震位置，派遣技术人员轮流值班，紧急加工制作了一批抗震救灾专题地图和震前地理信息数据，并及时提供给指挥部。协助开展震后航空摄影，获取灾区高分影像数据。紧急加工制作灾区位置图、区域图、影像技图、受灾示意图10多幅，打印各类专题地图400多张，累计编制基础地理信息数据200GB。

陕西省

概况

2015年，为贯彻落实《国务院办公厅关于促进地理信息产业发展的意见》，陕西测绘地理信息局对全省地理信息产业发展进行统筹部署。通过引入行业单位参与基础测绘、评选优秀工程奖、建设信用体系等措施，为地理信息企业发展创造条件。全年，陕西省新增测绘资质单位108家、升级38家、扩展业务范围127家、纳入省高院司法鉴定机构名单6家，至年底，全省测绘资质单位达到512家，其中甲级37家、乙级153家、丙级194家、丁级128家。全省测绘资质单位全年完成测绘服务总值29亿元，同比增长21.33%。

西安市勘察测绘院（西安市地理信息中心）

【业务】

2015年，西安市勘察测绘院（西安市地理信息中心）完成长安区1:1000地形图更新采集805幅、编辑180幅；西安市地铁1号线二期、5号线及6号线一期精密导线测量；西安市地面沉降二等水准观测及计算工作；地铁2号线南段竣工测量。新增西安市三维数据30多平方千米，总覆盖面积达到460平方千米。完成西安市关中环线沿线约710平方千米航空摄影和1:2000 DOM、DEM数据生产和验收工作及关中环线沿线0.2米分辨率航空影像数据、全市1.5米分辨率卫星影像数据服务发布工作。

【其他】

西安市勘察测绘院（西安市地理信息中心）承担的“西安地铁五号线工程地面控制测量”“2012西安基础测绘项目西安临潼地区1:1000航测成图项目”分获2015年度陕西省优秀城乡规划设计奖一、二等奖，“西安市莲湖区城中村改造办公室进丰村用地测量项目”等7个项目均获三等奖。

西安中勘工程有限公司

2015年，西安中勘工程有限公司完成山西省忻州市河曲县、宁夏回族自治区中卫市海原县、陕西省子洲县农村集体建设用地及宅基地使用权确权登记发证项目；大唐定边张家山风电场项目勘测定界项目；定边县2014~2015年度建设用地勘测项目。承担咸阳市和渭南市域多个县市第二次土地调查补充测绘和土地确权测绘工作，参与完成永寿县和彬县农村土地经营权确权登记及数据库建设项目。承担了武警学院、利君制药、西咸新区开发集团、大唐电力、天朗等机构和企业的工程测量和基坑变形监测项目。完成西安市城市规划编制和市级重点项目6项，制作提供业主和甲方专题图110幅、影像图163幅。

西北综合勘察设计研究院

【业务】

2015年，西北综合勘察设计研究院完成潼关县太要镇规划区地形图测绘项目、佛坪县绿色工业集中区1:500地形图测绘项目以及户县城区集中供热工程朝阳路—吕公路地下管线、陕西省西咸新区沣东新城皂河截污（陇海铁路-沣二干渠）等7个管线勘测项目，汾阳市公用事业局地下排水管线普查探测项目等。完成西安华南城时代广场基坑变形监测项目、大唐韩城第二发电厂全厂变形监测项目、中国临潼石油城（东区）项目基坑监测及建筑物沉降监测项目、澄城县国土资源局单基站 CORS 系统建设项目等。

【其他】

西北综合勘察设计研究院承担的“兴平市城市规划区控制网及带状地形图测量工程”获 2015 年度陕西省优秀工程勘察奖二等奖。

国家测绘地理信息局第一地形测量队（陕西省第二测绘工程院）

【业务】

2015 年，国家测绘地理信息局第一地形测量队（陕西省第二测绘工程院）承担并完成了第一次全国地理国情普查新疆、甘肃的 24 个县（区）共 17.2 万平方千米，陕西的 17 个县（区）3.3 万平方千米的标准时点核准任务。完成新疆、甘肃、湖北 229 万平方千米的 1:5 万地形数据库更新生产任务；安徽石台县丁香镇 113 平方千米、青海玉珠峰区域 800 平方千米的基础性地理国情监测生产；中国塔吉克斯坦边境区域 3 幅 1:5 万 DLG、DEM、DOM 和地形图制图数据生产；秦岭测图工程商南测区 183 幅 1:1 万 DLG 数据生产，城固南测区、平利 - 镇坪测区 281 幅野外像片调绘；882 幅江苏 1:1 万 DLG 第二轮更新任务；新疆 2014 年 ~ 2015 年 1:1 万地形图基础测绘塔什库尔干、瓦恰等测区生产任务共 450 幅。完成 2015 年度天津地面沉降监测任务，其中一等水准测量 1494.7 千米，二等水准测量 1678.3 千米。完成山东测绘基准优化工程省级大地控制网二等水准测量 2000 千米，神木县农村集体土地确权登记调查作业监理 7635 平方千米。

【其他】

国家测绘地理信息局第一地形测量队（陕西省第二测绘工程院）获第三届陕西省测绘地理信息行业职业技能竞赛工程测量组团体一等奖、地图制图组团体二等奖；获“陕西省‘普查标准时点百日大会战’主题竞赛活动优胜单位”“陕西省厂务公开民主管理先进单位”称号；一中队获“陕西省工人先锋号”称号。完成的“2014 年全市域一、二等水准复测（天津市）”获 2015 年中国地理信息产业优秀工程奖铜奖。“基于 MicroStation 的大比例尺数字成图工具包”获陕西省职工科技创新“五小活动”创新成果奖银奖。

中国有色金属工业西安勘察设计研究院

【业务】

2015 年，中国有色金属工业西安勘察设计研究院完成万宁市农村土地承包经营权属调查勘测工程项目第一标段，西藏自治区国道 560 线琼结至错那段公路改建控制、地形测量，海口市龙华区新坡镇农村土地承包经营权确权登记测量，中山纪念图书馆基坑围护工程第三方监测，广州市轨道交通 21 号线工程（施工 13 标）监测，陕西有色天宏瑞科硅材料有限责任公司电子及光伏新材料产业化项目控制测量及沉降观测等项目。完成《工程摄影测量规范》（GB50167 - 2014）编写工作。

【其他】

中国有色金属工业西安勘察设计研究院完成的“陕西美鑫产业投资有限公司年产 30 万吨铝镁合金配套动力站控制测量工程”获陕西省第十六次优秀工程勘察奖三等奖，“山西省运城市盐湖 1:500 数字化地形测绘项目”获 2015 年度全国有色金属行业部级优秀工程勘察奖三等奖。

中铁第一勘察设计院集团有限公司

【业务】

2015 年，中铁第一勘察设计院集团有限公司完成新建铁路兰州至张掖三四线、新建铁路西宁至成都、新建铁路兰州（定西）至平凉至庆阳线平凉至庆阳段、新建城际铁路西安至延安线铜川北至延安段的航空摄影共 27248 平方千米。完成新建铁路银川至西安线彬县至庆阳段等 17 个项目的 1:2000、1:1 万航测制图 9450 平方千米。完成 1:1 万正射影像图制作 325 平方千米、地理国情普查 1800 平方千米、三维模型与真实感场景制作 46 平方千米。完成银川至西安基础控制网补充测量、西安至成都客运专线（西安至陕川界）精密工程控制网复测、宝鸡至兰州客运专线（兰州至牛背梁段）精密工程控制网甘肃段复测、兰州至中川机场城际铁路 CPIII 轨道控制网测量项目。制作完成西安至平凉铁路等项目的1∶20万工程地质图，银川至西安铁路、阿勒泰至富蕴铁路、长庆桥至庆阳铁路、新和至拜城铁路等项目的环境评价图件。完成西宁至成都铁路、铜川至延安铁路的遥感图像地质解译工作。

【其他】

中铁第一勘察设计院集团有限公司完成的“兰新高铁精密工程控制测量”项目获2015年全国优秀测绘工程奖银奖，“客运专线无砟轨道全几何参数精密检测技术及装备研究”获2015年中国测绘地理信息学会测绘科技进步奖二等奖。

国家测绘地理信息局陕西基础地理信息中心（国家测绘地理信息局陕西测绘资料档案馆）

【业务】

2015年，国家测绘地理信息局陕西基础地理信息中心（国家测绘地理信息局陕西测绘资料档案馆）完成测绘服务总值3090万元。完成陕西省4县1区的地理国情普查标准时点核准工作、西部3个县的标准时点核准及DOM生产工作；地理国情普查数据建库预处理专用软件研发。开展南水北调中线工程水源地环境动态监测、陕西西咸新区建设变化监测工作。“天地图·陕西”2015版电子地图上线运行。数字咸阳通过国家测绘地理信息局验收，“智慧咸阳”成功申报国家测绘地理信息局试点。服务富平县“多规合一”信息管理平台建设，实现规划成果数据共享共用，形成了富平县空间信息“一张图”。GIS平台YouMap研发取得突破，初步形成体系化的自主GIS服务引擎。完成市场项目华东分部三维地理信息平台升级改造和甘肃省重点区域彩色航摄底片扫描。完成2015年地理国情监测项目、国家基础地理信息数据库动态更新等国家重大测绘工程项目成果汇交11批次，数据量82.19TB；共接收整理省级基础测绘及专项项目39个，纸质文档3807件，数据量17.14TB，完成实体入库检查，建账及归档工作。

开展测绘保障工作，升级应急三维指挥系统技术架构，全年更新二维电子地图8个批次，数据量300GB；编制完成应急专用图80多张；保障山阳县“8·12”特大滑坡应急事件处置指挥工作。完成陕西省部分地区耕地面积计算、陕西省取缔违规高尔夫球场影像监测图制作、汉中市佛坪县塌方事件应急图制作、秦岭六地市分县影像图制作、陕南移民搬迁秦岭地形数据分析、省领导调研路线图编制、陕西省不动产登记信息平台建设方案编写等紧急任务。

【其他】

国家测绘地理信息局陕西基础地理信息中心（国家测绘地理信息局陕西测绘资料档案馆）完成的“陕西省地理信息公共服务平台”获2015年中国测绘地理信息学会测绘科技进步奖二等奖；“数字咸阳地理空间框架建设”获2015年中国地理信息产业优秀工程奖银奖；“西安市自行车公共服务系统”获第三届天地图应用开发大赛三等奖。

中煤西安设计工程有限责任公司

【业务】

2015年，中煤西安设计工程有限责任公司完成长武安华煤炭集运公司铁路专用线集装站测量、陕西铜川玉华矿输电线路定测等14项线路测量共158千米。完成朔州市格瑞特煤矸石发电厂灰渣场地形测量、陕西榆林佳县工业园区场地测量、山西王家岭矿新排矸场地形测量等27项地形测量项目。完成控制测量D级GPS点55个、E级GPS点45个、四等电磁波三角高程导线测量130千米；勘察放孔、施工放线等零星工点测量85项，坐标换算、地形图转换等内业测量项目26项。完成2项农村土地确权项目外业调绘约45平方千米。完成榆林甲醇卸储煤仓沉降观测、中煤平朔公司井工设备中心变形监测。

【其他】

中煤西安设计工程有限责任公司完成的“农夫山泉陕西太白山饮料有限公司红河谷生产基地输水工程线路定测”“中煤陕西榆林能源化工有限公司大海则煤矿场区控制测量”项目分获2015年度煤炭行业（部级）第十五届优秀工程勘察项目奖二、三等奖。

中铁一局集团有限公司

2015年，中铁一局集团有限公司完成拉林铁路LLZQ-10标精测网复测42.68千米、新建蒙西至华中地区铁路煤运通道MHTJ-10标精测网及加密复测39.65千米、新建铁路成兰线CLZQ-06-1标精测网复测16.04千米、渝怀铁路涪陵至梅江段增建第二线工程站前5标精测网复测16.91千米、国道317线雀儿山隧道工程Q2标精测网复测、中石油云南石化铁路专用线工程第1标段施工控制网复测、汶川至马尔康高速公路16标施工控制网复测、郑徐铁路客运专线ZXZQ06标轨道控制网CPIII建网及复测55.89千米等。

咸阳市勘察测绘院

【业务】

2015年，咸阳市勘察测绘院完成征地测量项目78宗、建筑物放线测量150栋、建筑物实测104栋、管线放线测量27条、道路测量18条、建筑物验线210栋。完成D级GPS控制点11个、E级GPS控制点21个、一级动态GPS控制点400多个，三等水准控制点46个、四等水准控制点400多个。修测1:1000地形图400多幅，测绘1:1000地形图30多幅，完成建筑物变形观测960多栋/次，完成建成区数字三维建模60多平方千米。

【其他】

咸阳市勘察测绘院完成的“咸阳市三等水准控制网建设”“咸阳市南洋·维也纳花园（七里铺改造工程）岩土工程勘察报告”项目均获陕西省第十六次优秀工程勘察奖二等奖，“咸阳市三普东区15#、16#住宅楼岩土工程勘察报告”获三等奖。

国家测绘地理信息局第一大地测量队（国家测绘地理信息局精密工程测量院、陕西省第一测绘工程院）

【业务】

2015年，国家测绘地理信息局第一大地测量队（国家测绘地理信息局精密工程测量院、陕西省第一测绘工程院）完成国家现代测绘基准一期工程项目2015年度任务，测绘基准维护项目任务，典型性地理国情监测项目三峡监测区域3期相对重力测量、GNSS流动站观测及气象数据采集，航空重力测量试生产项目西藏那曲地区均匀分布的101点地面重力测量，地理国情普查陕西省普查项目横山县、定边县、靖边县、眉县808幅1:1万图幅标准时点核准和数据处理工作。维护全国卫星导航定位基准服务系统中大地原点咸阳基准站正常运行。参与“4·25”尼泊尔地震和“8·12”陕西省山阳县特大山体滑坡应急测绘保障。“全国开展基础性航空重力测量技术体系研究及业务化应用示范”“航空重力测量质量评价方法研究”专项项目获得审核批准。机载LiDAR系统已形成数据获取、数据处理、产品生产完整的技术体系和生产能力；地基微形变监测系统首次应用于地质灾害救援。

【其他】

7月1日，习近平总书记给国测一大队老队员老党员回信，充分肯定该队爱国报国、勇攀高峰的感人事迹和崇高精神，并对全国测绘工作者和广大共产党员提出殷切希望。国测一大队获第三届陕西省测绘地理信息行业职业技能竞赛暨全国竞赛陕西选拔赛工程测量竞赛团体三等奖、陕西省总工会授予的“陕西省五一劳动奖状”，第四中队被陕西省劳动竞赛委员会授予“2014年陕西省劳动竞赛示范岗”称号。“中国大陆构造环境监测网络2013—2014年重力联测”项目获2015年全国优秀测绘工程奖银奖，“贵阳市测绘发展‘十二五’规划测量——贵阳市似大地水准面精化项目”获铜奖；“长山水道附近海岛礁海陆基准传递及一体化测量技术研究”获2015年中国测绘地理信息学会测绘科技进步奖三等奖。

国家测绘地理信息局第一航测遥感院（陕西省第五测绘工程院）

【业务】

2015年，国家测绘地理信息局第一航测遥感院（陕西省第五测绘工程院）完成陕西省第一次全国地理国情普查标准时点核准影像生产，陕西省地理国情普查标准时点核准、西部地理国情普查标准时点核准及影像处理、10省区地貌类型数据精确定位生产等任务，牵头实施基础性地理国情监测任务。完成陕西、河南测区1:5万地形数据库全要素更新任务。完成秦岭测图工程佛坪测区、岚皋－镇坪测区、白河测区、宝鸡南太白测区、城固南和平利－镇坪测区1:1万基础地理信息数据生产。完成《地理国情监测国家测绘地理信息局工程技术研究中心建设计划任务书》的编制及上报。自主研发的数字调绘系统（FIPRS－DAS）、三维规划应用系统

(FIPRS－3DPAS) 投入使用。开展数字渭南地理空间框架建设（一期）94 平方千米 1:500 和 139 平方千米 1:1000 基础地理信息数据集建设。完成数字汉中基础地理信息数据加工、整理入库项目。开展铜川市、商洛市“一库一平台”建设。开展 35 个省级重点示范镇主镇区扩建面积和道路设施建设的情况监测工作。承担《陕西省第一次水利普查成果图集》及陕西省水利工程分布图（挂图）编制任务。完成陕西省总面积的67%的农村土地确权影像底图生产。与国家土地督察西安局合作，开展“三网”融合、大数据督察应用平台建设。为陕西省山阳县突发特大山体滑坡提供应急测绘保障。

【其他】

国家测绘地理信息局第一航测遥感院（陕西省第五测绘工程院）获第三届陕西省测绘地理信息行业职业技能竞赛暨全国竞赛陕西选拔赛地图制图团体第一、工程测量团体第二；获第四届全国测绘地理信息行业职业技能竞赛地图制图组团体一等奖、测绘地理信息高技能人才培育突出贡献奖；被陕西省总工会授予“陕西省模范职工之家”称号；被省测绘地理信息局授予“普查标准时点核准百日大会战”主题竞赛优胜单位、秦岭测图工程质量先进单位。影像处理中心获“全国五一巾帼标兵岗”称号；1 人被授予“全国五一劳动奖章”等 5 项称号，1 人将被授予“全国技术能手”等 3 项称号；1 人享受国务院政府特殊津贴；1 人获第十二届“全国技术能手”称号；1 人获“陕西省五一劳动奖章”称号。

“基于资源三号卫星影像的西部困难地区数字表面模型生产（Ⅰ区）”“铜川市新农村建设测绘保障示范项目”分获 2015 年中国地理信息产业优秀工程奖银、铜奖。

国家测绘地理信息局大地测量数据处理中心（陕西省第四测绘工程院）

【业务】

2015 年，国家测绘地理信息局大地测量数据处理中心（陕西省第四测绘工程院）承担国家基础测绘任务 4 项。完成 2013 年施测的 50451.6 千米水准数据处理及 2014 年施测的 32879.8 千米水准拼环工作；完成 2014 年观测的 1144 个 GNSS 卫星大地控制点数据处理，2013 年观测的 11468 个加密重力点数据处理；完成地调系统地理信息数据坐标转换技术方案编写、软件编制及测试；完成地理国情监测统计软件比对分析工作，渭城区、太白、米脂、子洲、镇安 5 个县区的地理国情普查标准时点核准；完成陕西北斗基准站系统项目建议书申报、可研报告撰写、60 个新建站点的堪选工作。完成太原、银川、乌鲁木齐等市基础地理信息坐标转换等项目。为沈阳、昌吉、桂林等城市建立基于 2000 国家大地坐标系的城市独立坐标系。完成长江航道似大地水准面精化设计及技术培训服务。为土地确权、灾害治理等提供坐标转换技术服务，共完成约 300 多批次的坐标转换工作。为辽宁省卫星导航定位连续运行基准站系统建设提供全程技术支持及指导、协助完成系统测试及应用服务。累计完成 600 多个 CORS 站点数据处理。完成辽宁、甘肃、云南等地似大地水准面精化及插值软件研制。完成省、市二等水准测量数据处理 50 多项，约 3 万千米。完成昌吉市似大地水准精化项目 GNSS 及水准外业观测，中国综合地球物理场观测——大华北地区项目 GNSS 外业观测、桂林市现代测绘基准体系建设 GNSS 及水准外业观测工作。继续服务蒲城电场沉降观测一、二、三期工程沉降观测项目，承担陕西测绘地理信息局职工住宅综合楼基坑边坡变形监测。承担国家科技支撑项目“远海岛礁地理信息监测关键技术研究与示范”、国家自然科学基金资助项目“GNSS/水准/InSAR/重力的高程变化自适应融合理论与算法研究”等重大测绘科技项目。

【其他】

国家测绘地理信息局大地测量数据处理中心（陕西省第四测绘工程院）完成的“大跨度带状控制网建立与地理信息坐标转换”项目获 2015 年中国测绘地理信息学会测绘科技进步奖三等奖，取得 3 项计算机软件著作权证书，1 人获第十四届夏坚白测绘事业创业与科技创新奖，1 人获陕西省职工优秀科技创新成果发明创造类铜奖，1 人增选为国家测绘地理信息局青年学术和技术带头人。

中铁一局集团宝鸡精密测绘工程有限公司

【业务】

2015 年，中铁一局集团宝鸡精密测绘工程有限公司完成高速铁路宝兰客专、蒙华铁路、德大铁路等工程测量项目20多项，东毛、昆明东南绕城等高速公路工程测量10多项，地铁监测项目2项，旧城改造和房地产开发等工程测量项目10多项。拓展海外工程测量项目，承担东帝汶高速公路测量项目。

【其他】

中铁一局集团宝鸡精密测绘工程有限公司获“陕西省地理信息产业2014—2015年度十佳测绘地理信息企业”称号。1人获“全国劳动模范”称号。

中国水利水电第三工程局有限公司

【业务】

2015年，中国水利水电第三工程局有限公司测量总队完成各类测绘项目86个。主要项目有福建南平至龙岩线铁路扩能改造工程、河北承德丰宁抽水蓄能水电站测量、兰州新区石门沟水库引水隧洞测量、陕西安康张岭基地安居工程等。新建及复测各等级控制网点96个，复测及施测二等水准线路96千米、三等水准线路12千米；完成1:500地形测绘28.65平方千米；布测隧洞控制导线12千米，完成2.3千米涵洞路基测量、25座大桥及桥梁共8034米施工测量及沉降观测；完成市政规划道路24.7千米施工测量；完成施工场地平整16.8平方千米。完成16栋楼房90个监测点100次水平位移及沉降监测。

【其他】

中国水利水电第三工程局有限公司完成的“一种能快速获得水下地形数据的测绘方案”获2015年度电力建设QC成果三等奖及陕西省2015年工程建设（勘察设计）优秀QC小组评选省级二等奖。

陕西国土测绘工程院

【业务】

2015年，陕西国土测绘工程院完成新签订生产合同额近5200万元，主要实施完成44个项目。主要包括四川省泸州市江南新区、临港产业物流园区1:500 DLG航测项目（第二标段）；陕西省潼关县中西部地区深部地质勘查项目地表基础控制测量及四条斜坡道500米标高以上巷道控制测量项目等。完成陕西7个区县部分农村宅基地及集体建设用地使用权确权登记发证项目和留坝县、南郑县集体所有权确权登记发证项目；完成西安市、山东省嘉祥县、陕西省南郑县、略阳县、太白县等市县2014年度土地变更调查项目及宝鸡市2014年变更调查市级数据库汇总、核查项目；完成四川省攀枝花市城市规划区丽攀高速1:500地形图测绘285幅；完成电力国网新疆巴州供电公司营配贯通数据采集项目。

【其他】

陕西国土测绘工程院完成的“陕西省潼关县中西部地区深部地质勘查项目地表基础控制测量及四条斜坡道500m标高以上巷道控制测量项目”获2015年陕西省地质学会第八届优秀地质成果奖三等奖。

陕西核工业西北测绘院有限公司

【业务】

2015年，陕西核工业西北测绘院有限公司完成地籍测量、工程测量、摄影测量与遥感等项目60多个。完成地籍测量约925平方千米，公路测量约215千米，1:500数字化测图约2.2平方千米、1:1000数字化测图0.15平方千米、1:2000数字化测图约40平方千米、1:1万数字化测图25平方千米，摄影测量外业内业约4254平方千米。完成多家矿山工程测量任务。

【其他】

陕西核工业西北测绘院有限公司获“陕西省地理信息产业2014—2015年度十佳测绘地理信息企业”称号。“油动固定翼无人机组装项目”“甘肃省天水市散岔金矿详查控制测量、1:2000地形测量工程项目”“西藏墨脱县加热萨乡至甘登乡新建公路工程测量项目”分获中陕核工业集团工程勘察产业优秀成果一、二、三等奖。

机械工业勘察设计研究院有限公司

【业务】

2015年，机械工业勘察设计研究院有限公司主要承接区域控制测量、地形测量、地铁线路第三方监测、文物监测、高铁线路沉降评估、地铁线路精密控制测量、形变变形测量。完成柬埔寨马德望海螺水泥项目地形测量、老挝琅勃拉邦海螺水泥项目地形测量等国外工程测量项目。完成西安至成都客运专线陕西段轨道铺设条件技术咨询项目130千米的线路沉降评估、宝鸡至兰州客运专线陕西段轨道铺设条件技术咨询项目46千米的线路过程评审。中标西安地铁5号线第三方监测、2号线南延段的运营监测及西安北客站至机场城际轨道交通工程第三方监测。完成南昌地铁2号线南昌西站—辛家庵段第三方监测、深圳地铁9号线第三方监测、合肥轨道交通3号线工程测量、重庆轨道交通5号线一期工程第三方监测。开展呼和浩特市城市轨道交通1号线一期工程第三方监测项目（第一标段）的前期准备工作。完成区域控制测量、竣工现状总图测绘、新建项目地形测量等项目60多项。

【其他】

机械工业勘察设计研究院有限公司完成的“新建兰新铁路第二双线LXS-3标段精密测量控制网复测”项目获陕西省第十六次优秀工程勘察奖二等奖，“西安地铁运营线路地裂缝段变形监测系统的研制QC课题”获国家工程建设（勘察设计）优秀QC小组二等奖。

陕西天润科技股份有限公司

【业务】

2015年，陕西天润科技股份有限公司完成陕西、浙江、黑龙江等省区19个区县的地理国情普查标准时点核准任务，涉及面积约2.3万平方千米。承担陕西省10个区县的农村土地承包经营权调查工作，涉及面积190多万亩；承担了山西、湖北、河南、新疆等地7个区县的农村土地承包经营权调查任务，涉及面积80多万亩；参与实施陕西省神木县、户县的农村宅基地调查确权工作。完成上海市基础测绘1∶2000数字地形图综合法修测项目，修测图幅920幅；完成临汾市中心城区155平方千米1∶1000航测修测及入库项目，山西潞安集团余吾煤矿161平方千米1∶2000航测成图任务，长春市域及长吉新区1915平方千米1∶5000 DLG测绘项目。完成杭州市余杭区数字余杭地理空间框架（二期）建设任务并通过验收，完成陕西省旅游局网站维护技术支持工作。

【其他】

陕西天润科技股份有限公司获陕西省地理国情普查标准时点核准百日大会战主题竞赛活动优胜单位称号；数据处理部获黑龙江省地理国情普查标准时点核准百日大会战主题竞赛活动“星级班组”称号；获第三届陕西省测绘地理信息行业职业技能竞赛暨全国竞赛陕西选拔赛地图制图项目团体三等奖；获“2015中国地理信息产业最具活力中小企业”称号；获“陕西省地理信息产业2014—2015年度十佳测绘地理信息企业”称号。西北历史文化村镇信息系统在全国测绘地理信息应用成果和地图网上展览活动中被评为优秀展品；“遵义市川黔铁路地形图测绘”项目获2015年全国优秀测绘工程奖银奖；“陕西省旅游局网站建设项目”获2015年中国地理信息产业优秀工程奖银奖。

陕西省煤田物探测绘有限公司

【业务】

2015年，陕西省煤田物探测绘有限公司承担测绘地理信息项目23个，其中农村土地承包经营权确权登记项目12个，涉及面积254万亩。完成各种比例尺地形图测绘510.56平方千米，地形图修补测4644平方千米，各等级GPS控制点152个，四等水准测量108千米，三维地震勘探工程测量42.01平方千米，二维地震勘探工程测量38.1千米，城市地下管线探测500千米。主要承揽的项目有陕西省凤县农村土地经营承包权确权颁证、陕西省彬县农村土地经营承包权确权颁证、西藏山南地区1∶1000地形图航测、西藏山南地区城市地下管网探测、靖边县城总体规划范围内地形图测绘、韩城市经济技术开发区总体规划范围内1∶2000地形图测绘、南京市高淳区大比例尺地形图测绘等。

【其他】

陕西省煤田物探测绘有限公司自主编写的“智慧城市综合运营管理系统工程V1.0”等4项软件取得了计算机软件著作权登记证书。

西安华测航摄遥感有限公司

2015年，西安华测航摄遥感有限公司共承担各类测绘项目9项，包括甘肃、新疆、陕西等省区国家基础航空摄影项目，及四川、甘肃等省的市、县农村土地承包经营权确权登记测绘航摄及影像制作等市场测绘项目。全年共完成各种分辨率的测绘航空摄影近7万平方千米，无人机航摄300多平方千米。

神华神东煤炭集团有限责任公司（地质勘探测量公司）

2015年，神华神东煤炭集团有限责任公司（地质勘探测量公司）累计完成测量放线54.68万米，验收原煤产量20256万吨；完成大型贯通测量工程33项，其中万米以上贯通15项。完成地面测量测图20.41平方千米，线路测量23.3千米，水准测量84.32千米，E级GPS控制点38个，施测陀螺边54条。打印各矿井采掘工程平面图及工作用图3791张。绘制各矿井交换图179张。

陕西省交通规划设计研究院

【业务】

2015年，陕西省交通规划设计研究院完成西安绕城高速公路通行能力提升工程控制测量及1:500、1:2000地形图测绘，广西河池至百色高速公路界桩放样40千米。完成青海省扎麻隆至倒淌河段高速公路90千米施工图设计外业定测工作，其中中线放线横断面测量100千米（含左右线），地物控制及桥隧控制100多处；完成青海省扎麻隆至倒淌河段高速公路60千米界桩放样工作；完成青海省门源至扁都口高速公路50千米施工图设计外业定测工作，其中中线放线横断面测量70千米（含被交线及左右线），地物控制、水文测量100多处；完成洋县有色金属开发区控制测量及1:500地形图测绘工作；完成新疆维吾尔自治区G216线喀拉通克镇至索尔库都克段等8个公路工程建设项目第KHSJ－2合同段设计咨询测量监理工作，以及商州至丹凤一级公路改扩建项目控制测量复测及地面线复测工作等。

【其他】

陕西省交通规划设计研究院与长安大学联合承担的“GPSRTK在公路勘察中的应用”科研项目通过验收，“神木至佳县至米脂高速公路控制测量项目”获2015年全国优秀测绘工程奖铜奖。

西安建材地质工程勘察院

【业务】

2015年，西安建材地质工程勘察院承担完成安康市13县（区）土地利用现状变更调查与遥感监测、土地整理开发项目规划设计、高标准基本农田建设项目规划设计、治沟造地项目规划设计、土地整治规划编制及建库等业务。完成西安市建筑垃圾处置量测量评估项目、陕西省西咸新区沣东新城天台路地下管线勘测项目。承接了渭南市大荔县（第六标段）、蒲城县（三标段）、白水县（六标段）、铜川市宜君县（三标段）和安康市汉滨区（二标段）农村土地承包经营权确权登记颁证及数据库建设项目。在印度尼西亚、缅甸等国开展测绘工作，完成多个矿山测量及工程测量工作。

【其他】

西安建材地质工程勘察院完成的“安康市汉滨区等10个县2013年度土地变更调查与遥感监测及全市汇总分析项目”“陕西省2009年度城镇土地调查数据汇总”项目均获2015年度建材行业优秀工程勘察奖二等奖。

西安大地测绘股份有限公司

【业务】

2015年，西安大地测绘股份有限公司完成各类测绘项目90多项。共完成农村土地承包经营权确权404.59万亩；集体土地所有权、使用权确权50410宗，868.09平方千米（120.22万亩）；管线测量493千米；航空摄影1200多平方千米；摄影测量与遥感4600多平方千米；共制作和编制各类地形图430多幅。为陕西省山阳县突发特大山体滑坡提供应急测绘保障。

【其他】

西安大地测绘股份有限公司承担的“高陵县不动产统一登记集体土地所有权和使用权调查项目”获2015年全国优秀测绘工程奖铜奖。

西安西北有色金属测绘院有限公司

2015年，西安西北有色金属测绘院有限公司承担了陕西省丹凤陈家庄铀矿工区及其周边地物1:500数字化地形图测绘，加密4个E级GPS控制点。承担陕西省镇安县月河镇钨矿项目1:1000地形图测量11平方千米。完成西安铁路局铁路用地土地测绘项目，洋县桑溪东沟口至石泉界三级公路改建工程，淮安市2015年度城市地下管线探测普查，府谷县麻镇、黄甫镇121521亩农村土地承包经营权确权登记测绘及数据库建设，洋县钒钛磁铁矿毕机沟矿段采场（首采至崔家坪）1:500 数字化地形图。

西安长庆科技工程有限责任公司

【业务】

2015 年，西安长庆科技工程有限责任公司完成东胜气田 2015 年天然气开发项目地面工程、陇东油区产建地面工程、油田安全环保隐患治理工程等各类重大项目 365 项。其中完成站址测量 318 座、穿跨越 626 处、桥涵 27 座，实测地形 57.6 平方千米 979 块；实测管线 1361 千米 221 条、电力线路 218 千米 51 条、道路 673 千米 168 条，管线解析测量 7157 千米 2996 条，测设 GPS 控制点 2509 个。编制完成石油天然气行业规范《石油天然气工程地面三维激光扫描测量规范》。对中国石油天然气集团公司企业标准《油气田地面工程建设标准》测量部分进行了审查。10 名技术人员完成注册测绘师注册工作，1 人取得注册测绘师资格证书。

【其他】

西安长庆科技工程有限责任公司完成的“苏里格气田东三区 2013 年骨架工程”获中国石油工程建设协会 2015 年石油工程优秀勘察奖三等奖，“一种可量测型三维激光扫描标靶”获国家实用新型专利，“油气管道线路断面数据纠错软件”取得软件著作权，“大比例尺地形图数字符号库的创建”获中国石油天然气集团公司 2015 年优秀 QC 奖，“提高控制测量踏勘效率”获 2015 年度国家优秀 QC 成果三等奖，“自由架站 EDM 测高方法的研究”获 2015 年度陕西省优秀 QC 成果二等奖。

中国地震局第二监测中心

【业务】

2015 年，中国地震局第二监测中心完成了经常性地震监测、陆态网络、中国大陆综合地球物理场观测、重大应用基础研究项目“中国综合地球物理场观测——大华北地区”等项目。共完成 2994.4 千米区域精密（一等）水准测量，66 个场地跨断层水准测量，802 点次流动重力测量，402 个站点 GNSS 区域站观测，5143.3 千米水准路线踏勘、选埋。

【其他】

中国地震局第二监测中心 34 篇论文被期刊收录，其中 SCI 收录 5 篇、EI 收录 6 篇、中文核心期刊收录 13 篇。获中国地震局地震监测预报工作全国质量综合评比第二名。

中国电力工程顾问集团西北电力设计院有限公司

【业务】

2015 年，中国电力工程顾问集团西北电力设计院有限公司测绘工程室完成各类发变电工程项目 200 多项。发电工程项目完成工程用图总计共 60 平方千米，埋设 E 级 GPS 控制点 1000 多个，完成四等水准测量 600 多千米。完成送变电线路工程施工图阶段定位工作 1300 多千米，外业调绘 200 多千米。新能源项目累计完成工程用图 1000 多平方千米。

【其他】

中国电力工程顾问集团西北电力设计院有限公司参与编写的《中国电力设计标准与国际和国外先进标准比较研究》（工程测量专业）获 2015 年中国测绘地理信息学会测绘科技进步奖三等奖。

国家测绘地理信息局第二地形测量队（陕西省第三测绘工程院）

【业务】

2015 年，国家测绘地理信息局第二地形测量队（陕西省第三测绘工程院）完成青海省海西州德令哈市、乌兰县、大柴旦行委、冷湖行委、茫崖行委共计约 11 万平方千米的地理国情普查统一时点正射影像制作和统一时点核查数据编辑整理工作。完成甘肃省甘南藏族自治州和临夏回族自治州 14 个区县 4.2 万平方千米的地理国情普查统一时点正射影像制作和统一时点核查数据编辑整理工作。完成吴堡、神木等 16 个区县约 5 万平方千米的地理国情普查统一时点核查生产。完成陕西省安塞县和甘肃省玛曲县 2005 年、2010 年、2015 年 3 期基础性地理国情监测，根据监测数据完成统计分析，形成基础性地理国情监测报告。承担 1:5 万地形数据库重点要素更新项目。完成秦岭测图工程山阳测区 DLG、DEM 生产，岚皋测区野外调绘和 DLG 数据生产任务。为“8·12”陕西省山阳县特大山体滑坡提供应急测绘保障服务。

获取陕北神木县石峁遗址高分辨率区域影像、精细三维数据及区域大比例尺地形图，建立了真三维立体模型和相关地理信息系统。构建完成秦蜀古道重点区段精细三维模型和三维展示平台，撰写《蜀道的测绘技术应用》课题研究报告。研发陕西省内县、镇级国土资源管理的土地利用监管信息系统。完成镇巴县25°以上坡耕地退耕还林和宜林地退林还耕外业调查工作，并编写完成调查评估报告。筹备第二次全国地名普查工作；辅助民政部门处理境界纠纷；服务撤乡并镇、村级地名调整等工作，分别为商洛、渭南等市提供撤乡并镇工作用图；完成铜川市、靖边县等行政区划挂图更新。

【其他】

国家测绘地理信息局第二地形测量队（陕西省第三测绘工程院）承担省测绘地理信息局科技创新项目3个、现代工程测量国家测绘地理信息局重点实验室2015年度开放基金课题1个、院自列创新项目8个，在全国性期刊上发表论文28篇。获“陕西省普查标准时点核准百日大会战主题竞赛优胜单位和示范岗”称号。

国家测绘地理信息局第一地理信息制图院（陕西省第六测绘地理信息工程院）

【业务】

2015年，国家测绘地理信息局第一地理信息制图院（陕西省第六测绘地理信息工程院）承担第一次全国地理国情普查任务，完成青海省19个区县约39.8万平方千米、陕西省11个区县约2万平方千米、安徽省5个区县4369平方千米的地理国情普查标准时点核准工作；完成国家1:5万基础地理信息制图数据动态更新项目新疆、甘肃、湖北、青海、宁夏、陕西、河南、安徽、浙江和上海共9174幅地形图制图数据更新任务；完成陕西省秦岭测图工程1566幅1:1万影像地形图制图生产任务，华山测区47幅像片控制测量、野外调绘、DOM、DLG和DEM基础地理信息数据生产任务，《秦岭旅游交通图册》《秦岭测图工程区县挂图》《秦岭测图工程纪实》编制工作；完成陕西山阳灾区25幅1:1万地形图应急制图任务；完成2015年度《陕西省领导用图》《圣地之光延安观览图集》《中共中央转战陕北路线图》等编制工作。

【其他】

国家测绘地理信息局第一地理信息制图院（陕西省第六测绘地理信息工程院）通过陕西省高级人民法院相关部门审核，取得测绘司法鉴定资质。获第三届陕西省测绘地理信息行业职业技能竞赛暨全国竞赛陕西选拔赛地图制图团体二等奖。编制完成的《丝绸之路经济带核心区域地图集》和《陕西省工业地图集》被评为全国测绘地理信息应用成果和地图网上展览优秀展品。

西安地图出版社

【业务】

2015年，西安地图出版社完成出版项目233种，其中新版147种、再版86种，包括地图类95种。出版了重点项目《丝绸之路经济带核心区域地图集》《圣地之光·延安观览地图集》。编制出版《商洛市中心城区影像与规划图集》《陕西省设区市系列地图册》（11种）、《陕西省设区市系列挂图》等；再版《陕西省地图册》《中国地图册》《世界地图册》等30个地图品种。编制出版了“地图上的秦岭”系列图书中的《秦岭全景图记》《秦岭森林公园》《秦岭地质公园》。编制《陕西省山阳县8·12山体滑坡图记》。完成中央文化企业数字化转型升级项目。

【其他】

西安地图出版社1个项目获国家出版基金资助，4个项目获陕西省出版基金资助，“幻影地理”获财政部102万元专项资金资助。

陕西省水利电力勘测设计研究院

【业务】

2015年，陕西省水利电力勘测设计研究院完成陕西省斗门水库工程初设阶段测量，引汉济渭输配水干线工程过渭干线及渭北东干线咸阳段可行性研究阶段控制测量，西安护城河提升改造整体规划工程测量，略阳县、延川县、旬邑县、蒲城县、富平县山洪调查测量，咸阳亭口水库施工控制网恢复及定期复核测量，延安市王瑶水库加坝扩容工程测量，亭口水库工程近坝区地表稳定性监测，韩城市禹门抽黄改造工程测量。承接四川省凉山州喜德风电项目 1:2000 地形图测量、西藏察隅波罗水电站竣工图监测及土方复核测量等项目 68 项，无人机飞行面积 2000 多平方千米，基本平面控制约 650 点，高程控制约 1100 千米，地形图测量约 1800 平方千米。

【其他】

陕西省水利电力勘测设计研究院取得航空摄影、摄影测量与遥感以及地理信息系统乙级资质。

青海省

概况

截至 2015 年底，青海省共有测绘资质单位 118 家，其中甲级 11 家、乙级 24 家、丙级 62 家、丁级 21 家。测绘资质单位从业人员年末人数为 2939 人，其中民营企业从业人员 837 人，占从业人员总数的 28.48%。

全省测绘资质单位全年完成测绘服务总值 4.52 亿元。开展和完成的主要项目（工程）包括青海省第一次全国地理国情普查、省级公共服务平台（公众版）省级节点矢量数据更新、省市两级节点新增数据融合、藏区大比例尺地形图测制、东部地区北斗地基增强系统建设、农村集体土地建设用地和宅基地使用权确权登记、环青海湖水利综合治理等工程测绘服务；云南澜沧江黄登水电站、宝兰高速铁路、北京至沈阳客运专线铁路、云南晋红高速公路、广东江门公路、林芝高等级公路等测量工作以及三江源保护区草地与湿地解译项目、青海湖流域湖泊面积和草地变化监测、青海省安全部门地理信息系统等典型应用建设，《青海典藏——魅力城市（2015 年)》《可可西里自然保护区分布图》《青海省新型城镇化规划系列图》等各类图册编制。

青海省第二测绘院

【业务】

2015 年，青海省第二测绘院完成同仁、循化、化隆、民和 4 县地理国情普查数据生产、标准时点核准，及 2 期成果的最终成果验收、汇交工作；完成青海省 1:1 万基础测绘（乌兰测区）任务；完成 10 条 1800 多千米水准路线的二等水准观测任务；完成西藏自治区重点地区 1:1 万基础地理信息数据采集及成图项目共 225 幅 1:1 万“3D”及 DLG 制图数据生产任务。玉树分院承担了玉树州灾后重建城镇地形图测绘及土地调查与土地登记发证及房产测量工作，并配合玉树市国土资源局颁发了青海省第一本不动产权证书。

【其他】

青海省第二测绘院获 2015 年中国技能大赛——青海省测绘地理信息行业职业技能竞赛地图制图竞赛团体第三名、优秀组织奖；2 人分获“青海省青年岗位能手”“青海省测绘地理信息技术能手”称号，1 人被中华全国总工会授予“全国五一巾帼标兵”称号。联合西安科技大学、解放军一〇〇一厂开展基于无人机搭载多视角相机的摄影测量与智能社区平台建设研究，并向省科技厅申报了科研项目，完成了“DMC 数码影像空三加密布点方案研究”项目，完成的“低空无人机影像空三加密及大比例尺 DLG 数据采集实验”项目获 2015 年度青海省测绘地理信息学会测绘科技进步奖二等奖”。

青海省基础地理信息中心

【业务】

2015 年，青海省基础地理信息中心完成湟源、尖扎、大通、海晏 4 县的地理国情普查及标准时点核准工作；完成三江源保护区草地与湿地解译项目、青海湖流域湖泊面积和草地变化监测并通过省、国家级验收；完成省级公共服务平台政务版搭建并上线运行。完成省级公共服务平台公众版（天地图·青海）省级节点 15 级 ~ 17 级矢量数据地图服务的更新，已接入国家主节点；完成省、市两级节点新增数据的数据融合，为 2 家单位提供数据服务，为 5 家单位提供地图在线服务，为省国土资源厅等多家单位提供服务及支持30多次；完成地理省情微信平台的开发工作，共策划发布6期专题；完成《“数字德令哈”地名地址数据采集技术规程》等8项数据标准、技术规程、服务标准及安全标准的建设工作；编制完成《青海省十二届人大第四次会议、政协十一届三次会议（两会）工作用图（2015年）》《青海典藏——魅力城市（2015年）》及其青花瓷系列用图、装裱版《西宁市手绘地图》《天峻县影像图》《玛多县地图》《果洛州交通图》等地图，为省政府编制《青海省软弱涣散党组织图》等专题图件，为省发展和改革委员会编制《青海省国民经济和社会发展第十三个五年规划纲要》插页附图10幅，为省民政厅编制《青海省行政区划简册》插图10多幅。

【其他】

青海省基础地理信息中心完成的“青海省公共应急地理信息系统建设”项目获2015年中国测绘地理信息学会测绘科技进步奖三等奖，“海西州地震地理信息系统”获第三届天地图应用开发大赛三等奖，“青海省地理国情普查外业调绘系统”“地理国情普查青海省湟源县试点项目”“青海省第二次土地调查图集”分获2015年度青海省测绘地理信息学会测绘科技进步奖一等奖、优秀测绘工程奖一等奖及二等奖。“三江源黑土滩综合治理技术集成与示范推广”“柴达木循环经济试验区地理信息系统”“玉树地震系列图”3项展品被评为全国测绘地理信息应用成果和地图展览优秀展品；“柴达木循环经济试验区地理信息系统”通过青海省科学技术成果鉴定；与青海省科技信息研究所联合申报的“青海省农牧业信息化地理空间基础支撑平台”获省科技厅批准立项。

青海省第一测绘院

【业务】

2015年，青海省第一测绘院承担海西、果洛、海南州38个乡镇216平方千米的藏区大比例尺地形图测制任务，已完成37个城镇的像控点测量、外业调绘和约占总面积97.3%的DLG制作；完成483景地理国情普查项目所需正射影像数据；完成乐都、平安、互助、泽库648幅约1.39万平方千米的前期普查和标准时点核准工作；完成乐都、平安、互助3个普查单元300幅约7120平方千米的精细化数字高程模型生产；完成东部地区北斗地基增强系统建设项目的设备采购、安装调试以及整体系统测试工作；完成智慧格尔木建设2015年度工作计划基础图件生产任务。为祁连、青海湖、黄南机场和贵德县通用飞机场提供1∶1000、1∶2000、1∶1万等基础图件服务；承担乐都、平安、玛多、格尔木农村宅基地土地确权外业测图17424户，外业调查15524户，内业建库4772多户；完成贵德、贵南、同德、兴海县286.7千米管线测量外业测绘工作；完成青海省三滩引水生态治理工程的地形图测绘及纵横断面测绘；完成花石峡至上贡麻公路187千米勘测定界工作；完成房产测量约30万平方米；完成海南州发改委新能源光伏模型、曲麻莱县畜牧业成果模型、青海省水资源分布及生态沙盘的制作；完成尖扎县、川口镇至大河家公路、乌兰县东大滩50兆瓦发电项目的勘测定界工作。

【其他】

青海省第一测绘院被青海省第二次土地调查领导小组授予“先进单位”称号。

青海省水利水电勘测设计研究院

2015年，青海省水利水电勘测设计研究院完成青海境内黄河干流防洪工程、班玛县长江干流防洪工程、东部城市群供水工程勘测定界、环青海湖水利综合治理工程、柴达木水资源配置综合规划、格尔木市大格勒水库工程、海南州三滩引水工程、海南州哇洪水库工程、玉树市果青水库工程、青海省山洪灾害调查风险评价、黄南州同仁县10MW光伏农业示范园区等项目的测量工作。

中国水利水电第四工程局有限公司

【业务】

2015年，中国水利水电第四工程局有限公司勘测设计研究院完成云南澜沧江黄登水电站工程测量；宝兰高速铁路、北京至沈阳客运专线铁路、云南晋红高速公路、广东江门公路、林芝高等级公路等测量工作。

【其他】

中国水利水电第四工程局有限公司勘测设计研究院与武汉大学合作开发的“隧道施工安全监控量测信息管理系统”获计算机软件著作权；研发的

“一种隧道施工安全监控方法”获发明专利。承担的“长江三峡水利枢纽升船机主体工程精密专用控制网项目”获2015年全国优秀测绘工程奖铜奖，“提高尾水肘管测量控制精度”获2015年建筑业质量管理优秀QC小组活动三等奖，“隧道施工安全监控量测信息系统研究与开发”项目获2015年度青海省测绘地理信息学会测绘科技进步奖特等奖。1人获“全国五一巾帼标兵”和中国电建“十大杰出青年”称号。

青海省地矿测绘院

【业务】

2015年，青海省地矿测绘院承担项目103个，完成产值5271万元。完成湟中、互助等9个县的农村集体建设用地和宅基地（含住房）使用权确权登记发证外业调查工作；完成“整县推进”国家级试点县——互助县和省级试点县——民和县的农村土地承包经营权确权发证工作的外业调查任务；完成湟中县地理国情普查项目；完成果洛藏族自治州、玛沁县、甘德县、久治县、班玛县、玛多县和湟源县、兴海县、同德县的土地利用规划调整完善工作。

【其他】

青海省地矿测绘院作为项目主持单位申报的2015年国家科技支撑项目“城市生产安全风险防范与控制关键技术研究与示范”获科技部批准；申报的“青海省格尔木市夏日哈木镍钴矿1:2000航空摄影测量项目”获2015年全国优秀测绘工程奖银奖；承担的“格尔木市夏日哈木地区镍钴矿区对外道路1:500、1:1000航空摄影测量”项目获2015年度青海省测绘地理信息学会优秀测绘工程奖二等奖。

西宁市测绘院

2015年，西宁市测绘院完成西宁市区约120平方千米及湟源、湟中、大通县县城地下管线普查5172千米，建立西宁市地下管线空间数据库和地下管线信息管理系统；完成西宁市域170平方千米实景三维数据获取，建立三维立体模型数据库；开展西宁市基本农田划定、土地节约集约项目工作；开展不动产登记测绘服务保障工作，与土地房产登记部门协调，整合不动产登记基础数据库；编制《西宁市“十三五”国土资源规划》《西宁市“十三五”基础测绘发展规划》；开展西宁市第一次地理国情普查工作，完成标准时点核准更新工作；完成西宁市四区和大通县集体建设用地和宅基地确权登记发证项目。

青海煤炭地质局测绘工程院

【业务】

2015年，青海煤炭地质局测绘工程院完成青海省海西蒙古族藏族自治州哈牙其及铁石关1:1000地形图测绘、青海省海南藏族自治州共和县石头城1:500地形图测绘以及青海省恰龙公路水毁路面地形测量项目；制作了1:5000至1:100万地形图查询系统。完成浙江省嵊州市下辖4个乡镇农房登记项目和浙江省钦寸水库98米淹没线水位桩的埋设项目以及钦寸水库移民区土地测量等项目。

【其他】

青海煤炭地质局测绘工程院获2015年中国技能大赛——中央企业职工技能大赛工程测量工决赛优胜奖。

青海省柴达木综合地质矿产勘查院

【业务】

2015年，青海省柴达木综合地质矿产勘查院完成工程测量、地理信息、土地勘测、城市规划等专业各类测绘工程项目30多项；柴达木盆地深层卤水钾盐勘查项目控制测量300多平方千米、格尔木市大格勒沟金矿勘查区1:1000地形测绘20平方千米；海西6县（市）土地基准地价专题图编制工作；格尔木昆仑经济开发区土地报件6个批次共40多个地块的土地勘测定界、约8000个地质钻孔的信息录入及数据库建设、1:500地形图修测补测。参与完成民和县8个乡镇4万多户的农村土地承包经营权调查、3个乡镇1.5万多户农村宅基地的调查任务；完成循化县地质环境灾害治理项目E级GPS控制点20个、地形测图10平方千米、断面测量50千米，图根控制点测量50多点；参与完成格尔木地区地下管网信息系统建设工作。

【其他】

青海省柴达木综合地质矿产勘查院获“全国级文明单位”称号，连续5次获全国“安康杯”竞赛优胜企业、优胜班组称号，获首届中国百强地质队称号。被国土资源部评为青藏高原找矿理论先进单位。

青海省核工业地质局

2015 年，青海省核工业地质局完成地质矿产勘查测绘工作，多金属矿区储量核查测绘服务，纳子峡水电站 110kV 送出线路测绘，杂多县城南山、玛沁县大武镇等地泥石流灾害治理，乌图美仁乡、海晏县光明村等高标准基本农田整理项目工程量复核工作，曲麻莱县供水、供热管线测绘，乌兰、共和、互助等县光伏发电勘测定界项目等测绘工作。

青海天域北斗数码测绘科技有限公司

2015 年，青海天域北斗数码测绘科技有限公司完成了《中国高速公路及城乡公路网地图集（物流版）》《中国高速公路及进出城市地图集》《中国公路里程及空车配货指南》等地图类产品和《中国、世界地理地图》《中国地理地图（等高线版）》《中国、世界地理地图（三维地形版）》等教辅类产品的编制工作。承担部分全国地理教材地图编制和重大选题的地图编制任务。

宁夏回族自治区

概况

截至 2015 年底，宁夏全区共有测绘资质单位 111 家，其中甲级 3 家、乙级 23 家、丙级 32 家、丁级 53 家。全年完成的主要项目包括宁夏第一次地理国（区）情普查、数字宁夏 1:1 万基础地理信息数据更新项目同心测区、数字中卫地理空间框架建设、宁夏中南部地区重点矿山无人机遥感监测任务等。

宁夏回族自治区遥感测绘勘查院（宁夏回族自治区遥感中心）

2015 年，宁夏回族自治区遥感测绘勘查院（宁夏回族自治区遥感中心）全年合同额超过 4000 万元，实现对外创收 3830.86 万元。完成大西北地区国土资源遥感调查（甘肃、宁夏）和宁夏矿山环境遥感调查与监测项目；完成宁夏中南部地区重点矿山无人机遥感监测任务；完成西吉县和平罗县农村宅基地和集体建设用地权属调查项目；构建大柳树水利枢纽工程大坝及库区的三维数字沙盘，进行了蓄水淹没动态虚拟及损失分析，准确评估了高坝方案对甘肃景泰石林的影响。

宁夏回族自治区基础测绘院

2015 年，宁夏回族自治区基础测绘院完成数字宁夏 1:1 万基础地理信息数据更新项目同心测区 115 幅 1:1 万地形图航测任务；彭阳县 12 个乡（镇）156 个行政村共 5 万多宗农村宅基地和集体建设用地外业权属调查工作；石炭井矿区大武口沟马莲滩段、清水沟、三矿共 60 平方千米航摄监测及矿山环境治理监测；海原至同心高速公路项目前期 100 平方千米 1:1000 航摄及影像处理工作；固原市原州区 160 平方千米 1:2000 航摄工作；盐池县惠安堡占补平衡项目 40 平方千米 1:1000 航摄工作；宁夏回族自治区铁路地籍调查项目；宁夏中北部土地整理重大工程 6 个项目区的外业核查工作；海原县和彭阳县的土地变更工作。

宁夏回族自治区国土测绘院

2015 年，宁夏回族自治区国土测绘院完成 6 个县（区）第一次地理国情普查标准时点核准工作和 2600 多幅 1:1 万全区标准时点核查正射影像图制作。完成数字中卫地理空间框架建设项目并通过检查验收。完成灵武市城区 105 平方千米基础控制网建设、20 平方千米全野外 1:500 DLG 数据测绘、18 平方千米三维模型数据采集及建模工作，灵武市农村集体土地使用权调查约3万宗的外业界址测量、确权调查及内业整理工作，沙坡头区兴仁、香山2个乡（镇）20多万亩农村土地承包经营权普查。完成110国道综合整治工程，“中阿经贸论坛”会址绿化整治项目的测绘、土方计算工作，宁东核心区国土资源信息化项目监理工作。编制《自治区智能电子地图》《宁夏回族自治区工作用图》、1∶25万和1∶50万《宁夏交通图》《银川市地图》《银川市旅游图》《大武口行政区划图》和部分市、县（区）地方志用图。完成西夏区万达广场后续变形监测工作。

新疆维吾尔自治区

概况

截至2015年底，新疆维吾尔自治区共有测绘资质单位409家，其中甲级17家、乙级72家、丙级108家、丁级212家，同比增加15家。测绘资质单位全年完成测绘服务总值10.94亿元。

库尔勒天拓勘察测绘院

2015年，库尔勒天拓勘察测绘院完成库尔勒城区1∶500地形图更新项目15.2平方千米。完成其他各类测绘项目120多项，主要包括库尔勒市城市规划、市区道路工程、各种管网工程、房地产开发等城市工程测量，库车县、若羌县城区1∶500、1∶1000地形图测绘，和静县、焉耆县地下管线探测工程，库尔勒开发区内地籍测绘、土地勘测定界等。完成房产测绘970837.15平方米；摄影测量与遥感外业80平方千米，内业180平方千米。

塔城地区国土资源规划研究院

2015年，塔城地区国土资源规划研究院完成塔城机场改扩建工程1∶2000、塔城地区下野地1∶1万、额敏县吾音克村1∶1000基础测绘工作。完成沙湾县老沙湾镇、乌兰乌苏镇52个村的农村土地承包经营权确权登记颁证外业调查工作，农九师162、163、164团兵地界线外业调查工作。完成新疆油田公司2014年塔城地区新建产能项目230宗地的外业测量，乌苏市甘家湖牧场土地整理，塔城市二工镇乌宗阿尕什村文化室等16个建设用地土地权属勘测定界工作。完成和布克赛尔蒙古自治县耕地后备资源调查评价工作，塔城市基本农田永久划定外业调查及种植户信息汇总核实工作，和布克赛尔蒙古自治县、裕民县和托里县2014年度城镇地籍调查数据更新汇总和调查数据库检查修改工作。完成行署和地区国土资源局安排的塔城地区地图、塔城市棚户区改造、塔城市五大河流治理、塔城地区水库及库鲁斯台草原生态环境修复等工程调研基础图件工作，配合塔城地区国土资源局纠纷办完成地区种牛场与吉也克乡草场纠纷处理内业制图、外业调查工作。

新疆维吾尔自治区第一测绘院

【业务】

2015年，新疆维吾尔自治区第一测绘院完成自治区第一次全国地理国情普查、基础测绘、测绘航空摄影、数字城市建设、塔城耕地变化监测等项目。完成18个县市共18.83万平方千米地理国情普查标准时点核准DOM影像底图的生产工作，13个县市区共计约15.52万平方千米的地理国情普查标准时点核准任务，72个县市8952幅约22.38万平方千米DEM精细化生产工作。

完成2015年度6个测区共707幅17675平方千米1∶1万基础测绘任务；2014年度6个测区共514幅12850平方千米1∶1万基础测绘DOM生产任务；2013年度基础测绘5个测区787幅19675平方千米数据整改工作。完成数字昌吉、数字吐鲁番地理空间框架建设，建成数字昌吉、数字吐鲁番地理信息公共服务平台，并实现与“天地图·新疆”数据融合。完成塔城地区耕地变化监测项目5县2市耕地变化数据分析、外业抽样核查、数据统计、专题图制作、分析报告编写等工作。完成国家航空遥感影像获取伊犁州摄区和自治区 1:1 万基础测绘博州、伊犁州测区数码航空摄影共 1.4 万平方千米的测绘航空摄影任务。完成《昌吉市城市地图集》《昌吉市影像地图集》的制作、出版及《昌吉回族自治州地形地貌地震构造图（绢质）》《昌吉市影像图》《昌吉市警力部署图》等 14 个专题图制图项目。

完成农村土地承包经营权确权登记颁证塔城地区沙湾县、哈密地区巴里坤县试点项目，完成沙湾县 11 个乡（镇）243 个村、巴里坤县 7 个乡（镇）28 个村的航空摄影、DOM 制作、外业调查、内业数据采集、外业调查结果公示等工作。完成塔城市 30 平方千米 1:500 地形图更新项目。完成 GNSS 点一、二等水准联测（7 个点）生产任务。完成 45 团 7 幅 1:1 万地形图 175 平方千米生产任务。完成 PGIS（喀什警用系统）DOM 制作任务。完成喀塔、城机场改扩建水准测量项目。完成全疆基础测绘项目基础控制网 2000 国家大地坐标系平差计算工作。自主研发的优图质检软件（uMap ~ Checker）用于基础测绘内业生产，开发完成《优图快速制图软件（uMap ~ FM）研发》并投入试生产。

【其他】

新疆维吾尔自治区第一测绘院继续保持自治区（省级）级文明单位、昌吉州民族团结模范进步单位称号；1 个分院成功创建区直机关级“巾帼文明岗”集体，并保持“自治区级青年文明号”称号；1 个分院继续保持自治区级“巾帼文明岗”和区直机关级“青年文明号”荣誉。1 人入选“西部访问学者”；1 人入选自治区少数民族技术骨干培养计划；1 名中层干部、5 名专业技术干部赴内地挂职学习锻炼；接受 2 名技术骨干到院挂职交流。完成的“特克斯西南测区、果子沟测区 1:10000 地形图基础测绘”“伊宁县愉群翁回族乡测区 1:1000 地形图测绘”均获 2015 年全国优秀测绘工程奖铜奖，《昌吉市卫星遥感影像图》等 3 个地图作品获 2013—2014 年度新疆维吾尔自治区优秀地图作品奖三等奖。

乌鲁木齐市国土资源勘测规划院

【业务】

2015 年，乌鲁木齐市国土资源勘测规划院完成乌鲁木齐市地籍变更测绘 154.08 平方千米以及乌鲁木齐市 CGCS2000 城市坐标系的数据分析、总体方案编制与申报工作。开展乌鲁木齐市移动车载三维激光扫描车测绘工作和三维地籍建设应用研究；完成乌鲁木齐市 110 千米扫描数据与城市街景采集、10 多平方千米 DLG 数据更新；完成乌鲁木齐市重点永久性测量标志维护工作。开展乌鲁木齐市农村地籍调查及集体建设用地使用权确权登记发证试点工作；开展乌鲁木齐市国土“一张图”及核心数据建设项目前期调研，制定总体方案；完成 1.1 万多平方千米的高清影像航飞外业工作，制作 DOM 3000 平方千米；完成 2014 年度乌鲁木齐市土地变更调查工作，变更图斑 1884 个，变更面积 45.3 平方千米；完成乌鲁木齐市（7 区 1 县）2013 年度耕地质量等别更新评价工作，成果数据通过自治区国土资源厅审查并上报国土资源部；完成乌鲁木齐市耕地后备资源调查工作，调查总面积 3861.37 平方千米；完成乌鲁木齐市 280.26 平方千米湿地初始调查勘测及数据库建设工作；完成乌鲁木齐市中心城区永久基本农田划定核实举证工作，核查图斑 4626 个，面积 140.17 平方千米；开展乌鲁木齐市米东区农村土地承包经营权确权资料收集与外业调绘工作。

【其他】

乌鲁木齐市国土资源勘测规划院承担的“乌鲁木齐市国土资源移动‘一张图’系统”获 2015 年中国地理信息产业优秀工程奖铜奖，“新疆兰新铁路车载移动激光三维扫描测量工程”获新疆维吾尔自治区第三届测绘行业科学技术进步奖三等奖。

乌鲁木齐市城市勘察测绘院（乌鲁木齐市基础地理信息中心）

【业务】

2015 年，乌鲁木齐市城市勘察测绘院（乌鲁木齐市基础地理信息中心）测绘 1:500 地形图 131.3 平方千米、1:1000 地形图 108.2 平方千米、1:2000 地形图 117.1 平方千米。完成城市规划用图的测绘、修测、放线、验线、竣工图、净空测量、专题制图等 1735 件；乌鲁木齐市智慧城市地理信息服务平台可行性研究；水磨沟区 277 平方千米地名地址普查及数据建库工作；乌鲁木齐市市政道路 1600 平方千米普查更新及数据库建库、主城区 1600 平方千米城市燃气场站设施普查及数据库建设、环保局主城区 2000 平方千米空间数据库建库及电子地图制作工作；乌鲁木齐市地税局一分局存量房 500 平方千米信息普查更新、公安局建成区 500 平方千米矢量数据（PGIS）更新及验收工作；乌鲁木齐市天山区、水磨沟区地名普查项目，并通过新疆维吾尔自治区民政厅组织的验收，评为优秀项目。完成克拉玛依市地税局 262 平方千米以地控税核查数据服务及建库项目。

【其他】

乌鲁木齐市城市勘察测绘院（乌鲁木齐市基础地理信息中心）完成的“数字乌鲁木齐地理空间框架建设及研究应用”获新疆维吾尔自治区第三届测绘行业科学技术进步奖一等奖。

新疆维吾尔自治区交通规划勘察设计研究院

【业务】

2015 年，新疆维吾尔自治区交通规划勘察设计研究院完成公路勘测 396 千米。共布设一级 GPS 点 880 个、四等水准 750 千米、测绘 1:2000 地形图 449 平方千米。完成莎车绕城公路测绘工程测量项目、G218 线种羊场至图尔根公路工程测量项目、连云港—霍尔果斯国家高速公路吐鲁番—和田联络线（G3012）喀什至疏勒段测绘项目、G216 线喀拉通克至马依喀腊段测绘工程项目、连霍高速（G30）新疆境内乌鲁木齐至奎屯段改扩建工程测绘项目、小草湖—吐鲁番高速公路测绘工程项目等。

【其他】

新疆维吾尔自治区交通规划勘察设计研究院完成的“吐鲁番—乌鲁木齐—大黄山高速公路测绘工程”项目获 2015 年全国优秀测绘工程奖铜奖。

新疆维吾尔自治区煤田地质局综合地质勘查队

2015 年，新疆维吾尔自治区煤田地质局综合地质勘查队完成地理国情普查项目米东区、阜康市、奇台县、吉木萨尔县、木垒县 5 个测区共 5 万平方千米标准时点核准工作。完成 1:1 万地形图测绘 3 个测区 104 幅 1210 平方千米，其中哈密地区三道岭南西区 52 幅 800 平方千米、巴音郭楞蒙古自治州若羌县 44 幅 350 平方千米、吐鲁番艾丁湖 8 幅 60 平方千米；完成 1:2.5 万地形图测绘三道岭南西区 20 幅 800 平方千米。完成 53 千米四等水准测量。完成喀什地区库斯拉普煤矿井巷工程核查 11.8 千米的井巷测量；完成神华能源有限公司乌东煤矿、农六师北塔山牧场煤矿地形测量和覆盖量计算项目；完成哈密地区巴里坤县三塘湖煤炭勘查三维地震放线项目 2900 千米、哈密三道岭南勘查区（西区）煤炭资源详查三维地震放线项目 252 千米，完成煤田灭火电磁法放线测量 245 千米。

新疆维吾尔自治区国土资源规划研究院

2015 年，新疆维吾尔自治区国土资源规划研究院完成全疆 98 个县（市、区）2014 年度土地变更调查与遥感监测工作的数据下发、内外业核查、数据库质量检查、汇总上报等工作；2014 年度土地矿产卫片执法检查工作；2014 年度全疆地籍管理进度汇总成果上报等工作。完成 2014 年度全国土地变更调查成果国家级外业核查工作，承担湖南省与江西省 7 个县的实地核查、成果整理与上报工作；完成 2014 年全国土地利用变更调查监测与核查遥感监测任务项目第 22 包，并通过验收。完成阿合奇至八盘水磨等建设用地预审项目 5 个；完成铁路项目 4 个、水利项目 4 个、公路项目 7 个及 17 项建设用地报批；完成改建铁路南疆线库尔勒至阿克苏段、G045 赛里木湖—果子沟口段公路改建工程、GZ045 线哈密—梯子泉公路改建工程、哈密枢纽铁路、国道 314 线库车—阿克苏高速公路等 21 个项目土地使用权勘测定界工作。

新疆石油工程设计有限公司

【业务】

2015 年，新疆石油工程设计有限公司完成测绘项目 405 项。完成地理国情普查项目约 18899 平方千米，1:1 万地形图测绘 7000 多平方千米，克拉玛依市国土资源局数字地理空间框架年度更新 1:500、1:1000、1:2000、1:10000 测图项目 9.6 平方千米。完成新疆油田公司所辖 12 个区块新建产能数字化工作，阿克纠宾股份公司所辖 4 个区块新建产能数字化工作。完成克拉玛依市以及新疆油田、塔里木油田的规划、道路工程、各种管网工程、防洪工程、土建等相关测绘工作 398 项，参与部分国外油气田工程测量项目的前期工作。

【其他】

新疆石油工程设计有限公司完成的“阿克纠宾股份公司油田地面工程信息系统”获2015年中国石油天然气集团公司石油工程优秀勘察奖一等奖。

新疆维吾尔自治区基础地理信息中心（新疆维吾尔自治区测绘档案资料馆）

【业务】

新疆维吾尔自治区基础地理信息中心（新疆维吾尔自治区测绘档案资料馆）接收基础测绘1:1万地形图1253幅。完成组卷归档90卷、发图审批单41卷、其他资料56卷。全年对外提供成果资料1073人次；提供地形图9092张、控制成果11452点，提供各比例尺地形图数据59998幅数据量8.2TB，航空影像数据15163幅。向各地（州）国土资源局移交基础测绘1079幅地形图资料。全年办理审批1073次。无偿为自治区党政机关各部门提供图集、图册、各类挂图2085幅（册），测绘成果数据总量26.9TB。

完成2014年1:1万基础测绘12个测区999幅数据成果质检。开展1:1万基础地理信息数据库整合升级项目，完成17662幅1:1万基础地理信息数据整合与入库工作。开展地理国情普查数据库系统建设，对48.18万平方千米普查成果进行整理，并通过验收；完成新疆160多万平方千米普查数据成果汇总汇交工作。做好“天地图·新疆”网站维护工作；完成覆盖全疆的电子地图数据整合、发布上线工作，并对新疆二三级甲等医院、兵团分布及各类统计信息、全疆园区分布及基本信息等三类专题信息进行集成；完成4.4万条“天地图·新疆”兴趣点维吾尔文翻译工作。投入2800多万元加强“天地图·新疆”公众版、政务版建设，初步形成跨地区、跨部门协同式地理信息网络服务和应用体系。地理信息公共服务平台接入自治区党委信息中心电子政务内网。开展塔城市棚户区三维地理信息监测系统项目，完成系统研发，制作完成塔城市主城区范围75平方千米1:2000 DOM数据、矢量电子地图数据及主城区15平方千米三维航飞建模数据。开展塔城边境区域处突维稳地理信息指挥平台项目，完成处突维稳地理信息应急指挥系统研发；完成约6552平方千米影像数据、电子地图数据及三维地形数据加工整理工作。完成国家测绘地理信息局卫星测绘应用中心新疆分中心挂牌成立工作。为自治区党委、政府、兵团、各厅局编制各类专题图。利用无人机航空摄影测量技术制作专题图用于农村土地确权、岳普湖县达瓦昆湖沙漠旅游规划等项目。首次派出无人机组参与皮山地震服务保障，获取灾区影像成果并及时提供。

【其他】

新疆维吾尔自治区基础地理信息中心（新疆维吾尔自治区测绘档案资料馆）研发的“自治区测绘地理信息局测绘生产车辆安全监控系统”项目获第三届天地图应用开发大赛二等奖；承建的“天地图多语言版建设”项目获2015年中国地理信息产业优秀工程奖金奖。

中国能源建设集团新疆电力设计院有限公司

【业务】

2015年，中国能源建设集团新疆电力设计院有限公司完成各类测绘项目60多项。主要包括疆内220千伏及以下电压等级输电线路、220千伏变电站、火力发电厂、新能源发电厂等工程各阶段的测绘工作。完成国家重点工程内蒙古上海庙—山东临沂±800千伏特高压直流输电线路工程和恒联五彩湾电厂—五彩湾变750千伏线路工程两项超高压及特高压输电线路，线路总长约120千米。完成埃塞俄比亚 GenaleDawa Ⅲ—Yirgalem Ⅱ—WolayitaSodo Ⅱ 400千伏特高压交流输电线路工程的测量工作。

【其他】

中国能源建设集团新疆电力设计院有限公司完成的“新疆与西北主网联网第二通道输电线路工程测量”“750kV库车—巴音郭楞输电线路工程测量”分获2014年度电力行业（火电、送变电工程）优秀勘测奖一、三等奖，参编的《输电线路工程测量手册》获优秀标准设计奖一等奖。

新疆地矿测绘院

【业务】

2015年，新疆地矿测绘院共完成第一次全国地理国情普查、1∶1 万基础测绘、农田规划、大比例尺地形图测绘、地下管线测量、矿山测量、档案数字化建库等项目 69 项。完成第一次全国地理国情普查项目 9 县 1 市 2 区共 61898 平方千米；1∶1 万地形图测绘杜热测区、哈拉齐测区 89 幅共 2225 平方千米；农三师高标准农田规划 1∶1 万地形图测绘 530 平方千米；莎车县城 1∶500 地形图测绘项目、莎车县东方红水库国家湿地公园测量项目、哈巴河县地形图测绘项目等 1∶500 数字化地形测图 165 平方千米；数字新源地理空间框架建设项目；哈巴河县、青河县、布尔津县、伊宁县等地下管线探测 1260 千米；新疆若羌县喀拉大湾铁矿详查地质工程测绘、新疆富蕴县加马纳巴依 19 号铁矿勘探 1∶2000 地形图测绘等多项矿山勘探测量项目；玛纳斯县国土资源局档案数字化建库 3.2 万卷。

【其他】

新疆地矿测绘院完成的“罗布泊矿区地下水监测项目”获 2015 年中国地理信息产业优秀工程奖铜奖，“新疆地矿局安全生产及应急救援管理平台”获 2015 年全国优秀测绘工程奖铜奖。“罗布泊矿区地下水自动监测系统”“新疆地矿局安全生产及应急救援管理平台”分获新疆维吾尔自治区第三届测绘行业科学技术进步奖二、三等奖。

新疆兵团勘测设计院（集团）有限责任公司

【业务】

2015 年，新疆兵团勘测设计院（集团）有限责任公司完成测绘项目 252 项。完成新疆生产建设兵团 9 个师 58 个边境团场 1∶1000 地形图测绘约 122 平方千米。完成第六师 7 个团场、第九师 3 个团场、第十师 6 个团场、和田地区 1 市 7 县、巴楚县等主城区的航空摄影测量 2900 平方千米。完成第五师、第八师、第十师城镇地籍变更和数据库更新项目。完成新建 37 团、38 团 4 万亩和第十四师 224 团、47 团兵地融合嵌入式发展防沙治沙 5 万亩土地平整任务。完成道路竣工测量及水利、渠道测量 2800 千米。兵团 2015 年度山洪灾害调查任务，完成兵团重点地区洪水风险图、北屯市城区遥感影像图、兵团国境界河水利工程调查数据库及成果图、第十师交通图等图件编制工作。完成兵团水利基础数据库管理系统、第二师基础信息平台开发和建设工作。完成铁门关市智慧城市总体规划及专项实施方案编制、北屯市国家智慧城市建设方案和试点申报工作。

【其他】

新疆兵团勘测设计院（集团）有限责任公司编制完成的《新疆生产建设兵团图集》获 2015 年全国优秀测绘工程奖铜奖，《兵团水利普查图册》获 2013—2014 年度新疆维吾尔自治区优秀地图作品奖一等奖，“提高 GPS 高程拟合精度和效率”QC 成果获 2015 年度国家工程建设（勘察设计）优秀 QC 三等奖，“兵团南疆三地州团场城镇化建设 1∶1000 地形图测绘”获新疆维吾尔自治区测绘行业科学技术进步奖三等奖；获 2014～2015 年度“兵团五一巾帼标兵岗”称号；4 人获“全国测绘地理信息行业优秀技能人才”称号。

水利部新疆维吾尔自治区水利水电勘测设计研究院

【业务】

2015 年，水利部新疆维吾尔自治区水利水电勘测设计研究院测绘工程院完成测绘工程项目 39 项，主要包括白杨河流域规划测量，疆内多个大中型水利工程变形监测、施工控制网测量、水库库容测量、移民安置测量以及供水线路测量等水利水电工程测绘项目。共完成二等 GPS 测量 538 点、三等 117 点、四等 64 点；高程二等水准测量 864 千米、三等 243 千米、四等 752 千米；1∶500 地形图测量 3.3 平方千米、1∶1000 19 平方千米、1∶2000 78 平方千米、1∶5000 0.6 平方千米、1∶1 万 57 平方千米；河道断面测量 134.5 千米；断面测量 1∶500 439.4 千米、1∶1000 99.7 千米、1∶2000 375 千米、1∶5000 234.2 千米；出版技术总结、资料整编共 39 份，出图 285 幅。

【其他】

水利部新疆维吾尔自治区水利水电勘测设计研究院测绘工程院完成的“叶尔羌河防洪工程测量”获 2015 年全国优秀测绘工程奖银奖。

巴音郭楞蒙古自治州国土资源勘测规划设计院

2015 年，巴音郭楞蒙古自治州国土资源勘测规划设计院新建11座卫星定位连续运行基准站，并网4座，并通过验收。完成巴州14个土地整治项目1:5000地形图测绘115.71平方千米；巴州公益项目用地勘测定界198宗；和硕、博湖2个县农村地籍调查及集体建设用地使用权确权登记发证工作的权属调查及25407宗地籍测量；新增建设用地勘测定界122.68平方千米；南疆铁路土地权属勘测定界31.05平方千米，建设用地报批组件137宗，土地预审5宗。开展无人机安全航飞1万千米、航摄面积6740平方千米；制作1:1000~1:5000正射影像图9229幅、挂图163张。建设完成巴州"一张图"综合应用系统并正式上线试运行；完成巴州8个县土地变更调查与遥感监测工作，变更图斑903个；完成巴州5个县的农用地清查10817.8平方千米；完成巴州2个县的村庄地籍测量内业矢量化、数据库建设工作，建成村庄地籍调查乡级数据库16个，制作1:1000地籍图3000多幅；完成巴州8县1市耕地质量等别调查评价数据库建设，巴州7县1市的耕地后备资源调查评价数据库建设，巴州4个县的土地利用总体规划修改工作的数据库建设。

新疆维吾尔自治区第二测绘院

【业务】

2015年，新疆维吾尔自治区第二测绘院完成新疆维吾尔自治区第一次地理国情普查伊犁哈萨克自治州等5个地州约30.31万平方千米的1:2.5万3563幅DOM数据和2662景整景影像数据及12407个像控点成果数据的省级和国家级汇交工作。完成伊犁州等6个地州第一次地理国情普查项目1:1万覆盖区域9018幅精细化DEM数据生产以及成果数据的省级和国家级汇交工作。完成5个地州约30.31万平方千米1415景标准时点核准数字正射影像制作数据生产及成果数据汇交工作。完成自治区第一次地理国情普查15.75万平方千米普查数据生产及汇交工作。完成1:1万地形图测绘710幅。完成数字伊宁地理空间框架建设项目、数字石河子基础地理信息数据更新项目。开展各类无人机飞行97架次，利用无人机获取影像并处理数据1360多平方千米，为"7·3"皮山县地震等应急保障获取并处理无人机数据影像85平方千米，制作各类无人机影像图200多幅，模拟灾害全程应急演练2次，为第一次全国地理国情普查工作提供了近533平方千米核查影像。全年编制完成各类地图产品50多项，制作沙盘模型5个。

【其他】

新疆维吾尔自治区第二测绘院继续保持"新疆维吾尔自治区文明单位"荣誉，4个部门继续保持国家级、区直机关级"青年文明号"，3个部门继续保持自治区级"巾帼文明岗"称号。2人增选为国家测绘地理信息局以及新疆维吾尔自治区测绘地理信息局青年学术和技术带头人。自主研发的《地理信息数据整合和加工平台软件》《多尺度基础地理信息数据质量检查软件》获计算机软件著作权登记证书。承担制作的新疆地理信息应用成果及地图网上展览馆被评为优秀设计展馆，"新疆警用三维信息系统"被评为优秀展品。编制的维吾尔文版《世界地图》《中华人民共和国地图》《新疆维吾尔自治区地图》获2013—2014年度新疆维吾尔自治区优秀地图作品奖一等奖，《丝绸之路经济带示意图、丝绸之路经济带国内部分示意图》获二等奖，《2014新疆维吾尔自治区重点建设项目分布图》和小全开《新疆维吾尔自治区地图》获三等奖。

新疆疆海测绘院

2015年，新疆疆海测绘院完成测绘项目46项，其中大中型测绘项目8个，涉及水利水电、风电、输电线路、地理国情普查等领域。完成C级GPS点测量234个，D级GPS点测量310个；二等水准测量810千米、三等水准测量381.8千米、四等水准测量564.2千米；输电线路测量425千米，渠线、道路等纵断面测量622.4千米，横断面测量652千米；测绘航空摄影904平方千米，航线总长686千米；1:500、1:1000地形图测绘34平方千米，1:2000地形图测绘226.4平方千米，1:1万地形图测绘280平方千米；地理国情普查5个县市约3.7万平方千米的数据整理及基本统计分析。

法律法规

行政法规

地图管理条例

2015 年 11 月 11 日国务院第 111 次常务会议通过，
2015 年 11 月 26 日中华人民共和国国务院令第 664 号公布，自 2016 年 1 月 1 日起施行

第一章 总 则

第一条 为了加强地图管理，维护国家主权、安全和利益，促进地理信息产业健康发展，为经济建设、社会发展和人民生活服务，根据《中华人民共和国测绘法》，制定本条例。

第二条 在中华人民共和国境内从事向社会公开的地图的编制、审核、出版和互联网地图服务以及监督检查活动，应当遵守本条例。

第三条 地图工作应当遵循维护国家主权、保障地理信息安全、方便群众生活的原则。

地图的编制、审核、出版和互联网地图服务应当遵守有关保密法律、法规的规定。

第四条 国务院测绘地理信息行政主管部门负责全国地图工作的统一监督管理。国务院其他有关部门按照国务院规定的职责分工，负责有关的地图工作。

县级以上地方人民政府负责管理测绘地理信息工作的行政部门（以下称测绘地理信息行政主管部门）负责本行政区域地图工作的统一监督管理。县级以上地方人民政府其他有关部门按照本级人民政府规定的职责分工，负责有关的地图工作。

第五条 各级人民政府及其有关部门、新闻媒体应当加强国家版图宣传教育，增强公民的国家版图意识。

国家版图意识教育应当纳入中小学教学内容。

公民、法人和其他组织应当使用正确表示国家版图的地图。

第六条 国家鼓励编制和出版符合标准和规定的各类地图产品，支持地理信息科学技术创新和产业发展，加快地理信息产业结构调整和优化升级，促进地理信息深层次应用。

县级以上人民政府应当建立健全政府部门间地理信息资源共建共享机制。

县级以上人民政府测绘地理信息行政主管部门应当采取有效措施，及时获取、处理、更新基础地理信息数据，通过地理信息公共服务平台向社会提供地理信息公共服务，实现地理信息数据开放共享。

第二章 地图编制

第七条 从事地图编制活动的单位应当依法取得相应的测绘资质证书，并在资质等级许可的范围内开展地图编制工作。

第八条 编制地图，应当执行国家有关地图编制标准，遵守国家有关地图内容表示的规定。

地图上不得表示下列内容：

（一）危害国家统一、主权和领土完整的；

（二）危害国家安全、损害国家荣誉和利益的；

（三）属于国家秘密的；

（四）影响民族团结、侵害民族风俗习惯的；

（五）法律、法规规定不得表示的其他内容。

第九条 编制地图，应当选用最新的地图资料并及时补充或者更新，正确反映各要素的地理位置、形态、名称及相互关系，且内容符合地图使用目的。

编制涉及中华人民共和国国界的世界地图、全国地图，应当完整表示中华人民共和国疆域。

第十条 在地图上绘制中华人民共和国国界、中国历史疆界、世界各国间边界、世界各国间历史疆界，应当遵守下列规定：

（一）中华人民共和国国界，按照中国国界线画法标准样图绘制；

（二）中国历史疆界，依据有关历史资料，按照实际历史疆界绘制；

（三）世界各国间边界，按照世界各国国界线画法参考样图绘制；

（四）世界各国间历史疆界，依据有关历史资料，按照实际历史疆界绘制。

中国国界线画法标准样图、世界各国国界线画法参考样图，由外交部和国务院测绘地理信息行政主管部门拟订，报国务院批准后公布。

第十一条 在地图上绘制我国县级以上行政区域界线或者范围，应当符合行政区域界线标准画法图、国务院批准公布的特别行政区行政区域图和国家其他有关规定。

行政区域界线标准画法图由国务院民政部门和国务院测绘地理信息行政主管部门拟订，报国务院批准后公布。

第十二条 在地图上表示重要地理信息数据，应当使用依法公布的重要地理信息数据。

第十三条 利用涉及国家秘密的测绘成果编制地图的，应当依法使用经国务院测绘地理信息行政主管部门或者省、自治区、直辖市人民政府测绘地理信息行政主管部门进行保密技术处理的测绘成果。

第十四条 县级以上人民政府测绘地理信息行政主管部门应当向社会公布公益性地图，供无偿使用。

县级以上人民政府测绘地理信息行政主管部门应当及时组织收集与地图内容相关的行政区划、地名、交通、水系、植被、公共设施、居民点等的变更情况，用于定期更新公益性地图。有关部门和单位应当及时提供相关更新资料。

第三章 地图审核

第十五条 国家实行地图审核制度。

向社会公开的地图，应当报送有审核权的测绘地理信息行政主管部门审核。但是，景区图、街区图、地铁线路图等内容简单的地图除外。

地图审核不得收取费用。

第十六条 出版地图的，由出版单位送审；展示或者登载不属于出版物的地图的，由展示者或者登载者送审；进口不属于出版物的地图或者附着地图图形的产品的，由进口者送审；进口属于出版物的地图，依照《出版管理条例》的有关规定执行；出口不属于出版物的地图或者附着地图图形的产品的，由出口者送审；生产附着地图图形的产品的，由生产者送审。

送审应当提交以下材料：

（一）地图审核申请表；

（二）需要审核的地图样图或者样品；

（三）地图编制单位的测绘资质证书。

进口不属于出版物的地图和附着地图图形的产品的，仅需提交前款第一项、第二项规定的材料。利用涉及国家秘密的测绘成果编制地图的，还应当提交保密技术处理证明。

第十七条 国务院测绘地理信息行政主管部门负责下列地图的审核：

（一）全国地图以及主要表现地为两个以上省、自治区、直辖市行政区域的地图；

（二）香港特别行政区地图、澳门特别行政区地图以及台湾地区地图；

（三）世界地图以及主要表现地为国外的地图；

（四）历史地图。

第十八条 省、自治区、直辖市人民政府测绘地理信息行政主管部门负责审核主要表现地在本行政区域范围内的地图。其中，主要表现地在设区的市行政区域范围内不涉及国界线的地图，由设区的市级人民政府测绘地理信息行政主管部门负责审核。

第十九条 有审核权的测绘地理信息行政主管部门应当自受理地图审核申请之日起20个工作日内，作出审核决定。

时事宣传地图、时效性要求较高的图书和报刊等插附地图的，应当自受理地图审核申请之日起7

个工作日内，作出审核决定。

应急保障等特殊情况需要使用地图的，应当即送即审。

第二十条　涉及专业内容的地图，应当依照国务院测绘地理信息行政主管部门会同有关部门制定的审核依据进行审核。没有明确审核依据的，由有审核权的测绘地理信息行政主管部门征求有关部门的意见，有关部门应当自收到征求意见材料之日起20个工作日内提出意见。征求意见时间不计算在地图审核的期限内。

世界地图、历史地图、时事宣传地图没有明确审核依据的，由国务院测绘地理信息行政主管部门商外交部进行审核。

第二十一条　送审地图符合下列规定的，由有审核权的测绘地理信息行政主管部门核发地图审核批准文件，并注明审图号：

（一）符合国家有关地图编制标准，完整表示中华人民共和国疆域；

（二）国界、边界、历史疆界、行政区域界线或者范围、重要地理信息数据、地名等符合国家有关地图内容表示的规定；

（三）不含有地图上不得表示的内容。

地图审核批准文件和审图号应当在有审核权的测绘地理信息行政主管部门网站或者其他新闻媒体上及时公告。

第二十二条　经审核批准的地图，应当在地图或者附着地图图形的产品的适当位置显著标注审图号。其中，属于出版物的，应当在版权页标注审图号。

第二十三条　全国性中小学教学地图，由国务院教育行政部门会同国务院测绘地理信息行政主管部门、外交部组织审定；地方性中小学教学地图，由省、自治区、直辖市人民政府教育行政部门会同省、自治区、直辖市人民政府测绘地理信息行政主管部门组织审定。

第二十四条　任何单位和个人不得出版、展示、登载、销售、进口、出口不符合国家有关标准和规定的地图，不得携带、寄递不符合国家有关标准和规定的地图进出境。

进口、出口地图的，应当向海关提交地图审核批准文件和审图号。

第二十五条　经审核批准的地图，送审者应当按照有关规定向有审核权的测绘地理信息行政主管部门免费送交样本。

第四章　地图出版

第二十六条　县级以上人民政府出版行政主管部门应当加强对地图出版活动的监督管理，依法对地图出版违法行为进行查处。

第二十七条　出版单位从事地图出版活动的，应当具有国务院出版行政主管部门审核批准的地图出版业务范围，并依照《出版管理条例》的有关规定办理审批手续。

第二十八条　出版单位根据需要，可以在出版物中插附经审核批准的地图。

第二十九条　任何出版单位不得出版未经审定的中小学教学地图。

第三十条　出版单位出版地图，应当按照国家有关规定向国家图书馆、中国版本图书馆和国务院出版行政主管部门免费送交样本。

第三十一条　地图著作权的保护，依照有关著作权法律、法规的规定执行。

第五章　互联网地图服务

第三十二条　国家鼓励和支持互联网地图服务单位开展地理信息开发利用和增值服务。

县级以上人民政府应当加强对互联网地图服务行业的政策扶持和监督管理。

第三十三条　互联网地图服务单位向公众提供地理位置定位、地理信息上传标注和地图数据库开发等服务的，应当依法取得相应的测绘资质证书。

互联网地图服务单位从事互联网地图出版活动的，应当经国务院出版行政主管部门依法审核批准。

第三十四条　互联网地图服务单位应当将存放地图数据的服务器设在中华人民共和国境内，并制定互联网地图数据安全管理制度和保障措施。

县级以上人民政府测绘地理信息行政主管部门应当会同有关部门加强对互联网地图数据安全的监督管理。

第三十五条　互联网地图服务单位收集、使用用户个人信息的，应当明示收集、使用信息的目的、方式和范围，并经用户同意。

互联网地图服务单位需要收集、使用用户个人信息的，应当公开收集、使用规则，不得泄露、篡改、出售或者非法向他人提供用户的个人信息。

互联网地图服务单位应当采取技术措施和其他必要措施，防止用户的个人信息泄露、丢失。

第三十六条 互联网地图服务单位用于提供服务的地图数据库及其他数据库不得存储、记录含有按照国家有关规定在地图上不得表示的内容。互联网地图服务单位发现其网站传输的地图信息含有不得表示的内容的，应当立即停止传输，保存有关记录，并向县级以上人民政府测绘地理信息行政主管部门、出版行政主管部门、网络安全和信息化主管部门等有关部门报告。

第三十七条 任何单位和个人不得通过互联网上传标注含有按照国家有关规定在地图上不得表示的内容。

第三十八条 互联网地图服务单位应当使用经依法审核批准的地图，加强对互联网地图新增内容的核查校对，并按照国家有关规定向国务院测绘地理信息行政主管部门或者省、自治区、直辖市测绘地理信息行政主管部门备案。

第三十九条 互联网地图服务单位对在工作中获取的涉及国家秘密、商业秘密的信息，应当保密。

第四十条 互联网地图服务单位应当加强行业自律，推进行业信用体系建设，提高服务水平。

第四十一条 从事互联网地图服务活动，适用本章的规定；本章没有规定的，适用本条例其他有关规定。

第六章 监督检查

第四十二条 县级以上人民政府及其有关部门应当依法加强对地图编制、出版、展示、登载、生产、销售、进口、出口等活动的监督检查。

第四十三条 县级以上人民政府测绘地理信息行政主管部门、出版行政主管部门和其他有关部门依法进行监督检查时，有权采取下列措施：

（一）进入涉嫌地图违法行为的场所实施现场检查；

（二）查阅、复制有关合同、票据、账簿等资料；

（三）查封、扣押涉嫌违法的地图、附着地图图形的产品以及用于实施地图违法行为的设备、工具、原材料等。

第四十四条 国务院测绘地理信息行政主管部门、国务院出版行政主管部门应当建立健全地图监督管理信息系统，实现信息资源共享，方便公众查询。

第四十五条 县级以上人民政府测绘地理信息行政主管部门应当根据国家有关标准和技术规范，加强地图质量监督管理。

地图编制、出版、展示、登载、生产、销售、进口、出口单位应当建立健全地图质量责任制度，采取有效措施，保证地图质量。

第四十六条 任何单位和个人对地图违法行为有权进行举报。

接到举报的人民政府或者有关部门应当及时依法调查处理，并为举报人保密。

第七章 法律责任

第四十七条 县级以上人民政府及其有关部门违反本条例规定，有下列行为之一的，由主管机关或者监察机关责令改正；情节严重的，对直接负责的主管人员和其他直接责任人员依法给予处分；直接负责的主管人员和其他直接责任人员的行为构成犯罪的，依法追究刑事责任：

（一）不依法作出行政许可决定或者办理批准文件的；

（二）发现违法行为或者接到对违法行为的举报不予查处的；

（三）其他未依照本条例规定履行职责的行为。

第四十八条 违反本条例规定，未取得测绘资质证书或者超越测绘资质等级许可的范围从事地图编制活动或者互联网地图服务活动的，依照《中华人民共和国测绘法》的有关规定进行处罚。

第四十九条 违反本条例规定，应当送审而未送审的，责令改正，给予警告，没收违法地图或者附着地图图形的产品，可以处10万元以下的罚款；有违法所得的，没收违法所得；构成犯罪的，依法追究刑事责任。

第五十条 违反本条例规定，不需要送审的地图不符合国家有关标准和规定的，责令改正，给予警告，没收违法地图或者附着地图图形的产品，可以处10万元以下的罚款；有违法所得的，没收违法所得；情节严重的，可以向社会通报；构成犯罪的，依法追究刑事责任。

第五十一条 违反本条例规定，经审核不符合国家有关标准和规定的地图未按照审核要求修改即向社会公开的，责令改正，给予警告，没收违法地图或者附着地图图形的产品，可以处10万元以下的罚款；有违法所得的，没收违法所得；情节严重的，责令停业整顿，降低资质等级或者吊销测绘资质证书，可以向社会通报；构成犯罪的，依法追究刑事责任。

第五十二条 违反本条例规定，弄虚作假、伪造申请材料骗取地图审核批准文件，或者伪造、冒用地图审核批准文件和审图号的，责令停止违法行为，给予警告，没收违法地图和附着地图图形的产品，并处10万元以上20万元以下的罚款；有违法所得的，没收违法所得；情节严重的，责令停业整顿，降低资质等级或者吊销测绘资质证书；构成犯罪的，依法追究刑事责任。

第五十三条 违反本条例规定，未在地图的适当位置显著标注审图号，或者未按照有关规定送交样本的，责令改正，给予警告；情节严重的，责令停业整顿，降低资质等级或者吊销测绘资质证书。

第五十四条 违反本条例规定，互联网地图服务单位使用未经依法审核批准的地图提供服务，或者未对互联网地图新增内容进行核查校对的，责令改正，给予警告，可以处20万元以下的罚款；有违法所得的，没收违法所得；情节严重的，责令停业整顿，降低资质等级或者吊销测绘资质证书；构成犯罪的，依法追究刑事责任。

第五十五条 违反本条例规定，通过互联网上传标注了含有按照国家有关规定在地图上不得表示的内容的，责令改正，给予警告，可以处10万元以下的罚款；构成犯罪的，依法追究刑事责任。

第五十六条 本条例规定的降低资质等级、吊销测绘资质证书的行政处罚，由颁发资质证书的部门决定；其他行政处罚由县级以上人民政府测绘地理信息行政主管部门决定。

第八章 附 则

第五十七条 军队单位编制的地图的管理以及海图的管理，按照国务院、中央军事委员会的规定执行。

第五十八条 本条例自2016年1月1日起施行。国务院1995年7月10日发布的《中华人民共和国地图编制出版管理条例》同时废止。

规范性文件

关于印发《国家测绘地理信息局机关行政执法工作规定》的通知

国测法发〔2015〕1号 2015年1月20日

机关各司室：

为规范国家测绘地理信息局机关测绘地理信息行政执法工作，进一步完善权责明确、行为规范、监督有效、保障有力的行政执法工作机制，切实履行好法律法规赋予的各项行政执法职能，国家测绘地理信息局制定了《国家测绘地理信息局机关行政执法工作规定》，已经局务会议审议通过，现予印发，请认真贯彻执行。

附件：国家测绘地理信息局机关行政执法工作规定

国家测绘地理信息局机关行政执法工作规定

第一条 为规范局机关行政执法工作，加强行政执法工作的统筹协调，提高工作效率和工作质量，结合局机关行政执法工作的实际，制定本规定。

第二条 局作为行政执法主体依法行使行政执法职权，局内各司室依监管职责和本规定做好行政执法工作。

本规定所称行政执法是指测绘地理信息执法监督检查、查处违法违规事件、实施行政处罚等活动。

第三条 行政执法工作的职责分工：

（一）法规与行业管理司负责统筹协调执法工作，组织综合执法监督检查，组织查处由局实施行政处罚的违法案件。

（二）局内各司室在职责范围内组织专项执法监督检查，依监管职责查处违法违规事件，协助做好由局实施行政处罚的违法案件调查处理工作。

局内各司室应当加强沟通、密切配合，确保法律法规的有效执行。

第四条 综合执法监督检查由法规与行业管理司组织拟订执法监督检查方案，经征求相关司室的意见，由局长办公会研究决定后实施。

专项执法监督检查由局内各司室根据履行职责的需要拟订执法监督检查方案，经征求法规与行业管理司意见，由局长办公会研究决定后实施。

第五条 局内各司室查处违法违规事件应当拟订工作方案，由分管局领导批准后实施；重大违法违规事件的查处工作方案由局长办公会研究决定后实施。

第六条 局内各司室在执法监督检查、查处违法违规事件以及日常监管工作中发现的应当作出行政处罚的违法行为，按照下列规定处理：

（一）应当由局直接实施行政处罚的违法行为，局内各司室依监管职责提出处理建议后，由法规与行业管理司负责立案的相关事项。

（二）应当由违法行为发生地测绘地理信息行政主管部门实施行政处罚的，由各司室依监管职责移交违法行为发生地的省级测绘地理信息行政主管部门处理。

第七条 局实施行政处罚的违法案件立案，由法规与行业管理司提出方案，征求相关司室意见后，报分管局领导审批。

第八条 局实施行政处罚的违法案件立案后，法规与行业管理司负责组织协调案件的调查取证，局内相关司室应当做好调查取证的配合工作。

调查取证应当符合《测绘行政处罚程序规定》第十三条至第十八条的规定。

第九条 局实施行政处罚的违法案件调查取证材料由法规与行业管理司进行汇总复核后，商相关司室提出处理建议，由局长办公会研究决定。

对案件作出处理决定应当符合《测绘行政处罚程序规定》第十九条至第二十五条的规定。

第十条 移交省级测绘地理信息行政主管部门处理的案件，由移交的司室负责督办。在全国有重大影响的案件由法规与行业管理司挂牌督办。

第十一条 局内各司室在规定的监管职责范围内做好日常监管工作，在依本规定进行的执法活动中发现监管薄弱环节，承担监管职责的司室应当及时完善制度和加强监管。

第十二条 本规定自2015年2月1日起施行。

国家测绘地理信息局　国家档案局关于印发《测绘地理信息业务档案管理规定》的通知

国测成发〔2015〕1号　2015年3月5日

各省、自治区、直辖市测绘地理信息行政主管部门、档案局，新疆生产建设兵团测绘地理信息主管部门、档案局：

为加强测绘地理信息业务档案管理工作，国家测绘地理信息局会同国家档案局制定了《测绘地理信息业务档案管理规定》，现予印发。请各部门、各单位结合工作实际，认真抓好贯彻落实。

测绘地理信息业务档案管理规定

第一章 总 则

第一条 为加强测绘地理信息业务档案管理工作，确保测绘地理信息业务档案真实、完整、安全和有效利用，根据《中华人民共和国档案法》、《中华人民共和国测绘法》等法律，制定本规定。

第二条 本规定所称测绘地理信息业务档案是指在从事测绘地理信息业务活动中形成的具有保存价值的文字、数据、图件、电子文件、声像等不同形式和载体的历史记录。

测绘地理信息业务档案主要包括：

（一）航空、航天遥感影像获取档案；

（二）基础测绘项目档案；

（三）地理国情监测（普查）档案；

（四）应急测绘保障服务档案；

（五）测绘成果与地理信息应用档案；

（六）测绘科学技术研究项目档案；

（七）工程测量档案；

（八）海洋测绘与江河湖水下测量档案；

（九）界线测绘与不动产测绘档案；

（十）公开地图制作档案。

第三条 测绘地理信息行政主管部门组织实施的测绘地理信息业务活动所形成的测绘地理信息业务档案的管理应当遵守本规定。其它测绘地理信息业务档案的管理可以参照本规定执行。

第四条 测绘地理信息业务档案工作应当遵循统筹规划、分级管理、确保安全、促进利用的原则。

第五条 国家测绘地理信息局负责全国测绘地理信息业务档案管理工作。县级以上地方人民政府测绘地理信息行政主管部门负责本行政区域内的测绘地理信息业务档案管理工作。国家和地方档案行政管理部门应当加强对测绘地理信息业务档案的监督和指导。

第六条 各级测绘地理信息行政主管部门应当加强测绘地理信息业务档案基础设施建设，推进测绘地理信息业务档案信息化和数字档案馆建设。

第七条 涉及国家秘密的测绘地理信息业务档案的管理，应当遵守国家有关保密的法律法规规定。

第二章 机构与职责

第八条 国家测绘地理信息局测绘地理信息业务档案管理职责包括：

（一）贯彻执行国家档案工作的法律、法规和方针政策，统筹规划全国测绘地理信息业务档案工作；

（二）制定国家测绘地理信息业务档案管理制度、标准和技术规范；

（三）指导、监督、检查全国测绘地理信息业务档案工作；

（四）组织国家重大测绘地理信息项目业务档案验收工作。

第九条 县级以上地方人民政府测绘地理信息行政主管部门测绘地理信息业务档案管理职责包括：

（一）贯彻执行档案工作的法律、法规和方针政策，制定本行政区域的测绘地理信息业务档案工作管理制度；

（二）指导、监督、检查本行政区域的测绘地理信息业务档案工作；

（三）组织本行政区域内重大测绘地理信息项目业务档案验收工作。

第十条 省级以上测绘地理信息行政主管部门及有条件的市、县测绘地理信息行政主管部门应当设立专门的测绘地理信息业务档案保管机构（以下简称档案保管机构）。

档案保管机构职责包括：

（一）接收、整理、集中保管测绘地理信息业务档案；

（二）开发和提供利用馆藏测绘地理信息业务档案资源；

（三）开展测绘地理信息业务档案信息化建设；

（四）指导测绘地理信息业务档案的形成、积累、整理、立卷等档案业务工作；

（五）督促建档单位按时移交测绘地理信息业务档案；

（六）承担测绘地理信息业务档案验收工作；

（七）负责测绘地理信息业务档案鉴定工作；

（八）收集国内外有利用价值的测绘地理信息资料、文献等；

（九）开展馆际交流活动。

第十一条 测绘地理信息单位应当设立档案资料室，负责管理本单位测绘地理信息业务档案。

第三章 建档与归档

第十二条 测绘地理信息项目承担单位（以下称建档单位）负责测绘地理信息业务文件资料归档材料的形成、积累、整理、立卷等建档工作。

第十三条 测绘地理信息业务档案建档工作应当纳入测绘地理信息项目计划、经费预算、管理程序、质量控制、岗位责任。测绘地理信息项目实施过程中，应当同步提出建档工作要求，同步检查建档制度执行情况。

第十四条 测绘地理信息项目组织部门下达测绘地理信息项目计划时，应当以书面形式告知相应的档案保管机构，并在项目合同书、设计书等文件中，明确提出测绘地理信息业务档案的归档范围、份数、时间、质量等要求。

第十五条 建档单位应当按照《测绘地理信息业务档案保管期限表》（见附件），将归档材料收集齐全、整理立卷，确保测绘地理信息业务档案的完整、准确、系统和安全。不得篡改、伪造、损毁、丢失测绘地理信息业务档案。

第十六条 测绘地理信息归档业务文件材料应当原始真实、系统完整、清晰易读和标识规范，符合归档要求，档案载体能够长期保存。

第十七条 国家或地方重大测绘地理信息项目业务档案验收应当由相应的测绘地理信息行政主管部门组织实施，并出具验收意见。其它测绘地理信息项目业务档案的验收，由相应的档案保管机构负责，并出具验收意见。

未获得档案验收合格意见的测绘地理信息项目不得通过项目验收。

第十八条 测绘地理信息项目组织部门在完成项目验收后，应当将项目验收意见抄送档案保管机构。

建档单位应当在测绘地理信息项目验收完成之日起2个月内，向项目组织部门所属的档案保管机构移交测绘地理信息业务档案，办理归档手续。

第四章 保管与销毁

第十九条 档案保管机构应当将测绘地理信息业务档案进行分类、整理并编制目录，做到分类科学、整理规范、排架有序和目录完整。

第二十条 测绘地理信息业务档案保管期限分为永久和定期。

具有重要查考利用保存价值的，应当永久保存；具有一般查考利用保存价值的，应当定期保存，期限为10年或30年，具体划分办法按照《测绘地理信息业务档案保管期限表》要求执行。

第二十一条 档案保管机构应当具备档案安全保管条件，库房配备防火、防盗、防渍、防有害生物、温湿度控制、监控等保护设施设备，库房管理应当符合国家有关规定。

第二十二条 档案保管机构应当建立健全测绘地理信息业务档案安全保管制度，定期对测绘地理信息业务档案保管状况进行检查，采取有效措施，确保档案安全。

重要的测绘地理信息业务档案实行异地备份保管。

第二十三条 档案保管机构应当对保管期满的测绘地理信息业务档案提出鉴定意见，并报同级测绘地理信息行政主管部门批准。对不再具有保存价值的档案应当登记、造册，经批准后按规定销毁。禁止擅自销毁测绘地理信息业务档案。

第二十四条 因机构变动等原因，测绘地理信息业务档案保管关系发生变更的，原单位应当妥善保管测绘地理信息业务档案并向指定机构移交。

第二十五条 鼓励单位和个人向档案保管机构移交、捐赠、寄存测绘地理信息业务档案，档案保管机构应当对其进行妥善保管。

第五章 服务与利用

第二十六条 各级测绘地理信息行政主管部门和档案保管机构应当依法向社会开放测绘地理信息业务档案，法律、法规另有规定的除外。

单位和个人持合法证明，可以依法利用已经开放的测绘地理信息业务档案。

第二十七条 档案保管机构应当定期公布馆藏

开放的测绘地理信息业务档案目录，并为档案利用创造条件，简化手续，提供方便。

测绘地理信息业务档案的阅览、复制、摘录等应当符合国家有关规定。

第二十八条　各级测绘地理信息行政主管部门和档案保管机构应当采取档案编研、在线服务、交换共享等多种方式，加强对档案信息资源的开发利用，提高档案利用价值，扩大利用领域。

第二十九条　向档案保管机构移交、捐赠、寄存测绘地理信息业务档案的单位和个人，对其档案具有优先利用权，并可对其不宜向社会开放的档案提出限制利用意见，维护其合法权益。

第六章　监督管理

第三十条　各级测绘地理信息行政主管部门应当加强对测绘地理信息业务档案工作的领导，明确分管负责人、工作机构和人员，建立健全档案管理规章制度，保障档案工作所需经费，配备适应档案现代化管理需要的设施设备。

第三十一条　各级测绘地理信息行政主管部门应当依法履行管理职责，加强对测绘地理信息业务档案工作的监督检查，对违法违规行为责令整改。

第三十二条　对于违反国家档案管理规定，造成测绘地理信息业务档案失真、损毁、丢失的，依法追究相关人员的责任；构成犯罪的依法移送司法机关处理。

第七章　附　则

第三十三条　本规定由国家测绘地理信息局负责解释。

第三十四条　国家测绘地理信息局应当根据测绘地理信息业务的发展变化，及时调整《测绘地理信息业务档案保管期限表》。

第三十五条　本规定自发布之日起施行。《测绘科学技术档案管理规定》（国测发〔1988〕82号）和《测绘科技档案建档工作管理规定》（国测发〔1993〕088号）同时废止。

附件：《测绘地理信息业务档案保管期限表》（略）

关于印发《测绘地理信息质量管理办法》的通知

国测国发〔2015〕17号　2015年6月26日

各省、自治区、直辖市、计划单列市测绘地理信息行政主管部门，新疆生产建设兵团测绘地理信息主管部门：

《测绘地理信息质量管理办法》已经国家测绘地理信息局局务会议审议通过，现予印发，请认真贯彻执行。

经商国家质量监督检验检疫总局同意，1997年由国家测绘局和国家技术监督局联合印发的《测绘质量监督管理办法》自本办法印发之日起废止。

附件：测绘地理信息质量管理办法

测绘地理信息质量管理办法

第一章　总　则

第一条　为加强测绘地理信息质量管理，明确质量责任，保证成果质量，依据《中华人民共和国测绘法》、《中华人民共和国产品质量法》等有关法律法规，制定本办法。

第二条　从事测绘地理信息质量控制活动及质量监督管理工作，应遵守本办法。

本办法所称测绘地理信息质量是指测绘地理信息活动及其成果符合技术标准和满足用户需求的特征、特性。

第三条　国家测绘地理信息局负责全国测绘地

理信息质量的统一监督管理。

县级以上地方人民政府测绘地理信息行政主管部门负责本行政区域内测绘地理信息质量监督管理。

第四条 测绘地理信息活动及其成果应符合法律法规、强制性国家标准的要求。从事测绘地理信息活动的单位应建立健全质量管理体系，完善质量责任制度，依法取得测绘资质，依法对成果质量承担相应责任。

第二章 监督管理

第五条 各级测绘地理信息行政主管部门应当严格依法行政，强化对测绘单位质量工作的日常监督管理，强化对测绘地理信息生产过程和成果质量的监督管理，强化对重大测绘地理信息项目和重大建设工程测绘地理信息项目质量的监督管理。

第六条 国家对测绘地理信息质量实行监督检查制度。甲、乙级测绘资质单位每 3 年监督检查覆盖一次，丙、丁级测绘资质单位每 5 年监督检查覆盖一次。

监督检查工作经费列入测绘地理信息行政主管部门本级行政经费预算或专项预算，专款专用。

第七条 国家测绘地理信息局按年度制定国家测绘地理信息质量监督检查计划。

县级以上地方人民政府测绘地理信息行政主管部门依据上一级质量监督检查计划并结合本地情况，安排本级监督检查工作，报上一级测绘地理信息行政主管部门备案。

同一测绘地理信息项目或同一批次成果，上级监督检查的，下级不得另行重复检查。

第八条 测绘单位应配合监督检查，任何组织、个人不得以任何理由和形式设置障碍，拒绝或妨碍监督检查。

第九条 监督检查中需要进行的检验、鉴定、检测等监督检验活动，由实施监督检查的测绘地理信息行政主管部门委托测绘成果质量检验机构（以下简称测绘质检机构）承担。

第十条 国家测绘地理信息局组织建立国家测绘地理信息成果质量检验专家库，专家库成员参加国家测绘地理信息成果质量监督检验工作。省级人民政府测绘地理信息行政主管部门可建立、管理省级测绘地理信息成果质量检验专家库。

第十一条 各级测绘地理信息行政主管部门应依法向社会公布监督检查结果，确属不宜向社会公布的，应依法抄告有关行政主管部门、有关权利人和利害相关人，并向上一级测绘地理信息行政主管部门备案。

第十二条 各级测绘地理信息行政主管部门负责受理本行政区域内的测绘地理信息质量投诉、检举、申诉，依法进行处理。

第十三条 因测绘地理信息成果质量问题造成重大事故的，测绘单位、成果使用单位应及时向相关测绘地理信息行政主管部门和其他有关部门报告。

第十四条 各级测绘地理信息行政主管部门应加强对本行政区域内测绘单位、测绘地理信息项目质量和监督检查结果等信息的收集、汇总、分析和管理，下一级向上一级报告年度质量信息。

第三章 测绘单位的质量责任与义务

第十五条 测绘单位应按照质量管理体系建设要求，建立健全覆盖本单位测绘地理信息业务范围的质量管理体系，规范质量管理行为，确保质量管理体系的有效运行。

第十六条 甲、乙级测绘资质单位应设立质量管理和质量检查机构；丙、丁级测绘资质单位应设立专职质量管理和质量检查人员。测绘地理信息项目的技术和质检负责人等关键岗位须由注册测绘师充任。

第十七条 测绘单位应建立质量责任制，明确岗位职责，制定并落实岗位考核办法和质量责任。

第十八条 测绘地理信息项目实施所使用的仪器设备应按照国家有关规定进行检定、校准。

用于基础测绘项目和规模化测绘地理信息生产的新技术、新工艺、新软件等，须得到项目组织方同意或通过由项目组织方组织的检验、测试或鉴定。

第十九条 测绘单位应建立合同评审制度，确保具有满足合同要求的实施能力。

测绘地理信息项目实施，应坚持先设计后生产，不允许边设计边生产，禁止没有设计进行生产。技术设计文件需要审核的，由项目委托方审核批准后实施。

第二十条 测绘地理信息项目实行“两级检查、一级验收”制度。

作业部门负责过程检查，测绘单位负责最终检查。过程成果达到规定的质量要求后方可转入下一工序。必要时，可在关键工序、难点工序设置检查点，或开展首件成果检验。

项目委托方负责项目验收。基础测绘项目、测绘地理信息专项和重大建设工程测绘地理信息项目的成果未经测绘质检机构实施质量检验，不得采取材料验收、会议验收等方式验收，以确保成果质量；其他项目的验收应根据合同约定执行。

第二十一条 国家法律法规或委托方有明确要求实施监理的测绘地理信息项目，应依法开展监理工作，监理单位资质及监理工作实施应符合相关规定。监理单位对其出具的监理报告负责。

第二十二条 测绘单位对其完成的测绘地理信息成果质量负责，所交付的成果，必须保证是合格品。

测绘单位应建立质量信息征集机制，主动征求用户对测绘地理信息成果质量的意见，并为用户提供咨询服务。

测绘单位应及时、认真地处理用户的质量查询和反馈意见。与用户发生质量争议的，报项目所在地测绘地理信息行政主管部门进行处理，或依法诉讼。

第二十三条 测绘地理信息项目通过验收后，测绘单位应将项目质量信息报送项目所在地测绘地理信息行政主管部门。

第二十四条 测绘地理信息项目依照国家有关规定实行项目分包的，分包出的任务由总承包方向发包方负完全责任。

第四章 测绘质检机构的质量责任与义务

第二十五条 国家测绘地理信息局依法设立国家测绘地理信息局测绘成果质量检验机构（以下简称国家测绘质检机构）；省级人民政府测绘地理信息行政主管部门依法设立省级测绘地理信息行政主管部门测绘成果质量检验机构（以下简称省级测绘质检机构）。

第二十六条 测绘质检机构应具备从事测绘地理信息质量检验工作所必需的基本条件和技术能力，按照国家有关规定取得相应资质。

第二十七条 测绘质检机构取得注册测绘师资格的人员经登记后，以注册测绘师名义开展工作。登记工作参照《注册测绘师执业管理办法（试行）》规定的注册程序进行。

第二十八条 测绘质检机构可根据需要设立质检分支机构，并对其建设和业务工作负责。

第二十九条 测绘质检机构的主要职责是：

（一）按照测绘地理信息行政主管部门下达的测绘地理信息成果质量监督检查计划，承担质量监督检验工作；

（二）受委托对测绘地理信息项目成果进行质量检验、检测和评价；

（三）受委托对有关科研项目和新技术手段测制的测绘地理信息成果进行质量检验、检测、鉴定；

（四）受委托承担测绘地理信息质量争议的仲裁检验；

（五）向主管的测绘地理信息行政主管部门定期报送测绘地理信息成果质量分析报告。

第三十条 国家测绘质检机构同时承担以下职责：

（一）协助管理国家测绘地理信息成果质量检验专家库；

（二）协助指导测绘单位建立完善质量管理体系；

（三）开展测绘地理信息质检专业技术人员的培训与交流；

（四）对省级测绘质检机构检验业务进行技术指导；对其检验工作中存在的缺点和错误予以纠正。

第三十一条 测绘质检机构应依照法律法规、技术标准及设计文件实施检验，客观、公正地作出检验结论，对检验结论负责。

监督检验应制定技术方案，技术方案经组织实施监督检验工作的部门批准后实施检验工作。

技术方案及检验报告由本单位注册测绘师签字后方可生效。

第三十二条 任何单位和个人不得干预测绘质检机构对质量检验结论的独立判定。

测绘地理信息成果质量检验结果是测绘地理信息项目验收、测绘资质监督管理、测绘资质晋升和评优奖励的重要依据。

第五章 质量奖惩

第三十三条 各级测绘地理信息行政主管部门应鼓励采用先进的科学技术和管理方法，提高测绘地理信息成果质量，对测绘地理信息质量管理先进、成果质量优异的单位和个人，给予表彰和奖励。

第三十四条 测绘单位提供的测绘地理信息成果存在质量问题的，应及时进行修正或重新测制；给用户造成损失的，依法承担赔偿责任，测绘地理信息行政主管部门给予通报批评；构成犯罪的，依法追究刑事责任。

测绘单位所完成的测绘地理信息成果质量经监督检查被判定为“批不合格”的，按照有关管理规定限期整改，并给予相应处理。

第三十五条 测绘质检机构在检验工作中存在违规操作、玩忽职守、徇私舞弊的，测绘地理信息行政主管部门按有关规定追究相关单位和人员的责任；构成犯罪的，依法追究刑事责任。

测绘质检机构的检验结论不正确的，测绘地理信息行政主管部门应责令其整改，追究单位和相关人员责任，给予通报批评。

第六章 附 则

第三十六条 本办法自发布之日起实施。

第三十七条 本办法由国家测绘地理信息局负责解释。

关于印发《注册测绘师继续教育学时认定和登记办法（试行)》的通知

测人函〔2015〕52号 2015年7月13日

各有关单位：

现将《注册测绘师继续教育学时认定和登记办法（试行)》印发，请遵照执行。

注册测绘师继续教育学时认定和登记办法（试行)

一、根据《注册测绘师制度暂行规定》和《注册测绘师执业管理办法（试行)》，制定本办法。

二、注册测绘师延续注册、重新申请注册和逾期初始注册，应当完成规定的继续教育。

三、在一个注册有效期内，继续教育的必修内容和选修内容均不得少于60学时。

四、注册测绘师继续教育必修内容通过参加注册测绘师继续教育培训计划中的培训完成，每次培训计30学时。

参与全国注册测绘师资格考试命题1次，可确认必修课内容30学时。参加国家测绘地理信息局有关司局举办的与培训大纲内容一致的业务培训，经国家测绘地理信息局人事司审核认可后，可按实际培训时间确认必修内容学时。

五、注册测绘师继续教育选修内容通过参加国家测绘地理信息局指定的网络学习获得40学时，另外20学时通过以下方式获得：

（一）担当注册测绘师继续教育培训班的授课人，每授课1次，可确认20学时；

（二）公开出版测绘地理信息相关专业著作、承担地市级以上测绘地理信息科研课题，每项可确认20学时；

（三）在国外、国内省级以上公开出版刊物发表测绘地理信息相关专业的学术论文，每篇可确认20学时；

（四）参加测绘地理信息相关专业在职学位、学历教育，获得学位或学历当年可确认20学时；

（五）参加中国测绘地理信息学会注册测绘师工作委员会组织的学术活动，每次可确认20学时。

（六）参加与测绘地理信息有关的国际组织或国家级社团组织的学术会议并提交论文，每篇可确认20学时。

（七）参与国家、行业或省级地方测绘地理信息标准、规范的制定工作，每项可确认20学时。

（八）获得与测绘地理信息专业相关的国家级、省级科技奖励，或省级测绘地理信息行政主管部门、省级以上测绘地理信息社团组织的科技奖励（前3名)，每项可确认20学时。

（九）参加省级测绘地理信息行政主管部门以及国家测绘地理信息局认可的其他部门、单位组织的技术培训，按实际培训时间确认学时。

六、注册测绘师继续教育实行登记制度。

七、注册测绘师参加继续教育必修内容培训，经考核合格的，由培训机构在注册测绘师继续教育证书中登记。

八、注册测绘师参加学术会议、学术活动、参加授课或参加国家测绘地理信息局认可的技术培训，由举办单位出具证明并附相关通知文件；发表专著、论文、获得奖励、攻读学历学位的，提供专著、论文、奖励证书、学历学位证书或入学证明原件；参与制定标准规范或参加全国注册测绘师资格考试命题的，由组织单位统一出具证明。上述证明材料由省级测绘地理信息行政主管部门确认并在注册测绘师继续教育证书中登记。

九、本办法自发布之日起实行。

十、本办法由国家测绘地理信息局人事司负责解释。

关于进一步加强互联网地图监管工作的意见

国测图发〔2015〕3号　2015年9月23日

各省、自治区、直辖市测绘地理信息行政主管部门，局所属有关单位，各互联网地图服务单位：

近年来，按照党中央、国务院有关要求，各级测绘地理信息行政主管部门认真履行监管工作职责，采取有力措施，大力推进互联网地图日常监管，严肃查处违法违规行为，互联网地图监管工作取得初步成效，互联网地图服务繁荣发展。与此同时，互联网中登载使用未依法送审且错绘国界线、漏绘我国重要岛屿等“问题地图”依然屡禁不止，部分单位和个人通过互联网地图上传标注敏感甚至涉密地理信息现象频繁出现，这些问题的存在，严重损害国家主权、安全和利益。为进一步加强互联网地图监管工作，现提出以下意见：

一、充分认识互联网地图监管工作的重要性和艰巨性

互联网地图是地理信息的重要载体，也是国家版图的重要表现形式，事关国家主权、安全和利益。目前，随着网络技术特别是移动互联网技术的快速发展和地理信息应用的不断深入，手机地图、实景地图等各类新型互联网地图产品日益普及，静态地图在社交平台、新闻媒体等网站中大量使用。由于互联网具有受众面广、传播速度快等特点，部分单位和个人随意通过互联网登载使用“问题地图”或上传标注涉密地理信息，严重损害国家利益和民族尊严，甚至给国家安全带来重大隐患。

各地、各有关单位要深入贯彻落实党的十八大和十八届三中全会提出的坚决维护国家主权、安全和发展利益等要求，本着对国家和人民高度负责的精神，深刻认识到互联网地图监管工作的重要性、艰巨性和长期性，切实加强组织领导，积极协调配合，规范互联网地图服务行为，推进地理信息产业健康发展。

二、完善互联网地图管理法规政策

国家测绘地理信息局将根据国家安全立法体系建设要求大力推进《测绘法》修订，完善测绘地理信息在保障国家主权、安全等方面的制度和措施，并加快推动《地图管理条例》出台，组织修订《地图审核管理规定》等配套法规政策，研究制定完善互联网地图管理的制度措施，进一步规范互联网地图活动。

各地要积极组织修订涉及互联网地图管理的地方性法规，针对倾斜摄影、三维地图等新技术、新产品在互联网中公开应用开展管理政策研究，制定互联网地图上存在的损害国家主权、安全和利益等突发事件应急处置预案，建立应急联动机制，明确应急响应和处置措施。

三、健全互联网地图监管工作机制

各地要充分依托国家版图意识宣传教育和地图市场监管协调指导机构，加强与相关部门联系，及时沟通监管过程中发现的“问题地图”，建立和完善违法违规行为认定、危害评估、取证以及联合查处机制；要进一步健全分工合作、协同处理的监管工作机制，优化敏感、涉密地理信息以及“问题地图”的技术检定规范，细化监管工作流程。

各地要切实部署使用互联网地图监管系统，按季度向互联网地图监控主节点（设在国家测绘地理信息局地图技术审查中心）上报监管统计数据等信息。国家测绘地理信息局将建立工作通报制度，通报年度全国监管工作情况。

四、加强互联网地图日常监管

各地要加大对涉及地图的重点网站监管力度，根据职责分工对各级政府部门网站、大型商业网站、新闻媒体网站、移动网络社交平台等登载的互联网地图（含静态地图）进行全面检查和日常监管，密切关注互联网地图网站新产品、新功能动态，严密监测登载、标注我敏感或涉密地理信息等行为，及时开展安全分析和危害评估工作，严肃查处互联网上登载的损害国家主权、安全等地图和地理信息违法违规行为；要设立并公布举报电话和电子邮箱，发动社会公众发现和提供有关涉及地图的违法违规线索。

五、强化互联网地图服务审校把关

互联网地图服务单位要加强自律，地图在公开登载、使用前要依法送测绘地理信息行政主管部门审核；要完善企业内部协调机制，建立地图网上登载、地理信息标注等行为统一出口审校制度，切实发挥本单位互联网地图安全审校人员作用，积极采用互联网地图标注过滤系统等技术系统进行自查，对互联网地图新增内容和用户上传标注信息等进行严格把关，对网站所属新闻频道、社交平台等登载的地图和地理信息加强管理；要加强与测绘地理信息行政主管部门信息互通，对网站中出现“问题地图”以及危害地理信息安全等突发事件，应及时处理、自我整改、清除危害并上报有关情况。

六、推进互联网地图监控能力建设

国家测绘地理信息局将不断强化互联网地图监控主节点监控队伍建设和业务能力建设，并以此为基础积极统筹整合互联网地图的跟踪监控、风险评估和网络调查等职能；组织有关单位进一步完善互联网地图监管系统，开发针对移动互联网地图和地理信息应用监控功能，加强对移动平台中地理信息服务的监管；不断完善并推广应用互联网地图标注过滤系统，增强互联网地图服务单位对敏感和涉密地理信息标注的审校能力。各地要加大对互联网地图监控分节点的建设投入，明确互联网地图监控工作专门人员，提升监控工作能力与水平。

七、提升地图公共服务水平

国家测绘地理信息局将组织编制1∶25万公众版基础地理信息数据和中国地图、世界地图等正确表示我国国家版图的系列地图，适时对外提供无偿下载服务；将针对新闻媒体需求，制作适于媒体发布的有关地图产品和服务。各地要积极组织编制公益性地图，大力推动“天地图”在政府部门的公益性应用，引导社会公众使用具有正确国家版图的互联网地图。

国家测绘地理信息局将推广应用地图技术审查系统，推进地图技术审查工作的规范化、科学化。各地要加强地图审核管理工作，对互联网中登载的地图，严格核查地图编制资质，从严进行地图内容审核，确保其符合公开地图管理有关规定。针对政府部门、新闻媒体等网站时效性要求较高的地图，开通绿色审核通道，提供优质高效审查服务。

八、积极开展宣传教育

各地要继续深入开展国家版图意识宣传教育“进学校、进社区、进媒体”活动，组织举办国家版图知识竞赛和少儿手绘地图大赛，探索编制国家版图知识课件并在中小学推广使用，积极寻求与相关主流新闻媒体合作，开展国家版图意识宣传教育公益宣传。继续组织开展互联网地图安全审校人员和测绘成果核心涉密人员培训，提升互联网地图服务单位国家版图意识和地理信息安全保密意识。

关于加强测绘作业证管理工作的通知

测办〔2015〕56号 2015年9月24日

各省、自治区、直辖市测绘地理信息行政主管部门：

当前，一些测绘单位在异地设立分支机构从事测绘活动，对测绘作业证管理工作提出了新要求。根据《中华人民共和国测绘法》和《测绘作业证管理规定》，为进一步做好测绘作业证配发工作，保障测绘人员进行外业测绘活动时的基本权利，加强人员持证管理，现将有关事宜通知如下：

一、根据《测绘作业证管理规定》第五条的规定，测绘单位所属的不具有独立法人资格的分支机构人员申领测绘作业证，应当以测绘单位名义办理，由测绘单位向其所在地的省级测绘地理信息行政主管部门或其委托的市级测绘地理信息行政主管部门提交办证申请材料。测绘单位所属的具有独立法人资格的分支机构人员申领测绘作业证，应当以该分支机构名义办理，由分支机构向其所在地的省级测绘地理信息行政主管部门或其委托的市级测绘地理信息行政主管部门提交办证申请材料。

二、测绘单位应当将申领测绘作业证的人员信息，完整准确录入测绘资质管理信息系统和测绘作业证管理信息系统，并对申领证件人员的劳动关系真实性负责。相关测绘地理信息行政主管部门应当对办证申请材料进行认真审查，经比对核验，确认申领证件人员属于该单位的，予以核发测绘作业证。

三、测绘单位申请办理测绘作业证遗失证件补证、旧证换新证以及测绘作业证的注册核准，由核发测绘作业证的测绘地理信息行政主管部门负责办理。

四、测绘单位从事测绘活动，应当接受测绘活动发生地的测绘地理信息行政主管部门依法监管。对测绘单位或者测绘作业证持证人员违反《测绘作业证管理规定》第十五条、第十六条的，依法追究涉事单位、责任人的责任。

关于做好国务院取消测绘资质审批中介服务事项后续工作的通知

国测管发〔2015〕51号 2015年10月27日

各省、自治区、直辖市测绘地理信息行政主管部门：

近日，《国务院关于第一批清理规范89项国务院部门行政审批中介服务事项的决定》（国发〔2015〕58号）（以下简称《决定》）印发，取消了甲级测绘资质审批涉及的3项中介服务事项。为认真贯彻落实《决定》精神，现就做好有关工作通知如下：

一、调整资质受理条件。我局对《测绘资质管理规定》和《测绘资质分级标准》作出调整，不再将ISO9000质量管理体系认证、测绘工程项目质量检验合格证明、测绘计量器具检定等3项中介服务事项作为各等级测绘资质审批的受理条件。调整后，甲级测绘资质单位的质量管理应当通过省级测绘地理信息行政主管部门考核。

二、加强事中事后监管。按照国务院“简政放权、放管结合、优化服务”要求，取消上述行政审批中介服务事项后，各级测绘地理信息行政主管部门要依法加强测绘地理信息质量监督管理，指导测绘单位健全质量管理体系，完善质量责任制度。按照国务院推广实施“双随机”监管执法要求，加大质量检查抽查力度，确保测绘地理信息成果质量。

三、认真抓好贯彻落实。各省级测绘地理信息行政主管部门要及时将《决定》及本通知精神向辖区内市、县级测绘地理信息行政主管部门和各等级测绘资质单位传达，确保准确理解、上下联动、认真执行。省级测绘地理信息行政主管部门已制定测绘资质管理地方实施细则的，凡与《决定》和本通知精神不一致的，要及时作出修改，并报我局备案。

关于印发《国家测绘地理信息局政府信息公开规定》的通知

国测办发〔2015〕15号 2015年11月18日

局所属各单位，机关各司室：

《国家测绘地理信息局政府信息公开规定》已经局务会议审议通过，现予印发，自2015年12月1日起施行。2008年12月30日印发的《国家测绘局政务公开规定》同时废止。

国家测绘地理信息局政府信息公开规定

第一章 总 则

第一条 为规范国家测绘地理信息局（以下简称局）政府信息公开工作，保障公民、法人和其他组织依法获取政府信息，提高工作的透明度，促进依法行政，充分发挥政府信息对人民群众生产、生活和经济社会活动的服务作用，依据《中华人民共和国政府信息公开条例》（以下简称《条例》）及国家有关规定，结合工作实际，制定本规定。

第二条 本规定适用于局在履行行政管理职能和提供公共服务过程中，依据法律、行政法规和国家有关规定，向公民、法人或者其他组织公开相关政府信息的活动。

本规定所称政府信息，是指局在履行职责过程中制作或者获取的，以一定形式记录、保存的信息。

第三条 局公开政府信息，应当遵循依法、公正、公平和便民的原则。

第四条 局成立政府信息公开领导小组，领导小组下设办公室（以下简称局公开办，设在局办公室），负责推进、指导、协调、监督局政府信息公开工作。

第五条 局政府信息公开工作坚持“谁制作，谁公开；谁获取，谁公开；谁主办，谁负责”原则，各司室为政府信息公开主办司室，应当按照各自职责依法及时、准确地公开本司室制作或者获取的政府信息，并对其具体行政行为负责。

第六条 发现影响或者可能影响社会稳定、扰乱测绘地理信息管理秩序的虚假或者不完整信息的，局公开办应当组织有关司室及时发布准确的政府信息予以澄清。

第七条 局建立健全政府信息发布协调机制。拟发布的政府信息涉及其他行政机关的，主办司室应当主动与相关行政机关沟通、确认，确保发布的信息真实、准确。

发布政府信息依照国家和局有关规定需要批准的，应当按照规定程序报批，未经批准不得发布。

第二章 公开的范围

第八条 以下政府信息应当主动公开：

（一）测绘地理信息有关法律、行政法规、部门规章和规范性文件；

（二）测绘地理信息事业发展规划等各类测绘地理信息规划；

（三）测绘地理信息统计信息；

（四）局年度财务预算、决算报告；

（五）局行政事业性收费项目、依据、标准；

（六）局行政审批事项服务指南和审查工作细则，局行政审批事项办理情况；

（七）局重大测绘地理信息建设项目的批准和实施情况；基建装备、航空航天遥感影像获取项目招标信息及中标结果；

（八）测绘地理信息应急保障预案，测绘地理信息应急保障的情况及相关成果；

（九）基础测绘成果目录及汇交的其他测绘地理信息成果目录，测绘地理信息标准目录，局组织编制的公益性地图，重要地图内容变更情况，重要地理信息数据；

（十）测绘地理信息科技项目申请、立项及进展情况，重大科技成果鉴定（验收）及发布，科技奖励的推荐及评审结果等情况；

（十一）局机关机构设置及其工作职责、职能；

（十二）干部任免和公务员考试录用、选调和遴选情况；

（十三）涉及公民、法人或者其他组织切身利益的测绘地理信息重要决策、重大举措及重要事项的办理情况；

（十四）局起草部门规章、规范性文件、重大政策措施和编制重要规划过程中，需要社会公众广泛知晓和参与，应当主动公开的政府信息；

（十五）依照法律、行政法规和国家有关规定应当主动公开的其他政府信息。

第九条 除局主动公开的政府信息外，公民、法人或者其他组织根据自身生产、生活、科研等特殊需要，依法可以向局申请获取相关政府信息。

第十条 下列政府信息不予公开，法律、行政法规另有规定的除外：

（一）可能危及国家安全、公共安全、经济安全和社会稳定的政府信息；

（二）涉及国家秘密、商业秘密、个人隐私的政府信息；

（三）处于内部讨论、研究或者审查中的过程性信息以及内部管理信息；

（四）其他依法不予公开的政府信息。

但是，经权利人同意，或者不公开可能对公共利益造成重大影响的涉及商业秘密、个人隐私的政府信息，可以予以公开。

第十一条 主办司室在公开政府信息前，应当依据法律、行政法规和国家有关规定对拟公开的政府信息进行审查。对于不能确定是否涉密、是否公开的政府信息，应当按照局有关规定提请局保密委员会或局务会议研究确定。凡涉及国家秘密的，不得公开。

第十二条 局公开办组织编制局政府信息公开目录和政府信息公开指南，并及时更新。

第三章 主动公开的方式和程序

第十三条 属于主动公开范围的政府信息，均须在局网站予以公开，并按照局网站管理的有关规定办理。根据内容和需要，可以同时采用以下一种或多种方式予以公开：

（一）局网站、局官方微博、微信；

（二）新闻发布会、新闻通气会等新闻发布活动；

（三）国务院公报，局通报、公告；

（四）中国测绘报及其他正式公开出版物；

（五）局行政许可受理大厅电子显示设备，行政许可网上审批客户端；

（六）其他便于公众知晓的方式。

第十四条 公文类政府信息，主办司室在起草文件时应当根据本规定第八条、第十条的规定，标明主动公开、依申请公开或者不公开。确定为依申请公开或者不公开的，应当说明理由；确定为主动公开的，由主办司室在法定期限内予以公开。联合发文的政府信息，由主办司室与联合发文单位确定是否公开。

公文类以外的其他拟主动公开的政府信息，由主办司室负责人审定后予以公开；不能确定是否可以公开的，由主办司室提请局公开办组织研究确定是否予以公开，必要时由局公开办报请局领导审定。

第十五条 属于主动公开范围的政府信息，主办司室应当按照职责分工自该政府信息形成或者变更之日起20个工作日内按照第十三条规定的方式予以公开。法律、行政法规对政府信息公开的期限另有规定的，从其规定。

政府信息标注具体时间的，以该时间为信息形成时间；未标注具体时间的，以审定时间为信息形成时间。

第四章 依申请公开的方式和程序

第十六条 公民、法人或者其他组织向局申请获取政府信息的，应当填写《国家测绘地理信息局政府信息公开申请表》（以下简称申请表，附件），并通过信函、传真、当场提交或者数据电文等形式提交。

国家测绘地理信息局政府信息公开申请包括下列内容：

（一）申请人的姓名或者名称、联系方式；

（二）申请公开的政府信息的内容描述；

（三）申请公开政府信息的用途；

（四）申请公开的政府信息的方式和形式要求。

申请人采用书面形式提出申请确有困难的，经申请人口头提出，局公开办代为填写申请表，并由申请人本人确认。

申请人以其他书面或数据电文形式提交申请的，如申请内容符合上述要求，可以视为有效申请。

第十七条 局公开办统一受理政府信息公开申请，各司室按照“接办分离”的原则办理。

第十八条 局公开办收到政府信息公开申请后，应当对申请人的申请资格及其相关身份证明材料，并申请人提交的申请表进行审查。

第十九条 局收到政府信息公开申请，能够当场答复的，应当当场予以答复。

不能当场答复的，应当自受理申请之日起 15 个工作日内予以答复；如确需延长答复期限的，经主办司室申请和局公开办同意，可以适当延长答复期限，并告知申请人，延长答复的期限最长不得超过 15 个工作日。

第二十条 局公开办应当自收到申请后 1 个工作日内完成形式审查，按以下情形分别办理：

（一）申请表符合第十六条规定的，应当予以登记受理；

（二）申请表填写不完整、不规范的，一次性告知申请人作出更改、补充；申请公开的政府信息过于繁杂或者涉及多个主办司室的，可要求申请人按照“一事一申请”的原则作出更改。申请人作出更改、补充所需时间不计算在第十九条规定的期限内。

第二十一条 局公开办应当自受理申请之日起 2 个工作日内将申请材料转送有关司室或提出办理意见：

（一）属于局制作的政府信息，转送制作该信息的司室；政府信息由多个司室制作的，转送牵头制作该信息的司室；

（二）不属于局制作的政府信息，但属于测绘地理信息行政管理职责范围的，按照职能转送有关司室；

（三）不属于测绘地理信息政府信息或难以确定主办司室的，由局公开办提出办理意见。

第二十二条 主办司室自收到申请材料之日起 6 个工作日内，按照统一格式起草告知书等相关文书，经本司室负责人审签后，连同拟依申请公开的政府信息材料一并送局公开办审核。

第二十三条 局公开办应当于 2 个工作日内对告知书等相关文书以及拟依申请公开的政府信息材料进行审核，并报局领导审签。

第二十四条 局公开办应当于 2 个工作日内，将告知书等相关文书和公开的政府信息，按照申请人申请的形式发送申请人。

第二十五条 主办司室根据申请内容，按照以下类型分别作出书面答复：

（一）申请公开的政府信息属于局政府信息公开范围的，按照申请人要求的形式向申请人提供政府信息；申请公开的政府信息已经主动公开的，告知申请人获取该信息的方式和途径；

（二）申请公开的政府信息不属于本局政府信息公开范围的，告知申请人并说明理由。能够确定该政府信息公开机关的，应当告知申请人该行政机关的名称、联系方式；

（三）申请公开的政府信息不存在的，告知申请人该政府信息不存在；

（四）申请内容不属于《条例》中所指的政府信息的（举报投诉、核实情况、咨询问题等），告知申请人通过其他相应渠道办理；申请内容属于局行政程序中的当事人、利害关系人查阅案卷材料的，告知申请人按照相关法律、法规的规定办理；

（五）申请公开的政府信息已移送国家档案馆的，告知申请人依照有关档案管理的法律、法规和国家有关规定进行查阅；

（六）申请内容不明确的，告知申请人作出更改、补充；

（七）申请公开的政府信息属于不予公开范围的，告知申请人不予公开并说明理由；

（八）申请公开的政府信息中含有不予公开的内容，但是能够作出区分处理的，向申请人提供可以公开的政府信息。不予公开的内容，告知申请人并说明理由。

第二十六条 对疑难、复杂、敏感的政府信息公开申请，主办司室可提请局公开办组织相关司室进行会商。会商意见不一致的，由局公开办报请局领导研究确定。

第二十七条 局依申请公开政府信息办理中存在以下情况，可按下列方式处理：

（一）对于同一申请人就同一事项再次提出申请的，经局公开办同意后，主办司室可以不作重复答复，但需以书面形式告知申请人；对于同一申请人同时提出多项申请的，可以合并答复；对于多个申请人同时就同一事项提出多份申请的，可以合并答复，并将告知书等相关文书分别发送申请人；

（二）申请公开的政府信息涉及商业秘密、个人隐私，公开后可能损害第三方合法权益的，应当由主办司室书面征求第三方意见。第三方不同意公开的，不得公开。但主办司室认为不公开可能对公共利益造成重大影响的，经局公开办审核，报局领导批准后予以公开，并将决定公开的政府信息内容和理由书面通知第三方。征求第三方意见所需时间不计算在第十九条规定的期限内；

（三）无法按照申请人要求的形式提供的政府信息，应当安排申请人查阅相关材料。主办司室应对申请人查阅材料进行全程监督并提供服务。申请人如需对查阅材料进行复制、摘录、拍照，主办司室应按照国家和局有关规定执行。查阅后主办司室应当及时将材料交还档案管理部门。

第二十八条 局依申请公开政府信息，除可以收取检索、复制、邮寄等成本费用外，不得收取其他费用，不得通过其他组织、个人以有偿服务方式提供政府信息。

收取检索、复制、邮寄等成本费用的标准，按照国务院价格主管部门会同国务院财政部门制定的标准执行。

申请公开政府信息的公民确有经济困难的，经本人申请、局公开办审核同意，可以减免相关费用。

第五章 监督和保障

第二十九条 局建立政府信息公开工作责任制。各司室主要负责人承担本部门政府信息公开工作的领导责任。

第三十条 主办司室应在每年的2月底前将本单位上一年度的政府信息公开工作情况报局公开办。局公开办起草局政府信息公开工作年度报告，经局领导审定后，于每年3月31日前发布上一年度局政府信息公开工作报告。

第三十一条 局公开办会同相关部门对局政府信息公开的实施情况进行监督检查并适时通报，有关重要情况及时向局领导报告，同时负责受理公民、法人或者其他组织对局政府信息公开工作的举报和建议。

第三十二条 公民、法人或者其他组织认为在局政府信息公开工作中的具体行政行为侵犯其合法权益而依法提出行政复议或者行政诉讼的，由局法规与行业管理司负责答复和应诉，主办司室应全力配合。

第三十三条 违反本规定，有下列情形之一的，由局责令改正；情节严重的，依据相关规定对直接负责的主管人员和其他直接责任人员给予处分；构成犯罪的，依法追究法律责任：

（一）不依法履行政府信息公开义务的；

（二）不及时更新政府信息公开内容的；

（三）违反规定收取费用的；

（四）通过其他组织、个人以有偿服务方式提供政府信息的；

（五）公开不应当公开的信息的；

（六）篡改政府信息的；

（七）违反《条例》规定的其他情形。

第三十四条 局公开办应当加强对地方测绘地理信息行政主管部门政府信息公开工作的指导和协调，健全和完善测绘地理信息政府信息公开制度，确保公民、法人或者其他组织便捷地获取测绘地理信息政府信息。

第六章 附 则

第三十五条 本规定自2015年12月1日起施行。2008年12月30日印发的《国家测绘局政务公开规定》同时废止。

第三十六条 对测绘成果提供使用方式和程序，参照有关法律法规和相关规定执行。

附件：国家测绘地理信息局政府信息公开申请表

附件：

国家测绘地理信息局政府信息公开申请表

<table>
<tr><td rowspan="12">申请人信息</td><td rowspan="5">公民</td><td>姓 名</td><td></td><td>工作单位</td><td></td></tr>
<tr><td>证件名称</td><td></td><td>证件号码</td><td></td></tr>
<tr><td>通信地址</td><td></td><td>邮政编码</td><td></td></tr>
<tr><td>联系电话</td><td colspan="3"></td></tr>
<tr><td>电子邮箱</td><td colspan="3"></td></tr>
<tr><td rowspan="5">法人/
其他组织</td><td>名 称</td><td colspan="3"></td></tr>
<tr><td>营业执照编号</td><td></td><td>组织机构代码</td><td></td></tr>
<tr><td>法定代表人</td><td></td><td>联系人姓名</td><td></td></tr>
<tr><td>联系人电话</td><td colspan="3"></td></tr>
<tr><td>联系人电子邮箱</td><td colspan="3"></td></tr>
<tr><td colspan="2">申请人签名或者盖章</td><td colspan="3"></td></tr>
<tr><td colspan="2">申请时间</td><td colspan="3"></td></tr>
<tr><td rowspan="4">申请公开的政府信息情况</td><td>申请公开
政府信息的
内容描述</td><td colspan="4"></td></tr>
<tr><td>申请公开政府
信息的用途</td><td colspan="4"></td></tr>
<tr><td colspan="2">是否申请减免费用
□ 申请。请提供相关证明
□ 不</td><td colspan="2">申请公开政府信息的提供方式（可多选）
□ 纸质
□ 电子邮件
□ 光盘</td><td>获取信息的方式（可多选）
□ 邮寄
□ 快递
□ 电子邮件
□ 传真
□ 自行领取/当场阅读、抄录</td></tr>
<tr><td colspan="5">□ 若我局无法按照指定方式提供所需信息，也可接受其他方式</td></tr>
</table>

关于印发《国家测绘地理信息局门户网站管理办法》的通知

国测办发〔2015〕16号 2015年11月20日

各省、自治区、直辖市、计划单列市测绘地理信息行政主管部门，新疆生产建设兵团测绘地理信息主管部门，局所属各单位，机关各司室：

《国家测绘地理信息局门户网站管理办法》已经局务会议审议通过，现予以印发，请遵照执行。

国家测绘地理信息局门户网站管理办法

第一章 总 则

第一条 为推进国家测绘地理信息局（以下简称局）电子政务建设，加强局门户网站（以下简称局网站）的建设和管理，根据《中华人民共和国政府信息公开条例》、《互联网信息服务管理办法》和国务院关于加强政府网站建设管理有关规定，结合局实际，制定本办法。

第二条 局网站是局政府信息公开的第一平台，是测绘地理信息新闻发布的重要阵地、网上办事的重要渠道、政民互动的重要窗口。

第三条 局办公室是局网站的管理部门，负责网站建设和管理的组织协调，对网站的运行维护实施监督。

局管理信息中心是局网站的承办单位，负责网站内容组织、编辑、发布，负责网站建设、运行、维护及安全技术保障。

局机关各司室（以下简称各司室）、局属各单位（以下简称各单位）、地方各级测绘地理信息主管部门（以下简称地方各部门）负责为局网站提供内容保障，协助做好局网站建设工作。

地方各部门应当组织本行政区域内的测绘资质单位向局网站报送信息。

第四条 局网站按照"统一管理、分级负责、规范运行、强化服务、保障安全"的原则，做到网站管理职责明确、网站建设科学合理、网站内容保障有力、信息发布及时规范、政务服务便捷高效、网站运行安全稳定。

第二章 政府信息公开与新闻发布

第五条 凡是主动公开的政府信息，局网站根据局政府信息公开规定明确的主动公开的范围、方式和程序发布。

第六条 按照"谁提供、谁负责"的原则，实行分类分级审查，确保政府信息符合国家有关法律法规和方针政策。

（一）需要在局网站发布的通知公告类信息以及局履行行政管理职能、反映业务工作动态的信息，须经本单位负责人审批后向局网站提供。重要信息须经局办公室审核、局领导审批（附件1）。

（二）经过审批程序批准发布的信息，以局或局办公室名义发文标注"主动公开"的信息，已在中央和地方主要新闻媒体、中国政府网、各部委和地方政府门户网站公开发布的信息，整合转载已经公开发布或经审批的信息，由局管理信息中心直接发布。

第七条 局网站应当及时转载或链接党中央、国务院发布的对全局工作有指导意义和需要社会广泛知晓的政策信息以及涉及测绘地理信息工作的政策信息。

局网站应当做好测绘地理信息新闻发布工作，主动及时回应社会关切。新闻发布的主要内容包括：

（一）测绘地理信息重大成果；

（二）局领导重要活动及讲话；

（三）局重要会议新闻；

（四）局重要人事信息；

（五）测绘地理信息工作动态；

（六）测绘地理信息政策解读和重要文件精神；

（七）局组织召开或参与的新闻发布会、吹风会等活动；

（八）各司室、各单位、地方各部门确定需要发布的重要新闻；

（九）整合转载中国政府网、国务院各部委和地方政府门户网站、中央新闻媒体、测绘地理信息行业媒体及其他媒体的测绘地理信息新闻等。

第八条 各司室、各单位对涉及测绘地理信息工作的网上重要舆情和社会公众关注的热点问题，应当根据各自工作职责，在局网站及时予以回应。重大政策出台后，应当围绕公众关切，及时通过局网站发布解读信息。发生突发重大公共事件时，应当在局网站及时发布权威信息。已经通过电视、报刊、网络或其他方式发布的新闻信息，应当及时在局网站转载。

第九条 各司室、各单位、地方各部门应当主动、及时向局网站提供新闻类信息，并对信息的真实性、保密性负责。重大事件和紧急信息应第一时间报送，其他信息 2 个工作日内报送。

局网站和中国测绘报、中国测绘新闻网实行信息共享，确保重要新闻信息第一时间发布。

第十条 局管理信息中心负责对拟在局网站发布的新闻类信息进行复审、发布，重要信息报局审批（附件 1），送审信息范围及审批程序按照局《新闻宣传重要稿件送审管理办法》执行。

第十一条 局管理信息中心应及时发布各司室、各单位、地方各部门报送的信息，对重大事件和紧急信息，应在接到经审批的信息后 1 小时内上网发布。

第三章 政务服务

第十二条 局网站政务服务主要是指为社会公众提供网上办事和互动交流服务。凡是能够提高政府工作透明度，对人民群众生产、生活和经济社会活动发挥服务作用的业务系统，以及有条件在网上办理的事项，原则上都应集成到局网站统一部署，实现在线服务。网上办事应流程清晰，符合法定审批程序。互动交流应渠道畅通、有效，回复和反馈及时、细致。凡涉及公众切身利益的决策应充分听取公众意见，接受公众咨询。

第十三条 网上办事服务的主要内容包括：非涉密行政许可、业务管理事项的网上办理和其他公共服务事项，条件具备的提供在线办理、状态查询等服务。非涉密行政许可事项，应发布服务指南，列明局行政许可事项、依据、条件、数量、程序、期限和办理部门、地点以及申请行政许可需要提交的全部材料目录及办理情况。业务管理事项，应在局网站发布办理指南、相关材料下载、办理结果等信息。其他公共服务，应提供在线地理信息服务以及其他各类特色服务。

第十四条 网上互动交流服务的主要内容包括：重要政策文件出台、涉及公众切身利益的重大决策等网上公开征求意见；针对测绘地理信息热点和难点问题建言献策；需公众参与的各类评选征集、网上投票、网上调查等；开设局长信箱、网上投诉、留言咨询等栏目，接受公众咨询、举报、意见和建议。

第十五条 各司室及有关单位负责向局网站提供具备网上办理条件的行政许可、业务管理和公共服务事项所需的各类资料及有关要求，局管理信息中心配合进行相应服务功能的系统开发和技术支持。

第十六条 局长信箱、网上投诉、留言咨询等互动栏目及局官方政务微博微信接收的公众信息，由局管理信息中心整理后分送有关司室办理（附件 2）。对带有普遍性、可以集中对外回复的信息，经承办司室提供回复内容后，由局管理信息中心统一在局网站或官方微博发布；对不宜公开、需单独回复的信息，由承办司室通过电子邮件、信函或电话直接回复当事人。

第十七条 各承办司室应当对网民意见进行综合研判，对需要回复的意见原则上在 7 个工作日内向局管理信息中心反馈，情况复杂的可延长至 15 个工作日，无法办理的应予以解释说明。逾期未答复的由局办公室协调督办。

第十八条 局管理信息中心应定期汇总局长信箱和公众留言的处理情况，总结反映的热点问题，经局办公室审核后，送局领导、各司室参阅。重要、敏感信息应及时报告。

第四章 网站建设与维护

第十九条 局网站作为局电子政务建设的重要组成部分，采用“网站群”模式建设和管理，鼓励各单位、省级测绘地理信息主管部门基于局网站统一技术平台以子网站形式建设本单位网站，整合各级信息资源，提高服务的深度和广度，推动测绘地理信息部门网站向集约化方向发展。

第二十条　各司室、各单位可根据实际需要提出在局网站开设专题专栏的建议（附件3），由局管理信息中心根据网站总体规划统筹安排和设计建设，重要的专题专栏须经局办公室审核批准。

第二十一条　局办公室应组织相关部门和单位，进一步建立健全局网站网络安全管理制度。局管理信息中心负责制定安全标准、规范及流程，加强技术防护手段，健全安全防范体系，不断完善防攻击、防篡改、防病毒等防护措施，做好日常巡检、监测和数据备份工作，制定应急预案。

局网站安全防护措施应符合国家信息安全等级保护三级要求。在局网站链接的测绘地理信息系统行业网站或业务系统，其安全防护措施应达到信息安全等级保护相应级别要求。

第二十二条　局网站应建立保密审查机制，保密审查程序按照局保密相关规定执行。

第二十三条　局建立网站工作考核测评、责任追究和通报制度，定期对各司室、各单位、地方各部门内容保障、信息发布、网上服务、互动交流等工作开展情况进行监督检查和公开通报，成绩突出的给予表扬，工作不力的督促整改。

第二十四条　局网站实行值班制度，值班人员负责值班期间重要信息的发布，监测值班期间网站运行、检查网站页面，对发现的错误进行修改或通知修改，做好值班日志记录。

第二十五条　各司室、各单位、地方各部门应至少明确1名网站联络员。网站联络员负责做好局网站内容保障及本单位或部门网站建设日常沟通联络工作。

第二十六条　局应积极培养专业化、高素质网站运行管理队伍，开展经常性的业务培训，不断提高业务水平和业务能力。各司室、各单位、地方各部门应为网站联络员等工作人员参加重要会议、掌握相关信息提供便利条件。

第二十七条　局网站应与各单位、地方各部门建立工作协调、协作机制，与政府新闻网站、重要商业网站建立横向交流机制。

第二十八条　局网站建设所需的设备、软件、技术支持、内容保障、运行维护等经费纳入局部门预算。

第五章　附　则

第二十九条　地方各部门的网站建设、管理、运行维护可参照本办法执行。

第三十条　局英文网站的建设与管理，按照局英文网站管理的相关规定执行。

第三十一条　本办法自2015年12月1日起施行。

附件：1. 国家测绘地理信息局网站信息发布审批单

2. 国家测绘地理信息局网站公众留言处理单

3. 国家测绘地理信息局网站专题专栏开设申请表

附件1：

国家测绘地理信息局网站信息发布审批单

编号：　　年第　　号　　　　　　　　　　　　　　　　年　月　日

题目	
局领导 审批意见	年　月　日
局办公室 审核意见	年　月　日
司室（单位） 审核意见	年　月　日
局管理信息中心送审意见	年　月　日
备　注	

附件2：

国家测绘地理信息局网站公众留言处理单

编号：　　年第　　号　　　　　　　　　　　　　　　　年　月　日

留言内容					
回复内容	（可另附页）				
承办司室 审核意见	年　月　日				
承办司室 接件人		联系方式			
局管理信息 中心负责人 审核意见	年　月　日				
局管理信息 中心承办人		分件日期		联系方式	

备注：承办司室应当于7个工作日内向局管理信息中心反馈回复内容，情况复杂的可延长至15个工作日，无法办理的应当予以解释说明。

附件 3：

国家测绘地理信息局网站专题专栏开设申请表

专题专栏名称			
专题专栏 内容要求			
上线时间			
局办公室意见	年　月　日		
局管理信息中心意见	年　月　日		
申请司室（单位） 意见	年　月　日		
申请司室（单位） 联系人		联系电话	

备注：申请司室（单位）至少提前 7 个工作日提出专题专栏开设申请。

关于印发《测绘地理信息行业信用管理办法》和《测绘地理信息行业信用指标体系》的通知

国测管发〔2015〕57 号　2015 年 12 月 3 日

各省、自治区、直辖市测绘地理信息行政主管部门：

为进一步加强事中事后监管，维护市场公平竞争，促进单位诚信自律，保障地理信息产业健康发展，我局制定了《测绘地理信息行业信用管理办法》和《测绘地理信息行业信用指标体系》，已经国家测绘地理信息局局务会议审议通过，现予印发，请遵照执行。

测绘地理信息行业信用管理办法

第一条 为加快推进测绘地理信息行业信用体系建设，促进测绘资质单位诚信自律，维护公平有序市场环境，保障地理信息产业健康发展，根据《中华人民共和国测绘法》、《企业信息公示暂行条例》、《国务院办公厅关于促进地理信息产业发展的意见》，制定本办法。

第二条 测绘资质单位信用信息的征集、发布和管理等，适用本办法。

第三条 征集、发布和管理测绘资质单位信用信息，应当遵循合法、公正、准确、及时的原则，依法保护国家利益、社会公共利益和测绘资质单位合法权益。

第四条 县级以上测绘地理信息行政主管部门负责测绘资质单位信用信息的征集工作。

国家测绘地理信息局负责指导全国测绘地理信息行业信用体系建设，负责建立全国统一的测绘地理信息行业信用管理平台，负责甲级测绘资质单位信用信息的发布和管理工作。

各省、自治区、直辖市测绘地理信息行政主管部门负责本行政区域内乙级以下测绘资质单位信用信息的发布和管理工作。

第五条 依照《测绘地理信息行业信用指标体系》，测绘资质单位信用信息由基本信息、良好信息和不良信息构成：

（一）基本信息是指测绘资质管理信息系统中的测绘资质单位资质条件、年度报告公示等基本情况信息。

（二）良好信息是指测绘资质单位受到表彰、取得荣誉、科技创新、社会贡献等信息。

（三）不良信息是指测绘资质单位违反测绘地理信息及相关法律法规和政策规定产生失信行为的信息。不良信息分为严重失信信息、一般失信信息和轻微失信信息。

第六条 测绘资质单位信用信息主要来源如下：

（一）测绘地理信息行政主管部门征集；

（二）测绘资质单位申报；

（三）政府有关部门公开；

（四）经查实的公众举报；

（五）其他有关渠道。

征集测绘资质单位信用信息不得采用欺骗、盗窃、胁迫、利用计算机网络侵入或者其他不正当手段。

第七条 测绘地理信息行政主管部门应当按照国家社会信用信息平台建设总体要求，逐步健全信用信息共享机制，推进测绘地理信息行政主管部门与相关部门之间的信用信息互联互通、共享共治。

第八条 测绘资质单位信用信息经省级以上测绘地理信息行政主管部门审核后生效。测绘地理信息行政主管部门对不良信息的保存期限，自不良行为或者事件终止之日起为5年；超过5年的，应当予以删除。

第九条 测绘资质单位的信用信息通过测绘地理信息行业信用管理平台公开发布，公民、法人或者其他组织均可查询。

第十条 测绘资质单位可以向省级以上测绘地理信息行政主管部门申请获取本单位的信用报告。

其他查询者获取测绘资质单位的信用报告，应当向省级以上测绘地理信息行政主管部门提交载明查询事由的书面申请及该测绘资质单位同意查询的书面意见。

第十一条 公民、法人或者其他组织对测绘资质单位信用信息存在异议的，可以向省级以上测绘地理信息行政主管部门提交书面核查申请及相关证据。

异议处理期间，应当暂停发布该异议信息。

第十二条 省级以上测绘地理信息行政主管部门应当自收到异议申请之日起20日内，按照下列规定处理：

（一）经核实异议信息确需更正的，由相应测绘地理信息行政主管部门及时更正，并书面告知异议申请人。

（二）经核实异议信息无需更正的，由相应测绘地理信息行政主管部门告知异议申请人。

第十三条 测绘资质单位受到测绘地理信息行政主管部门及相关部门行政处罚的，计入该单位的严重失信信息，自该信息生效之日起两年内不得申请晋升测绘资质等级或者新增专业范围。

测绘资质单位被测绘地理信息行政主管部门计入一般失信信息的，自该信息生效之日起一年内不得申请晋升测绘资质等级或者新增专业范围。

测绘资质单位被测绘地理信息行政主管部门计入轻微失信信息的，自该信息生效之日起半年内不得申请晋升测绘资质等级或者新增专业范围。

第十四条 测绘地理信息行政主管部门在履行行业管理和公共服务职责过程中，应当褒扬诚信、惩戒失信。对信用良好的单位，采取公开表扬、给予优先、加大扶持等相关激励措施。对信用不良的单位，列为重点监管对象，采取限制或者取消享有相关优惠政策、加大日常监督检查频次等惩戒措施。

第十五条 测绘地理信息行政主管部门依法履行信用管理工作职责时，相关单位和个人应当主动配合，不得隐瞒、拒绝和阻挠。

第十六条 测绘资质单位认为其合法权益在信用管理工作中受到侵害的，可以向省级以上测绘地理信息行政主管部门投诉。受理投诉的测绘地理信息行政主管部门应当自30日内做出处理。

第十七条 测绘地理信息行政主管部门工作人员在信用管理工作中滥用职权、玩忽职守、徇私舞弊，或者泄露国家秘密、商业秘密和个人隐私的，依法予以相应处理；构成犯罪的，依法追究刑事责任。

第十八条 《测绘地理信息行业信用管理办法》和《测绘地理信息行业信用指标体系》自2016年1月1日起施行。2012年2月9日发布的《测绘地理信息市场信用信息管理暂行办法》和2012年6月26日发布的《测绘地理信息市场信用评价标准（试行）》同时废止。

测绘地理信息行业信用指标体系

类别		代码	指标内容
基本信息		1－01	测绘资质单位名称、单位类型、所属系统、成立日期、办公地址、法定代表人、人员规模、仪器设备、资质等级、专业范围、资质变更记录等
		1－02	测绘资质单位质量管理、成果及资料档案管理、保密管理制度等
		1－03	测绘资质单位基本情况变化（含上市、兼并重组、改制分立、重大股权变化等）
良好信息		2－01	测绘地理信息市场行为获得工商、银行、税务等部门授予的良好资信评级
		2－02	单位测绘地理信息工作受到县级以上人民政府及其有关行政管理部门的表彰奖励
		2－03	获得国家和测绘地理信息领域学会、协会等社会团体评定的相关奖项或荣誉称号
		2－04	取得测绘地理信息领域相关产品发明专利权、软件著作权
		2－05	在国家级或省级测绘成果质量监督检查中，批成果质量合格且样本质量等级达到优级
		2－06	为政府、公众提供防灾减灾、应急保障等测绘地理信息服务
		2－07	参与国际合作或者开拓国际市场
		2－08	主导制定测绘地理信息国家标准或者行业标准
不良信息	严重失信信息	3－01	未依法送审地图或者未按照审查要求修改地图即向社会公开
		3－02	违反保密规定加工、处理和利用涉密测绘成果，存在失泄密隐患被查处
		3－03	测绘成果质量经测绘地理信息质检机构判定为批不合格
		3－04	涂改、倒卖、出租、出借或者以其他形式转让测绘资质证书
		3－05	侵犯商业秘密或者知识产权被查处

<table>
<tr><th colspan="2">类别</th><th>代码</th><th>指标内容</th></tr>
<tr><td rowspan="19">不良信息</td><td rowspan="10">严重失信信息</td><td>3－06</td><td>由于市场不正当竞争行为被查处</td></tr>
<tr><td>3－07</td><td>以欺骗手段取得测绘资质证书从事测绘活动</td></tr>
<tr><td>3－08</td><td>超越资质等级许可范围从事测绘活动</td></tr>
<tr><td>3－09</td><td>以其他测绘资质单位名义从事测绘活动</td></tr>
<tr><td>3－10</td><td>允许其他单位以本单位的名义从事测绘活动</td></tr>
<tr><td>3－11</td><td>测绘资质单位将承包的测绘项目转包</td></tr>
<tr><td>3－12</td><td>伪造、变造测绘成果</td></tr>
<tr><td>3－13</td><td>被工商机关吊销营业执照</td></tr>
<tr><td>3－14</td><td>在从事测绘活动中，因泄露国家秘密被国家安全机关查处</td></tr>
<tr><td>3－15</td><td>受到其他行政处罚或被依法追究刑事责任</td></tr>
<tr><td rowspan="5">一般失信信息</td><td>4－01</td><td>提供虚假测绘地理信息行政许可申请材料</td></tr>
<tr><td>4－02</td><td>不配合测绘地理信息行政主管部门依法实施监督检查，隐瞒、拒绝和阻碍提供有关文件、资料</td></tr>
<tr><td>4－03</td><td>在测绘地理信息市场抽查检查中发现的测绘资质单位经营异常信息</td></tr>
<tr><td>4－04</td><td>不履行与测绘有关的处罚、判决、裁定等，被人民法院强制执行</td></tr>
<tr><td>4－05</td><td>未按规定汇交测绘成果资料</td></tr>
<tr><td rowspan="4">轻微失信信息</td><td>5－01</td><td>测绘资质单位名称、注册地址、法定代表人发生变化 30 日内未申请变更</td></tr>
<tr><td>5－02</td><td>未按照相关规定要求履行测绘项目备案（任务登记、验证登记等）义务</td></tr>
<tr><td>5－03</td><td>未按要求报送测绘资质年度报告</td></tr>
<tr><td>5－04</td><td>因与测绘有关的不良行为被提起民事诉讼，法院终审判决测绘资质单位承担责任或者履行义务</td></tr>
</table>

关于进一步加强测绘地理信息成果安全保密管理的意见

国测成发〔2015〕8 号　2015 年 12 月 4 日

各省、自治区、直辖市测绘地理信息行政主管部门，新疆生产建设兵团测绘地理信息主管部门，各涉密测绘地理信息成果生产单位和使用单位：

测绘地理信息成果是重要的国家信息资源，事关国家战略安全和核心利益。为贯彻党的十八大、十八届五中全会精神，落实总体国家安全观，进一步加强测绘地理信息成果安全保密管理，深化地理信息在创新、协调、绿色、开放、共享发展中的应用，促进地理信息产业健康发展，结合 2015 年全国地理信息保密检查发现的突出问题，现提出如下意见：

一、充分认识测绘地理信息成果安全保密管理的重要性和紧迫性

党中央、国务院历来高度重视地理信息安全保密工作，中央领导同志多次作出重要批示，要求加强管理、督促检查，堵塞漏洞、消除隐患，坚决防止测绘地理信息成果失泄密案件发生，切实做好地理信息安全监管工作。近年来，敌对势力窃取我涉密测绘地理信息成果案件和因保密意识不强、管理不善、控制不严等导致测绘地理信息成果失泄密案件时有发生。同时，随着云计算、大数据等新技术的快速发展，测绘地理信息成果在计算机、网络上存储处理已成为常态，失泄密渠道和隐患大大增加。

各地、各单位要充分认识新形势下加强测绘地理信息成果安全保密管理的重要性和紧迫性，站在维护国家安全和利益的高度，扎实做好测绘地理信息成果安全保密管理工作，尽责维护国家地理信息安全，促进地理信息产业健康发展。

二、健全测绘地理信息成果安全保密监管机制

组织协调地理信息安全监管工作是测绘地理信息行政主管部门的重要职责，各地要将职责落实到市、县级测绘地理信息行政主管部门，明确工作要求和责任。与此同时，加强与保密部门、国家安全机关联系沟通，在前期协作开展工作的基础上，进一步建立健全部门联合监管的长效机制。通过联合开展检查、相互通报线索、配合查处案件等，从涉密测绘地理信息成果领取、保密检查、失泄密案件查处等各环节共同加强管理，联防联控，形成监管合力，对窃取、刺探、买卖、非法提供涉密测绘地理信息成果等违法行为进行严厉查处。

三、强化测绘地理信息成果安全保密监管措施

各地要加强涉密测绘地理信息成果提供使用审批管理，规范审批和提供流程，对成果申领单位提出的使用目的和范围、成果保管和保密制度、设施条件及涉密人员持证上岗等情况严格审核。对于初次办理或者申请数量较大的用户，应根据情况进行实地核查。建立涉密成果跟踪检查长效机制，将检查列入年度工作计划，逐次分批对领用涉密成果的重点行业、重点单位进行检查，督促涉密成果的规范使用与管理。各地要将非本地单位申领涉密成果的情况及时抄告其所在地测绘地理信息行政主管部门，便于其按照属地原则进行监管。各地在开展保密检查时，要将在外地领用成果的单位一并纳入检查。对拒不接受检查、整改不到位的单位，依法暂缓提供涉密成果，属于测绘资质单位的，记入测绘地理信息市场不良信用信息，并依法予以处理。各地要采取有力措施，鼓励和督促涉密成果使用单位在使用目的或项目完成后及时销毁涉密成果。加强对测绘地理信息成果涉密人员管理，按规定将涉密人员持证上岗要求纳入测绘资质和涉密成果提供使用审批管理。

四、创新测绘地理信息成果安全保密监管手段

各地要积极推进监管信息化建设，开展在线审批，建立管理信息系统，实现用户单位基本情况、涉密成果提供使用情况、各单位接受检查情况、测绘地理信息成果涉密人员持证上岗情况等各类信息的统一联动管理，提高监管信息化水平。针对信息化条件下涉密成果失泄密易发多发的情况，加强涉密地理信息保密防护技术的研发和推广使用，建立人防、物防、技防的综合防护体系。针对涉密成果网上传输、交易等违法行为，研发能够有效监测预警和跟踪的监管技术，提升对互联网上涉密成果监管的能力。

五、认真落实测绘地理信息成果安全保密管理各项要求

涉密测绘地理信息成果生产单位和使用单位要制定切实可行的管理制度，对成果定密标密、扫描复制、涉密人员、要害部门部位、涉密计算机和网络、涉密载体等管理进行明确规定，做到各环节有章可循。认真落实保密工作责任制，明确责任主体，签订保密责任书，将安全保密责任落实到人。建立涉密成果保密自查制度，对涉密成果在生产、保管和使用各环节的保密管理情况进行定期自查，确保各项制度和措施落到实处。涉密成果仅限用于申请使用的目的或项目，在使用目的或项目完成后六个月内应当销毁。任何单位和个人不得擅自转让、转借领用的涉密成果。导航电子地图制作单位未经测绘地理信息行政主管部门同意，不得向其他部门和单位提供使用涉密导航电子地图数据。

六、严格对测绘地理信息成果安全保密关键环节的管理

涉密测绘地理信息成果生产单位和使用单位要加强对涉密成果安全保密关键环节的管理。一是加强对涉密成果领用、复制扫描和销毁等隐患较多环节的管理。严格登记管理制度，在涉密成果保管、领用、复制扫描、销毁各个环节建立登记台账，定期清查、核对。任何个人不得擅自复制扫描和私自留存涉密成果，涉密成果复制扫描件和衍生品要严格按照涉密成果原密级进行管理。二是针对涉密成果数据违规使用问题突出的情况，各单位要重点加强对涉密计算机、存储介质和网络的管理。涉密成果存储介质不得在涉密计算机和非涉密计算机上交叉使用；存储处理涉密成果的计算机和网络要按照国家要求采取安全防控措施，不得连接无线设备和非涉密存储介质，不得接入互联网使用，确保做到上网不涉密，涉密不上网。

七、加强宣传教育培训

各省级测绘地理信息行政主管部门要加大培训力度，每年至少开展一次测绘地理信息成果涉密人员岗位培训，对取得证书5年期满的在岗涉密人员，要重新经过培训后持证上岗。对检查中发现的涉密成果管理存在突出问题的单位，其负责人一并纳入培训要求。要将宣传教育与检查、日常监管相结合，利用典

型案例开展警示教育，通过“以案说法”，增强从业人员的安全保密意识。涉密测绘地理信息成果生产单位和使用单位每年要至少开展两次测绘地理信息成果保密形势和防范知识技能培训，新进职工必须培训后再上岗，切实提高职工保密意识，确保职工掌握应知应会的测绘地理信息成果安全保密知识。

地方法规、规章及重要规范性文件

河北省人民政府办公厅关于启用和推广2000国家大地坐标系的通知

2015年2月6日

各设区市人民政府，各县（市、区）人民政府，省政府有关部门：

经国务院批准的2000国家大地坐标系（简称为CGCS2000），具有三维、地心、高精度、动态等特点，更加适应当今对地观测技术的发展。为更好地满足高精度、快速的空间定位技术在我省各领域的应用需求，经省政府同意，我省全面启用和推广2000国家大地坐标系，现就有关事项通知如下：

一、全面加快推进坐标系启动与推广工作

县级以上政府地理信息行政主管部门负责制定本地启用和推广CGCS2000计划及运行机制。县级以上政府要加强对本行政区域CGCS2000的启用和推广工作的领导，做好各项保障工作，及时协调解决工作中出现的问题。各级地理信息行政主管部门负责向本级政府部门提供技术支持和服务，完成本行政区域控制成果和基础地理信息成果的转换。省政府有关部门负责本部门启用CGCS2000工作，并负责完成本部门生产的测绘地理信息成果和基于地理信息的应用系统向CGCS2000转换工作。

二、切实保障启用和推广工作顺利进行

在我省范围内进行的各种测绘地理信息活动要统一到CGCS2000下；各级有关部门停止提供非CGCS2000成果。全省范围内现有的测绘地理信息成果和地理信息系统应根据职责分工逐步转换为CGCS2000成果，到2016年底前，完成全省范围转换工作。在启用和推广CGCS2000的工作中，要严格执行国家相关技术标准和规范，遵守国家相关保密法律、法规，强化成果质量管理，加强过程监督检查和成果验收。

辽宁省测量标志保护办法

《辽宁省测量标志保护办法》业经2015年4月16日辽宁省第十二届人民政府第40次常务会议审议通过，现予公布，自2015年6月1日起施行

辽宁省人民政府令293号　2015年4月20日

第一条　为加强测量标志的保护和管理，根据《中华人民共和国测量标志保护条例》等法律、法规，结合我省实际，制定本办法。

第二条　我省行政区域内测量标志的使用、保护和管理，适用本办法。

第三条　省测绘地理信息行政主管部门和市、县（含县级市、区，下同）人民政府负责管理测绘工作的行政部门（以下统称测绘地理信息行政主管

部门），负责本行政区域内测量标志的统一保护管理工作。

国土资源、住房城乡建设、交通、水利等有关部门应当做好本部门设置的测量标志保护管理工作。

乡（镇）人民政府和街道办事处应当做好本辖区内测量标志的保护和管理工作。

第四条 永久性测量标志的建设单位应当对永久性测量标志设立明显标记。

第五条 新建测量标志，应当按照国家有关规定，避让电力、广播电视、通信、军事等设施。

新建微波站、雷达站、广播电视发射装置等大功率无线电发射源，应当与永久性测量标志保持安全使用距离。

第六条 建设永久性测量标志需要占用土地的，建设单位应当按照有关土地管理法律、法规办理用地手续。

第七条 进行工程建设，应当避开永久性测量标志；确实无法避开，需要拆迁永久性测量标志或者使永久性测量标志失去使用效能的，工程建设单位应当依法办理审批手续；涉及军用控制点的，应当征得军队测绘主管部门的同意。所需迁建费用由工程建设单位承担。

第八条 永久性测量标志的重建，应当符合测绘科技发展和国家大地控制网布局要求，由收取测量标志迁建费用的部门组织实施，并在省测绘地理信息行政主管部门规定的期限内完成。

设有永久性测量标志的建筑物，需要改建或者拆迁时，应当事先通知所在地测绘地理信息行政主管部门。

第九条 设置永久性测量标志的部门应当委托测量标志设置地的有关单位或者人员保管永久性测量标志，签订测量标志保管委托书，明确双方权利和义务，并由委托方将保管委托书抄送测量标志设置地乡（镇）人民政府、街道办事处和测绘地理信息行政主管部门备案。

永久性测量标志保管单位或者人员发生变化时，应当重新确认保管单位或人员，并按照前款规定重新签订测量标志保管委托书和送交备案。

第十条 测量标志保管单位和保管人员履行下列职责：

（一）依照国家和我省的有关规定以及保管委托书的约定，进行测量标志的日常检查和维护；

（二）对测量标志的使用情况进行监督；

（三）制止移动或者损毁测量标志的行为，并定期向测绘地理信息行政主管部门报告测量标志的保护情况。

第十一条 实行永久性测量标志保管补助制度。永久性测量标志保管补助经费纳入同级财政部门预算。其他部门设置的专用测量标志的保管补助经费，由设置部门安排。

永久性测量标志保管人员的补助标准及补助发放管理办法，由省财政部门会同省测绘地理信息行政主管部门确定。

第十二条 禁止下列有损测量标志安全和使测量标志失去使用效能的行为：

（一）损毁、擅自移动地下或者地上的永久性测量标志以及使用中的临时性测量标志；

（二）在测量标志占地范围内烧荒、耕作、取土、挖沙或者侵占永久性测量标志用地；

（三）在距永久性测量标志 50 米范围内采石、爆破、射击、架设高压电线；

（四）在测量标志的占地范围内，建设影响测量标志使用效能建筑物；

（五）在测量标志上架设通讯设施、设置观望台、搭帐篷、拴牲畜或者设置其他有可能损毁测量标志的附着物；

（六）擅自拆除设有测量标志的建筑物或者拆除建筑物上的测量标志；

（七）违反测绘操作规程进行测绘，使永久性测量标志受到损坏；

（八）其他有损测量标志安全和使用效能的行为。

第十三条 省测绘地理信息行政主管部门应当根据国家测量标志维修规划和我省测量标志保护情况，制定全省测量标志维修计划，并组织市、县测绘地理信息行政主管部门和有关专业部门实施。

第十四条 省测绘地理信息行政主管部门负责组织全省四等以上三角点、水准点和 D 级以上全球卫星定位控制点（站）等测量标志的普查维修；市、县测绘地理信息行政主管部门负责组织实施本行政区域内其他测量标志的普查维修。普查周期为 5 年。

其他部门设置的专用测量标志由设置部门组织普查维修。

第十五条 测量标志的普查维修经费，由同级财政部门审核拨付；其他部门设置的专用测量标志的普查维修经费，由设置部门安排。

测量标志的有偿使用收入用于补充测量标志的普查维修经费，不得挪作他用。

第十六条 测绘地理信息行政主管部门应当建立本行政区域内永久性测量标志档案，并建立健全相应的管理制度。

其他部门设置的专用测量标志由设置部门建立档案，并将档案目录报省测绘地理信息行政主管部门备案。

第十七条 永久性测量标志的档案应当包括下列资料：

（一）测量标志委托保管书、测量标志委托保管登记表、测量标志汇总表和标绘在1∶20万或1∶25万地形图上的测量标志分布图；

（二）测量标志的检查、普查、维修资料；

（三）测量标志占用土地的有关资料；

（四）测量标志的建设、迁建和查处损毁测量标志案件的有关资料；

（五）测量标志的其他有关资料。

第十八条 测绘地理信息行政主管部门应当建立测量标志巡查制度，制定巡查计划，对巡查中发现的违法问题，应当及时提出整改、处理意见，并进行整改监督；重大违法问题应当依法采取措施并向本级政府和上级测绘地理信息行政主管部门报告。

第十九条 违反本办法，有下列行为之一的，由测绘地理信息行政主管部门责令限期改正，给予警告，并可以视情节按照下列规定处以罚款；对负有直接责任的主管人员和其他直接责任人员，依法给予行政处分；造成损失的，依法承担赔偿责任：

（一）在测量标志上架设通讯设施、设置观望台、搭帐篷、拴牲畜或者设置其他有可能损毁测量标志的附着物的，处500元以上3000元以下罚款；

（二）在测量标志占地范围内烧荒、耕地、取土、挖沙或者侵占永久性测量标志用地的，处500元以上3000元以下罚款；

（三）擅自拆除设有测量标志的建筑物或者拆除建筑物上的测量标志的，处5000元罚款；

（四）损毁或者擅自移动使用中的临时性测量标志的，处1000元以上3000元以下罚款；

（五）损毁或者擅自移动地下或者地上的永久性测量标志的，处5000元以上2万元以下罚款；

（六）在距永久性测量标志50米范围内采石、爆破、射击、架设高压电线的，或者在测量标志的占地范围内，建设影响测量标志使用效能的建筑物的，处5000元以上3万元以下罚款。

第二十条 违反本办法，有下列行为之一的，由测绘地理信息行政主管部门责令限期改正，给予警告，并可以视情节按照下列规定处以罚款；对负有直接责任的主管人员和其他直接责任人员，依法给予行政处分；造成损失的，依法承担赔偿责任：

（一）干扰或者阻挠测量标志建设单位依法使用土地或者在建筑物上建设永久性测量标志的，处3000元以上1万元以下罚款；

（二）工程建设单位未经批准擅自拆迁永久性测量标志或者使永久性测量标志失去使用效能的，或者拒绝按照国家有关规定支付迁建费用的，处2万元以上5万元以下罚款；

（三）违反测绘操作规程进行测绘，使永久性测量标志受到损坏的，处1000元以上5000元以下罚款；

（四）无证使用永久性测量标志并且拒绝测绘地理信息行政主管部门监督和测量标志保管单位、人员查询的，处500元以上5000元以下罚款。

第二十一条 违反本办法，测绘地理信息行政主管部门、其他有关部门及其工作人员有下列行为之一的，由本级人民政府或者上级主管部门通报批评；对直接负责的主管人员和其他直接责任人员，依法给予处分；构成犯罪的，依法追究刑事责任：

（一）未依法办理审核批准事项造成不良影响的；

（二）利用职务上的便利收受他人财物、其他好处的；

（三）不依法履行监督管理职责或者发现违法行为不予查处的；

（四）其他滥用职权、玩忽职守、徇私舞弊行为。

第二十二条 本办法自2015年6月1日起施行。

吉林省测绘地理信息局 吉林省人民政府法制办公室
吉林省人民政府政务公开协调办公室
关于加强测绘项目招标投标管理工作的通知

吉测联字〔2015〕3号 2015年1月20日

各市（州）、长白山管委会、各县（市）住房和城乡建设局（测绘地理信息局、规划局）、政府法制办公室、政务公开协调办公室，有关部门：

为进一步规范我省测绘项目招标投标活动，保护国家利益、社会公共利益和当事人的合法权益，根据《中华人民共和国招标投标法》和《吉林省测绘项目招标投标管理办法》（省政府令第220号，以下简称《办法》）等有关法律法规，政务公开的有关规定，结合当前全省测绘项目招投标工作中的问题，现对加强测绘项目招投标管理工作通知如下：

一、严格界定测绘招投标项目

符合《办法》规定的测绘项目必须进行招投标。即：

（一）国有资金投资占50%以上，且单项合同估算价超过50万元人民币，或者国有资金投资占50%以上，且测绘面积超过10平方公里的测绘项目；

（二）关系社会公共利益、公共安全，单项合同估算价超过20万元人民币的测绘项目；

（三）使用国际组织或者外国政府贷款、援助资金的测绘项目应当进行公开招标。

二、严格执行测绘项目招投标程序

（一）涉及国土、规划、住建、水利、农业、交通、林业、市政、勘察、电力、工业和信息化等有关部门的工程项目中含有测绘内容的，进行招投标活动时，本级政府测绘地理信息行政主管部门应对测绘项目招投标过程进行监督。

（二）公开招标的测绘项目，应严格按照政务公开的要求在本级政府政务大厅发布招标公告。项目的招标核准、招标公告、中标候选人、中标结果等信息，应及时向社会公开。应当招标的测绘项目，在招标公告发布前不少于5日，由招标人将招标方案报本级政府政务大厅的同时，报同级测绘地理信息行政主管部门备案。

（三）涉及测绘项目的评标专家，应当在本级政府政务大厅测绘地理信息项目评标专家库中抽取。评标委员会的组成，应当符合《办法》中规定的测绘项目评标专家资格条件和数量要求。

（四）省外测绘资质单位参与招投标的，还应按照《吉林省测绘条例》的规定进行备案后方可参与投标。

（五）招标人应当自测绘项目合同签订之日起15日内，向项目立项批准部门、本级政府政务大厅、同级测绘地理信息行政主管部门提交测绘项目招标投标情况的书面报告。

三、切实加强对测绘项目招投标的管理

（一）各级政府相关部门要加强对测绘项目招投标活动的监督管理，规范招投标活动，市（州）、县（市）测绘地理信息行政主管部门、法制部门和政务公开协调部门要相互配合，加强对测绘项目招投标政务公开工作的管理和沟通协调，采取措施确保符合规定条件的测绘项目全部纳入各级政府政务大厅进行招投标。

（二）省测绘地理信息局牵头，省政府法制办公室和省政府政务公开协调办公室配合，将依法对全省测绘项目招投标纳入政务大厅情况进行监督检查，对违法违规等招投标行为进行严肃查处，并按照有关规定公开处理结果。

（三）各市（州）、县（市）测绘地理信息行政主管部门和法制部门应及时将辖区内测绘项目招投标活动中的信用信息和不良行为统一上报省主管部门，纳入测绘地理信息信用信息管理系统向社会公布。

特此通知。

江苏省测绘地理信息基础设施管理规定

《江苏省测绘地理信息基础设施管理规定》已于2015年12月22日经
省人民政府第76次常务会议讨论通过，现予发布，自2016年2月1日起施行
江苏省人民政府令第107号 2015年12月28日

第一章 总 则

第一条 为了加强测绘地理信息基础设施的建设和管理，保障经济建设、公共安全和社会服务，根据《中华人民共和国测绘法》《江苏省测绘条例》等有关法律、法规，结合本省实际，制定本规定。

第二条 本省行政区域内测绘地理信息基础设施的规划、建设、使用、维护、迁建、更新和服务，应当遵守本规定。

第三条 本规定所称测绘地理信息基础设施包括下列用于测绘地理信息活动的标志、场地和平台：

（一）永久性测量标志；

（二）卫星导航定位基准站；

（三）测绘专用仪器计量检定场；

（四）地理空间信息基础框架；

（五）地理信息公共服务平台；

（六）法律法规规章规定的其他测绘地理信息基础设施。

第四条 县级以上地方人民政府应当建立健全测绘地理信息基础设施管理机制，加强对测绘地理信息基础设施保护，增强公民依法保护测绘地理信息基础设施的意识。

第五条 县级以上地方人民政府负责管理测绘地理信息工作的部门（以下简称测绘行政主管部门）负责本行政区域内测绘地理信息基础设施工作的统一监督管理。

第六条 测绘地理信息基础设施的规划、建设、维护、更新等工作所需的经费纳入同级政府财政预算。

建设国家测绘地理信息基础设施，需要地方人民政府财政配套经费的，应当纳入设施所在地人民政府财政预算。

第七条 测绘行政主管部门应当与军队测绘导航主管部门建立军地测绘地理信息基础设施共建共享机制。

第二章 规划与建设

第八条 省测绘行政主管部门应当依法编制全省测绘地理信息基础设施发展规划。

编制全省测绘地理信息基础设施发展规划应当征求军队和政府有关部门的意见，并与国民经济和社会发展总体规划相衔接，报省政府批准后实施。

第九条 测绘行政主管部门应当根据全省测绘地理信息基础设施发展规划制定测绘地理信息基础设施建设、维护、更新项目计划。

第十条 使用财政资金的测绘地理信息项目和使用财政资金的建设工程测绘地理信息项目，应当利用已有测绘地理信息基础设施，不得重复建设。

需要建立卫星导航定位基准站的，应当符合全省测绘地理信息基础设施发展规划，并且纳入全省卫星导航定位基准服务系统。

第十一条 建设测绘地理信息基础设施，应当遵守相关规定，采用国家规定的测绘基准和测绘地理信息标准。

未采用国家规定的测绘基准和测绘地理信息标准的，基础设施信息不得录入测绘地理信息基础设施管理系统。

第十二条 建设永久性测量标志、卫星导航定位基准站、测绘专用仪器计量检定场，应当设立警示标识，修建防护设施。

第十三条 使用财政资金建设的永久性测量标志、卫星导航定位基准站、测绘专用仪器计量检定场，占用国有土地的，应当依法办理国有土地划拨手续；占用集体土地的，应当与土地所有权人或者使用权人签订占用协议。

出让、划拨建设用地或者发包、调整承包农用地的，应当扣除已建的测绘地理信息基础设施使用的土地面积。

第十四条 建设永久性测量标志、卫星导航定

位基准站、测绘专用仪器计量检定场，应当根据实际需要合理确定使用土地范围。其中，永久性测量标志占用土地范围不少于6平方米。

第十五条 新建电力、广播电视、通信设施等电磁波发射装置系统的，应当避让已建的永久性测量标志、卫星导航定位基准站、测绘专用仪器计量检定场，避免受电磁波发射干扰的安全控制距离不少于200米。

第十六条 测绘行政主管部门应当向有关部门提供已建的永久性测量标志、卫星导航定位基准站、测绘专用仪器计量检定场的分布信息。

有关部门在审批可能影响已建的永久性测量标志、卫星导航定位基准站、测绘专用仪器计量检定场使用土地和使用效能的项目前，应当征求同级测绘行政主管部门的意见。

第三章 使用与维护

第十七条 永久性测量标志实行分级管理。

卫星导航定位基准站、测绘专用仪器计量检定场、地理空间信息基础框架、地理信息公共服务平台由建设单位负责运营维护，接受所在地测绘行政主管部门监督管理。

第十八条 省测绘行政主管部门建立统一的测绘地理信息基础设施管理系统，及时公布永久性测量标志、卫星导航定位基准站、测绘专用仪器计量检定场等测绘地理信息基础设施的名称和位置。

第十九条 测绘行政主管部门可以将永久性测量标志委托设施所在地的有关单位或者个人保管，并签订保管协议。

保管永久性测量标志实行津贴制度。测绘行政主管部门应当定期公布保管津贴发放情况。

第二十条 测绘地理信息基础设施无偿用于国家机关决策和社会公益性事业管理。

除前款规定外，卫星导航定位基准站提供导航定位基准信息服务，按照规定收取技术服务费，用于基准站运行维护。

第二十一条 使用永久性测量标志、测绘专用仪器计量检定场的人员，应当出示有效的测绘作业证件，按照操作规程使用设施。

第二十二条 省测绘行政主管部门应当定期组织永久性测量标志普查和维护，设区的市、县（市）测绘行政主管部门应当做好本行政区域内永久性测量标志的保护工作。

第二十三条 地理空间信息基础框架、地理信息公共服务平台的建设单位应当依法提供基础地理信息浏览、查询等在线服务。

使用基础地理信息数据不得危害国家安全和公共利益。

第四章 迁建、更新与服务

第二十四条 进行工程建设，应当避开测绘地理信息基础设施。其中，永久性测量标志确实无法避开需要迁建的，应当经省测绘行政主管部门批准；其他测绘地理信息基础设施确实无法避开，需要拆除或者迁建的，由设施建设单位书面告知所在地测绘行政主管部门。

第二十五条 测绘地理信息基础设施迁建的，应当向该设施的立项建设单位支付迁建费用；该设施的立项建设单位不明的，应当向当地测绘行政主管部门支付迁建费用。

迁建费用参照测绘工程产品价格标准等相关规定执行，并专项用于测绘地理信息基础设施的重建。

第二十六条 任何单位、个人有权举报和制止损坏、损毁测绘地理信息基础设施的行为。

测绘地理信息基础设施因自然灾害损坏或者损毁的，由测绘行政主管部门及时组织立项建设单位维修或者重建。

原址重建的永久性测量标志应当在建成之日起6个月内进行重测，计算点位成果。

第二十七条 地理空间信息基础框架、地理信息公共服务平台的建设单位应当在基础测绘成果发布之日起6个月内，更新地理信息基础设施的基础地理信息数据，保证基础地理信息数据的现势性。

第二十八条 地理空间信息基础框架、地理信息公共服务平台的建设单位应当及时更新升级技术和装备，提供快捷、安全、科学的基础地理信息服务。

第二十九条 测绘行政主管部门应当建立不同层级地理空间信息基础框架、地理信息公共服务平台共享机制，实现资源共享。

第三十条 涉密测绘地理信息的安全保密管理应当符合保密法律法规的规定。

测绘行政主管部门应当会同保密行政主管部门定期对地理空间信息基础框架、地理信息公共服务平台进行安全保密检查，对建设单位的技术和信息服务情况进行监督管理。

第五章　法律责任

第三十一条　永久性测量标志保管单位或者人员不履行保管职责的，应当解除委托保管协议；有保管津贴的，停止发放保管津贴，并依据保管协议，追究其违约责任。

第三十二条　违反本规定第二十三条第一款、第二十七条，建设单位拒绝提供基础地理信息浏览、查询等在线服务或者未在规定时间内更新数据的，由测绘行政主管部门责令改正，通报批评；拒不改正的，给予警告；情节严重的，对负有直接责任的主管人员和其他直接责任人员依法给予处分。

第三十三条　测绘行政主管部门的工作人员在测绘地理信息基础设施管理工作中，玩忽职守、滥用职权、徇私舞弊的，依法给予处分；构成犯罪的，依法追究刑事责任。

第六章　附　则

第三十四条　本规定自2016年2月1日起施行。

青海省地理空间数据交换和共享管理办法

《青海省地理空间数据交换和共享管理办法》已经2015年10月13日省人民政府第51次常务会议审议通过，现予发布，自2015年12月1日起施行

青海省人民政府令第112号　2015年10月14日

第一条　为加强地理信息资源管理，规范地理空间数据交换和共享行为，促进地理空间信息资源开发和利用，提高服务政府决策、经济发展、社会治理、应急保障和公众生活的能力，根据《中华人民共和国测绘法》、《中华人民共和国测绘成果管理条例》等法律、法规，结合本省实际，制定本办法。

第二条　在本省行政区域内进行地理空间数据交换和共享及相关活动，应当遵守本办法。

第三条　本办法所称的地理空间数据，是指以数字形式表示的与地理空间位置及其时态有关的自然、经济、社会等方面的信息。

第四条　县级以上人民政府应当加强对地理空间数据交换和共享工作的领导，建立健全地理空间数据交换和共享的协调机制，加强基础设施建设，促进地理空间信息资源的开发利用，提高地理空间数据的交换和共享水平。

对在地理空间数据交换和共享工作中做出突出贡献的单位和个人，按照有关规定给予表彰或者奖励。

第五条　省测绘地理信息管理部门主管全省地理空间数据交换和共享工作，负责建设、管理和维护全省地理空间数据交换和共享平台（以下称地理信息公共服务平台），组织采集、更新基础地理空间数据，建立健全地理空间数据管理制度、工作规范、服务标准，会同有关部门和单位编制全省地理空间数据交换和共享规划，建立完善地理空间数据交换和共享的运行机制，指导市（州）、县地理信息公共服务平台建设。

市（州）、县测绘地理信息管理部门负责本行政区域内地理空间数据交换和共享工作，根据全省地理空间数据交换和共享规划以及本地区经济社会发展需要，负责组织采集、更新基础地理空间数据，会同有关部门和单位建设、管理本地区的地理信息公共服务平台。

县级以上人民政府有关部门按照各自职责，做好地理空间数据交换和共享相关的工作。

第六条　省、市（州）、县地理信息公共服务平台建设应当纳入基础测绘项目，并按照全省地理空间数据交换和共享规划及总体设计要求组织实施。

第七条　有关政府部门、国有企业事业单位（以下称有关单位）在履行公共管理和公共服务职责过程中或者由政府投入为主产生的地理空间数据，应当实行交换和共享。鼓励其他单位将合法拥有的地理空间数据参与交换和共享。

参与地理空间数据交换的有关单位，可以在地理信息公共服务平台无偿共享相关地理空间数据。

第八条　地理信息公共服务平台应当具备下列

功能：

（一）联通政府及有关部门和单位的相关信息系统以及上、下级地理信息公共服务平台；

（二）处理、集成、整合、存储、交换有关部门和单位提交的地理空间数据；

（三）通过政务专网或者互联网提供不同层次的地理空间数据在线服务；

（四）展现由地理空间数据所表达的各类资源、设施、要素的空间分布状况和规律；

（五）地理空间数据交换和共享规划确定的其他功能。

第九条 其他单位可以向测绘地理信息管理部门提出地理信息公共服务平台共享接入申请。对具备接入条件的，应当接入地理信息公共服务平台，共享地理信息公共服务平台中的地理信息。

地理信息公共服务平台接入条件，由省测绘地理信息管理部门制定。

第十条 省、市（州）、县测绘地理信息管理部门承担测绘成果管理服务工作的机构（以下称地理信息服务机构），负责有关单位提交的地理空间数据的处理、集成、整合、存储、交换、管理以及地理信息公共服务平台的运行、维护等服务工作。

第十一条 地理信息服务机构以及有关单位采集、更新地理空间数据应当使用国家规定的定位基准，执行国家和省规定的地理空间数据标准。

省地理空间数据标准由省测绘地理信息管理部门会同有关单位拟定，经省质量技术监督主管部门审批后发布实施。

省测绘地理信息管理部门依法会同有关部门和单位制定相应的地理空间数据交换技术规范。

第十二条 有关单位应当按照《青海省地理空间数据交换和共享目录》的要求，于每年3月底前向所在地地理信息服务机构无偿提交目录确定的上一年度专题地理空间数据。应当保密和限制使用的，注明密级、保密期限或者限制范围。

第十三条 地理空间数据交换和共享目录实行动态管理。

有关单位提出调整《青海省地理空间数据交换和共享目录》有关事项的，由省测绘地理信息管理部门会同省有关单位进行调整。

第十四条 有关单位应当提交合法、完整、准确、规范的地理空间数据，并对其真实性、实效性负责。

地理信息服务机构应当对有关单位提交的地理空间数据进行核查，对不符合要求的，应当退回并要求修改补充后重新提交。

第十五条 有关单位已提交的地理空间数据因建设、管理和专项工作或者自然因素等导致变化的，应当及时更新提交的相关数据。

第十六条 省地理信息服务机构应当在收到符合规定的地理空间数据之日起60日内，以1∶10000（城市规划区1∶5000）及以小比例尺地理空间框架数据为基础，完成省有关部门和单位提交的地理空间数据的集成、整合工作。

市（州）、县地理信息服务机构应当在收到符合规定的地理空间数据之日起60日内，以1∶500至1∶2000及以小比例尺地理空间框架数据为基础，完成本行政区域内有关部门和单位提交的地理空间数据的集成、整合工作，并及时将整合后的数据提交省地理信息服务机构。

地理信息服务机构在规定期限内因特殊情况未完成地理空间数据的集成、整合工作的，经本级测绘地理信息管理部门同意，可以适当延长工作期限，但最长不得超过30日。

第十七条 地理信息服务机构应当建立健全地理空间数据保管制度，根据不同的环境提供安全、有效的数据存储方式，配备必要的设施，进行地理空间数据的存储和档案建设，保障数据资料安全。

依法应当保密或者按照规定限制的地理空间数据的传输、利用和管理，按照有关规定执行。

第十八条 地理信息服务机构应当在测绘地理信息管理部门的门户网站公布地理空间数据目录、获取相关数据的途径等事项，提供浏览、查询、链接等服务。

地理信息服务机构应当建立面向社会的公益性地图网，并无偿提供数字地图、位置信息等公共地理空间数据服务。

第十九条 地理信息服务机构对用户提出的地理空间数据服务需求，应当在3日内给予回复。

地理信息服务机构提供地理空间数据，应当按照国家和省有关测绘成果管理的规定执行。

第二十条 地理信息服务机构应当对有关单位开发应用地理空间数据的工作提供技术支持和服务。

第二十一条 地理信息服务机构不得利用有关单位提交的地理空间数据以及经集成、整合后的地理空间数据从事经营性活动。

第二十二条　县级以上测绘地理信息管理部门应当会同有关单位，加强地理空间信息历史资料的收集、整理、加工、保护和开发利用。

第二十三条　县级以上测绘地理信息管理部门应当根据当地处置突发公共事件的需要，会同有关单位建立突发事件应急处置地理空间数据保障机制，及时组织采集、整合、报送所需的地理空间数据并提供相应的技术服务。

在突发事件应急处置工作中，有关单位应当支持和配合测绘地理信息管理部门采集地理空间数据，并无偿提供相关信息。

第二十四条　县级以上测绘地理信息管理部门应当加强对地理信息服务机构的管理和监督，会同有关单位定期对地理空间数据交换和共享情况进行检查，保证地理信息公共服务平台稳定、安全、有效运行。

第二十五条　县级以上测绘地理信息管理部门及其工作人员违反本办法规定，不依法组织采集和更新基础地理空间数据、不履行监督管理职责的，由上级主管部门对负有直接责任的主管人员和其他直接责任人员依法给予处分。

第二十六条　地理信息服务机构及其工作人员违反本办法规定，有下列情形之一的，由测绘地理信息管理部门责令改正，予以通报批评；情节严重的，对负有直接责任的主管人员和其他直接责任人员依法给予处分：

（一）未按规定完成地理空间数据集成、整合、更新的；

（二）未按规定公布信息、提供服务的；

（三）利用有关部门和单位提交的地理空间数据及其相关资料从事经营性活动的；

（四）对用户提出的服务需求未按规定期限回复的。

第二十七条　有关单位违反本办法规定，有下列情形之一的，由测绘地理信息管理部门责令限期改正，予以通报批评；情节严重的，由有权机关对负有直接责任的主管人员和其他直接责任人员依法给予处分：

（一）未按《青海省地理空间数据交换和共享目录》规定提交地理空间数据的；

（二）未使用国家规定的定位基准或者未执行国家和省规定的标准采集和更新地理空间数据的。

第二十八条　本办法自2015年12月1日起施行。

附件：青海省地理空间数据交换和共享目录

青海省地理空间数据交换和共享目录

数据交换和共享单位	信息类别	数据（信息）内容
机构编制	事业单位	事业单位名称、类别、职能、地址等信息。
发展和改革	发展规划	主体功能区规划、区域发展规划、产业布局规划、农业区划等专项规划成果。
	重点建设项目	重点建设项目的名称、规模（含建设时间、投资额度等）、建设地点及建设单位等信息。
经济和信息化	工业区块	规模以上工业企业名称、类别、所在地等信息。
工商行政管理	企业信息	企业名称、类别、规模、住所、联系方式等信息。
	农牧民专业合作社	农牧民专业协会、专业合作社的名称、位置、联系方式等信息。
人力资源与社会保障	社会保险机构	社会保险机构名称、类别、级别、地址等信息。
	医疗保险机构	医疗保险机构名称、类别、级别、地址等信息。
	人才市场机构	人才市场机构名称、类别、级别、地址等信息。
	职业介绍机构	职业介绍机构名称、类别、级别、地址等信息。
	职业技能鉴定机构	职业技能鉴定机构名称、类别、级别、地址等信息。
	职业技能培训机构	职业技能培训机构名称、类别、级别、地址等信息。
	人事考试机构	人事考试机构名称、类别、级别、地址等信息。

数据交换和共享单位	信息类别	数据（信息）内容
国土资源	地质（地下水）监测	地质（地下水）环境监测点分布图，或者其名称、类别、位置等信息。
	地质灾害	地质灾害隐患点及地质灾害易发区分布图，或者其名称、类别、起始值、终止值、坐标等信息。
	矿产资源	矿产资源分布图，或者其矿种、规模、位置等信息。
	土地资源信息	土地利用现状数据、城镇地籍图件目录，乡（镇、街道）行政界线图、耕地保有量、基本农田保护数量等信息。
	国土资源规划	土地利用总体规划、地质勘查规划、矿产资源总体规划等信息。
	地质环境规划	地质灾害防治规划、矿山地质环境保护规划等信息。
水利	水文站	水文站的名称、代码、类别、坐标、多年观测水文等信息。
	水利工程设施	水库的名称、代码、类别、库容、坐标等信息；防洪工程、河道治理、灌渠调水工程的起止、里程、技术规格或分布图等信息。
	水资源信息	取水口、水源地、水功能区划的名称、坐标等信息。
电力	输配变电设施	电力杆、电力塔、变电所、开关站等主要输电、变电设施的名称、编号、电压、位置等信息。
	电力发展规划	电力发展及布局总体规划、详细规划等规划成果，大型火电、水电等重要电源以及重要场地资源的分布信息，电网廊道布局等信息。
民航	民航信息	机场名称、位置、航线、承运能力等信息。
铁路	铁路信息	铁路名称、车站名称及位置等信息。
交通运输	公路及附属设施	村道以上公路的名称、编码、技术等级、起止、宽度、路面铺装材料等信息，以及桥梁、隧道等相关信息。
	水路及附属设施	内河航道及航道设施分布图，或者其航道名称、起讫点、里程、技术等级等信息。
	码头	主要码头的名称、吨级、位置等信息；主要内河港口岸线陆域和水域地形（高程和水深）等信息。
	交通规划	公路建设规划、内河总体规划、内河航道规划等信息。
通信	各通信运营企业网点	通信运营企业及营业网点的名称、地址等信息。
	通信管线、通信基站	通信缆线、通信基站（含通信塔）分布图，或者其名称、类别、位置等信息。

数据交换和共享单位	信息类别	数据（信息）内容
邮政	邮政营业网点	邮政营业网点的名称、地址等信息。
	邮政编码	邮政编码分区图。
	集邮市场	名称、地址、主办单位等信息。
住房和城乡建设	市政基础设施	城镇道路及附属设施、市容环卫设施、广场、停车场、公共交通站点和相关地下管线等公共设施，供水厂、污水处理厂、集中供热厂（站）、天然气站、液化气储配站、垃圾处理场（厂）、公共厕所等市政基础设施分布图，或者其编号、类别、位置等信息。
	园林绿化及附属设施	公园、公共绿地、古树名木等园林绿化分布图或者其相关信息，风景名胜区分布图、规划成果或者相关信息。
	建（构）筑物	建筑物、构筑物分布图，或者其坐落、建成年代、建筑结构、总层数等信息。
	城乡规划	城镇体系规划、县（市）域总体规划、城市总体规划、镇乡总体规划、村庄规划等规划成果等信息。
	房地产估价机构	房地产估价企业资质编号、单位名称、资质等级、地址等信息。
	物业管理企业	单位名称、资质等级、地址等信息。
	建设工程勘察设计企业	勘查设计企业资质编号、单位名称、资质等级、地址等信息。
	城市地下管线及附属设施	城市地下管线及附属设施分布图或者其他相关信息。
	历史文化名城	历史文化名城和历史文化街区、村镇分布图、名称、地址等信息。
环境保护	环境监测点信息	环境监测点，包括空气、水质、声等自动及人工监测站点分布、类别、名称等信息。
	绿色环保单位	生态乡（镇）、村等绿色环保单位分布图，或者其名称、类别、所属行政区、位置等信息。
	环境功能区划	水环境功能区划、声环境功能区划分布图等信息。
	环境保护规划	环境保护规划等相关规划，以及生态环保重点工程项目等信息。
农牧业	农畜产品基地	农畜产品基地的名称、类别、品种、位置等信息。
	草原资源	草原资源分布、类型、生产力状况等信息。
	中药材资源	主要中药材名称、产地、产量、分布区域等信息。
	农牧业规划	农牧业发展规划等信息。
	渔业养殖基地	渔业养殖基地分布图，名称、类别、位置等信息。
	渔业规划	渔业产业发展及保护规划、水产养殖规划等信息。
	动物检疫	动物检疫机构名称、位置、联系方式等信息。
	荒漠化土地	荒漠化土地分布图，或者其名称、所属行政区、位置等信息。

数据交换和共享单位	信息类别	数据（信息）内容
林业	林场	林场分布图，或者其名称、类别、所属行政区、位置等信息。
	林地资源	林地资源分布图，或者其名称、类别、主要树种、级别、位置等信息。
	野生动植物	重点保护的野生动植物资源分布图，或者其名称、种类、级别、位置等信息。
	湿地资源	湿地分布图，或者其名称、类别、位置等信息。
	自然保护区	国家、省级、县级等自然保护区分布图等信息。
	森林公园	森林公园分布图，或者其名称、种类、级别、所属行政区、位置等信息。
	沙化土地	沙化土地分布图，或者其名称、所属行政区、位置等信息。
商务	国家级开发区	国家级经济（技术）开发区名称、类别、地址等信息。
	集贸市场信息	名称、类别、地址等信息。
旅游	国家A级旅游景区（点）	旅游景区的名称、级别、位置、景区介绍、景区线路图、联系方式等信息。
	旅游星级饭店	名称、星级、地址、宾馆介绍、宾馆照片、联系方式等信息。
	旅行社	旅行社名称、位置、联系方式等信息。
	星级乡村旅游点	星级乡村旅游点（含全国休闲农业与乡村旅游示范县和全国休闲农业与乡村旅游示范点）的名称、位置、联系方式等信息。
	特色景观	旅游名镇（村）的名称、位置、联系方式等信息。
	旅游公共服务设施	省、市（州）、县旅游咨询服务中心、旅游集散中心的名称、地址、联系方式等信息，旅游购物场所名称、位置、联系方式等信息，自驾车营地名称、位置、联系方式等信息。
气象	气象台站	气象台站分布图，或者其名称、位置等信息。
	气候资料	常规气候观测资料的多年平均值。
地理信息	遥感影像资料	各类航空、航天遥感影像。
	基础地理信息数据	基本比例尺数字线划图、数字正射影像图、数字高程模型等基础地理信息数据。
	公共服务产品	电子地图、三维模型、街景等地理信息公共服务产品。
地震	地震监测设施	地震监测设施分布图，及其名称、类别等信息。
	历史地震数据	已发生的地震分布图，及其发震日期、震级等信息。
	地震重点监视防御区	分布图、名称、位置等信息。

数据交换和共享单位	信息类别	数据（信息）内容
安全生产监督管理	重大危险源	重大危险源分布图，或者其名称、类型、位置等信息。
	专职应急救援队伍	应急救援队伍名称、类型、规模、位置等信息。
	应急物资储备	物资储备点、仓库分布、名称、级别等信息。
科学技术	高新技术研究机构	省重点实验室、科研院所、实验基地、区域创新中心、高新技术研究开发中心等研究机构分布图，或者其名称、类别、地址等信息。
	高新技术园区	高新技术园区（含产业园区）分布图，或者其名称、位置等信息。
	高新技术企业	高新技术企业的组织机构代码、单位名称、级别、编号发证单位、发证日期、有效期、注销日期、地址等信息。
	农业科技园区	农业科技园区分布图，或者其名称、位置等信息。
科学技术协会	科技类社会团体	组织机构代码、名称、地址、联系方式等信息。
	科普教育基地	科普教育基地名称、地址、联系方式等信息。
教育	教育机构	各类教育机构、教育培训机构及教育培训服务机构分布图，或者其名称、类别、级别、师资情况、地址等信息。
文化新闻出版	文化活动场所	文化活动场所的名称、类别、级别、地址等信息。
	物质文化遗产	物质文化遗产分布图，或者其名称、类别、级别、所属行政区、相关介绍、位置等信息，历史文化保护区分布图、规划成果或者其相关信息，纪念建筑物、古建筑、古遗址、寺庙、石刻、壁画、近现代代表性建筑分布图、名称及地址等信息，文物保护单位名称及地址等信息。
	非物质文化遗产	非物质文化遗产名称、传承人、类别、级别、位置等信息。
	博物馆	博物馆、纪念馆的名称、地址等信息。
	新闻出版机构	组织机构代码、资质、名称、地址等信息。
广播电影电视	有线电视传输设施	有线电视传输线路拓扑图等信息。
卫生计生	医疗卫生服务机构	医疗卫生机构的名称、类别、级别、地址、医生数量、床位数量等信息。
体育	体育场馆	体育场馆分布图，或者其名称、类别、级别、地址等信息。
	体育训练基地	体育训练基地分布图，或者其名称、类别、位置等信息。
	全民健身场地设施	全民健身场地设施分布图，或者其名称、类别、位置等信息。
民政	救灾救济机构	救灾救济机构的名称、类别、地址及救灾物资储备等信息。
	社会事务机构	殡仪馆、婚姻登记处的名称、类别、地址等信息。
	社会福利机构	社会福利机构、福利彩票点的名称、类别、地址等信息。
	社会团体、基金会、民办非企业单位	名称、地址、从事工作内容等信息。

数据交换和共享单位	信息类别	数据（信息）内容
民政	行政区域界线	县级以上行政区域界线及界桩（界碑）分布图，或者其名称、编码、类别、隶属行政区等信息。
	行政区划地名	县（市、区）及县（市、区）以下政府驻地的名称、类别、地址、隶属行政区等信息。
民族宗教事务	民族宗教机构	民族宗教机构、宗教院校的名称、地址等信息。
	宗教团体	名称、负责人、审批日期、审批单位等信息。
	宗教活动场所	名称、地址等信息。
统计	各类统计信息	经济普查、人口普查、农业普查、各年度统计年鉴等信息。
公安	户籍	居民户籍分布、门牌号、人口等信息。
	公安机关	各级公安机关、基层派出所名称、类别、位置、地址等信息。
	管辖	城市公安机关、派出所管辖范围，警务执勤点、报警点名称（编号）、位置等信息。
	交通事故多发地段信息	多发地段名称、位置、造成交通事故原因等信息。
司法行政	司法鉴定机构	单位名称、服务项目、地址等信息。
	律师事务所	名称、性质、地址、联系方式等信息。
	法律援助机构	名称、编号、地址、联系方式等信息。
	基层法律服务所	名称、编号、地址、联系方式等信息。
	公证机构	名称、编号、地址、联系方式等信息。
财政	会计师事务所	组织机构代码、单位名称、地址等信息。
	资产评估机构	组织机构代码、单位名称、地址等信息。
金融	金融办	非银行类金融机构的名称、类别、地址等信息。
	银监局	银行类金融机构的名称、地址等信息。
	证监局	证券交易机构的名称、地址等信息。
	保监局	保险机构的名称、地址等信息。
国（地）税	相关机构	单位名称、地址等信息。
人防	防空设施	人防工程分布位置、名称等信息。
海关	相关机构	名称、类别、地址等信息。

公　告

国家测绘地理信息局公告

国家测绘地理信息局公告

（第1号　2015年5月26日）

根据《关于开展测绘资质复审换证工作的通知》（测办〔2014〕45号），国家测绘地理信息局于2014年9月至2015年1月开展了全国甲级测绘资质单位复审换证工作。经审查，共有820家甲级测绘单位通过复审换证，19家单位被依法注销甲级测绘资质，现将复审换证结果予以公告。

附件：1. 2014年复审换证通过的甲级测绘资质单位名单（略）

2. 2014年复审换证注销的甲级测绘资质单位名单

2014年复审换证注销的甲级测绘资质单位名单

序号	单位名称	省份	原证书编号
1	北京奇志通数据科技有限公司（北京大学数字中国研究院空间数据研究中心）	北京	甲测资字11001009
2	北京图盟科技有限公司		甲测资字11002016
3	北京协进科技发展有限公司		甲测资字11002060
4	搜房科技发展有限公司		甲测资字11002061
5	北京腾瑞万里信息技术有限公司		甲测资字11002062
6	北京千橡网景科技发展有限公司		甲测资字11002066
7	北京汇通国力软件技术有限公司		甲测资字11002073
8	北京紫光百会科技有限公司		甲测资字11002081
9	北京网易有道计算机系统有限公司		甲测资字11002084
10	北京拉手网络技术有限公司		甲测资字11002086
11	中国软件与技术服务股份有限公司		甲测资字11002088
12	智德典康电子商务有限公司		甲测资字11002091

序号	单位名称	省份	原证书编号
13	上海美斯恩网络通讯技术有限公司	上海	甲测资字 31002019
14	青岛创想互动数字科技有限公司	山东	甲测资字 37002090
15	中国南极测绘研究中心	湖北	甲测资字 42001023
16	广州海洋地质调查局	广东	甲测资字 44002028
17	广东华业龙图信息技术股份有限公司		甲测资字 44002035
18	深圳市超级云计算机科技有限公司		甲测资字 44002038
19	新疆地震测绘院	新疆	甲测资字 65001010

国家测绘地理信息局公告

（第 2 号　2015 年 5 月 26 日）

根据《测绘资质管理规定》，现将 2014 年度全国甲级测绘资质单位报送的测绘资质年度报告予以公示，接受公众查询监督。对未报送测绘资质年度报告或者年度报告隐瞒真实情况、弄虚作假的，一经查实，纳入单位不良信用记录。

2014 年度全国甲级测绘资质单位年度报告查询网址：http：//chzz. nasg. gov. cn/AnnualQuery. aspx。

国家测绘地理信息局公告

（第 3 号　2015 年 6 月 26 日）

根据《中华人民共和国标准化法》有关规定，国家测绘地理信息局批准实施《管线要素分类代码与符号表达》等 6 项测绘地理信息行业标准，现予以公布。

特此公告。

序号	行业标准编号	行业标准名称	实施日期
1	CH/T 1036 - 2015	管线要素分类代码与符号表达	2015 - 08 - 01
2	CH/T 1037 - 2015	管线信息系统建设技术规范	2015 - 08 - 01
3	CH/T 6002 - 2015	管线测绘技术规程	2015 - 08 - 01
4	CH/T 3015 - 2015	1:5000 1:10000 地形图合成孔径雷达航空摄影技术规定	2015 - 08 - 01
5	CH/T 3016 - 2015	1:5000 1:10000 地形图合成孔径雷达航空摄影测量技术规定	2015 - 08 - 01
6	CH/Z 3017 - 2015	地面三维激光扫描作业技术规程	2015 - 08 - 01

国家测绘地理信息局公告

（第 4 号　2015 年 7 月 31 日）

根据《注册测绘师制度暂行规定》和《注册测绘师执业管理办法（试行）》，经审核，曹金涛等 288 人符合注册条件，准予注册。

特此公告。

附件：准予注册人员名单（2015 年第一批）（略）

国家测绘地理信息局公告

（第 5 号　2015 年 8 月 10 日）

根据《注册测绘师制度暂行规定》和《注册测绘师执业管理办法（试行）》，经审核，熊琦智等 480 人符合注册条件，准予注册。

特此公告。

附件：准予注册人员名单（2015 年第二批）（略）

国家测绘地理信息局公告

（第 6 号　2015 年 8 月 10 日）

根据《注册测绘师制度暂行规定》和《注册测绘师执业管理办法（试行）》，经审核，杨帆等 664 人符合注册条件，准予注册。

特此公告。

附件：准予注册人员名单（2015 年第三批）（略）

国家测绘地理信息局公告

（第 7 号　2015 年 8 月 24 日）

根据《注册测绘师制度暂行规定》和《注册测绘师执业管理办法（试行）》，经审核，商磊等 473 人符合注册条件，准予注册。

特此公告。

附件：准予注册人员名单（2015 年第四批）（略）

国家测绘地理信息局公告

（第 8 号　2015 年 8 月 24 日）

根据《注册测绘师制度暂行规定》和《注册测绘师执业管理办法（试行）》，经审核，王飞等 447 人符合注册条件，准予注册。

特此公告。

附件：准予注册人员名单（2015 年第五批）（略）

国家测绘地理信息局公告

（第 9 号　2015 年 8 月 24 日）

根据《注册测绘师制度暂行规定》和《注册测绘师执业管理办法（试行）》，经审核，杨桢器等 500 人符合注册条件，准予注册。

特此公告。

附件：准予注册人员名单（2015 年第六批）（略）

国家测绘地理信息局公告

（第 10 号　2015 年 9 月 11 日）

根据《注册测绘师制度暂行规定》和《注册测绘师执业管理办法（试行）》，经审核，王风伟等 327 人符合注册条件，准予注册。

特此公告。

附件：准予注册人员名单（2015 年第七批）（略）

国家测绘地理信息局公告

（第 11 号　2015 年 9 月 21 日）

根据《注册测绘师制度暂行规定》和《注册测绘师执业管理办法（试行）》，经审核，常旭辉等 399 人符合注册条件，准予注册。

特此公告。

附件：准予注册人员名单（2015 年第八批）（略）

国家测绘地理信息局公告

（第 12 号　2015 年 9 月 24 日）

根据《中华人民共和国测绘法》和《中华人民共和国测绘成果管理条例》，经国务院批准，现将内蒙古自治区巴丹吉林沙漠必鲁图峰海拔高程数据公告如下：

内蒙古巴丹吉林沙漠必鲁图峰

海拔高程：1611.009 米

即日起在行政管理、新闻传播、对外交流、教学等对社会公众有影响的活动中使用。

特此公告。

国家测绘地理信息局公告

（第 13 号　2015 年 9 月 30 日）

根据《注册测绘师制度暂行规定》和《注册测绘师执业管理办法（试行）》，经审核，薛向锋等 400 人符合注册条件，准予注册。

特此公告。

附件：准予注册人员名单（2015 年第九批）（略）

国家测绘地理信息局公告

（第 14 号　2015 年 10 月 12 日）

根据《注册测绘师制度暂行规定》和《注册测绘师执业管理办法（试行）》，经审核，王崇明等 323 人符合注册条件，准予注册。

特此公告。

附件：准予注册人员名单（2015 年第十批）（略）

国家测绘地理信息局公告

（第 15 号　2015 年 10 月 14 日）

根据《中华人民共和国计量法》有关规定，《比长基线场检定规程》测绘地理信息计量检定规程已经国家测绘地理信息局批准，现予以发布，自即日起实施。

序号	编号	名称
1	JJG（测绘）2103—2015	比长基线场检定规程

特此公告。

国家测绘地理信息局公告

（第 16 号 2015 年 10 月 15 日）

国家1:5 万、1:100 万基础地理信息成果（2015 版）及1:25 万公众版地图成果（2015 版）已经过验收，即日起向社会提供。现公告如下：

一、1:5 万基础地理信息成果（2015 版）包括：

（一）1:5 万地形要素数据（DLG）：覆盖全国陆地和部分岛屿范围，涉及图幅 24182 幅，数据现势性为 2014 年。数据采用国家 2000 坐标系，1985 国家高程基准。

（二）1:5 万纸质地形图：覆盖全国陆地范围，涉及图幅 24182 幅，现势性为 2013 年。

二、1:100 万基础地理信息成果（2015 版）包括：

（一）1:100 万地形要素数据（DLG）：覆盖全国陆地范围，涉及图幅 77 幅，数据现势性为 2012 年。数据采用国家 2000 坐标系，1985 国家高程基准。

（二）1:100 万纸质地形图：覆盖全国陆地范围，涉及图幅 77 幅，现势性为 2012 年。

三、1:25 万公众版地图成果（2015 版）包括：

1:25 万公众版地形要素数据（DLG）：覆盖全国陆地和部分岛屿范围，涉及图幅 816 幅，数据现势性为 2012 年。数据采用国家 2000 坐标系，1985 国家高程基准。

四、国家 1:5 万、1:100 万基础地理信息成果（2015 版）的提供和使用按照基础测绘成果管理有关规定办理。1:25 万公众版地图成果（2015 版）由国家基础地理信息中心负责保管和提供。用于国家机关决策和社会公益性事业的，无偿提供。

特此公告。

国家测绘地理信息局公告

（第 17 号 2015 年 10 月 20 日）

根据《注册测绘师制度暂行规定》和《注册测绘师执业管理办法（试行）》，经审核，樊增龙等 201 人符合注册条件，准予注册。

特此公告。

附件：准予注册人员名单（2015 年第十一批）（略）

国家测绘地理信息局公告

（第 18 号 2015 年 10 月 20 日）

根据《注册测绘师制度暂行规定》和《注册测绘师执业管理办法（试行）》，经审核，李慧等 201 人符合注册条件，准予注册。

特此公告。

附件：准予注册人员名单（2015 年第十二批）（略）

国家测绘地理信息局公告

（第 19 号　2015 年 10 月 29 日）

国家地理信息公共服务平台“天地图”是国家测绘地理信息局主导建设的网络化地理信息共享与服务平台，集成了来自国家、省、市（县）级测绘地理信息部门，以及相关政府部门、企事业单位、社会团体、公众的各类地理信息资源，通过国家电子政务内网、国家电子政务外网、互联网，以涉密版、政务版、公众版的方式，向各类用户提供权威、标准、统一的在线地理信息综合服务。

“天地图”自 2011 年 1 月正式上线以来，在政府管理决策、重大工程建设、企业增值服务、百姓日常生活方面形成了数千个应用，极大地推进了跨层级、跨地区、跨行业的地理信息资源共享与协同服务，社会效益和经济效益显著。

为保障“天地图”提供持续、稳定、高效的在线地理信息公共服务，国家测绘地理信息组织对“天地图”进行了功能升级和数据更新。目前，“天地图”2015 版已具备正式提供在线地理信息服务的条件，即日起正式启用。

国家测绘地理信息局将持续做好基于“天地图”的技术支持与服务工作，欢迎社会各界使用“天地图”提供的在线地理信息服务。

互联网访问地址：www. tianditu. com，www. tianditu. cn。

国家电子政务外网访问地址：tianditu. cegn. cn，mapworld. cegn. cn。

特此公告。

附件：“天地图”2015 版简介

“天地图”2015 版简介

“天地图”2015 版是国家测绘地理信息局推出的第六个版本，集成了丰富的地理信息数据资源，整体服务性能与用户体验较上一版显著提升，可为各类用户提供基本的地理信息公共服务。

一、数据内容

“天地图”2015 版数据内容主要包括多比例尺矢量数据、多分辨率遥感影像数据、地形晕渲数据、地名地址数据以及有关综合信息等，主体数据现势性达到 2014 年夏，部分重要地名现势性达到 2015 年夏。具体内容详见下表：

数据类型	名称（比例尺/分辨率）	覆盖范围	显示级别
电子地图	矢量数据（1:100 万）	全球	1—10 级
	矢量数据（OSM）	全球	1—14 级
		“一带一路”重点区域	1—16 级
	矢量数据（1:25 万—1:100 万）	全国	1—12 级
	导航电子地图数据	全国	13—18 级

<table>
<tr><th>数据类型</th><th>名称（比例尺/分辨率）</th><th>覆盖范围</th><th>显示级别</th></tr>
<tr><td rowspan="5">影像图</td><td>影像数据（250 米）</td><td>全球</td><td>1—10 级</td></tr>
<tr><td>影像数据（15—30 米）</td><td>全国</td><td>8—10 级</td></tr>
<tr><td rowspan="2">影像数据（2.1—2.5 米）</td><td>全国</td><td>11—14 级</td></tr>
<tr><td>国外局部</td><td>11—16 级</td></tr>
<tr><td>影像数据（0.5 米）</td><td>全国 470 多个城市</td><td>15—18 级</td></tr>
<tr><td rowspan="2">地形晕渲图</td><td>地形晕渲数据</td><td>全球</td><td>1—10 级</td></tr>
<tr><td>地形晕渲数据</td><td>全国</td><td>1—14 级</td></tr>
</table>

<table>
<tr><th>数据类型</th><th>名称（比例尺/分辨率）</th><th>覆盖范围</th></tr>
<tr><td rowspan="12">地名地址库</td><td rowspan="2">地名数据</td><td>全球：国家、省级行政区划</td></tr>
<tr><td>全国：省、地市、县、乡镇、行政村、自然村等</td></tr>
<tr><td rowspan="2">英文地名数据</td><td>全球：国家、省级行政区划、主要城镇</td></tr>
<tr><td>全国：省、地市、县、乡镇、行政村、自然村等</td></tr>
<tr><td rowspan="2">维吾尔文地名数据</td><td>全球：国家</td></tr>
<tr><td>全国：省、地市（其中，新疆维吾尔自治区含行政村及以上地名）</td></tr>
<tr><td rowspan="2">蒙古文地名数据</td><td>全球：国家（其中，蒙古国含省及主要城镇地名）</td></tr>
<tr><td>全国：省、地市（其中，内蒙古自治区含行政村及以上地名）</td></tr>
<tr><td>兴趣点（POI）数据</td><td>全国：餐饮、宾馆、学校、医院、银行、加油站、车站等</td></tr>
<tr><td>维吾尔文兴趣点（POI）数据</td><td>新疆维吾尔自治区吐鲁番地区：餐饮、宾馆、学校、医院、银行、加油站、车站等</td></tr>
<tr><td rowspan="2">蒙古文兴趣点（POI）数据</td><td>内蒙古自治区赤峰市：餐饮、宾馆、学校、医院、银行、加油站、车站等</td></tr>
<tr><td>蒙古国乌兰巴托市：部分重要 POI</td></tr>
<tr><td rowspan="4">综合信息</td><td>地理信息机构</td><td>国家、省、市等测绘地理信息部门或机构</td></tr>
<tr><td>行政区划</td><td>各级行政区划的基本情况、自然和地理状况、经济、生活、城市建设等</td></tr>
<tr><td>丝绸之路</td><td>丝路城镇及地区、文化遗址、海上丝绸之路、陆上丝绸之路、古丝绸之路等</td></tr>
<tr><td>全球地表覆盖</td><td>水体、湿地、人造地表、耕地、冰川和永久积雪、森林、草地、灌木地、裸地</td></tr>
</table>

数据类型	名称（比例尺/分辨率）	覆盖范围
综合信息	第六次全国人口普查	全国县级以上人口统计、结构、增长、迁移、教育、婚姻、就业等
	旅游景区	全国3A、4A和5A级景区信息
	国民经济核算（2014）	产业增加值、地区生产总值、金融业增加值、房地产业增加值等
	价格指数（2014）	居民消费价格指数、农产品生产价格指数、固定资产投资价格指数等
	农业（2014）	粮食产量、农林牧渔业总产值
	工业（2014）	规模以上工业企业单位数、国有控股企业单位数、私营工业企业单位数、大中型工业企业单位数
	人民生活（2014）	城镇居民人均总收入、农村居民家庭人均纯收入
	就业和工资（2014）	城镇单位就业人员平均工资、城镇失业登记人数
	运输和邮电（2014）	客运量、邮电业务量
	批发和零售（2014）	社会消费品零售总额
	能源（2014）	单位地区生产总值耗能、电力消费量

二、主要功能

“天地图”2015版围绕测绘地理信息在线服务资源门户、公益性地理信息公共服务、在线地理信息资源集成等需求进行了全面升级。主要功能如下：

（一）整合了在线地图、综合服务、服务资源、典型应用、省市节点等内容，形成了“天地图”2015版首页。新版首页由地图应用变为国家地理信息公共服务内容目录导航。新增“服务资源”栏目，可以实现全国地理信息公共服务资源的统一管理、交换和共享。

（二）提供了地图显示、浏览、搜索、测量、标注、打印以及驾车路径、公交路线规划等基本服务功能；改进了分类搜索功能，对搜索关键词的排序等进行了调整；升级了用户收藏功能，支持用户对收藏内容自定义分组、移动、显示等操作；新增了地图POI热点查询服务；升级了三维地球模块，实现了地形与三维建筑物模型的集成与一体化浏览；增加了云存储及服务安全接入认证机制，升级了云存储安全权限控制策略；全面升级应用程序接口（API），扩展了对OGC WMS、WFS服务的支持，新增了逆地理编码、地图区域限制、地图拾取器、标注编辑等接口，能够更好地支持用户的二次开发。

（三）基于地理信息数据，以“图层”方式整合了地理信息机构、行政区划、丝绸之路、全球地表覆盖、人口普查、旅游景区、国民经济核算、价格指数、农业、工业、人民生活、就业和工资、运输和邮电、批发和零售、能源等近百层信息，实现了专业部门信息与地理信息的深度融合，可以为用户提供辅助业务决策和综合地理信息服务。

（四）升级手机地图，支持地图浏览、兴趣点查找、公交路线规划、驾车路线规划、离线数据下载、实时定位等功能。增加了地图三维俯视查看、优化了软件操作逻辑，提升了用户体验。

（五）新增科学探索频道，发布了综合性地理信息科学实验平台GeoSquare，向用户提供地理信息在线分析服务。

三、服务方式

（一）普通访问。用户可使用多种浏览器通过互联网或者国家电子政务外网直接访问“天地图”，进行地图浏览、地名地址搜索、距离和面积量算、点线面标绘、公交查询、驾车规划、用户标注及纠错、屏幕截图打印等操作。

（二）在线调用。用户可以通过服务资源访问地址或者 API 在线调用“天地图”的地理信息服务资源，并在此基础上开发应用功能或与业务系统进行集成。

（三）前置服务。针对个性化需求，“天地图”还提供以“数据 + 软件 + 硬件”的整体打包形式，为用户提供独立网络环境中标准地理信息服务，并可定制开发各类专业应用功能。

国家测绘地理信息局公告

（第 20 号　2015 年 11 月 3 日）

根据《注册测绘师制度暂行规定》和《注册测绘师执业管理办法（试行）》，经审核，郭昕等 178 人符合注册条件，准予注册。

特此公告。

附件：准予注册人员名单（2015 年第十三批）（略）

国家测绘地理信息局公告

（第 21 号　2015 年 11 月 17 日）

根据《注册测绘师制度暂行规定》和《注册测绘师执业管理办法（试行）》，经审核，赵建楼等 137 人符合注册条件，准予注册。

特此公告。

附件：准予注册人员名单（2015 年第十四批）（略）

国家测绘地理信息局公告

（第 22 号　2015 年 11 月 30 日）

根据《注册测绘师制度暂行规定》和《注册测绘师执业管理办法（试行）》，经审核，孟涛等 194 人符合注册条件，准予注册。

特此公告。

附件：准予注册人员名单（2015 年第十五批）（略）

国家测绘地理信息局公告

（第 23 号 2015 年 11 月 30 日）

根据《注册测绘师制度暂行规定》和《注册测绘师执业管理办法（试行）》，经审核，韩晓娜等 69 人符合初始注册条件，准予初始注册。包永军符合变更注册条件，准予变更注册。

特此公告。

附件：准予注册人员名单（2015 年第十六批）（略）

国家测绘地理信息局公告

（第 24 号 2015 年 12 月 11 日）

根据《注册测绘师制度暂行规定》和《注册测绘师执业管理办法（试行）》，经审核，张全德等 112 人符合注册条件，准予注册。

特此公告。

附件：准予注册人员名单（2015 年第十七批）（略）

国家测绘地理信息局公告

（第 25 号 2015 年 12 月 21 日）

根据《注册测绘师制度暂行规定》和《注册测绘师执业管理办法（试行）》，经审核，张敏涛等 107 人符合注册条件，准予注册。

特此公告。

附件：准予注册人员名单（2015 年第十八批）（略）

国家测绘地理信息局公告

（第 26 号 2015 年 12 月 28 日）

根据《注册测绘师制度暂行规定》和《注册测绘师执业管理办法（试行）》，经审核，赵卫常等 137 人符合注册条件，准予注册。

特此公告。

附件：准予注册人员名单（2015 年第十九批）（略）

国家测绘地理信息局公告

（第 27 号 2015 年 12 月 28 日）

根据《注册测绘师制度暂行规定》和《注册测绘师执业管理办法（试行）》，经审核，虞欣等 219 人符合注册条件，准予注册。

特此公告。

附件：准予注册人员名单（2015 年第二十批）（略）

省级测绘地理信息公告

2014 年江苏省测绘地理信息成果质量监督抽查结果公告

江苏省测绘地理信息局

（第 1 号 2015 年 1 月 16 日）

为认真贯彻《中华人民共和国测绘法》和《江苏省测绘条例》，加强测绘地理信息质量统一监管，全面提高测绘地理信息成果质量水平，江苏省测绘地理信息局组织开展了 2014 年全省测绘地理信息成果质量监督检查，共抽查了 8 家本省测绘单位 2011 年—2013 年间承担完成的 8 个测绘项目，涵盖地形测量、河道断面测量、沉降观测、竣工测量、房产测量等专业。抽查结果为“批合格”6 项、“批不合格”2 项，批合格率为 75%。各项目抽查结果见附表。

此次监督抽查依据 GB/T 24356 - 2009《测绘成果质量检查与验收》、CH/T 1018 - 2009《测绘成果质量监督抽查与数据认定规定》和《2014 年江苏省测绘地理信息成果质量监督抽查技术方案》，以及被检项目技术设计书及所引用的国家标准、行业标准，对数学精度、地理精度、整饰质量、附件质量等各项质量元素进行了检验。

检查结果表明，我省测绘地理信息成果质量总体较好。主要表现在：测绘项目执行国家相关标准规范，总体做到了先设计、后生产；所使用的测量仪器均经过法定计量部门检定合格，并在检定有效期内；项目生产能够执行“二级检查、一级验收”制度，各工序质量控制基本到位；生产过程中普遍采用了先进的测量方法与手段；项目成果资料齐全。

检查中发现了以下主要质量问题：

1. 缺少主要技术文件。个别项目无技术设计书、技术总结和检查报告等。

2. 标准规范执行不力。个别单位标准意识不强，引用标准、规范不准确。

3. 作业方法不规范。个别项目选用技术路线不合理，施测方法不正确。

4. 项目成果精度不高。个别项目的图根控制测量精度、平面精度超限；地理要素表示错、漏较多；说明注记和图廓整饰不规范。

针对抽查中发现的主要质量问题，我局将按照有关法律法规，对不合格项目的承担单位下达整改通知，于 2015 年对其进行监督复查。

我局将进一步加大测绘地理信息质量监督管理力度，扩大对测绘地理信息成果质量监督检查的深度和广度，促进测绘单位切实增强测绘地理信息质量意识，规范测绘生产全过程质量控制，提高测绘地理信息成果质量水平，为国民经济建设和社会发展提供可靠的测绘地理信息保障服务。

附件：2014 年江苏省测绘地理信息成果质量监督抽查结果（略）

关于江苏省测绘地理信息单位市场信用评价结果的公告

江苏省测绘地理信息局

（第 2 号　2015 年 10 月 9 日）

按照《测绘地理信息市场信用管理暂行办法》、《测绘地理信息市场信用评价标准（试行）》，依据 2014 年 4 月 1 日至 2015 年 7 月 31 日期间产生的市场信用信息，我局组织全省测绘地理信息单位完成市场信用评价。现将评价结果予以公告，公告时间为两年，公告网站为江苏省测绘地理信息局网站。

任何单位如对评价结果有异议，请于公告之日起 20 日内向省测绘地理信息局书面提出，并提供异议相关证明材料，注明单位名称、地址和有效联系方式，并由单位法定代表人签名，否则不予受理。异议受理后 20 个工作日内依法予以答复。

受理机构：省测绘地理信息局法规与行业管理处

电话：025－83757046、83757043

地址：南京市北京西路 75 号

邮编：210013

附件：江苏省测绘地理信息单位市场信用评价表（略）

关于江苏省地质测绘院等 9 家单位市场信用评价的公告

江苏省测绘地理信息局

（第 3 号　2015 年 12 月 1 日）

根据《江苏省测绘地理信息市场信用管理办法》和《测绘地理信息市场信用评价标准（试行）》，省地质测绘院等 9 家测绘单位自愿提交书面申请，对本单位 2014 年 4 月 1 日至 2015 年 7 月 31 日期间产生的市场信用信息进行评价，经省测绘市场管理中心审核，报省测绘地理信息局同意，现将评价结果予以公告，时间为两年，发布网站为江苏省测绘地理信息市场信用网。

任何单位如对评价结果有异议，请于公告之日起 20 日内向省测绘地理信息局书面提出，并提供异议相关证明材料，注明单位名称、地址和有效联系方式，并由单位法定代表人签名，否则不予受理。异议受理后 20 个工作日内依法予以答复。

受理机构：省测绘地理信息局法规与行业管理处

电话：025－83757046、83757043

地址：南京市北京西路 75 号

邮编：210013

附件：江苏省测绘地理信息单位市场信用评价表（略）

关于公布四川省第一次全国地理国情普查项目采购编号SCCH－PC201501各分包成交供应商的公告

四川省第一次全国地理国情普查领导小组办公室
（第1号　2015年3月23日）

四川省第一次全国地理国情普查项目（采购编号SCCH－PC201501）各分包拟成交供应商已于2015年3月18日至3月21日公示，公示期满无异议，现将各分包成交供应商公告如下：

序号	分包号	成交供应商	采购内容
1	第一包	四川金土地实业有限公司	德阳市、阿坝藏族羌族自治州普查成果数据预处理与入库检查
2	第二包	四川省煤田地质局一三七队	泸州市、宜宾市普查成果数据预处理与入库检查，泸州市县级行政区域普查图制作
3	第三包	四川星光测绘服务有限公司	绵阳市普查成果数据预处理与入库检查，县级行政区域普查图制作
4	第四包	中测新图（北京）遥感技术有限责任公司	广安市、达州市普查成果数据预处理与入库检查，县级行政区域普查图制作
5	第五包	四川永鸿测绘有限公司	南充市、巴中市普查成果数据预处理与入库检查，巴中市县级行政区域普查图制作
6	第六包	成都精彩宏途科技信息有限公司	成都市、雅安市普查成果数据预处理与入库检查，雅安市县级行政区域普查图制作
7	第七包	四川中水成勘院测绘工程有限责任公司	甘孜藏族自治州普查成果数据预处理与入库检查
8	第八包	西安煤航信息产业有限公司	乐山市、眉山市普查成果数据预处理与入库检查，县级行政区域普查图制作
9	第九包	四川省冶金地质勘查局测绘工程大队	自贡市、内江市成果数据预处理与入库检查，自贡市、内江市、宜宾市县级行政区域普查图制作
10	第十包	四川中地信息工程有限公司	攀枝花市、资阳市、遂宁市成果数据预处理与入库检查，攀枝花市、资阳市县级行政区域普查图制作
11	第十一包	四川方正测量有限公司	凉山彝族自治州成果数据预处理与入库检查，县级行政区域普查图制作
12	第十二包	四川易利数字城市科技有限公司	广元市普查成果数据预处理与入库检查，广元市、南充市县级行政区域普查图制作

陕西省测绘地理信息局公告

（第 1 号　2015 年 2 月 28 日）

依据《中华人民共和国测绘法》和国家测绘地理信息局《测绘资质管理规定》、《测绘资质分级标准》的规定，陕西省测绘地理信息局完成了全省 418 家乙、丙、丁级测绘资质单位的复审换证审查工作。其中：通过复审换证的单位 396 家；注销测绘资质的单位 16 家；吊销测绘资质的单位 1 家；限期整改的单位 5 家（整改期间不得从事测绘活动）。

特此公告。

附件：陕西省测绘资质单位复审换证结果（略）

陕西省测绘地理信息局公告

（第 2 号　2015 年 7 月 30 日）

根据《测绘资质管理规定》，全省 408 家乙、丙、丁级测绘资质单位通过测绘资质管理信息系统报送了本单位 2014 年度测绘资质年度报告。现将报送单位名单予以公示，公众可在陕西省测绘地理信息市场监管与服务平台查询监督，查询网址：http：//snchzz. nasg. gov. cn/Index/AnnualQuery. aspx。

附件：陕西省 2014 年度测绘资质年度报告报送单位名单（略）

陕西省测绘地理信息局公告

（第 3 号　2015 年 11 月 30 日）

经陕西省人民政府批准，陕西省测绘地理信息局自 2012 年 7 月起组织实施秦岭地区 1∶10000 地形图空白区测图工程，现已完成全部工作，共生产了秦岭地区约 5.7 万平方千米范围内的数字线划图（DLG）2207 幅、数字高程模型（DEM）2326 幅、数字正射影像图（DOM）1155 幅、数字地形图 2428 幅，数据全部采用国家 2000 坐标系、1985 国家高程基准；制作了秦岭地区政区、地势、影像、县域、交通旅游、水系、路网、自然保护区等八大类 87 幅 0.5 米分辨率的区域挂图数据。

上述秦岭地区 1∶10000 地形图空白区测图工程成果信息已经过成果验收并归档至陕西省基础地理信息中心，即日起向社会提供。提供和使用按照《陕西省测绘成果管理条例》的规定办理，用于政府决策和社会公益性事业的将无偿提供。

成果内容查询请登录 http：//www. shasm. gov. cn/cgcx. asp。

特此公告。

大事记

一月

【1日】国家测绘地理信息局党组印发《中共国家测绘地理信息局党组关于完善党员干部直接联系群众制度的意见》。

【1日】浙江省副省长黄旭明对浙江省测绘与地理信息工作作出批示："衷心祝贺'五连冠'！全国会议很及时，对明年工作极具指导意义，请认真贯彻落实好姜部长和库热西·买合苏提局长的重要讲话精神，争取新年工作再上台阶，为'两美'浙江做出更大的贡献！"

【4日】国务院第一次全国地理国情普查领导小组办公室召开第五次全体会议。国务院第一次全国地理国情普查领导小组副组长、办公室主任，国家测绘地理信息局局长库热西·买合苏提出席会议并讲话。国务院第一次全国地理国情普查领导小组办公室常务副主任、国家测绘地理信息局副局长李维森主持会议。

【5日】山东省副省长徐珠宝对山东测绘地理信息工作作出批示："山东测绘地理信息工作绩效考核为优秀，走在全国前列。望再接再厉，继续围绕中心服务大局，为山东经济文化强省建设做出新的更大贡献。"

【6日】河北省副省长张杰辉对《河北省地理信息局关于2014年测绘地理信息依法行政工作的报告》作出批示："省地理信息局2014年依法行政在强化组织领导、创新制度建设、规范执法行为等方面做了大量工作，取得了良好成效。请省地理信息局围绕服务中心和大局，对2015年工作进一步细化措施、完善手段，推动依法行政工作再上新台阶。"

【6日】江西省省委常委、常务副省长莫建成对全省测绘地理信息工作作出批示："省测绘地理信息局2014年在地理国情普查、数字城市建设、地理信息公共服务平台建设以及向全省提供服务、测绘地理信息创新基地及产业园建设、队伍建设等方面取得的新成绩，应予肯定。在全国测绘地理信息系统综合考评中荣获第二名，来之不易。希望在今后工作中要继续保持发扬，进一步加强班子、队伍、业务、廉政建设，为全省经济社会发展做出新贡献。"

【6日~10日】国家测绘地理信息局副局长宋超智率团赴香港参加第八届海峡两岸地理信息发展研讨会。

【7日】江苏省省委常委、副省长徐鸣在《关于全国各级测绘地理信息行政主管部门2014年度测绘地理信息工作绩效考核结果的通报》上作出批示："2014年度测绘地理信息工作取得了很好成绩；在新的一年里，望继续努力，为'建设新江苏、再上新台阶'作出新的贡献。"

【8日】浙江省省长李强对浙江省测绘与地理信息工作作出批示："省测绘与地理信息局在国家测绘地理信息局年度考核中再获佳绩，可喜可贺。过去一年，省测绘与地理信息局紧扣中心全面做好基础测绘与地理信息保障工作，特别是稳步推进地理信息产业园建设，龙头企业和科研院所集聚成效明显，工作值得充分肯定。下一步，希望再接再厉，奋发有为，改革创新，进一步开创各项事业新局面，为促进全省经济实现平稳健康发展作出新的贡献。"

【8日】国家测绘地理信息局下发《关于智慧咸阳时空信息云平台建设试点项目立项的批复》，咸阳市成为陕西省首个"智慧城市"试点。

【9日】国家测绘地理信息局推荐的"国家西部测图工程技术体系及其应用"和"国家基础地理信息更新技术体系与工程应用"分别获2014年度国家科技进步奖二等奖。

【9日】河北省副省长张杰辉对省国土资源厅《关于全国测绘地理信息工作会议精神及我省贯彻落实意见的报告》作出批示："省地理信息局2014

年成绩显著，应予表扬，2015 年要再接再厉，取得重大成绩。同意省国土资源厅（省地理信息局）下步工作安排，请省地理信息局切实抓好组织落实。”

【11 日】甘肃省测绘地理信息工作会议在兰州召开。

【12 日】国务院第一次全国地理国情普查领导小组办公室印发《关于印发〈基于遥感影像的地理国情信息提取技术规定〉的通知》。

【14 日】第一次全国地理国情普查劳动竞赛协调会在中国测绘创新基地召开。会议总结 2014 年普查劳动竞赛开展情况，部署 2015 年普查劳动竞赛工作任务。第一次全国地理国情普查劳动竞赛委员会副主任、国家测绘地理信息局副局长李维森，中国能源化学工会全国委员会副主席郭振友出席会议并讲话。

【19 日】国家测绘地理信息局召开党组 2014 年度民主生活会情况通报会。局党组书记、局长库热西・买合苏提通报了党组 2014 年度民主生活会有关情况。

【19 日】浙江省测绘与地理信息工作会议在杭州召开。

【20 日】国家测绘地理信息局印发《2015 年测绘地理信息工作要点》。

【20 日】吉林省测绘地理信息局、省政府法制办公室、省政府政务公开协调办公室联合印发《关于加强测绘项目招标投标管理工作的通知》。

【20 日】陕西省测绘地理信息工作会议在西安召开。

【21 日】广东省地理信息公共服务平台项目成果通过验收，广东省副省长许瑞生出席广东省地理信息公共服务平台发布仪式，省国土资源厅与省政府 13 个部门签订地理信息共享合作协议书。

【26 日】国家测绘地理信息局党组召开会议，听取 2014 年测绘地理信息系统党风廉政建设和反腐败工作情况汇报，研究部署 2015 年工作任务。

【28 日～29 日】全国地理国情普查工作会议在厦门召开。国务院第一次全国地理国情普查领导小组办公室常务副主任、国家测绘地理信息局副局长李维森出席会议并讲话，普查领导小组办公室副主任、局总工程师李志刚主持会议。

【30 日】国家测绘地理信息局召开全国测绘地理信息系统党风廉政建设工作电视电话会议。

【31 日】浙江省政府在德清县召开浙江省促进地理信息产业发展座谈会。

【31 日～2 月 8 日】国家测绘地理信息局局长库热西・买合苏提率团赴智利国家测绘局访问交流。

二月

【2 日】江苏省省委常委、副省长徐鸣对全省测绘地理信息工作作出批示：“2014 年，全省测绘地理信息系统认真贯彻落实省委、省政府的决策部署，坚持服务立测、依法管测、科技兴测、人才强测，在服务大局、服务社会、服务民生等方面取得了显著成绩，为全省经济社会发展提供了有力保障。新的一年里，希望全省测绘地理信息系统深入贯彻落实党的十八大，十八届三中、四中全会和习近平总书记视察江苏时的重要讲话精神，以经济社会发展需求为导向，科学编制‘十三五’基础测绘规划，做好地理国情普查监测工作，着力构建地理信息公共服务体系，加快测绘地理信息的开发应用研究及产业发展，提升依法行政水平和市场监管效能，大力推进科技创新和人才队伍建设，全面拓展服务保障领域，不断提高服务保障能力，推动全省测绘地理信息工作迈上新台阶，为建设经济强、百姓富、环境美、社会文明程度高的新江苏作出新的更大贡献。”

【3 日】江苏省测绘地理信息工作会议在南京召开。

【3 日～4 日】国家测绘地理信息局局长库热西・买合苏提带队到中国南极科考长城站，出席中国北斗卫星导航系统南极基准站启用仪式，慰问南极科考队员，调研南极基础测绘工作。

【6 日】河北省政府办公厅印发《关于启用和推广 2000 国家大地坐标系的通知》。

【9 日】吉林省省长蒋超良在省第十二届人大第四次会议所作的《政府工作报告》明确指出，以创新驱动培育新的增长点，抓好地理信息科技产业园建设。

【9 日】青海省省委常委、常务副省长骆玉林对 2015 年测绘地理信息工作作出批示：“过去的一年，省测绘地理信息局按照省委省政府的安排部署，全力做好测绘地理信息服务保障，大力促进地理信息产业发展，积极推进地理国情普查、藏区现代测绘基准体系基础设施、地理信息公共服务平台等重点项目建设，不断提高地理信息公共服务水平，全省

测绘地理信息工作取得了新成绩。希望在新的一年里省测绘局再接再厉，按时保质完成地理国情普查，全面落实公共服务平台建设各项任务，加快推进重大基础测绘项目建设，进一步加强行业监管能力，努力提升服务质量和测绘工作水平，为推进我省生态文明建设和全省经济社会发展提供有力的支撑。”

【10 日】中国地图出版集团出版的《中国古代地图文化史》荣获中国出版协会第五届中华优秀出版物（图书）奖；《淮河流域水环境与消化道肿瘤死亡图集》荣获中国出版协会第五届中华优秀出版物（音像电子游戏出版物）奖。

【10 日】广西壮族自治区测绘地理信息工作会议在南宁召开。

【10 日】青海省测绘地理信息工作会议在西宁召开。

【14 日】福建省政府办公厅转发由福建省农业厅、国土资源厅、财政厅、测绘地理信息局、数字福建建设领导小组办公室联合制定的《农业土地承包经营权登记颁证、农业地籍调查、划定永久基本农田航测和信息化平台建设方案》（闽政办〔2015〕25 号）。

【17 日】福建省政府办公厅印发《2015 年数字福建工作要点》（闽政办〔2015〕30 号）。

【25 日】国家测绘地理信息局局长库热西·买合苏提主持召开党组会议、局务（扩大）会议，学习习近平总书记在中央党校省部级主要领导干部专题研讨班上的重要讲话，传达中央文件精神，对做好 2015 年度测绘地理信息工作提出要求。

【25 日】吉林省省长蒋超良主持召开省政府 2015 年第 4 次常务会议，会议讨论并通过《2015 年省政府重点工作目标责任制》。将“‘吉林一号’民用高分辨率遥感卫星下半年实现首星发射，争取国家支持，在全国测绘地理信息领域率先应用”“推动地理信息科技产业园建设”“地理空间大数据云平台”“第一次全国地理国情普查工作”确定为 2015 年省政府重点工作。

【26 日】由陕西测绘地理信息局组织编纂的全国首部丝绸之路专题地图集——《丝绸之路经济带核心区域地图集》正式出版发行。

【28 日】国家测绘地理信息局印发《国家测绘地理信息局 2015 年安全生产工作要点》《国家测绘地理信息局 2014 年安全生产工作总结》和《国家测绘地理信息局安全生产委员会名单》。

【28 日】四川省副省长王宁对四川省 2014 年地理国情普查工作作出批示：“工作进展良好，希望再接再厉，全面完成好 2015 年工作。”

【28 日】贵州省副省长慕德贵在《我省近期地理国情普查工作情况汇报》上批示：“地理国情普查，是国家层面的一项重大工作，也是我省全面掌握地理国情的重大机遇。目前这项工作在全国掉队了，不仅进度慢，而且质量差。请立军、赤兵同志高度重视，采取有力措施，必须确保任务按时、按量、按质完成。”

三月

【1 日】山东省省政府党组成员王书坚在审阅山东省国土资源厅上报的《关于我省第一次全国地理国情普查 2014 年工作情况的报告》后，对山东省地理国情普查工作作出批示：“充分利用好普查成果，并把后续工作完善好。”

【1 日】新修订的《陕西省测绘成果管理条例》正式施行。

【3 日】国家测绘地理信息局局长库热西·买合苏提在北京会见广西壮族自治区人民政府副主席蓝天立。

【3 日】黑龙江省副省长胡亚枫到黑龙江省地理信息产业园调研省地理信息产业发展及北斗卫星产业化应用情况。

【6 日】国家测绘地理信息局局长库热西·买合苏提在北京会见江西省省长鹿心社、常务副省长莫建成。

【11 日】国务院第一次全国地理国情普查领导小组办公室在武汉召开地理国情普查综合统计讨论会，就武汉大学和中国测绘科学研究院分别开展的地理国情普查综合统计总体设计进行研讨。国务院第一次全国地理国情普查领导小组办公室常务副主任、国家测绘地理信息局副局长李维森出席会议并讲话，宁津生、李德仁、刘先林、王家耀、张祖勋、孙九林、许其凤、龚健雅、李建成和郭仁忠等院士及武汉大学、南京大学等单位相关专家参加会议。

【11 日 ~20 日】国务院第一次全国地理国情普查领导小组办公室组成 10 个小组，到 20 个省（自治区、直辖市）实地督查、督办地理国情普查工作。

【13 日】国家测绘地理信息局局长库热西·买合苏提会见新疆维吾尔自治区主席雪克来提·扎克尔和

常务副主席黄卫。

【13 日】山西省测绘地理信息工作暨党风廉政建设工作会议在太原召开。

【13 日】吉林省 2015 年测绘地理信息工作会议在长春召开。

【13 日】广东省测绘地理信息工作会议在广州召开。

【13 日】新疆维吾尔自治区测绘地理信息局长会议在乌鲁木齐召开。

【18 日】国家测绘地理信息局召开传达贯彻“两会”精神干部大会。局长库热西・买合苏提对测绘地理信息系统学习贯彻“两会”精神提出要求。副局长宋超智、闵宜仁，党组成员、纪检组组长于贤成出席会议，副局长李朋德传达“两会”精神。

【18 日】湖北省测绘地理信息工作会议在武汉召开。会前，湖北省副省长许克振对测绘地理信息工作作出批示：“2014 年，全省广大测绘干部职工紧密围绕省委省政府重大决策部署和经济社会发展需要，改革创新，锐意进取，测绘事业取得新成绩，特别是北斗产业推进工作居全国前列，为我省经济结构调整优化做出了突出贡献。希望在 2015 年再接再厉，主动适应经济发展新常态，扎实推进各项工作，全面完成地理国情普查，持续推动北斗产业快速发展，加大服务保障和行业监管能力建设，依法推进测绘地理信息事业转型升级，为我省‘一元多层次’战略和‘五个湖北’建设做出新贡献。”

【20 日】山西省省委书记王儒林对山西省测绘地理信息局为山西省“两会”代表、委员编制的《山西省廉政文化地图》作出批示：“省测绘局发挥自身优势，弘扬三大文化的办法值得重视。”

【20 日】山东省省政府党组成员王书坚到山东省国土测绘院调研。

【24 日】国家测绘地理信息局成立中共国家测绘地理信息局党组巡视工作领导小组及办公室。

【26 日】国家测绘地理信息局和中国地质调查局签署协同发展合作协议。国土资源部部长、国家土地总督察姜大明出席签约仪式，国土资源部副部长、国家测绘地理信息局局长库热西・买合苏提主持签约仪式并发言，国土资源部党组成员、中国地质调查局局长钟自然出席签约仪式并发言。

【26 日】国家测绘地理信息局在合肥召开测绘地理信息与地图管理工作座谈会。

【26 日】国务院第一次全国地理国情普查领导小组办公室印发《第一次全国地理国情普查标准时点核准实施方案》。

【29 日】国家测绘地理信息局局长库热西・买合苏提在南京会见江苏省委常委、副省长徐鸣。

【31 日】全国地理国情普查标准时点核准工作会在南京召开，全国普查标准时点核准工作正式启动。国务院第一次全国地理国情普查领导小组副组长、国家测绘地理信息局局长库热西・买合苏提出席会议并讲话，江苏省省委常委、副省长、省第一次地理国情普查领导小组组长徐鸣出席会议并致辞，国家测绘地理信息局副局长李维森主持会议并作总结讲话。

【31 日】山东省政府办公厅印发《关于贯彻落实国办发〔2014〕2 号文件促进地理信息产业发展的实施意见》（鲁政办发〔2015〕12 号）。

【31 日 ~4 月 16 日】国家测绘地理信息局在北京举办党的十八届四中全会精神专题培训、基层党组织书记落实主体责任专题培训、基层党组织书记轮训 3 个培训班。国家测绘地理信息局机关公务员、所属单位领导班子成员、在京直属单位各级党组织书记、纪委书记以及在京部分直属单位处级干部 400 多人参加。

四月

【2 日】国家测绘地理信息局和武汉大学在北京签署深化科技发展与人才培养合作协议。国家测绘地理信息局局长库热西・买合苏提、武汉大学党委书记韩进出席签约仪式并讲话。国家测绘地理信息局党组成员、纪检组组长于贤成宣读协议。国家测绘地理信息局副局长李朋德，武汉大学副校长、中国工程院院士李建成代表双方签署协议。

【9 日】河南省副省长李亚对全省测绘地理信息工作作出批示：“2014 年，全省测绘地理信息系统围绕省委省政府的中心工作，主动服务大局、服务社会、服务民生，全面推进地理国情普查、数字城市、‘天地图・河南’等三大平台建设，各项工作都取得了新的进展，为我省经济社会发展提供了有力保障。2015 年，希望全省测绘地理信息系统深入贯彻落实习近平总书记系列讲话精神和省委省政府重要决策部署，准确把握经济新常态下河南经济社会对测绘地理信息工作的新需求，认真谋划改革促

发展的新思路，着力构建地理信息公共服务体系，加快测绘地理信息的开发应用研究及产业发展，提升依法行政水平和市场监管效能，全面拓展服务保障领域，在‘三大平台’建设、应急保障等方面取得新突破，推动全省测绘地理信息工作迈上新台阶!”

【10 日】辽宁省测绘地理信息工作会议在沈阳召开。

【10 日】河南省 2015 年测绘地理信息工作会议在郑州召开。

【14 日】四川省副省长王宁对四川省地理国情普查工作作出批示：“赞同下一步的工作安排，务请切实落实好高丽副总理重要指示精神和国家局工作安排部署，再接再厉，高质量如期完成我省普查工作任务。”

【14 日】青海省省委常委、常务副省长骆玉林在省测绘地理信息局上报的《关于第一次全国地理国情普查标准时点核准工作启动会贯彻落实情况的报告》上作出批示：“我省地理国情普查工作进展顺利，省测绘地理信息局做了大量工作，希望继续抓好后续工作，确保任务完成。”

【16 日】国家测绘地理信息局在郑州召开全国测绘地理信息“十三五”规划工作座谈会。

【16 日】《辽宁省测量标志保护办法》经辽宁省第十二届人民政府第 40 次常务会议审议通过并颁布实施。

【16 日】国家测绘地理信息局批复同意依托江西省测绘地理信息局，与东华理工大学、江西师范大学、井冈山大学共建流域生态与地理环境监测国家测绘地理信息局重点实验室并试运行 2 年。

【17 日】福建省副省长洪捷序看望慰问参与漳州 PX 项目漏油爆燃事故救灾的测绘地理信息职工，并对测绘地理信息应急保障工作提出要求。

【20 日】国家测绘地理信息局与中国航天科技集团公司在北京签署战略合作协议。国家测绘地理信息局局长库热西·买合苏提、中国航天科技集团公司董事长雷凡培出席签约仪式。

【22 日】国家测绘地理信息局与江西省政府在南昌签订深化战略合作框架协议。国家测绘地理信息局局长库热西·买合苏提，江西省副省长李炳军，国家测绘地理信息局副局长闵宜仁，国家测绘地理信息局党组成员、纪检组组长于贤成出席签约仪式。

【23 日～25 日】全国测绘地理信息系统第四届“世恒杯”乒乓球比赛在南昌举办。国家测绘地理信息局局长库热西·买合苏提，江西省副省长李炳军，国家测绘地理信息局党组成员、纪检组组长于贤成，江西省政府办公厅、江西省国土资源厅、江西省测绘地理信息局等部门负责人出席比赛开幕式。全国测绘地理信息系统 41 支代表队、400 多名教练员和运动员参加了比赛。

【24 日】国家测绘地理信息局成立局党建工作领导小组及办公室。

【25 日】尼泊尔发生 8.1 级地震，波及我西藏地区。国家测绘地理信息局向国务院应急管理办公室、武警司令部、中国地震局等部门提供日喀则地图、聂拉木县地图、尼泊尔地图等专用图件及影像图共 200 多幅。

【28 日】国家测绘地理信息局局长库热西·买合苏提在北京接见全国先进工作者、山东省国土测绘院第一测绘院院长杨艳萍。

【28 日】中国原点地理信息产业园奠基仪式在陕西省西咸新区泾河新城举行。

【30 日】山东省政府办公厅印发《关于成立山东省地图集编纂委员会的通知》，成立了以副省长王书坚任主任的山东省地图集编委会。

五月

【4 日～6 日】联合国全球地理信息管理专家委员会执行局扩大会议在浙江省德清县举行。

【5 日】国家测绘地理信息局局长库热西·买合苏提在北京会见解放军信息工程大学校长孟学政。

【5 日～6 日】全国测绘地理信息行业职业技能鉴定站工作会议在四川成都召开。

【6 日】联合国全球地理信息管理德清论坛永久会址奠基开工仪式在浙江省德清县举行。联合国全球地理信息管理专家委员会秘书处、联合国经社部统计司高级顾问格里高利·斯科特，国家测绘地理信息局副局长李朋德，浙江省副省长黄旭明等出席奠基开工仪式。

【8 日】国家测绘地理信息局印发《关于推进数字城市向智慧城市转型升级有关工作的通知》，对开展智慧城市时空信息云平台建设试点以及继续推进数字城市相关工作提出要求。

【8 日】国家测绘地理信息局在中国测绘创新基地召开地理信息产业企业家座谈会。

【10日】江西省省长鹿心社在南昌会见国家测绘地理信息局局长库热西·买合苏提。

【11日~15日】受中共中央组织部委托，国家测绘地理信息局在南昌举办智慧城市建设专题研究班。国家测绘地理信息局局长库热西·买合苏提，江西省常务副省长莫建成，中共中央组织部干部教育局副局长王新堂出席开班式并讲话。国家测绘地理信息局副局长李维森出席开班式并作专题报告，局党组成员、纪检组组长于贤成主持开班式。全国25个省（自治区、直辖市）所辖市（地、州、盟）及新疆生产建设兵团所辖师分管测绘地理信息工作的领导干部以及相关省（自治区、直辖市）测绘地理信息行政主管部门负责人共51人参加专题研究班。

【12日】国家测绘地理信息局与解放军信息工程大学签署战略合作协议和4项专题合作协议。中央军委委员、解放军总参谋长房峰辉，国土资源部部长、国家土地总督察姜大明出席签约仪式并讲话。国家测绘地理信息局局长库热西·买合苏提与解放军信息工程大学政委宋新斌代表双方签署协议。国土资源部副部长、国家土地副总督察张德霖主持签约仪式。国家测绘地理信息局副局长王春峰、李维森、宋超智、李朋德，解放军副总参谋长孙建国、总参谋长助理陈勇和解放军信息工程大学校长孟学政出席签约仪式。

【12日】国家测绘地理信息局局长库热西·买合苏提在北京会见巴基斯坦测绘局局长穆罕默德·伊姆兰·扎法尔，并分别代表两国政府签署《中华人民共和国政府和巴基斯坦伊斯兰共和国政府关于测绘地理信息科技合作的议定书》以及2015年~2017年合作工作计划。

【12日】国家测绘地理信息局在北京举办测绘地理信息涉密网络安全保密防护培训班。

【14日】中央政治局委员、新疆维吾尔自治区党委书记张春贤在乌鲁木齐会见前来出席全国测绘地理信息援疆工作会议的国家测绘地理信息局局长库热西·买合苏提。

【15日】全国测绘地理信息援疆工作会议在乌鲁木齐召开。国家测绘地理信息局局长库热西·买合苏提、新疆维吾尔自治区常务副主席黄卫出席会议并讲话。国家测绘地理信息局副局长王春峰出席会议，副局长李维森主持会议。国家测绘地理信息局与新疆维吾尔自治区政府签署《共同推进新疆社会稳定和长治久安测绘地理信息服务保障能力建设合作协议书》。

【15日】广东省政府办公厅印发《广东省人民政府办公厅关于促进地理信息产业发展的实施意见》（粤府办〔2015〕33号）。

【15日】陕西省政府办公厅组织召开测绘地理信息工作协调会议，进一步明确测绘地理信息部门与省政府有关部门的协作机制，拓展测绘地理信息服务领域。省政府办公厅、省测绘地理信息局、省国土资源厅、省住房和城乡建设厅、省交通运输厅相关部门负责人参加会议。

【15日】中亚地理信息开发利用国家测绘地理信息局工程技术研究中心在乌鲁木齐揭牌。国家测绘地理信息局局长库热西·买合苏提，新疆维吾尔自治区常务副主席黄卫共同为工程技术研究中心揭牌。揭牌仪式由国家测绘地理信息局副局长王春峰主持。国家测绘地理信息局副局长李维森、新疆维吾尔自治区政府副秘书长王胜谦出席揭牌仪式。

【16日~23日】国家测绘地理信息局组团赴保加利亚参加国际测量师联合会2015年工作周会议。

【19日】2014版1:5万数据库动态更新通过国家测绘地理信息局组织的验收。

【20日】国家测绘地理信息局党组书记、局长库热西·买合苏提以《扎实开展“三严三实”专题教育在新常态下实现测绘地理信息事业新发展》为题，在中国测绘创新基地讲专题党课。国家测绘地理信息局“三严三实”专题教育正式启动。

【20日~21日】国家测绘地理信息局在北京举办智慧城市时空信息云平台建设培训研讨班，各省、自治区、直辖市测绘地理信息行政主管部门负责数字城市、智慧城市建设管理或技术工作的相关人员参加研讨。

【25日~29日】国家测绘地理信息局组团参加在葡萄牙里斯本举行的2015年欧洲空间数据基础设施大会暨世界地理信息论坛。会上，我国完成的30米分辨率全球地表覆盖遥感制图项目获2015年世界地理信息技术创新奖。

【28日】国家版图意识宣传教育“进媒体”座谈会在北京召开。全国国家版图意识宣传教育和地图市场监管协调指导小组组长、国家测绘地理信息局副局长闵宜仁出席座谈会并讲话，《人民日报》、新华社、《经济日报》、中央电视台、《中国日报》、凤凰网、腾讯网等26家媒体代表参加座谈会并

发言。

【28 日】中国地图出版集团出版的《看版图学中国历史》入选 2015 年国家新闻出版广电总局第十二届向全国青少年推荐百种优秀图书。

【28 日】陕西省副省长庄长兴在省测绘地理信息局报送的测绘地理信息工作专报上批示：“测绘局抓工作落实抓得快、抓得实。请陕西省住房和城乡建设厅与测绘局共同协作，运用好相关成果推进新型城镇化。”

【29 日】国家测绘地理信息局与海南省政府在海口签署合作协议，共同建设海南省“多规合一”信息数字化管理平台。国家测绘地理信息局局长库热西·买合苏提、海南省省长刘赐贵出席签约仪式。海南省副省长王路、国家测绘地理信息局副局长李维森代表双方签署合作协议。

【30 日】中共大连市委印发《中共大连市委大连市人民政府关于加强城市建设与管理的意见》（大委发〔2015〕16 号），决定加强测绘地理信息管理，推进智慧城市建设。

六月

【1 日】国务院批复同意《全国基础测绘中长期规划纲要（2015—2030 年）》。

【4 日】兰州新区地理国情综合统计试点项目通过国家测绘地理信息局组织的验收。甘肃省测绘地理信息局举行兰州新区地理国情普查与监测成果移交暨推广发布会，将首批成果移交兰州新区管委会。国务院第一次全国地理国情普查领导小组办公室常务副主任、国家测绘地理信息局副局长李维森出席成果发布会并讲话。

【4 日】甘肃省副省长李荣灿在兰州会见国家测绘地理信息局副局长李维森。

【7 日 ~14 日】国家测绘地理信息局组团赴英国参加国际标准化组织地理信息标准化技术委员会（ISO/TC211）第 40 次全体会议及工作组会议。

【8 日 ~12 日】国家测绘地理信息局副局长李朋德赴蒙古国参加联合国全球地理信息管理亚太区域委员会（UN - GGIM - AP）执行局会议。

【9 日】全国测绘地理信息法治工作会议在石家庄召开。国家测绘地理信息局局长库热西·买合苏提出席会议并讲话，河北省副省长张杰辉致辞。国家测绘地理信息局副局长宋超智主持会议并作报告。

【9 日 ~10 日】“全球地理信息支持未来地球”国际研讨会在北京召开。国际科联副主席、中国科学技术协会副主席、中国科学院副院长李静海院士，国家测绘地理信息局副局长闵宜仁出席会议并讲话。国际科联“未来地球”科学委员会成员、中国科学院秦大河院士和国际科联“未来地球”用户委员会成员 MarioHernandez 作大会主题发言。来自 16 个国际组织的近 80 位专家参加研讨会。

【15 日】中国地图出版集团出版国内首个汉语、维吾尔语对照地球仪。

【15 日 ~18 日】全国人大环资委副主任委员卫留成带领全国人大环资委调研组一行，在国家测绘地理信息局副局长宋超智的陪同下，赴宁夏回族自治区部分地市调研测绘地理信息工作。

【15 日 ~19 日】韩国国家地理信息院代表团访问国家测绘地理信息局，出席中韩测绘地理信息科技合作联合工作组会议。

【16 日】教育部、水利部、国家测绘地理信息局在河南省开封市举办全国职业院校技能大赛高职院校“科力达”杯测绘竞赛。全国 30 个省（自治区、直辖市）的 78 支代表队和 1 支留学生代表队共 316 名选手参赛。

【21 日】江西省副省长谢茹和李德仁、叶嘉安、龚健雅等院士到江西省测绘地理信息局考察调研。李德仁、叶嘉安、龚健雅等对江西省智慧城市建设、大数据中心建设及流域生态与地理环境监测国家测绘地理信息局重点实验室建设作了具体指导。

【26 日】吉林省测绘地理信息局、国家测绘地理信息局卫星测绘应用中心、国家基础地理信息中心、中国科学院长春光学精密机械与物理研究所共同签订《吉林民用遥感卫星研制与应用合作协议》，国家测绘地理信息局副局长李朋德出席签约仪式并讲话。

【29 日 ~7 月 2 日】国家测绘地理信息局与联合国全球地理信息管理专家委员会共同主办的全球地表覆盖制图与应用国际研讨班在中国测绘创新基地举行。

【30 日】第一次全国地理国情普查外业数据采集完成。

七月

【1 日】中共中央总书记、国家主席、中央军委

主席习近平给国家测绘地理信息局第一大地测量队6位老队员老党员回信，充分肯定国测一大队爱国报国、勇攀高峰的感人事迹和崇高精神，对全国测绘工作者和广大共产党员提出殷切希望。

【1日】国家测绘地理信息局党组在西安召开纪念建党94周年暨学习贯彻习近平总书记重要指示精神座谈会。国土资源部党组成员、副部长，国家测绘地理信息局党组书记、局长库热西·买合苏提和陕西省副省长庄长兴出席座谈会，国家测绘地理信息局副局长宋超智主持座谈会。6位参与珠峰首次测量并给总书记写信的国测一大队老队员老党员和国测一大队先进党员代表参加座谈会。

【1日】国家测绘地理信息局举行学习贯彻习近平总书记重要指示精神暨庆祝建党94周年、2013—2014年度“两优一先”表彰大会。国家测绘地理信息局党组书记、局长库热西·买合苏提传达了中共中央总书记、国家主席、中央军委主席习近平给国测一大队老队员老党员的重要回信和中共中央政治局常委、国务院副总理张高丽的批示精神，就全国测绘地理信息行业学习贯彻习近平总书记重要指示精神、落实全面从严治党提出要求。国家测绘地理信息局党组副书记、副局长王春峰主持会议。国家测绘地理信息局党组成员、纪检组组长于贤成宣读关于表彰2013—2014年度国家测绘地理信息局直属机关优秀共产党员、优秀党务工作者、先进党支部和“守纪律强服务促改革”优秀活动的决定。国家测绘地理信息局党组成员、副局长李维森、宋超智、闵宜仁，副局长李朋德，国土资源部直属机关党委常务副书记李平出席会议。

【2日】2012版1:100万数据库更新成果通过国家测绘地理信息局组织的验收。

【3日】武警部队与国家测绘地理信息局等12家合作单位在北京举行首批军民融合项目签约仪式。国家测绘地理信息局局长库热西·买合苏提、副局长闵宜仁出席签约仪式。

【3日】新疆维吾尔自治区皮山县发生6.5级地震，国家测绘地理信息局组织开展无人机应急测绘，获取重灾区皮西那乡约100平方千米、15厘米分辨率的无人机影像。向国务院应急管理办公室、武警部队等提供新疆维吾尔自治区全图、和田地区地图和皮山县地图等。

【6日】陕西省委召开学习习近平总书记给国测一大队老队员老党员回信座谈会，省委书记赵正永出席会议，对全省学习贯彻总书记重要回信精神提出要求。省委常委、省委秘书长刘小燕，省委副秘书长、省委政策研究室主任樊维斌出席座谈会。

【7日】国家测绘地理信息局党组印发学习宣传贯彻习近平总书记给国家测绘地理信息局第一大地测量队老队员老党员回信重要指示精神的意见。

【10日】青海省省委副书记、省长郝鹏，省委常委、常务副省长骆玉林在西宁分别会见国家测绘地理信息局局长库热西·买合苏提。

【17日】全国测绘地理信息局长座谈会在山东省青岛市召开。国家测绘地理信息局局长库热西·买合苏提出席座谈会并讲话。山东省副省长王书坚出席座谈会并致辞。国家测绘地理信息局副局长王春峰主持座谈会，副局长李维森、青岛市副市长王广正出席座谈会。

【19日~30日】国家测绘地理信息局副局长宋超智率团赴埃塞俄比亚、坦桑尼亚出席第二次中非测绘地理信息产业合作圆桌会议。

【22日】国家测绘地理信息局在西安测绘外业基地召开纪念我国首次珠峰测量40周年暨珠峰复测10周年座谈会。国家测绘地理信息局副局长王春峰、陕西省副省长庄长兴出席座谈会。

【28日】第四届全国地理信息标准化技术委员会第一次全体委员会议暨换届大会在中国测绘创新基地召开，国家测绘地理信息局局长库热西·买合苏提、国家标准化委员会副主任崔刚出席会议并讲话，国家测绘地理信息局副局长李朋德主持会议。

【29日~8月3日】国家测绘地理信息局副局长李朋德率团赴巴西参加第60届世界统计大会。

八月

【3日】由中共中央宣传部、国家测绘地理信息局组织的中央新闻单位采访团赴西安采访国家测绘地理信息局第一大地测量队先进事迹，集中宣传报道测绘地理信息工作。国家测绘地理信息局副局长宋超智出席采访启动会并讲话。

【3日】江西省政府组织召开第五届全国测绘地理信息技术装备展览会暨全国测绘地理信息博览会协调会，专题研究部署筹备工作。

【3日】湖北省召开支持北斗应用产业发展专题会，省长王国生，省委常委、常务副省长王晓东出席并讲话，副省长许克振主持会议。

【4 日】中国报纸副刊研究会举办的 2014 年全国报纸副刊优秀作品评选结果揭晓，《中国测绘报》散文《穿山镜》获美文二等奖，杂文《“扫一室”与“扫天下”》获佳作三等奖，专栏《那年那月》被评为优秀专栏。

【4 日 ~10 日】国家测绘地理信息局副局长李朋德率团赴美国出席联合国全球地理信息管理专家委员会第 5 次全会，并在会上当选联合国全球地理信息管理专家委员会共同主席。

【12 日】天津滨海新区瑞海公司危险品仓库爆炸，国家测绘地理信息局组织编制天津滨海新区爆炸位置示意图、爆炸核心区高分影像图，向国务院应急管理办公室等提供。

【12 日】陕西省山阳县发生山体滑坡，国家测绘地理信息局向国务院应急管理办公室及救灾指挥部等提供山阳县地图、山阳县灾前灾后影像对比图等各种地图和影像图，组织开展无人机航空摄影，利用微形变监测设备对滑坡次生灾害进行监测。

【14 日】国土资源部部长、党组书记，国家土地总督察姜大明在陕西省委书记赵正永的陪同下，到陕西测绘地理信息局视察调研，看望慰问干部职工和国测一大队老队员。

【14 日】河北省副省长、省禁毒委员会主任、公安厅厅长董仚生在省禁毒委员会办公室《关于使用地理信息技术对非法种植地块进行航测试点工作的情况汇报》上批示：“在今年禁种铲毒工作中，省地理信息局领导高度重视，局领导亲自带队，组成强有力的工作组，不辞辛苦、积极奉献，做出了极大的贡献。应在工作总结中给予表彰、奖励。禁毒总队要在此基础上，认真谋划，完善协作，形成工作机制，使之在今后的工作中发挥更大作用。”

【17 日】国家测绘地理信息局党组书记、局长库热西・买合苏提主持召开党组会议，传达学习习近平总书记、李克强总理和张高丽副总理就天津港爆炸事故、陕西山阳山体滑坡所作的重要批示精神及国务院全国安全生产电视电话会议精神。

【18 日】山东省副省长王书坚在审阅山东省 2015 年上半年地理国情普查工作进展情况的报告后作出批示：“普查成果来之不易，要注意抓好开发应用。”

【20 日】辽宁省政府第 56 次常务会议审议通过《辽宁省测绘地理信息发展“十三五”规划》，并纳入辽宁省国民经济和社会发展“十三五”规划。

【22 日 ~30 日】国家测绘地理信息局副局长李维森率团赴巴西参加第 27 届国际地图制图大会。会上，武汉大学教授刘耀林当选国际地图制图协会副主席，我国选送的地图作品获得 4 个奖项。

【26 日】国家测绘地理信息局第一大地测量队先进事迹报告会在中国测绘创新基地举行。国家测绘地理信息局局长库热西・买合苏提和领导班子成员、总工程师、机关全体公务员，在京所属单位领导班子成员及党员、干部代表 300 多人参加报告会。

【28 日】湖南省省长杜家毫在长沙会见前来参加全国测绘法宣传日主场活动的国家测绘地理信息局局长库热西・买合苏提。

【29 日】国防科学技术大学、国家测绘地理信息局、湖南省政府在长沙共同签订测绘地理信息军民融合创新发展战略合作协议。国家测绘地理信息局局长库热西・买合苏提，国防科学技术大学校长杨学军，湖南省委常委、常务副省长陈肇雄出席签约仪式并讲话，国家测绘地理信息局副局长宋超智出席签约仪式。

【30 日】2015 年中国地理信息科技进步奖获奖名单公布。共评选出特等奖 1 项、一等奖 14 项、二等奖 49 项、三等奖 64 项。

九月

【6 日】黑龙江省副省长于莎燕对黑龙江测绘地理信息局《关于贯彻落实〈全国基础测绘中长期规划纲要（2015—2030 年）〉情况的报告》作出批示：“原则同意所提重点工作，建议‘十三五’期间，一是引领龙江地理信息产业发展；二是加强基础测绘建设与完善；三是充分发挥地理信息资源作用，为降低行政成本，服务经济大局做出贡献。仅供参考。呈陆省长阅示。”陆昊省长圈阅。

【7 日】国家测绘地理信息局局长库热西・买合苏提在中国测绘创新基地会见陕西省副省长庄长兴。

【7 日】香港测量师学会会长何钜业率团访问国家测绘地理信息局，国家测绘地理信息局副局长、中国测绘地理信息学会理事长李维森会见代表团。

【8 日 ~11 日】国家测绘地理信息局在黑龙江省哈尔滨市举办青年学术和技术带头人培训班。全国各省（自治区、直辖市）100 多名青年学术和技术带头人参加培训。

【8 日 ~17 日】全国测绘地理信息系统局长培训

班在青岛举办。全国省级测绘地理信息行政主管部门及国家测绘地理信息局所属单位负责人共40人参加培训。

【9日～11日】2015中国地理信息产业大会在北京召开。

【10日】国家测绘地理信息局局长库热西·买合苏提在北京会见联合国副秘书长吴红波，双方就中国国家测绘地理信息局与联合国进一步加深合作交换意见。

【14日】国务院法制办公室副主任夏勇、国家测绘地理信息局副局长宋超智到新疆维吾尔自治区测绘地理信息局调研。

【15日】阿根廷国家地理信息院院长辛巴罗率团访问国家测绘地理信息局，国家测绘地理信息局局长库热西·买合苏提会见代表团。

【16日】国家测绘地理信息局、国家发展和改革委员会联合印发《市县经济社会发展总体规划技术规范与编制导则（试行）》。

【16日】中国测绘科学研究院发布京津冀地区近20年来21.7万平方千米范围内重点大气颗粒物污染源空间分布、城市空间扩展、植被覆盖变化、地表沉降与地壳稳定性监测成果。

【16日】山东省省委常委、济南市委书记王文涛到山东省国土测绘院调研。

【19日～20日】2015年全国注册测绘师资格考试在31个省、自治区、直辖市以及新疆生产建设兵团同时举行。31750名测绘地理信息专业技术人员参加考试。

【19日～22日】“吉威时代杯”第四届全国测绘地理信息行业职业技能竞赛工程测量赛项全国总决赛在黑龙江省大庆市举办。国家测绘地理信息局局长库热西·买合苏提、副局长宋超智，黑龙江省副省长于莎燕，中国能源化学工会全国委员会主席王俊治出席开幕式并致辞。全国各省（自治区、直辖市）以及新疆生产建设兵团选派的32支代表队64名选手参加比赛。

【22日～23日】国家测绘地理信息局局长库热西·买合苏提在甘肃副省长李荣灿陪同下，调研甘肃测绘地理信息工作。

【25日】长江经济带地理信息协同创新联盟成立大会暨第一届理事会在成都召开，国家测绘地理信息局副局长李朋德、四川省科学技术厅副巡视员郑超英为联盟授牌。

【29日】中亚地理信息技术国际研讨会在乌鲁木齐召开。国家测绘地理信息局副局长李维森、总工程师李志刚，院士李德仁、刘先林及来自俄罗斯、捷克、乌兹别克斯坦等国测绘地理信息领域的专家出席会议。

【29日】贵州省省委常委、副省长慕德贵对贵州省《第3期普查专报》作出批示：“近期我省地理国情普查工作进展良好。实现了后发赶超，可喜可贺。希望再接再厉，按时保质完成逐项重大基础性工作，为全省后发赶超做出应有的贡献。”

▲中国地理信息产业优秀工程奖获奖名单公布。共评选出金奖51项、银奖118项、铜奖89项。

▲中国地理信息产业协会评选出117家“2015中国地理信息产业最具活力中小企业”，35家“2015中国地理信息产业最具成长力中小企业”。

十月

【4日～10日】国家测绘地理信息局副局长李朋德率团赴韩国参加联合国第20届亚太区域测绘会议（UNRCC－AP）暨联合国全球地理信息管理亚太区域委员会（UN－GGIM－AP）第4次全会，并在会上当选为联合国全球地理信息管理亚太区域委员会2015—2018届秘书长。

【9日～18日】国家测绘地理信息局副局长闵宜仁率团赴墨西哥出席地球观测组织（GEO）第十二次全会及第四次部长级峰会。

【10日】吉林省省委书记巴音朝鲁、省长蒋超良到长光卫星技术有限公司调研“吉林一号”民用高分辨率遥感卫星发射和首幅卫星图像回传情况。

【12日】浙江省发展和改革委员会将《浙江省基础测绘“十三五”规划》《浙江省地理信息产业发展“十三五”规划》列入省级“十三五”专项规划编制目录。

【13日】智慧本溪时空信息云平台建设试点正式启动。国家测绘地理信息局副局长李维森出席启动会并讲话。

【13日】青海省政府第51次常务会议审议通过《青海省地理空间数据交换和共享管理办法》，以省政府令第112号发布，自12月1日起正式实施。

【15日】陕西省副省长庄长兴在西安会见国家测绘地理信息局副局长宋超智，就陕西省省委举办国测一大队先进事迹报告会等有关工作进行会谈。

【19 日】国家测绘地理信息局科技创新工作会议在北京召开，局长库热西·买合苏提出席会议并讲话，副局长王春峰、李朋德，总工程师李志刚出席会议。

【20 日】国家测绘地理信息局在北京组织完成资源三号卫星应用系统建设项目的竣工验收。

【21 日】国家测绘地理信息局印发《智慧城市时空信息云平台建设技术大纲 2015》和《智慧城市时空信息云平台评价指标体系 2015》。

【21 日】中国测绘地理信息学会主办、中国地图出版集团测绘出版社编辑出版的《测绘学报》获 2014 年“百种中国杰出学术期刊”称号。

【22 日】第二届中国地图文化节在南昌开幕。国家测绘地理信息局局长库热西·买合苏提、江西省副省长李贻煌、国家测绘地理信息局副局长李维森出席文化节开幕式。

【23 日】全国测绘地理信息系统办公室主任会议在河北石家庄召开。

【27 日】河北省副省长张杰辉在《河北省地理信息局关于应用地理信息技术应急监测 2015 年秋季秸杆焚烧情况的总结报告》上批示：“省地理信息局组织落实、技术支撑有力，值得肯定。下步根据需要相机提供技术支撑。”

【29 日～30 日】国家测绘地理信息局在贵州省贵阳市举办面向西部地区的测绘地理信息专业技术人员新技术培训班。

【30 日】“天地图”2015 版正式发布。

【30 日】全国测绘地理信息应用成果和地图网上展览开通仪式在北京举行。国土资源部部长、国家土地总督察姜大明出席开通仪式宣布展览正式开通。国家测绘地理信息局局长库热西·买合苏提出席开通仪式并致辞。教育部副部长杜占元，水利部副部长周学文，交通运输部总规划师戴东昌，环境保护部总工程师刘华，国家林业局副局长刘东生，中国气象局副局长矫梅燕，国务院办公厅电子政务办公室主任刘军，国家测绘地理信息局副局长李维森、闵宜仁和总工程师李志刚出席开通仪式。国家测绘地理信息局副局长王春峰主持开通仪式。

【30 日】第三届天地图应用开发大赛评选结果公布，共评选出特等奖 1 项、最佳创意奖 1 项、一等奖 3 项、二等奖 10 项、三等奖 50 项。

▲由黑龙江测绘地理信息局、黑龙江省发展和改革委员会监制，哈尔滨地图出版社和《黑龙江日报》联合推出的《黑龙江陆海丝绸之路经济带》地图丝绸卷轴版在第二届中俄博览会暨第 26 届中国哈尔滨国际经济贸易洽谈会展出，并被黑龙江省省委书记王宪魁作为礼物赠送给俄罗斯副总理罗戈津。

十一月

【2 日】江西省副省长李贻煌到省测绘地理信息局调研。

【4 日】吉林省政府办公厅印发《吉林省卫星及航天信息产业发展规划（2015—2025 年）》（吉政办发〔2015〕57 号）。

【5 日】江苏省第一次地理国情普查领导小组办公室向省委常委、副省长、省第一次全国地理国情普查领导小组组长徐鸣专题汇报全省地理国情普查工作情况。徐鸣对普查工作作出批示：“在全省地理国情普查干部职工的共同努力下，我省地理国情普查顺利完成国家赋予的普查任务，值得予以表扬，望大家在现有工作基础上，做好数据完善工作，进一步发挥普查成果应用。”

【6 日】“天地图·辽宁”正式链入辽宁省政府网站。

【10 日】2015 年版《中华人民共和国国家职业分类大典》正式发布，测绘和地理信息职业新增“地理信息服务人员”类别及“地理信息系统”等 9 个职业，至此达到 3 个类别 19 个职业 17 个工种。其中 15 个职业被标示为绿色职业，占我国绿色职业总数的 12%。

【10 日～13 日】“吉威时代杯”第四届全国测绘地理信息行业职业技能竞赛地图制图赛项全国总决赛在江苏省南京市举办。国家测绘地理信息局副局长宋超智，江苏省政协副主席周健民出席开幕式并致辞。国家测绘地理信息局局长库热西·买合苏提、副局长宋超智，江苏省委常委、副省长徐鸣出席闭幕式并讲话。全国各省（自治区、直辖市）以及新疆生产建设兵团选派的 32 支代表队 64 名选手参加比赛。

【11 日】湖北省政府召开北斗卫星导航应用产业发展推进会，副省长许克振出席会议并讲话。

【11 日】青海省省委副书记、省长郝鹏在省第一次全国地理国情普查领导小组办公室上报的《关于青海省第一次地理国情普查工作进展情况的报告》上作出批示：“地理国情普查成效明显，下一

步要做好应用工作，服务全省经济社会发展。”

【11 日】广西壮族自治区人民政府副主席蓝天立到自治区测绘地理信息局调研。

【13 日】由中国产业报协会组织的第 29 届中国产业经济新闻奖（2014 年度）评选结果揭晓。《中国测绘报》选送的《让运河古城华彩绽放》获通讯二等奖，《土地定权群众定心》获通讯三等奖，《地理国情监测新发现抚顺煤矿区地表沉降严重》获消息三等奖，《再说“和尚撞钟”》获杂文三等奖，2014 年 12 月 16 日 2 版获版面三等奖。

【18 日】国家测绘地理信息局与中国地震局在北京签署战略合作协议。国家测绘地理信息局局长库热西·买合苏提和中国地震局局长陈建民出席签约仪式。

【20 日】江苏省委十二届十一次全会讨论通过“十三五”规划建议，首次明确了测绘地理信息部门的工作任务。该建议在“拓展经济发展新空间”中明确提出“加强测绘地理信息基础设施、卫星导航定位地面应用设施建设。”

【22 日～26 日】国家测绘地理信息局副局长王春峰率团赴日本出席中日测绘地理信息合作第 10 次联合工作组会议。

【24 日～27 日】国家测绘地理信息局与联合国全球地理信息专家委员会共同主办的现代大地测量基准与位置服务国际研讨班在南宁举行。

【25 日】广西壮族自治区人民政府副主席蓝天立在南宁会见出席现代大地测量基准与位置服务国际研讨班的国家测绘地理信息局副局长李朋德。

【26 日】国务院总理李克强签署第 664 号国务院令，公布《地图管理条例》，自 2016 年 1 月 1 日起施行。

【26 日】国家海洋局、国家测绘地理信息局、中国地质调查局在北京签署协同发展合作协议，共同推进数据开放共享和资源整合。国土资源部部长、国家土地总督察姜大明出席签约仪式并发表重要讲话。国土资源部副部长、国家测绘地理信息局局长库热西·买合苏提，国土资源部党组成员、中国地质调查局局长钟自然出席签约仪式并发言，国土资源部党组成员、国家海洋局局长王宏主持签约仪式并发言。

【27 日】《山西省“十三五”基础测绘规划》通过专家评审。

十二月

【2 日】国家测绘地理信息局党组印发《中共国家测绘地理信息局党组关于认真学习贯彻〈中国共产党廉洁自律准则〉和〈中国共产党纪律处分条例〉的通知》。

【4 日】国家测绘地理信息局局长库热西·买合苏提在北京会见广西壮族自治区人民政府副主席蓝天立。

【4 日】陕西省秦岭地区 1∶1 万地形图空白区测图工程在西安通过验收。国家测绘地理信息局副局长李维森、陕西省政府副秘书长胡保存出席会议并讲话。

【4 日】经陕西省政府批准，陕西测绘地理信息局在西安召开陕西省秦岭地区 1∶1 万地形图空白区测图工程成果发布会。

【4 日】陕西省副省长庄长兴在西安会见国家测绘地理信息局副局长李维森，就推进陕西省基础测绘和测绘成果应用等方面进行会谈。

【6 日～11 日】国家测绘地理信息局副局长李朋德率团赴美国出席联合国全球地理信息管理专家委员会执行局扩大会议。

【9 日】国家测绘地理信息局在海口召开全国基础测绘地理信息建设工作会议。

【11 日】四川省副省长甘霖到四川测绘地理信息局龙泉基地调研考察，看望慰问一线工作者，对做好全省测绘地理信息工作提出“全覆盖、广应用，大数据、深开发，低成本、高价值”的要求。

【14 日】国家测绘地理信息局党组召开“三严三实”专题民主生活会。

【15 日】江西省省长鹿心社在南昌会见国家测绘地理信息局副局长宋超智率领的国家测绘地理信息局第一大地测量队先进事迹报告团。

【20 日】深圳市光明新区发生滑坡，国家测绘地理信息局向国务院应急管理办公室、国土资源部等部门提供山体滑坡影像图、标注滑坡位置的地形图、灾前灾后影像对比图等，利用获取的灾区高分辨率影像，生成三维立体模型，为研判灾情、科学救灾提供地理信息数据支持。

【22 日】国家测绘地理信息局党组书记库热西·买合苏提主持召开党组会议，集中传达学习习近平总书记在中央经济工作会议和中央城市工作会

议上的重要讲话精神、李克强总理在中央经济工作会议上的讲话和总结讲话精神。

【22 日】辽宁省测绘地理信息局组织的辽宁省现代测绘基准体系建设项目通过验收。

【22 日】江苏省政府召开第 76 次常务会议，审议通过《江苏省测绘地理信息基础设施管理规定》。

【25 日】国家测绘地理信息局召开第七届科学技术委员会第一次全体会议，局长库热西·买合苏提出席会议并讲话，副局长、局科学技术委员会主任李朋德主持会议。

【28 日】国家发展和改革委员会批复《国家应急测绘保障能力建设项目可行性研究报告》，同意开展项目初步设计方案编制和投资概算等各项工作。

【29 日】河北省副省长张杰辉对《省地理信息局关于 2015 年测绘地理信息依法行政工作的报告》作出批示，对河北省地理信息局 2015 年依法行政工作给予充分肯定。

【31 日】黑龙江省副省长于莎燕对黑龙江测绘地理信息局《关于黑龙江省第一次全国地理国情普查工作情况的报告》作出批示："历时三年的国情普查结束，所取得的成果应广泛应用到全省各领域各行业，不仅可以为地市、部门提供准确的基础信息数据资料，大大降低行政成本、提高工作效率，还可以为党委、政府宏观调控、科学决策提供强有力的技术支撑。建议呈会龙并陆昊省长阅示。"副省长郝会龙批示："已阅。要通过适当方式让市地知晓并学会运用此成果。"省长陆昊批示："发文指导地市和部门，如何运用好成果。"

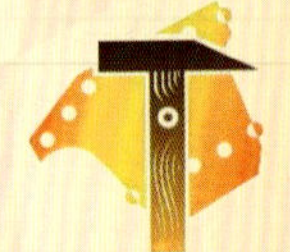

中国冶金地质总局湖南地质勘查院

中国冶金地质总局湖南地质勘查院是1986年成立的综合性地勘单位。现有职工326人，其中高、中级专业技术人员130人。具有固体矿产勘查，水、工、环地质调查，固体钻（坑）探，测绘甲级资质。主要业务范围包括地质勘查、工程勘察、地理信息系统工程、工程测量、不动产测绘、土地规划等。

测绘、地下管线探测是该院主要业务。近年承担的“长沙新奥燃气地下管线探测工程”“张家界机场扩建工程数字化测量”“蓝山县第二次城镇土地调查项目”等多个项目获国家级、省级优秀测绘工程奖。

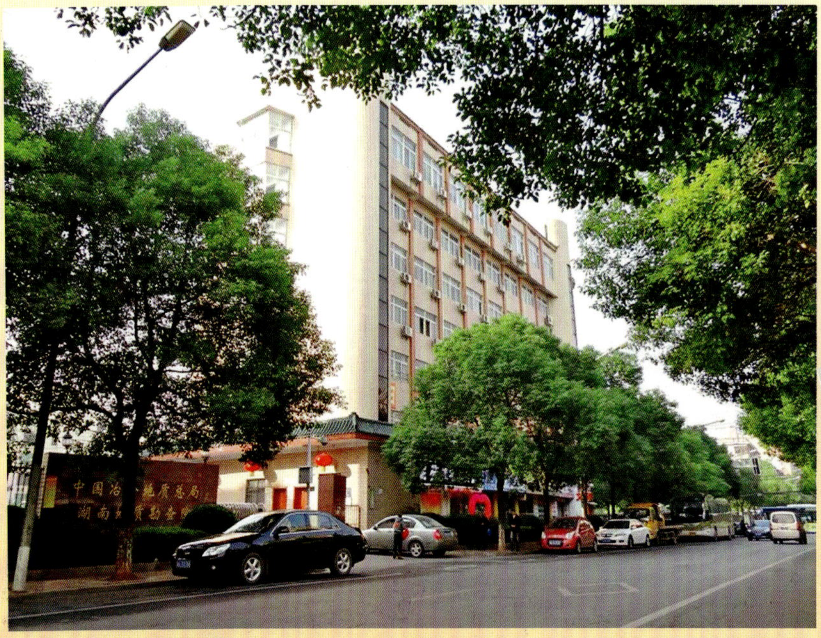

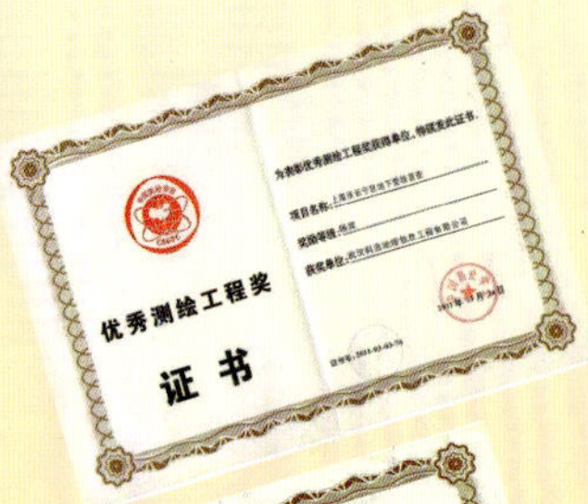

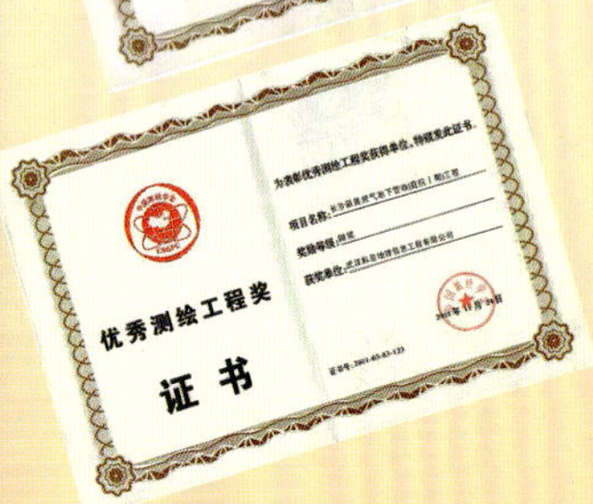

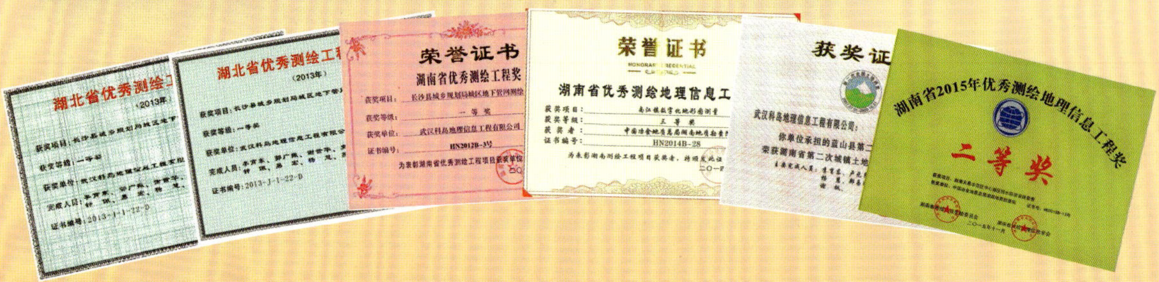

联系人：李育东

电　　话：0731-84721815　13974880270

单位地址：湖南省长沙市芙蓉区火星镇凌霄路68号

湖南辉达规划勘测设计研究有限公司

湖南辉达规划勘测设计研究有限公司成立于 2003 年 10 月，主要提供市政勘察设计、公路勘察设计、测绘地理信息、国土规划设计、城乡规划设计、工程规划研究、水利、水电、新能源等专业技术服务。具备甲级测绘资质，市政、公路、工程勘察和土地规划乙级资质，以及工程咨询丙级资质。

公司是湖南省高新技术企业，拥有一支高素质的人才队伍，本科及以上学历员工占公司总人数的 86%；具有中、高级职称的员工占公司总人数的 53%。通过国际质量、职业健康安全和环境管理体系认证，多次获国家级、省部级优秀测绘工程奖，被评为“中国地理信息产业最具活力中小企业”和“湖南省公路设计企业信用评价 AA 级企业”。2015 年 8 月，公司在深圳前海股权交易中心挂牌，企业代码为 665958。

公司秉承“以市场为导向，以质量为核心，以创新为动力，以人才为支撑”的理念，致力于整合资源、塑造品牌，提供一体化设计、规划、勘察、测绘地理信息服务，成为政府投资建设的高级顾问。

广东省水利电力勘测设计研究院

广东省水利电力勘测设计研究院成立于1956年，是广东省高新技术企业、全国水利水电勘测设计行业信用AAA+级企业，注册资金1.2亿元人民币，现有员工1000多人。具有工程勘察综合类、水利行业、水力发电专业、建筑工程、工程咨询、工程测量、工程监理、工程造价咨询、招标代理、编制开发建设项目水土保持方案、水土保持监测、建设项目水资源论证、水文水资源调查评价、工程质量检测甲级资质，是全国首批甲级测绘资质单位，主要测绘业务范围包括工程测量、海洋测绘、摄影测量与遥感、地理信息系统工程、不动产测绘、测绘航空摄影等。

惠州抽水蓄能电站厂房

广州抽水蓄能电站库区

白垢水电站

广东省水利电力勘测设计研究院组织编制了广东省流域综合规划，广东省水利发展“十二五”规划、“十三五”规划，广东电网2020年抽水蓄能电站选点规划，珠江三角洲水资源配置工程规划等对全省经济发展具有重要影响的水电规划；完成了东深供水工程、新丰江水电站、乐昌峡水利枢纽等水利水电工程的勘测、设计和监理工作；承接了广州、惠州、清远、深圳、阳江等大型抽水蓄能电站的勘测设计任务；承接了海南省大广坝水利水电二期（灌区）工程昌江干渠及低干渠工程、缅甸吉荣吉瓦水电站等10多项省外、国外水利水电项目。

广东省水利电力勘测设计研究院注重创新设计、科学设计、生态设计，在积极借鉴国内外先进技术的基础上，坚持自主创新，加强技术研发，不断优化设计方案，获得国家科技进步奖、国家优秀工程勘察设计奖40多项，省、部级科技进步奖、优秀工程勘察设计奖100多项，其中东深供水改造工程、广州抽水蓄能电站入选新中国成立60周年100项经典暨精品工程。

东深供水改造工程荣获2004年度
中国建筑工程鲁班奖
（国家优质工程）
设计单位：广东省水利电力勘测设计研究院
广东省东江—深圳供水
改造工程建设总指挥部
二〇〇四年十二月

获奖证书

广东省水利电力勘测设计研究院：

你单位 广东惠州抽水蓄能电站工程

被评为二〇〇九年度全国优秀工程勘察设计行业奖 工程勘察 二等奖。

特发此证，以资鼓励。

中国勘察设计协会

2010年3月

中水珠江规划勘测设计有限公司

无人机航测队

多波束测深系统

三维激光扫描仪

中水珠江规划勘测设计有限公司前身为水利部珠江水利委员会勘测设计研究院，是水利部珠江水利委员会的主要技术支撑单位，是大型综合性勘测设计研究院。现有员工1000多人，其中教授级高级工程师46人、高级工程师206人、工程师591人，各类注册师253人（其中注册测绘师9人）。具有17个国家甲级资质。2015年项目合同金额超过10亿元。

公司是全国首批甲级测绘资质单位，具备海陆空作业资格，是中国测绘地理信息学会团体会员单位、海洋测绘专业委员会委员单位，广东省测绘地理信息学会常务理事单位，全国水利水电测绘信息网副理事长单位。主要业务范围包括工程测量、海洋测绘、无人机航摄、不动产测绘、地理信息系统、安全监测等。公司在大面积水域测量方面具有较大技术优势。引进高精度全站仪、水准仪、全球星链差分GPS、无人机、多波束测深系统、船载激光三维扫描系统等先进设备，实现了水下、陆地三维一体化测量。

公司为珠江流域综合规划、防洪规划、珠江河口规划、红花水利枢纽、大藤峡水利枢纽、马堵山水电站、石虎塘航电枢纽、潼南航电枢纽、广州地铁、成都地铁、文昌风电等国家、地方项目提供了可靠的测绘保障，赢得了顾客的满意。

“因顾客成功而发展，因公司发展而荣耀，因我有贡献而自豪”是公司的服务理念，愿为“广大业主提供优质的服务”。

地址：广州市天河区天寿路105号天寿大厦　　邮编：510610

邮箱：ZJWCLD@163.com　　电话：（020）87117044、87117260

传真：（020）38810724　　联系人：高德恒、何宝根

广东省测绘工程公司

广东省测绘工程公司成立于1993年，具有甲级测绘资质。致力于测绘生产与地理信息服务领域的发展，以基础测绘生产为基础，全方位提供空间数据获取与处理、数据集成管理、空间信息共享服务与应用等。

公司拥有一支专业技术水平高、业务素质能力强、吃苦耐劳的专业技术队伍。公司现有职工98人，80%以上具备大专以上学历。其中注册测绘师5人，高级职称8人，中级职称20人，初级职称43人。

多年来，公司致力于广东省测绘地理信息服务，完成了一批具有社会影响力的测绘地理信息服务项目。在城市或区域控制网地形图测绘、水下地形测量、地下管道测量、城际轨道交通与高铁施工测量、勘界测量、“4D”产品生产、第二次农村土地调查、农村集体土地登记发证、国土移动执法巡查、在线变形监测、三维城市景观、数字城市地理空间框架建设、地理国情普查、土地动态监测等领域形成了完善的解决方案，获得了业内的认可。

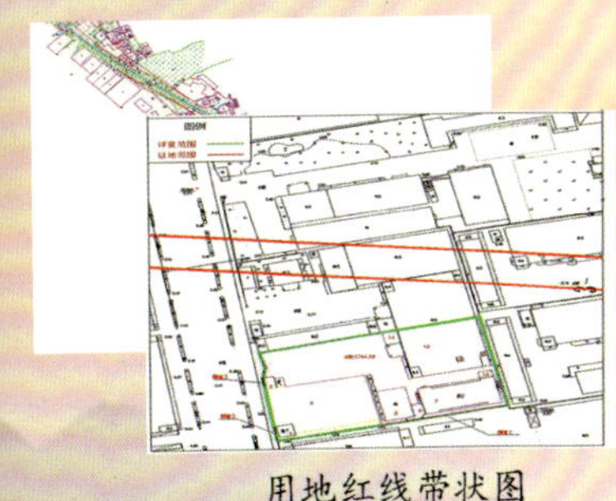
用地红线带状图

“4D”产品

工程测量

勘测定界报告

系统平台

电话/传真：020-87725079　　通讯地址：广州市科学城科学大道162号创意大厦B1-201

广州科测测绘技术有限公司

总经理：吴振南

广州科测测绘技术有限公司成立于2004年初，于2015年取得甲级测绘资质证书。甲级资质范围涵盖地理信息系统工程、工程测量、不动产测绘，乙级资质范围涵盖大地测量、摄影测量与遥感、地图编制。

公司聚集了一批理论功底扎实、实践经验丰富的高质素专业技术人才。现有职工110人，其中高级工程师18人、工程师25人。拥有GPS接收机、全站仪、水准仪、手持测距仪、测深仪、地下管线探测仪、全数字摄影测量系统、高性能图形编辑计算机、扫描仪、绘图仪和汽车等仪器设备，地理信息处理软件、地理信息平台软件、南方iDATA1.0数据工厂、南方CASS9.1成图软件、GZRS房地产绘图系统和广州地籍成图软件等。

公司一直秉承“精心测绘，严谨规范，铸品质魅力；真诚服务，信守合同，塑卓越形象”的质量方针，先后独立完成了多项工程测量、地形测量、地籍测量、房产测量、界桩放样、数据库建设、地理信息系统软件开发等项目，所有产品均达到优良等级，多个项目获得优秀测绘地理信息工程奖。

公司坚持“用心服务、真诚至远”的理念。以满足客户需求为出发点和最终目的，切实履行合同。愿与各界朋友真诚合作，共谋发展，共创美好未来。

外业测量　　内业生产

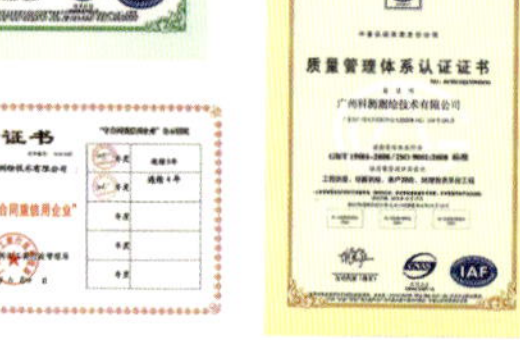

深圳市中正测绘科技有限公司

深圳市中正测绘科技有限公司成立于2003年，2006年升级为甲级测绘资质。测绘业务范围包括工程测量、不动产测绘、地理信息系统、航空摄影测量（内业）。

公司现有各级技术人员72人，其中高级8人、中级23人。职工平均年龄29岁，是一支年轻化、专业化的技术队伍。

公司装备有天宝GPS接收机、徕卡0.5″全站仪、徕卡S03级水准仪、LD9000地下管线探测仪、计算机工作站以及适普VirtuoZo、GeoStar、ArcGIS等测量仪器和地理信息采集处理软件。

深圳地铁竣工测量成果检测

无人机航拍测试

近年来，公司承担的“深圳市地下管线动态修补测06片区”“深圳市龙华新区观城社区旧村改造项目”等多项工程获广东省优秀测绘工程奖一等奖、全国优秀测绘工程奖银奖等奖项。

公司立足深圳、服务全国，2015年完成了四川省叙永、木里、壤塘、攀枝花等县市4.5万平方千米地理国情普查，海口市琼山区大坡镇2万多亩农村土地承包经营权确权登记工作，完成2015年度深圳市地形图及地下管线动态修补测工程（A7标段）269平方千米范围内的1:1000地形图修补测和地下管线修补测、深圳市特区内和龙华新区2000多千米路灯管线普查和建库等157项测绘地理信息工程。

深圳市长勘勘察设计有限公司

深圳市长勘勘察设计有限公司是由中国有色金属工业长沙勘察设计研究院深圳院改企转制成立的具有独立法人资格的科技型公司。

经营范围包括：岩土工程勘察；工程测量；岩土工程（设计、施工、测试、监测、检测；岩土工程咨询、监理、治理）；水文地质勘察；基桩检测；地层剪切波速测试；室内试验及现场原位测试等。

具有国家工程勘察综合类甲级资质、甲级测绘资质和岩土工程甲级资质，于1980年初在深圳特区开展岩土工程勘察和工程测量业务，是深圳市最早成立的科技型企业，也是深圳市乃至全国勘察设计行业的骨干企业。

公司设备精良、专业齐全，技术力量雄厚。在深圳从业人员160多人，各类技术人员80多人，具有高、中级技术职称、注册执业人员50多名（其中教授级高工3人、高级工程师18人）。现有各类测绘仪器、钻探设备和测试仪器等120多台（套），包括进口GPS卫星定位仪、进口全站仪、进口红外测距仪、精密水准仪、地下管网探测仪等测绘仪器和梅纳旁压仪、静力触探仪、三轴剪切仪、高压固结仪等高精度试验和测试仪器。

高边坡在线监测系统

持续改进

岩土施工

陀螺仪

铸就长勘品牌

公司活动

地址：深圳市深南东路1118号福德花园A座3楼 邮编：518003 电话：0755-25790035 传真：0755-25790032 http://www.szckkc.com

佛山市城市地理信息中心

单位办公大楼

科技成果鉴定

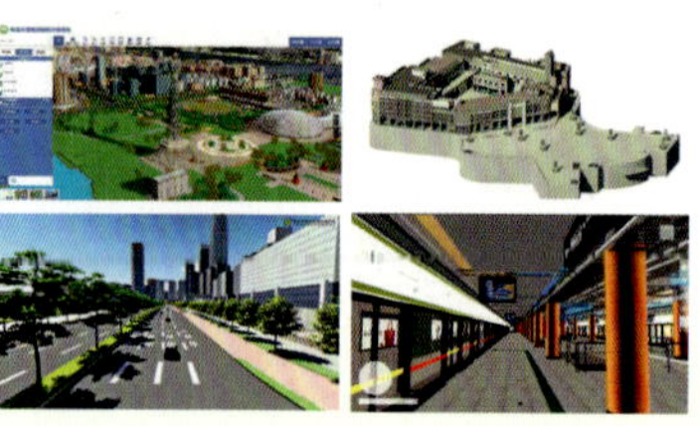

BIM 项目建设成果

拓展培训

佛山市城市地理信息中心成立于 1996 年，是佛山市国土资源和城乡规划局下属事业单位，是集基础地理信息数据生产、管理与服务，地理信息专项开发和信息咨询为一体的科技型事业单位。具有工程测量、不动产测绘、地图编制、地理信息系统工程和互联网地图服务甲级资质，通过 ISO 9001 质量管理体系认证。主要职能是负责收集研究城市地理相关信息，逐步建设佛山市基础地形数据库，服务城市管理、国土规划、城市建设等应用领域，向社会提供城市地理相关信息数据，并基于城市地理信息数据进行应用开发服务。

中心现有在职职工 90 多人，其中高级职称 11 人、注册测绘师 6 人。专业技术人才覆盖遥感工程、工程测量、信息工程、GIS 工程、计算机软件、计算机及网络、工程制图、城市规划、经济地理等专业，形成了合理、稳定的人才梯队。拥有全球导航卫星系统接收机、全站仪、水准仪、测距仪、管线探测仪等专业测量设备，拥有多项发明专利和软件著作权等知识产权。

经过 20 年的建设发展和积累，佛山市城市地理信息中心积累了各种城市地理信息数据库，开发了一系列 GIS 系统，承担多项部级和省市科研项目。近年来，开展城市规划、土地管理、旧城改造、公安、城管、水务、民政、交通地质等领域城市地理信息项目，提高了部门管理效率，为服务型政府管理及科学决策提供了技术保障。

承建的“城乡规划业务全生命周期智能化管理平台建设与应用”“佛山市祖庙东华里片区改造工程信息管理系统”“佛山市防汛工程地理信息系统”等项目得到了行业主管部门和社会各界的肯定，获得中国地理信息产业优秀工程奖、广东省和佛山市科学技术进步奖。

佛山市城市地理信息中心将继续秉持“发展地理信息产业为城市现代化做贡献”的信念，为国土资源、城乡规划、城市建设等管理提供技术服务保障。

东莞市测绘院

省、市领导与东莞市测绘院全体员工合影

省、市领导指导工作

东莞市测绘院成立于1990年10月，原名东莞市测绘队，是东莞市国土资源局直属事业单位，具有甲级测绘资质。职责为：协助东莞市测绘行政主管部门组织实施东莞市基础测绘工作；协助开展东莞市测绘质量监督检查；为东莞市土地资源管理工作提供测绘技术支持和保障，协助开展土地资源管理工作；承担测绘生产工作。现有员工约300人，其中测绘高级工程师8人、注册测绘师6人、测绘及相关专业工程师67人、测绘及相关专业助理工程师75人。测绘服务范围涵盖工程测量、不动产测绘、地图编制、测绘航空摄影、大地测量、摄影测量与遥感、海洋测绘、土地规划、咨询等方面。与中山大学、江西理工大学等高校共建产学研基地，与武警东莞市支队结成东莞市测绘地理信息数据共建单位。

该院始终遵循“精准测绘、高效服务、开拓创新、和谐发展”的宗旨，注重科学管理，深化内部改革，服务国土、规划、城建、水利、交通等部门，以高新科技促进测绘生产发展，努力提高产品质量、社会效益和经济效益，为社会各界提供全面优质的服务，推动测绘事业的持久稳定发展。

无人机遥感监测技术助力土地督察启动仪式

省、市领导为东莞市测绘院成立揭牌

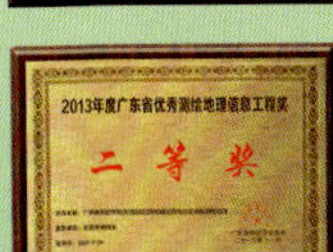

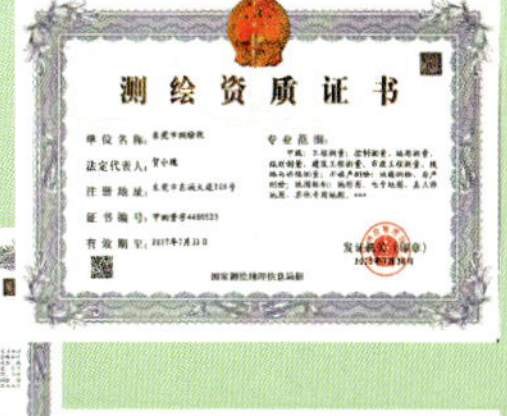

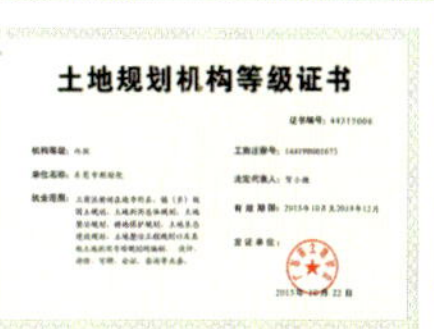

地址：东莞市东城大道268号　　邮编：523129

电话：0769-26983188　　传真：0769-26983832

电子邮箱：chy_0769@163.com（工程邮箱）　dg26983188@163.com（公务邮箱）

海南省海洋地质调查研究院

海南省海洋地质调查研究院成立于2002年，是国家公益一类事业单位，隶属于海南省地质局(海南省海洋地质调查局)，是海南省海洋地质专业调查研究机构，是海南省海洋与渔业厅、海南省国土资源厅业务协助单位。

该院具备海洋地质调查甲级、海洋测绘乙级等多项专业资质，涵盖海洋与陆域地质、矿产、水工环、测绘、地质灾害等领域，通过ISO9001:2008质量管理体系认证。

拥有自主产权的千吨级海洋调查船(海勘1号)，配备各类星站差分GPS、光纤罗经、RTK系统、全站仪等导航测量设备，挪威KONGSBERG多波速测深系统、美国EDGE TECH侧扫声纳系统、俄罗斯GT-2M海洋重力仪、加拿大Seaspy海洋磁力仪、荷兰GEO-Spark低~中频浅地层剖面仪、英国AAE单道地震系统等海洋地球物理测量设备及XY-4千米钻机、震动活塞取样器、大型重力活塞取样器、箱式取样器等地质取样设备，具备较强的海洋测绘与海洋综合地质调查能力。

近5年来，该院承担并完成了海南岛周边岛屿地质及矿产资源综合调查与评价、海南岛东部近浅海锆钛砂矿资源调查、三沙市重点岛礁综合地质调查与评价、三沙某岛码头工程海域使用论证等海洋测绘与地质调查项目30多个，共完成海底地形地貌测量2500多平方千米，浅地层结构调查剖面1.4万多千米，地质取样1900多站位，海洋地质浅钻2200多米。为海南省经济建设提供资源保障，为海洋资源可持续开发、管理与保护提供重要的基础资料和科学依据。

底质柱状取样

浅地层剖面仪震源投放

GT-2M海洋重力仪

底质表层取样

多波束测深换能器调试

“海勘1”号海洋调查船

重庆地矿测绘院

重庆地矿测绘院于2000年3月在原四川省地矿局测绘一分队的基础上重新组建，是重庆市地质矿产测试中心下属国有企业。长期从事测绘业务，擅长地形测量、工程测量。具有测绘、土地规划、农田工程建设勘测设计单位乙级资质，通过ISO 9001:2000质量体系认证，拥有安全生产许可证书。

现有在职职工70人，其中专业技术人员64人(其中高级10人、中级24人)。拥有静态GPS、动态RTK (GPS)、全站仪、水准仪、宽幅绘图仪、大型扫描仪、晒图仪及各类成图、成果计算软件等仪器设备。注册资金1080万元。

该院可承担三等以下的平面、高程控制测量、地形测量、地籍测绘、行政区域界线测绘、线路管网测量、变形与形变测量、各种工程测量和数字化成图系统等，以及土地调查、土地整治、规划修编、地质灾害监测等国土系统工程。

重庆知行地理信息咨询服务有限公司

Chongqing Zhixing Geographic Information Advisory Services Limited

公司简介

重庆知行地理信息咨询服务有限公司是重庆市认证的高新技术企业，具有测绘乙级及系统集成等多项资质，拥有多项自主知识产权。公司专注于地理信息时空大数据服务技术的研发和推广应用，提供政府部门间的数据共享协同工作平台，并致力于为政府部门提供GIS、MIS一体化的城市监管解决方案。

业务方向

公司主要业务方向：一是打造综合省/市情大数据服务平台；二是承担智慧城市建设项目；三是提供市场监管、海绵城市、应急管理、城市规划等产品及解决方案。

市场监管平台解决方案

市场监管平台综合运用云计算、大数据、地理空间信息技术，对包括工商、质监、食药监、税务、金融等行业在内的市场监管业务进行重构，科学构建“网格化+分类监管”的市场监管模式，基于地理空间数据库全方位整合市场监管信息与信用指标体系，实现市场主体与主体行为的一张图可视化监管，推动市场监管信息化提档升级，提升市场监管效率和科学化水平。

海绵城市数字排水平台

海绵城市数字排水平台（英文名: Uwater-Drainage）是一款具有自主知识产权的数字排水平台，于2016年入选住建部《海绵城市建设先进适用技术与产品目录（第一批）》，该平台是由重庆知行地理信息咨询服务有限公司与重庆大学联合自主研发的一款面向城市雨水系统设计、评估、管理、运营的专业模型平台，为当前海绵城市建设和城市水生态环境建设提供决策支持。已在北京、重庆、长春、武汉、深圳等多个城市的建设项目中发挥了重要作用。

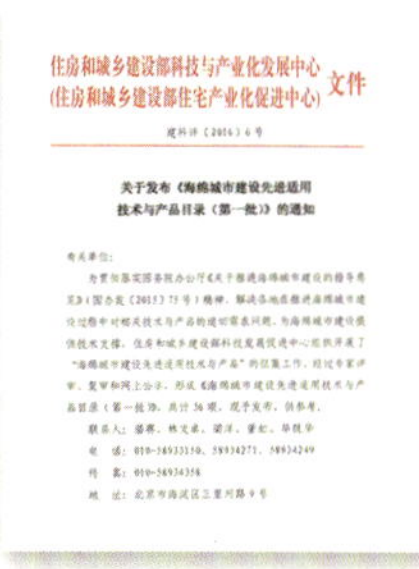

住房和城乡建设部科技与产业化发展中心（住房和城乡建设部住宅产业化促进中心）文件

建科评〔2016〕6号

关于发布《海绵城市建设先进适用技术与产品目录（第一批）》的通知

综合市情系统

综合市情系统作为一个开放性的政务信息综合集成与信息服务平台，以服务政府及部门决策、部门业务、公众查询为对象，推进各部门数据共享、互联互通，利用信息技术手段整合基础地理空间、自然资源、发展规划、社会经济、城市运行等各类数据资源，为政府管理提供及时、准确、全面的综合信息服务，支撑政府科学决策，推动政府管理服务模式科学化和高效率。

一套标准　一个平台　多种应用

地址：重庆市北部新区星光大道62号海王星科技大厦A座二楼　邮编：401121

电话：023-63022316　邮箱：support@zxgeo.com　网址：http://www.zxgeo.com

四川省地质矿产勘查开发局四〇五地质队

矿山地形测绘

四川省地质矿产勘查开发局四〇五地质队具有地质勘查，地质灾害危险性评估，地质灾害治理工程勘查、设计、施工，环境污染防治工程，测绘等甲级资质。

全队现有职工614人，其中从事测绘的101人，具有测绘专业技术职称的62人，其中高级工程师12人、工程师23人。

测量仪器设备总资产净值518万元。拥有先进的测量、数字化图形工作站（包括全球定位系统GPS静态和动态接收机、高精度全站仪（0.5秒机器人）、数字化成图硬件、软件系统等）和齐全的常规测量仪器、交通车辆等。

近几年，完成四川省都江堰市城镇1:500地籍调查测绘、北京市昌平区1:2000集体土地调查测绘及建库、四川省阿坝州红原机场1:500地形测绘、四川省石棉县建设用地勘测定界测绘、云南省曲靖市第八测区1:500数字化地形图测绘等项目。

四〇五地质队坚持“面向市场，诚信为本，服务满意，合作双赢”的宗旨，坚持把质量作为企业的生命，以“全心、全意、全为您，真心、诚意、心换心”的态度服务于民众，服务于社会。

内业办公

红原机场地形测绘

五四青年活动

四川煤田一四一建设投资有限公司

四川煤田一四一建设投资有限公司始建于 1956 年，是一支以矿产资源勘查、矿业权运作、测绘、地理信息系统、岩土勘察、施工、监理、地质灾害治理、水土保持等为主要业务的综合性地勘队伍。测绘业务范围包括摄影测量与遥感、地理信息系统工程、控制测量、地形测量、规划测量、建筑工程测量、变形形变与精密测量、市政工程测量、线路与桥隧测量、矿山测量、工程测量监理、地籍测绘、房产测绘、地图编制等。

公司现有专业技术人员 500 多人，其中具有测绘及相关专业高级职称的 9 人、注册测绘师 5 人。拥有无人机、GNSS 接收机、拓普康机器人、全站仪、数字水准仪、进口手持测距仪、测深仪及管线探测仪等设备，全数字摄影测量系统、南方 CASS、CASSCAN 及 MAPGIS 等多套地理信息处理软件和系统平台软件，实现了计算机计算、成图等测绘内外业一体化高效运作。

公司被人力资源和社会保障部、中国煤炭工业协会授予“全国煤炭工业先进集体”称号，被国土资源部授予“全国模范地勘单位”“全国矿业权实地核查工作先进集体”称号。提交的报告获中国煤炭工业协会地质勘查报告特等奖，承担的测绘项目多次获四川省测绘地理信息学会科技奖励。为“5·12”汶川地震及“4·20”芦山地震灾后重建工作做出了贡献。“8·29”肖家湾煤矿特大瓦斯爆炸事故发生后，受国务院事故调查组委托开展了肖家湾煤矿矿井实测工作，为事故调查组提供了矿山基础图件，其成果质量赢得省领导的赞扬。

地址：四川省德阳市东海路东段 3 号　　电话（传真）：0838-2822168

邮编：618000　　邮箱：www.sc141@126.com

农村土地承包经营权确权登记项目现场调绘

水利工程确权登记颁证现场测绘

雅安地区灾后重建测绘

“8·29”肖家湾煤矿特大瓦斯爆炸事故矿井实测工作现场

测绘仪器室

总经理、党委书记：陈明述

四川电力设计咨询有限责任公司

四川电力设计咨询有限责任公司(Sichuan Electric Power Design and Consulting Co., Ltd.)由原四川电力工业勘察设计院改制而成。2011年9月,公司整体划转至中国电力建设集团有限公司。

公司具有工程设计电力行业,工程勘察综合类,工程咨询,地质灾害防治工程勘查、设计,地质灾害危险性评估,环境污染防治工程工艺设计,电力行业(发电/电网)工程造价咨询等甲级资质;建设项目环境影响评价、工程设计市政行业(热力、环卫)、建筑行业(建筑工程)、水土保持方案编制、招标代理、测绘等乙级资质;具备对外承包工程经营资格。主要承担境内外电力系统规划设计、发电工程、输、变电工程及电力系统通信工程勘测、设计、工程咨询、工程总承包及项目管理等业务。

公司现有各类专业技术人员513人,其中四川省勘察设计大师2人,高级专业技术人员211人(其中教授级高级工程师44人)、中级专业技术人员160人,各类执业注册师117人。

截至2015年底,公司完成发电项目200多项,总容量66809MW,500kV~110kV变电工程1000多项,±1100 kV~110kV各级输电项目2000多项、长度2万多千米。公司勘测设计业务遍布全国各地,在亚洲、非洲等地区开展诸多国际业务。获得各类奖项540多项。

四川电力设计咨询有限责任公司秉承原设计院优良品质,以崭新的面貌、昂扬的精神、科学务实的作风,竭诚为顾客提供"技术先进、经济合理、安全适用"的产品和热忱周到的服务,让顾客满意。

签字仪式

丹巴500kV输变电工程

勘测外业工作现场

公司大楼实景图

凉山州会理县龙泉20万千瓦+30万千瓦光伏电站及送出工程

溪洛渡~浙西±800千伏特高压直流输电工程

国家测绘地理信息局第一大地测量队

2015 年 7 月 1 日，习近平总书记给国家测绘地理信息局第一大地测量队老队员老党员回信，肯定他们勇闯生命禁区的英雄壮举，肯定国测一大队爱国报国、勇攀高峰的感人事迹和崇高精神，并对全国测绘地理信息工作者和广大共产党员提出殷切希望。

2015 年，国测一大队共完成测绘基准一期工程、测绘基准维护、典型性地理国情监测、西藏那曲地区航空重力测量试生产项目方案编制与前期准备、陕西省地理国情普查等多项国家基础测绘和重大专项项目。在测绘基准一期工程项目实施过程中，该队首次在珠峰地区使用高精度绝对重力仪，获取了国内迄今为止海拔位置最高的绝对重力值。

2015 年，国测一大队完成了“4·25”尼泊尔地震珠峰应急测绘项目；实施了“8·12”陕西省山阳县特大山体滑坡应急监测项目，首次将高精度合成孔径雷达监测系统应用于地质灾害救援，为一线救援提供了精准翔实的基础地理信息数据，得到了国土资源部、陕西省委的肯定。2015 年，该队获“陕西省地质灾害防治工作先进单位”称号。

通过“全国开展基础性航空重力测量技术体系研究及业务化应用示范”公益性科研项目在陕西秦岭和内蒙古测区的实施，国测一大队已基本具备在高山和荒漠地区开展航空重力测量的生产能力和技术实力。

该队机载 LiDAR 系统已形成数据获取、分析处理、生成产品等完备的技术体系，完成了北京、福建等地机载 LiDAR 航飞项目；依托先进的 SeaBat7125-SV2 型多波束测深系统，实现水底地形和岸边地形地貌一体化测量。完成的“长山水道附近海岛礁海陆基准传递及一体化测量技术研究”项目获 2015 年中国测绘地理信息学会测绘科技进步奖三等奖。

实施机载 LiDAR 航飞任务

珠峰绝对重力观测

“8·12”陕西山阳特大山体滑坡应急监测

长山水道水上水下一体化测量

“4·25”尼泊尔地震珠峰应急测绘

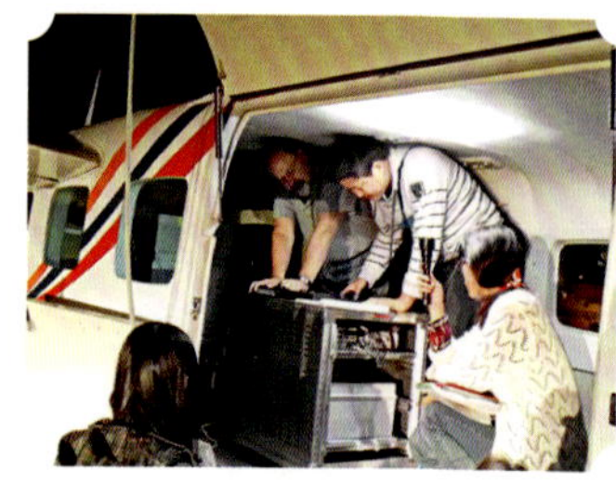
开展基础性航空重力测绘技术体系研究

陕西核工业西北测绘院有限公司

质量检查

测绘法宣传

水准测量

陕西核工业西北测绘院有限公司是中陕核工业集团公司的专业化测绘队伍，具有甲级测绘资质，是一家集大地测量、测绘航空摄影、工程测量、地理信息系统工程、摄影测量与遥感、不动产测绘、地图编制、土地规划设计及地球物理勘查等为一体的专业测绘公司。现有员工 100 多人，其中注册测绘师 1 人，陕西省测绘地理信息局专家库成员 1 人，中、高级工程师 30 人。公司拥有 6 项甲级测绘资质，1 项乙级测绘资质；乙级土地规划机构等级证书、乙级地质勘查资质证书；ISO9001-2008 质量管理体系认证、环境管理体系认证证书、职业健康安全管理体系认证证书、3A 级质量服务诚信单位认证证书、3A 级重合同守信用企业认证证书、3A 级信用等级认证证书、软件企业证书；8 个软件著作权、软件产品证书。

公司下设 4 个职能管理部门：综合管理部、技术质量部、市场经营部、项目运营部；5 个二级生产单位：航测中心、不动产测绘中心、工程测量中心、地理信息中心、测绘产品及软件研发中心；1 个办事处：内蒙古包头办事处；3 个分公司：山东临沂分公司、广西分公司、新疆分公司。2 所合作院校：陕西科技大学、甘肃工业职业技术学院。

公司拥有大地鹰（D- Ⅲ）无人航摄飞机、“陕核鹰”油动固定翼无人机、LARSP04 型航摄仪、全数字摄影测量系统、徕卡 0.5 " 级测量机器人、动态 GPS 接收机（RTK）、静态 GPS 接收机、拓普康 2 " 级全站仪、英国雷迪地下管线探测仪、测深仪、徕卡 0.7mm 精密电子水准仪、0.5mm 光学水准仪、徕卡测距仪、陀螺仪和大型绘图仪等。

近年来，公司完成了省内外 100 多个大中型测量项目，涉及西藏、新疆、内蒙古、甘肃、陕西、贵州、重庆、广西、山东等地，涵盖土地确权、城镇规划、水利电力、城市建设、道路勘测、地质灾害监测等诸多领域。依托国家“一带一路”建设，开辟了塔吉克斯坦、老挝等国际市场，反响良好。2015 年，获“陕西省地理信息产业 2014-2015 年度十佳地理信息企业”称号。

公司以合作诚信、员工敬业、技术创新、质量一流为宗旨，致力于不断提高技术水平、服务社会建设，发扬勇于拼搏、不畏艰险、敢为人先、争创一流的精神，不断做大规模、做精业务，全面实现可持续发展。

公路测量

“陕核鹰”无人机试飞

职工文娱生活

金矿测量

乌鲁木齐市城市勘察测绘院
（乌鲁木齐市基础地理信息中心）

参加数字乌鲁木齐地理空间框架建设竣工验收会暨数字乌鲁木齐成果发布推广会

与自治区地震局签署乌鲁木齐连续运行卫星定位系统数据合作协议

乌鲁木齐市城市勘察测绘院成立于1993年10月，2008年1月增挂乌鲁木齐市基础地理信息中心牌子。主要职责是：使用国家规定的测绘基准和测绘系统，执行国家规定的测绘技术规范和标准，开展各类城市勘察测绘工作；完成市委、市政府交办的各项勘察测绘任务，为城市规划、建设提供测绘服务；负责城市基础地理信息数据的生产、管理与维护更新并提供数据共享服务。

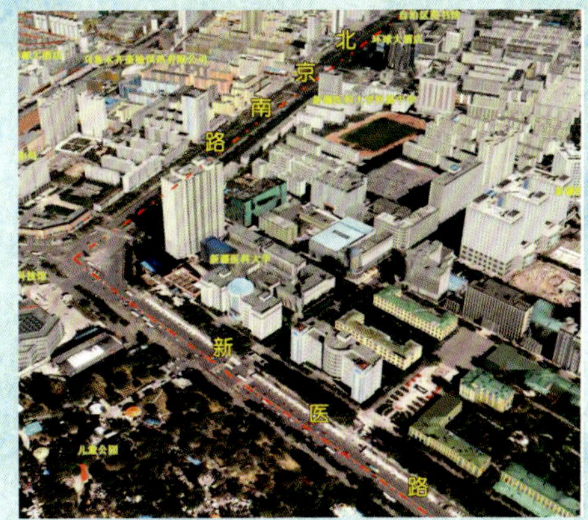

乌鲁木齐市三维模型场景

"天地图·乌鲁木齐"网站首页

乌鲁木齐市城市勘察测绘院隶属乌鲁木齐市城乡规划管理局，现有职工112人，其中注册测绘师7人、高级工程师24人（其中正高级工程师1人）、工程师38人。设有测绘和勘察2个专业，具有甲级测绘资质，配备GPS接收机、全站仪，测量机器人、电子水准仪、全数字摄影测量工作站、遥感影像处理系统、地理信息系统平台、磁盘阵列、航测数字扫描仪等内外业装备及软件系统，具备地理信息数据采集、建库等能力。

乌鲁木齐连续运行卫星定位综合服务系统五家渠市基准站

乌鲁木齐市城市勘察测绘院积累了丰富的城市地理信息数据生产和勘测经验。近年来，组织完成了乌鲁木齐连续运行卫星定位综合服务系统（UCORS）建设、数字乌鲁木齐地理空间框架建设、乌鲁木齐市现代测绘基准体系建设、乌鲁木齐影像地图集编制、城市重点区域三维景观数据建库等项目，成果多次获省部级科技进步奖和优秀工程奖等，为乌鲁木齐市城市规划建设与管理提供测绘保障服务。

湖南辉达规划勘测设计研究有限公司

湖南辉达规划勘测设计研究有限公司成立于 2003 年 10 月，主要提供市政勘察设计、公路勘察设计、测绘地理信息、国土规划设计、城乡规划设计、工程规划研究、水利、水电、新能源等专业技术服务。具备甲级测绘资质，市政、公路、工程勘察和土地规划乙级资质，以及工程咨询丙级资质。

公司是湖南省高新技术企业，拥有一支高素质的人才队伍，本科及以上学历员工占公司总人数的 86%；具有中、高级职称的员工占公司总人数的 53%。通过国际质量、职业健康安全和环境管理体系认证，多次获国家级、省部级优秀测绘工程奖，被评为“中国地理信息产业最具活力中小企业”和“湖南省公路设计企业信用评价 AA 级企业”。2015 年 8 月，公司在深圳前海股权交易中心挂牌，企业代码为 665958。

公司秉承“以市场为导向，以质量为核心，以创新为动力，以人才为支撑”的理念，致力于整合资源、塑造品牌，提供一体化设计、规划、勘察、测绘地理信息服务，成为政府投资建设的高级顾问。

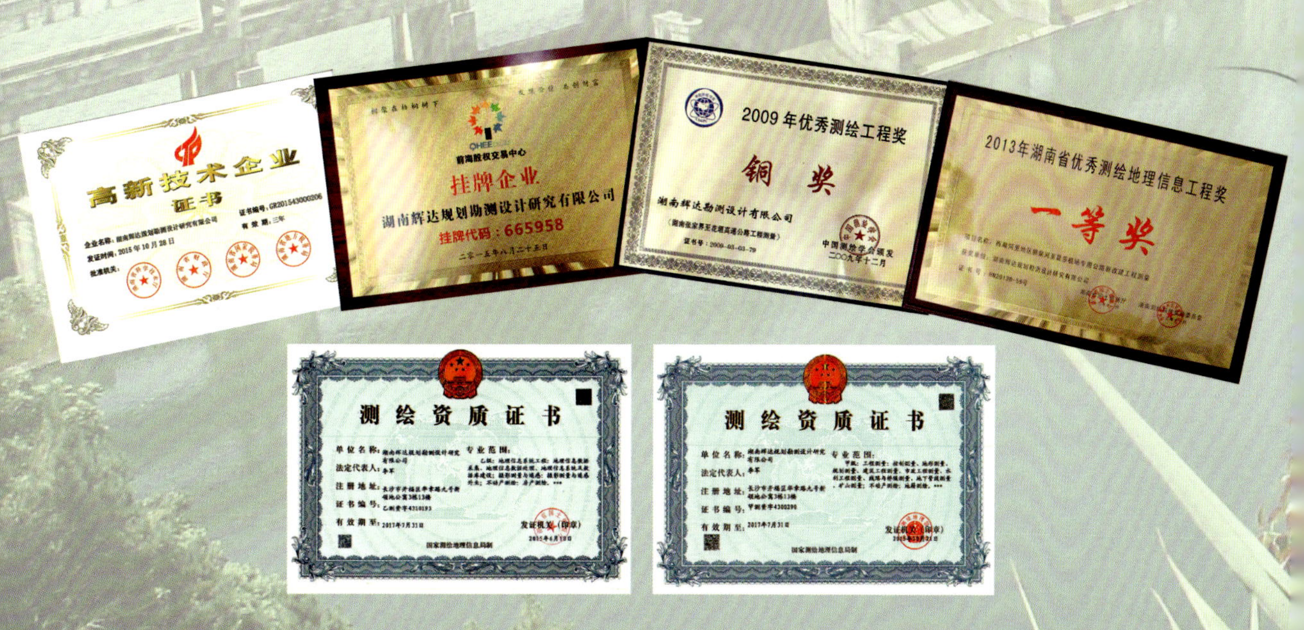

统 计 资 料

一、综 合

表1 2015年测绘服务总值

计量单位：万元

地 区	测绘服务总值			
	合 计	测绘资质单位①		测绘地理信息系统其他非资质单位③
			#测绘地理信息系统内②	
合 计	**8552759.6**	**8370476.5**	**981884.2**	**182283.1**
北 京	1376384.9	1358332.9	131045.5	18052.0
天 津	178628.8	178628.8	33881.7	
河 北	315748.4	311753.1	55419.5	3995.3
山 西	157988.9	154773.1	20788.0	3215.8
内蒙古	164668.1	161828.8	23670.6	2839.3
辽 宁	228351.9	224716.9	20507.9	3635.0
吉 林	155753.4	152656.0	19629.7	3097.5
黑龙江	182980.2	170216.2	45632.9	12764.0
上 海	307904.3	307904.3	42103.7	
江 苏	326903.3	321280.9	28611.8	5622.4
浙 江	382722.0	374269.5	48666.9	8452.5
安 徽	165118.7	160195.2	22017.2	4923.6
福 建	265359.5	259105.9	20422.0	6253.6
江 西	121702.5	114039.4	13541.8	7663.1
山 东	353278.8	353278.8	36398.9	
河 南	341220.2	336284.2	16849.8	4936.0
湖 北	648015.6	641713.3	27861.5	6302.4
湖 南	261562.3	260647.4	39064.0	914.9
广 东	586767.5	584380.8	61823.4	2386.7
广 西	180920.3	154515.2	23176.9	26405.2
海 南	54091.7	51862.5	9764.3	2229.1
重 庆	135764.1	135764.1	25386.2	
四 川	694010.4	669166.3	75221.6	24844.2
贵 州	143871.4	142734.6	25779.7	1136.9
云 南	196817.2	193179.8	23046.4	3637.4
西 藏	9928.3	9357.5	584.8	570.8
陕 西	306892.6	291273.3	39889.3	15619.2
甘 肃	111284.8	104611.2	10943.3	6673.6
青 海	48060.4	45186.4	15072.0	2874.0
宁 夏	37668.4	37435.1	9041.4	233.4
新 疆	112390.8	109385.4	16041.6	3005.4

①指全国具有测绘资质的单位，下同。

②指测绘地理信息系统内具有测绘资质的单位，测绘地理信息系统指各省、自治区、直辖市、计划单列市测绘地理信息行政主管部门及其所属单位和国家测绘地理信息局及其所属单位，下同。

③指测绘地理信息系统内不具有测绘资质的所有单位，下同。

表2　2015年年末从业人员

计量单位：人

地　区	年末从业人员			
	合　计	测绘资质单位		测绘地理信息系统其他非资质单位
			#测绘地理信息系统内	
合　计	**393262**	**390146**	**24330**	**3116**
北　京	25368	24938	1746	430
天　津	6265	6259	648	6
河　北	18691	18559	595	132
山　西	12491	12357	585	134
内蒙古	10990	10925	674	65
辽　宁	14467	14348	639	119
吉　林	9048	8932	479	116
黑龙江	11686	11479	1726	207
上　海	6966	6962	391	4
江　苏	17933	17842	498	91
浙　江	16115	16061	1037	54
安　徽	11102	11033	679	69
福　建	10220	10140	501	80
江　西	9818	9720	584	98
山　东	19640	19620	768	20
河　南	22931	22847	502	84
湖　北	24758	24644	388	114
湖　南	13167	13113	788	54
广　东	18243	18018	1315	225
广　西	11742	11640	1122	102
海　南	3322	3272	344	50
重　庆	6930	6915	1349	15
四　川	27173	27058	1991	115
贵　州	8274	8232	757	42
云　南	16001	15943	669	58
西　藏	717	693	32	24
陕　西	19025	18617	1797	408
甘　肃	8070	8004	346	66
青　海	2995	2939	563	56
宁　夏	2202	2168	214	34
新　疆	6912	6868	603	44

表3 2008—2015年测绘资质单位数量、从业人员和服务总值

地区	2008年			2009年			2010年			2011年		
	测绘服务总值（万元）	年末单位数量（个）	年末从业人员（人）	测绘服务总值（万元）	年末单位数量（个）	年末从业人员（人）	测绘服务总值（万元）	年末单位数量（个）	年末从业人员（人）	测绘服务总值（万元）	年末单位数量（个）	年末从业人员（人）
合计	**2206123**	**11269**	**260561**	**2969868**	**11657**	**265899**	**3286429**	**11595**	**267188**	**4773424**	**12512**	**290648**
北京	237264	201	15095	396739	238	16558	452150	261	18839	656556	299	21456
天津	114857	93	4582	135293	100	3961	135295	96	4002	93628	100	4113
河北	86172	602	18915	108391	627	13155	129337	615	12622	176574	637	13122
山西	40769	401	6888	55510	408	7321	62884	419	8062	98567	457	9043
内蒙古	43822	386	8371	51394	449	8447	60378	486	7511	100444	499	9400
辽宁	78709	590	12265	101094	509	11151	163549	585	9631	184395	574	12259
吉林	48797	398	6602	84338	391	7631	55514	385	6953	84098	415	7036
黑龙江	63545	464	9295	73541	489	9396	90449	499	10228	110824	490	10001
上海	78371	134	4925	108379	133	5382	103811	124	4911	194267	161	6300
江苏	120496	576	10696	121184	579	11541	130776	555	10915	224972	594	11558
浙江	114235	451	8682	128316	473	9686	151316	455	10295	252689	464	10744
安徽	62961	353	8566	68800	390	7975	79126	412	8386	108267	447	8847
福建	52630	364	5563	56824	362	5708	80408	355	5761	116397	376	7369
江西	35885	331	5478	45525	344	6008	48387	332	5645	64966	384	6273
山东	104396	648	12386	122746	683	12614	136921	669	12937	215049	710	13978
河南	91278	573	12866	106039	613	14213	109540	606	14257	156020	692	15636
湖北	143432	510	17615	194691	525	17743	234468	537	17771	351976	536	17771
湖南	89343	564	10796	132165	566	12019	131092	554	11422	157878	574	11641
广东	122169	576	11168	140196	581	12819	178219	519	13163	285563	586	14852
广西	45548	375	7606	59666	376	8636	68747	427	9124	107242	427	8909
海南	10558	89	1372	15808	94	1669	15099	95	1563	46937	116	2134
重庆	28308	107	1966	51626	117	3535	67969	117	4321	89023	133	4744
四川	129561	593	14640	162184	594	14229	171909	606	14575	234323	658	17122
贵州	27281	299	6406	52229	362	6158	55219	339	6787	77627	371	6696
云南	60004	616	11873	96719	619	13851	84510	559	12870	172314	672	12370
西藏	2570	33	791	2826	31	830	2789	29	730	6197	28	490
陕西	95154	242	11271	192306	267	9404	168130	263	9505	238218	339	11393
甘肃	27763	291	5782	48210	286	5565	45681	273	5222	48557	292	5930
青海	13883	75	2310	14722	82	2611	17847	85	2778	28181	88	2781
宁夏	5780	73	1257	9477	82	1353	10505	68	1303	19699	76	1305
新疆	30584	261	4533	32929	287	4730	44405	270	5099	71977	317	5375

2008—2015 年测绘资质单位数量、从业人员和服务总值（续）

地 区	2012 年			2013 年			2014 年			2015 年		
	测绘服务总值（万元）	年末单位数量（个）	年末从业人员（人）	测绘服务总值（万元）	年末单位数量（个）	年末从业人员（人）	测绘服务总值（万元）	年末单位数量（个）	年末从业人员（人）	测绘服务总值（万元）	年末单位数量（个）	年末从业人员（人）
合 计	**5302259**	**13261**	**304899**	**6064551**	**14040**	**328631**	**6799094**	**14510**	**345511**	**8370476**	**15931**	**390146**
北 京	667731	311	21667	786993	318	23838	844949	287	24074	1358333	354	24938
天 津	95191	104	4259	136878	111	4629	178793	117	6148	178629	136	6259
河 北	174848	682	14917	214721	722	16030	261304	748	16583	311753	808	18559
山 西	112475	498	9854	123630	540	10853	135426	517	11038	154773	578	12357
内蒙古	124471	530	10003	130522	569	10557	156961	598	10917	161829	596	10925
辽 宁	208021	620	13220	188683	618	13897	227715	590	13710	224717	603	14348
吉 林	94357	418	7085	100478	430	7568	128698	465	7973	152656	484	8932
黑龙江	124985	527	10711	134671	541	10460	152188	563	10401	170216	599	11479
上 海	190479	174	6889	192904	182	6632	225845	169	6655	307904	189	6962
江 苏	232556	656	12776	271553	703	13639	292589	742	15054	321281	842	17842
浙 江	279731	487	11800	323910	513	12488	336449	546	14587	374269	615	16061
安 徽	124041	458	9525	143393	487	9820	152539	493	9896	160195	556	11033
福 建	142262	404	7923	192821	426	8234	220906	441	8514	259106	493	10140
江 西	78231	422	6558	97934	453	7640	112854	501	8675	114039	536	9720
山 东	246153	735	15291	288712	772	16608	299278	774	17311	353279	870	19620
河 南	177476	749	17000	206718	788	18275	257340	849	19360	336284	925	22847
湖 北	338840	571	14094	429953	612	17398	522612	641	18941	641713	735	24644
湖 南	169881	569	11673	213571	578	11980	217376	558	11549	260647	574	13113
广 东	356210	591	15555	379138	610	16725	423055	622	16982	584381	684	18018
广 西	102610	465	9271	119468	514	9587	130571	539	10166	154515	586	11640
海 南	32618	130	2441	37583	142	2566	42870	164	2795	51863	182	3272
重 庆	114661	148	5247	109307	162	5840	136210	173	6181	135764	198	6915
四 川	442458	744	18964	521376	808	21684	525202	882	24215	669166	1012	27058
贵 州	89049	380	6849	99742	401	7104	117807	431	7428	142735	447	8232
云 南	157293	651	13305	171115	698	14404	171129	709	13962	193180	760	15943
西 藏	4778	31	529	7269	31	521	5329	33	578	9357	39	693
陕 西	194026	387	11681	195135	433	12569	240064	438	13476	291273	512	18617
甘 肃	69963	304	5820	79604	320	6419	89558	330	7136	104611	380	8004
青 海	49150	95	2848	47239	104	3069	51069	106	2815	45186	118	2939
宁 夏	20210	85	1472	23516	89	1533	34229	99	1943	37435	111	2168
新 疆	87506	335	5672	96016	365	6064	108178	385	6448	109385	409	6868

表 4 2008—2015 年测绘地理信息系统服务总值和从业人员

地 区	2008 年		2009 年		2010 年		2011 年	
	测绘服务总值（万元）	年末从业人员（人）	测绘服务总值（万元）	年末从业人员（人）	测绘服务总值（万元）	年末从业人员（人）	测绘服务总值（万元）	年末从业人员（人）
合 计	**367734**	**24521**	**450701**	**24726**	**507412**	**25076**	**647882**	**26069**
北 京	21967	860	24000	865	25200	919	28540	947
天 津	9607	559	16638	632	17470	647	14766	664
河 北	7652	660	10115	660	12975	651	18423	650
山 西	7906	625	12666	679	15853	704	13900	718
内蒙古	5979	672	10425	684	9031	704	12083	712
辽 宁	4638	697	3347	695	3331	695	9304	692
吉 林	6996	678	11474	655	17300	633	11436	604
黑龙江	28287	2246	25892	2202	26447	2235	32325	2103
上 海	12254	380	14006	373	15060	376	18543	372
江 苏	9799	576	11359	562	11904	562	21463	566
浙 江	9814	713	11914	751	16305	771	19430	799
安 徽	5533	552	6554	572	9427	590	13086	682
福 建	7255	539	8435	433	10351	417	12408	414
江 西	5638	531	6158	546	7781	570	12314	577
山 东	7239	782	10416	778	14173	778	21076	768
河 南	7041	849	8287	792	9022	708	15464	696
湖 北	8165	498	10198	505	12270	516	14409	487
湖 南	10270	820	12083	802	13400	768	19909	748
广 东	9071	1001	9773	1040	9179	1039	19415	1002
广 西	12650	1225	17721	1099	16986	1112	23313	1120
海 南	3905	309	4324	295	4548	317	7876	342
重 庆	13030	571	18711	743	20700	810	14906	899
重庆测绘院	4508	359	6009	360	6710	400	8516	435
四 川	18649	1702	22845	1575	25700	1577	36679	1532
贵 州	4497	705	10510	735	12047	811	18755	801
云 南	5585	518	7299	510	8915	525	12633	553
西 藏	455	42	1475	43	199	49	576	52
陕 西	21676	1813	27746	1983	25443	2031	39072	2018
甘 肃	6325	450	8854	468	7839	463	8477	446
青 海	6946	388	6221	485	9533	451	13961	395
宁 夏	1181	272	2087	255	2599	262	4212	237
新 疆	5112	607	5520	599	9412	579	14788	587
青 岛								6
大 连							935	62
宁 波							9079	342
深 圳							17215	439
厦 门							2512	142
中国地图出版集团	55241	521	63145	524	63083	548	44464	528
测绘研究院	13027	391	15250	401	21003	383	17962	382
地理信息中心	3375	149	6712	146	6961	144	10978	142
卫星应用中心					1473	42	2823	66
质量检验中心							584	33
国家局及其其他直属单位		261		279		289	9274	309

2008—2015年测绘地理信息系统服务总值和从业人员（续）

地区	2012年		2013年		2014年		2015年	
	测绘服务总值（万元）	年末从业人员（人）	测绘服务总值（万元）	年末从业人员（人）	测绘服务总值（万元）	年末从业人员（人）	测绘服务总值（万元）	年末从业人员（人）
合　计	**749174**	**25839**	**835158**	**26155**	**1062585**	**26429**	**1164167**	**27446**
北　京	28236	897	27556	854	31297	843	37792	833
天　津	17030	682	22752	672	34706	665	33882	654
河　北	28745	635	39921	657	61383	662	59198	699
山　西	22157	741	22577	744	25194	729	24004	719
内蒙古	18350	741	22594	724	26279	722	26510	739
辽　宁	14383	686	23509	680	34897	679	23026	676
吉　林	8574	594	13163	604	16249	606	22727	595
黑龙江	33754	2046	36963	2050	51671	2020	58397	1933
上　海	21454	361	19341	358	21796	352	40453	332
江　苏	26774	563	31780	588	28688	594	34234	589
浙　江	23905	871	29162	967	40978	967	41505	902
安　徽	16343	658	20709	654	29354	710	26941	748
福　建	15431	435	17306	437	16481	440	24191	435
江　西	20449	535	19079	546	21770	562	21205	682
山　东	22915	764	25742	777	37268	753	36399	783
河　南	14460	689	18344	714	22826	689	21786	586
湖　北	20171	484	23465	502	29076	503	34164	502
湖　南	29182	741	33947	773	37220	819	39979	842
广　东	24028	1021	22364	1025	34326	1125	48778	1121
广　西	20560	1090	24645	1099	45492	1230	49582	1224
海　南	10023	384	10955	401	12471	426	11993	394
重　庆	26190	974	15987	1003	17056	1025	13453	1059
重庆测绘院	9727	474	11139	465	10650	306	11933	305
四　川	39506	1504	51327	1461	73228	1296	100066	2106
贵　州	16078	723	22857	700	28005	816	26917	799
云　南	17989	572	20184	594	26170	589	26684	727
西　藏	626	56	757	60	1004	64	1156	56
陕　西	42531	1914	47795	2042	54982	2143	55509	2205
甘　肃	13655	433	10641	435	12962	434	17617	412
青　海	11568	379	14128	441	16662	598	17946	619
宁　夏	5824	254	8540	250	9458	241	9275	248
新　疆	13559	534	13208	529	22669	520	19047	647
青　岛		5		5		5		5
大　连	960	59	800	68	900	79	1117	82
宁　波	8677	349	9531	183	13113	192	15614	189
深　圳	9901	435	8436	463	8924	436	15432	419
厦　门	2886	139	2898	147	2889	144	2485	146
中国地图出版集团	43674	447	48028	450	53119	462	54247	476
测绘研究院	15393	384	13691	373	17403	333	19207	281
地理信息中心	13979	149	11437	150	12340	145	15004	179
卫星应用中心	5271	81	5472	88	5489	77	6447	78
质量检验中心	1470	47	1330	50	2304	60	2725	64
国家局及其其他直属单位	12788	309	11099	372	13838	368	15544	356

表 5　1974—2015 年测绘地理信息系统测绘成果提供

年　份	地形图（万张）	数字成果（GB）	测绘基准成果（万点）	航摄成果（万片）	航摄成果（平方千米）
1974	33.0		4.6	2.0	
1975	71.7		10.4	5.9	
1976	109.5		14.5	23.1	
1977	108.3		35.4	47.1	
1978	207.8		29.4	68.1	
1979	349.4		35.8	122.8	
1980	215.1		58.6	172.7	
1981	189.6		73.2	142.7	
1982	284.8		56.0	150.1	
1983	238.7		86.6	134.4	
1984	211.8		46.1	149.9	
1985	165.9		32.1	84.4	
1986	291.2		17.5	71.9	
1987	131.7		15.6	71.6	
1988	132.3		27.0	72.0	
1989	120.2		10.2	59.4	
1990	122.3		9.2	40.8	
1991	118.1		9.0	40.7	
1992	160.2		9.0	25.7	
1993	130.1		5.4	6.8	
1994	58.1		4.1	5.2	
1995	58.3		3.9	6.9	
1996	62.4		3.6	6.3	
1997	62.4		4.5	10.1	
1998	43.1		5.6	15.6	
1999	69.2		4.7	10.1	
2000	102.4		5.4	12.8	
2001	80.7		5.4	37.2	
2002	69.6		6.6	30.3	
2003	69.4		14.8	44.7	
2004	79.6		10.1	37.8	
2005	65.9		7.1	35.2	
2006	61.4	10404.0	15.2	52.5	
2007	62.9	10252.6	15.3	36.2	
2008	52.3	48357.8	17.8	46.1	
2009	46.5	17082.5	28.3	70.4	
2010	39.5	47969.6	26.0	63.2	
2011	45.2	38147.5	17.8	51.4	
2012	34.3	63900.0	26.1		3727403
2013	30.3	81005.3	25.8		2588035
2014	29.0	158353.0	14.1		2054585
2015	141.5	289408.9	11.5		1230861

注：1997、1998 年航摄成果含像片图。2012 年起航摄成果计量单位改为“平方千米”。

表 6　1974—2015 年测绘地理信息系统地图图书出版

年　份	品种（种）	总印数（万幅/万册）	总定价（万元）
1974	47	3242	563
1975	65	4753	599
1976	76	2690	633
1977	75	2829	818
1978	80	5553	894
1979	117	5171	1566
1980	178	4373	1277
1981	256	4073	1748
1982	211	4069	1692
1983	189	4625	1946
1984	254	5957	3028
1985	262	7895	5274
1986	257	6450	3294
1987	269	8180	4143
1988	364	7877	5305
1989	369	7844	7038
1990	426	10655	9938
1991	611	12543	11119
1992	699	18340	19778
1993	936	16969	23209
1994	970	16712	26992
1995	1027	19793	41708
1996	1264	28718	62149
1997	1429	27602	66819
1998	1584	27914	84501
1999	1847	28604	87377
2000	1621	14800	62453
2001	1586	10818	57996
2002	1947	18432	68063
2003	2040	12587	70093
2004	2297	16241	84872
2005	2266	17657	93139
2006	2433	14963	79591
2007	2331	13199	67724
2008	2291	14297	70730
2009	2519	14626	85427
2010	2917	13762	84090
2011	3912	18356	230803
2012	3685	12156	132878
2013	4337	15863	147953
2014	4195	14866	143765
2015	4380	14919	162418

二、测绘地理信息管理机构

表 7 2015 年末测绘地理信息管理机构设置

地区	地级行政区						
	行政区划总数（个）	设置测绘地理信息管理机构的区划数（个）					从事测绘地理信息管理工作人员数（人）
			按机构隶属关系分		按机构性质分		
			国土资源部门	建设规划部门	行政编制	事业编制	
合 计	**334**	**326**	**247**	**79**	**259**	**67**	**1380**
北 京							
天 津							
河 北	11	11	11		11		65
山 西	11	11	11		8	3	61
内蒙古	12	12	12		12		27
辽 宁	14	14	5	9	8	6	156
吉 林	9	9		9	3	6	24
黑龙江	13	13		13	7	6	44
上 海							
江 苏	13	13	12	1	13		43
浙 江	11	11		11	10	1	95
安 徽	16	16	16		15	1	55
福 建	9	9	9		3	6	48
江 西	11	11	11		10	1	35
山 东	17	17	16	1	17		90
河 南	17	17	17		12	5	65
湖 北	13	13	1	12	10	3	47
湖 南	14	14	14		14		47
广 东	21	21	21		21		82
广 西	14	14	14		14		56
海 南	4	3	3		3		7
重 庆							
四 川	21	21	7	14	17	4	68
贵 州	9	9	9		7	2	29
云 南	16	16	16		15	1	51
西 藏	7						
陕 西	10	10	1	9	8	2	57
甘 肃	14	14	14		3	11	61
青 海	8	8	8		3	5	15
宁 夏	5	5	5		4	1	15
新 疆	14	14	14		11	3	37

注：表中行政区划总数摘自《2016 中国统计摘要》。

2015年末测绘地理信息管理机构设置（续）

地 区	县级行政区						
	行政区划总数（个）	设置测绘地理信息管理机构的区划数（个）					从事测绘地理信息管理工作人员数（人）
			按机构隶属关系分		按机构性质分		
			国土资源部门	建设规划部门	行政编制	事业编制	
合 计	**2850**	**2071**	**1646**	**425**	**1299**	**772**	**6448**
北 京	16						
天 津	16	16		16	16		54
河 北	170	151	151		98	53	634
山 西	119	119	119		66	53	346
内蒙古	102	82	82		78	4	163
辽 宁	100	38	16	22	6	32	140
吉 林	60	44		44	23	21	112
黑龙江	128	65		65	7	58	158
上 海	16						
江 苏	97	80	74	6	65	15	237
浙 江	90	68		68	67	1	305
安 徽	105	69	69		66	3	248
福 建	85	64	64		24	40	218
江 西	100	86	86		48	38	211
山 东	137	121	117	4	81	40	518
河 南	158	116	116		51	65	372
湖 北	103	66		66	13	53	205
湖 南	122	95	95		65	30	281
广 东	119	116	116		111	5	363
广 西	110	78	78		55	23	250
海 南	23	15	15		15		15
重 庆	38	30		30	21	9	117
四 川	183	110	25	85	58	52	358
贵 州	88	84	84		48	36	210
云 南	129	129	129		121	8	320
西 藏	74						
陕 西	107	19		19	17	2	98
甘 肃	86	74	74		10	64	236
青 海	43	12	12		2	10	38
宁 夏	22	20	20		14	6	45
新 疆	104	104	104		53	51	196

表8 2015 年末测绘法规

中央法规

计量单位：件

法律	行政法规	部门规章
1	**4**	**6**

地方法规

计量单位：件

地 区	地方性法规	地方政府规章		
			#本年新制定	#本年修订
合 计	**35**	**88**	**4**	
北 京	1			
天 津	1	1		
河 北	1	9		
山 西	1	2		
内蒙古	2			
辽 宁	1	5	1	
吉 林	1	6		
黑龙江	1	5		
上 海	1	3		
江 苏	2	6	1	
浙 江	1	7		
安 徽	1	1		
福 建	1	3		
江 西	1	1		
山 东	1	4		
河 南	1	1		
湖 北	2	6		
湖 南	1	2		
广 东	1	1		
广 西	1			
海 南	1	1		
重 庆	1	1		
四 川	1	5	1	
贵 州	1	2		
云 南	1	3		
西 藏	1			
陕 西	2	1		
甘 肃	1	4		
青 海	1	2	1	
宁 夏	1	3		
新 疆	1	3		

表 9　2015 年按类别分行政执法

计量单位：次

各级测绘地理信息行政主管部门组织开展执法检查次数	
	#涉密测绘成果使用管理检查
7279	**3361**

计量单位：件

类别	各级测绘地理信息行政主管部门立案调查涉嫌违法案件	各级测绘地理信息行政主管部门做出行政处罚案件
合　计	**537**	**143**
1. 市场准入类	63	14
2. 测绘项目类	120	38
3. 地图类	74	32
#纸质地图	52	26
#导航电子地图	8	
#互联网地图	4	
4. 测绘成果类	226	37
#测绘成果质量	135	25
#测绘成果安全	91	12
5. 涉外测绘	5	2
6. 涉军测绘	4	
7. 测量标志	34	12
8. 其他	11	8

注：表中数据为省级、地级和县级测绘地理信息行政主管部门汇总数据

表10 2015年按地区分行政执法

地区	各级测绘地理信息行政主管部门组织开展执法检查次数（次）		各级测绘地理信息行政主管部门立案调查涉嫌违法案件（件）	各级测绘地理信息行政主管部门做出行政处罚案件（件）
		#涉密测绘成果使用管理检查		
合计	**7279**	**3361**	**537**	**143**
北京			1	
天津	4	2		
河北	491	251	39	20
山西	475	178	15	8
内蒙古	174	72		
辽宁	62	44	4	3
吉林	51	29	2	2
黑龙江	49	28		
上海	10	9		
江苏	425	165	12	3
浙江	291	75	18	21
安徽	133	80		
福建	125	65	23	1
江西	190	91		2
山东	727	291	27	10
河南	334	141	11	8
湖北	463	375	1	3
湖南	263	149	47	14
广东	301	107	1	1
广西	295	184	5	2
海南	9	5		
重庆	9	1	4	1
四川	356	135	130	20
贵州	538	152	31	14
云南	208	117	30	4
西藏	42	26		
陕西	220	100	2	1
甘肃	462	146	36	3
青海	25	20	81	
宁夏	77	56	1	1
新疆	470	267	16	1

注：表中数据为省级、地级和县级测绘地理信息行政部门汇总数据

表 11 2015 年法制宣传教育活动开展

地 区	举办活动次数（次）	设立宣传点（个）	宣传材料发放（份）	经费投入（万元）
合 计	**2964**	**6941**	**5052034**	**2947.9**
北 京	1	6	10000	2.2
天 津	10	113	10941	12.3
河 北	148	248	310915	572.7
山 西	205	318	280500	43.1
内蒙古	67	92	73402	30.9
辽 宁	30	91	132610	31.5
吉 林	38	116	72016	10.1
黑龙江	37	164	36846	12.0
上 海	1	100	10000	10.0
江 苏	161	400	154022	388.4
浙 江	138	158	147746	155.3
安 徽	68	125	46106	43.0
福 建	57	299	197256	79.2
江 西	130	231	94667	75.7
山 东	299	770	481331	228.4
河 南	117	299	169744	97.3
湖 北	78	176	132329	91.6
湖 南	152	332	148266	333.4
广 东	99	530	169022	163.7
广 西	152	236	483541	91.1
海 南	23	73	48500	39.3
重 庆	1	1	6000	50.0
四 川	124	705	522733	83.0
贵 州	176	313	218288	57.8
云 南	162	263	182470	33.7
西 藏	3	3	4000	2.0
陕 西	17	21	46402	21.2
甘 肃	182	352	595764	98.2
青 海	46	101	68830	36.7
宁 夏	48	70	106000	30.0
新 疆	194	235	91787	24.1

注：表中数据为省级、地级和县级测绘地理信息行政主管部门汇总数据

表12 2015年测绘地理信息质量监督检查

地区/单位	质量监督检查次数（次）	投入资金（万元）	检查测绘单位数（家）		检查项目数（项）	
				#批合格单位数		#批合格项目数
合 计	**2524**	**3285.6**	**4388**	**4270**	**8880**	**8573**
北 京	1	17.4	57	52	29	24
天 津	1	60.0	115	114	361	360
河 北	203	207.7	202	200	481	459
山 西	38	25.6	70	70	131	131
内蒙古	44	95.8	38	38	212	211
辽 宁	357	38.2	195	191	524	520
吉 林	15	20.4	77	69	89	87
黑龙江	24	31.9	103	95	228	220
上 海	1	120.5	37	35	37	35
江 苏	260	70.6	323	321	420	412
浙 江	27	202.1	217	200	264	249
安 徽	9	103.3	41	41	137	137
福 建	78	72.8	80	76	139	135
江 西	105	83.6	237	235	326	322
山 东	174	132.4	438	435	793	791
河 南	57	90.5	176	174	232	228
湖 北	10	114.3	99	99	99	95
湖 南	217	63.5	170	169	719	586
广 东	281	182.4	533	521	1002	990
广 西	56	39.0	63	63	790	790
海 南	5	0.3	7	7	21	21
重 庆						
四 川	184	242.5	225	201	443	419
贵 州	84	13.1	85	82	190	179
云 南	52	31.2	173	170	292	289
西 藏						
陕 西	68	77.4	200	187	189	173
甘 肃	106	553.1	136	135	293	292
青 海	3	11.5	30	30	35	35
宁 夏	25	56.8	41	41	68	68
新 疆	36	70.2	39	38	155	150
国家测绘地理信息局	3	457.5	181	181	181	165

注：表中数据包括各级（国家、省级、地级、县级）测绘地理信息行政主管部门数据，国家测绘地理信息局数据来源于国家测绘产品质量检验测试中心。

三、测绘资质单位

表 13　2015 年按类别分单位数量和服务总值

类 别	年末资质单位数量（个）							测绘服务总值（万元）
	合计	按资质等级分				按单位性质分		
		甲级	乙级	丙级	丁级	事业单位	企业单位	
合计	**15931**	**898**	**3122**	**5692**	**6219**	**3992**	**11939**	**8370476.5**
测绘地理信息[①]	200	140	53	2	5	151	49	1067056.3
国土资源	2113	148	437	718	810	1489	624	1049782.7
城乡建设与规划	2481	96	301	713	1371	1358	1123	1071405.2
铁 道	93	19	57	13	4		93	347912.1
交通运输	267	44	98	88	37	108	159	254761.3
水利水电	660	73	173	251	163	369	291	420254.1
电 力	54	13	16	10	15	1	53	96633.8
通 讯	13	3	6	2	2	1	12	16286.6
石 油	68	12	21	23	12	2	66	112176.1
石 化	7	2	3	2			7	6017.0
煤 炭	281	22	98	82	79	119	162	143526.8
有 色	138	18	61	36	23	58	80	100117.6
农 业	22	2	11	5	4	15	7	9784.0
林 业	40	3	16	11	10	32	8	17250.7
地 震	16	6	8	2		12	4	20053.9
海 洋	74	6	10	24	34	64	10	19613.3
环 保	7	1	2	3	1	3	4	25065.0
公安武警	1			1			1	60.0
科教文卫	70	7	33	29	1	37	33	20870.0
航空航天	20	9	9	2		4	16	217010.8
冶 金	112	18	36	34	24	20	92	159921.3
其他系统	951	83	253	263	352	149	802	620555.2
私营企业	8241	171	1420	3378	3272		8241	2569703.4
合资合作企业	2	2					2	4659.3

① 包含测绘地理信息系统单位开办的测绘企业，下同。

表 14　2015 年按地区分单位数量和服务总值

地　区	年末资质单位数量（个）							测绘服务总值（万元）
	合计	按资质等级分				按单位性质分		
		甲级	乙级	丙级	丁级	事业单位	企业单位	
合　计	**15931**	**898**	**3122**	**5692**	**6219**	**3992**	**11939**	**8370476.5**
北　京	354	107	138	55	54	40	314	1358332.9
天　津	136	20	42	66	8	31	105	178628.8
河　北	808	51	133	264	360	146	662	311753.1
山　西	578	24	69	184	301	135	443	154773.1
内蒙古	596	18	132	252	194	112	484	161828.8
辽　宁	603	36	164	219	184	170	433	224716.9
#大　连	88	7	30	39	12	9	79	63377.8
吉　林	484	18	84	122	260	109	375	152656.0
黑龙江	599	32	102	182	283	136	463	170216.2
上　海	189	27	63	60	39	17	172	307904.3
江　苏	842	57	136	374	275	162	680	321280.9
浙　江	615	33	112	174	296	118	497	374269.5
#宁　波	79	4	17	23	35	21	58	59145.4
安　徽	556	20	80	160	296	150	406	160195.2
福　建	493	27	77	194	195	112	381	259105.9
#厦　门	51	9	14	18	10	37		67943.4
江　西	536	30	68	134	304	175	361	114039.4
山　东	870	34	109	226	501	157	713	353278.8
#青　岛	107	4	19	36	48	16	91	60019.5
河　南	925	36	263	294	332	179	746	336284.2
湖　北	735	51	189	330	165	293	442	641713.3
湖　南	574	37	97	192	248	366	208	260647.4
广　东	684	54	130	234	266	250	434	584380.8
#深　圳	54	18	24	10	2	3	51	92391.0
广　西	586	18	104	285	179	147	439	154515.2
海　南	182	11	24	67	80	43	139	51862.5
重　庆	198	5	47	127	19	30	168	135764.1
四　川	1012	40	192	472	308	196	816	669166.3
贵　州	447	15	68	161	203	129	318	142734.6
云　南	760	14	142	327	277	197	563	193179.8
西　藏	39	1	11	17	10	15	24	9357.5
陕　西	512	37	153	194	128	96	416	291273.3
甘　肃	380	14	74	124	168	120	260	104611.2
青　海	118	11	24	62	21	31	87	45186.4
宁　夏	111	3	23	32	53	27	84	37435.1
新　疆	409	17	72	108	212	103	306	109385.4

表 15 2015 年按类别分测绘从业人员

计量单位：人

类别	测绘从业人员年末人数									测绘从业人员年平均人数
	合计	按资质等级分				#测绘作业证持证人数	#年内录用应届毕业生	#获得注册测绘师资格		
		甲级	乙级	丙级	丁级				#注册测绘师	
合 计	**390146**	**119644**	**133014**	**86394**	**51094**	**175039**	**25863**	**8836**	**7064**	**364867**
测绘地理信息	26173	24037	2045	22	69	12455	850	1167	982	26073
国土资源	50117	16920	16511	10352	6334	24272	1576	1122	860	46373
城乡建设与规划	47810	13469	11757	10889	11695	24373	1606	1702	1402	45540
铁 道	10026	3638	5651	584	153	3642	657	191	149	9160
交通运输	12788	5480	5150	1712	446	5807	887	242	193	11481
水利水电	22141	7734	8127	4541	1739	12580	690	682	561	19951
电 力	2194	1096	635	141	322	858	61	95	80	2091
通 讯	249	71	91	49	38	63	5	7	7	242
石 油	3644	2159	846	486	153	1844	57	118	107	3512
石 化	365	230	119	16		212	10	15	15	357
煤 炭	10332	3308	4976	1189	859	4530	574	184	137	9680
有 色	5871	2458	2364	759	290	2643	179	130	110	5285
农 业	575	128	331	87	29	263	21	8	7	561
林 业	1819	209	1198	279	133	793	32	15	15	1704
地 震	1137	881	237	19		602	73	35	22	1036
海 洋	1376	453	362	362	199	693	36	35	32	1351
环 保	209	92	53	56	8	85	3	2	2	236
公安武警	16			16		16				16
科教文卫	2077	473	1153	445	6	957	66	50	44	1882
航空航天	1996	1709	271	16		782	212	27	25	1824
冶 金	5884	3283	1685	734	182	3152	512	133	113	5783
其他系统	27114	8370	11634	4079	3031	10997	1990	468	355	25108
私营企业	156191	23404	57818	49561	25408	63420	15766	2408	1846	145578
合资合作企业	42	42								43

表 15 2015 年按类别分测绘从业人员（续）

计量单位：人

类 别	专业技术人员年末人数									技能人才
	合计	#测绘专业技术人员				#测绘相关专业技术人员				
		小计	#高级	#中级	#初级	小计	#高级	#中级	#初级	
合 计	**312312**	**213896**	**25630**	**67103**	**76623**	**88033**	**13528**	**25263**	**23851**	**37380**
测绘地理信息	20735	18344	3162	5164	7000	1678	241	451	436	2945
国土资源	40677	29033	3839	10283	10912	10259	1961	3505	2919	5101
城乡建设与规划	38506	26540	3086	8675	9878	10688	1461	3671	3426	4582
铁 道	7337	4628	667	1469	1553	1814	292	610	619	3230
交通运输	10756	6210	1193	2112	1529	4031	1218	1278	616	908
水利水电	18737	10326	1987	3559	3142	7467	1982	2487	1809	2899
电 力	1779	969	246	337	215	788	264	155	126	231
通 讯	194	121	11	60	45	69	14	19	17	10
石 油	2503	1768	262	762	592	714	153	343	156	820
石 化	268	198	44	53	77	63	10	31	13	104
煤 炭	7612	5142	718	1773	2061	2333	455	808	748	1604
有 色	4909	2933	415	1083	1022	1850	431	696	574	376
农 业	530	333	92	139	75	188	66	63	45	42
林 业	1639	894	309	357	198	726	266	165	27	145
地 震	852	681	159	234	208	161	54	49	20	71
海 洋	1254	700	154	279	205	542	157	181	127	23
环 保	176	116	24	44	34	60	10	23	21	14
公安武警	16	13		9	4	3		2	1	
科教文卫	1875	1458	531	411	241	394	121	154	39	83
航空航天	825	588	89	163	274	235	16	57	89	50
冶 金	4597	2949	331	957	1153	1553	189	482	681	780
其他系统	21472	13878	1655	4111	4712	6913	1147	1955	1828	2160
私营企业	125021	86074	6656	25069	31493	35462	3020	8078	9514	11202
合资合作企业	42					42				

表 16 2015 年按地区分测绘从业人员

计量单位：人

地 区	测绘从业人员年末人数									测绘从业人员年平均人数
	合计	按资质等级分				#测绘作业证持证人数	#年内录用应届毕业生	#获得注册测绘师资格		
		甲级	乙级	丙级	丁级				#注册测绘师	
合 计	**390146**	**119644**	**133014**	**86394**	**51094**	**175039**	**25863**	**8836**	**7064**	**364867**
北 京	24938	16708	6270	1237	723	6342	1846	516	422	23465
天 津	6259	2845	2189	1144	81	3053	313	254	190	6143
河 北	18559	6065	5527	4023	2944	7188	1144	435	340	17479
山 西	12357	2948	3691	3160	2558	5534	697	163	137	11996
内蒙古	10925	2039	4250	3316	1320	4516	519	128	110	10214
辽 宁	14348	4953	5617	2545	1233	7538	943	294	216	13530
#大 连	2938	1599	868	400	71	1455	293	75	64	2923
吉 林	8932	1728	3416	1609	2179	4066	466	114	88	8487
黑龙江	11479	3954	3814	2095	1616	4625	502	179	136	10883
上 海	6962	2629	2291	1493	549	2521	239	201	156	6689
江 苏	17842	6306	4793	4821	1922	7507	1112	596	509	16689
浙 江	16061	3941	5143	3814	3163	7562	1134	463	394	15331
#宁 波	2051	285	922	463	381	1126	110	83	70	2023
安 徽	11033	2241	3454	2652	2686	5834	767	335	255	10464
福 建	10140	2977	3106	2640	1417	4495	668	230	184	9490
#厦 门	1857	954	562	254	87	746	152	53	50	1743
江 西	9720	3333	2498	1733	2156	4662	664	249	183	9099
山 东	19620	5454	4722	4346	5098	9525	1240	535	432	18495
#青 岛	2600	698	792	643	467	1542	109	104	98	2516
河 南	22847	4158	11058	4659	2972	11867	1914	420	330	21565
湖 北	24644	8135	10392	4823	1294	8846	1582	541	423	20863
湖 南	13113	3928	4121	2996	2068	6634	726	353	289	12171
广 东	18018	6855	5836	3494	1833	7179	1327	639	551	17289
#深 圳	3264	2156	857	234	17	1191	268	145	115	3121
广 西	11640	2820	3639	3808	1373	5588	622	175	162	11141
海 南	3272	740	847	995	690	1817	319	35	31	3099
重 庆	6915	1682	2579	2472	182	2948	406	277	220	6515
四 川	27058	7916	9045	7436	2661	14132	1969	479	376	24885
贵 州	8232	2026	2621	2055	1530	4532	413	159	121	7463
云 南	15943	1461	6627	5367	2488	9141	1351	242	181	14811
西 藏	693	32	296	296	69	333	50	8	5	656
陕 西	18617	6582	8087	2783	1165	7830	1599	385	324	17260
甘 肃	8004	1738	3101	1975	1190	4008	681	154	114	7224
青 海	2939	1410	762	649	118	1473	85	50	35	2706
宁 夏	2168	307	946	533	382	1192	231	80	37	2121
新 疆	6868	1733	2276	1425	1434	2551	334	147	113	6644

表 16 2015 年按地区分测绘从业人员（续）

计量单位：人

地 区	专业技术人员年末人数									技能人才
	合计	#测绘专业技术人员				#测绘相关专业技术人员				
		小计	#高级	#中级	#初级	小计	#高级	#中级	#初级	
合 计	**312312**	**213896**	**25630**	**67103**	**76623**	**88033**	**13528**	**25263**	**23851**	**37380**
北 京	16544	10131	1385	2686	2518	5669	645	1037	1079	1555
天 津	5214	3638	729	1126	1372	902	189	312	241	1163
河 北	14431	9752	1195	3190	3467	4364	753	1508	1108	2289
山 西	8453	6255	537	2191	2388	2005	268	722	537	1614
内蒙古	9131	6308	827	2216	2114	2576	509	832	651	1042
辽 宁	11752	8101	1054	2891	2632	3437	649	1158	847	819
#大 连	2601	1868	225	589	541	705	118	195	243	63
吉 林	7674	5572	1043	1767	1891	1882	464	532	542	676
黑龙江	9759	6921	997	2292	2272	2622	531	765	730	719
上 海	5621	3352	531	1026	1196	2028	467	591	584	808
江 苏	14626	10496	1256	3388	3748	3868	650	1103	1014	891
浙 江	12435	8668	900	2752	3114	3346	369	845	955	1191
#宁 波	1675	1084	135	370	371	556	51	171	205	179
安 徽	8838	5954	646	1933	2200	2642	334	768	803	1046
福 建	8494	5966	669	1940	2319	2307	309	581	684	771
#厦 门	1496	996	132	311	315	438	71	92	82	134
江 西	7677	5278	573	1661	2018	2084	277	638	746	1486
山 东	15871	10769	1278	3319	3920	4713	617	1215	1317	1269
#青 岛	2186	1329	274	411	401	826	145	193	284	137
河 南	18217	13190	1281	4164	5278	4429	690	1497	1180	2522
湖 北	19459	12461	1526	4198	3990	6375	1051	1887	1912	2462
湖 南	10735	7337	828	2253	2443	3002	526	998	673	1943
广 东	14552	9355	1077	2465	2985	4862	662	1066	913	1609
#深 圳	2565	1402	224	322	397	1132	105	164	193	347
广 西	9895	6440	594	2056	2479	3141	498	1025	888	819
海 南	2561	1766	178	474	763	695	92	190	215	275
重 庆	5201	3507	450	1123	1262	1597	205	491	474	753
四 川	22302	15186	1280	4401	6453	6132	679	1661	2038	3352
贵 州	6866	4762	629	1530	1856	1891	271	565	484	747
云 南	13544	9641	1130	3101	3352	3429	526	944	848	1132
西 藏	595	343	44	80	121	239	23	56	82	136
陕 西	14639	10615	1378	3038	4044	3484	478	1100	1138	2340
甘 肃	6629	4755	630	1433	1703	1584	298	424	433	1029
青 海	2623	1828	208	582	837	618	78	139	206	232
宁 夏	1791	1150	138	315	357	514	123	99	131	316
新 疆	6183	4399	639	1512	1531	1596	297	514	398	374

表 17　2015 年主要设备数量

计量单位：台/套

设备名称	年末数量								本年增加数量	本年减少数量
	合计	按质量状况分			按存在状态分		按设备原产地分			
		完好	待修	待废	在用	闲置	国产	进口		
全球导航卫星系统接收机	**77702**	76437	519	746	74430	3272	57788	19914	8090	1011
全站仪	**69577**	68573	519	485	66858	2719	42443	27134	4725	660
水准仪	**45535**	45091	210	234	43389	2146	33957	11578	2630	426
天文测量设备	**86**	86			69	17	42	44	6	
重力仪	**389**	378	6	5	366	23	155	234	78	3
基线测量设备	**582**	557	19	6	539	43	459	123	46	8
航摄仪	**808**	804	4		766	42	439	369	115	9
无人飞行器系统	**1428**	1421	5	2	1369	59	1222	206	393	6
多镜头多角度倾斜摄影测量系统	**133**	132	1		132	1	86	47	51	4
多角度倾斜摄影真三维处理系统	**633**	632	1		633		581	52	56	1
全数字摄影测量系统	**13389**	13332	18	39	13103	286	12254	1135	1576	112
遥感图像处理系统	**6055**	6049	2	4	6002	53	5264	791	643	127
地理信息处理软件	**31821**	31810	7	4	31618	203	28937	2884	3536	55
地理信息系统平台软件	**20412**	20402	7	3	20251	161	18337	2075	2190	40
地面移动测量系统	**620**	620			602	18	519	101	69	3
测深仪	**6718**	6648	33	37	6308	410	5692	1026	674	37
地下管线探测仪	**8127**	8049	19	59	7812	315	4025	4102	1623	53
手持测距仪	**60850**	60450	185	215	58593	2257	42394	18456	7674	509
声速仪	**1136**	1127	4	5	1078	58	638	498	140	5
水位计	**3572**	3539	13	20	3449	123	2392	1180	415	19
验流计	**971**	934	27	10	897	74	595	376	98	7
浅地层剖面仪	**284**	283	1		271	13	110	174	31	
多波束测深系统	**423**	412	9	2	402	21	127	296	42	1
侧扫声呐	**273**	272	1		254	19	75	198	22	
海洋磁力仪	**199**	197	1	1	190	9	72	127	21	2
图形扫面议	**8156**	8087	29	40	8032	124	5505	2651	443	68
绘图仪	**14695**	14519	88	88	14394	301	8584	6111	685	135
外业数据采集设备	**13297**	13114	58	125	12969	328	11190	2107	2031	41
导航地图编辑系统	**1556**	1530	20	6	1525	31	1506	50	427	2
高性能图形编辑计算机	**77453**	76952	87	414	75838	1615	70591	6862	9635	1010
服务器	**20246**	20147	37	62	20136	110	16674	3572	2051	290
地理信息应急监测车	**70**	69	1		68	2	63	7	6	2

表 18 2015 年末按类别分主要设备（一）

计量单位：台/套

类别	全球导航卫星系统接收机	全站仪	水准仪	天文测量设备	重力仪	基线测量设备	航摄仪	无人飞行器系统	多镜头多角度倾斜摄影测量系统	多角度倾斜摄影真三维处理系统
合　计	**77702**	**69577**	**45535**	**86**	**389**	**582**	**808**	**1428**	**133**	**633**
测绘地理信息	6156	4135	1801	12	14	6	106	156	15	45
国土资源	11244	9257	5264	2	144	40	46	217	4	8
城乡建设与规划	7101	8146	5092	7	10	23	31	103	9	9
铁　道	2391	2947	3453		7	26	16	1		
交通运输	2623	1986	1717			15	3	11		
水利水电	5289	4499	3072	4		32	23	52	1	2
电　力	565	386	229				8	5		
通　讯	14	13	10							
石　油	4195	1087	283		6		6	6	2	1
石　化	1628	1531	1001	1	8	20	20	29		
煤　炭	1238	1091	614	3	13	32	11	16		1
有　色	109	86	56				3	5		
农　业	856	155	148				1			
林　业	223	136	224	17	85	18				
地　震	308	140	178	1	5	1	3	17		
海　洋	32	33	26							
环　保	12	2	2							
公安武警	549	795	839	1	5	6	17	20	1	3
科教文卫	98	109	89			2	33	10	5	4
航空航天	1127	1313	744	2	6	23	13	16	2	1
冶　金	84	108	65					1		
其他系统	4012	4086	2758		34	67	75	131	9	3
私营企业	27848	27536	17870	36	52	271	393	632	85	556
合资合作企业										

表 18　2015 年末按类别分主要设备（二）

计量单位：台/套

类别	全数字摄影测量系统	遥感图像处理系统	地理信息处理软件	地理信息系统平台软件	地面移动测量系统	测深仪	地下管线探测仪	手持测距仪	声速仪	水位计	验流计
合　计	**13389**	**6055**	**31821**	**20412**	**620**	**6718**	**8127**	**60850**	**1136**	**3572**	**971**
测绘地理信息	3778	1043	4043	1801	38	171	644	2661	30	86	26
国土资源	1291	640	4154	2599	40	651	869	7297	123	203	54
城乡建设与规划	951	263	3152	1559	37	286	926	8944	45	150	32
铁　道	158	9	145	42	2	89	81	205	2	17	1
交通运输	96	17	174	109	3	775	84	393	205	461	162
水利水电	502	202	868	485	13	1094	278	1075	127	1108	242
电　力	70	25	78	42	1	32	50	162	4	29	4
通　讯			13	10		1	6	6			
石　油	89	35	157	231	1	138	200	79	28	50	13
石　化	268	104	588	324	23	72	208	753	5	22	4
煤　炭	110	26	377	238	2	109	219	768	20	52	24
有　色	36	29	67	37		11	3	29			
农　业	10	79	195	59		3	9	196			
林　业	5		14	15		7	10	80	1	5	
地　震		48	108	60	5	234	10	25	62	186	151
海　洋			6	6		1	3	17			
环　保											
公安武警	376	110	431	487	2	64	28	321	12	24	22
科教文卫	52	79	70	51	9	7	12	61			
航空航天	199	16	486	163		51	481	542	7	23	4
冶　金	16	10	15	17		7	13	46			
其他系统	763	398	2250	1683	62	458	540	4194	56	243	40
私营企业	4619	2922	14430	10394	382	2457	3453	32996	409	913	192
合资合作企业											

表18 2015年末按类别分主要设备（三）

计量单位：台/套

类别	浅地层剖面仪	多波束测深系统	侧扫声呐	海洋磁力仪	图形扫描仪	绘图仪	外业数据采集设备	导航地图编辑系统	高性能图形编辑计算机	服务器	地理信息应急监测车
合计	**284**	**423**	**273**	**199**	**8156**	**14695**	**13297**	**1556**	**77453**	**20246**	**70**
测绘地理信息	4	10	7	3	607	980	2441	34	11716	3894	22
国土资源	41	29	29	27	1380	2721	1669	9	9183	2036	7
城乡建设与规划	7	10	7	7	770	1864	557	21	6873	1673	3
铁道	1	4	2	1	132	219	39		164	288	
交通运输	42	101	51	32	167	352	283	10	2288	425	
水利水电	37	64	26	15	495	748	390		2392	758	4
电力	3	2	2	2	53	97	17		103	66	
通讯					35	5		1	21	86	
石油	13	11	15	9	97	156	479		189	102	
石化	3	3	3	3	212	422	229	6	1233	137	
煤炭	9	10	7	6	137	257	252		1190	128	
有色					26	31	12		194	35	1
农业					69	93	241	2	738	80	
林业				4	16	10			64	18	1
地震	26	31	29	17	51	56	34	6	156	84	5
海洋					4	7			40	2	
环保											
公安武警	6	8	6	3	111	65	105	6	714	155	1
科教文卫					19	11	65	10	297	155	1
航空航天	1	3	2	1	89	256	131		695	109	
冶金					8	13	2		69	6	
其他系统	15	26	16	8	524	745	637	615	4236	1593	1
私营企业	76	111	71	61	3154	5587	5714	836	34898	8141	24
合资合作企业										275	

表 19 2015 年末按地区分主要设备（一）

计量单位：台/套

地区	全球导航卫星系统接收机	全站仪	水准仪	天文测量设备	重力仪	基线测量设备	航摄仪	无人飞行器系统	多镜头多角度倾斜摄影测量系统	多角度倾斜摄影真三维处理系统
合计	**77702**	**69577**	**45535**	**86**	**389**	**582**	**808**	**1428**	**133**	**633**
北京	3923	2530	1662	7	10		99	90	18	19
天津	1473	1345	1640	7	13	7	18	15	2	3
河北	5100	3743	2163	4	24	6	24	57	2	3
山西	2301	2096	1475		3	4	36	32	1	
内蒙古	2794	2073	1626		11	43	6	21	2	1
辽宁	3347	2331	1697	1	4	19	25	34	4	4
#大连	870	449	309				8	5	2	2
吉林	2242	1690	1102		6	2	9	33		3
黑龙江	2480	2062	1410	3	6	5	17	21	1	1
上海	1044	1073	986		1		5	6	3	
江苏	3196	3303	2259		8	11	31	37	6	5
浙江	2544	2892	1626	1	9	52	22	49	8	4
#宁波	349	348	207			3	9	7		2
安徽	2114	2182	1417		3	14	5	18		1
福建	1955	2083	1349	4	10	19	13	46	2	
#厦门	389	362	323		6		4	4		
江西	1433	1882	1099		4	28	24	32	1	1
山东	3466	3266	1928	2	3	34	39	44	8	7
#青岛	463	388	266			8	8	12	3	3
河南	4076	4684	3044	3	11	16	70	113	21	1
湖北	4465	3993	2600	3	86	74	46	94	11	511
湖南	2663	2465	1339	3	23	38	12	15		
广东	2607	2924	1799	6	14	16	34	87	8	16
#深圳	263	355	215		2	1	4	11	1	1
广西	2380	2274	1365	7	4	4	20	84	4	2
海南	815	599	376		1	4	6	9		1
重庆	1146	1437	698		2	8	8	30		1
四川	5683	4880	2694	13	10	33	55	109	7	6
贵州	1970	1613	955	2	9	7	18	45	1	1
云南	3484	2874	2012	7	16	47	34	83	3	2
西藏	214	143	109		3	2				
陕西	3696	3402	2551	5	40	44	71	77	4	4
甘肃	1825	1469	972	2	20	21	23	82	9	3
青海	735	597	383		14	9	4	25	1	30
宁夏	510	312	232	1	7	1	4	7		
新疆	2021	1360	967	5	14	14	30	33	6	3

表19 2015年末按地区分主要设备（二）

计量单位：台/套

地区	全数字摄影测量系统	遥感图像处理系统	地理信息处理软件	地理信息系统平台软件	地面移动测量系统	测深仪	地下管线探测仪	手持测距仪	声速仪	水位计	验流计
合计	**13389**	**6055**	**31821**	**20412**	**620**	**6718**	**8127**	**60850**	**1136**	**3572**	**971**
北京	961	406	1957	2028	136	151	463	2018	16	78	9
天津	160	42	207	136	3	220	191	622	80	187	72
河北	628	259	1325	661	7	301	703	2850	43	107	46
山西	443	147	569	311	3	60	139	1805		1	
内蒙古	186	92	775	357	13	114	168	1560	2	7	1
辽宁	976	239	1108	739	8	379	350	2035	84	179	66
#大连	120	99	165	126	7	153	95	482	36	84	37
吉林	327	30	421	238	6	95	136	1357	2	2	1
黑龙江	677	96	813	492	12	147	126	2051	13	38	11
上海	56	19	137	72	11	293	185	499	82	310	92
江苏	618	219	1232	771	37	551	612	3911	85	336	116
浙江	382	101	1340	700	21	446	403	3122	95	325	78
#宁波	34	4	140	72	3	96	63	399	27	50	33
安徽	346	64	1006	601	2	187	214	2316	41	47	12
福建	337	132	843	433	20	309	228	2684	82	157	73
#厦门	92	10	165	55		61	40	310	10	36	37
江西	288	85	858	448	25	122	149	1710	7	6	2
山东	427	134	1355	1047	15	418	569	2891	100	262	80
#青岛	25	7	102	61	5	106	49	362	25	71	44
河南	972	340	1856	1183	21	237	513	4014	12	32	8
湖北	630	1422	4208	3714	89	401	350	2761	59	290	58
湖南	431	191	1546	807	4	176	185	1858	22	68	20
广东	435	259	2323	1544	22	711	527	3351	169	620	138
#深圳	90	34	611	449	8	97	136	490	22	72	16
广西	317	179	587	325	19	195	91	2608	49	84	41
海南	80	11	163	55	1	109	58	541	25	50	21
重庆	250	71	651	309	7	128	267	742	10	158	11
四川	1089	444	2358	927	10	289	531	3370	15	58	8
贵州	301	131	491	386	7	96	89	1381	3	24	2
云南	339	182	1096	617	53	177	212	3026	13	34	2
西藏	10		45	10		13	12	96	3	2	1
陕西	935	388	1136	945	22	166	297	2677	4	21	
甘肃	363	144	462	252	24	80	137	1249	1	81	
青海	106	47	400	102	4	28	45	414	2	5	1
宁夏	41	27	98	46	1	27	41	265			
新疆	278	154	455	156	17	92	136	1066	17	3	1

表19 2015年末按地区分主要设备（三）

计量单位：台/套

地区	浅地层剖面仪	多波束测深系统	侧扫声呐	海洋磁力仪	图形扫描仪	绘图仪	外业数据采集设备	导航地图编辑系统	高性能图形编辑计算机	服务器	地理信息应急监测车
合计	**284**	**423**	**273**	**199**	**8156**	**14695**	**13297**	**1556**	**77453**	**20246**	**70**
北京	4	8	4	2	321	428	1256	660	10420	6523	1
天津	21	34	23	13	92	216	33		1002	278	2
河北	16	19	17	10	354	800	180	26	2143	724	1
山西	1				259	507	182	1	1590	210	2
内蒙古	1	2			294	540	181	4	2016	418	1
辽宁	29	28	22	15	261	578	298	2	2461	357	1
#大连	23	21	18	11	49	131	24		478	66	
吉林	1		1		145	315	293	18	1542	238	
黑龙江	3	4	3	2	199	399	611	1	2399	362	2
上海	21	40	29	24	106	173	38	5	881	409	
江苏	18	35	17	11	357	689	289	5	4868	898	1
浙江	19	28	18	12	287	694	411	11	3452	803	4
#宁波	4	6	5	3	24	94	5		495	106	1
安徽		6		3	302	501	285	60	2336	393	
福建	14	18	14	13	164	384	473	8	1271	448	1
#厦门	4	6	4	3	23	47	66		333	81	
江西		1		0	200	293	247	10	1386	170	1
山东	33	40	37	24	362	944	1158	20	3124	733	3
#青岛	12	15	11	7	61	123	53	7	254	131	3
河南	2	13	3	7	574	909	595	8	4130	602	
湖北	26	29	21	13	581	748	507	41	4441	1090	9
湖南	4	4	2	2	384	588	530	62	2659	581	1
广东	42	71	45	29	358	818	1073	419	5468	995	2
#深圳	9	11	8	8	44	72	113	405	1513	387	
广西	11	11	10	9	278	505	290		1988	365	1
海南	8	6	4	4	35	91	76		292	154	1
重庆	3	4	1		119	227	330	1	793	279	1
四川	3	3			635	874	1668	6	3920	691	28
贵州	1	4			188	346	230	2	1698	295	1
云南	1	5		6	422	687	773	133	2955	698	1
西藏	1				11	14	23	3	83	11	
陕西		1			358	587	554	38	4154	637	2
甘肃		3	1		205	306	266	1	2066	399	2
青海		5			92	96	56		299	72	1
宁夏					42	73	54	8	464	134	
新疆	1	1	1		171	365	337	3	1152	279	

四、测绘地理信息系统单位

（一）测绘服务总值

表20 2015年测绘服务总值和劳动生产率

单　　位	测绘服务总值（万元）	全员劳动生产率（元/人）
合计/平均值	**1164167.3**	**421159**
北　京	37791.8	455323
天　津	33881.7	514919
河　北	59197.9	843275
山　西	24003.8	333386
内蒙古	26509.9	356315
辽　宁	23026.0	339616
吉　林	22727.1	384554
黑龙江	58396.8	299625
上　海	40452.7	877498
江　苏	34234.2	584201
浙　江	41505.0	460654
安　徽	26940.8	370066
福　建	24190.6	553562
江　西	21204.9	325229
山　东	36398.9	464865
河　南	21785.7	377569
湖　北	34163.8	686021
湖　南	39978.9	489938
广　东	48778.1	435519
广　西	49582.1	399212
海　南	11993.4	300587
重　庆	13453.5	126681
重庆测绘院	11932.7	318205
四　川	100065.8	474245
贵　州	26916.6	341148
云　南	26683.7	390684
西　藏	1155.6	206355
陕　西	55508.5	253117
甘　肃	17616.9	421456
青　海	17946.0	263524
宁　夏	9274.8	377023
新　疆	19047.0	288154
青　岛		
大　连	1117.0	139625
宁　波	15614.4	817509
深　圳	15432.0	364824
厦　门	2485.0	172566
中国地图出版集团	54247.1	1118497
测绘研究院	19207.2	669241
地理信息中心	15003.9	862294
卫星应用中心	6446.5	848229
质量检验中心	2725.0	432532
国家局及其其他直属单位	15544.0	422390

（二）生产

表21 2015年测绘基准建设

单位	本年卫星定位连续运行基准站建设（座）	#自建（座）	GNSS大地控制点测量（点）	水准测量 点数（点）	水准测量 水准观测长度（千米）	重力测量（点）	本地似大地水准面精化（平方千米）
合计	**648**	**467**	**2113**	**2991**	**21865**	**11**	**1644199**
北京							
天津	1		236	80	790	11	11000
河北	8	8					
山西							
内蒙古	34	34	100	100	1000		
辽宁	60	48			456		148000
吉林			133	123	2850		
黑龙江	113	101					
上海							
江苏	56	20			1450		
浙江							
安徽	9	9					
福建	73	40	136	111	2455		26000
江西	4		40	300	3500		
山东							
河南			648	206	109		
湖北	10	10					2500
湖南	12	12					
广东							
广西	5	5					236700
海南							
重庆	9	9	56	32	66		82000
四川							
贵州	62	56					
云南	110	45					12199
西藏	2	2					
陕西							
甘肃	7	1	257	1126	5600		425800
青海	57	51	243	913	3458		700000
宁夏							
新疆	16	16	70		131		
青岛			194				
大连							
宁波							
深圳							
厦门							

表22 2015年航空摄影

计量单位：平方千米

单 位	合计	按分辨率分		
		0.2米以内（含）	0.2米-0.5米（含）	0.5米以上
合 计	**1670618.8**	**612633.3**	**895285.4**	**162700.0**
北 京				
天 津	7670.0	7670.0		
河 北	31000.0			31000.0
山 西	113860.0		113860.0	
内蒙古	11663.0	11663.0		
辽 宁	694.5	694.5		
吉 林	42680.0		42680.0	
黑龙江	183119.0	183119.0		
上 海	8000.0		8000.0	
江 苏	660.0	660.0		
浙 江	75195.0	13839.0	61356.0	
安 徽	103012.0	3012.0		100000.0
福 建	34569.0		2869.0	31700.0
江 西	275.0	275.0		
山 东	11007.0	2007.0	9000.0	
河 南	2726.0	2626.0	100.0	
湖 北	4200.0	4200.0		
湖 南	117000.0	117000.0		
广 东	750.0	750.0		
广 西	133100.0	133100.0		
海 南				
重 庆	4364.9	3104.5	1260.4	
四 川				
贵 州	50370.0	50370.0		
云 南	100.0	20.0	80.0	
西 藏	370.0	370.0		
陕 西				
甘 肃	25700.0	700.0	25000.0	
青 海				
宁 夏				
新 疆	103552.0	2934.0	100618.0	
青 岛				
大 连				
宁 波	7.5	7.5		
深 圳	2000.0		2000.0	
厦 门	1800.0	1800.0		
地理信息中心	601173.9	72711.8	528462.0	

表 23　2015 年卫星影像获取

计量单位：平方千米

单 位	合计	按分辨率分			
		1 米以内(含)	1 米 - 2.5 米(含)	2.5 米 - 10 米(含)	10 米以上
合 计	**1095362034.9**	**974871.0**	**279069817.2**	**815317346.7**	
北 京					
天 津	65000.0		12000.0	53000.0	
河 北					
山 西	25565.0	25565.0			
内蒙古	300570.5	562.0	300008.5		
辽 宁	322187.0	24535.0	297652.0		
吉 林	41297.0	41297.0			
黑龙江					
上 海	16000.0	8000.0	8000.0		
江 苏					
浙 江	88000.0		88000.0		
安 徽	140100.0	140100.0			
福 建	10407.0	10407.0			
江 西					
山 东	368800.0		314000.0	54800.0	
河 南					
湖 北					
湖 南					
广 东					
广 西	99000.0		99000.0		
海 南	34000.0		34000.0		
重 庆	461973.4		238872.7	223100.7	
四 川					
贵 州					
云 南					
西 藏	125.0	125.0			
陕 西					
甘 肃	2555.0	2555.0			
青 海	1772.0	1772.0			
宁 夏	51910.0		51910.0		
新 疆	1323104.0	255640.0	611464.0	456000.0	
青 岛					
大 连					
宁 波	14300.0	4300.0	10000.0		
深 圳	4000.0	4000.0			
厦 门	2200.0	2200.0			
地理信息中心	1244169.0	453813.0	787410.0	2946.0	
卫星应用中心	1090745000.0		276217500.0	814527500.0	

表 24 2015 年地理信息数据生产（一）

计量单位：平方千米，幅

单位	数字线划地图（DLG）													
	合计		#1:5 万		#1:1 万		#1:5000		#1:2000		#1:1000		#1:500	
	面积	图幅数	面积	图幅数	面积	图幅数	面积	图幅数	面积	图幅数	面积	图幅数	面积	图幅数
合　计	**14612759**	**343072**	**12685779**	**31940**	**1622042**	**72758**	**111705**	**4105**	**113579**	**122885**	**9468**	**44708**	**4384**	**65706**
北　京	23965	18299			16410	933			7132	8916			423	8450
天　津	12613	17958							12496	15620			117	2338
河　北	10794	9018	400	1	9256	989					802	2652	336	5376
山　西	80964	8640			80067	3183			559	559	42	168	296	4730
内蒙古	167596	7294			167356	6694			120	120	120	480		
辽　宁	37670	1524			37670	1524								
吉　林	96669	4438			96669	4438								
黑龙江	4448323	25336	4217060	10908	167698	7155			428	460	496	3149	217	3471
上　海	17466	34526			6341	322			7847	9809	2745	13723	534	10672
江　苏	91449	3387			91449	3387								
浙　江	118549	14092			105531	4320			9673	9702				
安　徽	50204	12716			48355	1807	3	10	536	689	863	3578	447	6632
福　建	241	32			218	8			23	24				
江　西	22363	2150			22246	892			28	28	40	160	49	1070
山　东	33118	4471			32448	1251			420	420	100	400	150	2400
河　南	85039	8606			83194	3200	421	79	421	457	976	4387	28	483
湖　北	6000	223			6000	223								
湖　南	70813	25330			49148	1730			21500	21500	45	180	120	1920
广　东	579	2864							77	706			502	2158
广　西	24310	13031			23620	10347			473	473	15	57	203	2154
海　南	318377	1732	302337	762	16000	594					40	376		
重　庆	103	1882											69	1175
重庆测绘院	481852	2651	471277	1178	1445	60	9130	1413						
四　川	3049210	20958	2834725	6672	114347	3903	95731	1534	3490	3490	777	3106	141	2253
贵　州	105971	6132			105320	3990			601	1236	4	34	46	872
云　南	53396	3118	460	1	45972	1556	6320	1053	498	498			146	10
西　藏	33780	1171			33780	1171								
陕　西	4985657	21657	4859520	12418	124185	3900			1249	1311	578	1860	124	2168
甘　肃	30619	1585			30450	1218	100	16	16	16	42	169	11	166
青　海	16611	4985			15706	601			233	931	673	3453		
宁　夏	22531	1008			22511	688							20	320
新　疆	16583	2133			16499	670							84	1463
青　岛														
大　连														
宁　波	426	588							426	588				
深　圳	80	1122									80	1122		
厦　门	89	1208									45	242	45	966
中国地图出版集团														
测绘研究院	98751	57207			52151	2004			45334	45332	987	5412	279	4459
地理信息中心														
卫星应用中心														

2015 年地理信息数据生产（二）

计量单位：平方千米，幅

单 位	数字高程模型（DEM）													
	合计		#1:5 万		#1:1 万		#1:5000		#1:2000		#1:1000		#1:500	
	面积	图幅数	面积	图幅数	面积	图幅数	面积	图幅数	面积	图幅数	面积	图幅数	面积	图幅数
合 计	**2567361**	**272531**	**50460**	**126**	**2265440**	**88223**	**122591**	**4662**	**117555**	**124464**	**10105**	**36906**	**1211**	**18150**
北 京														
天 津	11900	696					11900	696						
河 北	194703	19773			188000	8108	3750	600	349	349	2117	2920	487	7796
山 西	16899	4419			13000	520			3899	3899				
内蒙古	176415	8007			176175	7047			120	480	120	480		
辽 宁	37670	1524			37670	1524								
吉 林	20051	922			20051	922								
黑龙江	108193	2761	50000	125	58188	2616					5	20		
上 海	8000	9830							8000	9830				
江 苏														
浙 江	115191	14009			105531	4320			9660	9689				
安 徽	27934	7626			26285	988					1649	6638		
福 建	6570	1344			6500	228							70	1116
江 西	21187	1598			20420	830			768	768				
山 东	9670	3580			9000	360			420	420	100	400	150	2400
河 南	4610	1365			4256	164	80	16			274	1185		
湖 北	165900	7174			165900	7174								
湖 南	46009	9952			38029	1372			7780	7780	200	800		
广 东	2583	3375							2583	3375				
广 西	426	426							426	426				
海 南	1128	60			1128	60								
重 庆														
重庆测绘院	18945	1783			9815	370	9130	1413						
四 川	249338	16146			147367	5121	95731	1534	4867	3996	1373	5495		
贵 州	352000	13096			352000	13096								
云 南	46375	3236	460	1	44176	1496			1739	1739				
西 藏	33780	1171			33780	1171								
陕 西	72522	7944			71188	1355			457	1160	774	3607	103	1822
甘 肃	86650	3466			86650	3466								
青 海	58460	7982			57347	2141					1113	5841		
宁 夏	11761	646			11750	470							11	176
新 疆	456374	18643			456374	18643								
青 岛														
大 连														
宁 波	1700	2320							1700	2320				
深 圳	2000	403					2000	403						
厦 门														
中国地图出版集团														
测绘研究院	202419	97254			124860	4661			74789	78233	2380	9520	390	4840
地理信息中心														
卫星应用中心														

2015 年地理信息数据生产（三）

计量单位：平方千米，幅

单 位	数字栅格地图（DRG）													
	合计		#1:5 万		#1:1 万		#1:5000		#1:2000		#1:1000		#1:500	
	面积	图幅数	面积	图幅数	面积	图幅数	面积	图幅数	面积	图幅数	面积	图幅数	面积	图幅数
合 计	**753812**	**21706**	**488380**	**1087**	**256365**	**9086**	**220**	**21**	**8014**	**8067**	**833**	**3445**		
北 京														
天 津														
河 北														
山 西														
内蒙古														
辽 宁	16915	687			16915	687								
吉 林														
黑龙江	17280	54	17280	54										
上 海														
江 苏														
浙 江														
安 徽	22957	1530			22660	851			214	267	83	412		
福 建														
江 西	17064	711			17064	711								
山 东														
河 南	160	369					80	16			80	353		
湖 北														
湖 南	96880	10626			89080	2826			7800	7800				
广 东														
广 西														
海 南														
重 庆														
重庆测绘院	471100	1033	471100	1033										
四 川	28280	707			28280	707								
贵 州	414	1656									414	1656		
云 南														
西 藏														
陕 西	4056	1212			3660	183	140	5			256	1024		
甘 肃	30450	1218			30450	1218								
青 海	6356	227			6356	227								
宁 夏	41900	1676			41900	1676								
新 疆														
青 岛														
大 连														
宁 波														
深 圳														
厦 门														
中国地图出版集团														
测绘研究院														
地理信息中心														
卫星应用中心														

2015 年地理信息数据生产（四）

计量单位：平方千米，幅

单位	数字正射影像（DOM）													
	合计		#1:5万		#1:1万		#1:5000		#1:2000		#1:1000		#1:500	
	面积	图幅数	面积	图幅数	面积	图幅数	面积	图幅数	面积	图幅数	面积	图幅数	面积	图幅数
合计	**14925628**	**852759**	**9166718**	**21774**	**3923322**	**141635**	**87126**	**15800**	**530327**	**465082**	**32200**	**156296**	**2034**	**29994**
北京														
天津	11900	2688					11900	2688						
河北	227534	17487			213165	11697	3750	600	2652	834	1067	4287		
山西	802898	57873			792962	25869			8376	8376	859	12425	701	11203
内蒙古	301372	14446			300400	12016			486	486	486	1944		
辽宁	153738	64792			92670	3724			61068	61068				
吉林	20051	33												
黑龙江	305963	159915	66960	178	83758	3648			132285	132285	5915	23660		
上海	8000	9830							8000	9830				
江苏	205200	4585	102600	424	102600	4161								
浙江	329916	25985	14770	94	297557	8272			17590	17619				
安徽	108468	13149			32955	1188			73688	4457	1825	7504		
福建	34556	4336			34371	1206							185	3130
江西	38010	13028			18831	773	11858	1976	6873	8460	448	1819		
山东	166670	10030			166000	6810			420	420	100	400	150	2400
河南	89799	4693			89473	3513	80	16			246	1164		
湖北														
湖南	242838	48369			201468	6999			41370	41370				
广东	26324	14906			7434	295	10434	1600	7066	8871	1390	4140		
广西	466655	24740			456935	15362			9596	8880	124	498		
海南	187755	7925	147514	406	34000	98			6000	6000	241	1421		
重庆	1003	146					1003	146						
重庆测绘院	618640	40083	612000	1530	2795	108					3845	38445		
四川	1746141	22574	1482900	3918	251390	7031	100	25	9541	5868	2210	5732		
贵州	660618	9742	653124	1500					6360	5796	300	1200	34	544
云南	440945	7342	460	1	44176	1496			2259	2259			50	4
西藏	33820	1173			33820	1173								
陕西	1145313	42876	793000	2277	327092	12447			24669	25035	451	1356	102	1761
甘肃	32828	1313			32828	1313								
青海	29144	6935			28031	1094					1113	5841		
宁夏	56237	2441			56225	2249							12	192
新疆	45668	7687			43009	1735			1811	1811	795	3180	53	961
青岛														
大连														
宁波	15550	3440					3850	1020	1700	2320				
深圳	4000	1170			2000	262	2000	908						
厦门	4000	4000							4000	4000				
中国地图出版集团														
测绘研究院	6364075	203027	5293390	11446	177377	7096	42151	6821	104518	109037	10786	41280	748	9799
地理信息中心														
卫星应用中心														

表 25 2015 年地图编制

单 位	地形图（幅）							专题地图（种）	地图集（种）	电子地图（种）
		#1:5 万	#1:1 万	#1:5000	#1:2000	#1:1000	#1:500			
合 计	**196803**	**32019**	**38070**	**3606**	**36541**	**29913**	**53850**	**1977**	**245**	**105**
北 京								14	1	
天 津	587		587					7	3	
河 北	1580	1	60	599		280	640	7	3	
山 西	5111		2729		527		1855	30	8	
内蒙古	1638		504		120	984		21	2	
辽 宁	1362		962		400					
吉 林	190						190	3		1
黑龙江	21913	11715	4365		437	2353	3043	151	5	7
上 海	34526		322		9809	13723	10672		3	2
江 苏								8	2	
浙 江	12286		2088		2750	212	7236	34	11	45
安 徽	772				214	558		2	1	
福 建	3985				24		3961			
江 西	992		830			160		28	1	2
山 东								152	4	2
河 南	6819		4147			2282	390	11	1	
湖 北	6528		223		930	924	4451			
湖 南	10776		2209	60	8345	130	32	51		3
广 东	1825				194		1631	485	2	15
广 西	2014		323			571	1120	13	3	2
海 南	1390	1042				140	208			
重 庆								72	11	5
重庆测绘院	3622	1530	108	1413	18	105	448			
四 川	17013	7889	3212	1534	3224	560	594	203	166	2
贵 州	19992	664	8679		4368	1923	1614			7
云 南	1775	1	772		570	110	322	6	1	3
西 藏										
陕 西	10501	9177	661		368	35	240	525	9	3
甘 肃	5599		2683		2516	240	160	10		2
青 海	6262		766		480	3632	1384	18		
宁 夏	1988		1104		105	41	738		1	
新 疆	1922		512		3	10	1389	35	6	4
青 岛										
大 连	230				8		222			
宁 波	5789				413		5376	10	1	
深 圳										
厦 门										
中国地图出版集团								81		
测绘研究院	7816		224		718	940	5934			
地理信息中心										
卫星应用中心										

表 26　2015 年界线测绘和工程测量

单　位	地籍测绘	房产测绘	行政区域界线测绘	工程测量（项）					
	面　积（平方千米）	面　积（万平方米）	长　度（千米）	合　计	20 万以下	20 万(含) -50 万	50 万(含) -200 万	200 万(含) -500 万	500 万(含) 以上
合　计	**274488.2**	**10300.3**	**5007.5**	**13424**	**11991**	**845**	**382**	**133**	**73**
北　京	8.0	63.3	1700.0	1679	1520	101	44	11	3
天　津	382.0			1261	1078	153	24	6	
河　北	1392.3	47.2		53	19	3	3	8	20
山　西	371.3			2			1		1
内蒙古	200002.6		56.0	5	3			2	
辽　宁	6.6	88.4		7	2	1	3	1	
吉　林				2			2		
黑龙江	8598.0			153	96	18	19	16	4
上　海				748	684	36	19	5	4
江　苏	48.8			15	11	3	1		
浙　江	199.1	804.4		100	85	3	9	2	1
安　徽	2447.5	26.7	33.5	87	83	3	1		
福　建		1071.0		15	1	6	3	2	3
江　西	30.0			68	26	21	18	3	
山　东	30.0	24.0	385.0	36	15	11	8	2	
河　南	380.0			5			5		
湖　北	600.0	90.0							
湖　南	38243.0	180.0	432.0	32	13	2	12	2	3
广　东	30.1	40.1	2000.0	50	24	11	5	8	2
广　西	32.8	67.0		38	36	1		1	
海　南	220.0			37	33	1	2	1	
重　庆				7768	7405	288	62	13	
重庆测绘院	15.7			88	56	10	8	9	5
四　川	9111.1	450.0	401.0	232	109	39	54	18	12
贵　州	690.0	20.0		164	128	27	7	1	1
云　南	3909.3			59	38	8	7	3	3
西　藏				5	4	1			
陕　西	671.0	40.0		93	67	12	9	4	1
甘　肃	4220.0			3	1		1	1	
青　海	30.0	310.0		32	16	8	8		
宁　夏	139.0			7	3	3	1		
新　疆				6	3	1	2		
青　岛									
大　连		180.0		41	40	1			
宁　波		6798.2		117	39	53	23	2	
深　圳				351	332	7	6	1	5
厦　门				21	16	4	1		
中国地图出版集团	2680.0								
测绘研究院				44	5	9	14	11	5
地理信息中心									
卫星应用中心									

表 27 2015 年地理信息系统开发

单 位	系统开发数量（项）			系统开发经费（万元）	
		#基于“天地图”	#基于数字城市	收费金额	免费金额
合 计	**443**	**159**	**251**	**44698.7**	**3461.3**
北 京	7			1842.3	
天 津	7	3	7	1250.0	
河 北	14	6	6	5505.2	
山 西	28	3	27	920.0	553.0
内蒙古	3	2		280.0	
辽 宁	6			950.7	40.0
吉 林	6	5	4	80.0	100.0
黑龙江	16	12	8	424.9	30.0
上 海	7	7	7	375.5	
江 苏	6	3	1	3313.5	
浙 江	39	12	15	13593.4	
安 徽	1	1	1	30.0	
福 建	11	1	8	236.0	35.0
江 西	8	7	4	725.0	
山 东	25	8	17		368.0
河 南	23	7	20	644.5	50.0
湖 北					
湖 南	16	12	10	496.0	168.0
广 东	71	33	70	1970.9	
广 西	10	4	5	312.0	101.5
海 南	13	1	6	627.7	115.0
重 庆	7	1	1	20.0	90.0
重庆测绘院					
四 川	25	10	8	1578.3	705.0
贵 州	4	1	4	130.0	50.0
云 南	8	1	3	1518.3	20.0
西 藏					
陕 西	19	5	2	1517.5	268.5
甘 肃	10	1	9	1344.3	
青 海	11	10	2	211.6	
宁 夏	3	2	1		218.0
新 疆	5	1	1	1232.0	29.3
青 岛					
大 连					
宁 波	6		2	1193.0	
深 圳	2		2	303.0	
厦 门					
中国地图出版集团					
测绘研究院	26			2073.1	520.0
地理信息中心					
卫星应用中心					

表 28 2015 年末全国 1∶1 万地图覆盖

计量单位：平方千米，幅

单 位	地形图		数字线划地图（DLG）		数字高程模型（DEM）		数字正射影像（DOM）	
	面 积	图幅数	面 积	图幅数	面 积	图幅数	面 积	图幅数
合 计	**5622560**	—	**5485659**	—	**5167856**	—	**5221843**	—
北 京	16410	933	16410	933	16410	933	16410	933
天 津	11900	700	11900	700	11900	700	11900	700
河 北	188000	8108	188000	8108	138100	5524	188000	8108
山 西	156700	6319	156700	6319	156700	6319	156700	6319
内蒙古	484225	19369	484225	19369	389750	15590	389750	15590
辽 宁	148000	6516	148000	6516	148000	6516	148000	6516
吉 林	187400	8636	187400	8636	130000	6974	80454	3498
黑龙江	387538	18465	387538	18465	236500	11266	386300	18406
上 海	6341	322	6341	322				
江 苏	108600	4290	108600	4290	102600	4131	107736	4258
浙 江	101800	4336	101800	4336	101800	4336	101800	4336
安 徽	139400	5474	139400	5474	139400	5474	139400	5474
福 建	124000	4689	124000	4689	124000	4689	124000	4689
江 西	166900	6197	166900	6197	166900	6197	166900	6197
山 东	157100	6400	157100	6400	157100	6400	157100	6400
河 南	167000	6562	167000	6562	167000	6562	167000	6562
湖 北	145600	5600	183162	6809	185900	7174	185900	7174
湖 南	211800	7834	211800	7834	211800	7834	211800	7834
广 东	179800	6599	179800	6599	179800	6599	179800	6599
广 西	236700	8495	237600	8495	237600	8495	237600	8495
海 南	34000	1854	34000	1854	34000	1854	34000	1854
重 庆	82400	3263	82400	3263	82400	3263	82400	3263
四 川	315900	11932	315900	11932	315900	11932	386000	13700
贵 州	176000	6543	37562	1332	176000	6543	47122	1671
云 南	388418	13302	388418	13302	388418	13302	388418	13302
西 藏	100650	3467	99250	3417	99250	3417	99250	3417
陕 西	197725	7909	197725	7909	199925	7997	150200	6048
甘 肃	270375	10815	270375	10815	282675	11307	281050	11242
青 海	72213	2815	72213	2815	72213	2815	72213	2815
宁 夏	57690	2250	57690	2250	57690	2250	57690	2250
新 疆	601975	24079	566450	22658	458125	18325	466950	18678

表 29 2015 年末数字城市地理空间框架建设

计量单位：个

单 位	地级行政区			县级行政区			乡镇级行政区		
	总数	#开展建设数字城市		总数	#开展建设数字城市		总数	#开展建设数字城市	
			#建成数字城市			#建成数字城市			#建成数字城市
合 计	**334**	**334**	**260**	**2850**	**613**	**197**	**39789**	**56**	**12**
北 京				16	5	5	331	1	1
天 津				16			244		
河 北	11	11	11	170	141	4	2251		
山 西	11	11	10	119	16	11	1398		
内蒙古	12	12	4	102	12		1010		
辽 宁	14	14	14	100	5	2	1532		
吉 林	9	9	3	60	14	5	901		
黑龙江	13	13	13	128	2		1234	2	
上 海				16			213		
江 苏	13	13	12	97	24	3	1281		
浙 江	11	11	11	90	63	63	1350		
安 徽	16	16	4	105	11		1494		
福 建	9	9	8	85	15	2	1105		
江 西	11	11	11	100	6	1	1552		
山 东	17	17	17	137	62	50	1826		
河 南	17	17	9	158	26	11	2433	53	11
湖 北	13	13	8	103	11	1	1233		
湖 南	14	14	14	122	38	7	1911		
广 东	21	21	21	119	116	16	1584		
广 西	14	14	10	110	4		1251		
海 南	4	4	2	23	8		218		
重 庆				38	6	4	1025		
四 川	21	21	21	183	5	2	4635		
贵 州	9	9		88	3		1370		
云 南	16	16	13	129	2	1	1389		
西 藏	7	7	7	74			694		
陕 西	10	10	3	107	4	2	1291		
甘 肃	14	14	9	86	4	4	1351		
青 海	8	8	8	43	1		399		
宁 夏	5	5	3	22	5		236		
新 疆	14	14	14	104	4	3	1047		

注：表中行政区划总数摘自《2016 中国统计摘要》。乡镇级总数包含河北省、新疆维吾尔自治区的各一个区公所。

表30 2015年末智慧城市时空信息云平台建设

计量单位：个

单位	地级行政区			县级行政区			乡镇级行政区		
	总数	#开展建设智慧城市	#建成智慧城市	总数	#开展建设智慧城市	#建成智慧城市	总数	#开展建设智慧城市	#建成智慧城市
合计	**334**	**24**		**2850**	**4**		**39789**		
北京				16			331		
天津				16			244		
河北	11			170			2251		
山西	11	1		119			1398		
内蒙古	12			102			1010		
辽宁	14	2		100			1532		
吉林	9			60			901		
黑龙江	13	1		128	1		1234		
上海				16			213		
江苏	13	2		97	1		1281		
浙江	11	1		90	1		1350		
安徽	16			105			1494		
福建	9	1		85			1105		
江西	11	3		100			1552		
山东	17	4		137			1826		
河南	17	1		158			2433		
湖北	13	1		103	1		1233		
湖南	14	1		122			1911		
广东	21	2		119			1584		
广西	14	1		110			1251		
海南	4			23			218		
重庆				38			1025		
四川	21			183			4635		
贵州	9			88			1370		
云南	16			129			1389		
西藏	7			74			694		
陕西	10	1		107			1291		
甘肃	14	2		86			1351		
青海	8			43			399		
宁夏	5			22			236		
新疆	14			104			1047		

注：表中行政区划总数摘自《2016中国统计摘要》。乡镇级总数包含河北省、新疆维吾尔自治区的各一个区公所。

（三）测绘成果管理与应用

表31 2015年测绘成果类行政审批

计量单位：件

地区	涉密基础测绘成果资料提供使用审批			对外提供我国涉密测绘成果审批		永久性测量标志拆迁审批	
	申请数	批准数	#接受国家测绘地理信息局委托	申请数	批准数	申请数	批准数
合计	**15327**	**15003**	**1362**	**25**	**20**	**100**	**86**
北京	262	260					
天津	4	4		3	3	2	2
河北	312	312					
山西	354	354				2	2
内蒙古	763	763					
辽宁	232	232				16	5
吉林	535	535					
黑龙江	337	337	294				
上海	8	8		1	1	2	2
江苏	237	229		12	10	11	11
浙江	160	158	33	6	4	4	3
安徽	906	893					
福建	512	512	51			1	1
江西	575	575		1	1	3	3
山东	391	246	50				
河南	303	303					
湖北	375	375					
湖南	713	713				6	5
广东	225	213	21	1		2	2
广西	1109	1109	112			4	4
海南	94	93					
重庆	229	228	6			1	1
四川	964	943				5	5
贵州	231	199	0			26	26
云南	389	360	7				
西藏	150	150				2	2
陕西	700	688				2	2
甘肃	956	935	252				
青海	356	334					
宁夏	200	200					
新疆	2090	2090	536			2	2
国家测绘地理信息局	655	652	—	1	1	9	8

表 32　2015 年按类别分地形图和专题地图提供

计量单位：张

类　别	地形图			专题地图
	总数	#1:1 万	#1:5 万	
合　计	**1415284**	**67030**	**1190135**	**48399**
一、按成果领用单位类型				
1. 党政机关	1172463	9578	1156234	17616
2. 事业单位	59333	25304	13484	7809
3. 企业	175923	31891	18959	14685
#私营企业	40323	4035	2144	7219
#涉外企业	1274	3		
4. 国（境）外组织机构	24			
5. 其他	7541	257	1458	8289
二、按成果应用领域				
1. 党政领导机关	6052	2244	405	12630
#用于应急保障	412	241	162	152
2. 测绘地理信息	1170081	6932	1158703	15856
3. 土地	7951	3367	1232	152
4. 地矿	12962	5983	5336	28
5. 城乡建设与规划	105066	1868	248	252
6. 交通运输	33290	18140	11486	710
#铁道	14128	4395	7665	517
7. 水利水电	11115	7401	2162	69
8. 电力	7964	3903	2272	30
9. 通讯	501		15	4
10. 石油石化	3620	2609	518	
11. 煤炭	1704	954	569	10
12. 农业	1951	352	1114	5
13. 林业	5402	2765	623	434
14. 气象	30	18		5
15. 地震	411	31	371	6
16. 海洋	54	20	4	3
17. 环保	9841	113	233	966
18. 公安武警	523	153	54	281
19. 烟草	4			
20. 科教文卫	6836	2243	173	119
21. 出版	14			1
22. 民政	3156	2957	177	222
23. 军队	1305	308	495	1041
24. 航空航天	2371	32	1402	2
25. 信息传输、软件和信息技术服务业	180			16
#互联网和相关服务	7			1
#软件和信息技术服务业	47			
26. 其他	22900	4637	2543	15557
三、按成果使用方式				
1. 有偿使用	235980	53480	30742	35879
2. 无偿使用	1179304	13550	1159393	12520

表33 2015年按地区分地形图和专题地图提供

计量单位：张

地区	地形图			专题地图
	总数	#1:1万	#1:5万	
合 计	**1415284**	**67030**	**1190135**	**48399**
北 京	5742	79		21440
天 津				
河 北	1332	1131	109	
山 西	3711	3007	655	520
内蒙古	5676	3891	1479	1500
辽 宁	1469	1134	335	119
吉 林	3767			2127
黑龙江	3688	1554	1393	
上 海	132158	20		51
江 苏	1703	1302	401	
浙 江	543	382	109	
安 徽	7263	4674	721	1
福 建	2490	2273	184	
江 西	6592	5328	1080	
山 东	1571	1268	76	
河 南	2956	2676	276	
湖 北	695	396	294	
湖 南	2141	1838	281	
广 东	3893	3511	319	
广 西	5660	4449	1207	
海 南	111	3	103	714
重 庆	1692	1128	540	626
四 川	1337	706	515	
贵 州	4983	3913	956	
云 南	7383	6008	1324	
西 藏	1561	109	1169	17637
陕 西	7143	5750	1287	
甘 肃	8288	6247	2022	10
青 海	1383	106	1235	769
宁 夏	1658	1159	490	
新 疆	9092	2988	5055	2085
青 岛				
大 连	139			
宁 波	5580			
深 圳	846			
厦 门	2051			800
地理信息中心	1168987		1166520	

表 34 2015 年按类别分数字测绘成果提供

计量单位：幅，GB

类别	数字线划地图（DLG）						数字高程模型（DEM）					
	合计		#1:1 万		#1:5 万		合计		#1:1 万		#1:5 万	
	图幅数	数据量	图幅数	数据量	图幅数	数据量	图幅数	数据量	图幅数	数据量	图幅数	数据量
合 计	**407041**	**7020.5**	**201166**	**4144.1**	**66019**	**2341.1**	**191033**	**4709.1**	**146181**	**2498.9**	**40191**	**2161.2**
一、按成果领用单位类型												
1. 党政机关	66424	689.2	38163	519.2	5904	119.8	20610	90.2	18148	79.1	1564	4.4
2. 事业单位	305315	4588.3	136867	2570.3	61174	1732.7	145427	4363.8	114294	2250.8	27560	2087.4
3. 企业	86891	1021.6	30472	757.8	4257	91.2	2633	18.3	1865	15.6	768	2.6
#私营企业	9475	81.6	2845	46.9	541	25.1	333	2.3	132	1.7	201	0.6
#涉外企业	79	0.1										
4. 国（境）外组织机构	4	0.004										
5. 其他	46873	721.4	18388	296.8	25320	397.3	39356	236.8	13766	153.4	23691	66.8
二、按成果应用领域												
1. 党政领导机关	2562	41.0	1362	31.5	130	2.4	258	1.7	242	1.7	16	0.05
#用于应急保障	108	2.2	29	0.5	68	1.5	63	0.2	63	0.2		
2. 测绘地理信息	185381	3118.6	104454	2180.9	56337	857.1	104092	3793.7	85361	1730.3	15154	2045.8
3. 土地	3754	28.5	2195	18.0	561	7.6	16961	414.8	16888	414.6	73	0.2
4. 地矿	30538	524.8	2213	54.4	27168	445.1	11030	43.3	742	9.8	9468	27.0
5. 城乡建设与规划	83625	314.2	9436	93.4	1072	38.2	3271	20.8	3208	20.6	63	0.2
6. 交通运输	10512	176.6	7574	153.7	1173	20.3	390	1.9	202	1.3	173	0.5
#铁道	2532	18.2	773	7.7	465	8.3	352	1.8	193	1.3	144	0.4
7. 水利水电	108927	722.6	30379	619.2	3147	60.1	13394	47.8	12034	43.9	1360	3.9
8. 电力	33267	74.6	2668	24.3	863	29.2	946	4.3	470	2.3	402	1.2
9. 通讯	463	0.6										
10. 石油石化	535	1.3	95	0.6	7	0.3	40	0.2	40	0.2		
11. 煤炭	75	0.7	38	0.3	31	0.5						
12. 农业	789	8.0	469	2.6	232	5.2	4	0.02	4	0.02		
13. 林业	40136	72.7	4916	39.0	384	1.8	54	1.8	54	1.8		
14. 气象												
15. 地震	5457	92.6	1471	9.4	3895	81.1	2214	13.2	1240	7.9	888	4.4
16. 海洋	2231	64.4	1703	63.7	13	0.05	1394	40.0	1390	40.0	4	0.02
17. 环保	40028	427.7	3447	32.9	24335	374.5	1084	7.4	175	0.9	93	0.3
18. 公安武警	29733	16.9	13	0.3	1	0.02						
19. 烟草												
20. 科教文卫	1557	20.1	306	15.5	197	2.4	156	1.0	142	0.9	14	0.1
21. 出版	81	0.1										
22. 民政	4418	26.8	4328	26.5	75	0.3						
23. 军队	60365	877.6	32850	458.8	25459	392.4	42634	261.6	17044	178.4	23691	66.5
24. 航空航天	132	1.3	63	0.7	6	0.3	159	4.3	159	4.3		
25. 信息传输、软件和信息技术服务业	3174	3.5			132	0.7						
#互联网和相关服务	1	0.001										
#软件和信息技术服务业	2941	2.6										
26. 其他	47133	405.4	29389	318.4	1416	21.7	15636	51.1	12091	40.2	3543	10.9
三、按成果使用方式												
1. 有偿使用	104411	1310.4	39460	888.6	8409	177.3	24807	257.6	21274	234.1	3005	15.9
2. 无偿使用	349040	5710.1	169583	3255.5	61321	2163.7	167839	4451.6	124945	2264.8	38730	2145.3

表 34 2015 年按类别分数字测绘成果提供（续）

计量单位：幅，GB

类别	数字栅格地图（DRG）						数字正射影像图（DOM）					
	合计		#1:1 万		#1:5 万		合计		#1:1 万		#1:5 万	
	图幅数	数据量	图幅数	数据量	图幅数	数据量	图幅数	数据量	图幅数	数据量	图幅数	数据量
合　计	**62862**	**1416.0**	**41806**	**1247.0**	**3781**	**152.6**	**792295**	**275410.9**	**128562**	**47700.0**	**46593**	**59594.6**
一、按成果领用单位类型												
1. 党政机关	5995	70.3	4890	58.1	218	11.7	79662	28164.4	20864	11695.9	2953	10055.1
2. 事业单位	48732	1052.7	31857	962.8	2074	77.4	531859	200322.6	91484	27458.7	15196	33067.6
3. 企业	7672	289.8	5093	225.6	1485	63.4	127896	27096.8	11436	5918.7	1285	5928.2
#私营企业	2135	95.5	1281	44.3	813	51.1	6796	1260.8	1686	107.9	638	515.6
#涉外企业												
4. 国（境）外组织机构												
5. 其他	537	3.2	40	0.4	4	0.02	86092	19827.1	12677	2626.7	28125	10543.6
二、按成果应用领域												
1. 党政领导机关	369	9.9	331	7.8	38	2.1	1149	44.8	448	15.6	103	5.8
#用于应急保障							63	4.6			63	4.6
2. 测绘地理信息	18040	548.4	17502	540.4	473	4.1	463888	180872.1	68452	25200.2	14239	27041.3
3. 土地	9779	73.9	9718	70.5	60	3.4	56831	11600.2	19007	6546.2	172	1572.2
4. 地矿	1354	38.0	653	18.3	693	19.6	2246	328.6	655	159.0	161	61.5
5. 城乡建设与规划	17110	43.4	528	33.8	53	2.7	31854	5080.8	3780	1546.1	142	581.9
6. 交通运输	2192	81.6	1850	67.6	335	13.7	4450	8959.9	4139	3839.9	311	5120.0
#铁道	998	49.9	894	45.3	104	4.6						
7. 水利水电	4649	411.4	4311	386.6	337	24.8	17398	5608.1	3446	608.1	376	116.4
8. 电力	1078	62.7	562	21.4	516	41.3	29	14.7	25	3.4		
9. 通讯												
10. 石油石化	368	22.4	148	11.3	220	11.1						
11. 煤炭	92	4.0	63	2.3	29	1.8	135	135.4	135	135.4		
12. 农业	557	6.5	11	1.3	429	3.5	164403	14519.0	4943	1949.0	8	119.2
13. 林业	1090	38.5	938	27.7	152	10.8	27607	3363.3	2872	889.4		
14. 气象	79	1.5	79	1.5								
15. 地震							1131	285.0			1131	285.0
16. 海洋	44	0.4	44	0.4			1304	105.4	90	1.4		
17. 环保	73	5.2	32	1.6	41	3.6	10079	55.3	137	32.8		
18. 公安武警	4	0.1	4	0.1			10643	1212.1	48	14.9	249	1060.0
19. 烟草												
20. 科教文卫	420	22.2	332	15.1	88	7.0	1821	35.1	93	18.5	16	0.8
21. 出版							6538	2080.0	6538	2080.0		
22. 民政	2	0.02					6383	1442.1	6383	1442.1		
23. 军队	5097	33.0	4575	29.9	29	0.3	93447	24752.1	17685	2828.1	28959	11040.9
24. 航空航天	11	0.03			11	0.03	159	51.9	159	51.9		
25. 信息传输、软件和信息技术服务业							3272	259.6	50	1.3		
#互联网和相关服务												
#软件和信息技术服务业							1804	136.8				
26. 其他	682	12.8	353	9.3	277	2.7	7553	14605.3	1758	336.5	2798	12589.6
三、按成果使用方式												
1. 有偿使用	21052	776.1	17245	641.8	3086	128.5	28953	18773.6	12465	5802.7	684	5279.5
2. 无偿使用	41901	639.9	24652	605.1	695	24.1	774976	256637.2	117240	41897.2	46455	54315.1

表 35　2015 年按地区分数字测绘成果提供

计量单位：幅，GB

地　区	数字线划地图（DLG）						数字高程模型（DEM）					
	合计		#1:1 万		#1:5 万		合计		#1:1 万		#1:5 万	
	图幅数	数据量	图幅数	数据量	图幅数	数据量	图幅数	数据量	图幅数	数据量	图幅数	数据量
合　计	**407041**	**7020.5**	**201166**	**4144.1**	**66019**	**2341.1**	**191033**	**4709.1**	**146181**	**2498.9**	**40191**	**2161.2**
北　京	3241	2.6	52	0.1								
天　津	9759	8.4	235	1.1								
河　北	2817	14.0	2722	13.3	29	0.4	8369	204.3	8369	204.3		
山　西	3190	35.9	2799	12.6	378	22.6						
内蒙古	26021	155.0	22445	127.5	3440	25.9	9491	35.9	6051	23.7	3440	12.2
辽　宁	3171	56.6	2756	51.4	409	5.1	2870	14.2	2613	13.4	246	0.7
吉　林	9141	1341.1	8500	1254.9	612	83.0	9109	216.8	8500	136.7	609	80.1
黑龙江	29610	318.1	7645	82.1	21753	233.7	1128	3.3	625	1.8	503	1.5
上　海	34388	223.8	480	1.5								
江　苏	4745	194.0	4366	187.5	351	6.2	4533	159.5	4485	159.4	48	0.1
浙　江	4720	123.3	4344	116.2	353	7.0	3880	30.9	3857	30.8	23	0.1
安　徽	5771	32.3	5605	26.0	143	6.1	775	6.4	742	6.2	33	0.3
福　建	11726	458.1	4682	383.2	92	1.6	4017	150.2	3531	145.4	10	0.03
江　西	7762	81.8	5058	33.7	2686	47.6	9232	153.7	5668	107.6	3564	46.1
山　东	4851	155.4	4351	144.8	322	9.6	7396	193.6	7386	193.6	6	0.02
河　南	6653	34.1	6591	33.9	62	0.2	2237	22.5	2065	19.1	172	3.4
湖　北	11694	35.5	4317	21.1	446	6.5	2697	9.1	2080	6.1	617	3.0
湖　南	28675	265.0	27644	243.0	1031	22.1	26109	212.2	24198	207.5	8	0.02
广　东	7453	93.6	6564	85.6	163	3.6	5310	28.8	4548	25.3	30	0.4
广　西	7772	156.0	7432	149.7	302	5.8	4458	16.1	4428	16.0	26	0.1
海　南	1997	30.7	1824	16.3	112	14.2	1294	38.9	1286	38.9	8	0.04
重　庆	545	0.7	215	0.4	14	0.1						
四　川	3029	155.8	2719	131.6	310	24.2	167	0.6	133	0.5	34	0.1
贵　州	6841	141.8	4900	120.8	1897	20.4	4543	28.4	3876	26.0	667	2.3
云　南	21415	596.6	19752	558.5	1170	27.8	15981	157.4	14925	137.4	563	12.7
西　藏	7527	92.6	7027	82.6	486	9.3	1605	7.0	1423	6.4	182	0.6
陕　西	8090	94.8	7286	80.6	588	12.8	11199	79.4	10588	77.1	596	2.3
甘　肃	2040	25.0	1753	20.8	192	2.9	1030	5.2	794	3.4	128	0.5
青　海	2911	18.7	2637	15.5	274	3.2	957	8.2	772	7.6	185	0.6
宁　夏	98	2.7	79	1.7			18	0.1			18	0.1
新　疆	29048	212.3	23174	143.4	4222	64.8	23361	2786.6	18601	901.7	4738	1884.3
青　岛	1483	5.2	553	1.9								
大　连	230	0.1										
宁　波	48598	19.2	659	0.7			4637	3.1	4637	3.1		
深　圳	7049	20.0										
厦　门	17905	35.1										
地理信息中心	25075	1784.3			24182	1674.2	24630	136.7			23737	109.6

表35 2015年按地区分数字测绘成果提供（续）

计量单位：幅，GB

地区	数字栅格地图（DRG）						数字正射影像图（DOM）					
	合计		#1:1万		#1:5万		合计		#1:1万		#1:5万	
	图幅数	数据量	图幅数	数据量	图幅数	数据量	图幅数	数据量	图幅数	数据量	图幅数	数据量
合计	**62862**	**1416.0**	**41806**	**1247.0**	**3781**	**152.6**	**792295**	**275410.9**	**128562**	**47700.0**	**46593**	**59594.6**
北京												
天津							16141	915.2				
河北							8229	2410.8	8203	2403.2		
山西	553	8.3	529	4.5								
内蒙古	166	0.4			166	0.4	8814	5608.4	5374	150.8	3440	5457.6
辽宁							1593	154.7	1479	113.7	114	41.0
吉林							7345	1733.4	7345	1733.4		
黑龙江	232	0.9	44	0.2	108	0.4	147721	57703.5	803	313.7	1998	780.5
上海							9969	4734.5				
江苏	133	3.1	133	3.1			5244	15379.4	4933	6372.1	311	9007.4
浙江	4326	25.7	4295	25.4	30	0.3	5855	7005.6	4288	6393.5	353	508.1
安徽	4785	546.1	4750	544.8	35	1.3	2037	125.3	1248	50.1	32	11.7
福建							2446	5021.6	567	257.1	41	185.6
江西	9804	49.5	9804	49.5			37322	17417.5	33894	12702.4	22	100.2
山东	189	16.8			189	16.8	17048	5377.6	16806	5055.6		
河南							1534	145.8	1502	134.2	32	11.6
湖北	555	10.6	509	9.9	46	0.7	24135	926.8	3820	111.9	622	334.1
湖南	7497	16.5	7478	16.3	17	0.1	121109	45524.3	7124	6785.2	5377	25608.2
广东	114	0.8	114	0.8			16970	6118.4	3688	161.9		
广西	1796	17.9	1547	16.5	249	1.4	120912	11275.9	6352	199.3	376	116.4
海南	4	0.01	4				32568	3484.9	319	24.0	34	15.0
重庆	16581	6.8	92	0.1								
四川	4386	175.8	3062	90.5	1316	85.0	1795	569.4	120	37.3	1135	288.1
贵州	8692	430.0	8565	429.4	127	0.6	4554	1229.3	2827	136.5	1727	1092.8
云南	845	6.7	348	3.9	4	0.02	22600	27712.5	4765	230.6	77	67.1
西藏	20	0.6	20	0.6			4849	2264.9	4706	2199.4	83	6.1
陕西	36	0.1	26	0.1	10	0.1	113286	12265.2	6176	2014.0	90	34.0
甘肃	287	21.3	29	0.8	258	20.4	1650	101.1	703	68.2	835	24.5
青海	145	1.2	1	0.01	144	1.2	1211	4054.8	252	12.3	959	4042.6
宁夏	626	71.3	456	50.5	170	20.8	19362	24185.7				
新疆	983	5.0			805	2.5	6606	5541.4	1268	39.7	5338	5501.6
青岛												
大连												
宁波												
深圳							54	22.1				
厦门							5739	40.2				
地理信息中心	107	0.4			107	0.4	23597	6360.4			23597	6360.4

表 36　2015 年按类别分测绘基准成果、航摄成果和卫星影像提供

类　别	测绘基准成果（点）	航摄成果		卫星影像	
		面积（平方千米）	数据量（GB）	面积（平方千米）	数据量（GB）
合　计	**114822**	**1230861**	**245537.4**	**105951999**	**200585.9**
一、按成果领用单位类型					
1. 党政机关	1077	29268	6864.0	1350183	18226.2
2. 事业单位	60409	1054601	230206.0	100754760	160753.9
3. 企业	47689	113591	5723.2	1699426	12798.2
#私营企业	13324	6469	303.5	863912	1553.1
#涉外企业				265100	340.6
4. 国（境）外组织机构				2050000	7324.2
5. 其他	5647	33401	2744.1	97630	1483.4
二、按成果应用领域					
1. 党政领导机关	47			5806	38.4
#用于应急保障					
2. 测绘地理信息	60700	1040690	232791.7	44051933	91427.4
3. 土地	4615	24526	2713.7	11107635	25703.0
4. 地矿	15023	219	5.4	15427307	19715.8
5. 城乡建设与规划	2739	3280	528.5	116847	1094.0
6. 交通运输	8270	92548	4910.0		
#铁道	5308	72978	4865.9		
7. 水利水电	11871	10203	411.8	7477107	10492.2
8. 电力	872			1182179	1559.9
9. 通讯	308	290	162.1	9821	5.8
10. 石油石化	639			2060476	2676.8
11. 煤炭	1384	13608	902.0		
12. 农业	303	5001	377.0	1258541	2524.0
13. 林业	970			12032475	16152.7
14. 气象	64				
15. 地震	105	68	1.1	13095	7.7
16. 海洋	167			254128	566.0
17. 环保	62			1246028	2068.0
18. 公安武警	70			271	5.7
19. 烟草					
20. 科教文卫	90	7660	43.9	849281	10768.8
21. 出版					
22. 民政				4761749	6121.7
23. 军队	1096	29940	2434.1	3756487	7688.3
24. 航空航天	9				
25. 信息传输、软件和信息技术服务业		1885	144.6	40824	46.6
#互联网和相关服务					
#软件和信息技术服务业		1804	136.8	40824	46.6
26. 其他	5418	942	111.5	300009	1923.0
三、按成果使用方式					
1. 有偿使用	78637	162114	9128.7	16133245	24119.3
2. 无偿使用	36185	1068747	236408.7	89818754	176466.6

表 37 2015 年按地区分测绘基准成果、航摄成果和卫星影像提供

地 区	测绘基准成果（点）	航摄成果		卫星影像	
		面积（平方千米）	数据量（GB）	面积（平方千米）	数据量（GB）
合 计	**114822**	**1230861**	**245537.4**	**105951999**	**200585.9**
北 京	12447				
天 津	7				
河 北	1134	43240	33413.1	394621	3416.8
山 西	343				
内蒙古	5827	24270	6394.3	300009	1923.0
辽 宁	891			149702	3914.5
吉 林	4923	180000	7617.2	360000	9423.8
黑龙江	4197				
上 海	5426				
江 苏	8029	8643	1022.3	496447	10742.2
浙 江	1208	14069	36548.5	13262	940.5
安 徽	3406	1611	900.7	39170	3204.3
福 建	917	10969	81.9	2548179	7815.1
江 西	5282	364834	11547.8		
山 东	429	2403	2843.0		
河 南	329	18460	881.7	1477838	2436.8
湖 北	2098	40045	17506.5	6000	5.1
湖 南	1002	156886	107441.4	2349351	931.2
广 东	2018	1242	238.0	349600	835.0
广 西	8379	30000	66.4		
海 南	600	42065	3397.9	285676	4714.2
重 庆	382	3649	67.0	1131	9.5
四 川	6091	17764	979.7		
贵 州	6837	247611	3749.3		
云 南	7867			423728	3013.9
西 藏	491				
陕 西	2222	102	1.2		
甘 肃	1864			454800	8327.6
青 海	1259	900	6.5	168063	902.0
宁 夏	75	8620	5898.4	52210	401.2
新 疆	11452				
青 岛	33			11200	185.5
大 连					
宁 波	122			5559	48.1
深 圳	187			7557	65.9
厦 门	20			11610	2.3
地理信息中心	7028	13478	4934.5	1007003	15233.7
卫星应用中心				95039284	122093.6

表38 2015年测绘成果汇交

地 区	汇交目录（条）	汇交副本（套）
合 计	**91542**	**3946**
北 京	1140	35
天 津	12	12
河 北	320	320
山 西		
内蒙古		
辽 宁	4191	
吉 林	2982	382
黑龙江	2096	1
上 海		
江 苏	6759	
浙 江	63358	
安 徽		
福 建		27
江 西		
山 东		54
河 南		
湖 北		14
湖 南	1328	7
广 东		4
广 西		1
海 南	1581	81
重 庆	20	290
四 川	35	
贵 州	2606	21
云 南	8	8
西 藏	63	
陕 西		23
甘 肃	1957	5
青 海	461	73
宁 夏	4	4
新 疆	2578	2578
青 岛	43	6
大 连		
宁 波		
深 圳		
厦 门		

表 39 2015 年测量标志

计量单位：点

地 区	年内新建	#迁建	年内维护	年内拆除
合 计	**1994**	**307**	**2543**	**47**
北 京	253	253	5	
天 津				
河 北				
山 西				
内蒙古	100		280	
辽 宁			149	
吉 林			760	
黑龙江	86			
上 海				
江 苏	44	44	169	
浙 江	1	1		
安 徽	2	2		
福 建				
江 西				
山 东				
河 南				
湖 北	30	6	430	
湖 南				
广 东				
广 西				
海 南				
重 庆				
四 川				
贵 州				
云 南			189	2
西 藏				
陕 西				
甘 肃	1384			
青 海				
宁 夏	1	1	2	
新 疆				
青 岛	93			19
大 连				
宁 波				
深 圳			559	26
厦 门				

（四）地图管理与服务

表40 2015年地图图书出版

出版单位	品种（种）						总印张（千印张）					
	纸质地图				电子地图	图书	纸质地图				电子地图	图书
		新版	重版	再版				新版	重版	再版		
合 计	**1896**	**619**	**1197**	**80**	**99**	**2385**	**57689**	**9564**	**46956**	**1170**		**693183**
黑龙江	182	63	119			121	4434	679	3754			1295
福 建	34	34					1046	1046				
山 东	103	74	29			12	906	427	480			519
湖 南	239	194		45		108	788	299		489		2641
广 东	73	12	51	10		8	427	76	294	57		65
四 川	255	82	173			105	4014	1316	2698			4724
陕 西	12	8		4			1937	1897		40		167541
中国地图出版集团	998	152	825	21	99	2031	44138	3825	39730	584		516398

表 40 2015 年地图图书出版（续）

出版单位	总印数/总复制数（万幅/万册，万张）						总造货码洋（万元）					
	纸质地图				电子地图	图书	纸质地图				电子地图	图书
		新版	重版	再版				新版	重版	再版		
合 计	**2087**	**479**	**1514**	**95**	**580**	**12252**	**30165**	**6501**	**22584**	**1079**	**5801**	**126452**
黑龙江	96	8	88			11	2140	498	1642			499
福 建	17	17					476	476				
山 东	76	36	40			7	649	333	316			356
湖 南	244	210		34		102	1458	1209		249		848
广 东	35	6	21	7		2	288	26	227	35		32
四 川	201	86	114			93	2867	1335	1532			1442
陕 西	12	2		10		203	734	294		440		24236
中国地图出版集团	1408	114	1250	44	580	11835	21554	2330	18868	356	5801	99039

表 41 2015 年地图审核

单位	地图审核（件）			地图内容审查							
	收到送审数	受理审核数	批准通过数	地图（集/册/幅）（幅）	教科书地图（幅）	图书报纸期刊插附地图（幅）	对外加工印刷品插附地图（幅）	地球仪（种）	导航电子地图（件）	互联网地图（件）	其他地图（幅）
合计	**6153**	**6042**	**5567**	**44096**	**7967**	**59350**	**36293**	**64**	**192**	**326**	**6024**
北京	18	15	14	14							
天津	11	11	11	7		4					
河北	33	33	33	17		2				14	
山西	32	32	32	19		3				8	2
内蒙古	29	29	29	29							
辽宁	51	51	46	2		15				6	190
吉林	67	67	61	7466	1178	400					
黑龙江	121	121	121	116		2				3	
上海	127	127	127	364		337				3	
江苏	136	136	136	101		10				17	
浙江	249	249	249	596	98	110				41	78
安徽	75	75	75	73						2	
福建	122	122	114	76		35				11	
江西	52	52	52	45		2				5	
山东	200	200	200			9				34	157
河南	11	11	11	312	8					6	
湖北	69	69	69	288		3				3	
湖南	66	66	66	81		20				10	1
广东	170	170	143	1979		206	4			29	
广西	86	86	85	629		98				18	38
海南	30	30	30	149	9	23				2	80
重庆	43	40	40	753	4	3				3	51
四川	74	74	74	108	53	223				3	1050
贵州	26	26	26	55						2	
云南	26	26	26			93				4	16
西藏	13	13	13	85							
陕西	73	73	73	321		53				3	607
甘肃	33	30	28	140		1			1	8	17
青海	16	16	13	559		4					
宁夏	11	11	11	15							
新疆	140	118	118	655		519				3	
国家测绘地理信息局	3943	3863	3441	29042	6617	57175	36289	64	191	88	3737

表 42　2015 年末“天地图”节点接入

计量单位：个

单　位	省级节点接入主节点	地（市）级			县（市）级		
		行政区划总数	#接入主节点	#接入省级节点	行政区划总数	#接入主节点	#接入省级节点
合　计	**30**	**334**	**129**	**168**	**2850**	**82**	**131**
北　京	1				16		
天　津	1				16		
河　北	1	11	7	7	170		3
山　西	1	11	2	4	119		
内蒙古	1	12			102		
辽　宁	1	14	5	14	100	1	2
吉　林	1	9	1	2	60	1	1
黑龙江	1	13	7	9	128		1
上　海	1				16		
江　苏	1	13	13	13	97	10	10
浙　江	1	11	11	11	90	58	63
安　徽	1	16	5	5	105		
福　建	1	9	6	8	85		3
江　西	1	11	7	7	100	1	1
山　东	1	17	9	17	137	1	24
河　南	1	17	6	6	158	1	1
湖　北	1	13	2	2	103		
湖　南	1	14	6	6	122		
广　东	1	21	3	18	119		2
广　西	1	14	4	4	110		
海　南	1	4	3	1	23	3	3
重　庆	1				38	4	4
四　川	1	21	21	21	183		1
贵　州	1	9			88		
云　南	1	16			129		
西　藏		7			74		
陕　西	1	10	2	2	107		1
甘　肃	1	14	8	10	86		1
青　海	1	8		1	43		8
宁　夏	1	5			22		
新　疆	1	14	1		104	2	2

注：表中行政区划总数摘自《2016 中国统计摘要》。

（五）科技

表 43　2015 年测绘地理信息系统科技研究

科技活动	研究项目数（项）	#新开项目数	完成项目数（项）	经费投入（万元）	财政投入	自筹资金	其他资金	项目人员（人）总数	#客座人员
合　计	**915**	**488**	**506**	**54692.6**	**34412.8**	**11986.5**	**8293.3**	**4806**	**1161**
按活动类型分：									
测绘基础研究	86	36	30	3261.3	2056.3	1205.0		409	112
测绘应用研究	492	274	279	30538.9	21459.9	4974.7	4104.3	2768	515
测绘技术开发	286	153	167	19374.6	9628.4	5639.2	4107.0	1400	437
测绘软科学研究	51	25	30	1517.8	1268.2	167.6	82.0	229	97
按计划类型分：									
国家计划	75	20	34	4561.1	3931.2	629.9		433	151
部门计划	162	89	68	14703.2	12634.1	1987.1	82.0	1202	439
#国家局计划	117	70	57	11959.0	11093.9	783.1	82.0	923	396
地方计划	65	25	25	11251.0	6792.0	2423.1	2036.0	494	178
省级测绘主管部门计划	194	98	105	11980.5	9231.0	2559.5	190.0	1426	206
国际合作计划	6	1	1	109.4	108.0	1.4		18	5
单位计划	251	182	172	4161.2	1020.0	2646.9	494.3	928	137
其他计划	162	73	101	7926.3	696.6	1738.7	5491.0	305	45

表 44 2015 年直属单位科技研究

科技活动	研究项目数（项）	#新开项目数	完成项目数（项）	经费投入（万元）	财政投入	自筹资金	其他资金	项目人员（人）总数	#客座人员
合　计	**506**	**274**	**288**	**26768.2**	**17330.5**	**4315.8**	**5122.0**	**2241**	**759**
按活动类型分：									
测绘基础研究	65	26	20	1722.4	1657.4	65.0		264	87
测绘应用研究	235	140	141	16110.9	11406.7	1600.3	3104.0	1130	323
测绘技术开发	180	95	107	8297.2	3719.7	2559.5	2018.0	762	323
测绘软科学研究	26	13	20	637.7	546.7	91.0		85	26
按计划类型分：									
国家计划	64	15	31	3984.1	3384.1	600.0		355	136
部门计划	117	67	60	11705.6	10983.1	722.5		917	393
#国家局计划	94	57	52	10587.4	9867.9	719.5		764	350
地方计划	16	8	4	551.5	335.0	210.5	6.0	110	45
省级测绘主管部门计划	73	27	33	3015.7	1444.2	1441.5	130.0	399	75
国际合作计划	2	1	1	108.0	108.0			12	1
单位计划	131	103	93	2092.3	935.0	1157.3		315	66
其他计划	103	53	66	5311.1	141.1	184.0	4986.0	133	43

表 45 2015 年科技成果

指标名称	计量单位	测绘地理信息系统	
			#直属单位
完成成果	项	241	105
1. 通过验收的成果	项	199	98
#国家局验收	项	38	32
2. 通过鉴定的成果	项	42	7
#国家局鉴定	项	2	2
成果登记	项	73	29
#应用技术成果	项	65	28
发表论文	篇	1513	414
1. 国内	篇	1474	379
#SCI	篇	51	21
#EI	篇	113	39
2. 国外	篇	39	35
#SCI	篇	10	10
#EI	篇	22	20
出版科技著作	部	13	9
专利申请受理	项	58	40
#发明专利	项	40	33
专利授权	项	45	27
#发明专利	项	33	22
#境外授权	项		
成果获奖	项	93	38
1. 国际科技奖	项	1	1
2. 国家科技奖	项	1	1
#国家自然科学奖	项		
#国家技术发明奖	项		
#国家科技进步奖	项	1	1
3. 省部级科技奖	项	91	36
技术转让收入	万元	694.0	515.0
软件著作权数	项	189	110

表 46 2015 年测绘地理信息标准

计量单位：项

单 位	标准总数	#本年新制定	#本年新修订
合 计	**258**	**6**	
按标准级别统计	—	—	—
国家标准	114		
行业标准	144	6	
地方标准			
其他			
按标准功能统计	—	—	—
基础类	29		
成果与产品类	38		
获取与处理类	67	3	
检验与测试类	30		
应用与服务类	55	3	
管理类	2		
其他	37		

注：此表仅包括测绘地理信息国家标准和行业标准。

（六）固定资产

表 47　2015 年主要固定资产投资

计量单位：万元

单　位	房屋					设备			
	年末原值	本年增加原值	#财政拨款	本年减少原值	建筑面积（平方米）	年末原值	本年增加原值	#财政拨款	本年减少原值
合　计	**168240.6**	**4369.6**	**1548.9**	**4219.9**	**1224602.4**	**528331.9**	**82884.3**	**44650.9**	**22077.3**
北　京	3476.6				56280.2	10212.4	517.2		422.1
天　津	1866.0				13931.0	8957.9	436.8	365.0	277.8
河　北	1027.6				17230.5	23472.0	4244.5	3308.4	288.3
山　西	3578.1				45259.4	24810.9	397.1	69.6	450.2
内蒙古	2168.1				17250.9	24959.5	4208.2	4131.8	1465.7
辽　宁	5230.7				38114.9	21990.4	6423.6	3663.4	737.8
吉　林	549.0	417.6		422.8	26034.0	17945.4	7070.1	5514.5	362.1
黑龙江	13790.4				138878.4	26574.5	5013.2	2273.2	1585.5
上　海	8563.3				30275.0	8402.0	500.0		1743.8
江　苏	579.5				17574.7	14915.3	2390.8	1299.8	461.7
浙　江	2624.2	1400.0	1400.0		22220.2	15971.0	1627.2	901.4	67.1
安　徽	713.3	148.9	148.9		16437.2	8994.2	1144.7	321.1	140.9
福　建	932.5				4372.0	11685.8	1513.9	510.5	234.4
江　西	369.8			0.2	14187.8	17722.4	2474.3	212.4	1128.7
山　东	4553.9				26576.6	19894.0	2687.8	1110.9	
河　南	1095.3				19875.6	12553.2	2083.7	745.5	189.7
湖　北	15757.3				49320.0	10503.2	2165.4	828.2	2078.2
湖　南	2725.5	504.0		15.6	24481.9	15900.7	3433.2	624.4	3346.6
广　东	278.1				40.0	13730.4	4912.3	3342.3	1420.2
广　西	761.7			0.7	15159.4	16622.3	1694.2	287.3	505.8
海　南	3444.9				24159.7	8539.6	2221.3	1963.3	1645.8
重　庆	4625.7	604.3			10049.4	8060.2	858.2		99.4
四　川	9759.3				139023.9	31541.4	3715.2	151.3	457.6
贵　州	719.4				12492.0	10563.6	1885.6	1086.8	0.0
云　南	915.3				18527.0	12638.2	2380.3	1740.4	107.0
西　藏	248.3				3300.0	472.7	7.2	2.4	
陕　西	18823.5	442.9		28.3	205073.9	33073.5	3198.8	1762.0	669.5
甘　肃	1092.5			19.5	19076.9	12024.9	1127.1	1017.0	
青　海	403.2				4993.4	8775.6	874.6	408.2	272.9
宁　夏						2702.4	6.4	6.4	98.3
新　疆	4151.6				21497.0	13524.3	2205.8	2202.7	337.9
青　岛									
大　连						1049.5	33.0		
宁　波	2002.5	852.0			2338.4	4177.2	428.0		15.0
深　圳	25.0				297.0	2059.6	295.2		
厦　门	145.9				4065.7	1071.1	39.5		
中国地图出版集团	39190.3				46240.2	2127.4	198.8	80.6	100.2
重庆测绘院	2105.8				16198.2	6169.4	1028.5	1026.2	79.5
测绘研究院	1826.1			1.4	33326.2	17688.8	1408.2	1293.3	502.0
地理信息中心	1589.9			3731.5	13592.1	21086.8	5493.9	2123.6	724.5
卫星应用中心						169.7	169.7		
测绘宣传中心						1002.5	0.7		
管理信息中心						761.4	136.3	136.3	28.4
地图审查中心						280.6	6.7	6.7	20.8
发展研究中心						140.4			
技能鉴定中心						80.5	1.1	1.1	12.3
质量检验中心	951.9				10669.9	1153.3	133.3	133.3	
北戴河休养院	179.9				6701.2	244.4	1.1		
测绘学会						151.5	2.7		
机关服务中心						209.2	16.9		
国家局机关	5398.8				39480.6	975.2	72.5		

注：宁夏国土资源厅房屋均由厅机关统一管理，未作统计。

表 48　2015 年主要设备数量

计量单位：台/套

设备名称	年末数量								本年增加数量	本年减少数量
	合计	按质量状况分			按存在状态分		按设备原产地分			
		完好	待修	待废	在用	闲置	国产	进口		
全球导航卫星系统接收机	**6243**	5937	38	268	5915	328	4036	2207	630	183
全站仪	**3993**	3849	44	100	3811	182	1882	2111	318	167
水准仪	**1675**	1581	14	80	1514	161	857	818	76	75
天文测量设备	**12**	12			12		4	8	1	
重力仪	**14**	13	1		9	5		14		
基线测量设备	**7**	7			6	1	5	2		
航摄仪	**70**	70			62	8	33	37	10	4
无人飞行器系统	**137**	137			135	2	111	26	41	3
多镜头多角度倾斜摄影测量系统	**14**	14			14		6	8	8	1
多角度倾斜摄影真三维处理系统	**41**	41			41		34	7	34	
全数字摄影测量系统	**3695**	3662		33	3662	33	3565	130	427	73
遥感图像处理系统	**927**	927			922	5	829	98	121	113
地理信息处理软件	**3763**	3763			3763		3574	189	454	10
地理信息系统平台软件	**1408**	1408			1408		1324	84	185	1
地面移动测量系统	**27**	27			26	1	21	6	12	1
测深仪	**131**	129	1	1	115	16	106	25	10	
地下管线探测仪	**610**	593		17	574	36	251	359	161	24
手持测距仪	**2371**	2309	3	59	2276	95	1126	1245	389	77
声速仪	**23**	23			20	3	10	13	9	
水位计	**68**	68			58	10	38	30	11	
验流计	**21**	21			19	2	8	13	8	
浅地层剖面仪	**3**	3			2	1	2	1	2	
多波束测深系统	**8**	8			5	3	4	4	3	
侧扫声呐	**5**	5			2	3	4	1	2	
海洋磁力仪	**2**	2			1	1	1	1	1	
图形扫面议	**613**	598	1	14	590	23	460	153	44	18
绘图仪	**949**	919	5	25	920	29	574	375	116	46
外业数据采集设备	**2429**	2337	1	91	2320	109	2086	343	264	11
导航地图编辑系统	**35**	35			35		28	7	3	
高性能图形编辑计算机	**10776**	10577	14	185	10556	220	9253	1523	1891	506
服务器	**3903**	3857	1	45	3860	43	3383	520	788	226
地理信息应急监测车	**22**	22			21	1	21	1	4	2

表 49　2015 年各单位年末主要设备数量（一）

计量单位：台/套

单　位	全球导航卫星系统接收机	全站仪	水准仪	天文测量设备	重力仪	基线测量设备	航摄仪	无人飞行器系统	多镜头多角度倾斜摄影测量系统	多角度倾斜摄影真三维处理系统
合　计	**6243**	**3993**	**1675**	**12**	**14**	**7**	**70**	**137**	**14**	**41**
北　京	79	113	84					2		
天　津	107	97	88							
河　北	245	388	124				5	7		1
山　西	108	81	47			1	8	1	1	
内蒙古	387	76	45				6	5	1	1
辽　宁	303	159	75				8	4	2	2
吉　林	262	228	70				3	2	1	2
黑龙江	350	226	120	2		4	3	4	1	1
上　海	77	73	34					1		
江　苏	165	56	57					2		
浙　江	130	78	49					7		
安　徽	130	82	55					7		
福　建	160	69	24				2	14		
江　西	177	133	55				5	2	1	1
山　东	164	67	14		1		4	1		
河　南	177	206	45				1	11		
湖　北	82	84	24					1		
湖　南	313	119	34				3	2		
广　东	70	128	37	2	4	1	4	3		
广　西	273	194	49					7		
海　南	106	97	37				2			
重　庆	82	129	12					6		
四　川	564	306	82				2	11	2	1
贵　州	155	96	24				1	6	1	1
云　南	187	87	31	2				8		
西　藏		11	9							
陕　西	647	152	131		7	1	2	3	1	1
甘　肃	121	83	19				3	6		
青　海	82	75	41					5	1	30
宁　夏	76	33	21				1	1		
新　疆	252	85	70				1	4	2	
青　岛										
大　连	15	10	6							
宁　波	25	38	14					2		
深　圳	15	13	7							
厦　门	11	14	6							
中国地图出版集团										
重庆测绘院	66	99	23					1		
测绘研究院	73	6	4	6	2		6	1		
地理信息中心		1	7							
卫星应用中心										
测绘宣传中心										
管理信息中心										
地图审查中心	1									
发展研究中心										
技能鉴定中心										
质量检验中心	6	1	1							
北戴河休养院										
测绘学会										
机关服务中心										
国家局机关										

表 49 2015 年各单位年末主要设备数量（二）

计量单位：台/套

单 位	全数字摄影测量系统	遥感图像处理系统	地理信息处理软件	地理信息系统平台软件	地面移动测量系统	测深仪	地下管线探测仪	手持测距仪	声速仪	水位计	验流计
合 计	**3695**	**927**	**3763**	**1408**	**27**	**131**	**610**	**2371**	**23**	**68**	**21**
北 京	46	2	1	5	2	3	26	106			
天 津	10					4	42	99			
河 北	173	112	82	22		6	8	99	1	1	1
山 西	142	15	88	8	1	1	1	64			
内蒙古	86	19	138	21			10	56			
辽 宁	321	34	115	92		11	24	83	2	5	2
吉 林	95	2	3		1		24	47			
黑龙江	364	35	121	60	1	8	18	150	2	5	1
上 海	3						26	15			
江 苏	72	24	1		1	15	17	121			
浙 江	130	19	196	32		12	8	71	4	28	2
安 徽	135	31	286	83	1	1	6	124			
福 建	41	32	10	2		5	7	124	4		4
江 西	118	45	267	79	2	4	3	78			
山 东	44	3	100	140	1	6		20	2	9	
河 南	83	5	68	11		3	18	198			
湖 北	76	69	53	96	2		6	58			
湖 南	157	65	209	43	1	8	11	131	2	5	1
广 东	62	14	272	23		12	4	45	3	10	2
广 西	110	108	114	62	1	3	7	88			
海 南	17	11	86	8	1	2	8	18			
重 庆	48	6	20	50		3	70	50			
四 川	338	51	350	2		4	172	75			
贵 州	123	77	121	191	2	3	3	48			
云 南	70	8	110	34	3	1	3	54			
西 藏	10										
陕 西	219	45	265	170	1	2	17	157			
甘 肃	188	21	26	2			7	12			
青 海	95	17	333	65	1	2	3	17			
宁 夏	23	9	29	30				25			
新 疆	108	31	18	4			5	19			
青 岛											
大 连	16		10	10	1		3	20			
宁 波	19	4	24	18	3	5	9	20	1		7
深 圳	8	1	3	3		4	1	35	2	5	1
厦 门							1	17			
中国地图出版集团											
重庆测绘院	127	1	229	36	1	3	38	12			
测绘研究院	13	5	1	2				7			
地理信息中心	1	2									
卫星应用中心		3									
测绘宣传中心											
管理信息中心											
地图审查中心											
发展研究中心											
技能鉴定中心											
质量检验中心	4	1	14	4			4	8			
北戴河休养院											
测绘学会											
机关服务中心											
国家局机关											

表 49 2015 年各单位年末主要设备数量（三）

计量单位：台/套

单 位	浅地层剖面仪	多波束测深系统	侧扫声呐	海洋磁力仪	图形扫描仪	绘图仪	外业数据采集设备	导航地图编辑系统	高性能图形编辑计算机	服务器	地理信息应急监测车
合 计	**3**	**8**	**5**	**2**	**613**	**949**	**2429**	**35**	**10776**	**3903**	**22**
北 京					4	25	171	5	61	93	
天 津		1			19	43			272	94	
河 北	1	1	1		22	41		22	363	94	1
山 西					18	24	115		240	86	1
内蒙古					21	36	35		287	53	1
辽 宁					11	33	100		280	106	
吉 林					8	36			150	55	
黑龙江					37	68	291		1233	145	1
上 海					13	17			535	78	
江 苏					25	30			132	152	1
浙 江					24	27	114		335	162	2
安 徽					22	32	40		242	56	1
福 建					8	26		2	127	87	1
江 西					12	18	5	2	271	53	1
山 东		1			12	12	120		323	142	
河 南					20	38	30		100	67	
湖 北					9	19	12		160	155	
湖 南					29	31	165		336	95	1
广 东	1	3	3	1	27	30	545		747	99	
广 西					24	37	70		442	81	1
海 南					6	13	7		29	113	1
重 庆					3	18			154	75	1
四 川					21	56			632	133	3
贵 州					15	24	8	1	458	58	1
云 南					25	25	151	3	229	127	1
西 藏						1				4	
陕 西		1			52	56	50		925	182	1
甘 肃					22	20			462	144	
青 海					4	18	18		81	29	1
宁 夏					9	9	12		212	21	
新 疆					11	28	214		268	60	
青 岛											
大 连					3	3			67	3	
宁 波					1	10			83	46	1
深 圳	1	1	1	1	7	6	4		10	14	
厦 门						5				3	
中国地图出版集团					16	8			43	44	
重庆测绘院					2	7	52		2	36	
测绘研究院					25	6	92		458	202	
地理信息中心					26	10				603	
卫星应用中心						1			27	29	
测绘宣传中心										10	
管理信息中心										4	
地图审查中心										3	
发展研究中心										1	
技能鉴定中心										2	
质量检验中心						2	8			4	
北戴河休养院											
测绘学会											
机关服务中心											
国家局机关											

（七）人事人才

表 50 2015 年直属单位人员

计量单位：人

直属单位	年末单位个数	从业人员年末人数					
			#女性	在岗职工		劳务派遣人员	其他从业人员
					#在编职工		
合　计	**66**	**8377**	**2650**	**6762**	**5149**	**1341**	**274**
陕　西	17	2205	769	1976	1299	110	119
黑龙江	15	1933	642	1903	1245		30
四　川	10	2106	471	1202	1101	857	47
海　南	7	394	103	138	125	247	9
重庆测绘院	1	305	70	305	235		
中国地图出版集团	3	476	204	381	362	90	5
测绘研究院	1	281	99	239	234		42
地理信息中心	1	179	86	147	147	27	5
卫星应用中心	1	78	25	78	78		
测绘宣传中心	1	37	19	37	37		
管理信息中心	1	17	7	17	17		
地图审查中心	1	21	12	21	21		
发展研究中心	1	23	11	23	23		
技能鉴定中心	1	19	11	19	19		
质量检验中心	1	64	24	58	58	4	2
北戴河休养院	1	28	3	13	13		15
测绘学会	1	17	8	11	11	6	
机关服务中心	1	92	48	92	22		
国家局机关	1	102	38	102	102		

表 50　2015 年直属单位人员（续）

计量单位：人

直属单位	从业人员年平均人数					年末累计离退休人员		
		在岗职工		劳务派遣人员	其他从业人员		离休人员	退休人员
			#在编职工					
合　计	**8479**	**6831**	**5149**	**1290**	**358**	**4301**	**125**	**4176**
陕　西	2193	1965	1292	109	119	1389	42	1347
黑龙江	1949	1908	1240		41	925	17	908
四　川	2110	1233	1107	832	45	880	17	863
海　南	399	157	127	233	9	37		37
重庆测绘院	375	305	235		70	198	2	196
中国地图出版集团	485	400	367	80	5	444	14	430
测绘研究院	287	239	234		48	220	14	206
地理信息中心	174	144	144	26	4	82	2	80
卫星应用中心	76	76	76					
测绘宣传中心	37	37	37			2		2
管理信息中心	21	21	21			4		4
地图审查中心	21	21	21			1		1
发展研究中心	22	22	22					
技能鉴定中心	20	20	20			1		1
质量检验中心	63	57	57	4	2	11		11
北戴河休养院	28	13	13		15	21		21
测绘学会	17	11	11	6		9		9
机关服务中心	99	99	22			3		3
国家局机关	103	103	103			74	17	57

表 51　2015 年地方单位人员

计量单位：人

地方单位	年末单位个数	从业人员年末人数					
			#女 性	在岗职工		劳务派遣人员	其他从业人员
					#在编职工		
合　计	**187**	**19069**	**5662**	**16508**	**13647**	**1927**	**634**
北　京	1	833	260	586	586	185	62
天　津	1	654	175	407	407	247	
河　北	9	699	134	655	655	44	
山　西	12	719	288	719	719		
内蒙古	6	739	248	739	547		
辽　宁	9	676	263	676	676		
吉　林	12	595	175	595	531		
上　海	1	332	85	332	332		
江　苏	10	589	167	589	589		
浙　江	7	902	251	669	488	211	22
安　徽	10	748	219	561	457		187
福　建	5	435	116	435	435		
江　西	10	682	203	625	559		57
山　东	3	783	32	499	452	280	4
河　南	10	586	217	531	531		55
湖　北	9	502	173	502	502		
湖　南	8	842	260	827	719	14	1
广　东	5	1121	270	1121	598		
广　西	10	1224	450	1196	617		28
重　庆	2	1059	218	633	265	426	
贵　州	5	799	202	799	404		
云　南	10	727	270	583	577	138	6
西　藏	2	56	14	48	48	4	4
甘　肃	7	412	133	412	412		
青　海	5	619	215	490	428	29	100
宁　夏	5	248	57	246	244		2
新　疆	7	647	238	589	505	58	
青　岛		5	1	5	5		
大　连	1	82	41	36	36	46	
宁　波	2	189	60	189	134		
深　圳	2	419	173	150	125	166	103
厦　门	1	146	54	64	64	79	3

注：表中单位个数不包括北京、天津、内蒙古、上海、安徽、山东、湖南、广东、重庆、贵州、宁夏、青岛、大连、宁波、深圳、厦门等测绘地理信息行政主管部门机关，从业人员中广东包括机关全部人员，其余只包括机关测绘管理部门的工作人员，下同。

表 51 2015 年地方单位人员（续）

计量单位：人

地方单位	从业人员年平均人数					年末累计离退休人员		
		在岗职工		劳务派遣人员	其他从业人员		离休人员	退休人员
			#在编职工					
合 计	**19163**	**16417**	**13421**	**2042**	**704**	**10476**	**213**	**10263**
北 京	830	588	587	228	14	618	7	611
天 津	658	408	408	250		385	1	384
河 北	702	658	558	44		414	13	401
山 西	720	720	720			460	7	453
内蒙古	744	744	554			441	10	431
辽 宁	678	678	678			414	17	397
吉 林	591	591	527			438	17	421
上 海	461	340	340	110	11	310	3	307
江 苏	586	586	586			422	8	414
浙 江	901	668	493	211	22	319	16	303
安 徽	728	546	449		182	281	4	277
福 建	437	437	437			446	5	441
江 西	652	625	559		27	262	5	257
山 东	783	499	459	280	4	396	10	386
河 南	577	522	522		55	387	8	379
湖 北	498	498	498			411	8	403
湖 南	816	801	704	14	1	661	11	650
广 东	1120	1120	597			518	19	499
广 西	1242	1214	608		28	557	7	550
重 庆	1062	633	248	429		121	1	120
贵 州	789	708	393		81	363	2	361
云 南	683	580	574	98	5	451	8	443
西 藏	56	48	48	4	4	18		18
甘 肃	418	418	418			369	14	355
青 海	681	490	428	29	162	393	4	389
宁 夏	246	244	151		2	81		81
新 疆	661	607	512	54		446	8	438
青 岛	5	5	5			3		3
大 连	80	36	36	44		34		34
宁 波	191	191	135			16		16
深 圳	423	151	126	169	103	20		20
厦 门	144	63	63	78	3	21		21

表 52　2015 年直属单位从业人员增减变动

计量单位：人

直属单位	年末从业人员	增加从业人员数							减少从业人员数							
		合计	从农村招收人员	从城镇招收人员	录用应届毕业生	复员转业军人安置	调入	其他	合计	退休	退职	开除、除名、辞退	终止、解除合同	死亡	调出	其他
合　计	**8377**	**1402**	**16**	**62**	**183**	**1**	**80**	**1060**	**684**	**202**	**15**	**5**	**264**	**13**	**91**	**94**
陕　西	2205	205		8	78		10	109	136	72	1	1	41	2	10	9
黑龙江	1933	63		7	43		8	5	150	36		2	87	8	12	5
四　川	2106	951		8	36		13	894	141	46	1	2	40	1	12	39
海　南	394	30	4	4			11	11	62	6	2		30		23	1
重庆测绘院	305	6		5				1	7	5			1			1
中国地图出版集团	476	66		30	10	1	7	18	52	18	6		23	1	3	1
测绘研究院	281	8			6		2		60	10			26		7	17
地理信息中心	179	18			1		8	9	14	2					5	7
卫星应用中心	78	15			6		1	8	14							14
测绘宣传中心	37								4		4					
管理信息中心	17	1					1		5	1			1		3	
地图审查中心	21	2					2		2	1					1	
发展研究中心	23	3			1		1	1	1						1	
技能鉴定中心	19								2				1		1	
质量检验中心	64	7			2		3	2	3						3	
北戴河休养院	28	1						1	1	1						
测绘学会	17	1						1	2		1			1		
机关服务中心	92	13	12				1		14				14			
国家局机关	102	12					12		14	4					10	

表 53　2015 年地方单位从业人员增减变动

计量单位：人

地方单位	年末从业人员	增加从业人员数							减少从业人员数							
		合计	从农村招收人员	从城镇招收人员	录用应届毕业生	复员转业军人安置	调入	其他	合计	退休	退职	开除、除名、辞退	终止、解除合同	死亡	调出	其他
合　计	**19069**	**1572**	**12**	**79**	**479**	**10**	**198**	**794**	**1195**	**450**	**10**	**40**	**427**	**11**	**178**	**79**
北　京	833	46			18		4	24	56	26			29	1		
天　津	654	16			13		1	2	27	17				1	3	6
河　北	699	55			6		5	44	19	16				1	2	
山　西	719	6			4		2		16	13	1		1		1	
内蒙古	739	41		7	12	1	4	17	24	17		2		1	3	1
辽　宁	676	14			3		11		17	7			1		9	
吉　林	595	32			3	1	17	11	43	21	1	1	1		19	
上　海	332	6				1	1	4	26	15			8		3	
江　苏	589	25			14		10	1	30	17	1		4		8	
浙　江	902	66	3	3	43	1	10	6	131	33		27	37		14	20
安　徽	748	85		6	6		8	65	47	23		1	14		1	8
福　建	435	18			14		2	2	23	16		1	2		4	
江　西	682	34					9	25	34	16				1	3	14
山　东	783	179			17		2	160	18	13			2	1	2	
河　南	586	48					11	37	56	27	1		23		5	
湖　北	502	49		6	9		34		50	15	1	1			33	
湖　南	842	75		3	4	1	25	42	52	29			1	1	21	
广　东	1121	85	9	9	50	2	15		89	10			48	1	15	15
广　西	1224	116		12	70		5	29	122	37		1	78	2	4	
重　庆	1059	80			37			43	46	7			39			
贵　州	799	53		24	8		5	16	70	12	1		52	1	2	2
云　南	727	155			107	1	2	45	17	6		3	3		4	1
西　藏	56	3			1	1	1		11							11
甘　肃	412	14			9		4	1	36	29	1	2	1		3	0
青　海	619	36			8	1	1	26	15	4			7		4	0
宁　夏	248	15			3		2	10	8	5					3	
新　疆	647	186					6	180	59	13	3	1	38		4	
青　岛	5															
大　连	82	10			10				7	1			5			1
宁　波	189	12		5	7				19	2			16		1	
深　圳	419	4						4	21	2			12		7	
厦　门	146	8		4	3		1		6	1			5			

表54 2015年末按年龄分从业人员

计量单位：人

类别＼年龄	合 计	30岁以下	30－40	41－50	51－60	60岁以上
总 计	**27446**	**8032**	**9244**	**6161**	**3967**	**42**
一、年末机关从业人员	**1289**	90	400	363	430	6
（一）公务员及其他行政人员	**1227**	68	395	350	408	6
（二）工勤技能人员	**34**	2		11	21	
（三）其他人员	**28**	20	5	2	1	
二、年末事业单位从业人员	**25216**	7624	8553	5610	3399	30
（一）管理人员	**2754**	122	698	1106	826	2
#具有专业技术任职资格的	**1589**	29	417	730	413	
1. 厅局级	**60**			22	38	
2. 处级	**795**		82	361	352	
3. 科级	**1589**	33	497	664	393	2
4. 科级以下	**310**	89	119	59	43	
（二）专业技术人员	**19191**	6398	7141	3758	1884	10
#同时在管理岗位任职的	**1381**	15	399	621	346	
1. 高级	**3295**	18	884	1609	780	4
#正高级	**425**	0	25	189	209	2
2. 中级	**5550**	498	3107	1307	638	
3. 初级	**6989**	3674	2201	698	414	2
4. 其他	**3357**	2208	949	144	52	4
（三）工勤技能人员	**4652**	1119	1113	1367	1035	18
1. 高级技师	**58**	3		5	50	
2. 技师	**349**		7	123	219	
3. 高级工	**1156**	1	98	557	500	
4. 其他	**3089**	1115	1008	682	266	18
三、年末企业从业人员	**941**	318	291	188	138	6

注：“年末事业单位人员数”等于事业单位中的“管理人员数”＋“专业技术人员数”＋“工勤技能人员数”－“专业技术人员中‘同时在管理岗位任职的人员数’”，专业技术人员指在专业技术岗位上工作的人员，下同。

表55　2015年末按学历分从业人员

计量单位：人

类别 \ 学历	合　计	博士研究生	硕士研究生	大学本科	#获得博士学位	#获得硕士学位	大学专科	中专	高中及以下
总　计	**27446**	**275**	**3146**	**12452**	**15**	**1039**	**6064**	**2383**	**3126**
一、年末机关从业人员	**1289**	38	293	822	4	143	115	4	17
(一) 公务员及其他行政人员	**1227**	38	285	799	4	140	104	1	
(二) 工勤技能人员	**34**			7			7	3	17
(三) 其他人员	**28**		8	16		3	4		
二、年末事业单位从业人员	**25216**	231	2689	11241	11	874	5736	2304	3015
(一) 管理人员	**2754**	65	317	1679	4	227	497	84	112
#具有专业技术任职资格的	**1589**	56	202	1048	2	170	227	36	20
1. 厅局级	**60**	12	9	37	1	5	2		
2. 处级	**795**	39	115	538	2	96	96	3	4
3. 科级	**1589**	14	153	936	1	122	330	71	85
4. 科级以下	**310**		40	168		4	69	10	23
(二) 专业技术人员	**19191**	220	2566	9889	9	812	4179	1680	657
#同时在管理岗位任职的	**1381**	54	202	930	2	168	151	35	9
1. 高级	**3295**	132	445	2406	2	367	285	26	1
#正高级	**425**	44	62	307		58	11	1	
2. 中级	**5550**	71	937	3156	5	264	1027	301	58
3. 初级	**6989**	4	935	3267		159	1733	735	315
4. 其他	**3357**	13	249	1060	2	22	1134	618	283
(三) 工勤技能人员	**4652**		8	603		3	1211	575	2255
1. 高级技师	**58**			10			8	6	34
2. 技师	**349**			25			96	46	182
3. 高级工	**1156**			54			206	94	802
4. 其他	**3089**		8	514		3	901	429	1237
三、年末企业从业人员	**941**	6	164	389		22	213	75	94

表 56 2015 年末按地区（单位）分从业人员分类

计量单位：人

单位	年末从业人员总数	机关年末从业人员	事业单位年末从业人员				企业年末从业人员
				#管理人员	#专业技术人员	#工勤技能人员	
合计	**27446**	**1289**	**25216**	**2754**	**19191**	**4652**	**941**
北京	833	38	795	114	420	358	
天津	654	6	648	11	321	316	
河北	699	53	646	59	459	143	
山西	719	43	676	135	444	127	
内蒙古	739	5	734	50	512	186	
辽宁	676	46	630	88	526	44	
吉林	595	38	557	80	420	57	
黑龙江	1933	49	1861	145	1604	206	23
上海	332	4	328	76	272	52	
江苏	589	62	527	104	439	76	
浙江	902	45	857	49	720	123	
安徽	748	29	719	71	509	196	
福建	435	39	396	52	333	48	
江西	682	38	524	56	415	75	120
山东	783	15	768	35	716	25	
河南	586	34	552	57	396	120	
湖北	502	45	457	64	377	66	
湖南	842	29	773	66	619	129	40
广东	1121	152	969	115	740	202	
广西	1224	27	1197	45	1079	91	
海南	394	34	360	42	311	33	
重庆	1059	15	1044	42	778	242	
四川	2106	47	2059	248	1301	597	
贵州	799	16	783	28	708	48	
云南	727	29	558	61	490	31	140
西藏	56	24	32	3	28	4	
陕西	2205	54	2091	327	1323	637	60
甘肃	412	34	378	35	308	44	
青海	619	35	584	41	561	12	
宁夏	248	19	229	37	177	41	
新疆	647	36	611	44	535	47	
青岛	5	5					
大连	82	3	79	2	79		
宁波	189	9	180	36	165	11	
深圳	419	23	396	31	268	100	
厦门	146	7	57	21	34	12	82
中国地图出版集团	476						476
重庆测绘院	305		305	26	260	19	
测绘研究院	281		281	71	247	9	
地理信息中心	179		179	55	108	16	
卫星应用中心	78		78	24	69	1	
测绘宣传中心	37		37	13	17	7	
管理信息中心	17		17	9	8		
地图审查中心	21		21	6	15		
发展研究中心	23		23	6	17		
技能鉴定中心	19		19	11	18		
质量检验中心	64		64	21	44	7	
北戴河休养院	28		28	12		16	
测绘学会	17		17	10	1	6	
机关服务中心	92		92	20		72	
国家局机关	102	102					

表 57 2015 年末按地区（单位）分机关从业人员分类

计量单位：人

单 位	合计	公务员及其他行政人员	工勤技能人员	其他从业人员
合 计	**1289**	**1227**	**34**	**28**
北 京	38	38		
天 津	6	6		
河 北	53	42	5	6
山 西	43	43		
内蒙古	5	5		
辽 宁	46	43	3	
吉 林	38	35	3	
黑龙江	49	49		
上 海	4	4		
江 苏	62	60	2	
浙 江	45	44	1	
安 徽	29	27	2	
福 建	39	36	3	
江 西	38	38		
山 东	15	11		4
河 南	34	31	3	
湖 北	45	45		
湖 南	29	29		
广 东	152	152		
广 西	27	27		
海 南	34	34		
重 庆	15	15		
四 川	47	47		
贵 州	16	16		
云 南	29	29		
西 藏	24	15	5	4
陕 西	54	50	4	
甘 肃	34	34		
青 海	35	32	3	
宁 夏	19	19		
新 疆	36	36		
青 岛	5	5		
大 连	3	3		
宁 波	9	6		3
深 圳	23	12		11
厦 门	7	7		
国家局机关	102	102		

注：表中从业人员中广东包括机关全部人员，其余只包括机关测绘管理部门的工作人员，下同。

表 58　2015 年末按地区（单位）分事业单位人员分类（一）

计量单位：人

单　位	管理人员					
	合计	#具有专业技术任职资格人数	厅局级	处级	科级	科级以下
合　计	**2754**	**1589**	**60**	**795**	**1589**	**310**
北　京	114	97	3	41	60	10
天　津	11			5	2	4
河　北	59	16		14	34	11
山　西	135	51		21	62	52
内蒙古	50	23	1	22	17	10
辽　宁	88	28		31	42	15
吉　林	80	1		36	36	8
黑龙江	145	108		45	94	6
上　海	76	54	2	28	41	5
江　苏	104	92		23	80	1
浙　江	49	31		27	22	
安　徽	71	57		10	57	4
福　建	52	20		13	37	2
江　西	56	25		10	38	8
山　东	35	8	1	10	23	1
河　南	57	22		11	45	1
湖　北	64	42		26	34	4
湖　南	66	56		28	37	1
广　东	115	69		17	91	7
广　西	45	28		15	25	5
海　南	42	33		11	29	2
重　庆	42	23		10	23	9
四　川	248	233		39	196	13
贵　州	28	11		6	16	6
云　南	61	8		19	36	6
西　藏	3	3		1	2	
陕　西	327	187		53	211	63
甘　肃	35	11		19	9	7
青　海	41	15		10	27	4
宁　夏	37	34		12	25	
新　疆	44	12		22	14	8
青　岛						
大　连	2	2		1	1	
宁　波	36	32		12	24	
深　圳	31	16		8	9	14
厦　门	21	10		3	17	1
中国地图出版集团						
重庆测绘院	26		6	8	10	2
测绘研究院	71	46	7	36	13	15
地理信息中心	55	35	7	35	10	3
卫星应用中心	24	16	7	12	4	1
测绘宣传中心	13		3	8	2	
管理信息中心	9	9	3	3	3	
地图审查中心	6	2	3	3		
发展研究中心	6	4	3	2	1	
技能鉴定中心	11	10	3	8		
质量检验中心	21	8	5	11	4	1
北戴河休养院	12			3	9	
测绘学会	10	1	3	3	4	
机关服务中心	20		3	4	13	
国家局机关						

表 58 2015 年末按地区（单位）分事业单位人员分类（二）

计量单位：人

单 位	专业技术人员						
	合计	#同时在管理岗位任职的	高级	#正高级	中级	初级	其他
合 计	**19191**	**1381**	**3295**	**425**	**5550**	**6989**	**3357**
北 京	420	97	97	11	171	86	66
天 津	321		150	22	112	46	13
河 北	459	15	142	13	159	150	8
山 西	444	30	51	8	217	175	1
内蒙古	512	14	77	18	148	252	35
辽 宁	526	28	159	48	238	127	2
吉 林	420		103	7	110	203	4
黑龙江	1604	94	226	13	374	318	686
上 海	272	72	77	8	132	63	
江 苏	439	92	132	18	186	107	14
浙 江	720	35	111	16	178	289	142
安 徽	509	57	61	4	153	141	154
福 建	333	37	78	17	113	130	12
江 西	415	22	66	2	167	180	2
山 东	716	8	69	7	206	146	295
河 南	396	21	61	1	126	202	7
湖 北	377	50	71	14	121	169	16
湖 南	619	41	119	12	192	236	72
广 东	740	88	116	6	155	450	19
广 西	1079	18	101	4	220	362	396
海 南	311	26	26		62	100	123
重 庆	778	18	132	41	95	535	16
四 川	1301	87	119	12	301	413	468
贵 州	708	1	67	2	151	343	147
云 南	490	24	78	11	176	227	9
西 藏	28	3	1	1		23	4
陕 西	1323	196	215	13	393	557	158
甘 肃	308	9	57	5	131	119	1
青 海	561	30	47	2	136	333	45
宁 夏	177	26	42	14	58	57	20
新 疆	535	15	68	8	145	192	130
青 岛							
大 连	79	2	10	1	17	35	17
宁 波	165	32	46	5	68	28	23
深 圳	268	3	57	5	65	32	114
厦 门	34	10	15		14	5	
中国地图出版集团							
重庆测绘院	260		26	2	67	97	70
测绘研究院	247	46	124	45	78	15	30
地理信息中心	108		31	7	42	11	24
卫星应用中心	69	16	31		20	13	5
测绘宣传中心	17		6	1	6	5	
管理信息中心	8		3		4	1	
地图审查中心	15		3		8	3	1
发展研究中心	17		6		6	3	2
技能鉴定中心	18	10	5		9		4
质量检验中心	44	8	12	1	20	10	2
北戴河休养院							
测绘学会	1		1				
机关服务中心							
国家局机关							

表 58　2015 年末按地区（单位）分事业单位人员分类（三）

计量单位：人

单　位	合计	工勤技能人员			
		高级技师	技师	高级工	其他
合　计	**4652**	**58**	**349**	**1156**	**3089**
北　京	358			47	311
天　津	316			62	254
河　北	143	6	18	85	34
山　西	127		9	22	96
内蒙古	186	34	55	55	42
辽　宁	44		5	33	6
吉　林	57		22	13	22
黑龙江	206		35	99	72
上　海	52	4	13	21	14
江　苏	76	1	21	24	30
浙　江	123		31	20	72
安　徽	196		2	28	166
福　建	48	1	9	28	10
江　西	75		2	43	30
山　东	25			18	7
河　南	120		25	73	22
湖　北	66		4	46	16
湖　南	129	3	11	75	40
广　东	202		1	30	171
广　西	91		5	22	64
海　南	33	1	1	5	26
重　庆	242		19	5	218
四　川	597		3	90	504
贵　州	48	1	4	20	23
云　南	31		2	12	17
西　藏	4			1	3
陕　西	637		15	91	531
甘　肃	44		4	20	20
青　海	12			2	10
宁　夏	41	4	21	6	10
新　疆	47		2	14	31
青　岛					
大　连					
宁　波	11		8		3
深　圳	100			11	89
厦　门	12		1	3	8
中国地图出版集团					
重庆测绘院	19			18	1
测绘研究院	9	1	1	2	5
地理信息中心	16			8	8
卫星应用中心	1			1	
测绘宣传中心	7			1	6
管理信息中心					
地图审查中心					
发展研究中心					
技能鉴定中心					
质量检验中心	7			1	6
北戴河休养院	16	2			14
测绘学会	6				6
机关服务中心	72			1	71
国家局机关					

表 59 2015 年末按年龄和学历分特殊专业技术人才

计量单位：人

类别 年龄	合 计	30 岁以下	30－40	41－50	51－60	60 岁以上
省部级及以上专家	**350**	1	75	91	58	125
#女性	**36**		4	12	6	14
院士	**2**					2
享受政府特殊津贴专家	**206**		1	26	54	125
#国务院	**186**			21	40	125
#省级政府	**20**		1	5	14	
有突出贡献中青年专家	**21**		2	8	5	6
百千万人才工程国家级人选	**24**		2	17	5	
省部级专家	**131**	1	70	59	1	
#国家局	**119**	1	64	53	1	
省级测绘行政主管部门评定的专家	**139**	11	96	23	9	
#女性	**26**	4	13	8	1	

续表

类别 学历	合 计	博 士 研究生	硕 士 研究生	大学本科			大学 专科	中专	高中及 以下
					#获得博士学位	#获得硕士学位			
省部级及以上专家	**350**	59	70	203	1	48	8	7	3
#女性	**36**	5	8	22		2	1		
院士	**2**	1		1					
享受政府特殊津贴专家	**206**	24	26	138	1	15	8	7	3
#国务院	**186**	22	25	121		11	8	7	3
#省级政府	**20**	2	1	17	1	4			
有突出贡献中青年专家	**21**	4	6	11		2			
百千万人才工程国家级人选	**24**	13	5	6		2			
省部级专家	**131**	36	40	55		30			
#国家局	**119**	31	40	48		24			
省级测绘行政主管部门评定的专家	**139**	11	39	87	1	39	2		
#女性	**26**	3	7	15		2	1		

表60 2015年末按地区（单位）分特殊专业技术人才

计量单位：人

单位	省部级及以上专家									省级测绘行政主管部门评定的专家
		院士	享受政府特殊津贴专家	#国务院	#省级政府	有突出贡献中青年专家	百千万人才工程国家级人选	省部级专家	#国家局	
合　计	**350**	**2**	**206**	**186**	**20**	**21**	**24**	**131**	**119**	**139**
北　京	7		3		3			4	4	
天　津	11		4	3	1			7	2	66
河　北	10		4	3	1	1		5	3	2
山　西	1							1	1	
内蒙古	7		6		6			1	1	
辽　宁	5						3	2	2	18
吉　林	9		3		3	3		3	3	
黑龙江	18		13	11	2		1	4	4	3
上　海	5		2	2		3				3
江　苏	7		2	2				5	4	
浙　江	5		1	1				4	4	2
安　徽	2							2	2	
福　建	4						1	3	3	
江　西	4						1	3	3	2
山　东	3		1	1				2	2	
河　南	2							2	2	1
湖　北	8		2		2	4		4	4	
湖　南	5		2	2				3	3	10
广　东	2							2	2	0
广　西	3							3	3	3
海　南	5		4	4				1	1	
重　庆	6		3	3			1	2	2	
四　川	17		12	12				5	5	10
贵　州	3		1		1			2	2	
云　南	2		1		1			1	1	
西　藏										
陕　西	36		28	28			1	7	7	6
甘　肃	3							3	3	12
青　海	3							3	3	
宁　夏	2							2	2	
新　疆	4		1	1				3	3	
青　岛										
大　连										
宁　波										
深　圳	1		1	1						1
厦　门										
中国地图出版集团	32		26	26				6	6	
重庆测绘院	4		1	1				3	3	
测绘研究院	65	1	56	56		9	7	14	10	
地理信息中心	26		17	17		1	6	9	9	
卫星应用中心	9		3	3			2	5	5	
测绘宣传中心										
管理信息中心										
地图审查中心										
发展研究中心	3							3	3	
技能鉴定中心										
质量检验中心	4		2	2			1	2	2	
北戴河休养院										
测绘学会	1		1	1						
机关服务中心										
国家局机关	6	1	6	6						

表 61　2015 年教育培训

指标名称	计量单位	数量
一、参加教育培训人员	—	—
1. 人员数	人	18742
#学历教育	人	582
（1）管理人员	人	2325
（2）专业技术人员	人	13391
（3）其他人员	人	3026
2. 人次数	人次	73255
#境外培训	人次	113
#党校培训	人次	849
（1）政治理论培训	人次	13899
（2）业务培训	人次	51163
#测绘成果核心涉密人员培训	人次	4099
#发证人员	人	358
#行政执法人员培训	人次	233
（3）其他培训	人次	8193
二、教育培训经费支出	万元	19357. 1
1. 组织培训	万元	3620. 9
2. 参加培训	万元	15736. 3
三、组织教育培训	次	13035
1. 政治理论培训	次	2269
2. 业务培训	次	8392
#测绘成果核心涉密人员培训	次	1404
#行政执法人员培训	次	275
3. 其他培训	次	2374

附 录

全国测绘地理信息系统领导干部名录

国家测绘地理信息局机关司级以上干部名录

局领导

局 长、党组书记	库热西·买合苏提
副局长、党组副书记	王春峰
副局长、党组成员	李维森 宋超智 闵宜仁
党组纪检组组长、党组成员	于贤成
副局长	李朋德

局总工程师

李志刚

办公室

主 任	周远波
副主任	宫银勇

规划财务司

司 长	张辉峰
副司长	李劲松 张学锋

国土测绘司

司 长	白贵霞
巡视员	辛少华
副司长	田海波 陈 军

法规与行业管理司

司 长	王保立
副司长	张万峰 李维兵
副巡视员	张卫平 杨忆兰

地理信息与地图司（测绘成果管理司）

司　长　武文忠
巡视员　刘大可
副司长　程　军　吴剑锋

科技与国际合作司

司　长　张燕平
巡视员　王　倩
副司长　燕　琴　王　伟

人事司

司　长　李赤一
副司长　雷　斌　庞秋红　王久辉

直属机关党委（纪检监察审计室）

专职副书记　李　烨
副书记、纪委书记、纪检监察审计室主任　雷德容

离退休干部办公室

主　任　林振中

国家测绘地理信息局直属单位、社会团体领导班子成员名录

陕西测绘地理信息局

局　长、党组书记　杨宏山
副局长、党组副书记　王晓国
副局长、党组成员　岳建利　陈向阳　任振宇
党组纪检组组长、党组成员　施仲刚
巡视员　成燕辉
副巡视员　周建勋

黑龙江测绘地理信息局

局　长、党组书记　鲍英华
副局长、党组副书记　徐开明
副局长、党组成员　裴宝军　孔金辉　马林波
党组纪检组组长、党组成员　邢京锁
巡视员　郝科铭
副巡视员　邢保国
工会主席　胡秀琴

四川测绘地理信息局

局　长、党组书记	马　赟
副局长、党组副书记	杨　升
副局长、党组成员	谢维挺　刘　宇　陈　斌
党组纪检组组长、党组成员	涂　军
巡视员	周　社
副巡视员	曹颖华

海南测绘地理信息局

局　长、党组书记	王冬滨
副局长、党组成员	蔺　赞
党组纪检组组长、党组成员	许　裕
巡视员	詹宏海

中国地图出版集团

董事长、党委书记	王宝民
副董事长、总经理、党委副书记	倪庆华
副董事长、党委副书记	杨俊岭
董事、副总经理	高锡瑞　郭　宝　陈　平
董事、副总经理兼总编辑	徐根才

中国测绘科学研究院

院　长、党委副书记	张继贤
党委书记、副院长	赵继成
副院长、党委委员	吴　岚　马宗新　刘纪平　李成名
纪委书记、党委委员	张桂侠

国家基础地理信息中心

主　任、党委副书记	冯先光
党委书记、副主任	叶银虎
总工程师、党委委员	陈　军
副主任	王东华
副主任、党委委员	罗建军　刘若梅
纪委书记、工会主席、党委委员	陈新湖
全国政协委员	李　莉

国家测绘地理信息局卫星测绘应用中心

主　任	王　权
党委书记、副主任	刘小波
副主任、党委委员	孙承志　黄　鹦　唐新明

中国测绘宣传中心

主　任	周　星

副主任　陈兰芹　赵季青

国家测绘地理信息局管理信息中心

主　任　王起民
副主任　丁明柱　周　伟

国家测绘地理信息局地图技术审查中心

主　任　张文晖
副主任　李媛媛　韩权卫

国家测绘地理信息局测绘发展研究中心

主　任　陈常松
副主任　徐永清　王永梅

国家测绘地理信息局职业技能鉴定指导中心

主　任　易树柏
副主任　吴卫东　牛　黎

国家测绘产品质量检验测试中心

主　任、党委副书记　程鹏飞
党委书记、副主任　周德军
副主任、纪委书记、党委委员　袁　宏
副主任、党委委员　翟义青
总工程师、党委委员　张　莉

国家测绘地理信息局重庆测绘院

院　长、党委副书记　山　川
党委书记、副院长　肖　平
副院长、党委委员　杨　洪　蒋世明
总工程师、党委委员　何忠焕
纪委书记、党委委员　蒋民龙
工会主席、党委委员　方庆春

国家测绘地理信息局机关服务中心

主　任　吴　松
副主任　刘勤胜　于建明

国家测绘地理信息局三亚测绘技术开发服务培训中心

主　任　王冬滨（兼）
副主任　廖安平

国家测绘地理信息局北戴河休养院

院　长　张锡浩

副院长	林　强　刘春艳

中国测绘地理信息学会

理事长	李维森（兼）
副理事长、秘书长	彭震中
正局级干部	易杰军
专职副秘书长	马振福

中国地理信息产业协会

会　长	宋超智（兼）
常务副会长、秘书长	胥燕婴
专职副秘书长	汤　海

中国卫星导航定位协会

会　长	张荣久
常务副会长、秘书长	苗前军
专职副秘书长	范京生

各省、自治区、直辖市、计划单列市测绘地理信息行政主管部门及有关测绘地理信息单位，新疆生产建设兵团测绘地理信息主管部门领导班子成员名录

北京市规划委员会

主　任	黄　艳
副主任、党组书记	王英杰
副主任、党组成员	周楠森　刘玉民　王　飞　王　玮　曹跃进
党组成员、纪检组组长	高　翔
总规划师、党组成员	施卫良
委　员	张亚芹

北京市勘察设计和测绘地理信息管理办公室

主　任	王　玮（兼）
副主任	叶　嘉　李节严　王金坡

北京市测绘设计研究院

院长、党委副书记	温宗勇
党委书记	郝赛英
党委副书记、纪委书记、工会主席	王瑞平
常务副院长	杨伯钢
副院长	王继明　陈品祥　程　祥

总工程师、院长助理　贾光军
总会计师　代　为

天津市规划局

局　长、党组书记　严定中
党组副书记　战秋艳
巡视员、常务副局长、党组成员　李春梅
副局长、党组成员　鲁承斌　沈　磊
副局长　霍　兵　师武军
纪检组组长　牛文辉
总建筑师　刘　荣
副巡视员　侯学钢

天津市测绘院

党委书记、副院长　刘俊卫
院长、党委副书记　马华山
党委副书记　段立凯
纪委书记　仉　明
副院长　韩振镖　刘凤杰
总工程师　胡　珂
副院长　史廷玉　杨玉忠

河北省地理信息局

河北省国土资源厅副厅长、党组成员
河北省地理信息局局长、分党组书记　高献计
副局长、分党组成员　续铁枢
总工程师、分党组成员　李爱生
副局长、分党组成员　王明才　吴　京

山西省测绘地理信息局

副局长、党组成员　孔令礼（主持工作）
总工程师、党组成员　秦炎平
总经济师、党组成员　王秀珍
副巡视员　王喜瑞

内蒙古自治区国土资源厅

厅　长、党组书记　李世镕
巡视员、党组成员　孔燕燕
副厅长、党组成员　王富友
党组成员、纪检组长　敖　拉
副厅长、党组成员　陈　伟
总工程师、党组成员　张　宏
副厅长、党组成员　王　杰

副巡视员	王重明　赵大勇　王剑民　温建华

内蒙古自治区测绘地理信息局

局　长、党委书记	王重明（兼）
副局长	赵新刚　刘　秀

辽宁省测绘地理信息局

辽宁省国土资源厅副厅长、党组成员 辽宁省测绘地理信息局局长、分党组书记	吴景涛
副局长、分党组成员	李建国　张中凯　于百云

吉林省测绘地理信息局

局　长、党组书记	张立民
副局长、党组成员	张凤赞　李文忠
纪检组长、党组成员	张文清
副局长、党组成员	吴向东
副巡视员	郭　燕

上海市规划和国土资源管理局

局　长、党组书记	庄少勤
副局长	徐毅松　史家明
市纪委驻局纪检组长	蒋蔚超
副局长	王训国　岑福康
副巡视员	陈薇萍

上海市测绘院

院　长、党委副书记	孙红春
党委书记	杨海荣
副院长、党委副书记、纪委书记	王正平
总工程师、党委委员	郭容寰
副院长、党委委员	顾建祥　陆伟军
工会主席、党委委员	杨勤华

江苏省测绘地理信息局

江苏省国土资源厅副厅长 江苏省测绘地理信息局局长	刘　聪
江苏省国土资源厅党组成员 江苏省测绘地理信息局党组书记	施建石
江苏省国土资源厅副巡视员	史照良
副局长、党组成员	谢建平
纪检组组长、党组成员	龚　琴
副局长、党组成员	钱承新　王　祥
党组成员、局直属机关党委书记	黄建东

浙江省测绘与地理信息局

局　长、党委书记	陈建国
副局长、党委委员	盛乐山
副局长、党委委员、直属机关党委书记	鲍伟民
党委委员、纪委书记	钱文华
副局长、党委委员	闵建平
党委委员、副巡视员、人事处处长、直属机关党委副书记	徐焕凤
副巡视员、办公室主任	王耀宏

安徽省国土资源厅

厅　长、党组书记	孙爱民
副厅长、党组成员	俞凤翔　潘海滨　李世蕴　晏　飞
党组成员、纪检组长	江献军
党组成员、政治部主任	郑春林
副巡视员	董　纯

安徽省测绘局（安徽省测绘总院）

党委副书记、纪委书记	董　宁（主持工作）
副局长	张耀波
调研员	梁　钧

福建省测绘地理信息局

福建省国土资源厅党组成员、福建省测绘地理信息局局长	陈跃进
党组书记、副局长	林　辉
副局长	陈智仁　林孝文
总工程师	简灿良

江西省测绘地理信息局

江西省国土资源厅党组成员、江西省测绘地理信息局局长	高振华
党委书记	匡　猛
副局长	敖颠根　袁仁亮
纪委书记	龙　象
副局长	焦三梓　李增学
工会主席	周茂林
党委委员	陈挺芳
总工程师	甘田红

山东省国土资源厅（山东省测绘地理信息局）

厅　长、党组书记	刘俭朴
巡视员	张庆坤
副厅长、党组副书记	宇向东
副厅长	王玉志

副厅长、党组成员 王桂鹏
测绘地理信息局局长 吴玉海
党组成员、纪检组长、监察专员 袁如英
副巡视员 宁廷河
测绘地理信息局副局长 曲伟刚 袁振林

河南省测绘地理信息局

河南省国土资源厅党组成员
河南省测绘地理信息局党委书记、局长 刘济宝
党委委员、纪委书记 何 晨
党委委员、副局长 毛忠民 宋新龙

湖北省测绘地理信息局

局 长、党组书记 陈文海
副局长、党组成员 何保国 柯美忠 郭建华
总工程师、党组成员 杨建明
副巡视员 王耀鸣

湖南省国土资源厅（湖南省测绘地理信息局）

党组书记、厅 长 方先知
党组副书记、副厅长 颜学毛
省政协副主席、民盟湖南省委主委、副厅长 杨维刚
党组成员、副厅长 厉 坤 王善明
党组成员、副厅长、总工程师 尹学朗
党组成员、纪检组长 唐新民
党组成员、副厅长 金勇章
党组成员、总规划师 范荣华
巡视员 易显奇
副巡视员 彭晓玉 李国清

广东省国土资源厅

厅 长、党组书记 邬公权
副厅长、党组副书记 涂高坤
巡视员、党组成员 沈绍梅
副厅长、党组成员 黄奕锋 杨俊波 邢建江 李俊祥 杨林安
纪检组长、党组成员 韩建清
执法监察局局长、党组成员 李 师
副厅级纪检员、监察专员 刘克斌

广西壮族自治区测绘地理信息局

局长（正厅长级）、党组书记 席 扬
副局长、党组成员 卢显泰 李占元 熊 伟

党组成员、总工程师	周　涛

重庆市规划局

局　长、党组书记	曹光辉
巡视员	邱建林
副局长、党组成员	张　远
副局长	张　睿
副局长、党组成员	王　岳
党组成员、纪检组长	何桂文
总建筑师、党组成员	曹春华
总规划师、党组成员	余　颖
党组成员、市规划展览馆馆长	桑东升
党组成员、副巡视员	田茂明

重庆市测绘地理信息局

局　长	曹春华（兼）
副局长	张治清　陈华刚

贵州省国土资源厅

厅　长、党组书记	朱立军
副厅长、党组成员	周从启　王赤兵　肖才忠　郭　强
总规划师、党组成员	董晓峰
党组成员、纪检组长	闫海山
党组成员、机关党委书记	杨真贵
副巡视员	王　龙　张伟英

云南省测绘地理信息局

局　长、党组书记	王卫国
副局长、党组成员	刘继元　邹亚光

西藏自治区测绘局

西藏自治区国土资源厅副厅长、党组成员	
西藏自治区测绘局局长	王维拉
副局长	扎西多吉
总工程师（援藏干部）	王晓强
副局长	次仁旺堆

甘肃省测绘地理信息局

党委书记、局　长	缪树德
党委委员、副局长	苗天宝
党委委员、纪委书记	郭生亮
党委委员、副局长	牟应录

青海省测绘地理信息局

局　长、党委书记	董永弘
副局长、党委副书记	唐千里
副局长	卢晓平　郗利华
纪委书记	辛全林
总工程师	黄伟星

宁夏回族自治区国土资源厅（测绘地理信息局）

党组书记、厅　长	王　政
党组副书记、副厅长、地质局局长	徐占海
党组成员、副厅长	马　鑫　韦晓龙
党组成员、总工程师	包　敏
党组成员、纪检组长	于晓峰
党组成员、副厅长	陈淑惠
党组成员、土地征收储备局局长	杨兴叶
党组成员、总规划师	宋艳萍
副巡视员	张　黎　许万善　仲玉善　石　新

新疆维吾尔自治区测绘地理信息局

新疆维吾尔自治区国土资源厅党组副书记、副厅长， 新疆维吾尔自治区测绘地理信息局党组书记（厅长级）	平新来
局长、党组副书记	李全战
副巡视员、党组成员、纪检组长	艾买提·艾达洪
副局长、党组成员	常戈军　邹辉东
党组成员、人事教育处处长	张红彦

新疆生产建设兵团国土资源局

局　长、党组书记	黄国强
副局长、党组成员	闫丽莉　高利民（挂职）　李佼玉

青岛市国土资源和房屋管理局

局　长、党委书记	陈立新
副局长、党委委员	杜本好
党委委员、纪委书记	田忠源
副局长、党委委员	潘思晓
副局长	王咸宁
副局长、党委委员	赵富安
总经济师、党委委员	潘　奇

大连市规划局

局　长、党委书记	王　君
副局长	张继良　刘东立　宋继先

党委副书记、纪委书记　石　山
副局长　陈　艳

宁波市测绘与地理信息局

局　长　王丽萍
党委书记　阮志贤
副局长、党委副书记　郑声轩
总规划师、党委委员　袁朝晖
副局长、党委委员　李明华　陈为民
党委委员、市纪委驻局纪检组组长　金维连
副局长、党委委员　张晓斌　杨　斌
副巡视员　周志刚　金明强

深圳市规划和国土资源委员会

党组书记、主任（局长）　王幼鹏
党组副书记、副主任（副局长）　张　勇
副主任（副局长）　乔恒利
党组成员、副主任（副局长）　薛　峰
党组成员、副主任（副局长）兼土地整备局局长　刘世会
党组成员、副主任（副局长）　徐　荣
党组成员、监察支队支队长　覃跃良
巡视员　郭仁忠
市城市更新局局长　王策飞

厦门市国土资源与房产管理局

局　长、党组书记　余江河
副局长、党组成员　郭俊胜
纪检组长、党组成员　王星旦
副局长、党组成员　戴　敏　吴志坚
总规划师、党组成员　卢海林
局长助理　高志松

测绘地理信息人物名录

全国政协委员

徐德明　李朋德　杨维刚　李　莉

院 士

中国科学院

陈俊勇 许厚泽 李德仁 徐冠华 童庆禧 高 俊 杨元喜 郭华东 龚健雅 周成虎

中国工程院

李德仁 刘先林 宁津生 魏子卿 王任享 刘经南 王家耀 张祖勋 许其凤 李建成
郭仁忠 谭述森

国家测绘地理信息局直属单位享受政府特殊津贴人员（1990 年～2015 年）

刘先林 陈俊勇 杨明辉 顾旦生 田伯键 夔中羽 刘永诺 陈 军 张清浦 杜祥明 毛可标
冯浩鉴 朱德愉 刘四宁 胡建国 田 成 穆宝菡 杨 可 文沃根 邱志成 苗履丰 孙立业
左传惠 徐 善 周英武 徐道盈 楚良才 赵先恒 梁振英 林宗坚 徐国华 董鸿闻 徐伯清
王惠民 张书荣 许卓群 朱梅珍 薛 璋 王惠然 王福履 蔡金生 王满英 翟声柱 方 恒
华彬文 文湘北 麦柏楠 郑家声 林天冲 石奉天 陆用森 赵熙林 张武冰 周忠谟 王增藩
张家庆 张伟兼 李道义 邱其宪 周祚域 周祚义 潘新诺 王鸿生 任维春 陈仁恕 何汉启
黄克明 蒋景瞳 戴其潮 钱天久 陈继良 姜翔鸾 张三省 赵一昌 张定兰 郁期青 席德昆
麻英暖 周光楹 周正谊 潘达忠 吴孟起 龙宗英 端木杰 刘明光 凌大夏 王淑华 金 符
陈振华 黄衍其 秦金泉 干福弟 黄武英 李 莉 李广源 刘凤德 杨 凯 冯孟华 姚绪荣
卢瑞虹 高文朗 沈安生 施品浩 余国珊 彭安仁 余文芳 张筱荣 周 良 张学良 王谭强
吴郁芬 郭锡正 徐承天 李根洪 张燕平 关大任 丘金宏 张 骥 肖国雄 向宗藩 刘纪平
王东华 顾乃福 成燕辉 马林波 张安川 刘若梅 闵宜仁 刘宗杰 苗前军 李绍明 郭春喜
庞尚益 张开昶 王明善 肖学年 张继贤 李英成 孙晓生 程鹏飞 肖 平 李伟建 古一鸣
王 权 徐开明 蒋 捷 周 敏 杨 升 周 社 燕 琴 张江齐 徐根才 李成名 王晓国
商瑶玲 金玉平 周德军 金舒平 黄国满 高锡瑞 唐新明 王小军 党亚民 张 力 张 鹏
王 亮 胡兴树 孙承志 刘云峰

百千万工程领军人才

张继贤 王东华

百千万人才工程国家级人选

张继贤 程鹏飞 陈 军 刘若梅 王东华 蒋 捷 刘纪平 商瑶玲 徐开明 党亚民 张 力
唐新明 张 鹏 李成名 李英成 黄国满 廖安平 程传录

海外高层次人才引进计划人选

吴晓良　徐永龙　关鸿亮　单　杰　史文中　萧世伦　周国清　李志林　李荣兴　韩绍伟　朱敦尧
施建成　何宏昌　柳　林

国家测绘地理信息局科技领军人才

陈　军　李成名　张继贤　郭春喜　王东华　刘纪平　刘耀林　李满春　顾行发　唐新明　程鹏飞
童小华　史文中　刘若梅　许才军　闫　利　张　力　李　霖　党亚民　蒋　捷

国家创新人才推进计划中青年科技创新领军人才

刘纪平　李成名

国家创新人才推进计划重点领域创新团队

国家测绘地理信息局卫星测绘应用中心卫星测绘关键技术创新团队（团队负责人唐新明）
国家基础地理信息中心国家地理信息公共服务平台天地图技术创新团队（团队负责人蒋捷）

全国新闻出版行业领军人才

徐根才　周　敏　芦仲进　倪庆华　陈　平　赫建忠　路丽华

国家测绘地理信息局青年学术和技术带头人名单（2015 年 ~ 2017 年）

冯学军　陈廷武　刘　光　祝晓坤　黄　勇　邓世军　汪　伟　陈永立　王润峰　吴文坛　杨爱民
石建军　丰　勇　徐　婵　王　铮　刘振宇　谢　岩　杨爱玲　张洪文　曲　平　林富明　毛炜青
冯　琰　吴张峰　卢　刚　刘　波　朱风云　沈　飞　刘昱君　楼燕敏　曾文华　李东阳　胡传文
侯恩兵　马卫春　余丽珏　吴铭杰　吴　飞　欧立业　易明华　廖　明　张立国　相恒茂　张　伟
王海银　李国清　卢清国　邱儒琼　段志强　洪　亮　徐之俊　华亮春　肖祥红　刘华光　李成钢
吴永静　钟远军　廖超明　李　毅　黄日娟　王春晓　袁　超　陈良超　明　镜　甘　泉　陈中林
李　冲　刘建川　曹振宇　刘　吉　孙俊英　金宝轩　曹建成　王　斌　张　智　邓国庆　聂建亮
兀　伟　蒋光伟　曹建君　李克恭　吴文魁　周　星　王　苑　许长军　杨鸿海　杨　波　魏　岳
刘　涛　辛海强　宫林成　聂　倩　李兆雄　潘建平　赵礼剑　卜庆华　朱　萌　芦仲进　司连法
余　凡　刘文杰　张　力　刘正军　张永红　张福浩　李海涛　王继周　秘金钟　宁晓刚　张利明
翟　亮　张　鹏　廖安平　周　旭　刘建军　孙占义　黄　薇　李志才　蒋志浩　张元杰　张宏伟
常晓涛　汪汇兵　王华斌　谢俊峰　高小明　刘　利　阮于洲　熊　伟　吉建培　陈海鹏

先进集体和先进个人名录

全国省级测绘地理信息行政主管部门
2015 年度测绘地理信息工作绩效考核受表彰单位

优秀单位（10 家）

浙江省测绘与地理信息局
河北省地理信息局
江西省测绘地理信息局
江苏省测绘地理信息局
陕西测绘地理信息局
四川测绘地理信息局
山东省国土资源厅（测绘地理信息局）
重庆市规划局（测绘地理信息局）
黑龙江测绘地理信息局
湖南省国土资源厅（测绘地理信息局）

突出进步单位（6 家）

广西壮族自治区测绘地理信息局
福建省测绘地理信息局
云南省测绘地理信息局
吉林省测绘地理信息局
山西省测绘地理信息局
青海省测绘地理信息局

特色工作创新单位（5 家）

新疆维吾尔自治区测绘地理信息局（推动测绘地理信息维稳应急保障和科技创新）
广东省国土资源厅（测绘局）（落实部局协作和推进综合执法）
甘肃省测绘地理信息局（推动全国卫星导航定位基准服务系统和信息化测绘技术体系建设）
湖北省测绘地理信息局（推动北斗导航应用为重点的地理信息产业发展）
辽宁省测绘地理信息局（推进地理国情普查及其成果应用工作）

2013～2014 年度国土资源部直属机关优秀共产党员

刘先林	中国测绘科学研究院名誉院长、中国工程院院士
李志霞（女）	国家测绘地理信息局直属机关妇工委主任
牛苗苗（女）	国家测绘地理信息局直属机关党委党办主任

李新权	国家测绘地理信息局退休干部
杨洪泉	中国地图出版集团测绘出版社期刊出版分社社长
吴劲松	中国地图出版集团教材出版分社高级编辑
刘文杰	中国地图出版集团中图北斗文化传媒（北京）有限公司少儿及助学读物编辑部主任
张继贤	中国测绘科学研究院院长、党委副书记
丁　剑	中国测绘科学研究院办公室副主任、支部委员
王　勇	中国测绘科学研究院政府地理信息系统研究中心副研究员、支部委员
周　旭	国家基础地理信息中心地理国情监测部主任、支部书记
赵　勇	国家基础地理信息中心信息服务部主任、支部书记
刘志渊	中国测绘宣传中心七级职员
张　亮	国家测绘地理信息局管理信息中心网络应用管理处处长
吉建培	国家测绘产品质量检验测试中心业务处处长

2013～2014年度国土资源部直属机关优秀党务工作者

李　烨（女）	国家测绘地理信息局直属机关党委专职副书记
任振宇	国家测绘地理信息局人事司副司长、支部委员
高锡瑞	中国地图出版集团董事、副总经理、党委委员，测绘出版社总经理（社长）、党委书记
郭玉婷（女）	中国地图出版集团党群工作部宣传专员、支部委员
刘　平（女）	中国测绘科学研究院团委书记、支部书记
牛汝辰	中国测绘科学研究院期刊编辑中心主任、支部书记
金舒平	国家基础地理信息中心党委书记
王华斌	国家测绘地理信息局卫星测绘应用中心分发服务部主任、第一党支部书记
张辉峰	国家测绘地理信息局测绘发展研究中心主任、党支部书记
庞　宇	国家测绘产品质量检验测试中心人事处（党办）副处长（副主任）

2013～2014年度国土资源部直属机关先进党支部

国家测绘地理信息局法规与行业管理司党支部
国家测绘地理信息局地图技术审查中心党支部
中国地图出版集团第六党支部（教材出版分社）
中国地图出版集团第十党支部（发行公司）
中国测绘科学研究院期刊编辑中心党支部
中国测绘科学研究院中测新图遥感应用工程中心党支部
国家基础地理信息中心第三党支部
国家测绘地理信息局卫星测绘应用中心第二党支部

2013～2014年度国家测绘地理信息局直属机关优秀共产党员

刘先林	中国测绘科学研究院名誉院长、中国工程院院士

李志霞（女）	国家测绘地理信息局直属机关妇工委主任
徐子蒙	国家测绘地理信息局规划财务司预算处处长
宋雪生	国家测绘地理信息局国土测绘司基础测绘处调研员
王　倩	国家测绘地理信息局科技与国际合作司巡视员
牛苗苗（女）	国家测绘地理信息局直属机关党委党办主任
陈海峰	国家测绘地理信息局离退休干部办公室副处长
李新权	国家测绘地理信息局退休干部
张　英（女）	中国地图出版集团人力资源部部长
卜庆华	中国地图出版集团地图文化出版分社社长
石忠献	中国地图出版集团 LP 项目部总经理
芦仲进	中国地图出版集团应急保障服务中心主任
李国建	中国地图出版集团测绘出版社科技教育出版分社社长兼总编辑
杨洪泉	中国地图出版集团测绘出版社期刊出版分社社长
许勤宇	中国地图出版集团董事长秘书
吴劲松	中国地图出版集团教材出版分社高级编辑
刘海滨	中国地图出版集团发行公司储运部经理
刘文杰	中国地图出版集团中图北斗文化传媒（北京）有限公司少儿及助学读物编辑部主任
郭俊妙（女）	中国地图出版集团测绘出版社北京博目地图制品有限公司业务部主管
周鼎源	中国地图出版集团退休职工
马玉田	中国地图出版集团退休职工
陈淑兰（女）	中国地图出版集团退休职工
张继贤	中国测绘科学研究院院长、党委副书记
周　伟	中国测绘科学研究院办公室主任
丁　剑	中国测绘科学研究院办公室副主任、支部委员
张利明	中国测绘科学研究院科技处副处长、支部委员
段敏燕（女）	中国测绘科学研究院科技处七级职员
王继周	中国测绘科学研究院科技成果推广处处长
秘金钟	中国测绘科学研究院大地测量与地球动力学研究所副所长
宁晓刚	中国测绘科学研究院摄影测量与遥感研究所副研究员
李成名	中国测绘科学研究院地图学与地理信息系统研究所所长
马维军	中国测绘科学研究院地图学与地理信息系统研究所副研究员、支部委员
王　勇	中国测绘科学研究院政府地理信息系统研究中心副研究员、支部委员
杨洪宾	中国测绘科学研究院北京翔达物业管理中心支部委员
朱雪华（女）	中国测绘科学研究院测绘科技信息中心高级工程师
曾　钰（女）	中国测绘科学研究院期刊编辑中心副研究员、支部委员
齐维君	中国测绘科学研究院国家光电测距仪检测中心主任、支部书记
吴鸿琪	中国测绘科学研究院离休干部
夔中羽	中国测绘科学研究院退休干部
刘若梅（女）	国家基础地理信息中心副主任
周　良	国家基础地理信息中心第七党支部书记
周　旭	国家基础地理信息中心地理国情监测部主任、支部书记
赵　勇	国家基础地理信息中心信息服务部主任、支部书记
廖安平	国家基础地理信息中心遥感与航空摄影处处长、支部书记

翟　永　国家基础地理信息中心网络技术部主任
查祝华　国家基础地理信息中心高级工程师
彭　舒　国家基础地理信息中心高级工程师
高小明（女）　国家测绘地理信息局卫星测绘应用中心研究开发部副主任
张晓超　国家测绘地理信息局卫星测绘应用中心团总支副书记、机要员
刘志渊　中国测绘宣传中心七级职员
张　亮　国家测绘地理信息局管理信息中心网络应用管理处处长
常燕卿（女）　国家测绘地理信息局测绘发展研究中心办公室主任
曾晨曦　国家测绘地理信息局职业技能鉴定指导中心职业技能处处长
吉建培　国家测绘产品质量检验测试中心业务处处长
马　伟　国家测绘产品质量检验测试中心质检三处高级工程师
张锡浩　国家测绘地理信息局北戴河休养院院长、党总支书记
马志勇　中国测绘地理信息学会综合处处长

2013～2014年度国家测绘地理信息局直属机关优秀党务工作者

李　烨（女）　国家测绘地理信息局直属机关党委专职副书记
张辉峰　国家测绘地理信息局规划财务司司长
张万峰　国家测绘地理信息局法规与行业管理司副司长、支部委员
任振宇　国家测绘地理信息局人事司副司长、支部委员
高锡瑞　中国地图出版集团董事、副总经理、党委委员，测绘出版社总经理（社长）、党委书记
韩金好　中国地图出版集团综合部部长、支部书记
曹建中　中国地图出版集团物业管理公司总经理、支部书记
周　敏（女）　中国地图出版集团中图北斗文化传媒（北京）有限公司副总经理、支部书记
郭玉婷（女）　中国地图出版集团党群工作部宣传专员、支部委员
金　薇（女）　中国地图出版集团退休职工、离退休海淀支部委员
钟　勇　中国测绘科学研究院人事教育处（党委办公室）副处长（副主任）
刘　平（女）　中国测绘科学研究院团委书记、支部书记
马照亭　中国测绘科学研究院地图学与地理信息系统研究所副所长、支部书记
王　亮　中国测绘科学研究院政府地理信息系统研究中心副主任、支部书记
牛汝辰　中国测绘科学研究院期刊编辑中心主任、支部书记
焦守莉（女）　中国测绘科学研究院退休支部书记
金舒平　国家基础地理信息中心党委书记
陈新湖　国家基础地理信息中心党委委员、纪委书记
阴　捷（女）　国家基础地理信息中心八级职员
王华斌　国家测绘地理信息局卫星测绘应用中心分发服务部主任、第一党支部书记
左永召　国家测绘地理信息局卫星测绘应用中心办公室（党办）副主任
刘子刚　中国测绘宣传中心杂志编辑部主任、党总支委员
裴丽芳（女）　国家测绘产品质量检验测试中心办公室（财务处）副主任（副处长）
庞　宇　国家测绘产品质量检验测试中心人事处（党办）副处长（副主任）
李晓睿（女）　国家测绘地理信息局机关服务中心七级职员

2013～2014 年度国家测绘地理信息局直属机关先进党支部

国家测绘地理信息局法规与行业管理司党支部
国家测绘地理信息局地理信息与地图司党支部
国家测绘地理信息局人事司党支部
中国地图出版集团第一党支部（综合部、人力资源部）
中国地图出版集团第六党支部（教材出版分社）
中国地图出版集团第十党支部（发行公司）
中国地图出版集团测绘出版社第三党支部（测绘出版社业务管理部、财务管理部、期刊出版分社）
中国测绘科学研究院摄影测量与遥感研究所党支部
中国测绘科学研究院政府地理信息系统研究中心党支部
中国测绘科学研究院期刊编辑中心党支部
中国测绘科学研究院中测新图遥感应用工程中心党支部
国家基础地理信息中心第二党支部
国家基础地理信息中心第三党支部
国家测绘地理信息局卫星测绘应用中心第二党支部
中国测绘宣传中心第一党支部
国家测绘地理信息局管理信息中心党支部
国家测绘地理信息局地图技术审查中心党支部
国家测绘产品质量检验测试中心第二党支部
国家测绘地理信息局北戴河休养院第一党支部

“守纪律　强服务　促改革”优秀活动名单

1. 局办公室党支部
活动主题：讲规矩　转作风　强服务
2. 局地理信息与地图司党支部
活动主题：严守政治纪律　强化公共服务　促进产业发展
3. 局人事司党支部
活动主题：围绕中心着眼全局　服务事业发展跨越
4. 局直属机关党委党支部
活动主题：强化责任担当意识　提升服务保障能力
5. 中国地图出版集团党委第一党支部
活动主题：甲子岁月铸就辉煌　坚定信念传承发展
6. 中国测绘科学研究院党委国家光电测距仪检测中心党支部
活动主题：守纪律、强服务、促发展
7. 中国测绘科学研究院党委职能部门联合党支部
活动主题：严守纪律　助推改革　改进作风　共促发展
8. 国家基础地理信息中心党委第二党支部
活动主题：做好地理国情监测事业　服务生态文明建设　促进测绘地理信息转型

9. 国家基础地理信息中心党委第三党支部

活动主题：守纪律 强服务 促改革

10. 局卫星测绘应用中心党委第二党支部

活动主题：建设创新支部 奉献卫星测绘

11. 中国测绘宣传中心党总支第一党支部

活动主题：建设高素质队伍 发挥战斗堡垒作用

12. 局管理信息中心党支部

活动主题：严明纪律守规矩，强化服务促发展

13. 局测绘发展研究中心党支部

活动主题：守纪律、强服务、促改革

14. 国家测绘产品质量检验测试中心党委第一党支部

活动主题：践行“三严三实”，构建和谐创新型支部

国家测绘地理信息局2015年度“五型机关”创建活动先进集体和先进个人名单

先进司室（2个）

规划财务司

地理信息与地图司（测绘成果管理司）

先进处（室）（9个）

办公室政策研究与新闻处

规划财务司规划投资处

国土测绘司遥感信息处（地理国情监测处）

法规与行业管理司法规与行政复议处

地理信息与地图司（测绘成果管理司）地理信息处

科技与国际合作司科技处

人事司公务员处

直属机关党委（纪检监察审计室）党委办公室

离退休干部办公室

先进个人（25名）

办公室：李志霞、田青、陈俊余

规划财务司：黄丽娜、蒋丽华、徐磊

国土测绘司：宋雪生、张贵钢、左志进

法规与行业管理司：张卫平、陈静、郭鹏辉

地理信息与地图司（测绘成果管理司）：徐永、柏华洁、孙维先

科技与国际合作司：顾纳、杨铮、张世柏

人事司：马林、魏尧、孔蓉

直属机关党委（纪检监察审计室）：侯冬梅、柳静、刘洋

离退休干部办公室：陈海峰

其他获得省部级表彰的先进集体和先进个人

先进集体

黑龙江省双鸭山市国土资源勘测规划院、广西地理国情监测院被人力资源和社会保障部、国土资源部授予“全国国土资源系统先进集体”称号

江苏省测绘产品质量监督检验站基础测绘检验室工会被中华全国总工会授予“全国模范职工小家”称号

四川测绘地理信息局测绘技术服务中心被四川省人民政府表彰为“四川省第七次民族团结进步模范集体”

先进个人

黑龙江省测绘产品质量监督检验站罗鹏、江苏省基础地理信息中心朱海霞被中华全国总工会授予“全国五一巾帼标兵”称号

安徽省第一测绘院肖小芹被人力资源和社会保障部、国土资源部授予“全国国土资源管理系统先进工作者”称号

安徽省测绘局丁芳艳被安徽省委、省政府授予第六届安徽省“人民满意公务员”称号

四川省第三测绘工程院院长张云被四川省人民政府表彰为“四川省第七届先进工作者”

国家测绘地理信息局第一航测遥感院孙苏利获“全国五一劳动奖章”“全国技术能手”“全国青年岗位能手”“全国巾帼建功标兵”等称号

科技奖励名单

国家科技奖励

项　目　编　号：J－25201－2－02

项　目　名　称：国家数字城市地理空间框架技术体系构建与应用

获奖类别及等级：国家科学技术进步二等奖

主 要 完 成 人：李成名、李维森、邵振峰、朱庆、钟耳顺、张新长、陈军、沈涛、刘晓丽、张叶廷

主要完成单位：中国测绘科学研究院、武汉大学、西南交通大学、北京超图软件股份有限公司、中山大学、武大吉奥信息技术有限公司、山西省测绘地理信息局

项　目　编　号：J－25201－2－ 03

项　目　名　称：多系统多频率卫星导航定位关键技术及SoC芯片产业化应用

获奖类别及等级：国家科学技术进步二等奖

主 要 完 成 人：韩绍伟、钱镱、郑睿、张正烜、莫钧、高庆余、王旭社、廖炳瑜、胡刚、黄磊

主要完成单位：和芯星通科技（北京）有限公司

省部级科技奖励

项　目　名　称：数字城市——泰州地理空间框架平台及其应用
获奖类别及等级：2014 年度江苏省科学技术奖三等奖
完　成　单　位：江苏省测绘地理信息局、武汉大学、江苏省地理空间信息技术工程中心、泰州市国土资源局、江苏省基础地理信息中心
主 要 完 成 人：李德仁、邵振峰、虞泰泉、史照良、潘金华、仲思东、孟尔贵

项　目　名　称：青海省公共应急地理信息系统
获奖类别及等级：2014 年度青海省科学技术进步奖三等奖
完　成　单　位：青海省基础地理信息中心

2015 年测绘科技进步奖名单

（中国测绘地理信息学会组织评选）

特等奖（4 项）

项目编号：2015 - 01 - 00 - 01
项目名称：面向综合决策的电子政务地理信息主动服务关键技术与应用
完 成 人：刘纪平、张福浩、王亮、石丽红、王勇、董春、郭庆胜、仇阿根、赵荣、朱翊、栗斌、坤陶旺、孙立坚、苏德国、康风光、徐胜华、刘晓东、李青元、李玉祥、金宝轩、刘斌、杨军、李兵、刘志芳、何望君、罗安、马钰、许萍、钱新林、陈卓
完成单位：中国测绘科学研究院、武汉大学、四川省测绘地理信息局、云南省测绘地理信息局、新疆维吾尔自治区测绘地理信息局、湖北省测绘地理信息局

项目编号：2015 - 01 - 00 - 02
项目名称：海岛礁测绘重大关键技术与集成应用
完 成 人：党亚民、章传银、程鹏飞、欧阳永忠、周兴华、汪舟平、李斐、薛树强、罗建军、秘金钟、史绍雨、杨强、卢秀山、柯宝贵、张全德、暴景阳、张利明、马毅、张洪文、成英燕、吴太旗、杨一挺、周龙君、林旭波、方书山、茹仕高、谷守周、欧阳斯达、易慧、陈利军
完成单位：中国测绘科学研究院、海军海洋测绘研究所、国家基础地理信息中心、国家海洋局第一海洋研究所、武汉大学、山东科技大学、黑龙江测绘地理信息局、海南测绘地理信息局、浙江省测绘与地理信息局

项目编号：2015 - 01 - 00 - 03
项目名称：航空航天遥感影像摄影测量网格处理关键技术与应用
完 成 人：张永军、张祖勋、段延松、孙明伟、万幼川、张勇、柯涛、王博、程若奇、曹辉、胡晓东、胡翔云、雷一鸣、鲁妍林、岳雄、季铮
完成单位：武汉大学、苏州中科天启遥感科技有限公司、武汉适普软件有限公司

项目编号：2015－01－00－04
项目名称：全球30米地表覆盖遥感制图关键技术研究与产品研制
完 成 人：陈军、陈晋、廖安平、唐娉、陈利军、曹鑫、张宏伟、王杰、彭舒、武昊、陈卫平、徐开明、蒋红兵、翟亮、韩刚、陈学泓、何超英、俞乐、刘耀林、吴文斌、谭炳香、江洪、牛振国、徐新良、李玉俭、郭秋燕、杨爱玲、王萍、胡昌苗、桑会勇
完成单位：国家基础地理信息中心、北京师范大学、中国科学院遥感与数字地球研究所、清华大学、国家测绘地理信息局第一航测遥感院、国家测绘地理信息局黑龙江基础地理信息中心、四川省遥感信息测绘院、中国测绘科学研究院、国信司南（北京）地理信息技术有限公司、武汉大学、中国科学院地理科学与资源研究所、中国农业科学院、中国林业科学研究院、南京大学

一等奖（9项）

项目编号：2015－01－01－01
项目名称：高精度陀螺经纬仪国产化成套技术研发及推广应用
完 成 人：李广云、刘思伟、龚建、李宗春、范百兴、田育民、杨再华、张冠宇、宋建鹏、刘智超、易旺民、白云超、冯其强、蒋庆仙、杨振
完成单位：中国人民解放军信息工程大学、西安测绘研究所、西安航光仪器厂、北京卫星环境工程研究所、中国人民解放军61365部队、地理信息工程国家重点实验室

项目编号：2015－01－01－02
项目名称：全国林地资源空间信息遥感更新技术与应用
完 成 人：张煜星、黄国胜、许等平、韩爱惠、王六如、罗鹏、智长贵、王雪军、党永峰、史京京、任怡、侯瑞霞、王威、徐茂松、陈新云、郑冬梅、夏朝宗、蒲莹、程志楚、唐小明、刘斌、刘永杰、王晓丽、杨学云、杨英
完成单位：国家林业局调查规划设计院、中国林业科学研究院资源信息研究所、北京中林地信科技开发有限公司、北京易伟航科技有限公司、北京地林伟业科技股份有限公司

项目编号：2015－01－01－03
项目名称：深空探测视觉导航定位与环境感知技术研究及工程应用
完 成 人：邸凯昌、刘召芹、彭嫚、万文辉、刘斌、刘一良、胡文敏、吴凯、李巍、岳宗玉、赵强、孙义威、梁健、徐斌、孙喜亮
完成单位：中国科学院遥感与数字地球研究所

项目编号：2015－01－01－04
项目名称：国家生态环境遥感监测体系建设与应用
完 成 人：王桥、申文明、江东、侯鹏、李静、王昌佐、刘晓曼、万华伟、高彦华、徐新良、刘慧明、肖桐、肖如林、黄耀欢、王勇
完成单位：环境保护部卫星环境应用中心、中国科学院地理科学与资源研究所、南京师范大学

项目编号：2015－01－01－05
项目名称：全球地表碳水通量和大气CO2浓度遥感时空模拟
完 成 人：张丽、雷莉萍、田向军、蒋金豹、柴沙驼、刘斌、林卉、王迅、臧艺、周宇、张炳华、刘春静、曾招城、侯小丽

完成单位：中国科学院遥感与数字地球研究所、中国科学院大气物理研究所、中国矿业大学（北京）、青海省畜牧兽医科学院、新疆测绘科学研究院、江苏师范大学、中国测绘科学研究院

项目编号：2015 - 01 - 01 - 06
项目名称：移动测量型激光扫描系统——R - Angle 系列
完 成 人：张珂殊、张智武、魏占营、王留召、钟若飞、陈楠、王健、杨燕林、王晓星、蔡海永、张涛、鲁勇、梁作前、刘宇、陈学霞
完成单位：北京北科天绘科技有限公司、首都师范大学

项目编号：2015 - 01 - 01 - 07
项目名称：海洋无缝垂直基准及其转换模型构建理论·方法与应用
完 成 人：赵建虎、张红梅、田淳、周丰年、董江、柯灏、王真祥、许宝华、吴敬文、王爱学、陈志高、黄家勇、王晓、尚晓东、李治远
完成单位：武汉大学、长江水利委员会水文局长江口水文水资源勘测局、交通运输部北海航海保障中心

项目编号：2015 - 01 - 01 - 08
项目名称：高等级公路路域植被信息遥感定量反演及生态环境监测评价
完 成 人：郭云开、唐前松、熊旭平、张进会、冯超、李健、王杨、苟叶培、张源、曹小燕、曾繁、董胜光、秦桂香、丁美青、张龙其、石自桂、周铮鹏、张文博、张洪、姚瑶、章志新、安冠星、谢琼、周烽松、朱禄宏
完成单位：长沙理工大学

项目编号：2015 - 01 - 01 - 09
项目名称：中国粮食作物种植面积统计遥感测量业务系统
完 成 人：潘耀忠、张锦水、朱秀芳、朱文泉、王晓东、程立君、邬昌峋、李晶云
完成单位：北京师范大学、北京天合数维科技有限公、北京吉威数源信息技术有限公司

二等奖（41 项，名单略）

三等奖（52 项，名单略）

2015 年全国优秀测绘工程奖名单

（中国测绘地理信息学会组织评选）

白金奖（10 项）

澜沧江小湾水电站安全监测工程
北京地铁 15 号线一期西段工程测量与风险监测综合技术应用
杭长客专精密控制测量
青岛全市沿海 1:5000 水下地形图测量
上海市地址数据库建设与应用

长江南京以下 12.5 米深水航道建设工程滩槽水沙运移与演变综合观测
辽宁省农村集体土地登记发证工作全省 0.2 米分辨率航空影像获取和 DOM 制作项目
武汉市主城区 1:500 地形图更新与时空地理信息建库工程
三亚市 1:2000 比例尺地形图信息化测绘及入库项目
“数字温州”地理空间框架建设 1:2000 数字航测及入库项目

金奖（23 项）

数字天水地理空间框架建设及应用示范项目
基于空地协同测绘新技术的南沙国家级新区地形图测量
江西省全省航空摄影及正射影像图（DOM）制作项目
福州大都市航空摄影及 1:2000 DLG、DEM、DOM 航测工程
淄博市地下管线建设管理机制研究及关键技术应用
惠州市统一测绘基准（惠州市现代测绘基准与服务体系建设）
沪宁城际高铁运营期控制网复测及构筑物变形监测
数字南通地理空间框架
宁波市海洋测绘项目
2013 年度长江三峡工程水文泥沙观测研究
云南金沙江中游电站送电广西直流输电线路工程（西林县八大河乡高寨村～河池市拉力峒村）测量
新疆尉犁至且末沙漠公路控制测量与 LIDAR 数据采集及处理项目
重庆市公租房三维动态服务平台
长江南京以下 12.5 米深水航道建设一期工程（太仓～南通段）勘察
南宁市农村宅基地地籍调查及登记发证项目之地籍调查及建库项目
中国大运河（杭州段）及西湖文化景观申报世界文化遗产项目的勘测定界及专题调查
重庆市长寿区新一轮农村土地房屋登记发证测绘和所有权调查项目（农村土地登记发证测绘和调查、房屋登记发证测绘）
数字十堰地理空间框架建设
重庆两江大桥工程测量
丹江口水库建设征地永久界桩测设项目
上海市地质灾害专项巡查与预防监测
苏州市区地面沉降监测与分析
无锡市市区第二次土地调查 1:500 城镇调查

银奖（88 项，名单略）

铜奖（162 项，名单略）

2015 年中国地理信息科技进步奖名单

（中国地理信息产业协会组织评选）

特等奖（1 项）

网格化城市管理与运行服务平台研发及应用

一等奖（14 项）

网络化“应急一张图”信息平台研制与产业化
珠海高精度三维陆海统一测绘基准建立及其理论与技术研究
武汉市房屋全生命周期管理信息系统建设与实现
全国土地登记信息动态监管系统研发与工程应用
基于立体观测网的海洋综合管理信息平台关键技术与应用
国家测绘应急快速制图关键技术研发与应用
虚拟地理环境下山地城镇规划设计关键技术与应用
城市陆表环境遥感监测信息产品提取技术与应用
地理空间信息一体化整合及数据库自适应更新研究与应用
常州市公安局 PGIS 派出所综合应用平台
武汉市国土资源和规划综合一张图信息系统建设
基于“一张图”的贵州省国土资源执法监察监管系统
矿区地质灾害与环境天空地一体化监测及预警关键技术
国家航空影像获取工程技术体系构建与实现

二等奖（49 项，名单略）

三等奖（64 项，名单略）

2015 年中国地理信息产业优秀工程奖名单

（中国地理信息产业协会组织评选）

金奖（51 项）

上海市消防地理信息系统
大连市智慧沙河口三维地理信息服务平台建设
山东省 0.5 米航空影像数据获取及数字正射影像图制作
山西省高精度数字高程模型建设
川藏联网工程施工指挥与监控平台
广州市 2012—2013 年度航空摄影测量及数字正射影像图制作
广州市房地产测绘院广州市土地房屋测绘生产管理系统项目
广州市城市勘测信息系统升级维护
广州数字绿化平台
云南公安禁毒北斗车载指挥平台建设项目
天地图多语言版建设
东营市中心城地下管线普查和信息化建设项目
包头市国土资源“一张图”信息化工程建设项目
包头市城市地下管线普查信息系统建设工程
北京市第一次水务普查空间数据采集生产及建库
四川省住房和城乡建设厅城乡环境综合治理数字化监管平台项目

合肥市城乡规划管理信息系统
扬州市三维数字规划综合平台
怀柔区网格化社会服务管理信息系统
沈阳经济技术开发区规划国土一张图建设及应用项目
邵阳房产 GIS 系统项目
宜兴国土资源“一张图”工程
武汉市土地税源管理地理信息系统
武汉市房屋安全管理系统
金沙江下游梯级水电站水文泥沙数据库及信息管理分析系统
南京市城乡地籍数据整合与宗地统一编码
咸宁市二三维一体化地理信息公共服务平台
哈尔滨市阿城区智慧房产项目
济南市房屋安全管理云
重庆市“每周一图”地图便民服务创新工程
重庆市村镇规划综合信息数据库
海南电力（能源）规划设计一体化平台研究
基于云端一体化应用的数字唐山地理空间框架建设项目
基于时空信息数据库的数字开发区二期建设
淄博市城建档案和地下管线信息综合管理系统（一期）
深圳市第二次地名普查及应用工程
深圳前海蛇口自贸区智慧赤湾建设项目
智慧廊坊建设——廊坊市地下管线普查和信息系统建设项目（一期）
温江区城乡规划综合地理信息平台（UPGIS2.0）
湘潭市城乡规划一站式服务与三维辅助审批系统研发与应用
数字井冈山地理空间框架建设
数字天水地理空间框架建设项目
数字无锡地理空间框架
数字连云港地理空间框架建设
数字岳阳地理空间框架建设项目
数字房山地理空间框架
数字眉山地理信息公共平台建设
数字福州地理空间框架建设
新疆生产建设兵团第六师国土资源“一张图”及全程综合监管平台
滨城物联网安防平台
赣州市国土资源“一张图”数据管理系统开发项目

银奖（118 项，名单略）

铜奖（89 项，名单略）

2015 年卫星导航定位科技进步奖名单

（中国卫星导航定位协会组织评选）

特等奖（2 项）

中国海域数字高程基准研究及应用
基于北斗的多系统多频率高精度 OEM 板卡

一等奖（3 项）

北斗沿海差分导航与精密定位服务系统研究与应用
GNSS 主动式遥测定位关键技术与装备研发及应用
基于 GNSS/INS 集成的大型缆机智能诱导与防撞预警关键技术研究及应用

二等奖（14 项，名单略）

三等奖（18 项，名单略）

2015 年卫星导航定位优秀工程和产品奖名单

（中国卫星导航定位协会组织评选）

一等奖（3 项）

卫星导航终端无线批量测试系统
海量 GPS 大数据挖掘分析下的在线定位新系统
壁虎 eDriveX 北斗精准农业导航自动驾驶系统

二等奖（16 项，名单略）

三等奖（18 项，名单略）

甲级测绘资质单位名录

（截至 2015 年底，全国共有甲级测绘资质单位 898 家）

北京（107 家）

九成空间科技有限公司
北京洛斯达数字遥感技术有限公司
测绘出版社
北京捷泰天域信息技术有限公司
北京图为先科技有限公司
北京三正科技有限公司
北京新浪互联信息服务有限公司
北京中交兴路信息科技有限公司

北京合众思壮科技股份有限公司
中国测绘科学研究院
北京星天地信息科技有限公司
北京国测信息科技有限责任公司
北京帝测科技股份有限公司
北京新兴华安测绘有限公司
中铁工程设计咨询集团有限公司
中航勘察设计研究院有限公司
中国石油集团工程设计有限责任公司
北京市测绘设计研究院
新华网股份有限公司
北京京昌工程测绘技术有限公司
北京力佳图测绘有限公司
北京灵图软件技术有限公司
北京时正兴测绘工程技术有限公司
北京华星勘查新技术公司
北京数字政通科技股份有限公司
北京威特空间科技有限公司
北京长地万方科技有限公司
北京世纪高通科技有限公司
北京世纪国源科技股份有限公司
北京市房地产勘察测绘所
北京市勘察设计研究院有限公司
北京爱地地质勘察基础工程公司
北京苍穹数码测绘有限公司
北京超图软件股份有限公司
国家林业局调查规划设计院
国信司南（北京）地理信息技术有限公司
建设综合勘察研究设计院有限公司
中科宇图科技股份有限公司
中兵勘察设计研究院
北京东方新星石化工程股份有限公司
北京富地勘察测绘有限公司
北京国电经纬工程技术有限公司
北京航天勘察设计研究院有限公司
北京恒华伟业科技股份有限公司
国家基础地理信息中心
北京地星伟业数码科技有限公司
北京九五智驾信息技术股份有限公司
北京奇虎科技有限公司
中国国土资源航空物探遥感中心
北京天元四维科技有限公司
中国科学院遥感与数字地球研究所
北京老虎宝典科技有限责任公司
第一视频通信传媒有限公司
北京地拓科技发展有限公司
天地图有限公司
北京航天世景信息技术有限公司
北京三友宇天测绘有限公司
中国地图出版社
北京市地质工程勘察院
中测新图（北京）遥感技术有限责任公司
北京天下图数据技术有限公司
中国科学院地理科学与资源研究所
北京数字空间科技有限公司
北京地矿工程建设有限责任公司
北京城建勘测设计研究院有限责任公司
北京同创达勘测有限公司
北京四维远见信息技术有限公司
中国电建集团北京勘测设计研究院有限公司
地质出版社
北京四维空间数码科技有限公司
北京国遥新天地信息技术有限公司
人民交通出版社股份有限公司
国家测绘地理信息局卫星测绘应用中心
中石化石油工程地球物理有限公司
易图通科技（北京）有限公司
正元地理信息有限责任公司
北京京东叁佰陆拾度电子商务有限公司
中国电信股份有限公司
中国地质调查局发展研究中心（全国地质资料馆）
伟景行科技股份有限公司
中国电力工程顾问集团华北电力设计院有限公司
中国土地勘测规划院
北京道济测绘有限公司
北京市大地通途信息技术有限公司
北京四维图新科技股份有限公司
微软移动联新互联网服务有限公司
北京中天路通工程勘测有限公司
北京四维益友信息技术有限公司
北京百度网讯科技有限公司
北京车网互联科技有限公司
北京掌城科技有限公司
高德软件有限公司
北京市信息资源管理中心
中国四维测绘技术有限公司

北京搜狗信息服务有限公司
北京东方道迩信息技术股份有限公司
中航四维（北京）航空遥感技术有限公司
中国移动通信集团公司
中交宇科（北京）空间信息技术有限公司
北京鼎春德正测绘中心
北京新兴科遥信息技术有限公司
北京世纪农丰土地科技有限公司
北京辰安科技股份有限公司
北京清华山维新技术开发有限公司
北京中天博地科技有限公司
中建交通建设集团有限公司
北京京密鸿图测绘有限公司

天津（20家）

中科遥感科技集团有限公司
天津市地质工程勘察院
交通运输部北海航海保障中心天津海事测绘中心
中铁隧道勘测设计院有限公司
天津市水利勘测设计院
星际空间（天津）科技发展有限公司
中交天津港航勘察设计研究院有限公司
中交第一航务工程勘察设计院有限公司
天津水运工程勘察设计院
中国地震局第一监测中心
天津市国土资源测绘和房屋测量中心
天津市勘察院
中水北方勘测设计研究有限责任公司
天津市测绘院
天津市市政工程设计研究院
天津金宇信息技术有限公司
天津港湾水运工程有限公司
铁道第三勘察设计院集团有限公司
天津市陆海测绘有限公司
天津市普迅电力信息技术有限公司

河北（51家）

中国石油天然气管道工程有限公司
河北翔通信息技术有限公司
正元地球物理有限责任公司（中国冶金地质总局地球物理勘查院）
河北省保定地质工程勘查院
河北建设勘察研究院有限公司
河北省水利水电勘测设计研究院
保定华北工程勘测设计研究院
河北中核岩土工程有限责任公司
保定金迪地下管线探测工程有限公司
石家庄市勘察测绘设计研究院
中国建筑材料工业地质勘查中心河北总队
邯郸市恒达地理信息工程有限责任公司
河北省煤田地质局物测地质队
河北水文工程地质勘察院
河北省电力勘测设计研究院
河北省第二测绘院
核工业航测遥感中心
中勘冶金勘察设计研究院有限责任公司
承德华勘五一四测绘有限公司
河北省地矿局第三地质大队
化学工业第一勘察设计院有限公司
中国二十二冶集团有限公司
中国石油集团东方地球物理勘探有限责任公司
河北省地球物理勘查院
河北省第一测绘院
河北天元地理信息科技工程有限公司
秦皇岛市测绘大队
河北省地矿局秦皇岛资源环境勘查院
河北省制图院
河北省地矿局石家庄综合地质大队
河北省基础地理信息中心
河北省地质矿产勘查开发局第四地质大队
河北卓尔地理信息技术股份有限公司
河北格瑞空间信息技术有限公司
唐山中地地质工程公司
邢台市勘察测绘院
中国兵器工业北方勘察设计研究院有限公司
河北博翔地理信息技术有限责任公司
河北地矿建设工程集团邯郸公司
河北冀东建设工程有限公司
河北九华勘查测绘有限责任公司（华北地质勘查局五一九大队）
河北省地矿局第十一地质大队
河北省欣航测绘院（河北省地质测绘院）
河北省水利水电第二勘测设计研究院
河北天地资源勘测规划设计工程有限公司
河北恒华信息技术有限公司
河北中色测绘有限公司（北京中色测绘院有限

公司）

河北省北方勘测设计有限公司

河北省第三测绘院

中冀石化工程设计有限公司

中国冶金地质总局一局五二〇队

山西（24家）

山西省交通规划勘察设计院

中国能源建设集团山西省电力勘测设计院有限公司

山西华晋岩土工程勘察有限公司

山西省第二地质工程勘察院

山西省第三地质工程勘察院

山西省勘察设计研究院

山西天昇测绘工程有限公司

山西金瓯土地矿产咨询服务有限公司

东方通用航空摄影有限公司

太原市勘察测绘研究院

中国冶金地质总局第三地质勘查院

中铁十二局集团有限公司

山西地宝能源有限公司

山西省水利水电勘测设计研究院

山西省基础地理信息院

山西省测绘工程院

阳泉新宇岩土工程有限责任公司

山西省地质测绘院（山西省地质勘查局测绘队）

山西省第六地质工程勘察院（山西省地球物理化学勘查院）

山西家豪测绘集团有限公司

山西省煤炭地质物探测绘院（山西省矿山地理信息研究院）

山西省第五地质工程勘察院

大同市勘察测绘院

山西省地图集编纂委员会办公室

内蒙古（18家）

内蒙古自治区地图院

内蒙古自治区水利水电勘测设计院

内蒙古电力勘测设计院有限责任公司

内蒙古自治区地质测绘院（内蒙古地质测绘有限责任公司）

包头市测绘院

内蒙古自治区航空遥感测绘院

内蒙古自治区土地调查规划院

包钢勘察测绘研究院

内蒙古乔泰国土勘测技术有限公司

内蒙古申科国土技术有限责任公司

内蒙古自治区测绘院

阿拉善盟国土资源勘测规划院

呼和浩特市勘察测绘研究院

内蒙古自治区煤田地质局勘测队（内蒙古煤炭地质勘查（集团）测绘院有限公司）

内蒙古交通设计研究院有限责任公司

核工业二〇八大队

内蒙古统壹测绘有限责任公司

内蒙古科创测绘设计有限公司

辽宁（36家）

辽宁宏图创展测绘勘察有限公司

大连东软思维科技发展有限公司

大连九成测绘信息有限公司

中国建筑材料工业地质勘查中心辽宁总队

中煤科工集团沈阳设计研究院有限公司

中冶沈勘工程技术有限公司

中油辽河工程有限公司

辽宁地矿测绘院

辽宁有色地质地理信息研究院

中国能源建设集团辽宁电力勘测设计院有限公司

辽宁经纬测绘规划建设有限公司

辽宁省城乡建设规划设计院

辽宁省地理信息院

辽宁二四一测绘院

辽宁省化工地质勘查院

辽宁省基础测绘院

辽宁省基础地理信息中心

辽宁省交通规划设计院

辽宁省摄影测量与遥感院

大连市测绘研究院（大连市基础地理信息中心）

辽宁省水利水电勘测设计研究院

辽宁省冶金地质勘查局地质勘查研究院

辽宁达荣信息技术有限公司

大连市勘察测绘研究院有限公司

大连五星测绘科技有限公司

抚顺市勘察测绘院

国家海洋环境监测中心

沈阳地球物理勘察院

沈阳市公路规划设计院
沈阳市勘察测绘研究院（沈阳市地理信息中心）
沈阳美行科技有限公司
沈阳经济技术开发区规划建筑设计有限公司
鞍钢集团工程技术有限公司
辽宁地质海上工程勘察院
沈阳恒睿测绘有限公司
辽宁有色勘察研究院

吉林（18 家）

吉林省地矿测绘院
吉林省地理信息院
吉林省航测遥感院
吉林省基础测绘院
吉林省基础地理信息中心
吉林省交通规划设计院
长春五度空间数据有限公司
吉林省水利水电勘测设计研究院
吉林市勘测设计院
长春市测绘院
吉林省金佰汇测绘有限公司
长春市国土测绘院
四平市地勘测绘院
中国建筑材料工业地质勘查中心吉林总队
中水东北勘测设计研究有限责任公司
中国电力工程顾问集团东北电力设计院有限公司
启明信息技术股份有限公司
吉林省昊远农林规划设计有限公司

黑龙江（32 家）

黑龙江省地质矿产局测绘院
齐齐哈尔市国土资源勘测规划设计院有限公司
黑龙江农垦勘测设计研究院
大庆油田工程有限公司
黑龙江龙飞航空摄影有限公司
中国能源建设集团黑龙江省电力设计院有限公司
国家测绘地理信息局第二大地测量队（黑龙江第一测绘工程院）
国家测绘地理信息局第四地形测量队（黑龙江第三测绘工程院）
黑龙江地理信息工程院
黑龙江省水利水电勘测设计研究院
国家测绘地理信息局经济管理科学研究所（黑龙江省测绘科学研究所）
黑龙江文图测绘地理信息有限责任公司
黑龙江中海经测空间信息技术有限公司
齐齐哈尔市勘察测绘研究院
黑龙江省煤田地质物测队
国家测绘地理信息局第二地理信息制图院（黑龙江省第五测绘地理信息工程院）
国家测绘地理信息局第三地形测量队（黑龙江第二测绘工程院）
牡丹江市勘察测绘研究院
双鸭山市国土资源勘测规划院
鸡西市勘察测绘研究院
齐齐哈尔市水利勘测设计研究院有限责任公司
黑龙江省地星测绘科技股份有限公司
黑龙江省国土资源勘测规划院
黑龙江省林业设计研究院
哈尔滨市勘察测绘研究院
黑龙江省海天地理信息技术股份有限公司
黑龙江省航道局
哈尔滨市国土资源勘测规划院
佳木斯市勘察测绘研究院
哈尔滨地图出版社
国家测绘地理信息局黑龙江基础地理信息中心（国家测绘地理信息局黑龙江测绘资料档案馆）
哈尔滨测量高等专科学校测量工程公司

上海（27 家）

上海安吉星信息服务有限公司
上海京海工程技术有限公司
上海吉图软件开发有限公司
上海杰图软件技术有限公司
号百信息服务有限公司
上海东海海洋工程勘察设计研究院
上海东亚地球物理勘查有限公司
上海航遥信息技术有限公司
上海市城市建设设计研究总院
中国电力工程顾问集团华东电力设计院有限公司
上海海洋石油局第一海洋地质调查大队
上海市地籍事务中心（上海市土地登记事务中心）
上海市地质调查研究院
上海市岩土工程检测中心
上海市政工程设计研究总院（集团）有限公司
上海铁新地理信息有限公司

上海岩土工程勘察设计研究院有限公司
中船勘察设计研究院有限公司
中交第三航务工程勘察设计院有限公司
交通运输部东海航海保障中心上海海事测绘中心
上海达华测绘有限公司
上海市测绘院
上海新地海洋工程技术有限公司
中交上海航道勘察设计研究院有限公司
中铁上海设计院集团有限公司
上海市建筑科学研究院
中华地图学社

江苏（57家）

长江水利委员会水文局长江下游水文水资源勘测局
淮安市水利勘测设计研究院有限公司
徐州市国测测绘信息服务有限公司
江苏省地质调查研究院
盐城市勘察测绘院
长江南京航道局
中国能源建设集团江苏省电力设计院有限公司
徐州市勘察测绘研究院
苏州工业园区测绘地理信息有限公司
南京北极测绘研究院有限公司
江苏科信岩土工程勘察有限公司
江苏兰德数码科技有限公司
江苏省测绘工程院
江苏省地质工程勘察院
江苏省地质勘查技术院
江苏省工程勘测研究院有限责任公司
江苏省金威测绘服务中心
江苏万源测绘地理信息有限公司
江苏新亚勘测设计有限公司
南京捷鹰数码测绘有限公司
南通市测绘院有限公司
南京国图信息产业股份有限公司
江苏煤炭地质物测队
化学工业岩土工程有限公司
江苏省金威遥感数据工程有限公司
南京市国土资源信息中心
镇江市勘察测绘研究院
江苏连云港地质工程勘察院
江苏省水文地质工程地质勘察院
华东有色测绘院
苏州市测绘院有限责任公司
中铁大桥局集团第二工程有限公司
江苏省土地勘测规划院
常州市测绘院
江苏星月测绘科技股份有限公司
天泽信息产业股份有限公司
南京魔盒信息科技有限公司
江苏速度信息科技有限公司
江苏南京地质工程勘察院
长江口水文水资源勘测局
南京城际在线信息技术有限公司
神州图骥地名信息技术股份有限公司
苏州海客科技有限公司
苏州数字地图信息科技股份有限公司
无锡市测绘院有限责任公司
南京市房屋产权监理处
江苏苏州地质工程勘察院
常州市新北规划与测绘信息中心
连云港市勘察测绘院有限公司
江苏斯玛特地理信息技术有限公司
江苏省地质测绘院
江苏易图地理信息工程有限公司
淮安市测绘勘察研究院有限公司
江苏省基础地理信息中心
南京市测绘勘察研究院有限公司
南京南大岩土工程技术有限公司
苏州盛景信息科技股份有限公司

浙江（33家）

浙江煤炭测绘院
宁波上航测绘有限公司
宁波市测绘设计研究院
浙江建材测绘院
核工业湖州工程勘察院
浙江华东测绘地理信息有限公司
浙江省测绘大队
浙江省第二测绘院
嘉兴市规划设计研究院有限公司
浙江省第三地质大队
浙江省第一测绘院
浙江有色测绘院
中国水利水电第十二工程局有限公司

丽水市勘察测绘院
杭州市勘测设计研究院
杭州阿拉丁信息科技股份有限公司
浙江省地理信息中心
义乌市勘测设计研究院
浙江省水利水电勘测设计院
中国电建集团华东勘测设计研究院有限公司
阿里云计算有限公司
国家海洋局第二海洋研究所
温州市勘察测绘研究院
浙江省第一地质大队
中国能源建设集团浙江省电力设计院有限公司
浙江省工程勘察院
浙江省河海测绘院
宁波冶金勘察设计研究股份有限公司
浙江省第十一地质大队
浙江合信地理信息技术有限公司
浙江国遥地理信息技术有限公司
浙江华东建设工程有限公司
浙江省工程物探勘察院

安徽（20 家）

中水淮河规划设计研究有限公司
安徽二水测绘院
安徽省第一测绘院
蚌埠市勘测设计研究院
合肥市测绘设计研究院
马鞍山测绘技术院
安徽省煤田地质局物探测量队
中国能源建设集团安徽省电力设计院有限公司
安徽省地矿局安庆测绘技术院
安徽省第三测绘院
华东冶金地质勘查局测绘总队
安徽省地质测绘技术院
安徽省第四测绘院
安徽省水利水电勘测设计院
安徽省基础测绘信息中心（安徽省测绘档案资料馆）
安徽省城建设计研究院
安徽长江河道测绘研究院
芜湖市勘察测绘设计研究院有限责任公司
安徽省第二测绘院
阜阳市测绘院有限责任公司

福建（27 家）

厦门精图信息技术股份有限公司
福建绎天数字城市信息科技有限公司
福建省基础地理信息中心
厦门银据空间地理信息有限公司
福建省制图院
厦门亿力吉奥信息科技有限公司
福州市勘测院
福建省港航管理局勘测中心
福建省测绘院
福州开睿动力通信科技有限公司
龙岩市勘察测绘大队
厦门地质工程勘察院
漳州市测绘设计研究院
厦门闽矿测绘院
福建省地质测绘院
福建省交通规划设计院
泉州市规划勘测研究院
厦门地震勘测研究中心
福建省国土测绘院
漳州市延北勘测设计有限公司
莆田市城乡勘测设计研究院
福建所思达勘测设计院有限公司
福建省水利水电勘测设计研究院
厦门海洋工程勘察设计研究院
龙岩市经纬测绘有限公司
厦门市测绘与基础地理信息中心
泉州市房地产测绘队

江西（30 家）

江西省国土资源测绘工程总院
江西省基础测绘院
江西省天久地矿建设工程院
江西省勘察设计研究院
江西省地矿测绘院
九江地质工程勘察院
江西有色地质测绘院
江西省水利规划设计院
江西省测绘应急保障服务中心
江西南方测绘院
南昌市测绘勘察研究院
江西省地理国情监测遥感院

核工业赣州工程勘察院
中铁大桥局集团第五工程有限公司
江西省电力设计院
江西省赣西土木工程勘测设计院
江西核工业测绘院
江西省基础地理信息中心
江西省中核测绘院
核工业华东二六七工程勘察院
江西省煤田地质局测绘大队
江西省交通设计研究院有限责任公司
江西省地球物理勘察技术院
江西省地质矿产勘查开发局赣东北大队
江西省瑞华国土勘测规划工程有限公司
江西省国土资源勘测规划院
江西省地质矿产勘查开发局赣西地质调查大队
江西省煤田地质局普查综合大队
中国建筑材料工业地质勘查中心江西总队
江西核工业二六八测绘院

山东（34 家）

山东省经纬工程测绘勘察院
日照市城乡建设勘察测绘院有限公司
潍坊市勘察测绘研究院
山东正元航空遥感技术有限公司
淄博市勘察测绘研究院有限公司
山东正元地球物理信息技术有限公司
山东省物化探勘查院
山东明嘉勘察测绘有限公司
山东正元数字城市建设有限公司
济南市勘察测绘研究院
青岛海大工程勘察设计开发院有限公司
山东海天地理信息工程有限公司
山东省地质测绘院
山东中煤物探测量总公司
山东省地图院
煤炭工业济南设计研究院有限公司
中石化石油工程设计有限公司
青岛市勘察测绘研究院（青岛市基础地理信息与遥感中心）
青岛捷利达地理信息集团有限公司
济南市房产测绘研究院
东营市勘察测绘院
山东省国土测绘院
山东省水利勘测设计院
临沂市国土资源局测绘院
山东省第四地质矿产勘查院
山东省城乡建设勘察设计研究院
山东电力工程咨询院有限公司
山东省地质矿产勘查开发局第五地质大队
威海圣达测绘工程有限公司
山东中基地理信息监理有限责任公司
青岛海洋工程勘察设计研究院
山东省鲁南地质工程勘察院
中铁十四局集团有限公司
山东元鸿勘测规划设计有限公司

河南（36 家）

黄河勘测规划设计有限公司
河南省中纬测绘规划信息工程有限公司
河南省交通规划勘察设计院有限责任公司
河南中煤测绘公司
河南方宇勘测规划设计有限公司
河南省地球物理工程勘察院
河南省焦作地质勘察设计有限公司
中铁大桥局集团第一工程有限公司
小浪底水利水电工程有限公司
信阳公路勘察设计院
郑州中核岩土工程有限公司
河南科普信息技术工程有限公司
河南省地图院
河南省寰宇测绘科技发展有限公司
河南省科学院地理研究所
河南省煤田地质局物探测量队
河南省信阳工程地质勘察院有限公司
河南省有色测绘有限公司
河南省啄木鸟地下管线检测有限公司
洛阳市规划建筑设计研究院有限公司
河南中化地质测绘院有限公司
北京华星勘查新技术公司信阳测绘院
河南省电力勘测设计院
郑州市市政工程勘测设计研究院
河南省基础地理信息中心
河南省遥感测绘院
黄河水文勘察测绘局
河南省水利勘测有限公司
郑州市规划勘测设计研究院

河南省基力勘测有限公司
河南省地质矿产勘查开发局测绘地理信息院
河南大地地理信息测绘院
河南省测绘工程院
河南省金地遥感测绘技术有限公司
河南省地质科学研究所
郑州麦普空间规划勘测设计有限公司

湖北（51 家）

武汉飞燕航空遥感技术有限公司
武汉华正空间软件技术有限公司
湖北省水利水电规划勘测设计院
中国葛洲坝集团股份有限公司测绘工程院
湖北同城一家网络科技有限责任公司
武汉光庭信息技术股份有限公司
中石化节能环保工程科技有限公司
武汉市房产测绘中心
武大吉奥信息技术有限公司
武汉市国土资源和规划信息中心（武汉市地理信息中心）
湖北省神龙地质工程勘察院
湖北省交通规划设计院
中工武大设计研究有限公司
中南勘察设计院（湖北）有限责任公司
长江航道局
中国科学院测量与地球物理研究所
中国电力工程顾问集团中南电力设计院有限公司
中铁第四勘察设计院集团有限公司
湖北省基础地理信息中心（湖北省测绘成果档案馆）
武汉中测晟图遥感技术有限公司
襄阳市测绘研究院
湖北省地图院
立得空间信息技术股份有限公司
湖北省测绘工程院
荆门市规划勘测设计研究院
武汉航天远景科技有限公司
中机三勘岩土工程有限公司
湖北省航测遥感院
湖北省地质局第六地质大队
中国地震局地震研究所
长江水利委员会长江科学院
武汉市政工程设计研究院有限责任公司
长江水利委员会水文局
长江三峡勘测研究院有限公司（武汉）
中国长江三峡集团公司
中铁大桥局集团有限公司
武汉市测绘研究院
湖北省电力勘测设计院
湖北省鄂西地质测绘队
武汉科岛地理信息工程有限公司
武汉中地数码科技有限公司
湖北省地质局第一地质大队
湖北省国土测绘院
长江水利委员会水文局长江中游水文水资源勘测局（长江水利委员会水文局长江中游水文水环境监测中心）
中国科学院武汉岩土力学研究所
中交第二公路勘察设计研究院有限公司
中铁大桥勘测设计院集团有限公司
长江岩土工程总公司（武汉）
中交第二航务工程勘察设计院有限公司
长江空间信息技术工程有限公司（武汉）
中冶集团武汉勘察研究院有限公司

湖南（37 家）

衡阳市规划设计院
常德市国土资源规划测绘院
湖南省工程勘察院
湖南省勘察测绘院
湖南省资源规划勘测院
湖南省水利水电勘测设计研究总院
湘潭市勘测设计院
湖南省地质科学研究院（湖南省国土资源规划院）
湖南省交通规划勘察设计院
益阳市国土资源规划设计测绘院
株洲中天高科技勘测工程有限公司
中国水利水电第八工程局有限公司
岳阳市国土资源规划勘测院
长沙市规划勘测设计研究院
长沙市国土资源测绘院
湖南图维依动网络有限公司
湖南省湘南地质勘察院
湖南省第三测绘院（湖南省基础地理信息中心）
中国有色金属长沙勘察设计研究院有限公司
湖南省国土资源信息中心

湖南省测绘科技研究所
湖南省第一测绘院
湖南有色测绘院有限公司
株洲市规划设计院
湖南省勘测设计院
湖南省水工环地质工程勘察院
中国电建集团中南勘测设计研究院有限公司
湖南省煤田地质局物探测量队
湖南辉达规划勘测设计研究有限公司
湖南科创电力工程技术有限公司
湖南省地图院
湖南省地质测绘院
湖南省第二测绘院
核工业衡阳第二地质工程勘察院
株洲市国土资源规划测绘院
湖南地图出版社有限责任公司
中国冶金地质总局湖南地质勘查院

广东（54 家）

深圳市赛格导航科技股份有限公司
广东精一规划信息科技有限公司
广州华多网络科技有限公司
广东省地图院
广州市欧科地理信息技术服务有限公司
广东省测绘技术公司
广东省地质测绘院
国家海洋局南海调查技术中心
广东省水利电力勘测设计研究院
交通运输部南海航海保障中心广州海事测绘中心
中水珠江规划勘测设计有限公司
珠海市测绘院
深圳市规划国土房产信息中心
深圳市勘察测绘院有限公司
中国能源建设集团广东省电力设计研究院
广州奥格智能科技有限公司
深圳市腾讯计算机系统有限公司
广州市四维城科信息工程有限公司
广东省惠州七五六地质测绘工程公司
佛山市城市规划勘测设计研究院
深圳市凯立德科技股份有限公司
深圳市长勘勘察设计有限公司
中交广州航道局有限公司
广东省测绘工程公司
广东省核工业地质局测绘院
深圳市勘察研究院有限公司
广东省国土资源技术中心
广东明源勘测设计有限公司
深圳市地籍测绘大队
深圳市车音网科技有限公司
深圳地质建设工程公司
广东邦鑫勘测科技股份有限公司
广东南方数码科技股份有限公司
深圳市水务规划设计院有限公司
深圳市中正测绘科技有限公司
深圳市爱华勘测工程有限公司
中交第四航务工程勘察设计院有限公司
深圳市蓝天鹤测绘有限公司
广东省国土资源测绘院
广州市城市规划勘测设计研究院
广州建通测绘地理信息技术股份有限公司
广州市房地产测绘院
深圳市美赛达科技股份有限公司
深圳市中铭勘测工程有限公司
广州绘宇智能勘测科技有限公司
深圳市工勘岩土集团有限公司
广州港工程管理有限公司
广东省地质物探工程勘察院
广东中冶地理信息工程有限责任公司
广州科测测绘技术有限公司
东莞市测绘院
广东省工程勘察院
广州全成多维信息技术有限公司
佛山市城市地理信息中心

广西（18 家）

柳州市国土资源信息测绘所
钦州市测绘院
中国能源建设集团广西电力设计研究院有限公司
广西壮族自治区地理国情监测院
广西壮族自治区国土测绘院
广西壮族自治区基础地理信息中心
柳州市勘察测绘研究院
南宁市勘察测绘地理信息院
北海市国土资源信息中心
广西有色勘察设计研究院
桂林市测绘研究院

广西壮族自治区遥感信息测绘院
广西壮族自治区地图院
广西壮族自治区水利电力勘测设计研究院
广西壮族自治区地理信息测绘院
广西壮族自治区交通规划勘察设计研究院
南宁市国土资源信息中心
广西壮族自治区国土资源规划院

海南（11 家）

国家测绘地理信息局海南测绘资料信息中心
国家测绘地理信息局海南基础地理信息中心
海南省农垦设计院
海南地质综合勘察设计院
海口市土地测绘院
海口市城市规划设计研究院
国家测绘地理信息局第四航测遥感院
国家测绘地理信息局第七地形测量队
海南天琦测绘信息工程有限公司
海南水文地质工程地质勘察院
海南图语地理信息技术有限公司

重庆（5 家）

国家测绘地理信息局重庆测绘院
重庆市地理信息中心
重庆市国土资源和房屋勘测规划院
重庆数字城市科技有限公司
重庆市勘测院

四川（40 家）

四川测绘地理信息局测绘技术服务中心（四川省测绘技术服务中心）
四川省地质测绘院
成都市武测地理信息工程有限公司
四川省地质工程勘察院
四川省煤田地质局一三七队
四川省地震局测绘工程院
中国石油集团川庆钻探工程有限公司地球物理勘探公司
中铁八局集团有限公司
四川省水利水电勘测设计研究院
中国建筑西南勘察设计研究院有限公司
四川省交通运输厅公路规划勘察设计研究院
中冶成都勘察研究总院有限公司
四川永鸿测绘有限公司
成都地图出版社
成都市勘察测绘研究院
四川省冶金地质勘查局测绘工程大队
成都市国土规划地籍事务中心
四川省冶金地质勘查局六〇一大队
四川省煤田测绘工程院
四川鱼鳞图信息技术股份有限公司
四川省国土勘测规划研究院
四川中测天翔遥感技术有限责任公司
四川省基础地理信息中心（国家测绘地理信息局四川基础地理信息中心）
四川省第二测绘地理信息工程院（国家测绘地理信息局第三地理信息制图院）
四川省第三测绘工程院（国家测绘地理信息局地下管线勘测工程院）（国家测绘地理信息局第六地形测量队）
中铁二院工程集团有限责任公司
中铁二局集团有限公司
四川中水成勘院测绘工程有限责任公司
四川旭普信息产业发展有限公司
四川空间信息产业发展有限公司
四川省交通运输厅交通勘察设计研究院
中国水利水电第七工程局有限公司
四川省第一测绘工程院（国家测绘地理信息局第三大地测量队）
中节能建设工程设计院有限公司
四川省川建勘察设计院
四川省遥感信息测绘院（国家测绘地理信息局第三航测遥感院）
中国建筑材料工业地质勘查中心四川总队
中国电力工程顾问集团西南电力设计院有限公司
四川金土地实业有限公司
四川中地信息工程有限公司

贵州（15 家）

中国建筑材料工业地质勘查中心贵州总队
贵州省水利水电勘测设计研究院
贵州天地通科技有限公司
中国电建集团贵阳勘测设计研究院有限公司
贵州有色地质工程勘察公司
贵州省第一测绘院
贵州省第三测绘院

贵州地矿测绘院
中铁五局（集团）有限公司
遵义水利水电勘测设计研究院
贵阳市测绘院
贵州黔美测绘工程院
贵州省地质矿产勘查开发局一〇六地质大队
贵州省地质矿产勘查开发局一〇一地质大队
贵州省第二测绘院

云南（14 家）

国家林业局昆明勘察设计院
云南省水利水电勘测设计研究院
中国电建集团昆明勘测设计研究院有限公司
中国有色金属工业昆明勘察设计研究院
云南省交通规划设计研究院
昆明市测绘研究院
云南省地图院
云南省航测遥感信息院
云南省测绘工程院
西南有色昆明勘测设计（院）股份有限公司
昆明市国土规划勘察测绘研究院
云南省地震局形变测量中心
中国水利水电第十四工程局有限公司
云南省地矿测绘院

西藏（1 家）

西藏自治区测绘院

陕西（37 家）

西安煤航信息产业有限公司
西安市勘察测绘院
西安中勘工程有限公司
西北综合勘察设计研究院
中交第一公路勘察设计研究院有限公司
国家测绘地理信息局第一地形测量队（陕西省第二测绘工程院）
中国有色金属工业西安勘察设计研究院
中铁第一勘察设计院集团有限公司
宝鸡市勘察测绘院
国家测绘地理信息局陕西基础地理信息中心（国家测绘地理信息局陕西测绘资料档案馆）
中煤西安设计工程有限责任公司
中铁一局集团有限公司
咸阳市勘察测绘院
国家测绘地理信息局第一大地测量队（国家测绘地理信息局精密工程测量院、陕西省第一测绘工程院）
国家测绘地理信息局第一航测遥感院（陕西省第五测绘工程院）
国家测绘地理信息局大地测量数据处理中心（陕西省第四测绘工程院）
中铁一局集团宝鸡精密测绘工程有限公司
中国水利水电第三工程局有限公司
陕西国土测绘工程院
陕西核工业西北测绘院有限公司
机械工业勘察设计研究院有限公司
陕西天润科技股份有限公司
陕西省煤田物探测绘有限公司
西安华测航摄遥感有限公司
神华神东煤炭集团有限责任公司（地质勘探测量公司）
陕西省交通规划设计研究院
西安建材地质工程勘察院
西安大地测绘股份有限公司
西安西北有色金属测绘院有限公司
西安长庆科技工程有限责任公司
中国地震局第二监测中心
中国电力工程顾问集团西北电力设计院有限公司
国家测绘地理信息局第二地形测量队（陕西省第三测绘工程院）
国家测绘地理信息局第一地理信息制图院（陕西省第六测绘地理信息工程院）
西安地图出版社
西安中飞航空遥感技术有限公司
陕西省水利电力勘测设计研究院

甘肃（14 家）

甘肃省地图院
甘肃省基础地理信息中心
甘肃煤田地质局综合普查队
甘肃省交通规划勘察设计院有限责任公司
兰州市城市建设设计院
甘肃省国土资源规划研究院
甘肃有色工程勘察设计研究院
甘肃省水利水电勘测设计研究院

中国电建集团西北勘测设计研究院有限公司
甘肃省地质矿产勘查开发局测绘勘查院
甘肃省测绘工程院
兰州市勘察测绘研究院
天水三和数码测绘院
甘肃大禹九洲测绘地理信息有限公司

青海（11 家）

青海省第二测绘院
青海省基础地理信息中心
青海省第一测绘院
青海省水利水电勘测设计研究院
中国水利水电第四工程局有限公司
青海省地矿测绘院
西宁市测绘院
青海煤炭地质局测绘工程院
青海省柴达木综合地质矿产勘查院
青海省核工业地质局
青海天域北斗数码测绘科技有限公司

宁夏（3 家）

宁夏回族自治区遥感测绘勘查院（宁夏回族自治区遥感中心）
宁夏回族自治区基础测绘院
宁夏回族自治区国土测绘院

新疆（17 家）

库尔勒天拓勘察测绘院
塔城地区国土资源规划研究院
新疆维吾尔自治区第一测绘院
乌鲁木齐市国土资源勘测规划院
乌鲁木齐市城市勘察测绘院（乌鲁木齐市基础地理信息中心）
新疆维吾尔自治区交通规划勘察设计研究院
新疆维吾尔自治区煤田地质局综合地质勘查队
新疆维吾尔自治区国土资源规划研究院
新疆石油工程设计有限公司
新疆维吾尔自治区基础地理信息中心
中国能源建设集团新疆电力设计院有限公司
新疆地矿测绘院
新疆兵团勘测设计院（集团）有限责任公司
水利部新疆维吾尔自治区水利水电勘测设计研究院
巴音郭楞蒙古自治州国土资源勘测规划设计院
新疆维吾尔自治区第二测绘院
新疆疆海测绘院

索　引

F

H

K

L

M

N

P

Q

T

W

X

Y

Z

图书在版编目（CIP）数据

中国测绘地理信息年鉴. 2016 / 国家测绘地理信息局编.—北京： 测绘出版社, 2016.8
ISBN 978-7-5030-3976-8

Ⅰ. ①中… Ⅱ. ①国… Ⅲ. ①测绘事业—中国—2016—年鉴 Ⅳ. ① P2-54

中国版本图书馆 CIP 数据核字（2016）第 187768 号

责任编辑 余易举 马驰原 程立海 李鹏飞 **封面设计** 马 月 **责任校对** 耿 雯 **责任印制** 王 超

出版发行	测绘出版社		
地　　址	北京市西城区三里河路 50 号	电　　话	010-68531609 68512386（门市部）
邮政编码	100045		010-63881626 63881647（年鉴编辑部）
电子邮箱	smp@sinomaps.com	网　　址	www.chinasmp.com
印　　刷	北京华联印刷有限公司	经　　销	新华书店
成品规格	185mm × 260mm	字　　数	1294千字
印　　张	43	彩　　插	80面
版　　次	2016 年 8 月第 1 版	印　　次	2016 年 8 月第 1 次印刷
印　　数	0001—4800	定　　价	278.00 元

书　　号 ISBN 978-7-5030-3976-8
审 图 号 GS（2016）1210号
本书如有印装质量问题，请与我社门市部联系调换。